遼寧省二十六家收藏單位

古籍普查登記目録（下）索引

全國古籍普查登記目録

國家圖書館出版社
National Library of China Publishing House

全國古籍普查登記目録

《鞍山市圖書館古籍普查登記目録》
書名筆畫字頭索引

七畫

九畫

八畫

十畫

十一畫

（见上表右栏）

十二畫

5

《鞍山市圖書館古籍普查登記目錄》
書名筆畫索引

五畫

六畫

七畫

八畫

10

九畫

十一畫

十二畫

十三畫

十四畫

十五畫

十六畫

《撫順市圖書館古籍普查登記目録》
書名筆畫字頭索引

九畫

十畫

十三畫

十四畫

十五畫

十六畫

十七畫

十八畫

十九畫

二十畫

二十一畫

《撫順市圖書館古籍普查登記目錄》
書名筆畫索引

四畫

七畫

八畫

十畫

十一畫

十三畫

十四畫

十五畫

十六畫

《丹東市圖書館古籍普查登記目録》
書名筆畫字頭索引

二畫

三畫

四畫

五畫

十四畫

十五畫

十六畫

《丹東市圖書館古籍普查登記目録》
書名筆畫索引

四畫

六畫

八畫

九畫

十畫

十二畫

十三畫

十四畫

十五畫

十六畫

十七畫

十八畫

十九畫

《錦州市圖書館古籍普查登記目録》
書名筆畫字頭索引

十畫

十一畫

《錦州市圖書館古籍普查登記目錄》
書名筆畫索引

四畫

84

八畫

87

九畫

十三畫

十八畫

十九畫

二十畫

《阜新市圖書館古籍普查登記目録》
書名筆畫字頭索引

《阜新市圖書館古籍普查登記目錄》
書名筆畫索引

《遼陽市圖書館古籍普查登記目録》
書名筆畫字頭索引

《遼陽市圖書館古籍普查登記目錄》
書名筆畫索引

六畫

七畫

十七畫

十八畫

十九畫

二十畫

二十一畫

二十二畫

二十三畫

二十四畫

《鐵嶺縣圖書館古籍普查登記目錄》
書名筆畫字頭索引

《鐵嶺縣圖書館古籍普查登記目錄》
書名筆畫索引

《遼寧中醫藥大學圖書館古籍普查登記目錄》
書名筆畫字頭索引

十一畫

十二畫

十三畫

《遼寧中醫藥大學圖書館古籍普查登記目錄》書名筆畫索引

五畫

六畫

七畫

八畫

九畫

十畫

十一畫

十二畫

十三畫

十四畫

十七畫

十八畫

十九畫

《瀋陽師範大學圖書館古籍普查登記目錄》
書名筆畫字頭索引

十畫

十一畫

《瀋陽師範大學圖書館古籍普查登記目録》
書名筆畫索引

五畫

六畫

七畫

九畫

十畫

十一畫

十二畫

十三畫

十六畫

《遼寧師範大學圖書館古籍普查登記目録》
書名筆畫字頭索引

十畫

十一畫

《遼寧師範大學圖書館古籍普查登記目録》
書名筆畫索引

四畫

五畫

六畫

七畫

八畫

177

九畫

十一畫

十二畫

183

185

《瀋陽音樂學院圖書館古籍普查登記目録》
書名筆畫字頭索引

《瀋陽音樂學院圖書館古籍普查登記目錄》
書名筆畫索引

七畫

八畫

十一畫

十二畫

十三畫

十四畫

《中國醫科大學圖書館古籍普查登記目錄》
書名筆畫字頭索引

《中國醫科大學圖書館古籍普查登記目錄》
書名筆畫索引

六畫

七畫

八畫

九畫

十畫

十五畫

十六畫

十七畫

十八畫

《魯迅美術學院圖書館古籍普查登記目錄》
書名筆畫字頭索引

九畫

十畫

十一畫

十二畫

219

《魯迅美術學院圖書館古籍普查登記目錄》
書名筆畫索引

九畫

十畫

十一畫

十二畫

十三畫

十四畫

十五畫

十六畫

十七畫

十八畫

十九畫

二十畫

二十一畫

二十二畫

二十三畫

《瀋陽大學圖書館古籍普查登記目録》
書名筆畫字頭索引

227

《瀋陽大學圖書館古籍普查登記目録》
書名筆畫索引

十九畫

二十一畫

二十二畫

二十三畫

二十四畫

《鞍山師範學院圖書館古籍普查登記目録》
書名筆畫字頭索引

《鞍山師範學院圖書館古籍普查登記目録》
書名筆畫索引

241

《大連大學圖書館古籍普查登記目録》
書名筆畫字頭索引

《大連大學圖書館古籍普查登記目録》
書名筆畫索引

《大連職業技術學院圖書館古籍普查登記目錄》
書名筆畫字頭索引

《大連職業技術學院圖書館古籍普查登記目錄》
書名筆畫索引

十九畫

二十一畫

《遼東學院圖書館古籍普查登記目録》
書名筆畫字頭索引

《遼東學院圖書館古籍普查登記目錄》
書名筆畫索引

《中國刑事警察學院圖書館古籍普查登記目録》
書名筆畫字頭索引

264

《中國刑事警察學院圖書館古籍普查登記目錄》
書名筆畫索引

《大連醫科大學圖書館古籍普查登記目録》
書名筆畫字頭索引

《大連醫科大學圖書館古籍普查登記目録》
書名筆畫索引

《遼寧省博物館古籍普查登記目録》
書名筆畫字頭索引

272

《遼寧省博物館古籍普查登記目録》
書名筆畫索引

七畫

八畫

九畫

十畫

十一畫

十二畫

十三畫

285

《瀋陽故宮博物院古籍普查登記目錄》
書名筆畫字頭索引

290

十二畫

十三畫

十四畫

十五畫

《瀋陽故宮博物院古籍普查登記目錄》
書名筆畫索引

294

八畫

九畫

十畫

十一畫

十二畫

十三畫

十四畫

十五畫

十六畫

二十畫

二十一畫

十七畫

二十二畫

二十三畫

十八畫

二十四畫

十九畫

《旅順博物館古籍普查登記目錄》
書名筆畫字頭索引

《旅順博物館古籍普查登記目録》
書名筆畫索引

《凌海市蕭軍紀念館古籍普查登記目録》
書名筆畫字頭索引

《凌海市蕭軍紀念館古籍普查登記目錄》
書名筆畫索引

六畫

七畫

八畫

九畫

十二畫

十三畫

《鐵嶺市周恩來同志少年讀書舊址紀念館古籍普查登記目録》書名筆畫字頭索引

十二畫

《鐵嶺市周恩來同志少年讀書舊址紀念館古籍普查登記目録》書名筆畫索引

十二畫

《瀋陽市慈恩寺古籍普查登記目錄》
書名筆畫字頭索引

《瀋陽市慈恩寺古籍普查登記目録》
書名筆畫索引

333

四畫

五畫

六畫

七畫

341

八畫

九畫

十一畫

十二畫

十三畫

十四畫

十五畫

十六畫

十七畫

十八畫

十九畫

二十畫

二十一畫

二十二畫

二十三畫

二十四畫

遼寧師範大學圖書館
古籍普查登記目録

全國古籍普查登記目録

國家圖書館出版社
National Library of China Publishing House

《遼寧師範大學圖書館古籍普查登記目録》

編委會

主　編：張　亮

編　委：李海瑞

《遼寧師範大學圖書館古籍普查登記目録》

前　言

　　遼寧師範大學圖書館特藏部古籍書庫共收藏古籍文獻 894 部 6669 册。從古籍版本構成上看，主要以明清版本古籍爲主，版本類型覆蓋面廣，包括稿本、抄本、刻本、銅活字本、木活字本、碑拓本、瓦當拓本、鈐印本、石印本、鉛印本等。

　　遼寧師範大學圖書館所藏古籍文獻，主要是從前中央民族學院教員徐宗元先生處購得，後又經多次院校合并積纍了一批古籍文獻，從而形成現在的藏書規模。徐宗元（1918—1970），字尊六，祖籍山東省壽光市化龍橋，出生於奉天省（今遼寧省）鳳凰城。曾先後任職於中國大學研究院文學系、史學系，《民國日報》，《北平時報》，中法大學文史系，河北省女子師範學院，福建協和大學歷史系，福州大學，福州師範學院歷史系，中央民族學院歷史系等。

　　1970 年徐宗元先生逝世後，其藏書歸其子女所有。1977 年，時任遼寧師範大學圖書館館員的著名作家達理（作家馬大京、陳愉慶夫婦合作寫稿時用的筆名）得知徐氏後人要出售徐宗元先生的藏書，便通知遼寧師範大學圖書館領導，并最終通過達理夫婦爲中間人，購得徐老藏書，當時花費一萬多圓。購得這批古籍文獻後，仍按其原先的經史子集順序進行排架，又借鑒了北京師範大學圖書館古籍分類法對古籍文獻進行了具體排架定位。

　　遼寧師範大學圖書館古籍文獻一直處於衹藏不用的狀態，直至 2008 年底，圖書館指派張亮同志重新對館藏古籍文獻進行整理。2009 年開始參與文化部古籍普查，至 2010 年由張亮和李海瑞兩位同志完成該項工作。2017 年 6 月，遼寧師範大學西山校區新館建成并投入使用，圖書館在新館建設了符合文化部行業標準的古籍書庫，實現了文獻保存的恒温恒濕、氣體滅火、樟木書櫃等要求。

張　亮

2020 年 5 月

210000 – 0747 – 0000001   1/11

御纂詩義折中二十卷　（清）孫嘉淦等編　清光緒二十七年(1901)煙台文勝堂刻本　四冊

210000 – 0747 – 0000002   1/12

山海經箋疏十八卷圖讚一卷　（晉）郭璞撰（清）郝懿行箋　清嘉慶十四年(1809)阮氏琅嬛仙館刻本　五冊

210000 – 0747 – 0000003   1/15＝2

山海經箋疏十八卷圖讚一卷　（晉）郭璞撰（清）郝懿行箋　清嘉慶十四年(1809)阮元刻本　四冊

210000 – 0747 – 0000004   1/16

山海經十八卷　（晉）郭璞（明）張易撰　明萬曆刻本　一冊

210000 – 0747 – 0000005   1/18

千文六書統要二卷　（清）胡正言撰　清康熙胡正言十竹齋刻本　四冊

210000 – 0747 – 0000006   1/19

古韻通說二十卷　（清）龍啟瑞撰　清光緒九年(1883)四川尊經書局刻本　四冊

210000 – 0747 – 0000007   1/19＝2

古韻通說二十卷　（清）龍啟瑞撰　清同治六年(1867)富文齋刻本　葉德輝跋　四冊

210000 – 0747 – 0000008   1/2

宋本十三經注疏四百十六卷校勘記四百十六卷　（唐）孔穎達撰　清光緒十三年(1887)脈望仙館石印本　三十二冊

210000 – 0747 – 0000009   1/31

說文通訓定聲十八卷柬韻一卷　（清）朱駿聲輯（清）朱鏡蓉考訂　清光緒十三年(1887)上海積山書局石印本　八冊

210000 – 0747 – 0000010   1/31＝2

說文通訓定聲十八卷柬韻一卷　（清）朱駿聲輯　清同治九年(1870)臨嘯閣刻本　二十四冊

210000 – 0747 – 0000011   1/31＝3

說文通訓定聲補遺一卷　（清）朱駿聲輯　清

光緒八年(1882)朱氏刻本　一冊

210000 – 0747 – 0000012   1/39

蜀石經殘字一卷　（清）陳宗彝輯　清道光六年(1826)山東陳氏石印本　一冊

210000 – 0747 – 0000013   1/4

四書補註備旨十卷　（明）鄧林撰（清）杜定基考訂　清末上海廣益書局石印本　六冊

210000 – 0747 – 0000014   1/5

硃批四書集註不分卷　（宋）朱熹撰　清道光二十五年(1845)愷元堂刻朱墨套印本　十二冊

210000 – 0747 – 0000015   1/6

太史張天如詳節春秋綱目左傳句解六卷　（清）韓菼考訂　清光緒京都文成堂刻本　六冊

210000 – 0747 – 0000016   1/6＝2

太史張天如詳節春秋綱目左傳句解六卷　（清）韓菼考訂　清光緒京都文成堂刻本　六冊

210000 – 0747 – 0000017   1/7

禮記十卷　（元）陳澔集釋　清同治十三年(1874)北京老二酉堂刻本　十冊

210000 – 0747 – 0000018   1/7＝2

禮記十卷　（元）陳澔集釋　清同治十三年(1874)北京老二酉堂刻本　十冊

210000 – 0747 – 0000019   1/9

宋本十三經注疏四百十六卷校勘記四百十六卷　（唐）孔穎達撰　清光緒十三年(1887)脈望仙館石印本　三十二冊

210000 – 0747 – 0000020   11/1

易經集注四卷　（宋）朱熹撰　清光緒十八年(1892)寶善堂刻本　二冊

210000 – 0747 – 0000021   11/10

周易通論月令二卷　（清）姚配中撰　清道光十四年(1834)一經盧刻本　一冊

210000 – 0747 – 0000022   11/4

易說十二卷易說便錄一卷　（清）郝懿行學

清光緒八年（1882）東路廳署刻本　四冊

210000－0747－0000023　11/6

易大義補一卷　（清）桂文燦撰　清光緒十九年（1893）刻本　一冊

210000－0747－0000024　11/7

易象補遺一卷　（清）尚秉和撰　清末刻本　一冊

210000－0747－0000025　11/8

周易古筮攷十卷　（清）尚秉和撰　清末刻本　一冊　存一卷（七）

210000－0747－0000026　11/9

左傳國語易象釋一卷　（清）尚秉和撰　清末刻本　一冊

210000－0747－0000027　110/1

經典釋文三十卷　（唐）陸德明撰　清同治十三年（1874）成都尊經書院刻本　十冊

210000－0747－0000028　110/10

駁五經異義疏證十卷　（清）皮錫瑞撰　清光緒二十五年（1899）皮氏刻本　二冊

210000－0747－0000029　110/12

朋壽室經說六卷策問附一卷　（清）鄒壽祺撰　清宣統元年（1909）刻本　四冊

210000－0747－0000030　110/13

東塾讀書記二十一卷　（清）陳澧撰　清光緒二十四年（1898）紉蘭書館刻本　四冊

210000－0747－0000031　110/15

句溪雜著六卷　（清）陳立撰　清同治三年（1864）刻光緒陳汝恭續刻本　二冊

210000－0747－0000032　110/15＝2

句溪雜著五卷　（清）陳立撰　清同治三年（1864）刻本　二冊

210000－0747－0000033　110/15＝3

句溪雜著四卷　（清）陳立撰　清光緒十六年（1890）長沙思賢講舍刻本　一冊

210000－0747－0000034　110/15＝4

句溪雜著二卷　（清）陳立撰　清光緒、宣統

刻本　一冊

210000－0747－0000035　110/16

經傳攷證八卷　（清）朱彬撰　清道光十六年（1836）寶應朱宜祿堂刻本　二冊

210000－0747－0000036　110/16＝2

經傳攷證八卷　（清）朱彬撰　清道光二年（1822）游道堂刻本　二冊

210000－0747－0000037　110/17

漢孳室文鈔四卷補遺一卷　（清）陶方琦撰　清光緒十八年（1892）會稽徐氏鑄學齋刻本　二冊

210000－0747－0000038　110/18

識小編二卷　（清）董豐垣撰　清乾隆二十八年（1763）壽俊堂木活字印本　一冊

210000－0747－0000039　110/20

經訓比義三卷　（清）黃以周撰　清光緒二十二年（1896）南菁講舍刻本　三冊

210000－0747－0000040　110/21

左海經辨二卷　（清）陳壽祺撰　清道光三年（1823）刻本　二冊

210000－0747－0000041　110/22

經窺十六卷　（清）蔡啟盛撰　清光緒十七年（1891）刻本　四冊

210000－0747－0000042　110/23

通介堂經說三十七卷　（清）徐灝撰　清咸豐四年（1854）梧州番禺徐氏刻本　十冊

210000－0747－0000043　110/24

群經平議三十五卷　（清）俞樾撰　清同治十年（1871）杭州刻本　十六冊

210000－0747－0000044　110/25

茶香室經說十六卷　（清）俞樾撰　清光緒十八年（1892）廣東學院刻本　四冊

210000－0747－0000045　110/26

鄉黨圖考補証六卷　（清）王漸鴻撰　清光緒三十四年（1908）黃縣丁氏海隅山館刻本　六冊

210000－0747－0000046　110/28

介菴經說十卷　（清）雷學淇撰　清光緒刻畿
輔叢書本　六冊

210000－0747－0000047　110/29

群經識小八卷　（清）李惇撰　清道光九年
(1829)廣東學海堂刻皇清經解本　二冊

210000－0747－0000048　110/30

周人經說八卷　（清）王紹蘭撰　清光緒吳縣
潘氏刻本　二冊　存四卷(一至四)

210000－0747－0000049　110/31

十三經音略十二卷　（清）周春撰　清嘉慶七
年(1802)阮元刻本　四冊

210000－0747－0000050　110/32

九經古義十六卷　（清）惠棟撰　清嘉慶刻本
二冊

210000－0747－0000051　110/33

群經音辨七卷　（宋）賈昌朝撰　群經字考四
卷　（清）曾廷枚輯　清末刻本　六冊

210000－0747－0000052　110/35

新學偽經考十四卷　康有為撰　清光緒十七
年(1891)廣州康氏萬木草堂刻本　六冊

210000－0747－0000053　110/36

吳氏遺箸五卷附錄一卷　（清）吳烺雲撰　清
光緒十七年(1891)廣雅書局刻本　二冊

210000－0747－0000054　110/37

鏡珠膏雜誤四種七卷　（清）胡元玉撰　清光
緒十年(1884)長沙益智書局刻本　四冊

210000－0747－0000055　110/39

經傳釋詞十卷　（清）王引之撰　清嘉慶二十
四年(1819)刻本　四冊

210000－0747－0000056　110/42

尚書釋聞一卷讀左評餘一卷　（清）史致準撰
清末刻本　一冊

210000－0747－0000057　110/46

攀古小廬雜箸十二卷　（清）許翰撰　清光緒
刻本　四冊

210000－0747－0000058　110/47

過庭錄十六卷　（清）宋翔鳳撰　清光緒七年
(1881)會稽章壽康刻本　四冊

210000－0747－0000059　110/48

實事求是之齋經義二卷　（清）朱大韶撰　清
末刻本　四冊

210000－0747－0000060　110/49

經傳釋詞補一卷　（清）孫經世撰　清光緒十
四年(1888)長洲蔣鳳藻心矩齋刻本　一冊

210000－0747－0000061　110/5＝2

經義述聞三十二卷　（清）王引之撰　清道光
七年(1827)京師西江米巷壽藤書屋刻本　十
六冊

210000－0747－0000062　110/50

巢經巢集一卷　（清）鄭珍撰　清咸豐刻本
一冊

210000－0747－0000063　110/51

劉禮部集十二卷　（清）劉逢源撰　清道光十
年(1830)思誤齋刻本　六冊

210000－0747－0000064　110/53

隸經雜著乙編二卷　（清）顧震福撰　清末刻
本　一冊

210000－0747－0000065　110/54

西崖經說一卷　（清）顧成章撰　清光緒十八
年(1892)曲園刻本　一冊

210000－0747－0000066　110/55

睡餘偶筆二卷　（清）雷浚撰　清光緒二十年
(1894)刻本　一冊

210000－0747－0000067　110/56

素行室經說二卷　（清）楊譽龍撰　清光緒二
十三年(1897)刻本　一冊

210000－0747－0000068　110/57

緯學源流興廢考三卷　（清）蔣清翊撰　清光
緒二十三年(1897)吳縣蔣氏雙唐碑館刻本
一冊

210000－0747－0000069　110/58

璧沼集四卷　（清）胡元玉撰　清光緒長沙梁

益智書局刻本　一册

210000－0747－0000070　110/60

胡明經文錄一卷　（清）胡啟心撰　清光緒二十三年(1897)刻本　一册

210000－0747－0000071　110/61

晉專宋瓦室類稿四卷　（清）桂坫撰　清光緒二十四年(1898)刻本　一册

210000－0747－0000072　110/62

三經音義不分卷　（唐）陸德明等撰　清嘉慶十八年(1813)黃丕烈士禮居刻本　一册

210000－0747－0000073　110/63

溉亭述古錄不分卷　（清）錢塘撰　清乾隆四十五年(1780)四益齋刻本(補配錢塘附錄抄本)　一册

210000－0747－0000074　110/8

歷代石經略二卷　（清）桂馥撰　清光緒九年(1883)吳重熹陳州郡齋刻本　一册

210000－0747－0000075　110/9

學古堂日記一卷　（清）陸錦燧撰　清光緒二十年至二十二年(1894－1896)蘇州學古堂刻本　一册

210000－0747－0000076　111/1

皇清經解一千四百八卷首一卷　（清）阮元輯　清咸豐十一年(1861)刻本　三百六十册

210000－0747－0000077　111/10

百本書齋藏書三種六卷　（清）王貞撰　清同治百本書齋刻本　一册

210000－0747－0000078　111/4

十三經註疏四百十六卷　（清）阮元輯　清嘉慶二十年(1815)江西南昌府學刻本　一百六十八册

210000－0747－0000079　111/5

南海桂氏經學十種二十五卷　（清）桂文燦撰　清咸豐、光緒刻本　十八册

210000－0747－0000080　111/6

顨軒孔氏所著書七種六十卷　（清）孔廣森撰　清嘉慶二十二年(1817)曲阜孔氏儀鄭堂刻本　十册

210000－0747－0000081　111/7

周官祿田考三卷　（清）沈彤撰　清乾隆十五年(1750)果堂刻本　一册

210000－0747－0000082　111/7

果堂集十二卷　（清）沈彤撰　清乾隆十九年(1754)果堂刻本　二册

210000－0747－0000083　111/7

儀禮小疏不分卷尚書小疏一卷春秋左傳小疏一卷　（清）沈彤撰　（清）沈廷芳考訂　清乾隆十五年(1750)果堂刻本　三册

210000－0747－0000084　111/8

一鐙精舍甲部稿五卷　（清）何秋濤撰　清光緒五年(1879)淮南書局刻本　一册

210000－0747－0000085　111/9

通藝錄二十一種四十八卷　（清）程瑤田撰　清嘉慶刻本　十八册

210000－0747－0000086　12/1

書經集注六卷　（宋）蔡沈集釋　清光緒十八年(1892)寶善堂刻本　四册

210000－0747－0000087　12/10

尚書啟幪五卷　（清）黃式三撰　清光緒十四年(1888)定海黃氏家塾刻本　周進跋　四册

210000－0747－0000088　12/12

書說二卷　（清）郝懿行撰　清光緒八年(1882)東路廳署刻本　二册

210000－0747－0000089　12/13

尚書札記四卷　（清）許鴻磐撰　清同治九年(1870)學海堂刻本　四册

210000－0747－0000090　12/14

禹貢班義述三卷　（清）成蓉鏡撰　清光緒十一年(1885)刻本　陳作霖跋　一册

210000－0747－0000091　12/16

尚書伸孔篇一卷　（清）焦廷琥撰　清光緒十四年(1888)廣雅書局刻本　一册

210000－0747－0000092　12/16 = 2

尚書伸孔篇一卷　（清）焦廷琥撰　清光緒十
四年(1888)廣雅書局刻本　一冊

210000－0747－0000093　12/18

禹貢正詮四卷　（清）姚彥渠撰　清同治九年
(1870)刻本　二冊

210000－0747－0000094　12/19

尚書釋天六卷　（清）盛百二撰　清乾隆三十
九年(1774)任城書院刻本　二冊

210000－0747－0000095　12/21

古文尚書攷二卷　（清）惠棟撰　清乾隆五十
七年(1792)宋廷弼刻本　一冊

210000－0747－0000096　12/24

書蔡傳附釋一卷　（清）丁晏撰　清光緒二十
年(1894)廣雅書局刻本　一冊

210000－0747－0000097　12/25

尚書逸湯誓攷六卷　（清）徐時棟撰　清同治
十一年(1872)城西草堂刻本　一冊

210000－0747－0000098　12/26

讀書隨筆五卷　（清）吳大廷撰　清同治十二
年(1873)刻本　一冊

210000－0747－0000099　12/3

尚書孔傳參正三十六卷　王先謙撰　清光緒
三十年(1904)王氏虛受堂刻本　六冊

210000－0747－0000100　12/6

書古微十二卷首二卷　（清）魏源撰　清光緒
四年(1878)淮南書局刻本　四冊

210000－0747－0000101　12/7

古文尚書撰異三十二卷　（清）段玉裁撰　清
乾隆七葉衍祥堂刻本　四冊

210000－0747－0000102　12/9

尚書攷異六卷　（清）梅鷟撰　清嘉慶十九年
(1814)蘭陵孫氏刻本　四冊

210000－0747－0000103　13/1

毛詩名物圖説九卷　（清）徐鼎輯　清乾隆三
十六年(1771)刻本　二冊

210000－0747－0000104　13/11

毛詩故訓傳定本三十卷　（清）段玉裁撰　清
嘉慶二十一年(1816)段氏七葉衍祥堂刻本
四冊

210000－0747－0000105　13/12

草木疏校正二卷　（清）趙佑撰　清乾隆四十
四年(1779)刻本　二冊

210000－0747－0000106　13/13

詩管見七卷首一卷　（清）尹繼美撰　清同治
十二年(1873)鼎吉堂刻本　二冊

210000－0747－0000107　13/15

鄭氏詩箋禮注異義攷一卷　（清）桂文燦撰
清咸豐七年(1857)富文齋刻本　一冊

210000－0747－0000108　13/17

詩經拾遺一卷　（清）郝懿行撰　清光緒八年
(1882)東路廳署刻本　一冊

210000－0747－0000109　13/18＝2

毛詩草木鳥獸蟲魚疏二卷　（三國吳）陸璣撰
清乾隆四十一年(1776)長嘯軒刻本　一冊

210000－0747－0000110　13/19

詩經廣詁三十卷　（清）徐璈輯　清道光十年
(1830)武林任九思刻本　八冊

210000－0747－0000111　13/2

詩經集注八卷　（宋）朱熹集傳　清光緒十八
年(1892)寶善堂刻本　四冊

210000－0747－0000112　13/20

毛詩禮徵十卷　（清）包世榮撰　清道光八年
(1828)小倦游閣刻本　六冊

210000－0747－0000113　13/21

韓詩外傳校註十卷拾遺一卷　（清）周廷寀注
清乾隆五十六年(1791)營道堂刻本　二冊

210000－0747－0000114　13/21

西漢儒林傳經表二卷　（清）周廷寀輯　清乾
隆五十六年(1791)營道堂刻本　與 210000－
0747－0000113 合冊

210000－0747－0000115　13/22

毛詩集解訓蒙一卷　（清）鄭曉如撰　清同治
八年(1869)廣州西湖街萃文堂刻本　一冊

210000－0747－0000116　13/23
詩地理攷略二卷圖一卷　(清)尹繼美撰　清同治三年(1864)鼎善堂刻本　一册

210000－0747－0000117　13/24
韓詩遺説二卷訂僞一卷　(清)陶方琦撰　清光緒二十一年(1895)元和江氏刻本　一册

210000－0747－0000118　13/3＝2
韓詩外傳十卷　(漢)韓嬰撰　(清)周廷寀注　清光緒元年(1875)三益齋刻本　四册

210000－0747－0000119　13/3＝4
韓詩外傳十卷　(漢)韓嬰著　清乾隆五十五年(1790)刻本　四册

210000－0747－0000120　13/3＝5
韓詩外傳十卷　(漢)韓嬰撰　明萬曆二十年(1592)程榮刻本　一册　存八卷(三至十)

210000－0747－0000121　13/5
吕氏家塾讀詩記三十二卷　(宋)吕祖謙撰　明萬曆四十一年(1613)陳龍光、蘇進等刻本(四库进呈本)　六册

210000－0747－0000122　13/6
詩毛氏傳疏三十卷毛詩音四卷毛詩説一卷毛詩傳義類一卷鄭氏箋攷徵一卷　(清)陳奐撰　清咸豐刻本　十一册　缺二卷(詩毛氏傳疏一至二)

210000－0747－0000123　13/6＝2
詩毛氏傳疏三十卷毛詩説一卷　(清)陳奐撰　清道光二十七年(1847)吳門南園掃葉山莊陳氏刻本　十册

210000－0747－0000124　13/8
詩故攷異三十二卷　(清)徐華岳輯　清道光十二年(1832)咫聞齋刻本　八册

210000－0747－0000125　13/9
詩問七卷　(清)郝懿行撰　清光緒八年(1882)東路廳署刻本　六册

210000－0747－0000126　141/2
周禮政要二卷　(清)孫詒讓撰　清光緒二十八年(1902)普通學堂刻本　二册

210000－0747－0000127　141/3
周禮漢讀考六卷儀禮漢讀考一卷　(清)段玉裁撰　清嘉慶元年(1796)經韻樓刻本　二册

210000－0747－0000128　141/4
周禮軍賦説四卷　(清)王鳴盛撰　清乾隆三十六年(1771)頤志堂刻本　二册

210000－0747－0000129　141/5
輪與私箋二卷附圖一卷　(清)鄭珍撰　清同治七年(1868)獨山莫氏刻本　一册

210000－0747－0000130　141/6
周官參証二卷　(清)王寶仁輯　清道光十六年(1836)刻本　一册

210000－0747－0000131　142/1
儀禮正義四十卷　(清)胡培翬撰　清道光二十九年(1849)木犀香館刻本　二十册

210000－0747－0000132　142/2
儀禮圖六卷　(清)張惠言撰　清嘉慶十年(1805)阮元刻本　二册

210000－0747－0000133　142/3
儀禮經注一隅二卷　(清)朱駿聲撰　清道光二十九年(1849)刻本　一册

210000－0747－0000134　142/4
儀禮釋官九卷首一卷　(清)胡匡衷輯　清嘉慶二十一年(1816)研六閣刻本　四册

210000－0747－0000135　142/5
五服釋例二十卷　(清)夏燮撰　清同治七年(1868)刻本　六册

210000－0747－0000136　142/6
儀禮喪服經解四卷　(清)吳嘉賓撰　清咸豐元年(1851)刻本　一册

210000－0747－0000137　142/7
儀禮私箋八卷　(清)鄭珍撰　清同治五年(1866)成山唐氏刻本　一册

210000－0747－0000138　143/1
禮記集説十卷　(元)陳澔集傳　清光緒十八年(1892)寶善堂刻本　十册

210000－0747－0000139　143/10

明堂陰陽夏小正經傳考釋十卷夏時等列說一
卷　（清）莊述祖撰　清光緒九年（1883）刻本
四冊

210000－0747－0000140　143/11

夏小正不分卷弟子職一卷重言一卷雙聲疊韻
一卷　（清）王筠撰　清咸豐二年（1852）刻本
二冊

210000－0747－0000141　143/13

夏小正集解四卷　（清）顧閎撰　清乾隆五十
七年（1792）桐陰書屋刻本　一冊

210000－0747－0000142　143/14

夏小正傳箋一卷　（清）沈秉成箋　清同治六
年（1867）沈秉成刻本　一冊

210000－0747－0000143　143/15

夏小正戴氏傳訓解四卷考異一卷通論一卷
（清）王寶仁撰　清道光十五年（1835）六安學
署刻本　一冊

210000－0747－0000144　143/16

夏小正傳二卷校勘記二卷　（清）孫星衍校勘
（清）楊以增校勘　清咸豐六年（1856）刻本
一冊

210000－0747－0000145　143/17

夏小正一卷　（清）王筠注　清光緒二十七年
（1901）成都尊經書局刻本　一冊

210000－0747－0000146　143/18

夏小正箋疏四卷　（清）馬徵麟撰　清同治思
古書堂刻本　一冊

210000－0747－0000147　143/19

蔡氏月令章句二卷　（清）臧庸撰　清嘉慶四
年（1799）武進臧氏拜經堂刻本　一冊

210000－0747－0000148　143/2

大戴禮記補注十三卷　（清）孔廣森撰　清同
治十三年（1874）淮南書局刻本　四冊

210000－0747－0000149　143/23

夏小正戴氏傳四卷　（漢）戴德撰　（宋）傅崧
卿注　清光緒宝章閣刻本　一冊

210000－0747－0000150　143/24

夏小正通釋一卷　（清）梁章鉅撰　清光緒十
三年（1887）浙江書局刻本　一冊

210000－0747－0000151　143/25

夏小正一卷　（漢）戴德撰　（清）朱駿聲補
清末刻本　一冊

210000－0747－0000152　143/26

夏小正存說二卷　（清）程鴻詔撰　清同治四
年（1865）金陵刻本　一冊

210000－0747－0000153　143/26＝2

夏小正集說四卷　（清）程鴻詔撰　清同治十
一年（1872）刻本　一冊

210000－0747－0000154　143/27

夏小正集注二卷　（清）程廷梁考訂　（清）方
如川考訂　清嘉慶二十年（1815）瑞竹堂刻本
一冊

210000－0747－0000155　143/28

夏小正註解摘要一卷　（清）閔寶梁輯　清光
緒七年（1881）木活字印本　一冊

210000－0747－0000156　143/29

禮記審議二卷　（清）葉大莊撰　清光緒葉大
莊玉屏山莊刻朱印本　一冊

210000－0747－0000157　143/3

大戴禮記解詁十三卷　（清）王聘珍學　清咸
豐元年（1851）王氏刻本　四冊

210000－0747－0000158　143/30

夏小正輯注四卷　（清）范家相輯　清光緒十
三年（1887）墨潤堂刻本　一冊

210000－0747－0000159　143/32

夏小正校註四卷　（清）魏本唐學　清咸豐元
年（1851）刻本　一冊

210000－0747－0000160　143/33

輯蔡氏月令章句四卷　（漢）蔡邕撰　葉德輝
輯　清光緒三十年（1904）長沙葉氏刻本
一冊

210000－0747－0000161　143/34

大戴禮記審議二卷　（清）葉大莊撰　清光緒

葉大莊玉屏山莊刻朱印本　一冊

210000－0747－0000162　143/36

禮記天算釋一卷　（清）孔廣牧撰　清光緒十五年(1889)廣雅書局刻本　一冊

210000－0747－0000163　143/38

夏小正一卷　（漢）戴德撰　（宋）金履注　清末刻本　一冊

210000－0747－0000164　143/39

大戴禮記十三卷　（漢）戴德撰　（北周）盧辯注　清乾隆二十一年至二十五年(1756－1760)盧氏雅雨堂刻本　二冊

210000－0747－0000165　143/4

禮記箋四十九卷　（清）郝懿行學　清光緒八年(1882)東路廳署刻本　十冊

210000－0747－0000166　143/40

夏時攷訓蒙不分卷　（清）鄭曉如輯　清同治八年(1869)廣州華文堂刻本　二冊

210000－0747－0000167　143/5

大戴禮注補十三卷附錄一卷　（清）汪照學　清嘉慶九年(1804)金元鈺等刻本　二冊

210000－0747－0000168　143/6

禮書通故校文一卷　（清）黃以周撰　清光緒十九年(1893)黃氏試館刻本　一冊

210000－0747－0000169　143/9

夏小正詩十二卷　（清）馬國翰撰　清道光十一年(1831)南師堂刻本　四冊

210000－0747－0000170　144/1

禮書通故五十卷　（清）黃以周撰　清光緒十九年(1893)黃氏試館刻本　三十二冊

210000－0747－0000171　144/13

禘祫辨誤二卷　（清）程廷祚撰　清道光五年(1825)東山草堂刻本　一冊

210000－0747－0000172　144/2

求古錄禮說十六卷　（清）金鶚撰　清道光三十年(1850)嘉平木犀香館刻本　八冊

210000－0747－0000173　144/3

禮箋三卷　（清）金榜撰　清乾隆五十九年(1794)游文齋刻本　趙彥修題記　二冊

210000－0747－0000174　144/4

弁服釋例八卷表一卷　（清）任大椿撰　清嘉慶元年(1796)望賢家塾刻本　二冊

210000－0747－0000175　144/5

禮說十四卷首一卷　（清）惠士奇撰　清康熙、乾隆惠氏紅豆齋刻本　四冊

210000－0747－0000176　144/8

禮經宮室答問二卷　（清）洪頤煊撰　清嘉慶十八年(1813)刻本　一冊

210000－0747－0000177　144/9

群經宮室圖二卷　（清）焦循學　清嘉慶半九書塾刻本　一冊

210000－0747－0000178　145/1

軍禮司馬灋攷徵一卷　（清）黃以周撰　清光緒十八年(1892)黃氏試館刻本　一冊

210000－0747－0000179　15/1

樂律攷二卷　（清）徐灝學　清光緒十三年(1887)刻本　一冊

210000－0747－0000180　16/1

發墨守疏證一卷箴膏肓疏證一卷釋廢疾疏證一卷　（清）皮錫瑞撰　清光緒二十五年(1899)刻本　一冊

210000－0747－0000181　161/11

春秋左傳杜注三十卷　（清）姚培謙撰　清光緒九年(1883)江南書局刻本　十冊

210000－0747－0000182　161/12

春秋左氏傳賈服注輯述二十卷　（清）李貽德學　清同治五年(1866)餘姚朱氏刻本　六冊

210000－0747－0000183　161/13

春秋左傳服注存二卷　（清）沈豫輯　清光緒十六年(1890)新會劉氏藏修書屋刻本　二冊

210000－0747－0000184　161/14

春秋左氏古義六卷　（清）臧壽恭撰　清同治十三年(1874)刻本　一冊

210000－0747－0000185　161/15

春秋世族譜不分卷　（清）陳厚耀撰　清嘉慶
五年(1800)聊城葉琪園刻本　二冊

210000－0747－0000186　161/15＝2

春秋世族譜二卷　（清）陳厚耀撰　清光緒二
十五年(1899)兩湖書院正學堂刻本　一冊

210000－0747－0000187　161/18

春秋左氏古經十二卷五十凡一卷　（清）段玉
裁撰　清道光元年(1821)經韻樓刻本　一冊

210000－0747－0000188　161/19

春秋非左二卷　（明）郝敬撰　清光緒十七年
(1891)三餘草堂刻本　一冊

210000－0747－0000189　161/2

春秋左傳杜林五十卷春秋左傳異名考一卷
（晉）杜預注　（宋）林堯叟注　**春秋左傳異名
考一卷**　（明）閔光德編　清光緒十八年
(1892)寶善堂刻本　十六冊

210000－0747－0000190　161/20

左傳杜解集正六卷　（清）丁晏學　清咸豐六
年(1856)丁晏稿本　三冊

210000－0747－0000191　161/21

春秋左傳舊疏攷正八卷　（清）劉文淇撰　清
道光十八年(1838)青溪舊屋劉氏刻本　二冊

210000－0747－0000192　161/22

春秋楚地答問一卷　（清）易本烺撰　清光緒
十七年(1891)三餘草堂刻本　一冊

210000－0747－0000193　161/3

左傳事緯十二卷　（清）馬驌編　清乾隆懷澄
堂刻本　十二冊

210000－0747－0000194　161/3＝2

左傳事緯十二卷前書八卷　（清）馬驌撰　清
嘉慶九年(1804)六桐書屋刻本　二十冊

210000－0747－0000195　161/4

左通補釋三十二卷後案一卷　（清）梁履繩學
　清道光九年(1829)錢塘汪氏振綺堂刻光緒
元年(1875)補刻本　十二冊

210000－0747－0000196　161/5

春秋譯例十五卷　（晉）杜預撰　清嘉慶五年
(1800)掃葉山房刻本　八冊

210000－0747－0000197　161/5＝2

春秋譯例十五卷　（晉）杜預撰　清光緒二十
五年(1899)傅氏集文堂刻本　八冊

210000－0747－0000198　161/8

東萊先生左氏博議二十五卷　（宋）呂祖謙撰
　清光緒十四年(1888)雲陽義秀書屋刻本
六冊

210000－0747－0000199　162/1

公羊方言疏箋一卷　（清）淳于鴻恩撰　清光
緒三十四年(1908)黃縣淳于氏金泉精舍刻朱
印本　一冊

210000－0747－0000200　163/2

春秋穀梁傳時月日書法釋例一卷　（清）許桂
林學　清道光二十五年(1845)刻本　一冊

210000－0747－0000201　164/10

春秋內傳古注輯存三卷補輯三卷　（清）嚴蔚
撰　清光緒十五年(1889)味義根齋刻本
四冊

210000－0747－0000202　164/11

春秋經傳日月攷一卷　（清）鄒伯奇撰　清光
緒二十七年(1901)正學堂刻兩湖書院刻朱印
本　與 210000－0747－0000252、254、255
合冊

210000－0747－0000203　164/12

春秋會要四卷　（清）姚彥渠輯　清末刻本
二冊

210000－0747－0000204　164/13

春秋隨筆一卷　（清）顧奎光撰　清末敷文閣
刻本　一冊

210000－0747－0000205　164/16

春秋希通一卷　（清）程庭桂撰　清咸豐十一
年(1861)刻本　一冊

210000－0747－0000206　164/17

春秋列國圖八卷　楊守敬撰　清光緒三十二
年(1906)刻朱墨套印本　一冊

210000－0747－0000207　164/18

春秋釋四卷 （清）黄式三撰　清光緒刻儆居遺書本　一冊

210000－0747－0000208　164/2

春秋繁露十七卷 （漢）董仲舒撰　（清）凌曙注　清嘉慶二十年(1815)蜚雲閣刻本　四冊

210000－0747－0000209　164/2

春秋公羊禮說一卷 （清）凌曙撰　清嘉慶二十四年(1819)蜚雲閣刻本　一冊

210000－0747－0000210　164/2

春秋公羊問答二卷 （清）凌曙撰　清道光元年(1821)蜚雲閣刻本　與210000－0747－0000170合冊

210000－0747－0000211　164/2

禮論略鈔一卷 （清）凌曙撰　清道光六年(1826)蜚雲閣刻本　一冊

210000－0747－0000212　164/20

春秋地名辨異三卷附一卷 （清）程廷祚撰　清乾隆晦齋刻本　一冊

210000－0747－0000213　164/3

春秋繁露義証十七卷攷證一卷 （漢）董仲舒撰　（清）蘇興學　清宣統二年(1910)刻本　四冊

210000－0747－0000214　164/5

春秋說略十二卷春秋比二卷 （清）郝懿行學　清光緒七年(1881)東路廳刻本　四冊

210000－0747－0000215　164/7

春秋地名攷略十四卷 （清）高士奇撰　清康熙二十七年(1688)刻本　四冊

210000－0747－0000216　164/8

春秋列國圖五卷 （清）桂文燦撰　清咸豐七年(1857)刻本　一冊

210000－0747－0000217　164/9

增訂春秋世族源流圖攷六卷 （清）陳厚耀撰　（清）常茂徠考訂　清道光三十年(1850)夷門怡古堂刻本　三冊

210000－0747－0000218　164/9

春秋女譜一卷 （清）常茂徠編　清道光三十年(1850)夷門怡古堂刻本　一冊

210000－0747－0000219　171/1

論語正義二十四卷 （清）劉寶楠學　清同治五年(1866)代州馮氏刻本　六冊

210000－0747－0000220　171/10

朱子論語集注訓詁攷二卷 （清）潘衍桐輯　清光緒十七年(1891)浙江書局刻本　一冊

210000－0747－0000221　171/2

論語集解義疏十卷 （三國魏）何晏集釋（南朝梁）皇侃疏　清末刻本　十冊

210000－0747－0000222　171/4

論語後案二十卷 （清）黄式三學　清光緒九年(1883)浙江書局刻本　十冊

210000－0747－0000223　171/7

論語孔注辨偽二卷 （清）沈濤撰　清道光刻本　一冊

210000－0747－0000224　171/8

天文本單經論語校勘記一卷 葉德輝撰　清光緒二十八年(1902)湘潭葉德輝刻本　一冊

210000－0747－0000225　171/9

論語發疑四卷 （清）顧成章撰　清光緒十八年(1892)曲園木活字印本　一冊

210000－0747－0000226　172/1

孟子正義三十卷 （清）焦循撰　清嘉慶半九書塾刻本　十冊

210000－0747－0000227　172/3

孟子趙氏注十四卷孟子音義二卷 （宋）孫奭撰　清乾隆四十六年(1781)周嘉猷、韓岱雲等刻本　四冊

210000－0747－0000228　172/3＝2

孟子音義二卷 （宋）孫奭撰　清道光二十三年(1843)日照許氏影宋刻本　一冊

210000－0747－0000229　172/4

孟子趙注攷証一卷 （清）桂文燦撰　清光緒十九年(1893)刻南海桂氏經學叢書本　一冊

210000－0747－0000230　172/5

孟子外書補注四卷　（宋）劉攽注　陳矩補
清光緒十七年（1891）刻靈峰草堂叢書本
一冊

210000－0747－0000231　172/6

孟子劉熙注一卷　（漢）劉熙注　葉德輝撰
清光緒二十八年（1902）長洲葉氏刻本　一冊

210000－0747－0000232　173/10

鄉黨備考二卷　（清）成僎輯　清道光王氏信
芳閣木活字印本　一冊

210000－0747－0000233　173/11

學庸總義一卷　（清）許致和撰　清道光三十
年（1850）刻本　一冊

210000－0747－0000234　173/2

四書人物備考十二卷　（清）薛方山輯　清乾
隆五十一年（1786）金閶書業堂刻本　八冊

210000－0747－0000235　173/3

四書人物類典串珠四十卷　（清）臧志仁輯
清光緒三十一年（1905）文新書局石印本
四冊

210000－0747－0000236　173/4

**四書釋地補不分卷又續補不分卷三續補不分
卷**　（清）閻若璩撰　（清）樊廷枚補　清嘉慶
二十一年（1816）梅陽海涵堂刻本　六冊

210000－0747－0000237　173/5

四書地理攷十五卷　（清）王澐撰　清道光十
五年（1835）墾舟園刻本　四冊

210000－0747－0000238　173/6

四書典故覈不分卷　（清）凌曙輯　清嘉慶十
三年（1808）蜚雲閣刻本　四冊

210000－0747－0000239　173/7

四書說略四卷教童子法一卷　（清）王筠撰
清道光刻本　二冊

210000－0747－0000240　173/8

四書質疑十九卷　徐紹楨撰　清光緒九年
（1883）梧州刻本　與210000－0747－
0000241合冊

210000－0747－0000241　173/8

孝經質疑一卷　徐紹楨撰　清光緒十年
（1884）梧州刻本　與210000－0747－
0000240合冊

210000－0747－0000242　173/9

四書拾義五卷　（清）胡紹勳撰　清道光十四
年（1834）吟經樓刻本　二冊

210000－0747－0000243　18/1

孝經義疏補九卷首一卷　（清）阮福撰　清道
光九年（1829）喜齋刻本　四冊

210000－0747－0000244　18/2

孝經質疑一卷　徐紹楨撰　清光緒十年
（1884）刻本　一冊

210000－0747－0000245　18/3＝2

孝經鄭注三種　（清）鮑廷博輯　清嘉慶七年
（1802）知不足齋刻本　一冊

210000－0747－0000246　18/5

孝經集解一卷　（清）桂文燦撰　清咸豐四年
（1854）刻南海桂氏叢書本　一冊

210000－0747－0000247　18/6

孝經鄭注附音一卷　（漢）鄭玄注　（唐）陸德
明音義　（清）孫季咸撰　清光緒二十二年
（1896）濰縣勝園刻本　一冊

210000－0747－0000248　18/7

孝經鄭氏注一卷　（清）嚴可均輯　清光緒二
十九年（1903）大關唐氏刻本　一冊

210000－0747－0000249　18/7＝2

孝經鄭氏注一卷　（清）嚴可均輯　清光緒二
十九年（1903）大關唐氏刻本　一冊

210000－0747－0000250　19/10

小演雅一卷　（清）楊浚編　清光緒四年
（1878）冠悔堂刻本　一冊

210000－0747－0000251　19/2

詩小學三十卷補一卷　（清）吳樹聲撰　清同
治七年（1868）壽光官廟刻本　十二冊

210000－0747－0000252　19/4

中文孝經一卷外傳一卷　（清）周春撰　清乾

隆二十五年(1760)刻本　與 210000 - 0747 -
0000202、254、255 合冊

210000 - 0747 - 0000253　19/4
小學餘論二卷　（清）周春撰　清嘉慶九年
(1804)阮元刻本　一冊

210000 - 0747 - 0000254　19/4
代北姓譜二卷　（清）周春撰　清乾隆二十一
年(1756)刻本　與 210000 - 0747 - 0000202、
252、255 合冊

210000 - 0747 - 0000255　19/4
遼金元姓譜一卷　（清）周春書　清乾隆十三
年(1748)刻本　與 210000 - 0747 - 0000202、
252、254 合冊

210000 - 0747 - 0000256　19/8
字說一卷　（清）吳大澂撰　清光緒十九年
(1893)思賢講舍刻本　一冊

210000 - 0747 - 0000257　191/1
爾雅注疏十一卷　（晉）郭璞注　（宋）邢昺疏
　　清光緒八年(1882)崇德書院刻本　六冊

210000 - 0747 - 0000258　191/10
廣雅十卷　（三國魏）張揖撰　（隋）曹憲音義
　　清同治木活字印本　二冊

210000 - 0747 - 0000259　191/11
讀爾雅日記一卷　（清）王頌清撰　清光緒二
十二年(1896)蘇州學古堂刻本　一冊

210000 - 0747 - 0000260　191/16
釋穀四卷　（清）劉寶楠撰　清咸豐二年
(1852)刻本　一冊

210000 - 0747 - 0000261　191/18 = 2
爾雅古義十二卷　（清）黃奭撰　清道光十七
年(1837)求是堂刻本　六冊

210000 - 0747 - 0000262　191/19
爾雅古注斠三卷蘭如詩鈔一卷　（清）葉蕙心
撰　清光緒二年(1876)李氏半畝園刻本
二冊

210000 - 0747 - 0000263　191/2 = 2
輶軒使者絕代語釋別國方言箋疏十三卷

（清）錢繹撰　清光緒十六年(1890)紅蝠山房
刻本　六冊

210000 - 0747 - 0000264　191/2 = 3
輶軒使者絕代語釋別國方言十三卷　（清）錢
繹撰　清光緒十六年(1890)廣雅書局刻本
四冊

210000 - 0747 - 0000265　191/2 = 4
輶軒使者絕代語釋別國方言十三卷　（漢）楊
雄撰　（晉）郭璞注　清末福山王懿榮天壤閣
影宋刻本　二冊

210000 - 0747 - 0000266　191/2 = 6
輶軒使者絕代語釋別國方言十三卷　（漢）楊
雄撰　（晉）郭璞注　清乾隆四十九年至嘉慶
元年(1784 - 1796)盧氏抱經堂刻本　一冊

210000 - 0747 - 0000267　191/2 = 7
**輶軒使者絕代語釋別國方言十三卷續二卷續
補一卷**　（漢）楊雄撰　（晉）郭璞注　清光緒
十七年(1891)思賢講舍刻本　二冊

210000 - 0747 - 0000268　191/21
爾雅匡名二十卷　（清）嚴元照撰　清光緒十
六年(1890)廣雅書局刻本　四冊

210000 - 0747 - 0000269　191/21 = 2
爾雅匡名二十卷　（清）嚴元照撰　清嘉慶二
十五年(1820)唐西勞氏刻本　三冊

210000 - 0747 - 0000270　191/22
爾雅漢注三卷　（清）臧鏞堂撰　（清）孫馮翼
校勘　清嘉慶七年(1802)問經堂刻本　三冊

210000 - 0747 - 0000271　191/23
爾雅正郭三卷　（清）潘衍桐撰　清光緒十七
年(1891)刻本　一冊

210000 - 0747 - 0000272　191/24
**釋名疏証補八卷續釋名一卷釋名補遺一卷補
附一卷**　（漢）劉熙撰　王先謙輯　清光緒二
十二年(1896)刻本　三冊

210000 - 0747 - 0000273　191/26
爾雅三卷　（晉）郭璞注　（唐）陸德明音義
清嘉慶二十二年(1817)清芬閣刻本　一冊

210000－0747－0000274　191/26＝2

爾雅三卷爾雅音義三卷　（晉）郭璞撰　（唐）陸德明音義　清嘉慶十一年(1806)吳縣顧廣圻履明吳元恭刻本　少河山人跋　一冊

210000－0747－0000275　191/26＝3

爾雅三卷　（晉）郭璞注　清嘉慶十一年(1806)吳縣顧廣圻履明吳元恭刻本　一冊

210000－0747－0000276　191/26＝4

爾雅三卷　（晉）郭璞注　清光緒十年(1884)遵義黎氏影宋刻本　一冊

210000－0747－0000277　191/26＝5

爾雅三卷　（晉）郭璞注　清道光四年(1824)金陵陳氏獨抱廬刻本　一冊

210000－0747－0000278　191/26＝6

爾雅二卷　（晉）郭璞注　明天啟六年(1626)郎氏堂策檻刻五雅本　陆和九批校題跋　一冊

210000－0747－0000279　191/27

學古堂日記不分卷　（清）雷浚撰　（清）汪之昌輯　清光緒二十年至二十二年(1894－1896)刻本　二冊

210000－0747－0000280　191/29

爾雅補注四卷　（清）周春撰　清光緒三十四年(1908)長沙葉氏刻本　二冊

210000－0747－0000281　191/30

爾雅郭注佚存補訂二十卷　（清）王樹枏撰　清光緒十八年(1892)資陽文莫室刻本　六冊

210000－0747－0000282　191/32

爾雅補郭二卷　（清）翟灝撰　清乾隆翟氏無不宜齋刻本　一冊

210000－0747－0000283　191/32＝2

爾雅補郭二卷　（清）翟灝撰　清末刻本　一冊

210000－0747－0000284　191/33

爾雅疏五卷　（晉）郭璞注　（宋）邢昺考訂　清光緒四年(1878)吳興陸氏十萬卷樓刻本　二冊

210000－0747－0000285　191/35

爾雅郭注補正九卷　（清）戴鎣撰　清乾隆五十二年(1787)刻本　六冊

210000－0747－0000286　191/36

爾雅新義二十卷　（宋）陸佃撰　清咸豐三年(1853)南海伍氏刻本　五冊

210000－0747－0000287　191/36＝2

爾雅新義二十卷　（宋）陸佃撰　清咸豐三年(1853)南海伍氏刻本　四冊

210000－0747－0000288　191/38

爾雅補注殘本一卷　（清）劉玉麐撰　清光緒十四年(1888)廣雅書局刻本　一冊

210000－0747－0000289　191/38＝2

爾雅補注殘本一卷　（清）劉玉麐撰　清光緒十四年(1888)廣雅書局刻本　一冊

210000－0747－0000290　191/39

證俗文十九卷　（清）郝懿行撰　清光緒十年(1884)東路廳署刻本　六冊

210000－0747－0000291　191/4

爾雅圖三卷　（晉）郭璞注　清光緒八年(1882)上海同文書局影印本　二冊

210000－0747－0000292　191/40

助字辨略五卷錢訓導泰吉曝書雜記一卷　（清）劉淇撰　清咸豐五年(1855)海源閣刻本　五冊

210000－0747－0000293　191/41

駢雅訓纂十六卷首一卷　（清）魏茂林撰　清咸豐元年(1851)有不為齋刻本　八冊

210000－0747－0000294　191/42

拾雅二十卷　（清）夏味堂撰　清道光二年(1822)高郵夏氏遂園刻本　四冊

210000－0747－0000295　191/43

小爾雅義證十三卷補遺一卷　（清）胡承珙撰　清道光七年(1827)求是堂刻本　二冊

210000－0747－0000296　191/44

埤雅二十卷　（宋）陸佃撰　清康熙三十九年(1700)常熟顧械如月樓刻本　四冊

210000－0747－0000297　191/46

聖門名字纂詁二卷　（清）潛羲生撰　（清）洪恩波撰　清光緒二十三年(1897)刻本　二冊

210000－0747－0000298　191/47

小爾雅疏証五卷　（清）葛其仁撰　清道光十九年(1839)歆學署刻本　二冊

210000－0747－0000299　191/48

親屬記二卷　（清）鄭珍輯　（清）陳榘補　清光緒十二年(1886)貴陽陳氏悟蘭吟館刻本　二冊

210000－0747－0000300　191/48＝2

親屬記二卷　（清）鄭珍撰　清光緒十八年(1892)廣雅書局刻本　一冊

210000－0747－0000301　191/49

虛字解一卷　（□）□□撰　清末刻本　一冊

210000－0747－0000302　191/49＝2

虛字解一卷　（□）□□撰　清末刻本　一冊

210000－0747－0000303　191/5

童蒙記誦編二卷　（清）周保璋編　清光緒二十七年(1901)刻本　二冊

210000－0747－0000304　191/50

疊雅十三卷雙名錄一卷　（清）史夢蘭撰　清同治止園刻本　四冊

210000－0747－0000305　191/51

小爾雅疏八卷　（清）王煦撰　清嘉慶五年(1800)鑿翠山莊刻本　四冊

210000－0747－0000306　191/52

推小雅十月辛卯詳疏二卷　（清）焦循撰　清李氏半畝園抄本　一冊

210000－0747－0000307　191/55

爾雅正義二十卷　（清）邵晉涵撰　清乾隆五十三年(1788)餘姚邵氏家塾刻本　五冊

210000－0747－0000308　191/56

輶軒使者絕代語釋別國方言十三卷　（漢）楊雄撰　清末湖北黃岡陶子麟影宋刻本　一冊

210000－0747－0000309　191/58

爾雅小箋三卷鄭氏六藝論一卷　（清）江藩集釋　鄭氏六藝論一卷　（清）臧琳輯　清光緒十九年(1893)南陵徐氏刻本　一冊

210000－0747－0000310　191/59

小爾雅一卷　（漢）孔鮒撰　（清）周夢齡校勘　清末刻本　一冊

210000－0747－0000311　191/59＝3

小爾雅一卷獨斷一卷　（漢）孔鮒撰　（漢）宋咸注　（明）吳琯校勘　獨斷一卷　（漢）蔡邕著　（明）吳琯校勘　明嘉靖二十九年至三十年(1550－1551)袁氏嘉趣堂刻金聲玉振集五十種本(獨斷卷首兩葉配清丁丙抄本)　一冊

210000－0747－0000312　191/6

爾雅郭注義疏二十卷　（清）郝懿行撰　清咸豐六年(1856)吳門湯漱芳齋刻本　八冊

210000－0747－0000313　191/6＝2

爾雅郭注義疏二十卷　（清）郝懿行撰　清光緒十年(1884)榮縣蜀南閣刻本　十冊

210000－0747－0000314　191/60

別雅訂五卷許印林遺著一卷　（清）許瀚撰　清光緒三年(1877)吳縣潘氏八囍齋刻本　一冊

210000－0747－0000315　191/61

爾雅校議二卷　（清）劉玉麐撰　清乾隆五十五年(1790)刻本　一冊

210000－0747－0000316　191/62

釋字百韻一卷　（清）陳勱撰　清光緒十六年(1890)吳下刻本　一冊

210000－0747－0000317　191/66

爾雅註疏校勘札記十卷　（清）劉光蕡撰　清末刻本　一冊

210000－0747－0000318　191/67

廣雅補疏四卷　王樹枏撰　清光緒十六年(1890)青神文莫室刻本　一冊

210000－0747－0000319　191/68

爾雅鄭註三卷　（宋）鄭樵注　清嘉慶晉祁書業堂刻本　一冊

210000－0747－0000320　191/69

續廣雅三卷　（清）劉燦輯　（清）王堃考訂
清嘉慶二十四年(1819)刻本　一冊

210000－0747－0000321　191/7

爾雅郭注義疏二十卷　（清）郝懿行撰　清道
光三十年(1850)木犀香館刻本　七冊

210000－0747－0000322　191/71

支雅二卷　（清）劉燦編　（清）王堃考訂　清
道光六年(1826)刻本　一冊

210000－0747－0000323　191/72

爾疋舊注攷証二卷　（清）李曾白撰　清光緒
三十四年(1908)刻本　一冊

210000－0747－0000324　191/74

小爾雅約注一卷　（秦）孔鮒撰　（清）朱駿聲
注　清光緒八年(1882)刻本　一冊

210000－0747－0000325　191/76

四書虛字講義一卷　（清）丁守存撰　清同治
十年(1871)退補齋刻本　一冊

210000－0747－0000326　191/8

廣雅疏証十卷博雅音十卷　（清）王念孫撰
清嘉慶元年(1796)王氏家刻本　十二冊

210000－0747－0000327　191/80

小爾雅訓纂六卷　（清）宋翔鳳撰　清嘉慶刻
本　一冊

210000－0747－0000328　192/15

說文答問疏証六卷　（清）薛傳均撰　清光緒
十年(1884)金峨山館刻本　四冊

210000－0747－0000329　192/17

汗簡箋正七卷目錄一卷　（清）鄭珍箋　清光
緒十五年(1889)廣雅書局刻本　與210000－
0747－0000371合冊

210000－0747－0000330　192/18

檢字一貫三十二卷　（清）三家村學究編　清
末石印本　三冊

210000－0747－0000331　192/2

六書分類十二卷首一卷　（清）傅世垚輯
（清）傅世磊考訂　清康熙三十八年(1699)聽

松堂刻本　黃士陵、沈知方、沈仲濤批校　二
十冊

210000－0747－0000332　192/22

說文韻譜校五卷　（清）王筠撰　清光緒十六
年(1890)劉嘉禾刻本　二冊

210000－0747－0000333　192/24

說文解字十五卷　（漢）許慎撰　清初毛氏汲
古閣刻本　清陸潤庠批點　四冊

210000－0747－0000334　192/25

說文釋例二十卷　（清）王筠撰　清同治四年
(1865)王彥侗刻本　十冊

210000－0747－0000335　192/28

說文二徐箋異二十八卷　（清）田吳炤撰　清
宣統元年(1909)石印本　二冊

210000－0747－0000336　192/29

說文古籀疏証六卷　（清）莊述祖撰　清光緒
二十年(1894)刻本　四冊

210000－0747－0000337　192/30

說文經字攷疏證六卷　（清）錢人龍撰　清光
緒二十三年(1897)鉛印本　二冊

210000－0747－0000338　192/31

說文逸字二卷附錄一卷　（清）鄭珍撰　清咸
豐八年(1858)望山堂刻本　二冊

210000－0747－0000339　192/34

說文新坿攷六卷　（清）鄭珍撰　清光緒七年
(1881)刻本　三冊

210000－0747－0000340　192/35

通俗文一卷　（漢）服虔撰　清嘉慶四年
(1799)甘泉林氏菽勤堂刻本　一冊

210000－0747－0000341　192/38

說文舊音補注一卷補遺一卷補遺續一卷　胡
玉縉撰　清光緒十四年(1888)江陰南菁書院
刻本　一冊

210000－0747－0000342　192/39

許氏說文解字雙聲疊韻譜一卷　（清）鄧廷楨
撰　清道光刻本　一冊

210000－0747－0000343　192/39 = 2

許氏說文解字雙聲疊韻譜一卷　（清）鄧廷楨撰　清光緒九年(1883)同文書局影印本　清尹彭壽題記　一冊

210000－0747－0000344　192/40

說文本經答問二卷　（清）鄭知同撰　清光緒十六年(1890)廣雅書局刻本　一冊

210000－0747－0000345　192/41

說文佚字攷四卷　（清）張鳴珂撰　清光緒十三年(1887)豫章刻本　一冊

210000－0747－0000346　192/42

字學蒙求四卷　（清）王筠撰　清道光十八年(1838)刻本　一冊

210000－0747－0000347　192/45

說文徐氏未詳說一卷　（清）許溎祥輯　清光緒十六年(1890)許氏古均閣刻本　一冊

210000－0747－0000348　192/47

重文二卷補遺一卷　（清）丁午輯　清光緒八年(1882)刻本　一冊

210000－0747－0000349　192/48

仿唐寫本說文解字木部箋異一卷　（清）莫友芝撰　清同治三年(1864)刻本　一冊

210000－0747－0000350　192/50

說文管見三卷　（清）胡秉虔撰　清光緒二十九年(1903)貴池劉氏刻本　一冊

210000－0747－0000351　192/53

說文校定本十五卷　（清）朱士瑞撰　清同治元年(1862)寶應朱氏刻本　一冊

210000－0747－0000352　192/57

說文字原一卷　（元）周伯琦編　清乾隆四十五年(1780)鄭氏刻本　一冊

210000－0747－0000353　192/58

讀說文雜識一卷　（清）許槤撰　清光緒七年(1881)刻本　一冊

210000－0747－0000354　192/6 = 2

說文解字注三十二卷　（清）段玉裁注　清嘉慶二十年(1815)經韻樓刻本　八冊

210000－0747－0000355　192/60

說文重文管見十四卷　（清）蕭道管撰　清光緒蕭閒堂刻本　一冊

210000－0747－0000356　192/62

六書穭秕三卷　（清）沈道寬撰　清光緒三年(1877)江南潤州権廨沈敦蘭刻本　一冊

210000－0747－0000357　192/64

娛萊軒字釋一卷　（清）章震福撰　清光緒三十四年(1908)鉛印本　一冊

210000－0747－0000358　192/7 = 3

說文古籒補十四卷附錄一卷　（清）吳大澂撰　清光緒二十四年(1898)刻本　二冊

210000－0747－0000359　192/7 = 4

說文古籒補十四卷附錄一卷　（清）吳大澂撰　清光緒七年(1881)刻本　二冊

210000－0747－0000360　192/70

古均樓遺著三種　（清）許棫撰　清光緒十四年(1888)刻本　一冊

210000－0747－0000361　192/8

說文解字注三十二卷　（清）段玉裁注　清光緒三十四年(1908)上海江左書林鉛印本　八冊

210000－0747－0000362　193/10

名原二卷　（清）孫詒讓撰　清光緒刻本　一冊

210000－0747－0000363　193/11

九旗古義述一卷　（清）孫詒讓撰　清光緒二十八年(1902)瑞安孫氏刻本　一冊

210000－0747－0000364　193/13

隸篇十五卷續十五卷再續十五卷　（清）翟雲升撰　清道光十七年(1837)刻本　十冊

210000－0747－0000365　193/14

臨文便覽不分卷　（清）張仰山撰　清光緒二年(1876)京都松竹齋刻本　二冊

210000－0747－0000366　193/16

蒼頡篇三卷　（清）孫星衍撰　蒼頡篇補本二卷　（清）陶方琦撰　清光緒十六年(1890)江

蘇書局刻本　二冊

210000－0747－0000367　193/18

小學鉤沈十九卷　（清）任大椿撰　（清）王念孫校勘　清光緒十年（1884）李氏半畝園刻本　四冊

210000－0747－0000368　193/19

小學鉤沈續編八卷　（清）顧震福撰　清光緒十八年（1892）山陽顧氏刻本　清繆楷題記　四冊

210000－0747－0000369　193/22

字林考逸八卷補一卷　（清）任大椿撰　清光緒十六年（1890）江蘇書局刻本　四冊

210000－0747－0000370　193/23

倉頡篇輯補斠證三卷　（清）王仁俊撰　清光緒三十二年（1906）吳縣王氏刻本　一冊

210000－0747－0000371　193/23

說文解字引漢律攷二卷附錄二卷　（清）王仁俊撰　清光緒三十三年（1907）法政社刻本　與210000－0747－0000329合冊

210000－0747－0000372　193/24

急就探奇一卷　（清）陳木禮箋　清嘉慶十七年（1812）陳氏裛露軒刻本　一冊

210000－0747－0000373　193/5

澄衷蒙學堂字課圖說四卷　（清）劉樹屏撰　清光緒三十年（1904）澄衷蒙學堂石印本　八冊

210000－0747－0000374　193/6＝2

古籀拾遺三卷附宋政和禮器文字攷一卷　（清）孫詒讓撰　清光緒十四年（1888）刻本　二冊

210000－0747－0000375　193/6＝3

古籀拾遺三卷　（清）孫詒讓撰　清同治刻本　清尹彭壽題識　三冊

210000－0747－0000376　193/8

大廣益會玉篇三十卷　（南朝梁）顧野王撰　清康熙四十五年（1706）揚州使院曹寅刻本　三冊

210000－0747－0000377　194/10

枕漁匀學兩種　（清）顧淳撰　清光緒二十五年（1899）木活字印本　一冊

210000－0747－0000378　194/12

二十三母土音表讀法一卷　（清）吳善述撰　清光緒四年（1878）四明黃氏補不足齋刻本　一冊

210000－0747－0000379　194/2

廣韻五卷　（宋）陳彭年等修　清康熙符山堂刻本　十冊

210000－0747－0000380　194/3

音學五書十三卷　（清）顧炎武撰　清福建侯官林春祺福田書海銅活字印本　六冊

210000－0747－0000381　194/6

六書音韻表五卷　（清）段玉裁撰　清嘉慶二十年（1815）經韻樓刻本　二冊

210000－0747－0000382　2/152

游歷加納大圖經八卷　（清）傅雲龍撰　清光緒二十八年（1902）石印本　二冊

210000－0747－0000383　2/153

游歷秘魯圖經四卷　（清）傅雲龍撰　清光緒二十七年（1901）石印本　二冊

210000－0747－0000384　2/154

游歷巴西圖經十卷　（清）傅雲龍撰　清光緒二十七年（1901）石印本　二冊

210000－0747－0000385　2/170

周漁潢先生年譜一卷　（清）陳田編　清末聽詩齋刻本　一冊

210000－0747－0000386　2/172＝2

殷商貞卜文字考一卷　羅振玉撰　清宣統二年（1910）玉簡齋石印本　一冊

210000－0747－0000387　2/172＝2

殷商貞卜文字考一卷　羅振玉撰　清宣統二年（1910）玉簡齋石印本　一冊

210000－0747－0000388　2/189

史記志疑三十六卷　（清）梁玉繩撰　清光緒十三年（1887）廣雅書局刻本　十四冊

210000－0747－0000389　2/192

海國圖志一百卷首一卷　（清）魏源撰　清光緒二十四年(1898)文賢閣石印本　十六冊

210000－0747－0000390　2/192＝2

海國圖志一百卷首一卷　（清）魏源撰　清光緒二十一年(1895)上海積山書局石印本　十六冊

210000－0747－0000391　2/202

右移會不分卷　（清）□□撰　清光緒刻本　一冊

210000－0747－0000392　2/3

御批歷代通鑑輯覽一百二十卷　（清）傅恒等編　清同治十年(1871)浙江書局刻朱墨套印本　三十八冊

210000－0747－0000393　2/4

史記集解索隱正義合刻本一百三十卷　（漢）司馬遷撰　清同治元年(1862)羊城駒氏翰墨園刻本　三十冊

210000－0747－0000394　2/44

皇朝開國方略三十二卷首一卷　（清）阿桂等輯　清光緒十三年(1887)廣百宋齋石印本　六冊

210000－0747－0000395　2/48

九朝紀事本末六百五十八卷　（清）高士奇等撰　清宣統二年(1910)上海文盛書局石印本　四十冊

210000－0747－0000396　2/53

天下郡國利病書一百二十卷　（清）顧炎武輯　（清）龍萬育考訂　清光緒二十七年(1901)上海圖書集成局鉛印本　二十八冊

210000－0747－0000397　2/55

讀史方輿紀要一百三十卷　（清）顧祖禹輯撰　清光緒二十七年(1901)上海圖書集成局鉛印本　三十冊

210000－0747－0000398　2/61

十五家年譜叢書十五種二十三卷　（清）楊希閔撰　清光緒揚州書林陳履恒刻本　十六冊

210000－0747－0000399　2/66

十六國春秋一百卷　（北魏）崔鴻撰　清乾隆四十六年(1781)竹素山房刻本　十六冊

210000－0747－0000400　21/34

五代史記七十四卷　（宋）歐陽修撰　（宋）徐無黨注　（清）彭元瑞注　（清）劉鳳誥排次　清道光刻本　四十冊

210000－0747－0000401　21/35

三國志證聞三卷　（清）錢儀吉撰　清光緒十一年(1885)江蘇書局刻本　二冊

210000－0747－0000402　21/37

東觀漢記二十四卷　（漢）劉珍等撰　清道光十年(1830)武英殿木活字印本　五冊

210000－0747－0000403　21/43

漢書補注一百卷首一卷　（漢）班固撰　（唐）顏師古注　王先謙補注　清光緒二十六年(1900)長沙王氏虛受堂刻本　三十二冊

210000－0747－0000404　21/45

尚史一百七卷　（清）李鍇撰　清乾隆三十八年(1773)悅道樓刻本　二十八冊

210000－0747－0000405　21/47

史記探源八卷　崔適撰　清宣統二年(1910)歸安崔氏觶盧刻本　四冊

210000－0747－0000406　21/50

宋瑣語不分卷　（清）郝懿行撰　清道光刻本　三冊

210000－0747－0000407　21/51

汲冢周書輯要一卷　（清）郝懿行輯　清光緒八年(1882)東路廳署刻本　一冊

210000－0747－0000408　21/52

世本輯補十卷　（清）秦嘉謨輯補　清嘉慶二十三年(1818)琳琅仙館刻本　五冊

210000－0747－0000409　21/53

漢書引經異文錄證六卷　（清）繆祐孫學　清光緒十一年(1885)刻本　二冊

210000－0747－0000410　21/54

後漢書補注二十四卷　（清）惠棟撰　清嘉慶

九年(1804)德裕堂刻本　四冊

210000－0747－0000411　21/56

史記正偽六卷　(清)王元啟撰　清光緒廣雅書局刻本　四冊

210000－0747－0000412　21/60

三國志裴注述二卷　(清)林國贊撰　清光緒十六年(1890)廣州學海堂刻本　一冊

210000－0747－0000413　21/8

東都事略一百三十卷　(宋)王稱撰　清乾隆刻本　八冊

210000－0747－0000414　21/9＝2

史記集解一百三十卷　(宋)裴駰撰　明崇禎元年至十七年(1628－1644)毛氏汲古閣刻本　十二冊

210000－0747－0000415　210/3

玉燭寶典十二卷　(隋)杜臺卿撰　清光緒十年(1884)遵義黎氏影元刻本　三冊

210000－0747－0000416　210/4

七十二候表一卷　(清)羅以智纂　清光緒八年(1882)海昌羊氏刻本　一冊

210000－0747－0000417　211.1/3

欽定大清會典一百卷首一卷　(清)崑岡等修　清宣統元年(1909)南洋官書局石印本　十二冊

210000－0747－0000418　211.1/4

光緒史料函稿一卷　(清)□□撰　清光緒抄本　一冊

210000－0747－0000419　211.2/2

增補最新職官全錄一卷　(清)榮寶齋編　清宣統二年(1910)京都榮寶齋刻本　一冊

210000－0747－0000420　211.3/7

林文忠公政書三集三十七卷蒐遺一卷　(清)林則徐撰　清光緒二十四年(1898)天津文德堂石印本　六冊

210000－0747－0000421　211.3/8

林則徐奏稿不分卷　(清)林則徐撰　清道光、同治林則徐稿本　一冊

210000－0747－0000422　211.3/9

孤忠錄不分卷　(清)袁祖志輯　清光緒五年(1879)袁祖志稿本　一冊

210000－0747－0000423　211.4/1

故唐律疏議三十卷首一卷　(唐)長孫無忌等撰　清光緒十六年(1890)京師刻本　十二冊

210000－0747－0000424　211.4/3

井田圖考二卷　(清)朱克己撰　清光緒十六年(1890)山東書局刻本　二冊

210000－0747－0000425　211.4/4

補宋書刑法志一卷　(清)郝懿行撰　清光緒刻本　一冊

210000－0747－0000426　211/4

軍機故事二卷補遺一卷　姚文棟輯　清光緒謨觴室刻本　一冊

210000－0747－0000427　212.1/2

欽定四庫全書總目二百卷首一卷　(清)紀昀等纂　清同治七年(1868)廣東書局刻本　五十二冊

210000－0747－0000428　212.2/3

書目答問不分卷　(清)張之洞撰　清光緒二十一年(1895)上海蜚英館石印本　一冊

210000－0747－0000429　212/11

竹汀先生日記鈔三卷　(清)何元錫編次　清嘉慶十年(1805)何氏刻本　一冊

210000－0747－0000430　212/4

史略六卷　(宋)高似孫撰　清光緒九年(1883)虞山鮑氏影宋刻本　二冊

210000－0747－0000431　212/5

式古堂目錄十七卷　(清)尤瑩編　清光緒十九年(1893)石印本　二冊

210000－0747－0000432　212/6

皇清經解檢目八卷附通用表一卷　(清)蔡啟盛撰　清光緒十二年(1886)武林刻本　二冊

210000－0747－0000433　213.1/1

金石索十二卷　(清)馮雲鵬等撰　清道光元年(1821)雙桐書屋刻本　十二冊

210000－0747－0000434　213.1/11
枕經堂金石書畫題跋三卷　（清）方朔撰　清同治三年(1864)刻本　一冊

210000－0747－0000435　213.1/22
求古精舍金石圖四卷　（清）陳經撰　清嘉慶陳氏說劍樓刻本　六冊

210000－0747－0000436　213.1/23
二百蘭亭齋金石記一卷　（清）吳雲撰　清咸豐六年(1856)歸安吳氏刻本　一冊

210000－0747－0000437　213.1/27
金石萃編補目三卷　（清）黃本驥撰　清光緒二十九年(1903)貴池劉世珩刻本　一冊

210000－0747－0000438　213.1/31
九鐘精舍金石跋尾不分卷　吳士鑒學　清宣統二年(1910)刻本　二冊

210000－0747－0000439　213.1/34
敬吾心室彝器款識不分卷　（清）朱書旗撰　清光緒三十四年(1908)石印本　二冊

210000－0747－0000440　213.1/35
來齋金石刻考略三卷　（清）林侗纂輯　清嘉慶二十一年(1816)馮氏陶舫刻本　一冊

210000－0747－0000441　213.1/38
金石學錄四卷　（清）李遇孫輯　清道光四年(1824)芝省齋刻本　二冊

210000－0747－0000442　213.1/39
十六長樂堂古器款識考四卷　（清）錢坫撰　清嘉慶元年(1796)錢氏刻本　趙叔孺題記　二冊

210000－0747－0000443　213.1/4
清儀閣題跋不分卷　（清）張廷濟撰　清光緒木活字印本　四冊

210000－0747－0000444　213.1/44
金玉瑣碎二卷　（清）謝堃撰　清光緒六年(1880)刻本　一冊

210000－0747－0000445　213.1/46
廣雅堂金石攷訂一卷　（清）□□撰　清末刻朱印本　一冊

210000－0747－0000446　213.1/48
金石文字一卷　（清）張廷濟輯　清末石印本　一冊

210000－0747－0000447　213.1/6
金石萃編補略二卷　（清）王言撰　清光緒八年(1882)刻本　一冊

210000－0747－0000448　213.1/8
金石學錄補四卷　（清）陸心源編　清光緒十二年(1886)陸氏家刻本　一冊

210000－0747－0000449　213.2/2
寶鴨齋題跋三卷　（清）徐樹鈞著　清宣統二年(1910)宏文社石印本　一冊

210000－0747－0000450　213.2/5
至聖林廟碑目六卷　（清）孔昭薰等編　清光緒二十二年(1896)積學齋刻　一冊

210000－0747－0000451　213.2/6
長安獲古編一卷附已刻目一卷泥封印古錄一卷　（清）劉喜海輯　清末刻本　一冊

210000－0747－0000452　213.2/9
楚金爰考一卷　（清）龔心釗撰　清光緒三十年(1904)刻本　一冊

210000－0747－0000453　213.3/11
金石學錄四卷　（清）李遇孫輯　清道光四年(1824)芝省齋刻本　劉盼遂批校題跋　二冊

210000－0747－0000454　213.3/13
吉金所見錄十六卷首一卷末一卷　（清）初尚齡纂輯　清嘉慶二十四年(1819)古香書屋刻本　四冊

210000－0747－0000455　213.3/14
長安獲古編二卷補一卷　（清）劉喜海輯　清道光東武劉氏刻本　二冊

210000－0747－0000456　213.3/15
西清續鑒二十卷　（清）梁詩正等編　清宣統三年(1911)上海涵芬樓影印本　四十二冊

210000－0747－0000457　213.3/18
從古堂款識學十六卷　（清）徐同柏釋文　清光緒三十二年(1906)蒙學報館影印本　八冊

210000－0747－0000458　　213.3/19

筠清館金石文字五卷　（清）吳榮光撰　清道光二十二年(1842)刻本　五冊

210000－0747－0000459　　213.3/21

續考古圖五卷釋文一卷　（宋）呂大臨撰　清咸豐、同治蘇城陶升甫刻本　二冊

210000－0747－0000460　　213.3/22

恒軒所見所藏吉金錄不分卷　（清）吳大澂撰　清光緒十一年(1885)刻本　四冊

210000－0747－0000461　　213.3/3

積古齋鐘鼎彝器款識十卷　（清）阮元編錄　清末刻本　四冊

210000－0747－0000462　　213.3/3＝2

積古齋鐘鼎彝器款識十卷　（清）阮元編錄　清嘉慶九年(1804)阮元刻本　六冊

210000－0747－0000463　　213.3/31

鐘攡鐘隧考一卷　馮水撰　清宣統刻本　一冊

210000－0747－0000464　　213.3/39

積古齋鐘鼎款識四卷　（清）阮元編錄　清光緒三十二年(1906)石印本　三冊

210000－0747－0000465　　213.3/45

攈古錄金文三卷　（清）吳式芬撰　清光緒二十一年(1895)刻本　九冊

210000－0747－0000466　　213.3/5

西清古鑑四十卷錢錄十六卷　（清）梁詩正等編纂　清光緒三十四年(1908)集成圖書公司石印本　二十四冊

210000－0747－0000467　　213.3/50

盤亭小錄不分卷　（清）吳雲撰　清同治五年(1866)二百蘭亭齋刻本　張允中跋　一冊

210000－0747－0000468　　213.3/6

陶齋吉金錄八卷　（清）端方撰　清光緒三十四年(1908)上海有正書局石印本　八冊

210000－0747－0000469　　213.3/6/2

陶齋吉金續錄二卷　（清）端方撰　清宣統元年(1909)金陵石印本　一冊

210000－0747－0000470　　213.3/7

奇觚室吉金文述二十卷首一卷　（清）劉心源學　清光緒二十八年(1902)石印本　十冊

210000－0747－0000471　　213.3/9

攀古廔彝器款識不分卷　（清）潘祖蔭輯　清同治十一年(1872)京師滂喜齋刻本　二冊

210000－0747－0000472　　213.4/3

古泉匯六十四卷首一卷續泉匯十四卷補遺二卷　（清）李佐賢編輯　清同治三年至光緒元年(1864－1875)利津李氏石泉書屋刻本　二十冊

210000－0747－0000473　　213.6/10

碑別字五卷　（清）羅振鋆輯　清光緒二十年(1894)刻本　一冊

210000－0747－0000474　　213.6/12

漢碑徵經一卷　（清）朱百度著　清光緒十五年(1889)廣雅書局刻本　一冊

210000－0747－0000475　　213.6/14

讀碑小箋一卷　羅振玉撰　清光緒十年(1884)唐風樓刻本　一冊

210000－0747－0000476　　213.6/17

元魏熒陽鄭文公摩崖碑跋一卷　（清）諸可寶撰　清光緒三十年(1904)朱氏槐廬家塾刻本　一冊

210000－0747－0000477　　213.6/18

秦瓦量三十五紙　（清）陳簠齋藏拓　清末陳簠齋拓本　一冊

210000－0747－0000478　　213.6/19

鄉甯縣知縣加知州衛王蓑友先生墓誌銘一卷　（清）劉燿椿撰　清嘉慶劉燿椿稿本　清翁同龢跋　一冊

210000－0747－0000479　　213.6/20

二金蜨雙鉤漢碑十種序跋一卷　（清）魏錫曾撰　清同治五年(1866)魏錫曾稿本　一冊

210000－0747－0000480　　213.6/6

漢石存目二卷周秦石存目附一卷魏晉石存目附一卷山左北朝石存目一卷　（清）王懿榮纂

周秦石存目附一卷魏晉石存目附一卷山左北朝石存目一卷　（清）尹彭壽纂　清末刻本　一冊

210000－0747－0000481　213.7/7

鐵雲藏龜不分卷　（清）劉鶚輯　清光緒二十九年（1903）抱殘守缺齋石印本　六冊

210000－0747－0000482　213/4

張叔未解元所藏金石文字一卷　（清）□□撰　清光緒十年（1884）四會嚴氏鶴緣齋影印本　一冊

210000－0747－0000483　214/3

通典二百卷　（唐）杜佑纂　清光緒二十七年（1901）上海圖書集成局石印本　三百冊

210000－0747－0000484　214/4

歷朝紀事本末七種五百六十六卷　（清）朱槐廬輯　清光緒二十四年（1898）慎記書莊石印本　五十冊

210000－0747－0000485　214/5

痛史二十種五十二卷　樂天居士輯　清宣統三年（1911）商務印書館鉛印本　三十一冊

210000－0747－0000486　214/6

九通提要十二卷　（清）柴紹炳纂　清光緒二十八年（1902）鴻寶齋石印本　六冊

210000－0747－0000487　22/10

竹書紀年統箋十二卷前編一卷　（南朝梁）沈約注　（清）徐文靖統箋　清光緒三年（1877）浙江書局刻本　四冊

210000－0747－0000488　22/11

周季編略九卷　（清）黃式三纂　清同治十二年（1873）浙江書局刻本　四冊

210000－0747－0000489　22/12

資治通鑒外紀十卷　（宋）劉恕編　清同治十年（1871）江蘇書局刻本　十冊

210000－0747－0000490　22/13

竹書紀年校正十四卷　（南朝梁）沈約注　（清）郝懿行學　清光緒五年（1879）東路廳署刻本　二冊

210000－0747－0000491　22/14＝2

竹書紀年辨正四卷　（清）韓怡纂修　清嘉慶十二年（1807）木存堂刻本　一冊

210000－0747－0000492　22/15

竹書紀年集註二卷　（清）陳詩注　清嘉慶六年（1801）蘄州陳氏家塾刻本　二冊

210000－0747－0000493　22/16

竹書紀年集註二卷　（清）陳詩注　清嘉慶十年（1805）蘄州陳氏家塾刻本　二冊

210000－0747－0000494　22/17

竹書紀年校補二卷　（清）張宗泰校補　（清）劉世珩校刊　清光緒貴池劉氏刻聚學軒叢書本　一冊

210000－0747－0000495　22/18

竹書紀年二卷　（南朝梁）沈約注　清末刻本　清陸元鼎批校題跋　一冊

210000－0747－0000496　22/18＝2

竹書紀年二卷　（南朝梁）沈約注　（明）吳琯校勘　清末刻本　清陸元鼎批校題跋　一冊

210000－0747－0000497　22/19

校補竹書紀年二卷　（清）趙紹祖校補　清嘉慶古墨齋刻本　二冊

210000－0747－0000498　22/21

竹書紀年二卷　（清）張宗泰校補　清嘉慶二年（1797）石梁學署刻本　二冊

210000－0747－0000499　22/23

竹書紀年二卷　（清）洪頤煊校勘　清嘉慶十一年（1806）平津館刻本　一冊

210000－0747－0000500　22/23＝2

竹書紀年二卷　（清）洪頤煊校勘　清嘉慶十一年（1806）平津館刻本　一冊

210000－0747－0000501　22/25

通鑑注辯正二卷　（清）錢大昕撰　清乾隆五十七年（1792）潛研堂刻本　一冊

210000－0747－0000502　22/9

考訂竹書紀年十四卷　（清）雷學淇考訂　清光緒九年（1883）潤身草堂刻本　四冊

210000 – 0747 – 0000503　23/10

三藩紀事本末四卷　（清）楊陸榮編　清道光陳氏澤古齋刻本　一冊

210000 – 0747 – 0000504　23/11

湘軍記二十卷　（清）王定安撰　清光緒十五年(1889)江南書局刻本　十二冊

210000 – 0747 – 0000505　23/12

聖武記十四卷　（清）魏源撰　清道光二十二年(1842)古微堂刻本　十二冊

210000 – 0747 – 0000506　23/14

平浙紀略十六卷　（清）秦緗業等編　清同治十二年(1873)浙江書局刻本　四冊

210000 – 0747 – 0000507　23/17

鎮江剿平粵匪記二卷　（清）橫山鄉人撰　清末抄本　二冊

210000 – 0747 – 0000508　23/18

平定猺匪紀略二卷　（清）周宜亭撰　清末抄本　二冊

210000 – 0747 – 0000509　23/19

道光英艦破鎮江記一卷　（清）陳慶年撰　清末抄本　一冊

210000 – 0747 – 0000510　23/20

咸豐象山粵氛紀實一卷　（清）王蒔蕙撰　清末抄本　一冊

210000 – 0747 – 0000511　23/21

咸豐三年避寇日記二卷　（清）符南樵撰　清末抄本　二冊

210000 – 0747 – 0000512　23/22

東牟守城紀略不分卷　（清）戴燮元撰　清末抄本　二冊

210000 – 0747 – 0000513　23/23

五代列國徵代攷不分卷　（宋）□□撰　清雍正內府抄本　一冊

210000 – 0747 – 0000514　23/24

繹史一百六十卷　（清）馬驌撰　清光緒三十年(1904)浙江書局刻本　五十冊

210000 – 0747 – 0000515　23/3

西夏紀事本末三十六卷首二卷　（清）張鑑著　清光緒十一年(1885)金陵刻本　三冊

210000 – 0747 – 0000516　23/4

綏寇紀略十二卷補遺二卷　（清）吳偉業纂輯　（清）鄒漪考訂　（清）張海鵬校勘　清嘉慶九年(1804)照曠閣刻本　九冊

210000 – 0747 – 0000517　23/5

明史紀事本末八十卷　（清）谷應泰編著　清順治十五年(1658)刻本　昭達點校　二十冊

210000 – 0747 – 0000518　23/6

明末紀事補遺十卷　（清）三餘氏撰　清同治刻本　八冊

210000 – 0747 – 0000519　23/7

平定粵匪紀略十八卷附記四卷　（清）杜文瀾撰　清同治十年(1871)京都聚珍齋木活字印本　十冊

210000 – 0747 – 0000520　23/9

遼史紀事本末四十卷首一卷　（清）李有棠編纂　清光緒十九年(1893)同文書局石印本　四冊

210000 – 0747 – 0000521　24/1

路史四十七卷　（宋）羅泌纂　清光緒二年(1876)紅杏山房刻本　十二冊

210000 – 0747 – 0000522　24/10

蜀碧四卷　（清）彭遵泗編　清光緒二十六年(1900)宏道堂刻本　二冊

210000 – 0747 – 0000523　24/11

征剿紀略四卷　（清）雷其榮撰　清末抄本　四冊

210000 – 0747 – 0000524　24/12

六合紀事四卷　（清）周長森撰　清末抄本　二冊

210000 – 0747 – 0000525　24/16

嘯亭雜錄十卷　（清）汲修主人著　清光緒刻本　十冊

210000 – 0747 – 0000526　24/18

戰國策十卷 （宋）鮑彪注 （元）吳師道補正
清乾隆詩禮堂刻本 六冊

210000－0747－0000527 24/19

戰國策三十三卷重刊札記三卷 （漢）高誘注
清嘉慶八年（1803）吳門黃氏讀未見書齋影
宋刻本 五冊

210000－0747－0000528 24/19＝2

戰國策三十三卷 （漢）高誘注 清嘉慶八年
（1803）黃丕烈讀未見書齋影宋刻本 馮欽哉
題記 八冊

210000－0747－0000529 24/22

國語校注本三種二十九卷 （清）汪遠孫撰
清道光二十六年（1846）汪氏振綺堂刻本
五冊

210000－0747－0000530 24/23

國語翼解六卷 （清）陳瑑撰 清光緒十八年
（1892）廣雅書局刻本 二冊

210000－0747－0000531 24/25

戰國策釋地二卷 （清）張琦撰 清嘉慶二十
年（1815）張氏宛鄰書屋刻本 二冊

210000－0747－0000532 24/26

國語正義二十一卷 （清）董增齡撰 清光緒
六年（1880）會稽章氏式訓堂刻本 八冊

210000－0747－0000533 24/27

國策地名攷二十卷首一卷 （清）程恩澤纂
（清）狄子奇箋 清道光二十年（1840）安雅齋
刻本 六冊

210000－0747－0000534 24/28

國語二十一卷 （三國吳）韋昭解 （宋）宋庠
補音 清末刻本 二冊

210000－0747－0000535 24/28＝2

國語二十一卷札記一卷 （三國吳）韋昭解
清嘉慶五年（1800）黃丕烈讀未見書齋影宋刻
本 五冊

210000－0747－0000536 24/28＝3

國語二十一卷札記一卷 （三國吳）韋昭解
清嘉慶五年（1800）黃丕烈讀未見書齋影宋刻

本 二冊

210000－0747－0000537 24/31

國語補音三卷 （宋）宋庠撰 清光緒二年
（1876）成都尊經書院刻本 一冊

210000－0747－0000538 24/33

武王克殷日紀一卷 （清）林春溥纂 清道光
十五年（1835）刻本 一冊

210000－0747－0000539 24/8

東征紀略一卷 （清）劉坤一撰 清光緒二十
五年（1899）鉛印本 一冊

210000－0747－0000540 25/1

廿一史約編八卷首一卷 （清）鄭元慶撰 清
末上洋江左書林刻本 八冊

210000－0747－0000541 25/2

歷代帝王年表十四卷 （清）齊召南編 清光
緒二十八年（1902）山東書局石印本 一冊

210000－0747－0000542 26/10

讀史偶錄內集不分卷 （清）□□撰 清乾隆
劉墉稿本 一冊

210000－0747－0000543 26/11

史通削繁四卷 （清）紀昀撰 清道光十三年
（1833）兩廣節署翰墨園刻朱墨套印本 四冊

210000－0747－0000544 26/12

史徵一卷 （清）徐汾著 清康熙抄本 一冊

210000－0747－0000545 26/13

文史通義八卷 （清）章學誠著 清光緒十九
年（1893）粵東菁華閣刻本 八冊

210000－0747－0000546 26/5

歷代史論十二卷左傳史論二卷宋史論三卷元
史論一卷 （明）張溥論正 清光緒十一年
（1885）粵東文升閣刻朱墨套印本 八冊

210000－0747－0000547 26/5＝2

歷代史論十二卷宋史論三卷元史論一卷明史
論二卷 （明）張溥論正 清光緒十二年
（1886）兩儀堂刻本 十冊

210000－0747－0000548 26/7

廿二史劄記三十六卷補遺一卷　（清）趙翼撰
清光緒二十七年(1901)宏道書局刻本　十
八冊

210000－0747－0000549　26/8

讀史管見八卷　（清）蘇宗經著　清道光二十
九年(1849)蘇氏家刻本　四冊

210000－0747－0000550　26/9

王先生十七史蒙求十六卷　（宋）王令撰　清
康熙四十九年(1710)刻本　六冊

210000－0747－0000551　27/1

師友淵源記一卷　（清）陳奐撰　清咸豐陳奐
稿本　一冊

210000－0747－0000552　271/1

列女傳集注八卷補遺一卷補注敍一卷　（清）
蕭道管撰　清光緒十八年(1892)刻本　四冊

210000－0747－0000553　271/2

列女傳補注八卷敍錄一卷　（清）王照圓撰
清嘉慶十七年(1812)棲霞郝氏曬書堂刻本
四冊

210000－0747－0000554　271/2

列仙傳校正本二卷敍讚一卷　（清）王照圓撰
清嘉慶雙蓮書屋刻本　一冊

210000－0747－0000555　2711/4

歷代名臣言行錄二十四卷　（清）朱桓撰　清
同治四年(1865)寶仁堂刻本　三十二冊

210000－0747－0000556　2711/5

尚友錄二十二卷補遺一卷　（明）廖用賢編纂
（清）張伯琮補輯　（清）張坦讓參訂　清康
熙古婺正業堂刻本　十二冊

210000－0747－0000557　2712/10

孟子弟子考補正一卷　陳矩補正　清光緒二
十三年(1897)刻靈峰草堂叢書本　一冊

210000－0747－0000558　2712/3

昭代名人尺牘二十四卷小傳二十四卷　（清）
吳修審定　清光緒三十四年(1908)上海集古
齋石印本　二十六冊

210000－0747－0000559　2712/6

關天培事跡彙考一卷　（清）丁晏等輯　清道
光丁晏稿本　一冊

210000－0747－0000560　2712/8

國朝先正事略六十卷　（清）李元慶纂　清光
緒十三年(1887)上海點石齋影印本　八冊

210000－0747－0000561　272/3

闕里文獻考一百卷首一卷末一卷　（清）孔繼
汾撰　清光緒十七年(1891)刻本　八冊

210000－0747－0000562　272/7

鄭學錄四卷　（清）鄭珍撰　清同治四年
(1865)刻本　二冊

210000－0747－0000563　273/13

孔子編年五卷跋一卷　（宋）胡仔撰　清嘉慶
二十三年(1818)續溪胡氏家祠刻本　二冊

210000－0747－0000564　273/14

先聖生卒年月日考二卷　（清）孔廣牧撰　清
光緒四年(1878)旌陽湯氏刻本　一冊

210000－0747－0000565　273/14＝2

先聖生卒年月日考二卷　（清）孔廣牧撰　清
光緒十九年(1893)浙江書局刻本　一冊

210000－0747－0000566　273/18

奏祀段懋堂先生鄉賢錄一卷　（清）鄭鍾祥輯
清光緒二十八年(1902)刻本　一冊

210000－0747－0000567　273/19

東軒吟社畫像一卷　（清）□□撰　清光緒二
年(1876)振綺堂刻本　一冊

210000－0747－0000568　273/22

周公年表一卷　（清）牟庭撰　清同治十年
(1871)刻本　一冊

210000－0747－0000569　274/2

孔子世家考二卷　（清）鄭環纂修　清嘉慶八
年(1803)甘泉學尋樂堂木活字印本　二冊

210000－0747－0000570　274/3

邵氏姓解辨誤一卷　（清）段朝端撰　清光緒
邵武徐氏刻本　一冊

210000－0747－0000571　275/2

前明入學案錄存不分卷 （清）翰坡考訂 清咸豐十一年（1861）翰坡稿本 二冊

210000－0747－0000572 28/4
資治通鑑地理今釋十六卷 （清）吳熙載撰 清光緒八年（1882）江蘇書局刻本 三冊

210000－0747－0000573 28/5
晦明軒稿不分卷 楊守敬撰 清光緒二十七年（1901）鄰蘇園刻本 二冊

210000－0747－0000574 281/2
歷代陵寢備考五十卷 （清）朱孔陽輯 清光緒上海申報館鉛印本 十四冊

210000－0747－0000575 281/3
輿地廣記三十八卷 （宋）歐陽忞撰 清光緒十八年至二十一年（1892－1895）刻武英殿聚珍版書本 八冊

210000－0747－0000576 281/4
七國地理考七卷國策編年一卷 （清）顧觀光著 清光緒五年（1879）刻本 四冊

210000－0747－0000577 281/6
鮮虞中山國事表疆域圖說一卷 王先謙撰 清光緒九年（1883）長沙王氏刻本 一冊

210000－0747－0000578 281/7
戰國疆域圖八卷 （清）□□撰繪 清宣統元年（1909）鄂城刻朱墨套印本 一冊

210000－0747－0000579 281/8
晉太康三年地記一卷 （清）畢沅撰 清光緒二十一年（1895）廣雅書局刻本 一冊

210000－0747－0000580 281/9
楚漢諸侯疆域志三卷 （清）劉文淇撰 清光緒二年（1876）金陵刻本 一冊

210000－0747－0000581 282/106
［正德］武功縣志三卷首一卷 （明）康海撰 清乾隆二十六年（1761）水縣刻本 一冊

210000－0747－0000582 282/107
乾隆台灣府志二十六卷首一卷 （清）余文儀等纂修 清乾隆二十八年（1763）余文儀稿本 三十二冊

210000－0747－0000583 282/109
吳興記一卷吳興山墟名一卷 （南朝宋）山謙之撰 繆荃孫校輯 吳興山墟名一卷 （晉）張元之撰 繆荃孫校集 清光緒六年（1880）江陰繆氏刻本 一冊

210000－0747－0000584 282/110
河南省圖一卷 （清）李鶴年撰繪 清同治九年（1870）刻本 一冊

210000－0747－0000585 282/114
荊州記三卷 （南朝宋）盛宏之撰 清光緒十九年（1893）曹氏箋經室刻本 一冊

210000－0747－0000586 283/1
蜀典十二卷 （清）張澍編輯 清光緒二年（1876）尊經書院刻本 四冊

210000－0747－0000587 283/2
臺灣雜記一卷 （清）黃逢昶輯 清光緒十年（1884）抄本 一冊

210000－0747－0000588 283/5
宸垣識略十六卷 （清）吳長元輯 清光緒二年（1876）琉璃廠寶林刻本 八冊

210000－0747－0000589 283/7
新坂土風一卷 （清）陳鱣著 清光緒十八年（1892）桂林海昌羊氏刻本 一冊

210000－0747－0000590 284/4
合校水經注四十卷首一卷末一卷 （北魏）酈道元撰 清光緒十八年（1892）長沙王氏思賢講舍刻本 十六冊

210000－0747－0000591 284/6
漢志水道疏證四卷 （清）洪頤煊撰 清光緒十八年（1892）廣雅書局刻本 一冊

210000－0747－0000592 286/3＝2
三輔黃圖校正一卷 （清）莊逵吉校正 清乾隆五十一年（1786）咸甯官舍刻本 一冊

210000－0747－0000593 287/3
朔方備乘六十八卷凡例目錄一卷首十二卷 （清）李鴻章撰 清光緒石印本 八冊

210000－0747－0000594 288/2

北上日記二卷 （清）□□撰 清同治六年
(1867)抄本 二冊

210000－0747－0000595 288/3

辛卯侍行記六卷 （清）陶保廉撰 清光緒二
十三年(1897)養樹山房刻本 六冊

210000－0747－0000596 29/3

日本國志四十卷首一卷 （清）黃遵憲編纂
清光緒二十四年(1898)上海圖書集成印書局
石印本 十冊

210000－0747－0000597 3/11

皇甫碑不分卷 （唐）歐陽詢書寫 明拓割裱
本 一冊

210000－0747－0000598 3/14

養生圖解不分卷御製養正圖讚一卷 （明）焦
竑撰 清光緒二十一年(1895)武英殿刻本
五冊

210000－0747－0000599 3/16

孔子家語十卷 （三國魏）王肅注 清光緒上
海同文書局石印本 五冊

210000－0747－0000600 3/2

欽定三希堂法帖集正不分卷 （三國魏）魏鍾
繇書 清宣統文盛書局石印本 二十冊

210000－0747－0000601 3/5

御纂朱子全書六十六卷 （清）李光地等修
清道光刻本 二十五冊

210000－0747－0000602 3/64

擬彙刊周秦諸子校注輯補善本敘錄一卷
（清）王仁俊撰 清光緒三十四年(1908)存古
學堂鉛印本 一冊

210000－0747－0000603 31/10

潛夫論十卷 （漢）汪繼培箋 清光緒十七年
(1891)思賢講舍刻本 四冊

210000－0747－0000604 31/11

賈子次詁十六卷 （清）王耕心次詁 清光緒
二十九年(1903)正定五氏刻本 二冊

210000－0747－0000605 31/14

曾子家語六卷 （清）曾國荃審訂 （清）王定

安編輯 清光緒十六年(1890)金陵刻本
二冊

210000－0747－0000606 31/15

希鄭堂叢書七種十二卷 （清）潘任撰 清光
緒二十年(1894)木活字印本 二冊

210000－0747－0000607 31/16

鹽鐵論十卷校勘小識一卷 （漢）桓寬撰 清
光緒十七年(1891)思賢講舍刻本 二冊

210000－0747－0000608 31/17

梅叟閒評四卷 （清）郝培元著 清光緒十年
(1884)東路廳署刻本 二冊

210000－0747－0000609 31/18

漢儒通義七卷 （清）陳澧撰集 清咸豐番禺
陳氏刻本 二冊

210000－0747－0000610 31/19

荀子考異一卷 （宋）錢佃撰 清光緒三十一
年(1905)刻朱印本 一冊

210000－0747－0000611 31/20

子恩內篇七卷 （漢）鄭玄注 （清）黃以周輯
解 清光緒二十二年(1896)南菁書院刻本
二冊

210000－0747－0000612 31/23

孔子集語補遺一卷 （清）王仁俊撰 清光緒
三十二年(1906)王氏正學堂刻本 一冊

210000－0747－0000613 31/24

黃氏塾課三卷 （清）儆居子(黃式三)編 清
光緒刻本 一冊

210000－0747－0000614 31/25

荀子補注二卷 （清）郝懿行學 清刻齊魯先
喆遺書本 一冊

210000－0747－0000615 31/27

新語二卷 （漢）陸賈撰 清末刻本 一冊

210000－0747－0000616 31/28

家語疏證六卷 （清）孫志祖學 清嘉慶刻本
一冊

210000－0747－0000617 31/4

荀子二十卷　（唐）楊倞注　清光緒三十四年（1908）上海文瑞樓石印本　四冊

210000－0747－0000618　31/6

明夷待訪錄一卷　（清）黃宗羲著　清宣統二年（1910）公益印字館鉛印本　一冊

210000－0747－0000619　31/8

孔子家語疏證十卷　（清）陳士珂輯　清光緒十七年（1891）三餘草堂刻本　八冊

210000－0747－0000620　310.1/34

御製圓明園圖詠二卷　（清）世宗胤禛輯　清光緒十三年（1887）天津石印書屋石印本　二冊

210000－0747－0000621　310.1/4

紅樓夢圖詠不分卷　（清）改琦繪　清光緒五年（1879）淮甫居士刻朱墨套印本　四冊

210000－0747－0000622　310.1/6

佩文齋書畫譜一百卷　（清）聖祖玄燁輯　清康熙四十七年（1708）內府刻靜永堂印本　四十冊

210000－0747－0000623　312.1/1

讀書雜志八十二卷餘編二卷　（清）王念孫撰　清同治九年（1870）金陵書局刻本　二十四冊

210000－0747－0000624　312.1/1＝2

讀書雜志八十二卷　（清）王念孫撰　清末刻本　二十三冊　存七十八卷（五至八十二）

210000－0747－0000625　312.1/10

白虎通疏證十二卷　（清）陳立撰　清光緒元年（1875）淮南書局刻本　四冊

210000－0747－0000626　312.1/102

蔗餘偶筆一卷梁聞山先生評書帖一卷鮑覺生先生未刻詩一卷　（清）方士淦撰　清同治十一年（1872）兩淮運署刻本　一冊

210000－0747－0000627　312.1/11

困學紀聞注二十卷　（清）翁元圻輯　清道光五年（1825）杭州愛日軒刻本　十四冊

210000－0747－0000628　312.1/13

鬼谷子三卷附篇目考一卷　（南朝梁）陶宏景注　清嘉慶十年（1805）江都秦氏亨帉精舍刻本　三冊

210000－0747－0000629　312.1/14

晏子春秋七卷　（清）蘇輿校　清光緒十八年（1892）思賢講舍刻本　二冊

210000－0747－0000630　312.1/17

南漘楛語八卷　（清）蔣超伯輯　清同治十年（1871）兩鶱山房刻本　四冊

210000－0747－0000631　312.1/18

札迻十二卷　（清）孫詒讓撰　清光緒二十年（1894）刻本　四冊

210000－0747－0000632　312.1/20

癸巳類稿十五卷　（清）俞正燮撰　清光緒五年（1879）會稽章氏刻本　十二冊

210000－0747－0000633　312.1/21

讀書叢錄二十四卷　（清）洪頤煊撰　清光緒十三年（1887）吳氏醉六堂刻本　六冊

210000－0747－0000634　312.1/21＝2

讀書脞錄七卷　（清）孫志祖撰　清光緒十三年（1887）吳氏醉六堂刻本　二冊

210000－0747－0000635　312.1/22

讀書雜釋十四卷　（清）徐鼒學　清咸豐十一年（1861）福甯郡齋刻本　四冊

210000－0747－0000636　312.1/23

癸巳存稿十五卷　（清）俞正燮撰　清光緒刻本　八冊

210000－0747－0000637　312.1/24

札樸十卷　（清）桂馥撰　清嘉慶十八年（1813）山陰小李山房刻本　四冊

210000－0747－0000638　312.1/25

舒藝室隨筆六卷　（清）張文虎撰　清同治十三年（1874）金陵冶城賓館刻本　三冊

210000－0747－0000639　312.1/26

儆居集十四卷　（清）黃式三撰　清道光刻本　四冊

210000－0747－0000640　312.1/35

娛親雅言六卷　（清）嚴元照著　清光緒十一年(1885)嘉平羢園王氏刻本　四冊

210000－0747－0000641　312.1/38

桑榆夕照錄四卷　（清）蕭震萬著　清光緒十二年(1886)湘潭蕭氏刻本　二冊

210000－0747－0000642　312.1/39

曬書堂筆記二卷　（清）郝懿行輯　清末刻本　二冊

210000－0747－0000643　312.1/41

松煙小錄六卷　（清）汪琇撰　清光緒十年(1884)隨山館刻本　三冊

210000－0747－0000644　312.1/42

日知錄之餘四卷　（清）顧炎武著　清宣統二年(1910)吳中刻本　二冊

210000－0747－0000645　312.1/44

鄭齋漢學文編六卷　（清）孫雄撰　清光緒三十四年(1908)常熟孫氏鉛印本　二冊

210000－0747－0000646　312.1/45

食舊惪齋雜著二卷　（清）劉嶽雲撰　清光緒刻本　二冊

210000－0747－0000647　312.1/49

愈愚錄六卷　（清）劉寶楠撰　清光緒十五年(1889)廣雅書局刻本　二冊

210000－0747－0000648　312.1/5＝2

日知錄集釋三十二卷刊誤二卷　（清）顧炎武著　（清）黃汝成集釋　清道光十四年(1834)嘉定黃氏西谿草盧刻本　十六冊

210000－0747－0000649　312.1/50

讀書偶筆二十卷　（清）董桂新撰　清同治五年(1866)婺源賜硯堂刻本　四冊

210000－0747－0000650　312.1/53

邃雅堂學古錄七卷　（清）姚文田述　清道光七年(1827)刻本　六冊

210000－0747－0000651　312.1/56

二初齋讀書記十卷首一卷　（清）倪思寬撰　清嘉慶刻本　二冊

210000－0747－0000652　312.1/57

交翠軒筆記四卷　（清）沈濤纂　清道光二十八年(1848)刻本　四冊

210000－0747－0000653　312.1/59

攷辨隨筆二卷　（清）黃定宜著　清道光二十七年(1847)刻本　二冊

210000－0747－0000654　312.1/6

郎潛紀聞初筆七卷　（清）陳康祺著　清宣統二年(1910)掃葉山房石印本　十冊

210000－0747－0000655　312.1/61

淮南許注異同詁補遺一卷　（清）陶方琦述　清光緒八年(1882)刻本　一冊

210000－0747－0000656　312.1/62

臨川答問一卷　（清）劉壽曾述　清同治十二年(1873)刻本　一冊

210000－0747－0000657　312.1/65

小瑯嬛叢記一卷　（清）阮福撰　清嘉慶刻本　一冊

210000－0747－0000658　312.1/66

經史質疑錄一卷　（清）張聰咸撰　清光緒二十九年(1903)劉世珩刻本　一冊

210000－0747－0000659　312.1/67

質疑刪存三卷　（清）張宗泰撰　清光緒二十九年(1903)劉世珩聚學軒刻本　一冊

210000－0747－0000660　312.1/69

庭立記聞四卷　（清）梁學昌輯　清嘉慶刻本　二冊

210000－0747－0000661　312.1/7

淮南子二十一卷　（漢）劉向校定　（明）吳勉學校正　明萬曆刻本　四冊

210000－0747－0000662　312.1/71

無邪堂答問五卷　（清）朱一新撰　清光緒二十一年(1895)廣東順德縣大良龍氏葆真堂刻本　和之題跋　五冊

210000－0747－0000663　312.1/73

蕙風簃隨筆二卷　況周頤撰　清光緒刻本　一冊

210000－0747－0000664　312.1/74

學古堂日記一卷　（清）余宏淦撰　清光緒刻本　一冊

210000－0747－0000665　312.1/74＝2

學古堂日記一卷　（清）許克勤撰　清光緒刻本　一冊

210000－0747－0000666　312.1/74＝3

學古堂日記一卷　（清）王仁俊撰　清光緒刻本　一冊

210000－0747－0000667　312.1/74＝4

學古堂日記一卷　（清）董瑞椿撰　清光緒刻本　一冊

210000－0747－0000668　312.1/75

談書錄一卷詩學纂聞一卷　（清）汪師韓撰　清末刻本　清莫棠題記　一冊

210000－0747－0000669　312.1/78

尸子二卷燕丹子三卷牟子一卷　（清）孫星衍校集　清嘉慶十一年（1806）平津館刻本　一冊

210000－0747－0000670　312.1/8

日知錄集釋三十二卷刊誤二卷續刊誤二卷　（清）顧炎武著　（清）黃汝成集釋　清光緒三年（1877）刻本　十六冊

210000－0747－0000671　312.1/82

篆友肊說一卷　（清）王筠撰　清光緒二十一年（1895）元和江氏師鄦室長沙使院刻本　一冊

210000－0747－0000672　312.1/82＝2

篆友肊說一卷　（清）王筠撰　清道光十六年（1836）武陽學署刻本　一冊

210000－0747－0000673　312.1/83

半氈齋題跋二卷　（清）江藩撰　清光緒刻本　一冊

210000－0747－0000674　312.1/84

小學盦遺書四卷　（清）錢馥撰　清光緒二十一年（1895）清風室刻本　一冊

210000－0747－0000675　312.1/9

困學紀聞二十卷　（宋）王應麟撰　清乾隆桐華書塾刻本　十二冊

210000－0747－0000676　312.1/92

思補齋筆記八卷　（清）潘世恩撰　清道光會文齋鄭氏刻本　一冊

210000－0747－0000677　312.1/96

攷古質疑六卷　（宋）葉大慶撰　清乾隆武英殿木活字印本　一冊

210000－0747－0000678　312.1/98

瑟榭叢談二卷　（清）沈濤撰　清道光二十五年（1845）刻本　一冊

210000－0747－0000679　312.1/99＝2

葀厓考古錄四卷　（清）鍾裹撰　（清）阮亨（清）阮長生校刊　皇清優貢生鍾君墓誌銘一卷　（清）焦循撰　清嘉慶十三年（1808）刻本　一冊

210000－0747－0000680　313.1/1

佛爾雅八卷　（清）周春撰　清末刻本　一冊

210000－0747－0000681　313.1/2

一切經音義二十五卷　（唐）釋元應撰　清乾隆五十一年（1786）莊炘刻本　六冊

210000－0747－0000682　313.1/4

止觀輔行傳宏決一卷　（唐）釋湛然撰　清同治刻本　一冊

210000－0747－0000683　314/10

子史精華一百六十卷　（清）吳士玉等纂　清光緒十五年（1889）上海蜚英館石印本　八冊

210000－0747－0000684　314/12

宋碑類鈔三十六卷　（清）潘永因編　清宣統三年（1911）上海蔾光社石印本　十二冊

210000－0747－0000685　314/13

北堂書鈔一百六十卷　（隋）虞世南撰　（清）孔廣陶校注　清光緒十四年（1888）南海孔氏三十有三萬卷堂刻本　二十冊

210000－0747－0000686　314/15

事類賦三十卷　（宋）吳淑撰注　（明）華麟祥校勘　清乾隆二十九年（1764）劍光閣刻本

四冊

210000－0747－0000687　314/16

姓氏急就篇二卷　（宋）王應麟撰　清光緒九年(1883)浙江書局刻本　一冊

210000－0747－0000688　314/17

珣玉集十五卷　（唐）□□撰　清光緒遵義黎氏刻本　一冊　存二卷（十二、十四）

210000－0747－0000689　315/1

諸子奇賞五十一卷　（明）陳仁錫輯　明天啟六年(1626)好生館刻本　十四冊

210000－0747－0000690　315/3

諸子平議三十五卷　（清）俞樾撰　清同治十年(1871)刻本　十冊

210000－0747－0000691　32/13

老子道德經二卷道經音義一卷　（晉）王弼注　清光緒元年(1875)浙江書局刻本　一冊

210000－0747－0000692　32/7

莊子集釋十卷　（清）郭慶藩輯　清光緒二十年(1894)思賢講舍刻本　八冊

210000－0747－0000693　33/2

墨子閒詁十五卷目錄一卷坿錄一卷後語二卷　（清）孫詒讓撰　清宣統二年(1910)刻本　八冊

210000－0747－0000694　34/2

司馬瀘古注三卷坿音義一卷　（清）曹元忠集古注　清光緒二十年(1894)曹氏箋經室刻本　一冊

210000－0747－0000695　35/1

韓非子集解二十卷首一卷　（清）王先慎撰　清光緒二十二年(1896)刻本　六冊

210000－0747－0000696　35/12

弟子職音誼一卷　（清）鍾廣（楊鍾義）纂集　清光緒十六年(1890)刻本　一冊

210000－0747－0000697　35/3

荀子集解二十卷首一卷　（唐）楊倞注　王先謙集解　清光緒十七年(1891)思賢講舍刻本　六冊

210000－0747－0000698　36/2

記海錯一卷　（清）郝懿行著　清同治十三年(1874)刻本　一冊

210000－0747－0000699　36/3

農事私議二卷墾荒裕國策一卷　羅振玉撰　清光緒刻本　一冊

210000－0747－0000700　382/3

五經算術二卷　（北周）甄鸞撰　（唐）李淳風注　清末刻本　一冊

210000－0747－0000701　39/4

卜法詳考四卷　（清）胡煦輯　清乾隆五十九年(1794)葆璞堂刻本　四冊

210000－0747－0000702　4/118

廬陵宋丞相信國公文忠烈先生全集十六卷　（清）文有煥等輯　清道光二十八年(1848)仕江周日新堂刻本　十冊

210000－0747－0000703　4/119

六一詞不分卷　（宋）歐陽修撰　明崇禎毛氏汲古閣刻本　二冊

210000－0747－0000704　4/12＝3

世說新語補二十卷　（宋）王義慶撰　清乾隆二十七年(1762)茂清書屋刻本　清王穀生題記　六冊

210000－0747－0000705　4/120

庚子山集十六卷　（清）倪璠注　清光緒二十年(1894)儒雅堂刻本　八冊　存十五卷（二至十六）

210000－0747－0000706　4/121

漁洋山人精華錄箋注十二卷補一卷　（清）金榮箋注　（清）徐淮纂輯　清雍正鳳翩堂刻本　六冊

210000－0747－0000707　4/126

隨園瑣記二卷　（清）袁祖志著　清光緒五年(1879)嘯園刻本　一冊

210000－0747－0000708　4/14

玉臺新詠箋注十卷　（清）吳兆宜撰　清光緒五年(1879)宏達堂刻本　六冊

210000－0747－0000709　4/142

后山詩注十二卷　（宋）陳師道撰　（宋）任淵注　清乾隆武英殿木活字印本　三冊

210000－0747－0000710　4/143

蘇學士文集十六卷　（宋）蘇舜欽撰　清康熙三十七年（1698）徐氏白華書屋刻本　六冊

210000－0747－0000711　4/144

陳忠裕全集三十卷首一卷末一卷　（清）王昶輯　清嘉慶八年（1803）竿山草堂刻本　十冊

210000－0747－0000712　4/145

八代詩選二十卷　王闓運撰　清光緒七年（1881）四川尊經書局刻本　六冊

210000－0747－0000713　4/146

山谷詩集注二十卷外集詩注十七卷　（宋）黃庭堅撰　清光緒二十一年（1895）陶氏影宋刻本　二十冊

210000－0747－0000714　4/147

笠澤叢書四卷補遺一卷續補遺一卷　（唐）陸龜蒙撰　清嘉慶刻本　二冊

210000－0747－0000715　4/148

杜樊川詩集注四卷補遺一卷　（清）馮集梧注　清光緒十六年（1890）湘南書局刻本　五冊

210000－0747－0000716　4/149

羅昭諫集八卷　（唐）羅隱著　清道光常熟俞氏南郭草堂刻本　二冊

210000－0747－0000717　4/150

宛陵先生文集六十卷　（宋）梅堯臣撰　清宣統二年（1910）滬上石印本　十冊

210000－0747－0000718　4/165

青霞館論畫絕句一百首一卷　（清）吳修撰　清光緒二年（1876）葛氏嘯園刻本　一冊

210000－0747－0000719　4/168

霜紅龕集四十卷附錄三卷年譜一卷　（清）傅山撰　清宣統三年（1911）山陽丁氏刻本　十二冊

210000－0747－0000720　4/172

宋七家詞選七卷　（清）戈載輯　（清）杜文瀾校注　清光緒十一年（1885）曼陀羅華閣刻本　四冊

210000－0747－0000721　4/175

字學舉隅一卷　（清）黃本驥撰　（清）龍啟瑞撰　清同治十年（1871）上海曙海樓刻本　一冊

210000－0747－0000722　4/18

船山遺書二百八十八卷　（清）王夫之撰　清同治四年（1865）湘鄉曾氏金陵節署刻本　一百二十冊

210000－0747－0000723　4/186

紅樓夢傳奇八卷　（清）陳鍾麟填詞　清道光十五年（1835）粵東省城西湖街汗青齋刻本　八冊

210000－0747－0000724　4/192

絕妙好詞箋七卷續鈔二卷　（宋）周密輯　（清）查為仁箋　（清）厲鶚箋　清同治十一年（1872）會稽章氏刻本　四冊

210000－0747－0000725　4/193

宋詩鈔初集不分卷　（清）吳孟舉　（清）吳自牧輯　清康熙十年（1671）吳氏鑒古堂刻本　十六冊

210000－0747－0000726　4/194

宋七家詞選七卷　（清）戈載輯　清光緒十一年（1885）刻本　三冊

210000－0747－0000727　4/198

詞學叢書六種十二卷　（清）秦恩復輯　清光緒六年（1880）邗江承啟堂刻本　十二冊

210000－0747－0000728　4/209

詞律二十卷　（清）萬樹撰　清康熙二十六年（1687）萬樹堆絮園刻本　八冊

210000－0747－0000729　4/210

湯義仍先生邯鄲夢記二卷　（明）湯顯祖撰　明末刻本　二冊

210000－0747－0000730　4/211

廿一史彈詞注十一卷　（明）楊慎編著　清乾隆五十一年（1786）視履堂刻本　八冊

210000－0747－0000731　4/213

古韻標準四卷首一卷　（清）江永編　清乾隆三十六年(1771)刻本　二冊

210000－0747－0000732　4/215

文選六十卷　（南朝梁）昭明太子(蕭統)撰　清嘉慶十四年(1809)胡克家影宋刻本　二十四冊

210000－0747－0000733　4/216

唐文粹一百卷　（宋）姚鉉纂　清光緒九年(1883)江蘇書局刻本　十六冊

210000－0747－0000734　4/219

陶淵明集十卷　（晉）陶潛撰　清光緒二年(1876)影印本　六冊

210000－0747－0000735　4/219＝2

陶淵明集八卷首一卷末一卷　（晉）陶潛撰　清宣統三年(1911)無錫丁氏鉛印本　一冊

210000－0747－0000736　4/22

水道提綱二十八卷　（清）齊召南編　清光緒七年(1881)上海文瑞樓鉛印本　八冊

210000－0747－0000737　4/22＝2

水道提綱二十八卷　（清）齊召南編　清光緒四年(1878)霞城精舍刻本　八冊

210000－0747－0000738　4/222

梁武帝集八卷　（南朝梁）蕭衍撰　清宣統三年(1911)無錫丁氏鉛印本　一冊

210000－0747－0000739　4/223

嵇叔夜集七卷　（三國魏）嵇康著　清宣統三年(1911)無錫丁氏鉛印本　一冊

210000－0747－0000740　4/224

元遺山先生全集四十卷年譜三卷新樂府四卷續夷堅志四卷　（元）張德輝編　清光緒八年(1882)京都翰文齋書坊刻本　八冊

210000－0747－0000741　4/225

昌黎先生集四十卷　（唐）李漢編　清光緒萃文堂刻本　八冊

210000－0747－0000742　4/228

朱止泉先生文集三卷　（清）朱澤澐撰　清乾

隆抄本　一冊

210000－0747－0000743　4/229

楚水潛光集二編不分卷　（清）鄭板橋等撰　清乾隆稿本　一冊

210000－0747－0000744　4/23

黑龍江外記八卷　（清）西清撰　清光緒漸西村舍刻本　二冊

210000－0747－0000745　4/230

螢光集不分卷　黃花瘦人撰　清談麈漁抄本　一冊

210000－0747－0000746　4/231

泖溪詩存不分卷　（清）馮景元編　清末抄本　一冊

210000－0747－0000747　4/233

皇明文選不分卷　（明）汪宗元輯　明嘉靖三十三年(1554)汪宗元稿本　四冊

210000－0747－0000748　4/234

質莽詩存一卷　（明）陳增著　明萬曆陳增稿本　一冊

210000－0747－0000749　4/236

二州山房遺集二卷　（清）柯劭憼撰　清末刻本　一冊

210000－0747－0000750　4/29

漢書地理志二卷　（清）汪遠孫校勘　清同治十年(1871)永康胡氏退補齋刻本　二冊

210000－0747－0000751　4/3

涵芬樓古今文鈔一百卷　吳曾祺纂　清宣統二年(1910)上海商務印書館鉛印本　七十七冊

210000－0747－0000752　4/30

瀛環志略十卷　（清）徐繼畬輯著　清同治十二年(1873)揆雲樓影印本　六冊

210000－0747－0000753　4/33

國初十大家詩鈔七十五卷　（清）曹秋岳等撰　清道光信芳閣木活字印本　十八冊

210000－0747－0000754　4/36

欽定四庫全書總目二百卷首四卷 （清）永瑢
等纂 清同治七年（1868）廣東書局刻本 一
百冊

210000－0747－0000755 4/37

欽定四庫全書考證一百卷 （清）王太岳等纂
輯 清道光十年（1830）武英殿木活字印本
八十冊

210000－0747－0000756 4/38

楚辭新集注八卷末一卷 （清）屈復集注 清
乾隆弱水草堂刻本 四冊

210000－0747－0000757 4/39＝2

元氏長慶集六十卷補遺六卷附錄一卷 （唐）
元稹著 明萬曆三十二年（1604）刻本 六冊

210000－0747－0000758 4/49

欽定全唐詩九百卷 （清）聖祖玄燁輯 清光
緒元年（1875）豫章饒氏雙峰書屋刻本 一百
二十冊

210000－0747－0000759 4/49＝2

欽定全唐詩九百卷 （清）聖祖玄燁輯 清光
緒十三年（1887）上海同文書局石印本 三十
二冊

210000－0747－0000760 4/51

平妖傳八卷 （明）羅貫中撰 清光緒十四年
（1888）蘇州綠蔭堂刻本 八冊

210000－0747－0000761 4/58

御選唐宋詩醇四十七卷目錄二卷 （清）高宗
弘曆撰 清光緒三年（1877）公益會刻本 二
十四冊

210000－0747－0000762 4/59

唐人說薈二十卷 （清）蓮塘居士纂 清乾隆
五十七年（1792）挹秀軒刻本 三十二冊

210000－0747－0000763 4/72

楚辭燈四卷 （清）林雲銘撰 清康熙三十六
年（1697）挹奎樓刻本 四冊

210000－0747－0000764 4/77

音學五書三十八卷 （清）顧炎武撰 清光緒
十一年（1885）四明觀稼樓刻本 十二冊

210000－0747－0000765 4/78

集韻十卷 （宋）丁度等修 清嘉慶十九年
（1814）浙甯簡香刻本 十冊

210000－0747－0000766 4/80

切韻指掌圖一卷 （宋）司馬光撰 清光緒九
年（1883）上海同文書局石印本 一冊

210000－0747－0000767 4/81

廣韻五卷 （宋）陳彭年撰 清康熙四十三年
（1704）刻澤存堂五種本 清梁履繩批校 清
張琢成跋 五冊

210000－0747－0000768 4/81＝2

廣韻五卷 （宋）陳彭年撰 清末遵義黎氏石
印本 五冊

210000－0747－0000769 4/81＝3

廣韻五卷 （宋）陳彭年撰 清康熙四十三年
（1704）刻澤存堂五種本 清梁履繩批校 清
張琢成跋 四冊

210000－0747－0000770 4/85

十駕齋養新錄二十卷餘錄三卷 （清）錢大昕
撰 清光緒二年（1876）浙江書局刻本 八冊

210000－0747－0000771 4/85＝2

十駕齋養新錄二十卷餘錄三卷 （清）錢大昕
撰 清光緒二年（1876）浙江書局刻本 八冊

210000－0747－0000772 4/85＝3

十駕齋養新錄二十卷餘錄三卷 （清）錢大昕
撰 清光緒二年（1876）浙江書局刻本 八冊

210000－0747－0000773 4/85＝4

十駕齋養新錄二十卷餘錄三卷 （清）錢大昕
撰 清嘉慶潛研堂刻本 六冊

210000－0747－0000774 4/86

恒言錄六卷 （清）錢大昕纂 清嘉慶十年
（1805）阮氏刻本 四冊

210000－0747－0000775 4/88

王右丞集箋註二十八卷首一卷末一卷 （清）
趙殿成箋注 清乾隆颽錦齋田翠含刻本
八冊

210000－0747－0000776 41/8

研經書院課集不分卷　（清）胡元玉考訂　清光緒二十一年(1895)益智書局刻本　二冊

210000－0747－0000777　41/9

御選唐宋文醇五十八卷　（清）高宗弘曆輯　清乾隆刻本　一冊　存三卷(二十二至二十四)

210000－0747－0000778　410./8

何子清先生遺文二卷附錄一卷　（清）何忠萬撰　清光緒八年(1882)金陵翁氏茹古閣刻本　一冊

210000－0747－0000779　410.2/1

劉端臨先生遺書八卷跋一卷　（清）劉臺拱撰　清道光十四年(1834)世德堂刻本　四冊

210000－0747－0000780　410.2/4

經誼襍識一卷　（清）許克勤著　清光緒二十一年(1895)海甯許氏刻本　一冊

210000－0747－0000781　410.2/7

攷經筆記一卷　（清）陳倬撰　清末刻本　一冊

210000－0747－0000782　411./12

匏廬詩話三卷　（清）沈濤撰　清道光二十年(1840)刻本　清潘祖蔭題記　一冊

210000－0747－0000783　411./7

古文精言詳註合編十四卷　（清）周聘侯評選　（清）馬寬裕編輯　清末寶章堂刻本　十四冊

210000－0747－0000784　411/1

古文淵鑒六十四卷　（清）徐乾學等編注　清宣統二年(1910)學部圖書局石印本　二十四冊

210000－0747－0000785　411/10

文選六十卷　（南朝梁）昭明太子(蕭統)撰　（唐）李善注　清末四明林氏刻本　二十四冊

210000－0747－0000786　411/2

御定歷代賦彙一百八十四卷目錄二卷　（清）陳元龍編輯　清康熙四十五年(1706)內府刻本　六十四冊

210000－0747－0000787　411/3

六家文選六十卷　（南朝梁）昭明太子(蕭統)撰　明嘉靖十三年至二十八年(1534－1549)袁褧嘉趣堂刻本　三十冊

210000－0747－0000788　411/4

御選歷代詩餘一百二十卷　（清）沈辰垣等編纂　清康熙四十六年(1707)內府刻本　三十六冊

210000－0747－0000789　411/6

漢魏六朝百三家集不分卷　（明）張天如編　清光緒五年(1879)信述堂刻本　一百二十冊

210000－0747－0000790　411/9

文選音義八卷　（清）余蕭客輯著　清乾隆二十三年(1758)刻本　八冊

210000－0747－0000791　412.1/9

課餘偶筆四卷　（清）顧成志著　清乾隆顧成志稿本　清周大輔跋　一冊

210000－0747－0000792　412.2/5

紅樓夢一百二十卷　（清）曹雪芹撰　（清）王希廉評述　清道光十二年(1832)上浣刻本　二十八冊

210000－0747－0000793　412.2/9

天雨花三十回　（清）陶貞懷撰　清順治八年(1651)善成堂刻本　十六冊

210000－0747－0000794　412/10

才調集十卷　（三國蜀）韋縠集　清光緒十一年(1885)維揚述古齋木活字印本　四冊

210000－0747－0000795　412/11

五周先生集不分卷　（清）周沐潤撰　清光緒二十二年(1896)水繪盦刻本　一冊

210000－0747－0000796　412/2

御選唐詩三十二卷目錄三卷　（清）聖祖玄燁輯　（清）陳廷敬等注　清康熙五十二年(1713)內府刻朱墨套印本　十五冊

210000－0747－0000797　412/3

文粹一百卷　（宋）姚鉉纂　清光緒十六年(1890)杭州許氏榆園刻本　二十冊

210000－0747－0000798　412/3＝2

唐文粹一百卷　（宋）姚鉉纂　清光緒九年（1883）江蘇書局刻本　十六冊

210000－0747－0000799　412/4

全唐詩三十二卷　（清）曹寅等纂　清光緒十三年（1887）上海同文書局石印本　三十二冊

210000－0747－0000800　412/7

御定全唐詩錄一百卷　（清）徐元正纂　清康熙四十五年（1706）揚州詩局刻本　二十四冊

210000－0747－0000801　412/8

明詩綜一百卷　（清）朱彝尊撰　清康熙刻雍正朱氏六峰閣印本　四十八冊

210000－0747－0000802　413.7/3

箋注第六才子書釋解八卷　（元）王實甫撰（清）金聖歎批點　（清）鄧汝寧音義　清康熙八年（1669）致和堂刻本　六冊

210000－0747－0000803　414./5

閱微草堂筆記二十四卷　（清）觀弈道人撰清嘉慶五年（1800）北平盛氏望益書屋刻本十冊

210000－0747－0000804　42/2

蔡中郎集八卷　（漢）蔡邕著　（明）汪士賢校勘　明萬曆、天啟新安汪氏刻漢魏六朝二十一名家集本　四冊

210000－0747－0000805　42/4

靖節先生集十卷首一卷末一卷　（清）陶澍集注　清道光二十年（1840）刻本　八冊

210000－0747－0000806　43/10

駱賓王文集十卷考異一卷　（唐）駱賓王撰清宣統三年（1911）上海文瑞樓石印本　二冊

210000－0747－0000807　43/12

王摩詰集六卷　（唐）王維撰　清光緒十年（1884）上海文瑞樓石印本　四冊

210000－0747－0000808　43/13

杜工部集二十卷首一卷　（唐）杜甫撰　清光緒二年（1876）粵東翰墨園刻五色套印本十冊

210000－0747－0000809　43/3

初唐四傑集三十七卷　（清）項家達編　清同治十二年（1873）靉雅居鄒氏刻本　八冊

210000－0747－0000810　44/11

蘇文忠公詩編注集成一百十卷　（宋）蘇軾撰　清光緒十四年（1888）潊江書局刻本　二十四冊

210000－0747－0000811　44/6

山谷內集二十卷外集十七卷別集二卷　（宋）黃庭堅撰　清光緒二十一年（1895）刻本　二十冊

210000－0747－0000812　44/7

東坡七集一百十卷　（宋）蘇軾撰　清光緒三十四年至宣統元年（1908－1909）寶華盦刻本四十八冊

210000－0747－0000813　47/4

去偽齋集十卷　（明）呂坤著　清道光七年（1827）開封府署刻本　十一冊

210000－0747－0000814　48/1

湖海詩傳四十六卷　（清）王昶輯　清同治四年（1865）綠蔭堂刻本　十六冊

210000－0747－0000815　48/10

龔定盦全集三卷　（清）龔自珍撰　清宣統國學扶輪社鉛印本　七冊

210000－0747－0000816　48/102

通義堂集二卷　（清）劉毓崧著　清光緒十六年（1890）思賢講舍刻本　一冊

210000－0747－0000817　48/104

青溪舊屋文集十一卷　（清）劉文淇撰　清光緒九年（1883）刻本　四冊

210000－0747－0000818　48/105

郘亭詩鈔六卷遺詩八卷遺文八卷　（清）莫友芝撰　清咸豐二年（1852）刻同治五年（1866）江甯三山客舍修補本　三冊

210000－0747－0000819　48/111

容甫先生遺詩五卷補遺一卷附錄一卷　（清）汪中撰　清道光刻本　一冊

210000 – 0747 – 0000820　48/112

遲鴻軒詩續一卷　（清）楊峴撰　清光緒刻本
　　一冊

210000 – 0747 – 0000821　48/115

遲鴻軒詩存一卷文存一卷　（清）楊峴撰　清
光緒二年(1876)吳門刻本　一冊

210000 – 0747 – 0000822　48/120

漢嘉話別詩鈔一卷　（清）邵蓮谿撰　清道光
二十八年(1848)旭川官舍刻本　一冊

210000 – 0747 – 0000823　48/121

乖庵文錄二卷　（清）秦樹聲著　清光緒三十
四年(1908)刻本　一冊

210000 – 0747 – 0000824　48/123

試帖存稿經說二卷　（清）丁午撰　清光緒七
年(1881)刻本　一冊

210000 – 0747 – 0000825　48/126

鷗堂賸稿一卷東鷗草堂詞二卷瓻檽詩質一卷
跋一卷五周先生集跋一卷　（清）周星譽撰
清光緒刻本　一冊

210000 – 0747 – 0000826　48/132

樂遊聯唱集二卷　（清）楊芳燦撰　清乾隆四
十七年(1782)西安節署刻本　一冊

210000 – 0747 – 0000827　48/134

仰蕭樓文集不分卷　（清）張星鑑著　清光緒
刻本　一冊

210000 – 0747 – 0000828　48/136

結一宦駢體文三卷　（清）屠寄撰　清光緒十
六年(1890)廣州刻本　一冊

210000 – 0747 – 0000829　48/137

簡莊文鈔六卷續編二卷河莊詩鈔一卷　（清）
陳鱣著　清光緒十四年(1888)海昌羊氏粵東
刻本　一冊

210000 – 0747 – 0000830　48/147

研秋齋詩略一卷文略一卷筆記二卷　（清）劉
彥矩撰　清道光十七年至十八年(1837 –
1838)五之堂刻本　一冊

210000 – 0747 – 0000831　48/17 ＝2

望溪先生文集十八卷集外文十卷補遺二卷年
譜二卷　（清）方苞撰　清咸豐元年(1851)刻
本　十二冊

210000 – 0747 – 0000832　48/2

湖海文傳七十五卷　（清）王昶輯　清同治五
年(1866)刻本　十六冊

210000 – 0747 – 0000833　48/26

寧都三魏全集四十八卷　（清）林時益輯　清
康熙林時益稿本　三冊　存十二卷(一至七、
十一至十五)

210000 – 0747 – 0000834　48/27

水荒吟一卷　（清）李沂撰　清末抄本　一冊

210000 – 0747 – 0000835　48/33

鐵橋漫稿八卷　（清）嚴可均撰　清光緒十一
年(1885)長洲蔣氏刻本　四冊

210000 – 0747 – 0000836　48/34

古春軒詩鈔二卷鑑止水齋集二十卷　（清）梁
德繩撰　鑑止水齋集二十卷　（清）許宗彥撰
　清咸豐二年(1852)鳳城刻本　七冊

210000 – 0747 – 0000837　48/35

古微堂內集三卷外集七卷　（清）魏源著　清
光緒四年(1878)淮南書局刻本　四冊

210000 – 0747 – 0000838　48/36

高太史論鈔四卷　（清）高熙喆撰　清宣統元
年(1909)刻本　四冊

210000 – 0747 – 0000839　48/38

顧亭林先生詩箋注十七卷首一卷附集外詩一
卷　（清）徐嘉輯　清光緒二十三年(1897)徐
氏味靜齋刻本　六冊

210000 – 0747 – 0000840　48/39

澤雅堂文集十卷　（清）施補華撰　清光緒十
九年(1893)刻本　二冊

210000 – 0747 – 0000841　48/40

遊道堂集四卷　（清）朱彬武著　清光緒刻本
　　二冊

210000 – 0747 – 0000842　48/41

故紙偶存二卷　（清）朱彭年撰　清光緒刻本

二冊

210000－0747－0000843　48/43

曬書堂文集十二卷　（清）郝懿行著　清光緒
十年（1884）東路廳署刻本　六冊

210000－0747－0000844　48/44

思適齋集十八卷　（清）顧千里（顧廣圻）撰
清道光二十九年（1849）上海徐氏刻本　二冊

210000－0747－0000845　48/45

釀蜜集四卷　（清）浦起龍著　清光緒二十七
年（1901）靜寄東軒家塾刻本　四冊

210000－0747－0000846　48/47

茞聲館集八卷首一卷　（清）朱為弼撰　清咸
豐二年（1852）刻本　四冊

210000－0747－0000847　48/49

謫麐堂遺集不分卷　（清）戴望撰　清宣統三
年（1911）歸安陸氏刻本　二冊

210000－0747－0000848　48/50

戴東原集十二卷札記一卷年譜一卷　（清）戴
震撰　清乾隆五十七年（1792）經韻樓刻本
四冊

210000－0747－0000849　48/51

巢經巢遺文五卷　（清）鄭珍撰　清光緒十九
年（1893）貴筑高氏資州官署刻本　五冊

210000－0747－0000850　48/52

殷齋文集八卷詩集四卷　（清）張穆撰　清咸
豐八年（1858）刻本　四冊

210000－0747－0000851　48/54

續東軒遺集不分卷　（清）高均儒著　清光緒
七年（1881）刻本　三冊

210000－0747－0000852　48/56

解春集文鈔十二卷　（清）馮景撰　清乾隆盧
氏抱經堂刻本　二冊

210000－0747－0000853　48/57

宛鄰詩二卷明發錄不分卷　（清）張琦撰　清
道光十九年（1839）宛鄰書屋刻本　二冊

210000－0747－0000854　48/58

養素堂文集三十五卷首一卷　（清）張澍撰
清道光十七年至二十二年（1837－1842）棗華
書屋刻本　十六冊

210000－0747－0000855　48/59

未谷詩集四卷　（清）桂馥撰　清道光刻本
一冊

210000－0747－0000856　48/60

復堂類集不分卷　（清）譚獻撰　清光緒刻本
五冊

210000－0747－0000857　48/62

晚學集八卷　（清）桂馥撰　清道光刻本
二冊

210000－0747－0000858　48/65

思益堂詩鈔六卷文二卷詞一卷日札十卷
（清）周壽昌撰　清光緒十四年（1888）刻本
六冊

210000－0747－0000859　48/69

許鄭學廬存稿八卷首一卷　（清）王紹蘭撰
清道光二十九年（1849）刻本　五冊

210000－0747－0000860　48/70

煙霞萬古樓文集六卷　（清）王曇撰　清光緒
刻本　二冊

210000－0747－0000861　48/72

望溪集不分卷　（清）方苞撰　清乾隆刻本
十冊

210000－0747－0000862　48/74

石泉書屋類稿八卷　（清）李佐賢撰　清同治
十年（1871）利津李氏刻本　二冊

210000－0747－0000863　48/75

儀顧堂集二十卷　（清）陸心源撰　清光緒二
十四年（1898）刻本　六冊

210000－0747－0000864　48/76

補籮遺稿八卷　（清）姚福均著　（清）王伊編
次　清光緒三十一年（1905）木活字印本
二冊

210000－0747－0000865　48/78

述古堂文集十二卷　（清）錢兆鵬著　清光緒

七年(1881)刻本　四冊

210000－0747－0000866　48/84

石笥山房文集六卷補遺一卷詩集十二卷補遺二卷　(清)胡天游著　清咸豐二年(1852)刻本　八冊

210000－0747－0000867　48/87

孫淵如先生全集二十二卷　(清)孫星衍撰清光緒二十年(1894)湖南思賢書局刻本十冊

210000－0747－0000868　48/90

孟廬札記八卷　(清)沈銘彝編輯　清道光刻本　二冊

210000－0747－0000869　48/91

研六室文鈔十卷　(清)胡培翬撰　清道光十七年(1837)涇川書院刻本　二冊

210000－0747－0000870　48/93

學詁齋文集二卷　(清)薛壽撰　清光緒六年(1880)冶城山館刻本　一冊

210000－0747－0000871　48/93＝2

學詁齋文集二卷　(清)薛壽撰　清光緒十五年(1889)廣雅書局刻本　一冊

210000－0747－0000872　48/94＝2

廣經室文鈔一卷　(清)劉恭冕撰　清光緒十五年(1889)廣雅書局刻本　一冊

210000－0747－0000873　48/95

九水山房文存二卷　(清)畢亨著　清咸豐二年(1852)海源閣刻本　一冊

210000－0747－0000874　48/97

洨民遺文一卷　(清)孫傳鳳撰　清光緒二十一年(1895)江氏師鄦室刻本　一冊

210000－0747－0000875　49/30

朱九江先生佚文一卷　(清)朱九江撰　清末朱鏡清抄本　王國維跋　一冊

210000－0747－0000876　51/1

榆園叢刻十五種附娛園叢刻十一種八十卷(清)許增輯　清同治、光緒刻本　十六冊

210000－0747－0000877　51/24

張氏叢書二十一種三十一卷　(清)張澍輯清道光元年(1821)武威張氏二酉堂刻本八冊

210000－0747－0000878　51/26

訓纂堂叢書六種十九卷　(清)楊調元輯　清光緒貴筑楊氏刻本　四冊

210000－0747－0000879　51/27

五經歲編齋校書三種三十二卷　(清)翟雲升輯　清道光東萊翟氏刻本　十冊

210000－0747－0000880　51/3

龍威秘書十集　(清)馬俊良輯　清嘉慶世德堂刻本　八十冊

210000－0747－0000881　51/32

沅水校經堂課集不分卷　(清)胡元玉考訂清光緒二十三年(1897)長沙梁益智書局刻本　一冊

210000－0747－0000882　51/6

海山仙館叢書五十六種四百八十八卷　(清)潘仕成輯　清道光、咸豐番禺潘氏刻光緒補刻本　一百二十八冊

210000－0747－0000883　51/7

晨風閣叢書二十二種四十八卷　沈宗畸輯清宣統元年(1909)番禺沈氏刻本　十六冊

210000－0747－0000884　51/8

武英殿聚珍版叢書五十四種四百二十四卷(清)高宗弘曆輯　清同治十三年(1874)江西書局刻本　一百二十八冊

210000－0747－0000885　51/9

增訂漢魏叢書八十一種四百四十四卷　(清)王謨輯　清乾隆五十六年(1791)金谿王氏刻本　八十冊

210000－0747－0000886　52/1

玉函山房輯佚書五百九十四種七百八卷(清)馬國翰輯　清光緒九年(1883)長沙嫏嬛館刻本　一百冊

210000－0747－0000887　55/13

東塾集六卷附申範一卷　（清）陳澧撰　清光緒十八年(1892)菊坡精舍刻本　三冊

210000－0747－0000888　55/19

師伏堂叢書十五種八十六卷　（清）皮錫瑞撰　清光緒善化皮氏刻本　四十冊

210000－0747－0000889　55/2

惜抱軒全集十種八十八卷　（清）姚鼐撰　清同治五年(1866)省心閣刻本　二十四冊

210000－0747－0000890　55/23

清白士集六種三十三卷　（清）梁玉繩撰　清嘉慶道光刻本　十四冊

210000－0747－0000891　55/24

江氏叢書七種二十五卷　（清）江藩撰　清光緒十二年(1886)江巨渠刻本　八冊

210000－0747－0000892　55/28

竹葉亭雜記八卷　（清）姚元之撰　清光緒十九年(1893)刻本　二冊

210000－0747－0000893　55/7

姜宸英全集不分卷　（清）姜宸英撰　清康熙、乾隆抄本　四冊

210000－0747－0000894　55/9

竹柏山房十五種附刻四種　（清）林春溥撰　清嘉慶、咸豐刻本　四十冊

瀋陽音樂學院圖書館古籍普查登記目録

全國古籍普查登記目録

國家圖書館出版社

National Library of China Publishing House

《瀋陽音樂學院圖書館古籍普查登記目録》
編委會

主　編：高　萍

編　委：王　洪　周　鵬

《瀋陽音樂學院圖書館古籍普查登記目録》

前　言

　　瀋陽音樂學院前身爲中國共産黨於抗日戰争時期在延安創建的第一所高等藝術學校——魯迅藝術學院。作爲紅色音樂文化傳承單位,瀋陽音樂學院圖書館藏有一定數量自延安魯藝時期入藏的古籍文獻。2010 年,在全國性開展古籍保護工作的形勢推動下,我館曾啓動大規模古籍整理與保護工程,歷經一年時間,完成了館藏古籍的電子著録及物理保護工作。此次,在遼寧省古籍保護中心的帶領下,我館通過參與《遼寧省二十六家收藏單位古籍普查登記目録》編纂工作,按照國家的編纂要求和標準,對館藏古籍原有著録再次梳理,從而使館藏古籍文獻整理工作更爲完善。經統計,我館收藏的於 1912 年以前成書的古籍文獻有 649 部 3736 册,經、史、子、集、類叢五大部類均有涉及,經部 34 部 175 册、史部 37 部 478 册、子部 70 部 613 册、集部 502 部 2257 册、類叢部 6 部 213 册。其中,有明刻本 8 部 58 册,其餘多爲清刻本和抄本。

　　1978 年,經遼寧省圖書館專家鑒定,我館藏明萬曆十三年(1585)刻本《重修正文對音捷要真傳琴譜大全》十卷、清康熙四十一年(1702)刻本《蓼懷堂琴譜》不分卷、清康熙刻本《大還閣琴譜》六卷、清乾隆十一年(1746)允禄刻朱墨套印本《新定九宫大成南北詞宫譜》八十一卷、清乾隆十六年(1751)述德堂刻本《穎陽琴譜》四卷等 23 部計 196 册古籍收爲善本;2009 年,館藏《重修正文對音捷要真傳琴譜大全》十卷入選首批《遼寧省珍貴古籍名録》;2014 年,館藏《蓼懷堂琴譜》不分卷、《新定九宫大成南北詞宫譜》八十一卷入選第三批《遼寧省珍貴古籍名録》。

　　作爲一所音樂專業藝術院校,我館古籍資源以中國傳統音樂文獻的收藏相對豐富爲特色,内容涉及音韻學、律學、樂學、樂制、曲譜、唱本等諸多方面。其中,我館藏有經部音樂類古籍 20 餘種(如《古樂經傳》五卷、《律音匯考》八卷),主要包含樂理、律吕、禮樂方面的内容;子部音樂類古籍有 30 餘種,主要包含樂理、音韻及器樂曲譜,其中多爲古琴藝術之琴論、琴譜(如館藏珍品《澄鑒堂琴譜》不分卷、《穎陽琴譜》四卷、《廖懷堂琴譜》不分卷、《大還閣琴譜》六卷、《重修正文對音捷要真傳琴譜大全》十卷),部分刻本、抄本琴譜具有很高的文物價值、版本價值和史料價值;集部的内容主要涉及詞韻、戲曲、俗曲、曲藝等,其中大部分爲曲類(如《新定九宫大成南北詞宫譜》八十一卷、《增定南九宫曲譜》二十一卷、《霓裳續譜》八卷、《藏園九種曲》)。值得關注的是,我館戲曲類劇本、唱本和古琴類琴譜等中國傳統音樂類古籍中,手抄本占的比重很大,約占半數,本次編纂雖對此類抄本重點進行整理,但仍有部分抄本有待進一步鑒定。

　　我館收藏的古籍文獻,特別是大量中國傳統音樂類古籍,不僅是我院師生教學、科研的寶貴資料,也是中華民族優秀傳統文化的珍貴遺産。多年來,我館致力於古籍的整理與保護工作,曾參與《東北地區古籍綫裝書聯合目録》編纂、遼寧省珍貴古籍名録申報等工作。通過參與此次編纂工作,不僅使館藏古籍整理與保護工作再上新臺階,而且培養了新一批青年古籍保護專業人才。未來,我館將繼續參與遼寧省古籍保護中心的各項工作,積極申報遼寧省古籍重點保護單位,并力求在保護的基礎上加大對古籍的學術研究、宣傳和利用的工作力度。

瀋陽音樂學院圖書館

2020 年 5 月

210000－0744－0000001　史1－00001

荊駝逸史五十三種　（清）陳湖逸士輯　清刻本　三十二冊

210000－0744－0000002　史1－00011

元朝秘史十五卷　（清）李文田注　清光緒二十九年（1903）石印本　四冊

210000－0744－0000003　史1－00035

燕京歲時記一卷　（清）富察敦崇編　清光緒三十二年（1906）刻文德齋印本　一冊

210000－0744－0000004　史2－00039

讀金石萃編條記一卷　（清）沈欽韓撰　清刻本　一冊

210000－0744－0000005　史2－00060

國朝耆獻類徵初編四百八十四卷　（清）李桓輯　清光緒十年（1884）湘陰李氏刻本　一冊　存二卷（四百九至四百十）

210000－0744－0000006　史2－00062

晏子春秋七卷　（周）晏嬰撰　晏子春秋音義二卷　（清）孫星衍撰　晏子春秋校勘二卷　（清）黃以周撰　清光緒元年（1875）浙江書局刻二十二子本　四冊

210000－0744－0000007　史2－00064

燕蘭小譜五卷　（清）吳長元撰　海漚小譜一卷　（清）趙執信撰　清宣統三年（1911）長沙葉氏刻本　一冊

210000－0744－0000008　史3－00066

東華錄一百九十五卷續錄二百三十卷　王先謙等編　清光緒上海圖書集成局鉛印本　一百十六冊

210000－0744－0000009　史4－00074

歷史大方綱鑑補三十九卷首一卷　（明）袁黃編　清刻本　二十四冊　缺八卷（一至八）

210000－0744－0000010　史4－00077

歷代統系錄六卷　（清）黃本驥編　清道光十年（1830）湖南藩署刻本　四冊

210000－0744－0000011　史4－00080

竹書紀年統箋十二卷附雜述一卷前編一卷

（南朝梁）沈約注　（清）徐文靖箋　（清）馬陽　（清）崔萬烜校訂　清光緒三年（1877）浙江書局刻本　四冊

210000－0744－0000012　史4－00081

四裔編年表四卷　（美）林樂知　（清）嚴良勳譯　（清）李鳳苞編　清末刻本　四冊

210000－0744－0000013　史4－00082

通鑑紀事本末二百三十九卷　（宋）袁樞撰　（明）張溥論正　清同治十二年（1873）江西書局刻本　八十冊

210000－0744－0000014　史4－00083

宋史紀事本末一百九卷　（明）馮琦撰　（明）陳邦瞻增訂　（明）張溥論正　清同治十三年（1874）江西書局刻本　二十冊

210000－0744－0000015　史4－00084

遼史紀事本末四十卷首一卷末一卷　（清）李有棠撰　清光緒二十九年（1903）李杅鄂樓刻本　八冊

210000－0744－0000016　史4－00085

元史紀事本末二十七卷　（明）陳邦瞻撰　（明）張溥論正　清同治十三年（1874）江西書局刻紀事本末五種本　四冊

210000－0744－0000017　史4－00086

金史紀事本末五十二卷首一卷末一卷　（清）李有棠撰　清光緒二十九年（1903）李杅鄂樓刻本　十二冊

210000－0744－0000018　史4－00087

明史紀事本末八十卷　（清）谷應泰撰　清同治十三年（1874）江西書局刻紀事本末五種本　二十冊

210000－0744－0000019　史4－00088

左傳紀事本末五十三卷　（清）高士奇撰　清同治十二年（1873）江西書局刻本　十二冊

210000－0744－0000020　史5－00089

觀海堂地理書目　楊守敬輯　清光緒三十二年（1906）刻本　三十四冊

210000－0744－0000021　史5－00091

成都通覽一卷　傅崇榘編　清末成都通俗報社石印本　四冊

210000－0744－0000022　史5－00094

欽定新疆識略十二卷首一卷　（清）松筠纂修　清道光元年（1821）武英殿修書處刻本　十冊

210000－0744－0000023　史5－00096

海上遊戲圖說四卷　題滬上游戲主撰　清光緒二十四年（1898）石印本　四冊

210000－0744－0000024　史5－00098

中外輿地全圖目錄　（清）鄒代鈞撰　清光緒二十九年（1903）大學堂官書局石印本　一冊

210000－0744－0000025　史5－00102

海國圖志一百卷　（清）魏源輯　海國圖志續集二十五卷首一卷　（英）麥高爾輯撰　（美）林樂知等譯　清光緒二十四年（1898）文賢閣石印本　十六冊

210000－0744－0000026　史5－00118

違禁書籍名目不分卷　（□）□□撰　清光緒刻本　一冊

210000－0744－0000027　史6－00130

宋元舊本書經眼錄三卷附錄二卷　（清）莫友芝撰　清同治十二年（1873）刻本　二冊

210000－0744－0000028　史6－00132

鐵琴銅劍樓藏書目錄二十四卷　（清）瞿鏞藏並編　清光緒二十四年（1898）常熟瞿氏刻本　十冊

210000－0744－0000029　史6－00134

雙鑒樓善本書目四卷　傅增湘撰　清光緒三十一年（1905）刻本　張文祁題識　二冊

210000－0744－0000030　史6－00135

浙江採集遺書總錄十一集　（清）鍾音等編　清乾隆三十九年（1774）刻本　十冊

210000－0744－0000031　史6－00141

元史藝文志四卷　（清）錢大昕撰　清嘉慶江蘇書局刻本　一冊

210000－0744－0000032　經1－00147

集韻十卷　（宋）丁度撰　清光緒二年（1876）姚氏川東官舍刻姚氏叢刻本　十冊

210000－0744－0000033　經1－00149

古樂經傳五卷　（清）李光地注　清刻本　三冊

210000－0744－0000034　經1－00150

詩韻集成十卷　（清）余照輯　清同治五年（1866）文光堂刻本　四冊

210000－0744－0000035　經1－00157

禮經校釋二十二卷纂疏序一卷　曹元弼撰　清光緒十八年至二十年（1892－1894）刻三十四年（1908）補刻本　三冊　存八卷（十六至二十二、纂疏序一卷）

210000－0744－0000036　經1－00158

欽定周官義疏四十八卷首一卷　（清）鄂爾泰等撰　清光緒十四年（1888）江南書局刻本　十八冊　缺十五卷（十三至二十七）

210000－0744－0000037　經1－00159

輶軒使者絕代語釋別國方言十三卷首一卷　（漢）揚雄記　（晉）郭璞注　續方言二卷　（清）杭世駿撰　續方言補一卷　（清）程際盛補纂　清光緒十七年（1891）湖南思賢講舍刻本　二冊

210000－0744－0000038　珍－030

春秋經傳集解三十卷　（晉）杜預撰　明嘉靖刻本　一冊　存三卷（二十一至二十三）

210000－0744－0000039　經1－00162

經傳釋詞十卷　（清）王引之撰　清嘉慶二十四年（1819）刻本　四冊

210000－0744－0000040　經1－00165

音分古義二卷附一卷　（清）戴煦撰　清光緒十二年（1886）新陽趙氏刻新陽趙氏叢刊本　二冊

210000－0744－0000041　經1－00166

聲類四卷　（清）錢大昕撰　清道光五年（1825）蘇州文學山房刻本　四冊

210000－0744－0000042　經1－00167

四書古注群義匯解九種　（□）□□撰　清末石印本　四冊　存六種三十卷(西河合集四書改錯二十二卷、大學古本說一卷、中庸章段一卷、中庸餘論一卷、論語劄記三卷、孟子劄記二卷)

210000－0744－0000043　經 1－00168

禮書一百五十卷　（宋）陳祥道撰　清光緒二年(1876)廣州菊坡精舍刻本　十一冊

210000－0744－0000044　珍－024

喪禮備要二卷　（□）□□撰　明末清初刻本　二冊

210000－0744－0000045　經 2－00177

中和韶樂　（清）桂良輯　清刻本　一冊

210000－0744－0000046　經 2－00178

律音匯考八卷　（清）邱之稑撰　琴旨申邱一卷　（清）劉人熙撰　清光緒十五年(1889)刻本　四冊

210000－0744－0000047　經 2－00180

志樂輯略三卷　（清）倪元坦輯　清嘉慶十五年(1810)刻本　一冊

210000－0744－0000048　經 2－00181

樂器三事能言　（清）程瑤田撰　清嘉慶通藝堂刻本　一冊

210000－0744－0000049　經 2－00183

樂書要錄　（唐）武則天撰　清光緒七年(1881)崇文書局刻正覺樓叢書本　一冊　存三卷(五至七)

210000－0744－0000050　經 2－00184

樂書二百卷　（宋）陳暘撰　清光緒二年(1876)廣州菊坡精舍刻本　十三冊

210000－0744－0000051　經 2－00185

律呂新義四卷附錄一卷　（清）江永撰　清光緒七年(1881)湖北刻本　二冊

210000－0744－0000052　經 2－00186

律呂臆說不分卷　（清）徐養原撰　清刻本　一冊

210000－0744－0000053　經 2－00187

律呂通今圖說一卷　（清）繆闐撰　（清）岱雨峰等校　清咸豐十一年(1861)刻本　一冊

210000－0744－0000054　珍－025

樂經元義八卷　（明）劉濂撰　明嘉靖二十九年(1550)刻本　四冊

210000－0744－0000055　經 2－00189

樂經或問三卷　（清）汪紱撰　清光緒二十二年(1896)刻本　三冊

210000－0744－0000056　經 2－00190

樂經律呂通解五卷　（清）汪紱撰　清光緒九年(1883)紫陽書院刻本　十冊

210000－0744－0000057　經 2－00192

朱子樂書六卷　（宋）朱熹撰　（清）賀瑞麟鑒　清光緒三十三年(1907)連春魁抄本　二冊

210000－0744－0000058　經 2－00194

聲律通考十卷　（清）陳澧撰　清咸豐十年(1860)番禺陳氏刻本　二冊

210000－0744－0000059　經 2－00195

重刻恭簡公志樂二十卷　（明）韓邦奇撰　（清）上官有儀補注　清乾隆十二年(1747)刻本　十冊

210000－0744－0000060　經 2－00196

香研居詞塵五卷　（清）方成培撰　清光緒二年(1876)上海縣署東首目耕齋刻本　二冊

210000－0744－0000061　經 2－00197

樂典　（清）李燮義編譯　清宣統元年(1909)京師售書處學部圖書局石印本　一冊

210000－0744－0000062　經 2－00198

禮器樂器全圖　（□）□□撰　清刻本　一冊

210000－0744－0000063　經 2－00199

皇朝祭器樂舞錄二卷附關帝文昌樂舞譜二卷　（清）嚴樹森輯　清同治十年(1871)楚北崇文書局刻本　二冊

210000－0744－0000064　經 2－00201

庚癸原音六種　（清）繆闐撰　清同治五年(1866)蕪湖繆氏刻本　四冊

210000－0744－0000065　經2－00202

欽定詩經樂譜全書三十卷樂律正俗一卷
(清)永瑢等編　清光緒二十年(1894)福建刻
武英殿聚珍版書本　十六冊

210000－0744－0000066　經2－00203

禮樂合編三十卷　(明)黃廣撰　清刻本　二
十四冊

210000－0744－0000067　經2－00897

文舞圖譜　(清)桂良輯　清刻本　一冊

210000－0744－0000068　子1－00204

太平御覽一千卷目錄十五卷　(宋)李昉等撰
　清光緒十八年(1892)南海李氏學海堂刻本
　一百冊

210000－0744－0000069　子2－00208

北堂書鈔一百六十卷　(唐)虞世南撰　(清)
孔廣陶校注　清光緒十四年(1888)南海孔氏
刻本　二十冊

210000－0744－0000070　子2－00209

玉海二百卷詞學指南四卷附刻十三種六十一
卷　(宋)王應麟撰　清光緒九年(1883)浙江
書局刻本　一百一冊　存二百六卷(玉海二
百卷、詞學指南四卷、附刻一種六經天文編二
卷)

210000－0744－0000071　子2－00210

永樂大典目錄六十卷　(明)姚廣孝等撰　清
道光二十八年(1848)靈石楊氏刻連筠簃叢書
本　二十冊

210000－0744－0000072　子2－00896

五聲說要圖說　清光緒十三年(1887)抄本
一冊

210000－0744－0000073　子5－00214

淵鑑類函四百五十卷目錄四卷　(清)張英等
撰輯　清康熙四十九年(1710)內府刻本　一
百四十冊

210000－0744－0000074　叢17－00871

唐人說薈二十卷　(清)陳世熙輯　清同治八
年(1869)刻本　五冊　存五卷(一、六至九)

210000－0744－0000075　子6－00218

山海經十八卷　(晉)郭璞傳　(清)畢沅校正
　清光緒三年(1877)浙江書局刻本　三冊

210000－0744－0000076　集1－00219

綠野仙蹤八十回　(清)李百川撰　清道光十
年(1830)刻本　十六冊

210000－0744－0000077　集1－00220

繪圖平金川四卷三十回　(清)張小山撰　清
光緒二十五年(1899)富文書局石印本　四冊

210000－0744－0000078　集1－00221

新編前明正德白牡丹傳八卷四十六回　(清)
石淙編　清光緒二十七年(1901)上海書局石
印本　四冊

210000－0744－0000079　集1－00223

英雲夢傳八卷　(清)松雲氏撰　清刻本
八冊

210000－0744－0000080　集1－00224

品花寶鑑六十回　(清)陳森撰　清刻本　二
十冊

210000－0744－0000081　集1－00225

新鐫全像通俗演義隋煬帝豔史八卷四十回
(明)齊東野人撰　清刻本　十二冊

210000－0744－0000082　集1－00226

太平廣記五百卷　(宋)李昉等撰　清末民初
上海掃葉山房石印本　三十冊　缺一百六十
七卷(一至一百六十七)

210000－0744－0000083　集1－01185

目蓮救母幽冥寶傳　清光緒二十四年(1898)
燕南胡思真刻本　一冊

210000－0744－0000084　子6－00227

校正繪圖癡人福四卷八回　(□)□□撰　清
光緒二十九年(1903)上海書局石印本　四冊

210000－0744－0000085　子6－00228

繪圖珠邨談怪十卷續二卷　(清)朱翊清撰
清光緒二十年(1894)上海崇文書局石印本
四冊

210000－0744－0000086　子6－00229

繡像木蘭奇女全傳四卷　（□）□□撰　清末
民初上海錦章圖書局石印本　四冊

210000－0744－0000087　子6－00230
遁窟讕言十二卷　（清）王韜撰　清光緒元年
(1875)申報館鉛印申報館叢書本　四冊

210000－0744－0000088　子6－00231
小豆棚十六卷　（清）曾衍東撰　清光緒六年
(1880)申報館鉛印申報館叢書本　六冊

210000－0744－0000089　子6－00232
林蘭香八卷六十四回　（清）隨緣下士撰　清
刻本　七冊

210000－0744－0000090　子6－00235
墨子十六卷篇目考一卷　（清）畢沅注　清光
緒二年(1876)浙江書局畢氏刻本　四冊

210000－0744－0000091　子6－00236
二十世紀奇書快睹七種十卷　（清）陳琰輯
清宣統三年(1911)古今圖書館石印本　四冊

210000－0744－0000092　子6－00237
淮南子二十一卷　（漢）劉安撰　（漢）高誘注
　（清）莊逵吉校　清光緒二年(1876)浙江書
局刻本　六冊

210000－0744－0000093　子6－00238
寄園寄所寄十二卷　（清）趙吉士撰　清刻本
　六冊　存六卷（一至六）

210000－0744－0000094　子6－00241
呂氏春秋二十六卷附考一卷　（秦）呂不韋撰
　（漢）高誘注　（清）畢沅校　清光緒元年
(1875)浙江書局刻二十二子本　六冊

210000－0744－0000095　子6－00242
文子纘義十二卷　（宋）杜道堅撰　清光緒三
年(1877)浙江書局刻本　二冊

210000－0744－0000096　子6－00243
列子八卷　（晉）張湛注　（唐）殷敬順釋文
清光緒二年(1876)浙江書局刻本　二冊

210000－0744－0000097　子6－00245
莊子集釋十卷　（清）郭慶藩輯　清光緒二十
年(1894)思賢講舍刻本　八冊

210000－0744－0000098　子6－00246
莊子十卷　（晉）郭象注　（唐）陸德明音義
清光緒二年(1876)浙江書局刻本　四冊

210000－0744－0000099　子6－00251
孫子十家注十三卷　（宋）吉天保輯　（清）孫
星衍校　孫子敘錄一卷　（清）畢以珣撰　孫
子遺說一卷　（宋）鄭友賢撰　清光緒三年
(1877)浙江書局刻本　六冊

210000－0744－0000100　子6－00252
管子二十四卷　（周）管仲撰　（唐）房玄齡注
　（明）劉績補　清光緒二年(1876)浙江書局
刻本　六冊

210000－0744－0000101　子6－00253
韓非子二十卷識誤三卷　（清）顧廣圻撰識誤
　清光緒元年(1875)浙江書局刻本　六冊

210000－0744－0000102　子6－00254
重廣補注黃帝內經素問二十四卷黃帝內徑靈
樞十二卷附素問遺篇　（唐）王冰注　（宋）史
崧音釋　清光緒三年(1877)浙江書局刻本
十冊

210000－0744－0000103　珍－026
諸佛世尊如來菩薩尊者名稱歌曲不分卷神僧
名經不分卷　（明）成祖朱棣撰　明永樂十五
年(1417)內府刻本　二冊

210000－0744－0000104　子6－00256
禪門佛事二卷　（□）□□撰　清光緒八年
(1882)刻本　一冊

210000－0744－0000105　子6－00257
荀子二十卷附校勘補遺一卷　（周）荀況撰
（唐）楊倞注　（清）謝墉校　清光緒二年
(1876)浙江書局刻二十二子本　六冊

210000－0744－0000106　子6－00258
商君書五卷附考一卷　（戰國）商鞅撰　（清）
嚴可均校　清光緒二年(1876)浙江書局刻本
　一冊

210000－0744－0000107　子7－00259
玉函山房輯佚書　（清）馬國翰輯　清同治十

年(1871)皇華館書局補刻本　八十冊

210000－0744－0000108　子7－00261

山門新語二卷　（清）周斌撰　清光緒十九年(1893)周氏六聲草堂刻本　二冊

210000－0744－0000109　子7－00267

凝香室鴻雪因緣圖記三集　（清）麟慶撰　清光緒上海點石齋石印本　五冊　缺一卷(三集下)

210000－0744－0000110　子7－00269

曲奏宮商七種　清末民初抄本　四冊

210000－0744－0000111　子8－00280

重訂擬瑟譜一卷　（清）邵嗣堯撰　（清）段仔文　（清）張懋賞輯　清光緒七年(1881)刻本　一冊

210000－0744－0000112　子8－00282

琵琶譜三卷　（清）王君錫　（清）陳牧夫傳譜　竹君華燦錄並校　清嘉慶刻本　二冊　缺一卷(一上)

210000－0744－0000113　子8－00285

琵琶曲集　清末民初抄本　一冊

210000－0744－0000114　子8－00288

壇廟樂章不分卷　（清）張樂盛撰　清光緒十二年(1886)神樂署刻本　二冊

210000－0744－0000115　子8－00289

春草堂曲譜　清末民初抄本　二冊

210000－0744－0000116　子8－00290

借雲館曲譜　（清）華文彬訂譜　清嘉慶二十三年(1818)王敬之刻本　一冊

210000－0744－0000117　子8－00293

研露樓琴譜四卷首一卷　（清）崔應階訂　清乾隆三十一年(1766)張松孫刻本　四冊

210000－0744－0000118　子8－00295－1

立雪齋琴譜二卷　（清）汪紱撰　清光緒二十二年(1896)刻本　一冊

210000－0744－0000119　子8－00295－2

立雪齋琴譜二卷　（清）汪紱撰　清光緒二十

二年(1896)刻本　二冊

210000－0744－0000120　子8－00297

松風閣琴譜二卷抒懷操一卷指法一卷　（清）程雄輯　清三槐堂刻本　二冊　缺一卷(指法一卷)

210000－0744－0000121　子8－00300

五知齋琴譜八卷　（清）徐俊　（清）周魯封撰　清棲心琴社刻紅杏山房本　六冊

210000－0744－0000122　子8－00302

梅花菴二香琴譜　（清）蔣文勳輯　清末民初抄本　一冊

210000－0744－0000123　子8－00303

琴譜不分卷　（□）郝衡山輯　清末民初抄本　四冊

210000－0744－0000124　子8－00304

天聞閣琴譜集成十六卷首三卷附一卷紀事一卷　（清）唐彝銘撰　清光緒二年(1876)成都葉宗祺刻本　十五冊

210000－0744－0000125　子8－00305－1

與古齋琴譜四卷　（清）祝鳳喈輯　清咸豐五年(1855)抄本　一冊　存一卷(一)

210000－0744－0000126　子8－00305－2

與古齋琴譜目錄一卷　（清）祝鳳喈輯　清咸豐五年(1855)抄本　一冊

210000－0744－0000127　子8－00306

自遠堂琴譜十二卷　（清）吳灯輯　清嘉慶七年(1802)刻本　八冊

210000－0744－0000128　子8－00307

誠一堂琴譜六卷琴談二卷　（清）程允基輯　清康熙刻本　一冊　存二卷(三至四)

210000－0744－0000129　子8－00308

郝衡山琴譜　清抄本　十三冊

210000－0744－0000130　子8－00309

琴音標准四卷　（清）戴大昌撰　清嘉慶十九年(1814)補餘堂刻本　一冊

210000－0744－0000131　子8－00310－1

琴學入門二卷　(清)張鶴輯　清同治六年(1867)心鄉往齋刻本　二冊

210000－0744－0000132　子8－00310－2
琴學入門四卷　(清)張鶴輯　清末民初抄本　一冊

210000－0744－0000133　子8－00311
琴學叢書十五種四十三卷　(清)楊宗稷輯　清刻本　五冊　存十四卷(琴鏡補三卷、琴鏡一至六、琴瑟合譜三卷、琴學問答一卷、藏琴錄一卷)

210000－0744－0000134　子8－00312
琴學叢書十五種四十三卷　(清)楊宗稷輯　清宣統三年至民國二十年(1911－1931)閑邪齋刻本　六冊　存十八卷(琴粹四卷、琴餘漫錄二卷、琴話四卷、琴學隨筆二卷、琴鏡七至九、琴譜三卷)

210000－0744－0000135　子8－00316
琴音記二卷續篇一卷　(清)程瑤田撰　徐乃昌校　清黄翰如刻本　二冊

210000－0744－0000136　子8－00319
琴史六卷　(宋)朱長文撰　清揚州史院刻本　二冊

210000－0744－0000137　子8－00321
琴律譜一卷　(清)陳澧撰　清道光陳慶龢校刻本　一冊

210000－0744－0000138　集3－00335
繪圖新情天外史　(□)天恨生撰　清宣統三年(1911)上海政新書局石印本　二冊

210000－0744－0000139　集3－00341
漁家樂、陽春白雪　清道光十三年(1833)抄本　一冊

210000－0744－0000140　集3－00346
蘭石居曲譜　清末民初抄本　一冊

210000－0744－0000141　集3－00353
真正京調五十七種　(□)□□撰　清末民初刻本　八冊

210000－0744－0000142　集3－00356
天齊廟　清末民初抄本　一冊

210000－0744－0000143　集3－00363
觀音菩薩法三藏五十三齣　清末民初抄本　二冊

210000－0744－0000144　集3－00370
梨園集成四十六種　(清)李世忠輯　清光緒六年(1880)安省竹友齋刻本　十六冊

210000－0744－0000145　集3－00372
遏雲閣曲譜不分卷　(清)王錫純輯　清光緒十九年(1893)上海著易堂鉛印本　八冊

210000－0744－0000146　集3－00375
倚晴樓七種曲　(清)黄燮清撰　清光緒七年(1881)刻本　十冊

210000－0744－0000147　集3－00377
彙刻傳劇　(清)劉世珩輯　清末民初貴池劉氏暖紅室刻本　五十七冊

210000－0744－0000148　集3－00380
出醜王帽坐　清末民初抄本　三冊

210000－0744－0000149　集4－00381
鎖陽關六卷　清末民初抄本　六冊

210000－0744－0000150　集4－00382
山門　清末民初抄本　一冊

210000－0744－0000151　集4－00383
小晏　清末民初抄本　一冊

210000－0744－0000152　集4－00388
納書楹曲譜正集四卷續集四卷外集二卷補遺四卷四夢全譜八卷　(清)葉堂撰　清道光二十八年(1848)文德堂補刻本　二十二冊

210000－0744－0000153　集4－00390
長生殿不分卷　(清)洪昇撰　清末民初抄本　一冊

210000－0744－0000154　集4－00403
新排三俠圖二卷　清末民初抄本　一冊

210000－0744－0000155　集4－00404
獅子序　清末民初抄本　一冊

210000－0744－0000156　集4－00407

打子　清光緒二十五年(1899)抄本　一冊

210000－0744－0000157　集4－00407

北餞　清道光二十三年(1843)抄本　一冊

210000－0744－0000158　集4－00408

繪圖目蓮救母全傳四卷　(清)鄭之珍撰　清光緒二十年(1894)上海書局石印本　四冊

210000－0744－0000159　集4－00411

梅花夢二卷　(清)張道撰　清光緒二十年(1894)刻本　二冊

210000－0744－0000160　集5－00415

繡像風箏誤傳八卷三十二回　(□)□□撰　清道光二十六年(1846)淑芳閣刻本　十四冊

210000－0744－0000161　集5－00416

紅樓夢散套十六卷　(清)吳鎬撰　(清)黃兆魁譜　清嘉慶蟾波閣刻本　六冊

210000－0744－0000162　集5－00417

桃花扇傳奇二卷　(清)孔尚任撰　清乾隆三十四年(1769)三畏堂抄本　一冊　存一卷(下)

210000－0744－0000163　集5－00419

雙忽雷本事一卷　(清)劉世珩輯　清宣統三年(1911)貴池劉氏雙忽雷閣石印本　一冊

210000－0744－0000164　集5－00420

吟香堂曲譜四卷　(清)馮起鳳參定　清乾隆馮懋才吟香堂刻本　二冊　存二卷(長生殿二卷)

210000－0744－0000165　集5－00421

繪圖劇本四種　(□)□□輯　清光緒二十年(1894)上海書局石印本　一冊　存二種(孝子報、難中福)

210000－0744－0000166　集5－00422

邯鄲夢不分卷　(明)湯顯祖撰　清末民初抄本　一冊

210000－0744－0000167　集5－00423

新刻珠玉圓四卷四十八回　(清)柳浦散人撰　清同治十一年(1872)樂善堂刻本　四冊

210000－0744－0000168　集5－00427

芝龕記六卷　(清)董榕撰　清光緒十五年(1889)資中刻本　六冊

210000－0744－0000169　集5－00429

鶴歸來傳奇二卷　(清)瞿頡撰　清乾隆四十一年(1776)刻本　二冊

210000－0744－0000170　集5－00431

折柳陽關　清末民初抄本　一冊

210000－0744－0000171　集5－00433

五鋒會十四卷四迷陣七卷　清末民初抄本　二十一冊

210000－0744－0000172　集5－00436

諫文　(元)高明撰　清道光二十二年(1842)抄本　一冊

210000－0744－0000173　集5－00437

麒麟閣　清末民初抄本　一冊

210000－0744－0000174　集5－00438

前誘　清末民初抄本　一冊

210000－0744－0000175　集5－00441

廻龍傳十五卷　清末民初抄本　十五冊

210000－0744－0000176　集5－00452

畫中緣四卷　清末民初抄本　二冊　存二卷(三至四)

210000－0744－0000177　集5－00454

三娘教子　清末民初抄本　一冊

210000－0744－0000178　集5－00455

醉花陰　清末民初抄本　一冊

210000－0744－0000179　集5－00456

醉花陰　清末民初抄本　一冊

210000－0744－0000180　集5－00457

醉花陰　清末民初抄本　一冊

210000－0744－0000181　集5－00458

醉花陰　清末民初抄本　一冊

210000－0744－0000182　集5－00459

醉花陰　清末民初抄本　一冊

210000－0744－0000183　集6－00460
賞燈　清末民初抄本　一冊

210000－0744－0000184　集6－00461
撇子　清光緒二十九年（1903）抄本　一冊

210000－0744－0000185　集6－00461
蝴蝶夢　清末民初抄本　一冊

210000－0744－0000186　集6－00461
井會　清末民初抄本　一冊

210000－0744－0000187　集6－00465
嫁妹　清宣統元年（1909）抄本　一冊

210000－0744－0000188　集6－00467
認子　清末民初抄本　一冊

210000－0744－0000189　集6－00476
英雄義、淮安府、英雄會　清末民初抄本
三冊

210000－0744－0000190　集6－00478
曹莊殺妻三卷　清老聚卷堂抄本　一冊　缺
一卷（上）

210000－0744－0000191　集6－00488
繡像詩發緣四卷十二回　（清）龐潤齋撰　清
同治五年（1866）蛟川書屋刻本　四冊

210000－0744－0000192　集6－00497
天水關四卷　清末民初抄本　一冊

210000－0744－0000193　集6－00498
打金枝二卷　清老聚卷堂抄本　一冊

210000－0744－0000194　集6－00500
吞丹、遊殿、偷詩　清末民初抄本　一冊

210000－0744－0000195　集6－00527
十全福　清末民初抄本　一冊

210000－0744－0000196　集6－00528
乾坤帶二卷　清末民初抄本　一冊

210000－0744－0000197　集5－00529
打龍袍　清老聚卷堂抄本　一冊

210000－0744－0000198　集6－00530
空城計二卷　清末民初抄本　一冊

210000－0744－0000199　集6－00532
扯本、醉監　清末民初抄本　一冊

210000－0744－0000200　集6－00533
玉樓春　清末民初抄本　一冊

210000－0744－0000201　集6－00534
闈試、歸省　清末民初抄本　一冊

210000－0744－0000202　集6－00535
海棠春　清末民初抄本　一冊

210000－0744－0000203　集6－00538
癡訴、點香　清道光二十六年（1846）抄本
一冊

210000－0744－0000204　集6－00538
當巾　清道光二十七年（1847）抄本　一冊

210000－0744－0000205　集6－00540
金山寺全本總講　清玉秀抄本　一冊

210000－0744－0000206　集6－00541
白蛇傳　清末民初抄本　一冊

210000－0744－0000207　集6－00542
相面、報信　清末民初抄本　一冊

210000－0744－0000208　集65－00543
拾玉鐲總本　清末民初抄本　一冊

210000－0744－0000209　集6－00544
三國志、白蛇傳　清末民初抄本　一冊　存
殘卷

210000－0744－0000210　集6－00545
普天樂、傾杯玉芙蓉、繡帶兒、粉蝶兒　清末
民初抄本　一冊

210000－0744－0000211　集6－00546
請晏　清道光六年（1826）抄本　一冊

210000－0744－0000212　集6－00547
偷桃　三拜樓主校訂　清末民初抄本　一冊

210000－0744－0000213　集6－00547
儲諫　清末民初抄本　一冊

210000－0744－0000214　集6－00547
慶壽　清末民初抄本　一冊

210000－0744－0000215　集6－00550
賣子、投淵、吃遇　清末民初抄本　一冊

210000－0744－0000216　集6－00551
逼試、別丈、剪賣、描別　清末民初抄本
一冊

210000－0744－0000217　集6－00552
逼試、登程、墜馬、梳妝　清末民初抄本
一冊

210000－0744－0000218　集6－00553
宜春令　清末民初抄本　一冊

210000－0744－0000219　集6－00554
掃花三醉　清末民初抄本　一冊

210000－0744－0000220　集6－00555
回營打圍　清末民初抄本　一冊

210000－0744－0000221　集6－00556
江水兒、梳妝、跪池　清末民初抄本　三冊

210000－0744－0000222　集6－00557
盜巾　清道光四年（1824）抄本　一冊

210000－0744－0000223　集6－00558
起布、問探　清末民初抄本　一冊

210000－0744－0000224　集6－00559
相約討釵　清末民初抄本　一冊

210000－0744－0000225　集6－00560
會陣　清末民初抄本　一冊

210000－0744－0000226　集6－00561
問情、驚怕　清末民初抄本　一冊

210000－0744－0000227　集6－00562
九焰山　清末民初抄本　一冊

210000－0744－0000228　集6－00563
參相　（明）朱權撰　清末民初抄本　一冊

210000－0744－0000229　集6－00564
驚變　清末民初抄本　一冊

210000－0744－0000230　集6－00565
慶安瀾、蓮花塘　清末民初抄本　一冊

210000－0744－0000231　集6－00566
漁錢、端陽　清末民初抄本　一冊

210000－0744－0000232　集6－00567
金瓏璁、一江風、懶畫眉、三仙橋　清忠和堂
抄本　一冊

210000－0744－0000233　集6－00568
山坡羊、鬥鵪鶉、三仙橋、剔銀燈　清末民初
抄本　一冊

210000－0744－0000234　集6－00569
窺浴　清末民初積貴堂抄本　一冊

210000－0744－0000235　集6－00570
天開壽域曲譜　清末民初抄本　一冊

210000－0744－0000236　集6－00571
昭君出塞、三坡羊　清末民初抄本　一冊

210000－0744－0000237　集6－00572
追扇曲譜　清乾隆四十七年（1782）至德堂抄
本　一冊

210000－0744－0000238　集6－00573
玉亭戲曲抄本　清光緒二十四年至二十五年
（1898－1899）抄本　七冊

210000－0744－0000239　集6－00574
金山　清末民初抄本　一冊

210000－0744－0000240　集6－00575
醉隸　清末民初抄本　一冊

210000－0744－0000241　集6－00577
借扇總譜　清末民初抄本　一冊

210000－0744－0000242　集6－00578
驚醜　清末民初抄本　一冊

210000－0744－0000243　集6－00579
陽告、吃糠、出罪、府場、踏月、秦本　清末民
初抄本　一冊

210000－0744－0000244　集6－00581
孫詐　清末民初抄本　一冊

210000－0744－0000245　集6－00582
樓會　袁于令撰　清末民初抄本　一冊

210000－0744－0000246　集6－00583

浣沙記寄子諸諫回話總譜　半羿重整　清道光二十一年（1841）存素堂姚記抄本　一冊

210000－0744－0000247　集6－00584

捉獲、虎寨、驛會、拜月　清道光九年（1829）鈞蘭抄本　一冊

210000－0744－0000248　集6－00585

牧壽、頒詔、小逼、大逼、牧羊、望鄉、遺妓　清末民初抄本　一冊

210000－0744－0000249　集6－00587

董解元西廂四卷　（金）董解元撰　清暖紅室刻本　二冊

210000－0744－0000250　集6－00588

言懷、訓閨、腐嘆、勸農、尋夢、寫眞、拾畫　清道光九年（1829）抄本　一冊

210000－0744－0000251　集6－00589

群仙、慶祝、激秦、三黨　清末民初抄本　一冊

210000－0744－0000252　集6－00590

賞宮花、淘金令　清末民初抄本　一冊

210000－0744－0000253　集6－00591

驚醜　清末民初抄本　一冊

210000－0744－0000254　集6－00592

五臺　清末民初抄本　一冊

210000－0744－0000255　集6－00593

佛會、山門、仙圓、別巾　清末民初抄本　一冊

210000－0744－0000256　集6－00594

一江風、新水令、步步嬌　清末民初抄本　一冊

210000－0744－0000257　集6－00595

五臺、激秦　清末民初抄本　一冊

210000－0744－0000258　集6－00596

相調　清末民初抄本　一冊

210000－0744－0000259　集6－00597

四喜觀　清末民初抄本　一冊

210000－0744－0000260　集6－00598

尋親記　清末民初抄本　一冊

210000－0744－0000261　集6－00599

瘋僧掃秦　清末民初抄本　一冊

210000－0744－0000262　集6－00600

花蕩　清末民初抄本　一冊

210000－0744－0000263　集6－00601

還傘、花報　清末民初抄本　一冊

210000－0744－0000264　集6－00602

浪淘沙　清末民初抄本　一冊

210000－0744－0000265　集6－00603

二本解冤結化雲龍　清末民初抄本　一冊

210000－0744－0000266　集6－00604

傾杯玉芙蓉　清末民初抄本　一冊

210000－0744－0000267　集6－00605

夢三怕笛譜　清末民初抄本　一冊

210000－0744－0000268　集6－00606

八大鎚、乾坤鏡、請靈、刃狠山　清末民初抄本　一冊

210000－0744－0000269　集6－00607

安天會　清末民初抄本　一冊

210000－0744－0000270　集6－00608

問情、三錯、吃茶、訪素、番兒　清啟秀堂抄本　一冊

210000－0744－0000271　集6－00609

芙蓉碣傳奇二卷　（清）張雲驤填詞　（清）王以慇評點　（清）吳孝緒按拍　清光緒四年（1878）刻本　一冊

210000－0744－0000272　集6－00612

謁見、猜謎、擊犬、盜綃　清末民初抄本　一冊

210000－0744－0000273　集6－00613

五福、禎祥、壽門　清末民初抄本　一冊

210000－0744－0000274　集6－00614

獻劍、三戰、回軍　清末民初抄本　一冊

210000－0744－0000275　集6－00615
驚醜　清末民初抄本　一冊

210000－0744－0000276　集6－00616
男祭　清末民初抄本　一冊

210000－0744－0000277　集6－00617
勸妝、八仙　清末民初抄本　一冊

210000－0744－0000278　集6－00618
排本　清末民初抄本　一冊

210000－0744－0000279　集6－00619
天門陣　清末民初抄本　一冊

210000－0744－0000280　集6－00620
賜環、拜月　清末民初抄本　一冊

210000－0744－0000281　集6－00621
昭君、聞鈴　清末民初抄本　一冊

210000－0744－0000282　集6－00622
偷詞　清末民初抄本　一冊

210000－0744－0000283　集6－00623
養子　清末民初抄本　一冊

210000－0744－0000284　集6－00624
幽閨記不分卷　（元）施惠撰　清末民初抄本
　一冊

210000－0744－0000285　集6－00625
後約　清末民初抄本　一冊

210000－0744－0000286　集6－00626
茶敘、問病　清末民初抄本　一冊

210000－0744－0000287　集6－00627
玉簪記總曲八齣　清咸豐四年(1854)抄本
一冊

210000－0744－0000288　集7－00631
戲曲抄本集　清光緒抄本　十七冊

210000－0744－0000289　集7－00633
書山曲海　（□）楊寶和輯　清末民初抄本
四冊

210000－0744－0000290　集7－00634
九宮譜定十二卷總論一卷　（清）查繼佐

（清）駕湖逸者輯　清金閶綠蔭堂刻本　六冊

210000－0744－0000291　集7－006305
九宮譜定十二卷總論一卷　（清）查繼佐
（清）駕湖逸者輯　清金閶綠蔭堂刻本　六冊

210000－0744－0000292　集7－00636
繡像一捧雪全傳八卷三十二回　（□）□□撰
清末澄碧軒刻本　八冊

210000－0744－0000293　集7－00643
英烈記　（□）□□撰　清末民初刻本　一冊
存八卷(三部一至四、四部一至四)

210000－0744－0000294　集7－00644
誦荻齋曲二種二卷　（清）徐鄂撰　清光緒十
二年至十三年(1886－1887)大同書局石印本
四冊

210000－0744－0000295　集7－00645
霓裳文藝全譜四卷　（清）王文治撰　清光緒
二十二年(1896)石印全崑總譜本　四冊

210000－0744－0000296　集7－00646
新刻白翠連上墳　（□）□□撰　清末民初刻
本　一冊

210000－0744－0000297　集7－00647
繪圖一捧雪八卷三十二回　（□）□□撰　清
光緒二十一年(1895)上洋文海雨記書局石印
本　四冊

210000－0744－0000298　集7－00650
新譜雙玉燕傳四卷二十四回　（□）□□撰
清末民初刻本　四冊

210000－0744－0000299　集7－00654
拜月亭　清末民初抄本　一冊

210000－0744－0000300　珍－027
新鐫古今大雅北宮詞紀六卷南宮詞紀六卷
(明)陳所聞輯　明萬曆三十二年至三十三年
(1604－1605)陳氏繼志齋刻本　八冊

210000－0744－0000301　集7－00658
太古傳宗琵琶調西廂記曲譜二卷宮詞曲譜二
卷弦索調時劇新譜二卷　（清）湯斯質等輯
朱廷鏐等重訂　清乾隆十四年(1749)莊親王

允祿刻本　八冊

210000－0744－0000302　集7－00667
青石山八卷　清光緒二十七年（1901）玉崑先生抄本　十冊

210000－0744－0000303　集7－00668
繡像玉連環八卷　（清）朱素仙撰　清道光三年（1823）亦芸書屋刻本　八冊

210000－0744－0000304　集7－00669
繡像玉連環二十卷四十回　（清）□□撰　清光緒二十五年（1899）上海書局石印本　四冊

210000－0744－0000305　集7－00670
繡像六美圖三十回繡像雙帥印十四回繡像鬧盧莊十六回繡像九龍陣十六回　（清）朱鏡江（清）張惟善撰　清同治九年（1870）刻本　八冊　缺四十四回（繡像六美圖三十回、繡像雙帥印十四回）

210000－0744－0000306　集7－00671
掃花三醉曲譜　清末民初抄本　一冊

210000－0744－0000307　集7－00672
審音鑑古錄九種十四卷續選五種五卷　（□）□□輯　清道光刻本　十冊

210000－0744－0000308　集7－00673
審音鑑古錄九種十四卷續選五種五卷　（□）□□輯　清道光刻本　十六冊

210000－0744－0000309　集7－00675
繡像雲外飄香四卷十一回　（清）鴛水主人撰　清光緒二十一年（1895）上海書局石印本　四冊

210000－0744－0000310　集7－00676
新刻秘本雲中落繡鞋九卷　（□）□□撰　清光緒二十年（1894）上海書局石印本　四冊

210000－0744－0000311　集7－00677
繡像義俠九絲條全傳十二卷　（□）□□撰　清光緒二十三年（1897）上海書局石印本　六冊

210000－0744－0000312　集7－00678
新增全圖文武香球三十六卷七十二回　（清）

三樂軒主人撰　清光緒十九年（1893）上海書局石印本　六冊

210000－0744－0000313　集7－00679
繡像六美圖三十回繡像雙帥印十四回繡像鬧盧莊十六回繡像九龍陣十六回　（清）朱鏡江（清）張惟善撰　清同治九年（1870）刻本　十五冊

210000－0744－0000314　集7－00680
繡像鳳凰圖六卷三十六回　（□）□□撰　清刻本　六冊

210000－0744－0000315　集7－00684
五毒傳六卷　清抄本　六冊

210000－0744－0000316　集7－00687
舊劇秘本天國女兒　翁偶紅編　清末民初抄本　一冊

210000－0744－0000317　集7－00692
大金錢全傳二十五卷　（□）□□撰　清光緒二年（1876）刻本　八冊

210000－0744－0000318　集7－00693
天雨花三十回　（清）陶貞懷撰　清刻本　二十四冊

210000－0744－0000319　集7－00694
繡像夢影緣四十八回　（清）鄒濟若撰　清光緒二十一年（1895）竹簡齋石印本　十六冊

210000－0744－0000320　集7－00695
繡像雙珠鳳全傳十二卷八十回　（清）一葉主人撰　清同治二年（1863）淨雅書屋刻本　十二冊

210000－0744－0000321　集7－00696
繡像雙珠鳳全傳十二卷八十回　（清）一葉主人撰　清同治二年（1863）淨雅書屋刻本　十二冊

210000－0744－0000322　集7－00697
繡像百鳥圖十八回　（□）□□撰　清同治二年（1863）刻本　四冊

210000－0744－0000323　集7－00698
百鳥圖　清光緒二年（1876）王鴻卿抄本

二冊

210000－0744－0000324　集8－00700
三笑新編十二卷四十八回　（清）吳信天撰
清光緒四年(1878)刻本　十二冊

210000－0744－0000325　集8－00701
新編雙玉杯全傳三十六卷圖一卷　（□）□□
撰　清道光八年(1828)醉墨軒刻本　六冊

210000－0744－0000326　集8－00702
來生福彈詞三十六回　（清）橘中逸叟撰　清
同治九年(1870)聚錦堂刻本　二十四冊

210000－0744－0000327　集8－00703
繡像十美圖全傳　（□）□□撰　清同治七年
(1868)海陵軒刻本　六冊

210000－0744－0000328　集8－00704
繡像八美圖五卷二十二回　（□）□□撰　清
松盛堂刻本　四冊

210000－0744－0000329　集8－00705
繡像六美圖三十回繡像雙帥印十四回繡像鬧
盧莊十六回繡像九龍陣十六回　（清）朱鏡江
　（清）張惟善撰　清同治九年(1870)刻本
十六冊

210000－0744－0000330　集8－00706
繡像九美圖全傳十二卷七十五回　（清）曹春
江撰　清道光二十三年(1843)四友軒刻本
十二冊

210000－0744－0000331　集8－00707
綉像真八美图十卷六十回　（□）□□撰　清
刻本　十冊

210000－0744－0000332　集8－00709
繡像還金鐲傳八卷五十四回　（清）夏斐文撰
　清道光元年(1821)吾馨軒刻本　七冊　缺
一卷(八)

210000－0744－0000333　集8－00710
繡像還金鐲傳八卷五十四回　（清）夏斐文撰
　清道光元年(1821)吾馨軒刻本　八冊

210000－0744－0000334　集8－00711
繡像十五貫十六卷　清同治六年(1867)蓮溪

書屋刻本　四冊

210000－0744－0000335　集8－00712
娛萱草彈詞三十二篇　（清）橘道人撰　清光
緒二十年(1894)木活字印本　六冊

210000－0744－0000336　集8－00713
晝錦堂記十六卷　（清）□□撰　清末民初抄
本　十六冊

210000－0744－0000337　集8－00716
梨園集成四十六種　（清）李世忠輯　清光緒
六年(1880)懷邑王賀成竹友齋刻本　四冊
存十種(南陽關、摩天嶺、蝴蝶媒、戰山、朱砂
印、斬黃袍、大香山、蘆花河、桃花洞、風雲會)

210000－0744－0000338　集8－00720
前誘　清末民初抄本　一冊

210000－0744－0000339　集8－00721
賞花　清末民初抄本　一冊

210000－0744－0000340　集8－00722
訪鼠測字　清末民初抄本　一冊

210000－0744－0000341　集8－00726
新刻時調說唱八仙緣全傳四卷　（清）朱梅庭
編　清道光九年(1829)寓春居士刻本　四冊

210000－0744－0000342　集8－00728
探窯二卷秋胡戲妻四卷跑坡四卷回龍閣二卷
趕三關三卷　清末民初抄本　五冊

210000－0744－0000343　集8－00730
三拉　清末民初抄本　一冊

210000－0744－0000344　集8－00731
虞美人　清末民初抄本　一冊

210000－0744－0000345　珍－028
六十種曲　（明）毛晉輯　明虞山毛氏汲古閣
刻本　二十三冊　存二十種四十卷(紅梨記
二卷、飛丸記二卷、繡襦記二卷、八義記二卷、
玉玦記二卷、玉環記二卷、西樓記二卷、幽閨
記二卷、還魂記二卷、西廂記二卷、西廂記二
卷、三元記二卷、玉簪記二卷、紫釵記二卷、明
珠記二卷、紅拂記二卷、青衫記二卷、南柯記
二卷、鳴鳳記二卷、錦箋記二卷)

210000 – 0744 – 0000346　　集 8 – 00735

繡像空洞記八卷四十回　　山陰齋撰　　清光緒
二十五年(1899)刻本　　四冊

210000 – 0744 – 0000347　　集 8 – 00737

新編蜜蜂記說唱鼓兒詞四卷十八回　　清光緒
三十二年(1906)上海萃文齋石印本　　四冊

210000 – 0744 – 0000348　　集 8 – 00738

繡像孝義眞蹟珍珠塔六卷二十四回　　(清)周
殊士　　(清)陸士珍撰　　清同治六年(1867)蘇
州麟玉山房刻本　　六冊

210000 – 0744 – 0000349　　集 8 – 00741

絲條寶卷　　清光緒三十二年(1906)尤輪香抄
本　　一冊

210000 – 0744 – 0000350　　集 8 – 00742

妙英寶卷一卷　　(□)□□撰　　清光緒二十二
年(1896)常郡培本堂刻本　　一冊

210000 – 0744 – 0000351　　集 8 – 00744

白鶴寶卷　　清同治二年(1863)周雲閣抄本
二冊

210000 – 0744 – 0000352　　集 8 – 00745

元朝義漢　　清末民初抄本　　一冊　　存後部

210000 – 0744 – 0000353　　集 8 – 00746

眞修寶卷不分卷　　(□)□□撰　　清道光十二
年(1832)刻本　　一冊

210000 – 0744 – 0000354　　集 8 – 00747

珠塔寶卷全集不分卷　　(□)□□撰　　清瑪瑙
經房刻本　　一冊

210000 – 0744 – 0000355　　集 8 – 00748

天仙聖母源留泰山寶卷五卷　　(□)□□撰
清刻本　　一冊　　存一卷(二)

210000 – 0744 – 0000356　　集 8 – 00753

繡像英雄大八義四卷五十六回續四卷四十四
回　　(□)□□撰　　清光緒二十五年(1899)上
海倉海山房石印本　　八冊

210000 – 0744 – 0000357　　集 8 – 00754

新刻絲絨計鼓詞六部十九卷續十四部二十八
卷　　(□)□□撰　　清光緒十三年(1887)京都

文美堂刻本　　四冊　　缺二部(續二部)

210000 – 0744 – 0000358　　集 8 – 00755

四海棠鼓詞四卷二十回　　(□)□□撰　　清光
緒十七年(1891)京都文和堂刻本　　八冊

210000 – 0744 – 0000359　　集 8 – 00757

木皮散人鼓詞一卷附萬古愁曲一卷　　(明)賈
應寵撰　　清光緒三十三年(1907)葉氏觀古堂
刻本　　一冊

210000 – 0744 – 0000360　　集 8 – 00758

新出狄仁傑趄考　　(□)□□撰　　清末民初刻
本　　一冊

210000 – 0744 – 0000361　　集 8 – 00759

新編韓湘子九度文公道情全本三卷　　(□)
□□撰　　清文富明刻本　　三冊

210000 – 0744 – 0000362　　集 8 – 00761

碧玉鴛鴦墜四卷三十二回　　清末民初抄本
十冊

210000 – 0744 – 0000363　　集 8 – 00762

新編東調五龍劍全傳十四卷　　(□)□□撰
清末民初刻本　　二冊

210000 – 0744 – 0000364　　集 8 – 00763

清容外集　　(清)蔣士銓撰　　清紅雪樓刻本
九冊　　存六種十卷(空谷香傳奇二卷、臨川夢
二卷、冬青樹一卷、雪中人一卷、桂林霜二卷、
香祖樓二卷)

210000 – 0744 – 0000365　　集 9 – 00766

按鑒演義帝王御世有夏志傳六卷按鑒演義帝
王御世有商志傳四卷　　(明)鍾惺撰　　清刻本
八冊

210000 – 0744 – 0000366　　集 9 – 00768

莞爾堂第九才子書斬鬼傳四卷十回　　(清)樵
雲山人撰　　清道光五年(1825)莞爾堂刻本
四冊

210000 – 0744 – 0000367　　集 8 – 00769

新刻平閩全傳八卷五十二回　　清光緒刻本
四冊

210000 – 0744 – 0000368　　集 9 – 00770

夢中緣四卷十五回　（清）李修行撰　清末文成堂刻本　四冊

210000－0744－0000369　集9－00774

于少保萃忠全傳十卷四十回　（明）孫高亮撰　清光緒三年（1877）上海機器書局石印本　五冊

210000－0744－0000370　集9－00780

晉司隸校尉傅玄集三卷傅子三卷　（晉）傅玄撰　葉德輝輯　清光緒二十八年（1902）葉氏觀古堂刻本　二冊

210000－0744－0000371　集9－00781

詞學叢書二十三卷　（清）秦恩復輯　清享帚精舍刻本　十冊

210000－0744－0000372　集9－00782

四印齋所刻詞　（清）王鵬運輯　清光緒二十一年（1895）王氏家塾刻本　七冊

210000－0744－0000373　集9－00785

詞律二十卷　（清）萬樹撰　詞律拾遺八卷（清）徐本立撰　詞律補遺一卷　（清）杜文瀾編　清同治至光緒刻本　十六冊

210000－0744－0000374　集9－00786

宋六十名家詞七卷　（明）毛晉輯　清末民初石印本　七冊

210000－0744－0000375　珍－029

花間集四卷　（後蜀）趙崇祚輯　（明）湯顯祖評　明萬曆閔齊伋刻朱墨套印本　二冊

210000－0744－0000376　子7－00796

瑞穀新謠　（明）張鯤淵輯　清刻本　二冊

210000－0744－0000377　集9－00797

碎金詞譜六卷附錄一卷　（清）謝元淮撰　清道光二十四年（1844）刻朱墨套印本　十冊

210000－0744－0000378　集9－00798

碎金續譜六卷碎金詞韻四卷養默山房詩餘三卷　（清）謝元淮輯　清道光二十八年（1848）刻朱墨套印本　五冊

210000－0744－0000379　集10－00800

唐詩正聲四十七卷　（清）馬允剛輯　（清）楊

灝　（清）楊樹聲校　清嘉慶二十一年（1816）刻本　四十七冊

210000－0744－0000380　集10－00803

全唐詩九百卷　（清）彭定求等輯　清石印本　八冊　存八卷（十七至二十四）

210000－0744－0000381　集10－00804

南宋雜事詩七卷　（清）沈嘉轍等撰　清刻本　四冊

210000－0744－0000382　集10－00806

古唐詩合解十二卷　（清）王堯衢注　清光緒三十一年（1905）掃葉山房刻本　一冊　存二卷（一至二）

210000－0744－0000383　集10－00807

漢魏詩集廣序十卷　（清）朱嘉徵撰　清康熙十五年（1676）清遠堂刻本　二冊

210000－0744－0000384　集10－00807

漢魏樂府廣序三十卷　（清）朱嘉徵撰　清康熙十五年（1676）清遠堂刻本　四冊

210000－0744－0000385　集10－00810

全上古三代秦漢三國六朝文七百四十一卷（清）嚴可均輯　清光緒二十年（1894）王氏義莊刻本　一百冊

210000－0744－0000386　集11、12－00811

欽定全唐文一千卷　（清）董誥等編　清嘉慶二十三年（1818）揚州詩局刻本　三百三十四冊　缺十二卷（四百七十八至四百八十二、六百三十至六百三十六）

210000－0744－0000387　集12－00812

唐文拾遺七十二卷續拾十六卷　（清）陸心源輯　清光緒十四年（1888）刻本　二十六冊

210000－0744－0000388　集12－00813

御選宋金元明四朝詩三百二卷首二卷姓名爵里十三卷　（清）張豫章等纂　清康熙四十八年（1709）內府刻本　一百五十六冊

210000－0744－0000389　集12－00815

玉臺新詠十卷　（南朝陳）徐陵輯　清刻本　八冊

210000－0744－0000390　集 12－00818

宋詩鈔四集九十三種　（清）吳之振輯　清康熙十年(1671)吳氏鑑古堂刻本　三十一冊

210000－0744－0000391　子 7－00820

天花亂墜八卷　（清）鍾駿文輯　清光緒二十九年(1903)崇寔齋刻本　四冊

210000－0744－0000392　子 7－00821

小學弦歌八卷　（清）李元度輯　清光緒八年(1882)文昌書局刻本　五冊

210000－0744－0000393　集 13－00827

東澗寫校李商隱詩集三卷　（唐）李商隱撰　清宣統元年(1909)石印本　二冊

210000－0744－0000394　集 13－00830

錢牧齋箋注杜詩二十卷附錄二卷諸家詩話一卷年譜一卷目錄一卷　（清）錢謙益撰　清宣統三年(1911)時中書局石印本　八冊

210000－0744－0000395　集 13－00831

杜工部集二十卷　（唐）杜甫撰　清道光十四年(1834)芸葉盦刻本　五冊

210000－0744－0000396　集 13－00832

西陂類稿五十卷　（清）宋犖撰　清末刻本　十六冊　缺四卷(一至四)

210000－0744－0000397　集 13－00838

白石道人歌曲四卷別集一卷詩集二卷外詩一卷　（宋）姜夔撰　清末民初刻本　二冊

210000－0744－0000398　集 13－00839

白石道人歌曲四卷別集一卷詩說一卷　（宋）姜夔撰　清刻本　二冊

210000－0744－0000399　集 13－00842

聲調三譜四卷　（清）王祖源輯　清光緒八年(1882)王氏天壤閣刻天壤閣叢書本　四冊

210000－0744－0000400　集 13－00843

趙氏聲調譜三卷附談龍錄一卷　（清）趙執信撰　清光緒四年(1878)刻本　一冊

210000－0744－0000401　集 13－00844

聲調譜說二卷　（清）吳紹澯撰　清光緒二十七年(1901)吳氏刻本　一冊

210000－0744－0000402　叢 15－00852

古今說部叢書　國學扶輪社輯　清宣統至民國上海國學扶輪社鉛印本　六十冊

210000－0744－0000403　叢 15－00856

藝海珠塵八集　（清）吳省蘭輯　清嘉慶吳氏聽彝堂刻本　六十四冊

210000－0744－0000404　子 7－00862

淵鑑齋御纂朱子全書六十六卷　（宋）朱熹撰　（清）李光地等纂　清同治八年(1869)吳棠等刻本　八冊　存十九卷(一至十九)

210000－0744－0000405　叢 17－00864

龍威秘書　（清）馬俊良輯　清刻本　三冊　存十五種(戊集十五種)

210000－0744－0000406　叢 17－00865

如諫果室叢刊四種　（清）王廷釗撰　清宣統二年(1910)鉛印本　一冊

210000－0744－0000407　史 6－00866

釋奠考四卷　（清）洪若皋撰　（清）桂良輯　清刻本　一冊　存一卷(一)

210000－0744－0000408　集 13－00869

唱本五齣　（□）秋岩校定　清末民初抄本　五冊　存五種五齣(一種情【冥勘】、虎囊彈【山亭】、祝髮記【渡江】、千鍾祿【八陽】、還魂記【閨塾】)

210000－0744－0000409　集 13－00874

唱詞合輯　齊如山　羅癭公編　清末民初清秘閣抄本　十一冊

210000－0744－0000410　集 13－00876

相刺　清末民初留耕堂抄本　一冊

210000－0744－0000411　集 13－00877

割髮代首　盧繼影校訂　清末民初抄本　一冊

210000－0744－0000412　史 6－00894

淮鹾備要十卷　（清）李澄輯　清道光三年(1823)刻本　一冊　存二卷(一至二)

210000－0744－0000413　集 14－00901

出獵　清末民初抄本　一冊

210000－0744－0000414　集14－00902

回獵　清末民初抄本　一冊

210000－0744－0000415　集14－00903

回頭岸全本劉寡婦　清末民初抄本　一冊

210000－0744－0000416　集14－00904

潑水　清末民初抄本　一冊

210000－0744－0000417　集14－00905

大小三軍　清末民初抄本　一冊

210000－0744－0000418　集14－00906

如杭　清末民初抄本　一冊

210000－0744－0000419　集14－00907

見娘、寄子、跌包、飯店　清咸豐五年（1855）
春和堂抄本　一冊

210000－0744－0000420　集14－00908

紅梨記　清末民初抄本　一冊

210000－0744－0000421　集14－00909

聞鈴、仙圓、伏虎、囑別　清末民初抄本
一冊

210000－0744－0000422　集14－00910

小工調　清末民初抄本　一冊

210000－0744－0000423　集14－00914

鍾馗嫁妹　清宣統元年（1909）琴鶴堂抄本
一冊

210000－0744－0000424　集14－00915

賞秋、起兵、占花魁、牡丹亭、盜甲、踏看、府
場、金山　清末民初抄本　一冊

210000－0744－0000425　集14－00916

天官賜福　清末民初抄本　一冊

210000－0744－0000426　集14－00917

天保九如　石藥仙子　清末民初抄本　一冊

210000－0744－0000427　集14－00918

罷宴　清末民初抄本　一冊

210000－0744－0000428　集14－00919

小大宴總本　清末民初抄本　一冊

210000－0744－0000429　集14－00920

打虎、逼試、饑荒、訓女　清道光二十五年
（1845）抄本　一冊

210000－0744－0000430　集14－00921

鴻門　清末民初抄本　一冊

210000－0744－0000431　集14－00922

大上壽　清末民初抄本　一冊

210000－0744－0000432　集14－00923

廊會　清末民初抄本　一冊

210000－0744－0000433　集14－00924

劉唐　清末民初抄本　一冊

210000－0744－0000434　集14－00925

賣興　清末民初抄本　一冊

210000－0744－0000435　集14－00926

訓子　清末民初抄本　一冊

210000－0744－0000436　集14－00927

八仙會蓬海　清末民初抄本　一冊

210000－0744－0000437　集14－00928

大逼　清末民初抄本　一冊

210000－0744－0000438　集14－00929

進美、采蓮　清末民初抄本　一冊

210000－0744－0000439　集14－00931

雙珠記二卷千金記二卷　清乾隆二十一年
（1756）抄本　一冊

210000－0744－0000440　集14－00932

五福觀　清末民初抄本　一冊

210000－0744－0000441　集14－00933

唱本十六種　清末民初抄本　一冊

210000－0744－0000442　集14－00934

古人大手巾四十條　清光緒十六年（1890）抄
本　一冊

210000－0744－0000443　集14－00935

傲郎、姑嫂、談情、小姐遊春　清末民初抄本
一冊

210000－0744－0000444　集14－00936

搜山、打車、掃花、三醉、聞鈴、驚變、賞荷　清

末民初抄本　一冊

210000－0744－0000445　集14－00937
冥判　清末民初抄本　一冊

210000－0744－0000446　集14－00938
慶壽　清末民初抄本　一冊

210000－0744－0000447　集14－00940
斷橋、盒缽、歸西、投淵、納妾、跪門、惠明、姑
阻、失約　清末民初抄本　一冊

210000－0744－0000448　集14－00941
嗩吶排子曲譜　清末民初抄本　一冊

210000－0744－0000449　集14－00942
養子　清末民初抄本　一冊

210000－0744－0000450　集14－00943
探監、斬竇　清末民初抄本　一冊

210000－0744－0000451　集14－00946
盤夫、琵琶行　清末民初抄本　一冊

210000－0744－0000452　集14－00947
幽閨、草詔　清末民初抄本　一冊

210000－0744－0000453　集14－00949
步步嬌　清末民初抄本　一冊

210000－0744－0000454　集14－00950
謁師　清末民初抄本　一冊

210000－0744－0000455　集14－00951
打坐、品花、劉唐、鉑依　清末民初抄本
一冊

210000－0744－0000456　集14－00952
佳期　道光九年(1829)周東林抄本　一冊

210000－0744－0000457　集14－00953
剪賣　清末民初抄本　一冊

210000－0744－0000458　集14－00954
西廂　清嘉慶抄本　一冊

210000－0744－0000459　集14－00955
回營　清末民初抄本　一冊

210000－0744－0000460　集14－00956

趙家樓　清末民初抄本　一冊

210000－0744－0000461　集14－00957
風箏悮　清末民初抄本　一冊

210000－0744－0000462　集14－00958
賞燈、勸農、付孤、評話　清末民初抄本
一冊

210000－0744－0000463　集14－00959
嫁妹　清末民初抄本　一冊

210000－0744－0000464　集14－00961
混元盒　清末民初抄本　一冊

210000－0744－0000465　集14－00964
雅觀樓　清末民初抄本　一冊

210000－0744－0000466　集14－00965
鵲橋仙　清末民初抄本　一冊

210000－0744－0000467　集14－00966
滿庭芳　清末民初抄本　一冊

210000－0744－0000468　集14－00967
消災延壽閻王卷一卷　(清)洪道果輯　清樹
德堂刻本　一冊

210000－0744－0000469　集14－00968
認子　清末民初抄本　一冊

210000－0744－0000470　集14－00969
牧羊、寄子、草詔　清末民初抄本　一冊

210000－0744－0000471　集14－00970
醉花陰　清光緒二十五年(1899)抄本　一冊

210000－0744－0000472　集14－00971
搖錢樹　清末民初抄本　一冊

210000－0744－0000473　集14－00972
目連三世寶卷三卷　(□)□□撰　清宣統元
年(1909)蘇城瑪瑙經房刻本　一冊

210000－0744－0000474　集14－00973
繡像綠牡丹全傳六卷六十四回　(□)□□撰
清刻本　六冊

210000－0744－0000475　集14－00976
圖注金玉緣八十八回　(清)曹霑撰　清末石

印本 一冊 存殘本

210000 – 0744 – 0000476 集 14 – 00977
戲曲唱本合輯 清末民初九思堂抄本 十冊

210000 – 0744 – 0000477 集 14 – 00978
小妹子 清末民初抄本 一冊

210000 – 0744 – 0000478 集 14 – 00979
草相 清末民初抄本 一冊

210000 – 0744 – 0000479 集 14 – 00980
賜福、上壽 清末民初抄本 一冊

210000 – 0744 – 0000480 集 14 – 00981
宛城 清末民初抄本 一冊

210000 – 0744 – 0000481 集 14 – 00983
探山、營闈、追信、拜將 清孝友堂抄本
一冊

210000 – 0744 – 0000482 集 14 – 00984
賞秋、盤夫 清末民初抄本 一冊

210000 – 0744 – 0000483 集 14 – 00985
偷詩 清末民初抄本 一冊

210000 – 0744 – 0000484 集 14 – 00986
佛圓 清末民初抄本 一冊

210000 – 0744 – 0000485 集 14 – 00987
跌包 清末民初抄本 一冊

210000 – 0744 – 0000486 集 14 – 00992
音韻集要 清末民初抄本 一冊

210000 – 0744 – 0000487 集 14 – 00993
玩牋 清末民初抄本 一冊

210000 – 0744 – 0000488 集 14 – 00994
水鬥 清末民初抄本 一冊

210000 – 0744 – 0000489 集 14 – 00995
飯店 清末民初抄本 一冊

210000 – 0744 – 0000490 集 14 – 00996
劍鋒山 清末民初抄本 一冊

210000 – 0744 – 0000491 集 14 – 00997
蜃中樓 清末民初抄本 一冊

210000 – 0744 – 0000492 集 14 – 00998
大開門、大吹打 清末民初抄本 一冊

210000 – 0744 – 0000493 集 14 – 00999
列國志 清末民初抄本 一冊

210000 – 0744 – 0000494 集 14 – 01000
私祭 清末民初抄本 一冊

210000 – 0744 – 0000495 集 14 – 01001
園會、問齋、拜月、小妹子、一枝梅 清末民初
抄本 一冊

210000 – 0744 – 0000496 集 14 – 01002
絮閣 清末民初抄本 一冊

210000 – 0744 – 0000497 集 14 – 01003
訪伈 清末民初抄本 一冊

210000 – 0744 – 0000498 集 14 – 01004
秋江 清末民初抄本 一冊

210000 – 0744 – 0000499 集 14 – 01006
雙鈴計 清末民初抄本 一冊

210000 – 0744 – 0000500 集 14 – 01007
學堂、冥判 清咸豐八年（1858）百忍堂抄本
一冊

210000 – 0744 – 0000501 集 14 – 01008
慘覩、謁師、密告、問探、三溪、問路、送女 清
善慶堂抄本 一冊

210000 – 0744 – 0000502 集 14 – 01009
激秦 清末民初抄本 一冊

210000 – 0744 – 0000503 集 14 – 01010
偷桃、盜丹 清末民初抄本 一冊

210000 – 0744 – 0000504 集 14 – 01011
醉掃 清末民初抄本 一冊

210000 – 0744 – 0000505 集 14 – 01012
認子 清末民初抄本 一冊

210000 – 0744 – 0000506 集 14 – 01014
窺浴 清末民初抄本 一冊

210000 – 0744 – 0000507 集 14 – 01015
梳妝跪池 清末民初抄本 一冊

210000－0744－0000508　集14－01016
梁州序　清末民初抄本　一冊

210000－0744－0000509　集14－01017
鬧莊救青　清琴樂堂抄本　一冊

210000－0744－0000510　集14－01018
火判　清末民初抄本　一冊

210000－0744－0000511　集14－01019
當酒　清忠和堂抄本　一冊

210000－0744－0000512　集14－01020
昆腔本　清末民初抄本　一冊

210000－0744－0000513　集14－01021
掃秦　清光緒七年（1881）抄本　一冊

210000－0744－0000514　集14－01022
幸恩　清末民初抄本　一冊

210000－0744－0000515　集14－01023
賀喜　清末民初抄本　一冊

210000－0744－0000516　集14－01024
醉圓　清同治十一年（1872）抄本　一冊

210000－0744－0000517　集14－01025
喬醋　清末民初抄本　一冊

210000－0744－0000518　集14－01026
金水橋　清末民初抄本　一冊

210000－0744－0000519　集14－01027
醉話　清末民初抄本　一冊

210000－0744－0000520　集14－01028
靜觀吟　清末民初抄本　一冊

210000－0744－0000521　集14－01029
龜山操宮調徵音不分卷履霜操宮調徵音不分
卷　清末民初抄本　一冊

210000－0744－0000522　集14－01030
梨雲春思角調宮音十段歸來曲宮音五段　清
末民初抄本　一冊

210000－0744－0000523　集14－01031
客窗夜話　清末民初抄本　一冊

210000－0744－0000524　集14－01032
琴稱　清末民初抄本　一冊

210000－0744－0000525　集14－01034
賞荷　清末民初抄本　一冊

210000－0744－0000526　集15－01053
唱本十一種　清末民初潘稻齋抄本　五冊

210000－0744－0000527　集15－01054
繪圖孝子報難中福鐵公雞靖逆記　（□）□□
撰　清末民初石印本　一冊　存二種（鐵公
雞、靖逆記）

210000－0744－0000528　集15－01056
元朝義漢　清光緒二十三年（1897）抄本
一冊

210000－0744－0000529　集15－01057
借茶　清河郡抄本　一冊

210000－0744－0000530　集15－01058
梳妝　清末民初抄本　一冊

210000－0744－0000531　集15－01059
墜馬　清末民初抄本　一冊

210000－0744－0000532　集15－01061
招商、串戲　清末民初抄本　一冊

210000－0744－0000533　集15－01064
俠代　清末民初抄本　一冊

210000－0744－0000534　集15－01065
當酒　清末民初抄本　一冊

210000－0744－0000535　集15－01068
慘睹　清末民初抄本　一冊

210000－0744－0000536　集15－01069
詢圖　清末民初抄本　一冊

210000－0744－0000537　集15－01070
演官　清光緒二十九年（1903）抄本　一冊

210000－0744－0000538　集15－01071
茶敘、問病　清末民初抄本　一冊

210000－0744－0000539　集15－01072
說親回話　清末民初抄本　一冊

210000－0744－0000540　集15－01073
亭會　清末民初抄本　一冊

210000－0744－0000541　集15－01074
驚變　清末民初抄本　一冊

210000－0744－0000542　集15－01075
梨花兒　清末民初抄本　一冊

210000－0744－0000543　集15－01076
補缸　清抄本　一冊

210000－0744－0000544　集15－01077
孫詐　清光緒十一年(1885)抄本　一冊

210000－0744－0000545　集15－01078
草地、荊梳　清末民初抄本　一冊

210000－0744－0000546　集15－01079
見娘、男祭　清道光元年(1821)抄本　一冊

210000－0744－0000547　集15－01080
趕車、草地、挑袍、賣油、酒樓、受吐　清末民初抄本　一冊

210000－0744－0000548　集15－01081
寄信、判斬、賣子、斬楊　清致恭堂抄本　一冊

210000－0744－0000549　集15－01082
逼試、描別、請花、烏江、上壽、封相　清末民初抄本　一冊

210000－0744－0000550　集15－01083
聽琴　清末民初抄本　一冊

210000－0744－0000551　集15－01084
梅花菴二香琴譜　(清)蔣文勳撰　清末民初抄本　一冊

210000－0744－0000552　集15－01085
漁家樂一卷滿床笏一卷　清末民初抄本　一冊

210000－0744－0000553　集15－01086
廊會　清末民初抄本　一冊

210000－0744－0000554　集15－01087
小宴　清末民初抄本　一冊

210000－0744－0000555　集15－01088
鶯夢笛譜　清末民初抄本　一冊

210000－0744－0000556　集15－01089
三擋　清末民初抄本　一冊

210000－0744－0000557　集15－01090
後親、詫美　清末民初抄本　一冊

210000－0744－0000558　集15－01091
詫美　清末民初抄本　一冊

210000－0744－0000559　集15－01092
獨佔　清末民初抄本　一冊

210000－0744－0000560　集15－01093
準安府　清末民初抄本　一冊

210000－0744－0000561　集15－01094
思鄉　清末民初抄本　一冊

210000－0744－0000562　集15－01095
別巾　清末民初抄本　一冊

210000－0744－0000563　集15－01096
俠試　清咸豐七年(1857)抄本　一冊

210000－0744－0000564　集15－01097
三錯　(明)徐復祚撰　清末民初抄本　一冊

210000－0744－0000565　集15－01098
飯店　清末民初抄本　一冊

210000－0744－0000566　集15－01099
獨佔、琵琶行　清同治六年(1867)抄本　一冊

210000－0744－0000567　集15－01100
別祠、送親　清末民初抄本　一冊

210000－0744－0000568　集15－01101
勸妝、梳妝、跪池　清末民初抄本　一冊

210000－0744－0000569　集15－01102
占花魁　清壽山堂抄本　一冊

210000－0744－0000570　集15－01103
前親　清末民初抄本　一冊

210000－0744－0000571　集15－01104

遊園　清末民初抄本　一冊

210000－0744－0000572　集15－01105

殺惜、番兒　清末民初抄本　一冊

210000－0744－0000573　集15－01106

破陣、產子　清末民初抄本　一冊

210000－0744－0000574　集15－01107

嫁妹　清光緒三十四年(1908)抄本　一冊

210000－0744－0000575　集15－01108

戲曲唱本集　清末民初玉潤田抄本　四十四冊

210000－0744－0000576　集15－01109

茶敘　清末民初抄本　一冊

210000－0744－0000577　集15－01110

重訂空縠傳聲不分卷　(清)汪鋆撰　清光緒八年(1882)李光明莊刻本　一冊

210000－0744－0000578　集15－01111

聽琴　清末民初抄本　一冊

210000－0744－0000579　集15－01112

一枝梅　清末民初抄本　一冊

210000－0744－0000580　集15－01113

歹狂　清末民初抄本　一冊

210000－0744－0000581　集15－01114

逼休　清末民初抄本　一冊

210000－0744－0000582　集15－01115

黃河陣　清末民初抄本　一冊

210000－0744－0000583　集15－01116

孝南枝　清末民初抄本　一冊

210000－0744－0000584　集15－01117

誘叔　清末民初抄本　一冊

210000－0744－0000585　集15－01118

望鄉　清末民初抄本　一冊

210000－0744－0000586　集15－01119

神諭　清末民初抄本　一冊

210000－0744－0000587　集15－01120

新編玉鴛鴦五集二十卷二十回　(□)□□撰　清碧梧亭刻本　五冊

210000－0744－0000588　集15－01123

祝英臺　清末民初抄本　一冊

210000－0744－0000589　集15－01124

投淵　清末民初抄本　一冊

210000－0744－0000590　集15－01125

議劍　清嘉慶十四年(1809)抄本　一冊

210000－0744－0000591　集15－01126

何仙姑寶卷二卷　(□)□□撰　清末民初刻本　一冊

210000－0744－0000592　集15－01128

拜冬　清光緒十七年(1891)抄本　一冊

210000－0744－0000593　集15－01129

訪鼠測字　清末民初抄本　一冊

210000－0744－0000594　集15－01130－1

新出南音全本錦繡食齋二卷　(□)□□撰　清佛山進文堂刻本　一冊

210000－0744－0000595　集15－01130－2

新刻南音關倫賣妹　(□)□□撰　清佛山進文堂刻本　一冊

210000－0744－0000596　集15－01131

召登、榮歸、賀子　清末民初抄本　一冊

210000－0744－0000597　集15－01133

女祭　清末民初抄本　一冊

210000－0744－0000598　集15－01135

書館　清道光十三年(1833)抄本　一冊

210000－0744－0000599　集15－01137

西遊記、雷峰塔、題曲　清末民初抄本　一冊

210000－0744－0000600　集15－01138

誘叔、別兄、顯魂、殺嫂　清末民初抄本　一冊

210000－0744－0000601　集15－01139

賜環、探環、撞鐘、分宮　清末民初抄本　一冊

210000－0744－0000602　集15－01140
劉唐　清末民初抄本　一冊

210000－0744－0000603　集15－01141
三俠圖、園會、姑阻、失約　清末民初抄本
四冊

210000－0744－0000604　集15－01142
剔目　清末民初抄本　一冊

210000－0744－0000605　集15－01143
漁燈兒　清末民初抄本　一冊

210000－0744－0000606　集15－01144
陽告　清末民初抄本　一冊

210000－0744－0000607　集15－01145
勝如花　清末民初抄本　一冊

210000－0744－0000608　集15－01146
番兒　清末民初抄本　一冊

210000－0744－0000609　集15－01147
報喜　清末民初抄本　一冊

210000－0744－0000610　集15－01148
小閑、逼救　清末民初抄本　一冊

210000－0744－0000611　集15－01149
追信　清末民初抄本　一冊

210000－0744－0000612　集15－01150
撇子　清末民初抄本　一冊

210000－0744－0000613　集15－01151
遊園、驚夢、堆花　清末民初抄本　一冊

210000－0744－0000614　集15－01152
回營　清末民初抄本　一冊

210000－0744－0000615　集15－01153
剔目　清末民初抄本　一冊

210000－0744－0000616　集15－01154
議親　清來鳳堂抄本　一冊

210000－0744－0000617　集15－01155
拜年　清末民初抄本　一冊

210000－0744－0000618　集15－01156
解三醒、梁州序　清末民初抄本　一冊

210000－0744－0000619　集15－01157
木蘭從軍　清末民初抄本　一冊

210000－0744－0000620　集15－01160
女亭　清集華堂抄本　一冊

210000－0744－0000621　集15－01162
品花、伏虎、醒妓、掃松　清孝友堂抄本
一冊

210000－0744－0000622　集15－01163
園林好、解三醒　清末民初抄本　一冊

210000－0744－0000623　集16－01170
鸚哥記二卷　（□）□□撰　清末民初刻本
一冊

210000－0744－0000624　集16－01176
雙登科　（□）□□撰　清末民初刻本　一冊

210000－0744－0000625　集16－01178
朱翁取妾　（□）□□撰　清末民初刻本
一冊

210000－0744－0000626　集16－01179
老鼠告貓　（□）□□撰　清宣統二年(1910)
刻本　一冊

210000－0744－0000627　集16－01180
蟲子喊冤　（□）□□撰　清末民初刻本
一冊

210000－0744－0000628　集16－01181
梁山伯與祝英臺　（□）□□撰　清末民初刻
本　一冊

210000－0744－0000629　珍－001
納書楹曲譜正集四卷續集四卷外集二卷補遺
四卷牡丹亭全譜二卷紫釵記全譜二卷邯鄲記
全譜二卷南柯記全譜二卷　（清）葉堂訂譜
（清）王文治參訂　清乾隆五十七年至五十九
年(1792－1794)長洲葉氏納書楹刻本　二十
二冊

210000－0744－0000630　珍－002
澄鑒堂琴譜不分卷附序一卷指法二卷　（清）

徐常遇輯　清乾隆三十八年（1773）刻本
五冊

210000－0744－0000631　珍－003
盛世群英八齣　清末民初抄本　一冊

210000－0744－0000632　珍－004
穎陽琴譜四卷　（清）李郊輯訂　清乾隆十六
年（1751）述德堂刻本　四冊

210000－0744－0000633　珍－005
蓼懷堂琴譜不分卷　（清）雲志高輯　清康熙
四十一年（1702）刻本　八冊

210000－0744－0000634　珍－006
西廂記譜五卷　（清）葉堂撰　清乾隆四十九
年（1784）刻本　四冊

210000－0744－0000635　珍－007
大還閣琴譜六卷　（清）徐祺撰　清康熙大還
閣刻本　五冊

210000－0744－0000636　珍－008
增定南九宮曲譜二十一卷附錄一卷　（明）沈
璟輯　明天啟三樂齋刻本　八冊

210000－0744－0000637　珍－010
一片石一卷第二碑一卷　（清）蔣士銓撰　清
乾隆三十八年（1773）刻本　一冊

210000－0744－0000638　珍－011
白石道人歌曲六卷別集一卷　（宋）姜夔撰
清末民初抄本　一冊

210000－0744－0000639　珍－013
古樂經傳五卷　（清）李光地注　清刻本
四冊

210000－0744－0000640　珍－014
雅歌拍選三集　清末民初抄本　一冊

210000－0744－0000641　珍－015
獪園十六卷　（明）錢希言撰　清乾隆三十九
年（1774）知不足齋刻本　十六冊

210000－0744－0000642　珍－016
藏園九種曲　（清）蔣士銓撰　清漁古堂刻本
八冊

210000－0744－0000643　珍－017
枯木禪琴譜八卷　（清）釋空塵撰　清光緒抄
本　二冊

210000－0744－0000644　珍－018
曲譜舊抄本六種　清末民初抄本　三冊

210000－0744－0000645　珍－019
新傳理性元雅四卷　（明）張廷玉輯　清刻本
四冊

210000－0744－0000646　珍－020
重修正文對音捷要真傳琴譜大全十卷　（明）
楊表正撰　明萬曆十三年（1585）金陵對溪書
坊唐富春刻本　十冊

210000－0744－0000647　珍－021
霓裳續譜八卷　（清）顏自德輯　（清）王延紹
訂　清乾隆六十年（1795）集賢堂刻本　六冊

210000－0744－0000648　珍－022
御選歷代詩餘一百二十卷　（清）沈辰垣等編
清康熙四十六年（1707）內府刻本　三十
二冊

210000－0744－0000649　珍－023
**新定九宮大成南北詞宮譜八十一卷首一卷總
目三卷閏一卷**　（清）周祥鈺等撰　清乾隆十
一年（1746）允祿刻朱墨套印本　五十冊

中國醫科大學圖書館
古籍普查登記目錄

全國古籍普查登記目錄

國家圖書館出版社
National Library of China Publishing House

《中國醫科大學圖書館古籍普查登記目録》
編委會

主　編：郭繼軍

編　委：孫曉丹　韓　爽

《中國醫科大學圖書館古籍普查登記目録》

前　言

　　中國醫科大學圖書館現收藏的古籍中,成書年代最早的爲《聖濟總録》二百卷。《聖濟總録》又名《政和聖濟總録》《大德重校聖濟總録》,成書於北宋政和年間。本書是徵集宋時民間及醫家所獻醫方,結"内府"所藏秘方,經整理彙編而成。我館館藏《大德重校聖濟總録》二百卷爲元大德三年至四年(1299—1300)刻本,現存十卷。版本學價值最高的是《仲景全書》二十六卷。東漢末年張仲景著《傷寒雜病論》,完成我國第一部臨床治療學方面的巨著,因漢末戰亂頻仍而散佚。西晋王叔和多方搜集和編次,改名《傷寒論》,刊行流傳於世,但至北宋已難找到完本或未經改編的《傷寒論》。北宋嘉祐年間校正醫書局成立,《傷寒論》被整理校勘。明萬曆二十七年(1599)趙開美據當時唯一單傳小字本《傷寒論》翻刻,底本旋即亡佚。趙開美的翻刻本精妙的接近北宋元祐三年(1088)原刻古貌,他稱之爲"宋本傷寒論",後世沿用其稱。宋本《傷寒論》爲白文本,即不注不譯的原文本,雖有很高的文獻價值,但并不利於世人的理解和應用,以致於漸漸不再流傳。到了近代,日本侵略者通過各種手段廣泛搜羅中國古籍、殿版珍藏等珍貴歷史文獻。明刻《仲景全書》進入滿洲醫科大學的時間是在1931—1941年間。1945年,日本投降後,國民黨政府接管了滿洲醫科大學,更名爲國立瀋陽醫學院。1948年11月瀋陽解放,國立瀋陽醫學院由東北人民政府衛生部接管,1949年6月并入中國醫科大學,《仲景全書》成爲中國醫科大學圖書館館藏。據專家考證,目前趙開美校刊《仲景全書》世存僅六部:中國中醫科學院圖書館一部、上海中醫藥大學圖書館一部、上海圖書館一部、臺北故宮博物院圖書館一部、中國醫科大學圖書館一部、日本國立公文書館内閣文庫一部。

　　在珍貴古籍名録的入選方面,《大德重校聖濟總録》二百卷、《仲景全書》二十六卷、《本草集要》八卷、《普濟方》一百六十八卷、《食物本草》二卷等5部古籍入選《國家珍貴古籍名録》。《黄帝内經素問》十二卷、《本草綱目》五十二卷、《鍼灸大成》十卷等48部古籍入選《遼寧省珍貴古籍名録》。

　　古籍普查對於古籍的管理、保護和利用具有重要的意義。我們在登記每一部古籍時,都嚴格按照國家古籍保護中心的規定,詳細登記索書號、題名卷數、著者(含著作方式）、版本、册數、存缺卷數等内容。希望古籍普查登記目録的出版，能够幫助越來越多的學者發現中國醫科大學圖書館館藏古籍的潛在價值，使我館的古籍更好地爲經濟建設、科研生産服務，爲社會主義精神文明服務。

中國醫科大學圖書館
2020 年 5 月

210000－0742－0000001　本 1

重修政和經史證類備用本草三十卷　（宋）唐慎微證類　（宋）曹孝忠校勘　明隆慶三年（1569）刻本　二十冊

210000－0742－0000002　本 14

食物本草二卷　明隆慶四年（1570）谷中虛刻本　二冊

210000－0742－0000003　本 18

重修政和經史證類備用本草三十卷　（宋）唐慎微證類　（宋）曹孝忠校勘　明嘉靖三十一年（1552）刻本　二十四冊

210000－0742－0000004　本 2

湯液本草三卷　（元）王好古撰　明萬曆三十六年（1608）吳勉學刻本　五冊

210000－0742－0000005　本 3

本草綱目五十二卷圖一卷瀕湖脈學一卷脈訣考證一卷奇經八脈考一卷　（明）李時珍撰　明崇禎十三年（1640）刻本　四十冊

210000－0742－0000006　本 37

本草經解要四卷　（清）葉桂集注　清雍正二年（1724）金閶書業堂刻本　八冊

210000－0742－0000007　本 43

食物本草會纂十二卷　（清）沈李龍纂輯　清康熙三十年（1691）刻本　八冊

210000－0742－0000008　本 57

上醫本草四卷　（明）趙南星輯　明泰昌元年（1620）刻本　四冊

210000－0742－0000009　本 68

本草詩箋十卷　（清）朱鑰撰　清乾隆二十一年（1756）刻本　六冊

210000－0742－0000010　本 70

神農本草經疏三十卷　（明）繆希雍撰　明天啓五年（1625）綠君亭刻本　十冊

210000－0742－0000011　本 71

本草集要八卷　（明）王綸輯　明正德五年（1510）刻本　四冊　存五卷（一、四至五、七至八）

210000－0742－0000012　病 106

蘭室秘藏三卷　（金）李杲撰　明嘉靖八年（1529）梅南書屋刻本　二冊

210000－0742－0000013　病 113

新編醫學正傳八卷　（明）虞摶撰　明嘉靖八年（1529）梅南書屋刻本　二冊

210000－0742－0000014　病 119

醫學統旨十卷　（明）叶文齡編　清抄本　十二冊

210000－0742－0000015　病 138

丹溪心法附餘二十四卷　（明）方廣撰　明隆慶六年（1572）山東布政使司刻本　十冊

210000－0742－0000016　病 20

丹溪先生心法五卷　（元）朱震亨撰　**論一卷附錄一卷**　（明）宋濂撰　明萬曆吳勉學刻本　五冊

210000－0742－0000017　病 21

玉機微義五十卷　（明）徐彥純撰　（明）劉純續增　明刻本（卷二十一至二十三為補抄本）　二十冊　存四十五卷（一至九、十五至五十）

210000－0742－0000018　病 34

華先生中藏經八卷　（漢）華佗撰　明萬曆吳勉學刻本　三冊

210000－0742－0000019　病 49

大德重校聖濟總錄二百卷　元大德三年至四年（1299－1300）刻本　七冊　存十卷（一下、二中、十七、十九至二十、六十一至六十二、八十三至八十四、九十九）

210000－0742－0000020　病 59

儒門事親十五卷　（金）張從正撰　明萬曆二十九年（1601）吳勉學刻本　八冊

210000－0742－0000021　病 60

醫藥鏡八卷　（明）蔣儀編　明崇禎十四年（1641）刻清康熙三年（1664）重修本　十冊

210000－0742－0000022　病 61

醫說十卷　（宋）張杲撰　明萬曆十三年

(1585)刻本 十冊

210000－0742－0000023 病67

證治彙補八卷 （清）李用粹撰 清康熙舊德堂刻本 十六冊

210000－0742－0000024 病70

祕傳證治要十二卷 （明）戴元禮撰 明刻本 六冊

210000－0742－0000025 病91

丹溪先生心法五卷 （元）朱震亨撰 **論一卷 附錄一卷** （明）宋濂撰 明萬曆刻本 十二冊

210000－0742－0000026 病97

同壽錄四卷 （清）項天瑞輯 清乾隆二十七年（1762）刻本 八冊

210000－0742－0000027 叢書26

仲景全書二十六卷 （漢）張機等撰 明萬曆二十七年（1599）世讓堂趙開美刻本 十二冊

210000－0742－0000028 叢書50

證治準繩四十四卷 （明）王肯堂輯 明萬曆三十年至三十六年（1602－1608）刻本 五十冊

210000－0742－0000029 痘1

痘疹全書十五卷 （明）萬全集 清康熙二十六年（1687）修補印本 六冊

210000－0742－0000030 痘14

痘疹全書十五卷 （明）萬全集 明萬曆三十八年（1610）彭瑞吾刻本 八冊 缺二卷（痘疹玉髓二卷）

210000－0742－0000031 痘19

痘疹會通五卷 （清）曾鼎纂述 清乾隆五十一年（1786）曾氏忠恕堂刻本 八冊

210000－0742－0000032 痘21

痘疹萃精六卷 （清）雷鳴盛輯 清乾隆五十年（1785）雷氏敬修堂刻本 二冊

210000－0742－0000033 痘29

痘科類編釋意三卷 （明）翟良撰 **疹科纂要一卷** （清）馬之騏撰 清雍正四年（1726）刻

本 四冊

210000－0742－0000034 痘31

痘疹四合全書十卷 （清）吳學損集 清康熙十五年（1676）三多齋刻本 八冊

210000－0742－0000035 方116

名醫方論四卷 （清）羅美輯 清康熙十四年（1675）古懷堂刻本 四冊

210000－0742－0000036 方118

彙輯薛氏内科醫案三卷 （明）薛已撰 （明）黃承昊評輯 **附方一卷** 明崇禎十二年（1639）刻本 十冊

210000－0742－0000037 方2

醫方選要六卷 （明）周文采撰 明隆慶四年（1570）三山街書坊刻本 六冊

210000－0742－0000038 方34

千金寶要六卷 （唐）孫思邈撰 （宋）郭思纂集 明隆慶六年（1572）拓本 五冊

210000－0742－0000039 方44

普濟方一百六十八卷 （明）朱橚等撰 明永樂四年（1406）刻本 五冊 存二卷（九十七至九十八）

210000－0742－0000040 方52

衛生易簡方十二卷 （明）胡濙編 明宣德二年（1427）刻本 六冊

210000－0742－0000041 方72

急救良方二卷 （明）張時徹撰 明嘉靖二十九年（1550）刻本 一冊

210000－0742－0000042 方77

醫方考六卷 （明）吳崑撰 明萬曆十四年（1586）友益齋刻本 三冊

210000－0742－0000043 方79

攝生衆妙方十一卷 （明）張時徹集 **急救良方二卷** 明隆慶三年（1569）衡王府刻本 五冊

210000－0742－0000044 方86

活法機要一卷 （元）朱震亨撰 明刻本 一冊

210000－0742－0000045　喉5

喉科指掌六卷　（清）張宗良撰　清乾隆二十二年(1757)經經堂刻本　二冊

210000－0742－0000046　金匱2

金匱要畧直解三卷　（清）程林注　清康熙十二年(1673)刻本　十二冊

210000－0742－0000047　金匱3

新編金匱要畧方論三卷　（宋）林億詮次　明刻本　四冊

210000－0742－0000048　脈1

脈經十卷　（晉）王叔和撰　明萬曆三年(1575)刻本　八冊

210000－0742－0000049　脈10

家傳太素脈秘訣二卷　（明）張太素撰　（明）劉伯詳注　明致和堂刻本　四冊

210000－0742－0000050　脈11

脈經十卷　（晉）王叔和撰　明萬曆三年(1575)福建刻本　六冊

210000－0742－0000051　脈12

脈因證治二卷　（元）朱丹溪撰　（清）湯望久校輯　丹溪朱氏脈因證治　清乾隆四十年(1775)合志堂刻本　六冊

210000－0742－0000052　脈13

脈經十卷　（晉）王叔和撰　明刻本　四冊

210000－0742－0000053　脈15

新刻校定脈訣指掌病式圖說一卷　（元）朱震亨撰　明萬曆吳勉學刻本　一冊

210000－0742－0000054　脈19

新刻校定脈訣指掌病式圖說一卷　（元）朱震亨撰　明萬曆吳勉學刻本　二冊

210000－0742－0000055　脈20

家傳太素脈秘訣二卷　（明）張太素撰　（明）劉伯詳注　明致和堂刻本　二冊

210000－0742－0000056　脈23

診家正眼二卷　（明）李中梓撰　清順治十七年(1660)刻本　二冊

210000－0742－0000057　脈32

脈經十卷　（晉）王叔和撰　人元脈影歸指圖說二卷　明末刻本　六冊

210000－0742－0000058　難經6

難經本義二卷　（元）滑壽注　明代刻本　四冊

210000－0742－0000059　難經7

難經本義二卷　（元）滑壽注　明崇禎刻本　二冊

210000－0742－0000060　內1

新刊補注釋文黃帝內經素問十二卷　（唐）王冰注　新刊黃帝內經靈樞集注十二卷　（明）熊宗立校　黃帝內經素問遺篇一卷新刊素問入式運氣論奧三卷　（宋）劉溫舒撰　素問運氣圖括定局立成一卷　（明）熊宗立纂集　明鼇峯種德堂刻本　十八冊

210000－0742－0000061　內2

黃帝內經素問十二卷　（唐）王冰注　（宋）林億等校正　明嘉靖刻本　六冊

210000－0742－0000062　內22

黃帝內經素問二十四卷　（明）吳崐注　明萬曆三十七年(1609)刻本　十六冊

210000－0742－0000063　內3

重廣補注黃帝內經素問二十四卷　（唐）王冰注　（宋）林億等校正　明刻本　八冊

210000－0742－0000064　內30

重廣補注黃帝內經素問二十四卷　（唐）王冰注　（宋）林億等校正　明刻本　十冊

210000－0742－0000065　內33

黃帝內經素問註證發微九卷　（明）馬蒔注　補遺一卷　明萬曆十四年(1586)天寶堂刻本　二十四冊

210000－0742－0000066　內5

黃帝素問靈樞經十二卷　（唐）王冰注　（宋）林億等校正　明嘉靖刻本　六冊

210000－0742－0000067　女13

女科切要八卷　（清）吳道源纂輯　清乾隆三

十八年(1773)刻本　四冊

210000－0742－0000068　傷寒24
傷寒分經十卷　（清）吳儀洛訂　清乾隆三十
一年(1766)硤川利濟堂刻本　六冊

210000－0742－0000069　傷寒25
傷寒論後條辨十五卷　（清）程應旄撰　清康
熙十年(1671)刻本　十四冊

210000－0742－0000070　傷寒33
東垣先生此事難知集二卷　（元）王好古撰
明成化二十年(1484)刻本　一冊

210000－0742－0000071　傷寒5
增註類證活人書二十二卷　（宋）朱肱撰
（明）吳勉學校　明刻本　六冊

210000－0742－0000072　傷寒55
張仲景傷寒論辯證廣註十四卷　（清）汪琥辨
注　张仲景中寒論辯證廣註三卷　清康熙十
九年(1680)刻本　九冊

210000－0742－0000073　外14
外科大成四卷　（清）祁坤撰　清康熙四年
(1665)聚錦堂刻本　十六冊

210000－0742－0000074　外20
瘍醫準繩六卷　（明）王肯堂輯　明萬曆三十
六年(1608)刻本　六冊

210000－0742－0000075　外24
瘡瘍經驗全書十三卷　（宋）竇漢卿撰　清康
熙五十六年(1717)浩然樓刻本　六冊

210000－0742－0000076　外28
瘍科選粹八卷　（明）陳文治輯　明崇禎元年
(1628)刻本　八冊

210000－0742－0000077　瘟7
瘟疫傳症彙編二十卷　（清）熊立品編次　清
乾隆四十二年(1777)西昌熊氏家塾刻本
十冊

210000－0742－0000078　養8
新刻厚生訓纂六卷　（明）周臣編輯　（明）胡
文煥校正　明萬曆刻本　二冊

210000－0742－0000079　養9
壽世青編二卷　（明）李中梓撰　（清）尤乘輯
清康熙三十八年(1699)刻本　二冊

210000－0742－0000080　幼4
保赤金鑑四卷　（清）穆氏編　清乾隆四十九
年(1784)長白榮氏刻本　二冊

210000－0742－0000081　幼7
錢氏小兒藥症直訣三卷　（宋）錢乙撰　（宋）
閻孝忠輯　附錢仲陽傳閻孝忠方董氏小兒斑
疹備用急方論　清康熙起秀堂刻本　三冊

210000－0742－0000082　幼9
保嬰撮要二十卷　（明）薛鎧撰　（明）薛已增
補　明嘉靖三十五年(1556)刻本　二十四冊

210000－0742－0000083　雜病4
痢疾論四卷　（清）孔毓禮輯　清乾隆十七年
(1752)謙益堂刻本　二冊

210000－0742－0000084　鍼10
銅人腧穴鍼灸圖經三卷　（宋）王惟一編　穴
腧都數一卷　明刻本　四冊

210000－0742－0000085　鍼13
鍼灸甲乙經十二卷　（晉）皇甫謐撰　明刻本
八冊

210000－0742－0000086　鍼14
新刊銅人針灸經七卷新編西方子明堂灸經八
卷　明山西平陽府刻本　四冊

210000－0742－0000087　鍼5
新刊銅人針灸經七卷新編西方子明堂灸經八
卷　明山西平陽府刻本　四冊

210000－0742－0000088　鍼9
鍼灸大成十卷　（明）楊繼洲撰　明萬曆二十
九年(1601)刻本　十冊

210000－0742－0000089　方藥9
驗方摘要四卷　（清）周履端選　清嘉慶五年
(1800)雕藻齋刻本　四冊

210000－0742－0000090　方藥7
西藥大成十卷　（英國）哈來拉·海得蘭撰
清光緒十年(1884)江南機器製造局刻本　十

六冊

210000－0742－0000091　方藥 33

醫案通考　（清）英醫德譯　清光緒十一年
(1885)同文堂木活字印本　四冊

210000－0742－0000092　方藥 22

務中藥性二十卷　（清）何本立撰　清道光二
十五年(1845)衡州何泰安堂刻本　六冊

210000－0742－0000093　方藥 18

衛生鴻寶六卷　（清）祝補齋輯　清道光二十
六年(1846)袁續薪堂刻本　四冊

210000－0742－0000094　方藥 15

雷公炮制藥性賦　（清）李杲輯　清光緒十三
年(1887)掃葉山房刻本　四冊

210000－0742－0000095　方藥 11

解毒編一卷　（清）汪汲撰　清古愚山房刻本
　一冊

210000－0742－0000096　方論 99

經驗方二卷　（清）沈善兼輯　清光緒二十二
年(1896)擇古齋刻本　十冊

210000－0742－0000097　方論 97

過庭錄存一卷　（清）曹存心撰　清刻本
四冊

210000－0742－0000098　方論 91

三朝名醫方論二十三卷　（宋）駱龍吉等撰
清光緒二十六年(1900)上海千頃堂書局刻本
　六冊

210000－0742－0000099　方論 85

醫學從衆錄八卷　（清）陳念祖撰　清善成堂
刻本　四冊

210000－0742－0000100　方論 84

葉氏醫案存真三卷　（清）葉桂撰　（清）葉萬
青編　清道光十六年(1836)葉氏刻本　四冊

210000－0742－0000101　方論 82

臨證指南醫案評本十卷　（清）葉桂撰　清道
光二十四年(1844)蘇州周氏刻本　十二冊

210000－0742－0000102　方論 81

回生春脚集四卷　（清）孟文瑞集　清光緒十
六年(1890)善成堂刻本　二冊

210000－0742－0000103　方論 80

神仙濟世良方二卷　（清）柏永瑞編　清嘉慶
元年(1796)刻本　六冊

210000－0742－0000104　方論 8

外太秘要四十卷　（唐）王燾撰　清刻本　十
六冊

210000－0742－0000105　方論 78

雞峯普濟方　（清）馮翊　賈兼重校　清道光
八年(1828)藝雲書刻本　二十冊

210000－0742－0000106　方論 75

徐洄谿手批葉天士先生真本　（清）葉桂撰
清光緒十五年(1889)介石堂刻本　二冊

210000－0742－0000107　方論 73

經驗丹方彙編　（清）錢峻編　清乾隆十七年
(1752)懷德堂刻本　四冊

210000－0742－0000108　方論 71

千金寶要六卷　（宋）郭思撰　清刻本　二冊

210000－0742－0000109　方論 69

醫方集解三卷　（清）汪昂撰　清道光二十五
年(1845)瓶花書屋刻本　四冊

210000－0742－0000110　方論 67

增註太平惠民和劑局方十卷　（宋）許洪注
清刻本　二冊

210000－0742－0000111　方論 66

千金翼方三十卷　（唐）孫思邈撰　清光緒四
年(1878)上海蜀山莫繩孫影宋刻本　八冊

210000－0742－0000112　方論 65

奇方類編二卷　（清）吳世昌輯　（清）鄂奇善
校　附奇方　清康熙五十八年(1719)會成堂
刻本　四冊

210000－0742－0000113　方論 64

簡易醫訣四卷　（清）周雲章撰　清宣統元年
(1909)成都志古堂刻本　四冊

210000－0742－0000114　方論 63

十三科古方選注 （清）王晉三注 清掃葉山房刻本 四冊

210000－0742－0000115 方論62
醫方集解三卷 （清）汪昂撰 清咸豐十年(1860)德馨堂刻本 六冊

210000－0742－0000116 方論55
外臺秘要四十卷 （唐）王燾撰 清同治十三年(1874)廣東翰墨園刻本 四十二冊

210000－0742－0000117 方論54
普濟良方十一卷 （清）容山輯 清光緒十九年(1893)李光明刻本 二冊

210000－0742－0000118 方論5
備急千金要方三十卷 （唐）孫思邈撰 （宋）林億等校正 清刻本 六冊

210000－0742－0000119 方論49
攝生衆妙方 （明）張時徹撰 明刻清康熙五十六年(1717)兩淮運庫重修本 十冊

210000－0742－0000120 方論48
本事方釋義十卷 （清）葉桂撰 清嘉慶十九年(1814)刻本 八冊

210000－0742－0000121 方論42
普濟應驗良方 （清）容山纂 清咸豐四年(1854)刻本 五冊

210000－0742－0000122 方論38
胡慶餘堂丸散膏丹全集 （清）胡光墉編 清光緒三年(1877)刻本 一冊

210000－0742－0000123 方論32
良方集腋合璧 （清）谢元慶輯 清咸豐刻本 二冊

210000－0742－0000124 方論31
平易方 （清）葉香侶撰 清道光十二年(1832)來鹿堂刻本 四冊

210000－0742－0000125 方論23
厚德堂集驗方萃編四卷 （清）唐慎修撰 清光緒九年(1883)刻本 一冊

210000－0742－0000126 方論22

驗方萃編 （清）奇克唐阿輯 清光緒七年(1881)刻本 五冊

210000－0742－0000127 方論21
厚德堂集驗方萃編 （清）唐慎修撰 清光緒珍藝書局刻本 四冊

210000－0742－0000128 方論20
驗方新編十六卷 （清）鮑相璈編 清光緒元年(1875)刻本 八冊

210000－0742－0000129 方論18
景岳新方砭四卷 （清）陳念祖撰 清光緒九年(1883)刻本 二冊

210000－0742－0000130 方論17
時方歌括二卷 （清）陳念祖撰 清光緒九年(1883)文奎堂刻本 二冊

210000－0742－0000131 方論16
不藥良方 （清）王桂舟編 清光緒八年(1882)刻本 十冊

210000－0742－0000132 方論150
證治要訣 （明）戴元禮述 清刻本 四冊

210000－0742－0000133 方論15
本草類方十卷 （清）年希堯輯 清書業堂刻本 十二冊

210000－0742－0000134 方論125
傷寒真方歌括六卷 （清）陳念祖撰 清光緒元年(1875)南雅堂刻本 二冊

210000－0742－0000135 方論124
洪氏集驗方五卷 （宋）洪遵撰 清光緒元年(1875)黃氏士禮居刻本 二冊

210000－0742－0000136 方論122
新編湯頭歌訣 （清）方仁淵編 附舌苔歌訣 清光緒三十四年(1908)常熟方亦政堂刻本 一冊

210000－0742－0000137 方論120
驗方類證治裁八卷 （清）林佩琴撰 清光緒二十三年(1897)兩儀堂刻本 十六冊

210000－0742－0000138 方論119

名醫類案十二卷 （明）汪瓘集 清宣統元年(1909)上海書局石印本 九冊 存十卷(一至二、五至十二)

210000－0742－0000139 方論12
經驗丹方彙編四卷 （清）錢峻編 清刻本 二冊

210000－0742－0000140 方論115
臨證指南醫案十卷 （清）葉桂撰 清乾隆三十三年(1768)衛生堂刻本 十冊

210000－0742－0000141 方論114
名醫類案十二卷 （明）江瓘集 清知不足齋刻本 十二冊

210000－0742－0000142 方論113
醫林繩墨大全九卷 （明）方穀撰 清廓然堂刻本 六冊

210000－0742－0000143 方論112
醫方叢話八卷 （清）徐士鑾輯 清光緒十五年(1889)徐氏蝶園刻本 四冊

210000－0742－0000144 方論111
葛仙翁肘後奇方八卷 （清）程永培校 清光緒二十二年(1896)上海圖書集成書局刻本 四冊 存六卷(一至六)

210000－0742－0000145 方論11
蘇沈內翰良方 （宋）沈括 （宋）蘇軾撰 清乾隆四十一年(1776)刻本 四冊

210000－0742－0000146 方論107
古今醫案按 （清）俞震輯 清光緒九年(1883)吳江李氏刻本 十冊

210000－0742－0000147 方論106
成方切用二十六卷 （清）吳儀洛撰 清乾隆二十六年(1761)刻本 十二冊

210000－0742－0000148 方論104
醫林繩墨大全九卷 （明）方穀撰 清康熙四十九年(1710)廓然堂刻本 十冊

210000－0742－0000149 方論103
陸氏三氏醫案五卷 （明）陸嶽撰 清道光十八年(1838)刻本 四冊

210000－0742－0000150 方論102
得心集醫案六卷 （清）謝星煥撰 清咸豐十一年(1861)延壽堂刻本 六冊

210000－0742－0000151 方論101
臨床醫案筆記六卷 （清）吳篪撰 清道光十六年(1836)樹滋堂刻本 六冊

210000－0742－0000152 方論100
經驗廣集四卷 （清）李文炳纂 清刻本 十二冊

210000－0742－0000153 方論1
王氏醫案八卷霍亂論二卷 （清）王士雄撰 清咸豐元年(1851)吟春書屋刻本 四冊

210000－0742－0000154 叢書8
薛氏醫案二十四種 （明）薛己撰 清兩儀堂刻本 六十四冊

210000－0742－0000155 叢書6
景岳全書 （清）張介寅撰 清乾隆四十八年(1783)敦化堂刻本 三十二冊

210000－0742－0000156 叢書5
證治準繩四十四卷 （清）王肯堂輯 清乾隆五十八年(1793)脩敬堂刻本 九十五冊

210000－0742－0000157 叢書3
南雅堂醫書全集 （清）陳念祖撰 清光緒九年(1883)文奎堂刻本 二十四冊

210000－0742－0000158 叢書20
童刻醫書四種 （清）童濂輯 清道光二十五年(1845)瓶花書屋刻本 二十六冊

210000－0742－0000159 叢書2
東垣十書二十二卷 （金）李杲等撰 清敦化堂刻本 十六冊

210000－0742－0000160 叢書19
習醫鈐法 （明）吳良等纂 抄本 十一冊 存十一卷(第一集陸氏遺書二至三、第二集三世醫驗三、第三集原病集一至八)

210000－0742－0000161 叢書17
徐靈胎先生雜著五種 （清）徐大椿注 清光緒十四年(1888)江左書林刻本 二冊

210000－0742－0000162　叢書16

於然室心導樓合刻　（清）程永培校　清脩敬堂刻本　七冊

210000－0742－0000163　叢書12

醫宗全金鑒　（清）吳謙等纂　清乾隆七年(1742)刻本　六十四冊

210000－0742－0000164　叢書11

秘書廿一種　（清）汪士漢校　清乾隆文盛堂刻本　二十冊

210000－0742－0000165　叢書10

合鐫增補士材三書八卷　（清）李中梓撰　清康熙刻本　六冊

210000－0742－0000166　叢書/95

陳修園醫書四十八種　（清）陳念祖撰　清刻本　九冊

210000－0742－0000167　叢書/87

合信氏醫書五種十卷　（英國）合信氏撰　清咸豐八年(1858)上海仁濟醫館刻本　八冊

210000－0742－0000168　叢書/87

醫林改錯　（清）王清任撰　清刻本　二冊

210000－0742－0000169　叢書/85

東洞先生遺稿　（日本）吉益猷輯　清刻本　三冊

210000－0742－0000170　叢書/84

東垣十書　（金）李杲等撰　清光緒二十八年(1902)肇綏堂刻本　十六冊

210000－0742－0000171　叢書/78

三家醫案合刻三卷　（清）葉桂等撰　清道光十一年(1831)刻本　二冊

210000－0742－0000172　叢書/77

徐氏醫學八種　（清）徐大椿撰　清光緒十八年(1892)湖北官書處刻本　十二冊

210000－0742－0000173　叢書/76

醫家四要　（清）江誠等纂　清光緒十年(1884)養鶴山房刻本　四冊

210000－0742－0000174　叢書/74

潛齋醫書五種　（清）王士雄撰　清光緒十八年(1892)醉六堂刻本　十二冊

210000－0742－0000175　叢書/71

黃帝五書六卷　（清）孫星衍校　清藍凌孫氏刻本　四冊

210000－0742－0000176　叢書/70

醫學五則五卷　（清）廖雲溪輯　清同治十年(1871)會元堂刻本　五冊

210000－0742－0000177　叢書/67

士材三書八卷　（明）李中梓撰　清刻本　四冊

210000－0742－0000178　叢書/66

雷氏六種　（清）雷豐撰　清光緒十年(1884)養鶴山房刻本　九冊

210000－0742－0000179　叢書/65

醫學叢書初編四十卷　（清）丁丙輯　清光緒四年(1878)當歸草堂刻本　十冊

210000－0742－0000180　叢書/64

黃氏醫書八種七十七卷　（清）黃元御撰　清咸豐十年(1860)變稣精舍刻本　六冊

210000－0742－0000181　叢書/63

喻氏三書十五卷　（清）喻昌撰　清光緒三十一年(1905)經元書室刻本　十六冊

210000－0742－0000182　叢書/57

醫藥集覽六卷　（唐）盛公等纂　清文盛堂刻本　六冊

210000－0742－0000183　叢書/56

名醫類案　（□）□□撰　清刻本　五冊

210000－0742－0000184　叢書/54

頤身集　（元）邱處機等撰　清咸豐二年(1852)刻本　一冊

210000－0742－0000185　叢書/53

圖書集成醫部全錄　（清）蔣廷錫等編　清光緒二十三年(1897)刻本　六十冊

210000－0742－0000186　叢書/51

述古齋醫書六卷　（清）張振鋆輯　清光緒十

五年(1889)張氏刻本　　六冊

210000－0742－0000187　　叢書/47

東垣十書五卷　（金）李杲撰　清刻本　二冊

210000－0742－0000188　　叢書/46

張氏醫通二十七卷　（清）張璐等纂　清亦西
齋刻本　三十冊

210000－0742－0000189　　叢書/45

醫統正脈全書四十三種　（明）王肯堂輯　清
朱文震刻光緒三十三年(1907)京都醫局印民
國十二年(1923)北京中醫學社遞修本　八
十冊

210000－0742－0000190　　叢書/43

世補齋醫書　（清）陸九芝撰　清光緒十二年
(1886)山左書局刻本　十八冊

210000－0742－0000191　　叢書/41

景岳全書發揮　（清）吳桂撰　清光緒五年
(1879)吳氏醉六堂刻本　四冊

210000－0742－0000192　　叢書/37

中西匯通醫經精義　（清）唐宗海撰　清光緒
十八年(1892)千頃堂書局刻本　十一冊

210000－0742－0000193　　叢書/36

陳修園醫書五十種　（清）陳念祖撰　清光緒
三十一年(1905)商務印書館鉛印本　二十
八冊

210000－0742－0000194　　叢書/25

聿修堂醫學叢書　（日本）多紀元簡等輯　清
光緒飛青閣刻本　四十冊

210000－0742－0000195　　叢書/23

韓園醫學六種　（清）潘霨輯　清刻本　十
二冊

210000－0742－0000196　　叢書/22

韓園醫學六種　（清）潘霨輯　清光緒蘇州振
新書社刻本　十六冊

210000－0742－0000197　　叢書/21

陳修園醫書二十三種　（清）陳念祖撰　清光
緒二十九年(1903)湖南益元書局刻本　三十
六冊

210000－0742－0000198　　博物2

格物入門　（美）丁韙良撰　清同治七年
(1868)明親館刻本　七冊

210000－0742－0000199　　博物20

見物五卷　（明）李蘇撰　明萬曆九年(1581)
刻本　二冊

210000－0742－0000200　　病總99

讀醫隨筆六卷　（清）周學海撰　清光緒二十
四年(1898)皖南建德周氏刻本　四冊

210000－0742－0000201　　病總98

醫經原旨六卷　（清）薛雪集注　清乾隆十九
年(1754)簡香齋刻本　六冊

210000－0742－0000202　　病總96

蒼生司命八卷　（明）虞摶輯　清刻本　十
六冊

210000－0742－0000203　　病總95

已任編八卷　（清）高鼓峯撰　高鼓峯先生心
法　清唧三堂刻本　四冊

210000－0742－0000204　　病總93

醫經原旨　（清）薛雪撰　清掃葉山莊刻本
四冊

210000－0742－0000205　　病總90

已任編八卷　（清）高鼓峯等撰　清唧三堂刻
本　二冊

210000－0742－0000206　　病總89

醫家四要八卷　（清）程義等纂　清上海千頃
堂書局刻本　四冊

210000－0742－0000207　　病總87

名醫彙粹八卷　（明）羅美選輯　清刻本
四冊

210000－0742－0000208　　病總86

詳校萬病回春八卷　（明）龔雲林編　清道光
二十五年(1845)掃葉山房刻本　八冊

210000－0742－0000209　　病總85

血證論八卷　（清）唐宗海撰　清光緒十六年
(1890)唐氏刻本　四冊

210000－0742－0000210　病總 84

脾胃論　（金）李杲撰　明刻本　一冊

210000－0742－0000211　病總 82

醫學實在易八卷　（清）陳念祖撰　清道光二十四年（1844）善成堂刻本　四冊

210000－0742－0000212　病總 80

折肱漫錄七卷　（明）黃承昊撰　清修敬堂刻本　二冊

210000－0742－0000213　病總 78

醫學精要八卷　（清）黃巖撰　清同治六年（1867）刻本　九冊

210000－0742－0000214　病總 79

折肱漫錄七卷　（明）黃承昊撰　清乾隆五十九年（1794）修敬堂刻本　四冊

210000－0742－0000215　病總 76

寓意草　（明）喻昌撰　清刻本　一冊

210000－0742－0000216　病總 94

醫徑句測　（清）程應旄撰　清康熙九年（1670）刻本　二冊

210000－0742－0000217　病總 74

巢氏病源五十卷　（隋）巢元方撰　清光緒元年（1875）湖北崇文書局刻本　八冊

210000－0742－0000218　病總 73

辨證奇聞十五卷　（清）陳士鐸撰　清同治六年（1867）經元堂刻本　八冊

210000－0742－0000219　病總 72

醫經允中集成二十四卷　（清）李熙和纂述　清道光十一年（1831）松筠閣刻本　十冊

210000－0742－0000220　病總 69

古今名醫彙粹八卷　（清）羅美輯　清道光三年（1823）嘉興盛新甫刻本　八冊

210000－0742－0000221　病總 68

四時病機　（清）邵登瀛輯　清刻本　六冊

210000－0742－0000222　病總 64

東醫寶鑑二十三卷目錄二卷　（明）許浚撰　清嘉慶元年（1796）敦化堂刻本　二十五冊

210000－0742－0000223　病總 63

醫學入門　（明）李梴撰　清光緒二十四年（1898）粵東翰文堂刻本　十二冊

210000－0742－0000224　病總 62

巢氏病源候總論五十卷　（隋）巢元方等撰　清光緒十二年（1886）湖北官書處刻本　八冊

210000－0742－0000225　病總 5

西醫舉隅　（英國）德貞撰　清光緒元年（1875）聞見錄摘影印本　十冊

210000－0742－0000226　病總 3

醫學三字經四卷　（清）陳念祖撰　清光緒九年（1883）文奎堂刻本　二冊

210000－0742－0000227　病總 161

救偏瑣言　（清）費建中撰　清康熙二十七年（1688）刻本　二冊

210000－0742－0000228　病總 172

精校圈句增補壽世保元　（明）龔廷賢撰　附太乙神鍼　清宣統元年（1909）上海江東書局石印本　八冊

210000－0742－0000229　病總 155

內科新說三卷　（英國）合信氏撰　清咸豐八年（1858）上海仁濟醫館刻本　一冊

210000－0742－0000230　病總 145

丹溪心法五卷　（元）朱震亨撰　丹溪心法附餘　（明）方廣編　（明）吳中珩輯　清尚德堂刻本　十二冊

210000－0742－0000231　病總 146

重刊巢氏諸病源侯總論　（隋）巢元方撰　清刻本　四冊　存二十七卷（三至十四、二十六、三十七至五十）

210000－0742－0000232　病總 143

筆花醫鏡　（清）汪涵暾撰　清光緒十一年（1885）田氏本宅刻本　二冊

210000－0742－0000233　病總 139

增補壽世保元　（明）龔廷賢撰　清光緒聚盛堂刻本　十冊

210000－0742－0000234　病總 134

中藏經八卷 （漢）華佗撰 清光緒六年(1880)江左書林刻本 四冊

210000－0742－0000235 病總 133

醫說十卷 （宋）張杲編撰 清陶風樓刻本 八冊

210000－0742－0000236 病總 130

醫學金鍼八卷 （清）陳念祖撰 （清）潘霨增輯 清光緒四年(1878)敏德堂刻本 四冊

210000－0742－0000237 病總 128

醫書匯參輯成二十四卷 （清）蔡宗玉輯 清道光十九年(1839)崇讓堂刻本 十六冊

210000－0742－0000238 病總 126

羅氏會約醫鏡二十卷 （清）羅國綱撰 清乾隆五十四年(1789)大成堂刻本 十二冊

210000－0742－0000239 病總 125

醫略稿六十七卷 （清）蔣寶素撰 清快志堂刻本 二十冊

210000－0742－0000240 病總 124

解圍元藪四卷 （明）沈之問輯 清嘉慶二十一年(1816)孫敬德堂刻本 八冊

210000－0742－0000241 病總 123

醫醫醫三卷 （清）孟今氏撰 清宣統元年(1909)清風橋文茂印書局刻本 一冊

210000－0742－0000242 病總 121

友漁齋醫話六種八卷 （清）黃凱鈞輯 清嘉慶十七年(1812)嘉善黃氏刻本 六冊

210000－0742－0000243 病總 117

醫學啓蒙彙編六卷 （清）翟良纂 清文盛堂刻本 六冊

210000－0742－0000244 病總 116

醫源二卷 （清）石壽棠撰 清咸豐十一年(1861)留耕書屋刻本 四冊

210000－0742－0000245 病總 115

扁鵲心書三卷 （宋）竇材撰 清三餘堂刻本 二冊

210000－0742－0000246 病總 112

醫林纂要探源十卷 （清）汪紱輯 清光緒二十三年(1897)江蘇書局刻本 十冊

210000－0742－0000247 病總 107

醫醇賸義四卷 （清）費伯雄撰 清光緒三年(1877)刻本 四冊

210000－0742－0000248 病總 105

冷廬醫話五卷 （清）陸以湉撰 清咸豐八年(1858)杭州書局刻本 四冊

210000－0742－0000249 病總 104

吳醫彙講十一卷 （清）唐大烈纂輯 清乾隆五十七年(1792)刻本 四冊

210000－0742－0000250 病總 102

醫宗己任編 （清）楊乘六編 清光緒十七年(1891)李光明莊刻本 四冊

210000－0742－0000251 病總 100

醫悟十二卷 （清）馬冠群述 清光緒十九年(1893)刻本 四冊

210000－0742－0000252 病總 1

趙氏醫貫六卷 （明）趙獻可撰 清同治六年(1867)文英堂刻本 四冊

210000－0742－0000253 病總 92

醫門法律六卷 （清）喻昌撰 清刻本 六冊

210000－0742－0000254 病總 6

時病論八卷 （清）雷豐撰 清光緒九年(1883)汗蓮書屋刻本 四冊

210000－0742－0000255 病總 58

趙氏醫貫六卷 （明）趙獻可撰 清三多齋刻本 六冊

210000－0742－0000256 病總 48

大德重校聖濟總錄目錄 清抄本 一冊

210000－0742－0000257 病總 38

醫學集成四卷 （清）劉仕廉撰 清同治十二年(1873)醉吟山房刻本 四冊

210000－0742－0000258 病總 37

醫門法律六卷 （清）喻昌撰 清光緒二十一年(1895)三味書局刻本 六冊

210000－0742－0000259　病總 36

儒門醫學三卷　（英國）海得蘭撰　清著易堂刻本　四冊

210000－0742－0000260　病總 33

回生集二卷續集二卷　（清）陳杰輯　清嘉慶十四年（1809）刻本　四冊

210000－0742－0000261　病總 32

醫級寶鑑十卷首一卷末一卷　（清）董西園撰　清嘉慶二十五年（1820）道古堂刻本　十二冊

210000－0742－0000262　病總 30

歸硯錄四卷　（清）王世雄撰　清同治元年（1862）歸硯草堂刻本　四冊

210000－0742－0000263　病總 24

赤水玄珠全集　（明）孫一奎撰　明末歙黃鼎刻本　三十二冊

210000－0742－0000264　病總 17

精校圈句增補壽世保元　（明）龔廷賢撰　**附太乙神鍼**　清宣統元年（1909）上海江東書局石印本　八冊

210000－0742－0000265　呪巫 1

祝由十三科　清刻本　一冊

210000－0742－0000266　痘科 8

引痘秘書　（清）邱熺輯　清光緒十年（1884）上海江左書林刻本　一冊

210000－0742－0000267　痘科 7

仙傳痘疹奇書三卷　（明）高堯臣輯　清乾隆四十二年（1777）天德堂刻本　二冊

210000－0742－0000268　痘科 27

痘科彙編釋意三卷　（明）翟良撰　**痘疹纂要　痘科本草**　清刻本　四冊

210000－0742－0000269　痘科 26

痘疹正宗二卷　（清）宋麟祥撰　清刻本　五冊

210000－0742－0000270　痘科 25

救偏瑣言　（清）費啟泰撰　清刻本　六冊

210000－0742－0000271　痘科 23

馮氏錦囊秘錄痘疹全集十五卷　（清）馮楚瞻纂輯　清刻本　六冊

210000－0742－0000272　痘科 22

重刊俞天池先生痧痘集解六卷　（清）俞天池集解　清光緒二年（1876）刻本　四冊

210000－0742－0000273　痘科 20

痘疹傳心錄十九卷　（明）朱惠明撰　清修敬堂刻本　六冊

210000－0742－0000274　痘科 2

痘科彙編釋意三卷　（明）翟良撰　清刻本　四冊

210000－0742－0000275　痘科 18

痘疹定論　（清）朱純嘏輯　清康熙五十二年（1713）刻本　四冊

210000－0742－0000276　痘科 17

天花精言六卷　（清）袁大宣撰　清平遠山房刻本　四冊

210000－0742－0000277　痘科 16

痘疹傳心錄十八卷　（明）朱惠明撰　清修敬堂刻本　八冊

210000－0742－0000278　痘科 15

軒轅逸典十三卷　清刻本　六冊

210000－0742－0000279　痘科 10

痘科類編釋意三卷　（明）翟良輯　清道光十年（1830）道生堂刻本　三冊

210000－0742－0000280　法醫 8

疑獄集十卷　（五代）和凝編輯　清咸豐三年（1853）刻本　二冊

210000－0742－0000281　法醫 7

洗冤錄集證四卷　（清）剛毅編輯　清光緒十七年（1891）江蘇書局刻本　二冊

210000－0742－0000282　法醫 5

補注洗冤錄集證五卷　（清）王又槐增輯　清道光十三年（1833）刻本　四冊

210000－0742－0000283　法醫 4

洗冤錄詳義四卷　（宋）宋慈撰　（清）許槤編校　清光緒四年（1878）天津王維珍刻本　四冊

210000－0742－0000284　法醫3
刑案滙覽九十卷　（清）鮑書芸編　（清）祝松庵輯　附續增刑案滙覽　清光緒十二年（1886）皖省聚文堂刻本　一百六冊

210000－0742－0000285　法醫2
刑案滙覽六十卷　（清）鮑書芸編　附續增刑案滙覽　清道光十四年（1834）棠樾慎思堂刻本　八十冊

210000－0742－0000286　法醫12
洗冤錄詳義四卷　（清）許槤編校　清光緒三年（1877）嘯園刻本　五冊

210000－0742－0000287　法醫11
洗冤錄義證　（清）剛毅編輯　清光緒二十五年（1899）浙江藩屬刻本　四冊

210000－0742－0000288　法醫1
補注洗冤錄集證六卷　（清）文晟撰　王槐蔭增輯　清光緒三十年（1904）北直文昌會刻本　六冊

210000－0742－0000289　鍼灸7
勉學堂鍼灸集成四卷　（清）廖潤鴻撰　清刻本　四冊

210000－0742－0000290　鍼灸6
鍼灸大成十卷　（明）楊繼洲撰　清康熙十九年（1680）刻本　十冊

210000－0742－0000291　鍼灸4
重刻鍼灸擇日編集　（明）全循義　（明）金義孫共編　清光緒十六年（1890）十瓣同心蘭室刻本　一冊

210000－0742－0000292　鍼灸3
新刊補註銅人腧穴針灸圖經五卷　（宋）王惟一編　清宣統元年（1909）陶子麟刻本　二冊

210000－0742－0000293　鍼灸20
新刊補註銅人腧穴針灸圖經五卷　（宋）王惟一編　清宣統元年（1909）玉海堂刻本　二冊

210000－0742－0000294　鍼灸2
景宋本備急灸方　（宋）聞人耆年撰　清光緒十六年（1890）十瓣同心蘭室刻本　一冊

210000－0742－0000295　鍼灸19
鍼灸集要　清光緒十三年（1887）抄本　一冊

210000－0742－0000296　鍼灸17
考正周身穴法歌　（清）廖潤鴻撰　附銅人圖三張　清同治十三年（1874）善成堂刻本　一冊

210000－0742－0000297　鍼灸16
重刻鍼灸擇日編集　（明）全循義　（明）金義孫共編　增刻鍼灸擇日編　清光緒十六年（1890）十瓣同心蘭室刻本　二冊

210000－0742－0000298　鍼灸15
鍼灸大成　（明）楊繼洲撰　清咸豐十年（1860）宏道堂刻本　十冊

210000－0742－0000299　鍼灸11
新刊補註銅人腧穴針灸圖經　（宋）王惟一編　清刻本　三冊

210000－0742－0000300　鍼灸1
黃帝甲乙經十二卷　（晉）皇甫謐編　清光緒十一年（1885）四明存存軒刻本　四冊

210000－0742－0000301　雜病7
治痢金丹八卷　（清）沈漢澄述輯　治痢金丹方一卷　清嘉慶十三年（1808）養心堂刻本　十冊　存三卷（六至八）

210000－0742－0000302　雜病6
吊腳痧方論一卷　（清）徐子默撰　保產經驗神方　清光緒十六年（1890）浙江官書局刻本　一冊

210000－0742－0000303　幼科8
小兒推拿活嬰全書二卷　（明）龔薈林撰　清康熙三十年（1691）文綉堂刻本　二冊

210000－0742－0000304　幼科6
小兒推拿廣義三卷　（清）熊應雄輯　（清）陳世凱重訂　清金閶書業堂刻本　二冊

210000－0742－0000305　幼科5

保赤金鑑四卷　（清）穆氏編　清光緒十八年(1892)文遠堂刻本　二冊

210000－0742－0000306　幼科 14

活幼心書三卷　（元）曾世榮編　清宣統二年(1910)武昌醫舘刻本　四冊

210000－0742－0000307　幼科 13

嬰童百問十卷　（明）魯伯嗣撰　清刻本　八冊

210000－0742－0000308　幼科 10

幼科鐵鏡二卷　（清）夏鼎撰　清光緒二十三年(1897)廣雅書局刻本　二冊

210000－0742－0000309　幼科 1

小兒推拿廣義三卷　（清）陳世凱訂　清校經山房石印本　二冊

210000－0742－0000310　養生 3

衛生要旨　（清）郑官应輯　清光緒九年(1883)益智堂刻本　一冊

210000－0742－0000311　養生 7

增補遵生八牋十九卷　（明）高濂編　清光緒十年(1884)刻本　二十冊

210000－0742－0000312　養生 12

壽世青編二卷　（明）李中梓撰　（清）尤乘輯　清抄本　五冊

210000－0742－0000313　瘟疫 9

溫症瘕疹辨正　（清）許汝楫撰　清光緒十四年(1888)刻本　一冊

210000－0742－0000314　瘟疫 4

廣瘟疫論四卷　（清）戴天章撰　小儿急驚風證論　陳澎賢撰　清刻本　五冊

210000－0742－0000315　瘟疫 35

廣瘟疫論四卷　（清）戴天章撰　清刻本　二冊

210000－0742－0000316　瘟疫 34

瘟疫論補註二卷　（明）吳有性撰　（清）鄭重光補注　清光緒六年(1880)掃葉山房刻本　二冊

210000－0742－0000317　瘟疫 31

瘟痧要編四卷　（清）韓凌霄撰　清光緒七年(1881)直隸省城府刻本　四冊

210000－0742－0000318　瘟疫 30

瘟疫論辨義四卷　（清）楊尧章撰　清光緒九年(1883)刻本　四冊

210000－0742－0000319　瘟疫 22

補註瘟疫論四卷　（明）吳有性撰　（清）洪天錫補註　清晚翠堂刻本　四冊

210000－0742－0000320　瘟疫 21

瘟疫明辨四卷末一卷　（清）戴麟郊辨正　清嘉慶二十二年(1817)晉祁書業堂刻本　二冊

210000－0742－0000321　瘟疫 20

南病別鑑二卷　（清）薛雪撰　清光緒五年(1879)刻本　二冊

210000－0742－0000322　瘟疫 19

瘟疫明辨　（清）戴天章辨正　清刻本　二冊

210000－0742－0000323　瘟疫 18

溫病條辨六卷　（清）吳瑭撰　清光緒二十九年(1903)京都二酉齋刻本　六冊

210000－0742－0000324　瘟疫 17

溫熱暑疫全書四卷　（清）周楊後輯　清乾隆庸德堂刻本　二冊

210000－0742－0000325　瘟疫 16

溫熱經緯五卷　（清）王士雄纂　清刻本　四冊

210000－0742－0000326　瘟疫 15

瘟疫論二卷　（明）吳有性撰　清聚奎堂刻本　二冊

210000－0742－0000327　瘟疫 14

瘟疫論二卷　（明）吳有性撰　清康熙四十八年(1709)刻本　四冊

210000－0742－0000328　瘟疫 13

瘟疫論類編五卷　（明）吳有性撰　（清）劉奎評釋　清道光二十年(1840)崇寶堂刻本　二冊

210000 – 0742 – 0000329　　瘟疫 11

溫病條辨　（清）吳瑭撰　清嘉慶十八年(1813)問心堂刻本　四冊

210000 – 0742 – 0000330　　瘟疫 10

溫熱經緯　（清）王士雄撰　清光緒三年(1877)湖北書局刻本　四冊

210000 – 0742 – 0000331　　外科 7

增訂治療彙要三卷　（清）過鑄撰　清光緒三十年(1904)成都官報書局鉛印本　二冊

210000 – 0742 – 0000332　　外科 6

瘍醫大全四十卷　（清）顧世澄輯　清同治九年(1870)敦仁堂刻本　三十六冊

210000 – 0742 – 0000333　　外科 5

外科證治全生集二卷　（清）王維德撰　清校經山房石印本　一冊

210000 – 0742 – 0000334　　外科 4

繪圖外科正宗十二卷　（明）陳實功撰　清光緒元年(1875)掃葉山房刻本　六冊

210000 – 0742 – 0000335　　外科 30

外科補遺秘授經驗奇方六卷　（清）龔居中編　清五鳳樓刻本　二冊

210000 – 0742 – 0000336　　外科 27

新刊外科微義四卷　（明）陳實功編集　清刻本　十六冊

210000 – 0742 – 0000337　　外科 26

外證醫案彙編四卷　（清）余景和編　清光緒二十年(1894)會稽孫氏刻本　四冊

210000 – 0742 – 0000338　　外科 25

外科圖說六卷　（清）高文晉輯　清刻本　十六冊

210000 – 0742 – 0000339　　外科 19

新鎸外科活人定本四卷　（清）龔居中纂　清順治醉畊堂刻本　四冊

210000 – 0742 – 0000340　　外科 18

瘡瘍經驗全書十三卷　（宋）竇漢卿撰　清康熙五十六年(1717)同文堂刻本　六冊

210000 – 0742 – 0000341　　外科 17

外科證治全書五卷　（清）許克昌　（清）畢法輯　清同治刻本　五冊

210000 – 0742 – 0000342　　外科 16

外科正宗十二卷　（明）陳實功撰　清咸豐十年(1860)刻本　六冊

210000 – 0742 – 0000343　　外科 15

外科大成四卷　（清）祁坤撰　清古雪堂刻本　十四冊

210000 – 0742 – 0000344　　外科 13

外科選要六卷　（清）徐憩銈纂　清道光二十三年(1843)刻本　十六冊

210000 – 0742 – 0000345　　外科 11

瘍科臨證心得集三卷　（清）高秉鈞纂輯　清嘉慶十四年(1809)盡心堂刻本　四冊

210000 – 0742 – 0000346　　外科 10

臨陣傷科捷要四卷　（英國）帕脫編　清刻本　四冊

210000 – 0742 – 0000347　　書誌/22

經籍訪古志　（日本）澀江全善　（日本）森立之撰　清刻本　八冊

210000 – 0742 – 0000348　　食經 4

農桑衣食撮要　（元）魯明善撰　清刻本　二冊

210000 – 0742 – 0000349　　食經 1

隨園食單一卷　（清）袁枚撰　清刻本　一冊

210000 – 0742 – 0000350　　傷寒 8

新鎸陶節菴家藏秘授傷寒六書六卷　（明）陶華撰　清鳴盛堂刻本　四冊

210000 – 0742 – 0000351　　傷寒 68

醫門棒喝初集四卷二集九卷　（清）章楠編撰　清道光五年(1825)俍山書屋刻本　十六冊

210000 – 0742 – 0000352　　傷寒 61

傷寒補亡論二十卷　（宋）郭雍撰　清宣統三年(1911)武昌醫館刻本　四冊

210000 – 0742 – 0000353　　傷寒 60

尚論篇上下卷　（清）喻昌撰　**尚論後篇四卷醫門法律卷之六**　清刻本　六冊

210000－0742－0000354　傷寒57

傷寒九十論　（宋）許叔微述　清光緒二十五年（1899）成都崇文齋刻本　一冊

210000－0742－0000355　傷寒56

傷寒恒論十卷　（清）鄭欽安撰　清成都志古堂刻本　四冊

210000－0742－0000356　傷寒54

註釋傷寒論十卷　（漢）張機撰　（金）成無己注　明嘉靖刻上海涵芬樓影印本　四冊

210000－0742－0000357　傷寒53

傷寒論翼二卷　（清）柯琴撰　清乾隆三十一年（1766）博古堂刻本　三冊

210000－0742－0000358　傷寒45

尚論張仲景傷寒論重編八卷　（清）喻昌撰**會講溫證語錄傷寒答問**　清乾隆七年（1742）蔡錦堂刻本　四冊

210000－0742－0000359　傷寒43

傷寒辨證四卷　（清）陳堯道撰　清嘉慶十一年（1806）江蘇糧道署刻本　六冊

210000－0742－0000360　傷寒41

傷寒舌鑑　（清）張登編　**傷寒兼登折義**　清康熙刻本　一冊

210000－0742－0000361　傷寒39

張仲景註解傷寒百證歌五卷　（宋）徐叔微述**發微論二卷**　清光緒七年（1881）萬卷樓刻本　四冊

210000－0742－0000362　傷寒38

訂正仲景傷寒論釋義　（清）李纘文撰　清刻本　十二冊

210000－0742－0000363　傷寒37

余註傷寒論翼四卷　（清）柯琴撰　（清）余景和注　**附錄武進曹氏醫學讀書志二則**　清光緒十九年（1893）謝文翰齋刻本　二冊

210000－0742－0000364　傷寒35

傷寒補天石二卷續二卷　（明）戈維城撰　清

汲綆齋刻本　四冊

210000－0742－0000365　傷寒31

余註傷寒論翼四卷　（清）柯琴撰　（清）余景和注　清光緒十四年（1888）謝文翰齋刻本　三冊

210000－0742－0000366　傷寒29

傷寒論三註十六卷　（清）周陽俊輯注　清康熙二十二年（1683）刻本　八冊

210000－0742－0000367　傷寒28

傷寒第一書四卷　（清）車宗輅　（清）胡駿寧撰　**附餘二卷**　清光緒十一年（1885）浙紹奎照樓刻本　六冊

210000－0742－0000368　傷寒27

傷寒尋源三卷　（清）呂震名撰　清光緒七年（1881）刻本　三冊

210000－0742－0000369　傷寒26

傷寒全生集四卷　（明）陶華撰　清乾隆四十七年（1782）古越尺木堂刻本　六冊

210000－0742－0000370　傷寒23

傷寒論條辨八卷　（明）方有執撰　**附錄三卷**　清康熙浩然樓刻本　四冊

210000－0742－0000371　傷寒15

增輯傷寒類方四卷　（清）徐大椿撰　清同治五年（1866）古吳潘氏刻本　四冊

210000－0742－0000372　傷寒59

伤寒懸解十四卷　（清）黄元御撰　**伤寒懸解首一卷末一卷**　清道光十二年（1832）燮龢精舍刻本　四冊

210000－0742－0000373　傷寒58

六經傷寒辨證四卷　（清）蔡宗玉輯　（清）陳念祖訂　清同治十二年（1873）刻本　三冊

210000－0742－0000374　女科5

產科四卷　（英國）密爾撰　（清）舒高第（清）鄭昌棪譯述　清末江南機器製造總局刻本　四冊

210000－0742－0000375　女科3

胎產心法三卷　（清）閻純璽撰　清道光二十

七年(1847)炳蔚堂刻本　八冊

210000－0742－0000376　女科28

濟陰綱目十四卷　(明)武之望撰　清康熙四年(1665)江左書林刻本　八冊

210000－0742－0000377　女科26

婦人良方二十四卷　(宋)陳自明編　清漁古山房刻薛氏醫案本　十冊

210000－0742－0000378　女科23

廣嗣五種備要五卷　(清)王寶穎編　清刻本　四冊

210000－0742－0000379　女科22

傅氏女科四卷　(明)傅山撰　清光緒十六年(1890)善成堂刻本　四冊

210000－0742－0000380　女科18

婦人良方二十四卷　(宋)陳自明編　(明)薛已補注　清刻本　十冊

210000－0742－0000381　女科16

女科經綸八卷　(清)蕭壎撰　清乾隆四十六年(1781)湖郡有鴻齋刻本　八冊

210000－0742－0000382　女科15

女科輯要八卷　(清)周紀常纂　**胎產全書**　清同治四年(1865)奎照樓刻本　四冊

210000－0742－0000383　女科12

婦科綱目良方二十四卷　(宋)陳自明編　(明)薛己注　清漁古山房刻本　十二冊

210000－0742－0000384　女科1

重訂濟陰綱目十四卷　(明)武之望撰　**附保生碎事**　清雍正六年(1728)善成堂刻本　八冊

210000－0742－0000385　內6

素問靈樞類纂約注三卷　(清)汪昂輯　清咸豐十年(1860)善成堂刻本　四冊

210000－0742－0000386　內46

素問集注九卷　(清)張志聰集注　清光緒十六年(1890)浙江書局刻本　六冊

210000－0742－0000387　內45

內經評文三十六卷　(清)周學海評注　清光緒二十四年(1898)建德周氏刻本　八冊

210000－0742－0000388　內36

類經三十二卷　(明)張介賓撰　**類經圖翼十一卷類經附翼四卷**　明天啟四年(1624)金閶童湧泉刻本　十六冊

210000－0742－0000389　內34

內經知要二卷　(明)李忠梓撰　清乾隆二十九年(1764)掃葉山莊刻本　一冊

210000－0742－0000390　內32

黃帝素問宣明論方十五卷　(金)劉完素撰集　吳勉學校　明萬曆十三年(1585)吳氏刻本　一冊

210000－0742－0000391　內31

素靈微蘊四卷　(清)黃元御撰　清道光十年(1830)宛鄰書屋刻本　一冊

210000－0742－0000392　內30

書林紀事四卷　(唐)王冰注　(宋)林億校　(宋)孫兆改誤　明刻本　十冊

210000－0742－0000393　內30

備急二十四卷　(唐)王冰注　(宋)林億校　(宋)孫兆改誤　明刻本　十冊

210000－0742－0000394　內30

重刊巢氏二十四卷　(唐)王冰注　(宋)林億校　(宋)孫兆改誤　明刻本　十冊

210000－0742－0000395　內25

黃帝內經太素三十卷　(隋)楊上善撰　清光緒二十三年(1897)通隱堂刻本　六冊

210000－0742－0000396　內23

增補內經拾遺方論四卷　(宋)駱龍吉編　清乾隆四十年(1775)武林大成齋刻本　三冊

210000－0742－0000397　內17

黃帝內經素問二十四卷　(明)吳崑注　明萬曆十三年(1585)石室刻本　八冊

210000－0742－0000398　難經2

圖注難經脈訣十卷　(明)張世賢編注　**圖注脈訣辨真四卷圖注八十一難經辨真四卷瀕湖**

脈學一卷驗方奇經八脈攷一卷　清光緒五年(1879)掃葉山房刻本　六冊

210000－0742－0000399　難經 16

圖注難經脈訣四卷　（明）張世賢注　**瀕湖脈學驗方奇經八脈攷**　清校經山房刻本　六冊

210000－0742－0000400　難經 12

難經廣說　（清）王三重撰　王慶章訂　清順治三年(1646)刻本　二冊

210000－0742－0000401　目科 9

眼科大全　（明）傅仁宇輯　清經國堂刻本　十二冊

210000－0742－0000402　目科 7

銀海指南四卷　（清）顧錫撰　清嘉慶十五年(1810)三友草堂刻本　四冊

210000－0742－0000403　目科 2

眼科龍木論　（明）葆光道人撰　清大文堂刻本　四冊

210000－0742－0000404　目科 18

審視瑤函眼科大全　（明）傅仁宇輯　清三囗堂刻本　六冊

210000－0742－0000405　徽瘡 3

徽瘡秘錄二卷　（明）陳司成撰　清光緒十一年(1885)刻本　二冊

210000－0742－0000406　徽瘡 1

徽瘡秘錄　（明）陳司成撰　清光緒刻本　二冊

210000－0742－0000407　脈經 7

瀕湖脈學　（明）李時珍撰　清宣統元年(1909)石印本　一冊

210000－0742－0000408　脈經 5

奇經八脈考　（明）李時珍撰　**本草綱目蟲部鱗部**　清刻本　四冊

210000－0742－0000409　脈經 33

三指禪三卷　（清）周學霆撰　清光緒二十一年(1895)澹雅書局刻本　三冊

210000－0742－0000410　脈經 29

診宗三昧　（清）張璐撰　（清）張登編纂　清刻本　二冊

210000－0742－0000411　脈經 28

姤復遺音　（清）鞏文志撰　**附明堂圖二卷**　清存幾堂刻本　二冊

210000－0742－0000412　脈經 26

經脈圖考四卷　（清）陳惠疇撰　清光緒四年(1878)貴州黎氏刻本　四冊

210000－0742－0000413　脈經 25

三指禪三卷　（清）周學霆撰　清刻本　三冊

210000－0742－0000414　脈經 2

脈訣刊误集解二卷　（元）戴起宗撰　清光緒十七年(1891)刻本　十二冊

210000－0742－0000415　脈經 18

脈如二卷　（清）郭治撰　**附傷寒論一卷**　清道光七年(1827)刻本　三冊

210000－0742－0000416　脈經 17

醫學指歸二卷　（清）趙術堂編輯　清同治元年(1862)刻本　二冊

210000－0742－0000417　脈經 14

觀身集　（清）陳會等撰　清咸豐三年(1853)刻本　一冊

210000－0742－0000418　麻痧 6

痧證彙要四卷　（清）孫玘編　**痧證指微**　清道光二年(1822)振古齋刻本　五冊

210000－0742－0000419　麻痧 5

痧脹玉衡書四卷　（清）郭志邃撰　清康熙十七年(1678)江左書林刻本　四冊

210000－0742－0000420　麻痧 4

麻科活人全書四卷　（清）謝玉瓊撰　清光緒十七年(1891)刻本　四冊

210000－0742－0000421　麻痧 3

麻科活人全書四卷　（清）謝玉瓊撰　**邵氏痘科**　清道光二十年(1840)刻本　四冊

210000－0742－0000422　麻痧 1

麻證新書　（元）滑壽撰　清光緒三十一年

（1905）蕭濟生堂刻本　四冊

210000－0742－0000423　金匱 1
金匱要略論註二十四卷　（清）徐彬撰　清光緒五年（1879）掃葉山房刻本　六冊

210000－0742－0000424　金匱 12
金匱翼八卷　（清）尤怡撰　清嘉慶十八年（1813）忠恕堂刻本　四冊

210000－0742－0000425　金匱 15
金匱要略淺註方論合編十卷　（清）陳念祖集注　（清）唐宗海補注　清宣統元年（1909）渭南嚴氏刻本　六冊

210000－0742－0000426　金匱 6
金匱要略方論本義二十二卷　（清）魏荔彤釋義　清道光十二年（1832）刻本　六冊

210000－0742－0000427　金匱 5
金匱要略論註二十四卷　（清）徐彬撰　清康熙十年（1671）刻本　十二冊

210000－0742－0000428　金匱 4
金匱要略二十四卷　（清）沈明宗編　清康熙三十一年（1692）致和堂刻本　十冊

210000－0742－0000429　喉科 4
喉症全科紫珍集二卷　（清）朱翔宇輯　清刻本　二冊

210000－0742－0000430　喉科 3
白喉治法忌表抉微一卷　（清）耐修子撰　清光緒十七年（1891）元會齋刻本　一冊

210000－0742－0000431　喉科 2
重樓玉鑰二卷　（清）鄭梅澗撰　清道光十九年（1839）喜墨齋刻本　二冊

210000－0742－0000432　本草 77
本草便讀四卷　（清）張秉成集　清光緒二十二年（1896）上海千頃堂書局刻本　一冊

210000－0742－0000433　本草 79
經史證類大觀本草三十一卷　（宋）唐慎微撰　清光緒三十年（1904）武昌柯氏刻本　十六冊

210000－0742－0000434　本草 67
本經逢源　（清）張璐撰　清刻本　十二冊

210000－0742－0000435　本草 64
本草便讀二卷　（清）張秉成集　清光緒二十二年（1896）刻本　四冊

210000－0742－0000436　本草 63
本草分經二卷　（清）姚瀾編輯　清光緒十五年（1889）天祿閣刻本　二冊

210000－0742－0000437　本草 62
本經疏證十二卷　（清）鄒澍撰　本經續疏六卷本經疏要八卷　清咸豐八年（1858）韓文煥刻本　十二冊

210000－0742－0000438　本草 61
本草原始十二卷　（明）李中立輯　清嘉慶二十三年（1818）經餘堂刻本　十二冊

210000－0742－0000439　本草 60
本草經疏輯要十卷　（清）吳世鎧纂　清書帶草堂刻本　六冊

210000－0742－0000440　本草 59
本草求真十二卷　（清）黃宮繡纂　清刻本　十二冊

210000－0742－0000441　本草 58
神農本草經百種錄　（清）关靈胎撰　清刻本　一冊

210000－0742－0000442　本草 55
本草問答二卷　（清）唐宗海撰　清光緒十九年（1893）善成裕記刻本　二冊

210000－0742－0000443　本草 54
湯液本草三卷　（元）王好古撰　清雲林閣刻本　三冊

210000－0742－0000444　本草 52
本草備要　（清）汪昂撰　清道光二十五年（1845）瓶花書屋刻本　二冊

210000－0742－0000445　本草 51
本草從新十八卷　（清）吳儀洛輯　清道光二十六年（1846）瓶花書屋刻本　四冊

210000－0742－0000446　本草 50

本草衍義二十卷　（宋）寇宗奭撰　清月本宅
樓刻本　五冊

210000－0742－0000447　本草 5

本草綱目五十二卷　（明）李時珍撰　清刻本
　一冊　存一卷（十一）

210000－0742－0000448　本草 46

本經逢原四卷　（清）張璐纂　清光緒三十四
年（1908）渭南嚴氏刻本　四冊

210000－0742－0000449　本草 45

本草述鉤元三十二卷　（清）楊時泰輯　清道
光二十二年（1842）涵雅堂刻本　十冊

210000－0742－0000450　本草 41

本草從新六卷　（清）吳遵程輯　清嘉慶十一
年（1806）書業堂刻本　六冊

210000－0742－0000451　本草 38

本草三家合註三卷　（清）郭汝聰集注　清刻
本　六冊

210000－0742－0000452　本草 29

重校神農本草三卷　（□）□□撰　清光緒三
十二年（1906）善成堂刻本　二冊

210000－0742－0000453　本草 27

重修政和經史證類備用本草三十卷　（宋）唐
慎微證類　明萬曆七年（1579）刻本　十五冊

210000－0742－0000454　本草 136

食物本草會纂十二卷　（清）沈李龍纂　清乾
隆四十八年（1783）金閶書業堂刻本　八冊

210000－0742－0000455　本草 11

重鐫食物本草會纂十二卷　（清）沈李龍撰
清乾隆四十八年（1783）金閶書業堂刻本
六冊

210000－0742－0000456　本草 10

本草原始附雷公炮製新編十二卷　（明）李中
立撰　清道光二十八年（1848）友于堂刻本
四冊

210000－0742－0000457　本 69

本草崇原集说三卷　（清）仲學輅撰　清宣統

二年（1910）仲氏刻本　四冊

210000－0742－0000458　本 49

本草綱目七十二卷　（明）李時珍撰　（清）張
紹堂重校　清光緒十一年（1885）張氏味古齋
刻本　四十冊

210000－0742－0000459　GA11/6

康熙字典四十二卷　（清）張玉書等撰　清康
熙五十五年（1716）刻本　四十冊

210000－0742－0000460　17.22/2

古今偽書攷一卷　（清）姚首源撰　清光緒十
八年（1892）浙江書局刻本　一冊

210000－0742－0000461　17.11－8/3

芥子園畫傳二集　（清）王槩等輯　蘭竹梅菊
　清康熙四十年（1701）金閶書業堂刻本
四冊

210000－0742－0000462　17.11－6/2

重刊祥刑要覽四卷　（明）吳訥編　清道光十
五年（1835）刻本　二冊

210000－0742－0000463　17.11－17/8

八史經籍志　（日本）□□輯　清光緒八年
（1882）刻本　十六冊

210000－0742－0000464　17.11－17/8

八史經籍志　（日本）□□輯　清光緒八年
（1882）刻本　十六冊

210000－0742－0000465　17.11－17/66

善本書室藏書志四十卷　（清）丁丙輯　清光
緒二十七年（1901）刻本　十六冊

210000－0742－0000466　17.11－17/56

續彙刻書目　羅振玉輯　清連平范氏雙魚室
刻本　十冊

210000－0742－0000467　17.11－17/55

昭德先生郡齋讀書志　（清）姚應續編　清光
緒十年（1884）長沙王氏刻本　十冊

210000－0742－0000468　17.11－17/49

讀書敏求記　（清）錢曾撰　清刻本　四冊

210000－0742－0000469　17.11－17/44

彙刻書目二十卷 （清）顧修撰 清光緒十二年（1886）刻本 二十冊

210000－0742－0000470 17.11－17/42

隋書經籍志攷證 （清）姚振宗述 清刻本 三冊

210000－0742－0000471 17.11－17/34

書目長編 （清）邵瑞彭等輯 清刻本 二冊

210000－0742－0000472 17.11－17/19

藝風藏書記八卷 繆荃孫編 清刻本 六冊

210000－0742－0000473 17.11－12/6

水經注四十卷 （北魏）酈道元撰 附山海經十八卷 明萬曆四十三年（1615）刻本 十二冊

210000－0742－0000474 17.11－12/5

山海經 （晉）郭璞撰 清咸豐五年（1855）大成堂刻本 四冊

210000－0742－0000475 17.11－12/4

山海經存 （□）□□撰 清光緒二十一年（1895）刻本 三冊

210000－0742－0000476 17.11－12/3

山海經箋疏 （晉）郭璞傳 清光緒七年（1881）刻本 四冊

210000－0742－0000477 17.11－11/26

錢氏補疑年錄四卷 （清）錢椒等編 清光緒六年（1880）吳興陸氏刻本 六冊

210000－0742－0000478 17.11－11/25

歷代名賢齒譜 （清）易公申纂 清賜書堂刻本 二十冊

210000－0742－0000479 17.11－11/24

歷代名人年譜十卷 （清）吳榮先撰 清咸豐二年（1852）天祿閣刻本 十冊

210000－0742－0000480 17.11－10/5

陸放翁全集六種一百五十七卷 （宋）陸游撰 明毛氏汲古閣刻清虞山張氏詩禮堂印本 四十七冊

210000－0742－0000481 17.11－11/7

讀史提要錄十二卷 （清）夏之蓉撰 清乾隆刻本 四冊

210000－0742－0000482 17.11/60

子史精華一百六十卷 （清）允祿 （清）吳襄等纂 清刻本 四十八冊

210000－0742－0000483 17.11/49

異號類編二十卷 （清）史羅蘭輯 清刻本 四冊

210000－0742－0000484 17.11/48

史姓韻編六十四卷 （清）江輝祖輯 清刻本 十六冊

210000－0742－0000485 17.11/4

作吏要言 （清）叶玉屏撰 清刻本 一冊

210000－0742－0000486 17.11/39

初學記三十卷 （清）徐堅等撰 清成都茹古書局刻本 十六冊

210000－0742－0000487 17.11/36

明儒學案六十二卷 （明）黃宗羲撰 清康熙三十年（1691）德輝堂刻本 十六冊

210000－0742－0000488 17.11/33

淵鑑類函四百五十卷 （清）張英等撰輯 清康熙四十九年（1710）刻本 一百四十冊

210000－0742－0000489 17.11/26

經義考三百卷 （清）朱彝尊撰 清乾隆二十一年（1756）曝書亭刻本 四十八冊

210000－0742－0000490 17.11/25

十三經注疏 （清）弘書監理 清同治十年（1871）菊坡精舍刻本 一百十三冊

210000－0742－0000491 17.11/24

經籍纂詁一百六卷補遺一百六卷首一卷 （清）阮元撰 清嘉慶十七年（1812）揚州阮氏小琅嬛仙館刻本 六十四冊

210000－0742－0000492 17.11/22

丹鉛總錄二十七卷 （明）楊慎撰 清刻本 十二冊

210000－0742－0000493 17.11/16

佩文韻府一百六卷　（清）張玉書　（清）蔡升元等輯　拾遺一百六卷　（清）汪灝　（清）何焯等輯　清康熙内府刻本　一百九冊

210000－0742－0000494　17.11/14

太平御覽一千卷　（宋）李昉等撰　清刻本　七十六冊

210000－0742－0000495　17.11/13

廣漢魏叢書　（明）何允中輯　清乾隆刻本　九十六冊

210000－0742－0000496　17.11.7/1

四書集註大全　（明）李廷机編纂　明永樂十三年(1415)博古堂刻本　三十六冊

210000－0742－0000497　17.11.1/2

易經註疏　（唐）孔穎達撰　清刻本　六冊

210000－0742－0000498　12.21/5

歷代地理韻編今釋　（清）李兆洛輯　清光緒十八年(1892)金陵書局刻本　十二冊

210000－0742－0000499　12.2/6

歷代沿革表　（清）段長基編　清味古山房刻本　十冊

210000－0742－0000500　12.2/5

歷代疆域表　（清）段長基編　清味古山房刻本　八冊

210000－0742－0000501　12.2/2

歷代地理志韻編二十集　（清）李兆洛輯　清光緒二十四年(1898)掃葉山房刻本　八冊

210000－0742－0000502　11.34/37/2

金史一百三十五卷　（元）脱脱修　清刻本　二十冊

210000－0742－0000503　11.34/30

周書五十卷　（□）□□撰　清刻本　四冊

210000－0742－0000504　11.34/28

五代史　（宋）歐陽修撰　清刻本　十冊

210000－0742－0000505　11.34/22

梁書　（□）□□撰　清刻本　六冊

210000－0742－0000506　11.34/21

陳書三十六卷　（唐）姚思廉撰　清刻本　四冊

210000－0742－0000507　11.34/20

南齊書五十九卷　（南朝梁）蕭子顯撰　清刻本　十冊

210000－0742－0000508　11.3/20

御批通鑑綱目　（清）宋犖校　清上海美華書局刻本　二十六冊

210000－0742－0000509　11.3/19

通鑑紀事本末　（明）沈朝陽纂　清刻本　四十九冊

210000－0742－0000510　11.3/16

宋書一百卷　（南朝梁）沈約撰　清光緒十年(1884)上海同文書局石印本　二十四冊

210000－0742－0000511　11.3/16

史記一百三十卷　（漢）司馬遷撰　清光緒十年(1884)上海同文書局石印本　二十六冊

210000－0742－0000512　11.3/16

三國志　（晉）陳壽撰　清光緒十年(1884)上海同文書局石印本　十三冊　缺三卷(一至三)

210000－0742－0000513　11.3/16

後漢書一百二十卷　（南朝宋）范曄撰　清光緒十年(1884)上海同文書局石印本　二十八冊

210000－0742－0000514　11.3/16

前漢書一百卷　（漢）班固撰　清光緒十年(1884)上海同文書局石印本　二十四冊

210000－0742－0000515　11.3/16

遼史一百十六卷　（元）脱脱等修　清光緒十年(1884)上海同文書局石印本　八冊

210000－0742－0000516　11.3/16

唐書二百二十五卷　（宋）歐陽修撰　清光緒十年(1884)上海同文書局石印本　四十二冊

210000－0742－0000517　11.3/16

五代史七十四卷　（宋）歐陽修撰　清光緒十年(1884)上海同文書局石印本　十冊

210000－0742－0000518　11.3/16

舊五代史一百五十卷　（宋）薛居正等撰　清光緒十年(1884)上海同文書局石印本　二十四冊

210000－0742－0000519　11.3/16

北史一百卷　（唐）李廷壽撰　清光緒十年(1884)上海同文書局石印本　二十四冊

210000－0742－0000520　11.3/16

元史二百十卷　（明）宋濂等修　清光緒十年(1884)上海同文書局石印本　五十一冊

210000－0742－0000521　11.3/16

金史一百三十五卷　（元）脫脫等修　清光緒十年(1884)上海同文書局石印本　二十四冊

210000－0742－0000522　11.3/16

隋書八十五卷　（唐）長孫無忌等撰　清光緒十年(1884)上海同文書局石印本　二十四冊

210000－0742－0000523　11.3/16

陳書三十六卷　（唐）姚思廉撰　清光緒十年(1884)上海同文書局石印本　六冊

210000－0742－0000524　11.3/16

明史三百三十二卷　（清）張廷玉等修　清光緒十年(1884)上海同文書局石印本　一百十二冊

210000－0742－0000525　11.3/16

魏書一百二十四卷　（北齊）魏收撰　清光緒十年(1884)上海同文書局石印本　二十四冊

210000－0742－0000526　11.3/16

南齊書五十九卷　（南朝梁）蕭子顯撰　清光緒十年(1884)上海同文書局石印本　八冊

210000－0742－0000527　11.3/16

北齊書五十卷　（隋）李百藥撰　清光緒十年(1884)上海同文書局石印本　八冊

210000－0742－0000528　11.3/16

南史八十卷　（唐）李廷壽撰　清光緒十年(1884)上海同文書局石印本　二十冊

210000－0742－0000529　11.3/16

舊唐書二百卷　（後晉）劉昫撰　清光緒十年(1884)上海同文書局石印本　四十八冊

210000－0742－0000530　11.3/16

晉書一百三十卷　（唐）李世民撰　清光緒十年(1884)上海同文書局石印本　三十冊

210000－0742－0000531　11.3/16

周書五十卷　（唐）令狐德棻等撰　清光緒十年(1884)上海同文書局石印本　八冊

210000－0742－0000532　11.3/16

宋史四百九十六卷　（元）脫脫等修　清光緒十年(1884)上海同文書局石印本　一百冊

魯迅美術學院圖書館古籍普查登記目録

全國古籍普查登記目録

國家圖書館出版社
National Library of China Publishing House

《魯迅美术學院圖書館古籍普查登記目録》
編委會

主　　編：張　玲

編　　委：郭峪良　李　嬌　王　磊　李天玲

《魯迅美术學院圖書館古籍普查登記目録》
前　言

　　魯迅美術學院是1938年在延安由毛澤東、周恩來等老一輩革命家倡導成立的魯迅藝術學院發展而來，是有着革命歷史的美術類院校。我院圖書館收藏的綫裝古籍也是在延安時期圖書資料室的基礎上，經過八十餘年的發展、建設形成的，這些資源現在已成爲我院極其珍貴的收藏。

　　魯迅美術學院收藏的古籍，以全國古籍普查標準1911年爲限，綫裝古籍藏量爲355部7000多册，内容涉及經、史、子、集四個部類。

　　我院的古籍收藏以子部藝術類最具特色，内容包括中國古代書畫譜、書畫録、畫論、箋譜、碑帖等，其中明嘉靖七年（1528）蔣暘刻本《至大重修宣和博古圖録》三十卷；清孫岳頒等纂輯、王世繩等校刊，清康熙四十七年（1708）内府刻、静永堂印本《佩文齋書畫譜》一百卷；明張丑撰、清乾隆二十八年（1763）池北草堂刻本《清河書畫舫》十二卷；明孫鑛著，清孫宗溥、孫宗濂校刻，清乾隆五年（1740）居業堂刻本《書畫跋跋》三卷《續》三卷；清五色套印本《十竹齋畫譜》八部等等，都具有很高的文獻價值和版本價值。值得一提的是，《芥子園畫傳》是影響深遠的一部中國畫技法圖譜，也是坊間傳刻最廣的一種畫譜，我院既有清康熙十八年（1679）的五色套印刻本，也有清末、民國時期的石印本，可以説是清代美術教材的一種見證。在碑帖收藏中明代拓本《等慈寺碑》、清拓本《漢景君銘》都是經過名家收藏、有序流傳的珍貴版本。

　　明清時期繡像、全圖等插圖書籍成爲刻書的風尚，版畫作爲一種美術資源，在我院的收藏中也占有一定的比例，而且版本豐富。明代洪應明撰、汪文宦刻《月旦堂仙佛奇蹤合刻》八卷；明楊爾曾輯、蔡沖寰繪，明萬曆三十五年（1607）武林夷白堂刻本《圖繪宗彝》八卷；明代刻本《四聲猿》；明代萬曆新安黃應光等刻圖的《元曲選圖》不分卷等，都是明代徽派版畫的代表；清康熙五十六年（1717）武英殿刻本《萬壽盛典初集》一百二十卷、清康熙四十三年（1704）内府刻本《皇輿表》十六卷等，則作爲官刻本體現了清代版畫的最高水準。

　　在藝術類古籍之外，我院藏明隆慶元年（1567）胡維新、戚繼光刻本《文苑英華》一千卷入選第四批《國家珍貴古籍名録》；明正德二年（1507）刻本《韻語陽秋》二十卷、明崇禎十五年（1642）黃國琦刻本《册府元龜》一千卷《目録》十卷、明刻本《詩傳大全》二十卷《綱領》一卷《圖》一卷、明毛晉汲古閣刻本《中州樂府》不分卷、《中州集》十卷《首》一卷等八部入選第一批《遼寧省珍貴古籍名録》；明萬曆十年（1582）刻本《太史升庵文集》八十一卷（現存六十六卷），清順治三年（1646）李際期宛委山堂刻本《説郛》一百二十卷、《説郛續》四十六卷，清康熙四十四年至四十六年（1705—1707）刻本《全唐詩》九百卷《目録》十二卷，清康熙四十六年（1707）內府刻本《御定歷代題畫詩類》一百二十卷，清康熙十一年（1672）常州岱淵堂刻本《杜詩論文》五十六卷等十一部入選第二批《遼寧省珍貴古籍名録》；明萬曆商濬刻、清康熙振鷺堂重編補刻本《稗海》，明閔齊伋撰、清康熙五十九年（1720）刻本《六書通》十卷，清雍正釣璜軒刻本《新刻逸田叟女仙外史大奇書》一百回，清乾隆三十七年（1772）葉氏海録軒刻朱墨套印本《文選》六十卷四部入選第三批《遼寧省珍貴古籍名録》。

　　這些珍貴古籍作爲中國古代文化典籍的存在，無論其內容還是形式都爲我院教學、科研提供了資料上的參考。多年來我們一直致力於古籍的保護與利用工作，曾參加《東北地區古籍綫裝書聯合目録》編纂、全國古籍普查、國家珍貴古籍名録申報、遼寧省珍貴古籍名録申報等活動。在古籍保護和利用工作中，我們對古籍依照中國圖書分類法、四部分類法進行了分類，并實現了初步數字化，做到了科學化、有序化管理。

魯迅美術學院

2020 年 5 月

210000－0745－0000001　XZ13508－13517

欽定春秋傳說彙纂三十八卷首二卷　（清）王掞等撰　清光緒江南書局刻本　十冊　存二十一卷(十八至三十八)

210000－0745－0000002　XZ17249－17280

春秋屬辭辨例編六十卷首二卷　（清）張應昌撰　清同治九年(1870)江蘇書局刻本　三十二冊

210000－0745－0000003　XZ01401－01415

春秋左傳五十卷　（晉）杜預注　（宋）林堯叟補註　（唐）陸德明音義　清嘉慶三讓堂刻本　十五冊

210000－0745－0000004　XZ14547－14573

重刊宋本十三經注疏附校勘記　（清）阮元撰　（清）盧宣旬摘錄　清光緒十三年(1887)上海脈望僊館石印本　二十七冊　存六種(附釋音周禮注疏四十二卷校勘記不分卷、附釋音毛詩注疏二十卷校勘記不分卷、附釋音尚書注疏二十卷校勘記不分卷、附釋音禮記注疏六十三卷校勘記不分卷、儀禮疏五十卷校勘記不分卷、附釋音春秋左傳注疏六十卷校勘記不分卷)

210000－0745－0000005　XZ01486－01497

經典釋文三十卷　（唐）陸德明撰　**考證三十卷**　（清）盧文弨撰　清同治八年(1869)湖北崇文書局刻本　十二冊

210000－0745－0000006　XZ00125－00136

詩傳大全二十卷綱領一卷圖一卷　（明）胡廣等輯　**詩序辨說一卷**　（宋）朱熹撰　明內府刻本　十二冊

210000－0745－0000007　XZ01607－01610

毛詩二十卷　（漢）毛亨傳　（漢）鄭玄箋　**鄭氏詩譜一卷**　（漢）鄭玄撰　清同治十一年(1872)江南書局刻本　四冊

210000－0745－0000008　XZ01611－01612

毛詩音義三卷　（唐）陸德明撰　清同治十一年(1872)刻本　二冊

210000－0745－0000009　XZ01396－01398

書經集傳六卷　（宋）蔡沈撰　清雍正恕堂刻本　三冊

210000－0745－0000010　XZ13496－13507

欽定書經傳說彙纂二十一卷首二卷序一卷　（清）王頊齡等撰　清光緒十四年(1888)江南書局刻本　十二冊

210000－0745－0000011　XZ19157－19172

欽定書經圖說五十卷　（清）孫家鼐等撰　（清）詹秀林等繪圖　清光緒三十一年(1905)大學堂編書局影印本　十六冊

210000－0745－0000012　XZ20311－20312

論語十卷　（宋）朱熹集註　清刻本　二冊

210000－0745－0000013　XZ20313－20315

孟子七卷　（宋）朱熹集註　清刻本　三冊

210000－0745－0000014　XZ17119－17123

四書圖考十三卷　（清）杜炳撰　清咸豐刻本　半癡道人題　五冊

210000－0745－0000015　XZ01088－01093

四書便蒙添註十九卷　（清）王珠樵注　清光緒十三年(1887)會稽王氏刻本　六冊

210000－0745－0000016　XZ20306－00310

御製翻譯四書六卷　清三益堂刻本(六告子章句補配清晚期抄本)　五冊　存五卷(一至二、四至六)

210000－0745－0000017　XZ01138－01145

說文解字十五卷　（漢）許慎撰　清康熙汲古閣刻本　宋建平題識　八冊

210000－0745－0000018　XZ01613－01627

說文解字句讀三十卷補正三十卷　（清）王筠撰　清同治四年(1865)刻本　十五冊

210000－0745－0000019　XZ12505－12506

文字蒙求四卷　（清）王筠撰　清光緒十三年(1887)梁谿浦氏刻本　二冊

210000－0745－0000020　XZ12912－12917

康熙字典十二集三十六卷總目一卷檢字一卷辨似一卷等韻一卷補遺一卷備考一卷　（清）張玉書　（清）凌紹雯等撰　清光緒十三年

（1887）上海點石齋石印本　六冊

210000－0745－0000021　XZ14574－14579
康熙字典十二集三十六卷總目一卷檢字一卷
辨似一卷等韻一卷補遺一卷備考一卷　（清）
張玉書　（清）凌紹雯等撰　清光緒二十年
（1894）上海點石齋石印本　六冊

210000－0745－0000022　XZ18121－18126
康熙字典十二集三十六卷總目一卷檢字一卷
辨似一卷等韻一卷補遺一卷備考一卷　（清）
張玉書　（清）凌紹雯等撰　清光緒二十年
（1894）上海文寶局石印本　六冊

210000－0745－0000023　XZ19962－19973
六書通十卷　（清）閔齊伋撰　（清）畢弘述篆
訂　清康熙五十九年（1720）基閏堂刻本　十
二冊

210000－0745－0000024　XZ20381－20393
字彙十二集首一卷末一卷附韻法直圖一卷韻
法橫圖一卷　（清）梅膺祚撰　清光緒九年
（1883）上海掃葉山房刻本　十三冊　存十三
卷(子至巳、未至亥，首一卷，末一卷)

210000－0745－0000025　XZ20394－20396
康熙字典十二集三十六卷總目一卷檢字一卷
辨似一卷等韻一卷補遺一卷備考一卷　（清）
張玉書　（清）凌紹雯等撰　清康熙五十五年
（1716）內府刻本　三冊　存二集(一中、二
中)

210000－0745－0000026　XZ20397－20402
康熙字典十二集三十六卷總目一卷檢字一卷
辨似一卷等韻一卷補遺一卷備考一卷　（清）
張玉書　（清）凌紹雯等撰　清光緒十三年
（1887）上海同文書局石印本　六冊

210000－0745－0000027　XZ14537－14541
爾雅正義二十卷　（清）邵晉涵撰　清乾隆五
十三年（1788）餘姚邵氏家塾刻本　五冊

210000－0745－0000028　XZ14542
爾雅釋文三卷　（唐）陸德明撰　清乾隆五十
三年（1788）餘姚邵氏家塾刻本　一冊

210000－0745－0000029　XZ16710
爾雅三卷　（晉）郭璞注　清嘉慶六年（1801）
曾燠刻道光二十九年（1849）德林印本　一冊

210000－0745－0000030　XZ19082－19084
爾雅三卷　（晉）郭璞註　清嘉慶六年（1801）
刻本　三冊

210000－0745－0000031　XZ19812－19841
佩文韻府一百六卷韻府拾遺一百六卷　（清）
張玉書等編　清光緒十二年（1886）上海同文
書局石印本　六十冊

210000－0745－0000032　XZ20040－20041
續集漢印分韻二卷　（清）謝景卿纂摹　清嘉
慶八年（1803）漱藝堂刻本　二冊

210000－0745－0000033　XZ20042－20043
選集漢印分韻二卷　（清）袁日省輯　（清）謝
雲生臨纂　清嘉慶二年（1797）漱藝堂刻本
二冊

210000－0745－0000034　XZ20305
周易傳義合訂十二卷　（清）朱軾撰　清刻本
一冊　存一卷(十)

210000－0745－0000035　XZ01399－01400
周易本義四卷圖說一卷卦歌一卷筮儀一卷
(宋)朱熹本義　清雍正恕堂刻本　二冊

210000－0745－0000036　XZ13888－13893
周禮六卷　（漢）鄭玄注　（唐）陸德明音義
清同治十一年（1872）山東書局刻本　六冊

210000－0745－0000037　XZ20994－21001
東華錄三十二卷　（清）蔣良騏撰　清抄本
八冊　存八卷(一至八)

210000－0745－0000038　XZ13699－13778
資治通鑑補二百九十四卷　（宋）司馬光撰
(明)胡三省音注　（明）嚴衍補　清光緒二年
（1876）盛氏思補樓木活字印本　八十冊

210000－0745－0000039　XZ13779－13824
錢陟園考訂資治通鑑綱目全書五十九卷
(清)錢選考訂　（清）錢鵬　（清）錢鳴編次
（清）金永　（清）張遇隆參閱　清光緒八年

（1882）惜物軒刻本　四十六冊　存四十五卷
（一至六、八、十六至二十六、二十八至四十
八、五十一至五十二、五十五至五十八）

210000－0745－0000040　XZ13825－13848

續資治通鑑綱目二十七卷　（明）商輅等撰
清光緒八年（1882）刻本　二十四冊

210000－0745－0000041　XZ17232－17248

通鑑箋註七十二卷　（明）鍾人傑撰　明崇禎
二年（1629）刻本　十七冊　存三十三卷（一
至三、四十三至七十二）

210000－0745－0000042　XZ01600

王深甯先生年譜一卷　（清）張大昌輯　清光
緒十六年（1890）浙江書局刻玉海本　一冊

210000－0745－0000043　XZ19138－19142

關聖帝君聖蹟圖誌全集五卷　（清）盧湛輯
清嘉慶二年（1797）吉州蘭少司馬重修河庫道
刻本　五冊

210000－0745－0000044　XZ16401－16403

明狀元圖考三卷　（明）顧鼎臣　（明）孫祖訓
彙編　（明）黃應澄繪圖　清咸豐六年（1856）
福元書室刻本　三冊

210000－0745－0000045　SB00028－00033

有象列仙全傳九卷　（明）王世貞輯　（明）汪
雲鵬校　清刻本　六冊　存七卷（一、三至
六、八至九）

210000－0745－0000046　SB0072－0087

列女傳十六卷　（漢）劉向撰　（明）汪道昆輯
（明）仇英繪　明萬曆刻清乾隆四十四年
（1779）知不足齋印本　十六冊

210000－0745－0000047　XZ12309－12311

玉臺畫史五卷別錄一卷　（清）湯漱玉輯　清
道光十七年（1837）錢唐汪氏振綺堂刻振綺堂
遺書本　三冊

210000－0745－0000048　XZ12947

板橋雜記三卷　（清）余懷撰　清光緒三十四
年（1908）長沙葉氏刻本　與210000－0745－
0000049 合冊

210000－0745－0000049　XZ12947

吳門畫舫錄不分卷　題（清）西溪山人撰　清
光緒三十四年（1908）長沙葉氏刻本　與
210000－0745－0000048 合冊

210000－0745－0000050　XZ16405－16406

百將圖傳二卷　（清）丁日昌輯　清同治九年
（1870）江蘇書局刻本　二冊

210000－0745－0000051　XZ16427－16430

新刊古列女傳八卷　（漢）劉向撰　（晉）顧愷
之圖　清末刻本　四冊

210000－0745－0000052　XZ16431－16434

於越先賢像傳贊二卷　（清）王齡撰　（清）任
熊繪　清咸豐七年（1857）蕭山王氏養龢堂刻
光緒三年（1877）印本　四冊

210000－0745－0000053　XZ19105－19107

於越先賢像傳贊二卷　（清）王齡撰　（清）任
熊繪　清咸豐七年（1857）蕭山王氏養龢堂刻
光緒三年（1877）印本　三冊

210000－0745－0000054　XZ16435－16438

高士傳三卷附圖一卷　（晉）皇甫謐撰　（清）
王錫齡校　清咸豐八年（1858）蕭山王氏養龢
堂刻光緒三年（1877）印本　四冊

210000－0745－0000055　XZ18671－18678

列女傳十六卷　（漢）劉向撰　（明）汪道昆輯
（明）仇英繪　明萬曆刻清乾隆四十四年
（1779）知不足齋印本　八冊

210000－0745－0000056　XZ19013－19014

新刊古列女傳八卷　（漢）劉向撰　（晉）顧愷
之圖　清道光五年（1825）揚州阮福刻本　秦
更年題記　二冊

210000－0745－0000057　XZ19087－19094

列女傳十六卷　（漢）劉向撰　（明）汪道昆輯
（明）仇英繪　明萬曆刻清乾隆四十四年
（1779）知不足齋印本　八冊

210000－0745－0000058　XZ16553－16571

宋元以來畫人姓氏錄三十六卷首一卷　（清）
魯駿輯　清道光刻本　十九冊

210000－0745－0000059　XZ17073－17084

疇人傳四十六卷續傳六卷　（清）阮元撰　清光緒八年(1882)海鹽常惺齋刻本　十二冊

210000－0745－0000060　XZ12382－12383

補疑年錄四卷　（清）錢椒撰　清光緒六年(1880)吳興陸氏刻本　二冊

210000－0745－0000061　XZ12376－12378

疑年錄四卷　（清）錢大昕撰　清嘉慶二十三年(1818)刻本　三冊

210000－0745－0000062　XZ12384－12387

三續疑年錄十卷　（清）陸心源撰　清光緒五年(1879)刻存齋雜纂本　四冊

210000－0745－0000063　XZ12388

疑年賡錄二卷　（清）張鳴珂撰　清光緒二十四年(1898)刻寒松閣集本　一冊

210000－0745－0000064　XZ12379－12381

續疑年錄四卷　（清）吳修編　清嘉慶二十三年(1818)刻本　三冊

210000－0745－0000065　XZ16470－16501

歷代畫史彙傳七十二卷首一卷目錄三卷附錄二卷引證書目一卷　（清）彭蘊璨編　清道光五年(1825)吳門彭氏尚志堂刻本　三十二冊

210000－0745－0000066　XZ18979－18980

歷代名媛圖說二卷　（漢）劉向撰　（明）汪道昆輯　（明）仇英繪圖　清光緒五年(1879)上海點石齋石印本　二冊

210000－0745－0000067　XZ21036－21045

歷代名人年譜十卷附存疑及生卒年月無考一卷　（清）吳榮光撰　清咸豐二年(1852)刻本　十冊

210000－0745－0000068　XZ16545－16552

南宋院畫錄八卷　（清）厲鶚撰　清光緒十年(1884)錢塘丁氏竹書堂刻本　八冊

210000－0745－0000069　XZ21394－21401

國朝畫識十七卷　（清）馮金伯輯　清道光十一年(1831)江左書林刻本　八冊

210000－0745－0000070　XZ21402－21405

墨香居畫識十卷　（清）馮金伯輯　清道光十一年(1831)江左書林刻本　四冊

210000－0745－0000071　XZ12867－12869

津門雜記三卷　（清）張燾撰　清光緒十年(1884)刻本　三冊

210000－0745－0000072　XZ14592－14671

[同治]蘇州府志一百五十卷首三卷　（清）李銘皖等修　（清）馮桂芬纂　清光緒九年(1883)江蘇書局刻本　八十冊

210000－0745－0000073　XZ15392－15439

[嘉慶]重修揚州府志七十二卷首一卷　（清）阿克當阿修　（清）姚文田等纂　清嘉慶十五年(1810)刻本　四十八冊

210000－0745－0000074　XZ15440－15447

[同治]續纂揚州府志二十四卷　（清）方濬頤修　（清）晏端書等纂　清同治十三年(1874)刻本　八冊

210000－0745－0000075　XZ15592－15623

[光緒]順天府志一百三十卷　（清）洪良品繆荃孫　（清）張之洞等纂　清光緒二十八年(1902)刻本　三十二冊

210000－0745－0000076　XZ16890－16897；XZ16934－16941

番禺縣續志四十四卷首一卷　（清）丁仁長（清）吳道鎔　（清）梁慶桂等纂　清同治八年至宣統三年(1869－1911)刻本　十六冊

210000－0745－0000077　XZ16927－16930

[道光]敦煌縣志七卷首一卷　（清）蘇履吉纂修　清道光十七年(1837)刻本　四冊

210000－0745－0000078　XZ16931－16932

[宣統]承德縣志書不分卷　（清）金正元修（清）張子瀛等增輯　清宣統二年(1910)石印本　二冊

210000－0745－0000079　XZ16999－17010

續纂江寧府志十五卷首一卷　（清）蔣啟勛（清）汪士鐸等纂　清光緒六年(1880)刻本　十二冊

210000 – 0745 – 0000080　XZ17114 – 17116

[咸豐]和林格爾城志四卷　(清)德齡纂修
清咸豐二年(1852)木活字印本　三冊

210000 – 0745 – 0000081　XZ17117 – 17118

黑龍江述略六卷　(清)徐宗亮撰　清光緒十
七年(1891)石埭徐氏刻觀自得齋叢書本
二冊

210000 – 0745 – 0000082　XZ17130 – 17131

黑龍江外記八卷　(清)西清撰　清光緒二十
六年(1900)廣雅書局刻本　二冊

210000 – 0745 – 0000083　XZ21025 – 21034

[乾隆]盛京通志四十八卷　(清)魏樞纂修
清刻本　十冊　存二十六卷(二十三至四十
八)

210000 – 0745 – 0000084　XZ17137 – 17144

水經注疏要刪四十卷補遺一卷　楊守敬撰
清光緒三十一年(1905)觀海堂刻本　八冊

210000 – 0745 – 0000085　XZ21076

水經注四十卷　(清)酈道元撰　清刻本　一
冊　存三卷(三十六至三十八)

210000 – 0745 – 0000086　XZ16933

海國圖志一百卷　(清)魏源撰　清光緒刻本
一冊　存四卷(十至十三)

210000 – 0745 – 0000087　XZ01432 – 01437

出使英法義比四國日記六卷　(清)薛福成撰
清光緒二十年(1894)孫谿校經堂刻本
六冊

210000 – 0745 – 0000088　XZ13879 – 13880

蜀輶日記四卷　(清)陶澍撰　清光緒七年
(1881)江州官舍刻本　二冊

210000 – 0745 – 0000089　XZ17145 – 17168

皇輿表十六卷　(清)喇沙里等纂修　(清)揆
敘等增修　清康熙四十三年(1704)內府刻本
二十四冊

210000 – 0745 – 0000090　XZ17087 – 17109

讀史方輿紀要一百三十卷　(清)顧祖禹撰
清光緒二十九年(1903)上海益吾齋石印本

二十三冊　存一百二十三卷(一至一百二十
三)

210000 – 0745 – 0000091　XZ21077

讀史方輿紀要一百三十卷　(清)顧祖禹撰
清嘉慶十六年(1811)敷文閣刻本　一冊　存
二卷(九十八至九十九)

210000 – 0745 – 0000092　XZ21088 – 21089

天下郡國利病書一百二十卷　(清)顧炎武輯
清刻本　二冊　存四卷(四十四至四十七)

210000 – 0745 – 0000093　XZ01195 – 01202

建康實錄十六卷　(唐)許嵩撰　清嘉慶十三
年(1808)貽訓堂刻本　八冊

210000 – 0745 – 0000094　XZ18718 – 18721

元史譯文證補三十卷　(清)洪鈞撰　清光緒
二十三年(1897)陸潤庠刻本　四冊　存二十
卷(一至六、九至十二、十四至十五、十八、二
十二至二十四、二十六至二十七、二十九至三
十)

210000 – 0745 – 0000095　XZ16787 – 16796

晉略留十五卷序目一卷　(清)周濟撰　清光
緒二年(1876)味雋齋刻本　十冊

210000 – 0745 – 0000096　XZ16898 – 16905

**遼史拾遺二十四卷附遼史紀年表一卷西遼紀
年表一卷**　(清)厲鶚撰　清光緒元年(1875)
江蘇書局刻本　八冊

210000 – 0745 – 0000097　XZ16906 – 16907

遼史拾遺補五卷　(清)楊復吉撰　清光緒三
年(1877)江蘇書局刻本　二冊

210000 – 0745 – 0000098　XZ14582 – 14591

聖武記十四卷　(清)魏源撰　清道光二十二
年(1842)古微堂刻本　十冊

210000 – 0745 – 0000099　XZ16756 – 16786

**三朝北盟會編二百五十卷附校勘記二卷校勘
記補遺一卷**　(宋)徐夢莘輯　清光緒四年
(1878)袁組安活字印本　三十一冊　存一百
九十六卷(五十八至二百五十、校勘記二卷、
校勘記補遺一卷)

210000 – 0745 – 0000100　XZ11112 – 11167

歷朝紀事本末六百五十八卷　（清）陳如升
（清）朱記榮輯　（清）慎記主人增輯　清光緒
十四年（1888）上海書業公所石印本　五十
六冊

210000 – 0745 – 0000101　SB0088 – 0112

亦政堂重修宣和博古圖錄三十卷　（宋）王黼
等撰　清乾隆十七年（1752）亦政堂刻本　二
十五冊　存二十五卷（一至十二、十四至二十
六）

210000 – 0745 – 0000102　XZ10904 – 10918

至大重修宣和博古圖錄三十卷　（宋）王黼等
撰　明嘉靖七年（1528）刻本　十五冊

210000 – 0745 – 0000103　XZ16276 – 16299

西清古鑑四十卷錢錄十六卷　（清）梁詩正
（清）蔣溥等纂　清光緒三十四年（1908）集成
圖書公司影印本　二十四冊

210000 – 0745 – 0000104　XZ16300 – 16320

西清續鑑甲編二十卷附錄一卷　（清）王傑等
輯　清宣統二年（1910）涵芬樓石印本　二十
一冊

210000 – 0745 – 0000105　XZ16321 – 16324

兩罍軒彝器圖釋十二卷附目錄不分卷　（清）
吳雲撰　清同治十二年（1873）刻本　四冊

210000 – 0745 – 0000106　XZ18445 – 18446

恒軒所見所藏吉金錄不分卷　（清）吳大澂撰
清光緒十一年（1885）刻本　二冊

210000 – 0745 – 0000107　XZ21048

古鏡集萃拓片四十六種　（清）吳式芬等收藏
集拓釋文　清中期拓本　一冊

210000 – 0745 – 0000108　XZ12420

寶顏堂訂正鼎錄不分卷　（南朝梁）虞荔撰
清刻本　與210000 – 0745 – 0000164合冊

210000 – 0745 – 0000109　XZ21049 – 21064

古今錢略三十二卷首一卷末一卷　（清）倪模
撰　清光緒五年（1879）倪氏兩彊勉齋刻本
十六冊

210000 – 0745 – 0000110　XZ21065 – 21074

泉布統志九卷首一卷　（清）孟逸岡輯　清道
光刻本　王曼碩題簽　十冊　存六卷（一至
五、首一卷）

210000 – 0745 – 0000111　XZ18435 – 18438

語石十卷　葉昌熾輯　清宣統元年（1909）刻
本　四冊

210000 – 0745 – 0000112　XZ19942 – 19943

隸篇續十五卷再續十五卷　（清）翟雲昇撰
清道光二十四年（1844）刻本　二冊

210000 – 0745 – 0000113　XZ19944 – 19951

隸篇十五卷隸篇續十五卷隸篇再續十五卷
（清）翟雲昇撰　清道光十七年至十八年
（1837 – 1838）刻本　八冊

210000 – 0745 – 0000114　XZ17054 – 17057

敦煌石室眞蹟錄六卷附一卷　（清）王仁俊輯
清宣統元年至三年（1909 – 1911）石印本
四冊

210000 – 0745 – 0000115　XZ17803

續秦漢瓦當文字一卷　（清）程敦撰　清乾隆
五十九年（1794）橫渠書院刻本　蕭盅友題簽
一冊

210000 – 0745 – 0000116　XZ17801 – 17802

秦漢瓦當文字二卷　（清）程敦撰　清乾隆五
十二年（1787）橫渠書院刻本　蕭盅友題簽
二冊　存一卷

210000 – 0745 – 0000117　XZ16465 – 16468

匋雅二卷　（清）陳瀏撰　清宣統二年（1910）
鉛印本　四冊

210000 – 0745 – 0000118　XZ20920 – 20929

封泥考略十卷　（清）吳式芬　（清）陳介祺藏
並輯　清光緒三十年（1904）石印本　十冊

210000 – 0745 – 0000119　XZ16378 – 16381

古玉圖考不分卷　（清）吳大澂撰　清光緒十
五年（1889）刻本　四冊

210000 – 0745 – 0000120　XZ16619 – 16634

宋淳熙敕編古玉圖譜一百卷　題（宋）龍大淵

等撰　清乾隆四十四年(1779)康山草堂刻本
　十六冊

210000－0745－0000121　XZ10733－10734
金石錄三十卷　（宋）趙明誠撰　清乾隆二十
七年(1762)雅雨堂刻本　二冊

210000－0745－0000122　XZ12340－12343
清儀閣題跋不分卷　（清）張廷濟撰　清光緒
十九年(1893)刻本　四冊

210000－0745－0000123　XZ16635－16658
金石索十二卷首一卷　（清）馮雲鵬　（清）馮
雲鵷輯　清道光十五年(1835)邃古齋刻本
二十四冊

210000－0745－0000124　XZ18464－18471
兩漢金石記二十二卷　（清）翁方綱撰　清乾
隆五十四年(1789)南昌使院刻本　尹彭壽題
記　八冊

210000－0745－0000125　XZ18439－18444
積古齋鐘鼎彝器款識十卷不分卷　（清）阮元
撰　清嘉慶九年(1804)揚州阮氏刻本　六冊

210000－0745－0000126　XZ18472－18477
小蓬萊閣金石文字不分卷　（清）黃易撰　清
道光十四年(1834)刻本　六冊

210000－0745－0000127　XZ01601
校補玉海瑣記二卷　（清）張大昌撰　清光緒
十六年(1890)浙江書局刻玉海本　一冊

210000－0745－0000128　XZ12501－12504
隋經籍志考證十三卷　（清）章宗源撰　清光
緒元年(1875)湖北崇文書局刻本　四冊

210000－0745－0000129　XZ10975－10982
天一閣書目四卷　（清）范懋柱等撰　天一閣
碑目一卷　（清）范懋敏撰　清嘉慶十三年
(1808)阮氏文選樓刻本　八冊

210000－0745－0000130　XZ21092－21099
天一閣書目四卷　（清）范懋柱等撰　天一閣
碑目一卷　（清）范懋敏撰　清嘉慶十三年
(1808)阮氏文選樓刊本　八冊

210000－0745－0000131　XZ11787－11806
永樂大典目錄六十卷　（明）姚廣孝等撰　清
道光二十八年(1848)靈石楊氏刻連筠簃叢書
本　二十冊

210000－0745－0000132　XZ10971－10974
天一閣見存書目四卷首一卷末一卷　（清）薛
福成撰　清光緒十五年(1889)無錫薛氏刻本
四冊

210000－0745－0000133　XZ12419
荊楚歲時記不分卷　（南朝梁）宗懍撰　明萬
曆刻本　與210000－0745－0000171合冊

210000－0745－0000134　XZ01593－01595
通鑑地理通釋十四卷　（宋）王應麟撰　清光
緒十六年(1890)浙江書局刻玉海本　三冊

210000－0745－0000135　XZ01598－01599
通鑑答問五卷　（宋）王應麟撰　清光緒十六
年(1890)浙江書局刻玉海本　二冊

210000－0745－0000136　XZ01597
詩地理考六卷　（宋）王應麟撰　清光緒十六
年(1890)浙江書局刻玉海本　一冊

210000－0745－0000137　XZ01596
漢制考四卷　（宋）王應麟撰　清光緒十六年
(1890)浙江書局刻玉海本　與210000－0745－
0000138合冊

210000－0745－0000138　XZ01596
踐阼篇集解不分卷　（宋）王應麟撰　清光緒十
六年(1890)浙江書局刻玉海本　與210000－
0745－0000137合冊

210000－0745－0000139　XZ15448－15543
御批歷代通鑑輯覽一百二十卷　（清）傅恒等
撰　清光緒二十年(1894)湖南澹雅書局刻本
　九十六冊

210000－0745－0000140　XZ15544－15591
御批歷代通鑑輯覽一百二十卷　（清）傅恒等
撰　清同治十年(1871)浙江書局刻套印本
四十八冊

210000－0745－0000141　XZ17067－17068

欽定古今儲貳金鑑六卷　清乾隆刻本(有補抄)　尹昌衡題記　二冊

210000－0745－0000142　XZ16874－16881

讀史隨筆八卷　(明)李敏求纂　明刻本　八冊

210000－0745－0000143　XZ13886－13887

明宮史八卷　(明)劉若愚撰　清宣統二年(1910)國學扶輪社鉛印本　二冊

210000－0745－0000144　XZ16987－16998

湘軍記二十卷　(清)王定安撰　清光緒十五年(1889)江南書局刻本　十二冊

210000－0745－0000145　XZ18696－18707

十六國春秋一百卷　(北魏)崔鴻撰　(清)汪日桂重訂　清光緒十二年(1886)湖北官書處刻本　十二冊

210000－0745－0000146　XZ00498－00507

西漢會要七十卷　(宋)徐天麟撰　清光緒十年(1884)江蘇書局刻本　十冊

210000　－　0745　－　0000147　　XZ00516　－00520、16711

五代會要三十卷　(宋)王溥撰　清光緒江蘇書局刻本　六冊

210000－0745－0000148　XZ00577－00600

唐會要一百卷　(宋)王溥撰　清光緒十年(1884)江蘇書局刻本　二十四冊

210000－0745－0000149　XZ13849－13876

通志二十略五十二卷　(宋)鄭樵撰　明嘉靖二十九年(1550)刻本　伯英批跋　二十八冊

210000－0745－0000150　XZ17011－17018

通志二百卷　(宋)鄭樵撰　欽定通志考證三卷　清光緒二十八年(1902)上海鴻寶書局石印本　八冊

210000－0745－0000151　XZ17019－17026

欽定續通志六百四十卷　(清)嵇璜等撰　清光緒二十八年(1902)上海鴻寶書局石印本　八冊

210000－0745－0000152　XZ17035－17042

文獻通考三百四十八卷附欽定通考考證三卷　(元)馬端臨撰　清光緒二十八年(1902)上海鴻寶書局石印本　八冊

210000－0745－0000153　XZ21174－21205

欽定大清會典八十卷　(清)托津等纂修　清嘉慶二十三年(1818)武英殿刻本　三十二冊　存六十一卷(一至六十一)

210000－0745－0000154　XZ21206－21639

欽定大清會典事例九百二十卷目錄八卷　(清)托津等纂修　清嘉慶二十三年(1818)武英殿刻本　四百三十四冊　存八百八十二卷(一至十三、六十至九百二十,目錄八卷)

210000－0745－0000155　XZ17281－17344

萬壽盛典初集一百二十卷　(清)王原祁等纂　清康熙五十六年(1717)養心殿刻本　六十四冊

210000－0745－0000156　XZ21498

欽定大清會典事例　(清)崑岡等纂修　清光緒影印本　一冊　存三卷(四百五十三至四百五十五)

210000－0745－0000157　XZ00508－00515

東漢會要四十卷　(宋)徐天麟撰　清光緒十年(1884)江蘇書局刻本　八冊

210000－0745－0000158　XZ00521－00526

大唐六典三十卷　(唐)玄宗李隆基撰　(唐)李林甫等注　清嘉慶刻本　六冊

210000－0745－0000159　XZ12420

刀劍錄不分卷　(南朝梁)陶弘景撰　明末清初刻本　與210000－0745－0000108合冊

210000－0745－0000160　XZ13878

老子道德經二卷附經典釋文不分卷　(晉)王弼注　(唐)陸德明音義　清光緒元年(1875)浙江書局刻本　一冊

210000－0745－0000161　XZ13884－13885

莊子內篇註四卷　(明)釋德清撰　清光緒十四年(1888)刻本　二冊

210000－0745－0000162　XZ13877

墨子斠注補正二卷　王樹枏撰　清光緒十三年(1887)文莫室刻陶廬叢刻本　一冊

210000－0745－0000163　XZ18551－18586

佩文齋廣群芳譜一百卷目錄二卷　(清)汪灝等撰　清同治七年(1868)姑蘇亦西齋刻本　三十六冊

210000－0745－0000164　XZ12420

南方草木狀三卷　(晉)嵇含撰　明萬曆刻廣漢魏叢書本　與210000－0745－0000108合冊

210000－0745－0000165　XZ14531－14532

文中子中說十卷　(隋)王通撰　(宋)阮逸注　清光緒二年(1876)浙江書局刻本　二冊

210000－0745－0000166　XZ14534－14535

新書十卷　(漢)賈誼撰　(清)盧文弨校　清光緒元年(1875)浙江書局刻本　二冊

210000－0745－0000167　XZ16439－16444

閨範四卷附女蒙要語不分卷　(明)呂坤注　清康熙四十七年(1708)刻本　六冊

210000－0745－0000168　XZ16607－16616

聖諭像解二十卷附聖諭不分卷　(清)梁延年編　清咸豐六年(1856)廣州味經堂書坊刻本　十冊

210000－0745－0000169　XZ19095－19104

聖諭像解二十卷附聖諭不分卷　(清)梁延年編　清康熙二十年(1681)承宣堂刻本　十冊

210000－0745－0000170　XZ20332－20333

董子春秋繁露十七卷　(漢)董仲舒撰　清光緒二年(1876)浙江書局刻本　二冊　存十六卷(二至十七)

210000－0745－0000171　XZ12419

星經二卷　(漢)石申著　(明)于之英閱　明萬曆刻本　與210000－0745－0000133合冊

210000－0745－0000172　SB0040－0045

月旦堂仙佛奇蹤合刻八卷　(明)洪應明撰　明刻本　六冊

210000－0745－0000173　XZ20721－20724

山海經十八卷附山海經圖五卷山海經雜述一卷　(晉)郭璞傳　(清)吳志伊註　清廣東佛山天祿閣刻本　四冊

210000－0745－0000174　XZ16082－16089

驗方新編十六卷　(清)鮑相璈編　清咸豐四年(1854)善成堂刻本　八冊

210000－0745－0000175　XZ16469

紅樓夢圖詠不分卷　(清)改琦繪　清光緒五年(1879)刻本　一冊

210000－0745－0000176　XZ19120－19123

紅樓夢圖詠不分卷　(清)改琦繪　清光緒五年(1879)刻本　四冊

210000－0745－0000177　XZ12239－12242

習苦齋畫絮十卷　(清)戴熙撰　清光緒十九年(1893)杭州官書局刻本　四冊

210000－0745－0000178　XZ12316－12321

吳越所見書畫錄六卷書畫說鈴不分卷　(清)陸時化撰　清宣統二年(1910)順德鄧氏風雨樓鉛印本　六冊

210000－0745－0000179　XZ12445－12452、XZ12560－12567

虛齋名畫錄十六卷　龐元濟輯　清宣統元年(1909)烏程龐氏申江刻上海尚友軒武進黃燦甫印本　十六冊

210000－0745－0000180　XZ17804－17819

虛齋名畫錄十六卷　龐元濟輯　清宣統元年(1909)烏程龐氏申江刻上海尚友軒武進黃燦甫印本　十六冊

210000－0745－0000181　XZ20751－20766

虛齋名畫錄十六卷　龐元濟輯　清宣統元年(1909)烏程龐氏申江刻上海尚友軒武進黃燦甫印本　十六冊

210000－0745－0000182　XZ18658

御製耕織圖　(清)聖祖玄燁撰　(清)焦秉貞繪圖　清刻本　一冊

210000－0745－0000183　XZ20747－20750

習苦齋畫絮十卷　(清)戴熙撰　清光緒十九

年(1893)杭州官書局刻本　四冊

210000－0745－0000184　XZ20767－20778
吴友如畫寶十二集　（清）吴猷繪　清宣統元年(1909)石印本　十二冊　存八集（一至五、九、十一至十二）

210000－0745－0000185　SB0026－0027
元曲選圖不分卷　（明）臧懋循輯　明萬曆新安刻本（補配石印本）　二冊

210000－0745－0000186　SB0034－0037
圖繪宗彞八卷　（明）楊爾曾輯　（明）蔡沖寰繪　明萬曆三十五年(1607)武林揚衙夷白堂刻本　四冊　存六卷（一至六）

210000－0745－0000187　SB0186－0201
十竹齋畫譜八種　（明）胡正言輯　清刻套印本　十六冊

210000－0745－0000188　XZ16414－16417
畫傳三集四卷　（清）王槩等輯　清刻套印本　四冊

210000－0745－0000189　XZ16418－16421
芥子園畫傳二集八卷　（清）王槩等輯　清乾隆四十七年(1782)金閶書業堂刻套印本　四冊

210000－0745－0000190　XZ18515－18520
凝香室鴻雪因緣圖記三集　（清）麟慶撰　清光緒十二年(1886)上海點石齋石印本　六冊

210000－0745－0000191　XZ18981－19001
吴友如畫寶十二集　（清）吴猷繪　清宣統元年(1909)石印本　二十一冊

210000－0745－0000192　XZ19007－19012
凝香室鴻雪因緣圖記三集　（清）麟慶撰　清道光二十九年(1849)刻本　六冊

210000－0745－0000193　XZ19151－19152
文美齋百花詩箋不分卷　（清）張兆祥繪　清刻套印本　二冊

210000－0745－0000194　XZ19173－19176
紉齋畫勝不分卷　（清）陳允升繪　清光緒七年(1881)陳氏得古歡室刻本　四冊

210000－0745－0000195　XZ19566－19569
冶梅梅譜不分卷　（清）王寅繪　清光緒十八年(1892)石印本　四冊

210000－0745－0000196　XZ20792－20796
芥子園畫傳五卷　（清）王槩等輯　清康熙十八年(1679)刻套印本　五冊

210000－0745－0000197　XZ20797－20801
芥子園畫傳五卷　（清）王槩等輯　清乾隆刻套印本　五冊

210000－0745－0000198　XZ20826－20827
新增古今名人畫稿全集□□卷　（清）劉海屏編　清光緒十五年(1889)石印本　二冊　存二卷（一至二）

210000－0745－0000199　XZ12235－12238
書畫題跋記十二卷首一卷　（明）郁逢慶撰　清宣統三年(1911)順德鄧氏風雨樓鉛印本　四冊

210000－0745－0000200　XZ12312－12315
書畫跋跋三卷續三卷　（明）孫鑛撰　清乾隆五年(1740)居業堂刻本　四冊

210000－0745－0000201　XZ12459－12468
眼福編初集十四卷二集十五卷三集七卷　（清）楊恩壽撰　清光緒十一年(1885)刻坦園叢稿本　十冊

210000－0745－0000202　XZ12555－12559
藤花亭書畫跋五卷　（清）梁廷柟撰　清咸豐五年(1855)刻本　五冊

210000－0745－0000203　XZ21236－21241
御刻三希堂石渠寶笈法帖釋文十六卷首一卷　（清）梁詩正等撰　清光緒二十三年(1897)上海鴻寶齋石印本　于文萊題記　六冊

210000－0745－0000204　XZ10721－10728
國朝書畫家筆錄四卷　寶鋆輯　清宣統三年(1911)蘇州文學山房活字印本　八冊

210000－0745－0000205　XZ12224－12231
書畫鑑影二十四卷　（清）李佐賢撰　清同治十年(1871)刻本　八冊

210000－0745－0000206　XZ12243－12247

嶽雪樓書畫錄五卷　（清）孔廣鏞　（清）孔廣陶撰　清光緒十五年（1889）三十有三萬卷堂刻本　五冊

210000－0745－0000207　XZ12276－12287

清河書畫舫十二卷附鑒古百一詩不分卷（明）張丑撰　清乾隆二十八年（1763）池北草堂刻本　十二冊

210000－0745－0000208　XZ12325－12328

甌鉢羅室書畫過目考四卷首一卷附錄一卷（清）李玉棻輯　清光緒二十三年（1897）刻本　四冊

210000－0745－0000209　XZ12329－12333

辛丑銷夏記五卷　（清）吳榮光撰　清光緒三十一年（1905）郎園刻本　五冊

210000 － 0745 － 0000210　XZ12335 － 12339、XZ21283

墨緣彙觀四卷　（清）安岐撰　清光緒二十六年（1900）鉛印本　六冊

210000－0745－0000211　XZ12403－12404

愛日吟廬書畫錄四卷　（清）葛金烺撰　清宣統二年（1910）當湖葛氏刻本　二冊

210000－0745－0000212　XZ12453－12458

澄蘭室古緣萃錄十八卷　邵松年輯　清光緒三十年（1904）上海鴻文書局石印本　六冊

210000－0745－0000213　XZ16120－16183

佩文齋書畫譜一百卷　（清）孫岳頒等纂輯　清康熙四十七年（1708）靜永堂刻本　六十四冊

210000－0745－0000214　XZ16184－16247

佩文齋書畫譜一百卷　（清）孫岳頒等纂輯　清康熙四十七年（1708）刻本　六十四冊

210000－0745－0000215　XZ16509－16512

書畫同珍　（清）鄒聖脈輯　清刻本　四冊

210000－0745－0000216　XZ16513－16518

紅豆樹館書畫記八卷　（清）陶樑編　清光緒七年（1881）刻本　六冊

210000－0745－0000217　XZ16519－16530

夢園書畫錄二十五卷　（清）方濬頤輯　清光緒元年（1875）刻本　十二冊

210000－0745－0000218　XZ16531－16534

庚子銷夏記八卷　（清）孫承澤撰　清乾隆二十六年（1761）刻本　四冊

210000－0745－0000219　XZ16535－16544

畫學心印五卷　（清）秦祖永輯　清光緒四年（1878）刻朱墨套印本　十冊

210000－0745－0000220　XZ16586－16591

清河書畫舫十二卷附鑒古百一詩不分卷（明）張丑撰　清乾隆二十八年（1763）池北草堂刻本　六冊　存六卷（七至十二）

210000－0745－0000221　XZ19186－19197

清河書畫舫十二卷附鑒古百一詩不分卷（明）張丑撰　清光緒二年（1876）刻本　十二冊

210000－0745－0000222　XZ20828－20831

宣和畫譜二十卷　（宋）□□撰　（明）毛晉訂　清康熙汲古閣刻本　四冊

210000－0745－0000223　XZ20832－20835

宣和畫譜二十卷　（宋）□□撰　（明）毛晉訂　清康熙汲古閣刻本　四冊

210000－0745－0000224　XZ21356－21367

清河書畫舫十二卷　（明）張丑造　清乾隆二十八年（1763）池北草堂刻本　十二冊

210000－0745－0000225　XZ19177

明清印譜不分卷　（清）盛昱集拓　清代鈐印本　盛昱題跋　一冊

210000－0745－0000226　XZ12293－12300

退菴金石書畫跋二十卷　（清）梁章鉅撰　清道光二十五年（1845）刻本　八冊

210000－0745－0000227　XZ16592－16601

鐵網珊瑚二十卷　（明）都穆輯　清乾隆二十三年（1758）刻本　十冊

210000－0745－0000228　XZ14533

揚子法言十三卷　（漢）揚雄撰　（晉）李軌注

音義一卷　清光緒二年(1876)浙江書局刻本　一冊

210000－0745－0000229　XZ12970－12973

札迻十二卷　(清)孫詒讓撰　清光緒二十一年(1895)刻本　四冊

210000－0745－0000230　XZ14536

尸子二卷存疑一卷　(戰國)尸佼撰　(清)汪繼培輯　清光緒三年(1877)浙江書局刻本　一冊

210000－0745－0000231　XZ20320－20327

太上感應篇圖說八卷　(清)李文照校勘　清道光三十年(1850)刻本　廖弻宸題記　八冊

210000－0745－0000232　XZ11837－11872

法苑珠林一百卷　(唐)釋道世撰　清道光七年(1827)燕園蔣氏刻本　三十六冊

210000－0745－0000233　XZ20337

大薩遮尼乾子受記經十卷　(北魏)釋菩提留支譯　清刻本　一冊　存五卷(一至五)

210000－0745－0000234　XZ20334

千手千眼觀世音菩薩廣大圓滿無礙大悲心陀羅尼經不分卷　(唐)釋伽梵達摩譯　清宣統三年(1911)刻本　一冊

210000－0745－0000235　XZ16407－16408

牧牛圖頌一卷又十頌一卷　(清)釋夢菴超格輯　清嘉慶元年(1796)刻本　二冊

210000－0745－0000236　XZ01030－01041

庚子山集十六卷　(北周)庾信撰　(清)倪璠註釋　(清)倪灝校　清康熙媆嫏書室刻本　十二冊

210000－0745－0000237　XZ00551－00566

金文最六十卷首一卷　(清)張金吾輯　(清)諸可寶刪　清光緒二十一年(1895)江蘇書局刻本　十六冊

210000－0745－0000238　XZ01024－01029

遺山先生詩集二十卷　(金)元好問撰　明汲古閣刻本　宋建平題識　六冊

210000－0745－0000239　XZ12926－12933

青藤書屋文集三十卷　(明)徐渭撰　清宣統三年(1911)石印本　八冊

210000－0745－0000240　XZ20403－20426

太史升菴文集八十一卷　(明)楊慎撰　明萬曆十年(1582)刻本　二十四冊　存六十六卷(一至五十、六十六至八十一)

210000－0745－0000241　XZ01628－01630

甌北詩鈔十七卷　(清)趙翼撰　清乾隆湛貽堂刻光緒壽考堂印本　三冊　存六卷(絕句一至二、七言律四至七)

210000－0745－0000242　XZ01631－01647

甌北集五十三卷　(清)趙翼撰　清嘉慶十七年(1812)湛貽堂刻光緒壽考堂印本　十七冊

210000－0745－0000243　XZ11547－11558

集義軒詠史詩鈔六十卷　(清)羅惇衍撰　清光緒三年(1877)刻本　十二冊

210000－0745－0000244　XZ11891－11906

午亭文編五十卷　(清)陳廷敬撰　(清)林佶輯錄　清乾隆刻本　十六冊

210000－0745－0000245　XZ13234－13235

亭林詩集五卷　(清)顧炎武撰　清宣統元年(1909)掃葉山房石印本　二冊

210000－0745－0000246　XZ13232－13233

亭林文集六卷　(清)顧炎武撰　清宣統元年(1909)掃葉山房石印本　二冊

210000－0745－0000247　XZ13548

守身執玉軒遺文不分卷　(清)袁世紀撰　清光緒二十年(1894)刻本　一冊

210000－0745－0000248　XZ13547

榆園雜興詩不分卷　(清)袁振業撰　清光緒十八年(1892)春藻堂刻本　與210000－0745－0000329合冊

210000－0745－0000249　XZ18447－18456

閱微草堂筆記二十四卷　(清)紀昀撰　清道光十五年(1835)刻本　養真題識　十冊

210000－0745－0000250　XZ20316－20319

韞山堂時文三集　(清)管世銘撰　清光緒六

年(1880)湖南書局刻本　四冊

210000－0745－0000251　XZ20433－20438
定盦文集三卷續集四卷定盦文集補五卷定盦文集補編四卷　（清）龔自珍撰　清光緒二十三年(1897)萬本書堂刻本　六冊

210000－0745－0000252　XZ20440－20446
胡文忠公遺集十卷首一卷　（清）胡林翼撰　清同治七年(1868)醉六堂刻本　七冊　存九卷(一至五、八至十、首一卷)

210000－0745－0000253　XZ01042－01048；01050－01053
蘇文忠公詩集五十卷目錄二卷　（宋）蘇軾撰　（清）紀昀評點　清同治八年(1869)韞玉山房刻朱墨套印本　十一冊　存四十七卷(一至二十五、三十一至五十、目錄二卷)

210000－0745－0000254　XZ01110－01118
山谷外集詩註十七卷　（宋）黃庭堅著　（宋）史容注　清光緒刻宣統二年(1910)印本　九冊

210000－0745－0000255　XZ01119
山谷別集詩註二卷　（宋）黃庭堅撰　（宋）史季溫注　清光緒刻宣統二年(1910)印本　一冊

210000－0745－0000256　XZ01100－01109
山谷詩集注二十卷　（宋）黃庭堅著　（宋）任淵注　清光緒刻宣統二年(1910)印本　十冊

210000－0745－0000257　XZ01130－01136
山谷外集詩註十七卷　（宋）黃庭堅著　（宋）史容注　清光緒刻宣統二年(1910)印本　七冊　存十四卷(四至十七)

210000－0745－0000258　XZ01120－01129
山谷詩集注二十卷　（宋）黃庭堅著　（宋）任淵注　清光緒刻宣統二年(1910)再印本　十冊

210000－0745－0000259　XZ01137
山谷別集詩註二卷　（宋）黃庭堅著　（宋）史季溫注　清光緒刻宣統二年(1910)印本

一冊

210000－0745－0000260　XZ20596－20600
杜工部集二十卷　（唐）杜甫撰　（明）王世貞（明）王慎中等評　清光緒二年(1876)廣東翰墨園刻六色套印本　五冊　存十一卷(一至二、七至八、十三至十四、十七至二十,首一卷)

210000－0745－0000261　XZ13544－13546
湛然居士文集十四卷　（元）耶律楚材撰　清光緒二十一年(1895)刻漸西村舍彙刻本　三冊

210000－0745－0000262　SB0024－0025
楚辭述注五卷　（明）來欽之述註　清康熙三十年(1691)刻本　二冊

210000－0745－0000263　XZ20590－20595
楚辭集注八卷　（宋）朱熹集注　清聽雨齋刻朱墨套印本　六冊　存三卷(一至三)

210000－0745－0000264　XZ01082－01087
全史宮詞二十卷　（清）史夢蘭撰　清咸豐六年(1856)刻本　六冊

210000－0745－0000265　XZ11517－11526
閨秀詞鈔十六卷補遺一卷閨秀詞鈔續補遺四卷　徐乃昌輯　清宣統元年(1909)小檀欒室刻本　十冊

210000－0745－0000266　XZ11497－11516
小檀欒室彙刻閨秀詞十集　徐乃昌輯　清光緒三十一年(1905)刻本　二十冊

210000－0745－0000267　XZ12421－12444
宋名家詞　（明）毛晉輯　清光緒錢唐汪氏刻本　二十四冊　存八十九卷

210000－0745－0000268　XZ13009－13016
錦上花四十八回　（清）修月閣主人撰　清同治十三年(1874)學餘堂刻本　八冊

210000－0745－0000269　XZ01094－01095
詞餘叢話三卷續詞餘叢話三卷　（清）楊恩壽撰　清光緒三年(1877)長沙楊氏坦園刻坦園叢稿本　二冊

210000－0745－0000270　XZ00049－00168

六十種曲　（明）毛晉輯　明崇禎汲古閣刻本
一百二十冊

210000－0745－0000271　XZ00220－00221

玉茗堂還魂記二卷　（明）湯顯祖撰　清乾隆
五十年（1785）冰絲館刻本　二冊

210000－0745－0000272　XZ00288－00289

揚州夢二卷三十齣　（清）嵇永仁撰　清同治
十一年（1872）刻本　二冊

210000－0745－0000273　XZ12864－12866

滄浪詩話註五卷　（宋）嚴羽撰　（清）胡鑑注
清光緒七年（1881）刻本　三冊

210000－0745－0000274　XZ12880－12887

全唐詩話八卷　（宋）尤袤輯　（清）孫濤訂併
續輯　清乾隆清芬堂刻本　八冊

210000－0745－0000275　XZ15383－15390

杜詩論文五十六卷　（唐）杜甫撰　（清）吳見
思注　（清）潘眉評　清康熙十一年（1672）常
州岱淵堂刻本　八冊

210000－0745－0000276　XZ15684－15689

韻語陽秋二十卷　（宋）葛立方撰　明正德二
年（1507）刻本　六冊

210000－0745－0000277　XZ00175－00178

長生殿傳奇四卷　（清）洪昇撰　清刻本
四冊

210000－0745－0000278　XZ00179－00186

新刻出像點板時尚昆腔雜出醉怡情不分卷
（明）青溪菰蘆釣叟點次　清古吳致和堂刻本
八冊

210000－0745－0000279　XZ00222－00233

紅雪樓九種曲　（清）蔣士銓撰　清乾隆三十
九年（1774）紅雪樓刻本　十二冊

210000－0745－0000280　XZ00278－00279

新鐫院本東郭記二卷　（清）夢漚居士填詞
（清）覺海釣徒正譜　清道光二十六年（1846）
達觀堂刻本　二冊

210000－0745－0000281　XZ00290－00297

玉茗堂四種八卷　（明）湯顯祖撰　清初學者
堂刻本　八冊

210000－0745－0000282　XZ00330－00335

第六才子書八卷　（元）王德信撰　（清）金聖
歎評點　清刻本　六冊

210000－0745－0000283　XZ01098

桃花源一卷　（清）楊恩壽撰　清光緒長沙楊
氏坦園刻本　一冊

210000－0745－0000284　XZ01097

麻灘驛一卷　（清）楊恩壽撰　清光緒長沙楊
氏坦園刻本　一冊

210000－0745－0000285　XZ01099

再來人一卷　（清）楊恩壽撰　清光緒長沙楊
氏坦園刻本　與210000－0745－0000286、287
合冊

210000－0745－0000286　XZ01098

媿孅封一卷　（清）楊恩壽撰　清光緒長沙楊
氏坦園刻本　與210000－0745－0000285、287
合冊

210000－0745－0000287　XZ01098

桂枝香一卷　（清）楊恩壽撰　清光緒長沙楊
氏坦園刻本　與210000－0745－0000285、286
合冊

210000－0745－0000288　XZ01096

理靈坡一卷　（清）楊恩壽撰　清光緒長沙楊
氏坦園刻本　一冊

210000－0745－0000289　XZ11532－11539

貫華堂第六才子書西廂記八卷　（元）王德信
撰　（清）金聖歎評　清三義堂刻本　八冊

210000－0745－0000290　SB0038－0039

四聲猿　（明）徐渭撰　明刻本　二冊

210000－0745－0000291　XZ00169－00172

紅樓夢散套十六卷　（清）吳鎬撰　（清）黃兆
魁譜　清嘉慶二十年（1815）蟾波閣刻本
四冊

210000－0745－0000292　XZ00376－00395

東周列國全志五十四卷附地圖考一卷讀法一

卷書目一卷繡像一卷　（清）蔡元放評點　清乾隆元年（1736）星聚堂刻本　二十冊

210000－0745－0000293　XZ00396－00417
四大奇書第一種十九卷一百二十回首一卷（明）羅貫中撰　（清）毛宗崗　（清）金人瑞評　清大魁堂刻本　二十二冊

210000－0745－0000294　XZ00478－00497
四大奇書第一種一百二十回附讀三國志法不分卷三國志像不分卷　（明）羅貫中撰　（清）毛宗崗　（清）金人瑞評　清刻本　二十冊

210000－0745－0000295　XZ01146－01169
品花寶鑑六十回　（清）陳森撰　清刻本　二十四冊

210000－0745－0000296　XZ01170－01189
新刻逸田叟女仙外史大奇書一百回　（清）呂熊撰　清雍正釣璜軒刻本　二十冊

210000－0745－0000297　XZ01345－01360
繪圖筆生花十六卷三十二回　（清）邱心如撰　清末石印本　十六冊

210000－0745－0000298　XZ12545－12554
水滸後傳十卷首一卷四十回　題（明）古宋遺民撰　清末善成堂刻本　十冊

210000－0745－0000299　XZ18137、18139－18148、18152－18154
第一奇書一百回　（明）蘭陵笑笑生撰　（清）張竹坡評　清初刻本　十四冊　存五十八回（二十六至三十一、三十七至七十五、八十八至一百）

210000－0745－0000300　XZ18619－18622
忠孝勇烈奇女傳四卷三十二回　馬祖濱撰　清宣統元年（1909）刻本　四冊

210000－0745－0000301　XZ20673－20680
新刻繡像說唐後傳五十五回　清刻本　八冊　存四十四回（六至二十六、三十三至五十五）

210000－0745－0000302　XZ20681－20685
新鎸玉茗堂批點按鑑參補楊家將傳十卷五十

回　題（清）研石山樵訂正　清鄭五雲堂刻本　五冊　存八卷（一至六、九至十）

210000－0745－0000303　XZ20694
東周列國全志二十三卷一百八回　（清）蔡元放評點　清書業堂刻本　一冊　存五回（六十八至七十二）

210000－0745－0000304　XZ20695－20713
四大奇書第一種五十一卷一百二十回附讀三國志法不分卷第一才子圖像不分卷　（明）羅貫中撰　（清）毛宗崗　（清）金人瑞評　清京都文成堂刻本　十九冊　存五十卷（一至四十八、五十至五十一）

210000－0745－0000305　XZ13558－13563
寄園寄所寄十二卷　（清）趙吉士撰　清康熙刻本（卷十二補配清抄本）　六冊　存六卷（七至十二）

210000－0745－0000306　XZ15694－15699
世說新語六卷附釋名不分卷世說新語考證不分卷校勘小識不分卷校勘小識補不分卷引用書目不分卷世說新語佚文不分卷　（南朝宋）劉義慶撰　清光緒十七年（1891）思賢講舍刻本　六冊

210000－0745－0000307　XZ20663－20664
劇談錄二卷　（宋）康駢撰　清光緒四年（1878）葛氏嘯園刻嘯園叢書本　二冊

210000－0745－0000308　XZ20665－20672
柳崖外編八卷　（清）徐昆撰　清乾隆五十六年（1791）貯書樓刻本　八冊

210000－0745－0000309　XZ13564－13566
于湖題襟集不分卷　（清）袁昶輯　清光緒二十一年（1895）小漚巢刻本　三冊

210000－0745－0000310　XZ00527－00542
南宋文範七十卷外編四卷附作者考二卷（清）莊仲方輯　清光緒十四年（1888）江蘇書局刻本　十六冊

210000－0745－0000311　XZ00543－00546
金文雅十六卷附作者考不分卷　（清）莊仲方

輯　清光緒二十一年（1895）江蘇書局刻本
四冊

210000－0745－0000312　XZ00547－00550
唐文粹補遺二十六卷　（清）郭麐撰　清光緒
十一年（1885）江蘇書局刻本　四冊

210000－0745－0000313　XZ00567－00576
明文在一百卷　（清）薛熙輯　清光緒十五年
（1889）江蘇書局刻本　十冊

210000－0745－0000314　XZ00621－00644
宋文鑑一百五十卷目錄三卷　（宋）呂祖謙詮
次　清光緒十二年（1886）江蘇書局刻本　二
十四冊

210000－0745－0000315　XZ01074－01081
古唐詩合解十六卷　（清）王堯衢注　清光緒
十七年（1891）掃葉山房刻本　八冊

210000－0745－0000316　XZ10758－10859
文苑英華一千卷附目錄不分卷　（宋）李昉等
輯　明隆慶元年（1567）胡維新戚繼光刻本
一百二冊

210000－0745－0000317　XZ11377－11496
全唐詩九百卷目錄十二卷　（清）彭定求等輯
　清康熙四十四年至四十六年（1705－1707）
刻本　一百二十冊

210000－0745－0000318　XZ12469－12500
御定歷代題畫詩類一百二十卷　（清）陳邦彥
編　清康熙四十六年（1707）內府刻本　三十
二冊

210000－0745－0000319　XZ13458－13493
古文辭類纂七十五卷　（清）姚鼐輯　清道光
五年（1825）金陵吳氏刻本　三十六冊

210000－0745－0000320　XZ13525－13540
文選六十卷　（南朝梁）蕭統輯　（唐）李善等
注　（清）葉樹藩參訂　清乾隆三十七年
（1772）葉樹藩海錄軒刻朱墨套印本　十六冊

210000－0745－0000321　XZ13571－13670
全上古三代秦漢三國六朝文七百四十六卷
（清）嚴可均輯　清光緒二十年（1894）刻本

一百冊　存七百四十一卷（一至七百四十一）

210000－0745－0000322　XZ19114－19119
回文類聚四卷　（宋）桑世昌編　回文類聚續
編十卷圖一卷　（清）朱象賢編　清康熙三十
一年（1692）麟玉堂刻五色套印本　六冊

210000－0745－0000323　XZ20616－20620
批點七家詩合註七卷　（清）張熙宇輯評　清
刻本　五冊　存四卷（二、四至六）

210000－0745－0000324　XZ20714－20716
古文辭類纂七十四卷　（清）姚鼐輯　清道光
合河康氏刻本　三冊　存二十五卷（三十一
至三十八、五十八至七十四）

210000－0745－0000325　XZ21215－21235
御選唐詩三十二卷目錄三卷　（清）聖祖玄燁
輯　（清）陳廷敬等輯注　清康熙五十二年
（1713）武英殿刻朱墨套印本　二十一冊　存
二十六卷（一至二十三、目錄三卷）

210000－0745－0000326　XZ01012－01022、
20610－20615
中州集十卷首一卷　（金）元好問輯　明汲古
閣刻本　十七冊　存九卷（一至六、九至十，
首一卷）

210000－0745－0000327　XZ01023
中州樂府不分卷　（金）元好問輯　明汲古閣
刻本　一冊

210000－0745－0000328　XZ11817－11836
國朝中州文徵五十四卷　（清）蘇源生輯　清
道光二十五年（1845）刻本　二十冊

210000－0745－0000329　XZ13547
桐溪耆隱集一卷補錄一卷　（清）袁炯輯　清
光緒十八年（1892）春藻堂刻本　與210000－
0745－0000248 合冊

210000－0745－0000330　XZ20725－20727
越諺三卷附越諺賸語二卷　（清）范寅輯　清
光緒八年（1882）谷應山房刻本　三冊

210000－0745－0000331　XZ16404
三元喜讌詩二卷　（清）翁方綱等撰　清咸豐

六年(1856)福元書室刻本　一冊

210000－0745－0000332　XZ00687－01006

欽定全唐文一千卷目錄三卷姓名韻編一卷
（清）董誥等編　清嘉慶二十三年(1818)內府
刻本　三百二十冊　缺一卷（姓名韻編一卷）

210000－0745－0000333　XZ00601－00620

文粹一百卷　（宋）姚鉉輯　文粹補遺二十六
卷　（清）郭麐撰　清光緒十六年(1890)杭州
許氏榆園刻本　二十冊　存一百卷（文粹一
百卷）

210000－0745－0000334　XZ01190－01193

賞奇軒四種合編　（清）□□輯　清文德堂刻
本　四冊　存四卷

210000－0745－0000335　XZ01565－01580

晨風閣叢書二十三種　沈宗畸輯　清宣統元
年(1909)刻本　十六冊　存二十三種

210000－0745－0000336　XZ11907－11948

增訂漢魏叢書八十六種　（清）王謨輯　清乾
隆五十六年(1791)刻本　四十二冊　存四十
二種

210000－0745－0000337　XZ12109－12188

龍威秘書　（清）馬俊良輯　清嘉慶元年
(1796)世德堂刻本　八十冊　存十集

210000－0745－0000338　XZ12364－12375

談藝珠叢　（清）王啟原輯　清光緒十一年
(1885)長沙玉尺山房刻本　十二冊　存四十
四卷

210000－0745－0000339　XZ13330－13409

稗海　（明）商濬輯　明萬曆刻清康熙補刻本
八十冊　存四百四十九卷

210000－0745－0000340　XZ17820－17923

增訂漢魏叢書　（清）王謨輯　清光緒二十年
(1894)湖南藝文書局刻本　一百四冊　存八
十六種

210000－0745－0000341　XZ17924－18043

說郛一百二十弓　（元）陶宗儀輯　清順治三
年(1646)兩浙督學周南李際期宛委山堂刻本

一百二十冊

210000－0745－0000342　XZ18044－18083

說郛續四十六弓　（明）陶珽輯　清順治三年
(1646)兩浙督學周南李際期宛委山堂刻本
四十冊

210000－0745－0000343　XZ01370－01381

二酉堂叢書　（清）張澍輯　清道光元年
(1821)武威張氏二酉堂刻本　十二冊　存二
十一種

210000－0745－0000344　XZ12579－12602

古愚老人消夏錄　（清）汪汲撰　清嘉慶二年
(1797)古愚山房刻本　二十四冊　存十九種

210000－0745－0000345　XZ18726－18731

巴山七種二十二卷　（清）王侃撰　清同治四
年(1865)光裕堂刻本　遼東顏絹室主人題簽
六冊

210000－0745－0000346　XZ00418－00437

笠翁傳奇十種　（清）李漁撰　清康熙芥子園
刻本　二十冊　存二十卷

210000－0745－0000347　XZ20453－20585

曾文正公全集　（清）曾國藩撰　（清）李瀚章
等編錄　清光緒三年(1877)傳忠書局刻本
一百三十三冊　存一百五十七卷（一至二十
八、四十二至一百四十六、一百四十八至一百
七十一）

210000－0745－0000348　XZ03625－05250

欽定古今圖書集成一萬卷目錄三十二卷
（清）蔣廷錫　（清）陳夢雷等輯　清光緒十四
年至十八年(1888－1892)鉛印本　一千六百
二十六冊

210000－0745－0000349　XZ11579－11706

太平御覽一千卷目錄十五卷　（宋）李昉等撰
清嘉慶二十三年(1818)鮑崇城刻本　一百
二十八冊

210000－0745－0000350　XZ11707－11786

皇朝經世文編一百二十卷　（清）賀長齡輯
清道光七年(1827)刻本　八十冊

210000－0745－0000351　XZ18590－18599

淵鑑類函四百五十卷　（清）張英等纂輯　清光緒九年（1883）上海點石齋石印本　十冊

210000－0745－0000352　XZ12266－12269

論畫集刻　（清）張祥河輯　清光緒三十三年（1907）自怡堂鉛印本　四冊　存十二卷

210000－0745－0000353　XZ17361－17560

冊府元龜一千卷目錄十卷　（宋）王欽若等輯（明）李嗣京等訂正　明崇禎十五年（1642）黃國琦刻本　二百冊

210000－0745－0000354　XZ18722－18725

論畫集刻　（清）張祥河輯　清宣統元年（1909）會文齋刻本　四冊　存十二卷

210000－0745－0000355　XZ20930－20937

篆學瑣著　（清）顧湘輯　清道光二十年（1840）海虞顧氏刻本　八冊　存四十卷

瀋陽大學圖書館
古籍普查登記目錄

全國古籍普查登記目錄

國家圖書館出版社
National Library of China Publishing House

《瀋陽大學圖書館古籍普查登記目録》
編委會

主　　編：金英姬

編　　委：王　杰　王　娜　趙琳琳　趙良橋　陳麗華

《瀋陽大學圖書館古籍普查登記目録》

前　言

　　瀋陽大學辦學歷史可追溯到 1905 年創辦的"奉天實業學堂"和 1906 年創辦的"新民公學堂",在長期發展進程中,相繼合并瀋陽財經學院、原冶金工業部直屬高校瀋陽工業高等專科學校、瀋陽教育學院、新民師範學院等院校,發展成爲現在的一所擁有百年歷史的綜合性大學。

　　遵循 2007 年 1 月國務院辦公廳《關於進一步加强古籍保護工作的意見》(國辦發〔2007〕6 號)文件精神,瀋陽大學圖書館的古籍保護工作也相繼展開,經過工作人員的辛勤努力,加工整理出古籍及民國綫裝書共 12000 餘册,内容涉及經、史、子、集、叢五個部類。

　　在已經公布的四批《遼寧省珍貴古籍名録》中,瀋陽大學圖書館共有 4 部古籍入選。分别是明天啓元年(1621)文盛堂刻本《東坡詩選》十二卷,清乾隆十一年(1746)樊榭山房刻本《宋詩紀事》一百卷,清乾隆三十八年(1773)朱氏椒華吟舫刻本《説文解字》十五卷,清康熙二十五年蔣氏刻振鷺堂印本《兩漢紀》六十卷。

　　值得一提的是,明刻本《東坡詩選》十二卷作爲代表性展品在由遼寧省文化廳主辦,遼寧省古籍保護中心、遼寧省圖書館、遼寧省博物館承辦的"藏之名山、傳之其人——遼寧省珍貴古籍特展"中展出。

　　2015 年,清刻五色套印本《古文淵鑒》六十四卷,清乾隆元年(1736)刻咸豐二年(1852)續修《盛京通志》四十八卷等 6 部古籍被全國可移動文物專家組鑒定爲三級文物。

　　此外,瀋陽大學圖書館收藏的清道光二十九年(1849)薛子瑜木活字本《大清一統志》三百五十六卷,爲清代木活字印本中的精品,《中國古籍善本書目》中著録全國僅四家古籍收藏單位有藏。

　　目前,瀋陽大學圖書館已建成館内古籍數據庫,參與了全國古籍普查平臺的建設,開放了古籍閲覽室。一册册綫裝書籍,一張張泛黄書頁,整齊擺放在古籍閲覽室,成爲了瀋陽大學圖書館的最爲重要的館藏之一,静静述説着瀋陽大學的輝煌與成就。

瀋陽大學圖書館

2020 年 5 月

210000－0750－0000001　【善】經/0001

說文解字十五卷　（漢）許慎撰　清乾隆三十八年(1773)朱氏椒華吟舫刻本　八冊

210000－0750－0000002　【善】史/0007

遼史一百十五卷附考證　（元）脫脫等撰　清道光四年(1824)武英殿刻二十四史本　十七冊

210000－0750－0000003　史/0021

通志二百卷　（宋）鄭樵撰　清咸豐九年(1859)崇仁謝氏刻本　一百三十六冊　存一百九十四卷(一至十八、二十一至七十三、七十七至一百五、一百七至二百)

210000－0750－0000004　史/0036

欽定續文獻通考二百五十卷　（清）嵇璜等撰　清光緒十三年(1887)浙江書局刻本　一百二十冊

210000－0750－0000005　史/0029

皇朝文獻通考三百卷　（清）嵇璜等撰　清光緒八年(1882)浙江書局刻本　一百五十四冊　存二百八十九卷(一至四十一、四十四至四十七、五十至一百五、一百八至一百八十五、一百八十八至二百四十六、二百四十八至二百五十五、二百五十八至三百)

210000－0750－0000006　史/0035

欽定續通典一百五十卷　（清）嵇璜等撰　清光緒十二年(1886)浙江書局刻本　三十九冊　存一百四十七卷(一至一百一、一百五至一百五十)

210000－0750－0000007　史/0035

欽定續通志六百四十卷　（清）嵇璜等撰　清光緒十二年(1886)浙江書局刻本　一百九十八冊　存六百三十五卷(一至七十四、八十至六百四十)

210000－0750－0000008　史/0020

通典二百卷　（唐）杜佑撰　清咸豐九年(1859)謝氏刻本　三十六冊　存一百八十卷(一至九十八、一百五至一百六十四、一百七十四至一百九十五)

210000－0750－0000009　子/0018

龍文鞭影四卷　（明）蕭良有撰　（清）楊臣靜增訂　清光緒十三年(1887)掃葉山房刻本　二冊

210000－0750－0000010　子/0020

管子二十四卷　（唐）房玄齡注　清光緒五年(1879)刻本　四冊

210000－0750－0000011　子/0025

佩文韻府一百六卷　（清）張玉書　（清）蔡升元等纂　清光緒二十五年(1899)南城謝氏刻本　六十七冊　存七十四卷(一至十七、二十、二十二至四十六、四十九、五十五至六十一、六十三至七十三、七十八至八十、九十八至一百六)

210000－0750－0000012　史/0063

隸釋二十七卷隸續二十一卷　（宋）洪適撰　清乾隆四十三年(1778)汪日秀樓松書屋刻本　四冊　存二十一卷(隸續二十一卷)

210000－0750－0000013　集/0022

昌黎先生集四十卷遺文一卷　（唐）韓愈撰　（唐）李漢輯　清萃文堂刻本　八冊

210000－0750－0000014　子/0016

求闕齋讀書錄十卷　（清）曾國藩撰　（清）王啓原輯　清光緒二年(1876)傳忠書局刻本　四冊

210000－0750－0000015　史/0015

文獻通考詳節二十四卷　（清）嚴虞惇輯　清光緒元年(1875)江左書林刻本　十二冊

210000－0750－0000016　經/0052

新爾雅二卷　（清）汪榮寶　（清）葉瀾編　清石印本　二冊

210000－0750－0000017　集/0089

瀛奎律髓刊誤四十九卷　（清）紀昀批點　清刻本　十一冊　存四十六卷(一至十三、十七至四十九)

210000－0750－0000018　集/0082

山谷詩內集注二十卷　（宋）黃庭堅撰　（宋）

任淵注　**山谷詩外集注十七卷**　（宋）黃庭堅撰　（宋）史容注　**山谷詩外集補四卷別集補一卷**　（清）謝啓昆輯　**重刻山谷先生年譜十四卷附錄一卷**　（宋）黃𩰚編　清刻本　十九冊

210000－0750－0000019　集/0086
十八家詩鈔二十八卷　（清）曾國藩輯　清刻本　十八冊　存二十一卷（七至十六、十八至二十八）

210000－0750－0000020　子/0024
佩文韻府一百六卷拾遺一百六卷　（清）張玉書　（清）蔡升元等纂　清光緒二十四年（1898）上海點石齋石印本　十八冊　存一百九卷（一、四至五,拾遺一百六卷）

210000－0750－0000021　史/0032
學案小識十四卷首一卷末一卷　（清）唐鑑撰　清光緒十年（1884）刻本　十二冊

210000－0750－0000022　集/0027
七家試帖輯註彙鈔　（清）張熙宇輯評　（清）王植桂輯註　清同治九年（1870）刻江左書林印本　八冊

210000－0750－0000023　子/0012
日知錄集釋三十二卷刊誤二卷續刊誤二卷　（清）黃汝成撰　清道光十五年（1835）袖海樓刻本　八冊　存十八卷（二至五、十至十一、十四至十七、二十一至二十六,刊誤二卷）

210000－0750－0000024　子/0009
日知錄集釋三十二卷刊誤二卷續刊誤二卷　（清）黃汝成撰　清光緒三年（1877）京都善成堂刻本　十七冊

210000－0750－0000025　經/0009
康熙字典十二集三十六卷總目一卷檢字一卷辨似一卷等韻一卷補遺一卷備考一卷　（清）張玉書等撰　清道光七年（1827）刻本　四十冊

210000－0750－0000026　史/0026
金石摘十卷續一卷　（清）陳善墀輯　清同治十二年至光緒四年（1873－1878）瀏陽學之不求甚解齋刻本　十冊　存十卷（金石摘十卷）

210000－0750－0000027　子/0011
日知錄集釋三十二卷刊誤二卷續刊誤二卷　（清）黃汝成撰　清刻本　八冊　存十六卷（一至十六）

210000－0750－0000028　集/0054
唐詩合解箋註十二卷附古詩四卷　（清）王翼雲注　清光緒十八年（1892）文成堂刻本　八冊

210000－0750－0000029　集/0055
唐詩合解箋註十二卷附古詩四卷　（清）王翼雲注　清光緒二十四年（1898）成信堂刻本　六冊

210000－0750－0000030　【善】集/0002
東坡詩選十二卷附東坡年譜一卷　（宋）蘇軾撰　（明）譚元春輯　（明）袁宏道評　明天啟元年（1621）文盛堂刻本　四冊

210000－0750－0000031　集/0053
金石全例　（清）朱記榮輯　清光緒十八年（1892）吳縣朱氏彙印本　十二冊　存三十五卷（金石例一至十、墓銘舉例一至四、漢石例一至六、金石例輔一至二、金石綜例一至四、金石後綜例一至四、漢魏六朝墓銘纂例一至四、石經閣金石跋文一卷）

210000－0750－0000032　史/0012
平津讀碑記八卷續記一卷　（清）洪頤煊撰　清嘉慶刻本　六冊

210000－0750－0000033　經/0019
左繡三十卷首一卷　（晉）杜預撰　（唐）陸德明音義　清光緒六年（1880）掃葉山房刻本　十六冊

210000－0750－0000034　集/0071
東坡集八十四卷　（宋）蘇軾撰　清刻本　三十四冊　存六十七卷（一至二、十至十一、十四至十六、二十一至六十二、六十七至八十四）

210000－0750－0000035　經/0004

附釋音春秋左傳注疏六十卷　（晉）杜預注
（唐）孔穎達疏　（唐）陸德明音譯　（清）阮
元撰　（清）盧宣旬摘錄　清嘉慶二十年
(1815)南昌府學刻道光六年(1826)印重刊宋
本十三經注疏本　二十三冊　存五十七卷
（一至三十、三十四至六十）

210000－0750－0000036　集/0010
嘉祐集二十卷　（宋）蘇洵撰　清道光十二年
(1832)眉州三蘇祠刻三蘇全集本　四冊

210000－0750－0000037　經/0005
附釋音禮記注疏六十三卷　（漢）鄭玄注
（唐）孔穎達疏　（唐）陸德明音譯　校勘記六
十三卷　（清）阮元撰　（清）盧宣旬摘錄　清
嘉慶二十年(1815)南昌府學刻重刊宋本十三
經注疏本　二十六冊　存九十六卷（注疏一
至四十八、附校勘記一至四十八）

210000－0750－0000038　史/0046
歷朝紀事本末　（清）陳如升　（清）朱記榮輯
　（清）慎記主人增輯　清光緒二十八年
(1902)上海書局石印本　二十六冊　存九種
十六卷（左傳紀事本末五十三,通鑑紀事本末
二百三十九,宋史紀事本末一百九,遼史紀事
本末四十,金史紀事本末五十二,西夏紀事本
末三十六卷、首二卷,元史紀事本末二十七,
明史紀事本末八十,三藩紀事本末二十二）

210000－0750－0000039　史/0051
皇朝掌故讀本二卷　上海文明書局編　清光
緒二十九年(1903)上海文明書局鉛印本
四冊

210000－0750－0000040　史/0050
庚子銷夏記八卷　（清）孫承澤撰　清光緒三
十年(1904)會稽董氏刻本　一冊

210000－0750－0000041　史/0062
史記一百三十卷　（漢）司馬遷撰　（南朝宋）
裴駰集解　（唐）司馬貞索隱　（唐）張守節正
義　清刻本　十四冊　存一百十八卷（五至
一百二十二）

210000－0750－0000042　子/0013

二程全書六十八卷　（宋）程顥　（宋）程頤撰
　清同治十年(1871)六安求我齋刻本　十
六冊

210000－0750－0000043　經/0012
說文解字句讀三十卷補正三十卷　（清）王筠
撰　清道光三十年(1850)刻本　十六冊

210000－0750－0000044　經/0034
易經備旨七卷　（清）鄒聖脈輯　清光緒二十
七年(1901)善成堂刻本　六冊　存六卷（一
至六）

210000－0750－0000045　集/0057
皇朝經世文續編一百二十卷　（清）葛士濬輯
　清光緒二十三年(1897)掃葉山房鉛印本
二十四冊

210000－0750－0000046　集/0068
國朝文匯甲前集二十卷甲集六十卷乙集七十卷
丙集三十卷丁集二十卷姓氏目錄一卷　上海國
學扶輪社輯　清宣統元年至二年(1909－1910)
上海國學扶輪社石印本　九十九冊　存一百九
十六卷（甲前集三至二十,甲集六十卷,乙集一
至三十八、四十一至七十,丙集三十卷,丁集二
十卷）

210000－0750－0000047　史/0059
御批資治通鑑綱目全書一百九卷　（宋）朱熹
等撰　清刻本　三冊　存十四卷（十四至二
十三、四十三至四十六）

210000－0750－0000048　史/0001
尚友錄二十二卷補遺一卷　（明）廖用賢編纂
　（清）張伯琮補輯　清浙蘭林天祿齋刻本
十二冊

210000－0750－0000049　史/0067
御批資治通鑑綱目五十九卷首一卷　（宋）朱
熹撰　清刻本　二十七冊　存四十一卷（一
至三十五、五十五至五十九,首一卷）

210000－0750－0000050　史/0067
御批資治通鑑綱目前編　（宋）金履祥撰
（清）張廷玉等編　清刻本　六冊　存十二卷
（一至六、九至十、十五至十八）

210000－0750－0000051　经/0042

韻府拾遺一百六卷　（清）張廷玉等輯　清刻本　十八冊　存五十二卷（三至二十、二十三至二十六、七十七至一百六）

210000－0750－0000052　经/0026

御纂七經二百九十四卷　清光緒十四年（1888）江南書局刻本　一百三十冊　存二百六十八卷（御纂周易折中二十二卷、首一卷；欽定書經傳說彙纂一至二十一；欽定經傳說彙纂二十一卷、首二卷、詩序二卷；欽定春秋傳說匯纂三十八卷、首二卷；欽定周官義疏十至三十七、四十至四十八；欽定儀禮義疏一至七、十五至四十八、首二卷；欽定禮記義疏一至三十五、三十九至八十二）

210000－0750－0000053　史/0003

御批續資治通鑑綱目二十七卷　（明）商輅撰　（清）聖祖玄燁批　清末石印本　十六冊

210000－0750－0000054　集/0004

歷代詩話二十七種五十八卷　（清）何文煥輯　清乾隆三十五年（1770）何文煥刻本　八冊　存二十八卷（全唐詩話二卷、六一詩話一卷、溫公續詩話一卷、中山詩話一卷、紫微詩話一卷、彥周詩話一卷、石林詩話三卷、韻語陽秋十卷、二老堂詩話一卷、白石道人詩說一卷、滄浪詩話一卷、談藝錄一卷、秋圃攟餘一卷、存餘堂詩話一卷、夷白齋詩話一卷、歷代詩話考索一卷）

210000－0750－0000055　集/0084

全唐詩□□卷　（清）彭定求等輯　清刻本　十五冊　存十五卷（三、七至八、十、十二、十五至十六、十九至二十、二十二至二十四、二十七、三十一至三十二）

210000－0750－0000056　史/0038

欽定四庫全書簡明目錄二十卷　（清）紀昀等撰　清光緒十四年（1888）暢懷書屋鉛印本　四冊　存十五卷（一至十、十六至二十）

210000－0750－0000057　经/0057

欽定春秋傳說彙纂三十八卷首二卷　（清）王掞等撰　清石印本　十五冊　存三十一卷（三至四、十一至三十八，首下）

210000－0750－0000058　子/0021

精選黃眉故事十卷　（明）鄧志謨輯　清光緒六年（1880）山槐堂屋刻本　五冊

210000－0750－0000059　經/0040

御纂詩義折中二十卷　（清）傅恒等撰　清光緒三十三年（1907）上海書局石印本　四冊

210000－0750－0000060　子/0014

呂氏春秋二十六卷　（秦）呂不韋撰　（漢）高誘注　（清）畢沅校　清光緒元年（1875）浙江書局刻本　六冊

210000－0750－0000061　史/0073

國朝先正事略六十卷首一卷　（清）李元度撰　清光緒十二年（1886）鉛印本　七冊　存四十八卷（一至四、十七至六十）

210000－0750－0000062　集/0087

初唐四傑文集二十一卷　清刻本　二冊　存十卷（十二至二十一）

210000－0750－0000063　集/0090

古文苑二十一卷　（宋）章樵注　清商業學堂刻本　二冊　存十卷（五至十四）

210000－0750－0000064　集/0050

續古文苑二十卷　（清）孫星衍輯　清光緒十年（1884）朱氏槐盧家塾刻本　六冊　存十五卷（六至二十）

210000－0750－0000065　集/0061

紅豆村人詩稿十四卷　（清）袁樹撰　清光緒十八年（1892）著易堂刻本　一冊

210000－0750－0000066　經/0044

韓詩外傳十卷　（漢）韓嬰撰　清照曠閣刻本　一冊

210000－0750－0000067　集/0017

冬心先生集四卷續集一卷三體詩一卷自度曲一卷雜著一卷隨筆一卷　（清）金農撰　清同治七年（1868）錢塘丁氏刻本　三冊

210000－0750－0000068　集/0074

王摩詰集六卷　（唐）王維撰　清光緒尚友房

石印本　四冊

210000－0750－0000069　史/0005

資治通鑑綱目正編五十九卷前編二十五卷續通鑑綱目二十七卷末卷一卷　（宋）朱熹等撰　（明）陳仁錫評閱　清嘉慶九年(1804)四喜堂姑蘇聚文堂刻本　一百二十冊　存一百八卷(正編五十九卷,前編五至二十五,續通鑑綱目二十七卷、末卷一卷)

210000－0750－0000070　【善】史/0004

兩漢紀六十卷附兩漢紀字句異同考一卷　（宋）王銍輯　清康熙二十五年(1686)蔣氏刻振鷺堂印本　十冊

210000－0750－0000071　【善】史/0005

資治通鑑二百九十四卷通鑑釋文辯誤十二卷　（宋）司馬光撰　（元）胡三省音注　清嘉慶二十一年(1816)胡克家刻本　六十九冊　存二百十五卷(一至八十八、九十二至一百五十九、二百四十八至二百九十四,通鑑釋文辯誤十二卷)

210000－0750－0000072　史/0022

資治通鑑二百九十四卷通鑑釋文辯誤十二卷　（宋）司馬光撰　（元）胡三省音注　清刻本　七十八冊　存二百三十七卷(三十二至四十、四十四至一百二十一、一百五十二至二百九十四,通鑑釋文辯誤一至二、八至十二)

210000－0750－0000073　【善】史/0008

元史二百十卷目錄二卷附考證　（明）宋濂等撰　清道光四年(1824)武英殿刻二十四史本　六十四冊

210000－0750－0000074　【善】史/0006

金史一百三十五卷附考證附欽定金國語解不分卷　（元）脫脫等撰　清道光四年(1824)武英殿刻二十四史本　三十冊　存一百十四卷(一至四十、六十三至一百三十五,欽定金國語解不分卷)

210000－0750－0000075　【善】集/0013

古文淵鑑六十四卷　（清）聖祖玄燁選　（清）徐乾學等編注　清刻五色套印本　四十冊

210000－0750－0000076　史/0018

碑版文廣例十卷　（清）王芑孫撰　清道光二十一年(1841)刻本　四冊

210000－0750－0000077　【善】史/0009

大清一統志三百五十六卷　（清）蔣廷錫等纂修　清道光二十九年(1849)薛子瑜木活字印本　八十九冊　存二百七十二卷(十五至八十六、一百七至一百十九、一百三十七至一百六十八、一百八十三至二百四十二、二百四十八至二百六十九、二百八十四至三百五十六)

210000－0750－0000078　史/0027

大清律例彙輯便覽四十卷督捕則例二卷五軍道里表一卷三道流里表一卷　（清）三泰等纂　清光緒刻本　三十三冊

210000－0750－0000079　經/0056

集韻十卷　（宋）丁度等撰　清光緒二年(1876)川東官舍刻本　十冊

210000－0750－0000080　經/0031

新刻書經備旨善本輯要六卷　（清）馬大獻輯　清光緒二十二年(1896)書業德刻本　五冊

210000－0750－0000081　史/0009

金石萃編一百六十卷　（清）王昶撰　清嘉慶十年(1805)刻本　四十五冊　存一百十二卷(一至三十八、八十七至一百六十)

210000－0750－0000082　經/0010

春秋左傳五十卷　（晉）杜預注　（宋）林堯叟補注　（唐）陸德明音義　（明）孫鑛等評點　清道光二十年(1840)金閶桐石山房刻本　十六冊

210000－0750－0000083　經/0001

左繡三十卷首一卷　（晉）杜預撰　（唐）陸德明音義　上海江左書林刻本　十六冊

210000－0750－0000084　史/0007

神僊傳十卷　（晉）葛洪撰　清嘉慶刻廣漢魏叢書本　一冊　存五卷(一至五)

210000－0750－0000085　史/0079

文史通義八卷校讎通義三卷　（清）章學誠撰

清光緒二十五年(1899)三味堂刻本　七冊
存八卷(文史通義八卷)

210000－0750－0000086　經/0050
爾雅注疏十一卷　(晉)郭璞注　(宋)邢昺疏
清大文堂刻本　五冊

210000－0750－0000087　經/0043
爾雅三卷　(晉)郭璞注　(唐)陸德明音義
清清芬閣刻本　三冊

210000－0750－0000088　經/0055
爾雅疏十卷　(宋)邢昺撰　清刻本　三冊
存七卷(四至十)

210000－0750－0000089　叢/0008
斜川集六卷　(宋)蘇過撰　清道光七年
(1827)眉州三蘇祠刻本　三冊

210000－0750－0000090　史/0014
金石索十二卷首一卷　(清)馮雲鵬　(清)馮
雲鵷輯　清道光元年至十五年(1821－1835)
滋陽縣署刻本　十二冊

210000－0750－0000091　子/0047
珍珠囊指掌補遺藥性賦四卷　(金)李杲編
雷公炮製藥性解六卷　(明)李中梓編　清三
讓堂刻本　四冊

210000－0750－0000092　經/0048
新訂四書補註備旨十卷　(明)鄧林撰　(清)
杜定基增訂　清刻本　一冊　存一卷(孟子
卷之四)

210000－0750－0000093　集/0026
唐四家詩集二十一卷　(清)胡鳳丹輯　清同
治九年(1870)退補齊刻本　六冊

210000－0750－0000094　史/0037
三國志六十五卷　(晉)陳壽撰　(南朝宋)裴
松之注　清光緒十三年(1887)江南書局刻本
七冊　存五十四卷(魏一至三十、蜀一至十
五、吳一至九)

210000－0750－0000095　【善】集/0003
宋詩紀事一百卷　(清)厲鶚撰　清乾隆十一
年(1746)樊榭山房刻本　二十四冊

210000－0750－0000096　集/0021－1
**昌黎先生集四十卷外集十卷遺集一卷集傳一
卷**　(唐)韓愈撰　(唐)李漢編　清同治八年
(1869)江蘇書局仿東雅堂本重刻本　十冊

210000－0750－0000097　集/0021－2
**昌黎先生集四十卷集傳一卷外集十卷遺集一卷
韓集點勘四卷**　(唐)韓愈撰　(唐)李漢編
(清)陳景雲撰　清同治八年至九年(1869－
1870)江蘇書局仿東雅堂本重刻本　十冊

210000－0750－0000098　集/0023
絕妙好詞箋七卷　(宋)周密原輯　(清)查為
仁箋　(清)厲鶚箋　**絕妙續鈔二卷**　(清)余
集鈔撮　清掃葉山房刻本　四冊

210000－0750－0000099　史/0040
水經注四十卷首一卷　(北魏)酈道元撰　王
先謙校　**附錄二卷**　(清)趙一清撰　清光緒
十八年(1892)長沙王氏思賢講舍刻本　十四
冊　存三十八卷(一至四、十至四十,首一卷,
附錄二卷)

210000－0750－0000100　史/0040
水經注四十卷　(北魏)酈道元撰　清刻本
十二冊

210000－0750－0000101　經/0006
**重刊宋本十三經註疏附校勘記八百三十二卷
識語四卷**　(清)阮元撰　清光緒十三年
(1887)上海脈望僊館石印本　三十二冊　缺
一百卷(毛詩註疏二十一至七十、校勘記二十
一至七十)

210000－0750－0000102　史/0074
竹書紀年統箋十二卷附雜述一卷前編一卷
(清)徐文靖撰　清光緒三年(1877)浙江書局
刻本　三冊　存十一卷(一至七、十一至十
二,雜述一卷,前編一卷)

210000－0750－0000103　經/0024
書經體註大全合參六卷　(清)錢希祥纂輯
清光緒六年(1880)掃葉山房刻本　四冊

210000－0750－0000104　子/0046
陽明先生論學書五種附年譜二卷　(明)王守

仁撰　清刻本　十二冊　存十三卷（傳習錄二、論學書三至五、南贛書六至八、平濠書九至十一、思田書十二至十三、年譜下）

210000－0750－0000105　經/0018

說文通檢十四卷首一卷末一卷　（清）黎永椿編　清光緒二年（1876）崇文書局刻本　三冊

210000－0750－0000106　子/0004

子書二十二種　（清）浙江書局輯　清光緒二十三年（1897）上海圖書集成局鉛印本　十冊　存六種七十四卷（老子道德經二卷、韓非子十卷、列子八卷、管子二十四卷、荀子二十卷、莊子十卷）

210000－0750－0000107　叢/0007

朱子遺書　（宋）朱熹撰　清刻本　二十三冊　存十五種九十七卷（近思錄七至十四，延平李先生師弟子答問一卷、後錄一卷、雜學辨一卷、附錄一卷，中庸輯畧二卷，論語或問二十卷，孟子或問十四卷，伊雒淵源錄十四卷，上蔡先生語錄三卷，國朝諸老先生論語精義十卷，孟子精義十四卷，易學啟蒙四卷，時序辨一卷，朱子陰符經考異一卷，朱子周易參同契考異一卷，孝經刊誤一卷）

210000－0750－0000108　經/0011

詩毛氏傳疏三十卷　（清）陳奐撰　清道光二十七年（1847）掃葉山莊刻本　十二冊

210000－0750－0000109　子/0007

御刻三希堂石渠寶笈法帖釋文十六卷　（清）梁詩正等編　（清）陳焯釋文　清末石印本　四冊　存九卷（一至二、九至十五）

210000－0750－0000110　集/0079

陶淵明詩集十卷　（晉）陶潛撰　清刻本　一冊　存四卷（四至七）

210000－0750－0000111　經/0007

重刊宋本十三經註疏附校勘記八百三十二卷　（清）阮元撰　清嘉慶二十年（1815）南昌府學刻本　一百十七冊　存十二種六百九十六卷（附釋音春秋左傳注疏六十卷、附校勘記六十卷，儀禮注疏五十卷、附校勘記五十卷，附

釋音尚書注疏二十卷、附校勘記二十卷，爾雅注疏十卷、附校勘記十卷，附釋音毛詩注疏一至十二卷、附校勘記一至十二，孝經注疏九卷、附校勘記九卷，監本附音春秋穀梁傳注疏二十卷、附校勘記二十卷，論語注疏解經二十卷、附校勘記二十卷，附釋音周禮注疏四十二卷、附校勘記四十二卷，附釋音禮記注疏六十三卷、附校勘記六十三卷，監本附音春秋公羊注疏二十八卷、附校勘記二十八卷，孟子注疏解經十四卷、附校勘記十四卷）

210000－0750－0000112　經/0007

重刊宋本十三經註疏附校勘記八百三十二卷　（清）阮元撰　清嘉慶二十年（1815）南昌府學刻道光六年（1826）印本　四十冊　存五種二百二十四卷（附釋音春秋左傳注疏一至十三、十五至六十、附校勘記一至十三、十五至六十；周易兼義九卷、附音義一卷、注疏校勘刊記九卷、釋文校勘記一卷；論語注疏解經一至十五、附校勘記一至十五；附釋音周禮注疏一至十四、附校勘記一至十四；孟子注疏解經十四卷、附校勘記十四卷）

210000－0750－0000113　經/0007

重刊宋本十三經註疏附校勘記　（清）阮元撰　清嘉慶二十年（1815）南昌府學刻本　八十九冊　存六種三百八十四卷（附釋音毛詩注疏一至五、七至二十、附校勘記一至五、七至二十；孟子注疏解經三至十四、附校勘記三至十四；儀禮注疏五十卷、附校勘記五十卷；監本附音春秋穀梁傳注疏二十卷、附校勘記二十卷；附釋音禮記注疏六十三卷、附校勘記六十三卷；春秋公羊注疏二十八卷、附校勘記二十八卷）

210000－0750－0000114　集/0033

御選唐宋詩醇四十七卷目錄二卷　（清）弘晝（清）梁詩正等編　清光緒七年（1881）浙江書局刻本　十五冊　存三十四卷（一至八、二十四至四十七，目錄二卷）

210000－0750－0000115　集/0007

西遊原旨二十四卷一百回　（明）吳承恩撰（清）劉一明解　清嘉慶二十四年（1819）刻本

二十四冊

210000－0750－0000116　集/0051

唐文粹補遺二十六卷　（清）郭麐撰　清光緒
十一年(1885)江蘇書局刻本　四冊

210000－0750－0000117　經/0015

四書味根錄三十七卷　（清）金澄撰　清同治
十三年(1874)三元堂刻本　十六冊

210000－0750－0000118　集/0045

唐文粹一百卷　（宋）姚鉉輯　清光緒十年
(1884)江蘇書局刻本　八冊　存五十三卷
（十八至七十）

210000－0750－0000119　集/0032

御選唐宋文醇五十八卷　（清）高宗弘曆選
（清）允祿等輯　清光緒三年(1877)浙江書局
刻本　二十一冊　存五十一卷（一至五、八至
二十一、二十四至四十一、四十五至五十八）

210000－0750－0000120　集/0076

小倉山房詩集三十一卷補遺一卷附錄一卷
（清）袁枚撰　清刻本　四冊

210000－0750－0000121　經/0058

董子春秋繁露十七卷附錄一卷　（漢）董仲舒
撰　清光緒二年(1876)浙江書局刻二十二子
本　二冊

210000－0750－0000122　集/0088

東周列國全志二十三卷一百八回　（清）蔡元
放評　清刻本　二十三冊

210000－0750－0000123　集/0002

船山詩草二十卷　（清）張問陶撰　清宣統二
年(1910)掃葉山房石印本　六冊

210000－0750－0000124　子/0027

學算筆談十二卷　（清）華蘅芳撰　清光緒二
十二年(1896)上海文海書局石印本　三冊

210000－0750－0000125　經/0002

說文通訓定聲十八卷附錄十八卷分部東韻一
卷說雅一卷古今韻非一卷行述一卷　（清）朱
駿聲撰　清道光二十九年(1849)臨嘯閣刻同
治九年(1870)補刻本　二十四冊

210000－0750－0000126　集/0024

分韻試帖青雲集合註四卷　（清）楊逢春等輯
（清）沈品華等注　清光緒二十一年(1895)
有益堂刻本　四冊

210000－0750－0000127　子/0049

五種遺規　（清）陳弘謀輯　清宣統三年
(1911)鉛印本　五冊　存五種十七卷（從政
遺規二卷，在官法戒錄四卷，訓俗遺規四卷、
補編一卷，養正遺規三卷，教女遺規三卷）

210000－0750－0000128　史/0049

歷代名臣言行錄二十四卷　（清）朱桓輯　清
光緒二十四年(1898)掃葉山房石印本　八冊

210000－0750－0000129　史/0011

月令粹編二十四卷圖說一卷　（清）秦嘉謨撰
清嘉慶十七年(1812)秦氏琳琅仙館刻本
七冊　存二十三卷（一至二十二、圖說一卷）

210000－0750－0000130　子/0033

數學上編十三卷答數一卷附卷二卷　（清）曹
汝英撰　清光緒三十年(1904)刻本　四冊
存十四卷（數學上編十三卷、答數一卷）

210000－0750－0000131　史/0053

欽定大清會典一百卷　（清）昆岡等纂修　清
光緒二十五年(1899)上海書局石印本　六冊

210000－0750－0000132　經/0041

圖畫四書白話解二十卷　（清）施崇恩撰　清
光緒上海彪蒙書室石印本　五冊　存十卷
（一至十）

210000－0750－0000133　經/0041

圖畫四書白話解二十卷　（清）施崇恩撰　清
光緒上海彪蒙書室石印本　四冊　存八卷
（一至六、九至十）

210000－0750－0000134　經/0041

圖畫四書白話解二十卷　（清）施崇恩撰　清
光緒上海彪蒙書室石印本　四冊　存八卷
（一至六、九至十）

210000－0750－0000135　經/0041

圖畫四書白話解二十卷　（清）施崇恩撰　清

光緒上海彪蒙書室石印本　三冊　存六卷
（一至六）

210000－0750－0000136　　經/0041

圖畫四書白話解二十卷　（清）施崇恩撰　清
光緒上海彪蒙書室石印本　一冊　存二卷
（一至二）

210000－0750－0000137　　集/0037

林和靖詩集四卷拾遺一卷酬唱題詠附錄一卷
諸家詩話一卷　（宋）林逋撰　清同治十二年
（1873）長淵朱氏抱經堂刻本　四冊

210000－0750－0000138　　集/0069

柳河東文集六卷　（唐）柳宗元撰　清宣統二
年（1910）上海會文堂石印本　六冊

210000－0750－0000139　　集/0070

涵芬樓古今文鈔一百卷　（清）吳曾祺輯　清
宣統上海商務印書館鉛印本　九十九冊　存
九十九卷（一至六十五、六十七至一百）

210000－0750－0000140　　集/0070

涵芬樓古今文鈔一百卷　（清）吳曾祺輯　清
宣統上海商務印書館鉛印本　七十六冊　存
七十六卷（一、三至五、七至十、十一至二十
二、二十五至四十四、四十七、四十九、五十一
至六十一、六十四、六十七、七十三至七十五、
八十一至八十五、八十八至一百）

210000－0750－0000141　　史/0043

教育叢書三集十一種　羅振玉輯　清光緒二
十九年（1903）世界教育社刻本　五冊　存四
種(一至二、五至六)

210000－0750－0000142　　史/0043

教育叢書初集十一種　清刻本　八冊　存十
種(一至三、四至六、八至十一)

210000－0750－0000143　　史/0054

教育世界六十八卷　羅振玉輯　清光緒二十
七年至二十九年（1901－1903）教育世界出版
社石印本　六冊　存三十四卷（一至四、十九
至四十二、五十七至六十二)

210000－0750－0000144　　史/0043

教育叢書二集十五種　羅振玉輯　清光緒二
十八年（1902）世界教育社刻本　八冊　存十
種(一至六、八至十一)

210000－0750－0000145　　史/0008

歷代鐘鼎彝器款識二十卷　（宋）薛尚功撰
清嘉慶二年（1797）阮氏刻本　一冊　存五卷
（十六至二十）

210000－0750－0000146　　叢/0009

富強齋叢書　（清）富強齋主人編　清光緒石
印本　四十八冊　存四十四種二百五十六卷
（器象顯真四卷附圖,重學二十卷,化學鑑原
三卷,聲學八卷,光學二卷,視學諸器圖說一
卷,談天十八卷附表,測候叢談四卷,地學淺
釋三十八卷,列國歲計政要十二卷,萬國總說
三卷,俄史輯譯四卷附中俄交界圖,東方交涉
記十二卷,南北花旗戰紀十八卷,各國交涉公
法論初集四卷,各國交涉公法論二集四卷,各
國交涉公法論三集八卷,各國交涉公法論校
勘記一卷,英國水師律例四卷,開煤要法十二
卷,井礦工程三卷,銀礦指南一卷,冶金錄三
卷,汽機必以十二卷,附一卷,汽機新制八卷,
造管之法一卷,回熱爐法一卷,熔金類罐一
卷,造硫強水法一卷,色相留真一卷,水衣全
論一卷,坑礦致美一卷,製肥皂法二卷,製油
燭法二卷,電學鍍金四卷,電氣鍍鎳一卷,製
玻璃法二卷附資釉法藍,列國陸軍制九卷,臨
陣管見九卷,營城揭要二卷附圖,製火藥法三
卷,兵船礮法六卷,回特活德鋼礮一卷,鐵船
鍼向一卷)

210000－0750－0000147　　集/0077

小倉山房文集三十五卷　（清）袁枚撰　清鉛
印本　二冊　存十七卷（十九至三十五）

210000－0750－0000148　　子/0043

正蒙必讀十二卷　（清）鮑東里撰　清光緒三
魚書社石印本　六冊

210000－0750－0000149　　叢/0004

隨園三十八種　（清）袁枚撰　清光緒十八年
（1892）著易堂鉛印本　十冊　存五種六十八
卷(隨園八十壽言六卷,續同人集十四種十七

卷,隨園食單一卷,隨園隨筆十九至二十八,
新齊諧二十四卷、續十卷)

210000－0750－0000150　史/0069
廿二史劄記三十六卷　(清)趙翼撰　清光緒
二十六年(1900)愛蓮堂刻本　十二冊

210000－0750－0000151　史/0070
廿二史劄記三十六卷　(清)趙翼撰　清光緒
二十四年(1898)集益學社刻本　十四冊

210000－0750－0000152　集/0048
古文辭類纂七十四卷　(清)姚鼐輯　清光緒
三十年(1904)上海商務印書館鉛印本　八冊

210000－0750－0000153　子/0035
筆算數學詳草　(清)陶贊編　清光緒三十三
年(1907)上海文明書局刻本　一冊　存六章
(一至六)

210000－0750－0000154　子/0034
數學教科書詳草　(清)葉戀宣原編　(清)李
鋤演草　清光緒三十二年(1906)上海通社久
記石印本　二冊　存十一編(一至十一)

210000－0750－0000155　史/0058
東華續錄(乾隆朝)一百二十卷　王先謙等編
清刻本　二冊　存十一卷(五至十五)

210000－0750－0000156　子/0042
莊子集釋十卷　(清)郭慶藩輯　清刻本　四
冊　存五卷(一至二、八至十)

210000－0750－0000157　集/0073
和靖詩鈔一卷　(宋)林逋撰　徂徠詩鈔一卷
(宋)石介撰　清刻本　一冊

210000－0750－0000158　子/0038
海軍調度要言三卷圖一卷　(英)掔核甫撰
(清)舒高第　(清)鄭昌棪譯　清末鉛印本
一冊

210000－0750－0000159　集/0083
長生殿傳奇二卷　(清)洪昇撰　清刻本
六冊

210000－0750－0000160　集/0064
精訂綱鑑廿四史通俗衍義六卷四十四回

(清)呂撫撰　清光緒二十一年(1895)珍藝書
局鉛印本　一冊　存一卷(五)

210000－0750－0000161　子/0006
國朝畫徵錄三卷首一卷　(清)張庚撰　清三
元堂刻本　二冊

210000－0750－0000162　子/0029
商君書五卷附考一卷尸子二卷　(清)嚴萬里
校本　清光緒二十三年(1897)刻本　一冊

210000－0750－0000163　子/0028
山海經十八卷　(晉)郭璞傳　清光緒二十三
年(1897)文瑞樓鉛印本　一冊

210000－0750－0000164　集/0059
宋六十一家詞選十二卷　(清)馮煦輯　清光
緒十三年(1887)治城山館刻本　四冊

210000－0750－0000165　子/0026
補注黃帝內經素問二十四卷靈樞十二卷附素
問遺篇　(唐)王冰注　清光緒二十二年
(1896)圖書集成局鉛印本　六冊

210000－0750－0000166　史/0041
竹書紀年統箋十二卷前編一卷雜述一卷
(清)徐文靖撰　清光緒二十三年(1897)圖書
集成局鉛印本　二冊

210000－0750－0000167　史/0031
饗宮敬事錄續集四卷　(清)桂良輯　清光緒
九年(1883)刻本　四冊

210000－0750－0000168　子/0036
子史精華一百六十卷　(清)允祿　(清)吳襄
等纂　清宣統上海朝記書莊石印本　八冊

210000－0750－0000169　經/0014
說文解字義證五十卷　(清)桂馥撰　清同治
九年(1870)湖北崇文書局刻本　三十冊　存
四十六卷(一至二十六、二十九至三十六、三
十九至五十)

210000－0750－0000170　子/0010
困學紀聞註二十卷　(宋)王應麟撰　(清)翁
元圻注　清道光五年(1825)守福堂刻本　十
六冊

210000－0750－0000171　集/0036

曹集銓評十卷附錄一卷逸文一卷　（清）丁晏撰　魏陳思王年譜一卷　（清）丁晏編　清同治十一年(1872)金陵書局刻本　二冊

210000－0750－0000172　經/0036

說文解字三十卷　（清）段玉裁撰　清刻本　七冊　存十四卷(五至八、十七至二十、二十三至二十八)

210000－0750－0000173　史/0055

戰國策三十三卷札記三卷　（漢）高誘注　（清）黃丕烈撰　清光緒二十七年(1901)上海鴻寶齋石印本　五冊

210000－0750－0000174　史/0006

欽定滿洲源流考二十卷　（清）阿桂等撰　清刻本　八冊

210000－0750－0000175　集/0030

柳洲遺稿二卷　（清）魏之琇撰　清同治十一年(1872)錢塘丁氏刻本　一冊

210000－0750－0000176　集/0028

臨江鄉人詩四卷　（清）吳穎芳撰　清同治十年(1871)錢塘丁氏刻本　一冊

210000－0750－0000177　經/0046

說文解字句讀三十卷補正三十卷　（清）王筠撰　清刻本　十三冊　存二十四卷(三至二十三、二十六至二十七、三十)

210000－0750－0000178　集/0029

硯林詩集四卷　（清）丁敬撰　清同治十年(1871)錢塘丁氏刻本　一冊

210000－0750－0000179　經/0028

詩韻合璧五卷　（清）湯文潞輯　虛字韻藪一卷　（清）潘維城輯　清光緒十三年(1887)廣百宋齋刻本　五冊

210000－0750－0000180　經/0020

經義述聞三十二卷　（清）王引之撰　清光緒二十一年(1895)鴻文書局石印本　三冊　存二十一卷(一至七、十七至三十)

210000－0750－0000181　經/0030

詩經八卷　（宋）朱熹集傳　清光緒二十九年(1903)刻本　四冊

210000－0750－0000182　史/0066

高等小學讀本　丁福保編　清光緒三十二年(1906)上海文明書局鉛印本　三冊　存三編(一、三至四)

210000－0750－0000183　史/0056

古今史論大觀前編十五卷後編十七卷　（清）雷瑨輯　清光緒二十七年(1901)硯耕山莊石印本　七冊　存二十卷(前編一至七、十三至十五,後編一至二、五至十二)

210000－0750－0000184　集/0035

冬花庵爐餘藁三卷　（清）奚岡撰　樊榭山房集外詩三卷　（清）勵鄂撰　半岩盧遺詩二卷　（清）邵懿辰撰　清同治十一年(1872)錢塘丁氏刻本　二冊

210000－0750－0000185　經/0033

春秋名字解詁補義一卷　（清）俞樾撰　清光緒二十五年(1899)刻第一樓叢書本　一冊

210000－0750－0000186　叢/0006

高郵王氏四種　（清）王念孫　（清）王引之撰　清光緒二十一年(1895)上海鴻文書局石印本　六冊　存一種八卷(志一至三、五至九)

210000－0750－0000187　集/0066

虛受堂書札二卷　王先謙撰　清光緒三十三年(1907)長沙王氏刻王葵園四種本　二冊

210000－0750－0000188　經/0016

說文引經考證七卷說文引經互異說一卷　（清）陳琦撰　清同治十三年(1874)湖北崇文書局刻本　二冊

210000－0750－0000189　經/0035

東萊博議四卷　（宋）呂祖謙撰　增補虛字注釋一卷　（清）馮泰松撰　清光緒二十七年(1901)刻本　三冊

210000－0750－0000190　經/0038

增批輯註東萊博議四卷　（宋）呂祖謙撰　劉鍾英輯注　清宣統三年(1911)石印本　四冊

210000－0750－0000191　集/0072

杜工部集二十卷　（唐）杜甫撰　清刻本　四冊　存十卷（五至六、十三至二十）

210000－0750－0000192　經/0007

周易兼義九卷　（魏）王弼注　（晉）韓康伯注　（唐）孔穎達疏　**音義一卷**　（唐）陸德明音譯　**周易注疏校勘記九卷**　（清）阮元撰　（清）盧宣旬摘錄　**釋文校勘記一卷**　（清）阮元撰　（清）盧宣旬摘錄　清嘉慶二十年（1815）南昌府學刻道光六年（1826）印重刊宋本十三經注疏本　三冊　存十卷（一、四至七，附校勘記一、四至七）

210000－0750－0000193　經/0017

字類標韻六卷　（清）華綱撰　清光緒元年（1875）肆江王氏刻本　二冊

210000－0750－0000194　史/0004

綱鑑易知錄九十二卷　（清）吳乘權等輯　清學庫山房藏板刻本　十九冊　存三十五卷（一至二、六至八、十二至十九、三十五至三十七、四十至四十五、四十九至六十一）

210000－0750－0000195　經/0025

說文解字注匡謬八卷　（清）徐承慶撰　清光緒歸安姚氏咫進齋刻本　四冊

210000－0750－0000196　經/0037

左傳易讀六卷　（清）司徒修選訂　清光緒善成堂刻本　四冊　存四卷（一至三、六）

210000－0750－0000197　集/0018

駢體文鈔三十一卷　（清）李兆洛輯　清道光合河康氏刻同治六年（1867）婁江徐氏補刻光緒三十四年（1908）蘇州振新書社印本　八冊

210000－0750－0000198　集/0078

文心雕龍十卷　（南朝梁）劉勰撰　清刻本　二冊

210000－0750－0000199　子/0032

御纂醫宗金鑑六十卷首一卷續編十四卷首一卷外科金鑑十六卷首一卷　（清）吳謙等撰　清刻本　二十九冊　存五十八卷（一至二十、二十二至四十三、四十九至六十，首一卷；續

編一至二、首一卷）

210000－0750－0000200　史/0057

史姓韻編二十四卷　（清）汪輝祖輯　清光緒二十九年（1903）上海文瀾書局石印本　七冊　存二十一卷（一至三、七至二十四）

210000－0750－0000201　集/0005

曝書亭集二十三卷　（清）朱彝尊撰　（清）孫銀槎輯注　清嘉慶五年（1800）三有堂刻本　八冊

210000－0750－0000202　史/0075

宋元學案一百卷首一卷攷畧一卷　（清）黃百家纂輯　清光緒五年（1879）上海文瑞樓石印本　十九冊　存五十九卷（一至二十五、四十一至四十五、七十四至一百，首一卷，攷畧一卷）

210000－0750－0000203　叢/0012

隨園三十種　（清）袁枚撰　清刻隨園三十種本　六十二冊　存三十種一百九十六卷（小倉山房外集八卷、隨園詩話十二卷、隨園補遺十卷、續新齊諧十卷、碧腴齋詩存八卷、筱雲詩集二卷、過雲精舍詞二卷、南園詩選二卷、素文女子遺稿一卷、飲水詞鈔二卷、箏船詞一卷、碧梧山館詞二卷、捧月樓詞二卷、綠秋草堂詞一卷、玉山堂詞一卷、崇睦山房詞一卷、盈書閣遺稿一卷、繡餘吟稿一卷、女弟子詩選六卷、湄君詩集二卷、八十壽言六卷、小倉山房尺牘十卷、牘外餘言一卷、紅豆村人詩稿十四卷、小倉山房詩集四至三十七、小倉山房詩集續補二卷、小倉山房文集三十五卷、續同人集十七卷、袁太史時文一卷、隨園食單一卷）

210000－0750－0000204　叢/0012

隨園三十種　（清）袁枚撰　清刻隨園三十種本　十五冊　存二種五十二卷（新齊諧二十四卷、隨筆二十八卷）

210000－0750－0000205　集/0015

唐詩三百首註疏六卷　（清）孫洙編　（清）章燮注　清咸豐十年（1860）三元堂刻本　六冊

210000－0750－0000206　史/0010

讀史方輿紀要一百三十卷輿圖要覽四卷
(清)顧祖禹撰　清嘉慶十六年(1811)敷文閣
刻本　六十二冊　存一百三十三卷(一至九
十一、九十三至一百三十,輿圖要覽四卷)

210000－0750－0000207　史/0019
文選六十卷　(南朝梁)蕭統輯　(唐)李善等
注　清同治八年(1869)金陵書局刻本　十冊

210000－0750－0000208　史/0028
皇朝通典一百卷　(清)嵇璜等撰　清光緒浙
江書局刻本　四十冊

210000－0750－0000209　史/0010
讀史方輿紀要一百三十卷輿圖要覽四卷
(清)顧祖禹撰　清嘉慶十七年(1812)敷文閣
刻光緒五年(1879)蜀南薛氏桐華書屋補刻本
六十冊

210000－0750－0000210　經/0047
十三經集字分畫便查不分卷　(清)彭玉雯輯
清刻本　八冊

210000－0750－0000211　經/0013
說文釋例二十卷　(清)王筠撰　清同治四年
(1865)刻本　十冊

210000－0750－0000212　經/0027
說文釋例二十卷附補正二十卷　(清)王筠撰
清光緒九年(1883)成都御風樓刻本　二
十冊

210000－0750－0000213　【善】史/0010
[乾隆]盛京通志四十八卷圖一卷　(清)呂耀
曾等修　(清)魏樞等纂　清乾隆元年(1736)
刻咸豐二年(1852)雷以誠校補印本　十八冊
存四十二卷(一至二十二、二十六至三十
三、三十七至四十八)

210000－0750－0000214　【善】史/0011
[乾隆]盛京通志四十八卷圖一卷　(清)呂耀
曾等修　(清)魏樞等纂　清乾隆元年(1736)
刻咸豐二年(1852)雷以誠校補印本　十六冊
存二十九卷(一至四、十一至三十三、四十
五至四十六)

210000－0750－0000215　集/0009
皇朝經世文編一百二十卷總目二卷　(清)賀
長齡輯　清道光七年(1827)刻本　七十二冊
存一百十二卷(一至一百十、總目二卷)

210000－0750－0000216　子/0022
子史精華一百六十卷　(清)允祿　(清)吳襄
等纂　清光緒十三年(1887)上海積山書局石
印本　十冊

210000－0750－0000217　集/0058
袁文箋正十六卷補注一卷　(清)袁枚撰
(清)石韞玉箋正　清光緒十二年(1886)步月
山房刻本　八冊

210000－0750－0000218　集/0012
歐陽文公圭齋集十五卷首一卷附錄一卷
(元)歐陽玄撰　清道光十四年(1834)刻本
六冊

210000－0750－0000219　經/0032
四書章句集注十九卷　(宋)朱熹撰　清光緒
二十三年(1897)義善堂刻本　六冊

210000－0750－0000220　集/0011
欒城集四十八卷後集二十四卷　(宋)蘇轍撰
清道光十二年(1832)眉州蘇祠刻本　二十
二冊

210000－0750－0000221　子/0017
山海經十八卷　(晉)郭璞傳　(清)畢沅校正
古今本篇目考一卷　(清)畢沅撰　清光緒
三年(1877)浙江書局刻本　三冊

210000－0750－0000222　集/0067
湘綺樓全集三十卷　(清)王闓運撰　清光緒
三十三年(1907)長沙墨莊劉氏彙刻本　十二
冊　存二十二卷(文集八卷、詩集十四卷)

210000－0750－0000223　史/0045
繹史一百六十卷世系圖一卷年表一卷　(清)
馬驌撰　清光緒二十三年(1897)武林尚友齋
石印本　二十三冊

210000－0750－0000224　叢/0003
說文韻譜校五卷　(清)王筠撰　清光緒九年

（1883）歸安姚氏咫進齋刻本　四冊

210000－0750－0000225　經/0021

經典釋文三十卷　（唐）陸德明撰　**考證三十
卷**　（清）盧文弨撰　清同治八年（1869）湖北
崇文書局刻本　七冊　存二十六卷（五至三
十）

210000－0750－0000226　史/0030

皇朝通志一百二十六卷　（清）嵇璜等撰　清
光緒八年（1882）浙江書局刻九通本　三十八
冊　存一百二十一卷（一至十八、二十一至
三十二、三十六至一百二十六）

210000－0750－0000227　集/0043

詩比興箋四卷　（清）陳沆撰　清光緒九年
（1883）彭祖賢武昌刻本　二冊

210000－0750－0000228　史/0019

文獻通考三百四十八卷　（元）馬瑞臨撰　清
咸豐九年（1859）崇仁謝氏刻本　九十五冊
存二百八十二卷（四十至一百五十一、一百五
十四至二百四十五、二百五十至二百六十一、
二百六十五至二百七十二、二百八十七至三
百三、三百八至三百四十八）

210000－0750－0000229　集/0049

續古文辭類纂三十四卷　王先謙纂　清光緒
十年（1884）行素草堂刻本　八冊

210000－0750－0000230　子/0040

淮南子二十一卷　（漢）劉安撰　（漢）高誘注
清刻本　五冊　存十八卷（四至二十一）

210000－0750－0000231　集/0001

戴東原集十二卷　（清）戴震撰　清渭南嚴氏
刻本　三冊　存七卷（三至四、八至十二）

210000－0750－0000232　史/0043

明季稗史彙編十六種二十七卷　（清）留雲居
士輯　清光緒四年（1878）上海圖書集成印書
局鉛印本　六冊

210000－0750－0000233　【善】史/0014

南唐書十八卷　（宋）陸游撰　**附音釋一卷**
（元）戚光音釋　明末毛氏汲古閣刻本　四冊

210000－0750－0000234　集/0046

古文辭類纂七十四卷　（清）姚鼐輯　清光緒
十年（1884）行素草堂刻本　十二冊

210000－0750－0000235　經/0008

春秋綱目左傳句解六卷　（清）韓菼重訂　清
光緒三義堂刻本　六冊

210000－0750－0000236　叢/0005

羣書拾補　（清）盧文紹撰　清光緒十三年
（1887）上海蜚英館抱經堂石印本　七冊

210000－0750－0000237　集/0044

王臨川全集一百卷目錄二卷　（宋）王安石撰
清光緒九年（1883）刻本　十六冊

210000－0750－0000238　叢/0013

曾文正公全集　（清）曾國藩撰　（清）李瀚年
編　清同治、光緒間傳忠書局刻本　四十二
冊　存五十八卷（曾文正公奏稿二至七、十、
十三至十五、十八至二十二，曾文正公詩集四
卷，文集二卷，曾文正公書札八至十三、十六
至十七、二十四至二十五、二十八至三十、三
十三，曾文正公批牘六卷，曾文正公年譜十二
卷，孟子要略五卷）

210000－0750－0000239　史/0064

海國圖志一百卷　（清）魏源撰　清刻本　二
十九冊　存八十二卷（十六至八十四、八十
八至一百）

210000－0750－0000240　集/0016

胡文忠公遺集八十六卷首一卷　（清）胡林翼
撰　（清）曾國荃輯　清同治六年（1867）刻本
三十二冊

210000－0750－0000241　集/0016

胡文忠公遺集八十六卷首一卷　（清）胡林翼
撰　（清）曾國荃輯　清同治六年（1867）刻本
十八冊　存六十八卷（一至四十二、四十六
至六十二、七十一至七十六、八十四至八十
六）

210000－0750－0000242　史/0023

吾學錄初編二十四卷　（清）吳榮光撰　清同
治九年（1870）江蘇書局刻本　六冊

210000－0750－0000243　　子/0008

趙註孫子四卷　　（明）趙本學注　清光緒北洋陸軍學堂印書局鉛印本　四冊

210000－0750－0000244　　【善】子/0012

御定駢字類編二百四十卷　　（清）沈宗敬等輯　清雍正六年(1728)內府刻本　九十冊　存一百八十卷(六十一至二百四十)

210000－0750－0000245　　子/0003

御定駢字類編二百四十卷　　（清）沈宗敬等輯　清刻本　七十八冊　存一百五十六卷(一至六十、六十三至六十六、六十九至七十四、七十七至八十、八十七至八十八、一百七至一百八、一百四十一至一百七十四、一百七十七至一百八十、二百一至二百四十)

210000－0750－0000246　　史/0024

校刊史記集解索隱正義札記五卷　　（清）張文虎撰　清同治十一年(1872)金陵書局刻本　二冊

210000－0750－0000247　　子/0023

龍文鞭影二集二卷　　（明）蕭良有撰　（清）李暉吉　（清）徐瓚輯　清光緒三年(1877)掃葉山房刻本　二冊

210000－0750－0000248　　集/0003

讀杜心解六卷首二卷　　（清）浦起龍撰　清乾隆靜寄東軒刻本　十二冊

210000－0750－0000249　　集/0047

國朝駢體正宗評本十二卷補編一卷　　（清）曾燠輯　（清）姚燮　（清）張壽榮評注　清光緒十年(1884)張氏花雨樓刻套印本　八冊

210000－0750－0000250　　史/0025

鳴原堂論文二卷　　（清）曾國藩撰　清同治十二年(1873)勵志齋刻本　二冊

210000－0750－0000251　　史/0016

欽定中樞政考七十二卷　　（清）明亮　（清）納蘇泰等纂修　清道光五年(1825)兵部刻本　三十六冊

210000－0750－0000252　　集/0041

古文釋義新編八卷　　（清）余誠評注　清光緒六年(1880)刻本　四冊

210000－0750－0000253　　集/0062

唐人萬首絕句選七卷　　（宋）洪邁輯　（清）王士禎選　清光緒二十三年(1897)金陵書局刻本　二冊

210000－0750－0000254　　經/0051

爾雅註疏十一卷　　（晉）郭璞注　（宋）邢昺疏　清青云樓刻本　四冊

210000－0750－0000255　　集/0020

昌黎先生集四十卷外集十卷集傳一卷　　（唐）韓愈撰　（唐）李漢輯　清宣統三年(1911)石印本　八冊　存四十五卷(昌黎先生集一至三十九、外集一至五、集傳一卷)

210000－0750－0000256　　【善】子/0015

孔氏家語十卷　　（三國魏）王肅注　清乾隆四十六年(1781)書業堂刻本　二冊

210000－0750－0000257　　集/0085

文選六十卷　　（南北朝）蕭統輯　考異十卷（清）胡克家撰　清刻本　十八冊　存三十八卷(八至十一、十八至二十五、二十八至三十一、三十四至三十五、三十八至四十七、五十四至六十,考異八至十)

210000－0750－0000258　　集/0039

經史百家雜鈔二十六卷　　（清）曾國藩輯　（清）李鴻章校　清光緒二年(1876)傳忠書局刻本　十六冊　存十八卷(一至五、八至十七、十九、二十三至二十四)

210000－0750－0000259　　集/0040

經史百家簡編二卷　　（清）曾國藩輯　清同治十三年(1874)傳忠書局刻本　二冊

210000－0750－0000260　　子/0031

二十四史九通政典類要合編三百二十卷　　（清）黃書霖輯　清光緒二十八年(1902)約雅堂石印本　六十冊

210000－0750－0000261　　集/0014

杜詩鏡銓二十卷附錄一卷　　（清）楊倫撰　讀

書堂杜工部文集註解二卷　（清）張潽評註
清光緒十八年(1892)刻本　六冊

210000－0750－0000262　叢/0004
隨園三十八種　（清）袁枚撰輯　清光緒十八年(1892)著易堂鉛印本　二十六冊　存二十二種一百六十一卷(小倉山房文集三十五卷，小倉山房外集八卷，隨園詩話六至十六，南園詩選二卷，袁家三妹合稿四卷，碧腴齋詩存八卷，筱雲詩集二卷，湄君詩選二卷，欽水詞鈔二卷，捧月樓詞二卷，碧梧山館詞二卷，綠秋草堂詞一卷，玉山堂詞一卷，瑤華閣詩草一卷、詞鈔一卷、補遺一卷，隨園瑣記二卷，談瀛錄一卷，閩南雜詠一卷，隨園女弟子詩選六卷，隨園隨筆一至十八，小倉山房尺牘十卷，牘外餘言一卷，小倉山房詩集三十七卷、補遺二卷)

210000－0750－0000263　集/0013
杜詩鏡銓二十卷杜工部文集註解二卷　（清）楊倫撰　清咸豐四年(1854)著易堂影印本　六冊　存十六卷(一至四、十一至二十、杜工部文集註解二卷)

210000－0750－0000264　集/0013
杜詩鏡銓二十卷杜工部文集註解二卷　（清）楊倫撰　清咸豐四年(1854)著易堂影印本　四冊　存十三卷(二至八、十二至十四、十八至二十)

210000－0750－0000265　史/0047
漢書評林一百卷　（明）凌稚隆輯　清光緒二十七年(1901)上海天章書局石印本　五冊　存三十三卷(一至三十三)

210000－0750－0000266　史/0017
史通削繁四卷　（唐）劉知幾撰　（清）浦起龍注　（清）紀昀刪並評　（清）吳蘭修再刪　清道光十三年(1833)廬坤兩廣節署刻套印本四冊

210000－0750－0000267　集/0075
紅豆村人詩稿十四卷　（清）袁樹撰　清光緒三十四年(1908)上海集成圖書公司重印本一冊　存七卷(一至七)

210000－0750－0000268　叢/0011
隨園三十六種　（清）袁枚撰輯　清上海集成圖書公司鉛印本　十七冊　存十五種九十二卷(小倉山房詩集一至六、十二至十七、二十四至二十七、三十一至三十七，補遺二卷；隨園詩話一至四、補遺六至十；續同人集十三卷；紅豆村人詩稿八至十四；樓居小草一卷；瑤華閣詩草一卷、詞鈔一卷、補遺一卷；南園詩選二卷；碧腴齋詩存八卷；筱雲詩集二卷；欽水詞鈔二卷；箏船詞一卷；捧月樓詞二卷；隨園女弟子詩選六卷；小倉山房尺牘十卷；牘外餘言一卷)

210000－0750－0000269　子/0003
新增說文韻府羣玉二十卷　（元）陰時夫輯（元）陰中夫註　清刻本　二十冊

210000－0750－0000270　集/0034
杜詩鏡銓二十卷附錄一卷讀書堂杜工部文集註解二卷　（清）楊倫撰　（清）張潽評註　清同治十一年(1872)刻本　六冊

210000－0750－0000271　子/0039
宋稗類鈔三十六卷　（清）潘永因輯　清宣統三年(1911)石印本　九冊　存二十七卷(一至十八、二十五至三十三)

210000－0750－0000272　集/0042
靖節先生十卷諸本評陶彙集一卷年譜考異二卷　（晉）陶潛撰　（清）陶澍集注　清光緒九年(1883)江蘇書局鉛印本　四冊

210000－0750－0000273　經/0054
詩經喈鳳詳解八卷圖說一卷　（清）陳抒考撰（清）汪基增訂　清掃葉山房刻本　八冊

210000－0750－0000274　集/0091
古文觀止十二卷　（清）吳乘權　（清）吳大職輯並評　清刻本　六冊

210000－0750－0000275　子/0015
論衡三十卷　（漢）王充撰　清光緒元年(1875)湖北崇文書局刻本　六冊

210000－0750－0000276　經/0039
御纂詩義折中二十卷　（清）傅恒等撰　清宣

統三年(1911)上海章福記石印本　六冊

210000－0750－0000277　史/0013

天下郡國利病書一百二十卷　(清)顧炎武撰
清道光敷文閣刻本　四十九冊　存一百四
卷(一至一百四)

210000－0750－0000278　集/0065

皇朝經世文三編八十卷　(清)陳忠倚輯　清
光緒二十八年(1902)龍文書局石印本　十
六冊

210000－0750－0000279　子/0001

醫宗必讀十卷　(明)李中梓撰　清刻本　六
冊　存五卷(一至五)

210000－0750－0000280　集/0056

皇朝經世文編一百二十卷　(清)賀長齡輯
清光緒十三年(1887)上海點石齋石印本　十
二冊

210000－0750－0000281　集/0060

唐五代詞選三卷　(清)成肇麐輯　清光緒十
三年(1887)刻本　一冊

210000－0750－0000282　子/0044

醫方集解□□卷　(清)汪昂撰　清令德堂刻
本　五冊　存十卷(增訂本草備要五卷、醫方
集解五卷)

210000－0750－0000283　經/0022

經籍纂詁一百六卷補遺一百六卷首一卷
(清)阮元撰　清嘉慶十七年(1812)阮氏刻光
緒六年(1880)淮南書局補刻本　三十八冊
存七十七卷(經籍纂詁一至四十、四十四至四
十六、五十四至五十六、六十三至六十六、七
十一至七十七、八十四至九十二、九十五至九
十七、九十九至一百六)

210000－0750－0000284　叢/0002

第一樓叢書九種三十卷　(清)俞樾撰　清同
治十年(1871)刻本　八冊　存九種二十七卷
(易貫五卷、玩易篇一卷、論語小言一卷、古書
疑義舉例一至三、兒笘錄四卷、讀書餘錄二
卷、詁經精舍自課文二卷、讀書餘錄二卷、湖
樓筆談七卷)

210000－0750－0000285　集/0081

飲冰室壬寅文集十八卷　(清)梁啓超撰　清
石印本　八冊　存八卷(三至四、六至七、十
至十一、十三、十五)

210000－0750－0000286　集/0025

絕妙好詞箋七卷　(宋)周密原輯　(清)查爲
仁箋　(清)厲鶚箋　續鈔一卷　(清)余集鈔
撮　清同治十一年(1872)會稽章氏刻本
四冊

210000－0750－0000287　經/0029

詩經八卷　(宋)朱熹集傳　清光緒十七年
(1891)江左書林昌記刻本　四冊

210000－0750－0000288　經/0023

書經體註六卷　(宋)朱熹集傳　清上海掃葉
山房刻本　四冊

210000－0750－0000289　史/0076

二十四史　清光緒十年(1884)上海同文書局
石印本　二百八十五冊　存十六種一千五百
九十五卷(梁書五十六卷;南齊書一至十三、
二十至五十九;北齊書五十卷;陳書一至四、
十一至三十六;周書一至二十八、三十九至五
十;後漢書一百二十卷;隋書八十五卷;南史
一至二十五、三十至八十;舊五代史十八至五
十五、七十五至一百五十;舊唐書二百卷,附
考證十一至十二、二十一至二十七、六十九至
七十三、八十六至一百三十五、一百四十一至
二百;宋書一百卷;唐書二百二十五卷;金史
一百三十五卷;魏書一至七十九、八十七至一
百十四;晉書一至三十;五代史一至二十六、
五十一至七十四)

210000－0750－0000290　史/0076－12

唐書二百二十五卷釋音二十五卷　(宋)歐陽
修等撰　(宋)董衝釋音　清光緒十年(1884)
上海同文書局石印二十四史本　四十三冊
存一百九十八卷(二十八至二百二十五)

210000－0750－0000291　史/0078

二十四史　清光緒十四年(1888)上海蜚英館
石印本　三十七冊　存三種二百八十五卷
(後漢書一百二十卷、前漢書一百卷、三國志

六十五卷）

210000－0750－0000292　史/0078

二十四史　清光緒十四年（1888）上海蜚英館石印本　十三冊　存二種七十四卷（前漢書八至十五、三十一至四十、五十一至六十六、九十七至一百下，三國志吳志一至二、魏志一至三十、蜀志一至四）

210000－0750－0000293　史/0077

二十四史　清光緒十四年（1888）上海圖書集成印書局鉛印本　三百四十冊　存二十二種二千六百九十六卷（北史六至二十三、五十二至一百，金史一至三十二、四十二至八十四、九十五至一百三、一百十三至一百三十五，宋史一至二百二十一、二百二十六至四百九十六，宋書一百卷，南齊書一至三十五，五代史一至五十五，舊五代史八至九十九、一百二十七至一百五十，遼史一至三十、四十四至四十六、七十一至一百十六，舊唐書一至一百十四、一百二十五至一百八十六、一百九十六至二百，魏書一百十四卷，前漢書一至九十三、九十八至一百，後漢書一至十五、三十二至六十五、七十五至八十五、一百五至一百二十，隨書八十五卷，史記一百三十卷，唐書一至六十五、七十下至七十二上、七十三，明史三百三十二卷，南史八十卷，晉書一至一百二十三，元史八至二百十，北齊書五十卷，周書五十卷，梁書五十六卷）

210000－0750－0000294　史/0077－15

史記一百三十卷　（漢）司馬遷撰　（南朝宋）裴駰集解　（唐）司馬貞索隱　（唐）張守節正義　清鉛印二十四史本　三冊　存三十一卷

（五十七至七十、一百六至一百二十二）

210000－0750－0000295　經/0007

附釋音毛詩注疏七十卷　（漢）毛亨傳　（漢）鄭玄箋　（唐）孔穎達疏　（唐）陸德明音譯　**校勘記七十卷**　（清）阮元撰　（清）盧宣旬摘錄　清嘉慶二十年（1815）南昌府學刻重刊宋本十三經注疏本　二十一冊　存三十六卷（一至六、八至十六、十八至二十，附校勘記卷一至六、八至十六、十八至二十）

210000－0750－0000296　集/0092

宋六十名家詞　（明）毛晉輯　清光緒錢塘汪氏刻本　十九冊　存四十六種七十三卷（坦庵詞一卷，惜香樂府十卷，片玉詞二卷、補遺一卷，梅溪詞一卷，白石詞一卷，石林詞一卷，稼軒詞四卷，西樵語業一卷，竹屋癡語一卷，夢窗甲藁一卷、乙藁一卷、丙稿一卷、丁稿一卷、絕筆一卷、補遺一卷，近體樂府一卷，竹齋詩餘一卷，竹山詞一卷，書舟詞一卷，金谷遺音一卷，散花庵詞一卷，和清真詞一卷，知稼翁詞一卷，無住詞一卷，後山詞一卷，蒲江詞一卷，琴趣外篇六卷，後村別調一卷，蘆川詞一卷，歸愚詞一卷，龍洲詞一卷，初寮詞一卷，龍川詞一卷、補遺一卷，姑溪詞一卷，友古詞一卷，海野詞一卷，逃禪詞一卷，丹陽詞一卷，孏窟詞一卷，克齋詞一卷，芸窗詞一卷，烘堂詞一卷，竹坡詞三卷，聖求詞一卷，壽域詞一卷，審齋詞一卷，東浦詞一卷，空同詞一卷，介庵詞一卷，平齋詞一卷，文溪詞一卷）

210000－0750－0000297　集/0093

重訂古文釋義新編八卷　（清）余誠評注　清宣統三年（1911）上海書局鉛印本　八冊

鞍山師範學院圖書館古籍普查登記目録

全國古籍普查登記目録

國家圖書館出版社
National Library of China Publishing House

《鞍山師範學院圖書館古籍普查登記目録》
編委會

主　編：袁　睿

編　委：金莉麗　金　璇　周　荻　李青栖

《鞍山師範學院圖書館古籍普查登記目録》

前　言

　　書籍,不僅讓我們濡染翰墨生香的書卷之氣,也讓我們能够浸溉通古達今的智慧之風,古籍更是如此。走近古籍,便如同跟隨歷史老人的脚步,去領略過往的滄海桑田,輾轉變遷。

　　鞍山師範學院圖書館的古籍一直是館藏資源的重要組成部分,伴隨着圖書館的發展而日益豐富。鞍山師範學院圖書館始建於 1958 年,與學校同齡。其間因國家政策調整學校停辦,其發展有所停滯,1978 年學校重建後圖書館也迅速恢復并逐漸進入快速發展時期。

　　自 1978 年至今,圖書館的發展經歷了初期創建、快速發展和穩步提升幾個不同階段。作爲圖書館特色資源,古籍文獻一直在圖書館工作中受到重視。圖書館古籍藏書的最初來源主要爲僞滿時期一些學校或圖書館的遺留館藏。在此基礎上,我館進行采購,并接收了合并院校的部分藏書。爲了對古籍文獻加以妥善管理,2002 年,圖書館成立了特藏書庫,對古籍及其他一些珍貴文獻實行分庫單獨管理。目前特藏書庫共收藏以明清時期刻本爲主的綫裝古籍 3200 餘册,民國時期圖書 4600 餘册。古籍圖書內容主要以經學著作、史部典籍、諸子百家、詩文别集等爲主。

　　在遼寧省古籍保護中心的帶領下,圖書館加入了古籍文獻的保護行列,積極配合并參與省古籍保護中心組織的各項古籍工作。2012 年,依據遼寧省古籍保護中心要求,圖書館派專人對 1912 年以前的古籍進行普查登記,并按照省中心要求,完成了書目基本字段的著録,在規定時間內較好地完成了本館的古籍普查工作。爲了更好地管理和保護古籍藏書,圖書館還利用政府采購,定製了古籍書櫃和木製夾板等,對古籍藏書進行保護。

　　"惟殷先人,有册有典"。古代典籍作爲民族瑰寶,承載着中華民族的傳統文明,蘊含着中華民族的歷史記憶。每一部古籍都是一部帶著淡淡餘香的歷史,讓人心生敬畏。整理并保護好古籍,"讓書寫在古籍裏的文字活起來"是圖書館的責任,也是每一位有熾熱情懷的圖書館人的美好心願。用典籍來傳承智慧,用文明來守望未來,涓流成海,跬步而行,圖書館將在相互砥礪中,繼續携手前行!

鞍山師範學院圖書館

2020 年 5 月

210000－0753－0000001　9421001

淵鑑類函四百五十卷目錄四卷　（清）張英等撰輯　清刻本　一百三十二冊　存四百二十卷（一至一百六十六、一百六十八至一百八十七、二百一至二百六十一、二百七十八至四百五十）

210000－0753－0000002　7551002

皇清經解一千四百八卷　（清）阮元輯　清道光九年（1829）廣東學海堂刻咸豐十一年（1861）補刻本　三百六十冊

210000－0753－0000003　7311003

尚書註疏二十卷　（漢）孔安國傳　（唐）陸德明音義　（唐）孔穎達疏　明末刻本　八冊

210000－0753－0000004　7312004

毛詩註疏二十四卷　（漢）鄭玄箋　（唐）孔穎達疏　明末刻本　二十冊

210000－0753－0000005　9352005

潛夫論十卷　（漢）王符撰　清乾隆十九年（1754）刻本　四冊

210000－0753－0000006　9352006

揚子法言十三卷　（唐）李軌注　清光緒三年（1877）刻本　一冊

210000－0753－0000007　9352007

新纂門目五臣音註揚子法言十卷　（漢）揚雄撰　（唐）李軌　（唐）柳宗元等注　清嘉慶九年（1804）刻本　二冊

210000－0753－0000008　8531008

輟耕錄三十卷　（明）陶宗儀撰　明刻本　十二冊

210000－0753－0000009　9111009

新刻陶顧二會元類編蘇長公全集四十卷（宋）蘇軾撰　明刻本　三十冊

210000－0753－0000010　9111010

溫飛卿詩集七卷別集一卷集外詩一卷　（唐）溫庭筠撰　（明）曾益注　（清）顧予咸補注（清）顧嗣立續注　清康熙三十六年（1697）長洲顧嗣立秀野草堂刻本　四冊

210000－0753－0000011　9412011

呂氏春秋二十六卷附攷不分卷　（秦）呂不韋編　（漢）高誘注　（清）畢沅校　清光緒元年（1875）刻本　六冊

210000－0753－0000012　9352012

孔子集語十七卷　（清）孫星衍輯　清光緒三年（1877）刻本　四冊

210000－0753－0000013　7311013

尚書註疏十九卷　（漢）孔安國撰　（唐）陸德明音義　（唐）孔穎達疏　清同治刻本　八冊

210000－0753－0000014　9341014

荀子二十卷附校勘補遺一卷　（唐）楊倞注清光緒二年（1876）刻本　六冊

210000－0753－0000015　8541015

左傳紀事本末五十三卷　（清）高士奇撰　清光緒二十年（1894）刻本　十二冊

210000－0753－0000016　7211016

春秋公羊傳註疏二十八卷　（漢）何休撰（唐）陸德明音義　清同治十年（1871）刻本八冊

210000－0753－0000017　9321017

子書百家一百種　（清）湖北崇文書局輯　清光緒元年（1875）湖北崇文書局刻本　七十八冊　存六十八種三百七十一卷

210000－0753－0000018　9342018

荀子二十卷附校勘補遺一卷　（唐）楊倞注清嘉慶九年（1804）刻本　六冊

210000－0753－0000019　8551019

皇清經解續編二百九卷　王先謙輯　清光緒十三年（1887）石印本　三十二冊

210000－0753－0000020　9341020

列子二卷　（晉）張湛注　清光緒二年（1876）刻本　二冊

210000－0753－0000021　9341021

管子二十四卷　（唐）房玄齡注　清光緒二年（1876）刻本　六冊

210000－0753－0000022　7342022

說文解字十五篇三十卷 （漢）許慎撰 **六書**
音均表二卷汲古閣說文訂一卷 （清）段玉裁
撰 清同治十一年(1872)湖北崇文書局刻本
十八冊

210000－0753－0000023 7351023
說文解字十五篇三十卷 （漢）許慎撰 **六書**
音均表二卷汲古閣說文訂一卷 （清）段玉裁
撰 清同治十一年(1872)湖北崇文書局刻本
十四冊

210000－0753－0000024 7352024
說文解字注三十二卷 （清）段玉裁注 清同
治六年(1867)刻本 十六冊

210000－0753－0000025 9311025
孫子十家注十三卷 （宋）吉天保輯 **敘錄一**
卷 （清）畢以珣撰 **遺說一卷** （宋）鄭友賢
撰 清光緒三年(1877)刻本 六冊

210000－0753－0000026 9311026
晏子春秋七卷 （周）晏嬰撰 （清）孫星衍校
晏子春秋音義二卷 （清）孫星衍撰 **晏子**
春秋校勘二卷 （清）黃以周撰 清光緒元年
(1875)刻本 四冊

210000－0753－0000027 7211027
春秋公羊傳註疏二十八卷 （漢）何休注
（唐）徐彥疏 （唐）陸德明音義 明刻本
十冊

210000－0753－0000028 9412029
芥子園畫傳二集九卷 （清）王槩等輯 清光
緒二十八年(1902)刻本 四冊

210000－0753－0000029 9222033
李太白文集三十卷 （唐）李白撰 清刻本
四冊

210000－0753－0000030 9222036
元氏長慶集六十卷補遺六卷 （唐）元稹撰
明萬曆刻本 三冊

210000－0753－0000031 7221042
禮記體註四卷 （清）范紫登訂 清刻本
四冊

210000－0753－0000032 9151037
歐陽文忠公全集一百五十三卷附錄五卷
（宋）歐陽修撰 清乾隆五十七年(1792)刻本
二十二冊 存一百四十一卷(一至九十八、
一百八至一百十八、一百二十七至一百五十
八)

210000－0753－0000033 9352038
文中子箋釋十卷 （隋）王通撰 （宋）阮逸注
清嘉慶九年(1804)刻本 二冊

210000－0753－0000034 9352039
文中子中說十卷 （隋）王通撰 （宋）阮逸注
清光緒二年(1876)刻本 二冊

210000－0753－0000035 7222040
禮記二十卷 （漢）鄭玄注 清刻本 八冊

210000－0753－0000036 7251041
禮記註疏六十三卷 （漢）鄭玄注 （唐）陸德
明音義 （唐）孔穎達疏 明崇禎毛氏汲古閣
刻本 二十四冊

210000－0753－0000037 7232043
周禮注疏四十二卷 （漢）鄭玄注 （唐）陸德
明音義 （唐）賈公彥疏 明崇禎毛氏汲古閣
刻本 十六冊

210000－0753－0000038 7241045
儀禮注疏十七卷 （漢）鄭玄注 （唐）陸德明
音義 （唐）賈公彥疏 清刻本 五冊 存八
卷(一至八)

210000－0753－0000039 7241046
周禮注疏四十二卷 （漢）鄭玄注 （唐）陸德
明音義 （唐）賈公彥疏 清同治刻本 十
四冊

210000－0753－0000040 9342047
管子二十四卷 （唐）房玄齡注 （唐）劉績補
註 清嘉慶九年(1804)刻本 十冊

210000－0753－0000041 7212051
春秋穀梁傳註疏二十卷 （晉）范甯集解
（唐）陸德明音義 （唐）楊士勛疏 **孝經註疏**
九卷 （唐）玄宗李隆基註 （宋）邢昺校勘

清刻本　七冊　存二十九卷（春秋穀梁傳註疏二十卷、孝經注疏九卷）

210000－0753－0000042　7212050

春秋穀梁傳註疏二十卷孝經註疏九卷論語注疏二十卷　（晉）范甯集解　（唐）陸德明音義（唐）楊士勛疏　**孝經註疏九卷**　（唐）玄宗李隆基註　（宋）邢昺校勘　**論語注疏二十卷**（三國魏）何晏集解　（宋）邢昺疏　明刻本十冊

210000－0753－0000043　9222052

唐陸宣公集二十二卷增輯二卷　（唐）陸贄撰（清）耆英增輯　清道光二十七年（1847）刻本　八冊

210000－0753－0000044　9251053

古詩源十四卷　（清）沈德潛輯　清道光十三年（1833）刻本　四冊

210000－0753－0000045　9241054

感舊集十六卷　（清）王士禎輯　（清）盧見曾補傳　清乾隆十七年（1752）刻本　八冊

210000－0753－0000046　7222056

詩經八卷　（宋）朱熹集傳　清光緒十五年（1889）刻本　四冊

210000－0753－0000047　7222057

詩毛氏傳疏三十卷　（清）陳奐學撰　清刻本六冊　存十九卷（一至十九）

210000－0753－0000048　7222058

詩經喈鳳詳解八卷　（清）陳抒孝撰　（清）汪基增訂　清刻本　八冊

210000－0753－0000049　7252059

毛詩注疏三十卷　（漢）毛亨傳　（漢）鄭玄箋（唐）陸德明音義　（唐）孔穎達疏　**毛詩譜一卷**　（漢）鄭玄撰　清同治刻本　七冊　存十九卷（一至十九）

210000－0753－0000050　7252060

御纂詩義折中二十卷　（清）傅恒等撰　清道光十八年（1838）刻本　八冊

210000－0753－0000051　9161061

山谷詩集註二十卷　（宋）黃庭堅撰　（宋）任淵註　清光緒二十五年（1899）刻本　十冊

210000－0753－0000052　9161062

山谷詩集註二十卷　（宋）黃庭堅撰　（宋）任淵註　清光緒二十五年（1899）刻本　十冊

210000－0753－0000053　9162063

山谷外集詩註十七卷別集詩註二卷　（宋）黃庭堅撰　（宋）史容註　**別集詩註二卷**　（宋）黃庭堅撰　（宋）史季溫註　清刻本　十冊

210000－0753－0000054　9162064

山谷外集詩註十七卷別集詩註二卷　（宋）黃庭堅撰　（宋）史容註　**別集詩註二卷**　（宋）黃庭堅撰　（宋）史季溫註　清宣統刻本十冊

210000－0753－0000055　9311065

二程全書七種　（宋）程顥　（宋）程頤撰（宋）朱熹輯　清刻本　十六冊

210000－0753－0000056　9312066

王陽明先生全集二十二卷　（明）王守仁撰（清）俞嶙輯　清康熙十二年（1673）刻本　二十一冊

210000－0753－0000057　9341067

淮南子二十一卷　（漢）劉安撰　（漢）高誘注清嘉慶九年（1804）刻本　六冊

210000－0753－0000058　9341068

淮南子二十一卷　（漢）劉安撰　（漢）高誘注清光緒二年（1876）刻本　六冊

210000－0753－0000059　7231069

周易注疏十三卷　（三國魏）王弼注　（晉）韓康伯注　（唐）陸德明音義　（唐）孔穎達疏**略例一卷**　（漢）王弼撰　（唐）邢璹注（唐）陸德明音義　清同治十年（1871）武英殿刻本　五冊

210000－0753－0000060　7231070

周易兼義九卷　（三國魏）王弼注　（唐）孔穎達正義　**略例一卷**　（漢）王弼撰　（唐）邢璹注　清嘉慶三年（1798）金閶書業堂刻本

六冊

210000－0753－0000061　7242071

孟子注疏解經十四卷　（漢）趙岐注　（宋）孫
奭疏　明崇禎毛氏汲古閣刻本　六冊

210000－0753－0000062　7242072

孟子注疏十四卷　（漢）趙岐注　（宋）孫奭疏
並音義　清同治刻本　六冊

210000－0753－0000063　7242073

孟子七卷　（宋）朱熹集註　清刻本　三冊

210000－0753－0000064　7361074

爾雅註疏十一卷　（晉）郭璞註　（宋）邢昺疏
明崇禎毛氏汲古閣刻本　四冊

210000－0753－0000065　7362075

爾雅註疏十一卷　（晉）郭璞註　（唐）陸德明
音義　（宋）邢昺疏　清同治刻本　四冊

210000－0753－0000066　7361076

爾雅郭注義疏二十卷　（清）郝懿行撰　清光
緒十年(1884)刻本　八冊

210000－0753－0000067　7361077

爾雅三卷　（晉）郭璞注　（唐）陸德明音義
清同治七年(1868)刻本　三冊

210000－0753－0000068　7362078

論語注疏二十卷　（三國魏）何晏集解　（唐）
陸德明音義　（宋）邢昺疏　清同治十年
(1871)刻本　四冊

210000－0753－0000069　9411079

山海經十八卷　（晉）郭璞傳　（清）畢沅校正
清光緒三年(1877)刻本　三冊

210000－0753－0000070　9411080

山海經十八卷　（晉）郭璞傳　清刻本　四冊

210000－0753－0000071　8512084

欽定四庫全書附存目十卷　（清）胡虔輯　清
乾隆五十八年(1793)刻本　四冊

210000－0753－0000072　9152092

白香山詩長慶集二十卷後集十七卷別集一卷
補遺二卷　（唐）白居易撰　（清）汪立名編訂

清宣統三年(1911)刻本　十二冊

210000－0753－0000073　9361086

御纂朱子全書六十六卷　（宋）朱熹纂　（清）
李光地等纂　清康熙五十二年(1713)刻本
二十五冊

210000－0753－0000074　9332087

鶡冠子三卷　（宋）陸佃解　（明）王宇評
（明）汪明際　（明）朱養純參評　清嘉慶九年
(1804)刻本　二冊

210000－0753－0000075　9332088

沖虛至德眞經八卷　（晉）張湛注　清嘉慶九
年(1804)刻本　二冊

210000－0753－0000076　9242089

續古文苑二十卷　（清）孫星衍輯　清光緒十
一年(1885)刻本　八冊

210000－0753－0000077　9251091

玉臺新詠十卷　（南朝陳）徐陵撰　明刻本
二冊

210000－0753－0000078　9251094

五言詩十七卷七言詩歌行鈔十五卷　（清）王
士禛選　清同治五年(1866)刻本　八冊

210000－0753－0000079　9152093

白香山詩長慶集二十卷後集十七卷別集一卷
補遺二卷　（唐）白居易撰　（清）汪立名編訂
清刻本　十冊

210000－0753－0000080　8511095

竹書紀年統箋十二卷　（清）徐文靖撰　清光
緒三年(1877)刻本　四冊

210000－0753－0000081　7331097

春秋左傳註疏六十卷　（晉）杜預註　（唐）陸
德明音義　（唐）孔穎達疏　明末毛氏汲古閣
刻本　二十三冊

210000－0753－0000082　7332098

春秋左傳註疏六十卷　（晉）杜預註　（唐）陸
德明音義　（唐）孔穎達疏　清同治刻本　十
冊　存三十一卷(三十至六十)

210000－0753－0000083　8541099

評點春秋綱目左傳句解彙雋六卷　（清）韓菼
重訂　清文富堂刻本　四冊　存四卷(三至六)

210000－0753－0000084　7331100
欽定春秋傳說彙纂三十八卷首二卷　（清）王
掞等撰　清刻本　一冊　存一卷(十八)

210000－0753－0000085　9351101
韓非子二十卷　清嘉慶九年(1804)刻本
四冊

210000－0753－0000086　9351102
韓非子二十卷附識誤三卷　（清）顧廣圻識誤
清光緒元年(1875)刻本　六冊

210000－0753－0000087　9142103
壯悔堂文集十卷　（清）侯方域撰　（清）賈開
宗等評點　清刻本　六冊　存八卷(一至八)

210000－0753－0000088　9112104
陶淵明詩不分卷　（晉）陶潛撰　清光緒元年
(1875)刻本　一冊

210000－0753－0000089　9112105
箋註陶淵明集十卷　（晉）陶潛撰　清同治元
年(1862)刻本　四冊

210000－0753－0000090　9351106
莊子十卷　（晉）郭象注　（唐）陸德明音義
清光緒二年(1876)刻本　四冊

210000－0753－0000091　9342107
新書十卷　（漢）賈誼撰　（清）盧文弨校　清
光緒元年(1875)刻本　二冊

210000－0753－0000092　9342108
文子纘義十二卷　（宋）杜道堅撰　清光緒三
年(1877)刻本　二冊

210000－0753－0000093　9112109
靖節先生集十卷首一卷　（晉）陶潛撰　（清）
陶澍注　靖節先生年譜考異二卷　（清）陶澍
撰　清光緒九年(1883)刻本　四冊

210000－0753－0000094　9411110
補注黃帝內經素問二十四卷黃帝內經靈樞十
二卷附素問遺篇　（唐）王冰注　清光緒三年

(1877)刻本　十冊

210000－0753－0000095　8532111
史記一百三十卷　（漢）司馬遷撰　（南朝宋）
裴駰集解　（唐）司馬貞索隱　（唐）張守節正
義　清光緒十四年(1888)刻本　十六冊

210000－0753－0000096　8532112
史記一百三十卷　（漢）司馬遷撰　（南朝宋）
裴駰集解　（唐）司馬貞索隱　（唐）張守節正
義　清光緒十四年(1888)刻本　十六冊

210000－0753－0000097　8542113
前漢書一百二十卷　（漢）班固撰　（唐）顏師
古注　清光緒十四年(1888)刻本　二十冊

210000－0753－0000098　8542114
前漢書一百二十卷　（漢）班固撰　（唐）顏師
古注　清光緒十四年(1888)刻本　十四冊
存七十七卷(一至七十七)

210000－0753－0000099　8521115
後漢書一百三十卷　（南朝宋）范曄撰　（唐）
李賢註　（南朝梁）劉昭註補　清光緒十四年
(1888)刻本　十六冊

210000－0753－0000100　8521116
後漢書一百三十卷　（南朝宋）范曄撰　（唐）
李賢註　（南朝梁）劉昭註補　清光緒十四年
(1888)刻本　十二冊　存九十五卷(三十六
至一百三十)

210000－0753－0000101　8521117
欽定三國志六十五卷　（晉）陳壽撰　（南朝
宋）裴松之注　清光緒十四年(1888)刻本
八冊

210000－0753－0000102　9122118
震川大全集三十卷別集十卷補集八卷餘集八
卷　（明）歸有光撰　清刻本　十四冊

210000－0753－0000103　9231120
貫華堂選批唐才子詩甲集七言律八卷　（清）
金人瑞選批　（清）金雍注　清刻本　六冊

210000－0753－0000104　9352121
孔氏家語十卷附札記十卷　（三國魏）王肅注

孔子家語札記十卷　（清）劉世珩撰　清光
緒二十四年(1898)刻本　四冊

210000－0753－0000105　9232122
文心雕龍十卷　（南朝梁）劉勰撰　（清）黃叔
琳注　（清）紀昀評　清道光十三年(1833)刻
本　四冊

210000－0753－0000106　9251123
十種唐詩選十種十七卷　（清）王士禛輯　清
刻本　五冊　存十種十四卷

210000－0753－0000107　8531124
唐語林八卷校勘記一卷　（宋）王讜撰　（清）
錢熙祚校勘　清光緒十九年(1893)刻本
四冊

210000－0753－0000108　9142125
飲冰室文集十六卷補集二卷　梁啟超撰　清
光緒二十八年(1902)鉛印本　十七冊

210000－0753－0000109　9332126
墨子閒詁十五卷附錄一卷後語二卷　（清）孫
詒讓撰　清光緒二十一年(1895)鉛印本
八冊

210000－0753－0000110　9332127
墨子閒詁十五卷附錄一卷後語二卷　（清）孫
詒讓撰　清宣統二年(1910)刻本　六冊

210000－0753－0000111　9332128
墨子十五卷　（清）畢沅注　清光緒二年
(1876)刻本　四冊

210000－0753－0000112　9332129
南華真經十卷　（晉）郭象注　（唐）陸德明音
義　清嘉慶九年(1804)刻本　五冊

210000－0753－0000113　9332131
道德經評註二卷　（漢）河上公章句　（明）歸
有光批　（明）文震孟訂正　清嘉慶九年
(1804)刻本　一冊

210000－0753－0000114　9332132
老子道德經二卷經典釋文一卷　（晉）王弼注
（唐）陸德明音義　清光緒元年(1875)刻本
一冊

210000－0753－0000115　7511133
前漢書一百卷附考證　（漢）班固撰　（唐）顏
師古注　清武英殿刻本　三十冊　存七十三
卷(十七至三十八、四十四至四十七、五十六
至五十七、六十三至一百、考證九至十五)

210000－0753－0000116　7521134
後漢書一百二十卷　（南朝宋）范曄撰　（唐）
李賢註　（南朝梁）劉昭註補　清刻本　二十
四冊　存九十五卷(二十九至一百二十、考證
十六至十八)

210000－0753－0000117　7522135
前漢書一百二十卷　（漢）班固撰　（唐）顏師
古注　清同治十年(1871)成都書局刻本　三
十二冊

210000－0753－0000118　7532136
後漢書一百三十卷　（南朝宋）范曄撰　（唐）
李賢註　（南朝梁）劉昭註補　清同治十年
(1871)成都書局刻本　二十八冊

210000－0753－0000119　8431137
晉書一百三十卷音義三卷　（唐）房玄齡等撰
（唐）何超音義　清同治十年(1871)刻本
十九冊　存一百二十五卷(一至一百二十五)

210000－0753－0000120　8441139
晉書一百三十卷音義三卷附考證　（唐）房玄
齡等撰　（唐）何超音義　清同治八年(1869)
刻本　二十七冊　存一百三卷(一至二十五、
五十七至一百三十,音義三卷,考證一卷)

210000－0753－0000121　8511139
御撰明通鑑綱目六卷　（清）張廷玉等撰　清
光緒二十八年(1902)石印本　二冊

210000－0753－0000122　8511140
增評加批歷史綱鑑補三十九卷首一卷　（明）
袁黃　（明）王世貞編　清光緒二十八年
(1902)石印本　十四冊

210000－0753－0000123　8562141
隋書八十五卷附考證　（唐）魏徵等撰　清同
治八年(1869)刻本　二十二冊

210000－0753－0000124　8451142

魏書一百三十卷 （北齊）魏收撰　明崇禎毛氏汲古閣刻本　二十冊

210000－0753－0000125　8452143

魏書一百十四卷附考證 （北齊）魏收撰　清刻本　二十九冊　存九十九卷（十五、十六至十七、二十至一百十四、考證一卷）

210000－0753－0000126　8461144

陳書三十六卷附考證 （唐）姚思廉撰　清同治八年(1869)刻本　六冊

210000－0753－0000127　8462145

南史八十卷附考證 （唐）李延壽撰　清同治八年(1869)刻本　二十四冊

210000－0753－0000128　8361146

北史一百卷附考證 （唐）李延壽撰　清同治八年(1869)刻本　三十三冊

210000－0753－0000129　8262147

南齊書五十九卷附考證 （南朝梁）蕭子顯撰　清同治八年(1869)刻本　十冊

210000－0753－0000130　8262148

北齊書五十卷附考證 （隋）李百藥撰　清同治八年(1869)刻本　八冊

210000－0753－0000131　8352149

梁書五十六卷附考證 （唐）姚思廉撰　清同治八年(1869)刻本　十冊

210000－0753－0000132　8352150

五代史七十四卷附考證 （宋）歐陽修撰（宋）徐無黨注　清同治八年(1869)刻本　十冊

210000－0753－0000133　8111151

舊五代史一百五十卷附考證 （宋）薛居正等撰　清同治八年(1869)刻本　二十四冊

210000－0753－0000134　8121152

唐書二百五十卷釋音二十五卷附考證 （宋）歐陽修撰（宋）董衝釋音　清同治八年(1869)刻本　六十二冊

210000－0753－0000135　8132153

舊唐書二百卷附考證 （後晉）劉昫撰　清同治八年(1869)刻本　六十四冊

210000－0753－0000136　8152154

宋史紀事本末一百九卷 （明）馮琦撰（明）陳邦瞻增訂（明）張溥論正　清光緒二十四年(1898)刻本　二十冊

210000－0753－0000137　8161155

宋書一百卷附考證 （南朝梁）沈約撰　清同治八年(1869)刻本　二十八冊

210000－0753－0000138　8211156

宋史四百九十六卷 （元）脫脫等撰　清同治八年(1869)刻本　一百十七冊　存四百三十二卷（一至一百八十三、二百四至三百六十七、三百九十五至四百七十九）

210000－0753－0000139　8252157

遼史一百十五卷語解十卷附考證 （元）脫脫等撰　清同治八年(1869)刻本　二十冊

210000－0753－0000140　8261158

水經注四十卷補遺一卷附錄二卷 （北魏）酈道元撰（清）全祖望校　清光緒十四年(1888)刻本　八冊　存四十二卷(水經注四十卷、補遺一卷、附錄上)

210000－0753－0000141　8261159

水經注四十卷首一卷（北魏）酈道元撰 **附錄二卷**　清光緒二十三年(1897)刻本　十六冊

210000－0753－0000142　9141160

小倉山房詩集三十七卷補遺二卷 （清）袁枚撰　清刻本　十三冊

210000－0753－0000143　9141161

小倉山房文集三十五卷 （清）袁枚撰　清刻本　十二冊

210000－0753－0000144　9141162

小倉山房外集八卷 （清）袁枚撰　清刻本　四冊

210000－0753－0000145　9141163

音註小倉山房尺牘八卷 （清）袁枚撰　（清）

胡光鬥箋釋　清同治六年(1867)刻本　四冊

210000－0753－0000146　9141164

子不語二十四卷　（清）袁枚撰　清刻本
十冊

210000－0753－0000147　9141165

袁太史稿不分卷　（清）袁枚撰　（清）秦大士
編校　清光緒十五年(1889)刻本　二冊

210000－0753－0000148　8311166

金史一百三十五卷附欽定金國語解一卷
(元)脫脫等撰　清同治八年(1869)刻本　二
十八冊　存一百十五卷(一至一百十五)

210000－0753－0000149　8321167

明史紀事本末八十卷　（清）谷應泰撰　清光
緒二十四年(1898)刻本　二十冊

210000－0753－0000150　8322168

史記一百三十卷　（漢）司馬遷撰　（南朝宋）
裴駰集解　（唐）司馬貞索隱　（唐）張守節正
義　清同治九年(1870)刻本　二十四冊

210000－0753－0000151　8332169

史記一百三十卷附考證　（漢）司馬遷撰
(南朝宋)裴駰集解　（唐）司馬貞索隱
(唐)張守節正義　司馬貞補史記一卷　清同
治八年(1869)刻本　二十四冊　存七十卷
(一至四十二、一百五至一百三十,考證一卷,
司馬貞補史記一卷)

210000－0753－0000152　8341170

元史二百十卷附考證　（明）宋濂等撰　清同
治八年(1869)刻本　四十八冊　存一百八十
卷(一至一百四十九、一百八十一至二百十,
考證一卷)

210000－0753－0000153　8351171

欽定元史語解二十四卷　（□）□□撰　清刻
本　六冊

210000－0753－0000154　8351172

元史紀事本末二十七卷　（明）陳邦瞻撰
(明)張溥論正　清光緒二十四年(1898)刻本
四冊

210000－0753－0000155　8522174

三國志六十五卷附考證　（晉）陳壽撰　（南
朝宋）裴松之注　清同治八年(1869)刻本
二十冊

210000－0753－0000156　8531175

三國志六十五卷　（晉）陳壽撰　（南朝宋）裴
松之注　清光緒十三年(1887)刻本　八冊

210000－0753－0000157　8411176

明史三百三十二卷附考證　（清）張廷玉等撰
清同治八年(1869)刻本　六十九冊　存二
百三十五卷(一至三十、六十至一百三十八、
一百七十七至二百五十九、二百九十一至三
百三十二,考證一卷)

210000－0753－0000158　9241177

文選六十卷　（南朝梁）蕭統撰　（唐）李善注
考異十卷　（清）胡克家撰　清刻本　八冊
存三十七卷(三十四至六十、考異十卷)

210000－0753－0000159　9241178

文選六十卷　（南朝梁）蕭統撰　（唐）李善注
清刻本　八冊　存三十四卷(十七至五十)

210000－0753－0000160　9241179

文選六十卷　（南朝梁）蕭統撰　（唐）李善注
(清)葉樹藩參訂　清刻本　十六冊

210000－0753－0000161　9212183

杜詩鏡銓二十卷附錄二卷　（清）楊倫撰　清
同治十一年(1872)刻本　十冊

210000－0753－0000162　7341185

韓詩外傳十卷　（漢）韓嬰撰　補逸一卷
(清)趙懷玉輯　清光緒元年(1875)刻本
四冊

210000－0753－0000163　8552186

國語二十一卷　（三國吳）韋昭注　（宋）宋庠
補音　戰國策十卷　（宋）鮑彪校注　（元）吳
師道重校　明萬曆九年(1581)刻本　十冊

210000－0753－0000164　8552187

史記菁華錄六卷　（清）姚苧田輯　清光緒七
年(1881)刻本　六冊

210000 --0753 –0000165　9112188

元遺山全集傳銘十四卷首一卷末一卷　（金）元好問撰　（清）施國祁輯　清道光二年(1822)刻本　四冊

210000 – 0753 – 0000166　9242189

五七言今體詩鈔十八卷　（清）姚鼐輯　清同治五年(1866)刻本　二冊

210000 – 0753 – 0000167　9131190

惜抱軒全集　（清）姚鼐撰　清同治五年(1866)刻本　十六冊　存八十七卷(惜抱軒文集十六卷、惜抱軒文後集十卷、惜抱軒詩集十卷、惜抱軒詩後集一卷、惜抱軒法帖題跋三卷、左傳補注一卷、公羊傳補注一卷、穀梁傳補注一卷、國語補注一卷、惜抱軒筆記八卷、惜抱軒九經說十七卷、五言今體詩鈔九卷、七言今體詩鈔九卷）

210000 – 0753 – 0000168　9242192

樂府詩集一百卷　（宋）郭茂倩輯　清同治十三年(1874)刻本　十六冊

210000 – 0753 – 0000169　7362193

韻府拾遺一百六卷　（清）張廷玉等纂　清光緒十二年(1886)刻本　七冊　存九十卷(一至十五、三十一至一百五)

210000 – 0753 – 0000170　7322194

增訂韻府約編二十四卷　（清）鄧愷輯　（清）墦任廷校　（清）施龍淵　（清）劉松苓訂　清嘉慶二十二年(1817)刻本　二十四冊

210000 – 0753 – 0000171　8521195

國語二十一卷　（三國吳）韋昭注　（宋）宋庠補音　戰國策十卷　（宋）鮑彪校注　（元）吳師道重校　清同治十年(1871)貴文堂刻本　十冊

210000 – 0753 – 0000172　9232196

增補第六才子書釋解八卷末一卷　（清）金聖歎批點　（清）鄧汝寧音義　清刻本　三冊　存四卷(一至二、五、七)

210000 – 0753 – 0000173　9121197

山谷詩集注二十卷　（宋）黃庭堅撰　（宋）任淵注　清光緒二十一年(1895)刻本　八冊

210000 – 0753 – 0000174　9121198

青藤書屋文集三十卷　（明）徐渭撰　清宣統三年(1911)刻本　八冊

210000 – 0753 – 0000175　9121199

紅豆村人詩稿十四卷　（清）袁樹撰　清刻本　五冊

210000 – 0753 – 0000176　9121200

隨園詩話十六卷　（清）袁枚撰　清刻本　八冊

210000 – 0753 – 0000177　9121201

隨園詩話補遺十卷　（清）袁枚撰　清刻本　五冊

210000 – 0753 – 0000178　9121202

隨園隨筆二十八卷　（清）袁枚撰　清刻本　十一冊

210000 – 0753 – 0000179　9121203

隨園女弟子詩六卷　（清）袁枚撰　清刻本　二冊

210000 – 0753 – 0000180　9121204

隨園八十壽言六卷　（清）袁枚輯　綠秋草堂一卷　（清）顧翰撰　清刻本　二冊

210000 – 0753 – 0000181　9121205

隨園續同人集不分卷　（清）袁枚撰　清刻本　七冊

210000 – 0753 – 0000182　9121206

續新齊諧十卷　（清）袁枚撰　清刻本　四冊

210000 – 0753 – 0000183　9121207

箏船詞一卷　（清）劉嗣綰撰　牘外餘言一卷　（清）袁枚撰　清刻本　一冊

210000 – 0753 – 0000184　9121208

碧梧山館詞二卷　（清）汪世泰撰　清刻本　一冊

210000 – 0753 – 0000185　9121209

碧腴齋詩存七卷　（清）胡德琳撰　清刻本　一冊

210000－0753－0000186　9121210

玉山堂詞一卷　（清）汪度撰　**袁家三妹合稿四卷**　（清）袁枚輯　**崇睦山房詞一卷**　（清）汪全德撰　清刻本　一冊

210000－0753－0000187　9121211

素文女子遺稿一卷　（清）袁機撰　**過雲精舍詞二卷**　（清）楊夔生撰　清刻本　一冊

210000－0753－0000188　9121212

飲水詞鈔二卷　（清）性德撰　（清）袁通選　清刻本　一冊

210000－0753－0000189　9121213

捧月樓詞二卷　（清）袁通撰　清刻本　一冊

210000－0753－0000190　9121214

筱雲詩集二卷　（清）陸應宿撰　清刻本　一冊

210000－0753－0000191　9121215

湄君詩集二卷　（清）陸建撰　清刻本　一冊

210000－0753－0000192　9121216

南園詩選二卷　（清）何士顒撰　清刻本　一冊

210000－0753－0000193　9121217

隨園食單不分卷　（清）袁枚撰　清刻本　一冊

210000－0753－0000194　9131219

樊榭山房集十卷續集十卷文集八卷集外詞四卷外曲二卷外詩三卷　（清）厲鶚撰　清光緒十年（1884）刻本　十冊

210000－0753－0000195　9131220

樊南文集補編十二卷附錄一卷　（唐）李商隱撰　（清）錢振倫　（清）錢振常箋注　清同治五年（1866）刻本　四冊

210000－0753－0000196　9222221

李義山詩集三卷　（唐）李商隱撰　（清）朱鶴齡箋注　（清）沈厚塽輯評　清同治九年（1870）刻本　四冊

210000－0753－0000197　9222222

李義山詩集三卷　（唐）李商隱撰　（清）朱鶴齡箋注　（清）沈厚塽輯評　清同治九年（1870）刻本　四冊

210000－0753－0000198　9231223

唐詩別裁集引典備注二十卷　（清）沈德潛輯　（清）俞汝昌注　清刻本　十二冊

210000－0753－0000199　9132224

吳詩集覽四十卷補註二十卷説藪二卷拾遺一卷　（清）吳偉業撰　（清）勒榮藩輯注　清乾隆四十六年（1781）刻本　二十冊

210000－0753－0000200　9231225

元詩選六卷補遺一卷　（清）顧嗣立輯　（清）陶瀚　（清）陶玉禾評　清刻本　八冊

210000－0753－0000201　9351226

韓非子集解二十卷　（清）王先慎撰　清石印本　六冊

210000－0753－0000202　9221228

高常侍集十卷　（唐）高適撰　**岑嘉州集八卷**　（唐）岑參撰　**王摩詰集六卷**　（唐）王維撰　**孟浩然集四卷**　（唐）孟浩然撰　清光緒十年（1884）石印本　六冊　存二十三卷（高常侍集十卷、岑嘉州集八卷、王摩詰集四至六、孟浩然集三至四）

210000－0753－0000203　9511229

資治通鑑二百九十四卷通鑑釋文辯誤十二卷　（宋）司馬光撰　（元）胡三省音註　清嘉慶刻本　一百四冊

210000－0753－0000204　9541230

文獻通考三百四十八卷　（元）馬端臨撰　明刻本　一百二十冊

210000－0753－0000205　9561231

通鑑紀事本末二百三十九卷　（宋）袁樞撰　（明）張溥論正　清光緒二十四年（1898）刻本　六十四冊

210000－0753－0000206　7542232

[乾隆]欽定盛京通志一百三十卷首一卷　（清）阿桂　（清）董誥修　（清）劉謹之　（清）程維岳纂　清刻本　十三冊　存三十一

卷(八十三至一百四、一百八至一百十六)

210000－0753－0000207　9351234

尸子二卷　（周）尸佼撰　清光緒三年(1877)
刻本　一冊

210000－0753－0000208　9351235

商君書五卷　清光緒二年(1876)刻本　一冊

210000－0753－0000209　9232236

離騷經章句十七卷　（漢）王逸章句　清刻本
　一冊

210000－0753－0000210　7341237

東萊博議四卷　（宋）呂祖謙撰　刻本　二冊
　存二卷(二至三)

210000－0753－0000211　7341238

春秋繁露十七卷　（漢）董仲舒撰　清光緒二
年(1876)刻本　二冊

210000－0753－0000212　7341239

白虎通四卷　（漢）班固撰　校勘補遺一卷
（清）盧文弨撰　清刻本　五冊

210000－0753－0000213　9232241

一笠菴北詞廣正譜十八卷附南戲北詞正謬一
卷　（清）徐於室撰　（清）鈕少雅樂句
(清)李玄玉更定　（清）朱素臣同閱　清青蓮
書屋刻本　四冊

210000－0753－0000214　7341242

毛詩古音考四卷讀詩拙言一卷　（明）陳第撰
　清刻本　三冊　存四卷(一至二、四,讀詩
拙言一卷)

210000－0753－0000215　8512243

戰國策三十三卷　（漢）高誘注　清刻本　一
冊　存七卷(十九至二十五)

210000－0753－0000216　9232244

牡丹亭還魂記二卷　（明）湯顯祖撰　清光緒
十二年(1886)石印本　三冊

210000－0753－0000217　9352245

孔子家語十卷　（三國魏）王肅注　清石印本
　五冊

210000－0753－0000218　9121246

詩畫舫六冊　（清）點石齋輯　清光緒十四年
(1888)刻本　六冊

210000－0753－0000219　7341247

新學偽經考十四卷　康有為撰　清光緒十七
年(1891)武林望雲樓石印本　八冊

210000－0753－0000220　9221248

詞律二十卷　（清）萬樹撰　拾遺八卷　（清）
徐本立纂　補遺一卷　（清）杜文瀾編　校勘
記二卷　（清）杜文瀾撰　清石印本　一冊
存十五卷(十六至二十、拾遺八卷、補遺一卷、
校勘記一卷下)

210000－0753－0000221　9351250

莊子集解八卷　王先謙撰　清石印本　四冊

210000－0753－0000222　9251252

三十家詩鈔六卷　（清）曾國藩輯　（清）王定
安增輯　清宣統元年(1909)刻本　六冊

210000－0753－0000223　9221253

柳河東先生文集六卷　（唐）柳宗元撰　清宣
統二年(1910)會文堂石印本　六冊

210000－0753－0000224　9221254

李長吉詩歌四卷外集一卷　（唐）李賀撰
(清)王琦彙解　清影印本　六冊

210000－0753－0000225　8512259

李氏五種　（清）李兆洛撰　清光緒二十四年
(1898)石印本　八冊　存二十七卷(皇朝輿
地韻編二卷、皇朝輿地圖一卷、紀元編三卷、
歷代地理沿革圖一卷、歷代地理志韻編今釋
二十卷)

210000－0753－0000226　9351260

蠶桑備要不分卷　（清）思補樓主人輯　清光
緒二年(1876)刻本　一冊

210000－0753－0000227　9232262

牧庵集三十六卷　（元）姚燧撰　清刻本　一
冊　存四卷(十四至十七)

210000－0753－0000228　8512263

小方壺齋輿地叢鈔十二帙　（清）王錫祺輯

清光緒上海著易堂鉛印本　三冊　存三十五種

210000－0753－0000229　9232264
雲林別墅新輯酬世錦囊書啓合編初集八卷
（清）鄒景揚撰　清光緒石印本　一冊　存四卷（五至八）

210000－0753－0000230　7362265
詩韻集成十卷　（清）余照輯　清道光二十二

年（1842）刻本　五冊

210000－0753－0000231　9411266
奇經八脈考二卷　（明）李時珍撰　清刻本一冊

210000－0753－0000232　7321267
欽定春秋左傳讀本三十卷　（清）英和等撰清同治八年（1869）武英殿刻本　十六冊

大連大學圖書館
古籍普查登記目録

全國古籍普查登記目録

國家圖書館出版社
National Library of China Publishing House

《大連大學圖書館古籍普查登記目録》
編委會

主　編：張懷珠

編　委：陳紅梅　朱　濤

《大連大學圖書館古籍普查登記目録》

前　言

　　古籍是承載歷史和文化的載體,是通向人類文明之源的橋梁。

　　大連大學圖書館館藏古籍是歷經六十多年的艱辛搜集而來的。大連師範學院的前身——旅大師範學校在 1947 年建校時,接收了建國學院的部分古籍;"文化大革命"期間,旅大教師進修學院撤銷,合并到旅大師範學校,又接收了一批古籍;之後旅大教育學院成立,從旅大師範學校拆分而出,這樣,圖書資料包括古籍兩家分配,流失了一批古籍;1987 年大連大學、大連師範學院、大連醫學專科學校三校合并組成新的大連大學,并於 1996 年合并搬遷至大連開發區,館藏古籍中增加了部分醫學古籍。此外經過數十年的搜求購置,我館初步形成了體系較完整、學科較齊全、内容較豐富的古籍書庫。現在我館綫裝古籍達到一萬五千餘册,其中明清版古籍占有一定數量。另外還有相當數量的民國及中華人民共和國成立後的影印綫裝古籍和大部頭的精裝古籍叢書。

　　我館所藏古籍門類比較齊全。如經部的易、書、詩、禮、樂、春秋、四書、孝經、小學、經總等十大類都有入藏;史部的紀傳、編年、傳記、雜史、政書、目録、金石、紀事本末、地理等十四大類都有一定數量的藏書;子部的儒家、道家、墨家、兵家、法家、農家、醫家、雜家及天文演算法、術數、藝術等十四大類藏書齊全;集部藏有總集和漢魏六朝至唐、宋、元、明、清等各代別集,以及詩文評類、小説、詞曲等古籍。另有影印大型叢書典籍若干部,如清文淵閣《四庫全書》、《續修四庫全書》、《宛委別藏》、《古本小説集成》以及大型類書《古今圖書集成》、《永樂大典》存卷等,這些巨著基本包攬了我國現存的主要典籍。

　　從版本看,有少量的明版以及和刻版(日本刻本)古籍,而清版木刻古籍相對較多。這一部分古籍對版本研究有一定價值。而影印本、校勘本(《四部叢刊》《四部備要》)則善本較多,品質較高。館藏古籍中還有少量的石印本、活字本、膠印本、複印本和油印本等綫裝書,其參考價值還是較高的。另外,我館由於歷史的原因,收藏了較多近代國學大師羅振玉的著作,共計 37 種,可以説是我館的特藏文獻之一。

　　我館的古籍中凝聚了幾代整理者的心血,他們克服了諸多的困難,付出了大量的汗水和艱辛。當年的古籍綫裝書大多數是散裝堆放,書上布滿了灰塵,對古籍的保護和利用極爲不利。"文革"以後,幾位前輩接受了整理古籍的任務,他們深入到布滿塵埃和彌漫着黴味的書庫,分揀、除塵、自製夾板、抄寫書籤、分類、登記,將古籍初步整理出來,爲我館的圖書館事業做出了不可磨滅的貢獻。他們是:范垂潤、鞠永晋、賈剛、胡公青等前輩，他們早已離退休，有的已經離開了人世，作爲後來者，我們應向他們致以誠摯的敬意！

我館在 2009 年底派出兩位同志參加國家圖書館主辦的古籍普查編目培訓班，之後又陸續參加了多期培訓。2010 年始，我館啓動了古籍普查平臺，由張懷珠與陳紅梅兩位同志負責編目數據的著錄工作，著錄數據的初審由張懷珠同志負責。2012 年基本完成了 1912 年前古籍數據的著錄工作。工作過程中，館領導給予了大力支持和指導，使我館的普查工作順利完成。

《大連大學圖書館古籍普查登記目録》是在國家古籍普查平臺著錄數據基礎上完成的，共收録古籍 149 部，其中叢書 7 部，含子目 50 餘種。此次國家古籍普查的收録範圍是 1912 年前中國境内出版、産生的古籍圖書，包括刻本、石印本、手抄本等圖書文獻，據此，日本和朝鮮刻本等境外刊刻發行的古籍不在此次普查範圍内。

《遼寧省二十六家收藏單位古籍普查登记目録》的出版，是全省從事古籍收藏和管理工作的全體同仁共同努力的成果。全國古籍普查登記平臺的建設是一項功在當代、利在千秋的文化盛舉。身爲古籍工作者，能够參與其中貢獻綿力，我們深感自豪！

編　者
2020 年 5 月

210000－0756－0000001　24－11

書集傳六卷　（宋）蔡沈集　清嘉慶十四年
(1809)貴文堂刻本　三冊　存五卷(二至六)

210000－0756－0000002　13－10

詩毛氏傳疏三十卷　（清）陳奐撰　清道光二
十七年(1847)吳門南園掃葉山莊刻本　一冊
存二卷(一至二)

210000－0756－0000003　13－11

御案詩經備旨八卷　（清）鄒聖脈纂輯　清光
緒六年(1880)掃葉山房刻本　八冊

210000－0756－0000004　13－7

毛詩草木鳥獸蟲魚疏二卷　（三國吳）陸機撰
清光緒十二年(1886)上海聚珍倣宋印書局
鉛印本　一冊

210000－0756－0000005　16.1－5

東萊博議四卷　（宋）呂祖謙撰　增補虛字註
釋一卷　（清）張文炳評點　清光緒二十七年
(1901)李鴻才刻本　四冊

210000－0756－0000006　16.1－6

東萊先生左氏博議二十五卷　（宋）呂祖謙撰
清道光十九年(1839)錢塘瞿氏清吟閣刻本
六冊

210000－0756－0000007　16.1－7

東萊博議四卷　（宋）呂祖謙撰　增補虛字注
釋一卷　（清）馮泰松撰　清光緒八年(1882)
崇明馮泰松刻本　四冊

210000－0756－0000008　16.1－8

東萊博議四卷　（宋）呂祖謙撰　增補虛字注
釋一卷　（清）馮泰松撰　清光緒十五年
(1889)善成堂刻本　四冊

210000－0756－0000009　22－11/1/1

春秋左繡三十卷首一卷　（清）馮李驊　（清）
陸浩評輯　清光緒十年(1884)刻本　十六冊

210000－0756－0000010　19.2－3

說文校議十五卷　（清）姚文田　（清）嚴可均
撰　清嘉慶二十三年(1818)刻本　四冊

210000－0756－0000011　19.3－1/1/1

康熙字典十二卷總目一卷檢字一卷辨似一卷
等韻一卷備考一卷補遺一卷　（清）張玉書纂
清康熙五十五年(1716)刻本　四十冊

210000－0756－0000012　19.3－2

增補字彙十四卷　（明）梅膺祚輯　（明）張自
烈補　（明）湯撰紳訂正　（清）蔣先庚釋疑
清康熙十四年(1675)梅墅石渠閣刻本　六冊

210000－0756－0000013　19.3－3

字學舉隅不分卷　（清）龍啟瑞撰　清上海曙
海樓刻本　一冊

210000－0756－0000014　19.4－7

詩韻集成十卷　（清）余照輯　清光緒二十六
年(1900)成文堂刻本　四冊

210000－0756－0000015　19.4－8/1－2

新增說文韻府羣玉二十卷　（元）陰時夫輯
(元)陰中夫注　明萬曆十八年(1590)英秀堂
刻本　二十冊

210000－0756－0000016　21－2/2

史記一百三十卷　（漢）司馬遷　（南朝宋）裴
駰集解　清光緒四年(1878)刻本　四冊

210000－0756－0000017　214－7

三國志證聞三卷　（清）錢儀吉撰　清光緒十
一年(1885)江蘇書局刻本　二冊

210000－0756－0000018　21－20/3

舊五代史一百五十卷目錄二卷　（宋）薛居正
等撰　清光緒三十四年(1908)上海集成圖書
公司鉛印本　十二冊

210000－0756－0000019　21－23/3

遼史一百十六卷　（元）脫脫等撰　清光緒二
十八年(1902)史學會社石印本　二冊　存八
十四卷(一至三十、六十三至一百十六)

210000－0756－0000020　24－29

遼史拾遺二十四卷　（清）厲鶚撰　清光緒元
年(1875)刻本　八冊

210000－0756－0000021　24－29

遼史拾遺補五卷　（清）楊復吉撰　清光緒三
年(1877)刻本　二冊

210000－0756－0000022　214－4
史略八十七卷　(清)朱堃輯　清同治六年(1867)刻本　二十册

210000－0756－0000023　24－18
遺史六十卷　(明)李贄撰　明萬曆刻本　十八册

210000－0756－0000024　24－4
弘簡録二百五十四卷　(明)邵經邦撰　清康熙二十七年(1688)刻本　八十册

210000－0756－0000025　21－28/2
東觀漢紀二十四卷　(清)劉珍等撰　清乾隆六十年(1795)掃葉山房刻本　二册

210000－0756－0000026　24－2/1/1
續弘簡録元史類編四十二卷　(清)邵遠平撰　清康熙四十五年(1706)刻本　十六册

210000－0756－0000027　22－1/1/1
資治通鑑綱目五十九卷首一卷　(宋)朱熹書　清雍正十三年(1735)補刻本　八十册

210000－0756－0000028　22－12
尺木堂綱鑑易知録九十二卷　(清)周之炯　(清)吳乘權　(清)周之燦輯　清康熙五十年(1711)聚珍堂刻本　四十册

210000－0756－0000029　22－5/1/1
御批歷代通鑑輯覽一百二十卷　(清)傅恒撰　清乾隆三十二年(1767)刻朱墨套印本　五十八册

210000－0756－0000030　25－8/1
資治通鑑目録三十卷　(宋)司馬光撰　清同治八年(1869)江蘇書局刻本　十册

210000－0756－0000031　27.11－1
重訂王鳳洲先生鋼鑑會纂四十六卷續編二十三卷　(明)王世貞纂　**綱目三編二十卷**　(清)張廷玉撰　清光緒二十八年(1902)益友堂刻本　四十八册

210000－0756－0000032　22－6/1/1
綱鑑正史約三十六卷　(明)顧錫疇輯　(清)陳宏謀增訂　清同治八年(1869)刻本　二十册

210000－0756－0000033　24－19/1
重訂路史全本四十七卷　(宋)羅泌輯　(宋)羅苹注　(明)吳弘基訂　清嘉慶六年(1801)酉山堂刻本　二十三册　存三十六卷(前紀九卷,後紀十四卷,國名紀一、四至八,發揮六卷,餘論十)

210000－0756－0000034　23－5
元史紀事本末二十七卷　(明)陳邦瞻編　(明)張溥論正　清同治江西書局刻紀事本末五種本　四册

210000－0756－0000035　23－3
金史紀事本末五十二卷首一卷末一卷　(清)李有棠編　清光緒二十九年(1903)李栘鄂樓刻本　十二册

210000－0756－0000036　23－2
宋史紀事本末一百九卷　(明)馮琦編　(明)陳邦瞻補　(明)張溥論正　清同治十三年(1874)江西書局刻紀事本末五種本　二十册

210000－0756－0000037　23－4
遼史紀事本末四十卷首一卷末一卷　(清)李有棠編　清光緒李栘鄂樓刻本　八册

210000－0756－0000038　23－7/2
聖武記十四卷　(清)魏源撰　清道光二十四年(1844)刻本　六册

210000－0756－0000039　25－1/1/1
廿一史四譜五十四卷　(清)沈炳震輯　清同治十年(1871)清來堂刻本　十六册

210000－0756－0000040　21－32
廿一史約編八卷首一卷　(清)鄭芷畦撰　清康熙三十五年(1696)江左書林刻本　八册

210000－0756－0000041　214－5
南北史捃華八卷　(清)周嘉猷撰　清同治十一年(1872)南園寄社活字印本　四册

210000－0756－0000042　24－22
續支那通史二卷　(日本)山峰畯藏撰　(清)漢陽青年編譯　清光緒二十九年(1903)石印

本　七冊

210000－0756－0000043　24－24/2

廿二史劄記三十六卷補遺一卷　（清）趙翼撰
　清嘉慶五年(1800)刻本　十二冊

210000－0756－0000044　212.2－3

文史通義八卷　（清）章學誠撰　清光緒十九
年(1893)粵東菁華閣刻本　六冊

210000－0756－0000045　27.12－41

國朝先正事略六十卷首一卷　（清）李元度撰
　清光緒十二年(1886)鉛印本　十冊

210000－0756－0000046　27.2－6

韓忠獻公遺事一卷　（宋）強至撰　文正王公
遺事一卷　（宋）王素撰　明弘治無錫華氏刻
百川學海本　一冊

210000－0756－0000047　48－35

墨林今話十八卷續編一卷　（清）蔣寶玲
（清）蔣茞生撰　清同治十一年(1872)映雪草
廬刻本　六冊

210000－0756－0000048　27.3－2

阿文成公(桂)年譜三十四卷　（清）那彥成纂
　（清）王昶勘定　（清）盧蔭溥增脩　清嘉慶
十八年(1813)刻本　三十二冊

210000－0756－0000049　48－61/3

曾文正公大事記四卷　（清）王定安撰　清同
治十三年(1874)錢寶忠齋刻本　四冊

210000－0756－0000050　211.1－1/1

文獻通考三百四十八卷　（元）馬端臨撰　清
乾隆十三年(1748)刻本　八十八冊

210000－0756－0000051　211.1－10

皇朝通志一百二十六卷　（清）嵇璜等撰　清
光緒二十七年(1901)上海圖書集成局鉛印本
　十冊

210000－0756－0000052　211.1－11

皇朝文獻通考三百卷　（清）嵇璜等撰　清光
緒二十七年(1901)上海圖書集成局鉛印本
三十五冊

210000－0756－0000053　211.1－13

西漢會要七十卷　（宋）徐天麟撰　清光緒五
年(1879)嶺南學海堂刻本　十冊

210000－0756－0000054　211.1－14

東漢會要四十卷　（宋）徐天麟撰　清光緒五
年(1879)嶺南學海堂刻本　九冊

210000－0756－0000055　211.1－2/1

通志二百卷　（宋）鄭樵撰　清光緒二十七年
(1901)上海圖書集成局鉛印本　六十冊

210000－0756－0000056　24－10

宋朝事實二十卷　（宋）李攸撰　清江西書局
刻武英殿聚珍版書本　六冊

210000－0756－0000057　211.1－4

欽定續通志六百四十卷　（清）嵇璜等撰　清
光緒二十七年(1901)上海圖書集成局鉛印本
　六十冊

210000－0756－0000058　211.1－5/1

通典二百卷　（唐）杜佑撰　清光緒二十七年
(1901)上海圖書集成局鉛印本　六十冊

210000－0756－0000059　211.1－6/1

欽定續文獻通考二百五十卷　（清）嵇璜等撰
　清光緒二十七年(1901)上海圖書集成局鉛
印本　三十六冊

210000－0756－0000060　211.1－9

皇朝通典一百卷　（清）嵇璜等撰　清光緒二十
七年(1901)上海圖書集成局鉛印本　十二冊

210000－0756－0000061　211.5－5/2

大清律例增修統纂集成四十卷　（清）姚雨薌
纂輯　（清）陸翰仙增修　清道光十一年
(1831)刻本　二十四冊

210000－0756－0000062　211.7－7/1

欽定續通典一百五十卷　（清）嵇璜等撰　清
光緒二十七年(1901)上海圖書集成局鉛印本
　十二冊

210000－0756－0000063　28.7－2

邊略五卷　（明）高拱撰　清宣統二年(1910)
刻本　一冊

210000－0756－0000064　211.3－6

183

註陸宣公奏議十五卷　（唐）陸贄撰　（宋）郎
曄注　清光緒七年(1881)歸安姚氏咫進齋影
宋刻本　六冊

210000－0756－0000065　28.1－2

增訂廣輿記二十四卷　（清）陸應陽原撰
（清）蔡方炳增輯　清嘉慶七年(1802)聚文堂
刻本　十二冊

210000－0756－0000066　28.2－10

[乾隆]盛京通志四十八卷　（清）呂耀曾等修
（清）魏樞等纂　清乾隆元年(1736)刻本
二十冊

210000－0756－0000067　28.2－3

洞庭湖志十四卷　（清）蔡世基撰　（清）沈筠
堂纂　清道光五年(1825)刻本　十冊

210000－0756－0000068　28.3－1

迴瀾紀要二卷　（清）徐端撰　清道光二十三
年(1843)刻本　一冊

210000－0756－0000069　28.4－4

水道提綱二十八卷　（清）齊召南撰　清光緒
四年(1878)霞城精舍刻本　八冊

210000－0756－0000070　28.4－6

水經注圖一卷附錄一卷　（清）汪士鐸撰　清
同治元年(1862)刻本　一冊

210000－0756－0000071　28.8－2

環遊地球新錄四卷　（清）李圭撰　清光緒三
年(1877)鉛印本　四冊

210000－0756－0000072　28.8－4/1

遊歷加納大圖經八卷　（清）傅雲龍撰　清光
緒二十八年(1902)石印本　一冊

210000－0756－0000073　28.8－4/2

遊歷巴西圖經十卷　（清）傅雲龍撰　清光緒
二十七年(1901)石印本　一冊

210000－0756－0000074　28.8－4/3

遊歷秘魯圖經四卷　（清）傅雲龍撰　清光緒
二十七年(1901)石印本　一冊

210000－0756－0000075　29－2

萬國通鑑四卷附地圖一冊　（美）謝衛樓撰

（清）趙如光譯　清光緒八年(1882)刻本
六冊

210000－0756－0000076　29－5

瀛環志略十卷續集四卷補遺一卷末一卷
（清）徐继畬撰　清光緒二十四年(1898)掃葉
山房石印本　八冊

210000－0756－0000077　213.3－5/1/1

東書堂重修宣和博古圖錄三十卷　（宋）王黼
等編　（清）黃曉峰鑒定　清乾隆十七年
(1752)亦政堂刻本　十四冊

210000－0756－0000078　213.4－1

吉金志存四卷　（清）李光庭輯　清咸豐九年
(1859)刻本　四冊

210000－0756－0000079　212.2－2

校讎通義三卷　（清）章學誠撰　清光緒十九
年(1893)粵東菁華閣刻本　一冊

210000－0756－0000080　31－1/1

孔氏家語十卷　（三國魏）王肅注　清光緒六
年(1880)刻本　二冊

210000－0756－0000081　31－13/1/1

淵鑒齋御纂朱子全書六十六卷　（宋）朱熹撰
（清）李光地等纂　清康熙五十三年(1714)
武英殿刻本　二十五冊

210000－0756－0000082　31－17

張子全書十五卷　（宋）張載撰　（宋）朱熹注
清同治九年(1870)刻本　八冊

210000－0756－0000083　312.1－9－1

新序十卷　（漢）劉向撰　明萬曆二十年
(1592)刻漢魏叢書本　四冊

210000－0756－0000084　410.2－6

龍文鞭影初集二卷二集二卷　（明）蕭良有撰
（明）楊臣諍增訂　清宣統二年(1910)石印
本　四冊

210000－0756－0000085　410.2－6/1/1

龍文鞭影二卷　（明）蕭良有撰　（清）楊臣諍
增訂　清光緒元年(1875)刻本　四冊

210000－0756－0000086　410.2－6/2

龍文鞭影讀本一卷注釋五卷　（明）蕭良有撰
（清）楊臣諍增訂　（清）劉有廉注　清光緒
十三年(1887)寶典堂刻本　六冊

210000－0756－0000087　19.1－1

小學集解六卷　（宋）朱熹撰　（清）張伯行輯
注　（清）李蘭汀校　清道光三十年(1850)刻
本　四冊

210000－0756－0000088　19.4－4

小學韻語一卷　（清）羅澤南撰　清光緒三十
年(1904)煙台誠文信刻本　一冊

210000－0756－0000089　33－3

墨子閒詁十五卷目錄一卷附錄一卷後語二卷
（清）孫詒讓撰　清光緒三十三年(1907)刻
本　八冊

210000－0756－0000090　35－2/1

管子二十四卷　（唐）房玄齡注　（明）劉績補
清光緒浙江書局刻二十二子本　六冊

210000－0756－0000091　36－1/1

齊民要術十卷　（北魏）賈思勰撰　清光緒元
年(1875)湖北崇文書局刻本　四冊

210000－0756－0000092　37－18

瀕湖脈學一卷奇經八脈考一卷　（明）李時珍
撰　清光緒五年(1879)掃葉山房刻本　一冊

210000－0756－0000093　37－19

圖注脈訣辨眞四卷　（晉）王熙撰　（明）張世
賢注　明末掃葉山房刻本　二冊

210000－0756－0000094　37－2

本草從新六卷　（清）吳儀洛編　清乾隆二十
二年(1757)善成堂刻本　六冊

210000－0756－0000095　37－21

女科輯要八卷　（清）周紀常　**附胎產全書一
卷**　（清）單養賢撰　清道光三年(1823)刻本
一冊　存一卷(胎產全書一卷)

210000－0756－0000096　37－22

瘟疫論補注二卷　（明）吳有性撰　（清）鄭重
光補注　清康熙刻本　一冊　存一卷(下)

210000－0756－0000097　37－25

本草三家合注六卷　（清）郭汝聰編　**本草古
今論一卷**　（清）徐大椿撰　清宣統元年
(1909)益元書屋刻本　六冊

210000－0756－0000098　37－26

神農本草經百種錄一卷　（清）徐大椿撰　清
乾隆元年(1736)刻本　一冊

210000－0756－0000099　37－28

增訂本草備要三卷醫方集解六卷　（清）汪昂
撰　清乾隆五年(1740)刻本　六冊

210000－0756－0000100　37－3

圖注八十一難經辨眞四卷　（戰國）秦越人撰
（明）張世賢注　明末掃葉山房刻本　四冊

210000－0756－0000101　37－4

靈素提要淺注十二卷　（清）陳念祖集注　清
同治四年(1865)文奎堂刻本　六冊

210000－0756－0000102　37－5

瀕湖脈學一卷脈訣考證一卷奇經八脈考一卷
（明）李時珍撰　明萬曆五年(1577)刻本
一冊

210000－0756－0000103　24－14

日知錄集釋三十二卷刊誤二卷續刊誤二卷
（清）黃汝成撰　清光緒三年(1877)刻本　十
六冊

210000－0756－0000104　312.1－10/1

困學紀聞注二十卷　（宋）王應麟撰　（清）翁
元圻注　清道光五年(1825)刻本　十冊

210000－0756－0000105　312.1－10/2

困學紀聞二十卷　（宋）王應麟撰　（清）閻若
璩校　清同治九年(1870)揚州書局刻本
四冊

210000－0756－0000106　312.1－8

容齋隨筆十六卷續筆十六卷三筆十六卷四筆
十六卷五筆十卷　（宋）洪邁撰　清乾隆五十
九年(1794)掃葉山房刻本　十八冊

210000－0756－0000107　41.2－9

郎潛紀聞十四卷燕下鄉脞錄十六卷　（清）陳
康祺撰　清光緒十年至十一年(1884－1885)

185

刻本　八冊

210000－0756－0000108　410.2－4

浪跡叢談十一卷浪跡續談八卷　（清）梁章鉅
撰　清刻本　四冊

210000－0756－0000109　412.1－3

香祖筆記十二卷　（清）王士禎撰　清康熙四
十四年（1705）刻本　四冊

210000－0756－0000110　31－18

白虎通疏證十二卷　（清）陳立疏證　清光緒
元年（1875）刻本　二冊　存六卷（四至九）

210000－0756－0000111　41.1－6

讀書雜志八十二卷餘編二卷　（清）王念孫撰
　清道光十二年（1832）刻本　十八冊

210000－0756－0000112　312.1－13

分甘餘話四卷　（清）王士禎撰　清康熙四十
八年（1709）刻本　二冊

210000－0756－0000113　24－8

西京雜記六卷　（晉）葛洪撰　明萬曆商氏半
埜堂刻稗海本　一冊

210000－0756－0000114　412.1－3

酉陽雜俎二十卷　（唐）段成式撰　清康乾李
穆堂刻本　四冊

210000－0756－0000115　412.1－5

閱微草堂筆記二十四卷　（清）紀昀撰　清道
光十五年（1835）刻本　十二冊

210000－0756－0000116　412.1－6

閱微草堂筆記二十四卷　（清）紀昀撰　清嘉
慶五年（1800）刻本　十二冊

210000－0756－0000117　44－5

宋稗類鈔八卷　（清）潘永因輯　（清）潘永圖
訂　清康熙八年（1669）刻本　八冊

210000－0756－0000118　310.1－10/1

庚子銷夏記八卷　（清）孫承澤撰　清光緒四
年（1878）刻本　四冊

210000－0756－0000119　411－2

庚子銷夏記八卷閒者軒帖考一卷　（清）孫承

澤撰　清宣統三年（1911）順德鄧氏鉛印本
三冊

210000－0756－0000120　310.5－5

楷法溯源十四卷目錄一卷　（清）潘存輯　楊
守敬編　清光緒三年（1877）刻本　十五冊

210000－0756－0000121　41.2－16

楚辭集注八卷　（宋）朱熹集注　清聽雨齋刻
朱墨套印本　四冊

210000－0756－0000122　211.3－7

司馬溫公文集十四卷　（宋）司馬光撰　（清）
張伯行重訂　清同治五年（1866）福州正誼書
局刻本　一冊

210000－0756－0000123　211.3－9/2

唐陸宣公集二十二卷年譜一卷本傳一卷
（唐）陸贄撰　清道光四年（1824）留餘堂刻本
六冊

210000－0756－0000124　48－13

讀杜心解六卷首二卷　（清）浦起龍撰　清雍
正二年（1724）寧我齋刻本　十二冊

210000－0756－0000125　43－15/2

李義山詩集三卷　（唐）李商隱撰　清宣統影
印本　二冊

210000－0756－0000126　28.6－1

御製圓明園圖詠二卷　（清）高宗弘曆撰
（清）鄂爾泰等注　清光緒十三年（1887）天津
石印書屋石印本　四冊

210000－0756－0000127　412.1－13

熙朝新語十六卷　（清）余金輯　清道光二年
（1822）刻本　八冊

210000－0756－0000128　412.2－7

續兒女英雄全傳三十二回　（清）趙子衡撰
清光緒二十四年（1898）石印本　四冊

210000－0756－0000129　43－4/1

溫飛卿詩集七卷別集一卷集外詩一卷　（唐）
溫庭筠撰　（明）曾益注　（清）顧予咸補注
（清）顧嗣立續注　清康熙三十六年（1697）長
洲顧氏秀野草堂刻本　四冊

210000－0756－0000130　48－61/3

曾文正公詩彙四卷雜著一卷挽聯一卷　（清）
張華理　（清）楊書霖校刊　清光緒二年
(1876)上海醉六堂刻本　二冊

210000－0756－0000131　48－61/3

曾文正公文鈔四卷　（清）曾國藩撰　清同治
十三年(1874)刻本　三冊　存三卷(二至四)

210000－0756－0000132　48－71/3

漁洋山人精華錄箋注十二卷補注一卷　（清）
王士禎撰　（清）金榮　（清）林始箋注
（清）徐淮纂輯　**年譜一卷附錄一卷**　清雍正
鳳翔堂刻本　六冊

210000－0756－0000133　48－74

望溪先生集外文十卷補遺二卷　（清）方苞撰
　（清）戴均衡編　**望溪先生年譜一卷**　（清）
蘇淳元輯　清道光二十七年至咸豐二年
(1847－1852)刻本　六冊

210000－0756－0000134　41.1－2

文選六十卷　（南朝梁）蕭統輯　（唐）李善等
注　明汲古閣刻本　十六冊

210000－0756－0000135　31－12

制藝萃珍十卷　（清）懷芳居士輯　清同治元
年(1862)京都琉璃廠刻本　十冊

210000－0756－0000136　312.2－4

重訂古文釋義新編八卷　（清）余誠評注　清
光緒二十四年(1898)掃葉山房刻本　八冊

210000－0756－0000137　41.1－13

重訂文選集評十五卷首一卷末一卷　（清）于
光華編　清乾隆四十三年(1778)崇儒屋刻本
十六冊

210000－0756－0000138　44－25

二李唱和集一卷　（宋）李昉　（宋）李至撰　清
光緒十五年(1889)貴陽陳氏影宋刻本　一冊

210000－0756－0000139　413.12－2

廿一史彈詞注十一卷　（明）楊慎撰　（清）張
三異增定　（清）張仲璜注　清乾隆五十一年

(1786)視屐堂刻本　八冊

210000－0756－0000140　413.7－7

繪圖綴白裘十二集四十八卷　（清）玩花主人
輯　清光緒二十一年(1895)上海書局石印本
十二冊

210000－0756－0000141　413.7－5

風箏誤傳奇二卷　（清）李漁撰　清刻本
二冊

210000－0756－0000142　412.1－7

新齋諧五卷續集三卷　（清）袁枚撰　清宣統
元年(1909)石印本　七冊　存七卷(新齋諧
一至二、四至五,續集三卷)

210000－0756－0000143　412.2－4

第一才子書六十卷首一卷　（元）羅貫中撰
（清）毛宗崗　（清）金人瑞評　清咸豐三年
(1853)善成堂刻套印本　二十冊

210000－0756－0000144　27.2－1

王先生十七史蒙求十六卷　（宋）王令輯　**李
氏蒙求補注六卷**　（晉）李瀚撰　（清）金三俊
輯　清道光二十年(1840)翰文堂刻本　六冊

210000－0756－0000145　31－1/1/1

二十二子　（清）三味書局輯　清光緒二十三
年(1897)新化三味書局刻本　九十六冊

210000－0756－0000146　314－4/2

子史精華一百六十卷　（清）允祿撰　（清）吳
襄纂　清光緒十年(1884)上海同文書局石印
本　八冊

210000－0756－0000147　416.1－3

玉簡齋叢書二十二種　羅振玉輯　清宣統二
年(1910)上虞羅氏刻本　二十冊

210000－0756－0000148　48－12/1

西堂文集　（清）尤侗撰　清康熙刻西堂全集
本　六冊

210000－0756－0000149　48－12/2

西堂詩集　（清）尤侗撰　清康熙刻西堂全集
本　五冊

大連職業技術學院圖書館古籍普查登記目録

大連職業技術學院圖書館

古籍普查登記目録

全國古籍普查登記目録

國家圖書館出版社
National Library of China Publishing House

《大連職業技術學院圖書館古籍普查登記目錄》
編委會

主　　編：劉　穎

副主編：李英女　龐　俊

編　　委：梁　盟

《大連職業技術學院圖書館古籍普查登記目錄》

前　言

　　大連職業技術學院是大連市人民政府直屬的全日制普通高等職業院校,其前身爲大連管理幹部學院(始建於 1979 年),1999 年經教育部批準改制爲大連職業技術學院,開始走上高等職業技術教育之路,2001 年大連工業學校和大連師範學校并入我校。大連職業技術學院是全國百所"國家示範性高等職業院校"之一。大連職業技術學院圖書館與學院同步創建於 1979 年。30 年多來伴隨着學院的建設和發展,圖書館的建設及各項工作都得到了較大的發展,已經形成了具有一定規模和館藏特色的現代化高校圖書館。圖書館現有館舍兩處,總建築面積 19100 平方米。新館大樓主體四層,内部結構採用大開間、通透式建築模式。總、分兩館設有文獻借閲室 17 個,實行藏、借、閲、檢、管一體化開放式的服務和管理模式。

　　大連職業技術學院圖書館古籍室單獨設立,書庫所占面積 56 平方米,爲獨立庫房,無光綫直射。古籍室内恒温恒濕,書架形式爲立式樟木櫃,書架内使用樟木原板作書架隔板,避免了古籍直接接觸金屬和油漆。所有古籍均有裝具保存擺放,按每種古籍的尺寸定製函套,函套内均含有樟木薄板,保證古籍防蟲防黴,充分體現了現代技術與傳統保存的有機結合。

　　我館現藏有古籍文獻 106 部 1106 册,其中明朝古籍 10 部 280 册,爲萬曆、崇禎刻本;清朝古籍 96 部:包含康熙年間 7 部,雍正年間 1 部,乾隆年間 12 部,康熙、乾隆年間 2 部,嘉慶年間 4 部,道光年間 4 部,咸豐年間 1 部,同治年間 17 部,光緒年間 38 部,宣統年間 2 部,清末 8 部。古籍保存品相完好,小部分古籍有蟲蛀、發黄、粘連現象。

　　我館對庫房實行專人管理,未經批準非本庫人員不得入庫,現古籍室管理人員爲兩名,中級職稱,所屬采編部。我館書籍出庫及入庫均須履行相應手續,確保書籍安全。古籍室爲大連職業技術學院圖書館豐富了圖書資源,也成爲了本館的特色資源。

大連職業技術學院圖書館

2020 年 5 月

210000－0759－0000001　G255.1／古1

尚書注疏十九卷　（漢）孔安國解　（唐）陸德明音義　（唐）孔穎達疏　清同治刻本　八冊

210000－0759－0000002　G255.1／古2

爾雅注疏十一卷　（晉）郭璞解　（唐）陸德明音義　（宋）邢昺疏　清同治刻本　四冊

210000－0759－0000003　G255.1／古3

論語注疏二十卷　（魏）何晏集　（唐）陸德明音義　（宋）邢昺疏　清同治刻本　四冊

210000－0759－0000004　G255.1／古4

孝經注疏九卷　（唐）明皇撰　（宋）邢昺疏　清同治刻本　一冊

210000－0759－0000005　G255.1／古5

春秋左傳注疏六十卷　（晉）杜預注　（唐）陸德明音義　（唐）孔穎達疏　清同治刻本　二十冊

210000－0759－0000006　G255.1／古6

禮記注疏六十三卷　（漢）鄭玄注　（唐）陸德明音義　（唐）孔穎達疏　清同治刻本　二十冊

210000－0759－0000007　G255.1／古7

毛詩注疏三十卷　（漢）鄭康成箋　（唐）陸德明音義　（唐）孔穎達疏　清同治刻本　十四冊

210000－0759－0000008　G255.1／古8

周易注疏十三卷　（晉）韓康伯　（魏）王弼注　（唐）陸德明音義　（唐）孔穎達疏　清同治刻本　五冊

210000－0759－0000009　G255.1／古9

春秋穀梁傳注疏二十卷　（晉）范甯注　（唐）陸德明音義　（唐）楊士勛疏　清同治刻本　六冊

210000－0759－0000010　G255.1／古10

儀禮註疏十七卷　（漢）鄭玄注　（唐）陸德明音義　（唐）賈公彥撰疏　清同治刻本　十冊

210000－0759－0000011　G255.1／古11

老子二卷　（晉）王弼注　清光緒元年（1875）浙江書局刻本　一冊

210000－0759－0000012　G255.1／古12

商君書五卷　清光緒二年（1876）浙江書局刻本　一冊

210000－0759－0000013　G255.1／古13

揚子法言十三卷音義一卷　（漢）楊雄撰　（晉）李軌注　清光緒二年（1876）浙江書局刻本　一冊

210000－0759－0000014　G255.1／古14

尸子二卷　（清）汪繼培輯　清光緒三年（1877）浙江書局刻本　一冊

210000－0759－0000015　G255.1／古15

周禮注疏五十卷　（漢）鄭玄注　（唐）陸德明音義　（唐）賈公彥疏　清同治十年（1871）刻本　七冊　存二十一卷（二十二至四十二）

210000－0759－0000016　G255.1／古16

明經通譜不分卷　（清）鈕福保等輯　清道光刻本　四冊

210000－0759－0000017　G255.1／古17

文心雕龍十卷　（南朝梁）劉勰撰　清乾隆刻本　二冊

210000－0759－0000018　G255.1／古18

文獻通考鈔二十四卷　（元）馬瑞臨撰　（清）史以遇輯　清康熙、乾隆刻本　十冊

210000－0759－0000019　G255.1／古19

續文獻通考鈔三十卷　（明）王圻撰　（清）史以甲輯　清康熙、乾隆刻本　十冊

210000－0759－0000020　G255.1／古20

樂府詩集一百卷　（宋）郭茂倩編　明末汲古閣刻本　十九冊　存八十三卷（一至十八、三十六至一百）

210000－0759－0000021　G255.1／古21

文選六十卷　（南朝梁）蕭統撰　清同治八年（1869）刻本　十冊

210000－0759－0000022　G255.1／古22

閱微草堂筆記二十四卷　（清）紀昀撰　清嘉慶刻本　十二冊

210000－0759－0000023　G255.1/古23

韻府羣玉二十卷　（元）陰時夫輯　（元）陰中夫注　明萬曆刻本　十冊

210000－0759－0000024　G255.1/古24

列國志十九卷　清末刻本　九冊　存十七卷（二至十八）

210000－0759－0000025　G255.1/古25

史記一百三十卷　（漢）司馬遷撰　（南朝宋）裴駰集解　清末刻本　三十一冊　存一百二十八卷（一至三、六至一百三十）

210000－0759－0000026　G255.1/古26

水經注不分卷　（北魏）酈道元撰　清乾隆刻本　十四冊

210000－0759－0000027　G255.1/古27

陳眉公批評琵琶記二卷釋義二卷　（元）高明撰　（明）陳繼儒評　清末刻本　二冊

210000－0759－0000028　G255.1/古28

董解元西廂四卷　（金）董解元撰　清末刻本　二冊

210000－0759－0000029　G255.1/古29

資治通鑑綱目前編二十五卷　（明）南軒撰　清末刻本　十冊

210000－0759－0000030　G255.1/古30

韓子文鈔十卷　（唐）韓愈撰　清乾隆刻本　四冊

210000－0759－0000031　G255.1/古31

呂氏春秋二十六卷　（秦）呂不韋撰　（漢）高誘注　清光緒元年（1875）浙江書局刻本　六冊

210000－0759－0000032　G255.1/古32

莊子十卷　（晉）郭象注　（唐）陸德明音義　清光緒二年（1876）浙江書局刻本　四冊

210000－0759－0000033　G255.1/古33

晏子春秋七卷音義二卷校勘二卷　（清）孫星衍校　清光緒二年（1876）浙江書局刻本　四冊

210000－0759－0000034　G255.1/古34

韓非子二十卷　清光緒元年（1875）浙江書局刻本　六冊

210000－0759－0000035　G255.1/古35

蕭山東門林氏宗譜四卷　（清）林蔭深修　清道光刻本　四冊

210000－0759－0000036　G255.1/古36

晦庵先生朱文公集一百卷續集五卷別集七卷目錄二卷　（宋）朱熹撰　清康熙刻本　三十六冊

210000－0759－0000037　G255.1/古37

劍南詩鈔八卷　（宋）陸遊撰　（清）楊大鶴編　清末刻本　十二冊

210000－0759－0000038　G255.1/古38

皇朝道學名臣言行外錄十七卷　（宋）李幼武纂集　清道光元年（1821）刻本　四冊

210000－0759－0000039　G255.1/古39

東坡先生全集七十五卷　（宋）蘇軾撰　明萬曆刻本　三十二冊

210000－0759－0000040　G255.1/古40

宋四六選二十四卷　（清）彭元瑞　（清）曹振鏞輯　清乾隆刻本　六冊

210000－0759－0000041　G255.1/古41

唐律疏議三十卷　（唐）長孫無忌等撰　清光緒刻本　十二冊

210000－0759－0000042　G255.1/古42

曾南豐全集五十三卷　（宋）曾鞏撰　清康熙長洲顧東岩刻本　二十四冊

210000－0759－0000043　G255.1/古43

爾雅音圖三卷　（晉）郭璞注　清嘉慶六年（1801）刻本　三冊

210000－0759－0000044　G255.1/古44

監本詩經八卷　（宋）朱熹集傳　清宣統刻本　四冊

210000－0759－0000045　G255.1/古45

周易補義六卷　（清）史襃撰　清光緒刻本　四冊

210000 – 0759 – 0000046　G255.1/古 46

監本書經六卷　（宋）蔡沈集傳　清光緒刻本　四冊

210000 – 0759 – 0000047　G255.1/古 47

東三省沿革表六卷　（清）吳廷燮撰　清宣統元年（1909）退耕堂刻本　六冊

210000 – 0759 – 0000048　G255.1/古 48

國朝學案小識十四卷　（清）唐鑑撰　清光緒十年（1884）石印本　六冊

210000 – 0759 – 0000049　G255.1/古 49

西史綱目三十五卷　（清）周維翰撰　清光緒石印本　十冊

210000 – 0759 – 0000050　G255.1/古 50

陸宣公集二十二卷　（唐）陸贄撰　清雍正刻本　八冊

210000 – 0759 – 0000051　G255.1/古 51

韓集點勘四卷　（清）陳景雲撰　清同治刻本　一冊

210000 – 0759 – 0000052　G255.1/古 52

孔子集語二卷　（宋）薛據輯　清光緒刻本　一冊

210000 – 0759 – 0000053　G255.1/古 53

孔子集語十七卷　（清）孫星衍撰　清光緒刻本　四冊

210000 – 0759 – 0000054　G255.1/古 54

昌黎先生集四十卷外集十卷　（唐）韓愈撰　（宋）朱熹考異　清同治刻本　十冊

210000 – 0759 – 0000055　G255.1/古 55

環遊地球新錄四卷　（清）李圭撰　清光緒刻本　四冊

210000 – 0759 – 0000056　G255.1/古 56

說文解字三十二卷　（清）段玉裁注　清同治刻本　九冊　存十七卷（一至十七）

210000 – 0759 – 0000057　G255.1/古 57

後漢書補表八卷　（清）錢大昭撰　清光緒刻本　三冊

210000 – 0759 – 0000058　G255.1/古 58

綱鑒易知錄九十二卷　（清）吳乘權　（清）周之炯　（清）周之燦輯　清咸豐刻本　二十八冊　存六十六卷（一至五十七、八十四至九十二）

210000 – 0759 – 0000059　G255.1/古 59

明鑒易知錄十五卷　（清）吳乘權　（清）周之炯　（清）周之燦輯　清同治刻本　八冊

210000 – 0759 – 0000060　G255.1/古 60

文獻通考三百四十八卷　（元）馬端臨撰　明萬曆刻本　一百冊　存二百六十九卷（一至十九、二十八至一百八十七、二百三十至三百十九）

210000 – 0759 – 0000061　G255.1/古 61

定香亭筆談四卷　（清）阮元撰　清嘉慶五年（1800）阮元刻本　四冊

210000 – 0759 – 0000062　G255.1/古 62

從政遺規二卷　（清）陳弘謀輯　清乾隆七年（1742）培远堂刻本　二冊

210000 – 0759 – 0000063　G255.1/古 63

在館法戒錄四卷　（清）陳弘謀輯　清乾隆七年（1742）培远堂刻本　二冊

210000 – 0759 – 0000064　G255.1/古 64

訓俗遺規五卷　（清）陳弘謀輯　清乾隆刻本　二冊

210000 – 0759 – 0000065　G255.1/古 65

養正遺規二卷補編一卷　（清）陳弘謀輯　清乾隆刻本　一冊

210000 – 0759 – 0000066　G255.1/古 66

教女遺規三卷　（清）陳弘謀輯　清乾隆刻本　一冊

210000 – 0759 – 0000067　G255.1/古 67

船山詩草二十卷　（清）張問陶撰　清乾隆刻本　八冊

210000 – 0759 – 0000068　G255.1/古 68

漢書評林一百卷　（明）凌稚隆輯　明萬曆刻本　六冊　存二十卷（一至二十）

210000－0759－0000069　G255.1/古69

香祖筆記十二卷　（清）王士禎撰　清康熙刻本　四冊

210000－0759－0000070　G255.1/古70

山海經廣注十八卷讀山海經語一卷雜述一卷圖五卷　（晉）郭璞注　（清）吳任臣釋　清末刻本　六冊

210000－0759－0000071　G255.1/古71

山海經十八卷　（晉）郭璞傳　清光緒三年(1877)浙江書局畢氏靈嚴山館刻本　三冊

210000－0759－0000072　G255.1/古72

古文釋義新編八卷　（清）余誠評注　清光緒刻本　七冊　存七卷(一至七)

210000－0759－0000073　G255.1/古73

古文釋義新編八卷　（清）余誠評注　清光緒刻本　八冊

210000－0759－0000074　G255.1/古74

墨子閒詁十五卷目錄一卷附錄一卷後語二卷　（清）孫詒讓撰　清光緒刻本　八冊

210000－0759－0000075　G255.1/古75

湯文正公遺書十四卷　（清）湯斌撰　清康熙刻本　十二冊

210000－0759－0000076　G255.1/古76

杜工部集五家評本二十卷　（清）盧坤編　清光緒刻六色套印本　十冊

210000－0759－0000077　G255.1/古77

安陽集五十卷　（宋）韓琦撰　清康熙刻本　八冊

210000－0759－0000078　G255.1/古78

忠獻韓魏王家傳十卷　（宋）韓忠彥撰　清康熙刻本　二冊

210000－0759－0000079　G255.1/古79

昭明文選集評十五卷　（清）于光華編　清乾隆刻本　十六冊

210000－0759－0000080　G255.1/古80

詩經體注　（清）沈世楷輯　清末刻本　一冊　存三卷(六至八)

210000－0759－0000081　G255.1/古81

御選唐宋文醇五十八卷　（清）高宗弘曆輯　清道光刻本　二十冊

210000－0759－0000082　G255.1/古82

資治通鑑綱目五十九卷　（宋）朱熹撰　明萬曆刻本　六十九冊

210000－0759－0000083　G255.1/古83

續資治通鑑綱目二十七卷　（明）商輅撰　明萬曆刻本　二十八冊

210000－0759－0000084　G255.1/古84

資治通鑑二百九十四卷　（宋）司馬光撰　清同治江蘇書局刻本　九十八冊　存二百九十一卷(一至六十、六十四至二百九十四)

210000－0759－0000085　G255.1/古85

竹書紀年十二卷　（清）徐文靖撰　清光緒刻本　四冊

210000－0759－0000086　G255.1/古86

春秋繁露十七卷　（漢）董仲舒撰　清光緒刻本　二冊

210000－0759－0000087　G255.1/古87

賈誼新書十卷　（漢）賈誼撰　清光緒刻本　二冊

210000－0759－0000088　G255.1/古88

墨子十五卷　清光緒刻本　四冊

210000－0759－0000089　G255.1/古89

皇帝內經二十四卷　清光緒刻本　十冊

210000－0759－0000090　G255.1/古90

列子八卷　（晉）張湛注　清光緒刻本　二冊

210000－0759－0000091　G255.1/古91

文子纘義十二卷　（元）杜道堅撰　清光緒刻本　二冊

210000－0759－0000092　G255.1/古92

管子二十四卷　（唐）房玄齡注　清光緒刻本　六冊

210000－0759－0000093　G255.1/古93

孫子十家註十三卷　（清）孫星衍校　清光緒

刻本　六冊

210000－0759－0000094　G255.1/古94

荀子二十卷　（唐）楊倞注　清光緒刻本
六冊

210000－0759－0000095　G255.1/古95

文中子十卷　（隋）王通撰　（宋）阮逸注　清
光緒刻本　二冊

210000－0759－0000096　G255.1/古96

世說新語八卷　（南朝宋）劉義慶撰　（南朝
梁）劉孝標注　明萬曆刻本　四冊

210000－0759－0000097　G255.1/古97

淮南子二十一卷　（漢）劉安撰　（漢）高誘注
清光緒刻本　六冊

210000－0759－0000098　G255.1/古98

淮南子二十一卷　（漢）劉安撰　（漢）高誘注
明萬曆刻本　四冊

210000－0759－0000099　G255.1/古99

史記志疑三十六卷　（清）梁玉繩撰　清光緒
刻本　十四冊

210000－0759－0000100　G255.1/古100

人壽金鑑二十二卷　（清）程得齡輯　清嘉慶
刻本　八冊　存二十卷(一至十九、二十一)

210000－0759－0000101　G255.1/古101

夢溪筆談二十六卷補筆談三卷續筆談一卷
（宋）沈括撰　明崇禎刻本　八冊

210000－0759－0000102　G255.1/古102

**康熙字典十二集三十六卷等韻一卷備考一卷
補遺一卷**　（清）張玉書等纂　清光緒刻本
四十冊　存三十七冊(子上中下、丑上、寅上
中下、卯上中下、辰上中下、巳上中下、午上中
下、未上中下、申上中下、酉上中下、戌上中
下、亥上中下,等韻一卷,備考一卷,補遺一
卷)

210000－0759－0000103　G255.1/古103

楚辭集註八卷　（宋）朱熹撰　清乾隆刻朱墨
套印本　八冊

210000－0759－0000104　G255.1/古104

國朝三家文鈔三十二卷　（清）宋犖　（清）許
汝霖選　清康熙刻本　十冊

210000－0759－0000105　G255.1/古105

樊川文集二十卷別集一卷外集一卷　（唐）杜
牧　（唐）裴延翰撰　清光緒刻本　四冊

210000－0759－0000106　G255.1/古106

清儒學案十四卷首一卷末一卷　（清）唐敬楷
撰　清光緒十年(1884)石印本　十三冊

遼東學院圖書館
古籍普查登記目錄

全國古籍普查登記目錄

國家圖書館出版社
National Library of China Publishing House

《遼東學院圖書館古籍普查登記目録》
編委會

主　編：王文平

編　委：張　媛　张曉紅　譚笑風

《遼東學院圖書館古籍普查登記目錄》

前　言

　　遼東學院圖書館收藏中國傳統文獻 34000 餘冊,其中民國時期綫裝書和古籍 21000 餘冊,經史子集叢五部之書均有收藏,古籍 82 部 1188 冊,多爲明代萬曆時期和清代康熙、雍正、乾隆時期刻本。古籍書庫及閱覽室 1 個,修復室 1 個,總面積 240 平方米,工作人員 3 名,負責古籍普查錄入、整理修復和保護、開發等工作。

　　多年來各級領導特別重視和關注古籍工作,2009 年全國古籍普查工作全面展開,2013 年我館已申請加入"中華古籍保護計劃",2016 年我館不僅贏得省古籍保護中心領導的大力支持,還積極爭取到了院方資金支援,加強了古籍室建設和保護工作,派出館員參加專業培訓和學習,古籍普查平臺資料錄入工作持續推進。

　　2017 年經過國家級古籍鑒定專家和遼寧省古籍保護中心專家的鑒定,我院圖書館 24 部古籍入選第四批《遼寧省珍貴古籍名錄》,其中部分古籍正在申報《國家珍貴古籍名錄》。我館被評爲遼寧省古籍重點保護單位,申請創建"小微古籍修復室"成功獲批。我館部分古籍具有很高的文物價值、學術價值和經濟價值。

　　根據遼寧省人民政府文件,遼政發〔2017〕32 號文件精神,號召各地區、各部門要繼續貫徹"保護爲主、搶救第一、合理利用、加強管理"的古籍保護工作基本方針,切實加強和完善保護措施,進一步做好珍貴古籍的保護、管理和合理利用工作。依據以善本古籍的安全保護、開發利用爲出發點,以弘揚中華民族優秀傳統文化,促進社會主義先進文化發展爲目的的指導思想,我館領導多次與省古籍保護中心領導請示和交流,計劃開展古籍數字化工作與再造善本工作,通過建設數字資源庫和大規模的善本複製出版,更加有效地保護和合理開發利用善本古籍。再造善本逐漸在閱覽流通、學術研究方面代替了原件,既方便公眾合理利用古籍,又大大減少了珍貴原件的磨損,有效地保護了古籍原件的安全。

　　本館此次編纂普查登記目錄工作起步較晚,情況特殊,因而古籍管理的各項工作都得到了省館古籍保護中心領導和同行們的大力支持和幫助,中心領導親自帶隊來館指導工作,在此我們全體館員向省館的領導和同行們表示深深地敬意和誠摯地感謝!

遼東學院圖書館

2020 年 5 月

210000－0755－0000001　B22

諸子奇賞前集五十一卷後集六十卷　（明）陳仁錫輯評　明天啟刻本　四十一冊　存五十一卷（前集五十一卷）

210000－0755－0000002　B221/02

易經捄一十四卷易學啟蒙補二卷　（清）梁錫璵集傳　清乾隆十六年（1751）刻本　十四冊

210000－0755－0000003　B226.5/01

韓非子評注二十卷　（晉）郭象注　（唐）陸德明音義　（明）王世貞注　清嘉慶九年（1804）姑蘇聚文堂刻本　四冊

210000－0755－0000004　B244

理學宗傳二十六卷　（清）孫奇逢輯　清康熙刻本　十二冊

210000－0755－0000005　H131.6

經典釋文三十卷　（唐）陸德明撰　清同治十年（1871）文瀾閣刻本　十二冊　存二十九卷

210000－0755－0000006　H152/01

三元秘授六卷　（明）張溥撰　清刻本　四冊

210000－0755－0000007　H161

小學類編六種附一種　（清）李祖望輯　清咸豐、同治江都李氏半畝園刻本　八冊

210000－0755－0000008　H161

說文字原考略六卷　（清）吳照輯　清乾隆五十七年（1792）刻本　四冊

210000－0755－0000009　I201.22

帶經堂詩話三十卷首一卷　（清）王士禎撰　（清）張宗柟輯　清同治十二年（1873）廣州藏修堂刻本　十二冊

210000－0755－0000010　I207.2

嚴氏詩輯三十六卷　（宋）嚴粲撰　清嘉慶五年（1800）刻本　十二冊

210000－0755－0000011　I207.2

詩總聞二十卷　（宋）王質撰　清乾隆聚珍版書本　十冊

210000－0755－0000012　I207.2

五代詩話十二卷　（清）王士禎輯　清乾隆十三年（1748）養素堂刻本　三冊

210000－0755－0000013　I207.2

漁洋詩話三卷　（清）王士禎撰　清刻本　三冊

210000－0755－0000014　I207.22

詩古微二卷　（清）魏源撰　清刻本　一冊

210000－0755－0000015　I207.22

讀杜心解六卷首二卷　（清）浦起龍撰　清雍正二年至三年（1724－1725）浦氏寧我齋刻本　八冊

210000－0755－0000016　I207.22

杜詩直解六卷　（清）朱崑　（清）沈寅輯　清乾隆四十年（1775）鳳樓刻本　六冊

210000－0755－0000017　I207.22

漢鐃歌釋文箋正不分卷　王先謙撰　清同治十一年（1872）王氏虛受堂刻本　一冊

210000－0755－0000018　I207.22

詩人玉屑二十卷　（宋）魏慶之輯　清處順堂刻本　六冊

210000－0755－0000019　I207.22

詩經大全二十卷綱領一卷圖一卷　（明）胡廣等輯　**詩序辨說一卷**　（宋）朱熹撰　明永樂十三年（1415）內府刻本　十冊

210000－0755－0000020　I207.22/01/1－4

欽定詩經傳說匯纂二十一卷首二卷詩序二卷　（清）王鴻緒等撰　清雍正五年（1727）內府刻本　二十四冊

210000－0755－0000021　I207.22/10

昌黎先生詩增注証訛十一卷昌黎先生年譜一卷　（清）黃鉞撰　清道光二十八年（1848）黃中民刻咸豐七年（1857）四明鮑氏印本　四冊

210000－0755－0000022　I207.22/21

杜詩直解五卷　（唐）杜甫撰　（清）范廷謀注釋　清雍正六年（1728）稼石堂刻本　二冊

210000－0755－0000023　I207.22/36/1

漁洋詩話三卷　（清）王士禎撰　清刻本

一冊

210000－0755－0000024　I207.23

詞學全書　（清）查培繼輯　清乾隆十一年
（1746）世德堂刻本　十二冊

210000－0755－0000025　I207.62/02

古文析義初編十卷增補五卷　（清）林雲銘評
註　清嘉慶五年（1800）武林寶文堂刻本
六冊

210000－0755－0000026　I211.48

滄溟集三十卷附錄一卷　（明）李攀龍撰　明
隆慶六年（1572）刻本　十六冊

210000－0755－0000027　I211/04

古文辭類纂點勘二卷　（清）吳汝綸撰　清同
治十年（1871）萃升書院刻桐城吳先生羣書點
刊本　四冊

210000－0755－0000028　I211/04

文選點勘五卷　（清）吳汝綸撰　清同治九年
（1870）萃升書院刻桐城吳先生羣書點刊本
四冊

210000－0755－0000029　I211/05/1－10

漢魏六朝百三名家集　（明）張溥輯　清光緒
十八年（1892）善化章經濟堂刻本　一百二十
七冊

210000－0755－0000030　I211/30/1－6

古香齋新刻袖珍御選古文淵鑒六十四卷
（清）聖祖玄燁選　（清）徐乾學等輯注　清乾
隆內府刻四色套印古香齋袖珍十種本　四十
八冊

210000－0755－0000031　I211/8

陳檢討四六箋注二十卷　（清）陳維崧撰　清
末上海文瑞樓石印本　八冊

210000－0755－0000032　I213/02

諸葛忠武志九卷　（清）張鵬翮撰　清刻本
六冊

210000－0755－0000033　I214.2/05

樊南文集詳注八卷　（唐）李商隱撰　清同治
七年（1868）刻本　四冊

210000－0755－0000034　I214.2/07

毛詩名物圖說九卷　（清）徐鼎輯　清乾隆刻
本　四冊

210000－0755－0000035　I214.4/03

岳忠武王文集八卷首一卷末一卷　（宋）岳飛
撰　（清）黃邦寧編　清光緒十二年（1886）上
海簡玉山房刻本　四冊

210000－0755－0000036　I214.8

東里文集二十五卷　（明）楊士奇撰　明萬曆
刻本　八冊

210000－0755－0000037　I214.8/03

何大復先生集三十八卷　（明）何景明撰　清
乾隆十五年（1750）刻本　八冊

210000－0755－0000038　I214.9

西堂雜俎一集八卷二集八卷三集八卷　（清）
尤侗撰　清康熙刻本　十六冊

210000－0755－0000039　I214.9/19/1－4

胡文忠公遺集八十六卷　（清）胡林翼撰　清
光緒元年（1875）湖北崇文書局刻本　三十
二冊

210000－0755－0000040　I214.92

壯悔堂文集十卷遺稿一卷　（清）侯方域撰
清順治刻本　六冊　存九卷

210000－0755－0000041　I222.2/01

御纂詩義折中二十卷　（清）傅恆等撰　清刻
本　六冊

210000－0755－0000042　I222.2/06

毛詩名物圖說九卷　（清）徐實夫撰　清乾隆
三十六年（1771）刻本　二冊

210000－0755－0000043　I222.2/07

毛詩名物圖說九卷　（清）徐鼎輯　清乾隆刻
本　四冊

210000－0755－0000044　I222.3/03

楚辭十七卷　（漢）王逸章句　（宋）洪興祖補
註　清同治十一年（1872）金陵書局刻本
四冊

210000－0755－0000045　I222.3/03

楚辭燈四卷 （清）林雲銘撰 清康熙三十六年(1697)刻本 二冊

210000－0755－0000046 I222.4
御定歷代賦匯一百八十四卷 （清）陳元龍等輯 清康熙四十五年(1706)刻本 八十冊

210000－0755－0000047 I222.4
御定歷代賦匯一百四十卷外集二十卷逸句二卷補遺二十二卷 （清）陳元龍等輯 清康熙四十五年(1706)內府刻本 八十冊

210000－0755－0000048 I222.7/01
古微堂詩集十卷 （清）魏源撰 清同治九年(1870)長沙寶慶郡館刻本 二冊

210000－0755－0000049 I222.7/02/1－2
古詩箋三十二卷 （清）王士禛輯 （清）聞人倓箋 清乾隆三十一年(1766)芝蘭堂刻本 十冊

210000－0755－0000050 I222.742
韓昌黎詩集編年箋注十二卷 （宋）方世舉箋註 清乾隆二十三年(1758)刻本 四冊

210000－0755－0000051 I222.742
分類補註李太白詩二十五卷 （唐）李白撰 （宋）楊齊賢集註 （元）蕭士贇補註 明萬曆三十年(1602)許自昌刻李杜全集本 十二冊

210000－0755－0000052 I222.742/03
玉谿生詩詳註三卷 （唐）李商隱撰 （清）馮浩注 清乾隆四十五年(1780)德聚堂刻本 四冊

210000－0755－0000053 I222.742/10
唐詩合解箋注十二卷 （清）王翼雲注 清道光十七年(1837)慎遠堂刻本 六冊

210000－0755－0000054 I222.742/12
唱經堂杜詩解四卷 （清）金人瑞撰 清順治十五年(1658)刻本 五冊

210000－0755－0000055 I222.744
施註蘇詩四十二卷總目二卷 （宋）施元之注 （清）顧嗣立 （清）邵長蘅 （清）宋至刪補 續補遺二卷 （清）馮景補註 王注正譌

一卷 （清）邵長蘅撰 東坡先生年譜一卷 （宋）王宗稷撰 清康熙三十八年(1699)宋犖刻本 二十冊

210000－0755－0000056 I222.744
宋詩鈔初集 （清）呂留良 （清）吳之振 （清）吳爾堯輯 清康熙十年(1671)刻本 二十四冊

210000－0755－0000057 I222.744/05/1－2
蘇文忠詩合注五十卷目錄二卷首二卷 （清）馮應溜輯 清同治九年(1870)踵息齋刻本 十二冊 存二十四卷(一至二十、目錄二卷、首二卷)

210000－0755－0000058 I222.748/01
明三十家詩選初集八卷二集八卷 （清）汪端輯 清同治十二年(1873)蘊蘭吟館刻本 八冊

210000－0755－0000059 I222.749/03
甌北集三十卷 （清）趙翼撰 清乾隆刻本 四冊

210000－0755－0000060 I222.8
水雲樓詞二卷 （清）蔣春霖撰 清咸豐十一年(1861)刻本 一冊

210000－0755－0000061 I222.8
新鐫古今大雅南宮詞紀六卷 （明）陳所聞輯 明萬曆三十三年(1605)刻本 四冊

210000－0755－0000062 I222/03
古詩歸十五卷 （明）鍾惺 （明）譚元春輯 明閔振業刻三色套印本 八冊

210000－0755－0000063 I222.801/1－16
御選宋金元明四朝詩三百二卷 （清）張豫章等輯 清康熙四十八年(1709)內府刻本 一百六十冊

210000－0755－0000064 I237.2
成裕堂繪像第七才子書六卷 （清）高東嘉撰 清雍正十三年(1735)成裕堂刻本 六冊

210000－0755－0000065 I242.1
聊齋志異新評全注十六卷 （清）蒲松齡撰

(清)但明倫新評　(清)呂湛恩注　清光緒七年(1881)刻本　十六冊

210000－0755－0000066　I242.1
聊齋志異新評十六卷　(清)蒲松齡撰　(清)王士禎　(清)但明倫評　清光緒三年(1877)刻本　十六冊

210000－0755－0000067　I242.4
東周列國全志二十三卷一百八回　(清)蔡元放評點　清咸豐四年(1854)刻朱墨套印本　十二冊

210000－0755－0000068　I262
古文淵鑒六十四卷　(清)聖祖玄燁選　(清)徐乾學等輯注　清末石印本　二十四冊

210000－0755－0000069　K204.2
史記志疑三十六卷　(清)梁玉繩撰　清乾隆刻本　十六冊

210000－0755－0000070　K204.2
重訂路史全本四十七卷　(宋)羅泌撰　明刻本　二冊

210000－0755－0000071　K207
春秋師說三卷　(元)趙汸撰　清康熙通志堂刻本　二冊

210000－0755－0000072　K225.4
左繡三十卷　(清)馮李驊　(清)陸浩評輯　清華川書屋刻本　十六冊

210000－0755－0000073　K225.4
左通補釋三十二卷　(清)梁履繩撰　清道光九年(1829)錢唐汪氏振綺堂刻光緒元年(1875)補刻本　十二冊

210000－0755－0000074　K225.4/03/1－2

春秋四傳三十八卷　(清)俞汝言編　清康熙十五年(1676)刻本　二十冊

210000－0755－0000075　K249.6
國朝先正事略六十卷　(清)李元度纂　清刻本　二十四冊

210000－0755－0000076　K295.24
鄒平縣誌十八卷　(清)羅宗瀛修　清康熙刻道光十六年(1836)續修本　八冊

210000－0755－0000077　K296.4
南嶽志八卷　(清)高自位編　清乾隆十八年(1753)開雲樓刻本　六冊

210000－0755－0000078　K825.6/03
韓文類譜七卷　(宋)呂大防等撰　柳先生年譜一卷　(宋)文安禮撰　清雍正七年(1729)馬氏小玲瓏山館刻本　四冊

210000－0755－0000079　K828/01
列女傳補注八卷校正敘錄一卷列仙傳校正二卷　(清)王照圓撰　清光緒八年(1882)刻本　四冊

210000－0755－0000080　K877/02
隸辨八卷　(清)顧藹吉撰　清康熙五十七年(1718)項氏玉淵堂刻本　八冊

210000－0755－0000081　K928.6/10
山海經箋疏十八卷　(清)郭璞傳　(清)郝懿行箋疏　訂譌一卷敘錄一卷　(清)郝懿行撰　清嘉慶十四年(1809)阮氏琅嬛仙館刻本　六冊

210000－0755－0000082　Z124/04
杭氏七種一卷　(清)杭世駿撰　清刻本　一冊　存五種

中國刑事警察學院圖書館古籍普查登記目録

全國古籍普查登記目録

國家圖書館出版社
National Library of China Publishing House

《中國刑事警察學院圖書館古籍普查登記目録》
編委會

主　　編：張文娟

編　　委：趙迎春　梁澤程　聶　妍

《中國刑事警察學院圖書館古籍普查登記目錄》

前　言

　　中國刑事警察學院圖書館古籍閱覽室共收藏文獻787部4219冊，主要是清代古籍，民國時期綫裝書和僞滿政府、民國時期出版的敵僞資料和民國警察文獻。在2012年全國古籍普查登記工作中，我館已將所有館藏數據録入普查系統，并完成登記造冊。同時，爲做好全國普查登記工作，我館還邀請了遼寧省圖書館古籍鑒定專家王清原女士來館對館藏綫裝書進行了鑒定，經專家鑒定後確定的古籍文獻爲45部947冊。這45部古籍文獻保存完好，主要爲清末年間各類刻本、影印本及石印本，内容豐富，集歷史文獻性、學術資料性於一體。目前古籍文獻在我館實行閉架且限定讀者身份的閱覽方式。

　　我館收藏的古籍文獻内容豐富，具有鮮明的公安專業特徵。館藏45部古籍，内容涉及偵查、法醫、法律、文學、藝術、歷史、國學等多個方面。《洗冤録》是世界上第一部系統的法醫學著作，具有很高的學術價值。我館收藏的《洗冤録》相關書籍共計14部59冊，如《洗冤録義證》四卷《首》一卷、《重刊補注洗冤録集證》六卷等，主要來源於司法部司法鑒定科學技術研究所以及其前身民國時期司法行政部法醫研究所。由於歷史原因，研究所曾有一段時間被撤銷，撤銷期間大部分裝備和人員被分流至公安部第一人民警察幹部學校（原中國刑事警察學院）和公安系統，相關古籍文獻被我館接收。還有部分古籍爲公安部第一人民警察幹部學校圖書館原有館藏。

　　館藏古籍文獻中最珍貴、最具代表性的爲已入選第二批《遼寧省珍貴古籍名録》的四部書籍。申請入選第二批《遼寧省珍貴古籍名録》的古籍共1600餘部，涉及古籍收藏單位20家，最終1060部古籍入選。經過《遼寧省珍貴古籍名録》評審委員會的集中評審、復核和社會公示，我館於2012年申報的四部古籍全部成功入選第二批《遼寧省珍貴古籍名録》，遼寧省文化廳向我院圖書館頒發了四部古籍的入選證書。這四部珍貴古籍均是我館特藏文獻，其中清康熙蔣陳錫刻本《臣鑑録》二十卷年代最爲久遠，距今約爲300年；清嘉慶十三年（1808）蘭陵孫氏影元刻本《故唐律疏議》三十卷，現存二十六卷，較爲罕有；清道光二十四年（1844）刻四色套印本《重刊補注洗冤録集證》六卷與清道光二十三年（1843）江都鍾淮刻三色套印本《補注洗冤録集證》四卷均是多種顏色進行套印，頗具特色。

此次古籍普查工作的完成和登記目録的出版，離不開省古籍保護中心的指導和館領導的關心與支持，同時要感謝普查編目人員付出的辛勤勞動。普查登記工作專業性强、難度大，限於我們的學識水平，本目録中難免有疏漏之處，敬祈方家批評指正。

中國刑事警察學院圖書館

2020 年 5 月

210000－0749－0000001　1

補註洗冤錄集證四卷　（宋）宋慈輯　（清）王又槐集證　（清）阮其新補注　（清）童濂刪
作吏要言一卷　（清）葉鎮撰　（清）朱椿增
清道光二十三年(1843)江都鍾淮刻三色套印本　四冊

210000－0749－0000002　2

重刊補註洗冤錄集證六卷　（宋）宋慈輯　（清）王又槐增輯　（清）李觀瀾補輯　（清）文晟續輯　（清）阮其新補注　清道光二十四年(1844)刻四色套印本　五冊

210000－0749－0000003　3

臣鑑錄二十卷　（清）蔣伊編　清康熙蔣陳錫刻本　十冊

210000－0749－0000004　4

故唐律疏議三十卷　（唐）長孫無忌等撰　清嘉慶十三年(1808)蘭陵孫氏影元刻本　四冊　存二十六卷（一至二十六）

210000－0749－0000005　5

船山遺書　（清）王夫之撰　清同治四年(1865)湘鄉金陵曾國荃刻本　一百冊　存三十五種

210000－0749－0000006　6

欽定二十四史　清光緒三十四年(1908)上海集成圖書公司鉛印本　四百冊

210000－0749－0000007　7

重刊補註洗冤錄集證五卷　（宋）宋慈輯　（清）王又槐增輯　（清）李觀瀾補輯　（清）阮其新補注　**續增洗冤錄辨正三卷**　（清）瞿中溶撰　（清）李璋煜重訂　清光緒三年(1877)浙江書局刻四色套印本　五冊

210000－0749－0000008　8

洗冤錄詳義四卷首一卷　（宋）宋慈輯　（清）許槤詳義　**摭遺二卷**　（清）葛元煦輯　**摭遺補一卷**　（清）張開連輯　清光緒十六年(1890)湖北官書處刻本　五冊

210000－0749－0000009　9

重刊補註洗冤錄集證五卷　（宋）宋慈輯　（清）王又槐增輯　（清）李觀瀾補輯　（清）阮其新補注　**續增洗冤錄辨正三卷**　（清）瞿中溶撰　（清）李璋煜重訂　清光緒三年(1877)浙江書局刻四色套印本　四冊　缺一卷(洗冤錄集證二)

210000－0749－0000010　10

重刊補註洗冤錄集證五卷　（宋）宋慈輯　（清）王又槐增輯　（清）李觀瀾補輯　（清）阮其新補注　**續增洗冤錄辨正三卷**　（清）瞿中溶撰　（清）李璋煜重訂　清光緒三年(1877)浙江書局刻四色套印本　五冊

210000－0749－0000011　11

洗冤錄詳義四卷首一卷　（宋）宋慈輯　（清）許槤詳義　**摭遺二卷**　（清）葛元煦輯　清光緒二年(1876)葛氏嘯園刻本　五冊

210000－0749－0000012　12

洗冤錄義證四卷首一卷　（宋）宋慈輯　（清）剛毅義證　清光緒二十五年(1899)浙江藩署刻本　四冊　缺一卷(四)

210000－0749－0000013　13

重刊補註洗冤錄集證六卷　（宋）宋慈輯　（清）王又槐增輯　（清）李觀瀾補輯　（清）文晟續輯　（清）阮其新補注　清道光二十四年(1844)刻四色套印本　五冊

210000－0749－0000014　14

洗冤錄義證四卷首一卷　（宋）宋慈輯　（清）剛毅義證　清光緒十七年(1891)江蘇書局刻本　一冊

210000－0749－0000015　15

洗冤錄詳義四卷首一卷　（宋）宋慈輯　（清）許槤詳義　清光緒十二年(1886)山東書局刻本　四冊

210000－0749－0000016　16

折獄龜鑑補六卷　（清）胡文炳輯　清光緒四年(1878)蘭石齋刻本　六冊

210000－0749－0000017　17

大清律例增修統纂集成四十卷末一卷督捕則例附纂二卷　（清）姚潤輯　（清）章鈇

（清）沈嘉樹增修　清光緒十年（1884）武林吳氏清來堂刻本　二十四冊

210000－0749－0000018　18
太平御覽一千卷目錄十五卷　（宋）李昉等撰　清光緒二十年（1894）上海積山書局石印本　三十二冊

210000－0749－0000019　19
列國政要一百三十二卷首一卷　（清）戴鴻慈（清）瑞方纂　清光緒三十三年（1907）上海商務印書館石印本　三十二冊

210000－0749－0000020　20
讀史兵略四十六卷　（清）胡林翼撰　清咸豐十一年（1861）武昌節署刻本　十六冊

210000－0749－0000021　21
說鈴　（清）吳震方輯　清刻本　十六冊　存四十七種

210000－0749－0000022　22
戰國策十卷　（宋）鮑彪校注　（元）吳師道重校　清嘉慶十一年（1806）書業堂刻本　八冊

210000－0749－0000023　23
說文解字注三十卷附六書音韵表二卷　（清）段玉裁撰　說文部目分韻一卷　（清）陳奐撰　清嘉慶十三年（1808）段氏經韵樓刻本　十六冊

210000－0749－0000024　24
說文解字義證五十卷　（清）桂馥撰　清同治九年（1870）湖北崇文書局刻本　三十二冊

210000－0749－0000025　25
古文辭類纂七十四卷　（清）姚鼐輯　續古文辭類纂三十四卷　王先謙輯　清光緒三十年（1904）上海商務印書館鉛印本　十二冊

210000－0749－0000026　26
篆學瑣著三十種　（清）顧湘輯　清道光二十年（1840）海虞顧氏刻本　八冊

210000－0749－0000027　27
楷法溯源十四卷首一卷　（清）潘存輯　楊守敬編　清光緒三年（1877）刻本　八冊

210000－0749－0000028　28
御批資治通鑑綱目正編五十九卷首一卷前編十八卷舉要三卷續編二十七卷　（宋）朱熹等撰　清光緒十三年（1887）上海同文書局石印本　二十四冊

210000－0749－0000029　29
正氣集十卷　（清）王式輯　清宣統三年（1911）不讀非道書齋鉛印本　四冊

210000－0749－0000030　30
詞律二十卷　（清）萬樹撰　清光緒二年（1876）刻本　十二冊

210000－0749－0000031　31
詞律拾遺八卷　（清）徐本立纂　清同治十二年（1873）刻本　四冊

210000－0749－0000032　32
楚辭十七卷　（漢）王逸章句　（宋）洪興祖補注　清同治十一年（1872）金陵書局刻本　四冊

210000－0749－0000033　33
聊齋志異新評十六卷　（清）蒲松齡撰　（清）王士禎評　（清）但明倫評　清光緒三年（1877）文餘堂刻朱墨套印本　八冊

210000－0749－0000034　34
淳化祕閣法帖考正十二卷　（清）王澍撰　（清）汪玉球參正　清詩鼎齋刻本　四冊

210000－0749－0000035　35
王臨川文集四卷　（宋）王安石撰　清宣統二年（1910）上海會文堂書局石印本　四冊

210000－0749－0000036　36
唐陸宣公集二十二卷增輯二卷　（唐）陸贄撰　（清）耆英增輯　清刻本　八冊

210000－0749－0000037　37
四書集註十九卷　（宋）朱熹撰　清光緒十八年（1892）寶善堂刻本　六冊

210000－0749－0000038　38
洗冤錄詳義四卷首一卷　（宋）宋慈輯　（清）許梿詳義　摭遺二卷　（清）葛元煦輯　摭遺

補一卷　（清）張開連輯　經驗方十二則
（清）宗子城輯　清光緒三年（1877）湖北藩署
刻本　六冊

210000－0749－0000039　39

周濂溪先生全集十三卷　（宋）周敦頤撰
（清）張伯行編　清正誼堂刻本　二冊

210000－0749－0000040　40

晦庵先生朱文公文集一百卷續集五卷別集七
卷目錄二卷　（宋）朱熹撰　清刻本　三十冊

210000－0749－0000041　41

宋元學案一百卷首一卷　（清）黃宗羲撰
（清）全祖望修定　考略一卷　（清）王梓材等
撰　清光緒五年（1879）長沙寄廬刻本　四
十冊

210000－0749－0000042　42

揚子法言十三卷　（漢）楊雄撰　（晉）李軌注
　音義一卷　（宋）□□撰　清嘉慶二十三年

（1818）江都秦氏石研齋刻本　二冊

210000－0749－0000043　43

荀子二十卷校勘補遺一卷　（唐）楊倞注
（清）謝墉校　清光緒二年（1876）浙江書局刻
二十二子本　六冊

210000－0749－0000044　44

重刊補注洗冤錄集證五卷　（宋）宋慈輯
（清）王又槐增輯　（清）李觀瀾補輯　（清）
阮其新補注　清同治四年（1865）粵東省署刻
四色套印本　二冊　存二卷（一至二）

210000－0749－0000045　45

重刊補註洗冤錄集證五卷　（宋）宋慈輯
（清）王又槐增輯　（清）李觀瀾補輯　（清）
阮其新補注　續增洗冤錄辨正三卷　（清）瞿
中溶撰　（清）李璋煜重訂　清光緒三十三年
（1907）上海商務印書館石印本　四冊

大連醫科大學圖書館古籍普查登記目錄

全國古籍普查登記目錄

國家圖書館出版社
National Library of China Publishing House

《大連醫科大學圖書館古籍普查登記目録》

主　編：葉　翎

《大連醫科大學圖書館古籍普查登記目録》

前　言

　　大連醫科大學的前身大連醫學院於 1969 年南遷遵義。當時圖書館藏書約 18 萬册，其中 13 多萬册隨圖書館搬遷到遵義，僅有不到 5 萬册圖書資料留在大連。1978 年學校復辦後，留下的書中祇有很少一部分被運回到星海三站校區。從當時第一教學樓的臨時圖書館到星海老校區的圖書館，2007 年又搬到了旅順校區新館，幾經輾轉，多次搬遷，圖書館始終没有丢弃這些舊書。2011 年在對其進行整理時發現，其中有 12 部 27 函 239 册古舊書籍，保存完好，無黴變、水漬和蟲蛀等現象。爲考證這些古舊書籍的年代及價值，圖書館聘請大連市圖書館古籍部專家進行鑒定，鑒定結果顯示，根據文化部頒布的《古籍定級標準》，這批古舊書籍中有 5 部 206 册屬於古籍，包括《本草綱目》、《子書百家》、《文獻通考》、《八史經籍志》和《欽定大清會典事例》。這些古籍的發現填補了大連醫科大學圖書館古籍善本館藏的空白。

　　《本草綱目》是清乾隆四十九年（1784）金閶書業堂重刻衣德堂本。全套共 52 卷 8 函 48 册。該書紙張、刻字、印刷、裝訂精良，保存完好，是不多見的善本書。這套《本草綱目》卷首有張朝璘撰寫的重刊序，并附有湖廣黄州府儒學增廣生員李建元（李時珍之子）向朝廷上奏的奏章全文。同時，還有明神宗朱翊鈞御批的聖旨“留覽禮部知道欽此”等文字。

　　經查閲有關資料發現，衣德堂本刻於清順治十四年（1657），堂主名叫田達村，字西坡，湖北蘄州人氏。衣德堂版《本草綱目》是除金陵本、江西本、石渠閣本之外的最善本，根據《古籍定級標準》，屬三級乙等，爲善本古籍。

　　《子書百家》爲清光緒元年（1875）湖北崇文書局刻本。該書全套共 12 函 110 册，我館收藏其中 6 函 52 册，屬四級古籍。

　　全書共收録先秦至明代子部著作一百種，其中儒家類 23 種，兵家類 10 種，法家類 6 類，農家類 1 種，術數類 2 種，雜家類 28 種，小説家類 16 種，道家類 14 種，是歷代子部叢書中收録最爲廣泛的。後掃葉山房據此本石印時改名《百子全書》，具有極高的文獻價值。

　　《文獻通考》爲清光緒二十二年（1896）浙江書局刻本，該書全套 348 卷，我館收藏其中 175 卷，共 6 函 60 册，屬四級古籍。

　　《文獻通考》，簡稱《通考》，是宋元時代學者馬端臨編撰的一部典章制度，記載上古至宋寧宗時的典章制度的沿革。共 348 卷，分爲 24 門（考）：田賦、錢幣、户口、職役、徵權、市糴、土貢、國用、選舉、學校、職官、郊社、宗廟、王禮、樂、兵、刑、經籍、帝系、封建、象緯、物异、輿地、四裔。各門下再分子門，制度史的體例更加細密完備。是繼《通典》《通志》之後，規模最大的一部記述歷代典章制度的著作。

《八史經籍志》爲清光緒刻本，共 10 種 2 函 16 册，保存完好，屬四級古籍。

據資料顯示，《八史經籍志》爲八部正史藝文志、經籍志及其補志的彙刻本。初刊於日本文政八年（1825），清光緒九年（1883）鎮海張壽榮重刻。

《欽定大清會典事例》爲清宣統元年（1909）商務印書館石印本，全書 1220 卷，我館收藏其中 258 卷，共 3 函 30 册，屬四級古籍。

《欽定大清會典事例》專門論述清代典章制度。我館所藏書籍品相完好，無污損痕迹，封面明黄色，蓋"許興凱遺書"印章。

《大連醫科大學圖書館古籍普查登記目録》編纂過程中，得到了圖書館領導的高度重視及多位專家和同仁的大力支持與熱心幫助，在此表示衷心感謝！

大連醫科大學圖書館　葉翎
2020 年 5 月

210000 – 0757 – 0000001　R281.3/L269 – 3

本草綱目五十二卷圖二卷　（明）李時珍撰
奇經八脈考一卷瀕湖脈學一卷本草萬方鍼線八卷　清乾隆四十九年（1784）金閶書業堂刻本　四十八冊

210000 – 0757 – 0000002　Z121.5/C857

子書百家一百種　（清）湖北崇文書局輯　清光緒元年（1875）湖北崇文書局刻本　五十二冊　存三十二種二百四卷（孔子家語十卷,孔子集語二卷,荀子三卷,孔鸞子二卷、附詰墨一卷,新語二卷,忠經一卷,新書十卷,鹽鐵論二卷,新序十卷,說苑二十卷,揚子法言一卷,方言十三卷,齊民要術十卷,太玄經十卷,焦氏易林四卷,淮南鴻烈解二十一卷,金樓子六卷,劉子二卷,顏氏家訓二卷,獨斷一卷,論衡三十卷,白虎通德論四卷,風俗通義十卷,牟子一卷,古今注三卷,聲隅子歔欷瑣微論二

卷,嬾眞子五卷,廣成子解一卷,叔苴子八卷,鬱離子一卷,空同子一卷,海沂子五卷）

210000 – 0757 – 0000003　D691.5/M034

文獻通考三百四十八卷　（元）馬端臨撰　清光緒二十二年（1896）浙江書局刻本　六十冊　存一百七十五卷（一至十八、六十一至七十八、一百二十至一百四十五、一百四十八至二百二十九、二百八十一至三百十一）

210000 – 0757 – 0000004　Z812/B002

八史經籍志十種　（日本）□□撰　清光緒九年（1883）鎮海張壽榮刻本　十六冊

210000 – 0757 – 0000005　D691.5/K968

欽定大清會典事例一千二百二十卷首一卷　（清）昆岡等纂修　清宣統元年（1909）石印本　三十冊　存二百五十八卷（五百七十六至七百三十一、九百二十至一千二十一）

遼寧省博物館古籍普查登記目録

全國古籍普查登記目録

國家圖書館出版社
National Library of China Publishing House

《遼寧省博物館古籍普查登記目録》
前　言

遼寧省博物館是 1949 年 7 月 7 日對外開放的新中國第一座博物館,經過六十多年的積纍,現已發展成爲一座現代化的綜合性博物館,集收藏、保護、研究和展示於一體,是中央與地方共建的國家級博物館,以館藏豐富、特色鮮明而享譽海内外。遼寧省博物館現有文物近 12 萬件,其中珍貴文物主要以遼寧地區考古出土文物和歷史藝術類文物爲主體,尤以晋唐宋元書畫、宋元明清緙絲刺繡、紅山文化玉器、商周時期窖藏青銅器、遼代瓷器、歷代碑志、明清版畫、古地圖等最具特色和影響。

遼寧省博物館歷年來收藏古籍善本多種,其中有些是稀有的珍本。現藏古籍 2 萬餘册(件),其中善本 200 餘部 6000 餘册(件);普通古籍 600 餘部,1 萬餘册(件)。古籍藏書來源主要有:原東北博物館(1959 年 1 月 5 日始改稱遼寧省博物館)的舊藏,20 世紀五六十年代原文化部文物局、遼寧省圖書館的撥交以及學者的捐贈和購買,近幾十年來的徵集等,形成了現有的收藏規模。

文物古籍的保護和利用是遼寧省博物館基本業務工作之一,歷來得到各級領導的重視和支援。我館曾於 1979 年對館藏綫裝書進行了調查整理,對於善本書進行了鑒定(包括必要的考證)和必要的著録(包括作者、版刻的年代和出處)。隨着古籍普查登記工作在全國範圍内的開展,從 2012 年 5 月,遼寧省博物館以圖書資料室爲主全面開展了館藏古籍的普查登記工作。每部古籍普查登記六項内容,包括"題名卷數、著者、版本、册數、存卷、單位",我館經過嚴格整理、篩選,按有關要求上報了 712 部 1 萬餘册(件)古籍。

遼寧省博物館的珍貴古籍藏品有元、明版書籍 50 餘部 1400 餘册;清版書籍 160 餘部 4700 餘册,其中包括漢、滿、藏等多種版本,還收藏了朝鮮、日本等書籍。最大特點是元明清版佛經占相當的比重,其中包括元刻本《大佛頂如來密因修證了義諸菩薩萬行首楞嚴經》十卷等。

近些年,按照國家古籍保護與管理的有關標準進行的古籍普查工作,已取得成果。遼寧省博物館的古籍,不僅具有收藏、研究、歷史資料等價值,而且具有重要的版本價值。現有 8 部古籍入選《國家珍貴古籍名録》,有 15 部古籍入選《遼寧省珍貴古籍名録》。2013 年,被國務院評定爲第四批"全國古籍重點保護單位"。

在古籍普查的基礎上，爲了能更好的保護現存古籍，遼寧省博物館加强了對古籍的保護和管理，把保管部及圖書資料室收藏的各種古籍合并到一起，在館藏文物序列裏專分爲一個古籍門類，放在恒温恒濕的文物特藏庫中，供普查和研究所用。

遼寧省博物館

2019 年 6 月

210000－0781－0000001　703

金石圖不分卷　（清）牛運震釋　（清）褚峻摹圖　清乾隆八年(1743)拓本　二冊

210000－0781－0000002　714

兩漢金石記二十二卷　（清）翁方綱撰　清乾隆五十四年(1789)南昌使院刻本　十二冊

210000－0781－0000003　914

清河書畫舫十二卷　（明）張丑撰　清乾隆二十八年(1763)池北草堂刻本　十二冊

210000－0781－0000004　915

佩文齋書畫譜一百卷首一卷　（清）孫嶽頒等纂輯　清康熙四十七年(1708)內府刻本　六十四冊

210000－0781－0000005　919

鐵網珊瑚十卷　（明）朱存理撰　清澄鑑堂刻本　二十四冊

210000－0781－0000006　926

庚子消夏記八卷　（清）孫承澤撰　清乾隆二十六年(1761)刻本　四冊

210000－0781－0000007　936

芥舟學畫編四卷　（清）沈宗騫撰　清乾隆四十六年(1781)琴書閣刻本　四冊

210000－0781－0000008　937

無聲詩史七卷　（清）姜紹書撰　清康熙五十九年(1720)觀妙齋刻本　六冊

210000－0781－0000009　939

國朝畫徵錄三卷續二卷　（清）張庚撰　清乾隆四年(1739)刻本　二冊

210000－0781－0000010　1227

秦漢瓦當文字二卷續一卷　（清）程敦撰　清乾隆五十二年(1787)橫渠書院刻五十九年(1794)續刻本　六冊

210000－0781－0000011　1573

輟耕錄三十卷　（元）陶宗儀撰　明崇禎毛氏刻本　二冊

210000－0781－0000012　2515

[乾隆]邯鄲縣志十二卷首一卷　（清）王炯纂修　清乾隆二十一年(1756)刻本　六冊

210000－0781－0000013　2732

地理鉛彈子砂水要訣六卷　（清）張鳳藻撰　清康熙三十四年(1695)經國堂刻本　六冊

210000－0781－0000014　420

古泉叢話三卷　（清）戴熙撰　清同治十一年(1872)滂喜齋刻本　一冊

210000－0781－0000015　2983

弘簡錄二百五十四卷　（明）邵經邦撰　（清）邵遠平校　**續弘簡錄四十二卷**　（清）邵遠平撰　清康熙二十七年(1688)刻三十八年(1699)續刻本　八十冊

210000－0781－0000016　3081

春秋胡傳三十卷　（宋）胡安國撰　明末清初金閶葉崑池刻本　七冊

210000－0781－0000017　3492

宋本韓柳二先生年譜八卷　（清）馬日璐輯　清雍正八年(1730)小玲瓏山館刻本　一冊

210000－0781－0000018　3517

讀禮通考一百二十卷　（清）徐乾學撰　清康熙三十五年(1696)刻本　十六冊

210000－0781－0000019　3709

宸垣識略十六卷　（清）吳長元輯　清乾隆五十三年(1788)池北草堂刻本　八冊

210000－0781－0000020　4091

唐荊川先生纂輯武編前六卷後六卷　（明）唐順之撰　明木活字印本　六冊　存六卷(後六卷)

210000－0781－0000021　4117

清文匯書十二卷　（清）李延基撰　清三槐堂書坊刻本　十二冊

210000－0781－0000022　4117.1

清文匯書十二卷　（清）李延基撰　清四合堂刻本　十二冊

210000－0781－0000023　4138

文選淪注三十卷　（南朝梁）蕭統輯　（明）閔齊華淪注　（明）孫礦評閱　清雍正十年

（1732）城山堂刻本　十四冊

210000－0781－0000024　4142

昭明文選集評十五卷　（清）于光華輯　清乾隆四十五年（1780）心簡齋刻本　十六冊

210000－0781－0000025　4144

唐宋八大家公暇錄六卷　（清）王應鯨選評（清）李中簡鑒定　清乾隆三十年（1765）嵩秀堂刻本　五冊

210000－0781－0000026　4155

庾開府全集十六卷總釋一卷　（北周）庾信撰　庾子山年譜一卷總釋一卷　（清）倪璠注釋　清崇岫堂刻本　六冊

210000－0781－0000027　4165

歐陽文忠公全集一百五十三卷附錄五卷（宋）歐陽修撰　清乾隆十一年（1746）孝思堂刻本　二十四冊

210000－0781－0000028　4208

御製文初集三十卷　（清）高宗弘曆撰　清乾隆二十九年（1764）內府刻本　八冊

210000－0781－0000029　4218

御定全唐詩錄一百卷首一卷　（清）徐倬等輯　清康熙四十五年（1706）刻本　三十二冊

210000－0781－0000030　4222

唐賢三昧集三卷　（清）王士禛撰　清康熙二十七年（1688）蘿延齋刻本　一冊

210000－0781－0000031　4224

唐人萬首絕句選七卷　（宋）洪邁輯　（清）王士禛選　清康熙四十七年（1708）刻本　一冊

210000－0781－0000032　4225

唐七律選四卷　（清）毛奇齡等輯　清康熙四十一年（1702）刻本　一冊

210000－0781－0000033　4226

禁林集八卷　（清）杭世駿輯　清乾隆二十三年（1758）刻本　二冊

210000－0781－0000034　4235

文文山先生集杜詩不分卷　（宋）文天祥撰　明崇禎十年（1637）淨名齋刻本　一冊

210000－0781－0000035　4242

梁溪詩鈔五十八卷　（清）顧光旭等撰　清乾隆六十年（1795）刻本　十五冊

210000－0781－0000036　4316

東周列國全志二十三卷一百八回　（清）蔡元放評點　清乾隆十七年（1752）聚錦堂刻本　十二冊

210000－0781－0000037　4318

殘唐五代史演義傳十二卷六十回　（明）羅貫中撰　（明）李贄評　清刻本　六冊

210000－0781－0000038　4319

新鐫玉茗堂批點按鑑參補南宋志傳十卷五十回北宋志傳十卷五十回　（明）熊大木撰　清京都文錦堂刻本　十冊

210000－0781－0000039　4351

經義考三百卷　（清）朱彝尊撰　（清）盧見曾編　清乾隆二十年（1755）刻本　六十冊　存二百九十七卷（一至二百九十七）

210000－0781－0000040　4380

御纂周易折中二十二卷首一卷　（清）李光地等撰　清康熙五十四年（1715）內府刻本　十冊

210000－0781－0000041　4382

周易廣義六卷　（清）潘元懋輯　清康熙十一年（1672）研露堂刻本　十一冊

210000－0781－0000042　4399

禮記體注四卷　（清）范翔撰　（清）曹庭玉（清）程元功纂　清康熙五十二年（1713）刻本　四冊

210000－0781－0000043　4405

周官精義十二卷　（清）連門山撰　清乾隆四十一年（1776）刻本　六冊

210000－0781－0000044　4432

爾雅正義二十卷　（清）邵晉涵撰　釋文三卷（唐）陸德明撰　清乾隆五十三年（1788）餘姚邵氏刻本　八冊

210000－0781－0000045　4433

爾雅注疏十一卷　（晉）郭璞注　（宋）邢昺疏　清乾隆十年(1745)三樂齋刻本　十六冊

210000－0781－0000046　4494

九卿議定物料價值四卷　（清）邁柱等纂　清乾隆元年(1736)刻本　八冊

210000－0781－0000047　4570

荒史三卷　（明）陳士元輯　明萬曆二年(1574)刻本　一冊

210000－0781－0000048　5457

老學庵筆記十卷　（宋）陸游撰　明末毛氏汲古閣刻本　四冊

210000－0781－0000049　5789

墨池編二十卷　（宋）朱長文編　清雍正十一年(1733)就閑堂刻本　十二冊

210000－0781－0000050　6262

六書通十卷　（明）閔齊伋撰　（清）畢弘述篆訂　清乾隆六十年(1795)刻本　十冊

210000－0781－0000051　11923

鍾氏歷代古泉存八卷　（清）鍾淦輯　清咸豐六年(1856)稿本　八冊

210000－0781－0000052　21452

漁洋山人精華錄十卷　（清）王士禛撰　清康熙三十九年(1700)刻本　四冊

210000－0781－0000053　21455

徐霞客遊記十二卷　（明）徐宏祖撰　（清）李介立輯　清乾隆四十一年(1776)刻本　十冊

210000－0781－0000054　21460

徐文長文集二十九卷附錄一卷　（明）徐渭撰　明萬曆四十二年(1614)刻本　六冊

210000－0781－0000055　21461

史記抄九十一卷　（明）茅坤選　明泰昌元年(1620)閔振業刻朱墨套印本　二十四冊

210000－0781－0000056　印368

王文成公全書三十八卷　（明）王守仁撰　明隆慶二年(1568)刻本　二十四冊

210000－0781－0000057　印375

閒情偶寄十六卷　（清）李漁撰　（清）沈心友等訂　清康熙十年(1671)刻本　八冊

210000－0781－0000058　印385

千金翼方三十卷　（唐）孫思邈撰　（宋）林億校　清乾隆二十八年(1763)刻本　二十四冊

210000－0781－0000059　印389

大學衍義四十三卷　（宋）眞德秀撰　（明）陳仁錫評閱　大學衍義補一百六十卷首一卷（明）丘濬撰　（明）陳仁錫評閱　明末刻清京都文錦堂印本　四十八冊

210000－0781－0000060　印396

大清律例匯纂三十二卷首一卷　（清）沈書城輯　清乾隆五十四年(1789)刻本　十六冊

210000－0781－0000061　印1554

孟子四考四卷　（清）周廣業撰　清乾隆六十年(1795)省吾廬刻本　二冊

210000－0781－0000062　印1555

新刊性理大全七十卷　（明）胡廣等撰　明建邑書林安正堂劉蓮臺刻本　十二冊

210000－0781－0000063　印1558

四書釋地一卷續一卷又續一卷三續一卷（清）閻若璩撰　清乾隆八年(1743)閻氏眷西堂刻本　四冊

210000－0781－0000064　印1560

宸垣識略十六卷　（清）吳長元輯　清乾隆五十三年(1788)池北草堂刻本　十六冊

210000－0781－0000065　印1568

二如亭羣芳譜三十卷首一卷　（明）王象晉撰　明天啓元年(1621)沙村草堂刻本　十六冊

210000－0781－0000066　印1573

國朝山左詩鈔六十卷　（清）盧見曾撰　清乾隆二十三年(1758)盧見曾雅雨堂刻本　二十冊

210000－0781－0000067　印1574

國朝山左詩鈔六十卷　（清）盧見曾撰　清乾隆二十三年(1758)盧見曾雅雨堂刻本　十六冊

210000－0781－0000068　印 1575

柳待制文集二十卷附錄一卷　（元）柳貫撰
清康熙五十年(1711)刻本　十冊

210000－0781－0000069　印 1581

國朝畫徵錄二卷　（清）張庚撰　清乾隆四年
(1739)刻本　二冊

210000－0781－0000070　印 1588

穆堂初藁五十卷穆堂外藁六卷首一卷　（清）
李紱撰　清乾隆二年(1737)刻本　十六冊

210000－0781－0000071　印 1596

古文淵鑑六十四卷　（清）徐乾學等輯並注
清康熙內府刻五色套印本　二十四冊

210000－0781－0000072　印 1601

牡丹亭還魂記二卷　（明）湯顯祖撰　明末刻
清懷德堂印本　四冊

210000－0781－0000073　印 1602

宋丞相李忠定公奏議六十九卷　（宋）李綱撰
明正德胡文靜、蕭泮刻天啓重修本　三冊
存二十九卷(一至十一、二十三至三十一、
六十一至六十九)

210000－0781－0000074　印 1604

寶顏堂訂正後山談叢四卷　（宋）陳師道撰
明萬曆繡水沈氏刻本　二冊

210000－0781－0000075　印 1608

王臨川文集一百卷　（宋）王安石撰　明萬曆
四十年(1612)金陵光裕堂刻本　十冊　存四
十九卷(一至四十九)

210000－0781－0000076　印 1616

新刻時用通俗雲箋二卷　（明）李贄纂　新鐫
時用通俗活套二卷　（明）楊正春輯　明刻本
六冊

210000－0781－0000077　印 1622

唐大家韓文公文鈔十六卷　（唐）韓愈撰
（明）茅坤等校　明萬曆七年(1579)茅氏刻本
十二冊

210000－0781－0000078　24974 雜 341

東萊標注潁濱先生文集二十二卷　（宋）蘇軾

撰　（宋）呂祖謙標注　元刻本　一冊　存七
卷(十六至二十二)

210000－0781－0000079　24975 雜 342

孝肅包公奏議集十卷　（宋）包拯撰　明刻本
一冊　存二卷(五至六)

210000－0781－0000080　24976 雜 343

遲鴻軒詩文續一卷　（清）楊峴撰　清光緒十
七年(1891)稿本　一冊

210000－0781－0000081　28334 雜 377

唐類函二百卷　（明）俞安期纂　明萬曆三十
一年(1603)刻本　四十冊

210000－0781－0000082　28337 雜 380

師中表不分卷　（明）方孔炤撰　明末刻本
一冊

210000－0781－0000083　28338 雜 381

潛確居類書一百二十卷　（明）陳仁錫輯　明
崇禎刻本　七十二冊

210000－0781－0000084　28339 雜 382

天中記六十卷　（明）陳耀文撰　明萬曆刻本
六十冊

210000－0781－0000085　28342 雜 385

北堂書鈔一百六十卷　（唐）虞世南撰　（明）
陳禹謨補注　明萬曆二十八年(1600)刻本
二十冊

210000－0781－0000086　28344 雜 387

四書集註大全四十二卷　（明）胡廣等輯　明
經廠本　一冊　存一卷(大學章句一卷)

210000－0781－0000087　28346 雜 389

博古圖錄考正三十卷　（宋）王黼等撰　明刻
本　一冊　存二卷(七至八)

210000－0781－0000088　28348 雜 391

蔡中郎文集八卷　（漢）蔡邕撰　明萬曆、天
啓汪氏刻漢魏諸名家集本　三冊

210000－0781－0000089　28349 雜 392

司馬文園集二卷附錄一卷　（漢）司馬相如撰
（明）張燮纂　明天啓刻本　二冊

210000－0781－0000090　28350 雜393

西村詩集二卷補遺一卷　（明）朱樸撰　（明）朱綵輯　明萬曆二十九年（1601）刻本　二冊

210000－0781－0000091　28351 雜394

古文正集二編不分卷　（明）葛鼐等輯評　明崇禎葉聚甫刻本　三十冊

210000－0781－0000092　28354 雜397

伊川擊壤集二十卷　（宋）邵雍撰　明萬曆文靖書院刻本　八冊

210000－0781－0000093　28356 雜399

合諸名家評注三蘇文選十八卷　（明）楊慎輯　（明）李維楨評注　明崇禎五年（1632）豹雯齋刻本　十冊

210000－0781－0000094　2738

[道光]重修蓬萊縣志十四卷　（清）王文燾修　（清）張本等纂　清道光十九年（1839）刻本　與 210000－0781－0000095 合冊

210000－0781－0000095　2738.2

[光緒]蓬萊縣續志十四卷　（清）鄭錫鴻（清）江瑞來修　（清）王爾植等撰　清光緒八年（1882）刻本　與 210000－0781－0000094 合冊

210000－0781－0000096　2607

安東關西歷1909年第二結造報華洋貿易冊簿　（清）巴倫輯　清宣統元年（1909）安東海關稅務司鉛印本　一冊

210000－0781－0000097　724

安陽縣金石錄十二卷　（清）武億撰　清嘉慶二十四年（1819）刻本　四冊

210000－0781－0000098　2378

東都事略一百三十卷　（宋）王偁撰　清光緒九年（1883）淮南書局刻本　八冊

210000－0781－0000099　2912

卜法詳考四卷　（清）胡煦撰　清葆璞堂刻本　四冊

210000－0781－0000100　4196

餐芍華館遺文三卷　（清）周騰虎撰　清光緒

三十一年（1905）刻本　一冊

210000－0781－0000101　1305

長安獲古編二卷　（清）劉喜海撰　清光緒三十一年（1905）刻本　二冊

210000－0781－0000102　28340 雜383

泊如齋重修宣和博古圖錄三十卷　（宋）王黼等撰　明萬曆十六年（1588）泊如齋刻本　二十冊　存二十卷（一至四、十至二十、二十六至三十）

210000－0781－0000103　印1578

才調集十卷　（五代）韋縠輯　清康熙四十三年（1704）垂雲堂刻本　四冊

210000－0781－0000104　28347 雜390

古香岑草堂詩餘正集六卷續集二卷別集四卷新集五卷　（明）顧從敬等輯　（明）沈際飛評點　明末刻本　六冊

210000－0781－0000105　印1594

楚辭燈四卷　（清）林雲銘撰　清康熙三十六年（1697）刻本　二冊

210000－0781－0000106　7179

淳化閣帖釋文十卷　（清）朱家標撰　清康熙二十二年（1683）絧綿堂刻本　二冊

210000－0781－0000107　19116 雜160

大佛頂如來密因修證了義諸菩薩萬行首楞嚴經十卷　（唐）釋般刺密帝譯　元刻本（卷四、七抄補）　十六冊

210000－0781－0000108　4383

大易則通十五卷　（清）胡世安撰　清順治十八年（1661）刻本　八冊

210000－0781－0000109　2518

[乾隆]德州志十二卷首一卷　（清）王道亨修　（清）張慶源纂　清乾隆五十三年（1788）刻本　八冊

210000－0781－0000110　2530

[乾隆]登封縣志三十二卷　（清）陸繼尊修（清）洪亮吉纂　清乾隆五十二年（1787）刻六十年（1795）補刻本　八冊

210000－0781－0000111　2964

資治通鑑目錄三十卷　（宋）司馬光撰　明崇禎二年(1629)刻本　十二冊

210000－0781－0000112　4572.1

東征集六卷　（清）藍鼎元撰　（清）王者輔評點　清雍正十年(1732)刻本　六冊

210000－0781－0000113　28355 雜398

董仲舒集一卷　（漢）董仲舒撰　明萬曆天啓刻本　一冊

210000－0781－0000114　印1583

杜工部集二十卷　（唐）杜甫撰　清乾隆五十年(1785)玉勾艸堂刻本　十冊

210000－0781－0000115　21449

杜詩詳注三十一卷首一卷　（唐）杜甫撰（清）仇兆鰲輯注　清康熙三十二年(1693)刻本　十四冊　存二十六卷(一至二十五、首一卷)

210000－0781－0000116　1379

飛鴻堂印譜　（清）汪啟淑輯　清乾隆二十二年(1757)刻本　四冊　存八卷

210000－0781－0000117　4472

佛說彌勒成佛經一卷　（後秦）釋鳩摩羅什譯　清刻本　一冊

210000－0781－0000118　4157

古文正集二編不分卷　（明）葛鼒等輯評　明崇禎九年(1636)葉聚甫刻本　十冊

210000－0781－0000119　4445

灌江備考不分卷　（清）李先立輯　清乾隆十九年(1754)刻本　一冊

210000－0781－0000120　印361

歸震川先生全集三十卷　（明）歸有光撰　清康熙刻本　八冊

210000－0781－0000121　28352 雜395

江醴陵集二卷　（南朝梁）江淹撰　明刻本　四冊

210000－0781－0000122　4280

芥隱筆記一卷　（宋）龔頤正撰　明崇禎三年(1630)汲古閣刻本　一冊

210000－0781－0000123　3817

金石錄三十卷　（宋）趙明誠撰　清乾隆二十七年(1762)盧氏雅雨堂刻本　三冊

210000－0781－0000124　印1589

居易錄三十四卷　（清）王士禛撰　清康熙四十年(1701)刻本　八冊

210000－0781－0000125　印1576

考古質疑六卷　（宋）葉大慶撰　清乾隆四十年(1775)武英殿木活字印本　二冊

210000－0781－0000126　2507

[乾隆]口北三廳志十六卷首一卷　（清）黃可潤纂修　清乾隆二十三年(1758)刻本　六冊

210000－0781－0000127　28341 雜384

禮記集傳十卷　（元）陳澔撰　明嘉靖九年(1530)刻本　十冊

210000－0781－0000128　21453

李義山詩集十六卷　（唐）李商隱撰　（清）姚培謙箋　清乾隆五年(1740)姚氏松桂讀書堂刻本　四冊

210000－0781－0000129　2736

[乾隆]歷城縣志五十卷首一卷　（清）胡德琳修　（清）李文藻等纂　清乾隆三十六年(1771)刻本　十六冊

210000－0781－0000130　2968

歷朝通鑑韻書三十二卷　（清）沈尚仁編　清康熙四十四年(1705)玉極堂刻本　五冊

210000－0781－0000131　21450

明詩別裁集十二卷　（清）沈德潛　（清）周準輯　清乾隆四年(1739)刻本　四冊

210000－0781－0000132　1577

墨莊漫錄十卷　（宋）張邦基撰　清刻本　二冊

210000－0781－0000133　印1577

內務府事宜便覽不分卷　（清）佚名輯　清抄本　二冊

210000－0781－0000134　1580

南越筆記十六卷　（清）李調元撰　清初四川
刻本　四冊

210000－0781－0000135　4572.2

平臺紀略一卷　（清）藍鼎元撰　（清）王者輔
評點　清雍正十年(1732)刻本　一冊

210000－0781－0000136　2516

[乾隆]平原縣志十卷首一卷　（清）黃懷祖修
　（清）黃兆熊纂　清乾隆十四年(1749)刻本
四冊

210000－0781－0000137　印1579

七子詩選十四卷　（清）沈德潛輯　清乾隆十
八年(1753)刻本　二冊

210000－0781－0000138　2521

[乾隆]齊河縣志十卷首一卷　（清）上官有儀
修　（清）許琰纂　清乾隆二年(1737)刻本
四冊

210000－0781－0000139　23947

契丹國志二十七卷　（宋）葉隆禮撰　清乾隆
五十八年(1793)承恩堂刻本　二冊

210000－0781－0000140　421

欽定錢錄十六卷　（清）梁詩正纂　清乾隆五
十二年(1787)刻本　四冊

210000－0781－0000141　印1563

欽定武英殿聚珍版程式一卷　（清）金簡撰
清乾隆武英殿木活字印本　一冊

210000－0781－0000142　印1586

清閟閣全集十二卷　（元）倪瓚撰　清康熙五
十二年(1713)曹培廉城書室刻本　四冊

210000－0781－0000143　1576

清波雜志三卷　（宋）周煇撰　刻本　一冊

210000－0781－0000144　4219

全唐詩鈔八十卷補遺十六卷　（清）吳成儀輯
　清乾隆二十四年(1759)萬卷堂刻本　三十
二冊

210000－0781－0000145　2731

山洋指迷原本四卷　（明）周景一撰　清乾隆

五十二年(1787)吳敬恕堂刻本　四冊

210000－0781－0000146　5539

聖門樂志一卷　（清）孔尚任纂　（清）孔尚忻
輯　清刻本　一冊

210000－0781－0000147　5538

聖門禮志不分卷　（清）孔令貽輯　清刻本
一冊

210000－0781－0000148　434

[乾隆]盛京通志四十八卷首一卷　（清）呂耀
曾等修　（清）魏樞等纂　清乾隆元年(1736)
刻本　二十冊

210000－0781－0000149　印1605

世說新語補四卷　（明）何良俊撰補　（明）王
世貞刪定　（明）張懋辰考定　明刻本　四冊

210000－0781－0000150　印1553

說文解字十五卷　（漢）許慎撰　明末清初毛
氏汲古閣刻本　八冊

210000－0781－0000151　印1584

司馬溫公文集八十二卷　（宋）司馬光撰　清
康熙刻本　十八冊

210000－0781－0000152　499

宋東京考二十卷　（清）周城撰　清乾隆三年
(1738)刻本　六冊

210000－0781－0000153　4169

蘇文忠公全集　（宋）蘇軾撰　（明）陶望令編
　明刻本　八冊

210000－0781－0000154　2978

東萊先生音注唐鑑二十四卷　（宋）范祖禹撰
　（宋）呂祖謙音注　明刻本　四冊

210000－0781－0000155　2978.1

唐鑑二十四卷　（宋）范祖禹撰　（宋）呂祖謙
音注　明刻本　八冊

210000－0781－0000156　4217

唐詩歸三十六卷　（明）鍾惺　（明）譚元春輯
評　明萬曆四十五年(1617)刻本　十八冊

210000－0781－0000157　2511

[乾隆]天津縣志二十四卷　（清）朱奎揚（清）張志奇修　（清）吳廷華纂　清乾隆四年（1739）刻本　八冊

210000－0781－0000158　印1593

亭林文集六卷餘集一卷　（清）顧炎武撰　清乾隆三十八年（1773）刻本　四冊

210000－0781－0000159　28335　雜378

通志二百卷　（宋）鄭樵撰　元大德三山郡癢刻元明遞修本　一百四十四冊

210000－0781－0000160　21458

王荊公唐百家詩選二十卷　（宋）王安石輯　清乾隆三十四年（1769）刻本　四冊

210000－0781－0000161　28336　雜379

文獻通考三百四十八卷　（元）馬端臨撰　明嘉靖三年（1524）司禮監刻本　一百冊

210000－0781－0000162　28353　雜396

西溪叢語二卷　（宋）姚寬撰　明末汲古閣刻本　二冊

210000－0781－0000163　6641

夏小正一卷　（漢）戴德傳　（宋）金履祥注（清）張爾岐輯定　清乾隆十年（1745）刻本　一冊

210000－0781－0000164　印1617

新定十二律昆腔譜十六卷　（清）王正祥撰　清康熙二十四年（1685）停雲室刻本　六冊

210000－0781－0000165　印424

新鐫批評出相韓湘子三十回　（明）楊爾曾撰　明天啓三年（1623）刻本　六冊

210000－0781－0000166　28357　雜400

新鐫批評出像通俗奇俠禪真逸史八集八卷四十回　（明）方汝浩撰　清初爽閣主人夏履先刻本　二十冊

210000－0781－0000167　4572.3

修史試筆二卷　（清）藍鼎元撰　清雍正六年（1728）刻本　二冊

210000－0781－0000168　4320

繡像南北宋全傳南宋十卷北宋十卷　（明）研石山樵訂　（明）織里畸人校　清聚文堂刻本　十冊

210000－0781－0000169　28345　雜388

續資治通鑑綱目二十七卷　（明）商輅等撰　明成化十二年（1476）內府刻本　二十六冊

210000－0781－0000170　4190

薛文清公讀書全錄類編二十卷　（明）薛瑄撰　明萬曆二十七年（1599）刻本　十二冊

210000－0781－0000171　3519

訓俗遺規四卷　（清）陳弘謀輯　清乾隆三十一年（1766）汪寶彝堂刻本　四冊

210000－0781－0000172　4395

儀禮析疑十七卷　（清）方苞撰　清乾隆十一年（1746）刻本　四冊

210000－0781－0000173　21457

遺山詩集二十卷　（金）元好問撰　清刻本　八冊

210000－0781－0000174　1333

亦政堂重修宣和博古圖錄二十五卷　（宋）王黼撰　（清）黃曉峰鑑定　清乾隆十七年（1752）亦政堂刻本　十八冊

210000－0781－0000175　4378

易心存古二卷　（清）張六圖撰　清乾隆二十五年（1760）刻本　二冊

210000－0781－0000176　6676

印人傳三卷　（清）周亮工撰　續印人傳八卷　（清）汪啓淑撰　清康熙十二年（1673）刻本　三冊

210000－0781－0000177　1429

御製盛京賦一卷　（清）高宗弘曆撰　（清）鄂爾泰等注　清乾隆八年（1743）刻朱墨套印本　一冊

210000－0781－0000178　4243

御製詩二集九十卷　（清）高宗弘曆撰　（清）蔣溥等編　清乾隆二十四年（1759）刻本　二十四冊

210000－0781－0000179　4175

御纂朱子全書六十六卷　（宋）朱熹撰　（清）
李光地等纂　清康熙五十二年（1713）刻本
三十二册

210000－0781－0000180　4408

御纂春秋直解十二卷　（清）傅恒等撰　清乾
隆二十三年（1758）刻本　八册

210000－0781－0000181　1694

曾文公忠營規不分卷　（清）曾國藩撰　清咸
豐十一年（1861）抄本　一册

210000－0781－0000182　4431

重鐫蘇老泉硃批孟子二卷　（宋）蘇洵撰　明
嘉靖元年（1522）刻朱墨套印本　二册

210000－0781－0000183　3518

朱子家禮十卷　（宋）朱熹撰　清康熙四十年
（1701）三多齋刻本　八册

210000－0781－0000184　2894

朱子孝經一卷小學六卷近思錄十四卷　（宋）
朱熹撰　清墨瀾齋刻本　二册

210000－0781－0000185　印369

玉茗堂還魂記二卷　（明）湯顯祖撰　清乾隆
五十年（1785）刻本　二册

210000－0781－0000186　印370

鍼灸大成十卷　（明）楊繼洲撰　清書業堂刻
本　十册

210000－0781－0000187　28343雜386

周易傳義大全二十四卷　（明）胡廣等輯　明
刻本　五册　存十一卷（九至十九）

210000－0781－0000188　24698雜339

朱文公校昌黎先生集四十卷　（唐）韓愈撰
（宋）朱熹考異　元刻本　一册　存一卷（十
七）

210000－0781－0000189　印1564

諸史提要十五卷　（宋）錢端禮撰　（清）張英
纂輯　清康熙五十二年（1713）內府刻本
五册

210000－0781－0000190　印1585

緄齋詩選二卷　（清）張謙宜撰　清乾隆二十

四年（1759）刻本　二册

210000－0781－0000191　4187

寒支二集六卷　（清）李世熊撰　清康熙四十
三年（1704）檀河精舍刻本　四册

210000－0781－0000192　4178

揮麈前錄四卷　（宋）王明清撰　明末毛氏汲
古閣刻本　四册

210000－0781－0000193　2728

會試墨卷不分卷　（清）佚名輯　清刻本　一
册　缺前、後部

210000－0781－0000194　2526

［乾隆］渾源州志十卷　（清）桂敬順纂修　清
乾隆二十八年（1763）刻本　八册　存八卷
（一至七、十）

210000－0781－0000195　2526

［光緒］渾源州續志十卷　（清）賀澍恩修
（清）程續等纂　清光緒六年（1880）刻本　八
册　存七卷（一、五至十）

210000－0781－0000196　6810

硃批上諭不分卷　（清）范時繹等輯　清刻朱
墨套印本　一百十二册

210000－0781－0000197　印1557

莊子獨見不分卷　（清）胡文英撰　清乾隆十
七年（1752）三多齋刻本　六册

210000－0781－0000198　30168

御批歷代通鑑輯覽一百二十卷　（清）傅恒等
撰　清同治十年（1871）浙江書局刻朱墨套印
本　四十八册

210000－0781－0000199　4394

儀禮析疑十七卷　（清）方苞撰　清乾隆十一
年（1746）刻本　六册

210000－0781－0000200　4473

梵網經略疏二卷　（後秦）釋鳩摩羅什譯　明
天啓七年（1627）刻本　二册

210000－0781－0000201　4476

算經十書　（清）孔繼涵輯　清乾隆刻微波榭
叢書本　四册　存七種十七卷（周髀算經二

卷、附音義一卷,九章算術一至五,策算一卷,
張丘建算經三卷,五經算術二卷、附考證一
卷,緝古算經一卷,數術記遺一卷)

210000－0781－0000202　4395

儀禮析疑十七卷　（清）方苞撰　清乾隆十一
年(1746)刻本　六册

210000－0781－0000203　2738.1

[道光]重修蓬萊縣志十四卷　（清）王文燾修
（清）張本等纂　清道光十九年(1839)刻本
八册

210000－0781－0000204　2738.2

[光緒]蓬萊縣續志十四卷　（清）鄭錫鴻
（清）江瑞采修　（清）王爾植等纂　清光緒八
年(1882)刻本　四册

210000－0781－0000205　724

安陽縣金石錄十二卷　（清）武億撰　清嘉慶
二十四年(1819)刻本　四册

210000－0781－0000206　2911.1

火珠林一卷　（□）麻衣道者撰　清道光四年
(1824)湖邊程氏刻百二漢鏡齋秘書四種本
一册

210000－0781－0000207　2911.2

靈棋經一卷　（漢）東方朔撰　（晉）顏幼明
（南朝宋）何承天注　（元）陳師凱　（明）劉
基解　清道光三年(1823)湖邊程氏刻百二漢
鏡齋秘書四種本　一册

210000－0781－0000208　2911.3

祕授命理須知滴天髓二卷　（宋）京圖撰
（明）劉基注　清道光四年(1824)湖邊程氏刻
百二漢鏡齋秘書四種本　一册

210000－0781－0000209　2912

卜法詳考四卷　（清）胡煦撰　清葆璞堂刻本
四册

210000－0781－0000210　4196

餐芬華館遺文三卷　（清）周騰虎撰　清光緒
三十一年(1905)刻本　一册

210000－0781－0000211　1305

長安獲古編二卷　（清）劉喜海撰　清光緒三
十一年(1905)刻本　二册

210000－0781－0000212　2365

[道光]承德府志六十卷首二十六卷　（清）海
忠纂修　清道光十一年(1831)刻光緒十三年
(1887)重修本　二十四册

210000－0781－0000213　2551

[宣統]承德縣志書不分卷　（清）金正元修
（清）張子瀛等增輯　清宣統二年(1910)石印
本　二册

210000－0781－0000214　3331

出使日記續刻十卷　（清）薛福成撰　清光緒
二十四年(1898)刻本　十册

210000－0781－0000215　2613

大清刑律總則草案不分卷　（清）陳明輯　清
光緒三十三年(1907)法律館鉛印本　一册

210000－0781－0000216　2509

[道光]直隸定州志二十二卷首一卷　（清）寶
琳　（清）勞沅恩纂修　清咸豐元年(1851)刻
本　十二册

210000－0781－0000217　2283

東澗寫校李商隱詩集三卷　（唐）李商隱撰
清宣統元年(1909)影印本　二册

210000－0781－0000218　711

二百蘭亭齋收藏金石記四卷　（清）吳雲輯
清咸豐六年(1856)吳氏刻本　四册

210000－0781－0000219　3994

封泥考略十卷　（清）吳式芬　（清）陳介祺藏
並輯　清光緒三十年(1904)滬上石印本
十册

210000－0781－0000220　2719

佛爾雅八卷　（清）周春撰　清宣統二年
(1910)國學扶輪社鉛印本　一册

210000－0781－0000221　408

古泉匯首集四卷元集十四卷亨集十四卷利集
十八卷貞集十四卷　（清）李佐賢輯　清同治
三年(1864)石泉書屋刻本　二十册

210000－0781－0000222　2189

古香齋鑒賞袖珍春明夢餘錄七十卷　（清）孫承澤撰　清光緒八年(1882)孔氏萬卷堂刻本　三十二册

210000－0781－0000223　2541

[光緒]桐鄉縣志二十四卷首四卷　（清）嚴辰纂　**楊園淵源錄四卷**　（清）沈日富輯　清光緒十三年(1887)蘇州陶漱藝齋刻本　二十四册

210000－0781－0000224　2545

[道光]廣東通志三百三十四卷首一卷　（清）阮元修　（清）陳昌齊等纂　清道光二年(1822)刻本　一百二十二册

210000－0781－0000225　4209

廣經室文鈔不分卷　（清）劉恭冕撰　清光緒十五年(1889)廣雅書局刻本　一册

210000－0781－0000226　2735

岱覽三十二卷首編七卷目錄一卷附錄一卷　（清）唐仲冕撰　清嘉慶十二年(1807)果克山房刻本　二十八册

210000－0781－0000227　482

廣西輿地全圖二卷　（清）張人駿修　（清）廖廷相纂　清光緒二十一年(1895)江都張聯桂石印本　二册

210000－0781－0000228　1880

國學叢刊　羅振玉等編　清宣統三年(1911)石印本　二册　存十三種[周易王弼注唐寫本殘卷校字記一卷、殷墟書契前編一、唐折衝府考補一卷補遺、隋唐兵符圖錄一卷、藝風堂題跋一卷、古劇腳色考一卷補遺、隸古定尚書孔傳唐寫本殘卷校字記一卷、殷墟書契前編二、清真先生遺事一卷、蒿里遺文目錄上、論語鄭氏注子路篇殘卷(佚籍叢殘三)、波斯教殘經(佚籍叢殘十五)、修文殿御覽殘卷(佚籍叢殘十八)]

210000－0781－0000229　2377

漢書辨疑二十二卷　（清）錢大昕撰　清光緒十三年(1887)廣雅書局刻本　五册

210000－0781－0000230　1829

汗簡七卷　（宋）郭忠恕撰　清光緒十一年(1885)寧波蔣瑞堂刻本　四册

210000－0781－0000231　3706

鶴徵錄八卷首一卷　（清）李集輯　（清）李富孫　（清）李遇孫續輯　**後錄十二卷首一卷**　（清）李富孫輯　清嘉慶二年(1797)李氏漾葭老屋刻十五年(1810)續刻同治十一年(1872)補刻本　六册

210000－0781－0000232　2776

紅樓夢圖詠　（清）改琦繪　清光緒五年(1879)刻本　四册

210000－0781－0000233　933

胡敬書畫考三種　（清）胡敬撰　清嘉慶二十一年(1816)刻本　四册

210000－0781－0000234　4141

文選六十卷　（南朝梁）蕭統撰　（唐）李善等注　**考異十卷**　（清）胡克家撰　清光緒十八年(1892)上海古香閣石印本　六册

210000－0781－0000235　466

皇清地理圖　（清）董祐誠製圖　清咸豐六年(1856)刻本　三册

210000－0781－0000236　418

貨布文字考四卷　（清）馬昂撰　（清）錢培益校　清道光二十二年(1842)錢氏蘭隱園石印本　二册

210000－0781－0000237　2098

貨布文字考四卷　（清）馬昂撰　（清）錢培益校　清道光二十二年(1842)錢氏蘭隱園石印本　二册

210000－0781－0000238　1329

積古齋鐘鼎彝器款識十卷　（清）阮元編錄　清嘉慶九年(1804)揚州阮氏刻本　六册

210000－0781－0000239　2346

[同治]畿輔通志三百卷首一卷　（清）李鴻章等修　（清）黃彭年等纂　清光緒十年(1884)古蓮華池刻本　二百四十册

210000－0781－0000240　　736

集古錄目十卷原目一卷　（宋）歐陽棐撰　繆荃孫校輯　清光緒十年（1884）繆荃孫雲自在堪刻朱印本　二冊

210000－0781－0000241　　2540

［光緒］嘉興府志八十八卷首二卷　（清）許瑤光修　（清）吳仰賢等纂　清光緒四年（1878）鴛湖書院刻本　四十八冊

210000－0781－0000242　　460

江蘇全省輿圖　（清）諸可寶　（清）吳壽萱等撰　清光緒二十一年（1895）江蘇書局刻本　三冊

210000－0781－0000243　　462

江西全省輿圖十四卷首一卷　（清）曾國藩　（清）劉坤一等纂　清同治七年（1868）刻本　十五冊

210000－0781－0000244　　2534.1

焦山志二十六卷首一卷　（清）吳雲輯　清同治十三年（1874）刻本　八冊

210000－0781－0000245　　2534.2

焦山續志八卷　（清）陳任暘輯　清光緒三十一年（1905）刻本　二冊

210000－0781－0000246　　713

金石萃編一百六十卷　（清）王昶撰　**續編二十一卷首一卷**　（清）陸耀遹纂　（清）陸增祥校訂　清光緒十九年（1893）上海寶善石印本　二十四冊

210000－0781－0000247　　715

金石錄三十卷　（宋）趙明誠撰　**札記一卷**　繆荃孫撰　清光緒三十一年（1905）仁和朱氏刻本　六冊

210000－0781－0000248　　4172

景文集六十二卷　（宋）宋祁撰　清道光八年（1828）刻本　十九冊

210000－0781－0000249　　2726

考卷雋快三編　（清）翁遂盦撰　清道光二十三年（1843）善美堂刻本　六冊

210000－0781－0000250　　2681

困學紀聞二十卷　（宋）王應麟撰　（清）閻若璩校　清同治九年（1870）揚州書局刻本　四冊

210000－0781－0000251　　3992

歷代地理沿革表四十七卷　（清）陳芳績撰　清光緒二十一年（1895）廣雅書局刻本　二十四冊

210000－0781－0000252　　307

歷代紀元表附年號分韻錄不分卷　（清）黃本驥編　清道光二十八年（1848）毂詒堂刻本　一冊

210000－0781－0000253　　306

歷代統系錄六卷　（清）黃本驥編　清道光二十八年（1848）毂詒堂刻本　一冊

210000－0781－0000254　　3819

歷代鐘鼎彝器款識法帖二十卷　（宋）薛尚功撰　清光緒八年（1882）上海點石齋影印本　四冊

210000－0781－0000255　　1336

兩罍軒彝器圖釋十二卷　（清）吳雲撰　清同治十二年（1873）刻本　六冊

210000－0781－0000256　　2386

兩罍軒彝器圖釋十二卷　（清）吳雲撰　清同治十二年（1873）刻本　四冊

210000－0781－0000257　　165

遼史拾遺二十四卷　（清）厲鶚撰　**遼史拾遺補五卷**　（清）楊復吉撰　清光緒元年（1875）江蘇書局刻本　十冊

210000－0781－0000258　　2519

［道光］陵縣志二十二卷首一卷　（清）沈淮修　（清）李圖纂　（清）戴傑增補纂修　清道光二十五年（1845）刻光緒元年（1875）增補本　八冊

210000－0781－0000259　　2514

［同治］欒城縣志十四卷首一卷末一卷　（清）陳詠修　（清）張惇德纂　清同治十一年至十

二年(1872－1873)刻本　六冊

210000－0781－0000260　2221

論畫絕句一卷　（清）吳修撰　清光緒二年(1876)葛氏嘯園刻本　一冊

210000－0781－0000261　4104

明本排字九經直音二卷　（宋）□□撰　清光緒七年(1881)吳興陸氏刻十萬卷樓叢書本二冊

210000－0781－0000262　2573

明季南略十八卷　（清）計六奇輯　清都城琉璃廠半松居士木活字印本　八冊

210000－0781－0000263　932

南宋院畫錄八卷　（清）厲鶚撰　清光緒十年(1884)錢塘丁氏竹書堂刻本　二冊

210000－0781－0000264　4166

盤洲文集八十卷年譜一卷行狀一卷碑銘一卷拾遺一卷　（宋）洪適撰　清嘉慶十八年(1813)三瑞堂刻本　十六冊

210000－0781－0000265　2531

[咸豐]邳州志二十卷首一卷　（清）董用威（清）馬軼群修　（清）魯一同纂　清咸豐元年(1851)刻本　四冊

210000－0781－0000266　2311

毗陵左氏識字書一卷　（清）左鎮撰　清光緒十年(1884)刻本　一冊

210000－0781－0000267　419

癖泉臆說六卷　（清）高煥文撰　清光緒十三年(1887)刻本　一冊

210000－0781－0000268　424

癖談六卷　（清）蔡雲撰　清光緒十一年(1885)刻本　一冊

210000－0781－0000269　2522

[道光]重修平度州志二十七卷　（清）保忠等修　（清）李圖等纂　清道光二十九年(1849)刻本　八冊

210000－0781－0000270　1323

奇觚室吉金文述二十卷　（清）劉心源撰　清

光緒二十八年(1902)石印本　十冊

210000－0781－0000271　455

乾隆府廳州縣圖志五十卷　（清）洪亮吉撰　清光緒二十三年(1897)新化三味書室刻本十六冊

210000－0781－0000272　2343

欽定大清會典事例一千二百二十卷　（清）崑岡等纂修　清光緒十二年(1886)武英殿石印本　三百八十四冊

210000－0781－0000273　2344

欽定大清會典圖二百七十卷　（清）崑岡等纂修　清光緒二十五年(1899)石印本　七十三冊

210000－0781－0000274　4115

御製增訂清文鑑三十二卷補編四卷總綱八卷　（清）傅恆等敕編　清乾隆刻本　十四冊存十二卷(二十三至二十六、三十二,補編四,總綱二至三、五至八)

210000－0781－0000275　2787

求是齋印譜一卷　（清）陳豫鍾治印　清光緒三十四年(1908)西泠印社鈐印本　二冊

210000－0781－0000276　4184

去偽齋集十卷附錄一卷　（明）呂坤撰　清道光七年(1827)河南開封府刻本　十二冊

210000－0781－0000277　2310

三字經訓詁一卷　（宋）王應麟撰　（清）王相訓詁　清同治九年(1870)亦園刻本　一冊

210000－0781－0000278　4168

山谷老人刀筆二十卷　（宋）黃庭堅撰　清嘉慶十八年(1813)萬承風刻本　四冊

210000－0781－0000279　743

石經殘字考一卷　（清）翁方綱撰　清刻本一冊

210000－0781－0000280　1840

史姓韻編六十四卷　（清）汪輝祖編　清光緒十年(1884)馮氏耕餘樓鉛印本　十六冊

210000－0781－0000281　1581

士那補釋一卷　（清）張義澍撰　清光緒十八年(1892)金陵刻本　一冊

210000－0781－0000282　2524

[光緒]壽張縣志十卷首一卷　（清）劉文煒（清）王守謙纂修　清光緒二十六年(1900)刻本　六冊

210000－0781－0000283　2169

蜀石經殘字一卷　（清）陳宗彝輯　清道光六年(1826)三山陳氏刻本　一冊

210000－0781－0000284　1827

說文古籀補十四卷補遺一卷附錄一卷　（清）吳大澂撰　清光緒十年(1884)刻本　二冊

210000－0781－0000285　2278

宋七家詞選七卷　（清）戈載輯　（清）杜文瀾校注　清光緒十一年(1885)曼陀羅華閣刻本　四冊

210000－0781－0000286　3580

蘇文忠公詩集五十卷目錄二卷　（宋）蘇軾撰　（清）紀昀評點　清道光十四年(1834)刻朱墨套印本　十二冊

210000－0781－0000287　3447

[同治]蘇州府志一百五十卷首三卷　（清）李銘皖等修　（清）馮桂芬纂　清光緒九年(1883)江蘇書局刻本　八十冊

210000－0781－0000288　716

陶齋藏石記四十四卷首一卷陶齋藏磚記二卷　（清）端方輯　清宣統元年(1909)石印本十二冊

210000－0781－0000289　1341

陶齋吉金錄八卷　（清）端方輯　清光緒三十四年(1908)有正書局石印本　八冊

210000－0781－0000290　1342

陶齋吉金錄續集二卷　（清）端方輯　清宣統元年(1909)有正書局石印本　二冊

210000－0781－0000291　938

圖繪寶鑑五卷補遺一卷　（元）夏文彥撰　清同治十三年(1874)刻榕園叢書本　四冊

210000－0781－0000292　1377

玩月草堂印存不分卷　（清）馮士壎治印　清光緒十六年(1890)鈐印本　六冊

210000－0781－0000293　21451

文選六十卷　（南朝梁）蕭統輯　（唐）李善等注　清嘉慶十四年(1809)胡克家刻本　二十四冊

210000－0781－0000294　2498

[宣統]新民府志不分卷　（清）管鳳龢撰　清宣統元年(1909)鉛印本　一冊

210000－0781－0000295　2388

虛齋名畫錄十六卷　龐元濟輯　清宣統元年(1909)烏程龐氏申江刻本　十六冊

210000－0781－0000296　1831

續集漢印分韻二卷　（清）謝雲生輯　清嘉慶八年(1803)漱藝堂刻本　二冊

210000－0781－0000297　2543

[光緒]續輯均州志十六卷首一卷　（清）馬雲龍修　（清）賈洪詔纂　清光緒十年(1884)均州志局刻本　八冊

210000－0781－0000298　2525

[嘉慶]續修郯城縣志十卷　（清）吳塏修　（清）陸繼輅撰　清嘉慶十五年(1810)刻本　四冊

210000－0781－0000299　2303

揚州畫舫錄十八卷　（清）李斗撰　清光緒元年(1875)上海申報館鉛印本　二冊

210000－0781－0000300　458

皇朝內府輿地圖縮摹本一卷皇朝輿地韻編一卷皇朝輿地略一卷　清光緒十年(1884)湖北官書處刻本　二冊

210000－0781－0000301　2610.1

觀古閣泉說一卷　（清）鮑康撰　續泉說一卷（清）李佐賢撰　清同治十二年至十三年(1873－1874)刻本　二冊

210000－0781－0000302　2610.2

觀古閣叢稿二卷續叢稿一卷　（清）鮑康撰

清同治十二年至十三年(1873-1874)刻本
二冊

210000-0781-0000303　778

觀古閣叢刻　（清）鮑康輯　清同治十二年至
光緒二年(1873-1876)歙鮑氏觀古閣刻本
八冊

210000-0781-0000304　2607

安東關西歷1909年第二結造報華洋貿易冊簿
（清）巴倫呈報　清宣統元年(1909)鉛印本
一冊

210000-0781-0000305　1628

朝市叢載二卷　（清）李虹若撰　增補都門續
略五卷鞠臺集秀錄一卷　清光緒十四年
(1888)京都刻本　八冊

210000-0781-0000306　496

都門匯纂不分卷菊部群英二卷　（清）楊靜亭
輯　（清）李靜山增補　國朝鼎田錄一卷
（清）陳鍾原輯　清末刻本　十冊

210000-0781-0000307　2800

畫學心印八卷　（清）秦祖永輯　清光緒刻朱
墨套印本　一冊　存一卷(八)

210000-0781-0000308　2629

皇朝通典一百卷　（清）嵇璜等撰　清光緒二
十七年(1901)上海圖書集成局鉛印本　十
二冊

210000-0781-0000309　942

歷代畫史匯傳七十二卷總目三卷首一卷附錄
二卷　（清）彭蘊璨輯　清同治十三年(1874)
三楚畊餘堂邱氏刻本　三十二冊

210000-0781-0000310　1774

古愚老人消夏錄　（清）汪汲撰　清乾隆、嘉
慶古愚山房刻本　二十三冊　存十七種六十
七卷(事物原會四十卷,十三經紀字一卷,字
典紀字一卷,韻府紀字一卷,墨字編一卷,詞
名集解六卷、續編二卷,宋樂類編二卷,南北
詞名宮調彙錄二卷,院本名目一卷,雜劇待考
一卷,琴曲萃覽一卷,樂府標源二卷,樂府遺
聲一卷,漱經齋座右銘類編一卷、續編一卷,

解毒編一卷,怪疾奇方一卷,彙集經驗方一
卷)

210000-0781-0000311　2532

[光緒]淮安府志四十卷首一卷　（清）孫雲錦
修　（清）吳昆田　（清）高延第纂　清光緒十
年(1884)刻本　十六冊

210000-0781-0000312　23999

化學闡原十五卷　（清）畢利幹譯　（清）恩裕
等校　清光緒八年(1882)同文館木活字印本
十六冊

210000-0781-0000313　705

金石索十二卷首一卷　（清）馮雲鵬　（清）馮
雲鵷輯　清道光元年至十五年(1821-1835)
滋陽縣署刻本　十二冊

210000-0781-0000314　924

甌缽羅室書畫過目考四卷首一卷附錄一卷
（清）李玉棻撰　清光緒二十三年(1897)刻本
四冊

210000-0781-0000315　2352

[乾隆]盛京通志四十八卷圖一卷　（清）呂耀
曾等修　（清）魏樞等纂　清乾隆元年(1736)
刻咸豐二年(1852)雷以誠重修本　二十冊

210000-0781-0000316　2603

石渠餘紀六卷　（清）王慶雲撰　清光緒刻本
六冊

210000-0781-0000317　451

朔方備乘六十八卷首十二卷　（清）何秋濤纂
清光緒七年(1881)畿輔通志局刻本　二十
四冊

210000-0781-0000318　155

欽定蒙古源流八卷　（清）小徹辰薩囊臺吉撰
清乾隆五十五年(1790)刻本　四冊

210000-0781-0000319　687

鐵雲藏龜不分卷　（清）劉鶚輯　清光緒二十
九年(1903)抱殘守缺齋石印本　六冊

210000-0781-0000320　1335

西清古鑑四十卷錢錄十六卷　（清）梁詩正

（清）蔣溥等纂　清光緒三十四年(1908)集成圖書公司石印本　二十三冊

210000－0781－0000321　1853

許學四書　（清）董詔等撰　清嘉慶三年至道光六年(1798－1826)刻本　六冊

210000－0781－0000322　154

西夏紀事本末三十六卷首二卷　（清）張鑑撰　清光緒十年(1884)江蘇書局刻本　四冊

210000－0781－0000323　1399

爾雅義疏二十卷　（清）郝懿行撰　清同治五年(1866)沛上刻本　八冊

210000－0781－0000324　1404

韓非子集解二十卷首一卷　（清）王先慎撰　清光緒二十二年(1896)刻本　六冊

210000－0781－0000325　2562

西夏紀事本末三十六卷首二卷　（清）張鑑撰　清光緒十一年(1885)金陵刻本　四冊

210000－0781－0000326　1403

荀子集解二十卷首一卷　王先謙撰　清光緒十七年(1891)思賢講舍刻本　六冊

210000－0781－0000327　1572

述學內篇三卷外篇一卷補遺一卷別錄一卷附錄一卷　（清）汪中撰　校勘記一卷　（清）方濬頤撰　清同治八年(1869)揚州書局刻本　四冊

210000－0781－0000328　1582

錢神志七卷　（清）李世熊撰　清光緒六年(1880)楚北劉國光刻本　七冊

210000－0781－0000329　2137

遊歷巴西圖經十卷　（清）傅雲龍撰　清光緒二十八年(1902)石印本　二冊

210000－0781－0000330　2138

遊歷秘魯圖經四卷　（清）傅雲龍撰　清光緒二十八年(1902)石印本　二冊

210000－0781－0000331　2139

遊歷加納大圖經八卷　（清）傅雲龍撰　清光緒二十八年(1902)石印本　二冊

210000－0781－0000332　2140

遊歷圖經餘記十五卷　（清）傅雲龍撰　清光緒十五年(1889)石印本　四冊

210000－0781－0000333　2616

通行章程五卷　（清）王汝礪撰　清光緒三十三年(1907)京都琉璃廠路南宏道堂刻本　一冊　存一卷(一)

210000－0781－0000334　163

御批歷代通鑑輯覽一百二十卷　（清）傅恒等撰　清同治十年(1871)浙江書局刻朱墨套印本　四十八冊

210000－0781－0000335　1396

十三經注疏附校勘記　（清）阮元撰　（清）盧宣旬摘錄　清光緒十三年(1887)點石齋石印本　二十四冊

210000－0781－0000336　1477

算經十書　（清）孔繼涵輯　清光緒十六年(1890)刻本　十冊

210000－0781－0000337　452

大清中外一統輿圖三十一卷首一卷　（清）鄒世詒　（清）晏啟鎮繪　（清）李延簫　（清）汪士鐸增訂　清同治二年(1863)湖北撫署刻本　三十二冊

210000－0781－0000338　2332.2

通鑑紀事本末二百三十九卷　（宋）袁樞撰　（明）張溥論正　清光緒二十四年(1898)湖南思賢書局刻紀事本末五種本　八十冊

210000－0781－0000339　2332.3

左傳紀事本末五十三卷　（清）高士奇撰　清光緒二十四年(1898)湖南思賢書局刻紀事本末五種本　十二冊

210000－0781－0000340　2332.5

明史紀事本末八十卷　（清）谷應泰撰　清光緒二十四年(1898)湖南思賢書局刻紀事本末五種本　十五冊

210000－0781－0000341　2332.4

宋史紀事本末一百九卷　（明）馮琦撰　（明）

陳邦瞻補　（明）張溥論正　清光緒二十四年（1898）湖南思賢書局刻紀事本末五種本　二十冊

210000－0781－0000342　2332.9

元史紀事本末二十七卷　（明）陳邦瞻撰　（明）張溥論正　清光緒二十四年（1898）湖南思賢書局刻紀事本末五種本　四冊

210000－0781－0000343　2332.7

左傳紀事本末五十三卷　（清）高士奇撰　清同治十二年（1873）江西書局刻本　十二冊

210000－0781－0000344　2332.6

通鑑紀事本末二百三十九卷　（宋）袁樞撰　（明）張溥論正　清同治十二年（1873）江西書局刻本　七十冊

210000－0781－0000345　2332.8

宋史紀事本末一百九卷　（明）馮琦撰　（明）陳邦瞻補　（明）張溥論正　清同治十三年（1874）江西書局刻本　二十四冊

210000－0781－0000346　2332.1

明史紀事本末八十卷　（清）谷應泰撰　清同治十三年（1874）江西書局刻本　二十冊

210000－0781－0000347　9947

重定金石契不分卷　（清）張燕昌撰　清光緒二十二年（1896）劉氏聚學軒刻本　四冊

210000－0781－0000348　4273

駢體文鈔三十一卷　（清）李兆洛輯　清道光合河康紹庸刻本　八冊

210000－0781－0000349　2333

通典二百卷　（唐）杜佑撰　考證一卷　清光緒二十二年（1896）浙江書局刻本　五十冊

210000－0781－0000350　2340

皇朝通志一百二十六卷　（清）嵇璜等撰　清光緒八年（1882）浙江書局刻本　四十冊

210000－0781－0000351　2339

皇朝通典一百卷　（清）嵇璜等撰　清光緒八年（1882）浙江書局刻本　三十五冊

210000－0781－0000352　2338

欽定續文獻通考二百五十卷　（清）嵇璜等撰　清光緒十三年（1887）浙江書局刻本　一百二十冊

210000－0781－0000353　2337

欽定續通志六百四十卷　（清）嵇璜等撰　清光緒十二年（1886）浙江書局刻本　二百冊

210000－0781－0000354　2336

欽定續通典一百五十卷　（清）嵇璜等撰　清光緒十二年（1886）浙江書局刻本　四十冊

210000－0781－0000355　2335

文獻通考三百四十八卷　（元）馬端臨撰　考證三卷　清光緒二十二年（1896）浙江書局刻本　一百五十冊

210000－0781－0000356　2341

皇朝文獻通考三百卷　（清）嵇璜等撰　清光緒八年（1882）浙江書局刻本　一百六十冊

210000－0781－0000357　23888

水經注圖一卷附錄一卷　（清）汪士鐸撰　清咸豐十一年（1861）刻本　一冊

210000－0781－0000358　2966

御撰資治通鑑綱目三編四十卷　（清）舒赫德等纂　清同治十一年（1872）江西書局刻本　十二冊

210000－0781－0000359　23957

文獻通考三百四十八卷　（元）馬端臨撰　考證三卷　清光緒二十八年（1902）上海鴻寶書局石印九通本　二十一冊　存六十一卷（一至六十一）

210000－0781－0000360　2334.1

通志二百卷　（宋）鄭樵撰　清光緒二十八年（1902）上海鴻寶書局石印九通本　十冊

210000－0781－0000361　23940

夢粱錄二十卷　（宋）吳自牧撰　清光緒十六年（1890）嘉惠堂丁氏刻本　四冊

210000－0781－0000362　23943

景德鎮陶錄十卷　（清）藍浦撰　清同治九年（1870）刻本　四冊

210000 – 0781 – 0000363　9640

陶淵明集十卷　（晉）陶潛撰　清光緒六年
（1880）刻本　四冊

210000 – 0781 – 0000364　4328

昭代名人尺牘續集二十四卷　（清）陶湘輯
清宣統三年（1911）影印本　十二冊

210000 – 0781 – 0000365　9658

詩經八卷　（宋）朱熹集傳　清光緒元年
（1875）湖北崇文書局刻本　四冊

210000 – 0781 – 0000366　23948

湛然居士集十四卷　（元）耶律楚材撰　清光
緒二十一年（1895）刻本　四冊

210000 – 0781 – 0000367　9603

釋名疏證補八卷續一卷補遺一卷補附一卷
王先謙撰　清光緒二十二年（1896）刻本
三冊

210000 – 0781 – 0000368　9890

釋穀四卷　（清）劉寶楠撰　清光緒十三年
（1887）廣雅書局刻本　一冊

210000 – 0781 – 0000369　23889

晉地理圖　楊守敬輯　清宣統元年（1909）刻
本　一冊

210000 – 0781 – 0000370　23937

遼史拾遺補五卷　（清）楊復吉撰　清光緒三
年（1877）江蘇書局刻本　二冊

210000 – 0781 – 0000371　23961

皇朝通典一百卷　（清）嵇璜等撰　清光緒二
十八年（1902）鴻寶書局石印本　八冊

210000 – 0781 – 0000372　4262

宋六十一家詞選十二卷　（清）馮煦輯　清光
緒十三年（1887）冶城山館刻本　四冊

210000 – 0781 – 0000373　4252

西齋集十四卷西齋自刪詩稿二卷　（清）吳曑
撰　清同治十三年（1874）皕印齋刻本　四冊

210000 – 0781 – 0000374　9945

攈古錄金文三卷　（清）吳式芬撰　清光緒二
十一年（1895）吳重憙刻本　九冊

210000 – 0781 – 0000375　23962

皇朝通志一百二十六卷　（清）嵇璜等撰　清
光緒二十八年（1902）上海鴻寶書局石印九通
本　八冊

210000 – 0781 – 0000376　23955

通典二百卷　（唐）杜佑撰　考證一卷　清光
緒二十八年（1902）上海鴻寶書局石印九通本
十二冊

210000 – 0781 – 0000377　23958

欽定續通典一百五十卷　（清）嵇璜等撰　清
光緒二十八年（1902）上海鴻寶書局石印九通
本　八冊

210000 – 0781 – 0000378　23945

山海經四卷　（晉）郭璞撰　（清）吳任臣注
清光緒十年（1884）掃葉山房刻本　四冊

210000 – 0781 – 0000379　10520

碑版文廣例十卷　（清）王芑孫撰　清道光二
十一年（1841）刻本　四冊

210000 – 0781 – 0000380　4327

曾文正公家書十卷曾文正公家訓二卷　（清）
曾國藩撰　大事記四卷　（清）王定安撰　清
光緒二年（1876）傳忠書局刻本　十四冊

210000 – 0781 – 0000381　4388

書經六卷　（宋）蔡沈集傳　清光緒五年
（1879）榮華堂刻本　四冊

210000 – 0781 – 0000382　9960

金文雅十六卷附作者考略一卷　（清）莊仲方
輯　清光緒十七年（1891）江蘇書局刻本　四冊

210000 – 0781 – 0000383　資印 1603

桐城吳先生文集四卷　（清）吳汝綸撰　清光
緒三十年（1904）刻本　四冊

210000 – 0781 – 0000384　4459

御覽書苑菁華二十卷　（宋）陳思撰　清嘉慶
藏修書屋刻本　六冊

210000 – 0781 – 0000385　4459.1

遼詩話二卷　（清）周春輯　清嘉慶藏修書屋
刻本　二冊

210000－0781－0000386　4459.2

無聲詩史七卷　（清）姜紹書撰　清嘉慶藏修書屋刻本　二冊

210000－0781－0000387　4421

四書朱子本義匯參四十三卷首四卷　（清）王步青輯　清光緒十二年（1886）鉛印本　十二冊

210000－0781－0000388　8333

通典二百卷　（唐）杜佑撰　清光緒二十八年（1902）貫吾齋石印本　十五冊

210000－0781－0000389　4271

國朝常州駢體文錄三十一卷首一卷結文一卷　（清）屠寄輯　清光緒十六年（1890）石印本　六冊

210000－0781－0000390　9971

遼代金石錄四卷　黃任恒撰　清光緒三十一年（1905）鉛印本　四冊

210000－0781－0000391　9944

寰宇訪碑錄十二卷　（清）孫星衍　（清）邢澍撰　**訪碑錄刊謬一卷**　羅振玉撰　清光緒十年（1884）朱記榮刻十七年（1891）朱氏行素堂平津館補刻本　六冊

210000－0781－0000392　4244

東岡詩剩十四卷首一卷末一卷　（清）周有聲撰　清嘉慶二十年（1815）刻本　二冊

210000－0781－0000393　23944

積古齋鐘鼎彝器款識十卷　（清）阮元編錄　清光緒五年（1879）華亭林長慶刻本　六冊

210000－0781－0000394　4329

歷代名人小簡二卷　吳曾祺輯　清宣統元年（1909）商務印書館鉛印本　二冊

210000－0781－0000395　30169

御批資治通鑑綱目正編五十九卷續編二十七卷　（清）宋犖等編　清康熙刻本　二十七冊　存正編三十一卷

210000－0781－0000396　4317

東西晉演義八卷　（明）陳氏尺蠖齋評釋　清帶月樓刻本　十四冊

210000－0781－0000397　1695

京報　（清）聚恒報房輯　清光緒活字印本　一冊　存張之洞大治晉省十道本

210000－0781－0000398　23947

契丹國志二十七卷　（宋）葉隆禮撰　清乾隆五十八年（1793）承恩堂刻本　二冊

210000－0781－0000399　10512

酌中志二十四卷　（明）劉若愚撰　清道光二十五年（1845）刻海山仙館叢書本　四冊

210000－0781－0000400　4310

薈蕞編二十卷　（清）俞樾撰　清光緒七年（1881）上海申報館鉛印本　八冊

210000－0781－0000401　1986

通雅五十二卷首三卷　（明）方以智撰　清康熙五年（1666）姚文燮浮山此藏軒刻本　十二冊

210000－0781－0000402　21457

元遺山詩集二十卷目錄一卷　（金）元好問撰　清刻本　八冊

210000－0781－0000403　2963

資治通鑑二百九十四卷通鑑釋文辨誤十二卷　（宋）司馬光撰　（元）胡三省音注　清嘉慶二十一年（1816）胡氏刻本　一百冊

210000－0781－0000404　28147　雜371

乾隆藏文描金活頁寫經　清乾隆抄本　一冊

210000－0781－0000405　4185

板橋全集不分卷　（清）鄭燮撰　清光緒十八年（1892）上海積山書局石印本　四冊

210000－0781－0000406　4150

辨志文會課藝初集不分卷　（清）葉意深等撰　（清）宗源瀚輯　清光緒七年（1881）刻本　六冊

210000－0781－0000407　4240

丙午春正唱和詩不分卷　（清）何乃瑩輯　清光緒三十二年（1906）崇文坊錦官堂石印本　二冊

210000－0781－0000408　3998

[宣統]長白匯徵錄八卷　（清）張鳳臺等修
（清）劉龍光等纂　清宣統二年(1910)鉛印本
四冊

210000－0781－0000409　2366

[宣統]承德縣志書不分卷　（清）金正元修
（清）張子瀛等增輯　清宣統二年(1910)奉天
作新石印局石印本　二冊

210000－0781－0000410　2533

[光緒]丹徒縣志六十卷首四卷　（清）呂耀鬥
修　（清）楊履泰纂　清光緒五年(1879)刻本
三十二冊

210000－0781－0000411　印390

第一才子書二十卷一百二十回　（明）羅貫中
撰　（清）毛宗崗　（清）金人瑞評　清光緒十
四年(1888)掃葉山房刻本　二十冊

210000－0781－0000412　479

東三省沿革表六卷　（清）吳廷燮撰　清宣統
元年(1909)徐世昌退耕堂刻本　六冊

210000－0781－0000413　2466

[光緒]奉化縣志十四卷末一卷　（清）錢開震
修　（清）陳文焯纂　清光緒十一年(1885)刻
本　四冊

210000－0781－0000414　2899

庚子消夏記八卷　（清）孫承澤撰　清光緒四
年(1878)知不足齋刻本　四冊

210000－0781－0000415　420

古泉叢話三卷附一卷　（清）戴熙撰　清同治
十一年(1872)湳喜齋刻本　一冊

210000－0781－0000416　2980

古史紀年二卷　（清）林春溥撰　清道光十七
年(1837)竹柏山房刻本　二冊

210000－0781－0000417　4149

詁經精舍文集八卷　（清）阮元輯　清嘉慶六
年(1801)揚州阮氏琅環僊館刻本　八冊

210000－0781－0000418　465

奉天全省地輿圖說圖表　（清）王志修撰　清

光緒二十年(1894)刻本　一冊

210000－0781－0000419　461

[光緒]湖北輿地記二十四卷　（清）湖北輿圖
局撰　清光緒二十年(1894)湖北輿圖局刻本
二十四冊

210000－0781－0000420　480

[光緒]湖北輿圖四卷　（清）營務處展拓　清
光緒二十七年(1901)善後局石印　四冊

210000－0781－0000421　481

廣東輿地全圖二卷　（清）張人駿製　清光緒
二十三年(1897)廣州石經堂石印本　二冊

210000－0781－0000422　2656

廣雅疏證十卷　（清）王念孫撰　（清）王引之
述　博雅音十卷　（隋）曹憲撰　清光緒五年
(1879)淮南書局刻本　八冊

210000－0781－0000423　3002

歸方評點史記合筆六卷附震川評點史記例意
劉海峰氏論文偶記　（明）歸有光評點　（清）
方包評點　（清）王拯輯　清光緒元年(1875)
盱眙吳棠望三益齋刻本　四冊

210000－0781－0000424　2245

海東金石苑八卷補遺六卷附錄二卷　（清）劉
喜海輯　劉承幹補　清道光十一年(1831)嘉
業堂刻本　八冊

210000－0781－0000425　4171

鶴山文鈔三十二卷　（宋）魏了翁撰　清同治
十三年(1874)望三益齋刻本　十冊

210000－0781－0000426　453

皇朝一統直省府廳州縣全圖　清末刻本
四冊

210000－0781－0000427　457

皇輿全圖　（清）鄒伯奇繪　清同治十三年
(1874)刻本　一冊

210000－0781－0000428　4161

黃御史集二卷別錄一卷附錄一卷　（唐）黃滔
撰　清光緒十年(1884)福山王氏天壤閣刻本
二冊

210000－0781－0000429　2350

[光緒]吉林通志一百二十二卷　（清）長順（清）訥欽修　（清）李桂林等纂　清光緒十七年(1891)刻本　四十九冊

210000－0781－0000430　3993

吉林外紀十卷　（清）薩英額撰　清光緒二十一年(1895)漸西村舍刻本　四冊

210000－0781－0000431　2289

霜紅龕集四十卷　（清）傅山撰　附錄三卷年譜一卷　丁寶銓輯　清宣統三年(1911)山陽丁氏刻本　一冊

210000－0781－0000432　4228

江蘇詩徵一百八十三卷　（清）王豫輯　清道光元年(1821)焦山海西庵詩徵閣刻本　四十八冊

210000－0781－0000433　2542

[光緒]江西通志一百八十卷首五卷　（清）劉坤一等修　（清）劉鐸（清）趙之謙等纂　清光緒七年(1881)刻本　一百二十冊

210000－0781－0000434　2565

金文雅十六卷附作者考略一卷　（清）莊仲方輯　清光緒十七年(1891)江蘇書局刻本四冊

210000－0781－0000435　2566

金文最六十卷　（清）張金吾輯　（清）諸可寶刪　清光緒二十一年(1895)蘇州書局刻本十六冊

210000－0781－0000436　4113

隸篇十五卷隸篇續十五卷隸篇再續十五卷（清）翟雲昇撰　清道光十七年至二十四年(1837－1844)刻本　十冊

210000－0781－0000437　2357

遼陽鄉土志不分卷　（清）洪汝沖修　（清）白永貞編　清光緒三十四年(1908)奉天習藝所鉛印本　二冊

210000－0781－0000438　2325

農話不分卷　（清）陳啟謙輯　清光緒三十二

年(1906)上海商務印書館鉛印本　一冊

210000－0781－0000439　4182

黃漳浦黃忠端公全集五十四卷　（清）黃道周撰　（清）陳壽祖撰　清道光十四年(1834)鉛印本　十六冊

210000－0781－0000440　442

寧古塔記略一卷　（清）吳振臣撰　清漸西村舍刻本　一冊

210000－0781－0000441　2546

[康熙]寧化縣志七卷　（清）祝文郁修（清）李世熊纂　清同治八年(1869)汀城李中和軒刻本　七冊

210000－0781－0000442　2510

[光緒]寧津縣志十二卷首一卷　（清）祝嘉庸修　（清）吳潯源纂　清光緒二十六年(1900)刻本　八冊

210000－0781－0000443　4230

甌北集五十三卷　（清）趙翼撰　清嘉慶十七年(1812)湛貽堂刻本　八冊

210000－0781－0000444　2162

契文舉例二卷　孫詒讓撰　清光緒三十年(1904)影印本　二冊

210000－0781－0000445　4232

遵化詩存十卷補遺一卷　（清）孫贊元輯　清道光十三年(1833)刻本　四冊

210000－0781－0000446　176

欽定滿洲源流考二十卷首一卷　（清）阿桂等撰　清光緒三十年(1904)中西書局石印本四冊

210000－0781－0000447　3332

清秘述聞十六卷　（清）法式善撰　清嘉慶四年(1799)刻本　六冊

210000－0781－0000448　2383

學案小識十四卷首一卷末一卷　（清）唐鑑撰　清光緒十年(1884)上海文瑞樓石印本六冊

210000－0781－0000449　2727

仁在堂時藝階六卷　（清）路德輯　清道光二
十五年(1845)味經堂刻本　三冊

210000－0781－0000450　477

山西口外七廳圖說不分卷　（清）吳慶坻纂
稿本　一冊

210000－0781－0000451　2520

[道光]商河縣志八卷首一卷　（清）龔廷煌等
纂修　清道光十六年至十九年（1836－1839）
刻本　八冊

210000－0781－0000452　2536

[光緒]上海縣志三十二卷首一卷末一卷附補
遺敍錄　（清）應寶時等修　（清）俞樾等纂
清同治十年(1871)吳門臬署刻十一年(1872)
南園志局重修光緒八年(1882)補刻本　十
六冊

210000－0781－0000453　171

聖武記十四卷　（清）魏源撰　清道光二十二
年(1842)古微堂刻本　十二冊

210000－0781－0000454　2987

聖武記十四卷　（清）魏源撰　清道光二十二
年(1842)刻本　十冊

210000－0781－0000455　2404

聖諭像解二十卷　（清）梁延年編　清光緒二
十九年(1903)北洋官報局石印本　十冊

210000－0781－0000456　2188

盛京典制備考八卷　（清）崇厚等輯　清光緒
四年(1878)盛京軍督署刻本　六冊

210000－0781－0000457　2487

[乾隆]盛京通志四十八卷圖一卷　（清）呂耀
曾等修　（清）魏樞等纂　（清）雷以誠校補
清乾隆元年(1736)刻咸豐二年(1852)雷以誠
校補印本　二十冊

210000－0781－0000458　2508

[光緒]順天府志一百三十卷附錄一卷　（清）
萬青黎　（清）周家楣修　清光緒十二年
(1886)刻本　六十四冊

210000－0781－0000459　2544

[嘉慶]四川通志二百四卷首二十二卷　（清）
常明等修　（清）楊芳燦　（清）譚光祜等纂
清嘉慶二十一年(1816)刻本　一百二十七冊

210000－0781－0000460　4231

四家賦鈔　（清）景其濬輯　清咸豐三年
(1853)誦芬堂刻本　四冊

210000－0781－0000461　2749

宋史翼四十卷　（清）陸心源輯　清光緒三十
二年(1906)歸安陸氏十萬卷樓刻本　十冊

210000－0781－0000462　2506

[光緒]綏遠全志十卷首一卷　（清）貽穀修
（清）高賡恩纂　清光緒三十四年(1908)刻本
六冊

210000－0781－0000463　2304

隨園瑣記二卷　（清）袁祖志撰　清光緒五年
(1879)嘯園刻本　一冊

210000－0781－0000464　2210

孫文正公詩稿孫夏峰先生題跋合璧一卷
（明）孫承宗撰　清光緒二十九年(1903)上海
有正書局石印本　一冊

210000－0781－0000465　468

臺灣輿圖二卷　（清）夏獻綸撰　清光緒五年
(1879)福建臺灣道庫刻本　二冊

210000－0781－0000466　2307

泰西各國采風記一卷　（清）宋育仁撰　清光
緒二十二年(1896)袖海山房石印本　四冊

210000－0781－0000467　2345

天下郡國利病書一百二十卷　（清）顧炎武撰
清道光刻光緒五年(1879)蜀南桐華書屋薛
氏家塾補刻本　五十冊

210000－0781－0000468　2788

吳讓之印存不分卷　（清）吳熙載治印　清末
西泠印社鈐印本　十冊

210000－0781－0000469　1386

輶軒使者絕代語釋別國方言十三卷首一卷
(漢)揚雄撰　(晉)郭璞注　續方言二卷
（清）杭世駿撰　續方言補一卷　（清）程際盛

撰　清光緒十七年(1891)湖南思賢講舍刻本
　　二册

210000－0781－0000470　2485
[宣統]西安縣志略十三卷　(清)雷飛鵬修
(清)段盛梓等纂　清宣統三年(1911)石印本
　　二册

210000－0781－0000471　473
西招圖略不分卷　(清)松筠撰　清道光二十
七年(1847)刻本　一册

210000－0781－0000472　2988
湘軍記二十卷　(清)王安定撰　清光緒十五
年(1889)江南書局刻本　十二册

210000－0781－0000473　2529
[光緒]祥符縣志二十四卷首一卷　(清)沈傳
義　(清)俞紀瑞修　(清)黄舒昺纂　清光緒
二十四年(1898)刻本　十二册

210000－0781－0000474　4200
小謨觴館詩集注八卷詩續集注二卷詩餘附錄
注一卷詩餘續附錄注一卷文集注四卷文續集
注二卷　(清)彭兆蓀撰　(清)孫元培
(清)孫長熙注　清光緒二十年(1894)泉唐汪
氏刻本　十册

210000－0781－0000475　3489
[江蘇鎮江]京江楊氏族譜十卷　(清)楊鳴謙
　　(清)楊之祥等重修　清光緒十四年(1888)
鱣慶堂活字印本　十册

210000－0781－0000476　2538
[光緒]宜興荊谿縣新志十卷首一卷末一卷
(清)施惠　(清)錢志澄修　(清)吳景牆等
纂　清光緒八年(1882)刻本　八册

210000－0781－0000477　4333
曹寅谷稿不分卷　(清)曹之升撰　清光緒二
十一年(1895)善成堂刻本　四册

210000－0781－0000478　2737
[光緒]增修登州府志六十九卷　(清)方汝翼
等修　(清)周悅讓等纂　清光緒七年(1881)
刻本　二十二册

210000－0781－0000479　2539
[雍正]浙江通志二百八十卷首三卷　(清)嵇
曾筠等修　(清)沈翼機　(清)傅玉露等纂
清光緒二十五年(1899)浙江書局刻本　一百
二十册

210000－0781－0000480　471
職方外紀五卷首一卷　(義大利)艾儒略撰
清石印本　二册

210000－0781－0000481　4198
治經堂集十四卷外集四卷　(清)朱錦琮撰
清道光十八年(1838)刻本　六册

210000－0781－0000482　4199
治經堂日次詩二卷　(清)朱錦琮撰　清道光
刻本　二册

210000－0781－0000483　782
重刻武備制勝志三十一卷　(明)茅元儀輯
清道光二十三年(1843)刻本　十六册

210000－0781－0000484　6619
東華錄四十五卷東華續錄七十五卷　王先謙
等編　清光緒石印本　六十册

210000－0781－0000485　2318
字學舉隅一卷　(清)黄本驥　(清)龍啟瑞撰
　　清上海曙海樓刻本　一册

210000－0781－0000486　2615
奏定農會章程不分卷　(清)農工商部撰　清
光緒三十三年(1907)農工商部印刷科鉛印本
　　一册

210000－0781－0000487　4263
宋七家詞選七卷　(清)戈載輯　樂府指迷一
卷　(宋)張炎撰　清光緒十一年(1885)刻本
　　三册

210000－0781－0000488　4229
東武詩存十卷　(清)王廣言輯　清嘉慶二十
五年(1820)墨春園刻本　十册

210000－0781－0000489　4180
淵穎集十二卷　(元)吳萊撰　清光緒元年
(1875)退補齋刻本　四册

210000－0781－0000490　2198

集古官印考證十七卷集古虎符魚符考一卷
(清)瞿中溶撰　清同治十三年(1874)刻本
四冊

210000－0781－0000491　4307

江南餘載二卷　(宋)鄭文寶撰　清乾隆三十
九年(1774)刻知不足齋叢書本　一冊

210000－0781－0000492　4308

五國故事二卷　(宋)□□撰　清乾隆三十八
年(1773)刻知不足齋叢書本　一冊

210000－0781－0000493　4309

江淮異人錄不分卷　(宋)吳淑撰　清乾隆五
十二年(1787)刻知不足齋叢書本　一冊

210000－0781－0000494　4357

玉海摘要二十一卷　(清)方維翰撰　清道光
十五年(1835)刻本　八冊

210000－0781－0000495　4368

經餘必讀八卷　(清)錢樹棠　(清)雷琳輯
清嘉慶八年(1803)大中堂刻本　四冊

210000－0781－0000496　4368.1

經餘必讀續編八卷　(清)錢樹棠　(清)雷琳
輯　清嘉慶十年(1805)山淵堂刻本　四冊

210000－0781－0000497　4369

經餘必讀又續二卷　(清)趙在翰輯　清道光
五年(1825)大德堂刻本　二冊

210000－0781－0000498　4264

蒙香室賦錄二卷　馮煦撰　清光緒十一年
(1885)刻本　二冊

210000－0781－0000499　4272

有正味齋駢文二十四卷首一卷　(清)吳錫麟
撰　(清)王廣業箋　(清)葉聯芬注　清光緒
十五年(1889)上海蜚英館石印本　四冊

210000－0781－0000500　6695

漢西域圖考七卷首一卷　(清)李光廷撰
(清)潘平章繪　(清)李承緒重繪　清同治九
年(1870)陽湖趙氏壽觳草堂活字印本　四冊

210000－0781－0000501　5938

金石存十五卷　(清)吳玉搢撰　清嘉慶二十
年(1815)李氏聞妙香室刻本　四冊

210000－0781－0000502　9962

車陣扣答合編四卷　(清)郭會昌輯　清同治
八年(1869)師儉堂刻本　四冊

210000－0781－0000503　4400

禮記易讀二卷　(清)志遠堂主人纂輯　清光
緒三義堂刻本　二冊

210000－0781－0000504　9427

大清搢紳全書四卷附中樞備覽二卷　(清)
□□編　清光緒十八年(1892)來鹿堂刻本
六冊

210000－0781－0000505　5915

東三省沿革表六卷　(清)吳廷燮撰　清宣統
元年(1909)徐世昌退耕堂刻本　六冊

210000－0781－0000506　10518

習苦齋畫絮十卷　(清)戴熙撰　清光緒十九
年(1893)刻本　六冊

210000－0781－0000507　5076

筠清館法帖　(清)吳榮光書　清宣統元年
(1909)上海文明書局石印本　六冊

210000－0781－0000508　9224

詁經精舍　(清)俞樾編　清光緒十一年
(1885)刻本　六冊　存十二卷

210000－0781－0000509　5088

戲鴻堂法書　(明)董其昌輯　清宣統二年
(1910)石印本　十六冊

210000－0781－0000510　9239

音學五書　(清)顧炎武撰　清光緒十一年
(1885)四明觀稼樓刻本　十二冊

210000－0781－0000511　10513

積古齋鐘鼎彝器款識十卷　(清)阮元編錄
清嘉慶九年(1804)揚州阮氏刻本　四冊

210000－0781－0000512　4557

松花庵韻史一卷　(清)吳鎮撰　清光緒四年
(1878)葛氏嘯園刻本　一冊

210000－0781－0000513　8771

論畫絕句一卷　（清）吳修撰　清光緒二年（1876）葛氏嘯園刻本　一冊

210000－0781－0000514　4407

春秋屬辭辨例編六十卷首二卷　（清）張應昌撰　清同治十二年（1873）江蘇書局刻本　三十二冊

210000－0781－0000515　8755

苗氏說文四種　（清）苗夔撰　清咸豐元年（1851）刻本　四冊

210000－0781－0000516　11925

古印偶存不分卷　（清）張廷濟輯　清道光八年（1828）鈐印本　六冊

210000－0781－0000517　8769

漢魏六朝志墓金石例三卷唐人志墓諸例一卷附論一卷　（清）吳鎬撰　清嘉慶十七年（1812）蟾波閣刻本　一冊

210000－0781－0000518　5581

吳越所見書畫錄六卷書畫說鈴一卷　（清）陸時化編　清光緒五年（1879）懷煙閣活字印本　十二冊

210000－0781－0000519　8880

日本國志四十卷首一卷　（清）黃遵憲撰　清光緒二十二年（1896）羊城富文齋刻本　十四冊

210000－0781－0000520　8371

遊歷巴西圖經十卷　（清）傅雲龍撰　清光緒二十七年（1901）石印本　二冊

210000－0781－0000521　8373

遊歷加納大圖經八卷　（清）傅雲龍撰　清光緒二十八年（1902）石印本　二冊

210000－0781－0000522　8374

遊歷秘魯圖經四卷　（清）傅雲龍撰　清光緒二十七年（1901）石印本　二冊

210000－0781－0000523　4403

周禮讀本六卷　（漢）鄭玄注　（唐）陸德明音義　清光緒六年（1880）山西濬文書局刻本

六冊

210000－0781－0000524　4420

四書經注集證十九卷　（清）吳昌宗撰　清嘉慶三年（1798）江都汪氏刻本　十六冊

210000－0781－0000525　5083

清愛堂法帖　（清）劉墉等書　清宣統元年（1909）影印本　四冊

210000－0781－0000526　4389

詩經八卷　（宋）朱熹集傳　清光緒六年（1880）聚珍堂刻本　四冊

210000－0781－0000527　4416

監本附音春秋穀梁注疏二十卷　（晉）范甯集解　（唐）陸德明音義　（唐）楊士勛疏　**校勘記二十卷**　（清）阮元撰　（清）盧宣旬摘錄　清嘉慶二十年（1815）南昌府學刻本　六冊

210000－0781－0000528　4413

春秋左傳杜注三十卷首一卷　（清）姚培謙撰　清道光七年（1827）洪都漱經堂刻套印本　十二冊

210000－0781－0000529　4393

儀禮注疏五十卷　（漢）鄭玄注　（唐）陸德明音義　（唐）賈公彥疏　**校勘記五十卷**　（清）阮元撰　（清）盧宣旬摘錄　清嘉慶二十年（1815）江西南昌府學刻本　十六冊

210000－0781－0000530　5541

泰山道里記一卷　（清）聶鈫撰　清光緒二十三年（1897）刻本　一冊

210000－0781－0000531　5348

島夷誌略一卷　（元）汪大淵撰　**寧古塔紀略一卷**　（清）吳桭臣撰　清光緒十八年（1892）知服齋叢書本　一冊

210000－0781－0000532　4571

開闢傳疑二卷　（清）林春溥撰　清咸豐五年（1855）竹柏山房刻本　一冊

210000－0781－0000533　4430

四書味根錄三十七卷首二卷　（清）金澄撰　清道光二十五年（1845）綠蕓香堂刻本　十

二冊

210000－0781－0000534　5065

楊沂孫金人銘　（清）楊沂孫書　清光緒三年
(1877)石印本　一冊

210000－0781－0000535　11924

銅鼓書堂藏印　（清）查禮鑑藏　清嘉慶四年
(1799)銅鼓書堂鈐印本　四冊

210000－0781－0000536　4417

春秋大事表五十卷輿圖一卷附錄一卷　（清）
顧棟高撰　清同治十二年(1873)山東尚志堂
刻本　二十冊

210000－0781－0000537　4396

儀禮十七卷　（漢）鄭玄注　校錄一卷續校一
卷　（清）黃丕烈撰　儀禮圖六卷　（清）張惠
言撰　清同治九年(1870)楚北崇文書局刻本
五冊

210000－0781－0000538　9976

藤花亭鏡譜八卷　（清）梁廷枏撰　清道光二
十五年(1845)順德龍氏中和園鉛印本　二冊

210000－0781－0000539　21456

新編五代史平話二卷　（宋）□□撰　清宣統
三年(1911)鉛印本　二冊

210000－0781－0000540　11799

周禮十二卷　（漢）鄭玄注　清宣統三年
(1911)刻本　十二冊

210000－0781－0000541　4397

儀禮鄭注句讀十七卷監本正誤一卷石經正誤
一卷　（清）張爾岐撰　清同治七年(1868)金
陵書局刻本　四冊

210000－0781－0000542　4275

國朝駢體正宗十二卷補編一卷　（清）曾燠輯
（清）姚瑩　（清）張壽榮評注　續編八卷
(清)張鳴珂輯　清光緒二十一年(1895)湖南
大雅書局刻本　十冊

210000－0781－0000543　4247

靜廉齋詩集二十四卷　（清）金甡撰　清嘉慶
二十五年(1820)刻本　六冊

210000－0781－0000544　26279

碑版文廣例十卷　（清）王芑孫撰　清道光二
十一年(1841)刻本　四冊

210000－0781－0000545　26279.1

漢石例六卷　（清）劉寶楠撰　清光緒刻本
一冊

210000－0781－0000546　26279.2

漢魏六朝墓銘纂例四卷　（清）李富孫撰　清
光緒十四年(1888)刻本　一冊

210000－0781－0000547　26279.3

金石綜例四卷　（清）馮登府撰　清光緒十四
年(1888)刻本　一冊

210000－0781－0000548　26279.4

石經閣金石跋文一卷　（清）馮登府撰　金石
稱例四卷續一卷　（清）梁廷枏撰　清光緒十
四年(1888)刻本　一冊

210000－0781－0000549　9326

呂氏春秋二十六卷附考一卷　（秦）呂不韋撰
（漢）高誘注　（清）畢沅校　清光緒元年
(1875)浙江書局刻本　六冊

210000－0781－0000550　9593

兩當軒集二十二卷　（清）黃景仁撰　附錄四
卷考異二卷　（清）季錫疇輯　清光緒二年
(1876)家塾刻本　六冊

210000－0781－0000551　6637

文美齋詩箋譜　（清）張兆祥撰　清宣統三年
(1911)文美齋刻套印本　二冊

210000－0781－0000552　6678

國朝書畫家筆錄四卷附錄二卷　寶鎮輯　清
宣統三年(1911)文學山房活字印本　八冊

210000－0781－0000553　7365

中國女史二十一卷　（清）金炳麟　（清）王以
銓輯　清宣統元年(1909)杭州中和公司鉛印
本　六冊

210000－0781－0000554　7370

五代會要三十卷　（宋）王溥撰　清光緒十二
年(1886)江蘇書局刻本　五冊　存二十六卷

（一至二十六）

210000 – 0781 – 0000555　7726

元史氏族表三卷　（清）錢大昕撰　清嘉慶十一年（1806）刻本　二冊

210000 – 0781 – 0000556　7727

平浙紀略十六卷　（清）秦緗業　（清）陳鍾英撰　清同治十三年（1874）浙江書局刻本　四冊

210000 – 0781 – 0000557　7180

海龍戰守事蹟六種七卷　（清）依凌阿輯　清光緒三十二年（1906）關東印書館鉛印本　二冊

210000 – 0781 – 0000558　6768

大清刑律分則草案不分卷　（清）法律館輯　清光緒三十三年（1907）奉天太古山房鉛印本　一冊

210000 – 0781 – 0000559　4241

集聖教序四卷　（清）馬慧裕撰　清嘉慶五年（1800）刻本　四冊

210000 – 0781 – 0000560　4241.1

續集聖教序四卷　（清）馬慧裕撰　清嘉慶七年（1802）貽穀堂刻本　四冊

210000 – 0781 – 0000561　737

語石十卷　葉昌熾輯　清宣統元年（1909）刻本　四冊

210000 – 0781 – 0000562　931

桐陰論畫二卷首一卷附錄一卷桐陰畫訣一卷續桐陰論畫一卷桐陰論畫二編二卷桐陰論畫三編二卷　（清）秦祖永撰　清同治三年至光緒八年（1864 – 1882）刻套印本　七冊

210000 – 0781 – 0000563　918

書畫鑒影二十四卷首一卷　（清）李佐賢輯　清同治十年（1871）刻本　十二冊

210000 – 0781 – 0000564　4186

涇野子內篇二十七卷　（清）呂柟撰　清光緒七年（1881）景槐書院刻本　六冊

210000 – 0781 – 0000565　11798

春秋公羊傳十一卷　（漢）何休解詁　（唐）陸德明音義　清光緒十二年（1886）湖北官書處刻本　四冊

210000 – 0781 – 0000566　4415

東萊博議四卷　（宋）呂祖謙撰　（清）張文炳評點　清光緒二十七年（1901）刻本　四冊

210000 – 0781 – 0000567　4410

春秋左傳杜注補輯三十卷首一卷　（清）姚培謙撰　清光緒九年（1883）江南書局刻本　十冊

210000 – 0781 – 0000568　1775

唐代叢書　（清）王文誥輯　清嘉慶十一年（1806）刻本　二十冊

210000 – 0781 – 0000569　1780

古香齋新刻袖珍淵鑒類函四百五十卷目錄四卷　（清）張英等纂　清光緒二年（1876）刻本　一百六十冊

210000 – 0781 – 0000570　4145

御選唐宋文醇五十八卷　（清）高宗弘曆選　（清）允祿等輯　清光緒三年（1877）楊昌濬刻本　二十冊

210000 – 0781 – 0000571　4143

文選六十卷　（南朝梁）蕭統輯　（唐）李善等注　考異十卷　（清）胡克家撰　清同治八年（1869）湖北崇文書局刻本　二十四冊

210000 – 0781 – 0000572　2378

東都事略一百三十卷　（宋）王偁撰　清光緒九年（1883）淮南書局刻本　八冊

210000 – 0781 – 0000573　2985

五代史七十四卷　（宋）歐陽修撰　（宋）徐無黨注　清光緒十七年（1891）陝甘味經書院刻本　十六冊

210000 – 0781 – 0000574　4402

附釋音禮記注疏六十三卷　（漢）鄭玄注　（唐）陸德明音義　（唐）孔穎達疏　校勘記六十三卷　（清）阮元撰　（清）盧宣旬摘錄　清嘉慶二十年（1815）南昌府學刻本　二十四冊

210000－0781－0000575　4412

附釋音春秋左傳注疏六十卷　（晉）杜預注
（唐）孔穎達疏　（唐）陸德明音義　校勘記六
十卷　（清）阮元撰　（清）盧宣旬摘錄　清嘉
慶二十年(1815)南昌府學刻道光六年(1826)
重修本　三十二冊

210000－0781－0000576　4174

朱子集一百四卷　（宋）朱熹撰　清同治元年
(1862)紫霞洲祠堂刻本　四十六冊

210000－0781－0000577　4109

說文解字注三十二卷六書音均表五卷　（清）
段玉裁撰　說文部目分韻一卷　（清）陳奐撰
　清段氏經韻樓刻同治六年(1867)蘇州保息
局補刻本　十六冊

210000－0781－0000578　4409

春秋三傳會纂旁訓十二卷　（□）屠用豐纂
清嘉慶十三年(1808)臥雲堂刻本　十二冊

210000－0781－0000579　資印371

錢氏小兒直訣三卷　（宋）錢乙撰　（宋）閻孝
忠集　清光緒二十一年(1895)刻本　一冊

210000－0781－0000580　16996 地97

皇朝直省地輿全圖　（清）點石齋編　清光緒
二十一年(1895)石印本　一冊

210000－0781－0000581　16995 地96

皇朝直省地輿全圖　（清）漢鎮輿圖局創印編
　清光緒五年(1879)上海點石齋石印本
一冊

210000－0781－0000582　16994 地95

中外輿地全圖　（清）輿地學會編譯　清光緒
二十九年(1903)石印本　二冊

210000－0781－0000583　16997 地98

黑龍江全省輿圖　（清）黑龍江調查局編製
清宣統三年(1911)黑龍江調查局彩繪本
一冊

210000－0781－0000584　17000 地101

黑龍江輿地圖　（清）崔祥奎等製　清光緒二
十五年(1899)石印本　一冊

210000－0781－0000585　24622 地206

奉天全省地方自治區域圖　（清）奉天地方籌
備自治處編　清宣統三年(1911)鼎新石印局
石印本　一冊

210000－0781－0000586　24625 地209

河南省圖　（清）劉恂繪　清同治九年(1870)
刻本　一冊

210000－0781－0000587　25477 雜349

水雷圖說　（清）潘仕成撰　清道光二十三年
(1843)刻本　一冊

210000－0781－0000588　25477.1 雜349

拋物線礮彈遠近圖說　（□）□□撰　清同治
十三年(1874)刻本　一冊

210000－0781－0000589　資印386

欽定授時通考七十八卷　（清）鄂爾泰等撰
清道光六年(1826)四川藩署刻本　二十四冊

210000－0781－0000590　17008 地109

文美齋詩箋譜　（清）張兆祥撰　清宣統三年
(1911)文美齋刻套印本　二冊

210000－0781－0000591　8332

欽定續通志六百四十卷　（清）嵇璜等撰　清
光緒二十八年(1902)貫吾齋石印本　二十
四冊

210000－0781－0000592　8335

通志二百卷　（宋）鄭樵撰　清光緒二十八年
(1902)貫吾齋石印本　二十四冊

210000－0781－0000593　8336

皇朝通志一百二十六卷　（清）嵇璜等撰　清
光緒二十八年(1902)貫吾齋石印本　五冊

210000－0781－0000594　8337

皇朝通典一百卷　（清）嵇璜等撰　清光緒二
十八年(1902)貫吾齋石印本　六冊

210000－0781－0000595　4306

公門果報錄一卷續錄一卷附錄一卷　（清）陳
弘謀輯　（清）宋楚望撮要　清光緒十八年
(1892)江蘇書局刻本　一冊

210000－0781－0000596　21459

述學內篇三卷外篇一卷補遺一卷別錄一卷
（清）汪中撰　　附錄一卷　　清嘉慶二十年
（1815）刻本　　二冊

210000－0781－0000597　23996

說文字原韻表二卷　（清）胡重編　清嘉慶十
六年（1811）秀水金氏月香書屋刻本　一冊

210000－0781－0000598　21454

兩當軒詩鈔十四卷悔存詞鈔二卷　（清）黃景
仁撰　清嘉慶四年（1799）趙希璜書帶草堂刻
二十二年（1817）鄭炳文補刻本　六冊

210000－0781－0000599　4276

國朝駢體正宗十二卷　（清）曾煥輯　清嘉慶
十一年（1806）賞雨茅屋刻本　六冊

210000－0781－0000600　2417

皇清經解一百九十卷　（清）阮元輯　清光緒
十一年（1885）上海點石齋石印本　二十四冊

210000－0781－0000601　4268

藥夢詞二卷　金兆蕃撰　清刻本　一冊

210000－0781－0000602　4267

淮海秋笳集不分卷　（清）李肇增輯　清咸豐
十年（1860）遲雲山館刻本　一冊

210000－0781－0000603　4261

香研居詞麈五卷　（清）方成培撰　清光緒二
年（1876）上海日耕齋刻本　二冊

210000－0781－0000604　4248

賞雨茅屋詩集十四卷外集一卷　（清）曾煥撰
清嘉慶十七年（1812）刻本　六冊

210000－0781－0000605　4961

魏張黑女墓誌　清宣統二年（1910）影印本
一冊

210000－0781－0000606　6793

[乾隆]武昌縣志十卷首一卷　（清）邵遐齡修
（清）談有典纂　清刻本　五冊　存二卷
（九至十）

210000－0781－0000607　8751

虛齋名畫錄十六卷　龐元濟輯　清宣統元年
（1909）烏程龐氏申江刻本　十六冊

210000－0781－0000608　7176

新民叢報彙編　梁啟超編　清光緒三十二年
（1906）文會書社石印本　六冊

210000－0781－0000609　6654

高要金石略四卷　（清）彭泰來撰　清道光至
咸豐蘇元暉刻本　一冊

210000－0781－0000610　7008

荊南萃古編一卷　（清）周懋琦　（清）劉瀚輯
清光緒二十年（1894）鴻寶署齋刻本　二冊

210000－0781－0000611　6711

歷代輿地沿革險要圖注一卷　楊守敬　饒敦
秩撰　清光緒二十二年（1896）石印本　一冊

210000－0781－0000612　6704

中外輿地全圖　（清）輿地學會編譯　清光緒
二十九年（1903）石印本　一冊

210000－0781－0000613　6717

署成都府華陽縣申齋卑縣憲綱輿圖及各員年
歲籍貫清冊　（清）鄧元鏸呈　清光緒二十三
年（1897）寫本　一冊

210000－0781－0000614　3080

國語二十一卷　（吳）韋昭注　　札記一卷
（清）黃丕烈撰　　考異四卷　（清）汪遠孫撰
清同治八年（1869）湖北崇文書局刻本　五冊

210000－0781－0000615　2614

奏定陸軍營制餉章不分卷　　（清）奕劻等撰
清光緒三十二年（1906）北洋陸軍編譯局鉛印
本　一冊

210000－0781－0000616　2535

[嘉慶]新修江寧府志五十六卷附校勘記一卷
（清）呂燕昭修　（清）姚鼐纂　　[同治]續
纂江寧府志十五卷首一卷　（清）蔣啟勳
（清）趙佑宸修　（清）汪士鐸等纂　清光緒七
年（1881）刻本　二十四冊

210000－0781－0000617　23890

金石訂例四卷　（清）鮑振方撰　清光緒十年
（1884）常塾鮑氏刻後知不足齋叢書本　二冊

210000－0781－0000618　429

金陵歷代建置表一卷 （清）傅春官纂 清光緒二十三年（1897）晦齋刻本 一冊

210000－0781－0000619 145
史記集解一百三十卷 （南朝宋）裴駰撰 清光緒四年（1878）金陵書局刻本 二十八冊

210000－0781－0000620 4158
唐陸宣公翰苑集二十二卷 （唐）陸贄撰 （清）謝希遷等校 清咸豐十一年（1861）謝氏刻本 四冊

210000－0781－0000621 152
欽定元史語解二十四卷 清光緒四年（1878）江蘇書局刻本 六冊

210000－0781－0000622 2567
元文類七十卷目錄三卷 （元）蘇天爵輯 清光緒十五年（1889）江蘇書局刻本 十冊

210000－0781－0000623 747
欽定遼史語解十卷 清光緒四年（1878）江蘇書局刻遼金元三史語解本 二冊

210000－0781－0000624 747.1
欽定金史語解十二卷 清光緒四年（1878）江蘇書局刻遼金元三史語解本 二冊

210000－0781－0000625 747.2
欽定元史語解二十四卷 清光緒四年（1878）江蘇書局刻遼金元三史語解本 六冊

210000－0781－0000626 3330
李文忠公朋僚函稿二十四卷 （清）李鴻章撰 （清）吳汝綸輯 清末鉛印本 十二冊

210000－0781－0000627 2657
經籍纂詁一百六卷首一卷 （清）阮元撰 清光緒二十年（1894）上海鴻寶齋石印本 十二冊

210000－0781－0000628 4236
七家試帖輯注匯鈔九卷 （清）張熙宇輯評 （清）王植桂輯注 清同治九年（1870）京師琉璃廠刻本 八冊

210000－0781－0000629 4151
尊經書院初集十二卷 王闓運輯 清光緒十

六年（1890）尊經書局刻本 十二冊

210000－0781－0000630 4116
御製增訂清文鑑補編四卷補編總綱一卷（滿文） （清）□□撰 清乾隆刻本 五冊

210000－0781－0000631 2893
大學衍義四十三卷 （宋）眞德秀撰 清同治十一年（1872）浙江書局刻本 八冊 存三十八卷（一至三十八）

210000－0781－0000632 2161
殷商貞卜文字考一卷 羅振玉撰 清宣統二年（1910）上虞羅氏石印本 一冊

210000－0781－0000633 1400
莊子集解八卷 王先謙撰 清宣統元年（1909）思賢書局刻本 四冊

210000－0781－0000634 4220
遙集集前編六卷後編十卷 （清）許貞幹撰 清光緒二十八年至三十四年（1902－1908）味青齋刻本 十六冊

210000－0781－0000635 4386
增補書經會纂旁訓六卷 （清）屠用豐纂 清嘉慶八年（1803）臥雲堂刻本 二冊

210000－0781－0000636 5801
留眞譜初編不分卷 楊守敬輯 清光緒二十七年（1901）楊氏刻本 十二冊

210000－0781－0000637 4376
茶香室經說十六卷 （清）俞樾撰 清光緒十四年（1888）刻本 六冊

210000－0781－0000638 4423
四書釋地補一卷續補一卷又續補一卷三續補一卷 （清）樊廷枚撰 清嘉慶二十一年（1816）海涵堂刻本 八冊

210000－0781－0000639 4008
欽定天錄琳琅書目十卷後編二十卷 （清）于敏中等編 （清）彭元瑞續編 清光緒十年（1884）長沙王氏刻本 十冊

210000－0781－0000640 2403
萬年書一卷（蒙古文） （清）高士格輯 清同

治十二年(1873)刻本　一冊

210000－0781－0000641　2403.1

擇吉金鑒一卷(蒙古文)　(清)高士格輯　清同治十二年(1873)刻本　一冊

210000－0781－0000642　5145

續景楷帖三十種　(□)□□輯　清宣統二年(1910)文明書局影印本　一冊

210000－0781－0000643　426

讀史方輿紀要一百三十卷　(清)顧祖禹撰清光緒五年(1879)蜀南桐華書屋刻本　八十七冊

210000－0781－0000644　4344

欽定四庫全書總目二百卷首一卷　(清)紀昀等撰　清同治七年(1868)廣東書局刻本　一百冊

210000－0781－0000645　2576

皇朝經世文編一百二十卷　(清)賀長齡輯清光緒十三年(1887)上海廣百宋齋鉛印本二十四冊

210000－0781－0000646　4103

經籍纂詁一百六卷補遺一百六卷首一卷(清)阮元撰　清嘉慶四年(1799)揚州阮氏琅嬛僊館刻本　七十四冊

210000－0781－0000647　146

十六國春秋一百卷　(北魏)崔鴻撰　清光緒十二年(1886)湖北官書處刻本　十二冊

210000－0781－0000648　474.1

歷代輿地沿革險要圖一卷　楊守敬輯　清光緒三十二年(1906)觀海堂刻朱墨套印本一冊

210000－0781－0000649　2654

經義述聞三十二卷　(清)王引之撰　清刻本二十四冊

210000－0781－0000650　2110

續資治通鑑二百二十卷　(清)畢沅撰　清同治六年(1867)刻本　六十四冊

210000－0781－0000651　1786

太平御覽一千卷引書目一卷目錄十五卷(宋)李昉等撰　清嘉慶歙縣鮑氏刻本　一百二十冊

210000－0781－0000652　2630

皇清經解一千四百八卷首一卷　(清)阮元輯清道光九年(1829)廣東學海堂刻咸豐十一年(1861)補刻本　三百六十冊

210000－0781－0000653　2631

皇清經解續編一千四百三十卷　王先謙輯清光緒十四年(1888)南菁書院刻本　三百一十九冊

210000－0781－0000654　4385

欽定書經圖說五十卷　(清)孫家鼐等纂(清)詹秀林等繪圖　清光緒三十一年(1905)內府刻本　十六冊

210000－0781－0000655　資印377

嘯亭雜錄八卷續錄二卷　(清)昭槤撰　清光緒六年(1880)刻本　十二冊

210000－0781－0000656　資印391

練兵實紀九卷雜集六卷　(明)戚繼光撰　清道光二十年(1840)來鹿堂刻本　六冊

210000－0781－0000657　資印378

紅樓夢一百二十回　(清)曹雪芹撰　(清)高鶚續撰　清光緒三年(1877)翰苑樓刻本　二十二冊

210000－0781－0000658　資印392

紀效新書十八卷首一卷　(明)戚繼光撰　清道光二十一年(1841)虎林西泉氏刻本　十二冊

210000－0781－0000659　資印394

農政全書六十卷　(明)徐光啓撰　清道光二十三年(1843)曙海樓刻本　二十四冊

210000－0781－0000660　資印388

西遊原旨二十四卷一百回　(明)吳承恩撰(清)劉一明解　清嘉慶二十四年(1819)刻本二十四冊

210000－0781－0000661　資印393

唐王燾先生外臺秘要方四十卷　（唐）王燾撰
明崇禎十三年（1640）新安程衍道刻本　四十五冊

210000－0781－0000662　22225 文雜221
唅梅雜誌　（清）□□輯　清光緒二十六年（1900）稿本　一冊

210000－0781－0000663　23587 文雜330
遁庵秦漢古銅印譜　吳隱輯　清光緒三十四年（1908）西泠印社鈐印本　四冊

210000－0781－0000664　23589 文雜332
種榆仙館印譜不分卷　（清）陳鴻壽篆刻　清道光元年（1821）鈐印本　四冊

210000－0781－0000665　資印372
定盦文集三卷續集四卷文集補五卷文集補編四卷　（清）龔自珍撰　清光緒二十三年（1897）萬本書堂刻本　八冊

210000－0781－0000666　29945
皇朝一統輿地全圖　題（清）欽乃軒主人輯　清光緒二十年（1894）上海鴻寶齋石印本　二冊

210000－0781－0000667　資印115
京報　（清）申報館編印　清光緒鉛印本　一冊　存光緒二年、五年

210000－0781－0000668　4401
讀禮叢鈔十六種　（清）李輔燿輯　清光緒十七年（1891）湘西李氏鞠園刻本　六冊

210000－0781－0000669　23953
遼史紀事本末四十卷首一卷末一卷金史紀事本末五十二卷首一卷末一卷　（清）李有棠撰　清光緒二十九年（1903）李樨甤樓刻本　二十冊

210000－0781－0000670　8789
乾隆府廳州縣圖志五十卷　（清）洪亮吉撰　清光緒五年（1879）授經堂刻本　二十冊

210000－0781－0000671　4411
春秋左傳三十卷首一卷　（晉）杜預注　（唐）陸德明音釋　（宋）林堯叟附注　（清）馮李驊

集解　清同治七年（1868）崇文書局刻本　十二冊

210000－0781－0000672　4370
皇清經解一千四百卷　（清）阮元輯　清道光九年（1829）廣東學海堂刻本　三百六十冊

210000－0781－0000673　資印1572
陰陽鏡十六卷　（清）湯承蕣撰　清同治元年（1862）刻本　十六冊

210000－0781－0000674　資印1587
梅村詩集箋注十八卷　（清）吳偉業撰　（清）吳翌鳳注　清嘉慶十九年（1814）滄浪吟榭刻本　十六冊

210000－0781－0000675　資印1796
秦邊紀略六卷　（清）□□撰　清同治十一年（1872）安徽藩署刻半畝園叢書本　二冊

210000－0781－0000676　資印413
宋岳忠武王集八卷末一卷　（宋）岳飛撰　清同治四年（1865）刻半畝園叢書本　二冊

210000－0781－0000677　資印1597
紀文達公文集十五卷首一卷　（清）紀昀撰　（清）紀樹馨編　清道光三十年（1850）小嫏嬛山館刻本　七冊

210000－0781－0000678　資印1618
寄蝸殘贅十六卷　（清）汪堃撰　清同治十一年（1872）不懼無悶齋刻本　八冊

210000－0781－0000679　資印1571
新刻重校增補圓機活法詩學全書二十四卷　（明）王世貞校　清康熙、乾隆刻本　十四冊

210000－0781－0000680　22224 文雜220
庚子拳匪志略勸事文不分卷　（清）□□撰　清光緒三十年（1904）抄本　一冊

210000－0781－0000681　4183
陸桴亭先生遺書　（清）陸世儀撰　清光緒二十六年（1900）刻本　二十冊　存二十種（首一卷、陸桴亭先生文集六卷、補遺一卷、詩集十卷、論學酬答四卷,志學錄一卷,性善圖說一卷,虛齋格致傳補注一卷,四書講義輯存一

卷,淮雲問答輯存一卷,八陣發明一卷,月道疏一卷、附月行九道圖併解,分野說一卷,治鄉三約一卷,制科議一卷,甲申臆議一卷,蘇松浮糧考一卷,婁江條議一卷,桑梓五防一卷,常平權法一卷,家祭禮一卷,支更說一卷,避地三策一卷、附改折始末論、附尊道先生年譜一卷)

210000－0781－0000682　5839
積學齋叢書　徐乃昌輯　清光緒南陵徐氏刻本　二十冊　存二十種六十一卷(周易考占一卷,尚書伸孔篇一卷,韓詩內傳徵四卷、敍錄二卷,周禮故書考一卷,周官禮經注正誤一卷,冕服考四卷,孟子七篇諸國年表二卷,爾雅注疏本正誤五卷,說文徐氏新補新附考證一卷,鰌軒使者絕代語釋別國方言箋疏十三卷,補續漢書藝文志二卷,後漢郡國令長考一卷,水經釋地八卷,劉更生年表一卷,管子義證八卷,臨川答問一卷,同度記一卷,增廣新術二卷,炳蠋室雜文一卷,南陵縣建置沿革表一卷)

210000－0781－0000683　5092
昭代名人尺牘二十四卷昭代名人尺牘小傳二十四卷　(清)吳修輯　清光緒三十四年(1908)西泠印社影印本　二十五冊

210000－0781－0000684　6764
隸篇十五卷隸篇續十五卷隸篇再續十五卷(清)翟雲昇撰　清道光十七年至二十四年(1837－1844)刻本　十冊

210000－0781－0000685　30170
資治通鑑二百九十四卷　(宋)司馬光撰(元)胡三省音注　清同治十年(1871)湖北崇文書局刻本　一百冊

210000－0781－0000686　30171
通鑑釋文辨誤十二卷　(元)胡三省撰　(清)胡克家校　清嘉慶二十一年(1816)刻本四冊

210000－0781－0000687　4164
新刻臨川王介甫先生文集一百卷目錄二卷(宋)王安石撰　明刻本　十冊

210000－0781－0000688　4373
十三經札記　(清)朱亦棟撰　清光緒四年(1878)武林竹簡齋刻本　一冊　存二種五卷(易經札記三卷、尚書札記二卷)

210000－0781－0000689　8338
文獻通考三百四十八卷　(元)馬端臨撰　清光緒二十八年(1902)貫吾齋石印本　二十冊

210000－0781－0000690　8339
欽定續文獻通考二百五十卷　(清)嵇璜等撰　清光緒二十八年(1902)貫吾齋石印本　十四冊

210000－0781－0000691　8340
皇朝文獻通考三百卷　(清)嵇璜等撰　清光緒二十八年(1902)貫吾齋石印本　二十冊

210000－0781－0000692　23959
欽定續通志六百四十卷　(清)嵇璜等撰　清光緒石印本　四十冊

210000－0781－0000693　23956
通志二百卷　(清)鄭樵撰　考證三卷　清光緒二十八年(1902)上海鴻寶書局石印本　四十冊

210000－0781－0000694　23960
欽定續文獻通考二百五十卷　(清)嵇璜等撰　清光緒石印本　二十四冊

210000－0781－0000695　23963
皇朝文獻通考三百卷　(清)嵇璜等撰　清光緒二十八年(1902)上海鴻寶書局石印本　三十二冊

210000－0781－0000696　8314
九通分類總纂二百四十卷　(清)汪鍾霖輯清光緒二十八年(1902)上海文瀾書局石印本　八十冊

210000－0781－0000697　資印 395
御製數理精蘊上編五卷下編四十卷表八卷(清)允祉等撰　清光緒八年(1882)江寧藩署刻本　四十八冊

210000－0781－0000698　資印 1566

路史前紀九卷後紀十三卷餘論十卷發揮六卷國名紀十卷 （宋）羅泌撰 （宋）羅蘋注 清嘉慶十三年（1808）謙益堂刻本 十二冊

210000－0781－0000699 資印397

明夷待訪錄一卷 （清）黃宗羲撰 清光緒二十四年（1898）豐城餘氏寶墨齋刻本 一冊

210000－0781－0000701 資印1598

胡文忠公遺集十卷首一卷 （清）胡林翼撰 清同治元年（1862）刻本 八冊

210000－0781－0000701 資印1562

秦漢瓦當文字二卷續一卷 （清）程敦撰 清乾隆五十二年（1787）橫渠書院刻五十九年（1794）續刻本 三冊

210000－0781－0000702 資印364

鏡花緣二十卷一百回 （清）李汝珍撰 清刻本 二十冊

210000－0781－0000703 資印1606

李卓吾合選陶王集四卷 （明）李贄編 明末刻本 二冊

210000－0781－0000704 資印1561

左傳評林八卷 （清）張崑崖輯 清雍正十二年（1734）刻本 八冊

210000－0781－0000705 資印1556

梁山來知德先生易經集注十六卷首二卷 （明）來知德撰 清康熙二十七年（1688）春輝堂刻本 十冊

210000－0781－0000706 8341

欽定三通考證 （清）□□輯 清光緒二十八年（1902）貫吾齋石印本 一冊

210000－0781－0000707 8334

欽定續通典一百五十卷 （清）嵇璜等撰 清光緒二十八年（1902）貫吾齋石印本 六冊

210000－0781－0000708 4207

東塾讀書記二十五卷 （清）陳澧撰 清光緒八年（1882）刻本 四冊 存十九卷（一至十二、十五至二十一）

210000－0781－0000709 4194

惜抱軒遺書 （清）姚鼐撰 清光緒五年（1879）桐城徐氏刻本 四冊 存三種十二卷（莊子章義五卷、附錄一卷,惜抱軒書錄四卷,惜抱先生尺牘補編二卷）

210000－0781－0000710 4381

周易本義四卷 （宋）朱熹撰 清同治十三年（1874）湖南書局刻本 二冊

210000－0781－0000711 4365

惜陰軒叢書 （清）李錫齡輯 清道光二十年至二十六年（1840－1846）宏道書院刻本 一百二十冊 存三十五種三百一十九卷（玩易意見二卷,石渠意見四卷、拾遺二卷、補缺一卷,學易記五卷,周易本義爻徵二卷,虛字說一卷,戰國策十卷,雲南機務抄黃一卷,東西洋考十二卷,會稽三賦注四卷,授經圖二十卷,京畿金石考二卷,雍州金石記十卷、記餘一卷,北溪字義二卷、補遺一卷,嚴陵講義一卷,正蒙會稿四卷,宋四子抄釋二十一卷,陣紀四卷,小兒藥證眞訣三卷,衛生寶鑑二十四卷、補遺一卷,書法離鉤十卷,六如畫譜三卷,新增格古要論十三卷,元城語錄解三卷、行錄解一卷,兩山墨談十八卷,見物五卷,事物紀原五卷,書敘指南二十卷,表異錄二十卷,清異錄二卷,唐語林八卷,世說新語三卷,老子集解二卷、考異一卷,古文周易參同契注八卷,楚辭補注十七卷,古文苑二十一卷,呂涇野經說二十一卷）

210000－0781－0000712 4422

重刊增訂虛齋舊續四書蒙引十五卷 （明）蔡清撰 明刻本 七冊 存六卷（十至十五）

瀋陽故宮博物院古籍普查登記目録

全國古籍普查登記目録

國家圖書館出版社
National Library of China Publishing House

《瀋陽故宮博物院古籍普查登記目録》
編委會

主　編：白文煜

副主編：李聲能　王　琦　李　理　曾　陽

編　委：王艷春　王愛華　李建華　張　倩　劉　凡

　　　　李　梅　沈青　范　喆　劉昕宇　田菱菱

　　　　顧　罡

《瀋陽故宮博物院古籍普查登記目錄》

前　言

　　瀋陽故宮是國內僅存的兩座皇家宮殿建築群之一，始建於 1625 年，是清太祖努爾哈赤和清太宗皇太極創建和使用的宮殿。後經乾隆年間的改建和擴建，形成了如今東、中、西三路并列，太祖、太宗、高宗三朝建築共存的基本格局。2004 年 7 月，被列入《世界遺産名録》。

　　1926 年 11 月，這座昔日的皇家禁地華麗地轉身，成爲東北首家公立博物館——東三省博物館，即現在的瀋陽故宮博物院。

　　瀋陽故宮博物院是在清代宮廷宮殿建築基礎上建立的歷史與藝術博物館，院藏文物種類豐富，在這當中，古籍圖書類是重要的組成部分之一。現存的古籍當中，不乏一些珍貴的古籍善本。到目前爲止，有瀋陽故宮博物院藏明宣德刻本《家禮集説》不分卷等三部古籍入選《國家珍貴古籍名録》；有瀋陽故宮博物院藏清康熙五十三年（1714）内府刻本《淵鑒齋御纂朱子全書》六十六卷、清乾隆武英殿刻本《皇清職貢圖》九卷、清乾隆九年（1744）武英殿刻本《八旗滿洲氏族通譜》八十卷《目録》二卷等 19 部古籍入選《遼寧省珍貴古籍名録》。

　　從 2011 年至 2016 年，瀋陽故宮博物院圖書檔案館歷時 5 年，依照遼寧省古籍保護中心的相關要求，很好地完成了院藏全部古籍的普查整理上傳工作。經普查，瀋陽故宮博物院院藏古籍圖書 446 部，這些古籍飽經滄桑，承載了數百年的歷史變遷，是中華民族傳統文化的縮影，如今全部分類存放於恒温恒濕文物庫房中，并由專人負責保護，實現了科學化、標準化的管理，得到了妥善的保管。

　　目録出版在即，感謝遼寧省圖書館等單位在普查工作過程中對瀋陽故宮博物院的支持和幫助。通過普查，不僅使院藏古籍日益受到重視，得到有效保護，院古籍編目人員在實踐中也得到鍛煉和培養。此次目録出版將瀋陽故宮博物院院藏古籍收録當中，既是對瀋陽故宮博物院古籍普查工作成果的檢驗，也是實現古籍展示和利用的良好途徑，期待古籍同行研究者提出寶貴意見。

瀋陽故宮博物院

2020 年 5 月

210000－0783－0000001　B221/0001

御纂周易折中二十二卷首一卷　（清）李光地撰　清刻尊經閣印本　十二冊

210000－0783－0000002　B221/0002

御纂周易本義十二卷易圖一卷五贊一卷筮儀一卷　（宋）朱熹撰　清內府刻本　二冊

210000－0783－0000003　B221/0003

周易審義四卷　（清）張惠言撰　清咸豐七年(1857)文選樓刻本　四冊

210000－0783－0000004　B221/0004

周易兼義九卷　（唐）孔穎達撰　（晉）韓康伯注　附周易注疏校勘記卷八卷　（清）阮元撰　（清）盧宣旬摘錄　清嘉慶二十年(1815)文選樓刻本　一冊　存二卷(八至九)

210000－0783－0000005　B221/0005

周易十卷　（三國魏）王弼注　清光緒十年(1884)長沙龍氏家塾刻本　三冊

210000－0783－0000006　B222/0009

[湯氏]危言四卷　（清）湯震撰　清光緒二十四年(1898)文瀾堂刻本　四冊

210000－0783－0000007　B222/0016

孟子七卷　（宋）朱熹集注　清刻本　六冊　存三卷(一至二、七)

210000－0783－0000008　B223/0020

南華真經副墨八卷讀南華經雜說一卷　（明）陸西星撰　明萬曆六年(1578)刻本　十二冊

210000－0783－0000009　B223/0021

修真六書九卷　（清）張伯端撰　（清）董德寧輯　清乾隆五十三年(1788)集陽樓刻本　四冊

210000－0783－0000010　B223/0022－1

莊子集釋十卷　（清）郭慶藩　（清）孟純輯　清光緒二十年(1894)思賢講舍刻本　八冊

210000－0783－0000011　B223/0022－2

莊子集釋十卷　（清）郭慶藩　（清）孟純輯　清光緒二十年(1894)思賢講舍刻本　八冊

210000－0783－0000012　B223/0026

老子道德經一卷注釋一卷　（唐）呂巖注　清空青洞刻本　四冊

210000－0783－0000013　B234/0027

淮南子二十一卷　（漢）劉安撰　（漢）高誘注　清光緒刻本　五冊　存十七卷(五至二十一)

210000－0783－0000014　B249/0029

榕村語錄三十卷　（清）李光地撰　（清）徐用錫　（清）李清植輯　清乾隆五十四年(1789)刻本　十四冊

210000－0783－0000015　B249/0030

船山遺書不分卷　（清）王夫之撰　清同治四年(1865)湘鄉曾氏金陵節署刻本　六十七冊　存四十六種

210000－0783－0000016　B249/0032

日知錄集釋三十二卷　（清）顧炎武撰　（清）黃汝成釋　清末刻本　四冊　存九卷(二十二至三十)

210000－0783－0000017　B256/0033

天演論二卷　（英國）赫胥黎撰　嚴復譯　清光緒二十七年(1901)富文書局石印本　一冊

210000－0783－0000018　B256/0034

羣學肄言十六卷　（英國）斯賓塞爾撰　嚴復譯　清光緒二十九年(1903)上海文明編譯書局鉛印本　四冊

210000－0783－0000019　B258/0035

新學偽經考十四卷　康有為撰　清光緒十七年(1891)廣州康氏萬木竹堂刻本　八冊

210000－0783－0000020　B258/0036

斯密亞丹原富五卷　（英國）斯密亞丹撰　嚴復譯　清光緒二十九年(1903)南洋公學譯書院鉛印本　八冊

210000－0783－0000021　B256/0037

孔子改制考二十一卷　康有為撰　清光緒二十四年(1898)上海大同譯書局石印本　十冊

210000－0783－0000022　B82－04/0038

倫理學講義九卷　（清）書銘纂輯　嚴復譯

清末石印本　九冊

210000－0783－0000023　B94/0041

天目中峯和尚廣錄三十卷　（元）釋明本述
（元）釋慈寂集　清光緒七年(1881)蘇州三峰
清涼寺刻本　六冊

210000－0783－0000024　B94/0042

成唯識論十卷　（唐）釋玄奘譯　清光緒二十
二年(1896)金陵刻經處刻本　二冊

210000－0783－0000025　B94/0043

靈峰蕅益大師選定淨土十要十卷　（明）釋智
旭輯　（清）釋成時評點　清光緒三十四年
(1908)刻本　四冊

210000－0783－0000026　B94/0044－45

楞伽阿跋多羅寶經玄義一卷義疏四卷　（南
朝宋）釋求那跋陀羅譯　（明）釋智旭疏義
清刻本　四冊　存四卷（玄義一卷、義疏一至
三）

210000－0783－0000027　B95/0049

天仙正理淺說一卷直論一卷　（明）伍守陽撰
並註　（明）伍守虛同註　清咸豐五年(1855)
上海翼化堂刻本　二冊

210000－0783－0000028　B956/0050

呂祖全書宗正十八卷首一卷　（清）□□纂輯
清刻本　九冊

210000－0783－0000029　B959/0052

長春真人西遊記二卷附錄一卷　（元）李志常
述　（元）袁柣寅錄　清光緒三十二年(1906)
奉天中和山房印書館鉛印本　一冊

210000－0783－0000030　B99/0053

參星祕要不分卷諏吉便覽不分卷附寶鏡圖不
分卷陰陽二遁不分卷八門九星圖不分卷
（清）梁立軒校錄　清光緒八年(1882)埽葉山
房刻套印本　四冊

210000－0783－0000031　B992/0054

陽宅都天發用全書一卷都天滾盤珠要法一卷
羅經解定□□卷　（清）瞿天賚校　清同治元
年(1862)刻本　三冊　存三卷（羅經解定五

至七）

210000－0783－0000032　B992/0055

春樹齋叢說不分卷附錄天步真原中卷一卷
（清）溫葆深撰　清光緒二年(1876)金陵溫氏
初刻本　四冊

210000－0783－0000033　B992/0056

太乙數統宗大全四十卷　（清）李自明撰　清
凌雲山房刻朱墨套印本　六冊　存八卷（三
十三至四十）

210000－0783－0000034　C912/0057

中國人種考原不分卷　（清）抱咫齋撰　清京
師精華印書局鉛印本　一冊

210000－0783－0000035　D55/0058

西國近事彙編三十六卷補遺一卷　（美國）金
楷理口述　（清）姚棻　（清）蔡錫齡筆述　清
光緒二十三年(1897)慎記書莊石印本　十
八冊

210000－0783－0000036　D69/0059

通典二百卷　（唐）杜佑撰　清咸豐九年
(1859)崇仁謝氏刻三通本　三十五冊　存一
百七十七卷（二十四至二百）

210000－0783－0000037　D69/0060

通志二百卷　（宋）鄭樵撰　清咸豐九年
(1859)崇仁謝氏刻三通本　一百五十五冊
缺六卷（一至五、六上）

210000－0783－0000038　D69/0061

文獻通考三百四十八卷　（元）馬端臨撰　清
末崇仁謝氏刻三通本　一百十四冊　存三百
三十五卷（十一至九十三、九十七至三百四十
八）

210000－0783－0000039　D69/0062

九通　（清）□□輯　清光緒二十七年(1901)
上海圖書集成局鉛印本　三百冊

210000－0783－0000040　D69/0063

文獻通考三百四十八卷目錄一卷　（元）馬端
臨撰　明刻本　九十九冊　缺三卷（二百五
十四至二百五十六）

210000－0783－0000041　D69/0064

欽定續通典一百五十卷　（清）嵇璜等撰　清末刻本　八冊　存二十八卷（八十七至一百十四）

210000－0783－0000042　D69/0065－73

九通全書　（清）□□輯　清光緒二十七年至二十八年（1901－1902）貫吾齋石印本　一百二十八冊

210000－0783－0000043　D69/1137－1

文獻通考三百四十八卷　（元）馬端臨撰　清光緒二十八年（1902）石印本　十一冊　存一百九十四卷（一百五十五至三百四十八）

210000－0783－0000044　D69/1137－2

欽定續文獻通考二百五十卷　（清）嵇璜等撰　清光緒二十八年（1902）石印本　十四冊

210000－0783－0000045　D691/0074

槐廳載筆二十卷　（清）法式善編　清嘉慶四年（1799）刻本　六冊

210000－0783－0000046　D691/0075

荒政輯要九卷首一卷　（清）汪志伊纂　清同治八年（1869）湖北崇文書局刻本　二冊

210000－0783－0000047　D691/0076

善成堂新章增補捐例不分卷　（清）戶部纂　清同治八年（1869）善成堂刻本　五冊

210000－0783－0000048　D691/0078

爵秩全覽不分卷新增爵秩全覽不分卷　（清）□□編　清光緒二十五年（1899）刻本　六冊

210000－0783－0000049　D691/0079

大清搢紳全書不分卷附大清中樞備覽不分卷　（清）□□編　清光緒三十二年（1906）榮祿堂刻本　六冊

210000－0783－0000050　D691/0080

憲政分年籌備事宜表一卷　（清）□□輯　清宣統鉛印本　一冊

210000－0783－0000051　D691/0081

大清律例集解四十卷　（清）沈之奇註　（清）胡肇楷　（清）周孟隣等增輯　清刻本　一冊

存一卷（三十）

210000－0783－0000052　D691/0083

欽定大清會典一百卷　（清）張廷玉等纂修　清光緒十九年（1893）上海圖書集成印書局鉛印本　八冊

210000－0783－0000053　D691/0084－1

欽定大清會典一百卷首一卷　（清）崑崗等纂修　清光緒二十五年（1899）總理各國事務衙門承辦石印本　三十六冊

210000－0783－0000054　D691/0084－2

欽定大清會典事例一千二百二十卷　（清）崑崗等纂修　清光緒二十五年（1899）總理各國事務衙門承辦石印本　二十二冊　存六十三卷（四百五十六至四百九十八、九百四十三至九百六十二）

210000－0783－0000055　D691/0084－3

欽定大清會典圖二百七十卷首一卷　（清）崑崗等纂修　清光緒二十五年（1899）總理各國事務衙門承辦石印本　二十八冊　存九十二卷（一至七十六、九十一至一百六）

210000－0783－0000056　D691/0085

欽定大清會典事例九百二十卷目錄八卷　（清）托津等纂修　清刻本　三百六十冊

210000－0783－0000057　D826/0087

美國條款不分卷美國續增條約不分卷俄國條款不分卷　（清）鄭桂生等校　清末刻本　三冊

210000－0783－0000058　D827/0088

山東收回礦權案二卷　蕭應椿撰　清宣統三年（1911）石印本　一冊

210000－0783－0000059　D829/0089

庚子海外紀事三卷　（清）呂海寰編　清光緒二十七年（1901）上海辦理商約行轅鉛印本　三冊

210000－0783－0000060　D920/1134

新刻法筆警天雷八卷　（清）□□撰　清宣統元年（1909）上海校經山房石印本　一冊

210000－0783－0000061　D822/0094

約章成案匯覽甲編十卷乙編四十二卷　（清）
北洋洋務局纂輯　清光緒三十一年(1905)上
海點石齋石印本　四十五冊　缺一卷(甲編
八)

210000－0783－0000062　D924/0098

核訂現行刑律不分卷　（清）沈家本等編　清
宣統鉛印本　八冊

210000－0783－0000063　D929/0099

刑案匯覽六十卷總目一卷首一卷末一卷拾遺
備考一卷　（清）祝慶祺輯　清光緒十二年
(1886)圖書集成局鉛印本　二十八冊

210000－0783－0000064　D929/0100

續增刑案匯覽十六卷律目總目一卷　（清）祝
慶祺輯　新增刑案匯覽十六卷首一卷　（清）
徐諫荃輯　清光緒十二年(1886)圖書集成局
鉛印本　十二冊

210000－0783－0000065　D929/0101

大清律例彙纂大成四十卷首一卷督捕則例二
卷三流道里表一卷五軍道里表一卷秋審實緩
比較匯案一卷部頒新增一卷　（清）刑部輯
清光緒二十九年(1903)上洋江左書林京都博
文書局石印本　十二冊　存二十四卷(一至
九、三十三至四十、首一卷;督捕則例二卷;三
流道里表一卷;五軍道里表一卷;秋審實緩比
較匯案一卷;部頒新增一卷)

210000－0783－0000066　D929/0102

大清法規大全正編一百五十九卷首十二卷續
編一百四十四卷首七卷　（清）上海政學社輯
清宣統二年至三年(1910－1911)上海廣益
書局政學社石印本　六十六冊

210000－0783－0000067　E89/0105

兵技指掌圖說不分卷　清道光二十三年
(1843)寫繪本　一冊

210000－0783－0000068　E892/0106

練兵實紀九卷雜集六卷提要一卷　（明）戚繼
光撰　清吳之勷刻本　六冊

210000－0783－0000069　E892/0107

練兵實紀雜集六卷　（明）戚繼光撰　清末刻
本　一冊　存二卷(五至六)

210000－0783－0000070　E892/0108

洴澼百金方十四卷首一卷　（清）惠麓酒民編
清道光二十年(1840)刻本　五冊

210000－0783－0000071　E892/1135

孫子十家註十三卷　（春秋）孫武撰　孔子敘
錄一卷　（清）畢以珣撰　清光緒二十三年
(1897)文瑞樓鉛印本　一冊　存七卷(一至
七)

210000－0783－0000072　G624/0116

澄衷蒙學堂字課圖說四卷檢字一卷類字一卷
（清）劉樹屏撰　（清）吳子城繪圖　清光緒
二十九年(1903)澄衷學堂印書處石印本
八冊

210000－0783－0000073　G629/0118

讀書作文譜十二卷父師善誘法二卷　（清）唐
彪輯撰　清嘉慶二十四年(1819)羊城古經閣
刻本　六冊

210000－0783－0000074　H02/0119

汗簡箋正七卷汗簡書目箋正一卷汗簡目錄一
卷　（宋）郭忠恕撰　（清）鄭珍箋正　清光緒
十五年(1889)廣雅書局刻廣雅書局叢書本
四冊

210000－0783－0000075　H114/0124

五方元音二卷　（清）樊騰鳳撰　（清）年希堯
增補　清光緒九年(1883)上海掃葉山房刻本
四冊

210000－0783－0000076　H121/0127

呂廬老人石鼓集聯不分卷　（清）呂廬主人編
清光緒二十六年(1900)影印本　一冊

210000－0783－0000077　H122/0128

說文繫傳校錄三十卷首一卷　（清）王筠撰
清咸豐七年(1857)王彥侗刻本　二冊

210000－0783－0000078　H122/0129

六書通十卷首一卷　（明）閔齊伋撰　（清）畢
弘述篆　清光緒十九年(1893)上海書局石印

本 五冊

210000－0783－0000079 H13/0676
重訂小學纂註六卷 （清）高愈纂註 清同治
五年(1866)晉祁書業堂刻本 四冊

210000－0783－0000080 H161/0134
段氏說文注訂八卷 （清）鈕樹玉撰 清同治
十三年(1874)湖北崇文書局刻本 二冊

210000－0783－0000081 H162/0140
隸篇十五卷續十五卷再續十五卷 （清）翟雲
升撰 清道光十七年至二十四年(1837－
1844)刻本 十冊

210000－0783－0000082 H163/0141
康熙字典四十二卷 （清）張玉書等撰 清末
上海鴻寶書局石印本 六冊

210000－0783－0000083 H163/0142
御製康熙字典四十二卷 （清）張玉書等撰
字典考證不分卷 （清）奕繪 （清）王引之等
撰 清道光十一年(1831)刻本 四十四冊

210000－0783－0000084 H163/0143
康熙字典四十二卷 （清）張玉書等撰 清道
光七年(1827)刻本 四十冊

210000－0783－0000085 H163/0144
康熙字典四十二卷 （清）張玉書等撰 清刻
本 二十冊 存二十卷(午上中下至亥上中
下、備考一卷、補遺一卷)

210000－0783－0000086 H221/0150
滿漢字清文啓蒙四卷 （清）舞格撰 清雍正
八年(1730)寶名堂刻本 四冊

210000－0783－0000087 H221/0151
滿漢字合璧御製增訂清文鑒三十二卷附御製
增訂清文鑒續入新語二卷 （清）□□撰 清
乾隆刻本 十八冊 存十七卷(十八至三十
二、續入新語二卷)

210000－0783－0000088 H221/0152
滿漢字合璧音韻逢源四卷 （清）裕恩撰 清
道光二十年(1840)刻本 四冊

210000－0783－0000089 H221/0153

滿漢字合璧滿文孝經不分卷滿文虛字講義滿
文綴語不分卷 （清）□□輯 清末油印本
一冊

210000－0783－0000090 H221/0154
清語摘抄四種不分卷 （清）□□輯 清光緒
十七年(1891)京都名德堂刻本 四冊

210000－0783－0000091 H221/0155
滿漢六部成語六卷 （清）□□輯 清道光二
十二年(1842)京都小西堂刻本 六冊

210000－0783－0000092 H221/0156
重刻清文虛字指南編二卷 （清）萬福撰 清
宣統元年(1909)京都隆福寺鏡古堂書坊刻本
二冊

210000－0783－0000093 H221/0157
滿漢字合璧四書集註大學一卷中庸一卷論語
十卷孟子七卷 （宋）朱熹撰 （清）□□輯
清京都文光堂刻本 十三冊

210000－0783－0000094 H221/0158－1
清文匯書十二卷 （清）李延基撰 清四合堂
刻本 十二冊

210000－0783－0000095 H221/0158－2
清文匯書十二卷 （清）李延基撰 清四合堂
刻本 十二冊

210000－0783－0000096 I207/0160
聊齋志異新評十六卷 （清）蒲松齡撰 （清）
但明倫新評 清道光二十二年(1842)廣順但
氏刻朱墨套印本 十六冊

210000－0783－0000097 I207/0161
聊齋志異新評十六卷 （清）蒲松齡撰 （清）
但明倫新評 清刻朱墨套印本 六冊 存六
卷(三至四、九至十、十四至十五)

210000－0783－0000098 I207/0162
精校古文析義初編六卷二編八卷 （清）林雲
銘評註 清宣統元年(1909)石印本 十冊

210000－0783－0000099 I207/1104
詩韻集成十卷 （清）余照輯 清刻本 二冊
存五卷(三至七)

210000 - 0783 - 0000100　I211/0166

文選六十卷 （南朝梁）蕭統撰　（唐）李善注刊　**考異十卷** （清）胡克家撰　清宣統三年(1911)上海會文堂粹記石印本　十六冊

210000 - 0783 - 0000101　I211/0168

御選唐宋文醇五十八卷目錄一卷 （清）高宗弘曆敕選　（清）允祿等輯　（清）董紹舒總校　清光緒三年(1877)浙江書局刻本　十七冊　缺十七卷(十五至二十九、四十四至四十五)

210000 - 0783 - 0000102　I211/0169

古文淵鑑六十四卷 （清）聖祖玄燁選　（清）徐乾學等編注　清刻五色套印本　三十六冊

210000 - 0783 - 0000103　I212/0172

紀文達公遺集十六卷 （清）紀昀撰　清嘉慶十七年(1812)揚州刻本　六冊

210000 - 0783 - 0000104　I212/0173

唐文粹一百卷 （宋）姚鉉輯　清光緒九年(1883)江蘇書局刻本　十六冊

210000 - 0783 - 0000105　I214/0174

清六朝列聖御製詩文全集 （清）奕訢等輯　清光緒五年(1879)總理各國事務衙門承辦鉛活字印本　五百四十二冊　存一千一百三十六卷

210000 - 0783 - 0000106　I214/0175

清宣宗御製文餘集六卷 （清）宣宗旻寧撰　清咸豐武英殿刻本　四冊

210000 - 0783 - 0000107　I214/0178

八旗文經五十六卷作者攷三卷敘錄一卷 （清）盛昱輯　清光緒二十七年至二十八年(1901 - 1902)武昌書局刻朱印本　十二冊

210000 - 0783 - 0000108　I215/0180

顯志堂稿十二卷 （清）馮桂芬撰　清光緒二年至三年(1876 - 1877)古吳謝文翰齋刻本　四冊

210000 - 0783 - 0000109　I222/0182

監本詩經八卷 （宋）朱熹集傳　清光緒二十

四年(1898)文惠成刻本　四冊

210000 - 0783 - 0000110　I222/0183

三家宮詞三卷 （明）毛晉輯　明天啓六年(1626)毛氏綠君亭刻本　一冊

210000 - 0783 - 0000111　I222/0185

選樓集句二卷首一卷 （清）許祥光集　清道光二十年(1840)廣東番禺刻本　一冊

210000 - 0783 - 0000112　I222/0186

清宣宗御製巡幸盛京詩不分卷 （清）宣宗旻寧撰　（清）曹振鏞等輯　清道光刻本　一冊

210000 - 0783 - 0000113　I222/0187

清宣宗御製詩餘集十二卷目錄二卷 （清）宣宗旻寧撰　清咸豐內府刻本　八冊

210000 - 0783 - 0000114　I222/0188

金源紀事詩八卷 （清）湯運泰撰　（清）湯顯業　（清）湯顯榦註　清同治十二年(1873)淮南書局刻本　四冊

210000 - 0783 - 0000115　I222/0189

瀋陽百詠不分卷 （清）太素生撰　清光緒四年(1878)刻本　一冊

210000 - 0783 - 0000116　I222/0189

瀋陽百詠不分卷 （清）太素生撰　清光緒四年(1878)刻本　一冊

210000 - 0783 - 0000117　I222/0190

蘭言詩鈔四卷 （清）李瑞輯　（清）穆勝額註釋　清光緒四年(1878)廣東三元堂刻本　一冊　存二卷(一至二)

210000 - 0783 - 0000118　I222/0191 - 1

御製圓明園圖詠二卷前記一卷後記一卷跋一卷 （清）高宗弘曆撰　（清）鄂爾泰注　清光緒十三年(1887)天津石印書屋石印本　二冊

210000 - 0783 - 0000119　I222/0191 - 2

御製圓明園圖詠二卷前記一卷後記一卷跋一卷 （清）高宗弘曆撰　（清）鄂爾泰注　清光緒十三年(1887)天津石印書屋石印本　二冊

210000 - 0783 - 0000120　I222/0192

詩經融註大全體要八卷 （清）高朝瓔撰

（清）沈世楷輯　（清）范紫登參定　清光緒十九年（1893）校經山房刻本　四冊

210000－0783－0000121　I222/0193
林和靖詩集四卷諸家詩話一卷拾遺一卷
（宋）林逋撰　清同治十二年（1873）長州朱氏刻本　二冊

210000－0783－0000122　I222/0194
詩經八卷　（宋）朱熹集傳　清馮積厚堂刻本　三冊　存六卷（三至八）

210000－0783－0000123　I222/0195
詩經融註大全體要八卷　（清）高朝瓔撰　（清）沈世楷輯　清光緒九年（1883）掃葉山房刻本　四冊

210000－0783－0000124　I222/0196
庚子都門紀事詩六卷首一末一卷　（清）延清撰　清光緒二十八年（1902）石印本　二冊

210000－0783－0000125　I222/0197－1
唐詩三百首註疏六卷目錄總敘一卷　（清）章燮註　清道光十五年（1835）掃葉山房刻本　四冊　存四卷（一、三至五）

210000－0783－0000126　I222/0197－2
唐詩三百首續選不分卷　（清）于慶元編　清道光二十年（1840）味菜軒刻本　二冊

210000－0783－0000127　I222/0203
文選注六十卷　（南朝梁）蕭統撰　（唐）李善注　清金陵書局刻本　十冊

210000－0783－0000128　I242/0213
搜神記二十卷　（晉）幹寶撰　清光緒元年（1875）湖北崇文書局刻本　二冊

210000－0783－0000129　I242/0214
搜神後記十卷　（晉）陶潛撰　清光緒元年（1875）湖北崇文書局刻本　一冊

210000－0783－0000130　I242/0215
香祖筆記十二卷　（清）王士禛撰　清康熙刻本　四冊

210000－0783－0000131　I242/0216
東周列國全志二十三卷一百八回讀法一卷封

建地圖考一卷　（清）蔡昇評點　清乾隆四十三年（1778）鄭五堂刻本　二十四冊

210000－0783－0000132　I242/0218
韓湘子不分卷　（清）□□撰　清末刻本　六冊　存二十二回（六至二十四、二十八至三十）

210000－0783－0000133　I242/0226
閱微草堂筆記二十四卷　（清）紀昀撰　清嘉慶五年（1800）北平盛時彥刻蘇州振新書社印本　十二冊

210000－0783－0000134　I242/0231
右臺仙館筆記十六卷　（清）俞樾撰　清光緒二十五年（1899）刻本　五冊

210000－0783－0000135　I242/0839
第一奇書一百回　（清）李笠翁撰　清康熙三十四年（1695）刻本　二十二冊　存九十一回（一至三十、四十至一百）

210000－0783－0000136　I269/0235
楹聯叢話十二卷　（清）梁章鉅輯　清道光二十年（1840）環碧軒刻本　四冊

210000－0783－0000137　J12－7/0841
秘殿珠林二十四卷　（清）張照等撰　清末上海有正書局石印本　八冊

210000－0783－0000138　J12－51/0848
美術叢書不分卷　（清）黃賓虹等編　清宣統三年（1911）上海神州國光社鉛印本　十五冊

210000－0783－0000139　J205/0859
庚子銷夏記八卷目錄一卷閱者軒帖考一卷　（清）孫承澤撰　清乾隆刻本　八冊

210000－0783－0000140　J205/0860
辛丑銷夏記五卷　（清）吳榮光撰　清光緒三十一年（1905）葉氏刻本　五冊

210000－0783－0000141　J212/0869
江邨消夏錄三卷　（清）高士奇輯　清末上海文瑞樓石印本　三冊

210000－0783－0000142　J212/0869
江邨消夏錄三卷　（清）高士奇輯　清末上海

文瑞樓石印本　三冊

210000－0783－0000143　J209/0870

桐陰論畫三卷桐陰畫訣一卷續桐蔭論畫一卷
（清）秦祖永撰　清同治三年至五年（1864－
1866）刻朱墨套印本　四冊

210000－0783－0000144　J209/0871

歷代畫史彙傳七十二卷首一卷引證書目一卷
總目三卷附錄二卷　（清）彭蘊璨編　清光緒
八年（1882）上海掃葉山房刻本　二十四冊

210000－0783－0000145　J209/0872

清河書畫舫十二卷　（明）張丑撰　清光緒十
四年（1888）孫溪朱氏家塾刻本　十二冊

210000－0783－0000146　J209/0873

虛齋名畫錄十六卷總目一卷　（清）龐元濟撰
清宣統元年（1909）烏程龐氏刻本　十六冊

210000－0783－0000147　J209/0877

清河書畫舫十二卷　（明）張丑撰　清乾隆二
十七年至二十八年（1762－1763）池北草堂刻
本　十二冊

210000－0783－0000148　J211.26/129

神州國光集外增刊之二十五：羅兩峯九秋圖
畫冊　（清）羅兩峯繪　（清）鄧秋枚集　清宣
統元年（1909）上海神州國光社影印本　一冊

210000－0783－0000149　J211.26/129

神州國光集外增刊之二十三：二梅山水合冊
（清）梅清　（清）梅翀繪　（清）鄧秋枚集
清宣統元年（1909）上海神州國光社影印本
一冊　缺一幀（八）

210000－0783－0000150　J211.26/129

神州國光集外增刊之三十二：戴子高夢隱圖
（清）戴子高繪　（清）鄧秋枚集　清宣統元
年（1909）上海神州國光社影印本　一冊

210000－0783－0000151　J211.26/129

神州國光集外增刊之五十六：李穀齋山水人
物畫冊　（清）李世倬繪　（清）鄧秋枚集　清
宣統元年（1909）上海神州國光社影印本
一冊

210000－0783－0000152　J211.26/129

神州國光集外增刊之三十五：黃石齋書王忠
文祠記　（明）黃道周書　清宣統元年（1909）
上海神州國光社影印本　一冊　存十五頁

210000－0783－0000153　J212/0881

芥子園畫傳四集　（清）丁皋撰　清嘉慶二十
三年（1818）芥子園刻本　四冊

210000－0783－0000154　J212/0882

［五彩］芥子園畫傳六卷　（清）王安節摹本
清光緒十三年（1887）上海鴻文書局石印本
四冊

210000－0783－0000155　J212/0883

［上海諸名家合訂］芥子園畫傳六卷　（清）巢
勛摹本　（清）巢子餘輯　清光緒二十三年
（1897）石印本　四冊

210000－0783－0000156　J221/0886

過雲樓書畫記書類四卷畫類六卷　（清）顧文
彬撰　清光緒八年（1882）蘇州顧氏刻本
四冊

210000－0783－0000157　J221.8/25

王小某人物冊神品不分卷　（清）王小某繪
清宣統元年（1909）上海文明書局刻本　一冊

210000－0783－0000158　J221/260

雲館竹譜不分卷　（清）胡正言輯　清光緒五
年（1879）刻套印本　一冊

210000－0783－0000159　J221/261

十竹齋梅譜不分卷　（清）胡正言輯　清光緒
五年（1879）刻套印本　一冊

210000－0783－0000160　J221/262

翎毛譜不分卷　（清）胡正言輯　清光緒五年
（1879）刻套印本　一冊

210000－0783－0000161　J221/264

十竹齋書畫譜不分卷　（清）胡正言輯　清光
緒五年（1879）刻套印本　一冊

210000－0783－0000162　J221/265

十竹齋果譜不分卷　（清）胡正言輯　清光緒
五年（1879）刻套印本　一冊

210000－0783－0000163　　J221/266

十竹齋蘭譜不分卷　（清）胡正言輯　清光緒
五年(1879)刻套印本　一冊

210000－0783－0000164　　J221/267

十竹齋墨華譜不分卷　（清）胡正言輯　清光
緒五年(1879)刻套印本　一冊

210000－0783－0000165　　J221/283

石譜不分卷　（清）胡正言輯　清光緒五年
(1879)刻套印本　一冊

210000－0783－0000166　　J221/260

石濤畫東坡時序詩冊　（清）石濤繪　清宣統
三年(1911)文明書局影印本　一冊

210000－0783－0000167　　J222/0923

羅兩峯鬼趣圖二卷　（清）羅兩峯繪　清宣統
元年(1909)上海文明書局石印本　二冊

210000－0783－0000168　　J222/0934

吳越所見書畫錄六卷書畫說鈴一卷　（清）陸
時化撰　清宣統二年(1910)上海神州國光社
鉛印本　六冊

210000－0783－0000169　　J222/0957

時事報圖畫雜俎四集　（清）時事報社編繪
清光緒三十四年(1908)滬報石印本　四冊

210000－0783－0000170　　J292/0985

昭代名人尺牘二十四卷　（清）吳修輯　清光
緒三十四年(1908)西泠印社影印本　二十三
冊　缺一卷(七)

210000－0783－0000171　　J292/0987

感應篇不分卷　（清）吳天儀篆　清雍正三年
(1725)刻本　一冊

210000－0783－0000172　　J292/0988

墨池編二十卷　（清）朱長文篆　附印典八卷
（清）朱象賢撰　清雍正十一年(1733)就閒
堂刻本　八冊

210000－0783－0000173　　J292/0989

尺素遺芬四卷　清咸豐七年(1857)石印本
四冊

210000－0783－0000174　　J292/0990

封泥攷略十卷　（清）吳式芬　（清）陳介祺藏
並輯　清光緒三十年(1904)滬上石印本
十冊

210000－0783－0000175　　J292/1003

古今楹聯彙刻十二卷首一卷外一卷　（清）吳
隱輯　清光緒二十六年(1900)潛宣署刻本
十二冊

210000－0783－0000176　　J292/1042

漢碑範八卷　（清）張祖翼臨並輯　清宣統三
年(1911)上海文明書局石印本　二冊

210000－0783－0000177　　J292/1107

草字彙十二卷　（清）石梁集　清宣統三年
(1911)同文書局石印本　六冊

210000－0783－0000178　　J421/36

南洋勸業會紀念冊第一、二輯不分卷　（清）
南洋勸業會事務所編輯　清宣統二年(1910)
上海集成圖書局石印本　二冊

210000－0783－0000179　　J421/39

大清某軍隊軍事訓練圖片不分卷　清宣統二
年(1910)朱蘭田曬印本　一冊

210000－0783－0000180　　J607/1068

樂經或問三卷　（清）汪紱撰　清光緒二十二
年(1896)刻本　三冊

210000－0783－0000181　　J607/1069

御製律呂正義上編二卷下編二卷續編一卷
（清）聖祖玄燁撰　（清）允祿等纂　清刻本
四冊

210000－0783－0000182　　J607/1070

古樂經傳五卷　（清）李光地撰並註　清雍正
教忠堂刻本　二冊

210000－0783－0000183　　J632/1072

五知齋琴譜八卷　（清）周魯封纂　清咸豐十
一年(1861)嶺南添益閣刻本　六冊

210000－0783－0000184　　J632/1073

琴學入門二卷　（清）張鶴撰　清同治十二年
(1873)刻本　一冊　存一卷(下)

210000－0783－0000185　　J632/1074

松風閣琴譜二卷指法一卷　（清）程雄輯　清刻本　二冊

210000－0783－0000186　J648/1078

蕉庵琴譜四卷　（清）秦維瀚撰　清光緒三年至四年（1877－1878）刻本　四冊

210000－0783－0000187　K092/0237

史通削繁四卷　（唐）劉知幾撰　（清）浦起龍注　（清）紀昀評　清光緒元年（1875）湖北崇文書局刻本　四冊

210000－0783－0000188　K092/0238

史通削繁四卷　（唐）劉知幾撰　（清）浦起龍注　（清）紀昀評　（清）吳蘭修刪　清道光十三年（1833）兩廣節署刻套印本　四冊

210000－0783－0000189　K204/0244

二十四史　清光緒石印本　十一冊　存一百五十五卷（元史四十八至九十二、一百六至一百二十八、一百四十五至一百五十九、一百七十三至二百十，明史四十至六十、一百至一百十二）

210000－0783－0000190　K204/0245

廿二史劄記三十六卷補遺一卷　（清）趙翼撰　清末上海文瑞樓石印本　六冊　存十六卷（二十一至三十六）

210000－0783－0000191　K204/0247

綱鑑會纂三十九卷　（明）王世貞編　清刻本　八冊　存八卷（八至十五）

210000－0783－0000192　K204/0248

鼎鍥趙田了凡袁先生編纂古本歷史大方綱鑑補三十九卷首一卷　（明）袁黃編纂　御撰資治通鑑綱目三編二十卷　（清）張廷玉等纂修　清經元堂刻本　四十冊

210000－0783－0000193　K204/0251

鼎鍥趙田了凡袁先生編纂古本歷史大方綱鑑補三十九卷　（明）袁黃編纂　清刻本　三十二冊　存三十二卷（八至三十九）

210000－0783－0000194　K204/0253

御批歷代通鑑輯覽一百二十卷　（清）傅恒等

纂修　清同治十年（1871）浙江書局刻朱墨套印本　四十八冊

210000－0783－0000195　K206/0256

大清九朝聖訓七百六十二卷　（清）□□輯　清光緒鉛印本　四百十四冊　存七百十四卷

210000－0783－0000196　K207/0260

增評加批歷史綱鑑補三十九卷首一卷　（宋）司馬光　（宋）朱熹等撰　（明）王世貞　（明）袁黃編纂　（清）袁俊德　（清）葉震補校　清光緒二十八年（1902）上海富強齋石印本　十四冊

210000－0783－0000197　K207/0262

歷代史論十二卷宋史論三卷元史論一卷　（明）張溥論正　附明史論四卷　（清）谷應泰撰　左傳史論二卷　（清）高士奇撰　清光緒五年（1879）西江裴氏刻本　十冊

210000－0783－0000198　K208/0264

歷代帝王年表十四卷　（清）齊召南編　明年表一卷　（清）阮福續編　帝王廟諡年諱譜一卷　（清）陸費墀撰　清道光四年（1824）阮福小琅嬛僊館刻本　四冊

210000－0783－0000199　K208/0265

歷代史表五十九卷　（清）萬斯同撰　清光緒十九年（1893）上海陸氏古香閣石印本　八冊

210000－0783－0000200　K221/0269

尚書十三卷　（漢）孔安國傳　清刻本　三冊

210000－0783－0000201　K221/0272

書經六卷　（宋）蔡沈集傳　清光緒二年（1876）上洋大魁楨記刻本　四冊

210000－0783－0000202　K221/0273

欽定書經圖說五十卷　（清）孫家鼐等纂　（清）詹秀林等繪圖　清光緒三十一年（1905）內府影印本　十六冊

210000－0783－0000203　K221/0274

書經集傳音釋六卷首一卷末一卷　（宋）蔡沈集傳　（元）鄒季友音釋　清光緒十五年（1889）江南書局刻本　六冊

210000 – 0783 – 0000204　K224/0275

周禮節訓六卷　（清）黃叔琳輯　清光緒十二年(1886)蘇州埽葉山房刻本　二冊

210000 – 0783 – 0000205　K225/0277

春秋三十卷總目一卷　（宋）胡安國傳　清康熙四十七年(1708)敬業堂華氏刻本　八冊

210000 – 0783 – 0000206　K232/1132

漢書一百卷　（漢）班固撰　（唐）顏師古注　清光緒末年點石齋鉛印本　一冊　存十卷（九十一至一百）

210000 – 0783 – 0000207　K234/0278

續後漢書四十二卷義例一卷音義四卷　（宋）蕭常撰　清同治八年(1869)刻本　六冊

210000 – 0783 – 0000208　K246/0281

西夏紀事本末三十六卷首二卷　（清）張鑑撰　清光緒十一年(1885)金陵刻本　三冊

210000 – 0783 – 0000209　K246/0282

遼史紀事本末四十卷首一卷　（清）李有棠撰　清光緒十九年(1893)上海同文書局石印本　四冊

210000 – 0783 – 0000210　K246/0283 – 1

遼史拾遺二十四卷遼史紀年表一卷西遼紀年表一卷　（清）厲鶚撰　清光緒元年(1875)江蘇書局刻本　八冊

210000 – 0783 – 0000211　K246/0283 – 2

遼史拾遺補五卷　（清）楊復吉撰　清光緒三年(1877)江蘇書局刻本　二冊

210000 – 0783 – 0000212　K247/0285

金史紀事本末五十二卷首一卷　（清）李有棠撰　清光緒十九年(1893)上海同文書局石印本　六冊

210000 – 0783 – 0000213　K247/0287

元史新編九十五卷　（清）魏源撰　清光緒三十一年(1905)邵陽魏氏慎微堂刻本　三十二冊

210000 – 0783 – 0000214　K247/0288

元朝祕史十五卷首一卷　（元）□□撰　（清）

李文田注　清光緒二十九年(1903)石印書局石印本　六冊

210000 – 0783 – 0000215　K248/0289

明季北略二十四卷　（清）計六奇編輯　清道光十五年(1835)都城半松居士木活字印本　十二冊

210000 – 0783 – 0000216　K248/0290

明季南略十八卷　（清）計六奇編輯　清道光十五年(1835)都城半松居士木活字印本　十二冊

210000 – 0783 – 0000217　K248/0291 – 1

明季稗史彙編十六種二十七卷　（清）留雲居士輯　清光緒二十二年(1896)上海圖書集成印書局鉛印本　一冊

210000 – 0783 – 0000218　K248/0291 – 2

明季稗史彙編十六種二十七卷　（清）留雲居士輯　清光緒二十二年(1896)上海圖書集成印書局鉛印本　六冊

210000 – 0783 – 0000219　K248/0292

御撰資治通鑑綱目三編二十卷　（清）張廷玉等編纂　清光緒三十年(1904)西記書局刻本　八冊

210000 – 0783 – 0000220　K248/0293

荊駝逸史五十二種九十七卷附平臺紀略一卷　（清）陳湖逸士輯　清宣統三年(1911)中國圖書館石印本　十六冊

210000 – 0783 – 0000221　K248/0294

明史稿三百一十卷目錄三卷　（清）王鴻緒撰　清雍正元年(1723)敬慎堂刻本　八十冊

210000 – 0783 – 0000222　K249/0319

東華錄三十二卷　（清）蔣良騏撰　清同治十一年(1872)聚錦堂刻本　十五冊　缺二卷（三至四）

210000 – 0783 – 0000223　K249/0320

東華錄五百九十四卷　王先謙等編　清光緒二十五年(1899)石印本　六十冊　存四百七十七卷

210000 – 0783 – 0000224　K249/0323

清史攬要六卷　（日本）增田貢撰　（清）毛澄
編補　清光緒二十八年（1902）上海時務書局
石印本　一冊

210000 – 0783 – 0000225　K249/0325 – 1

增補清史攬要八卷　（日本）增田貢撰　（清）
毛澄編補　清光緒二十八年（1902）上海時務
書局石印本　一冊

210000 – 0783 – 0000226　K249/0325 – 2

皇朝政典掣要八卷　（日本）增田貢撰　（清）
毛澄補編　清光緒二十八年（1902）鉛印本
四冊

210000 – 0783 – 0000227　K249/0334

熙朝新語十六卷　（清）余金輯　清道光四年
（1824）鳴盛堂刻本　六冊

210000 – 0783 – 0000228　K249/0335

熙朝紀政六卷　（清）王慶雲編　清光緒二十
四年（1898）石印本　六冊

210000 – 0783 – 0000229　K249/0336

聖武記十卷首圖一卷附武事餘記四卷　（清）
魏源撰　清光緒石印本　六冊

210000 – 0783 – 0000230　K249/0346

掌故學□□卷　（清）□□撰　清末刻本　一
冊　存六卷（四至九）

210000 – 0783 – 0000231　K249/0348

嘯亭雜錄十卷續錄三卷　（清）昭槤撰　清光
緒申報館鉛印申報館叢書本　十冊

210000 – 0783 – 0000232　K249/0349

嘯亭雜錄八卷續錄二卷　（清）昭槤撰　清光
緒六年（1880）九思堂刻本　六冊

210000 – 0783 – 0000233　K249/0357

南巡盛典一百二十卷　（清）高晉等纂　清光
緒八年（1882）上海點石齋石印本　八冊

210000 – 0783 – 0000234　K249/0358

幸魯盛典四十卷首一卷　（清）孔毓圻等纂修
　清康熙五十年（1711）紅蕚軒刻本　十二冊

210000 – 0783 – 0000235　K249/0360

整頓奉省田房稅契章程不分卷　（清）□□撰
清光緒三十二年至三十三年（1906 – 1907）
鉛印本　一冊

210000 – 0783 – 0000236　K249/0361

諮議局提議協議改正田房契稅新章各原案五
項不分卷　（清）□□撰　清光緒三十二年至
三十四年（1906 – 1908）奉天仁和山房鉛印本
　一冊

210000 – 0783 – 0000237　K249/0362

奉天鄉鎮巡警西路分局呈準立案閱報處章程
附閱報處章程八條不分卷　（清）奉天鄉鎮巡
警西路分局編　清光緒三十四年（1908）奉天
太古山房鉛印本　一冊

210000 – 0783 – 0000238　K249/0363

承德縣警學畝捐收支款目征信錄不分卷
（清）警學收捐處編　清宣統元年（1909）奉天
惠工有限公司石印本　一冊

210000 – 0783 – 0000239　K249/0372

硃批諭旨不分卷　（清）鄂爾泰　（清）張廷玉
編纂　清光緒十三年（1887）上海石印本　六
十冊

210000 – 0783 – 0000240　K249/0374

雍正上諭不分卷　（清）世宗胤禛撰　（清）允
祥　（清）張廷玉等編　清刻本　三十二冊

210000 – 0783 – 0000241　K249/0378

李文忠公全集五集一百六十五卷首一卷
（清）李鴻章撰　（清）吳汝綸編　清光緒三十
一年至三十四年（1905 – 1908）金陵刻本　一
百冊

210000 – 0783 – 0000242　K249/0379

諭摺彙存不分卷　（清）□□輯　清光緒十七
年（1891）石印本　一冊　存光緒十七年八月
十一日至十六日

210000 – 0783 – 0000243　K249/0383

大清國御題平定新疆戰圖不分卷　（清）高宗
弘曆題字　（清）□□繪　清光緒十六年
（1890）德國人沙為地石印本　三十四幅　存
三十四幅（圖十六幅、御製文十六幅、乾隆御

題序一幅、跋各一幅)

210000－0783－0000244　K252/0385

東華續錄一百卷(同治朝)　王先謙等編　清光緒二十五年(1899)公記書莊石印本　二十四冊

210000－0783－0000245　K252/0386

東華續錄二百二十卷(光緒朝)　(清)朱壽朋編　清宣統元年(1909)上海集成圖書公司鉛印本　三十冊　缺一百十八卷(八至十一、三十至三十五、四十六至一百四十二、一百七十七至一百八十、二百四至二百六、二百十七至二百二十)

210000－0783－0000246　K256/0403

中東戰紀本末八卷首一卷末一卷　(美國)林樂知撰譯　(清)蔡爾康輯　清光緒二十二年至二十三年(1896-1897)上海圖書集成局鉛印本　八冊

210000－0783－0000247　K256/0404

西巡大事本末記六卷　(日本)吉田良太郎譯　(清)八詠樓主人錄　清光緒二十七年(1901)誠記書局石印本　六冊

210000－0783－0000248　K256/0405

西巡迴鑾始末記六卷　(日本)吉田良太郎譯　(清)八詠樓主人錄　清光緒二十八年(1902)石印本　六冊

210000－0783－0000249　K256/0406

教務紀略四卷首一卷　(清)李剛己編　清光緒三十年(1904)山東印書局鉛印本　五冊

210000－0783－0000250　K256/1131

拳匪紀略八卷前編二卷後編二卷　(清)僑析生等輯　清光緒二十九年(1903)上洋書局石印本　六冊

210000－0783－0000251　K293/0422

[乾隆]欽定盛京通志一百三十卷首一卷　(清)阿桂　(清)董誥等纂　清末鉛印本　六十四冊

210000－0783－0000252　K293/0422

[乾隆]欽定盛京通志一百三十卷首一卷　(清)阿桂　(清)董誥等纂　清末鉛印本　一冊　存三卷(一百至一百二)

210000－0783－0000253　K293/0423

[乾隆]盛京通志四十八卷圖一卷　(清)呂耀曾　(清)魏樞等修纂　清乾隆元年(1736)刻本　二十冊

210000－0783－0000254　K293/0424

[乾隆]盛京通志四十八卷　(清)呂耀曾　(清)魏樞等修纂　清刻本　十冊　存二十六卷(二十三至四十八)

210000－0783－0000255　K293/0425

盛京典制備考八卷首一卷　(清)崇厚編　清光緒四年(1878)盛京軍督署刻本　六冊

210000－0783－0000256　K293/0425

盛京典制備考八卷首一卷　(清)崇厚編　清光緒四年(1878)盛京軍督署刻本　六冊

210000－0783－0000257　K293/0427

[道光]承德府志六十六卷首二十六卷　(清)海忠纂修　(清)廷傑等重訂　清光緒十三年(1887)刻本　二十四冊

210000－0783－0000258　K293/0428

[宣統]承德縣志書十卷　(清)金正元　(清)張子瀛等增輯　清宣統二年(1910)奉天作新石印局石印本　二冊

210000－0783－0000259　K293/0435

遼陽鄉土志不分卷　(清)洪汝沖修　(清)白永貞等編　清光緒三十四年(1908)鉛印本　一冊

210000－0783－0000260　K293.4/134

長白山江岡志略不分卷　(清)劉建封撰　清光緒三十四年(1908)鉛印本　一冊

210000－0783－0000261　K295/0472

天下郡國利病書一百二十卷　(清)顧炎武撰　清光緒二十七年(1901)上海圖書集成局鉛印本　二十八冊

210000－0783－0000262　K31/0473

東洋史要二卷 （日本）桑原騭藏撰 樊炳清
譯 清光緒二十五年（1899）東文學社石印本
二冊

210000－0783－0000263 K311/0474

欽定蒙古源流八卷提要一卷 （清）小徹辰薩
囊臺吉撰 （清）陸錫熊 （清）紀昀等纂 清
刻本 四冊

210000－0783－0000264 K313/0475

日本國志四十卷 （清）黃遵憲編纂 清光緒
二十四年（1898）上海圖書集成印書局鉛印本
十冊

210000－0783－0000265 K82－61/0476

歷代同姓名錄二十三卷首一卷 （清）劉長華
纂輯 清光緒五年（1879）藜照軒刻本 六冊

210000－0783－0000266 K82－61/0477

校正尚友錄統編二十四卷 （清）錢湖鈞徒編
清光緒十四年（1888）上海鴻章書局石印本
十六冊

210000－0783－0000267 K82－61/0478

增廣尚友錄統編二十二卷 （清）應祖錫
（清）韓卿甫編 清光緒二十八年（1902）鴻寶
齋石印本 十二冊 存十八卷（一至四、七至
十二、十五至二十二）

210000－0783－0000268 K820/0482

國朝耆獻類征初編七百二十卷 （清）李桓輯
清光緒十年（1884）湘陰李氏刻本 五冊
存十卷（二百五至二百十四）

210000－0783－0000269 K820/0486

國朝先正事略六十卷 （清）李元度纂 清同
治五年至八年（1866－1869）循陔草堂刻本
二十四冊

210000－0783－0000270 K820/0487

皇朝開國方略三十二卷首二卷 （清）阿桂等
纂 清光緒十三年（1887）上海廣百宋齋鉛印
本 六冊

210000－0783－0000271 K820/0488

貳臣傳十二卷逆臣傳四卷 （清）□□輯 清

道光都城半松居士鉛印本 八冊

210000－0783－0000272 K820/0489

宋元學案一百卷首一卷 （清）黃宗羲撰
（清）全祖望修 考略一卷 （清）王梓材等輯
清光緒五年（1879）上海鴻章書局石印本
三十二冊

210000－0783－0000273 K820/0490

歷代名臣言行錄二十四卷 （清）朱桓輯 清
光緒二十一年（1895）上海宏文閣石印本
八冊

210000－0783－0000274 K820/0491

歷代名臣言行錄二十四卷 （清）朱桓輯 清
光緒二十八年（1902）鴻寶書局鉛印本 十
二冊

210000－0783－0000275 K820/0492

滿洲名臣傳四十八卷目錄一卷 （清）國史館
編 清末京都榮錦書坊刻本 四十八冊

210000－0783－0000276 K820/0493

漢名臣傳三十二卷 （清）國史館編 清末京
都榮錦書坊刻本 三十二冊

210000－0783－0000277 K820/0505

欽定八旗氏族通譜輯要二卷 （清）阿桂
（清）和珅等輯 清乾隆五十七年（1792）武英
殿刻本 二冊

210000－0783－0000278 K820/0510

史姓韻編二十四卷 （清）汪輝祖撰 清光緒
二十九年（1903）上海文瀾書局石印本 五冊
存十五卷（一至三、七至九、十六至二十四）

210000－0783－0000279 K825/0511

史傳三編五十六卷 （清）朱軾 （清）蔡世遠
編輯 清同治三年（1864）刻本 二十四冊

210000－0783－0000280 K825/0512

國史儒林傳二卷 （清）阮元撰 清刻本
二冊

210000－0783－0000281 K825/0513

威毅伯曾宮寶手札不分卷 （清）曾國荃書
（清）瞿鴻機輯 清光緒三十四年（1908）上洋

海左書局石印本　一冊

210000－0783－0000282　K827/0531
忠武志十卷　（清）張鵬翮輯　清末刻本
四冊

210000－0783－0000283　K827/0532
曾文正公家書十卷家訓二卷　（清）曾國藩撰
　曾文正公大事記四卷　（清）王定安編　曾
文正公榮哀錄一卷　（清）□□輯　清光緒二
十九年(1903)上海錦章圖書局石印本　六冊

210000－0783－0000284　K827/0534
徐錫麟不分卷　（清）□□編　清光緒三十三
年至三十四年(1907－1908)石印本　一冊

210000－0783－0000285　K828/0537
烈女傳八卷　（漢）劉向撰　清宣統二年
(1910)上海會文堂書局石印本　一冊　存二
卷(一至二)

210000－0783－0000286　K875/0547
古今錢略三十二卷首一卷末一卷　（清）倪模
撰　清光緒三年至五年(1877－1879)經鉏堂
刻本　十六冊

210000－0783－0000287　K875/0548
硯小史四卷　（清）朱棟編　清嘉慶二年
(1797)樓外樓刻民國二十四年(1935)高氏寒
隱草堂補刻本　二冊

210000－0783－0000288　K875/0551
文房肆考圖說八卷　（清）唐秉鈞撰　（清）康
愷繪圖　清竹映山莊刻本　八冊

210000－0783－0000289　K875/0560
嘉蔭簃論泉截句二卷　（清）劉喜海撰　（清）
劉虞采等注　清道光十八年(1838)嘉蔭簃刻
本　二冊

210000－0783－0000290　K875/0561
古泉叢話三卷附一卷　（清）戴熙撰　清同治
十一年(1872)潘氏滂喜齋刻本　二冊

210000－0783－0000291　K875/0564
泉布統誌九卷首一卷附錄一卷　（清）孟逸岡
撰　清道光十九年(1839)刻本　十六冊

210000－0783－0000292　K876/0572－1
西清古鑑四十卷附錢錄十六卷　（清）梁詩正
　（清）蔣溥等纂　清光緒十四年(1888)上海
鴻文書局石印本　二十四冊

210000－0783－0000293　K876/0572－2
西清古鑑四十卷附錢錄十六卷　（清）梁詩正
　（清）蔣溥等纂　清光緒十四年(1888)上海
鴻文書局石印本　二十四冊

210000－0783－0000294　K876/0573
西清續鑑甲編二十卷附錄一卷　（清）□□輯
　清宣統三年(1911)涵芬樓影印本　二十四
冊　缺十卷(二至十一)

210000－0783－0000295　K876/0575－1
古玉圖考不分卷　（清）吳大澂撰　清光緒十
五年(1889)上海同文書局石印本　四冊

210000－0783－0000296　K876/0575－2
古玉圖考不分卷　（清）吳大澂撰　清光緒十
五年(1889)上海同文書局石印本　四冊

210000－0783－0000297　K876/0576
千甓亭磚錄六卷　（清）陸心源纂　清光緒吳
興陸氏十萬卷樓刻存齋雜纂本　一冊

210000－0783－0000298　K876/0577
千甓亭磚續錄四卷　（清）陸心源纂　清光緒
吳興陸氏十萬卷樓刻存齋雜纂本　一冊

210000－0783－0000299　K876/0597
海東金石苑四卷　（清）劉喜海輯　清光緒二
年(1876)衢州張德容二銘草堂刻本　四冊

210000－0783－0000300　K876/0598
兩罍軒彝器圖釋十二卷　（清）吳雲撰　清同
治十一年至十二年(1872－1873)刻本　六冊

210000－0783－0000301　K876/0602
匋齋藏石記四十四卷首一卷藏甎記二卷
（清）端方等撰　清宣統元年(1909)上海商務
印書館石印本　十二冊

210000－0783－0000302　K876/0606
千甓亭古塼圖釋二十卷　（清）陸心源輯　清
光緒十七年(1891)吳興陸氏石印本　四冊

210000－0783－0000303　K877/0623

金石文鈔八卷續鈔二卷　（清）趙紹祖輯　清
光緒二年（1876）杭州朱氏抱經堂刻本　十冊

210000－0783－0000304　K877/0624

金石三例十五卷　（清）盧見曾輯　（清）王芑
孫評　清光緒四年（1878）南海馮氏讀有用書
齋刻套印本　二冊

210000－0783－0000305　K877/0626－1

金石索十二卷首一卷　（清）馮雲鵬　（清）馮
雲鵷輯　清道光元年至十五年（1821－1835）
雙桐書屋刻本　二十四冊

210000－0783－0000306　K877/0626－2

金石索十二卷首一卷　（清）馮雲鵬　（清）馮
雲鵷輯　清道光元年至十五年（1821－1835）
滋陽縣署刻本　十二冊

210000－0783－0000307　K877/0627

京畿金石考二卷　（清）孫星衍撰　清光緒十
年至十二年（1884－1886）吳縣朱氏行素草堂
刻本　二冊

210000－0783－0000308　K877/0631

大瓢偶筆八卷總目一卷鐵函齋書跋四卷
（清）楊賓撰　（清）楊霈編輯　清道光二十七
年（1847）筠石山房刻本　六冊

210000－0783－0000309　K877/0636

語石十卷　葉昌熾撰　清宣統元年（1909）刻
本　四冊

210000－0783－0000310　K877/0638

積古齋鐘鼎彝器款識十卷商周銅器說一卷商
周兵器說一卷目錄一卷　（清）阮元編　清嘉
慶九年（1804）揚州阮氏刻本　八冊

210000－0783－0000311　K877/0648

漢石例六卷　（清）劉寶楠錄　清道光二十九
年（1849）靈石楊氏刻連筠簃叢書本　二冊

210000－0783－0000312　K877/0654

吏部尚書贈太子太傅恭勤馬公神道碑銘不分
卷　（清）梁國治撰並書　清寫本　一冊

210000－0783－0000313　K892/0664

五禮通考二百六十二卷首四卷目錄二卷
（清）秦蕙田編輯　清乾隆刻本　一百冊

210000－0783－0000314　K892/0665

禮記二十卷　（漢）鄭玄註　清乾隆四十八年
（1783）武英殿刻本　十冊

210000－0783－0000315　K892/0666

新定三禮圖二十卷　（宋）聶崇義集註　清末
上海同文書局石印本　二冊

210000－0783－0000316　K892/0667

月令粹編二十四卷首一卷　（清）秦嘉謨撰
清嘉慶十七年（1812）秦氏琳琅僊館刻本
四冊

210000－0783－0000317　K892/0668

文廟丁祭譜十卷首一卷附錄三卷　（清）藍鐘
瑞等撰　清同治七年至八年（1868－1869）醴
陵縣尊經閣刻本　十二冊

210000－0783－0000318　K892/0669

文廟祀典考五十卷首一卷　（清）龐鍾璐等輯
　清光緒四年（1878）龐氏刻本　十二冊

210000－0783－0000319　K892/0670

禮記十卷　（元）陳澔撰　清光緒八年（1882）
上洋江左書林刻本　十冊

210000－0783－0000320　K892/0671－1

［道光］大清通禮五十四卷　（清）來寶等撰
（清）穆克登額等續纂　清道光四年（1824）內
府刻本　十二冊

210000－0783－0000321　K892/0671－2

［光緒］大清通禮五十四卷　（清）來寶等撰
（清）穆克登額等續纂　清光緒九年（1883）江
蘇書局刻本　十二冊

210000－0783－0000322　K892/0672

明宮史八卷　（明）劉若愚撰　清宣統三年
（1911）國學扶輪社鉛印本　二冊

210000－0783－0000323　K91/0678

海國圖志一百卷　（清）魏源撰　清光緒二年
（1876）平慶涇固道署刻本　二十四冊

210000－0783－0000324　K916/0679

瀛環志略十卷 （清）徐繼畬撰 清光緒二十一年(1895)上海寶文局石印本 四冊

210000－0783－0000325 K926/0682
大岳太和山紀略八卷 （清）王概等修 （清）姚世倌等纂 清乾隆九年(1744)下荊南道署刻本 八冊

210000－0783－0000326 K928/0683
李氏五種合栞二十七卷 （清）李兆洛輯 清光緒二十四年(1898)上海掃葉山房石印本 八冊

210000－0783－0000327 K928/0684
武夷山志二十二卷首一卷 （清）董天工撰 清觀光樓刻本 十二冊

210000－0783－0000328 K928/0687
說嵩三十二卷 （清）景日昣撰 清康熙六十年(1721)刻本 九冊 存二十八卷（一至二十五、三十至三十二）

210000－0783－0000329 K928/0688
蒙古遊牧記十六卷 （清）張穆撰 清同治六年(1867)壽陽祁氏刻本 二冊 存八卷（一至八）

210000－0783－0000330 K928/0689
鴻雪因緣圖記六卷 （清）麟慶撰 清光緒十年(1884)上海點石齋石印本 六冊

210000－0783－0000331 K928/0690
啓東錄六卷 （清）林壽圖撰 清光緒五年(1879)刻本 二冊

210000－0783－0000332 K937/0699
漢西域圖考七卷首一卷 （清）李光廷撰 （清）潘平章 （清）李承緒繪 清光緒十九年(1893)寶善書局石印本 七冊

210000－0783－0000333 K991/135
世界新輿圖不分卷 （清）奚若編纂 清宣統元年(1909)上海商務印書館石印本 一冊

210000－0783－0000334 K991/144
最新中學教科書西洋歷史地圖不分卷 （日本）小川銀次郎編 清光緒三十一年(1905)

上海商務印書館石印本 一冊

210000－0783－0000335 K991/166
最新六半球——東半西半南半北半陸半水半地圖一幅 （清）沈儀鎔編 清光緒三十二年(1906)秀英舍第一工場石印本 一幅

210000－0783－0000336 K992/0700
中國沿海輿圖八卷 （清）王綰翰等繪 清內府手繪本 四冊

210000－0783－0000337 K992/0701
皇朝中外一統輿圖目錄一卷首一卷中一卷南十卷北二十卷 （清）胡林翼等纂修 （清）嚴樹森等補修 清同治二年(1863)湖北撫署景桓樓刻本 十冊 缺十卷（南十卷）

210000－0783－0000338 K992/0702
格物探原六卷 （清）韋廉臣撰 清光緒六年(1880)木活字本 四冊

210000－0783－0000339 K992/1115
[光緒]萬國輿圖一卷 （清）陈兆桐編 五大洲各國志略不分卷中西度量權衡表不分卷中西海里度數比較表不分卷五大洲各國大事記不分卷 清光緒二十七年(1901)石印本 一冊

210000－0783－0000340 K992/1116
[同治]皇輿全圖不分卷 （清）鄒伯奇繪 清同治十三年(1874)粵東省城雙門底拾芥園刻本 一冊

210000－0783－0000341 K992/1117
奉天全省地輿圖說圖表不分卷 （清）王志修編 清光緒二十年(1894)刻本 一冊

210000－0783－0000342 K992/1118
甘肅輿圖八卷 （清）□□修 清光緒刻本 二冊

210000－0783－0000343 K992/111
最新皇朝分省圖不分卷附本國最近調查各表不分卷 （清）鄒□□編 清光緒三十一年(1905)武昌亞新石印地圖局石印本 一冊

210000－0783－0000344 K992/111

最新皇朝分省圖不分卷附本國最近調查各表
不分卷　（清）鄒□□編　清光緒三十一年
（1905）武昌亞新石印地圖局石印本　一冊

210000－0783－0000345　K992.23/178
東三省全圖不分卷　（清）東三省蒙務總局製
　清宣統三年（1911）奉天省中和印書館石印
本　一幅

210000－0783－0000346　K992.252/133
山東省全圖不分卷　（清）上海商務印書館編
　清光緒三十一年（1905）上海商務印書館石
印本　一幅

210000－0783－0000347　K992.235/136
黑龍江輿地圖不分卷　（清）崔祥奎等編　清
光緒二十五年（1899）石印本　一冊

210000－0783－0000348　K992.255/170
浙江省全圖不分卷　（清）上海商務印書館編
譯所編譯　清宣統二年（1910）上海商務印書
館石印本　一幅

210000－0783－0000349　K992.649/129
大清帝國全圖不分卷　（清）上海商務印書館
編輯　清光緒三十一年（1905）上海商務印書
館石印本　一冊

210000－0783－0000350　P722/1082
海道圖說十五卷附長江圖說一卷　（英國）金
約翰輯　（英國）傅蘭雅譯　清末刻本　十冊

210000－0783－0000351　Q944/1084
佩文齋廣群芳譜一百卷附錄群芳譜原敘一卷
　（清）汪灝等撰　清末上海錦章書局石印本
二十四冊

210000－0783－0000352　R222/1087
傷寒論十卷論圖一卷　（漢）張仲景撰　（晉）
王叔和編　（金）成無己注解　清光緒六年
（1880）掃葉山房刻本　一冊　存一卷（傷寒
論一）

210000－0783－0000353　R244/1088
推拿廣義三卷　（清）熊應雄輯　清刻本
二冊

210000－0783－0000354　R281/1089
本草綱目五十二卷　（明）李時珍撰　清刻本
八冊　存八卷（八至十五）

210000－0783－0000355　R289/1090
醫方易簡新編六卷　（清）龔自璋　（清）黃統
編　大生要旨五卷醫方易簡續編二卷　（清）
葉照林編　續刻簡易新編新增良方一卷
（清）歐陽松軒編　清同治三年（1864）刻本
十冊

210000－0783－0000356　R289/1091
仙拈集四卷　（清）李文炳輯　清同德堂刻本
三冊　存三卷（一至二、四）

210000－0783－0000357　S/1093
欽定授時通考七十八卷　（清）鄂爾泰等纂修
　清道光六年（1826）四川藩署刻本　二十
四冊

210000－0783－0000358　TQ174/1095
景德鎮陶錄十卷　（清）藍浦撰　（清）鄭廷桂
補輯　清光緒十七年（1891）石印本　二冊

210000－0783－0000359　Z121/0705
子書百家　（清）崇文書局輯　清光緒元年
（1875）湖北崇文書局刻本　十二冊　存四種
三十六卷

210000－0783－0000360　Z121/0707
函海　（清）李調元輯　清光緒七年至八年
（1881－1882）廣漢鍾登甲樂道齋刻本　六冊
存八種三十四卷

210000－0783－0000361　Z121/0708
聚學軒叢書五集　（清）劉世珩輯　清光緒二
十二年至二十九年（1896－1903）貴池劉世珩
甫繼庵刻本　一百二十冊

210000－0783－0000362　Z121/0709
槐盧叢書五編　（清）朱記榮輯　清光緒十二
年至十四年（1886－1888）吳縣朱氏槐盧刻本
十冊　存六種二十九卷

210000－0783－0000363　Z121/0710
藕香零拾　繆荃孫輯　清光緒二十二年至宣

統二年(1896－1910)刻本　　三十二冊　　存三十九種

210000－0783－0000364　　Z121/0711

晨風閣叢書　沈宗畸輯　清宣統元年(1909)番禺沈氏刻本　　十六冊　　存二十二種四十六卷

210000－0783－0000365　　Z124/0731

安吳四種三十六卷首一卷末一卷　　(清)包世臣撰　　清道光二十六年(1846)白門倦遊閣木活字本　　十六冊　　缺三卷(齊民四術禮三卷)

210000－0783－0000366　　Z124/0732

古愚老人消夏錄十七種　　(清)汪汲撰　清乾隆、嘉慶古愚山房刻本　　二十六冊

210000－0783－0000367　　Z126/0733－1

十三經注疏附考證三百四十六卷　　(清)弘晝　(清)張廷玉等纂　清同治十年至十一年(1871－1872)廣東書局刻本　　一百二十冊

210000－0783－0000368　　Z126/0733－2

十三經注疏附考證三百四十六卷　　(清)弘晝　(清)張廷玉等纂　清同治十年至十一年(1871－1872)廣東書局刻本　　一百二十冊

210000－0783－0000369　　Z126/0734

重刊宋本十三經注疏附校勘記四百十六卷　(清)阮元校勘　(清)盧宣旬摘錄　清嘉慶二十年(1815)南昌學府刻本　　一百二十八冊　存三百三十六卷

210000－0783－0000370　　Z126/0735

仿宋相臺五經附考證九十三卷　　(宋)岳珂校　清光緒長沙龍氏家塾刻岳氏相臺五經本　四十冊

210000－0783－0000371　　Z126/0736

宋本十三經注疏附校勘記四百六十卷　　(清)阮元校勘　(清)盧宣旬摘錄　清末石印本　三冊　　存一百三十二卷(周禮四十二卷、儀禮五十卷、禮記二十四至六十三)

210000－0783－0000372　　Z126/0737

六經圖二十四卷　　(清)鄭之僑編　清乾隆九

年(1744)述堂刻本　　十二冊

210000－0783－0000373　　Z126/0738

經籍纂詁一百六卷附補遺一百六卷首一卷　(清)阮元撰　清光緒六年(1880)淮南書局補刻本　　四十八冊

210000－0783－0000374　　Z126/0739

四書圖考十三卷　　(清)杜炳撰　清光緒十三年(1887)鴻文書局石印本　　四冊

210000－0783－0000375　　Z222/0740

太平御覽一千卷　　(宋)李昉等編　清光緒二十年(1894)上海積山書局石印本　　三十二冊

210000－0783－0000376　　Z225/0742

大題觀海初集不分卷二集不分卷　　(清)□□輯　清光緒十四年(1888)上海點石齋石印本　五十九冊　　存五十九冊(初集二十三冊、二集三十六冊)

210000－0783－0000377　　Z225/0743

御定駢字類編二百四十卷　　(清)沈宗敬等輯　清末彩色抄本　　三冊　　存十七卷(一至十七)

210000－0783－0000378　　Z225/0744

御定駢字類編二百四十卷　　(清)沈宗敬等輯　清光緒十三年(1887)上海同文書局石印本　三十一冊　　存一百五十卷(七至十五、二十七至三十一、三十六至四十、六十二至六十五、七十二至九十二、九十九至一百三、一百九至一百四十七、一百六十一至二百二、二百八至二百二十四、二百三十三至二百三十五)

210000－0783－0000379　　Z225/0745

佩文韻府一百六卷　　(清)張玉書　(清)蔡升元等纂　清刻本　　九十八冊

210000－0783－0000380　　Z225/0746

子史精華三十卷　　(清)允祿　(清)吳襄等纂　清光緒九年(1883)上海點石齋石印本　二冊

210000－0783－0000381　　Z225/0748

盛世危言十四卷　　(清)鄭觀應撰　清光緒二

十一年(1895)石印本　八冊

210000 – 0783 – 0000382　Z225/0749

時務通考三十一卷　(清)杞廬主人撰　清光緒二十三年至二十四年(1897 – 1898)上海點石齋石印本　二十四冊

210000 – 0783 – 0000383　Z225/0752

分類洋務經濟時事新論六卷　(英國)李提摩太撰　(清)仲英采輯　清光緒二十年(1894)長白吏隱僊館石印本　六冊

210000 – 0783 – 0000384　Z225/0753

角山樓增補類腋六十七卷　(清)姚培謙撰　(清)趙克宜增輯　清光緒十二年(1886)上海同文書局石印本　一冊　存十二卷(地部十三至二十四)

210000 – 0783 – 0000385　Z225/0754

格致鏡原一百卷　(清)陳元龍輯　清刻本　八冊　存二十一卷(二十九至四十九)

210000 – 0783 – 0000386　Z225/0755

省軒考古類編十二卷　(清)柴紹炳撰　(清)姚培謙評　清雍正四年(1726)鐵嶺刻本　八冊

210000 – 0783 – 0000387　Z42/0757

學仕錄十六卷　(清)戴肇辰編輯　清同治六年(1867)刻本　六冊　存十二卷(一至十二)

210000 – 0783 – 0000388　Z42/0759

三蘇策論十二卷　(宋)蘇軾等撰　(清)張紹齡編　清宣統三年(1911)詠記書莊石印本　三冊　存九卷(四至十二)

210000 – 0783 – 0000389　Z424/0760

憨山老人夢遊全集五卷　(明)釋德清撰　(明)釋福善錄　明崇禎二年(1629)海陽汪高光刻本　五冊

210000 – 0783 – 0000390　Z424/0761

藕益三頌不分卷　(明)釋智旭撰　明崇禎十七年(1644)刻本　一冊

210000 – 0783 – 0000391　Z424/0762

林文忠公全集四十二卷　(清)林則徐撰　**事

略一卷　(清)李元度撰　清光緒二年至五年(1876 – 1879)林氏刻本　十二冊

210000 – 0783 – 0000392　Z424/0763

中復堂全集四十五卷附錄一卷　(清)姚瑩撰　清同治六年(1867)姚濬昌刻本　十二冊　存五種二十九卷(東溟奏稿四卷、東槎紀略五卷、康輶紀行一至十二、十六，識小錄三至四，東溟文后集一至四、附錄一卷)

210000 – 0783 – 0000393　Z424/0764

文信國公集二十卷首一卷　(宋)文天祥撰　清同治七年(1868)楚醴景萊書室刻本　十三冊

210000 – 0783 – 0000394　Z424/0765

楊忠愍公集不分卷　(明)楊繼盛撰　(清)章鈺輯　清刻本　三冊

210000 – 0783 – 0000395　Z424/0766

唐陸宣公集二十二卷增輯二卷　(唐)陸贄撰　(清)耆英增輯　清醉文堂刻本　六冊

210000 – 0783 – 0000396　Z429/0769

日知錄之餘四卷　(清)顧炎武撰　清刻本　一冊

210000 – 0783 – 0000397　Z429/0770

聖祖仁皇帝庭訓格言不分卷　(清)聖祖玄燁撰　(清)世宗胤禎編　清雍正八年(1730)武英殿刻本　一冊

210000 – 0783 – 0000398　Z429/0771

皇朝經世文編一百二十卷姓名總目二卷生存姓名一卷　(清)賀長齡輯　清同治十一年至十二年(1872 – 1873)撫郡饒氏雙峰書屋刻本　八十冊

210000 – 0783 – 0000399　Z249/0772

聖諭廣訓衍二卷　(清)聖祖玄燁撰　(清)世宗胤禎廣訓　(清)□□衍文　清乾隆刻朱墨套印本　二冊

210000 – 0783 – 0000400　Z429/0773

退菴隨筆二十二卷退菴自訂年譜一卷　(清)梁章鉅編　清同治十一年(1872)上海文瑞樓

石印本　八冊

210000－0783－0000401　Z429/0774
東觀餘論二卷附錄一卷　（宋）黃伯思撰　清
光緒十年（1884）邵武徐氏刻本　四冊

210000－0783－0000402　Z429/0775
徐靈胎先生雜箸五種　（清）徐大椿撰　清光
緒十四年（1888）江左書林刻本　三冊　存四
種五卷

210000－0783－0000403　Z429/0776－1
普天忠憤集十四卷首一卷　（清）孔廣德輯
清光緒二十一年（1895）上海宏章書局石印本
十二冊

210000－0783－0000404　Z429/0776－2
普天忠憤全集十四卷首一卷　（清）孔廣德輯
清光緒二十一年（1895）上海宏章書局石印
本　十二冊

210000－0783－0000405　Z429/0776－3
普天忠憤全集十四卷首一卷　（清）孔廣德輯
清光緒二十一年（1895）上海宏章書局石印
本　六冊

210000－0783－0000406　Z429/0777
求闕齋時務匯鈔二種十一卷　（清）□□輯
清光緒二十三年（1897）上海萬選樓石印本
八冊

210000－0783－0000407　Z429/0778
定香亭筆談四卷　（清）阮元撰　（清）吳文溥
輯　清光緒二十五年（1899）浙江書局刻本
四冊

210000－0783－0000408　Z429/0780
皇朝經世文三編八十卷　（清）陳忠倚輯　清
光緒二十七年（1901）上海書局石印本　十
六冊

210000－0783－0000409　Z429/0781－1
皇朝經世文新編三十二卷　（清）麥仲華輯
清光緒二十八年（1902）上海書局石印本　十
六冊

210000－0783－0000410　Z429/0781－2

皇朝經世文新編三十二卷　（清）麥仲華輯
清光緒二十八年（1902）上海書局石印本　十
二冊

210000－0783－0000411　Z429/0782
郎潛紀聞初筆七卷二筆八卷三筆六卷　（清）
陳康祺撰　清宣統二年（1910）上海埽葉山房
石印本　十冊

210000－0783－0000412　Z429/0783
省□日鈔二十卷　（清）□□撰　清末抄本
十八冊　缺二卷（八、十七）

210000－0783－0000413　Z429/0784
憑山閣彙輯留青新集三十卷　（清）陸圻輯
（清）陳德裕增輯　（清）陳枚等選輯　清康熙
憑山閣刻本　十六冊　存十五卷（十六至三
十）

210000－0783－0000414　Z429/0795
重編留青新集二十四卷　（清）尹□□輯　清
光緒鉛印本　六冊　存十二卷（十三至二十
四）

210000－0783－0000415　Z429/0797
雲縠雜紀四卷首一卷末一卷　（宋）張淏撰
清刻武英殿聚珍版叢書本　一冊

210000－0783－0000416　Z429/0798
香茶室叢鈔二十三卷　（清）俞樾撰　清光緒
九年（1883）春在堂全書刻本　五冊

210000－0783－0000417　Z62/0801
時務報不分卷　（清）上海時務報館編　清光
緒二十二年（1896）上海時務報館石印本
三冊

210000－0783－0000418　Z62/0802
時事報圖畫雜俎不分卷　（清）時事報社編
清光緒三十四年至宣統元年（1908－1909）時
事報館石印本　四冊

210000－0783－0000419　Z62/0803
滬報新聞畫不分卷　（清）滬報社編　清光緒
三十四年（1908）滬報社石印本　三冊

210000－0783－0000420　Z62/0804

時事報鋼筆畫不分卷 （清）時事報館編 清光緒三十三年至三十四年（1907－1908）時事報館石印本 一冊

210000－0783－0000421 Z62/0805
萬國公報□□卷 （清）上海美華書館編 清光緒二十四年至二十八年（1898－1902）上海美華書館石印本 二冊 存二卷（一百十三、一百六十八）

210000－0783－0000422 Z62/0806
湘學報類編不分卷 （清）江標等編 清光緒二十八年（1902）上海石印本 八冊 存五類（史學、輿地、掌故、商學、交涉）

210000－0783－0000423 Z62/02
癸卯新民叢報彙編不分卷 （清）新民叢報社編 清光緒二十九年（1903）新民叢報社石印本 四冊 存光緒二十八年、二十九年

210000－0783－0000424 Z832/0811
欽定四庫全書簡明目錄二十卷 （清）紀昀等撰 清京都文蔚堂刻本 十冊

210000－0783－0000425 Z832/0812
欽定四庫全書總目二百卷首一卷欽定四庫全書簡明目錄二十卷 （清）紀昀等撰 四庫未收書目提要五卷 （清）阮元撰 清光緒二十年（1894）上海點石齋石印本 二十四冊

210000－0783－0000426 Z835/0813
書目答問不分卷 （清）張之洞撰 清光緒元年（1875）粤東雙門底翰墨園刻本 二冊

210000－0783－0000427 Z842/0815
鐵琴銅劍樓藏書目錄二十四卷 （清）瞿鏞撰 清光緒二十四年（1898）常熟瞿氏莒里家塾刻本 十冊

210000－0783－0000428 B94/0828
御錄經海一滴六卷 （清）世宗胤禛輯 清雍正十三年（1735）武英殿刻本 六冊

210000－0783－0000429 B244/0833
御纂朱子全書六十六卷 （清）熊賜履等撰 清康熙五十三年（1714）武英殿刻本 二十

五冊

210000－0783－0000430 I222/0831
施注蘇詩四十二卷目錄二卷續補遺總目一卷蘇詩續補遺二卷 （宋）施元之撰 （清）邵長蘅補 （清）馮景補注 清康熙三十九年（1700）宋犖刻本 十冊

210000－0783－0000431 I222/0820
詩詞雜俎二十五卷 （明）毛晉輯 明天啓、崇禎汲古閣刻本 四冊 存十三卷

210000－0783－0000432 J12/0834
佩文齋書畫譜一百卷 （清）孫嶽頒 （清）宋駿業等纂輯 清康熙刻本 四冊 存十二卷（七十六至八十七）

210000－0783－0000433 J12/0835
欽定佩文齋書畫譜一百卷 （清）孫嶽頒 （清）宋駿業等纂輯 清康熙四十七年（1708）武英殿刻本 六十四冊

210000－0783－0000434 J222/0823
康熙御製耕織圖不分卷 （清）聖祖玄燁題詩 （清）焦秉貞繪 清康熙三十五年（1696）武英殿刻本 四十五幅

210000－0783－0000435 K204/0832
御批資治通鑑綱目全書前編十八卷正編五十九卷首一卷續編二十七卷 （清）宋犖等編 清康熙四十七年（1708）武英殿刻本 五十冊

210000－0783－0000436 K820/0824
八旗滿洲氏族通譜八十卷目錄二卷 （清）鄂爾泰等纂 清乾隆九年（1744）武英殿刻本 三十四冊

210000－0783－0000437 K877/0830
兩漢金石記二十二卷 （清）翁方綱撰 清乾隆五十四年（1789）南昌使院刻本 六冊

210000－0783－0000438 K892/0819
家禮集說不分卷 （明）馮善編集 明宣德刻本 四冊

210000－0783－0000439 K892/0825
皇朝禮器圖式十八卷 （清）允祿等修 清乾

隆三十一年(1766)武英殿刻本　十六冊

210000－0783－0000440　K892/0827

禮記卷第十四　（漢）鄭玄註　宋刻本　一冊

210000－0783－0000441　K919/0826

皇清職貢圖九卷　（清）傅恒繪撰　清乾隆武英殿刻本　十六冊

210000－0783－0000442　R289/0822

絳雪園古方選注六卷　（清）王子接撰　清刻本　六冊

210000－0783－0000443　TU/0821

九卿議定物料價值四卷　（清）邁柱等編　清

乾隆元年(1736)武英殿刻本　八冊

210000－0783－0000444　Z225/0836

淵鑑類函四百五十卷目錄四卷　（清）張英等纂　清清吟堂刻本　一百四十冊

210000－0783－0000445　Z225/0837

淵鑑類函四百五十卷目錄四卷　（清）張英等纂　清康熙四十九年(1710)內府刻本　一百四十四冊

210000－0783－0000446　Z4/0829

純師集十二卷　（明）余鈺評輯　清刻本　十二冊

旅順博物館
古籍普查登記目録

全國古籍普查登記目録

國家圖書館出版社
National Library of China Publishing House

《旅順博物館古籍普查登記目録》
前　言

　　旅順博物館的前身是始建於 1915 年日本殖民統治旅大時期的"物産陳列所",1916 年 11 月改稱"關東都督府滿蒙物産館",1917 年 4 月 1 日正式對外開放,是國內最早建立的博物館之一,先後經歷了沙俄築基、日本建館、前蘇聯接管及中國政府管理四個不同管理階段。館內所藏古籍善本來源渠道較爲廣泛,有政府撥交、羅振玉舊藏、日本大穀光瑞"探險品"以及民間徵集等,多數古籍流傳有序,對版本學的研究提供了可靠依據。館內設 5 個專用古籍書庫,總面積 610 平方米,工作人員 55 人,有專人負責古籍典藏和修復工作。

　　館藏傳統裝幀書籍 4 萬餘册(件),其中善本古籍 3000 餘册(件)。佛教典籍、社會文書、綫裝善本、清宮檔案、名人手札、碑帖等爲特色藏品,具有重要的歷史價值。2016 年 5 月,我館喜獲第五批"全國古籍重點保護單位"的殊榮,館藏 2300 片殷墟甲骨文、《明拓顏氏家廟碑》等被收録第五批《國家珍貴古籍名録》。此前,第一批與第三批《國家珍貴古籍名録》已收録了我館 19 部典籍。館藏商代晚期的殷墟甲骨 2300 多片,主要是清末民初著名金石學家羅振玉的舊藏,另外也有小部分甲骨,是日本漢學家岩間德也在 20 世紀 30 年代賣給旅順博物館的,其中一批新資料、新辭例與新見用詞大大充實了甲骨文字庫。

　　此外,館內還收藏大量珍貴的唐宋時期的碑帖拓片,如明拓東漢延熹元年(158)的《漢郎中鄭固碑》、明拓唐貞觀二十年(646)唐太宗的《晋祠銘》、明拓唐褚遂良書的《雁塔聖教序》、明拓北宋乾德三年(965)釋夢英的篆書《千字文》等,這些拓片真實記録了漢、唐、宋等時期的著名碑文,爲中國曆法法書的研究提供了珍貴的資料。

　　總之,旅順博物館所藏古籍善本發展脉絡清晰,涵蓋範圍較廣,内容獨具特色,可謂從側面見證了中國古籍的發展史。

旅順博物館
2020 年 5 月

210000 – 0782 – 0000001　7.1657

佛說佛名經十二卷　唐寫本　一冊　存一卷
（十九）

210000 – 0782 – 0000002　15.3

熹宗寶訓四卷　（明）熹宗朱由校撰　明天啟
寫本　一冊　存三卷（二至四）

210000 – 0782 – 0000003　15.4

明熹宗實錄八十七卷　明天啟寫本　一冊
存六卷（十九、三十一、三十三、三十七至三十
八、八十四）

210000 – 0782 – 0000004　15.519

南宗最上頓教大乘摩訶般若波羅蜜經不分卷
　（唐）釋法海等輯　後周顯德五年（958）寫
本　一冊

210000 – 0782 – 0000005　15.608

**新編事文類聚翰墨大全甲集十二卷乙集十八
卷丙集十四卷丁集十一卷戊集十三卷己集十
二卷庚集十五卷辛集十六卷壬集十七卷癸集
十七卷後甲集十五卷後乙集十三卷後丙集十
二卷後丁集十四卷後戊集九卷**　（元）劉應李
輯　明初刻本　三冊　存三卷（丁集八、十，
戊集五）

210000 – 0782 – 0000006　15.609

太平金鏡策八卷　（元）趙天麟撰　元刻本
一冊　存二卷（七至八）

210000 – 0782 – 0000007　15.611

戰國策十卷　（漢）劉向撰　（宋）鮑彪校注
明刻本　十六冊

210000 – 0782 – 0000008　15.612

春秋屬辭十五卷　（元）趙汸撰　元至正二十
年至二十四年（1360 – 1364）休甯商山義塾刻
明弘治六年（1493）高忠重修本　八冊

210000 – 0782 – 0000009　15.613

文所易說五卷　（明）馮時可撰　明萬曆刻本
四冊

210000 – 0782 – 0000010　15.614

三國志六十五卷　（晉）陳壽撰　明萬曆二十

四年（1596）刻本　八冊　存三十卷（一至三
十）

210000 – 0782 – 0000011　15.615

無能子三卷　（唐）無能子撰　明刻本　一冊
存二卷（上、下）

210000 – 0782 – 0000012　15.616

朱子實紀十二卷　（明）戴銑撰　明刻本　一
冊　存二卷（十一至十二）

210000 – 0782 – 0000013　15.617

程氏演繁露十六卷　（宋）程大昌撰　明嘉靖
刻本　四冊

210000 – 0782 – 0000014　15.618

雅宜山人集十卷　（明）王寵撰　明嘉靖刻本
四冊

210000 – 0782 – 0000015　15.619

遼史一百十六卷　（元）脫脫撰　明嘉靖八年
（1529）刻本　八冊

210000 – 0782 – 0000016　15.621

文選六十卷　（南朝梁）蕭統輯　（唐）李善注
明成化二十三年（1487）唐藩朱芝址刻本
十七冊　存五十卷（一至三十、三十五至四十
一、四十八至六十）

210000 – 0782 – 0000017　15.622

蘇氏易解八卷　（宋）蘇軾撰　明萬曆二十二
年（1594）冰玉堂刻本　四冊

210000 – 0782 – 0000018　15.623

柳河東集四十五卷　（唐）柳宗元撰　明崇禎
六年（1633）蔣氏三徑草堂刻本　九冊

210000 – 0782 – 0000019　15.624

前漢書一百二十卷　（漢）班固撰　明德藩最
樂軒刻本　二十四冊

210000 – 0782 – 0000020　15.625

重刻夢溪筆談二十六卷　（宋）沈括撰　明崇
禎四年（1631）刻本　四冊

210000 – 0782 – 0000021　15.626

楊升庵先生批點文心雕龍十卷　（南朝梁）劉
勰撰　（明）楊慎批點　（明）梅慶生音注　明

萬曆三十七年（1609）梅慶生刻天啓二年（1622）重修本　二冊

210000－0782－0000022　15.627

爾雅三卷　（晉）郭璞注　明刻本　二冊

210000－0782－0000023　15.628

古洋遺響集不分卷　（宋）文同撰　明刻本　一冊

210000－0782－0000024　15.629

閩嶠外記不分卷　（清）戴贇颺撰　清末抄本　一冊

210000－0782－0000025　15.632

司馬溫公經進稽古錄二十卷　（宋）司馬光撰　清李光暎觀妙齋刻本　二冊

210000－0782－0000026　15.633

榕村詩選八卷　（清）李光地撰　清雍正七年（1729）刻本　四冊

210000－0782－0000027　15.634

詩地理考六卷　（宋）王應麟撰　明刻本　三冊

210000－0782－0000028　15.635

國朝圖繪小傳四卷　（清）葉方藹　（清）庫勒納錄　清乾隆稿本　三冊　存三卷（一、三至四）

210000－0782－0000029　15.636

說文解字考異十五卷　（清）姚文田撰　清稿本　一冊　存一卷（四上）

210000－0782－0000030　15.637

午亭文編五十卷　（清）陳廷敬撰　清康熙四十七年（1708）刻本　十九冊　存四十七卷（一至二十七、三十一至五十）

210000－0782－0000031　15.639

敦化秘閣法帖考證敘十二卷　（清）王澍撰　清雍正八年（1730）刻本　四冊

210000－0782－0000032　15.641

周書五十卷　（唐）令狐德芬撰　明萬曆十六年（1588）刻本　十冊

210000－0782－0000033　15.643

法苑珠林一百卷　（唐）釋道世撰　宋宣和三年（1121）福州開元寺刻毗盧藏本　七冊　存七卷（四十五、五十七、八十一、八十九、九十三至九十四、九十六）

210000－0782－0000034　15.644

一切經音義一百卷　（唐）釋慧琳撰　宋紹興十八年（1148）福州開元寺刻毗盧藏本　二十三冊　存二十二卷（一、三至二十、二十二至二十四）

210000－0782－0000035　15.645

沙門不應拜俗六卷　（唐）釋彥悰撰　宋紹興十八年（1148）刻毗盧藏本　二冊　存二卷（二、六）

210000－0782－0000036　15.646

大般若波羅蜜多經六百卷　（唐）釋玄奘譯　宋紹興刻毗盧藏本　一冊　存二卷（三百十三、三百十五）

210000－0782－0000037　15.646

續高僧傳音義三十卷　（唐）道宣撰　宋福州開元寺刻毗盧藏本　一冊　存承字函

210000－0782－0000038　15.647

妙法聖念處經八卷　（宋）釋法天譯　元延祐二年（1315）磧砂寺刻大藏經本　八冊　存一卷（八）

210000－0782－0000039　15.648

古今譯經圖記四卷　（唐）釋靖邁撰　宋紹興十八年（1148）福州開元寺刻毗盧藏本　四冊

210000－0782－0000040　20.1539

大寶積經一百二十卷　（晉）釋竺法護譯　唐寫本　一冊　存一卷（一百十六）

210000－0782－0000041　20.154

肇論一卷　（後秦）釋僧肇撰　（唐）釋道宣輯　**因緣心論釋開決記一卷六門陀羅尼經論廣釋一卷**　（唐）釋曇曠撰　唐寫本　一冊　存部分殘卷

210000－0782－0000042　20.1541

妙法蓮華經 （後秦）釋鳩摩羅什譯 唐寫本
一冊 存七卷

210000－0782－0000043 20.1542
大通方廣經三卷 唐寫本 一冊 存一卷
（上殘）

210000－0782－0000044 20.1543
大般涅槃經四十卷 （北涼）釋曇無讖譯 唐
寫本 一冊 存一卷（二十六）

210000－0782－0000045 20.1544
大般若波羅蜜多經六百卷 （唐）釋玄奘譯
唐寫本 一冊 存一卷（五百七十）

210000－0782－0000046 20.1546
大般涅槃經四十卷 （北涼）釋曇無讖譯 南
北朝寫本 一冊 存一卷（十五）

210000－0782－0000047 20.1609
孔目司帖 （□）任□撰 唐建中四年(783)
寫本 一冊 存兩帖

210000－0782－0000048 4886
九經三傳沿革例一卷 （宋）岳珂撰 清嘉慶
十九年(1814)刻本 一冊

210000－0782－0000049 5015
欽定儀禮義疏四十八卷 （清）允祿等撰 清
光緒二十六年(1900)刻本 五冊 存四十三
卷(一至四十三)

210000－0782－0000050 5020
宋黃宣獻公周禮說五卷 （宋）黃度撰 （清）
陳金鑒輯 清道光十年(1830)刻本 一冊
存三卷(一至三上)

210000－0782－0000051 5083
孝經一卷 （唐）玄宗注 （唐）陸德明音義
清光緒十二年(1886)湖北官書處刻本 一冊

210000－0782－0000052 5084
忠孝經十八卷 （漢）鄭玄集注 清光緒三十
年(1904)成文堂刻本 一冊

210000－0782－0000053 5140
狀元閣女四書四卷 （清）王相箋注 清光緒
六年(1880)刻本 一冊 存一卷(上)

210000－0782－0000054 5255
字學舉隅不分卷 （清）龍啟瑞撰 清同治十
年(1871)刻本 一冊

210000－0782－0000055 5269
文選課虛四卷 （清）杭世駿撰 清刻本
一冊

210000－0782－0000056 5337
玉簡齋叢書十四種四十三卷 羅振玉輯 清
宣統二年(1910)石印本 一冊 存二十卷
（異語一至十九、漢志武成年月考一卷）

210000－0782－0000057 5417
九經字樣一卷 （唐）唐玄度撰 清光緒九年
(1883)刻本 一冊

210000－0782－0000058 5421
名原二卷 （清）孫詒讓撰 清光緒三十一年
(1905)刻本 一冊

210000－0782－0000059 5434
古今韻考四卷附記一卷 （清）李因篤撰 清
光緒六年(1880)刻本 一冊

210000－0782－0000060 5480
音學辨微一卷 （清）江永撰 清乾隆二十四
年(1759)刻本 一冊

210000－0782－0000061 5499
名原二卷 （清）孫詒讓撰 清光緒三十一年
(1905)刻本 一冊

210000－0782－0000062 5663
歷代帝王世系圖不分卷 清宣統二年(1910)
陸軍刷印處石印本 一冊

210000－0782－0000063 6153
江楚會奏變法折三折 （清）劉坤一 （清）張
之洞撰 清光緒二十七年(1901)刻本 一冊

210000－0782－0000064 6276
九旗古義述一卷 （清）孫詒讓撰 清光緒二
十八年(1902)刻本 一冊

210000－0782－0000065 6631
遊歷加納大圖經八卷 （清）傅雲龍撰 清光
緒二十八年(1902)石印本 一冊 存二卷

（一至二）

210000－0782－0000066　6633

遊歷秘魯圖經四卷　（清）傅雲龍撰　清光緒二十八年（1902）石印本　一冊　存二卷（三至四）

210000－0782－0000067　7122

石經考異兩卷附晉書補傳贊一卷諸史然疑一卷　（清）杭世駿撰　清乾隆五十七年（1792）刻本　一冊

210000－0782－0000068　7160

殷商貞卜文字考一卷　羅振玉撰　清宣統二年（1910）石印本　一冊

210000－0782－0000069　7642

至聖林廟碑目六卷　（清）孔昭薰撰　清光緒二十二年（1896）刻本　一冊

210000－0782－0000070　7669

北宋石經考異一卷　（清）馮登府撰　清同治十三年（1874）刻本　一冊

210000－0782－0000071　8417

博古圖三十卷　（宋）王黼撰　明醉墨館刻本　三十冊

210000－0782－0000072　8554

清嘉錄十二卷　（清）顧祿撰　清光緒三年（1877）刻本　四冊　存七卷（一至七）

210000－0782－0000073　8595

怪疾奇方一卷　（清）汪汲撰　清嘉慶六年（1801）古愚山房刻本　一冊

210000－0782－0000074　8596

重訂痘疹定論四卷　（清）朱純嘏撰　清嘉慶十七年（1812）聚秀堂刻本　一冊　存二卷（一至二）

210000－0782－0000075　8652

食舊德齋雜著二卷　（清）劉岳雲撰　清光緒二十二年（1896）刻本　二冊

210000－0782－0000076　8700

怵行錄一卷　（清）邵懿辰撰　清同治五年（1866）當歸草堂刻本　一冊

210000－0782－0000077　8731

座右銘類編一卷續編一卷　（清）汪汲輯　清刻本　一冊

210000－0782－0000078　8813

篤素堂集鈔三卷　（清）張英撰　清光緒十七年（1891）刻本　一冊

210000－0782－0000079　8816

切近編一卷　（清）桑調元　（清）沈廷芳輯　清同治五年（1866）當歸草堂刻本　一冊

210000－0782－0000080　8817

重編張楊園先生[張履祥]年譜一卷附錄一卷　（清）蘇惇元撰　清同治三年（1864）刻本　一冊

210000－0782－0000081　8836

句餘土音三卷　（清）全祖望撰　清宣統三年（1911）國學扶輪社刻本　一冊

210000－0782－0000082　8837

廣雅碎金四卷附錄一卷　（清）張之洞撰　清光緒二十三年（1897）刻本　一冊

210000－0782－0000083　8854

湘中草六卷　（明）湯傳楹撰　清刻本　一冊　存三卷（一至三）

210000－0782－0000084　8861

續語堂詩存一卷　（清）魏錫曾撰　清光緒九年（1883）刻本　一冊

210000－0782－0000085　8874

海剛峰集十卷　（明）海瑞撰　清康熙正誼堂刻本　一冊　存一卷（上）

210000－0782－0000086　8937

仲實類稿一卷　（清）魯賁撰　清光緒刻本　一冊

210000－0782－0000087　9006

邵亭詩鈔六卷　（清）莫友芝撰　清咸豐二年（1852）刻本　一冊

210000－0782－0000088　9012

嵇庵詩集六卷　（清）梅植之撰　清道光十六年（1836）刻本　一冊

210000－0782－0000089　9022

揅經室詩錄五卷　（清）阮元撰　清道光十三年(1833)　一冊

210000－0782－0000090　9042

明詩紀事一百八十七卷　（清）陳田輯　清宣統元年(1909)刻本　二十四冊　存一百二十三卷(一至一百二十三)

210000－0782－0000091　9097

普天忠憤全集十四卷　（清）孔廣德輯　清光緒二十一年(1895)刻本　十冊　存七卷(一至七)

210000－0782－0000092　9431

淮流一勺二卷　（清）范以煦撰　清道光二十八年(1848)刻本　一冊

210000－0782－0000093　9453

楚辭釋十一卷　（清）王闓運撰　清光緒二十一年(1895)刻本　一冊

210000－0782－0000094　9454

離騷箋二卷　（清）龔景瀚撰　清光緒三年(1877)刻本　一冊

210000－0782－0000095　9466

說詩晬語二卷　（清）佚名輯　清光緒五年(1879)上海淞隱閣印國朝名人著述叢編本　一冊　存一卷(二)

210000－0782－0000096　9477

太素齋詞鈔二卷　（清）勒方錡撰　清光緒十年(1884)刻本　一冊

210000－0782－0000097　9752

一鐙精舍甲部稿五卷　（清）何秋濤撰　清光緒五年(1879)刻本　一冊

210000－0782－0000098　10364

新編古列女傳八卷　（漢）劉向撰　（晉）顧愷之繪圖　清嘉慶二十五年(1820)刻本　二冊

210000－0782－0000099　13428

春秋左傳三十卷　（晉）杜預注　清同治七年(1868)崇文書局刻本　一冊　存二卷(一至二)

210000－0782－0000100　13872

禮俗權衡二卷　（清）趙執信撰　清刻本　一冊

210000－0782－0000101　28816

魯公文集十五卷　（唐）顏真卿撰　明萬曆二十四年(1596)刻本　三冊　存七卷(九至十五)

210000－0782－0000102　28817

古詩類苑一百二十卷　（明）張之象編　明刻本　七冊　存三十一卷(二至三十二)

210000－0782－0000103　28818

於越先賢像傳贊二卷　（清）王齡撰　（清）任熊繪　清光緒三年(1877)刻本　四冊

210000－0782－0000104　28825

曝書亭集八十卷附錄一卷笛漁小稿十卷　（清）朱彝尊撰　清康熙五十三年(1714)刻本　二十四冊

210000－0782－0000105　28866

隸辨八卷　（清）顧藹吉撰　清康熙五十七年(1718)玉淵堂刻本　八冊

210000－0782－0000106　28883

禮記釋文二十卷　（唐）陸德明撰　明萬曆刻本　十冊

210000－0782－0000107　28885

爾雅義疏三卷　（清）郝懿行撰　清稿本　六冊

210000－0782－0000108　28886

春秋經傳集解考正五卷　（清）陳樹華撰　清乾隆三十五年(1770)稿本　四冊

210000－0782－0000109　28898

高士傳三卷　（晉）皇甫謐撰　（清）任熊繪圖　清光緒三年(1877)刻本　四冊

210000－0782－0000110　28901

三國志六十五卷　（晉）陳壽撰　明萬曆二十八年(1600)刻本　十二冊

210000－0782－0000111　28927

新鐫快心編全傳初集十回二集十回三集十二

回 （清）天花才子編輯 （清）四橋居士評點
清課花書屋刻本 十二冊

210000－0782－0000112 28956
玉臺新詠箋注十卷 （南朝陳）徐陵編 （清）
吳兆宜注 清道光二十九年（1849）刻本
四冊

210000－0782－0000113 28974
增像全圖三國演義一百二十回 （明）羅貫中
編 清光緒二十九年（1903）上海錦章書局石
印本 八冊

210000－0782－0000114 28985
鴻雪因緣圖記三集 （清）麟慶撰 清道光二
十七年（1847）刻本 六冊

210000－0782－0000115 28989
虞伯生詩八卷補遺一卷 （元）虞集撰 明末
汲古閣刻本 四冊

210000－0782－0000116 28994
匋齋藏石記四十四卷附藏磚記二卷 （清）端
方撰 清宣統元年（1909）石印本 十二冊

210000－0782－0000117 29005
吉金所見錄十六卷 （清）初尚齡纂輯 清嘉
慶二十四年（1819）刻本 四冊 存十二卷
（一至十二）

210000－0782－0000118 29013
秘藏大六壬大全十三卷 （明）郭御青校訂
清光緒三十年（1904）掃葉山房刻本 七冊
存七卷（一、三、五至八、十二）

210000－0782－0000119 29021
欽定西清古鑑四十卷錢錄十六卷 （清）梁詩
正等纂 清光緒三十四年（1908）上海集成圖
書公司石印本 二十二冊 存四十七卷（一
至二十九、三十二至四十,錢錄一至九）

210000－0782－0000120 29026
庚子銷夏記八卷 （清）孫承澤撰 清乾隆二
十六年（1761）刻本 一冊

210000－0782－0000121 29031
谷音二卷 （元）杜本輯 明汲古閣刻本

一冊

210000－0782－0000122 29036
何博士備論二卷 （宋）何去非撰 清光緒元
年（1875）湖北崇文書局刻本 一冊

210000－0782－0000123 29037
論語注疏解經二十卷 （三國魏）何晏集解
（宋）刑昺疏 明崇禎十年（1637）汲古閣刻本
三冊

210000－0782－0000124 29038
昨非庵日纂二十卷 （明）鄭瑄輯 清抄本
五冊 存八卷（一至八）

210000－0782－0000125 29040
遊歷巴西圖經十卷 （清）傅雲龍撰 清光緒
二十七年（1901）刻本 一冊 存五卷（一至
五）

210000－0782－0000126 29041
管子二十四卷 （唐）房玄齡注 清光緒元年
（1875）刻本 二冊 存九卷（一至五、八至十
一）

210000－0782－0000127 29042
石林詩話一卷 （宋）葉夢得撰 明汲古閣刻
本 一冊

210000－0782－0000128 29043
陸堂詩學十二卷 （清）陸奎勳撰 清康熙五
十三年（1714）陸氏小瀛山閣刻本 四冊

210000－0782－0000129 29044
盛雪吾詩文不分卷 （清）徐楷撰 清稿本
一冊

210000－0782－0000130 29053
新評繡像紅樓夢全傳一百二十四回 （清）曹
雪芹撰 （清）王希廉評 清光緒二十四年
（1898）刻本 二十四冊

210000－0782－0000131 29091
奎壁詩經八卷 （宋）朱熹集傳 清光緒二十
四年（1898）刻本 二冊 存四卷（一至四）

210000－0782－0000132 29092
偽經考十四卷 康有為撰 清光緒十七年

(1891)刻本 六冊

210000－0782－0000133 29114

堯峰文鈔五十卷 （清）汪琬撰 清康熙三十年(1691)刻本 一冊 存六卷(一至六)

210000－0782－0000134 29117

古泉叢話三卷 （清）戴熙撰 清同治十一年(1872)刻本 一冊

210000－0782－0000135 29120

日知錄之餘四卷 （清）顧炎武撰 清乾隆六十年(1795)刻本 十一冊

210000－0782－0000136 29131

金石索十二卷 （清）馮雲鵬輯 清光緒三十三年(1907)上海文新局石印本 二十冊 存十卷(金索一至五,石索一至二、四至六)

210000－0782－0000137 29141

隋書校議一卷 羅振玉撰 清光緒十七年(1891)稿本 一冊

210000－0782－0000138 29142

元和姓纂補目不分卷 羅振玉校錄 清光緒十八年(1892)稿本 一冊

210000－0782－0000139 29143

唐風樓收藏墓誌目錄不分卷 羅振玉校錄 清光緒三十三年(1907)稿本 一冊

210000－0782－0000140 29144

隸古定尚書孔傳唐寫本殘卷校字記兩卷 羅振玉校錄 清宣統二年(1910)稿本 一冊

210000－0782－0000141 29145

傅青主先生年譜二卷 羅振玉撰 清宣統三年(1911)稿本 一冊

210000－0782－0000142 29180

楚辭釋十一卷 （清）王闓運撰 清光緒十二年(1886)刻本 二冊

210000－0782－0000143 29181

增訂本草備要四卷 （清）汪昂輯 清光緒七年(1881)掃葉山房刻本 五冊

210000－0782－0000144 29182

補刻段氏說文解字注三十二卷 （清）段玉裁注 （清）陳建侯撰 （清）劉肇隅編 清同治六年(1867)刻本 八冊 存十六卷(一至六、十五至二十二、三十一至三十二)

210000－0782－0000145 29183

顧大司馬籌陝存牘不分卷 （明）顧具志撰 清聚族堂刻本 一冊

210000－0782－0000146 29184

芥子園畫傳五卷 （清）王概等編 清康熙十八年(1679)刻本 五冊

210000－0782－0000147 29185

貫華堂第六才子書西廂記八卷 （清）金聖歎撰 清貫華堂刻本 六冊

210000－0782－0000148 29186

王右丞集六卷 （唐）王維撰 清刻本 二冊

210000－0782－0000149 29187

寒山子詩集一卷 （唐）釋寒山撰 明萬曆刻本 一冊

210000－0782－0000150 29188

繹史一百六十卷 （清）馬驌撰 清初刻本 二冊 存十九卷(六十八至七十六、一百三至一百十二)

210000－0782－0000151 29189

徐幹中論二卷 （三國魏）徐幹撰 明弘治十五年(1502)刻本 二冊

210000－0782－0000152 29190

釋迦如來成道記一卷 （唐）王勃撰 明萬曆刻本 一冊

210000－0782－0000153 29191

小知錄十卷 （清）陸鳳藻輯 清嘉慶琴雅堂刻本 六冊

210000－0782－0000154 29192

韓昌黎集四十卷外集十卷遺文一卷附錄一卷 （明）蔣之翹輯注 明三逕堂刻本 十一冊

210000－0782－0000155 29193

甲子會紀五卷 （明）薛應旂撰 明刻本 一冊 存一卷(三)

210000－0782－0000156　29194

佩觿三卷　（宋）郭忠恕撰　清康熙刻本　一
冊　存一卷（上）

210000－0782－0000157　29195

蔡中郎文集十一卷　（漢）蔡邕撰　明萬曆刻
本　一冊　存五卷（一至五）

210000－0782－0000158　29196

春秋綱目左傳句解六卷　（清）韓菼重訂　清
刻本　四冊

210000－0782－0000159　29197

藏書儒臣傳六十八卷　（明）李贄撰　清刻本
一冊　存五卷（四十二至四十六）

210000－0782－0000160　29199

遊歷巴西圖經十卷　（清）傅雲龍撰　清光緒
二十七年（1901）石印本　一冊　存五卷（一
至五）

210000－0782－0000161　29200

遊歷加納大圖經八卷　（清）傅雲龍撰　清光
緒二十八年（1902）石印本　二冊

210000－0782－0000162　29201

遊歷秘魯圖經四卷　（清）傅雲龍撰　清光緒
二十八年（1902）石印本　一冊　存二卷（三
至四）

210000－0782－0000163　10366；10367；10368

人中畫三卷　（清）風月主人輯　清乾隆九年
（1744）植桂樓刻本　三冊

210000－0782－0000164　11067；11068；11069；
11070；11071；11072；11073；11074

遺山先生詩集二十卷　（金）元好問撰　明汲
古閣刻元人集十種本　八冊

210000－0782－0000165　11079；11080

御製圓明園圖詠二卷　（清）高宗弘曆撰　清
光緒十三年（1887）石印本　二冊

210000－0782－0000166　11800；11801

墓銘舉例四卷金石要例一卷　（明）王行
（清）黃宗羲撰　清光緒刻朱墨套印本　二冊

210000－0782－0000167　12272；12273；12274；

12275；12276；12277；12278；12279

漁陽山人古詩選三十二卷　（清）王士禎輯
清同治五年（1866）金陵書局刻本　八冊

210000－0782－0000168　12280；12281；12282；
12283；12284；12285；12286；12287；12288；12289；
12290；12291；12292；12293；12294；12295；12296；
12297；12298；12299

初白庵蘇詩補注五十卷　（清）查慎行補注
清乾隆二十六年（1761）香雨齋刻本　二十冊

210000－0782－0000169　12678；12679；12680；
12681；12682；12683；12684；12685

明三十家詩選初集八卷二集八卷　（清）汪端
輯　清同治十二年（1873）蘊蘭吟館刻本
八冊

210000－0782－0000170　13877；13878；13879；
13880

文選六十卷　（南朝梁）蕭統輯　（唐）李善注
清乾隆三十七年（1772）刻本　四冊

210000－0782－0000171　13905；13906

列子八卷　（唐）盧重元撰　清嘉慶八年
（1803）石研齋刻本　二冊

210000－0782－0000172　13923；13924；13925；
13926；13927；13928

世說新語三卷　（南朝宋）劉義慶撰　明嘉靖
十四年（1535）袁褧嘉趣堂刻本　六冊

210000－0782－0000173　14541；14542；14543；
14544；14545；14546；14547；14548；14549；14550；
14551；14552

聖武記十四卷　（清）魏源撰　清光緒二十八
年（1902）刻本　十冊

210000－0782－0000174　14559；14560

桃花泉奕譜二卷　（清）范世勳撰　清乾隆刻
本　二冊

210000－0782－0000175　14799；14800；14801；
14802；14803；14804

五代史七十四卷　（宋）歐陽修　（宋）徐無黨
注　明汲古閣刻十七史本　六冊

210000－0782－0000176　1493－07－03；1458－32－08；1464－24－21；1466－12－13；1455－37－01；1452－35－11；1452－34－10；1455－33－02；1455－36－06；1450－27－09；1460－07－18；1450－26－01；1464－34－09；1456－16－15

諸佛要集經二卷　（晉）釋竺法護譯　西晉元康六年（296）寫本　一冊　存殘片十二件

210000－0782－0000177　15.13；15.14；15.15；15.16

康熙起居注不分卷　清稿本　四冊　存康熙十九年十月，二十一年十一月，二十四年二月、十一月

210000－0782－0000178　15.610

朱子大全一百卷　（宋）朱熹撰　明天順四年（1460）賀沈胡緝刻本　一冊　存二卷（七十四至七十五）

210000－0782－0000179　15.620

大戴禮記八十五卷　（漢）戴德撰　（北周）盧辯注　明嘉靖十二年（1533）袁氏嘉趣堂刻本　三冊　存七卷（一至七）

210000－0782－0000180　15.630

芯題上方二山紀遊集一卷　（清）查禮撰　清乾隆刻本　一冊

210000－0782－0000181　15.640

宗鏡錄一百卷　（五代宋）釋延壽撰　明刻本　八冊　存八卷（九、十六、三十二、三十四、三十八、四十、四十四、四十七）

210000－0782－0000182　17702；17703；17704；17705；17706；17707；17708；17709；17710；17711；17712；17713；17714；17715；17716；17717；17718；17719；17720；17721；17722；17723；17724；17725；17726；17727；17728；17729；17730；17731；17732；17733；17734；17735；17736；17737；17738；17739；17740；17741；17742；17743；17744；17745；17746；17747；17748；17749；17750；17751；17752；17753；17754；17755；17756；17757

項城袁氏家集六十五卷　丁振鐸輯　清宣統三年（1911）刻本　五十六冊

210000－0782－0000183　17864；17865；17866；17867；17868；17869；17870；17871；17872；17873；17874；17875；17876；17877；17878；17879；17880；17881；17882；17883；17884；17885；17886；17887；17888；17889；17890；17891；17892；17893；17894；17895；17896；17897；17898；17899；17900；17901；17902；17903；17904；17905；17906；17907；17908；17909；17910；17911；17912；17913；17914；17915；17916；17917；17918；17919；17920；17921；17922；17923；17924

李文忠公集一百六十五卷　（清）李鴻章撰　（清）吳汝綸編　清光緒三十一年（1905）刻本　一百冊

210000－0782－0000184　2679；2680

桐陰論畫二卷附錄一卷　（清）秦祖永撰　清同治六年（1867）刻本　二冊

210000－0782－0000185　28705；28706；28707；28708；28709；28710；28711；28712；28713；28714；28715；28716；28717；28718；28719；28720；28721；28722；28723；28724；28725；28726；28727；28728；28729；28730；28731；28732；28733；28734；28735；28736；28737；28738；28739；28740；28741；28742；28743；28744；28745；28746；28747；28748；28749；28750；28751；28752；28753；28754；28755；28756；28757；28758；28759；28760；28761；28762；28763；28764；28765；28766；28767；28768；28769；28770；28771；28772；28773；28774；28775；28776；28777；28778；28779；28780；28781；28782；28783；28784；28785；28786；28787；28788；28789；28790；28791；28792；28793；28794；28795；28796；28797；28798；28799；28800；28801；28802；28803；28804

二十四史三千二百十三卷　清同治光緒五省官書局合刻本　五百五十九冊　缺八卷（史記二十三至三十）

210000－0782－0000186　28807；28808；28809；28810

本草綱目五十二卷　（明）李時珍撰　清光緒十一年（1885）張氏味古齋刻本　四十冊

210000－0782－0000187　28819；28820；28821；28822；28823；28824

古文淵鑑六十四卷　（清）徐乾學等編　清康熙刻本　四十八冊

210000－0782－0000188　28834；28835；28836；28837；28838；28839；28840；28841；28842；28843；28844；28845；28846；28847；28850；28851；28852；28853；28854；28855；28856；28857；28858；28859；28860；28958

十七史一千五百七十四卷　（明）毛晉編　明崇禎至清順治毛氏汲古閣刻本　二百十九冊　缺三百二十二卷（史記四十二至一百三十、前漢書六十三至一百、三國志一至六十五、晉書四十三至四十八、宋書三十九至一百、南齊書一至五十九、魏書一百五至一百七）

210000－0782－0000189　28862；28863；28864；28865

顧氏音學五書三十八卷　（清）顧炎武撰　清初符山堂刻本　九冊　存三十二卷（一至三十二）

210000－0782－0000190　28887；28888；28889

古泉匯六十四卷　（清）李佐賢撰　清同治三年（1864）刻石泉書屋全集本　二十冊

210000－0782－0000191　28951；28952

楞嚴經指掌疏十卷　（清）釋通理述　清乾隆四十一年（1776）刻本　十二冊

210000－0782－0000192　4888；4889；4890；4891

群經識小八卷　（清）李惇撰　清道光五年（1825）安愚堂刻本　四冊

210000－0782－0000193　4906；4915；4916；4917；4918；4919；4920；4921

欽定篆文六經四書六十三卷　（清）李光地等輯　清光緒九年（1883）石印本　八冊

210000－0782－0000194　4923；4924；4925；4926；4927；4928

書經備旨七卷　（清）鄒聖脈撰　清光緒六年（1880）掃葉山房刻本　六冊

210000－0782－0000195　4929；4930；4931；4932

新刻監本書經六卷　（宋）蔡沈集傳　清光緒三十三年（1907）承文信刻本　四冊

210000－0782－0000196　4939；4940

尚書後案三十卷　（清）王鳴盛撰　清乾隆四十五年（1780）禮堂刻本　四冊　存十五卷（一至十五）

210000－0782－0000197　4994；4995

監本詩經八卷　（宋）朱熹撰　清光緒六年（1880）刻本　二冊　存三卷（一至三）

210000－0782－0000198　4996；4997；4998；4999

詩經體注圖考大全八卷　（清）高朝瓔撰　清光緒二十九年（1903）石印本　四冊

210000－0782－0000199　5009；5010；5011；5012

奎璧詩經八卷　（宋）朱熹集傳　清光緒十八年（1892）刻本　四冊

210000－0782－0000200　5022；5023；5024；5025；5026；5027；5028

禮書一百五十卷　（宋）陳祥道撰　清光緒二年（1876）刻本　七冊　存六十五卷（一至六十五）

210000－0782－0000201　5031；5032；5033

欽定周官義疏四十八卷首一卷　（清）允祿等撰　清光緒二十六年（1900）刻本　三冊　存二十三卷（一至二十三）

210000－0782－0000202　5049；5050；5051；5052；5053；5054

朱子家禮十卷　（宋）朱熹撰　清嘉慶十四年（1809）麟經閣刻本　六冊

210000－0782－0000203　5064；5065；5066

張皇文儀禮圖六卷　（清）張惠言撰　清同治九年（1870）崇文書局刻本　三冊

210000－0782－0000204　5067；5068；5069；5070；5071

滿洲四禮集四卷　（清）索寧安撰　清嘉慶六年（1801）省非堂刻本　五冊

210000－0782－0000205　5072；5073；5074；5075；5076；5077

周禮六卷　（漢）鄭玄注　（唐）陸德明音義　清同治十三年（1874）刻本　六冊

210000 - 0782 - 0000206　5103;5104

皇朝祭器樂舞録二卷　（清）徐暢達輯　清同治十年(1871)刻本　二冊

210000 - 0782 - 0000207　5105;5106

皇朝祭器樂舞録二卷　（清）徐暢達輯　清同治二年(1863)刻本　二冊

210000 - 0782 - 0000208　5112;5114;5118;5119;5120;5121

四書集注十九卷　（宋）朱熹集注　清光緒二十年(1894)刻本　六冊

210000 - 0782 - 0000209　5211;5212;5213;5214;5215;5216;5217;5218;5219;5220;5221;5222;5223;5224;5225;5226;5227;5228;5229;5230;5231;5232;5233;5234

六書故三十三卷　（元）戴侗撰　清師竹齋刻本　二十四冊

210000 - 0782 - 0000210　5256;5258;5259

小學鉤沈十九卷　（清）任大椿學　清光緒十年(1884)刻本　三冊　存十四卷(一至七、十三至十九)

210000 - 0782 - 0000211　5260;5261;5262;5263

小學鉤沈續編八卷　（清）顧震福輯　清光緒十八年(1892)刻本　四冊

210000 - 0782 - 0000212　5281;5282

古籀拾遺三卷　（清）孫詒讓撰　清光緒十四年(1888)刻本　二冊

210000 - 0782 - 0000213　5390;5391

說文解字十五卷　（漢）許慎撰　清同治十二年(1873)刻本　二冊

210000 - 0782 - 0000214　5409;5410;5411;5412;5413;5414;5415;5416

說文解字十五卷　（漢）許慎撰　清乾隆三十八年(1773)朱氏椒華吟舫刻本　八冊

210000 - 0782 - 0000215　5436;5437

說文解字雙聲疊韻譜一卷　（清）鄧廷楨撰　清光緒七年(1881)刻本　二冊

210000 - 0782 - 0000216　5441;5442;5443;5444

韻徵十六卷　（清）安吉纂　清道光十七年(1837)刻本　四冊

210000 - 0782 - 0000217　5494;5495;5496

三史同名録四十卷　（清）汪輝祖輯　（清）汪繼培補　清刻本　三冊

210000 - 0782 - 0000218　5509;5510;5511;5512;5513;5519

小學考五十卷　（清）謝啟昆撰　清光緒十五年(1889)上海鴻文書局石印本　六冊

210000 - 0782 - 0000219　5535;5536;5537;5538;5539;5540;5541;5542;5543;5544;5545;5546

後漢書一百二十卷　（南朝宋）范曄撰　清光緒十四年(1888)刻本　十二冊

210000 - 0782 - 0000220　5695;5696

元秘史李注補正十五卷　（清）高寶銓撰　清光緒二十八年(1902)刻本　二冊

210000 - 0782 - 0000221　5701;5702;5703;5704;5705;5706

東都事略一百三十卷　（宋）王偁撰　清刻本　六冊　存六十五卷(一至六十五)

210000 - 0782 - 0000222　5829;5830;5831;5832;5833;5834;5835;5836;5837;5838;5839;5840

重刊十六國春秋一百卷　（北魏）崔鴻撰　清刻本　十二冊

210000 - 0782 - 0000223　6243;6244;6245;6246;6247;6248;6249;6250;6251;6252;6253;6254

欽定大清現行刑律三十六卷首一卷　（清）沈家本等撰　清宣統二年(1910)鉛印本　十二冊

210000 - 0782 - 0000224　6263;6264

律例便覽八卷　（清）蔡嵩年編　清同治八年(1869)刻本　二冊　存六卷(一至六)

210000 - 0782 - 0000225　6278;6279;6280;6281;6282;6283;6284;6285;6286;6287;6288;

6289；6290；6291；6292；6293；6294；6295；6296；
6297

興地沿革表四十卷 　（清）楊丕復撰　清光緒
十四年（1888）刻本　二十冊

210000－0782－0000226　6304；6305；6306；
6307；6308；6309；6310；6311

新斠注地理志集釋十六卷　（清）錢坫撰
（清）徐松集釋　清刻本　八冊

210000－0782－0000227　6322；6323；6324；
6325；6326

元豐九域志十卷　（宋）王存等纂　清乾隆五
十三年（1788）德聚堂刻本　五冊

210000－0782－0000228　6450；6451

唐才子傳十卷　（元）辛文房撰　清嘉慶三間
草堂刻本　二冊

210000－0782－0000229　6521；6522；6523；
6524；6525；6526；6527

海國圖志一百卷　（清）魏源撰　清光緒六年
（1880）刻本　七冊　存二十五卷（一至二十
五）

210000－0782－0000230　6589；6590；6591；
6592；6593；6594；6595；6596；6597；6598

洋防輯要二十四卷　（清）嚴如熤撰　清道光
十八年（1838）來鹿堂刻本　十冊

210000－0782－0000231　6629；6632

遊歷巴西圖經十卷　（清）傅雲龍撰　清光緒
二十七年（1901）石印本　二冊

210000－0782－0000232　6630；6634

遊歷加納大圖經八卷　（清）傅雲龍撰　清光
緒二十八年（1902）石印本　二冊

210000－0782－0000233　6676；6677；6678；6679

瀛環志略十卷　（清）徐繼畬撰　清光緒二十
一年（1895）石印本　四冊

210000－0782－0000234　6704；6705；6706；
6707；6708；6709；6710；6711；6712；6713；6714；
6715；6716；6717；6718；6719；6720；6721；6722；
6723；6724；6725；6726；6727

承德府志六十卷　（清）海忠纂　清光緒十三
年（1887）刻本　二十四冊

210000－0782－0000235　6743；6744；6745；
6746；6747；6748；6749；6750；6751；6752；6753；
6754；6755；6756；6757；6758；6759；6760

東三省政略十二卷　徐世昌撰　清宣統三年
（1911）鉛印本　十八冊　存四卷（一至四）

210000－0782－0000236　6958；6959；6960；
6961；6962；6963；6964；6965

長安志二十卷　（宋）宋敏求撰　清乾隆刻本
八冊

210000－0782－0000237　7098；7099；7100；7101

新舊唐書互證二十卷　（清）趙紹祖撰　清光
緒十七年（1891）刻本　四冊

210000－0782－0000238　7132；7133；7134；7135

竹書統箋十二卷　（清）徐文靖撰　清光緒三
年（1877）刻本　四冊

210000－0782－0000239　7265；7266

古籀拾遺三卷　（清）孫詒讓撰　清光緒十四
年（1888）刻本　二冊

210000－0782－0000240　7576；7577；7578；
7579；7580；7581；7582；7583；7584；7585；7586；
7587；7588；7589；7590；7591

古泉匯六十四卷續泉匯十四卷補遺二卷
（清）李佐賢　（清）鮑康撰　清同治三年
（1864）刻石泉書屋全集本　十六冊

210000－0782－0000241　7717；7718；7719；7720；
7721；7722；7723；7724；7725；7726；7727；7728

陶齋藏石記四十四卷陶齋藏磚記二卷　（清）
端方撰　清宣統二年（1910）刻本　二冊

210000－0782－0000242　7741；7742；7743；
7744；7745；7746

隸辨八卷　（清）顧藹吉撰　清光緒十三年
（1887）石印本　六冊　存六卷（一、四至八）

210000－0782－0000243　8293；8294；8295；
8296；8297；8298；8299；8300

陶齋吉金錄八卷續錄二卷　（清）端方撰　清

光緒三十四年(1908)石印本　　八冊

210000－0782－0000244　8301;8302

陶齋吉金續錄二卷　(清)端方撰　清宣統元年(1909)石印本　二冊

210000－0782－0000245　8305;8306;8307;8308

求古精舍金石圖四卷　(清)陳經編　清嘉慶十八年(1813)說劍樓刻本　四冊

210000－0782－0000246　8371;8372;8373;8374;8375;8376;8377;8378;8379;8380;8381;8382;8383;8384

湖海詩傳四十六卷　(清)王昶輯　清同治四年(1865)刻本　十四冊

210000－0782－0000247　8444;8445;8446;8447;8448;8449

圖開勝跡六卷戰功紀略一卷紀思慕義一卷　(清)劉厚基撰　清光緒刻本　八冊

210000－0782－0000248　8460;8461;8462;8463;8464;8465

諸子彙函十六卷　(明)歸有光輯　明天啟刻本　六冊　存十卷(一至十)

210000－0782－0000249　8504;8505;8506;8507;8508;8509;8510;8511;8512;8513;8514;8515;8516;8517;8518;8519;8520;8521;14575;14576

欽定授時通考全書七十八卷　(清)鄂爾泰等撰　清道光六年(1826)四川藩署刻本　二十冊

210000－0782－0000250　8522;8523;8524;8525;8526;8527;8528;8529;8530;8531

農書二十二卷　(元)王禎撰　清乾隆四十一年(1776)刻本　十冊

210000－0782－0000251　8607;8608;8609;8610

關帝志四卷　(清)張鎮撰　清刻本　四冊

210000－0782－0000252　8645;8646

康熙幾暇格物編二卷　(清)聖祖玄燁撰　(清)盛昱錄　清光緒十七年(1891)刻本

二冊

210000－0782－0000253　8649;8650

勸學篇二卷　(清)張之洞撰　清光緒二十四年(1898)刻本　二冊

210000－0782－0000254　8675;8676

舒藝室隨筆六卷續筆一卷餘筆三卷　(清)張文虎撰　清同治十三年(1874)刻本　二冊

210000－0782－0000255　8696;8697

澄懷園語四卷　(清)張廷玉撰　清光緒二年(1876)刻本　二冊

210000－0782－0000256　8701;8702

適可齋記言四卷　(清)馬建忠撰　清光緒二十二年(1896)刻本　二冊

210000－0782－0000257　8704;8705;8706;8707

念昔齋癛言圖纂不分卷　(清)黃雲鵠撰　清光緒元年(1875)刻本　四冊

210000－0782－0000258　8752;8753;8754;8755;8756;8757

增補姓氏族譜箋釋八卷　(清)熊峻運撰　清刻本　六冊

210000－0782－0000259　8758;8759;8760;8761

元和姓纂十卷　(唐)林寶撰　清光緒六年(1880)刻本　四冊

210000－0782－0000260　8848;8849;8850;8851;9004;9216;9217;9218;9219;9220

西泠五布衣遺著三十二卷　(清)丁丙編　清同治十二年(1873)丁氏當歸草堂刻本　十冊

210000－0782－0000261　8863;8864;8865;8866;8867

漢魏別解十六卷　(明)黃澍等撰　明刻本　五冊　存八卷(五、七至九、十一至十四)

210000－0782－0000262　8947;8948;8949;8950;8951;8952;8953;8954;8955;8956;8957;8958;8959;8960;8961;8962

古文辭類纂七十五卷　(清)姚鼐等輯　清同治八年(1869)刻本　十六冊

210000－0782－0000263　8964;8965

鹽鐵論十卷　（漢）桓寬撰　清光緒十七年（1891）刻本　二冊

210000－0782－0000264　8978;8979;8980

平山堂圖志十卷　（清）趙之璧輯　清乾隆三十年（1765）刻本　三冊　存七卷（五至十、首一卷）

210000－0782－0000265　8981;8982;8983;8984;8985;8986;8987;8988;8989;8990;8991;8992;8993;8994;8995;8996

八家四六文注八卷　（清）吳鼒等編　清光緒十七年（1891）刻本　十六冊

210000－0782－0000266　8997;8998;8999;9000;9001;9002;9003

國朝常州駢體文錄三十卷附結一宦駢體文一卷　（清）屠寄輯　清光緒十六年（1890）刻本　七冊　存二十七卷（一至二十七）

210000－0782－0000267　9009;9010

仲實詩存二卷　（清）魯賁撰　清光緒刻本　二冊

210000－0782－0000268　9017;9018;9019;9020

留春草堂詩鈔七卷　（清）伊秉綬撰　清嘉慶十九年（1814）秋水園刻本　四冊

210000－0782－0000269　9005;9033;9034;9035;9036;14579

漸西村人初集十三卷　（清）袁昶撰　（清）袁炯輯　清光緒十六年（1890）刻本　六冊

210000－0782－0000270　9067;9068

曹集銓評十逸文一卷魏陳思王年譜一卷　（清）丁晏纂　清同治十一年（1872）刻本　二冊

210000－0782－0000271　9070;9071;9072;9073

古微堂內集三卷外集七卷　（清）魏源撰　清光緒四年（1878）淮南書局刻本　四冊

210000－0782－0000272　9080;9081

左文襄公詩集五卷　（清）左宗棠撰　清宣統元年（1909）鉛印本　二冊

210000－0782－0000273　9082;9083;9084;

9085;9086;9087;9088;9089

龔定盦全集四種十六卷　（清）龔自珍撰　清光緒二十三年（1897）萬本草堂刻本　八冊

210000－0782－0000274　9107;9108;9109;9110;9111;9112

明漳浦黃忠端公集五十卷　（明）黃道周撰　清道光刻本　六冊　存十三卷（一至十三）

210000－0782－0000275　9131;9132

鐵橋漫稿八卷　（清）嚴可均撰　清光緒十一年（1885）刻本　二冊

210000－0782－0000276　9133;9134;9135;9136;9137;9138;9139;9140

唐王子安集注二十卷首一卷末一卷　（清）蔣清翊注　清光緒九年（1883）蔣氏雙唐碑館刻本　八冊

210000－0782－0000277　9183;9184;9185;9186;9187;9188;9189;9190;9191;9192;9193;9194

紀評蘇詩五十卷　（清）紀昀點評　清同治八年（1869）刻本　十二冊

210000－0782－0000278　9195;9196;9197

茶夢庵詩稿十二卷　（清）高望曾撰　清光緒十六年（1890）刻本　三冊

210000－0782－0000279　9204;9205;9206;9207;9208;9209;9210;9211;9212;9213;9214;9215

白香山詩集四十卷　（唐）白居易撰　清康熙刻本　十二冊

210000－0782－0000280　9229;9230;9231;9232;9233;9234;9235;9236

笥河詩集二十卷　（清）朱筠等撰　清嘉慶二十二年（1817）刻本　八冊

210000－0782－0000281　9246;9247;9248;9249

五七言今體詩抄十八卷　（清）姚鼐輯　清嘉慶三年（1798）刻本　四冊

210000－0782－0000282　9253;9254;9255;9256;9257;9258

唐詩合解箋注十二卷　（清）王堯衢注　清光
緒七年(1881)刻本　六冊

210000－0782－0000283　9413;9414;9145;9416
養一齋詩話十卷李杜詩話三卷　（清）潘德輿
撰　清道光十六年(1836)刻本　四冊

210000－0782－0000284　9753;9754;9755;
9756;9757;9758;9759;9760;9761;9762
王船山先生遺書二百八十八卷　（清）王夫之
撰　清同治四年(1865)刻本　十冊

210000－0782－0000285　P.801
漢郎中鄭固碑不分卷　（漢）□□撰　明拓本
　一冊

210000－0782－0000286　P.848
雁塔聖教序不分卷　（唐）褚遂良書　明拓本

　三冊

210000－0782－0000287　P.849
千字文不分卷　（宋）釋夢英篆書　明拓本
一冊

210000－0782－0000288　P.850
晉祠銘不分卷　（唐）太宗李世民撰並書　明
拓本　一冊

210000－0782－0000289　P.854
顏氏家廟碑不分卷　（唐）顏真卿撰並書
（唐）李陽冰篆額　明拓本　三冊

210000－0782－0000290　P.855
九成宮醴泉銘不分卷　（唐）魏徵撰文　（唐）
歐陽詢書　南宋拓本　一冊

凌海市蕭軍紀念館
古籍普查登記目録

全國古籍普查登記目録

國家圖書館出版社
National Library of China Publishing House

《凌海市蕭軍紀念館古籍普查登記目録》
編委會

主　　編：羅鐵梅

編　　委：郭　猛　劉旭輝　林淑雲　李　娜

《凌海市蕭軍紀念館古籍普查登記目録》

前　言

　　蕭軍紀念館坐落在遼寧省凌海市蕭軍公園内。是一座全面展示東北作家群領軍人物、現代著名作家蕭軍人生歷程、創作道路和精神風貌的主題性紀念館。自1986年蕭軍資料室落成至今,歷經30多年的變遷,蕭軍紀念館已由過去不足400平方米的資料室發展成目前占地面積2200平方米,建築面積3500平方米,展廳面積2800平方米,集文物收藏、陳列展示、教育宣傳、學術研討、觀光旅游於一體的綜合性文化場所,已成爲具有品牌效應的地方標志性文化展示視窗,以它特有的風格魅力和厚重的人文底藴吸引着來自四面八方的參觀者。

　　蕭軍紀念館館藏古籍基本來源於蕭家贈送,這些古籍主要源自作家蕭軍生前的個人珍藏。蕭老不僅是一位思想家、文學家,還是一位功底深厚、藝術修養全面的書法家、藏書家、鑒賞家、武術家。1986年,蕭軍資料室落成之初,蕭老回到故鄉,將他幾十年珍藏的手稿、藏書、書畫及其他珍品的大部分,無償地捐贈給蕭軍資料室,其中僅古籍就有81件。1989年,蕭老逝世後,蕭老的夫人王德芬及子女又將包括372件古籍在内的衆多蕭老的藏品捐贈給蕭軍紀念館。2013年,蕭老女兒蕭耘、女婿王建中又將家中526件書籍、實物親自送到蕭軍紀念館,由此成就了蕭軍紀念館豐富的館藏。目前,蕭軍紀念館共有古籍藏書宋刻本、明刻本、清刻本、清抄本、清石印本、清鉛印本、清影印本等約400部。

　　我們始終把館藏古籍視爲紀念館的靈魂和生命,認真科學嚴謹地做好古籍的保護、整理和挖掘工作。每批古籍文物來館之後,我們都立即進行清點、整理和入庫,及時編寫古籍紙式目録和機打目録,編寫檢索卡片并登録總賬。爲使更多人瞭解我館,全館同志懷着對蕭老的崇敬之情,在不影響開館的前提下,用了一年的時間,完成了館藏珍品《中國凌海蕭軍紀念館館藏珍品大系·書目卷》的編選付印工作。我館還借助"全國古籍普查平臺"開展古籍普查登記工作,普查人員認真核對每一部古籍的索書號、題名卷數、著者、著作方式、版本、册數、存缺卷數、版式項等信息,對正文首卷卷端、正文各卷卷端及各卷卷末、目次、凡例、封面、版心等進行嚴格審對,力争做到準確無誤。其他著録項目,我們也都嚴格按照要求,仔細選取。有些古籍的作者、版本、年代不詳,大家通過查工具書、上網搜索等途徑進行確認,實在確定不了的,就請教專家。在大家的辛勤努力下,將普查獲取的1912年以前的古籍資料及時上傳,并對這些古籍進行了書影拍攝,圓滿完成了我館的古籍普查工作,使古籍文物有了更爲可靠的安身之所。爲確保館藏古籍及其他文物的安全,改善收藏條件,我館對文物庫房進行了裝修維護,購置了專門書櫃,定製了古籍函套,增添了恒濕恒温、氣體滅火及安防系統等設備。庫房設專職保管人員,負責庫房管理,爲妥善保護古籍創造了良好條件。我館還積極開展古籍文物的挖掘利用工作,與渤海大學等高等院校建立了"蕭軍研究工作室"。2013年,我館被國家文物局評定爲"國家三級博物館"。

保護古籍,功在千秋。我館將在現有成果的基礎上,嚴謹細緻、一絲不苟,持續做好古籍保護工作,推動蕭軍紀念館朝着建設一流館的目標不斷邁進。

凌海市蕭軍紀念館
2020 年 5 月

210000－0796－0000001　0677/0001

欽定梁書五十六卷　（唐）姚思廉撰　清光緒
二十九年(1903)五洲同文局石印二十四史本
八冊

210000－0796－0000002　0678/0002

欽定遼史一百十六卷　（元）脫脫等撰　清光
緒二十九年(1903)五洲同文局石印二十四史
本　八冊

210000－0796－0000003　0679/0003

欽定陳書三十六卷　（唐）姚思廉撰　清光緒
二十九年(1903)五洲同文局石印二十四史本
六冊

210000－0796－0000004　0680/0004

欽定隋書八十五卷　（唐）魏徵等撰　清光緒
二十九年(1903)五洲同文局石印二十四史本
二十四冊

210000－0796－0000005　0681/0005

欽定晉書一百三十卷　（唐）太宗李世民撰
清光緒二十九年(1903)五洲同文局石印二十
四史本　三十冊

210000－0796－0000006　0682/0006

欽定南史八十卷　（唐）李延壽撰　清光緒二
十九年(1903)五洲同文局石印二十四史本
二十冊

210000－0796－0000007　0683/0007

欽定金史一百三十五卷　（元）脫脫等撰　清
光緒二十九年(1903)五洲同文局石印二十四
史本　二十四冊

210000－0796－0000008　0684/0008

欽定後漢書一百二十卷　（宋）范曄撰　（唐）
李賢注　清光緒二十九年(1903)五洲同文局
石印二十四史本　二十八冊

210000－0796－0000009　0685/0009

欽定前漢書一百卷　（漢）班固撰　（唐）顏師
古注　清光緒二十九年(1903)五洲同文局石
印二十四史本　三十二冊

210000－0796－0000010　0686/0010

欽定魏書一百十四卷　（北齊）魏收撰　清光
緒二十九年(1903)五洲同文局石印二十四史
本　二十四冊

210000－0796－0000011　0687/0011

欽定北史一百卷　（唐）李延壽撰　清光緒二
十九年(1903)五洲同文局石印二十四史本
二十四冊

210000－0796－0000012　0688/0012

欽定宋書一百卷　（南朝梁）沈約撰　清光緒
二十九年(1903)五洲同文局石印二十四史本
二十四冊

210000－0796－0000013　0689/0013

欽定元史二百十卷　（明）宋濂等撰　清光緒
二十九年(1903)五洲同文局石印二十四史本
五十一冊

210000－0796－0000014　0690/0014

欽定唐書二百二十五卷　（宋）歐陽修撰　**釋
音二十五卷**　（宋）董衝撰　清光緒二十九年
(1903)五洲同文局石印二十四史本　五十冊

210000－0796－0000015　0691/0015

欽定五代史七十四卷　（宋）歐陽修撰　清光
緒二十九年(1903)五洲同文局石印二十四史
本　十冊

210000－0796－0000016　0692/0016

欽定明史三百三十二卷　（清）張廷玉等撰
清光緒二十九年(1903)五洲同文局石印二十
四史本　一百十二冊

210000－0796－0000017　0693/0017

欽定宋史四百九十六卷　（元）脫脫等撰　清
光緒二十九年(1903)五洲同文局石印二十四
史本　一百冊

210000－0796－0000018　0694/0018

欽定北齊書五十卷　（唐）李百藥撰　清光緒
二十九年(1903)五洲同文局石印二十四史本
八冊

210000－0796－0000019　0695/0019

欽定南齊書五十九卷　（南朝梁）蕭子顯撰

清光緒二十九年(1903)五洲同文局石印二十四史本　八冊

210000－0796－0000020　0696/0020　1274/0020

欽定史記一百三十卷　（漢）司馬遷撰　清光緒二十九年(1903)五洲同文局石印二十四史本　二十六冊

210000－0796－0000021　0697/0021

欽定舊唐書二百卷　（晉）劉昫等撰　清光緒二十九年(1903)五洲同文局石印二十四史本　四十八冊

210000－0796－0000022　0699/0023

欽定三國志六十五卷　（晉）陳壽撰　（宋）裴松之注　清光緒二十九年(1903)五洲同文局石印二十四史本　十四冊

210000－0796－0000023　0700/0024

欽定三國志吳志卷二十卷　（晉）陳壽撰（宋）裴松之注　清乾隆四年(1739)刻二十四史本　一冊

210000－0796－0000024　0704/0027

史記選六卷　（清）儲欣評　（清）孫廷槐重校清光緒九年(1883)靜遠堂刻本　四冊

210000－0796－0000025　0705/0028

史記菁華録四卷　（清）姚苧田輯　清光緒十一年(1885)紅杏山房刻本　四冊

210000－0796－0000026　1903/0882

漢官儀三卷　（漢）應劭撰　清刻本　一冊

210000－0796－0000027　0707/0030

子史精華一百六十卷　（清）吳襄等撰　清光緒十年(1884)上海圖文書局石印本　八冊

210000－0796－0000028　0708/0031

子史精華一百六十卷　（清）吳襄等撰　清光緒十三年(1887)上海積山書局石印本　八冊

210000－0796－0000029　0709/0032

欽定舊五代史一百五十卷　（宋）薛居正等撰清光緒二十九年(1903)五洲同文局石印二十四史本　二十四冊

210000－0796－0000030　0710/0033

古今史論大觀前編十五卷後編十七卷　（清）雷瑹編輯　清光緒二十七年(1901)硯耕山莊石印本　九冊　存二十八卷(前編十五卷、後編一至十三)

210000－0796－0000031　0711/0034

文獻通攷二十四卷　（元）馬端臨撰　清光緒五年(1879)刻本　十冊　存二十一卷(一至九、十二至十三、十五至二十四)

210000－0796－0000032　0712－0737/0035－0060

元史二百十卷　（明）宋濂等修　清光緒二十九年(1903)五洲同文局刻本　二十六冊　存一百八十卷(六至二十三、四十至二百一)

210000－0796－0000033　0738/0061

明宮史八卷　（明）劉若愚編　清宣統二年(1910)國學扶輪社刻本　二冊

210000－0796－0000034　0739/0062

訓蒙史畧詳註二卷　（清）喬林莺纂　清光緒二十五年(1899)黃縣北丁約堂刻本　二冊

210000－0796－0000035　0742/0065　0748/0071

古文辭類纂七十五卷　（清）姚鼐纂　清光緒十九年(1893)抄本　十二冊

210000－0796－0000036　0743/0066

繡像今古奇觀四十卷　（明）抱甕老人輯　清光緒十四年(1888)經文堂刻本　六冊

210000－0796－0000037　0744/0067

牟子一卷　（漢）牟融撰　**古今注三卷**　（晉）崔豹撰　清光緒元年(1875)湖北崇文書局刻子書百家本　一冊

210000－0796－0000038　0745－0746/0068－0069

鶡冠子三卷　（宋）陸佃解　**鶡子一卷**　（周）鶡熊撰　（唐）逢行珪注　**計倪子一卷**　（周）計然撰　**於陵子一卷**　（周）田仲撰　**子華子二卷**　（周）程本撰　清光緒元年(1875)湖北崇文書局刻子書百家本　二冊

210000－0796－0000039　0747/0070

古文淵鑑六十四卷　（清）徐乾學等編　清康熙二十四年(1685)刻本　三十冊

210000－0796－0000040　0749/0072

批點春秋左傳綱目句解彙雋六卷　（清）韓葵重訂　清光緒九年(1883)掃葉山房刻本　五冊　存五卷(二至六)

210000－0796－0000041　0750/0073

春秋左傳杜注三十卷　（清）姚培謙撰　清道光七年(1827)刻本　五冊　存十五卷(十六至三十)

210000－0796－0000042　0752/0074

春秋左傳五十卷　（晉）杜預　（宋）林堯叟註釋　（唐）陸德明音義　（明）鍾惺　（明）韓範評閱　清光緒三十四年(1908)善成堂刻本　六冊　存二十五卷(二至二十一、四十六至五十)

210000－0796－0000043　0753/0075

春秋左傳五十卷　（晉）杜預　（宋）林堯叟註釋　清光緒二十七年(1901)益元書局刻本　九冊　存十九卷(二至二十)

210000－0796－0000044　0754－0759/0076－0081

春秋左傳三十卷　（晉）杜預注　（宋）林堯叟附註　（唐）陸德明音譯　清同治七年(1868)崇文書局刻本　六冊　存十六卷(一至八、十二至十九)

210000－0796－0000045　0760/0082

春秋左傳五十卷　（晉）杜預　（宋）林堯叟譯釋　（唐）陸德明音譯　（明）鍾惺等評　清光緒二十二年(1896)經綸元記刻本　九冊　存二十九卷(一至十七、二十四至二十六、三十九至四十一、四十五至五十)

210000－0796－0000046　0761－0771/0083－0093

曲江書屋新訂批註左傳快讀十八卷　（晉）杜預註　（唐）陸德明音譯　（宋）林堯叟（宋）周韓參註　（清）李紹崧選定　清光緒二

十八年(1902)巴蜀善成堂刻本　十一冊　存十一卷(七至十三、十五至十八)

210000－0796－0000047　0772－0782/0094－0104

春秋左傳五十卷　（晉）杜預　（宋）林堯叟註釋　（唐）陸德明音譯　（明）鍾惺等評　清光緒三十一年(1905)校經山房石印本　十一冊　存四十六卷(五至五十)

210000－0796－0000048　0783/0105

昭代名人尺牘小傳二十四卷　（清）吳修輯　清光緒三十四年(1908)上海集古齋石印本　十四冊

210000－0796－0000049　0784/0106

銅板繡像第一才子書一百二十回十九卷　（明）毛聲山評　清京都致文堂刻本　二十冊

210000－0796－0000050　0785－0786/0107－0108

讀通鑑論三十卷　（清）王夫之撰　清光緒二十五年(1899)刻本　十四冊

210000－0796－0000051　0787/0109

御批資治通鑑綱目三編二十卷　（清）張廷玉等編　清道光二十一年(1841)刻本　六冊

210000－0796－0000052　0788/0110

元經十卷　（隋）王通撰　（唐）薛收傳（宋）阮逸註　明刻本　三冊

210000－0796－0000053　0789/0111

風俗通義十卷　（漢）應劭撰　（宋）陳嘉猷校　清刻本　二冊

210000－0796－0000054　0789/0111

中論二卷　（漢）徐幹撰　清光緒元年(1875)湖北崇文書局刻本　一冊

210000－0796－0000055　0789/0111

中說二卷　（隋）王通撰　（清）邊祚遊校　清宣統三年(1911)上海大通書局石印本　一冊

210000－0796－0000056　0789/0111

人物志二卷　（三國魏）劉邵撰　**新論十卷**（南朝梁）劉勰撰　（清）程遵岳校　清刻本

二冊

210000－0796－0000057　0790/0112

通鑑輯要正編十九卷前編二卷續編八卷明史
輯要八卷　（清）姚培謙　（清）張景星録　清
嘉慶二十三年（1818）寶寧堂刻本　十六冊

210000－0796－0000058　0791/0113

御批資治通鑑綱目正編五十九卷首一卷
（宋）朱熹撰　御批資治通鑑綱目續編二十七
卷　（清）宋犖校　清刻本　二十四冊　存五
十七卷（一至十、二十五至五十九,續編一至
十二）

210000－0796－0000059　1599/0810

江忠烈公遺集二卷　（清）江忠源撰　附録一
卷　（清）郭嵩燾　（清）鄧瑤等撰　清同治三
年（1864）四川藩署刻本　一冊

210000－0796－0000060　1612/0823

独断一卷　（漢）蔡邕撰　清光緒元年（1875）
湖北崇文書局刻子書百家本　一冊

210000－0796－0000061　1613/0824

握奇經一卷　（漢）公孫宏解　六韜三卷
（周）呂望撰　清光緒元年（1875）湖北崇文書
局刻子書百家本　一冊

210000－0796－0000062　1614/0825

白香亭詩集三卷　（清）鄧輔綸撰　清光緒十
九年（1893）東河督署刻本　一冊　存一卷
（一）

210000－0796－0000063　1354/0607

胡子知言六卷　（宋）胡宏撰　薛子道論三卷
（明）薛瑄撰　海樵子一卷　（明）王崇慶撰
清光緒元年（1875）湖北崇文書局刻子書百
家本　一冊

210000－0796－0000064　2362/0904

十八家詩鈔二十八卷　（清）曾國藩纂　清同
治十三年（1874）傳忠書局刻本　二十四冊

210000－0796－0000065　1356/0608

精校呻吟語四卷　（明）呂坤撰　（清）陳宏謀
評　清宣統元年（1909）上海文瑞樓石印本

二冊

210000－0796－0000066　1357/0609

八賢手札墨蹟八卷　清光緒二十九年（1903）
上海點石齋刻本　二冊

210000－0796－0000067　1361－1362/0613－
0614

潛夫論十卷　（漢）王符撰　清光緒元年
（1875）湖北崇文書局刻子書百家本　二冊

210000－0796－0000068　1363/0615

鹽鐵論二卷　（漢）桓寬撰　清光緒元年
（1875）湖北崇文書局刻子書百家本　二冊

210000－0796－0000069　1364－1365/0616－
0617

白虎通德論四卷　（漢）班固纂　清光緒元年
（1875）湖北崇文書局刻子書百家本　二冊

210000－0796－0000070　1367－1368/0618－
0619

新序十卷　（漢）劉向撰　清光緒元年（1875）
湖北崇文書局刻子書百家本　二冊

210000－0796－0000071　1369/0620

續博物志十卷　（晉）李石撰　清光緒元年
（1875）湖北崇文書局刻子書百家本　一冊

210000－0796－0000072　1370/0621

博物志十卷　（晉）張華撰　清光緒元年
（1875）湖北崇文書局刻子書百家本　一冊

210000－0796－0000073　1371/0622

博物志十卷　（晉）張華撰　清光緒元年
（1875）湖北崇文書局刻子書百家本　一冊

210000－0796－0000074　1373/0623

續博物志十卷　（晉）李石撰　（清）汪士漢校
桂海虞衡志　清康熙七年（1668）刻本
二冊

210000－0796－0000075　1374/0624

梵網經直解二卷　（後秦）釋鳩摩羅什譯　明
崇禎十三年（1640）刻本　二冊　存二卷（一
上、二下）

210000－0796－0000076　1375/0625

梵網經直解二卷附直解事義一卷　（後秦）釋鳩摩羅什譯　明崇禎十三年(1640)刻本　一冊　存二卷(梵網經直解二下、直解事義一上)

210000－0796－0000077　1377－1378/0627－0628

重訂教乘法數十二卷　（清）釋超海等撰　清光緒三十四年(1908)常州天寧寺刻本　二冊　存五卷(三至四、八至十)

210000－0796－0000078　1380－1381/0630－0631

御纂詩義折中二十卷　（清）傅恒等纂　清乾隆二十年(1755)刻本　二冊　存七卷(十一至十七)

210000－0796－0000079　1382－1383/0632－0633

菊部羣英二卷　（清）王小鐵輯錄　清同治十三年(1874)刻本　二冊

210000－0796－0000080　1389/0639

格言聊壁一卷　（清）金纓撰　清光緒十六年(1890)上海仁濟堂刻本　二冊

210000－0796－0000081　1393/0642

春秋繁露十七卷　（漢）董仲舒撰　清光緒三年(1877)浙江書局刻本　二冊

210000－0796－0000082　1396/0643

秋盦遺稿不分卷　（清）黃易撰　清宣統二年(1910)刻本　一冊

210000－0796－0000083　1398/0645

御批歷代通鑑輯覽一百二十卷　（清）傅恒等纂　清乾隆三十二年(1767)刻本　一冊　存四卷(一百十七至一百二十)

210000－0796－0000084　1401/0648

桃花扇傳奇二卷四十齣　（清）孔尚任編　清康熙二十三年(1684)刻本　四冊

210000－0796－0000085　1040/0324

校正增廣驗方新編二十四卷　（清）包相璈編輯　清光緒十九年(1893)上海同文書局刻本

六冊

210000－0796－0000086　1407－1411/0651－0655

虞初續志十二卷　（清）鄭澍若編　清咸豐元年(1851)小嫏嬛山館刻本　五冊　存九卷(一至六、十至十二)

210000－0796－0000087　1412－1415/0656－0659

虞初新志二十卷　（清）張潮輯　清咸豐元年(1851)小嫏嬛山館刻本　四冊　存十三卷(八至二十)

210000－0796－0000088　1417/0660

陸宣公奏議讀本四卷首一卷　（清）汪銘謙編輯　（清）馬傳庚評　清光緒二十六年(1900)會稽馬氏刻本　一冊　存三卷(一至二、首一卷)

210000－0796－0000089　1420/0661

新書十卷　（漢）賈誼撰　清光緒元年(1875)湖北崇文書局刻子書百家本　二冊

210000－0796－0000090　1421/0662

閱藏隨筆二卷續一卷　（清）釋元度撰　（清）釋太穆節解　清雍正三年(1725)刻本　一冊　存二卷(下、續一卷)

210000－0796－0000091　1422/0663

歷代畫史彙傳七十二卷附錄二卷　（清）彭蘊燦編　清宣統二年(1910)上海文瑞樓書局石印本　十二冊　存三十九卷(三十六至七十二、附錄二卷)

210000－0796－0000092　2361/0903

查辦八旗事務表不分卷　清光緒三十四年(1908)鉛印本　二十四冊

210000－0796－0000093　1624/0835

歷代帝王年表不分卷　（清）齊召南編　清道光四年(1824)小嫏嬛僊館刻本　四冊

210000－0796－0000094　1623/0834

佩文詩韻釋要五卷　（清）周兆基輯　清同治三年(1864))刻本　一冊

210000－0796－0000095　1622/0833

選注六朝唐賦不分卷　（清）馬傳庚選註　清同治十三年(1874)京都玉燕書巢馬氏刻本　一冊

210000－0796－0000096　1439/0669

人生必讀書十二卷　（清）唐翼修撰　清光緒二十年(1894)京都永盛齋刻本　六冊

210000－0796－0000097　1442/0672

增修刑部奏定新章五卷　（清）刑部修　清光緒三十二年(1906)京都榮録堂刻本　五冊

210000－0796－0000098　1615/0826

何博士備論二卷　（宋）何去非撰　**李忠定輔政本末一卷**　（宋）李綱撰　清光緒元年(1875)湖北崇文書局刻子書百家本　一冊

210000－0796－0000099　1620/0831

增補剔弊五方元音三卷首一卷　（清）趙培梓編　清宣統三年(1911)京都龍文閣石印本　一冊

210000－0796－0000100　1453/0676

通鑑明紀全載輯畧五十五卷　（□）□□撰　清康熙三十五年(1696)刻本　一冊　存四卷（四十至四十三）

210000－0796－0000101　1457/0678

三輔黃圖六卷　（漢）无名氏撰　清康熙四年(1665)刻本　一冊

210000－0796－0000102　1458/0679

方言十三卷　（漢）揚雄撰　清刻本　一冊

210000－0796－0000103　1459/0680

博雅十卷　（三國魏）張揖纂　清光緒三年(1877)刻本　一冊

210000－0796－0000104　1461/0682

竹書紀年二卷　（南朝梁）沈約註　**穆天子傳六卷**　（晉）郭璞註　清宣統三年(1911)上海大通書局石印本　一冊

210000－0796－0000105　1462/0683

通典二百卷　（唐）杜佑纂　清光緒十七年(1891)浙江書局刻本　一冊　存五卷（五十

三至五十七）

210000－0796－0000106　1464/0685

醫經原旨六卷　（清）薛雪註　清乾隆十九年(1754)千頃堂書局刻本　一冊

210000－0796－0000107　1467/0688

江忠烈公行狀一卷　（清）左宗棠　（清）郭嵩燾撰　清咸豐五年(1855)刻本　一冊

210000－0796－0000108　1470/0691

易筋經二卷　（天竺）達摩撰　（唐）釋般敕密諦譯義　宋紹興十二年(1142)本衙刻本　一冊

210000－0796－0000109　1471/0692

風雅逸篇十卷　（明）楊慎輯　明正德十三年(1518)刻本　一冊

210000－0796－0000110　1887－1888/0873－0874

鑑軒醫書二種四卷　（清）江涵暾撰　清同治五年(1866)刻本　二冊

210000－0796－0000111　1475/0695

璇璣圖詩一卷　（秦）蘇蕙撰　清嘉慶十七年(1812)昌樂偶山堂刻本　一冊

210000－0796－0000112　1476/0696

板橋詩鈔三卷　（清）郑燮撰　清宣統元年(1909)掃葉山房刻本　一冊　存二卷（二至三）

210000－0796－0000113　1484/0702

重刊玉曆至寶鈔不分卷　（□）□□撰　清宣統三年(1911)京都聚文斋刻本　一冊

210000－0796－0000114　1485/0703

古今注三卷　（晉）崔豹撰　清光緒五年(1879)湖北崇文书局刻本　一冊

210000－0796－0000115　1486/0704

釋名四卷　（漢）劉熙撰　清宣統三年(1911)上海大通書局石印本　一冊

210000－0796－0000116　1487/0705

楚史檮杌一卷晉史乘一卷　（清）汪士漢校　清康熙七年(1668)刻本　一冊

210000 – 0796 – 0000117　1489/0706　1885/0871

周易參同契集韻前卷三篇後卷三篇　（清）紀大奎輯　清咸豐二年（1852）刻本　二冊

210000 – 0796 – 0000118　1492/0708

風俗通義四卷　（漢）應劭撰　**列仙傳二卷**　（漢）劉向撰　**集異記不分卷**　（唐）薛用弱撰　**續齊諧記一卷**　（南朝梁）吳均撰　清康熙七年（1668）刻本　一冊　存五卷（風俗通義四、列仙傳二卷、集異記一卷、續齊諧記一卷）

210000 – 0796 – 0000119　1493/0709

佩文韻府一百六卷　（清）張玉書　（清）蔡昇元等輯　清康熙刻本　一冊　存二卷（六十四至六十五）

210000 – 0796 – 0000120　1501/0716

晝上人集□□卷　（唐）釋皎然撰　清刻本　一冊　存五卷（六至十）

210000 – 0796 – 0000121　1502/0717

如是我聞四卷　（清）紀昀撰　清閱微草堂刻本　一冊　存二卷（三至四）

210000 – 0796 – 0000122　1503/0718

淨土儀式一卷　（清）釋曉柔集　清同治十一年（1872）昭慶慧空經房刻本　一冊

210000 – 0796 – 0000123　1504/0719

四分戒本一卷　（後秦）釋佛陀耶舍　（後秦）釋竺佛念譯　清光緒十八年（1892）金陵刻經處刻本　一冊

210000 – 0796 – 0000124　1505/0720

味餘書室隨筆二卷　（清）朱珪編　清嘉慶五年（1800）刻本　一冊　存一卷（下）

210000 – 0796 – 0000125　1506/0721

宋本錢杲之離騷集傳不分卷　（宋）钱杲之集傳　清宣統二年（1910）海虞鐵琴銅劍樓影印本　一冊

210000 – 0796 – 0000126　1508/0722

中州音韻一卷　（清）張漢校　清刻本　一冊

210000 – 0796 – 0000127　1509/0723

姑妄聽之四卷　（清）紀昀撰　清道光二十七年（1847）小蓬萊山館刻本　二冊

210000 – 0796 – 0000128　1511/0724

肇論新疏遊刃三卷　（元）释文才撰　清末民國刻本　一冊　存一卷（上）

210000 – 0796 – 0000129　1517/0730

西海紀遊艸一卷　（清）林鍼撰　清道光二十九年（1849）刻本　一冊

210000 – 0796 – 0000130　1518/0731

歷代世系紀年編一卷　（清）沈炳震撰　清雍正十三年（1735）刻本　一冊

210000 – 0796 – 0000131　1521/0733

韞山堂時文三集　（清）管世銘撰　清光緒八年（1882）文昌書局刻本　一冊　存一集（二集二）

210000 – 0796 – 0000132　1522/0734

朝鮮亡國史四編六十七章　（清）李芝圃撰　清宣統三年（1911）直隸教育圖書局印書處刻本　一冊

210000 – 0796 – 0000133　1523/0735

湖北闈墨一卷　（清）張錫壽撰　清光緒十一年（1885）衡鑒堂刻本　一冊

210000 – 0796 – 0000134　1524/0736

校正增廣驗方新編十六卷　（清）陸嘯松撰　清光緒三十年（1904）上海洽記書局石印本　一冊　存十三卷（一至十三）

210000 – 0796 – 0000135　1525/0737

繪圖四書速成新體讀本中庸二卷　（清）王有宗　（清）施崇恩校　清光緒三十一年（1905）上海彪蒙書室刻本　一冊

210000 – 0796 – 0000136　1526/0738

破邪論二卷　（唐）释法琳撰　清光緒三十四年（1908）揚州藏經院刻本　一冊

210000 – 0796 – 0000137　1527 – 1528/0739 – 0740

蜀輶日記四卷　（清）陶澍撰　清道光四年（1824）刻本　二冊

210000－0796－0000138　1529/0741

白雲洞志一卷　（清）黃亨纂輯　清道光十八年(1838)刻本　一冊

210000－0796－0000139　1531/0743

跌打損傷回生集三卷　（清）胡青崑校　清咸豐六年(1856)刻本　一冊

210000－0796－0000140　1532/0744

喉科方論一卷　（清）趙振沅輯　清光緒二十五年(1899)聚元齋刻本　一冊

210000－0796－0000141　1533/0745

經驗奇方二卷　（□）周錕撰　清光緒三十四年(1908)育新書局刻本　一冊　存一卷(上)

210000－0796－0000142　1534/0746

灤陽續録六卷　（清）紀昀撰　清道光二十七年(1847)小蓬萊山館刻本　二冊

210000－0796－0000143　1534/0746

灤陽消夏録六卷　（清）紀昀撰　清道光二十七年(1847)小蓬萊山館刻本　一冊　存三卷(一至三)

210000－0796－0000144　1585/0796

平津讀碑記三卷　（清）洪頤煊撰　清光緒十一年(1885)木犀軒刻本　一冊

210000－0796－0000145　0950/0265

淮南子二十一卷　（漢）高誘撰　清光緒元年(1875)湖北崇文書局刻子書百家本　四冊

210000－0796－0000146　0952/0266

列子二卷　清光緒元年(1875)湖北崇文書局刻子書百家本　一冊

210000－0796－0000147　0953/0267

列子二卷　清光緒元年(1875)湖北崇文書局刻子書百家本　一冊

210000－0796－0000148　0954/0268

神異經一卷　（漢）東方朔撰　海内十洲記一卷　（漢）東方朔撰　洞冥記四卷　（漢）郭憲撰　穆天子傳六卷　（晉）郭璞注　清光緒元年(1875)湖北崇文書局刻子書百家本　一冊

210000－0796－0000149　0955/0269

亢倉子一卷　（春秋）庚桑楚撰　玄真子一卷　（唐）張志和撰　天隱子一卷　（唐）司馬承禎撰　無能子三卷　（唐）無名氏撰　胎息經一卷　（唐）幻真先生注　胎息經疏一卷　（明）王文禄撰　清光緒元年(1875)湖北崇文書局刻子書百家本　一冊

210000－0796－0000150　0956/0270

孔叢子二卷　（漢）孔鮒撰　清光緒元年(1875)湖北崇文書局刻子書百家本　一冊

210000－0796－0000151　0957/0271

顏氏家訓二卷　（北齊）顏之推撰　清光緒元年(1875)湖北崇文書局刻子書百家本　一冊

210000－0796－0000152　0958/0272

尹文子一卷慎子一卷公孫龍子一卷鬼谷子一卷　（周）尹文撰　慎子一卷　（周）慎到撰　公孫龍子一卷　（周）公孫龍撰　鬼谷子一卷　（周）王詡　清光緒元年(1875)湖北崇文書局刻子書百家本　一冊

210000－0796－0000153　0959/0273

拾遺記十卷　（晉）王嘉撰　（南朝梁）蕭綺録　清光緒元年(1875)湖北崇文書局刻子書百家本　一冊

210000－0796－0000154　0960/0274

尉繚子二卷　（周）尉繚撰　素書一卷　（漢）黃石公撰　（宋）張商英注　心書一卷　（漢）諸葛亮撰　清光緒元年(1875)湖北崇文書局刻子書百家本　一冊

210000－0796－0000155　0961/0275

傅子一卷　（晉）傅玄撰　續孟子二卷　（唐）林慎思撰　清光緒元年(1875)湖北崇文書局刻子書百家本　一冊

210000－0796－0000156　0962/0276

商子五卷　（秦）商鞅撰　清光緒元年(1875)湖北崇文書局刻子書百家本　一冊

210000－0796－0000157　0963/0277

至游子二卷　（宋）曾慥撰　清光緒元年(1875)湖北崇文書局刻子書百家本　一冊

210000－0796－0000158　0965/0278

燕丹子三卷　（清）孫星衍校集　**玉泉子一卷**（唐）□□撰　**金華子二卷**　（南唐）劉崇遠撰　清光緒元年(1875)湖北崇文書局刻子書百家本　一冊

210000－0796－0000159　0966/0279

郁離子一卷　（明）劉基撰　**空同子一卷**（明）李夢陽撰　**海析子五卷**　（明）王文祿撰　清光緒元年(1875)湖北崇文書局刻子書百家本　一冊

210000－0796－0000160　0967/0280

伸蒙子三卷　（唐）林慎思撰　**素履子三卷**（唐）張弧撰　清光緒元年(1875)湖北崇文書局刻子書百家本　一冊

210000－0796－0000161　0968/0281

申鑑五卷　（漢）荀悦撰　**中論二卷**　（漢）徐幹撰　清光緒元年(1875)湖北崇文書局刻子書百家本　一冊

210000－0796－0000162　0969/0282

文中子十篇　（隋）王通撰　清光緒元年(1875)湖北崇文書局刻子書百家本　一冊

210000－0796－0000163　0970/0283

聲隅子二卷　（宋）黃晞撰　**嫩眞子五卷**（宋）馬永卿撰　**廣成子解一卷**　（宋）蘇軾纂　清光緒元年(1875)湖北崇文書局刻子書百家本　一冊

210000－0796－0000164　0971/0284

韓非子二十卷　清光緒元年(1875)湖北崇文書局刻子書百家本　四冊

210000－0796－0000165　0972/0285

荀子三卷　清光緒元年(1875)湖北崇文書局刻子書百家本　二冊

210000－0796－0000166　0973/0286

孫子三卷　（周）孫武撰　清光緒元年(1875)湖北崇文書局刻子書百家本　一冊

210000－0796－0000167　0974/0287

鄧析子一卷　（周）鄧析撰　**尸子二卷**　（周）尸佼撰　清光緒元年(1875)湖北崇文書局刻子書百家本　一冊

210000－0796－0000168　0975/0288

劉子二卷　（北齊）劉書撰　清光緒元年(1875)湖北崇文書局刻子書百家本　一冊

210000－0796－0000169　0976/0289

陰符經一卷　（漢）張良注　**關尹子一卷**（周）尹喜撰　清光緒元年(1875)湖北崇文書局刻子書百家本　一冊

210000－0796－0000170　0977－0978/0290－0291

金樓子六卷　（南朝梁）元帝蕭繹撰　清光緒元年(1875)湖北崇文書局刻子書百家本二冊

210000－0796－0000171　0979/0292

管子二十四卷　清光緒元年(1875)湖北崇文書局刻子書百家本　四冊

210000－0796－0000172　0984－0987/0295－0298

抱朴子內篇四卷外篇四卷　（晉）葛洪撰　清光緒元年(1875)湖北崇文書局刻子書百家本四冊

210000－0796－0000173　0988/0299　0930/0245　0931/0246

繪圖四書速成新體讀本孟子□□卷　施崇恩王有宗校　清光緒三十一年(1905)上海彪蒙書室刻本　三冊　存二卷(一、五上)

210000－0796－0000174　0929/0244　0989/0300　0990/0301　0991/0302　0992/0303

孟子七卷　（宋）朱熹集注　清光緒十六年(1890)鮑氏抱芳閣刻本　六冊

210000－0796－0000175　0993－0994/0304－0305

論語十卷　（宋）朱熹集注　清同治六年(1867)湖北崇文書局刻本　三冊

210000－0796－0000176　0995/0306

叔苴子內編六卷外編二卷　（明）莊元臣撰

335

清光緒元年(1875)湖北崇文書局刻子書百家本　二冊

210000－0796－0000177　0996/0307

易林四卷　（漢）焦贛撰　清光緒元年(1875)湖北崇文書局刻子書百家本　四冊

210000－0796－0000178　0997/0308

太玄經十卷　（漢）揚雄撰　（宋）司馬光注　清光緒元年(1875)湖北崇文書局刻子書百家本　二冊

210000－0796－0000179　0998/0309

墨子十六卷　（清）畢沅校注　清光緒元年(1875)湖北崇文書局刻子書百家本　四冊

210000－0796－0000180　1000/0311

尸子二卷尸子存疑一卷　（周）尸佼撰　（清）汪繼培輯　清光緒三年(1877)浙江書局刻本　一冊

210000－0796－0000181　1323/0582

諏吉便覽寶鏡圖不分卷　（清）梁學禮輯　**陽宅都天發用全書不分卷**　（清）翟天資校　清光緒二十三年(1897)京都文興堂刻本　六冊

210000－0796－0000182　1002/0313

明季北畧二十四卷南畧十八卷　（明）計六奇編　清光緒十三年(1887)上海圖書集成局刻本　十冊

210000－0796－0000183　1897/0878

四松草堂詩畧四卷　（清）宗詔撰　清光緒三十年(1904)上海新昌書局刻本　一冊　存一卷(三)

210000　－0796　－0000184　1020/0314
1063/0345

子書二十八種　（清）浙江書局輯　清光緒三十四年(1908)上海集成圖書公司鉛印本　十五冊　存十四種一百八十卷(墨子十六卷,關尹子一卷,揚子法言十三卷、音義十三卷,鶡冠子三卷,鬼谷子一卷,孫子十三卷、叙録一卷,韓非子二十卷、附識誤三卷,淮南子二十一卷,荀子二十卷,文中子十卷,列子八卷,老子二卷、音義一卷,莊子十卷,管子二十四卷)

210000－0796－0000185　1621/0832

挂月山莊詘存一卷　（清）觀榮撰　清道光十五年(1835)對屏山館刻本　一冊

210000－0796－0000186　1229/0497

古唐詩合解四卷　（清）王堯衢註　清刻本　一冊

210000－0796－0000187　1229/0497

古唐詩合解十二卷　（清）王堯衢註　清雍正十年(1732)義堂刻本　五冊

210000－0796－0000188　1175/0452

易經八卷　（宋）程頤傳　清宣統元年(1909)學部圖書局石印本　四冊　存四卷(一至四)

210000－0796－0000189　1219/0487

註疏三百首合編六卷　（清）孫洙編　**唐詩三百首續選二卷**　（清）于慶元編　清道光十五年(1835)文盛堂記刻本　八冊

210000－0796－0000190　1450/0673

列國政要一百三十三卷　（清）戴鴻慈　（清）端方輯　清光緒三十三年(1907)上海商務印書館刻本　八冊　存二十卷(一至二十)

210000－0796－0000191　1313－1320/0572－0579

新刊萬病回春原本八卷增補萬病回春原本一卷　（清）龔廷賢編　周亮登校　明萬曆四十三年(1615)大文堂刻本　八冊　存八卷(新刊萬病回春原本一至三、五至八,增補萬病回春原本一卷)

210000－0796－0000192　1241/0505

漁洋山人古詩選五言詩十七卷七言詩十五卷　（清）王士禛選　清同治七年(1868)湘鄉曾氏刻本　六冊　存二十四卷(五言詩一至八、十至十七,七言詩一至八)

210000－0796－0000193　1251－1258/0515－0522

澄衷蒙學堂字課圖說四卷檢字一卷類字一卷　劉樹屏撰　清光緒三十二年(1906)刻本　八冊

210000－0796－0000194　1023－1025/0315－0317

約章成案匯覽甲篇十卷乙篇四十二卷　（清）北洋洋務局纂輯　清光緒三十一年（1905）上海點石齋刻本　三十六冊　存四十三卷（甲篇十卷、乙篇十上至四十二）

210000－0796－0000195　1026/0318

約章成案匯覽甲篇十卷乙篇四十二卷　（清）北洋洋務局纂輯　清光緒三十一年（1905）上海點石齋刻本　四十六冊

210000－0796－0000196　1027/0319

康熙字典四十二卷附字典考證不分卷　（清）張玉書等撰　清光緒七年（1881）埽葉山房刻本　四十四冊

210000－0796－0000197　1044－1060/0326－0342

袁了凡王鳳洲綱鑑合編三十九卷　（明）袁黃　（明）王世貞編　清光緒三十三年（1907）上海華商集成圖書公司刻本　十七冊　存三十七卷（一、四至三十九）

210000－0796－0000198　1061－1062/0343－0344

御撰資治通鑑明紀二十卷　（清）張廷玉等撰　清末民國刻本　二冊

210000－0796－0000199　1074/0356

曾文正公勸學篇不分卷　（清）劉春霖書　清光緒二十五年（1899）石印本　一冊

210000－0796－0000200　1075/0357

曾文正公勸學篇不分卷　（清）劉春霖書　清光緒二十五年（1899）石印本　一冊

210000－0796－0000201　1076/0358

曾文正公勸學篇不分卷　（清）劉春霖書　清光緒二十五年（1899）石印本　一冊

210000－0796－0000202　1077/0359

[安徽定遠]重修鑪橋方氏家譜四卷首二卷　（清）劉樹堂編　清光緒二十九年（1903）刻本　六冊

210000－0796－0000203　1078/0360

[江西]馬氏家譜一卷　（清）馬遇苓撰　清宣統三年（1911）抄本　四冊

210000－0796－0000204　1079/0361

馬氏家譜一卷　（清）馬遇苓　（清）董沭撰　清光緒二十八年（1902）抄本　一冊　存上冊

210000－0796－0000205　1080/0362

馬氏家譜一卷　（清）馬遇苓　（清）董沭撰　清光緒二十八年（1902）抄本　一冊　存上冊

210000－0796－0000206　1083－1087/0364－0368

佩文齋廣群芳譜一百卷　（清）汪灝等撰　清康熙四十七年（1708）刻本　四十冊　存八十二卷（一至十三、十六至二十一、二十八至三十、三十五至三十九、四十三至五十、五十四至一百）

210000－0796－0000207　1089/0369

祖國女界文豪譜不分卷　（清）咀雪子編撰　清宣統元年（1909）京師京華書局刻本　一冊

210000－0796－0000208　1849/0867

黃帝內經靈樞十二卷補注黃帝內經素問二十四卷　（宋）史松音釋　清末民國上海錦章書局石印本　三冊　存二十七卷（黃帝內經靈樞十二卷、補注黃帝內經素問十至二十四）

210000－0796－0000209　1091/0371

摺譜一卷　（清）饒旬宣纂　清光緒十三年（1887）刻本　一冊

210000－0796－0000210　1092/0372

春秋世族譜一卷　（清）陳厚燿撰　清光緒十二年（1886）邵武徐氏刻本　一冊

210000－0796－0000211　1093/0373

商君書五卷　（清）嚴萬里撰　清光緒二年（1876）浙江書局刻本　一冊

210000－0796－0000212　1094/0374

達生編一卷後附保嬰編不分卷　（清）亟齋居士撰　清光緒三十二年（1906）刻本　一冊

210000－0796－0000213　1095/0375

先天拳譜不分卷 （清）马熙春鈔 清末民國抄本 一冊

210000－0796－0000214 1096/0376

賦彙題注八卷 （□）□□撰 清光緒九年（1883）寶林堂刻本 八冊

210000－0796－0000215 1098/0378

狀元閣女四書集註二卷 （清）王相箋註 清光緒十一年（1885）刻本 二冊

210000－0796－0000216 1099/0379

小學集註六卷 （宋）朱熹撰 清末民國龙文閣石印本 四冊

210000－0796－0000217 1101/0381

荀子補注二卷 （清）郝懿行撰 清刻齊魯先喆遺書刻本 二冊

210000－0796－0000218 1103/0383

重校五經體註四十五卷 清光緒十年（1884）上海點石齋刻本 十六冊

210000－0796－0000219 1104/0384

左繡三十卷首一卷 （宋）林堯叟註 （唐）陸德明音釋 清宣統三年（1911）上海會文堂刻本 十六冊

210000－0796－0000220 1105－1159/0385－0399

欽定禮記義疏八十二卷首一卷 清光緒十四年（1888）江南書局刻本 十五冊 存三十九卷（一至二十五、三十至四十二,首一卷）

210000－0796－0000221 1120－1130/0400－0410

欽定儀禮義疏四十八卷 （清）允祿等纂 清光緒十四年（1888）江南書局刻本 十一冊 存十九卷（二十五至三十、三十四至四十四、四十七至四十八）

210000－0796－0000222 1131/0411

欽定蒙古源流八卷 （清）陸錫熊 （清）紀昀纂 清乾隆五十五年（1790）刻本 四冊

210000－0796－0000223 1132－1142/0412－0422

欽定續通志六百四十卷 （清）嵇璜等撰 清光緒十二年（1886）浙江書局刻九通本 十一冊 存四十七卷（一百四十至一百四十三、一百五十六至一百六十二、一百七十一至一百七十三、一百七十七至一百八十、四百九十三至五百七、五百十二至五百十五、五百八十至五百八十九）

210000－0796－0000224 1143－1149/0423－0429

欽定續通典一百五十卷 （清）嵇璜等撰 清光緒十二年（1886）浙江書局刻九通本 七冊 存二十八卷（五十一至六十九、八十至八十八）

210000－0796－0000225 1150/0430

欽定書經傳説彙纂二十一卷首二卷 （清）王頊齡 （清）張廷玉等校 清光緒十四年（1888）江南書局刻本 十二冊

210000－0796－0000226 1151/0431

本草綱目五十二卷附圖三卷 （明）李時珍撰 本草綱目拾遺十卷首一卷 （清）趙學敏輯 萬方鍼線八卷 （清）蔡烈先輯 清光緒十八年（1892）鴻寶齋石印本 十六冊

210000－0796－0000227 1102/0382

四書集註十九卷 （宋）朱熹集註 清末民國上海廣益書局刻本 一冊 存七卷（孟子一至七）

210000－0796－0000228 1154/0432

諸葛忠武誌十卷 （清）張鵬翮輯 清康熙四十四年（1705）刻本 八冊

210000－0796－0000229 1155/0433

增評全圖足本金玉緣首一卷一百二十回 （清）王希廉評 清光緒三十四年（1908）求不負齋刻本 十六冊

210000－0796－0000230 1158/0435

論衡三十卷 （漢）王充撰 清光緒元年（1875）湖北崇文書局刻子書百家本 六冊

210000－0796－0000231 1496/0712

山海經十八卷 （晉）郭璞撰 清康熙六年

(1667)翰寶樓刻本　二冊

210000－0796－0000232　1496/0712

圖像山海經詳註五卷　（清）吳志伊註　清康熙六年(1667)翰寶樓刻本　二冊

210000－0796－0000233　1159/0436

監本書經六卷　（宋）蔡沈集傳　南宋嘉定二年(1209)京都文興堂刻本　三冊　存五卷（一至三、五至六）

210000－0796－0000234　1160/0437

爾雅三卷　（晉）郭璞注　（唐）陸德明音義　清光緒九年(1883)湘西經濟書局刻本　四冊

210000－0796－0000235　1163/0440

六書通不分卷　（明）閔齊伋撰　（清）畢弘述　清順治十八年(1661)基聞堂五湖閔寓五先生刻本　六冊

210000－0796－0000236　1164/0441

續古文辭類纂三十四卷　王先謙纂　清光緒八年(1882)刻本　八冊

210000－0796－0000237　1169/0446

墨子間詁十五卷目錄一卷坿錄一卷坿墨子後語二卷　（清）孫詒讓撰　清光緒三十三年(1907)刻本　八冊

210000－0796－0000238　1170/0447

大學衍義四十三卷　（南宋）真德秀撰　清乾隆二年(1737)刻本　八冊　存二十二卷（一至二十二）

210000－0796－0000239　1171/0448

書經六卷　（宋）蔡沈傳　清光緒十三年(1887)聚珍堂書坊刻本　四冊

210000－0796－0000240　1171/0448

書經六卷　（宋）蔡沈傳　清光緒十三年(1887)聚珍堂書坊刻本　四冊

210000－0796－0000241　1172/0449

書經六卷　（宋）蔡沈集傳　清嘉慶四年(1799)金閭宝翰楼刻本　四冊

210000－0796－0000242　1174/0451

十三經集字一卷　（清）李鴻藻等撰　清光緒

八年(1882)京都琉璃廠善成堂刻本　一冊

210000－0796－0000243　1174/0451

重校十三經不貳字一卷　（清）李鴻藻等撰　清光緒元年(1875)京都刻本　一冊

210000－0796－0000244　1176/0453

大方廣佛華嚴經八十卷　（唐）釋實叉難陀譯　清嘉慶八年(1803)常明等抄本　一冊　存三卷（四至六）

210000－0796－0000245　1177－1187/0454－0464

大方廣佛華嚴經綱要八十卷　（唐）釋實叉難陀譯　清刻本　二十八冊　存五十卷（七至十二、十五至十六、二十一至三十、三十四至三十九、四十二至四十六、四十九至五十二、五十五至五十六、六十二至七十一、七十四至七十六、七十九至八十）

210000－0796－0000246　1188/0465

四書經義考辨瀋存十六卷首一卷　（清）姚道輝撰　清道光二十六年(1846)味根堂刻本　四冊　存八卷（一至七、首一卷）

210000－0796－0000247　1189/0466

新刊道書全集文始真經言外經旨二卷道書全集陰符經三皇玉訣三卷　（宋）陳顯微撰　南宋寶祐二年(1254)刻本　三冊

210000－0796－0000248　1191/0468

大般涅槃經四十卷　（北涼）釋曇無讖譯　清刻本　一冊　存五卷（十六至二十）

210000－0796－0000249　1193/0470

禮記體註大全四卷　（清）范翔撰　清康熙五十二年(1713)漱芳軒刻本　四冊

210000－0796－0000250　1194－1197/0471－0474

春秋大事表五十卷　（清）顧棟高撰　清同治十二年(1873)山東尚志堂刻本　二十冊

210000－0796－0000251　1198－1205/0475－0482

春秋比事參義十六卷　（清）桂含章撰　清光緒八年(1882)桂氏金陵刻本　八冊　存八卷

（九至十六）

210000－0796－0000252　1206/0483

呂氏春秋二十六卷　（秦）呂不韋撰　清光緒元年(1875)湖北崇文書局刻子書百家本　四冊

210000－0796－0000253　1221/0489

唐宋八大家類選十四卷　（清）儲欣選評　清光緒九年(1883)靜遠堂刻本　五冊　存五卷（一至五）

210000－0796－0000254　1262/0526

澄衷蒙學堂字課圖說四卷檢字一卷類字一卷　劉樹屏撰　清光緒三十一年(1905)澄衷蒙學堂刻本　八冊

210000－0796－0000255　1259－1260/0523－0524

澄衷蒙學堂字課圖說四卷　劉樹屏撰　清光緒三十一年(1905)澄衷蒙學堂刻本　二冊　存二卷（一至二）

210000－0796－0000256　1261/0525

澄衷蒙學堂字課圖說四卷檢字一卷類字一卷　劉樹屏撰　清光緒二十七年(1901)澄衷蒙學堂刻本　八冊

210000－0796－0000257　1263/0527

朱文公校昌黎先生集四十卷外集十卷集傳一卷遺文一卷　（明）朱吾弼編　明萬曆三十三年(1605)天德堂刻本　十六冊

210000－0796－0000258　1264/0528

山海經圖讚一卷　（晉）郭璞撰　**山海經補注一卷**　（明）楊慎撰　清光緒元年(1875)崇文書局刻子書百家本　一冊

210000－0796－0000259　1265－1266/0529－0530

山海經十八卷　（晉）郭璞傳　清光緒元年(1875)湖北崇文書局刻子書百家本　二冊

210000－0796－0000260　1267/0531

五經圖六卷　（清）牟欽元撰　清雍正元年(1723)致用堂刻本　一冊

210000－0796－0000261　1268/0532

新語二卷　（漢）陸賈撰　**忠經一卷**　（漢）馬融撰　（漢）鄭玄注　清光緒元年(1875)崇文書局刻子書百家本　一冊

210000－0796－0000262　1269/0533

道德真經註四卷　（元）吳澄撰　清光緒元年(1875)湖北崇文書局刻子書百家本　一冊

210000－0796－0000263　1270/0534

老子道德經二卷　（周）李耳撰　（晉）王弼注　清光緒元年(1875)湖北崇文書局刻子書百家本　一冊

210000－0796－0000264　1273/0536

覃覃齋石鼓文十種考釋一卷　趙椿年纂　清刻本　一冊

210000－0796－0000265　1275/0537

金剛般若波羅蜜經一卷　（後秦）釋鳩摩羅什譯　清末民國刻本　一冊

210000－0796－0000266　1214/0484

呂氏春秋二十六卷　（漢）高誘註　明宋邦義刻本　五冊

210000－0796－0000267　1215/0485

晏子春秋八卷二百十五章　（春秋）晏嬰撰　清光緒元年(1875)湖北崇文書局刻子書百家本　一冊

210000－0796－0000268　1216/0486

歷代職官表六卷　（清）黃本驥校　（清）王廷學重校　清光緒八年(1882)上海王氏刻本　六冊

210000－0796－0000269　1220/0488

唐宋八大家類選十四卷　（清）儲欣評　清乾隆三十八年(1773)同文堂刻本　六冊

210000－0796－0000270　1222/0490

佩文齋詠物詩選不分卷　（□）□□撰　清康熙四十六年(1707)刻本　六冊

210000－0796－0000271　1223－1228/0491－0496

小倉山房詩集三十七卷補遺二卷　（清）袁枚撰　清上海校經山房成記書局刻本　六冊

210000－0796－0000272　1230/0498

全唐詩九百卷　（清）彭定求等輯　清刻本
一冊　存一卷（十九）

210000－0796－0000273　1231/0499
杜樊川詩集注四卷別集一卷外集一卷補遺一
卷　（唐）杜牧撰　（清）馮集梧注　清嘉慶三
年(1798)德裕堂刻本　四冊

210000－0796－0000274　1039/0323
校正尚友録統編二十四卷　題(清)錢湖釣徒
編　清光緒二十九年(1903)通文書局石印本
十六冊

210000－0796－0000275　1233/0500
守柔齋行河集二卷　（清）蘇廷魁撰　清同治
十二年(1873)刻本　一冊

210000－0796－0000276　1234/0501
守柔齋詩鈔續集四卷　（清）蘇廷魁撰　清同
治二年(1863)刻本　一冊

210000－0796－0000277　1235/0502
守柔齋詩鈔初集四卷　（清）蘇廷魁撰　清同
治三年(1864)刻本　一冊

210000－0796－0000278　1236－1237/0503－
0504
御製圓明園詩不分卷　（清）高宗弘曆撰　清
刻本　二冊

210000－0796－0000279　1277/0539
大清律例增修統纂集成四十卷督捕則例附纂
二卷　（清）姚雨薌纂輯　清刻本　六冊　存
十二卷（三十一至四十、則例二卷）

210000－0796－0000280　1278/0540
增廣留青新集二十四卷　（清）伊□撰　清光
緒二十五年(1899)石印本　十二冊

210000－0796－0000281　1279/0541
新鐫韻府羣玉二十卷　（元）陰時夫編輯
(元)陰中夫編註　明萬曆十八年(1590)大文
堂刻本　八冊　存十卷（一至十）

210000－0796－0000282　1280/0542
新增智囊補二十八卷　（明）馮夢龍輯　清兩
儀堂刻本　六冊　存十四卷（一至十四）

210000－0796－0000283　1281/0543
困學紀聞二十卷首一卷　（宋）王應麟撰
（清）翁元圻輯　清光緒十九年(1893)上海積
山書局石印本　六冊

210000－0796－0000284　1780/0857
李长吉集四卷外卷一卷　（唐）李賀撰　（明）
黃諄耀評　（清）黎簡批點　清光緒十八年
(1892)刻本　二冊

210000－0796－0000285　2202/0900
急救良方一卷　（明）張時徹撰　清同治十一
年(1872)毛上珍籧記刻字舖刻本　一冊

210000－0796－0000286　1294/0554
庸閒齋筆記十二卷　（清）陳其元撰　清宣統
三年(1911)上海掃葉山房石印本　四冊

210000－0796－0000287　1296－1300/0555－
0559
鴻雪因緣圖記三集　（清）麟慶撰　清光緒十
年(1884)上海點石齋申報館申昌書畫室刻本
五冊　存三集（第一集上下、第二集上下、
第三集上）

210000－0796－0000288　1301－1306/0560－
0565
都門彙纂不分卷　（清）楊靜亭輯　清同治十
一年(1872)刻本　六冊

210000－0796－0000289　1307/0566
增補剔弊五方元音三卷首一卷　（明）樊騰鳳
撰　清嘉慶十五年(1810)上海廣益書局刻本
四冊

210000－0796－0000290　1308/0567
齊民要術十卷　（北魏）賈思勰撰　清光緒元
年(1875)湖北崇文書局刻子書百家本　四冊

210000－0796－0000291　1309/0568
外科大成四卷　（清）祁坤撰　清善成堂刻本
四冊

210000－0796－0000292　1310/0569
萬國藥方八卷　（美國）洪士提譯　清宣統三
年(1911)刻本　八冊

210000－0796－0000293　1312/0571

西醫略論三卷　（英國）合信氏撰　清咸豐七年(1857)江蘇上海仁濟醫館刻本　一冊

210000－0796－0000294　1321/0580

醫藥通考四卷　題英醫德譯　清光緒二十三年(1897)同文館鉛印本　四冊

210000－0796－0000295　1322/0581

神訓旁注便讀一卷　（清）陳鴻儒校　清光緒六年(1880)京都琉璃厂文德斎刻本　一冊

210000－0796－0000296　1324/0583

歷代黃河變遷圖考四卷　（清）劉鶚撰　清光緒十九年(1893)袖海山房石印本　三冊　存三卷(一至二、四)

210000－0796－0000297　1328/0587

通鑑地理今釋十六卷　（清）吳熙載撰　清光緒八年(1882)江蘇書局刻本　三冊

210000－0796－0000298　1330/0588

說苑二十卷　（漢）劉向撰　清光緒元年(1875)湖北崇文書局刻子書百家本　四冊

210000－0796－0000299　1331/0589

漢書評林一百卷　（明）凌稚隆輯　清光緒十年(1884)佩蘭堂刻本　六冊　存五十五卷(四十六至一百)

210000－0796－0000300　1333/0591

四書人物類典串珠四十卷　（清）藏志仁輯　清光緒十五年(1889)上海蜚莹石印本　四冊

210000－0796－0000301　1334/0592

繪圖花月姻緣五十二回十六卷　（清）魏秀仁撰　清光緒十九年(1893)上海書局刻本　六冊

210000－0796－0000302　1337/0594

越絕書十五卷　（漢）袁康撰　明嘉靖三十一年(1552)刻本　二冊

210000－0796－0000303　2364/0029

龍威秘書十集　（清）馬俊良輯　清乾隆五十九年(1794)大西山房刻本　八冊　存八冊(一集一,四集一、三,八集二至三、六至八)

210000－0796－0000304　1342/0597

成親王書一卷　清末民國抄本　一冊

210000－0796－0000305　1344/0599

書經旁訓四卷　清刻本　一冊　存一卷(一)

210000－0796－0000306　1345/0600

賈誼新書十卷　（漢）賈誼撰　清光緒元年(1875)浙江書局刻二十二子本　二冊

210000－0796－0000307　2363/0905

北徼彙編六卷　（清）何秋濤編　清同治四年(1865)京都龍威閣刻本　六冊

210000－0796－0000308　1347/0601

素書一卷　（漢）黃石公撰　**蓮社高賢傳一卷**（晉）佚名撰　清道光二十六年(1846)刻本　一冊

210000－0796－0000309　1349/0603

四書正本一卷　（清）童槭校集　清同治四年(1865)忠恕堂童氏刻本　一冊

210000－0796－0000310　1352/0605

楊子法言一卷　（漢）揚雄撰　**方言十三卷**（漢）揚雄撰　（晉）郭璞解　清光緒元年(1875)湖北崇文書局刻子書百家本　一冊

210000－0796－0000311　0792－0821/0114－0143

御批歷代通鑑輯覽一百二十卷　（清）傅恒等撰　清同治十三年(1874)湖南書局刻本　三十冊　存五十七卷(一至九、十三至五十五、五十七至六十一)

210000－0796－0000312　0822/0144

繡像封神演義一百回　（明）許仲琳撰　清光緒十七年(1891)上海廣百宋齋刻本　十冊

210000－0796－0000313　0823/0145

鍾伯敬先生評重鐫繪像封神演義十九卷（明）許仲琳撰　清康熙三十四年(1695)善成堂刻本　二十冊

210000－0796－0000314　1900/0880

救傷秘旨一卷　（清）趙廷海輯　清咸豐元年(1851)刻本　一冊

210000－0796－0000315　0825－0826/0147－0148

風俗通義十卷　（漢）應劭撰　清光緒元年（1875）湖北崇文書局刻子書百家本　二冊

210000－0796－0000316　0827/0149

欽定詩經傳說彙纂二十一卷首二卷　（清）王鴻緒等撰　清光緒十四年（1888）江南書局刻本　二冊　存三卷（一、首二卷）

210000－0796－0000317　0828－0829/0150－0151

湖海詩傳四十六卷　（清）王昶纂　清同治四年（1865）綠蔭堂刻本　十六冊

210000－0796－0000318　0830/0152

繡像雙鳳奇緣昭君傳八卷　（清）雪樵主人撰　清咸豐十年（1860）連元閣刻本　八冊

210000－0796－0000319　0831－0832/0153－0154

春秋穀梁讀本四卷　（晉）范寧集解　清乾隆五十八年（1793）留餘堂刻本　二冊

210000－0796－0000320　0833－0834/0155－0156

春秋公羊讀本四卷　（漢）何休解　清乾隆五十八年（1793）留餘堂刻本　二冊

210000－0796－0000321　0835－0843/0157－0165

文獻通考三百四十八卷　（元）馬端臨撰　清咸豐九年（1859）謝氏刻本　九冊　存三十三卷（九十八至九十九、一百三至一百十四、一百四十六至一百四十八、二百八至二百十一、三百二十八至三百三十五、三百四十至三百四十三）

210000－0796－0000322　0844－0854/0166－0176

皇朝文獻通考三百卷　（清）嵇璜等撰　清光緒八年（1882）浙江書局刻九通本　十一冊　存二十七卷（五十一至五十二、一百八十四至一百八十七、一百九十四、二百一至二百八、二百二十五至二百三十六）

210000－0796－0000323　0855－0863/0177－0185

通志二百卷　（宋）鄭樵撰　清咸豐九年（1859）謝氏刻本　九冊　存十四卷（九十七、一百三十二至一百三十三、一百六十五至一百六十七、一百八十一至一百八十五、一百八十八至一百八十九）

210000－0796－0000324　0864－0868/0186－0190　1165－1168/0442－0445

繪圖四書速成新體讀本論語□□卷　（□）□□撰　清光緒三十一年（1905）上海彪蒙書室刻本　九冊　存九卷（論語二至十）

210000－0796－0000325　0869/0191

昌黎先生集四十卷　（唐）李漢編　清同治八年（1869）江蘇書局刻本　五冊　存十六卷（一至十六）

210000－0796－0000326　0870－0871/0192－0193

易經旁訓三卷　清刻本　二冊

210000－0796－0000327　0872/0194

紀文達公遺集文十六卷詩十六卷　（清）孫樹馨編　清嘉慶十七年（1812）刻本　十六冊

210000－0796－0000328　0873/0195

亭林文集六卷亭林餘集一卷　（清）顧炎武撰　清光緒三十二年（1906）俞氏山隱居刻本　四冊

210000－0796－0000329　0874/0196

亭林詩文集十二卷　（清）顧炎武撰　清宣統二年（1910）掃葉山房石印本　四冊

210000－0796－0000330　0875/0197

古文未曾有集八卷　（清）王甫白輯評　清光緒九年（1883）寶林堂刻本　四冊

210000－0796－0000331　0876/0198

詒晉齋集八卷後集一卷隨筆一卷　（清）永瑆撰　清成郡王載銳刻本　四冊

210000－0796－0000332　1038/0322

史姓韻編二十四卷　（清）汪輝祖輯　清光緒

二十九年（1903）上海文瀾書局石印本　四冊

210000－0796－0000333　1899/0879
新刊康對山先生武功縣志三卷首一卷　（清）
孫景烈評註　清乾隆二十六年（1761）刻本
一冊

210000－0796－0000334　0881/0201
曾南豐先生文集四卷　（宋）曾鞏撰　清宣統
二年（1910）上海會文堂粹記刻本　二冊

210000－0796－0000335　0882/0202
王臨川先生文集四卷　（宋）王安石撰　清宣
統二年（1910）上海會文堂粹記刻本　四冊

210000－0796－0000336　1842/0866
金仙證論不分卷　（清）柳華陽撰　清嘉慶四
年（1799）刻本　一冊

210000－0796－0000337　0883－0884/0203－0204
**歐陽文忠公全集一百五十三卷首一卷附錄五
卷**　（宋）歐陽修撰　清嘉慶二十四年（1819）
友善書屋刻本　二十四冊

210000－0796－0000338　0889/0209
新刊文選後集十五卷音釋十二卷　（南朝梁）
蕭統輯　（唐）李善等註　清康熙二十七年
（1688）刻本　十一冊　存十二卷（後集一至
十二）

210000－0796－0000339　0891/0211
秘書廿八種□□卷　清嘉慶十六年（1811）務
本書局刻本　十二冊　存十四種六十卷（汲
冢周書十卷、中華古今注三卷、吳越春秋六
卷、博物志十卷、夏小正四卷、穆天子傳六卷、
古魯詩一卷、白虎通二卷、集異記一卷、端木
詩傳一卷、續博物志十卷、風俗通四卷、小爾
雅一卷、桂海虞衡志一卷）

210000－0796－0000340　0893/0213
增註第六才子書釋解八卷　（清）金人瑞評
清善美堂刻本　六冊

210000－0796－0000341　0898/0217
還冤記一卷　（北齊）顏之推撰　**神異經一卷**
海內十洲記一卷　（漢）東方朔撰　**洞冥記四**

卷　（漢）郭憲撰　**枕中書一卷**　（晉）葛洪撰
清刻本　一冊

210000－0796－0000342　0899/0218
陰符經三篇　（漢）張良註　**風后握奇經一卷**
（漢）公孫宏解　**獨斷一卷**　（漢）蔡邕撰
忠經一卷　（漢）馬融撰　**孝傳一卷**　（漢）陶
潛撰　**小爾雅一卷**　（漢）孔鮒撰　清刻本
一冊

210000－0796－0000343　0890/0210
聖武記十四卷　（清）魏源撰　清道光二十四
年（1844）古仿堂刻本　十二冊

210000－0796－0000344　0904/0220
佛國記一卷　（晉）釋法顯撰　清刻本　一冊

210000－0796－0000345　0905/0221
蒙古游牧記十六卷　（清）張穆撰　（清）何秋
濤校　清同治六年（1867）刻本　四冊

210000－0796－0000346　0906/0222
搜神後記十卷　（晉）陶潛撰　清光緒元年
（1875）湖北文書局刻子書百家本　一冊

210000－0796－0000347　0907－0908/0223－
0224
搜神記二十卷　（晉）干寶撰　清光緒元年
（1875）湖北文書局刻子書百家本　二冊

210000－0796－0000348　0909/0225
宋本十三經注疏附校勘記　（清）楊泗孫署檢
清光緒十三年（1887）脈望仙館石印本　二
十四冊　存六百二十卷（周禮注疏二十六卷、
禮記注疏校勘記六十三卷、孟子注疏校勘記
十四卷、十三經註疏校刊記識語四卷、禮記注
疏六十三卷、孟子注疏解經十四卷、春秋左傳
注疏校勘記六十卷、春秋左傳注疏六十卷、春
秋穀梁傳注疏二十卷、春秋穀梁傳注疏校勘
記二十卷、春秋公羊傳注疏二十八卷、春秋公
羊傳注疏校勘記二十八卷、論語註疏解經二
十卷、論語注疏解經校勘記二十卷、爾雅注疏
十卷、爾雅注疏校勘記十卷、儀禮注疏五十
卷、儀禮注疏校勘記五十卷、孝經注疏九卷、
孝經注疏校勘記九卷、周禮注疏校堪記四十

二卷）

210000 – 0796 – 0000349　0910 – 0912/0226 –
0228

重刊宋本十三經注疏附校勘記　清光緒十三
年(1887)脈望仙館石印本　十八冊　存三百
九十卷(毛詩注疏二十卷、毛詩注疏校勘記二
十卷、周禮注疏四十二卷、周禮註疏校堪記四
十二卷、禮記注疏六十三卷、禮記注疏校勘記
六十三卷、儀禮注疏五十卷、儀禮注疏校勘記
五十卷、尚書注疏二十卷、尚书注疏校勘記二
十卷)

210000 – 0796 – 0000350　0913/0229

歷代名臣言行錄二十四卷　(清)朱桓編輯
清光緒二十四年(1898)聚興書局刻本　七冊
　存二十一卷(一至十一、十五至二十四)

210000 – 0796 – 0000351　0913/0229

歷代名臣言行錄二十四卷　(清)朱恒編輯
清光緒二十四年(1898)聚興書局刻本　一冊
　存二卷(三至四)

210000 – 0796 – 0000352　0914/0230

漁洋山人精華錄箋注十二卷　(清)王士禎撰
(清)徐准纂輯　清康熙鳳翔堂刻本　八冊

210000 – 0796 – 0000353　0915/0231

閑談消夏錄十二卷　(清)外史氏撰　清同治
十三年(1874)刻本　十二冊

210000 – 0796 – 0000354　0917/0233

**尺木堂綱鑑易知錄九十二卷明鑑易知錄十五
卷**　(清)吳乘權　(清)周之炯　(清)周之
燦輯　清光緒十七年(1891)廣百宋齋刻本
八冊　存五十四卷(綱鑑易知錄五十四至九
十二、明鑑易知錄十五卷)

210000 – 0796 – 0000355　0918/0234

尺木堂綱鑑易知錄九十二卷　(清)吳乘權
(清)周之炯　(清)周之燦輯　清刻本　六冊
　存十三卷(二十八至四十)

210000 – 0796 – 0000356　0919/0235

補注洗冤錄集證四卷　(宋)宋慈輯　清道光
二十三年(1843)掃葉山房刻本　三冊

210000 – 0796 – 0000357　0919/0235

附刊檢骨圖格不分卷　(宋)宋慈輯　清乾隆
三十五年(1770)刻本　一冊

210000 – 0796 – 0000358　0920/0236

重刊補註洗冤錄集證六卷　(清)王又槐增輯
　清同治十一年(1872)刻本　六冊

210000 – 0796 – 0000359　0922/0237

御撰資治通鑑綱目三編二十卷　(清)張廷玉
等撰　清光緒二十八年(1902)新化三味書局
刻本　八冊

210000 – 0796 – 0000360　0922/0237

大文堂綱鑑易知錄九十二卷　(清)吳乘權
(清)周之炯　(清)周之燦輯　清刻本　二十
四冊　存五十五卷(三十八至九十二)

210000 – 0796 – 0000361　0923/0238

尺木堂綱鑑易知錄九十二卷　(清)吳乘權
(清)周之炯　(清)周之燦輯　清末民國刻本
六冊　存十三卷(六十七至七十九)

210000 – 0796 – 0000362　0924/0239

增補尚友錄二十二卷　(明)廖用賢編纂
(清)張伯琮補輯　清光緒十四年(1888)著易
堂刻本　六冊

210000 – 0796 – 0000363　0925/0240

歷代名臣言行錄二十四卷　(清)朱桓編輯
清嘉慶二年(1797)蔚齋刻本　三十二冊

210000 – 0796 – 0000364　0926/0241

張中丞事實集錄三卷首一卷　(清)王德茂編
　清光緒九年(1883)刻本　一冊

210000 – 0796 – 0000365　0927/0242

國朝鼎甲錄一卷　(清)陳鍾輯　清光緒四年
(1878)刻本　一冊

210000 – 0796 – 0000366　0932/0247

孟子十四卷　(漢)趙岐註　清末聚珍堂刻本
　一冊　存三卷(一至三)

210000 – 0796 – 0000367　0933 – 0934/0248 –
0249

孟子十四卷　(漢)趙岐註　清末聚珍堂刻本

二册　存五卷(一至五)

210000－0796－0000368　0935/0250

增補蘇批孟子二卷　(宋)蘇洵撰　(清)趙大
浣增補　清末民國石印本　一册

210000－0796－0000369　0936/0251
0946/0261

莊子十卷　(晉)郭象註　(明)陸德明音義
清光緒二年(1876)浙江書局刻二十二子本
四册

210000－0796－0000370　0937/0252

莊子内篇註四卷　(明)釋德清撰　清光緒十
四年(1888)金陵刻經處刻本　二册

210000－0796－0000371　0938－0942/0253－
0257

南華真經評注十卷　(周)莊周撰　(晉)向秀
註　清刻本　五册　存五卷(一至五)

210000－0796－0000372　0943－0944/0258－
0259

**莊子南華真經内篇一卷外篇一卷雜篇一卷
莊子闕誤**　(明)楊慎撰　清光緒元年(1875)
湖北崇文書局刻子書百家本　二册

210000－0796－0000373　0945/0260

莊子集解八卷　王先謙輯　清宣統元年
(1909)上海掃葉山房石印本　四册

210000－0796－0000374　0947－0949/0262－
0264

淮南子二十一卷　(漢)劉安撰　清蓮池書社
刻本　三册

210000－0796－0000375　0885/0205

鄭板橋全集六編　(清)鄭燮撰　清大衆書局
刻本　三册　存五編(一至五)

210000－0796－0000376　1156/0434

新刻玉釧緣全傳三十二卷　(□)□□撰　清
刻本　八册、存八卷(十七、十九至二十、二
十二至二十四、三十一至三十二)

210000－0796－0000377　0916/0232

秋浦雙忠録四十卷　(清)劉世珩輯　清光緒

二十八年(1902)貴池劉氏唐石簃刻本　六册

210000－0796－0000378　1311/0570

急救良方一卷　(□)□□撰　清同治十三年
(1874)刻本　一册

210000－0796－0000379　1037/0321

仿宋本國語二十一卷　(□)韋氏解　清嘉慶
五年(1800)讀未見書齋刻本　三册

210000－0796－0000380　1037/0321

仿宋本國策三十三卷　(漢)高誘註　**國策札
記**　(清)黃丕烈撰　清宣統二年(1910)讀未
見書齋刻本　五册

210000－0796－0000381　1100/0380

溫飛卿詩集箋注九卷　(清)曾益謙等注　清
宣統二年(1910)上海國學扶輪社刻本　四册

210000－0796－0000382　0892/0212

太平廣記五百卷　(宋)李昉等撰　清刻本
八册　存六十五卷(三百七十六至四百四十)

210000－0796－0000383　1468/0689

内經知要二卷　(清)李中梓輯　清乾隆二十
九年(1764)上海漢口普新書局刻本　二册

210000－0796－0000384　1161－1162/0438－
0439

文選六十卷　(南朝梁)蕭統撰　(唐)李善注
清乾隆三十七年(1772)刻本　十二册

210000－0796－0000385　0983/0294

淮南子二十一卷　(漢)高誘撰　清光緒元年
(1875)湖北崇文書局刻本　四册

210000－0796－0000386　1332/0590

暗室燈四卷重刻暗室燈二卷　題(清)深山居
士輯　清咸豐九年(1859)刻本　六册

210000－0796－0000387　0888/0208

徐文長集三十卷　(明)徐渭撰　(明)袁宏道
編　清宣統三年(1911)依青騰書屋刻本
八册

210000－0796－0000388　1173/0450

詩經八卷　(宋)朱熹集傳　宋淳熙四年
(1177)刻本　三册　存五卷(一至五)

210000－0796－0000389 0701/0025

繡像第一才子書十九卷首一卷一百二十回
(清)毛宗崗評 清順治元年(1644)东昌善成堂刻本 二十冊

210000－0796－0000390 0698/0022

欽定周書五十卷 (唐)令狐德棻等撰 清光緒二十九年(1903)五洲同文局石印二十四史本 八冊

210000－0796－0000391 0877/0199

香咳集十卷 (清)許夑臣纂輯 清末申報館鉛印本 四冊

210000－0796－0000392 1451/0674

四書十九卷 (宋)朱熹集註 清同治十三年(1874)北京二酉堂刻本 六冊 存十八卷
(孟子一至七、論語一至十、中庸一卷)

210000－0796－0000393 1452/0675

清史攬要四卷 (日本)增田貢撰 清光緒二十八年(1902)上海書局石印本 四冊

210000－0796－0000394 1454/0677

周易二卷 (宋)朱熹撰 清康熙十六年(1677)大酉山房刻本 二冊

210000－0796－0000395 1617/0828

修心訣三種三卷 (清)李樂元撰 清光緒十四年(1888)文光樓書坊刻本 一冊

210000－0796－0000396 1498/0713

董仲舒對賢良策三篇 (汉)董仲舒撰 清刻本 一冊 存一篇(一)

210000－0796－0000397 1036/0320

國語二十一卷 (吳)韋昭解 **札記一卷**
(清)黃丕烈撰 清嘉慶五年(1800)上海會文堂書局刻本 六冊

210000－0796－0000398 1812－1813/0864－0865

桐城方柏堂志學錄八卷輔仁錄四卷 (清)方宗誠撰 清光緒三年(1877)北華印書局刻本 二冊

210000－0796－0000399 1901/0881

王侍中集一卷 (漢)王粲撰 清光緒三年(1877)滇南唐氏壽考堂刻漢魏六朝百三家集本 一冊

鐵嶺市周恩來同志少年讀書舊址紀念館古籍普查登記目録

全國古籍普查登記目録

國家圖書館出版社
National Library of China Publishing House

《鐵嶺市周恩來同志少年讀書舊址紀念館古籍普查登記目錄》
編委會

主　編：王鐵軍

編　委：董艷華　趙　剛　梁　剛　王　春　葛　新　姚　堯

《鐵嶺市周恩來同志少年讀書舊址紀念館古籍普查登記目錄》

前　言

　　書院之名,原爲藏書之所,後雖成爲授徒育才的精舍,仍然重視藏書。書院藏書是書院教學的工具,也是中國古代書院教育制度的重要内容和特徵。

　　據銀岡書院遺存碑刻書目記載,書院曾藏有大量的圖書,其内容豐富,版本珍貴。書院隨着時局的變化,歷盡滄桑,藏書也隨之盛衰變遷。時至今日,銀岡書院僅藏有《欽定古今圖書集成》一萬卷一套古籍,并且還不完整,另有部分遺存古籍留存於鐵嶺縣圖書館。

　　編輯出版古籍目録,不僅梳理了銀岡書院歷史上的藏書框架,更着重揭示歷史文化背景,從而在幫助讀者確切理解古代書院是一種獨特的教育組織的同時,也是古代的學術基地。教育與學術相依相隨,對中國古代人才的培養與學術繁榮作出了重要貢獻。今天,它對我們進行愛國主義教育和發展傳統文化方面,提供了重要的歷史借鑒和啓迪。

鐵嶺市周恩來同志少年讀書舊址紀念館——銀岡書院

2020 年 4 月

210000－0797－0000001　　Z0001

欽定古今圖書集成一萬卷　　（清）陳夢雷等輯

清光緒十四年（1888）上海圖書集成印書館鉛印本　一千三百十一冊　存八千一百九卷（乾象典一至一百，歲功典一至二十七、八十六至一百十六，曆法典六十三至一百九，庶徵典一至一百八十八，坤輿典一至一百四十，職方典一至二百五十三、二百六十一至四百八十四、五百二十二至八百十七、八百五十三至一千四十九、一千六十四至一千七十、一千七十七至一千一百二十八、一千一百三十九至一千二百一、一千二百三十三至一千四百四十一、一千四百七十二至一千五百四十四，山川典一至二十七、五十八至一百八十八、一百九十六至三百二十，邊裔典一至七十、七十七至八十二、一百八至一百三十四，皇極典三十三至三百，宮闈典一至五、十一至一百四十，官常典一至四百四十五、四百八十六至八百，家範典一至一百十六，交誼典八至一百二十，氏族典一至三十四、七十一至六百四十，人事典一至一百十二，閨媛典一至一百二十、一百二十七至一百三十二、一百三十九至三百七十六，藝術典十八至二百二十七、二百九十九至六百三十三、六百六十八至六百九十一、七百四十九至七百五十四、七百六十至八百二十四，神異典一至三十、三十五至九十一、一百八十九至二百二十六、二百六十三至二百七十四、二百八十七至三百二十，禽蟲典一至一百三十二，草木典二十九至一百五十二、一百八十八至三百二十，經籍典一至九十四、一百三十至四百六十八，學行典一至二十九、六十九至二百五、二百十二至三百，文學典一至六、三十二至一百十七、一百八十九至二百二十五，字學典一至四十一、九十九至一百六十，選舉典三十七至一百三十六，銓衡典一至一百二十，食貨典二十九至一百二十八、一百五十五至二百二十一，禮儀典一至三十四、一百二至二百四十七、二百八十八至三百四十八，樂律典一至八十六，戎政典二十八至七十九、九十一至九十六、一百十五至一百八十六、二百十三至三百，祥刑典一至九十、一百二十二至一百八十，考工典一至二十七、五十四至一百十六、一百七十五至一百九十八、二百二十四至二百五十二）

瀋陽市慈恩寺古籍普查登記目錄

全國古籍普查登記目錄

國家圖書館出版社
National Library of China Publishing House

《瀋陽市慈恩寺古籍普查登記目錄》
編委會

主　編：釋蓋忠

副主編：劉喬藝

《瀋陽市慈恩寺古籍普查登記目録》

前　言

　　慈恩寺相傳始建於唐，後金天聰二年（1628）復興古刹，後因年久失修而湮没，清道光年間重新擴建修葺并在民國時期達到鼎盛，如今的慈恩寺已成爲瀋城著名的禪宗道場，有着“十方叢林”之稱，是遼瀋地區最具人文、歷史的古刹之一。

　　慈恩寺藏經樓在四進院内，是一座兩層樓共十四間房，爲硬山式磚木結構。其特藏品中兩部木版“三藏”經典，分别是明永樂十七年至正統五年（1419—1440）内府刻萬曆續刻清康熙印本《永樂北藏》六千七百七十一卷和清雍正十一年至乾隆三年（1733—1738）内府刻本《乾隆藏》七千六百十八卷，極爲珍貴。其中遺失部分，已重新抄寫，破損部分已得到修補。其餘特藏品各具特色，《御製滿漢蒙古西番合璧大藏全咒》八十卷，爲多語言佛經，具有濃郁的地方特色。

　　説起慈恩寺藏經的來歷，就不得不提到瀋城另一座湮没於歷史長河中的古刹。在小十字街（今太清宫街）與大十字街（今萬壽寺街）間的小西關大街路北曾有一座寺廟，叫作萬壽寺，是清代奉天城内一座頗具影響的佛教古刹。該寺清初時爲喇嘛寺院，受皇家香火供奉，藏有康熙皇帝御賜龍藏、北藏各一部，及衆多珍貴經卷。待到民國時期，萬壽寺依舊香火鼎盛，信徒絡繹不絶。1931年，日軍侵占瀋陽後，受兵禍襲擾，其所藏古籍幾度輾轉遷徙，先後被奉天圖書館等機構收藏纔得以保存。1979年落實宗教政策後，原來存留於瀋陽市檔案館、遼寧省圖書館的佛教文物陸續發還屬地，但當時萬壽寺已經毀壞殆盡無法復原，這批珍貴的歷史文物便送到了省、市兩級佛協所在地慈恩寺加以妥善保存。

　　如今的慈恩寺藏經閣，珍藏了明、清、民國等各時期佛教典籍，善本等級的古籍藏品15000餘册，綫裝書3000餘部，具有珍貴的文化價值和歷史價值。

瀋陽市慈恩寺

2020年5月

210000－4082－0000001　1

永樂北藏六千七百七十一卷　明永樂十七年至正統五年(1419－1440)内府刻萬曆續刻清康熙印本　六千六百七十六册

210000－4082－0000002　2

佛說頂生王因緣經六卷　(宋)釋施護等譯　明正統五年(1440)刻北藏本　一册　存三卷(四至六)

210000－4082－0000003　3

金剛頂經觀自在王如來修行法一卷　(唐)釋不空譯　金剛手光明灌頂經最勝立印聖無動尊大威怒王念誦儀軌一卷　(唐)釋不空等譯　明正統五年(1440)刻北藏本　一册

210000－4082－0000004　4

不動使者陀羅尼祕密法一卷　(唐)釋菩提譯　金綱頂經瑜伽修習毗盧遮那三摩地法一卷　(唐)釋金剛智譯　明正統五年(1440)刻北藏本　一册

210000－4082－0000005　5

成就妙法蓮華經王瑜伽觀智儀軌一卷　(唐)釋不空譯　明正統五年(1440)刻北藏本　一册

210000－4082－0000006　6

蘇悉地羯羅供養法三卷　(唐)釋善無畏譯　明正統五年(1440)刻北藏本　一册　存二卷(中、下)

210000－4082－0000007　7

佛說大迦葉問大寶積正法經二卷　(宋)釋施護譯　明正統五年(1440)刻北藏本　一册

210000－4082－0000008　8

法顯傳一卷　(晉)釋法顯撰　明正統五年(1440)刻北藏本　一册

210000－4082－0000009　9

根本說一切有部毗奈耶破僧事二十卷　(唐)釋義淨譯　明正統五年(1440)刻北藏本　二册　存二卷(九至十)

210000－4082－0000010　10

佛頂放無垢光明入普門觀察一切如來心陀羅尼經二卷　(宋)釋施護譯　明正統五年(1440)刻北藏本　一册

210000－4082－0000011　11

宗鏡錄一百卷　(宋)釋延壽集　明正統五年(1440)刻永樂北藏本　十册　存十卷(四十一至五十)

210000－4082－0000012　12

佛說寶雨經十卷　(唐)釋達摩流支等譯　明正統五年(1440)内府刻北藏本　十册

210000－4082－0000013　13

銷釋金剛科儀會要原文　明萬曆七年(1579)刻本　一册

210000－4082－0000014　14

大方廣佛華嚴經八十卷綸貫一卷　(唐)釋實叉難陀譯　入不思議解脱境界普賢行願品一卷　(唐)釋般若譯　明萬曆十五年(1587)内府刻本(卷六、十三、五十五配清抄本)　八十一册

210000－4082－0000015　15

大方廣佛華嚴經八十卷　(唐)釋實叉難陀譯　入不思議解脱境界普賢行願品一卷　(唐)釋般若譯　綸貫一卷　明萬曆二十一年(1593)衍法寺本贊刻本　八十一册

210000－4082－0000016　16

大方廣佛華嚴經八十卷　(唐)釋實叉難陀譯　入不思議解脱境界普賢行願品一卷　(唐)釋般若譯　綸貫一卷　明萬曆二十一年(1593)衍法寺本贊刻本　八十一册

210000－4082－0000017　17

大方廣佛華嚴經八十卷　(唐)釋實叉難陀譯　入不思議解脱境界普賢行願品一卷　(唐)釋般若譯　綸貫一卷　明萬曆二十一年(1593)衍法寺本讚刻本　七十一册　存七十二卷(一至五十三、五十五至五十九、六十二、六十七、七十一至八十,普賢行願品一卷,綸貫一卷)

210000－4082－0000018　18

大乘本生心地觀經八卷　（唐）釋般若等譯
明萬曆二十三年(1595)刻本　八冊

210000－4082－0000019　19

大乘本生心地觀經八卷　（唐）釋般若等譯
明萬曆二十三年(1595)刻本　八冊

210000－4082－0000020　20

金光明最勝王經十卷　（唐）釋義淨譯　明萬
曆二十三年(1595)刻本　十冊

210000－4082－0000021　21

大明三藏法數五十卷　（明）釋一如等集注
明萬曆二十三年(1595)王秉銓刻嘉興藏本
二冊　存十卷（十一至十五、四十一至四十
五）

210000－4082－0000022　22

深密解脫經五卷　（北魏）釋菩提留支譯　明
萬曆二十八年至二十九年(1600－1601)沈瓚
刻嘉興藏本　一冊

210000－4082－0000023　23

慈悲道場懺法十卷　明萬曆三十年(1602)刻
本　八冊　存八卷（一至三、六至十）

210000－4082－0000024　24

摩訶般若波羅蜜經三十卷　（後秦）釋鳩摩羅
什譯　明萬曆三十三年(1605)金壇于玉立刻
嘉興藏本　一冊　存五卷（二十一至二十五）

210000－4082－0000025　25

菩薩行方便境界神通變化經三卷　（南朝宋）
釋求那跋陀羅譯　明萬曆三十六年(1608)釋
懷眞等刻嘉興藏本　一冊

210000－4082－0000026　26

大乘妙法蓮華經七卷　（後秦）釋鳩摩羅什譯
　明萬曆三十九年(1611)倪桂等北京刻本
一冊　存一卷（七）

210000－4082－0000027　27

觀楞伽阿跋多羅寶經記二卷　（南朝宋）釋求
那跋陀羅譯　（明）釋德清筆記　明萬曆四十
年(1612)刻本　一冊

210000－4082－0000028　28

佛說熾盛光如來消災陀羅尼經一卷　（唐）釋
不空譯　明萬曆四十二年(1614)刻本　一冊

210000－4082－0000029　29

大乘妙法蓮華經七卷　（後秦）釋鳩摩羅什譯
　明萬曆四十二年(1614)靈藏寺三竹刻本
（卷三有抄補）　七冊

210000－4082－0000030　30

禪宗正脈二十卷　（明）釋如巹集　明萬曆四
十三年(1615)賀懋熙等刻嘉興藏本　二冊
存四卷（十七至二十）

210000－4082－0000031　31

妙法蓮華經七卷　（後秦）釋鳩摩羅什譯　明
萬曆四十四年(1616)北京倪桂等刻本　七冊

210000－4082－0000032　32

肇論新疏三卷　（元）釋文才述　明萬曆刻本
三冊

210000－4082－0000033　33

大佛頂如來密因修證了義諸菩薩萬行首楞嚴
經合轍十卷　（明）釋通潤述　明天啟元年
(1621)刻本　一冊　存一卷（五）

210000－4082－0000034　34

大方廣佛華嚴經八十卷　（唐）釋實叉難陀譯
　入不思議解脫境界普賢行願品一卷　（唐）
釋般若譯　復庵和尚華嚴綸貫一卷　明天啟
刻清康熙四十二年(1703)印本　八十二冊

210000－4082－0000035　35

大方廣佛華嚴經八十卷　（唐）釋實叉難陀譯
　復庵和尚華嚴綸貫一卷　明天啟刻清康熙
四十二年(1703)印本　十二冊　存十二卷
（六十九至七十一、七十四至八十一,綸貫一
卷）

210000－4082－0000036　36

大方廣佛華嚴經八十卷　（唐）釋實叉難陀譯
　入不思議解脫境界普賢行願品一卷　（唐）
釋般若譯　復庵和尚華嚴綸貫一卷　明天啟
刻清康熙四十二年(1703)印本　七十冊　存
七十卷（二至三、五、八至十一、十八、二十一
至八十,普賢行願品一卷,綸貫一卷）

地藏菩薩本願經三卷　（唐）釋實叉難陀譯
明刻本　二冊　存二卷（上、中）

210000－4082－0000056　56

過去莊嚴劫千佛名經一卷附三劫三千佛緣起
一卷　（南朝宋）釋畺良耶舍譯　現在賢劫千
佛名經一卷未來星宿劫千佛名經一卷　明刻
本　三冊

210000－4082－0000057　57

大方廣佛華嚴經八十卷　（唐）釋實叉難陀譯
　明刻本　一冊　存一卷（五十四）

210000－4082－0000058　58

金光明最勝王經十卷　（唐）釋義淨譯　明刻
本　二冊　存二卷（三、五）

210000－4082－0000059　59

佛祖統紀五十四卷　（宋）釋志磐撰　明刻本
　六冊　存三十六卷（四至二十七、四十三至
五十四）

210000－4082－0000060　60

佛祖歷代通載三十六卷　明刻本　一冊　存
一卷（十四）

210000－4082－0000061　61

大方廣佛華嚴經八十卷　（唐）釋實叉難陀譯
　復庵和尚華嚴綸貫一卷　（宋）釋復庵撰
明刻本　三十六冊　存三十六卷（一至五、二
十一、二十三至二十四、四十一至五十、五十
六至六十五、六十七、七十至七十五，綸貫一
卷）

210000－4082－0000062　62

大明三藏法數五十卷　（明）釋一如等集注
明刻本　一冊　存二卷（三十三至三十四）

210000－4082－0000063　63

佛母大孔雀明王經三卷　（唐）釋不空譯　明
刻本　佚名批校　三冊

210000－4082－0000064　64

大乘妙法蓮華經七卷　（後秦）釋鳩摩羅什譯
　明刻本（卷一、六抄補）　三冊　存三卷
（一、三、六）

210000－4082－0000065　65

大般涅槃經四十卷　（北涼）釋曇無讖譯　大
般涅槃經後分二卷　（唐）釋會寧等譯　明刻
本（卷一至五、十一、三十一、三十四至三十五
抄補）　三十四冊　存三十四卷（一至十八、
二十六至二十八、三十至四十，大般涅槃經後
分二卷）

210000－4082－0000066　66

金光明最勝王經十卷　（唐）釋義淨譯　明刻
清康熙四十二年(1703)鄭遇時印本　二冊
存二卷（二、六）

210000－4082－0000067　67

靈瑞尼祖揆符禪師妙湛錄五卷　（清）釋師焀
記　明末刻本　一冊

210000－4082－0000068　68

大乘中觀釋論四卷　（宋）釋惟淨譯　施設論
七卷　（宋）釋法護譯　大乘法界無差別論一
卷　（唐）釋提雲般若譯　金剛頂瑜伽中發阿
耨多羅三藐三菩提心論一卷　（唐）釋不空譯
　彰所知論二卷　（元）釋沙羅巴譯　明清刻
嘉興藏本　二冊

210000－4082－0000069　69

集諸法寶最上義論二卷　（宋）釋施護譯　金
剛針論一卷　（宋）釋法天譯　菩提心離相論
一卷　（宋）釋施護譯　大乘破有論一卷
（宋）釋施護譯　集大乘相論二卷六十頌如理
論一卷大乘二十頌論一卷佛母般若波羅蜜多
圓集要義論一卷　明清刻嘉興藏本　一冊

210000－4082－0000070　70

大方廣佛華嚴經八十卷附一卷　（唐）釋實叉
難陀譯　明朱寫本　七十三冊　存七十三卷
（九至八十、附一卷）

210000－4082－0000071　71

大方廣佛華嚴經六十卷　（唐）釋實叉難陀譯
　明朱寫本　一冊　存一卷（三）

210000－4082－0000072　72

大般涅槃經四十卷　（北涼）釋曇無讖譯　後
分二卷　（唐）釋若那跋陀羅　（唐）釋會寧等

譯　清順治十六年(1659)姑蘇承天寺譽祥刻
康熙二十五年(1686)若峰校印本　四十一冊
　　存四十一卷(大般涅槃經四十卷、後分下)

210000－4082－0000073　73

大般涅槃經四十卷　(北涼)釋曇無讖譯　**後
分二卷**　(唐)釋若那跋陀羅　(唐)釋會寧等
譯　清順治十六年(1659)姑蘇承天寺譽祥刻
康熙二十五年(1686)若峰校印本　四十二冊

210000－4082－0000074　74

大般涅槃經四十卷　(北涼)釋曇無讖譯　**後
分二卷**　(唐)釋若那跋陀羅　(唐)釋會寧等
譯　清順治十六年(1659)姑蘇承天寺譽祥刻
康熙二十五年(1686)若峰校印本(卷十六至
二十配清抄本)　四十二冊

210000－4082－0000075　75

大乘寶要義論十卷　(宋)釋法護等譯　清順
治十八年(1661)刻嘉興藏刻本　一冊

210000－4082－0000076　76

金光明最勝王經十卷　(唐)釋義淨譯　清康
熙二年(1663)刻二十五年(1686)印本　十冊

210000－4082－0000077　77

金光明最勝王經十卷　(唐)釋義淨譯　清康
熙二年(1663)刻二十五年(1686)印本　十冊

210000－4082－0000078　78

金光明最勝王經十卷　(唐)釋義淨譯　清康
熙二年(1663)刻二十五年(1686)印本　十冊

210000－4082－0000079　79

大方便佛報恩經七卷　佚名譯　清康熙四年
(1665)刻本　五冊　存五卷(二至六)

210000－4082－0000080　80

大般涅槃經四十卷　(北涼)釋曇無讖譯　**後
分二卷**　(唐)釋若那跋陀羅　(唐)釋會寧等
譯　清康熙十二年(1673)瑪瑙寺仰山房刻四
十二年(1703)古杭雲西寺印本　三十六冊
　存三十六卷(一至十四、二十、二十二至四十,
後分二卷)

210000－4082－0000081　81

大般涅槃經四十卷　(北涼)釋曇無讖譯　**後
分二卷**　(唐)釋若那跋陀羅　(唐)釋會寧等
譯　清康熙十二年(1673)瑪瑙寺仰山房刻四
十二年(1703)古杭雲西寺印本　四十二冊

210000－4082－0000082　82

大般涅槃經四十卷　(北涼)釋曇無讖譯　**後
分二卷**　(唐)釋若那跋陀羅　(唐)釋會寧等
譯　清康熙十二年(1673)瑪瑙寺仰山房刻四
十二年(1703)古杭雲西寺印本　三十六冊
　存三十六卷(一至二十一、二十七、二十九至
四十,後分二卷)

210000－4082－0000083　83

大方廣佛華嚴經疏纂要懸示一百二十卷
(唐)釋澄觀疏抄　(唐)李通玄論　(清)釋
道需纂要　清康熙十八年(1679)刻本　六冊
　　存十六卷(一至六、十七至十九、三十六至
三十九、四十八至五十)

210000－4082－0000084　84

大方廣佛華嚴經疏論纂要一百二十卷　(唐)
釋澄觀疏抄　(唐)李通玄論　(清)釋道需纂
要　清康熙二十年至二十二年(1681－1683)
華藏室刻本　六冊　存十五卷(二十三至二
十四、三十三至三十五、四十至四十一、六十
至六十一、八十九至九十四)

210000－4082－0000085　85

大方廣佛華嚴經疏論纂要一百二十卷　(唐)
釋澄觀疏　(唐)李通玄論　(清)釋道需纂要
　　**大方廣佛華嚴經普賢願品別行疏鈔纂要四
卷**　(唐)釋澄觀疏　(唐)釋密述疏鈔
(清)釋道需纂要　清康熙二十二年(1683)刻
本　十六冊　存四十卷(四十二至六十四、一
百四至一百二十)

210000－4082－0000086　86

佛母大孔雀明王經三卷　(唐)釋不空譯　清
康熙二十五年(1686)古杭瑪瑙寺刻本　三冊

210000－4082－0000087　87

大乘本生心地觀經八卷　(唐)釋般若等譯
清康熙二十五年(1686)刻本　一冊　存一卷
(八)

210000－4082－0000088　88

大方便佛報恩經七卷　佚名譯　清康熙二十七年(1688)如意刻本　一冊　存一卷(七)

210000－4082－0000089　89

子雍如禪師住永慶禪院語錄四卷　(清)釋祖圓等記錄　清康熙三十八年(1699)刻本　一冊　存三卷(一至三)

210000－4082－0000090　90

金光明最勝王經十卷　清康熙四十二年(1703)古杭雲西寺刻本　十冊

210000－4082－0000091　91

金光明最勝王經十卷　清康熙四十二年(1703)古杭雲西寺刻本　十冊

210000－4082－0000092　92

大乘本生心地觀經八卷　(唐)釋般若等譯　清康熙四十二年(1703)刻本　一冊　存一卷(八)

210000－4082－0000093　93

大方便佛報恩經七卷　佚名譯　清康熙四十二年(1703)刻本　七冊

210000－4082－0000094　94

大乘本生心地觀經八卷　(唐)釋般若等譯　清康熙四十二年(1703)刻本　六冊　存四卷(三至六)

210000－4082－0000095　95

大乘本生心地觀經八卷　(唐)釋般若譯　清康熙四十二年(1703)鄭遇時刻本　一冊　存一卷(二)

210000－4082－0000096　96

大方廣佛華嚴經六十卷　(唐)釋實叉難陀譯　清康熙四十二年(1703)鄭遇時刻本　一冊　存一卷(六)

210000－4082－0000097　97

靈峰蕅益大師宗論十卷　(明)釋成時輯　清康熙釋成時等刻嘉興藏本　三冊　存三卷(二、八、十)

210000－4082－0000098　98

住鎮江府夾山竹林寺乾彰繼禪師南錄　(清)釋寶嵩　(清)釋實嶽記錄　清康熙刻本　一冊　存四卷(一至四)

210000－4082－0000099　99

調寶居十一證源錄一卷　(清)羅機徹編次　清康熙刻嘉興藏本　一冊

210000－4082－0000100　100

御選語錄十九卷　清雍正十一年(1733)內府刻本　八冊　存十卷(七至十三、十六、十八至十九)

210000－4082－0000101　101

御選語錄四十卷　(清)世宗胤禛選　清雍正、乾隆間刻龍藏本　十冊　存十卷(十一至二十)

210000－4082－0000102　102

御錄經海一滴六卷　(清)世宗胤禛撰　清雍正十三年(1735)刻本　五冊　存五卷(一、三至六)

210000－4082－0000103　103

御錄經海一滴六卷　(清)世宗胤禛撰　清雍正十三年(1735)刻本　一冊　存一卷(四)

210000－4082－0000104　104

起信論疏筆削記十五卷　(宋)釋子璿錄　清雍正、乾隆間刻龍藏本　十冊　存十卷(六至十五)

210000－4082－0000105　105

寶星陀羅尼經　(唐)釋波羅頗密多羅譯　清雍正、乾隆間刻龍藏本　一冊　存一卷(四)

210000－4082－0000106　106

度諸佛境界智光嚴經一卷　□□譯　附三泰錄　清雍正、乾隆間刻龍藏本　一冊

210000－4082－0000107　107

佛說守護大千國土經三卷　(宋)釋施護譯　清雍正、乾隆間刻龍藏本　一冊　存一卷(中)

210000－4082－0000108　108

大方廣總持寶光明經五卷　(宋)釋法天譯

清雍正、乾隆間刻龍藏本　一冊　存一卷
（五）

210000－4082－0000109　109

自在王菩薩經二卷　（後秦）釋鳩摩羅什譯
清雍正、乾隆間刻龍藏本　一冊　存一卷
（下）

210000－4082－0000110　110

三法同卷　清雍正、乾隆間刻龍藏本　一冊

210000－4082－0000111　111

法苑珠林一百卷　（唐）釋道世撰　清雍正、
乾隆間刻龍藏本　十冊　存十卷（五十一至
六十）

210000－4082－0000112　112

正法念處經七十卷　（北魏）釋般若流支譯
清雍正、乾隆間刻龍藏本　十冊　存十卷（三
十一至四十）

210000－4082－0000113　113

大明三藏法數四十卷　（明）釋一如等撰　清
雍正、乾隆間刻龍藏本　十冊

210000－4082－0000114　114

妙法蓮華經要解二十卷　（宋）釋戒環解　清
雍正、乾隆間刻龍藏本　十冊　存十卷（科文
一卷、要解一至九）

210000－4082－0000115　115

成唯識論十卷　（唐）釋玄奘譯　清雍正、乾
隆間刻龍藏本　五冊　存五卷（六至十）

210000－4082－0000116　116

五燈會元六十卷　（宋）釋普濟纂　清雍正、
乾隆間刻龍藏本　十冊　存十卷（十八至二
十七）

210000－4082－0000117　117

瑜伽師地論一百卷　（唐）釋玄奘譯　清雍
正、乾隆間刻龍藏本　一冊　存一卷（八）

210000－4082－0000118　118

佛本行集經六十卷　（隋）釋闍那崛多譯　清
雍正、乾隆間刻龍藏本　一冊　存一卷（三十
二）

210000－4082－0000119　119

宗鏡錄一百卷　（宋）釋延壽集　清雍正、乾
隆間刻龍藏本　一冊　存一卷（七十三）

210000－4082－0000120　120

金光明經玄義二卷　（隋）釋智顗說　金光明
經玄義拾遺記六卷　（宋）釋知禮述　清雍
正、乾隆間刻龍藏本　五冊　存五卷（玄義二
卷、拾遺記一至三）

210000－4082－0000121　121

法苑珠林一百卷　（唐）釋道世撰　清雍正、
乾隆間刻龍藏本　十冊　存十卷（二十一至
三十）

210000－4082－0000122　122

大方廣佛華嚴經四十卷　（唐）釋般若譯　清
雍正、乾隆間刻龍藏本　十冊　存十卷（三十
一至四十）

210000－4082－0000123　123

佛說寶雨經十卷　（唐）釋達磨流支等譯　清
雍正、乾隆間刻龍藏本　十冊

210000－4082－0000124　124

觀音玄義記四卷　（宋）釋知禮述　清雍正、
乾隆間刻龍藏本　二冊　存二卷（二至三）

210000－4082－0000125　125

十誦律卷第五十三　（後秦）釋費若多羅
（後秦）釋鳩摩羅什譯　清雍正、乾隆間刻龍
藏本　一冊　存一卷（五十三）

210000－4082－0000126　126

大智度論一百卷　（後秦）釋鳩摩羅什譯　清
雍正、乾隆間刻龍藏本　一冊　存一卷（八十
二殘）

210000－4082－0000127　127

大覺普濟能仁玉琳琇國師語錄七卷　（清）釋
行嶽編　明道正覺茆溪森禪師語錄三卷
（清）釋超德等編　清雍正、乾隆間刻龍藏本
十冊

210000－4082－0000128　128

續高僧傳三十一卷　（唐）釋道宣撰　清雍

瀋陽市慈恩寺古籍普查登記目錄

正、乾隆間刻龍藏本　十冊　存八卷(一至八)

210000－4082－0000129　129

御選語錄十九卷　(清)世宗胤禛撰　清雍正內府刻本　一冊

210000－4082－0000130　130

御選語錄十九卷　(清)世宗胤禛撰　清雍正內府刻本　二冊　存四卷(四至六、十)

210000－4082－0000131　131

大清三藏聖教目錄五卷　清乾隆三年(1738)刻本　五冊

210000－4082－0000132　132

大清三藏聖教目錄五卷　清雍正、乾隆間刻龍藏本　五冊

210000－4082－0000133　133

大悲心懺八卷　清乾隆十年(1745)抄本一冊

210000－4082－0000134　134

御製滿漢蒙古西番合璧大藏全咒八十卷阿禮嘎禮一卷同文韻統六卷　(□)□□撰　清乾隆三十八年(1773)內府刻本　二十四冊　存莫、羊、念(殘)、忠、則、盡、止、思、鐘、驅(殘)、染、維函

210000－4082－0000135　135

千手千眼觀世音菩薩廣大圓滿無礙大悲心懺法儀軌經一卷　清乾隆三十四年(1769)內府刻本　一冊

210000－4082－0000136　136

御製滿漢蒙古西番合璧大藏全咒八十卷　清乾隆三十八年(1773)內府刻本　八十冊

210000－4082－0000137　137

毘尼日用切要一卷　(清)釋讀體彙集　清乾隆五十年(1785)刻本　一冊

210000－4082－0000138　138

佛頂心陀羅尼經　清乾隆五十四年(1789)傅趙氏刻本　一冊

210000－4082－0000139　139

欽定同文韻統六卷　(清)允祿輯　清乾隆內府刻本　八冊

210000－4082－0000140　140

御製滿漢蒙古西番合璧大藏全咒目錄八卷　清乾隆內府刻本　七冊　存七卷(一至六、八)

210000－4082－0000141　141

雲棲淨土彙語□□卷　(明)釋袾宏著並釋　清乾隆刻本　一冊　存二卷(十三至十四)

210000－4082－0000142　142

四念處四卷　(隋)釋智顗說　(隋)釋灌頂記　清雍正、乾隆間刻龍藏本　一冊　存一卷(四殘)

210000－4082－0000143　143

乾隆藏七千六百十八卷　清雍正十一年至乾隆三年(1733－1738)內府刻本　七千五十四冊

210000－4082－0000144　144

蘿東禪師遺集二卷　(清)釋際醒撰　清嘉慶二十年(1815)刻本　一冊

210000－4082－0000145　145

附釋音禮記注疏六十三卷　(漢)鄭玄注(唐)孔穎達疏　校勘記六十三卷　(清)阮元撰　清嘉慶二十年(1815)刻本　一冊　存二卷(四十至四十一)

210000－4082－0000146　146

佛祖統系道景四卷　(清)釋守一輯　清道光六年(1826)謝文翰齋刻本　四冊

210000－4082－0000147　147

法苑珠林一百卷　(唐)釋道世撰　清道光七年(1827)刻本　十三冊　存五十五卷(十三至二十一、二十七至四十、四十六至四十九、五十五至八十二)

210000－4082－0000148　148

康熙字典十二集　(清)張玉書等纂　清道光七年(1827)善成堂刻本　四十冊

210000－4082－0000149　149

法苑珠林一百卷 （唐）釋道世撰　清道光七年(1827)燕園蔣氏刻本　二十八冊　存八十九卷(一至九、十四至四十五、五十至五十四、五十八至一百)

210000－4082－0000150　150

法苑珠琳一百卷 （唐）釋道世撰　清道光七年(1827)燕園蔣氏刻本　三十六冊

210000－4082－0000151　151

大乘起信論裂網疏六卷 （明）釋智旭述　清道光九年(1829)資福寺天朗了睿刻本　二冊

210000－4082－0000152　152

法苑珠林一百卷 （唐）釋道世撰　清道光十年(1830)燕園蔣氏刻本　五冊　存十六卷(一至十二、八十八至九十一)

210000－4082－0000153　153

瑜珈燄口施食起止規範不分卷 清道光十四年(1834)華翰齋刻本　一冊

210000－4082－0000154　154

瑜珈燄口施食起止規範不分卷 清道光十四年(1834)華翰齋刻本　一冊

210000－4082－0000155　155

瑜珈燄口施食起止規範不分卷 清道光十四年(1834)華翰齋刻本　一冊

210000－4082－0000156　156

禪門佛事二卷 清道光十四年(1834)南華書齋刻民國十三年(1924)增刻本　一冊

210000－4082－0000157　157

禪門佛事二卷 清道光十四年(1834)南華書齋刻民國十三年(1924)增刻本　一冊

210000－4082－0000158　158

淨業染香集一卷 （清）釋悟靈輯錄　清道光十七年(1837)紅螺山資福寺了梅刻本　一冊

210000－4082－0000159　159

慾海慈航不分卷 （清）黃正元纂撰　清道光十七年(1837)刻本　一冊

210000－4082－0000160　160

六祖大師法寶壇經一卷 （元）釋宗寶編　**附**

錄一卷 （唐）釋法海等集　**元獻公碑記一卷** 清道光十八年(1838)通雨刻本　一冊

210000－4082－0000161　161

勸戒近錄六卷 （清）梁恭辰撰　清道光二十三年(1843)刻本　一冊　存三卷(一至三)

210000－4082－0000162　162

憨山大師淨宗法要一卷附進修法要一卷 （明）釋德清撰　（清）趙鉽輯　清道光二十四年(1844)武林昭慶寺慧空經房刻本　一冊

210000－4082－0000163　163

憨山大師淨宗法要一卷附進修法要一卷 （明）釋德清撰　（清）趙鉽輯　清道光二十四年(1844)武林昭慶寺慧空經房刻本　一冊

210000－4082－0000164　164

憨山大師淨宗法要一卷附進修法要一卷 （明）釋德清撰　（清）趙鉽輯　清道光二十四年(1844)武林昭慶寺慧空經房刻本　一冊

210000－4082－0000165　165

金剛經彙纂輯要二卷 （清）孫念劬彙纂　（清）徐澤醇輯要　清道光二十七年(1847)刻本　二冊

210000－4082－0000166　166

大乘總持不分卷 清道光二十七年(1847)刻本　一冊

210000－4082－0000167　167

大方便佛報恩經七卷 佚名譯　清道光二十七年(1847)潭柘山岫雲寺印偉刻本　二冊

210000－4082－0000168　168

慧日永明智覺壽禪師山居詩一卷 （宋）釋延壽撰　**福源石屋珙禪師山居詩一卷** （元）釋靖珙撰　**幻居詩一卷** （清）釋悟開撰　清道光至光緒刻本　一冊

210000－4082－0000169　169

性理體注標題講義八卷 （□）許鏘聲增訂　清咸豐二年(1852)魁和堂刻本　一冊　存三卷(一至三)

210000－4082－0000170　170

佛說長壽滅罪護諸童子陀羅尼經一卷　（唐）
釋波利譯　清咸豐四年（1854）金陵刻經處刻
本　一冊

210000－4082－0000171　171

儒釋道平心論二卷　（宋）劉謐撰　清同治二
年（1863）法藏寺刻本　一冊

210000－4082－0000172　172

大佛頂如來密因修證了義諸菩薩萬行首楞經
會解二十卷　（唐）釋般刺密諦譯　（唐）釋彌
伽釋迦譯　（唐）釋房融筆受　清同治四年
（1865）林鴻年刻本　一冊　存四卷（一至四）

210000－4082－0000173　173

雜藏經一卷　（晉）釋法顯譯　清同治四年
（1865）鉛印本　一冊

210000－4082－0000174　174

淨土四經　清同治五年（1866）金陵刻經處刻
本　一冊

210000－4082－0000175　175

佛祖心要節錄二卷　清同治五年（1866）釋正
修等刻本　一冊

210000－4082－0000176　176

靈峰藕益大師選定淨土十要十卷　（明）釋智
旭撰　（明）釋成時評點節略　清同治六年
（1867）刻本　三冊

210000－4082－0000177　177

大寶廣博樓閣善住秘密陀羅尼經一卷　（唐）
釋不空譯　清同治六年（1867）昭慶經房刻本
　一冊

210000－4082－0000178　178

大寶廣博樓閣善住秘密陀羅尼經一卷　（唐）
釋不空譯　清同治六年（1867）昭慶經房刻本
　一冊

210000－4082－0000179　179

蓮宗必讀不分卷　（清）釋古崑編　清同治七
年（1868）刻本　一冊

210000－4082－0000180　180

占察善惡業報經行法一卷　（明）釋智旭集

占察善惡業報經玄義一卷疏二卷　（明）釋智
旭述　清同治七年（1868）刻本　一冊

210000－4082－0000181　181

徑中徑又徑徵義三卷　（清）張師誠輯　（清）
徐槐廷徵義　清同治七年（1868）刻本　一冊

210000－4082－0000182　182

天臺四教儀集注十卷　（元）釋蒙潤集　清同
治七年（1868）敏曦刻本　二冊　存四卷（一
至四）

210000－4082－0000183　183

徹悟禪師遺稿二卷　（清）釋了亮等集　清同
治七年（1868）刻本　一冊

210000－4082－0000184　184

占察善惡業報經疏二卷　（隋）釋菩提登譯
（明）釋智旭疏　清同治七年（1868）清芬堂刻
本　一冊　存一卷（下）

210000－4082－0000185　185

大佛頂如來密因修證了義諸菩薩萬行首楞嚴
經十卷　（唐）釋般刺密諦譯　（唐）釋彌伽釋
伽譯語　（唐）房融筆受　清同治八年（1869）
金陵刻經處刻本　一冊　存五卷（六至十）

210000－4082－0000186　186

大方廣圓覺修多羅了義經二卷　（唐）釋佛陀
多羅譯　清同治八年（1869）金陵刻經處刻本
　一冊

210000－4082－0000187　187

大方廣圓覺修多羅了義經二卷　（唐）釋佛陀
多羅譯　清同治八年（1869）金陵刻經處刻本
　一冊

210000－4082－0000188　188

大佛頂如來密因了義諸菩薩萬行首楞嚴經十
卷　（唐）釋般刺密諦譯　（唐）釋彌迦釋迦譯
　清同治八年（1869）金陵刻經處刻本　一冊
存五卷（一至五）

210000－4082－0000189　189

大方廣佛圓覺修多羅了義經二卷　（唐）釋佛
陀多羅譯　清同治八年（1869）金陵刻經處刻

本　一冊

210000 – 4082 – 0000190　190
大佛頂如來密因修證了義諸菩薩萬行首楞嚴
經十卷　（唐）釋般剌密諦譯　（唐）釋彌伽釋
迦譯語　（唐）房融筆受　清同治八年（1869）
金陵刻經處刻本　一冊　存五卷（一至五）

210000 – 4082 – 0000191　191
大方廣圓覺修多羅了義經二卷　（唐）釋佛陀
多羅譯　清同治八年（1869）金陵刻經處刻本
　一冊

210000 – 4082 – 0000192　192
大方廣圓覺修多羅了義經二卷　（唐）釋佛陀
多羅譯　清同治八年（1869）金陵刻經處刻本
　一冊

210000 – 4082 – 0000193　193
大方廣圓覺修多羅了義經二卷　（唐）釋佛陀
多羅譯　清同治八年（1869）金陵刻經處刻本
　一冊

210000 – 4082 – 0000194　194
大方廣圓覺修多羅了義經二卷　（唐）釋佛陀
多羅譯　清同治八年（1869）金陵刻經處刻本
　一冊

210000 – 4082 – 0000195　195
大方廣圓覺修多羅了義經二卷　（唐）釋佛陀
多羅譯　清同治八年（1869）金陵刻經處刻本
　一冊

210000 – 4082 – 0000196　196
法因集疏四卷　（明）王穉登撰　清同治八年
（1869）刻本　一冊

210000 – 4082 – 0000197　197
法界聖凡水陸普度大齋勝會儀軌會本六卷
（南朝梁）釋誌公等撰　（宋）釋至磐重訂
（明）釋袾宏補儀　清同治八年（1869）敏曦刻
本　一冊　存二卷（一至二）

210000 – 4082 – 0000198　198
法界聖凡水陸普度大齋勝會儀軌會本六卷
（南朝梁）釋誌公等撰　（宋）釋至磐重訂

（明）釋袾宏補儀　清同治八年（1869）敏曦刻
本　一冊　存二卷（一至二）

210000 – 4082 – 0000199　199
一乘決疑論一卷　（清）彭際清述　清同治八
年（1869）如皋刻經處刻本　一冊

210000 – 4082 – 0000200　200
一乘決疑論一卷　（清）彭際清述　清同治八
年（1869）如皋刻經處刻本　一冊

210000 – 4082 – 0000201　201
略釋新華嚴經修行次第決疑論四卷　（唐）李
通玄撰　清同治九年（1870）如皋刻經處刻本
　一冊　存二卷（三至四）

210000 – 4082 – 0000202　202
見祖傳戒範四卷　（清）釋讀體撰　清同治九
年（1870）杭城海潮寺刻本　四冊

210000 – 4082 – 0000203　203
楞伽經大乘性宗頓教四十一法門四卷　（清）
釋續法述　清同治九年（1870）金陵刻經處刻
本　一冊

210000 – 4082 – 0000204　204
楞伽阿跋多羅寶經四卷　（南朝宋）釋求那跋
陀羅譯　清同治九年（1870）金陵刻經處刻本
　二冊

210000 – 4082 – 0000205　205
楞伽阿跋多羅寶經四卷　（南朝宋）釋求那跋
陀羅譯　清同治九年（1870）金陵刻經處刻本
　二冊

210000 – 4082 – 0000206　206
仁王護國般若波羅密多經二卷　（唐）釋不空
譯　清同治九年（1870）金陵刻經處刻本
一冊

210000 – 4082 – 0000207　207
維摩詰所說經三卷　（後秦）釋鳩摩羅什譯
清同治九年（1870）金陵刻經處刻本　一冊

210000 – 4082 – 0000208　208
維摩詰所說經三卷　（後秦）釋鳩摩羅什譯
清同治九年（1870）金陵刻經處刻本　一冊

210000－4082－0000209　209

相宗八要直解八種　（明）釋智旭解　清同治九年（1870）金陵刻經處刻本　一冊　存二卷（觀所緣線論釋直解一卷、唐奘師真唯識量略解一卷）

210000－4082－0000210　210

大清重刻龍藏彙記不分卷　清同治九年（1870）金陵刻經處刻本　一冊

210000－4082－0000211　211

仁王護國般若波羅密多經二卷　（唐）釋不空譯　清同治九年（1870）金陵刻經處鉛印本　一冊

210000－4082－0000212　212

慈悲道場懺法十卷　（南朝梁）寶志　（南朝梁）寶唱等集　清同治九年（1870）九江府城刻本　十冊

210000－4082－0000213　213

慈悲道場懺法十卷　（南朝梁）寶志　（南朝梁）寶唱等集　清同治九年（1870）九江府城刻本　十冊

210000－4082－0000214　214

萬法歸心錄三卷　（清）釋祖源（清）釋超溟著（清）釋明貫錄　清同治九年（1870）刻本　一冊

210000－4082－0000215　215

略釋新華嚴經修行次第決疑論四卷　（唐）李通玄撰　清同治九年（1870）如皋刻經處刻本　一冊　存二卷（三至四）

210000－4082－0000216　216

受持佛說阿彌陀經行願儀一卷　（明）釋成時輯（清）彭際清訂　清同治九年（1870）如皋刻經處刻本　一冊

210000－4082－0000217　217

唯心五種　清同治九年至民國三年（1870－1914）刻本　一冊

210000－4082－0000218　218

彌陀疏解圓中鈔二卷　（明）釋大佑解　（明）

釋傳燈鈔　清同治十年（1871）比邱清蓮刻本　一冊　存一卷（下）

210000－4082－0000219　219

五經同冊　清同治十年（1871）常熟刻經處刻本　一冊

210000－4082－0000220　220

大乘三聚懺悔經一卷　（隋）闍那崛多及笈多等譯　**佛說迦葉禁戒經一卷**　（南朝宋）釋沮渠京聲譯　**佛說犯戒罪輕重經一卷**　（後漢）釋安世高譯　**佛說戒消災經一卷佛說優婆塞五戒相經一卷**　（宋）釋求那跋摩譯　清同治十年（1871）常熟刻經處刻本　一冊

210000－4082－0000221　221

自在王菩薩經二卷　（後秦）釋鳩摩羅什譯　清同治十年（1871）江北刻經處刻本　一冊

210000－4082－0000222　222

自在王菩薩經二卷　（後秦）釋鳩摩羅什譯　清同治十年（1871）江北刻經處刻本　一冊

210000－4082－0000223　223

佛說無量清淨平等覺經三卷　（後漢）釋支婁迦讖譯　清同治十年（1871）金陵刻經處刻本　一冊

210000－4082－0000224　224

金光明經四卷　（北涼）釋曇無讖譯　清同治十年（1871）金陵刻經處刻本　一冊

210000－4082－0000225　225

靈峰蕅益大師梵室偶談一卷　（明）釋智旭撰　**徹悟禪師語錄二卷**　（清）釋際醒撰　（清）釋了亮集　清同治十年（1871）金陵刻經處刻本　一冊

210000－4082－0000226　226

佛說無量清淨平等覺經三卷　（後漢）釋支婁迦讖譯　清同治十年（1871）金陵刻經處刻本　一冊

210000－4082－0000227　227

解迷顯智成悲十明論一卷　（唐）李通玄撰　清同治十年（1871）如皋刻經處刻本　一冊

210000－4082－0000228　228

注華嚴法界觀門一卷　（唐）釋宗密撰　清同治十年(1871)如皋刻經處刻本　一冊

210000－4082－0000229　229

大般若波羅蜜多經六百卷　（唐）釋玄奘譯　清同治十年(1871)難圍刻經處刻本　十冊 存五十卷(一至五十)

210000－4082－0000230　230

大乘造像功德經二卷　（唐）釋提曇般若等譯　**佛說佛形象經一卷**　佚名譯　**佛說造立形像福報經一卷**　佚名譯　**佛說灌佛經一卷**　（晉）釋法炬譯　**佛說灌洗佛經一卷**　（唐）釋聖堅譯　**佛說浴像功德經一卷**　（唐）釋寶思惟譯　**浴像功德經一卷**　（唐）釋義淨譯　**佛說校量數珠功德經一卷**　（唐）釋寶思惟譯　**曼殊室利咒藏中較量數珠功德經一卷**　（唐）義淨譯　**佛說龍施女經一卷**　（三國吳）釋支謙譯　**佛說龍施菩薩本起經一卷**　（晉）釋竺法護譯　**佛說八吉祥神咒經一卷**　（三國吳）釋支謙譯　**佛說八陽神咒經一卷**　（晉）釋竺法護譯　**佛說八吉祥經一卷**　（南朝梁）釋僧伽婆羅譯　**佛說八佛名號經一卷**　（隋）釋闍那崛多譯　**佛說盂蘭盆經一卷**　（晉）釋竺法護譯　**佛說報恩奉盆經一卷**　佚名譯　**佛說觀藥王藥上二菩薩經一卷**　（南朝宋）釋畺良耶舍譯　清同治十一年(1872)常熟刻經處刻本　一冊

210000－4082－0000231　231

大乘造像功德經二卷　（唐）釋提曇般若等譯　**佛說佛形象經一卷**　佚名譯　**佛說造立形像福報經一卷**　佚名譯　**佛說灌佛經一卷**　（晉）釋法炬譯　**佛說灌洗佛經一卷**　（唐）釋聖堅譯　**佛說浴像功德經一卷**　（唐）釋寶思惟譯　**浴像功德經一卷**　（唐）釋義淨譯　**佛說校量數珠功德經一卷**　（唐）釋寶思惟譯　**曼殊室利咒藏中較量數珠功德經一卷**　（唐）義淨譯　**佛說龍施女經一卷**　（三國吳）釋支謙譯　**佛說龍施菩薩本起經一卷**　（晉）釋竺法護譯　**佛說八吉祥神咒經一卷**　（三國吳）釋支謙譯　**佛說八陽神咒經一卷**　（晉）釋竺

法護譯　**佛說八吉祥經一卷**　（南朝梁）釋僧伽婆羅譯　**佛說八佛名號經一卷**　（隋）釋闍那崛多譯　**佛說盂蘭盆經一卷**　（晉）釋竺法護譯　**佛說報恩奉盆經一卷**　佚名譯　**佛說觀藥王藥上二菩薩經一卷**　（南朝宋）釋畺良耶舍譯　清同治十一年(1872)常熟刻經處刻本　一冊

210000－4082－0000232　232

佛說觀藥王藥上二菩薩經一卷　（南朝宋）釋畺良耶舍譯　清同治十一年(1872)常熟刻經處刻本　一冊

210000－4082－0000233　233

造像功德十八經　清同治十一年(1872)常熟刻經處刻本　一冊

210000－4082－0000234　234

善女人傳二卷　（清）彭際清撰　清同治十一年(1872)常熟刻經處刻本　一冊

210000－4082－0000235　235

萬善同歸集三卷　（宋）釋延壽述　清同治十一年(1872)金陵刻經處刻本　三冊

210000－4082－0000236　236

顯密圓通成佛心要集二卷　（遼）釋道殿集　清同治十一年(1872)金陵刻經處刻本　一冊

210000－4082－0000237　237

大方廣佛華嚴經要解一卷　（宋）釋戒環集　清同治十一年(1872)金陵刻經處刻本　一冊

210000－4082－0000238　238

大方廣佛華嚴經要解一卷　（宋）釋戒環集　清同治十一年(1872)金陵刻經處刻本　一冊

210000－4082－0000239　239

顯密圓通成佛心要集二卷　（遼）釋道殿集　清同治十一年(1872)金陵刻經處刻本　一冊

210000－4082－0000240　240

萬善同歸集三卷　（宋）釋延壽述　清同治十一年(1872)金陵刻經處刻本　三冊

210000－4082－0000241　241

華嚴經合論一百二十卷　（唐）釋實叉難陀譯

（唐）李通玄造論　（唐）釋志寧釐經合論

大方廣佛華嚴經入不思議解脱境界普賢行願品一卷　（唐）釋般若譯　清同治十一年(1872)金陵刻經處刻本　二十三冊　存九十二卷(一至八、二十一至六十八、七十三至八十四、八十九至一百四、一百十三至一百二十)

210000－4082－0000242　242

顯密圓通成佛心要集二卷　（遼）釋道㲀集　清同治十一年(1872)金陵刻經處刻本　一冊

210000－4082－0000243　243

善女人傳二卷　（清）彭際清撰　清同治十一年(1872)刻本　一冊

210000－4082－0000244　244

藥師瑠璃光如來本願功德經一卷　（唐）釋玄奘譯　清同治十一年(1872)如皋刻經處刻本　一冊

210000－4082－0000245　245

禪門鍛鍊説一卷　（清）釋戒顯撰　清同治十一年(1872)如皋刻經處刻本　一冊

210000－4082－0000246　246

藥師瑠璃光如來本願功德經一卷　（唐）釋玄奘譯　清同治十一年(1872)如皋刻經處刻本　一冊

210000－4082－0000247　247

藥師瑠璃光如來本願功德經一卷　（唐）釋玄奘譯　清同治十一年(1872)張延敬刻本　一冊

210000－4082－0000248　248

造像功德十八經　清同治十一年(1872)常熟刻經處刻本　一冊

210000－4082－0000249　249

大方廣佛新華嚴經合論一百二十卷　（唐）釋實叉難陀譯　（唐）李通玄造論　（唐）釋志寧釐經合論　清同治十一年(1872)金陵刻經處刻本　十冊　存四十卷(八十一至一百二十)

210000－4082－0000250　250

佛説阿彌陀經疏鈔四卷　（明）釋袾宏述　清同治十二年(1873)廣化寺刻本　四冊

210000－4082－0000251　251

翻譯名義集選一卷　（清）□□輯　清同治十二年(1873)江北刻經處刻本　一冊

210000－4082－0000252　252

大方等大集賢護經五卷　（隋）釋闍那崛多及笈多譯　清同治十二年(1873)江北刻經處刻本　一冊

210000－4082－0000253　253

翻譯名義集選一卷　（清）□□輯　清同治十二年(1873)江北刻經處刻本　一冊

210000－4082－0000254　254

性相通説一卷　（明）釋德清撰　清同治十二年(1873)金陵刻經處刻本　一冊

210000－4082－0000255　255

金剛三昧經二卷　佚名譯　清同治十二年(1873)金陵刻經處刻本　一冊

210000－4082－0000256　256

省庵法師語錄二卷　（清）釋實賢撰　（清）彭際清重訂　清同治十二年(1873)刻本　一冊　存一卷(上)

210000－4082－0000257　257

翻譯名義集選一卷　（清）佚名輯　清同治十二年(1873)江北刻經處刻本　一冊

210000－4082－0000258　258

大方廣佛華嚴經入不思議解脱境界普賢行願品四十卷　（唐）釋般若譯　清同治十三年(1874)雞園刻經處刻本　七冊　存二十八卷(五至八、十三至十六、二十一至四十)

210000－4082－0000259　259

大方廣佛華嚴經入不思議解脱境界普賢行願品四十卷　（唐）釋般若譯　清同治十三年(1874)雞園刻經處刻本　三冊　存十二卷(五至八、三十三至四十)

210000－4082－0000260　260

大方廣佛華嚴經入不思議解脱境界普賢行願

品四十卷 （唐）釋般若譯 清同治十三年
（1874）雞園刻經處刻本 一冊 存四卷（二
十五至二十八）

210000－4082－0000261 261
佛說守護大千國土經三卷 （宋）釋施護譯
清同治十三年（1874）雞園刻經處刻本 一冊

210000－4082－0000262 262
佛說守護大千國土經三卷 （宋）釋施護譯
清同治十三年（1874）雞園刻經處刻本 一冊

210000－4082－0000263 263
花嚴小懺一卷 （清）西耒子集 花嚴大懺一
卷 （清）嚴成陳第 清同治十三年（1874）江
北刻經處刻本 一冊

210000－4082－0000264 264
淨業知津一卷 （清）釋悟開述 清同治十三
年（1874）金陵刻經處刻本 一冊

210000－4082－0000265 265
淨業知津一卷 （清）釋悟開述 清同治十三
年（1874）金陵刻經處刻本 一冊

210000－4082－0000266 266
大佛頂如來密因修證了義諸菩薩萬行首楞嚴
經玄義二卷 （明）釋智旭撰 （明）釋道昉參
訂 文句十卷 （唐）釋般刺密諦譯 （明）釋
智旭文句 清同治十三年（1874）金陵刻經處
刻本 十冊

210000－4082－0000267 267
大佛頂如來密因修證了義諸菩薩萬行首楞嚴
經玄義二卷 （明）釋智旭撰 （明）釋道昉參
訂 文句十卷 （唐）釋般刺密諦譯 （明）釋
智旭文句 清同治十三年（1874）金陵刻經處
刻本 六冊 存七卷（玄義二卷、文句二至
六）

210000－4082－0000268 268
大佛頂如來密因修證了義諸菩薩萬行首楞嚴
經玄義二卷 （明）釋智旭撰 （明）釋道昉參
訂 文句十卷 （唐）釋般刺密諦譯 （明）釋
智旭文句 清同治十三年（1874）金陵刻經處
刻本 一冊 存一卷（四）

210000－4082－0000269 269
大佛頂如來密因修證了義諸菩薩萬行首楞嚴
經玄義二卷 （明）釋智旭撰 （明）釋道昉參
訂 文句十卷 （唐）釋般刺密諦釋 （明）釋
智旭文句 （明）釋道昉參訂 清同治十三年
（1874）金陵刻經處刻本 二冊 存二卷（二、
四）

210000－4082－0000270 270
大佛頂如來密因修證了義諸菩薩萬行首楞嚴
經玄義二卷 （明）釋智旭撰 （明）釋道昉參
訂 文句十卷 （唐）釋般刺密諦釋 （明）釋
智旭文句 （明）釋道昉參訂 清同治十三年
（1874）金陵刻經處刻本 一冊 存一卷（四）

210000－4082－0000271 271
經律異相二卷 （南朝梁）釋僧文等撰 （清）
釋古崑摘錄 清同治十三年（1874）刻本
一冊

210000－4082－0000272 272
佛說阿彌陀經畧解一卷 （明）釋大佑解 清
同治十三年（1874）刻本 一冊

210000－4082－0000273 273
大雲輪請雨經二卷 （唐）釋不空譯 清同治
十三年（1874）如皋刻經處刻本 一冊

210000－4082－0000274 274
五經同本 清同治十三年至光緒二十三年
（1874－1897）金陵刻經處刻本 一冊

210000－4082－0000275 275
五經同本 清同治十三年至光緒二十三年
（1874－1897）金陵刻經處刻本 一冊

210000－4082－0000276 276
尚書引義六卷 （清）王夫之撰 清同治刻本
一冊 存二卷（五至六）

210000－4082－0000277 277
菩薩戒本經一卷 （北涼）釋曇無讖譯 菩薩
戒本經箋要一卷 （北涼）釋曇無讖譯 （北
涼）釋智旭箋 清同治至光緒金陵刻經處刻
本 一冊

210000－4082－0000278　278

華嚴經旨歸一卷修華嚴奧旨妄盡還源觀一卷
華嚴經義海百門一卷　（唐）釋法藏述　清同
治至光緒刻本　一冊

210000－4082－0000279　279

華嚴經旨歸一卷華嚴經義海百門一卷　（唐）
釋法藏述　清同治至光緒刻本　一冊

210000－4082－0000280　280

華嚴金師子章解一卷　（唐）釋法藏述　（宋）
釋淨源解　華嚴經明法品內立三寶章一卷流
轉章一卷法界緣起章一卷圓音章一卷十世章
一卷玄義章一卷　（唐）釋法藏述　清同治至
光緒刻本　一冊

210000－4082－0000281　281

六經同本　清同治至光緒刻本　一冊

210000－4082－0000282　282

華嚴金師子章一卷　（唐）釋法藏述　（宋）釋
淨源解　華嚴經明法品內立三寶章　（唐）釋
法藏述　清同治至光緒刻本　一冊

210000－4082－0000283　283

華嚴經旨歸一卷修華嚴奧旨妄盡還源觀一卷
華嚴經義海百門一卷　（唐）釋法藏述　清同
治至光緒刻本　一冊

210000－4082－0000284　284

華嚴金師子章一卷華嚴經明法品內立三寶章
一卷流轉章一卷法界緣起章一卷圓因章一卷
法身章一卷十世章一卷玄義章一卷　清同治
至光緒刻本　一冊

210000－4082－0000285　285

大方廣佛華嚴經合論一百二十卷　（唐）釋實
叉難陀譯　（唐）李通玄造論　（唐）釋志寧釐
經合論　大方廣佛華嚴經入不思議解脫境界
普行願品一卷　（唐）釋般若譯　清同治至民
國金陵刻經處刻本　十四冊　存六十卷（六
十一至一百二十）

210000－4082－0000286　286

般若心經五家注附紫柏老人心經說一卷　清
同治至民國金陵刻經處刻本　一冊

210000－4082－0000287　287

般若心經五家注附紫柏老人心經說一卷　清
同治至民國金陵刻經處刻本　一冊

210000－4082－0000288　288

般若心經五家注附紫柏老人心經說一卷　清
同治至民國金陵刻經處刻本　一冊

210000－4082－0000289　289

佛說巨力長者所問大乘經三卷　（宋）釋智吉
祥譯　清光緒元年（1875）江北刻經處刻本
一冊

210000－4082－0000290　290

人譜三篇　（明）劉宗周撰　清光緒元年
（1875）湖北崇文書局刻本　一冊

210000－4082－0000291　291

金光明懺齋天法儀一卷　清光緒元年（1875）
慧空經房刻本　一冊

210000－4082－0000292　292

佛說大淨法門品經一卷　（晉）釋竺法護譯
清光緒元年（1875）江北刻經處刻本　一冊

210000－4082－0000293　293

佛說大淨法門品經一卷　（晉）釋竺法護譯
清光緒元年（1875）江北刻經處刻本　一冊

210000－4082－0000294　294

佛說巨力長者所問大乘經三卷　（宋）釋智吉
祥譯　清光緒元年（1875）江北刻經處刻本
一冊

210000－4082－0000295　295

續原教論二卷　（明）沈士榮撰　清光緒元年
（1875）金陵刻經處刻本　一冊

210000－4082－0000296　296

千佛名經三卷　清光緒元年（1875）金陵刻經
處刻本　一冊

210000－4082－0000297　297

金光明懺齋天法儀一卷　清光緒元年（1875）
刻本　一冊

210000－4082－0000298　298

大佛頂如來密因脩證了義諸菩薩萬行首楞嚴

經十卷　（唐）釋般刺密諦譯　清光緒元年（1875）融和刻本　三冊

210000－4082－0000299　299
大佛頂如來密因脩證了義諸菩薩萬行首楞嚴經十卷　（唐）釋般刺密諦譯　清光緒元年（1875）融和刻本　佚名批注　一冊　存四卷（七至十）

210000－4082－0000300　300
大佛頂如來密因脩證了義諸菩薩萬行首楞嚴經十卷　（唐）釋般刺密諦譯　清光緒元年（1875）融和刻本　一冊　存四卷（七至十）

210000－4082－0000301　301
大佛頂如來密因脩證了義諸菩薩萬行首楞嚴經十卷　（唐）釋般刺密諦譯　清光緒元年（1875）融和刻本　佚名批注　二冊　存七卷（一至三、七至十）

210000－4082－0000302　302
佛說目蓮問戒律中五百輕重事經二卷　佚名釋　清光緒二年（1876）江北刻經處刻本　一冊

210000－4082－0000303　303
月燈三昧經一卷　（南朝宋）釋先摩譯　清光緒二年（1876）江北刻經處刻本　一冊

210000－4082－0000304　304
智證傳一卷　（宋）釋慧洪撰　（宋）釋覺慈編　清光緒二年（1876）金陵刻經處刻本　一冊

210000－4082－0000305　305
佛果圜悟禪師碧嚴集十卷　（宋）釋圜悟撰（清）吳自弘校　（清）釋性湛閱　清光緒二年（1876）開慧刻本　一冊　存二卷（一至二）

210000－4082－0000306　306
佛果圜悟禪師碧嚴集十卷　（清）吳自弘校（清）釋性湛閱　清光緒二年（1876）刻本　五冊

210000－4082－0000307　307
淨土承恩集一卷　（清）釋芳慧編　清光緒二年（1876）刻本　一冊

210000－4082－0000308　308
禪林疏語一卷　（明）釋元賢撰　清光緒二年（1876）刻本　一冊

210000－4082－0000309　309
妙法蓮華經演義七卷科文一卷　（後秦）釋鳩摩羅什譯　（清）釋一松講　（清）釋曉柔輯　清光緒二年（1876）刻本　十四冊　存七卷［一、二（一之二）、三（一）、四（二之三）、五（一之三）、七（一之二），科文一卷］

210000－4082－0000310　310
毗尼珍敬錄二卷　（明）釋廣承輯錄　（明）釋智旭會補　清光緒二年（1876）維揚藏經禪院貫珠刻本　二冊

210000－4082－0000311　311
毗尼珍敬錄二卷　（明）釋廣承輯錄　（明）釋智旭會補　清光緒二年（1876）維揚藏經禪院貫珠刻本　一冊　存一卷（下）

210000－4082－0000312　312
大乘起信論義記講義四卷　（日本）織田得能講義　（南朝梁）釋真諦釋論　黃土後釋述　清光緒二年（1876）楊文會鉛印本　四冊

210000－4082－0000313　313
智證傳一卷附寶鏡三味　（宋）釋慧洪撰（宋）釋覺慈編　清光緒二年（1876）金陵刻經處刻本　一冊

210000－4082－0000314　314
四念處四卷　（隋）釋智顗說　（隋）釋灌頂記　清光緒三年（1877）江北刻經處刻本　一冊

210000－4082－0000315　315
論法華二卷　（清）鄭應房撰　（清）妙諦子筆受　清光緒三年（1877）江北刻經處刻本　一冊

210000－4082－0000316　316
金剛般若波羅蜜經一卷　（後秦）釋鳩摩羅什譯　般若波羅蜜多心經一卷　（唐）釋玄奘譯　佛說阿彌陀經一卷　（後秦）釋鳩摩羅什譯　清光緒三年（1877）蟭螟巢常家鈐刻本　一冊

瀋陽市慈恩寺古籍普查登記目錄

210000－4082－0000317　317

佛說貝多樹下思惟十二因緣經一卷　（三國吳）釋支謙譯　佛說緣起聖道經一卷　（唐）釋玄奘譯　佛說稻稈經一卷　佚名譯　大乘舍黎娑擔摩經一卷　（宋）釋施護譯　清光緒三年(1877)金陵刻經處刻本　一冊

210000－4082－0000318　318

佛說觀彌勒菩薩上生兜率陀天經一卷　（南朝宋）釋沮渠京聲譯　佛說彌勒下生經一卷　（後秦）釋鳩摩羅什譯　佛說觀彌勒菩薩下生經一卷　（晉）釋竺法護譯　清光緒三年(1877)金陵刻經處刻本　一冊

210000－4082－0000319　319

佛說觀彌勒菩薩上生兜率陀天經一卷　（南朝宋）釋沮渠京聲譯　佛說彌勒下生經一卷　（後秦）釋鳩摩羅什譯　佛說觀彌勒菩薩下生經一卷　（晉）釋竺法護譯　清光緒三年(1877)金陵刻經處刻本　一冊

210000－4082－0000320　320

大佛頂如來密因修證了義諸菩薩萬行首楞嚴經十卷　（元）釋惟則會解　（明）釋傳燈疏　清光緒三年(1877)天臺教觀敏曦刻本　三冊　存三卷(三、九至十)

210000－4082－0000321　321

大佛頂如來密因修證了義諸菩薩萬行首楞嚴經十卷　（唐）釋般刺密諦譯　（唐）釋彌迦釋迦譯話　（唐）房融筆受　清光緒三年(1877)天臺山敏曦刻本　六冊　存六卷(一、四至八)

210000－4082－0000322　322

淨業痛第一卷　（清）釋照瑩集　清光緒三年(1877)昭慶慧空經房刻本　一冊

210000－4082－0000323　323

楞伽阿跋多羅寶經注解四卷　（宋）釋求那跋多羅譯　（明）釋如玘注　清光緒四年(1878)長沙刻經處刻本　二冊

210000－4082－0000324　324

翻譯名義集二十卷　（宋）釋法雲編　清光緒四年(1878)金陵刻經處刻本　六冊

210000－4082－0000325　325

大乘百法明門論一卷八識規矩頌一卷　（明）廣益纂釋　六祖大師識智頌一卷　（明）釋德清解　清光緒四年(1878)蓮寶刻本　一冊

210000－4082－0000326　326

重訂教乘法數十二卷　（清）釋超海等重訂　清光緒四年(1878)昭慶寺刻本　六冊

210000－4082－0000327　327

佛說彌勒下生經一卷　（後秦）釋鳩摩羅什譯　大方廣佛華嚴經修慈分一卷　（唐）釋提雲般若等譯　佛說出家功德經一卷占察善惡業報經二卷　（隋）釋菩提登譯　清光緒四年至五年(1878－1879)金陵刻經處刻本　一冊

210000－4082－0000328　328

大方廣三戒經三卷　（北涼）釋曇無讖譯　清光緒五年(1879)常熟刻經處刻本　一冊

210000－4082－0000329　329

禪林僧寶傳三十卷　（宋）釋惠洪撰　清光緒五年(1879)常熟刻經處刻本　二冊　存二十卷(一至二十)

210000－4082－0000330　330

大方廣三戒經三卷　（北涼）釋曇無讖譯　清光緒五年(1879)常熟刻經處刻本　一冊

210000－4082－0000331　331

憨山老人夢遊集五十五卷　（明）釋德清撰　清光緒五年(1879)江北刻經處刻本　十四冊　存三十五卷(一、十一至三十五、三十九至四十五、五十四至五十五)

210000－4082－0000332　332

憨山老人夢遊集五十五卷　（明）釋德清撰　清光緒五年(1879)江北刻經處刻本　一冊　存三卷(十六至十八)

210000－4082－0000333　333

憨山老人夢遊集五十五卷　（明）釋德清撰　清光緒五年(1879)江北刻經處刻本　二十冊

210000－4082－0000334　334

六度集經八卷 （三國吳）釋康僧會譯　清光緒五年（1879）金陵刻經處刻本　二冊

210000－4082－0000335　335

思益梵天所問經四卷 （後秦）釋鳩摩羅什譯　清光緒五年（1879）金陵刻經處刻本　一冊

210000－4082－0000336　336

釋摩訶般若波羅密經覺意三昧一卷 （隋）釋智顗述　（隋）釋灌頂記　佛昇忉利天為母說法經三卷 （隋）釋竺法護譯　清光緒五年（1879）龍城曾氏刻本　一冊

210000－4082－0000337　337

四方碓指一卷 （清）釋常攝集　清光緒五年（1879）平京聚文齋刻本　一冊

210000－4082－0000338　338

比雅十卷 （清）洪亮吉撰　清光緒五年（1879）授經堂刻北江全集本　二冊

210000－4082－0000339　339

比雅十卷 （清）洪亮吉撰　清光緒五年（1879）授經堂刻北江全集本　一冊

210000－4082－0000340　340

佛說大乘十法經一卷 （南朝梁）釋伽婆羅譯　文殊師利佛土嚴淨經二卷佛說普門品經一卷 （晉）釋竺法護譯　清光緒五年至六年（1879－1880）常熟刻經處刻本　一冊

210000－4082－0000341　341

大乘止觀法門四卷 （南朝陳）釋慧思撰　清光緒六年（1880）長沙刻經處刻本　一冊

210000－4082－0000342　342

淨土警語一卷起一心精進念佛七期規式一卷 （清）釋行策撰　清光緒六年（1880）常熟刻經處刻本　一冊

210000－4082－0000343　343

善住意天子所問經三卷 （北魏）釋毗目智仙（北魏）釋流支譯　清光緒六年（1880）常熟刻經處刻本　一冊

210000－4082－0000344　344

善住意天子所問經三卷 （北魏）釋毗目智仙

（北魏）釋流支譯　清光緒六年（1880）常熟刻經處刻本　一冊

210000－4082－0000345　345

郁迦羅越問菩薩行經一卷幻士仁賢經一卷 （晉）釋竺法護譯　佛說決定毗尼經一卷　清光緒六年（1880）常熟刻經處刻本　一冊

210000－4082－0000346　346

佛說離垢施女經一卷 （晉）釋竺法護譯　佛說阿闍世王女阿術達磨菩薩經一卷 （晉）釋竺法護譯　清光緒六年（1880）常熟刻經處刻本　一冊

210000－4082－0000347　347

禪林僧寶傳三十卷首一卷補一卷 （宋）釋惠洪撰　清光緒六年（1880）常州刻經處刻本　一冊　存十一卷（二十一至三十、補一卷）

210000－4082－0000348　348

妙法蓮華經七卷 （後秦）釋鳩摩羅什譯　清光緒六年（1880）霍紹光抄本　一冊　存一卷（三）

210000－4082－0000349　349

佛說大阿彌陀經一卷　清光緒六年（1880）霍紹光抄本　一冊　存一卷（下）

210000－4082－0000350　350

勸戒八錄六卷 （清）梁恭辰撰　清光緒六年（1880）刻本　一冊

210000－4082－0000351　351

大明三藏法數五十卷 （明）釋一如等集注　清光緒六年（1880）刻本　三冊　存十卷（三十五至四十、四十七至五十）

210000－4082－0000352　352

雲來集一卷 （清）釋玉尺輯　清光緒六年（1880）刻本　一冊

210000－4082－0000353　353

宋續高僧傳□□卷 （唐）釋玄覺傳　清光緒六年（1880）鉛印本　一冊

210000－4082－0000354　354

宋續高僧傳□□卷 （唐）釋玄覺傳　清光緒

六年(1880)鉛印本　一冊

210000－4082－0000355　355
宋續高僧傳□□卷　（唐）釋玄覺傳　清光緒
六年(1880)鉛印本　一冊

210000－4082－0000356　356
宋續高僧傳□□卷　（唐）釋玄覺傳　清光緒
六年(1880)鉛印本　一冊

210000－4082－0000357　357
宋續高僧傳□□卷　（唐）釋玄覺傳　清光緒
六年(1880)鉛印本　一冊

210000－4082－0000358　358
宋續高僧傳□□卷　（唐）釋玄覺傳　清光緒
六年(1880)鉛印本　一冊

210000－4082－0000359　359
佛說四諦經一卷　（漢）釋安世高譯　清光緒
六年(1880)金陵刻經處刻本　一冊

210000－4082－0000360　360
七經同本　清光緒六年(1880)金陵刻經處刻
本　一冊

210000－4082－0000361　361
大方廣佛華嚴經六十卷　（晉）釋佛陀羅等譯
　清光緒七年(1881)常熟刻經處刻本　十
六冊

210000－4082－0000362　362
大方廣佛華嚴經六十卷　（晉）釋佛陀羅等譯
　清光緒七年(1881)常熟刻經處刻本　一冊
存三卷(五十二至五十四)

210000－4082－0000363　363
大方廣佛華嚴經六十卷　（晉）釋佛陀羅等譯
　清光緒七年(1881)常熟刻經處刻本　九冊
存三十四卷(一至三、十至十七、二十二至
二十五、三十至三十三、三十六至三十九、四
十二至四十五、五十至五十三、五十八至六
十)

210000－4082－0000364　364
大方廣佛華嚴經六十卷　（晉）釋佛陀羅等譯
　清光緒七年(1881)常熟刻經處刻本　二冊

存八卷(三十二至三十五、四十至四十三)

210000－4082－0000365　365
大方廣佛華嚴經六十卷　（晉）釋佛陀羅等譯
清光緒七年(1881)常熟刻經處刻本　一冊
存五卷(三十七至四十一)

210000－4082－0000366　366
大方等大集經三十卷　（北涼）釋曇無讖譯
清光緒七年(1881)常熟刻經處刻本　二冊
存七卷(五至十一)

210000－4082－0000367　367
大方等大集經三十卷　（北涼）釋曇無讖譯
清光緒七年(1881)常熟刻經處刻本　一冊
存四卷(五至八)

210000－4082－0000368　368
妙法蓮華經文句記三十卷　（後秦）釋鳩摩羅
什譯　（隋）釋智者說　（隋）釋灌頂記
（唐）釋湛然述　清光緒七年(1881)姑蘇刻經
處刻本　九冊　存九卷(三、五至十二)

210000－4082－0000369　369
妙法蓮華經文句記三十卷　（後秦）釋鳩摩羅
什譯　（隋）釋智者說　（隋）釋灌頂記
（唐）釋湛然述　清光緒七年(1881)姑蘇刻經
處刻本　十冊　存十卷(二至四、九至十一、
十五至十六、二十八、三十)

210000－4082－0000370　370
妙法蓮華經文句記三十卷　（後秦）釋鳩摩羅
什譯　（隋）釋智者說　（隋）釋灌頂記
（唐）釋湛然述　清光緒七年(1881)姑蘇刻經
處刻本　六冊　存六卷(三、十一、十三、二
十、二十四、二十九)

210000－4082－0000371　371
天目中峯和尚廣錄三十卷　（元）釋慈寂譯
清光緒七年(1881)姑蘇刻經處刻本　二冊
存十三卷(十八至三十)

210000－4082－0000372　372
妙法蓮華經文句記三十卷　（後秦）釋鳩摩羅
什譯　（隋）釋智者說　（隋）釋灌頂記
（唐）釋湛然述　清光緒七年(1881)姑蘇刻經

處刻本　十五冊　存十五卷(十六至三十)

210000－4082－0000373　373

唯心五種　清光緒七年(1881)金陵刻經處刻本　一冊

210000－4082－0000374　374

維摩詰所說經三卷　(後秦)釋鳩摩羅什譯　清光緒七年(1881)釋昌濤刻本　三冊

210000－4082－0000375　375

維摩經疏十卷　(隋)釋智顗說　(唐)釋湛然撰　清光緒八年(1882)長沙刻經處刻本　四冊　存四卷(二、六至八)

210000－4082－0000376　376

大方等大集月藏經十卷　(北齊)釋那連提黎耶舍譯　清光緒八年(1882)常熟刻經處刻本　一冊　存四卷(一至四)

210000－4082－0000377　377

大方等大集經三十卷　(北涼)釋曇無讖譯　清光緒八年(1882)常熟刻經處刻本　七冊　存二十六卷(一至四、九至三十)

210000－4082－0000378　378

大方等大集經三十卷　(北涼)釋曇無讖譯　清光緒八年(1882)常熟刻經處刻本　三冊　存十一卷(一至四、十二至十八)

210000－4082－0000379　379

大方等大集月藏經十卷　(北齊)釋那連提黎耶舍譯　清光緒八年(1882)常熟刻經處刻本　一冊　存三卷(一至三)

210000－4082－0000380　380

慧因寺志十二卷附錄一卷　(明)李㰂輯　清光緒八年(1882)丁丙刻本　一冊

210000－4082－0000381　381

佛說無量壽經二卷　(三國魏)釋康僧鎧譯　清光緒八年(1882)奉天慈恩寺明心鉛印本　一冊

210000－4082－0000382　382

大般涅槃經玄義二卷　(隋)釋灌頂撰　清光緒八年(1882)金陵刻經處刻本　一冊

210000－4082－0000383　383

禪門佛事二卷　清光緒八年(1882)刻本　一冊

210000－4082－0000384　384

大集須彌藏經二卷　(北齊)釋那連提黎耶舍　(北齊)釋法智譯　清光緒九年(1883)常熟刻經處刻本　一冊

210000－4082－0000385　385

大集須彌藏經二卷　(北齊)釋那連提黎耶舍　(北齊)釋法智譯　清光緒九年(1883)常熟刻經處刻本　一冊

210000－4082－0000386　386

大方廣佛華嚴經疏鈔會本八十卷　(唐)釋實叉難陀譯　(唐)釋澄觀撰　清光緒九年(1883)常昭刻經處刻本　九冊　存十二卷(一至十二)

210000－4082－0000387　387

大方廣佛華嚴經疏鈔會本八十卷　(唐)釋實叉難陀譯　(唐)釋澄觀撰　清光緒九年(1883)常昭刻經處刻本　二十冊　存二十六卷(一至十二、二十一至三十四)

210000－4082－0000388　388

大方廣佛華嚴經疏鈔會本二百二十卷　(唐)釋實叉難陀譯　(唐)釋澄觀撰述　清光緒九年(1883)常昭刻經處刻本　五十冊　存一百八十一卷(一至一百四十二、一百八十二至二百二十)

210000－4082－0000389　389

大方廣佛華嚴經疏鈔會本二百二十卷　(唐)釋實叉難陀譯　(唐)釋澄觀撰述　清光緒九年(1883)常昭刻經處刻本　十冊　存三十九卷(一百八十二至二百二十)

210000－4082－0000390　390

大智度論一百卷　(後秦)釋鳩摩羅什譯　清光緒九年(1883)姑蘇刻經處刻本　十八冊　存七十二卷(一至四、九至二十、二十九至四十四、四十九至六十四、六十九至八十四、八十九至九十六)

210000－4082－0000391　391

大智度論一百卷　（後秦）釋鳩摩羅什譯　清光緒九年(1883)姑蘇刻經處刻本　一冊　存四卷(八十九至九十二)

210000－4082－0000392　392

鬼問目連經一卷　（後漢）釋安世高譯　**襍藏經一卷**　（晉）釋法顯譯　**餓鬼報應經一卷**佚名譯　**佛說四十二章經**　（後漢）釋迦葉摩騰　（後漢）釋竺法譯　清光緒九年(1883)江北刻經處刻本　一冊

210000－4082－0000393　393

鬼問目連經一卷　（後漢）釋安世高譯　**襍藏經一卷**　（晉）釋法顯譯　**餓鬼報應經一卷**佚名譯　**佛說四十二章經**　（後漢）釋迦葉摩騰　（後漢）釋竺法譯　清光緒九年(1883)江北刻經處刻本　一冊

210000－4082－0000394　394

大般若懺法一卷　（清）釋詠震集　清光緒九年(1883)江北刻經處刻本　一冊

210000－4082－0000395　395

閱藏隨筆二卷　（清）釋元度撰　清光緒九年(1883)刻本　二冊

210000－4082－0000396　396

願持十戒念佛生西一卷　清光緒九年(1883)刻本　一冊

210000－4082－0000397　397

閱藏隨筆二卷　（清）釋元度撰　（清）釋太穆節解　清光緒九年(1883)維揚天寧寺刻本　二冊

210000－4082－0000398　398

十住經六卷　（後秦）釋鳩摩羅什　（後秦）釋佛陀耶舍譯　清光緒十年(1884)常熟刻經處刻本　一冊　存一卷(四)

210000－4082－0000399　399

十住經三卷　（後秦）釋鳩摩羅什　（後秦）釋佛陀耶舍譯　清光緒十年(1884)常熟刻經處刻本　一冊

210000－4082－0000400　400

十住經三卷　（後秦）釋鳩摩羅什　（後秦）釋佛陀耶舍譯　清光緒十年(1884)常熟刻經處刻本　一冊

210000－4082－0000401　401

大方廣圓覺修多羅了義經直解二卷　（唐）釋佛陀多羅譯　（明）釋德清解　清光緒十年(1884)杭城昭慶寺慧空經房刻本　二冊

210000－4082－0000402　402

佛說梵網經二卷　（後秦）釋鳩摩羅什譯　清光緒十年(1884)金陵刻經處刻本　一冊

210000－4082－0000403　403

筠州黃檗山斷際禪師傳心法要二卷　（唐）釋希蓮撰　（唐）裴休集　清光緒十年(1884)金陵刻經處刻本　一冊

210000－4082－0000404　404

筠州黃檗山斷際禪師傳心法要二卷　（唐）釋希蓮撰　（唐）裴休集　清光緒十年(1884)金陵刻經處刻本　一冊

210000－4082－0000405　405

佛說梵網經二卷　（後秦）釋鳩摩羅什譯　清光緒十年(1884)金陵刻經處刻本　一冊

210000－4082－0000406　406

佛說大乘無量壽莊嚴經一卷　（宋）釋法賢譯　清光緒十年(1884)金陵刻經處刻本　一冊

210000－4082－0000407　407

筠州黃檗山斷際禪師傳心法要二卷　（唐）釋希蓮撰　（唐）裴休集　清光緒十年(1884)金陵刻經處刻本　一冊

210000－4082－0000408　408

放光般若波羅蜜經三十卷　（晉）釋無羅叉（晉）竺叔蘭譯　清光緒十年(1884)如皋刻經處刻本　六冊

210000－4082－0000409　409

放光般若波羅蜜經三十卷　（晉）釋無羅叉（晉）竺叔蘭譯　清光緒十年(1884)如皋刻經處刻本　四冊　存二十卷(一至十、二十一至

三十)

210000－4082－0000410　410
雜阿含經五十卷　（南朝宋）釋求那跋陀羅譯
　清光緒十年至十四年(1884－1888)常熟刻
經處刻本　十二冊

210000－4082－0000411　411
雜阿含經五十卷　（南朝宋）釋求那跋陀羅譯
　清光緒十年至十四年(1884－1888)常熟刻
經處刻本　七冊　存三十四卷(一至十四、十
九至二十六、三十九至五十)

210000－4082－0000412　412
雜阿含經五十卷　（南朝宋）釋求那跋陀羅譯
　清光緒十年至十四年(1884－1888)常熟刻
經處刻本　二冊　存二十八卷(二十三至五
十)

210000－4082－0000413　413
仁王護國般若經疏五卷　（隋）釋智者説
（唐）釋灌頂記　清光緒十一年(1885)江北刻
經處刻本　一冊

210000－4082－0000414　414
金剛般若波羅蜜經宗通九卷　（後秦）釋鳩摩
羅什譯　清光緒十一年(1885)金陵刻經處刻
本　二冊

210000－4082－0000415　415
金剛般若波羅蜜經宗通九卷　（後秦）釋鳩摩
羅什譯　清光緒十一年(1885)金陵刻經處刻
本　二冊

210000－4082－0000416　416
金剛般若波羅蜜經宗通九卷　（後秦）釋鳩摩
羅什譯　清光緒十一年(1885)金陵刻經處刻
本　二冊

210000－4082－0000417　417
比丘尼傳四卷　（晉）釋寶唱撰　清光緒十一
年(1885)金陵刻經處刻本　一冊

210000－4082－0000418　418
大乘起信論纂注二卷　（南朝梁）釋眞諦譯
（明）釋眞界纂注　清光緒十一年(1885)金陵

刻經處刻本　一冊

210000－4082－0000419　419
大乘起信論纂注二卷　（南朝梁）釋眞諦譯
（明）釋眞界纂注　清光緒十一年(1885)金陵
刻經處刻本　一冊

210000－4082－0000420　420
西歸直指五卷　（清）周夢顏彙輯　清光緒十
一年(1885)金陵刻經處刻本　一冊

210000－4082－0000421　421
佛說四十二章經解一卷　（明）釋智旭著　佛
遺教經解一卷　（明）釋智旭述　八大人覺經
略解一卷　（後漢）釋安世高譯　（明）釋智旭
解　清光緒十一年(1885)金陵刻經處刻本
一冊

210000－4082－0000422　422
佛說四十二章經解一卷佛說教經解一卷
（明）釋智旭撰　八大人覺經略解一卷　（後
漢）釋安世高譯　（明）釋智旭解　清光緒十
一年(1885)金陵刻經處刻本　一冊

210000－4082－0000423　423
佛說四十二章經解一卷佛說教經解一卷
（明）釋智旭撰　八大人覺經略解一卷　（後
漢）釋安世高譯　（明）釋智旭解　清光緒十
一年(1885)金陵刻經處刻本　一冊

210000－4082－0000424　424
比丘尼傳四卷　（晉）釋寶唱撰　清光緒十一
年(1885)金陵刻經處刻本　一冊

210000－4082－0000425　425
大乘起信論纂注二卷　（南朝梁）釋眞諦譯
（明）釋眞界纂　清光緒十一年(1885)金陵刻
經處刻本　一冊

210000－4082－0000426　426
佛說四十二章經解一卷　（明）釋智旭著　佛
遺教經解一卷　（明）釋智旭述　八大人覺經
略解一卷　（後漢）釋安世高譯　（明）釋智旭
解　清光緒十一年(1885)金陵刻經處刻本
一冊

210000－4082－0000427　427

佛說四十二章經解一卷　（明）釋智旭著　佛遺教經解一卷　（明）釋智旭述　八大人覺經略解一卷　（後漢）釋安世高譯　（明）釋智旭解　清光緒十一年(1885)金陵刻經處刻本　一冊

210000－4082－0000428　428

佛說四十二章經解一卷　（明）釋智旭著　佛遺教經解一卷　（明）釋智旭述　八大人覺經略解一卷　（後漢）釋安世高譯　（明）釋智旭解　清光緒十一年(1885)金陵刻經處刻本　一冊

210000－4082－0000429　429

摩訶般若波羅蜜經三十卷　（後秦）釋鳩摩羅什譯　清光緒十一年(1885)如皋刻經處刻本　二冊　存七卷(一至三、八至十一)

210000－4082－0000430　430

三千有門頌畧解一卷　（明）釋真覺解　清光緒十一年(1885)昭廣寺慧空經房刻本　一冊

210000－4082－0000431　431

雜阿含經五十卷　（南朝宋）釋求那跋陀羅譯　清光緒十一年至十四年(1885－1888)常熟刻經處刻本　十一冊

210000－4082－0000432　432

妙法蓮華經觀世音菩薩普門品一卷　清光緒十二年(1886)江北刻經處刻本　一冊

210000－4082－0000433　433

勝鬘師子吼一乘大方便方廣經一卷　（南朝宋）釋求那跋陀羅譯　勝鬘經寶窟十五卷　（唐）釋吉藏撰　清光緒十二年(1886)金陵刻經處刻本　一冊　存四卷(勝鬘師子吼一乘大方便方廣經一卷、勝鬘經寶窟一至三)

210000－4082－0000434　434

續指月錄二十卷首一卷尊宿集一卷　（清）聶先編集　（清）江湘參訂　清光緒十二年(1886)金陵刻經處刻本　六冊

210000－4082－0000435　435

續指月錄二十卷首一卷尊宿集一卷　（清）聶先編集　（清）江湘參訂　清光緒十二年(1886)金陵刻經處刻本　六冊

210000－4082－0000436　436

續指月錄二十卷首一卷尊宿集一卷　（清）聶先編集　（清）江湘參訂　清光緒十二年(1886)金陵刻經處刻本　六冊

210000－4082－0000437　437

續指月錄二十卷首一卷尊宿集一卷　（清）聶先編集　（清）江湘參訂　清光緒十二年(1886)金陵刻經處刻本　五冊　存十八卷(一至十八)

210000－4082－0000438　438

宗範八卷　（清）錢伊庵輯　清光緒十二年(1886)金陵刻經處刻本　一冊　存二卷(七至八)

210000－4082－0000439　439

大方廣圓覺脩多羅了義經近釋六卷　（明）釋通潤述　清光緒十二年(1886)金陵刻經處刻本　二冊

210000－4082－0000440　440

光讚般若波羅密經十卷　（晉）釋竺法護譯　清光緒十二年(1886)刻本　一冊　存五卷(一至五)

210000－4082－0000441　441

釋鑑稽古略續集一卷　（明）釋大聞輯　清光緒十二年(1886)刻本　一冊

210000－4082－0000442　442

釋氏稽古略四卷　（元）釋覺岸編集　續略三卷　（明）釋大聞彙編　清光緒十二年(1886)刻本　二冊　存四卷(古略四、續略三卷)

210000－4082－0000443　443

淨土十疑論一卷　（隋）釋智者說　念佛三昧寶王論序三卷　（唐）釋飛錫撰　淨土生無生論一卷　（明）釋傳燈撰　清光緒十二年(1886)影印本　一冊

210000－4082－0000444　444

佛說長阿含經二十二卷　（後秦）釋佛陀耶舍

（後秦）竺佛念譯　清光緒十三年(1887)姑蘇刻經處刻本　四冊　存十八卷(五至二十二)

210000－4082－0000445　445

石屋珙禪師語錄二卷　（元）釋清珙撰　（明）釋至柔等編　清光緒十三年(1887)杭州瑪瑙經房刻本　一冊

210000－4082－0000446　446

維摩詰所說經注八卷　（後秦）釋鳩摩羅什譯　（後秦）釋僧肇注　清光緒十三年(1887)金陵刻經處刻本　一冊　存四卷(五至八)

210000－4082－0000447　447

孚佑帝君純陽祖師三世因果說一卷　清光緒十三年(1887)刻本　一冊

210000－4082－0000448　448

道行般若波羅蜜經十卷　（後漢）釋支婁迦讖譯　清光緒十三年(1887)刻本　一冊　存五卷(一至五)

210000－4082－0000449　449

萬善先資集四卷　（清）周思仁撰　清光緒十三年(1887)刻本　二冊

210000－4082－0000450　450

金剛三昧經通宗記十二卷首一卷末一卷（清）釋袾震述　清光緒十三年(1887)天臺山真覺寺敏曦刻本　二冊　存八卷(一至三、九至十二,首一卷)

210000－4082－0000451　451

集一切福德三昧經三卷　（後秦）釋鳩摩羅什譯　清光緒十四年(1888)江北刻經處刻本　一冊

210000－4082－0000452　452

佛母大孔雀明王經三卷　（唐）釋不空譯　清光緒十四年(1888)常熟刻經處刻本　一冊

210000－4082－0000453　453

地藏菩薩本願經三卷　（唐）釋實叉難陀譯　清光緒十四年(1888)觀如刻本　二冊　存二卷(中、下)

210000－4082－0000454　454

地藏菩薩本願經三卷　（唐）釋實叉難陀譯　清光緒十四年(1888)觀如刻本　二冊　存二卷(中、下殘)

210000－4082－0000455　455

地藏菩薩本願經三卷　（唐）釋實叉難陀譯　清光緒十四年(1888)觀如刻本　一冊　存一卷(中)

210000－4082－0000456　456

大佛頂首楞嚴經玄義四卷　（明）釋傳燈述　清光緒十四年(1888)杭城慧空經房刻本　二冊

210000－4082－0000457　457

菩薩瓔珞本業經二卷　（後秦）釋竺佛念譯　佛說受十善戒經一卷　清光緒十四年(1888)江北刻經處刻本　一冊

210000－4082－0000458　458

菩薩瓔珞本業經二卷　（後秦）釋竺佛念譯　清光緒十四年(1888)江北刻經處刻本　一冊

210000－4082－0000459　459

法句經三卷　（三國吳）釋維祇難等譯　清光緒十四年(1888)江北刻經處刻本　一冊

210000－4082－0000460　460

佛說仁王護國般若波羅蜜經疏神寶記四卷（宋）釋善月述　清光緒十四年(1888)江北刻經處刻本　一冊

210000－4082－0000461　461

地藏菩薩本願經三卷　（唐）釋實叉難陀譯　清光緒十四年(1888)金陵刻經處刻本　一冊　存一卷(下)

210000－4082－0000462　462

肇論略注六卷　（明）釋德清述　清光緒十四年(1888)金陵刻經處刻本　一冊　存三卷(四至六)

210000－4082－0000463　463

勸戒近錄六卷　（清）梁恭辰撰　清光緒十四年(1888)刻本　二冊

210000－4082－0000464　464

出曜經二十卷　（後秦）釋竺佛念譯　清光緒
十五年（1889）江北刻經處刻本　六冊

210000－4082－0000465　465

道宣律師感通錄一卷　（唐）釋道宣撰　清光
緒十五年（1889）江北刻經處刻本　一冊

210000－4082－0000466　466

道宣律師感通錄一卷　（唐）釋道宣撰　清光
緒十五年（1889）江北刻經處刻本　一冊

210000－4082－0000467　467

佛說轉女身經一卷　（南朝宋）釋曇摩蜜多譯
　如來莊嚴智慧光明入一切佛境界經二卷
（北魏）釋曇摩流支譯　清光緒十五年（1889）
江北刻經處刻本　一冊

210000－4082－0000468　468

華嚴感應緣起傳一卷　（清）釋弘璧輯　清光
緒十五年（1889）江北刻經處刻本　一冊

210000－4082－0000469　469

華嚴感應緣起傳一卷　（清）釋弘璧輯　清光
緒十五年（1889）江北刻經處刻本　一冊

210000－4082－0000470　470

佛說轉女身經一卷　（南朝宋）釋曇摩蜜多譯
　如來莊嚴智慧光明入一切佛境界經二卷
（北魏）釋曇摩流支譯　清光緒十五年（1889）
江北刻經處刻本　一冊

210000－4082－0000471　471

高峰大師語錄不分卷　（元）釋原妙撰　清光
緒十五年（1889）金陵刻經處刻本　一冊

210000－4082－0000472　472

大乘起信論疏筆削記會閱十卷首一卷　（唐）
釋法藏述疏　（唐）釋宗密錄注　（宋）釋子璿
修記　（清）釋續法會編　清光緒十五年
（1889）刻本　一冊　存一卷（十）

210000－4082－0000473　473

大佛頂首楞嚴經疏解蒙鈔六十卷　（清）錢謙
益撰　清光緒十五年（1889）刻本　二十冊

210000－4082－0000474　474

大乘起信論疏筆削記會閱十卷首一卷　（唐）
釋法藏述疏　（唐）釋宗密錄注　（宋）釋子璿
修記　（清）釋續法會編　清光緒十五年
（1889）刻本　十

210000－4082－0000475　475

千手千眼觀世音菩薩廣大圓滿無礙大悲心懺
一卷　清光緒十五年（1889）盛京兵部侍郎鳳
秀刻本　一冊

210000－4082－0000476　476

大乘起信論直解二卷　清光緒十六年（1890）
金陵刻經處刻本　一冊

210000－4082－0000477　477

大乘起信論直解二卷　清光緒十六年（1890）
金陵刻經處刻本　一冊

210000－4082－0000478　478

大乘起信論直解二卷　清光緒十六年（1890）
金陵刻經處刻本　一冊

210000－4082－0000479　479

大乘起信論直解二卷　清光緒十六年（1890）
金陵刻經處刻本　一冊

210000－4082－0000480　480

大乘起信論直解二卷　清光緒十六年（1890）
金陵刻經處刻本　一冊

210000－4082－0000481　481

大乘起信論直解二卷　清光緒十六年（1890）
金陵刻經處刻本　一冊

210000－4082－0000482　482

大乘起信論直解二卷　清光緒十六年（1890）
金陵刻經處刻本　一冊

210000－4082－0000483　483

大乘起信論直解二卷　清光緒十六年（1890）
金陵刻經處刻本　一冊

210000－4082－0000484　484

高僧傳二集四十卷　（唐）釋道宣撰　清光緒
十六年（1890）江北刻經處刻本　二冊　存八
卷（五至八、三十七至四十）

210000－4082－0000485　485

佛祖心燈諸家宗派剌麻溯源一卷 清光緒十
六年（1890）金陵刻經處刻本 一冊

210000－4082－0000486 486

大乘起信論直解二卷 清光緒十六年（1890）
金陵刻經處刻本 一冊

210000－4082－0000487 487

大乘起信論直解二卷 清光緒十六年（1890）
金陵刻經處刻本 一冊

210000－4082－0000488 488

大乘起信論直解二卷 清光緒十六年（1890）
金陵刻經處刻本 一冊

210000－4082－0000489 489

大乘起信論直解二卷 清光緒十六年（1890）
金陵刻經處刻本 一冊

210000－4082－0000490 490

大乘起信論直解二卷 清光緒十六年（1890）
金陵刻經處刻本 一冊

210000－4082－0000491 491

大乘起信論直解二卷 清光緒十六年（1890）
金陵刻經處刻本 一冊

210000－4082－0000492 492

大乘起信論直解二卷 清光緒十六年（1890）
金陵刻經處刻本 一冊

210000－4082－0000493 493

大乘起信論直解二卷 清光緒十六年（1890）
金陵刻經處刻本 一冊

210000－4082－0000494 494

大乘起信論直解二卷 清光緒十六年（1890）
金陵刻經處刻本 一冊

210000－4082－0000495 495

大乘起信論直解二卷 清光緒十六年（1890）
金陵刻經處刻本 一冊

210000－4082－0000496 496

大乘起信論直解二卷 清光緒十六年（1890）
金陵刻經處刻本 一冊

210000－4082－0000497 497

大乘起信論直解二卷 清光緒十六年（1890）
金陵刻經處刻本 一冊

210000－4082－0000498 498

大乘起信論直解二卷 清光緒十六年（1890）
金陵刻經處刻本 一冊

210000－4082－0000499 499

大乘起信論直解二卷 清光緒十六年（1890）
金陵刻經處刻本 一冊

210000－4082－0000500 500

大乘起信論直解二卷 清光緒十六年（1890）
金陵刻經處刻本 一冊

210000－4082－0000501 501

大乘起信論直解二卷 清光緒十六年（1890）
金陵刻經處刻本 一冊

210000－4082－0000502 502

大乘起信論直解二卷 清光緒十六年（1890）
金陵刻經處刻本 一冊

210000－4082－0000503 503

大乘起信論直解二卷 清光緒十六年（1890）
金陵刻經處刻本 一冊

210000－4082－0000504 504

大乘起信論直解二卷 清光緒十六年（1890）
金陵刻經處刻本 一冊

210000－4082－0000505 505

大乘起信論直解二卷 清光緒十六年（1890）
金陵刻經處刻本 一冊

210000－4082－0000506 506

大乘起信論直解二卷 清光緒十六年（1890）
金陵刻經處刻本 一冊

210000－4082－0000507 507

大乘起信論直解二卷 清光緒十六年（1890）
金陵刻經處刻本 一冊

210000－4082－0000508 508

大乘起信論直解二卷 清光緒十六年（1890）
金陵刻經處刻本 一冊

210000－4082－0000509 509

大乘起信論直解二卷　清光緒十六年（1890）
金陵刻經處刻本　一冊

210000－4082－0000510　510

大乘起信論直解二卷　清光緒十六年（1890）
金陵刻經處刻本　一冊

210000－4082－0000511　511

大乘起信論直解二卷　清光緒十六年（1890）
金陵刻經處刻本　一冊

210000－4082－0000512　512

大乘起信論直解二卷　清光緒十六年（1890）
金陵刻經處刻本　一冊

210000－4082－0000513　513

大乘起信論直解二卷　清光緒十六年（1890）
金陵刻經處刻本　一冊

210000－4082－0000514　514

大乘起信論直解二卷　清光緒十六年（1890）
金陵刻經處刻本　一冊

210000－4082－0000515　515

大乘起信論直解二卷　清光緒十六年（1890）
金陵刻經處刻本　一冊

210000－4082－0000516　516

大乘起信論直解二卷　清光緒十六年（1890）
金陵刻經處刻本　一冊

210000－4082－0000517　517

大乘起信論直解二卷　清光緒十六年（1890）
金陵刻經處刻本　一冊

210000－4082－0000518　518

大乘起信論直解二卷　清光緒十六年（1890）
金陵刻經處刻本　一冊

210000－4082－0000519　519

大乘起信論直解二卷　清光緒十六年（1890）
金陵刻經處刻本　一冊

210000－4082－0000520　520

大乘起信論直解二卷　清光緒十六年（1890）
金陵刻經處刻本　一冊

210000－4082－0000521　521

大乘起信論直解二卷　清光緒十六年（1890）
金陵刻經處刻本　一冊

210000－4082－0000522　522

大乘起信論直解二卷　清光緒十六年（1890）
金陵刻經處刻本　一冊

210000－4082－0000523　523

大乘起信論直解二卷　清光緒十六年（1890）
金陵刻經處刻本　一冊

210000－4082－0000524　524

大乘起信論直解二卷　清光緒十六年（1890）
金陵刻經處刻本　一冊

210000－4082－0000525　525

大乘起信論直解二卷　清光緒十六年（1890）
金陵刻經處刻本　一冊

210000－4082－0000526　526

大乘起信論直解二卷　清光緒十六年（1890）
金陵刻經處刻本　一冊

210000－4082－0000527　527

大乘起信論直解二卷　清光緒十六年（1890）
金陵刻經處刻本　一冊

210000－4082－0000528　528

大乘起信論直解二卷　清光緒十六年（1890）
金陵刻經處刻本　一冊

210000－4082－0000529　529

大乘起信論直解二卷　清光緒十六年（1890）
金陵刻經處刻本　一冊

210000－4082－0000530　530

大乘起信論直解二卷　清光緒十六年（1890）
金陵刻經處刻本　一冊

210000－4082－0000531　531

大乘起信論直解二卷　清光緒十六年（1890）
金陵刻經處刻本　一冊

210000－4082－0000532　532

大乘起信論直解二卷　清光緒十六年（1890）
金陵刻經處刻本　一冊

210000－4082－0000533　533

大乘起信論直解二卷　清光緒十六年（1890）
金陵刻經處刻本　一冊

210000－4082－0000534　534

大乘起信論直解二卷　清光緒十六年（1890）
金陵刻經處刻本　一冊

210000－4082－0000535　535

大乘起信論直解二卷　清光緒十六年（1890）
金陵刻經處刻本　一冊

210000－4082－0000536　536

大乘起信論直解二卷　清光緒十六年（1890）
金陵刻經處刻本　一冊

210000－4082－0000537　537

大乘起信論直解二卷　清光緒十六年（1890）
金陵刻經處刻本　一冊

210000－4082－0000538　538

大乘起信論直解二卷　清光緒十六年（1890）
金陵刻經處刻本　一冊

210000－4082－0000539　539

大乘起信論直解二卷　清光緒十六年（1890）
金陵刻經處刻本　一冊

210000－4082－0000540　540

大乘起信論直解二卷　清光緒十六年（1890）
金陵刻經處刻本　一冊

210000－4082－0000541　541

大乘起信論直解二卷　清光緒十六年（1890）
金陵刻經處刻本　一冊

210000－4082－0000542　542

大乘起信論直解二卷　清光緒十六年（1890）
金陵刻經處刻本　一冊

210000－4082－0000543　543

大乘起信論直解二卷　清光緒十六年（1890）
金陵刻經處刻本　一冊

210000－4082－0000544　544

大乘起信論直解二卷　清光緒十六年（1890）
金陵刻經處刻本　一冊

210000－4082－0000545　545

大乘起信論直解二卷　清光緒十六年（1890）
金陵刻經處刻本　一冊

210000－4082－0000546　546

大乘起信論直解二卷　清光緒十六年（1890）
金陵刻經處刻本　一冊

210000－4082－0000547　547

大乘起信論直解二卷　清光緒十六年（1890）
金陵刻經處刻本　一冊

210000－4082－0000548　548

大乘起信論直解二卷　清光緒十六年（1890）
金陵刻經處刻本　一冊

210000－4082－0000549　549

大乘起信論直解二卷　清光緒十六年（1890）
金陵刻經處刻本　一冊

210000－4082－0000550　550

大乘起信論直解二卷　清光緒十六年（1890）
金陵刻經處刻本　一冊

210000－4082－0000551　551

大乘起信論直解二卷　清光緒十六年（1890）
金陵刻經處刻本　一冊

210000－4082－0000552　552

大乘起信論直解二卷　清光緒十六年（1890）
金陵刻經處刻本　一冊

210000－4082－0000553　553

大乘起信論直解二卷　清光緒十六年（1890）
金陵刻經處刻本　一冊

210000－4082－0000554　554

大乘起信論直解二卷　清光緒十六年（1890）
金陵刻經處刻本　一冊

210000－4082－0000555　555

大乘起信論直解二卷　清光緒十六年（1890）
金陵刻經處刻本　一冊

210000－4082－0000556　556

大乘起信論直解二卷　清光緒十六年（1890）
金陵刻經處刻本　一冊

210000－4082－0000557　557

大方廣佛華嚴經吞海集三卷　（宋）釋道通撰
清光緒十六年（1890）金陵刻經處刻本
一冊

210000－4082－0000558　558
勸修淨土切要一卷　（清）釋眞益纂述　清光
緒十六年（1890）刻本　一冊

210000－4082－0000559　559
十善業道經節要一卷善惡十界業道品一卷
（明）釋蕅益編訂　勸修淨土切要一卷　眞益
願纂述　清光緒十六年（1890）揚州藏經院刻
本　一冊

210000－4082－0000560　560
寶王三昧念佛道直指二卷　（明）釋妙葉集
清光緒十七年（1891）杭州佛經流通處鉛印本
一冊

210000－4082－0000561　561
四分戒本一卷　（後秦）釋佛陀耶舍譯　（清）
釋讀體重錄　毗尼日用切要一卷　（清）釋讀
體彙集　清光緒十八年（1892）華英精舍鉛印
本　一冊

210000－4082－0000562　562
緇門警訓十卷　（明）釋如巹續集　清光緒十
八年（1892）江北刻經處刻本　一冊　存五卷
（六至十）

210000－4082－0000563　563
緇門警訓十卷　（明）釋如巹續集　清光緒十
八年（1892）江北刻經處刻本　二冊

210000－4082－0000564　564
菩薩瓔珞經二十卷　（後秦）釋竺佛念譯　清
光緒十八年（1892）江北刻經處刻本　四冊

210000－4082－0000565　565
菩薩瓔珞經二十卷　（後秦）釋竺佛念譯　清
光緒十八年（1892）江北刻經處刻本　三冊
存十五卷（六至二十）

210000－4082－0000566　566
菩薩瓔珞經二十卷　（後秦）釋竺佛念譯　清
光緒十八年（1892）江北刻經處刻本　一冊

存四卷（十三至十六）

210000－4082－0000567　567
高僧傳四集六卷　（明）釋如惺撰　清光緒十
八年（1892）江北刻經處刻本　一冊　存三卷
（四至六）

210000－4082－0000568　568
入楞伽心玄義一卷　（唐）釋法藏撰　清光緒
十八年（1892）金陵刻經處刻本　一冊

210000－4082－0000569　569
阿彌陀經疏鈔事義一卷問辯一卷四十八答問
一卷淨土疑辯一卷　清光緒十八年（1892）金
陵刻經處刻本　一冊

210000－4082－0000570　570
閱藏知津四十四卷總目四卷　（清）釋智旭彙
輯　清光緒十八年（1892）金陵刻經處刻本
九冊　存四十四卷（閱藏知津四十四卷）

210000－4082－0000571　571
四分戒本一卷　（後秦）釋佛陀耶舍等譯　清
光緒十八年（1892）金陵刻經處刻本　一冊

210000－4082－0000572　572
四分戒本一卷　（後秦）釋佛陀耶舍等譯　清
光緒十八年（1892）金陵刻經處刻本　一冊

210000－4082－0000573　573
閱藏知津四十四卷總目四卷　（清）釋智旭輯
清光緒十八年（1892）金陵刻經處刻本
十冊

210000－4082－0000574　574
入楞伽心玄義一卷　（唐）釋法藏撰　清光緒
十八年（1892）金陵刻經處刻本　一冊

210000－4082－0000575　575
禪源諸詮集都序四卷　（唐）釋宗密述　清光
緒十八年（1892）金陵刻經處刻本　一冊

210000－4082－0000576　576
佛說阿彌陀經一卷　（後秦）釋鳩摩羅什譯
清光緒十八年（1892）楊淨超刻本　一冊

210000－4082－0000577　577
妙法蓮華經七卷　（後秦）釋鳩摩羅什譯　清

光緒十八年（1892）本融等刻本　二冊　存二卷（六至七）

210000－4082－0000578　578

毗尼日用切要一卷沙彌律儀要略一卷　（清）釋讀體集　清光緒十八年（1892）、二十一年（1895）金陵刻經處刻本　一冊

210000－4082－0000579　579

沙彌十戒威儀錄要一卷　（明）釋智旭輯　四分律藏大小持戒犍度畧釋一卷　（晉）釋佛陀耶舍　（晉）釋竺佛念譯　（晉）釋智旭釋　清光緒十九年（1893）江北刻經處刻本　一冊

210000－4082－0000580　580

重治毗尼事義集要十七卷首一卷　（明）釋智旭彙釋　沙彌十戒威儀錄要一卷　（明）釋智旭重輯　四分律藏大小持戒犍度畧釋一卷　（晉）釋佛陀耶舍　（晉）釋竺佛念譯　（明）釋智旭釋　清光緒十九年（1893）江北刻經處刻本　七冊

210000－4082－0000581　581

重治毗尼事義集要十七卷首一卷　（明）釋智旭彙釋　沙彌十戒威儀錄要一卷　（明）釋智旭重輯　四分律藏大小持戒犍度畧釋一卷　（晉）釋佛陀耶舍　（晉）釋竺佛念譯　（明）釋智旭釋　清光緒十九年（1893）江北刻經處刻本　五冊　存十五卷（六至十七、首一卷、沙彌十戒一卷、四分律藏一卷）

210000－4082－0000582　582

妙法蓮華經台宗會義十六卷　（明）釋智旭述　清光緒十九年（1893）江北刻經處刻本　四冊　存八卷（一至二、七至八、十一至十二、十五至十六）

210000－4082－0000583　583

妙法蓮華經台宗會義十六卷　（明）釋智旭述　清光緒十九年（1893）江北刻經處刻本　一冊　存二卷（一至二）

210000－4082－0000584　584

佛說出家功德經一卷　清光緒十九年（1893）刻本　一冊

210000－4082－0000585　585

觀無量壽佛經四帖疏四卷　（唐）釋善導集記　清光緒二十年（1894）金陵刻經處刻本　二冊

210000－4082－0000586　586

佛說無量壽經義疏六卷　（三國魏）釋康僧鎧譯　（隋）釋慧遠撰　清光緒二十年（1894）金陵刻經處刻本　一冊　存三卷（四至六）

210000－4082－0000587　587

玉歷鈔傳警世二卷　清光緒二十年（1894）刻本　一冊

210000－4082－0000588　588

大乘修行菩薩行門諸經要集三卷　（唐）釋智嚴譯　清光緒二十一年（1895）江北刻經處刻本　一冊

210000－4082－0000589　589

諸佛要集經二卷　（晉）釋竺法護譯　佛說菩薩投身飼餓虎起塔因緣經一卷　（北涼）釋法盛譯　不思議光菩薩所說經一卷　（後秦）釋鳩摩羅什譯　清光緒二十一年（1895）金陵經房刻本　一冊

210000－4082－0000590　590

諸佛要集經二卷　（晉）釋竺法護譯　佛說菩薩投身飼餓虎起塔因緣經一卷　（北涼）釋法盛譯　不思議光菩薩所說經一卷　（後秦）釋鳩摩羅什譯　清光緒二十一年（1895）金陵經房刻本　一冊

210000－4082－0000591　591

流轉章一卷　（唐）釋法藏述　清光緒二十一年（1895）金陵刻經處刻本　一冊

210000－4082－0000592　592

華嚴法界玄鏡三卷　（唐）釋澄觀述　法華嚴法界觀門一卷　（唐）釋宗密述　清光緒二十一年（1895）金陵刻經處刻本　一冊

210000－4082－0000593　593

四分比丘尼戒本一卷　（後秦）釋佛陀耶舍　（後秦）釋竺佛念譯　清光緒二十一年（1895）金陵刻經處刻本　一冊

210000－4082－0000594　594

十二門論宗致義記三卷　（唐）釋法藏述　清光緒二十一年(1895)金陵刻經處刻本　一冊

210000－4082－0000595　595

大乘法界無差別論疏二卷　（唐）釋法藏撰　清光緒二十一年(1895)金陵刻經處刻本　一冊

210000－4082－0000596　596

大乘法界無差別論疏二卷　（唐）釋法藏撰　清光緒二十一年(1895)金陵刻經處刻本　一冊

210000－4082－0000597　597

十二門論一卷　（後秦）釋鳩摩羅什譯　清光緒二十一年(1895)金陵刻經處刻本　一冊

210000－4082－0000598　598

大乘法界無差別論疏二卷　（唐）釋法藏撰　清光緒二十一年(1895)金陵刻經處刻本　一冊

210000－4082－0000599　599

十二門論一卷　（後秦）釋鳩摩羅什譯　清光緒二十一年(1895)金陵刻經處刻本　一冊

210000－4082－0000600　600

十二門論宗致義記三卷　（唐）釋法藏述　清光緒二十一年(1895)金陵刻經處刻本　一冊

210000－4082－0000601　601

華嚴法界玄鏡三卷　（唐）釋澄觀述　注華嚴法界觀門一卷　（唐）釋宗密注　清光緒二十一年(1895)金陵刻經處刻本　佚名批注　一冊

210000－4082－0000602　602

大乘法界無差別論疏二卷　（唐）釋法藏撰　清光緒二十一年(1895)金陵刻經處刻本　一冊

210000－4082－0000603　603

華嚴經義海百門一卷　（唐）釋法藏述　大華嚴經略策一卷　（唐）釋澄觀述　清光緒二十一年(1895)金陵刻經篆刻本　一冊

210000－4082－0000604　604

妙法蓮華經觀世音菩薩普門品一卷　（後秦）釋鳩摩羅什譯　（明）釋智旭會義分節　清光緒二十一年(1895)孫鏘七千卷樓刻本　一冊

210000－4082－0000605　605

金剛經彙纂一卷　（清）孫念劬纂　心經彙纂一卷　清光緒二十二年(1896)刻本　一冊

210000－4082－0000606　606

勝鬘師子吼一乘大方便方廣經一卷　（南朝宋）釋求那跋陀羅譯　勝鬘夫人會一卷　（唐）釋菩提流志譯　清光緒二十二年(1896)金陵刻經處刻本　一冊

210000－4082－0000607　607

大佛頂首楞嚴經正脈疏四十卷首一卷　（明）釋真鑒述　（明）釋福登校　清光緒二十二年(1896)金陵刻經處刻本　十四冊

210000－4082－0000608　608

大乘止觀法門釋要六卷　（明）釋智旭撰　清光緒二十二年(1896)刻本　二冊

210000－4082－0000609　609

大佛頂首楞嚴經正脈疏四十卷　（明）釋真鑒述　（明）釋福登校　清光緒二十二年(1896)金陵刻經處刻本　七冊　存二十卷（二十一至四十）

210000－4082－0000610　610

華嚴一乘十玄門一卷華嚴五十要問答二卷　（唐）釋智儼撰　清光緒二十二年(1896)金陵刻經處刻本　一冊

210000－4082－0000611　611

華嚴一乘十玄門一卷　（唐）釋智儼撰　華嚴五十要問答二卷　（唐）釋智儼集　清光緒二十二年(1896)金陵刻經處刻本　一冊

210000－4082－0000612　612

華嚴一乘十玄門一卷　（唐）釋智儼撰　華嚴五十要問答二卷　（唐）釋智儼集　清光緒二十二年(1896)金陵刻經處刻本　一冊

210000－4082－0000613　613

華嚴一乘十玄門一卷 （唐）釋智儼撰 **華嚴五十要問答二卷** （唐）釋智儼集 清光緒二十二年（1896）金陵刻經處刻本 一冊

210000－4082－0000614 614

永嘉真覺大師證道歌一卷 （宋）釋彥琪注 清光緒二十二年（1896）京口丹徒縣李培楨刻本 一冊

210000－4082－0000615 615

永嘉真覺大師證道歌一卷 （宋）釋彥琪注 清光緒二十二年（1896）京口丹徒縣李培楨刻本 一冊

210000－4082－0000616 616

大乘止觀法門釋要六卷 （明）釋智旭述 清光緒二十二年（1896）李培楨刻本 一冊 存三卷（四至六）

210000－4082－0000617 617

金剛經心經注彙纂二卷 清光緒二十二年（1896）揚州藏經院刻本 一冊 存一卷（上）

210000－4082－0000618 618

法華經安樂行義一卷 （南朝陳）釋南嶽思說 清光緒二十三年（1897）金陵刻經處刻本 一冊

210000－4082－0000619 619

佛說阿彌陀經要解便蒙鈔三卷 （清）釋達默造鈔 （清）釋達林參訂 清光緒二十三年（1897）三觀精舍刻本 三冊

210000－4082－0000620 620

佛說阿彌陀經要解便蒙鈔三卷 （清）釋達默造鈔 （清）釋達林參訂 清光緒二十三年（1897）三觀精舍刻本 三冊

210000－4082－0000621 621

佛說阿彌陀經要解便蒙鈔三卷 （清）釋達默造鈔 （清）釋達林參訂 清光緒二十三年（1897）三觀精舍刻本 三冊

210000－4082－0000622 622

唐大薦福寺故寺主翻經大德法藏和尚傳一卷 （唐）崔致遠撰 清光緒二十三年（1897）金陵刻經處刻本 一冊

210000－4082－0000623 623

金剛般若經疏一卷 （隋）釋智顗說 （隋）釋顯宗會 **般若波羅蜜多心經疏一卷** （唐）釋玄奘譯 清光緒二十三年（1897）金陵刻經處刻本 佚名批校 一冊

210000－4082－0000624 624

大乘密嚴經三卷 （唐）釋不空譯 清光緒二十三年（1897）金陵刻經處刻本 一冊

210000－4082－0000625 625

安樂集二卷 （唐）釋道綽撰 清光緒二十三年（1897）金陵刻經處刻本 一冊

210000－4082－0000626 626

安樂集二卷 （唐）釋道綽撰 清光緒二十三年（1897）金陵刻經處刻本 一冊

210000－4082－0000627 627

唐大薦福寺故寺主翻經大德法藏和尚傳一卷 （唐）崔致遠撰 清光緒二十三年（1897）金陵刻經處刻本 一冊

210000－4082－0000628 628

金剛般若經疏一卷 （隋）釋智顗說 （隋）釋顯宗會 **般若波羅蜜多心經疏一卷** （唐）釋玄奘譯 清光緒二十三年（1897）金陵刻經處刻本 一冊

210000－4082－0000629 629

佛說阿彌陀經要解便蒙鈔三卷 （清）釋達默造鈔 （清）釋達林參訂 清光緒二十三年（1897）三觀精舍刻本 三冊

210000－4082－0000630 630

佛說阿彌陀經要解便蒙鈔三卷 （清）釋達默造鈔 （清）釋達林參訂 清光緒二十三年（1897）三觀精舍刻本 三冊

210000－4082－0000631 631

佛說阿彌陀經要解便蒙鈔三卷 （清）釋達默造鈔 （清）釋達林參訂 清光緒二十三年（1897）三觀精舍刻本 三冊

210000－4082－0000632 632

佛說阿彌陀經要解便蒙鈔三卷 　（清）釋達默造鈔 　（清）釋達林參訂 　清光緒二十三年(1897)三觀精舍刻本 　三冊

210000－4082－0000633 　633
佛說阿彌陀經要解便蒙鈔三卷 　（清）釋達默造鈔 　（清）釋達林參訂 　清光緒二十三年(1897)三觀精舍刻本 　三冊

210000－4082－0000634 　634
佛說阿彌陀經要解便蒙鈔三卷 　（清）釋達默造鈔 　（清）釋達林參訂 　清光緒二十三年(1897)三觀精舍刻本 　二冊 　存二卷(中、下)

210000－4082－0000635 　635
佛說阿彌陀經要解便蒙鈔三卷 　（清）釋達默造鈔 　（清）釋達林參訂 　清光緒二十三年(1897)三觀精舍刻本 　二冊 　存二卷(中、下)

210000－4082－0000636 　636
佛說阿彌陀經要解便蒙鈔三卷 　（清）釋達默造鈔 　（清）釋達林參訂 　清光緒二十三年(1897)三觀精舍刻本 　三冊

210000－4082－0000637 　637
佛說阿彌陀經要解便蒙鈔三卷 　（清）釋達默造鈔 　（清）釋達林參訂 　清光緒二十三年(1897)三觀精舍刻本 　一冊 　存一卷(中)

210000－4082－0000638 　638
佛說阿彌陀經要解便蒙鈔三卷 　（清）釋達默造鈔 　（清）釋達林參訂 　清光緒二十三年(1897)三觀精舍刻本 　三冊

210000－4082－0000639 　639
佛說阿彌陀經要解便蒙鈔三卷 　（清）釋達默造鈔 　（清）釋達林參訂 　清光緒二十三年(1897)三觀精舍刻本 　三冊

210000－4082－0000640 　640
佛說阿彌陀經要解便蒙鈔三卷 　（清）釋達默造鈔 　（清）釋達林參訂 　清光緒二十三年(1897)三觀精舍刻本 　二冊 　存二卷(中、下)

210000－4082－0000641 　641
佛說阿彌陀經要解便蒙鈔三卷 　（清）釋達默造鈔 　（清）釋達林參訂 　清光緒二十三年(1897)三觀精舍刻本 　一冊 　存一卷(中)

210000－4082－0000642 　642
佛說阿彌陀經要解便蒙鈔三卷 　（清）釋達默造鈔 　（清）釋達林參訂 　清光緒二十三年(1897)三觀精舍刻本 　二冊 　存二卷(中、下)

210000－4082－0000643 　643
佛說阿彌陀經要解便蒙鈔三卷 　（清）釋達默造鈔 　（清）釋達林參訂 　清光緒二十三年(1897)三觀精舍刻本 　二冊 　存二卷(中、下)

210000－4082－0000644 　644
佛說阿彌陀經要解便蒙鈔三卷 　（清）釋達默造鈔 　（清）釋達林參訂 　清光緒二十三年(1897)三觀精舍刻本 　二冊 　存二卷(中、下)

210000－4082－0000645 　645
佛說阿彌陀經要解便蒙鈔三卷 　（清）釋達默造鈔 　（清）釋達林參訂 　清光緒二十三年(1897)三觀精舍刻本 　三冊

210000－4082－0000646 　646
佛說阿彌陀經要解便蒙鈔三卷 　（清）釋達默造鈔 　（清）釋達林參訂 　清光緒二十三年(1897)三觀精舍刻本 　二冊 　存二卷(中、下)

210000－4082－0000647 　647
佛說阿彌陀經要解便蒙鈔三卷 　（清）釋達默造鈔 　（清）釋達林參訂 　清光緒二十三年(1897)三觀精舍刻本 　二冊 　存二卷(中、下)

210000－4082－0000648 　648
佛說阿彌陀經要解便蒙鈔三卷 　（清）釋達默造鈔 　（清）釋達林參訂 　清光緒二十三年(1897)三觀精舍刻本 　二冊 　存二卷(中、下)

210000－4082－0000649　649

佛說阿彌陀經要解便蒙鈔三卷　（清）釋達默造鈔　（清）釋達林參訂　清光緒二十三年（1897）三觀精舍刻本　二冊　存二卷（中、下）

210000－4082－0000650　650

佛說阿彌陀經要解便蒙鈔三卷　（清）釋達默造鈔　（清）釋達林參訂　清光緒二十三年（1897）三觀精舍刻本　二冊　存二卷（中、下）

210000－4082－0000651　651

佛說阿彌陀經要解便蒙鈔三卷　（清）釋達默造鈔　（清）釋達林參訂　清光緒二十三年（1897）三觀精舍刻本　二冊　存二卷（中、下）

210000－4082－0000652　652

佛說阿彌陀經要解便蒙鈔三卷　（清）釋達默造鈔　（清）釋達林參訂　清光緒二十三年（1897）三觀精舍刻本　二冊　存二卷（中、下）

210000－4082－0000653　653

佛說阿彌陀經要解便蒙鈔三卷　（清）釋達默造鈔　（清）釋達林參訂　清光緒二十三年（1897）三觀精舍刻本　一冊　存一卷（下）

210000－4082－0000654　654

佛說阿彌陀經要解便蒙鈔三卷　（清）釋達默造鈔　（清）釋達林參訂　清光緒二十三年（1897）三觀精舍刻本　三冊

210000－4082－0000655　655

佛說阿彌陀經要解便蒙鈔三卷　（清）釋連默造鈔　（清）釋連林參訂　清光緒二十三年（1897）三觀精舍刻本　一冊　存一卷（下）

210000－4082－0000656　656

佛說阿彌陀經要解便蒙鈔三卷　（清）釋連默造鈔　（清）釋連林參訂　清光緒二十三年（1897）三觀精舍刻本　一冊　存一卷（下）

210000－4082－0000657　657

佛說阿彌陀經要解便蒙鈔三卷　（清）釋連默造鈔　（清）釋連林參訂　清光緒二十三年（1897）三觀精舍刻本　一冊　存一卷（下）

210000－4082－0000658　658

佛說阿彌陀經要解便蒙鈔三卷　（清）釋連默造鈔　（清）釋連林參訂　清光緒二十三年（1897）三觀精舍刻本　一冊　存一卷（下）

210000－4082－0000659　659

釋迦如來應化事蹟不分卷　清光緒二十三年（1897）石印本　四冊

210000－4082－0000660　660

淨土傳燈　清光緒二十三年（1897）延古齋刻本　一冊　存五卷（佛說阿彌陀經一卷、附阿彌陀疏鈔摘録一卷，彌陀要解摘録一卷，大阿彌陀經一卷，觀無量壽佛經一卷）

210000－4082－0000661　661

大乘起信論義記七卷　（唐）釋法藏撰　**大乘起信論別記一卷**　（唐）釋法藏撰　清光緒二十三年至二十四年（1897－1898）金陵刻經處刻本　一冊　存四卷（五至七、別記一卷）

210000－4082－0000662　662

佛說觀無量壽佛經疏四卷　（南朝宋）釋畺良耶舍譯　（唐）釋善導集記　清光緒二十四年（1898）金陵刻經處刻淨土古佚十書本　二冊

210000－4082－0000663　663

天臺四教儀注彙補輔宏記二十卷首一卷　清光緒二十四年（1898）觀宗講寺刻本　一冊　存一卷（首一卷）

210000－4082－0000664　664

修西定課一卷　（清）鄭澄德撰　清光緒二十四年（1898）金陵刻經處刻本　一冊

210000－4082－0000665　665

大乘起信論一卷　（南朝梁）釋眞諦譯　清光緒二十四年（1898）金陵刻經處刻本　一冊

210000－4082－0000666　666

大乘起信論一卷　（南朝梁）釋眞諦譯　清光緒二十四年（1898）金陵刻經處刻本　一冊

210000－4082－0000667　667

大乘起信論一卷 （唐）釋實叉難陀譯 清光緒二十四年（1898）金陵刻經處刻本 一冊

210000－4082－0000668 668

楞嚴摸象記一卷 （明）釋袾宏述 清光緒二十四年（1898）金陵刻經處刻本 一冊

210000－4082－0000669 669

般若燈論十五卷 （唐）釋波羅頗蜜多羅譯 清光緒二十四年（1898）金陵刻經處刻本 一冊 存五卷（十一至十五）

210000－4082－0000670 670

般若燈論十五卷 （唐）釋波羅頗蜜多羅譯 清光緒二十四年（1898）金陵刻經處刻本 一冊 存五卷（十一至十五）

210000－4082－0000671 671

佛說阿彌陀經義疏一卷 （宋）釋元照述 清光緒二十四年（1898）金陵刻經處刻本 一冊

210000－4082－0000672 672

教觀綱宗釋義紀三卷 （明）釋智旭撰 （清）釋默庵紀 清光緒二十四年（1898）刻本 一冊 存一卷（上）

210000－4082－0000673 673

天臺四教儀注彙補輔宏記十卷首一卷 （高麗）釋諦觀錄 （清）釋性權彙補 （天竺）釋蒙潤集注 清光緒二十四年（1898）刻本 十一冊

210000－4082－0000674 674

大佛頂如來密因修證了義諸菩薩萬行首楞嚴經十卷 （唐）釋般剌密諦 （唐）釋彌迦釋迦譯 （唐）房融筆受 清光緒二十四年（1898）天臺山佛龍真覺寺敏曦刻本 三冊

210000－4082－0000675 675

八指頭陀詩集十卷襟文一卷補遺一卷 釋敬安撰 清光緒二十四年（1898）葉氏刻本 二冊

210000－4082－0000676 676

雲棲法彙 （明）釋袾宏撰 清光緒二十四年至二十五年（1898－1899）金陵刻經處刻本

七冊 存九種十一卷（緇門崇行錄一卷、自知錄一卷、山房雜錄二卷、正訛集一卷、直道錄一卷、佛遺教經認疏節要一卷、竹窗二筆一卷、諸經日誦集要二卷、西方願文解一卷）

210000－4082－0000677 677

六祖大師法寶壇經一卷 （唐）釋法海等集 清光緒二十五年（1899）刻本 一冊

210000－4082－0000678 678

妙法蓮華經七卷 （後秦）釋鳩摩羅什譯 清光緒二十五年（1899）陳性真刻本 六冊 存六卷（一至二、四至七）

210000－4082－0000679 679

大乘起信論疏記會本六卷 （南朝梁）釋真諦譯 （唐）釋元曉疏並別記 清光緒二十五年（1899）金陵刻經處刻本 一冊 存三卷（四至六）

210000－4082－0000680 680

雲棲法彙二十九種 （明）釋袾宏撰 清光緒二十五年（1899）金陵刻經處刻本 二十六冊 存二十二種（菩薩戒疏發隱二至五、彌陀經疏鈔四卷、諸經日誦二卷、具戒便蒙一卷、沙彌要略一卷、尼戒錄要一卷、誦戒儀式一卷、緇門崇行錄一卷、自知錄二卷、往生集三卷、皇明名僧輯略不分卷、武林高僧事略一卷、華嚴感應略記一卷、放生儀一卷附戒殺放生文處會圓、施食補注、竹窗二筆不分卷、山房雜錄二卷、楞嚴摸象記不分卷附諸經摸象記一卷、竹窗三筆不分卷、正訛集一卷、竹窗隨筆不分卷、禪關策進二卷）

210000－4082－0000681 681

大乘起信論疏記會本六卷 （南朝梁）釋真諦譯 （唐）釋元曉疏 清光緒二十五年（1899）金陵刻經處刻本 二冊

210000－4082－0000682 682

三論玄義二卷 （隋）釋吉藏撰 清光緒二十五年（1899）金陵刻經處刻本 一冊

210000－4082－0000683 683

山房雜錄二卷 （明）釋袾宏撰 清光緒二十

五年（1899）金陵刻經處刻雲棲法彙本　二冊

210000－4082－0000684　684

天童密雲禪師語錄二十二卷　（清）釋道忞編
清光緒二十五年（1899）刻本　三冊　存十
九卷（一至十九）

210000－4082－0000685　685

徑中徑又徑徵義三卷　（清）張師誠輯　（清）
徐槐廷徵義　清光緒二十五年（1899）刻本
一冊

210000－4082－0000686　686

佛說四分戒本一卷　清光緒二十五年（1899）
刻本　一冊

210000－4082－0000687　687

梵網經菩薩戒不分卷　（後秦）釋鳩摩羅什譯
清光緒二十五年（1899）震源齋刻本　三冊

210000－4082－0000688　688

釋摩訶般若波羅密經覺意三昧一卷　（隋）釋
智顗説　（隋）釋灌頂記　清光緒二十九年
（1903）揚州嚴經陀刻本　一冊

210000－4082－0000689　689

禪門日誦不分卷　清光緒二十六年（1900）常
州天寧寺刻本　一冊

210000－4082－0000690　690

妙法蓮華經七卷　（後秦）釋鳩摩羅什譯　清
光緒二十六年（1900）刻本　二冊　存四卷
（二至三、六至七）

210000－4082－0000691　691

成唯識論述記三十卷　（唐）釋窺基撰　清光
緒二十六年（1900）維楊藏經院刻本　五冊
存十五卷（十六至三十）

210000－4082－0000692　692

**大佛頂如來密因修證了義諸菩薩萬行首楞嚴
經十卷**　（唐）釋般刺密諦譯　（唐）釋彌伽釋
伽譯語　（唐）房融筆受　清光緒二十六年
（1900）揚州藏經院刻本　二冊

210000－4082－0000693　693

高王觀世音經一卷　清光緒二十六年（1900）

永盛齋李柴平刻民國十六年（1927）印本
一冊

210000－4082－0000694　694

成唯識論述記六十卷　（唐）釋窺基撰　清光
緒二十七年（1901）金陵刻經處刻本　十六冊
存四十八卷（一至十五、二十五至二十七、
三十一至六十）

210000－4082－0000695　695

成唯識論述記六十卷　（唐）釋窺基撰　清光
緒二十七年（1901）金陵刻經處刻本　十九冊
存五十七卷（一至十八、二十二至六十）

210000－4082－0000696　696

成唯識論述記六十卷　（唐）釋窺基撰　清光
緒二十七年（1901）刻本　十六冊　存四十八
卷（一至二十七、三十四至三十六、四十至四
十八、五十二至六十）

210000－4082－0000697　697

林間錄二卷　（宋）釋德洪集　清光緒二十七
年（1901）刻本　二冊

210000－4082－0000698　698

林間錄二卷　（宋）釋德洪集　清光緒二十七
年（1901）刻本　二冊

210000－4082－0000699　699

淨土生無生論親聞記二卷　（明）釋受教撰
清光緒二十七年（1901）揚州藏經院刻本
一冊

210000－4082－0000700　700

金剛般若波羅密經心印疏二卷　（清）釋溥畹
述　附般若波羅蜜多心經一卷　（唐）釋玄奘
譯　清光緒二十七年（1901）揚州藏經院刻本
一冊　存一卷（下）

210000－4082－0000701　701

**金剛般若波羅密經心印疏二卷般若波羅蜜多
心經一卷**　（清）釋溥畹述　般若心經口義別
一卷　（清）釋大璸撰　清光緒二十七年至宣
統元年（1901－1909）揚州藏經院刻本　一冊

210000－4082－0000702　702

相宗八要解八種 （明）釋明昱集解 清光緒二十八年（1902）合肥蒯氏帶耕草堂刻本 二冊 存四種四卷（觀所緣緣論釋記一卷、三支比量義鈔一卷、因明入正理論直疏一卷、八識規矩補注證義一卷）

210000－4082－0000703 703

相宗八要解八種 （明）釋明昱輯 清光緒二十八年（1902）金陵刻經處刻本 一冊 存二種二卷（三支比量義鈔一卷、八識規矩補注證義一卷）

210000－4082－0000704 704

佛垂般涅槃略說教誡經一卷 （後秦）釋鳩摩羅什譯 佛臨涅槃記法住經一卷 （唐）釋玄奘譯 佛滅度後棺斂葬送經一卷般泥洹後灌臘經一卷 （晉）釋竺法護譯 清光緒二十八年（1902）刻本 一冊

210000－4082－0000705 705

大佛頂經序指味疏一卷 （清）釋諦閑述 清光緒二十八年（1902）鉛印本 一冊

210000－4082－0000706 706

釋摩訶般若波羅密經覺意三昧一卷 （隋）釋智顗説 （隋）釋灌頂記 清光緒二十九年（1903）揚州藏經院刻本 一冊

210000－4082－0000707 707

大乘起信論科注一卷 清光緒三十年（1904）盧陵黃氏刻本 一冊

210000－4082－0000708 708

大乘起信論科注一卷 清光緒三十年（1904）慶陵黃氏刻本 一冊

210000－4082－0000709 709

觀楞伽阿跋多羅寶經記十八卷首一卷 （南朝宋）釋求那跋陀羅譯 （明）釋德清筆記 清光緒三十一年（1905）金陵刻經處刻本 六冊

210000－4082－0000710 710

觀楞伽阿跋多羅寶經記十八卷首一卷 （南朝宋）釋求那跋陀羅譯 （明）釋德清筆記 清光緒三十一年（1905）金陵刻經處刻本

六冊

210000－4082－0000711 711

瑜伽師地論菩薩地十六卷 （唐）釋玄奘譯 清光緒三十一年（1905）刻本 五冊

210000－4082－0000712 712

蒙師箴言一卷 方瀠生撰 清光緒三十一年（1905）鉛印本 一冊

210000－4082－0000713 713

方廣大莊嚴經十二卷 （唐）釋地婆訶羅譯 清光緒三十一年（1905）揚州藏經院刻本 四冊

210000－4082－0000714 714

大方廣佛華嚴經普賢行願品別行疏鈔十五卷 （唐）釋宗密疏鈔 清光緒三十二年（1906）金陵刻經處刻本 一冊 存二卷（一至二）

210000－4082－0000715 715

大方廣佛華嚴經普賢行願品別行疏鈔十五卷 （唐）釋宗密撰 清光緒三十二年（1906）金陵刻經處刻本 五冊

210000－4082－0000716 716

佛說盂蘭盆經疏一卷 （唐）釋宗密述 （唐）釋淨源録 清光緒三十二年（1906）金陵刻經處刻本 一冊

210000－4082－0000717 717

大宗地玄文本論略注四卷首一卷 （南朝陳）釋眞諦譯 （清）楊文會注 清光緒三十二年（1906）金陵刻經處刻本 一冊

210000－4082－0000718 718

佛教初學課本一卷佛教初學課本注一卷 （清）楊文會述 清光緒三十二年（1906）金陵刻經處刻本 一冊

210000－4082－0000719 719

佛說盂蘭盆經疏一卷 （唐）釋宗密述 （宋）釋淨源疏 清光緒三十二年（1906）金陵刻經處刻本 一冊

210000－4082－0000720 720

大宗地玄文本論略注四卷首一卷 （南朝陳）

釋眞諦譯　（清）楊文會注　清光緒三十二年（1906）金陵刻經處刻本　一冊

210000－4082－0000721　721
大宗地玄文本論略注四卷首一卷　（南朝陳）釋眞諦譯　（清）楊文會略注　清光緒三十二年（1906）金陵刻經處刻本　一冊

210000－4082－0000722　722
辯僞錄五卷　（元）釋祥邁撰　清光緒三十二年（1906）刻本　一冊　存三卷（一至三）

210000－4082－0000723　723
首楞嚴經疏二十卷　（宋）釋子璿集　清光緒三十二年（1906）刻本　八冊

210000－4082－0000724　724
首楞嚴經疏二十卷　（宋）釋子璿集　清光緒三十二年（1906）刻本　三冊　存七卷（一至二、十六至二十）

210000－4082－0000725　725
毘尼關要十六卷　（清）釋德基輯　清光緒三十二年（1906）刻本　九冊

210000－4082－0000726　726
藥師瑠璃光如來本願功德經一卷　（唐）釋玄奘譯　清光緒三十三年（1907）方成師等刻本　一冊

210000－4082－0000727　727
藥師瑠璃光如來本願功德經一卷　（唐）釋玄奘譯　清光緒三十三年（1907）方成師等刻本　一冊

210000－4082－0000728　728
大佛頂如來密因修證了義諸菩薩萬行首楞嚴經十卷　（唐）釋般刺密諦譯　（唐）釋彌伽釋迦譯語　（唐）房融筆受　（明）王應乾參標　清光緒三十三年（1907）華山律堂刻本　五冊

210000－4082－0000729　729
大方廣佛華嚴經疏鈔懸談二十八卷首一卷　（唐）釋澄觀撰　清光緒三十三年（1907）金陵刻經處刻本　七冊　存二十五卷（一至三、八至二十八，首一卷）

210000－4082－0000730　730
大方廣佛華嚴經疏鈔懸談二十八卷首一卷　（唐）釋澄觀撰　清光緒三十三年（1907）金陵刻經處刻本　三冊　存十一卷（七至十、十二至十五、二十六至二十八）

210000－4082－0000731　731
大方廣佛華嚴經疏鈔懸談二十八卷首一卷　（唐）釋澄觀撰　清光緒三十三年（1907）金陵刻經處刻本　一冊　存三卷（十一至十三）

210000－4082－0000732　732
大方廣佛華嚴經疏鈔懸談二十八卷首一卷　（唐）釋澄觀撰述　清光緒三十三年（1907）金陵刻經處刻本　八冊

210000－4082－0000733　733
大方廣佛華嚴經疏鈔懸談二十八卷首一卷　（唐）釋澄觀撰　清光緒三十三年（1907）金陵刻經處刻本　六冊　存二十一卷（一至二、十一至二十八，首一卷）

210000－4082－0000734　734
大方廣佛華嚴經疏鈔懸談二十八卷首一卷　（唐）釋澄觀撰　清光緒三十三年（1907）金陵刻經處刻本　五冊　存十九卷（一至十一、十九至二十五，首一卷）

210000－4082－0000735　735
大方廣佛華嚴經疏鈔懸談二十八卷首一卷　（唐）釋澄觀撰　清光緒三十三年（1907）金陵刻經處刻本　四冊　存十五卷（四至七、十四至二十四）

210000－4082－0000736　736
地藏菩薩本願經三卷　（唐）釋實叉難陀譯　清光緒三十三年（1907）刻本　三冊

210000－4082－0000737　737
中諭六卷　（後秦）釋鳩摩羅什譯　清光緒三十三年（1907）刻本　二冊

210000－4082－0000738　738
中諭六卷　（後秦）釋鳩摩羅什譯　清光緒三十三年（1907）刻本　二冊

210000－4082－0000739　739

藥師瑠璃光如來本願功德經一卷　（唐）釋玄奘譯　清光緒三十三年（1907）鉛印本　一冊

210000－4082－0000740　740

藥師瑠璃光如來本願功德經一卷　（唐）釋玄奘譯　清光緒三十三年（1907）鉛印本　一冊

210000－4082－0000741　741

辯偽錄六卷　（元）釋祥邁撰　清光緒三十三年（1907）揚州藏經院刻本　二冊

210000－4082－0000742　742

破邪論二卷　（唐）釋法琳撰　清光緒三十四年（1908）揚州藏經院刻本　一冊

210000－4082－0000743　743

妙法蓮華經要解七卷　（清）釋戒環解　清光緒三十四年（1908）常州天甯寺清鎔刻本　三冊　存四卷（四之二至七之二）

210000－4082－0000744　744

大乘八楞伽經七卷　（唐）釋實叉難陀經譯　清光緒三十四年（1908）金陵刻經處刻本　二冊

210000－4082－0000745　745

楞伽阿跋多羅寶經會譯四卷　（南朝宋）釋永那跋陀羅初譯　（北魏）釋菩提留支再譯　（唐）釋實叉難陀後譯　（明）釋員珂會譯　清光緒三十四年（1908）金陵刻經處刻本　四冊

210000－4082－0000746　746

大乘中觀釋論十卷　（宋）釋惟淨等譯　清光緒三十四年（1908）金陵刻經處刻本　二冊

210000－4082－0000747　747

大乘入楞伽經七卷　（唐）釋實叉難陀譯　清光緒三十四年（1908）金陵刻經處刻本　二冊

210000－4082－0000748　748

大佛頂如來密因修證了義諸菩薩萬行首楞嚴經纂注十卷　（唐）釋般刺密諦　（唐）釋彌伽釋伽譯　清光緒三十四年（1908）金陵刻經處刻本　五冊

210000－4082－0000749　749

楞伽阿跋多羅寶經會譯四卷　（明）釋員珂譯　清光緒三十四年（1908）金陵刻經處刻本　一冊　存一卷（四）

210000－4082－0000750　750

博山和尚參禪警語一卷壽昌和尚普說　（明）釋元來撰　（清）釋成正集　清光緒三十四年（1908）刻本　一冊

210000－4082－0000751　751

釋迦譜十卷　（南朝齊）釋僧祐撰　清光緒三十四年（1908）刻本　二冊　存五卷（六至十）

210000－4082－0000752　752

永嘉真覺大師證道歌一卷　（元）釋法惠注頌　（元）釋德弘編　清光緒三十四年（1908）刻本　一冊

210000－4082－0000753　753

釋迦譜十卷　（南朝齊）釋僧祐撰　清光緒三十四年（1908）武昌刻本　四冊

210000－4082－0000754　754

釋迦譜十卷　（南朝齊）釋僧祐撰　清光緒三十四年（1908）武昌刻本　一冊　存二卷（九至十）

210000－4082－0000755　755

釋禪波羅蜜次第法門十卷　（隋）釋智者說　（隋）釋法慎記　（隋）釋灌頂再治　清光緒三十四年（1908）揚州藏經院刻本　四冊

210000－4082－0000756　756

折疑論集注二卷　（元）釋子成撰　清光緒三十四年（1908）揚州藏經院刻本　一冊

210000－4082－0000757　757

釋禪波羅蜜次第法門十卷　（隋）釋智者說　（唐）釋法慎記　（唐）釋灌頂再治　清光緒三十四年（1908）揚州藏經院刻本　三冊　存八卷（一至二、五至十）

210000－4082－0000758　758

天臺四教儀集注十卷　（元）釋蒙潤集　清光緒三十四年（1908）揚州藏經院刻本　三冊　存七卷（四至十）

210000 - 4082 - 0000759　759

天臺四教儀集注十卷　（元）釋蒙潤集　清光緒三十四年(1908)揚州藏經院刻本　三冊　存七卷(四至十)

210000 - 4082 - 0000760　760

天臺四教儀集注十卷　（元）釋蒙潤集　清光緒三十四年(1908)揚州藏經院刻本　二冊　存四卷(七至十)

210000 - 4082 - 0000761　761

天臺四教儀集注十卷　（元）釋蒙潤集　清光緒三十四年(1908)揚州藏經院刻本　佚名批校　四冊

210000 - 4082 - 0000762　762

釋迦譜十卷　（南朝齊）釋僧祐撰　清光緒三十四年(1908)刻本　二冊　存五卷(六至十)

210000 - 4082 - 0000763　763

沙彌律儀要略一卷　（明）釋袾宏輯　（清）釋源諒補校　清光緒二十五年(1899)刻本　一冊

210000 - 4082 - 0000764　764

萬松老人評唱天童覺和尚頌古從容庵錄十卷　（元）釋離知錄　清光緒武林許氏刻本　一冊　存四卷(一至四)

210000 - 4082 - 0000765　765

永覺和尚㼉言一卷續㼉言一卷　（清）釋元賢輯　（清）釋道霈編　清光緒許靈虛刻本　二冊

210000 - 4082 - 0000766　766

釋氏稽古略三卷　（元）釋覺岸輯　清光緒嚴雨珪刻本　三冊

210000 - 4082 - 0000767　767

瑜伽師地論一百卷　（唐）釋玄奘譯　清光緒金陵刻經處刻本　四冊　存十五卷(七至十、二十至二十三、二十七至三十三)

210000 - 4082 - 0000768　768

淨土論三卷　（唐）釋迦才撰　清光緒金陵刻經處刻本　一冊

210000 - 4082 - 0000769　769

大方廣佛華嚴經吞海集三卷　（宋）釋道通撰　**法界觀披雲集一卷**　（宋）釋道通述　清光緒金陵刻經處刻本　一冊

210000 - 4082 - 0000770　770

高僧傳二集四十卷　（唐）釋道宣撰　清光緒刻本　四冊　存十六卷(九至十六、二十五至三十二)

210000 - 4082 - 0000771　771

大智度論一百卷　（後秦）釋鳩摩羅什譯　清光緒刻本　五冊　存二十卷(二十一至二十四、四十五至四十八、五十七至六十、八十五至八十八、九十三至九十六)

210000 - 4082 - 0000772　772

教觀綱宗釋義紀三卷　（明）釋智旭撰　**始終心要一卷**　（唐）釋湛然撰　**三千有門頌一卷**　（宋）陳瓘述　清光緒刻本　二冊　缺一卷(教觀綱宗釋義紀上)

210000 - 4082 - 0000773　773

淨土聖賢錄九卷　（清）彭希涑撰　**續編四卷**　（清）胡珽撰　清光緒刻本　二冊　存四卷(淨土聖賢錄三至四、續編一至二)

210000 - 4082 - 0000774　774

教律蓮宗道影四卷　（清）釋守一編　清光緒刻本　一冊　存一卷(四)

210000 - 4082 - 0000775　775

教律蓮宗道影四卷　（清）釋守一編　清光緒刻本　一冊　存一卷(四)

210000 - 4082 - 0000776　776

注心賦四卷　（宋）釋延壽述　清光緒刻本　一冊　存一卷(三)

210000 - 4082 - 0000777　777

釋摩訶衍論記六卷　（宋）釋普觀述　清光緒刻本　一冊　存二卷(五至六)

210000 - 4082 - 0000778　778

法海觀瀾五卷　（明）釋智旭輯　清光緒刻本　一冊　存二卷(一至二)

210000－4082－0000779　779

法界宗五祖略記一卷　（清）釋續法輯　賢首五教儀開蒙不分卷　（清）釋續法集　清光緒刻本　一冊

210000－4082－0000780　780

法界宗五祖略記一卷　（清）釋續法輯　賢首五教儀開蒙一卷　（清）釋續法集　（清）釋證詢較　清光緒刻本　一冊

210000－4082－0000781　781

法界宗五祖略記一卷　（清）釋續法輯　賢首五教儀開蒙一卷　（清）釋續法集　（清）釋證詢較　清光緒刻本　一冊

210000－4082－0000782　782

法界宗五祖略記一卷　（清）釋續法輯　賢首五教儀開蒙一卷　（清）釋續法集　（清）釋證詢較　清光緒刻本　一冊

210000－4082－0000783　783

法界宗五祖略記一卷　（清）釋續法輯　賢首五教儀開蒙一卷　（清）釋續法集　（清）釋證詢較　清光緒刻本　一冊

210000－4082－0000784　784

法界宗五祖略記一卷　（清）釋續法輯　賢首五教儀開蒙一卷　（清）釋續法集　清光緒刻本　一冊

210000－4082－0000785　785

法界宗五祖略記一卷　（清）釋續法輯　賢首五教儀開蒙一卷　（清）釋續法集　清光緒刻本　一冊

210000－4082－0000786　786

五教儀開蒙敘一卷　（清）釋續法集　（清）釋證詢較　法界宗五祖略記一卷　清光緒刻本　一冊

210000－4082－0000787　787

無量義經一卷　（南朝齊）釋曇摩伽陀耶舍譯　佛說觀普賢菩薩行法經一卷　（南朝宋）釋曇摩蜜多譯　清光緒刻本　佚名批注　一冊

210000－4082－0000788　788

十宗略說一卷　（清）楊文會述　清光緒刻楊居士遺書本　一冊

210000－4082－0000789　789

四教要括一卷　（清）楊仲明撰　清光緒鉛印本　一冊

210000－4082－0000790　790

大寶積經一百二十卷　（唐）釋菩提流志等譯　清光緒常熟刻經處刻本　八冊　存四十卷（八十一至一百二十）

210000－4082－0000791　791

貳壇要儀一卷三壇要儀一卷　清光緒抄本　二冊

210000－4082－0000792　792

梵網經懺悔行法一卷　（明）釋智旭述　（清）戒香較集　清光緒昭廣寺慧空經房刻本　一冊

210000－4082－0000793　793

大華嚴經略策一卷　（唐）釋澄觀述　答順宗心要法門一卷　（唐）釋澄觀撰　三聖圓融觀門一卷　（唐）釋澄觀述　原人論一卷　（唐）釋宗密述　華嚴念佛三昧論一卷　彭際清述　清光緒至民國刻本　一冊

210000－4082－0000794　794

佛說無量壽經義疏六卷　（三國魏）釋康僧鎧譯　（隋）釋慧遠疏　清光緒至民國金陵刻經處刻淨土古佚十書本　一冊　存三卷（一至三）

210000－4082－0000795　795

華嚴懸談會玄記四十卷　（元）釋普瑞集　清光緒常熟刻經處刻本　二冊　存十卷（六至十、二十一至二十五）

210000－4082－0000796　796

阿差末菩薩經七卷　（晉）釋竺法護　清宣統元年（1909）常州天寧寺刻經處刻本　一冊　存三卷（一至三）

210000－4082－0000797　797

持人菩薩所問經四卷　（晉）釋竺法護譯　清

宣統元年(1909)常州天寧寺刻本 一冊

210000－4082－0000798　798

大慈恩寺三藏法師十卷 （唐）釋慧立本撰
（唐）釋彥悰箋　清宣統元年(1909)常州天寧
寺清鎔刻本　三冊

210000－4082－0000799　799

楞伽阿跋多羅寶經義疏九卷 （南朝宋）釋求
那跋陀羅譯　（明）釋智旭疏義　**玄義一卷**
（明）釋智旭撰述　清宣統元年(1909)常州天
寧寺刻本　五冊

210000－4082－0000800　800

四童子三昧經三卷 （隋）釋闍那崛多譯　清
宣統元年(1909)常州天寧寺刻本　一冊

210000－4082－0000801　801

四童子三昧經二卷 （隋）釋闍那崛多譯　清
宣統元年(1909)常州天寧寺刻本　一冊

210000－4082－0000802　802

佛說藥師如來本願經一卷 （隋）釋達磨笈多
譯　藥師瑠璃光如來本願功德經一卷　（唐）
釋玄奘譯　藥師瑠璃光七佛本願功德經二卷
　（唐）釋義淨譯　清宣統元年(1909)常州天
寧寺刻本　一冊

210000－4082－0000803　803

佛祖歷代通載三十六卷 （宋）釋華亭集　清
宣統元年(1909)江北刻經處刻本　八冊

210000－4082－0000804　804

佛祖歷代通載三十六卷 （宋）釋華亭集　清
宣統元年(1909)江北刻經處刻本　一冊　存
五卷(十一至十五)

210000－4082－0000805　805

佛祖歷代通載三十六卷 （宋）釋華亭集　清
宣統元年(1909)江北刻經處刻本　三冊　存
十五卷(十一至十五、二十一至三十)

210000－4082－0000806　806

七經同本 清宣統元年(1909)刻本　一冊

210000－4082－0000807　807

大樹緊那羅王所問經四卷 （後秦）釋鳩摩羅

什譯　清宣統元年(1909)刻本　一冊

210000－4082－0000808　808

金剛般若波羅密經心印疏二卷 （清）釋溥畹
述　清宣統元年(1909)刻本　二冊

210000－4082－0000809　809

金剛般若波羅密經心印疏二卷 （清）釋溥畹
述　清宣統元年(1909)刻本　二冊

210000－4082－0000810　810

金剛般若波羅密經心印疏二卷 （清）釋溥畹
述　清宣統元年(1909)刻本　一冊　存一卷
(下)

210000－4082－0000811　811

金剛般若波羅密經心印疏二卷 （清）釋溥畹
述　清宣統元年(1909)刻本　一冊　存一卷
(下)

210000－4082－0000812　812

大佛頂首楞嚴懺悔行法一卷 （清）釋諦閑撰
　清宣統元年(1909)刻本　一冊

210000－4082－0000813　813

佛說大乘菩薩藏正法經四十卷 （宋）釋法護
等譯　清宣統元年(1909)刻本　二冊　存二
十卷(一至二十)

210000－4082－0000814　814

賢首五教儀開蒙增注五卷 （清）釋通理述
（清）釋心興較訂　清宣統元年(1909)刻本
四冊　存四卷(二至五)

210000－4082－0000815　815

賢首五教儀開蒙增注五卷 （清）釋通理述
（清）釋心興較訂　清宣統元年(1909)刻本
一冊　存一卷(二)

210000－4082－0000816　816

集神州塔寺三寶感通錄四卷 （唐）釋道宣撰
　清宣統元年(1909)清海刻本　一冊

210000－4082－0000817　817

本事經七卷 （唐）釋玄奘譯　清宣統元年
(1909)溫州頭陀寺諦閑刻本　一冊　存三卷
(一至三)

210000－4082－0000818　818

賢首五教儀開蒙增注五卷　（清）釋通理述
清宣統元年（1909）揚州藏經院刻本　一冊
存一卷（四）

210000－4082－0000819　819

天臺四教儀一卷　（高麗）釋諦觀錄　**天臺八
教大意一卷**　（隋）釋灌頂撰　**始終心要一卷**
（唐）釋湛然述　（宋）釋從義注　清宣統元
年（1909）揚州藏經院刻本　一冊

210000－4082－0000820　820

天臺四教儀一卷　（高麗）釋諦觀錄　**天臺八
教大意一卷**　（隋）釋灌頂撰　**始終心要一卷**
（唐）釋湛然述　（宋）釋從義注　清宣統元
年（1909）揚州藏經院刻本　一冊

210000－4082－0000821　821

賢首五教儀開蒙增注五卷　（清）釋通理述
清宣統元年（1909）揚州藏經院刻本　五冊

210000－4082－0000822　822

金剛般若波羅密經心印疏二卷　（清）釋溥畹
述　清宣統元年（1909）揚州藏經院刻本
二冊

210000－4082－0000823　823

**大佛頂如來密因修證了義諸菩薩萬行首楞嚴
經十卷**　（唐）釋般刺密諦譯　清宣統元年
（1909）浙江小萬柳堂石印本　一冊　存五卷
（六至十）

210000－4082－0000824　824

大悲經五卷　（北齊）釋那連提黎耶舍　（北
齊）釋法智譯　清宣統元年（1909）常州天寧
寺刻本　二冊

210000－4082－0000825　825

大悲經五卷　（北齊）釋那連提黎耶舍　（北
齊）釋法智譯　清宣統元年（1909）常州天寧
寺刻本　一冊　存二卷（一至二）

210000－4082－0000826　826

十六經同本　清宣統元年至民國二年（1909－
1913）常州天寧寺刻本　一冊

210000－4082－0000827　827

頓悟入道要門論二卷　（唐）釋慧海撰　**方聚
成禪師語錄禪淨合要一卷諸方門人參問語錄
一卷**　清宣統二年（1910）常州天寧寺刻本
一冊

210000－4082－0000828　828

十一經同本　清宣統二年（1910）常州天寧寺
刻經處刻本　一冊

210000－4082－0000829　829

大方廣入如來智德不思議經一卷　（唐）釋實
叉難陀譯　**大方廣佛華嚴經修慈分一卷**
（唐）釋提雲般若等譯　**顯無邊佛土功德經一
卷**　（唐）釋玄奘譯　**大方廣佛華嚴經不思議
佛境界分一卷**　（唐）釋提雲般若等譯　**大方
廣如來不思議境界經一卷**　（唐）釋實叉難陀
譯　**大方廣普賢所說經一卷**　（唐）釋實叉難
陀譯　**莊嚴菩提心經一卷**　（後秦）釋鳩摩羅
什譯　**佛說菩薩本業經一卷**　（三國吳）釋支
謙譯　**大方廣佛華嚴經續入法界品一卷**
（唐）釋地婆訶羅譯　**佛說兜沙經一卷**　（後
漢）釋支婁迦讖譯　**大方廣菩薩十地經一卷**
（北魏）釋吉迦夜　（北魏）釋曇曜譯　清宣
統二年（1910）常州天甯寺刻本　一冊

210000－4082－0000830　830

善思童子經二卷　（隋）釋闍那崛多譯　清宣
統二年（1910）常州天甯寺刻本　一冊

210000－4082－0000831　831

五百弟子自說本起經一卷　（晉）釋竺法護譯
清宣統二年（1910）常州天甯寺刻本　一冊

210000－4082－0000832　832

五百弟子自說本起經一卷　（晉）釋竺法護譯
清宣統二年（1910）常州天甯寺刻本　一冊

210000－4082－0000833　833

**佛說罵意經一卷禪行法想經一卷佛說處處經
一卷佛說分別善惡所起經一卷**　（後漢）釋安
世高澤　清宣統二年（1910）常州天甯寺清鎔
刻本　一冊

210000－4082－0000834　834

藥師瑠璃光如來本願功德經直解二卷 （清）
釋靈耀撰　清宣統二年（1910）常州天甯寺清
鎔刻本　一冊

210000－4082－0000835　835

藥師瑠璃光如來本願功德經一卷 （唐）釋玄
奘譯　清宣統二年（1910）奉天萬壽寺刻本
一冊

210000－4082－0000836　836

妙法蓮華經玄義十卷 （隋）釋智者說　清宣
統二年（1910）江北刻經處刻本　九冊　存九
卷（一至五、七至十）

210000－4082－0000837　837

妙法蓮華經玄義十卷 （隋）釋智者說　清宣
統二年（1910）江北刻經處刻本　八冊　存八
卷（一至四、六至九）

210000－4082－0000838　838

妙法蓮華經玄義十卷 （隋）釋智者說　清宣
統二年（1910）江北刻經處刻本　一冊　存一
卷（三）

210000－4082－0000839　839

唯識二十論述記四卷 （唐）釋窺基撰　清宣
統二年（1910）江西刻經處刻本　一冊　存二
卷（三至四）

210000－4082－0000840　840

修禮決疑往生淨土懺法一卷 （宋）釋遵式大
師撰　清宣統二年（1910）刻本　一冊

210000－4082－0000841　841

法苑珠林一百卷 （唐）釋道世撰　清宣統二
年（1910）刻本　二十冊　存七十卷（三十一
至一百）

210000－4082－0000842　842

法苑珠林一百卷 （唐）釋道世撰　清宣統二
年（1910）毗陵天甯寺刻本　二十冊

210000－4082－0000843　843

法部奏派赴美第八次萬國監獄改良會會員報
告書　清法部纂　清宣統二年（1910）鉛印本
一冊

210000－4082－0000844　844

法院書記官考試任用暫行章程一卷　清宣統
二年（1910）石印本　一冊

210000－4082－0000845　845

大清律講義前編不分卷 （清）蔣楷編　清宣
統二年（1910）影印本　一冊

210000－4082－0000846　846

僧伽吒長壽王經　清宣統三年（1911）常州天
甯寺刻本　一冊

210000－4082－0000847　847

入定不定印經一卷 （唐）釋義淨譯　不必定
入定入印經一卷 （北魏）釋般若流支譯　清
宣統三年（1911）常州天甯寺刻本　一冊

210000－4082－0000848　848

菩提資糧論六卷 （隋）釋達摩笈多譯　清宣
統三年（1911）常州天甯寺刻本　一冊

210000－4082－0000849　849

深密解脫經五卷 （北魏）釋菩提留支譯　清
宣統三年（1911）常州天甯寺刻本　一冊

210000－4082－0000850　850

寶女所問經四卷 （晉）釋竺法護譯　清宣統
三年（1911）常州天甯寺清鎔刻本　一冊

210000－4082－0000851　851

寶女所問經四卷 （晉）釋竺法護譯　清宣統
三年（1911）常州天甯寺清鎔刻本　一冊

210000－4082－0000852　852

阿毗曇八犍度論三十卷 （後秦）釋僧伽提婆
　（後秦）釋竺佛念譯　清宣統三年（1911）常
州天甯寺清鎔刻本　六冊

210000－4082－0000853　853

阿差末菩薩經七卷 （晉）釋竺法護譯　清宣
統三年（1911）常州天甯寺清鎔刻本　二冊

210000－4082－0000854　854

大方廣寶篋經二卷 （南朝宋）釋求那跋陀羅
譯　清宣統三年（1911）常州天甯寺刻經處刻
本　一冊

210000－4082－0000855　855

大方廣寶篋經二卷 （南朝宋）釋求那跋陀羅譯 清宣統三年（1911）常州天甯寺清鎔刻本 一冊

210000－4082－0000856 856

阿毗達磨俱舍論三十卷 （唐）釋玄奘譯 清宣統三年（1911）常州天甯寺刻本 六冊

210000－4082－0000857 857

佛說文殊師利現寶藏經二卷 （晉）釋竺法護譯 清宣統三年（1911）常州天甯寺刻本 一冊

210000－4082－0000858 858

大佛頂如來密因脩證了義諸菩薩萬行首楞嚴經要解二十卷 （唐）釋般剌密諦譯 （唐）釋彌迦釋迦譯語 （唐）房融筆受 （唐）釋戒環解 清宣統三年（1911）金陵佛經流通所刻本 五冊

210000－4082－0000859 859

金陵毗盧寺印魁文祖法語一卷 （清）釋清池錄 清宣統三年（1911）刻本 一冊

210000－4082－0000860 860

金陵毗盧寺印魁文祖法語一卷 （清）釋清池錄 清宣統三年（1911）揚州藏經院刻本 一冊

210000－4082－0000861 861

八宗綱要二卷 （明）釋凝然述 （清）釋淨賢校 清宣統三年（1911）揚州刻經院刻本 一冊

210000－4082－0000862 862

般若波羅密多心經淺釋一卷 （唐）釋玄奘譯 梅光羲淺釋 清宣統刻本 一冊

210000－4082－0000863 863

佛說無量壽經二卷 （三國魏）釋康僧鎧譯 清刻本 一冊 存一卷（下）

210000－4082－0000864 864

傳戒正範四卷 （清）釋讀體撰 清抄本 一冊 殘

210000－4082－0000865 865

地藏菩薩本願經三卷 （唐）釋實叉難陀譯 清抄本 一冊 存一卷（下）

210000－4082－0000866 866

大乘入楞伽經七卷 （唐）釋實叉難陀譯 清抄本 七冊

210000－4082－0000867 867

勅修百杖清規八卷 （唐）釋懷海撰 （元）釋德輝重編 （元）釋大訴校正 清抄本 四冊 存四卷（一至四）

210000－4082－0000868 868

三壇正範 清抄本 二冊 存彌部、輔部卷上

210000－4082－0000869 869

地藏十王寶經一卷 清抄本 一冊

210000－4082－0000870 870

梵網經菩薩戒本一卷 （後秦）釋鳩摩羅什譯 清抄本 一冊

210000－4082－0000871 871

懺悔文一卷 清抄本 一冊

210000－4082－0000872 872

大般涅槃經四十卷 （北涼）釋曇無讖譯 清抄本 一冊 存一卷（二）

210000－4082－0000873 873

大般涅槃經四十卷 （北涼）釋曇無讖譯 後分二卷 （唐）釋若那跋陀羅 （唐）釋會寧等譯 清抄本 三十五冊 存三十五卷（八至四十、後分二卷）

210000－4082－0000874 874

楞嚴經□□卷 清抄本 一冊 存九卷（二至十）

210000－4082－0000875 875

妙法蓮華經七卷 （後秦）釋鳩摩羅什譯 清抄本（卷五配刻本） 三冊 存三卷（二、四至五）

210000－4082－0000876 876

妙法蓮華經八卷 （後秦）釋鳩摩羅什譯 清抄本 六冊 存六卷（二至七）

210000－4082－0000877　877

摩訶般若波羅蜜鈔經五卷　（後秦）釋曇摩
（後秦）釋竺佛念譯　清法雨寺開同刻本
一冊

210000－4082－0000878　878

地藏菩薩本願經三卷　（唐）釋實叉難陀譯
清奉天萬壽寺刻本　三冊

210000－4082－0000879　879

地藏菩薩本願經三卷　（唐）釋實叉難陀譯
清奉天萬壽寺刻本　三冊

210000－4082－0000880　880

地藏菩薩本願經三卷　（唐）釋實叉難陀譯
清奉天萬壽寺刻本　二冊　存二卷(中、下)

210000－4082－0000881　881

地藏菩薩本願經三卷　（唐）釋實叉難陀譯
清奉天萬壽寺刻本　三冊

210000－4082－0000882　882

地藏菩薩本願經三卷　（唐）釋實叉難陀譯
清奉天萬壽寺刻本　三冊

210000－4082－0000883　883

妙法蓮華經玄義節要二卷　（隋）釋智顗說
（隋）釋灌頂記　（明）釋智旭節撰　清末福德
因緣堂刻本　二冊

210000－4082－0000884　884

雜佛事一卷　清稿本　一冊

210000－4082－0000885　885

法事本一卷　清稿本　一冊

210000－4082－0000886　886

西方要決釋疑通規一卷　（唐）釋窺基撰　清
海鹽徐自警刻本　一冊

210000－4082－0000887　887

沙彌律儀要略一卷　（明）釋袾宏輯　毘尼日
用切要一卷　（清）釋讀體集　清杭州西湖慧
空經房刻本　一冊

210000－4082－0000888　888

妙法蓮華經七卷附直音一卷　（後秦）釋鳩摩
羅什譯　清金陵朝天宮書局刻本　一冊　存

二卷(七、直音一卷)

210000－4082－0000889　889

禪門日誦二卷　（清）釋默持輯　清金陵刻經
處刻本　一冊　存一卷(下)

210000－4082－0000890　890

淨土論三卷　（唐）釋迦才撰　清金陵刻經處
刻本　一冊

210000－4082－0000891　891

維摩詰所說經折衷疏六卷　（明）釋大賢述
清金陵刻經處刻本　三冊

210000－4082－0000892　892

大乘起信論裂網疏六卷　（明）釋智旭撰　清
金陵書局刻本　一冊

210000－4082－0000893　893

六祖大師法寶壇經贊一卷　（宋）釋契嵩撰
清京都具葉書院刻本　一冊

210000－4082－0000894　894

天方性理五卷首一卷　（清）劉智纂　清敬畏
堂刻本　一冊　存一卷(五)

210000－4082－0000895　895

肇論新疏遊刃三卷　（元）釋文才述　清刻本
三冊

210000－4082－0000896　896

西歸行儀一卷　（清）釋古崑錄集　清刻本
一冊

210000－4082－0000897　897

四明尊者教行錄七卷　（宋）釋宗曉編　清刻
本　一冊　存二卷(五至六)

210000－4082－0000898　898

早晚功課經一卷　清刻本　二冊

210000－4082－0000899　899

金剛般若波羅密經一卷　（後秦）釋鳩摩羅什
譯　清刻本　一冊

210000－4082－0000900　900

摩訶止觀輔行傳弘決四十卷　（隋）釋智顗說
（隋）釋灌頂記　（唐）釋湛然弘決　（明）

釋傳燈增科　清刻本　十一冊　存二十二卷
（一至二十、三十五至三十六）

210000－4082－0000901　901

妙法蓮華經指掌疏事義一卷　清刻本　一冊

210000－4082－0000902　902

根本薩婆多部律攝十四卷　（唐）釋義淨譯
清刻本　一冊　存三卷（四至六）

210000－4082－0000903　903

大寶積經一百二十卷　（唐）釋菩提流志等譯
　清刻本　十二冊　存六十卷（一至六十）

210000－4082－0000904　904

大方廣佛華嚴經疏鈔會本二百二十卷　（唐）
釋實叉難陀譯　（唐）釋澄觀撰述　清刻本
三十冊　存一百八卷（三十三至六十六、一百
八至一百八十一）

210000－4082－0000905　905

康熙字典十二集　（清）張玉書等纂　清刻本
　十八卷　存六集（寅集、卯集、辰集、巳集、
午集、未集）

210000－4082－0000906　906

大般若波羅蜜多經六百卷　（唐）釋玄奘譯
清刻本　三十冊　存一百五十卷（一百一至
一百五十、四百一至五百）

210000－4082－0000907　907

妙法蓮華經台宗會義十六卷　（明）釋智旭述
　清刻本　四冊　存八卷（三至四、七至八、
十一至十四）

210000－4082－0000908　908

無量壽經宗要一卷　（唐）釋元曉撰　清刻本
　一冊

210000－4082－0000909　909

金剛般若波羅蜜經一卷　（後秦）釋鳩摩羅什
譯　清刻本　一冊

210000－4082－0000910　910

沙彌律儀要略一卷　（明）釋袾宏輯　清刻本
　一冊

210000－4082－0000911　911

方聚成禪師語錄三十卷附年譜一卷　（清）釋
方聚成撰　（清）釋真光等輯　清刻本　六冊
　存二十二卷（九至三十）

210000－4082－0000912　912

四分戒本如釋　（明）釋弘贊譯　清刻本　一
冊　存二卷（五至六）

210000－4082－0000913　913

大方廣佛華嚴經八十卷　（唐）釋實叉難陀譯
　清刻本　三冊　存七卷（十五至十七、六十
一至六十四）

210000－4082－0000914　914

西方要決科注二卷　（唐）釋窺基撰　清刻本
　一冊

210000－4082－0000915　915

大乘理趣六波羅密多經十卷　（唐）釋般若譯
　清刻本　二冊

210000－4082－0000916　916

靈峰蕅益大師宗論十四卷附記二卷　（明）釋
成時編輯　清刻本　二冊　存二卷（一、三）

210000－4082－0000917　917

大般若波羅蜜多經六百卷　（唐）釋玄奘譯
清刻本　二十九冊　存一百五十卷（一至一
百五十）

210000－4082－0000918　918

大乘本生心地觀經八卷　（唐）釋般若等譯
清刻本　一冊　存四卷（五至八）

210000－4082－0000919　919

大乘本生心地觀經八卷　（唐）釋般若等譯
清刻本　一冊　存四卷（五至八）

210000－4082－0000920　920

佛說德護長者經二卷　（隋）釋那連提黎耶舍
譯　清刻本　一冊

210000－4082－0000921　921

**大佛頂如來密因修證了義諸菩薩萬行首楞嚴
經十卷**　（唐）釋般剌密諦譯　清刻本　一冊
　存三卷（一至三）

210000－4082－0000922　922

曇無德部四分律刪補隨機羯磨二十卷 （唐）
釋道宣撰集 清刻本 三冊 存七卷（三至
四、十一至十五）

210000－4082－0000923 923
坐禪三昧法門經二卷 （後秦）釋鳩摩羅什譯
清刻本 一冊

210000－4082－0000924 924
金剛般若波羅密經心印疏二卷 （清）釋溥畹
述 清刻本 二冊

210000－4082－0000925 925
維摩經玄疏六卷 （隋）釋智顗撰 清刻本
一冊 存三卷（一至三）

210000－4082－0000926 926
阿毗達磨品類足論十八卷 （唐）釋玄奘譯
清刻本 一冊 存五卷（一至五）

210000－4082－0000927 927
菩薩藏經二十卷 （唐）釋玄奘譯 清刻本
六冊

210000－4082－0000928 928
一切經音義二十五卷 （唐）釋元應撰 清刻
本 二冊

210000－4082－0000929 929
佛說盂蘭盆經新疏一卷 （明）釋智旭撰 清
刻本 一冊

210000－4082－0000930 930
大方廣佛華嚴經入不思議解脫境界普賢行願
品一卷 （唐）釋般若譯 清刻本 一冊

210000－4082－0000931 931
禪門日誦一卷 （清）釋默持輯 清刻本
一冊

210000－4082－0000932 932
金剛般若波羅蜜經一卷 （後秦）釋鳩摩羅什
譯 清刻本 一冊

210000－4082－0000933 933
楞伽經□□卷 清刻本 二冊 存一卷（十
七殘）

210000－4082－0000934 934
彌陀寶懺法三卷 清刻本 一冊 存二卷
（上、中）

210000－4082－0000935 935
彌陀寶懺法三卷 清刻本 一冊

210000－4082－0000936 936
彌陀寶懺法三卷 清刻本 一冊

210000－4082－0000937 937
指月錄三十二卷 （明）瞿汝稷輯 清刻本
五冊 存八卷（三至八、十二至十三）

210000－4082－0000938 938
解深密經疏三十四卷 （唐）釋圓測撰 清刻
本 三冊 存八卷（四至六、十六至十七、二
十六至二十八）

210000－4082－0000939 939
妙法蓮華經七卷 （後秦）釋鳩摩羅什譯 清
刻本 一冊 存三卷（五至七）

210000－4082－0000940 940
妙法蓮華經七卷 （後秦）釋鳩摩羅什譯 清
刻本 二冊 存二卷（一、五）

210000－4082－0000941 941
妙法蓮華經七卷 清刻本 一冊 存二卷
（六至七）

210000－4082－0000942 942
華嚴念佛三昧論一卷 （清）彭際清述 清刻
本 一冊

210000－4082－0000943 943
大方廣佛新華嚴經合論一百二十卷 （唐）釋
實叉難陀譯 （唐）李通玄造論 （唐）釋志寧
釐經合論 清刻本 三冊 存十二卷（六十
九至七十二、十三至十六、二十九至三十二）

210000－4082－0000944 944
大乘本生心地觀經八卷 （唐）釋般若譯 清
刻本 二冊

210000－4082－0000945 945
大乘本生心地觀經八卷 （唐）釋般若譯 清
刻本 二冊

210000－4082－0000946　946

大乘本生心地觀經八卷　（唐）釋般若譯　清刻本　二冊

210000－4082－0000947　947

大乘本生心地觀經八卷　（唐）釋般若譯　清刻本　二冊

210000－4082－0000948　948

大乘本生心地觀經八卷　（唐）釋般若譯　清刻本　二冊

210000－4082－0000949　949

金光明最勝王經十卷　（唐）釋義淨譯　清刻本　一冊　存五卷（一至五）

210000－4082－0000950　950

指月錄三十二卷　（明）瞿汝稷輯　清刻本　一冊　存三卷（二十一至二十三）

210000－4082－0000951　951

維摩詰所說經折衷疏六卷　（明）釋大賢述　清刻本　一冊　存二卷（三至四）

210000－4082－0000952　952

宗範八卷　（清）錢伊庵輯　清刻本　一冊　存三卷（四至六）

210000－4082－0000953　953

大佛頂首楞嚴經疏解蒙鈔六十卷　（清）錢謙益述　清刻本　五冊　存十六卷（三至六、三十二至三十四、三十八至四十四、五十六至五十七）

210000－4082－0000954　954

出曜經二十卷　（後秦）釋竺佛念譯　清刻本　五冊　存十七卷（一至十七）

210000－4082－0000955　955

天隱禪師語錄二十卷　（清）釋通琇編　清刻本　一冊　存四卷（十三至十六）

210000－4082－0000956　956

淨土十疑論一卷　（隋）釋智者說　念佛三昧寶王論三卷　（唐）釋飛錫撰　淨土生無生論一卷　（明）釋傳燈撰　師子林天如和尚淨土或問一卷　（元）釋善遇編　清刻本　一冊

210000－4082－0000957　957

七俱胝佛母所說准提陀羅尼經會釋三卷　（唐）釋不空譯　（清）釋宏贊會釋　清刻本　一冊

210000－4082－0000958　958

大明度無極經六卷　（三國吳）釋支謙譯　清刻本　一冊

210000－4082－0000959　959

略釋新華嚴經修行次第決疑論四卷　（唐）李通玄撰　清刻本　一冊　存二卷（一至二）

210000－4082－0000960　960

四分戒本一卷　（後秦）釋佛陀耶舍　（後秦）釋竺佛念譯　（清）釋讀體　（清）釋依藏重錄　清刻本　一冊

210000－4082－0000961　961

賢愚因緣經十三卷　（北魏）釋慧覺譯　清刻本　四冊

210000－4082－0000962　962

大方便佛報恩經七卷　佚名譯　清刻本　一冊　存四卷（一至四）

210000－4082－0000963　963

尊婆須蜜菩薩所集論十卷　（前秦）釋僧伽跋澄等譯　清刻本　一冊　存四卷（一至四）

210000－4082－0000964　964

妙法蓮華經七卷　（後秦）釋鳩摩羅什譯　清刻本　一冊　存一卷（三）

210000－4082－0000965　965

孝子經一卷佛說五王經一卷五母子經一卷　（三國吳）釋支謙譯　分別經一卷　（晉）釋竺法護譯　佛說越難經一卷　（晉）聶承遠譯　佛說羅雲忍辱經一卷　（晉）釋法炬譯　佛說淨意優婆塞所問經一卷　（宋）釋施護譯　清刻本　一冊

210000－4082－0000966　966

般若燈論十五卷　（唐）釋波羅頗蜜多羅譯　清刻本　二冊

210000－4082－0000967　967

摩訶止觀輔行傳弘決四十卷　（隋）釋智顗説
（隋）釋灌頂記　（唐）釋湛然傳　（明）釋
傳燈增科　清刻本　十冊　存二十卷（一至
二、五至八、十三至二十、二十三至二十六、二
十九至三十）

210000－4082－0000968　968

摩訶止觀輔行傳弘決四十卷　（隋）釋智顗説
（隋）釋灌頂記　（唐）釋湛然傳　（明）釋
傳燈增科　清刻本　二冊　存四卷（五至六、
二十九至三十）

210000－4082－0000969　969

華嚴一乘教義分齊章四卷　（唐）釋法藏述
清刻本　一冊

210000－4082－0000970　970

暗室燈二卷　清刻本　一冊　存一卷（下）

210000－4082－0000971　971

六祖法寶壇經不分卷　（唐）釋惠能撰　清刻
本　一冊　存一冊（一）

210000－4082－0000972　972

佛説梵網經直解四卷附直解事義一卷　（後
秦）釋鳩摩羅什譯　（明）釋寂光直解　清刻
本　三冊　存四卷（上二、下一至二，直解事
義一卷）

210000－4082－0000973　973

請觀音經疏一卷　（隋）釋智者説　（隋）釋頂
法師記　清刻本　一冊

210000－4082－0000974　974

華嚴一乘教義分齊章四卷　（唐）釋法藏述
清刻本　二冊

210000－4082－0000975　975

華嚴經十地品離垢章一卷　（唐）釋實叉難陀
譯　清刻本　一冊

210000－4082－0000976　976

勸戒近錄六卷續錄六卷三錄六卷　（清）梁恭
辰撰　清刻本　四冊　存十二卷（近錄四至
六、續錄六卷、三錄四至六）

210000－4082－0000977　977

勸戒九錄六卷　（清）梁恭辰撰　清刻本　二
冊　存四卷（三至六）

210000－4082－0000978　978

法苑珠林一百卷　（唐）釋道世撰　清刻本
十五冊　存五十三卷（三十一至三十六、四十
一至六十六、七十一至七十四、八十一至八十
四、八十八至一百）

210000－4082－0000979　979

妙法連華經通義二十卷　（明）釋德清撰　清
刻本　三冊　存十二卷（一至四、九至十六）

210000－4082－0000980　980

大乘起信論裂綱疏六卷　（明）釋智旭撰　清
刻本　一冊　存三卷（一至三）

210000－4082－0000981　981

勸戒三錄六卷　（清）梁恭辰撰　清刻本
二冊

210000－4082－0000982　982

金光明最勝王經疏二十六卷　（唐）釋義淨譯
（唐）釋慧沼疏　清刻本　七冊　存十八卷
（一至十二、十六至二十一）

210000－4082－0000983　983

賢首五教儀六卷　（清）釋續法集錄　清刻本
一冊　存三卷（四至六）

210000－4082－0000984　984

華嚴一乘教義分齊章四卷　（唐）釋法藏述
清刻本　一冊

210000－4082－0000985　985

大般涅槃經玄義發源機要六卷　（宋）釋智圓
述　清刻本　一冊　存三卷（四至六）

210000－4082－0000986　986

大般若波羅蜜多經六百卷　（唐）釋玄奘譯
清刻本　二十八冊　存一百三十六卷（三百
十一至三百十五、三百二十一至三百二十五、
三百五十至三百九十、三百九十六至四百八
十）

210000－4082－0000987　987

成唯識論十卷　（唐）釋玄奘譯　清刻本　一

冊　存五卷(一至五)

210000－4082－0000988　988

御選語錄十九卷　清刻本　一冊　存三卷
(四至六)

210000－4082－0000989　989

佛本行經七卷　(宋)釋寶雲撰　清刻本
二冊

210000－4082－0000990　990

觀世音菩薩本行經二卷　(宋)釋普明編　清
刻本　一冊　存一卷(上)

210000－4082－0000991　991

大華嚴經略策一卷答順宗心要法門一卷三聖
圓融觀門一卷　(唐)釋澄觀述　原人論一卷
　(唐)釋宗密述　華嚴念佛三昧論一卷
(清)彭際清述　清刻本　一冊

210000－4082－0000992　992

維摩經疏八卷　(隋)釋智顗說　(唐)釋湛然
略　清刻本　一冊　存一卷(五)

210000－4082－0000993　993

一行居集八卷首一卷　(清)彭紹升撰　清刻
本　三冊

210000－4082－0000994　994

無量壽經起信論三卷　(清)彭際清述　清刻
本　一冊

210000－4082－0000995　995

毗尼日用切要一卷沙彌律儀要略一卷　(清)
釋讀體集　清刻本　一冊

210000－4082－0000996　996

隨園詩話十六卷　(清)袁枚撰　清刻本
一冊

210000－4082－0000997　997

大方便佛報恩經七卷　佚名錄　清刻本　一
冊　存四卷(一至四)

210000－4082－0000998　998

阿毗達磨大毗婆沙論二百卷　(唐)釋玄奘譯
　清刻本　三冊　存十五卷(二十六至三十、
一百一至一百五、一百四十一至一百四十五)

210000－4082－0000999　999

諸經要集二十卷　(唐)釋道世撰　清刻本
一冊　存二卷(九至十)

210000－4082－0001000　1000

教觀綱宗一卷　(明)釋智旭述　清刻本
一冊

210000－4082－0001001　1001

高僧傳二集四十卷　(唐)釋道宣撰　清刻本
　一冊　存四卷(九至十二)

210000－4082－0001002　1002

彌陀經疏鈔演義定本四卷　(清)釋古德撰
(清)釋智願定本　清刻本　二冊　存二卷
(一至二)

210000－4082－0001003　1003

南海寄歸內法傳四卷　(唐)釋義淨撰　清刻
本　一冊　存二卷(三至四)

210000－4082－0001004　1004

蓮邦消息一卷　(清)釋妙空子述　清刻本
一冊

210000－4082－0001005　1005

勝天王般若波羅蜜經七卷　(南朝陳)釋月婆
首那譯　清刻本　一冊　存三卷(一至三)

210000－4082－0001006　1006

徑中徑又徑徵義三卷　(清)張師誠輯　(清)
徐槐廷徵義　清刻本　一冊

210000－4082－0001007　1007

四分律藏六十卷　(後秦)釋佛陀耶舍　(後
秦)釋竺佛念譯　清刻本　二冊　存六卷(三
十七至三十九、五十二至五十四)

210000－4082－0001008　1008

大方廣佛華嚴經六十卷　(唐)釋實叉難陀譯
　清刻本　一冊　存三卷(二十九至三十一)

210000－4082－0001009　1009

般若波羅密多心經一卷　清刻本　一冊

210000－4082－0001010　1010

妙法蓮華經七卷　(後秦)釋鳩摩羅什譯　清
刻本　四冊

210000－4082－0001011　1011

妙法蓮華經七卷　（後秦）釋鳩摩羅什譯　清刻本　一冊　存二卷(一至二)

210000－4082－0001012　1012

百丈叢林清規證義記九卷　（唐）釋懷海撰（清）釋儀潤證義　清刻本　二冊　存二卷（五至六）

210000－4082－0001013　1013

妙法蓮華經台宗會義十六卷　（明）釋智旭述　清刻本　二冊　存三卷(一至三)

210000－4082－0001014　1014

妙法蓮華經授手十卷　（清）釋智祥集　清刻本　三冊　存三卷(一、四、八)

210000－4082－0001015　1015

性理精解□□卷　（宋）張載撰　（宋）朱熹注　清刻本　一冊　存二卷(四至五)

210000－4082－0001016　1016

法苑珠林一百卷　（唐）釋道世撰　清刻本　十冊　存三十一卷(一至八、十四至二十三、二十八至三十、五十一至六十)

210000－4082－0001017　1017

勅建淨慈寺志二十八卷　（清）釋際祥纂輯　清刻本　二冊　存六卷(十一至十三、二十二至二十四)

210000－4082－0001018　1018

賢愚因緣經十三卷　（北魏）釋慧覺譯　清刻本　一冊

210000－4082－0001019　1019

楞嚴經勢至念佛圓通章疏鈔二卷首一卷　（清）釋續法集　清刻本　一冊

210000－4082－0001020　1020

佛說大方等大集菩薩念佛三昧經十卷　（隋）釋達磨笈多譯　清刻本　二冊

210000－4082－0001021　1021

觀世音菩薩本行經二卷　（宋）釋普明編　清刻本　一冊　存一卷(下)

210000－4082－0001022　1022

金剛新眼疏經偈合釋二卷　（後秦）釋鳩摩羅什譯　（北魏）釋菩提留支譯偈　清刻本　一冊

210000－4082－0001023　1023

法苑珠林一百卷　（唐）釋道世撰　清刻本　十冊　存三十卷(一至三十)

210000－4082－0001024　1024

華嚴法界玄鏡三卷　（唐）釋澄觀述　**注華嚴法界觀門一卷**　（唐）釋宗密注　清刻本　一冊

210000－4082－0001025　1025

華嚴法界玄鏡三卷　（唐）釋澄觀述　**注華嚴法界觀門一卷**　（唐）釋宗密注　清刻本　一冊

210000－4082－0001026　1026

華嚴法界玄鏡三卷　（唐）釋澄觀述　**注華嚴法界觀門一卷**　（唐）釋宗密注　清刻本　一冊

210000－4082－0001027　1027

華嚴法界玄鏡三卷　（唐）釋澄觀述　**注華嚴法界觀門一卷**　（唐）釋宗密注　清刻本　一冊

210000－4082－0001028　1028

西方確指一卷　（清）釋常攝集　清刻本　一冊

210000－4082－0001029　1029

往生錄四卷　清刻本　一冊　存三卷(二至四)

210000－4082－0001030　1030

法華大成□□卷　清刻本　一冊　存一卷(卷一第五十一至七十五頁)

210000－4082－0001031　1031

大佛頂如來密因脩證了義諸菩薩萬行首楞嚴經十卷　（唐）釋般刺密諦譯　清刻本　一冊　存三卷(四至六)

210000－4082－0001032　1032

大方廣佛華嚴經一卷　清刻本　一冊

210000－4082－0001033　1033

四教義六卷　（隋）釋智顗撰　清刻本　二冊

210000－4082－0001034　1034

翻譯名義集二十卷　（宋）釋法雲編　清刻本
二冊　存七卷(四至十)

210000－4082－0001035　1035

省庵法師語錄二卷　（清）釋實賢撰　（清）彭
際清重訂　清刻本　一冊　存一卷(上)

210000－4082－0001036　1036

勸戒續錄六卷　（清）梁恭辰撰　清刻本　一
冊　存三卷(一至三)

210000－4082－0001037　1037

佛說四十二章經疏鈔九卷　（清）釋續法述
清刻本　一冊　存三卷(四至六)

210000－4082－0001038　1038

教觀綱宗釋義記三卷　（明）釋智旭釋義
（清）釋默庵記　三千有門頌一卷　（宋）陳瓘
述　三千有門頌略解一卷　（明）釋真覺解
始終心要一卷　（唐）釋湛然述　（宋）釋從義
注　清刻本　三冊

210000－4082－0001039　1039

大唐西域記十二卷　（唐）釋玄奘譯　（唐）釋
辯機撰　清刻本　三冊　存九卷(一至九)

210000－4082－0001040　1040

大方廣佛華嚴經八十卷　（唐）釋實叉難陀譯
清刻本　五冊　存十七卷(十二至十七、二
十九至三十六、七十六至七十八)

210000－4082－0001041　1041

大方廣佛華嚴經八十卷　（唐）釋實叉難陀譯
清刻本　五冊　存十九卷(二十五至二十
八、三十七至四十、五十三至六十、六十九至
七十一)

210000－4082－0001042　1042

比丘尼日用一卷　釋戒海集　清刻本　一冊

210000－4082－0001043　1043

瑜伽師地論一百卷　（唐）釋玄奘譯　清刻本
二冊　存六卷(四至六、四十八至五十)

210000－4082－0001044　1044

方聚成禪師續錄九卷　（清）釋方聚成撰
（清）釋真沂等編　清刻本　二冊　存六卷
(四至九)

210000－4082－0001045　1045

瑜伽師地論一百卷　（唐）釋玄奘譯　清刻本
十一冊　存四十一卷(二十至二十六、四十
至七十三)

210000－4082－0001046　1046

大般若波羅蜜多經六百卷　（唐）釋玄奘譯
清刻本　四十五冊　存二百二十卷(一百六
至二百、二百六至三百十、三百四十六至三百
五十、四百八十一至四百九十、四百九十六至
五百)

210000－4082－0001047　1047

曇無德部四分律刪補隨機羯磨二十卷　（唐）
釋道宣撰　（清）釋讀體續釋　清刻本　一冊
存二卷(一至二)

210000－4082－0001048　1048

金光明最勝王經十卷　（唐）釋義淨譯　清刻
本　一冊　存五卷(一至五)

210000－4082－0001049　1049

妙法蓮華經七卷　（後秦）釋鳩摩羅什譯　清
刻本　一冊　存一卷(四)

210000－4082－0001050　1050

禪林重刻寶訓筆說三卷　（清）釋智禪述　清
刻本　一冊　存一卷(下)

210000－4082－0001051　1051

淨土聖賢錄續編四卷種蓮集一卷　清刻本
一冊　存三卷(三至四、種蓮集一卷)

210000－4082－0001052　1052

神僧傳九卷　（明）成祖朱棣撰　清刻本　三
冊　存七卷(一至七)

210000－4082－0001053　1053

大乘中觀釋論十卷　（宋）釋惟淨等譯　清刻
本　一冊　存五卷(一至五)

210000－4082－0001054　1054

十住斷結經十四卷 （後秦）釋竺佛念譯 清刻本 一冊 存六卷（五至十）

210000－4082－0001055 1055
釋淨土羣疑論六卷 （唐）釋懷感撰 清刻本 一冊 存三卷（一至三）

210000－4082－0001056 1056
高僧傳初集十五卷首一卷 （南朝梁）釋慧皎撰 清刻本 三冊 存十二卷（一至十一、首一卷）

210000－4082－0001057 1057
高僧傳初集十五卷首一卷 （南朝梁）釋慧皎撰 清刻本 二冊 存八卷（四至十一）

210000－4082－0001058 1058
成唯識論十卷 （唐）釋玄奘譯 清刻本 一冊 存五卷（一至五）

210000－4082－0001059 1059
妙法蓮華經玄義釋籤四十卷 （隋）釋智者說 （隋）釋灌頂記 （隋）釋湛然譯 清刻本 八冊 存十六卷（一至四、七至十、二十三至二十四、三十三至三十四、三十七至四十）

210000－4082－0001060 1060
妙法蓮華經玄義釋籤十卷 （隋）釋智者說 （隋）釋灌頂記 （隋）釋湛然譯 清刻本 一冊 存二卷（三至四）

210000－4082－0001061 1061
妙法蓮華經玄義十卷 （隋）釋智者說 清刻本 一冊 存二卷（四至五）

210000－4082－0001062 1062
大佛頂如來密因修證了義諸菩薩萬行首楞嚴經纂注十卷 （唐）釋般刺密諦譯 （唐）釋彌伽釋伽譯 清刻本 三冊 存八卷（一至二、五至十）

210000－4082－0001063 1063
大寶積經一百二十卷 （唐）釋玄奘譯 清刻本 十三冊 存七十五卷（四十一至七十、七十六至一百二十）

210000－4082－0001064 1064

五經同本 清刻本 一冊

210000－4082－0001065 1065
地藏菩薩本願經開蒙三卷 （清）釋品玕集 清刻本 一冊 存一卷（中）

210000－4082－0001066 1066
大方廣佛華嚴經綱要八十卷 （唐）釋實叉難陀譯 （唐）釋澄觀疏義 （明）釋德清提契 清刻本 一冊 存三卷（五十三至五十五）

210000－4082－0001067 1067
御選歷代禪師語錄前集□□卷 清刻本 一冊

210000－4082－0001068 1068
禪門日誦不分卷 清刻本 一冊

210000－4082－0001069 1069
廣弘明集三十卷 （唐）釋道宣集 清刻本 一冊 存四卷（二十一至二十四）

210000－4082－0001070 1070
金光明最勝王經十卷 （唐）釋義淨譯 清刻本 一冊 存五卷（一至五）

210000－4082－0001071 1071
楞伽阿跋多羅寶經注解四卷 （宋）釋求那跋多羅譯 （明）釋如玘注 清刻本 二冊 存二卷（一至二）

210000－4082－0001072 1072
捨黑豆集八卷首一卷 （清）釋心圓拈別 （清）火蓮集梓 清刻本 三冊

210000－4082－0001073 1073
妙法蓮華經台宗會義十六卷妙法蓮華經綸貫一卷 （明）釋智旭述 清刻本 二冊 存四卷（一至四）

210000－4082－0001074 1074
大方廣佛新華嚴經合論一百二十卷首一卷 （唐）釋實叉難陀譯 （唐）李通玄造論 （唐）釋志寧釐經合論 清刻本 三冊 存十三卷（一至八、九十三至九十六，首一卷）

210000－4082－0001075 1075
沙彌十戒威儀錄要一卷 （明）釋智旭重輯

417

清刻本　一冊

210000－4082－0001076　1076

法華擊節一卷 （明）釋德清述 （清）鄭澄源
校　清刻本　一冊

210000－4082－0001077　1077

勝天王般若波羅蜜經七卷 （南朝陳）釋月婆
首那譯　清刻本　一冊　存三卷（一至三）

210000－4082－0001078　1078

大般涅槃經疏三德指歸一百卷 （北涼）釋曇
無讖譯 （南朝宋）釋慧嚴 （南朝宋）釋慧觀
（南朝宋）謝靈運治 （宋）釋智圓述記　清
刻本　十九冊　存五十六卷（一至四十七、五
十四至六十二）

210000－4082－0001079　1079

大般涅槃經四十卷 （北涼）釋曇無讖譯　**大
般涅槃經後分二卷** （唐）釋若那跋陀羅等譯
　清刻本　九冊　存三十四卷（五至十二、十
七至四十,後分二卷）

210000－4082－0001080　1080

大方廣佛華嚴經疏鈔會本二百二十卷 （唐）
釋實叉難陀譯 （唐）釋澄觀撰述　清刻本
十九冊

210000－4082－0001081　1081

妙法蓮華經義釋籤四十卷 （隋）釋智者說
（隋）釋灌頂記 （唐）釋湛然釋　清刻本　六
冊　存十二卷（五至六、十三至二十、二十七
至二十八）

210000－4082－0001082　1082

**大佛頂如來密因修證了義諸菩薩萬行首楞嚴
經十卷** （唐）釋般刺密諦譯 （唐）釋彌伽釋
迦譯語 （唐）房融筆受　清刻本　一冊　存
三卷（四至六）

210000－4082－0001083　1083

大方廣圓覺修多羅了義經直解二卷 （唐）釋
佛陀多羅譯 （明）釋德清解　清刻本　一冊
　存一卷（上）

210000－4082－0001084　1084

勸發菩提心文一卷 （清）釋實賢撰　清刻本
　一冊

210000－4082－0001085　1085

暗室燈二卷遠色編一卷 清刻本　一冊

210000－4082－0001086　1086

維摩詰所說經無我疏十二卷 （明）釋傳燈著
　清刻本　一冊　存二卷（七至八）

210000－4082－0001087　1087

大乘起信論裂網疏六卷 （明）釋智旭述　清
刻本　一冊

210000－4082－0001088　1088

妙法蓮華經文句記三十卷 （後秦）釋鳩摩羅
什譯 （隋）釋智者說 （隋）釋灌頂記　清刻
本　十一冊　存十一卷（二、四至八、十三、十
七、二十一、二十七、三十）

210000－4082－0001089　1089

妙法蓮華經文句記三十卷 （後秦）釋鳩摩羅
什譯 （隋）釋智者說 （隋）釋灌頂記　清刻
本　二冊　存二卷（四至五）

210000－4082－0001090　1090

賢首五教儀科注四十八卷 （清）釋灌頂
（清）釋續法集並注 （清）釋心蓮 （清）釋
元芳較編定 （清）程嘉謨會閱　清刻本　一
冊　存二卷（十九至二十）

210000－4082－0001091　1091

御錄經海一滴六卷 （清）世宗胤禎撰　清刻
本　四冊　存四卷（一至二、四至五）

210000－4082－0001092　1092

大乘密嚴經疏十卷 （唐）釋法藏撰　清刻本
　一冊　存二卷（三至四）

210000－4082－0001093　1093

佛爾雅八卷 （清）周春撰　清刻本　一冊

210000－4082－0001094　1094

妙法蓮華經台宗會義十六卷 （明）釋智旭述
　清刻本　五冊　存十二卷（一至六、九至十
四）

210000－4082－0001095　1095

大般涅槃經四十卷後分二卷 （北涼）釋曇無
讖譯 清刻本 六冊 存二十六卷(十七至
四十、後分二卷)

210000－4082－0001096 1096

大方廣佛華嚴經八十卷 （唐）釋實叉難陀譯
清刻本 十一冊 存四十三卷(一至八、十
三至十六、二十一至三十二、三十七至四十
四、五十三至五十六、六十五至七十一)

210000－4082－0001097 1097

大方廣佛華嚴經八十卷 （唐）釋實叉難陀譯
清刻本 四冊 存十二卷(十二至十四、三
十七至三十九、七十三至七十八)

210000－4082－0001098 1098

大方廣佛華嚴經八十卷 （唐）釋實叉難陀譯
清刻本 三冊 存十二卷(四十至四十三、
六十九至七十六)

210000－4082－0001099 1099

大方廣佛華嚴經入不思議解脫境界普賢行願
品疏六十卷 （唐）釋般若譯 （唐）釋澄觀述
疏 （清）楊文會合纂 清刻本 一冊 存三
卷(二十至二十二)

210000－4082－0001100 1100

大方廣佛華嚴經綱要八十卷 （唐）釋實叉難
陀譯 （唐）釋澄觀疏義 （明）釋德清提契
清刻本 九冊 存二十二卷(一至六、三十四
至三十六、三十九至四十、五十一至五十二、
六十三至六十八、七十二至七十四)

210000－4082－0001101 1101

大方廣佛華嚴經八十卷附普賢行願品一卷
（唐）釋實叉難陀譯 清刻本 二十冊

210000－4082－0001102 1102

釋氏稽古略四卷 （元）釋覺岸編集 清刻本
四冊

210000－4082－0001103 1103

釋氏稽古略四卷 （元）釋覺岸編集 清刻本
二冊 存二卷(三至四)

210000－4082－0001104 1104

勸戒三錄六卷 （清）梁恭辰撰 清刻本 一
冊 存三卷(一至三)

210000－4082－0001105 1105

勸戒四錄六卷 （清）梁恭辰撰 清刻本
二冊

210000－4082－0001106 1106

勸戒五錄六卷 （清）梁恭辰撰 清刻本 一
冊 存三卷(一至三)

210000－4082－0001107 1107

勸戒九錄六卷 （清）梁恭辰撰 清刻本 一
冊 存二卷(一至二)

210000－4082－0001108 1108

勸戒八錄六卷 （清）梁恭辰撰 清刻本 二
冊 存四卷(三至六)

210000－4082－0001109 1109

勸戒七錄六卷 （清）梁恭辰撰 清刻本
二冊

210000－4082－0001110 1110

勸戒六錄六卷 （清）梁恭辰撰 清刻本
二冊

210000－4082－0001111 1111

大佛頂如來密因修證了義諸菩薩萬行首楞嚴
經十卷 （唐）釋般刺密諦譯 （唐）釋彌伽釋
迦譯語 （唐）房融筆受 清刻本 一冊

210000－4082－0001112 1112

大智度論一百卷 （後秦）釋鳩摩羅什譯 清
刻本 十七冊 存六十卷(九至十二、十七至
二十、二十五至三十二、四十一至五十六、六
十一至六十八、七十三至七十九、八十一至八
十七、八十九至九十一、九十七至九十九)

210000－4082－0001113 1113

禪林寶訓四卷 （宋）釋淨善重集 清刻本
一冊

210000－4082－0001114 1114

成唯識論疏十卷 （唐）釋圓測撰 清刻本
一冊

210000－4082－0001115 1115

大方廣佛華嚴經八十卷　（唐）釋實叉難陀譯
　附普賢行願品一卷　（唐）釋般若譯　清刻
本　六冊　存二十五卷（一至四、十八至二十
一、三十七至四十八、七十七至八十,普賢行
願品一卷）

210000－4082－0001116　1116

大方廣佛華嚴經疏鈔會本二十卷　（唐）釋澄
觀撰述　清刻本　二冊　存四卷（十至十二、
十九）

210000－4082－0001117　1117

雲棲淨土彙語一卷　（明）釋袾宏撰　憨山大
師淨宗法要一卷　（明）釋德清撰　清刻本
一冊

210000－4082－0001118　1118

楞嚴經初學易讀十卷　清刻本　一冊　存三
卷（八至十）

210000－4082－0001119　1119

九品蓮臺二卷　（清）蓮航居士編　清刻本
一冊　存一卷（上）

210000－4082－0001120　1120

淨土聖賢錄七卷　清刻本　二冊　存五卷
（三至七）

210000－4082－0001121　1121

地藏菩薩本願經開蒙不分卷　清刻本　一冊

210000－4082－0001122　1122

寶藏論一卷　（唐）釋僧肇撰　心要經一卷
（唐）釋道㲀譯　（清）李調元纂　金華子雜編
二卷　（南朝唐）劉崇遠撰　清刻本　一冊

210000－4082－0001123　1123

尼山心法八卷　（清）佟朝選撰　（清）楊吉陲
述　清刻本　一冊　存二卷（一至二）

210000－4082－0001124　1124

金剛經注解二卷　清刻本　一冊　存一卷
（上）

210000－4082－0001125　1125

佛說觀無量壽佛經圖頌一卷附錄一卷　（南
朝宋）釋畺良耶舍譯　清刻本　一冊

210000－4082－0001126　1126

金剛決疑一卷　（後秦）釋鳩摩羅什譯　（明）
釋德清撰　般若波羅蜜多心經直說一卷
（明）釋德清述　清刻本　一冊

210000－4082－0001127　1127

小品般若波羅蜜經十卷　（後秦）釋鳩摩羅什
譯　清刻本　一冊　存五卷（一至五）

210000－4082－0001128　1128

勝髮經寶窟十五卷　（唐）釋吉藏撰　清刻本
一冊　存四卷（八至十一）

210000－4082－0001129　1129

首楞嚴經指掌疏事義十卷　佚名撰　清刻本
一冊

210000－4082－0001130　1130

修西聞見錄五卷續一卷　（清）釋雞園集　清
刻本　一冊

210000－4082－0001131　1131

教觀綱宗一卷釋義一卷　（明）釋智旭述　清
刻本　一冊

210000－4082－0001132　1132

續比丘尼傳六卷　釋震華編述　清刻本　一
冊　存二卷（三至四）

210000－4082－0001133　1133

坐禪三昧法門經二卷　（後秦）釋鳩摩羅什譯
清刻本　一冊

210000－4082－0001134　1134

瑜伽師地論一百卷　（唐）釋玄奘譯　清刻本
一冊　存四卷（七至十）

210000－4082－0001135　1135

地藏菩薩本願經三卷　（唐）釋實叉難陀譯
清刻本　一冊

210000－4082－0001136　1136

摩訶止觀輔行傳弘決十卷　（隋）釋智者說
（唐）釋湛然決　（唐）釋灌頂記　（明）釋傳
燈增科　清刻本　三冊　存六卷（五之三、五
之四,六之三、六之四,八之一、八之二）

210000－4082－0001137　1137

大佛頂如來放光悉怛多鉢怛囉陀羅尼會譯一卷　（唐）釋不空　（唐）釋般剌密諦譯　常淨寫注　清刻本　一冊

210000－4082－0001138　1138

大佛頂如來放光悉怛多鉢怛囉陀羅尼會譯一卷　（唐）釋不空　（唐）釋般剌密諦譯　常淨寫注　清刻本　一冊

210000－4082－0001139　1139

放生儀軌一卷　清刻本　一冊

210000－4082－0001140　1140

太上感應篇集傳四卷　（清）惠棟箋　（清）俞樾纘義　（清）姚學塽注　清刻本　二冊　存二卷（二至三）

210000－4082－0001141　1141

楞嚴經灌頂疏十卷　（清）釋灌頂　（清）續法集並注　（清）釋心蓮證文校編定　清刻本　十冊　存十卷（一下、二上下、三上下、四上下、五上下、十上）

210000－4082－0001142　1142

御製詩二集□□卷　清刻本　八冊　存二十五卷（四十至六十四）

210000－4082－0001143　1143

大佛頂如來密因修證了義諸菩薩萬行首楞華嚴經十卷　（唐）釋般剌密諦　（唐）釋彌伽釋迦譯　（唐）房融筆受　清刻本　一冊　存三卷（一至三）

210000－4082－0001144　1144

地藏菩薩本願經開蒙三卷　（清）釋品玕集　清刻本　一冊　存一卷（上）

210000－4082－0001145　1145

妙法蓮華經七卷　（後秦）釋鳩摩羅什譯　清刻本　二冊　存四卷（三至六）

210000－4082－0001146　1146

持世經四卷　（後秦）釋鳩摩羅什譯　清刻本　一冊

210000－4082－0001147　1147

地藏菩薩本願經一卷八大不覺經一卷　（後

漢）釋安世高譯　八經一卷佛說四十二章經一卷　（後漢）釋迦葉摩騰　（後漢）釋竺法蘭譯　佛遺教經一卷　（後秦）釋鳩摩羅什譯　清刻本　一冊

210000－4082－0001148　1148

萬善同歸集三卷　（宋）釋延壽述　清刻本　一冊　存一卷（中）

210000－4082－0001149　1149

妙法蓮華經七卷　（後秦）釋鳩摩羅什譯　清刻本　一冊　存三卷（一至三）

210000－4082－0001150　1150

慈悲道場懺法十卷　清刻本　一冊　存三卷（四至六）

210000－4082－0001151　1151

上品資糧一卷　（清）釋古崑集　清刻本　一冊

210000－4082－0001152　1152

摩訶止觀輔行傳弘決四十卷　（隋）釋智者說　（唐）釋湛然弘決　（明）釋傳燈增科　清刻本　一冊

210000－4082－0001153　1153

西方合論一卷　（明）袁弘道撰　念佛切要一卷　（清）陳熙願纂述　徹悟禪師念佛要語一卷　（清）釋古崑摘錄　念佛四大要訣一卷（清）釋古崑撰　清刻本　一冊

210000－4082－0001154　1154

法苑珠林一百卷　（唐）釋道世撰　清刻本　一冊　存二卷（十二至十三）

210000－4082－0001155　1155

勸戒五錄六卷　（清）梁恭辰撰　清刻本　一冊　存三卷（四至六）

210000－4082－0001156　1156

畧說五種　釋洪恩著　清刻本　一冊

210000－4082－0001157　1157

大方廣圓覺修多羅了義經二卷　（唐）釋佛陀多羅譯　金剛般若波羅密經一卷　（後秦）釋鳩摩羅什譯　八法界體性經一卷　（隋）釋闍

那崛多譯　**無量壽經一卷**　（南朝齊）釋曇廣
伽陀耶舍譯　清刻本　一冊

210000－4082－0001158　1158

大莊嚴經□□卷　（後秦）釋鳩摩羅什譯　清
刻本　一冊　存五卷（十一至十五）

210000－4082－0001159　1159

禪律淨三經附菩薩戒持犯果報　清刻本
一冊

210000－4082－0001160　1160

妙法蓮華經台宗會義十六卷　（明）釋智旭述
　清刻本　一冊　存七卷（四至十）

210000－4082－0001161　1161

無上圓明通正生蓮寶卷二卷掃邪歸正論一卷
　清刻本　一冊

210000－4082－0001162　1162

大明三藏聖教目錄四卷　（清）張心泰輯　清
刻本　一冊　存一卷（三）

210000－4082－0001163　1163

妙法蓮華經臺宗會義十六卷　（明）釋智旭撰
　清刻本　一冊　存一卷（二之上）

210000－4082－0001164　1164

佛說觀無量壽佛經圖頌一卷　（南朝宋）釋畺
良耶舍譯　清刻本　一冊

210000－4082－0001165　1165

佛說觀無量壽佛經圖頌一卷　（南朝宋）釋畺
良耶舍譯　清刻本　一冊

210000－4082－0001166　1166

摩訶止觀輔行傳弘決四十卷　（隋）釋智顗說
　（唐）釋湛然弘決　（唐）釋灌頂記　（明）
釋傳燈會科　清刻本　三冊　存六卷（二十
七至三十、三十七至三十八）

210000－4082－0001167　1167

蘭山課葉經訓約編十四種　清刻本　一冊
存一卷（煙記下）

210000－4082－0001168　1168

大唐內典錄十卷　（唐）釋道宣撰　清刻本
一冊　存二卷（五至六）

210000－4082－0001169　1169

紫柏老人集二十九卷　（明）釋德清閱　清刻
本　一冊　存三卷（二十七至二十九）

210000－4082－0001170　1170

法華擊節一卷　（明）釋德清述　**妙法蓮華經
綸貫一卷**　（明）釋智旭述　清刻本　一冊

210000－4082－0001171　1171

法華擊節一卷　（明）釋德清述　**妙法蓮華經
綸貫一卷**　（明）釋智旭述　清刻本　一冊

210000－4082－0001172　1172

法華擊節一卷　（明）釋德清述　**妙法蓮華經
綸貫一卷**　（明）釋智旭述　清刻本　一冊

210000－4082－0001173　1173

法華擊節一卷　（明）釋德清述　**妙法蓮華經
綸貫一卷**　（明）釋智旭述　清刻本　一冊

210000－4082－0001174　1174

省庵法師語錄二卷　（清）釋實賢撰　（清）彭
際清重訂　清刻本　一冊　存一卷（上）

210000－4082－0001175　1175

大方廣佛新華嚴經合論一百二十卷　（唐）釋
實叉難陀譯　（唐）李通玄造論　（唐）釋志寧
合論　清刻本　三冊　存十二卷（十三至二
十、一百五至一百八）

210000－4082－0001176　1176

相宗八要直解　清刻本　一冊　存四種四卷
（因明入正理論一卷、大乘百法明門論一卷、
唯識三十論一卷、觀所緣緣論一卷）

210000－4082－0001177　1177

相宗八要解八種　清刻本　一冊　存四種四
卷（大乘百法明門論一卷、唯識三十論約意一
卷、觀所緣緣論會釋一卷、六離合釋法式通關
一卷）

210000－4082－0001178　1178

法界聖凡水陸普度大齋勝會儀軌會本六卷
（南朝梁）釋誌公等撰　（宋）釋至磐重訂
（明）釋袾宏補儀　清刻本　一冊　存二卷
（一至二）

210000－4082－0001179　1179

法界聖凡水陸普度大齋勝會儀軌會本六卷
（南朝梁）釋誌公等撰　（宋）釋至磐重訂
（明）釋袾宏補儀　清刻本　一冊　存二卷
（一至二）

210000－4082－0001180　1180

勸戒殺喫素文一卷　清刻本　一冊

210000－4082－0001181　1181

十一經同本　清刻本　一冊

210000－4082－0001182　1182

佛說孝子五王七經　清刻本　一冊

210000－4082－0001183　1183

過去莊嚴劫千佛名經一卷現在賢劫千佛名經
一卷未來星宿劫千佛名經一卷附三劫三千佛
緣起　清刻本　三冊

210000－4082－0001184　1184

大方廣佛華嚴經八十卷　（唐）釋實叉難陀譯
　清刻本　一冊　存四卷(二十一至二十四)

210000－4082－0001185　1185

大乘起信論裂綱疏六卷　（明）釋智旭述　清
刻本　一冊

210000－4082－0001186　1186

妙法蓮華經觀世音菩薩普門品一卷　清刻本
　一冊

210000－4082－0001187　1187

賢首五教儀六卷　（清）釋續法集錄　清刻本
　一冊

210000－4082－0001188　1188

異方便淨土傳燈歸元鏡三祖實錄二卷　（清）
釋智達拈頌　清刻本　二冊

210000－4082－0001189　1189

中諭六卷　（後秦）釋鳩摩羅什譯　清刻本
二冊

210000－4082－0001190　1190

佛說梵網經二卷　（後秦）釋鳩摩羅什譯　清
刻本　一冊

210000－4082－0001191　1191

大乘寶要義論十卷　（宋）釋法護等譯　清刻
本　一冊

210000－4082－0001192　1192

大佛頂如來密因修證了義諸菩薩萬行首楞嚴
經釋要十卷　（唐）釋般剌密諦　（唐）釋彌伽
釋迦譯　（唐）房融筆受　（唐）慧極解義
（唐）釋普晴集注　清刻本　二冊　存五卷
（一至三、九至十）

210000－4082－0001193　1193

大方等如來藏經一卷　（晉）釋佛陀跋陀羅譯
　寶授菩薩菩提行經一卷　（宋）釋法賢譯
莊嚴菩提心經一卷　（後秦）釋鳩摩羅什譯
佛說長者女庵提遮師子吼了義經一卷　佚名
譯　佛說老女人經一卷　（三國吳）釋支謙譯
　稱讚大乘功德經一卷　（唐）釋玄奘譯　佛
說長者法志妻經一卷　佚名譯　佛說堅固女
經一卷　（隋）釋那連提黎耶舍譯　清刻本
一冊

210000－4082－0001194　1194

佛經壽世　清刻本　三冊　存十五種(文殊
師利所說摩訶般若波羅密經一卷、仁王護國
般若波羅密經二卷、佛說如來智印經一卷、寶
相般若波羅蜜經一卷、維摩詰所說經三卷、南
宋江陰軍乾明院羅漢尊號碑記一卷、藥師瑠
璃光如來本願功德經一卷、佛說阿彌陀經一
卷、拔一切業障根本得生淨土陀羅尼咒一卷、
佛說觀無量壽佛經一卷、佛說了義般若波羅
蜜多經、佛說勝軍王所問經、佛說輪王七寶經
一卷、佛說大方廣未曾有經善巧方便品、佛說
園生樹經一卷)

210000－4082－0001195　1195

駱文忠公行狀碑銘輓合錄一卷　清刻本
一冊

210000－4082－0001196　1196

金光明最勝王經十卷　（唐）釋義淨譯　清刻
本　一冊　存四卷(五至八)

210000－4082－0001197　1197

中阿含經六十卷　（晉）釋瞿曇僧伽提婆譯

清刻本　七册　存三十五卷(十一至二十、三十一至五十五)

210000－4082－0001198　1198
增壹阿含經五十卷　(前秦)釋曇摩難提譯
清刻本　四册　存十四卷(一至五、三十四至四十二)

210000－4082－0001199　1199
增壹阿含經五十卷　(前秦)釋曇摩難提譯
清刻本　一册　存四卷(三十一至三十四)

210000－4082－0001200　1200
摩訶般若波羅蜜經五卷　(後秦)釋曇摩蜱
(後秦)竺佛念譯　清刻本　一册

210000－4082－0001201　1201
華嚴念佛三昧論一卷　(清)彭際清述　清刻本　一册

210000－4082－0001202　1202
雜阿含經五十卷　(南朝宋)釋求那跋陀羅譯
清刻本　一册

210000－4082－0001203　1203
雜阿含經一卷　清刻本　一册

210000－4082－0001204　1204
楞嚴經初學易讀十卷　清刻本　二册　存六卷(五至十)

210000－4082－0001205　1205
摩訶止觀輔行傳弘決四十卷　(隋)釋智顗說
(隋)釋灌頂記　(唐)釋湛然弘決　(明)
釋傳燈增科　清刻本　二册　存四卷(十九至二十、三十九至四十)

210000－4082－0001206　1206
大佛頂如來密因修證了義諸菩薩萬行首楞嚴經合轍十卷　(明)釋通潤撰　清刻本　一册
存一卷(九)

210000－4082－0001207　1207
西歸直指四卷首一卷　(清)周夢顏彙輯　清刻本　一册　存一卷(三)

210000－4082－0001208　1208
妙法蓮華經□□卷　(後秦)釋鳩摩羅什譯

清刻本　五册　存七卷(一至七)

210000－4082－0001209　1209
大佛頂如來密因修證了義諸菩薩萬行首楞嚴經合轍十卷　(明)釋通潤撰　清刻本　二册
存二卷(九至十)

210000－4082－0001210　1210
觀楞伽阿跋多羅寶經記四卷　(南朝宋)釋求那跋陀羅譯　(明)釋德清記　清刻本　一册
存一卷(二)

210000－4082－0001211　1211
續高僧傳二集四十卷　(唐)釋道宣撰　清刻本　一册　存四卷(三十三至三十六)

210000－4082－0001212　1212
翻譯名義集二十卷　(宋)釋法雲編　清刻本
一册　存三卷(四至六)

210000－4082－0001213　1213
摩訶般若波羅蜜經三十卷　(後秦)釋鳩摩羅什　(後秦)僧叡譯　清刻本　六册　存二十三卷(四至七、十二至三十)

210000－4082－0001214　1214
金剛決疑一卷　(後秦)釋鳩摩羅什譯　(明)
釋德清撰　般若波羅蜜多心經直說一卷
(明)釋德清述　清刻本　佚名墨筆識並批校
一册

210000－4082－0001215　1215
華嚴一乘教義分齊章四卷　(唐)釋法藏述
清刻本　佚名批注　一册

210000－4082－0001216　1216
九品蓮臺二卷　(清)蓮航居士編　清刻本
佚名批注　一册　存一卷(上)

210000－4082－0001217　1217
唯心訣一卷　(宋)釋智覺著　永明智覺禪師定慧相資歌一卷警世一卷高麗國普照禪師修心訣一卷　清刻本　一册

210000－4082－0001218　1218
大華嚴經略策一卷　(唐)釋澄觀述　答順宗心要法門一卷　(唐)釋澄觀撰　(唐)釋宗密

注　原人論序一卷　（唐）釋宗密述　華嚴念
佛三昧論一卷　（清）彭際清述　清刻本
一冊

210000－4082－0001219　1219
華嚴法界玄鏡三卷　（唐）釋澄觀述　注華嚴
法界觀門一卷　（唐）釋宗密注　清刻本
一冊

210000－4082－0001220　1220
釋華嚴十明論一卷　（宋）釋惠洪撰　華嚴經
決疑論一卷　（唐）釋照明撰　略釋新華嚴經
修行次第決疑論二卷　（唐）李通玄撰　清刻
本　一冊

210000－4082－0001221　1221
大方廣佛華嚴經綱要八十卷　（唐）釋實叉難
陀譯　（唐）釋澄觀疏義　（明）釋德清提契
清刻本　十冊　存二十五卷（七至九、十五至
十六、二十三至二十四、二十八至三十三、三
十七、四十四至四十八、六十九至七十一、七
十七至七十九）

210000－4082－0001222　1222
妙法蓮華經七卷附直音一卷　（後秦）釋鳩摩
羅什譯　清刻本　二冊　存四卷（一至二、
七,直音一卷）

210000－4082－0001223　1223
妙法蓮華經七卷　（後秦）釋鳩摩羅什譯　清
刻本　一冊　存一卷（六）

210000－4082－0001224　1224
賢愚因緣經十三卷　（北魏）釋慧覺譯　清刻
本　一冊　存三卷（十一至十三）

210000－4082－0001225　1225
御選歷代禪師語錄□□卷　（清）世宗胤禛選
清刻本　一冊　存一卷（十四）

210000－4082－0001226　1226
御選歷代禪師語錄□□卷　清刻本　二冊
存二卷（十四、十七）

210000－4082－0001227　1227
御選歷代禪師語錄□□卷　清刻本　三冊

存三卷（十四至十五、十七）

210000－4082－0001228　1228
佛說阿閦佛國經三卷　（後漢）釋支婁迦讖譯
清刻本（卷下末二頁抄補）　一冊

210000－4082－0001229　1229
毗尼日用切要一卷沙彌律儀要略一卷　（清）
釋讀體彙集　式叉摩那尼六法相一卷　清刻
本（式叉摩那尼六法相抄配）　一冊

210000－4082－0001230　1230
東巖禪師蘄州語錄一卷　（清）釋照務　（清）
釋宗智記錄　清刻嘉興藏本　一冊

210000－4082－0001231　1231
天界覺浪盛禪師全錄三十三卷別錄一卷
（明）釋大成等較　清刻嘉興藏本　一冊　存
四卷（九至十二）

210000－4082－0001232　1232
金剛般若波羅蜜經一卷　（後秦）釋鳩摩羅什
譯　清刻民國朱廣仁印本　一冊

210000－4082－0001233　1233
金剛般若波羅蜜經一卷　（後秦）釋鳩摩羅什
譯　清刻民國朱廣仁印本　一冊

210000－4082－0001234　1234
金剛般若波羅蜜經一卷　（後秦）釋鳩摩羅什
譯　清刻民國朱廣仁印本　一冊

210000－4082－0001235　1235
金剛般若波羅蜜經一卷　（後秦）釋鳩摩羅什
譯　清刻民國朱廣仁印本　一冊

210000－4082－0001236　1236
金剛般若波羅蜜經一卷　（後秦）釋鳩摩羅什
譯　清刻民國朱廣仁印本　一冊

210000－4082－0001237　1237
諸法無行經二卷　（後秦）釋鳩摩羅什譯　清
末常州天寧寺刻本　一冊

210000－4082－0001238　1238
十七經同本　清末常州天甯寺清鎔刻本
一冊

210000－4082－0001239　1239

金光明經十卷　（隋）釋寶貴　（隋）釋志德合
入　清末抄本　十冊

210000－4082－0001240　1240

妙法蓮華經玄義節要二卷　（隋）釋智顗說
（隋）釋灌頂記　（明）釋智旭節撰　清末福德
因緣堂刻本　二冊

210000－4082－0001241　1241

遊心安樂道一卷　（唐）釋元曉撰　清末金陵
刻經處刻本　一冊

210000－4082－0001242　1242

佛說觀無量壽佛經附圖頌不分卷　（南朝宋）
釋畺良耶舍譯　清末刻本　一冊

210000－4082－0001243　1243

顯揚聖教論二十卷　（唐）釋玄奘譯　清末刻
本　一冊　存五卷（六至十）

210000－4082－0001244　1244

大唐西域記十二卷　（唐）釋玄奘譯　（唐）釋
辯機撰　清末刻本　一冊　存三卷（一至三）

210000－4082－0001245　1245

大方廣佛華嚴經八十卷　（唐）釋實叉難陀譯
　清末刻本　二冊　存八卷（六十九至七十
六）

210000－4082－0001246　1246

大寶積經一百二十卷　（北齊）釋那連提黎耶
舍譯　清末刻本　九冊　存四十六卷（三十
六至四十、六十一至八十五、一百一至一百
五、一百十至一百二十）

210000－4082－0001247　1247

成唯識論觀心法要十卷　（明）釋智旭述　清
末刻本　七冊　存七卷（二至三、五、七至十）

210000－4082－0001248　1248

成實論二十卷　（後秦）釋鳩摩羅什譯　清末
刻本　一冊　存四卷（十三至十六）

210000－4082－0001249　1249

佛說德護長者經二卷　（隋）釋那連提黎耶舍
譯　清末刻本　一冊

210000－4082－0001250　1250

正法念處經七十卷　（北魏）釋般若流支譯
清末刻本　九冊　存三十四卷（一至十、十七
至三十、三十八至四十、五十四至五十七、六
十八至七十）

210000－4082－0001251　1251

起世經十卷　（隋）釋闍那崛多等譯　清末刻
本　一冊　存五卷（六至十）

210000－4082－0001252　1252

瑜伽師地論一百卷　（唐）釋玄奘譯　清末刻
本　十冊　存三十三卷（一至十、十四至十
九、七十至八十六）

210000－4082－0001253　1253

圓悟佛果禪師語錄二十卷　（宋）釋紹隆等編
　清末刻本　二冊　存七卷（四至七、十二至
十四）

210000－4082－0001254　1254

淨土聖賢錄續編四卷種蓮集一卷　清末刻本
　一冊　存三卷（續編三至四、種蓮集一卷）

210000－4082－0001255　1255

十不二門指要鈔詳解二卷　（唐）釋湛然釋箋
（宋）釋可度詳解　（宋）釋知禮鈔　（明）
釋正謐分會　清末刻本　二冊　存二卷（一
下、二下）

210000－4082－0001256　1256

圓覺經大疏釋義鈔十六卷　（唐）釋宗密撰
清末刻本　二冊　存四卷（十一至十四）

210000－4082－0001257　1257

教觀綱宗釋義紀三卷　（明）釋智旭治定並釋
義　（清）釋默庵紀　三千有門頌一卷　（宋）
陳瓘述　三千有門頌略解一卷　（明）釋真覺
解　始終心要一卷　（唐）釋湛然述　（宋）釋
從義注　清末刻本　一冊

210000－4082－0001258　1258

阿毗達磨發智論十四卷　（唐）釋玄奘譯　清
末刻本　三冊　存十一卷（一至十一）

210000－4082－0001259　1259

天臺四教儀集注十卷　（元）釋蒙潤撰　清末刻本　一冊　存二卷（七至八）

210000－4082－0001260　1260

孝子經一卷佛說五王經一卷五母子經一卷（三國吳）釋支謙譯　分別經一卷　（晉）釋竺法護譯　佛說越難經一卷　（晉）聶承遠譯　佛說羅雲忍辱經一卷　（晉）釋法炬譯　佛說淨意優婆塞所問經一卷　（宋）釋施護譯　清末刻本　一冊

210000－4082－0001261　1261

金光明經八卷　（隋）釋寶貴撰　清末刻本　二冊

210000－4082－0001262　1262

菩薩瓔珞經十三卷　（後秦）釋竺佛念譯　清末刻本　一冊　存四卷（五至八）

210000－4082－0001263　1263

拳教析疑說一卷　勞乃宣輯　清末刻本　一冊

210000－4082－0001264　1264

四經同卷　清末刻本　一冊

210000－4082－0001265　1265

十九經同本　清末刻本　一冊

210000－4082－0001266　1266

金剛般若波羅蜜經一卷　（後秦）釋鳩摩羅什譯　（南朝梁）蕭統分章　（唐）普覺解義　清末刻本　一冊

210000－4082－0001267　1267

西方要訣科注二卷　（唐）釋窺基撰　清末刻本　一冊

210000－4082－0001268　1268

觀所緣緣論釋記一卷因明入正理論直疏一卷　（唐）釋玄奘譯　（明）釋明昱疏　清末刻本　一冊

210000－4082－0001269　1269

合刻維摩經略疏八卷　（隋）釋智顗說　（唐）釋湛然略　清末刻本　一冊　存一卷（一）

210000－4082－0001270　1270

大佛頂如來密因修證了義諸菩薩萬行首楞嚴經會解二十卷　（唐）釋般刺密諦譯　清末刻本　一冊　存四卷（一至四）

210000－4082－0001271　1271

大寶積經一百二十卷　（北齊）釋那連提耶舍譯　清末刻本　一冊　存五卷（七十一至七十五）

210000－4082－0001272　1272

大佛頂首楞嚴經正脈疏四十卷　（明）釋真鑑述　（明）釋富登校　清末刻本　三冊　存九卷（四至六、十五至二十）

210000－4082－0001273　1273

大佛頂首楞嚴經正脈疏四十卷　（明）釋真鑑述　（明）釋富登校　清末刻本　二冊　存六卷（十八至二十、二十九至三十一）

210000－4082－0001274　1274

釋摩訶衍論記□□卷　（宋）釋普觀述　清末刻本　一冊　存二卷（十七至十八）

210000－4082－0001275　1275

妙法蓮華經七卷　（後秦）釋鳩摩羅什譯　清末刻本　一冊　存一卷（一）

210000－4082－0001276　1276

十善業道經節要一卷　（明）釋澫益編訂　佛說十善業道經一卷　（唐）釋實叉難陀譯　見聞錄一卷　（明）釋智旭撰　清末刻本　一冊

210000－4082－0001277　1277

大方廣佛華嚴經綱要八十卷　（唐）釋實叉難陀譯　（唐）釋澄觀疏義　（明）釋德清提挈　清末刻本　八冊　存二十二卷（一至二十二）

210000－4082－0001278　1278

文殊師利菩薩問菩提經論二卷　（北魏）釋菩提留支譯　金剛般若波羅蜜經破取著不壞假名論二卷　（唐）釋地婆訶羅譯　清末刻本　一冊

210000－4082－0001279　1279

妙法蓮華經七卷　（後秦）釋鳩摩羅什譯　清末鉛印本　七冊

210000－4082－0001280　1280

金剛般若波羅蜜經一卷般若無盡藏真言一卷
般若波羅蜜多心經一卷　（唐）釋玄奘譯　清
末鉛印本　一冊

210000－4082－0001281　1281

遊歷巴西圖經十卷　（清）傅雲龍撰　清末石
印本　一冊　存五卷（六至十）

210000－4082－0001282　1282

華嚴經十地品雜垢章一卷　（唐）釋實叉難陀
譯　清末釋妙聞刻本　一冊

210000－4082－0001283　1283

沙彌律儀要略一卷　（明）釋袾宏輯　毘尼日
用切要一卷　（清）釋讀體集　清杭州西湖慧
空經房刻本　一冊

210000－4082－0001284　1284

雅俗通用釋門疏式十卷　（清）釋如德等輯
清末知儒精舍刻本　二冊　存五卷（一至五）

210000－4082－0001285　1285

滿蒙漢藏四體翻譯詞集□□卷　清乾隆內府
刻本　十五冊　存十五卷（二至十六）

210000－4082－0001286　1286

藥師瑠璃光如來本願功德經一卷　（唐）釋玄
奘譯　清鉛印本　一冊

210000－4082－0001287　1287

藥師瑠璃光如來本願功德經一卷　（唐）釋玄
奘譯　清鉛印本　一冊

210000－4082－0001288　1288

藥師瑠璃光如來本願功德經一卷　（唐）釋玄
奘譯　清鉛印本　一冊

210000－4082－0001289　1289

藥師瑠璃光如來本願功德經一卷　（唐）釋玄
奘譯　清鉛印本　一冊

210000－4082－0001290　1290

藥師瑠璃光如來本願功德經一卷　（唐）釋玄
奘譯　清鉛印本　一冊

210000－4082－0001291　1291

藥師瑠璃光如來本願功德經一卷　（唐）釋玄

奘譯　清鉛印本　一冊

210000－4082－0001292　1292

藥師瑠璃光如來本願功德經一卷　（唐）釋玄
奘譯　清鉛印本　一冊

210000－4082－0001293　1293

藥師瑠璃光如來本願功德經一卷　（唐）釋玄
奘譯　清鉛印本　一冊

210000－4082－0001294　1294

藥師瑠璃光如來本願功德經一卷　（唐）釋玄
奘譯　清鉛印本　一冊

210000－4082－0001295　1295

藥師瑠璃光如來本願功德經一卷　（唐）釋玄
奘譯　清鉛印本　一冊

210000－4082－0001296　1296

藥師瑠璃光如來本願功德經一卷　（唐）釋玄
奘譯　清鉛印本　一冊

210000－4082－0001297　1297

藥師瑠璃光如來本願功德經一卷　（唐）釋玄
奘譯　清鉛印本　一冊

210000－4082－0001298　1298

藥師瑠璃光如來本願功德經一卷　（唐）釋玄
奘譯　清鉛印本　一冊

210000－4082－0001299　1299

藥師瑠璃光如來本願功德經一卷　（唐）釋玄
奘譯　清鉛印本　一冊

210000－4082－0001300　1300

藥師瑠璃光如來本願功德經一卷　（唐）釋玄
奘譯　清鉛印本　一冊

210000－4082－0001301　1301

藥師瑠璃光如來本願功德經一卷　（唐）釋玄
奘譯　清鉛印本　一冊

210000－4082－0001302　1302

藥師瑠璃光如來本願功德經一卷　（唐）釋玄
奘譯　清鉛印本　一冊

210000－4082－0001303　1303

藥師瑠璃光如來本願功德經一卷　（唐）釋玄

奘譯　清鉛印本　一冊

210000－4082－0001304　1304

藥師瑠璃光如來本願功德經一卷　（唐）釋玄
奘譯　清鉛印本　一冊

210000－4082－0001305　1305

藥師瑠璃光如來本願功德經一卷　（唐）釋玄
奘譯　清鉛印本　一冊

210000－4082－0001306　1306

藥師瑠璃光如來本願功德經一卷　（唐）釋玄
奘譯　清鉛印本　一冊

210000－4082－0001307　1307

藥師瑠璃光如來本願功德經一卷　（唐）釋玄
奘譯　清鉛印本　一冊

210000－4082－0001308　1308

藥師瑠璃光如來本願功德經一卷　（唐）釋玄
奘譯　清鉛印本　一冊

210000－4082－0001309　1309

藥師瑠璃光如來本願功德經一卷　（唐）釋玄
奘譯　清鉛印本　一冊

210000－4082－0001310　1310

藥師瑠璃光如來本願功德經一卷　（唐）釋玄
奘譯　清鉛印本　一冊

210000－4082－0001311　1311

藥師瑠璃光如來本願功德經一卷　（唐）釋玄
奘譯　清鉛印本　一冊

210000－4082－0001312　1312

藥師琉璃光如來本願功德經一卷　（唐）釋玄
奘譯　清鉛印本　一冊

210000－4082－0001313　1313

藥師琉璃光如來本願功德經一卷　（唐）釋玄
奘譯　清鉛印本　一冊

210000－4082－0001314　1314

藥師琉璃光如來本願功德經一卷　（唐）釋玄
奘譯　清鉛印本　一冊

210000－4082－0001315　1315

藥師琉璃光如來本願功德經一卷　（唐）釋玄

奘譯　清鉛印本　一冊

210000－4082－0001316　1316

藥師琉璃光如來本願功德經一卷　（唐）釋玄
奘譯　清鉛印本　一冊

210000－4082－0001317　1317

藥師琉璃光如來本願功德經一卷　（唐）釋玄
奘譯　清鉛印本　一冊

210000－4082－0001318　1318

藥師琉璃光如來本願功德經一卷　（唐）釋玄
奘譯　清鉛印本　一冊

210000－4082－0001319　1319

藥師琉璃光如來本願功德經一卷　（唐）釋玄
奘譯　清鉛印本　一冊

210000－4082－0001320　1320

妙法蓮華經七卷　（後秦）釋鳩摩羅什譯　清
鉛印本　七冊

210000－4082－0001321　1321

妙法蓮華經七卷　（後秦）釋鳩摩羅什譯　清
鉛印本　一冊　存一卷(七)

210000－4082－0001322　1322

佛頂光明摩訶薩怛多般怛囉無上神咒一卷
（清）釋續法集　**千手千眼觀世音菩薩無礙大
悲心陀羅尼合音一卷佛頂尊勝陀羅尼一卷**
（唐）釋佛陀波利譯　**七俱胝佛母所說準提陀
羅尼經節要**　（唐）釋不空譯　**藥師瑠璃光如
來灌頂眞言一卷拔一切經重罪業障得生淨土
陀羅尼一卷咒疏音釋一卷**　清三峰寺刻本
一冊

210000－4082－0001323　1323

佛說高王觀世音經一卷　清掃葉山房刻本
一冊

210000－4082－0001324　1324

異方便淨土傳燈歸元鏡三祖實錄二卷　（清）
釋智達拈頌　清師林寺刻本　二冊　存二卷
（卷上第二十三至四十六頁、下）

210000－4082－0001325　1325

釋迦如來成道記注一卷　（唐）王勃記　（宋）

釋道誠注　（清）釋行微較　清蜿虹丈室刻本
　　一冊

210000－4082－0001326　　1326
妙法蓮華經大成九卷首一卷　（清）釋大義集
　　清王爾榮刻本　　三冊　存三卷(三、六、九)

210000－4082－0001327　　1327
摩訶止觀輔行傳弘決四十卷　（隋）釋智顗說
　　（隋）釋灌頂記　（唐）釋湛然弘決　（明）
　　釋傳燈增科　清許靈虛刻本　十二冊　存二
　　十四卷(三至四、九至十二、十五至二十四、二
　　十九至三十、三十五至四十)

210000－4082－0001328　　1328
大乘本生心地觀經淺注八卷科一卷　（清）釋
　　來舟淺注　清影印本　一冊　存二卷(淺注
　　一、科一卷)

210000－4082－0001329　　1329
大乘本生心地觀經淺注八卷　（唐）釋般若譯
　　（清）釋來舟淺注　清影印本　七冊　存六
　　卷(一至六)

210000－4082－0001330　　1330
大乘本生心地觀經淺注八卷　（唐）釋般若譯
　　（清）釋來舟淺注　清影印本　一冊　存一
　　卷(一)

210000－4082－0001331　　1331
釋氏書啟一卷　清影印本　　一冊

210000－4082－0001332　　1332
釋氏書啟一卷　清影印本　　一冊

210000－4082－0001333　　1333
唯心訣一卷　（宋）釋延壽撰　**永明智覺禪師
定慧相資歌一卷附警語**　（宋）釋延壽撰　**高
麗國普照禪師修心訣一卷**　（朝鮮）釋智訥撰
　　真心直說一卷　（元）釋知訥撰　清至民國
　　刻本　一冊

210000－4082－0001334　　1334
宗人府黃冊　（清）宗人府纂　清宗人府寫本
　　二冊　存乾隆、嘉慶支女冊

210000－4082－0001335　　1335
大方廣佛華嚴經疏鈔會本二百二十卷　（唐）
釋實叉難陀譯　（唐）釋澄觀述　清刻本　二
十冊　存七十八卷(一百四十三至二百二十)

210000－4082－0001336　　1336
大方廣佛華嚴經疏鈔會本二百二十卷　（唐）
釋實叉難陀譯　（唐）釋澄觀述　清刻本　十
冊　存三十九卷(一百四十三至一百八十一)

中華古籍保護計劃

ZHONG HUA GU JI BAO HU JI HUA CHENG GUO

·成 果·

遼寧省二十六家收藏單位
古籍普查登記目録（上）

全國古籍普查登記目録

國家圖書館出版社
National Library of China Publishing House

圖書在版編目（CIP）數據

遼寧省二十六家收藏單位古籍普查登記目録：全三册/《遼寧省二十六家收藏單位古籍普查登記目録》編委會編. —北京：國家圖書館出版社，2021.1
（全國古籍普查登記目録）
ISBN 978 - 7 - 5013 - 7030 - 6

Ⅰ.①遼…　Ⅱ.①遼…　Ⅲ.①古籍—圖書目録—彙編—遼寧　Ⅳ.①Z838

中國版本圖書館 CIP 數據核字（2020）第 252868 號

書　　　名　遼寧省二十六家收藏單位古籍普查登記目録（全三册）
著　　　者　《遼寧省二十六家收藏單位古籍普查登記目録》編委會　編
責任編輯　景　　晶

出版發行　國家圖書館出版社（北京市西城區文津街 7 號　100034）
　　　　　　（原書目文獻出版社 北京圖書館出版社）
　　　　　　010 - 66114536　63802249　nlcpress@ nlc. cn（郵購）
網　　　址　http://www. nlcpress. com
排　　　版　京荷（北京）科技有限公司
印　　　裝　河北三河弘翰印務有限公司
版次印次　2021 年 1 月第 1 版　2021 年 1 月第 1 次印刷

開　　　本　787×1092　1/16
印　　　張　76
字　　　數　1600 千字
書　　　號　ISBN 978 - 7 - 5013 - 7030 - 6
定　　　價　760.00 圓

《全國古籍普查登記目錄》
工作委員會

主　　任：周和平

副主任：張永新　詹福瑞　劉小琴　李致忠　張志清

委　　員（按姓氏筆畫排序）：

于立仁　王水喬　王　沛　王紅蕾　王筱雯

方自今　尹壽松　包菊香　任　競　全　勤

李西寧　李　彤　李忠昊　李春來　李　培

李曉秋　吳建中　宋志英　努　木　林世田

易向軍　周建文　洪　琰　倪曉建　徐欣禄

徐　蜀　高文華　郭向東　陳荔京　陳紅彥

張　勇　湯旭岩　楊　揚　賈貴榮　趙　嬿

鄭智明　劉洪輝　歷　力　鮑盛華　韓　彬

魏存慶　鍾海珍　謝冬榮　謝　林　應長興

《全國古籍普查登記目録》

序　言

全國古籍普查登記工作是"中華古籍保護計劃"的首要任務,是全面開展古籍搶救、保護和利用工作的基礎,也是有史以來第一次由政府組織、參加收藏單位最多的全國性古籍普查登記工作。

2007年國務院辦公廳發布《關於進一步加强古籍保護工作的意見》(國辦發[2007]6號),明確了古籍保護工作的首要任務是對全國公共圖書館、博物館和教育、宗教、民族、文物等系統的古籍收藏和保護狀况進行全面普查,建立中華古籍聯合目録和古籍數字資源庫。2011年12月,文化部下發《文化部辦公廳關於加快推進全國古籍普查登記工作的通知》(文辦發[2011]518號),進一步落實了全國古籍普查登記工作。根據文化部2011年518號文件精神,國家古籍保護中心擬訂了《全國古籍普查登記工作方案》,進一步規範了古籍普查登記工作的範圍、内容、原則、步驟、辦法、成果和經費。目前進行的全國古籍普查登記工作的中心任務是通過每部古籍的身份證——"古籍普查登記編號"和相關信息,建立古籍總臺賬,全面瞭解全國古籍存藏情况,開展全國古籍保護的基礎性工作,加强各級政府對古籍的管理、保護和利用。

《全國古籍普查登記工作方案》規定了全國古籍普查登記工作的三個主要步驟:一、開展古籍普查登記工作;二、在古籍普查登記基礎上,編纂出版館藏古籍普查登記目録,形成《全國古籍普查登記目録》;三、在古籍普查登記工作基本完成的前提下,由省級古籍保護中心負責編纂出版本省古籍分類聯合目録《中華古籍總目》分省卷,由國家古籍保護中心負責編纂出版《中華古籍總目》統編卷。

在黨和政府領導下,在各地區、各有關部門和全社會共同努力下,古籍普查登記工作得以扎實推進。古籍普查已在除臺、港、澳之外的全國各省級行政區域開展,普查内容除漢文古籍外,還包括各少數民族文字古籍,特别是於2010年分别啓動了新疆古籍保護和西藏古籍保護專項,因地制宜,開展古籍普查登記工作;國家古籍保護中心研製的"全國古籍普查登記平臺"已覆蓋到全國各省級古籍保護中心,并進一步研發了"中華古籍索引庫",爲及時展現古籍普查成果提供有力支持;截至目前,已有11375部古籍進入《國家珍貴古籍名録》,浙江、江蘇、山東、河北等省公布了省級《珍貴古籍名録》,古籍分級保護機制初步形成。

《全國古籍普查登記目録》是古籍普查工作的階段性成果,旨在摸清家底,揭示館藏,反映古籍的基本信息。原則上每申報單位獨立成册,館藏量少不能獨立成册者,則在本省範圍内幾個館目合并成册。無論獨立成册還是合并成册,均編製獨立的書名筆畫索引附於書後。著録的必填基本項目有:古籍普查登記編號、索書號、題名卷數、著者(含著作方式)、版本、册數及存缺卷數。其他擴展項目有:分類、批校題跋、版式、裝幀形式、叢書子目、書影、破損狀況等。有條件的收藏單位多著録的一些擴展項目,也反映在《全國古籍普查登記目録》上。目録編排按古籍普查登記編號排序,内在順序給予各古籍收藏單位較大自由度,可按分類排列古籍普查登記編號,也可按排架號、按同書名等排列古籍普查登記編號,以反映各館特色。

此次全國古籍普查登記工作,克服了古籍數量多、普查人員少、普查難度大等各種困難,也得到了全國古籍保護工作者的極大支持。在古籍普查登記過程中,國家古籍保護中心、各省古籍保護中心爲此舉辦了多期古籍普查、古籍鑒定、古籍普查目録審校等培訓班,全國共 1600 餘家單位參加了培訓,爲古籍普查登記工作培養了大量人才。同時在古籍普查登記工作中,也鍛煉了普查員的實踐能力,爲將來古籍保護事業發展奠定了良好的基礎。

《全國古籍普查登記目録》的出版,將摸清我國古籍家底,爲古籍保護和利用工作提供依據,也將是古籍保護長期工作的一個里程碑。

國家古籍保護中心
2013 年 10 月

《全國古籍普查登記目錄》

編纂凡例

一、收録範圍爲我國境内各收藏機構或個人所藏,産生於 1912 年以前,具有文物價值、學術價值和藝術價值的文獻典籍,包括漢文古籍和少數民族文字古籍以及甲骨、簡帛、敦煌遺書、碑帖拓本、古地圖等文獻。其中,部分文獻的收録年限適當延伸。

二、以各收藏機構爲分册依據,篇幅較小者,適當合并出版。

三、一部古籍一條款目,複本亦單獨著録。

四、著録基本要求爲客觀登記、規範描述。

五、著録款目包括古籍普查登記編號、索書號、題名卷數、著者、版本、册數、存缺卷等。古籍普查登記編號的組成方式是:省級行政區劃代碼—單位代碼—古籍普查登記順序號。

六、以古籍普查登記編號順序排序。

《遼寧省二十六家收藏單位古籍普查登記目録》

編纂委員會

主　　編：劉　冰

副主編：婁明輝

編　　委：盧秀麗　康爾琴　王　蕾　孫　晶　鄧維維

目　録

上册

中册

下册

鞍山市圖書館
古籍普查登記目録

全國古籍普查登記目録

國家圖書館出版社
National Library of China Publishing House

《鞍山市圖書館古籍普查登記目録》
編委會

主　　編：周永純

副 主 編：劉玉萍　許迎霞

編　　委：尹麗斌　鄒燕兵　張　静　徐　寧

　　　　　李　姝　鍾文娜　張　輝　李夢白

《鞍山市圖書館古籍普查登記目録》

前　言

　　鞍山市圖書館是國家一級圖書館,始建於 1919 年,前身是滿鐵鞍山圖書館,1937 年改稱鞍山市立圖書館。1948 年 5 月 5 日正式更名爲鞍山市圖書館。歷經 70 餘年的發展,館藏文獻學科門類齊全,以清代政、經、醫、文等文獻,地方文獻,滿鐵資料,家譜資料爲特色,形成了比較完善的館藏體系。我館珍藏的傳統裝幀書籍 2428 部 26355 册,其中古籍 791 部,善本 20 部。版本多爲清康熙至宣統時期,也有少量明、清早期作品。在 2008 年全國古籍普查中,《六臣註文選》六十卷、《陸放翁全集》六種一百五十七卷、《唐文粹》一百卷入選第一批《遼寧省珍貴古籍名録》。《春秋繁露》十七卷入選第二批《遼寧省珍貴古籍名録》。我館古籍主要來源爲文化部調撥及本館歷史積纍兩個途徑。

　　我館一直秉持優良的文獻整理和管理的歷史傳統,老一輩圖書館員的辛勤勞動爲我們的古籍普查工作奠定了堅實的基礎。爲做好古籍的收藏與管理工作,早在 2007 年,我館就完成了傳統裝幀書目回溯建庫工作,録入數據 2428 條,可供讀者進行書目查詢。遼寧省古籍普查工作啓動以後,我們專門成立了以館長爲組長、以全館古籍專業人才爲成員的古籍普查工作小組,僅用 3 個月時間就完成了我館的古籍普查及平臺録入工作。共録入 1912 年以前出版的古籍 794 部,拍攝書影 4000 多幅。經遼寧省古籍保護中心審核、鑒定,最終確定了 791 條數據。

　　爲了充分展示我館館藏古籍文獻的編目成果,工作人員對古籍普查數據嚴謹認真地核對、審校,確保每條數據的準確性和規範性,最終形成了《鞍山市圖書館古籍普查登記目録》。該目録收録館藏刊印於 1912 年以前,具有中國傳統裝幀形式的古籍款目 791 條,全面客觀地反映了我館館藏古籍的基本情況,精確揭示出每部古籍的題名、著者、版本、册數、存卷等基本信息,是我館古籍普查工作的階段性成果,同時也爲我館的古籍保護及管理工作提供了珍貴的財産賬目依據。

　　在做好古籍普查目録工作的同時,爲進一步深入推進古籍的保護與開發利用工作,2015 年,我館啓動古籍全文數字化建設工程,籌集資金,相繼於 2015、2016、2017 年采取數據庫外包建設的形式進行了三期古籍全文數據庫建設,共掃描古籍 4346 册 731146 頁。我們計劃於 2025 年前全面完成館藏古籍文獻的數字化工程。

　　欣聞《鞍山市圖書館古籍普查登記目録》即將付梓,喜悦之餘,不勝惶恐。因時間緊、任務重,工作人員學識及能力有限,書中難免出現疏漏,在此,我們深表歉意,同時懇請各位同仁予以批評指正。

鞍山市圖書館
2020 年 5 月

210000－0706－0000001　經部/易類/1/1－3

新刻來瞿唐先生易註十五卷首一卷末一卷
（明）來知德撰　（明）凌夫惇圈點　清康熙朝
爽堂刻本　三冊　存四卷（一至二、首一卷、
末一卷）

210000－0706－0000002　經部/易類/2/1－2

周易四卷　（宋）朱熹本義　清宣統二年
（1910）上海會文堂刻本　二冊

210000－0706－0000003　經部/易類/3/1－2

易經八卷　（宋）程頤傳　清同治五年（1866）
金陵書局刻本　二冊

210000－0706－0000004　經部/易類/3/甲1－3

易經八卷　（宋）程頤傳　清同治五年（1866）
金陵書局刻本　三冊

210000－0706－0000005　經部/易類/4/1－8

周易會歸不分卷　（清）鄧霧彙纂　（清）鄧嗣
禹輯註　（清）鄧霖等編　清康熙五十一年
（1712）刻本　八冊

210000－0706－0000006　經部/易類/5/1－10

周易洗心十卷　（清）任啟運傳　清光緒八年
（1882）一本堂刻本　十冊

210000－0706－0000007　經部/易類/7/1－2

易經大全會解四卷　（清）來爾繩纂輯　清光
緒六年（1880）掃葉山房刻本　二冊

210000－0706－0000008　經部/易類/8

易經大全會解四卷　（清）來爾繩纂輯　清刻
本　一冊　存一卷（一）

210000－0706－0000009　經部/易類/9/1－10

御纂周易折中二十二卷首一卷　（清）李光地
等撰　清康熙五十四年（1715）內府刻本
十冊

210000－0706－0000010　經部/易類/9/甲

御纂周易折中二十二卷首一卷　（清）李光地
等撰　清刻本　一冊　存二卷（二十一至二
十二）

210000－0706－0000011　經部/易類/18/1－10

易經揆十四卷易學啟蒙補二卷　（清）梁錫璵

撰　清乾隆十六年（1751）刻本　十冊

210000－0706－0000012　經部/易類/19/1－4

漢宋易學解四卷　（清）王希尹撰　清光緒九
年（1883）徐文德齋刻本　四冊

210000－0706－0000013　經部/易類/20/1－6

周易姚氏學十六卷首一卷　（清）姚配中撰
清道光二十五年（1845）刻本　六冊

210000－0706－0000014　經部/易類/22/1－3

鄭氏周易註三卷補遺一卷　（清）王應麟輯
（清）惠棟增補　清同治十二年（1873）粵東書
局刻古經解彙函本　三冊

210000－0706－0000015　經部/易類/23/1－4

**周易鄭氏義三卷虞氏易禮二卷易義別錄十四
卷**　（清）張惠言撰　清道光元年（1821）合河
康氏刻本　四冊

210000－0706－0000016　經部/易類/24/1－8

易圖明辨十卷　（清）胡渭撰　清嘉慶元年
（1796）耆學齋刻本　八冊

210000－0706－0000017　經部/易類/26/1－4

新鐫增補周易備旨一見能解六卷　（明）黃淳
耀撰　清敬文堂刻本　四冊　存五卷（一至
三、五至六）

210000－0706－0000018　經部/易類/28/1－8

周易述四十卷　（清）惠棟撰　清乾隆二十七
年（1762）雅雨堂刻本　八冊　存二十一卷
（一至七、九至二十、二十二至二十三）

210000－0706－0000019　經部/書類/1/1－4

尚書離句六卷　（清）錢在培輯　清掃葉山房
刻本　四冊

210000－0706－0000020　經部/書類/1/甲1－4

尚書離句六卷　（清）錢在培輯　清光緒善成
堂刻本　四冊

210000－0706－0000021　經部/書類/2/1－4

書經六卷　（宋）蔡沈集傳　清光緒十七年
（1891）埽葉山房刻本　四冊

210000－0706－0000022　經部/書類/2/甲1－4

書經六卷　（宋）蔡沈集傳　清光緒五年

（1879）山西濬文書局刻本　四冊

210000－0706－0000023　經部/書類/4/1－2
書經四卷末一卷　（清）任啟運撰　清光緒十二年（1886）刻本　二冊

210000－0706－0000024　經部/詩類/1/1－4
詩經八卷　（宋）朱熹集傳　清嘉慶十一年（1806）金閶書業堂刻本　四冊

210000－0706－0000025　經部/詩類/10/1
詩說一卷　（漢）申培撰　清乾隆五十六年（1791）刻本　一冊

210000－0706－0000026　經部/詩類/11/1
詩傳孔氏傳一卷　（春秋）端木賜撰　清乾隆五十六年（1791）刻本　一冊

210000－0706－0000027　經部/詩類/12/1－8
御案詩經備旨八卷　（清）鄒聖脉纂　（清）鄒廷猷編　清光緒六年（1880）掃葉山房刻本　八冊

210000－0706－0000028　經部/詩類/13/1－4
詩經體註大全合參八卷　（清）沈世楷輯　清康熙五十年（1711）善成堂刻本　四冊

210000－0706－0000029　經部/詩類/14/1－4
詩經融註大全體要八卷　（清）沈世楷輯　清光緒二十七年（1901）善成堂刻本　四冊

210000－0706－0000030　經部/詩類/15/1－2
毛詩多識二卷　（清）張玉綸撰釋　清宣統三年（1911）奉天作新印刷局鉛印本　二冊

210000－0706－0000031　經部/詩類/16/1－16
欽定詩經傳說彙纂二十一卷首二卷詩序二卷　（清）王鴻緒等撰　清同治七年（1868）馬新貽刻本　十六冊

210000－0706－0000032　經部/詩類/17/1－2
韓詩外傳十卷　（漢）韓嬰撰　（清）周廷寀校註　清光緒元年（1875）望三益齋刻本　二冊

210000－0706－0000033　經部/詩類/18/1－2
詩古微上編三卷中編十卷下編二卷首一卷　（清）魏源撰　清道光刻本　二冊　存四卷（中編一至四）

210000－0706－0000034　經部/詩類/2/1－6
御纂詩義折中二十卷　（清）傅恆等撰　清光緒京都文成堂刻本　六冊

210000－0706－0000035　經部/詩類/2/甲1－6
御纂詩義折中二十卷　（清）傅恆等撰　清乾隆二十年（1755）寶興堂刻本　六冊

210000－0706－0000036　經部/詩類/22/1－2
詩經八卷　（宋）朱熹集傳　清光緒九年（1883）埽葉山房刻本　二冊

210000－0706－0000037　經部/詩類/25/1－8
毛詩稽古編三十卷　（清）陳啟源撰　毛詩稽古編附考　（清）費雲倬輯　清嘉慶十八年（1813）刻本　八冊

210000－0706－0000038　經部/詩類/26/1－6
毛詩古音攷四卷讀詩拙言一卷　（明）陳第輯　清乾隆二十七年（1762）張氏刻本　六冊

210000－0706－0000039　經部/詩類/26/5－6
屈宋古音義三卷　（明）陳第撰　清乾隆三十二年（1767）張氏刻本　二冊

210000－0706－0000040　經部/詩類/4/1－10
毛詩詁訓傳三十卷　（漢）鄭玄箋　（唐）陸德明音義　（唐）孔穎達疏　清道光刻本　十冊　存十四卷（十七至三十）

210000－0706－0000041　經部/詩類/5/1－12
詩毛氏傳疏三十卷坿毛詩音四卷毛詩說一卷毛詩傳義類一卷鄭氏箋攷徵一卷　（清）陳奐撰　清咸豐元年至九年（1851－1859）刻本　十二冊

210000－0706－0000042　經部/詩類/6/1－6
詩總聞二十卷　（宋）王質撰　清道光二十六年（1846）刻本　六冊

210000－0706－0000043　經部/詩類/7/1－6
毛詩傳箋二十卷　（漢）鄭玄箋　清光緒江南書局刻本　六冊

210000－0706－0000044　經部/詩類/7/5－6
毛詩音義三卷　（唐）陸德明撰　清末刻本　二冊

210000－0706－0000045　經部/詩類/8/1－6
毛詩復古録十二卷首一卷　（清）吳懋清撰
清光緒二十年(1894)仁和徐氏廣州學使者署
刻本　六冊

210000－0706－0000046　經部/詩類/9/1－12
毛詩傳箋通釋三十二卷　（清）馬瑞辰撰　清
光緒十四年(1888)廣雅書局刻本　十二冊

210000－0706－0000047　經部/周禮類/1/1－2
周禮六卷　（清）黃叔琳輯　清道光二十二年
(1842)姑蘇桐石山房刻本　二冊

210000－0706－0000048　經部/周禮類/2/1－4
周官精義十二卷　（清）連斗山編　清嘉慶二
十二年(1817)三益堂刻本　四冊

210000－0706－0000049　經部/周禮類/3
參讀禮志疑二卷　（清）汪紱撰　清乾隆三十
六年(1771)栖碧山房刻本　一冊　存一卷
(上)

210000－0706－0000050　經部/周禮類/4/1－3
儀禮圖六卷　（清）張惠言撰　清同治九年
(1870)楚北崇文書局刻本　三冊

210000－0706－0000051　經部/周禮類/4/甲
1－3
儀禮圖六卷　（清）張惠言撰　清同治九年
(1870)楚北崇文書局刻本　三冊

210000－0706－0000052　經部/周禮類/5/1－8
儀禮析疑十七卷　（清）方苞撰　清乾隆十一
年(1746)刻本　八冊

210000－0706－0000053　經部/周禮類/6/1－6
儀禮十七卷附儀禮監本正誤儀禮石本誤字
(漢)鄭玄註　（清）張爾岐句讀　清光緒六年
(1880)濬文書局刻本　六冊

210000－0706－0000054　經部/周禮類/7/1－3
儀禮讀本十七卷首一卷　（清）周樟輯　清咸
豐三年(1853)竹橋齋刻本　三冊

210000－0706－0000055　經部/周禮類/8/1－4
儀禮古今文疏義十七卷　（清）胡承珙撰　清
道光五年(1825)胡承珙求是草堂刻本　四冊

210000－0706－0000056　經部/周禮類/11/1－10
禮記十卷　（元）陳澔集說　清同治五年
(1866)金陵書局刻本　十冊

210000－0706－0000057　經部/周禮類/12/1－46
欽定禮記義疏八十二卷首一卷　（清）鄂爾泰
纂　清同治刻本　四十六冊　存八十卷(三
至八十二)

210000－0706－0000058　經部/周禮類/14/1－12
禮記庭訓十二卷　（清）潘炳綱撰　清乾隆五
十六年(1791)文選樓刻本　十二冊

210000－0706－0000059　經部/周禮類/15/1－10
寄傲山房塾課纂輯禮記全文備旨十一卷
(清)鄒聖脉輯　（清）鄒廷猷編　清體元堂刻
本　十冊

210000－0706－0000060　經部/周禮類/16/2－3
漱芳軒合纂禮記體註四卷　（清）范翔輯　清
光緒成文堂石印本　二冊　存二卷(二至三)

210000－0706－0000061　經部/周禮類/17/
1－100
五禮通考二百六十二卷總目二卷首四卷
(清)秦蕙田撰　清光緒六年(1880)江蘇書局
刻本　一百冊

210000－0706－0000062　經部/周禮類/19
司馬氏書儀十卷　（宋）司馬光撰　清同治七
年(1868)江蘇書局刻本　一冊

210000－0706－0000063　經部/春秋類/10
春秋內外傳筮辭考證三卷　（清）章耒撰　清
光緒九年(1883)刻本　一冊

210000－0706－0000064　經部/春秋類/11/1－2
董子春秋繁露十七卷　（漢）董仲舒撰　清光
緒二年(1876)浙江書局刻本　二冊

210000－0706－0000065　經部/春秋類/11/
甲1－2
春秋繁露十七卷　（漢）董仲舒撰　清道光抱
經堂刻本　二冊

210000－0706－0000066　經部/春秋類/11/
乙1－7

春秋繁露十七卷 （漢）董仲舒撰 （明）孫鑛等評 明天啟五年（1625）花齋刻本 七冊 存十五卷（一至六、九至十七）

210000－0706－0000067 經部/春秋類/12

春秋說三十卷 （宋）洪咨夔撰 清光緒刻本 一冊 存八卷（二十三至三十）

210000－0706－0000068 經部/春秋類/13/1－2

春秋旁訓四卷 （明）朱鴻謨重訂 清刻五經旁訓本 二冊

210000－0706－0000069 經部/春秋類/16/1－3

詩經旁訓四卷 （明）朱鴻謨重訂 清刻本 三冊

210000－0706－0000070 經部/春秋類/17/1－2

春秋公羊經傳解詁十二卷 （漢）何休撰 清同治二年（1863）揚州汪氏問禮堂刻本 二冊

210000－0706－0000071 經部/春秋類/17/甲1－2

春秋公羊經傳解詁十二卷 （漢）何休撰 清同治二年（1863）揚州汪氏問禮堂刻本 二冊

210000－0706－0000072 經部/春秋類/3/1－8

春秋左傳杜註三十卷首一卷 （清）姚培謙輯 清同治五年（1866）金陵書局刻本 八冊

210000－0706－0000073 經部/春秋類/4/1－3

評點春秋綱目左傳句解彙雋六卷 （清）韓菼重訂 清刻本 三冊

210000－0706－0000074 經部/春秋類/6/1－16

左繡三十卷首一卷 （清）馮李驊 （清）陸浩等評輯 春秋經傳集解 （晉）杜預 （唐）陸元朗音釋 （宋）林堯叟附註 清康熙五十九年（1720）華川書屋刻本 十六冊

210000－0706－0000075 經部/春秋類/7/1－12

左傳事緯十二卷 （清）馬驌撰 清光緒四年（1878）潘氏敏德堂刻本 十二冊

210000－0706－0000076 經部/春秋類/8/1－8

春秋穀梁經傳補註二十四卷首一卷末一卷 （晉）范甯集解 （清）鍾文烝詳補 清光緒二年（1876）鍾氏信美室刻本 八冊

210000－0706－0000077 經部/春秋類/8/甲1－8

春秋穀梁經傳補註二十四卷首一卷末一卷 （晉）范甯集解 （清）鍾文烝詳補 清光緒二年（1876）刻本 八冊

210000－0706－0000078 經部/春秋類/9/1－4

寄傲山房塾課纂輯春秋備旨十二卷 （清）鄒聖脉纂輯 （清）鄒廷猷編 清石印本 四冊

210000－0706－0000079 經部/春秋類/9/5－10

寄傲山房塾課纂輯禮記全文備旨十一卷 （清）鄒聖脉纂輯 （清）鄒廷猷編 清石印本 六冊

210000－0706－0000080 經部/四書類/1/1－6

論語官話解十卷 （清）陳沁泉撰 清光緒三十二年（1906）海城官書局石印本 六冊

210000－0706－0000081 經部/四書類/10/1－8

新訂四書補註備旨十卷 （明）鄧林撰 （清）鄧煜編 清光緒十八年（1892）江左書林刻本 八冊

210000－0706－0000082 經部/四書類/10甲

新訂四書補註備旨十卷 （明）鄧林撰 （清）鄧煜編 清光緒二十二年（1896）刻本 一冊 存一卷（上孟二）

210000－0706－0000083 經部/四書類/11/1－6

新刻批點四書讀本十九卷 （宋）朱熹集注 清道光七年（1827）刻朱墨套印本 六冊

210000－0706－0000084 經部/四書類/13/1－8

四書釋地補一卷續補一卷又續補一卷三續補一卷 （清）閻若璩撰 （清）樊廷枚校補 清嘉慶二十一年（1816）梅陽海涵堂刻本 八冊

210000－0706－0000085 經部/四書類/14/1－5

御製繙譯四書六卷 （清）鄂爾泰釐定 清光緒十四年（1888）京都聚珍堂刻本 六冊

210000－0706－0000086 經部/四書類/15/1－6

掃葉山房四書體註合講十九卷 （清）翁復編 清光緒五年（1879）掃葉山房銅活字印本 六冊

210000－0706－0000087　經部/四書類/16/1－2

增補四書經史摘證二十九卷　（清）宋繼種輯
清石印本　二冊

210000－0706－0000088　經部/四書類/17/1－6

四書章句十九卷　（宋）朱熹章句　清光緒五
年(1879)刻本　六冊

210000－0706－0000089　經部/四書類/19/1－6

原板四書章句集註十九卷　（宋）朱熹章句
清大西堂刻本　六冊

210000－0706－0000090　經部/四書類/20/1－12

四書集註闡微直解二十七卷　（明）張居正撰
纂序四書說約合參大全　（清）顧夢麟
（清）楊彝輯　清光緒八旗經正書院刻本　十
二冊

210000－0706－0000091　經部/四書類/21/1－6

四書便蒙十九卷　（宋）朱熹章句　清道光六
年(1826)文和堂刻本　六冊

210000－0706－0000092　經部/四書類/22

四書題鏡三十六卷　（清）汪鯉翔纂　清刻本
一冊　存二卷(五至六)

210000－0706－0000093　經部/四書類/23/1－3

四書味根録三十七卷　（清）金澂撰　清刻本
三冊　存六卷(孟子一至二、七至八,論語
十一至十二)

210000－0706－0000094　經部/四書類/24/1－16

四書字詁七十八卷　（清）段諤廷撰　（清）黃
本驥編　清道光二十九年(1849)楊氏刻本
十五冊　存七十四卷(一至二十八、三十三至
七十八)

210000－0706－0000095　經部/四書類/25/1－6

四書改錯二十二卷　（清）毛奇齡撰　清嘉慶
十六年(1811)學圃刻本　六冊

210000－0706－0000096　經部/四書類/26/1－20

四書講義困勉録三十七卷續録六卷　（清）陸隴
其纂輯　（清）陸公鏌編　清乾隆四年(1739)嘉
會堂刻本　二十冊

210000－0706－0000097　經部/四書類/3/甲1－2

增補蘇批孟子二卷　（宋）蘇洵撰　（清）趙大
浣增補　清咸豐八年(1858)翰寶樓刻朱墨套
印本　二冊

210000－0706－0000098　經部/四書類/3/甲1－2

增補蘇批孟子二卷　（宋）蘇洵撰　（清）趙大
浣增補　清咸豐六年(1856)刻朱墨套印本
二冊

210000－0706－0000099　經部/四書類/4/1－2

增訂二論詳解四卷　（清）劉忠輯　清乾隆四
十一年(1776)經文堂刻本　二冊

210000－0706－0000100　經部/四書類/6/1－10

大學衍義四十三卷　（宋）真德秀撰　清乾隆
二年(1737)刻本　十冊

210000－0706－0000101　經部/四書類/7/1－10

四書不分卷　（宋）朱熹集註　清同治十三年
(1874)北京老二酉堂刻本　十冊

210000－0706－0000102　經部/四書類/8/1－8

集虛齋四書口義十卷　（清）方楘如撰　（清）
于光華編　清乾隆五十三年(1788)刻本　八
冊　存八卷(三至十)

210000－0706－0000103　經部/四書類/9/甲
1－6

四書集註十九卷　（宋）朱熹章句　清光緒八
年(1882)金陵書局刻本　六冊

210000－0706－0000104　經部/羣經總義類/
9－15/1－2

七經精義四十卷　（清）黃淦輯　清嘉慶十二
年(1807)養正堂刻本　十四冊

210000－0706－0000105　經部/群經總義/
22/1－7

國朝八大家八卷　（清）李翊煌輯　清光緒十
四年(1888)崇德堂刻本　七冊　存七卷(一
至五、七至八)

210000－0706－0000106　經部/群經總義類/
1/1－11

群經字詁七十二卷　（清）段諤廷撰　（清）黃
本驥編　清道光二十九年(1849)楊氏刻本

十一冊

210000 - 0706 - 0000107　經部/群經總義類/17/1－12

經學輯要二十四卷 （清）吳穎炎輯　清光緒十三年(1887)點石齋石印本　十二冊　存十卷(五,九至十,十三至十五,十八,二十四上一、中二至三、下二至三)

210000 - 0706 - 0000108　經部/群經總義類/18/1－12

古經解鈎沉三十卷 （清）余蕭客編　清光緒二十一年(1895)杭州竹簡齋石印本　十二冊

210000 - 0706 - 0000109　經部/群經總義類/19/1－33

大題三萬選 （清）同文書局輯　清光緒十四年(1888)上海同文書局石印本　三十三冊

210000 - 0706 - 0000110　經部/群經總義類/2/1－7

四書五經義策論正續合編不分卷 （清）崇實學社編　清光緒二十九年(1903)崇實學社石印本　七冊

210000 - 0706 - 0000111　經部/群經總義類/20/1－8

十三經集字摹本不分卷摘録一卷分畫便查一卷 （清）彭玉雯篆　清道光二十九年(1849)彭氏刻本　八冊

210000 - 0706 - 0000112　經部/群經總義類/25

經籍跋文一卷 （清）陳鱣撰　清道光十七年(1837)蔣氏刻本　一冊

210000 - 0706 - 0000113　經部/群經總義類/26

經義述聞二十八卷 （清）王引之撰　清光緒二十一年(1895)鴻文書局石印本　一冊

210000 - 0706 - 0000114　經部/群經總義類/26/甲 1－24

經義述聞三十二卷 （清）王引之撰　清道光七年(1827)京師壽藤書屋刻本　二十四冊

210000 - 0706 - 0000115　經部/群經總義類/27/1－358

皇清經解一千四百八卷 （清）阮元輯　清道光九年(1829)廣洲學海堂刻咸豐十一年(1861)補刻本　三百五十八冊　存一千三百九十四卷(一至三、十八至一千四百八)

210000 - 0706 - 0000116　經部/群經總義類/27/甲 1－351

皇清經解一千四百卷 （清）阮元輯　清道光九年(1829)學海堂刻本　三百五十一冊　存一千三百二十卷(一至九百二十二、一千三至一千四百)

210000 - 0706 - 0000117　經部/群經總義類/28/1－4

潛室陳先生木鍾集十一卷 （宋）陳埴撰　清同治六年(1867)東甌郡齋刻本　四冊

210000 - 0706 - 0000118　經部/群經總義類/3/1－140

重刊宋本十三經註疏附校勘記十三種四百十六卷 （清）阮元撰　清道光六年(1826)南昌府学刻本　一百四十冊

210000 - 0706 - 0000119　經部/群經總義類/3/乙 1－100

十三經註疏十三種三百三十三卷 （唐）孔穎達　（宋）邢昺　（宋）孫奭疏　明崇禎元年至十年(1628－1637)毛氏汲古閣刻本　一百冊　存二百八十八卷

210000 - 0706 - 0000120　經部/群經總義類/30/1－320

皇清經解續編一千四百三十卷 王先謙輯　清光緒十四年(1888)江陰南菁書院刻本　三百二十冊

210000 - 0706 - 0000121　經部/群經總義類/31/1－12

經學叢書初編十三種三十八卷 （清）朱記榮輯　清光緒十三年(1887)行素草堂刻本　十二冊

210000 - 0706 - 0000122　經部/群經總義類/

31/甲1－9

孫溪朱氏經學叢書初編三十八卷 （清）朱記
榮輯 清光緒十二年（1886）行素草堂刻本
九冊 存二十二卷（一至二十二）

210000－0706－0000123 經部/群經總義類/
5/1－6

十三經札記十二種二十二卷 （清）朱亦棟撰
清光緒四年（1878）武林竹簡齋刻本 六冊

210000－0706－0000124 經部/群經總義類/
6/1－10

十三經策案二十二卷首一卷 （清）王謨彙輯
（清）喻祥麟編 清乾隆四十二年（1777）刻
本 十冊

210000－0706－0000125 經部/群經總義
類/7

十三經札記十二種二十二卷 （清）朱亦棟撰
清嘉慶刻本 一冊 存七卷（公穀札記一、
孝經札記一、論語札記一至三、尚書札記一至
二）

210000－0706－0000126 經部/三禮總義類/
1/1－4

家禮五卷附錄一卷 （宋）朱熹撰 清康熙呂
氏寶誥堂刻本 四冊

210000－0706－0000127 經部/小學部類/
43/甲1－8

說文通訓定聲十八卷檢韻一卷附說雅十九篇
古今韻準一卷行述一卷補遺一卷 （清）朱駿
聲撰 清光緒十三年（1887）積山書局石印本
八冊

210000－0706－0000128 經部/小學類/1

虛字解 （清）張世準撰 清同治十二年
（1873）雙魚罍齋刻本 一冊

210000－0706－0000129 經部/小學類/10/1－4

經詞衍釋十卷補遺一卷 （清）吳昌瑩撰 清
同治成都書局刻本 四冊

210000－0706－0000130 經部/小學類/11

釋名四卷 （漢）劉熙撰 （漢）廖映書校 清
刻本 一冊

210000－0706－0000131 經部/小學類/13/
1－16

說文解字註十五卷六書音韻表一卷 （清）段
玉裁註 **說文部目分韻一卷** （清）陳煥編
清同治六年（1867）蘇州保息局刻本 十六冊

210000－0706－0000132 經部/小學類/13/
甲1－8

說文解字註三十卷六書音韻表二卷 （清）段
玉裁註 **說文部目分韻一卷** （清）陳煥編
說文通檢十四卷首一卷末一卷 （清）黎永椿
編 **說文解字註匡謬八卷** （清）徐承慶撰
清光緒三十四年（1908）上海江左書林石印本
八冊

210000－0706－0000133 經部/小學類/14/
1－4

說文解字十五卷 （漢）許慎撰 清嘉慶十二
年（1807）藤花榭刻本 四冊

210000－0706－0000134 經部/小學類/16/
1－2

段氏說文註訂八卷 （清）鈕樹玉撰 清同治
十三年（1874）崇文書局刻本 二冊

210000－0706－0000135 經部/小學類/17/
1－2

說文新附攷六卷續攷一卷 （清）鈕樹玉撰
清同治十三年（1874）崇文書局刻本 二冊

210000－0706－0000136 經部/小學類/19/
1－32

說文解字義證五十卷 （清）桂馥撰 清同治
九年（1870）崇文書局刻本 三十二冊

210000－0706－0000137 經部/小學類/2

小學答問一卷 章炳麟撰 清宣統元年
（1909）刻本 一冊

210000－0706－0000138 經部/小學類/20/
1－8

說文解字通釋四十卷校勘記三卷 （宋）徐鍇
撰 清光緒元年（1875）刻本 八冊

210000－0706－0000139 經部/小學類/22/
1－5

說文校議十五卷　(清)姚文田　(清)嚴可均撰　清同治十三年(1874)姚氏刻本　五冊

210000－0706－0000140　經部/小學類/22/甲 1－5

說文校議十五卷　(清)姚文田　(清)嚴可均撰　清同治十三年(1874)姚氏刻本　五冊

210000－0706－0000141　經部/小學類/23

說文答問疏證六卷　(清)薛傳均撰　說文經字攷一卷　(清)陳壽祺撰　第一樓叢書附考　(清)俞樾撰　清光緒十年(1884)刻本　一冊

210000－0706－0000142　經部/小學類/23/甲

說文答問疏證六卷　(清)薛傳均撰　說文經字攷一卷　(清)陳壽祺撰　第一樓叢書附考　(清)俞樾撰　清光緒十年(1884)金峨山館刻本　一冊

210000－0706－0000143　經部/小學類/25

唐寫本說文解字木部箋異一卷　(清)莫友芝撰　仿唐寫本說文解字木部一卷　(漢)許慎撰　清同治三年(1864)刻本　一冊

210000－0706－0000144　經部/小學類/27/1－2

汗簡箋正七卷目錄一卷　(五代)郭忠恕撰　(清)鄭珍箋正　清光緒十六年(1890)遵義黎庶昌石印本　二冊

210000－0706－0000145　經部/小學類/29

字鑑五卷　(元)李文仲編　清光緒十一年(1885)蔣氏刻本　一冊

210000－0706－0000146　經部/小學類/30

文字蒙求四卷　(清)王筠撰　清光緒五年(1879)章氏刻本　一冊

210000－0706－0000147　經部/小學類/7/1－6

澄衷蒙學堂字課圖說四卷　(清)劉樹屏輯　(清)吳子城繪　清光緒二十九年(1903)澄衷學堂石印本　六冊　存三卷(二至四)

210000－0706－0000148　經部/小學類/3

方言十三卷　(漢)楊雄撰　(晉)郭璞注　清刻本　一冊

210000－0706－0000149　經部/小學類/34

字學舉隅一卷　(清)龍啟瑞撰　清同治上海曙海樓刻本　一冊

210000－0706－0000150　經部/小學類/34/甲

重校字學舉隅一卷　(清)黃本驥　(清)龍啟瑞撰　清同治十三年(1874)崇文書局刻本　一冊

210000－0706－0000151　經部/小學類/37/1－40

康熙字典十二集三十六卷總目一卷檢字一卷辨似一卷等韻一卷補遺一卷備考一卷　(清)張玉書　(清)凌紹雯等纂　清道光七年(1827)刻本　四十冊

210000－0706－0000152　經部/小學類/37/丙 1－39

康熙字典十二集三十六卷總目一卷檢字一卷辨似一卷　(清)張玉書　(清)凌紹雯等纂　清光緒元年(1875)崇文書局刻本　三十九冊

210000－0706－0000153　經部/小學類/37/甲 1－40

康熙字典十二集三十六卷總目一卷檢字一卷辨似一卷等韻一卷補遺一卷備考一卷　(清)張玉書　(清)凌紹雯等纂　清康熙五十五年(1716)刻本　四十冊

210000－0706－0000154　經部/小學類/4/1－3

爾雅三卷　(晉)郭璞註　(唐)陸德明音釋　清光緒十二年(1886)湖北官書處刻本　三冊

210000－0706－0000155　經部/小學類/42/1－2

說文解字韻譜十卷　(宋)徐鍇撰　清同治三年(1864)馮桂芬刻本　二冊

210000－0706－0000156　經部/小學類/44/1－12

重刊許氏說文解字五音韻譜十二卷　（宋）李濤編　明刻本　十二冊

210000－0706－0000157　經部/小學類/45

群經音辨七卷　（宋）賈昌朝撰　清光緒十年（1884）蔣氏刻本　一冊

210000－0706－0000158　經部/小學類/45/甲1－2

群經音辨七卷　（宋）賈昌朝撰　清光緒刻本　二冊

210000－0706－0000159　經部/小學類/49

佩文詩韻釋要五卷　（清）周蓮塘撰　清光緒元年（1875）崇文書局刻本　一冊

210000－0706－0000160　經部/小學類/49/甲1－2

佩文詩韻釋要五卷　（清）周蓮塘撰　清宣統三年（1911）商務印書館石印本　二冊

210000－0706－0000161　經部/小學類/5

爾雅補郭二卷　（清）翟灝撰　清刻本　一冊

210000－0706－0000162　經部/小學類/50

小學韻語一卷　（清）羅澤南撰　清光緒五年（1879）江蘇書局刻本　一冊

210000－0706－0000163　經部/小學類/58/1－24

韻府約編二十四卷　（清）鄧愷輯　清嘉慶二十二年（1817）懋德堂刻本　二十四冊

210000－0706－0000164　經部/小學類/59/1－4

詩韻集成十卷　（清）余照輯　清同治七年（1868）三元堂刻本　四冊

210000－0706－0000165　經部/小學類/6/1－8

廣雅疏證十卷　（清）王念孫撰　博雅音十卷　（隋）曹憲撰　清光緒五年（1879）淮南書局刻本　八冊

210000－0706－0000166　經部/小學類/62/1－6

英字指南六卷　（清）楊勳輯譯　清光緒五年（1879）求志草堂石印本　六冊

210000－0706－0000167　經部/小學類/64/1－8

洪武正韻十六卷　（明）樂韶鳳等編　明刻本　八冊　存十三卷（一至三、六至八、十至十六）

210000－0706－0000168　經部/小學類/8/1－2

小學鉤沈十九卷　（清）任大椿輯　清光緒十年（1884）龍氏刻本　二冊

210000－0706－0000169　經部/小學類/9/1－8

爾雅郭注義疏二十卷　（清）郝懿行撰　清光緒十年（1884）蜀南閣刻本　八冊

210000－0706－0000170　史部/紀事本末類/3/1－20

明史紀事本末八十卷　（清）谷應泰輯　清同治十三年（1874）江西書局刻本　二十冊

210000－0706－0000171　史部/紀傳類/1/1－26

史記一百三十卷　（漢）司馬遷撰　（南朝宋）裴駰集釋　清光緒同文書局影印二十四史本　二十六冊

210000－0706－0000172　史部/紀傳類/10/1－24

魏書一百十四卷　（北齊）魏收撰　清光緒同文書局影印二十四史本　二十四冊

210000－0706－0000173　史部/紀傳類/11/1－8

北齊書五十卷　（唐）李百藥撰　清光緒同文書局影印二十四史本　八冊

210000－0706－0000174　史部/紀傳類/12/1－8

周書五十卷　（唐）令狐德棻等撰　清光緒同文書局影印二十四史本　八冊

210000－0706－0000175　史部/紀傳類/13/1－24

隋書八十五卷　（唐）魏徵等撰　清光緒同文書局影印二十四史本　二十四冊

210000 - 0706 - 0000176　史部/紀傳類/14/1 - 20

南史八十卷　（唐）李延壽撰　清光緒同文書局影印二十四史本　二十冊

210000 - 0706 - 0000177　史部/紀傳類/15/1 - 24

北史一百卷　（唐）李延壽撰　清光緒同文書局影印二十四史本　二十四冊

210000 - 0706 - 0000178　史部/紀傳類/16/1 - 48

舊唐書二百卷　（後晉）劉昫撰　清光緒同文書局影印二十四史本　四十八冊

210000 - 0706 - 0000179　史部/紀傳類/17/1 - 50

唐書二百二十五卷釋音二十五卷　（宋）歐陽修撰　唐書音釋二十五卷　（宋）董衛進撰　清光緒同文書局影印二十四史本　五十冊

210000 - 0706 - 0000180　史部/紀傳類/18/1 - 24

舊五代史一百五十卷目録二卷　（宋）薛居正等撰　清光緒同文書局影印二十四史本　二十四冊

210000 - 0706 - 0000181　史部/紀傳類/19/1 - 10

五代史七十四卷　（宋）歐陽修撰　清光緒同文書局影印二十四史本　十冊

210000 - 0706 - 0000182　史部/紀傳類/2/1 - 32

前漢書一百卷　（漢）班固撰　（唐）顏師古註　清光緒同文書局影印二十四史本　三十二冊

210000 - 0706 - 0000183　史部/紀傳類/20/1 - 100

宋史四百九十六卷目録三卷　（元）脱脱等撰　清光緒同文書局影印二十四史本　一百冊

210000 - 0706 - 0000184　史部/紀傳類/21/1 - 8

遼史一百十六卷　（元）脱脱等撰　清光緒同文書局影印二十四史本　八冊

210000 - 0706 - 0000185　史部/紀傳類/22/1 - 24

金史一百三十五卷　（元）脱脱等撰　清光緒同文書局影印二十四史本　二十四冊

210000 - 0706 - 0000186　史部/紀傳類/23/1 - 51

元史二百十卷目録二卷附考證　（明）宋濂等撰　清光緒同文書局影印二十四史本　五十一冊

210000 - 0706 - 0000187　史部/紀傳類/24/1 - 112

明史三百三十二卷目録四卷　（清）張廷玉等撰　清光緒同文書局影印二十四史本　一百十二冊　存三百三十二卷（明史三百三十二卷）

210000 - 0706 - 0000188　史部/紀傳類/25/1 - 26

史記一百三十卷　（漢）司馬遷撰　（南朝宋）裴駰集解　（唐）司馬貞索隱　（宋）張守節正義　清光緒同文書局影印二十四史本　二十六冊

210000 - 0706 - 0000189　史部/紀傳類/26/1 - 32

前漢書一百卷附考證　（漢）班固撰　（唐）顏師古註　清光緒同文書局影印二十四史本　三十二冊

210000 - 0706 - 0000190　史部/紀傳類/27/1 - 28

後漢書一百二十卷　（南朝宋）范曄撰　（唐）李賢註　續志　（晉）司馬彪撰　（南朝梁）劉昭注　清光緒同文書局影印二十四史本　二十八冊

210000 - 0706 - 0000191　史部/紀傳類/28/1 - 14

三國志六十五卷　（晉）陳壽撰　（南朝宋）裴松之註　清光緒同文書局影印二十四史本　十四冊

210000－0706－0000192　史部/紀傳類/3/1－28

後漢書一百二十卷　（南朝宋）范曄撰　（唐）李賢註　續志（晉）司馬彪撰　（南朝梁）劉昭注　清光緒同文書局影印二十四史本　二十八冊

210000－0706－0000193　史部/紀傳類/4/1－14

三國志六十五卷　（晉）陳壽撰　（南朝宋）裴松之註　清光緒同文書局影印二十四史本　十四冊

210000－0706－0000194　史部/紀傳類/5/1－30

晉書一百三十卷　（唐）房玄齡等纂　音義三卷　（唐）何超音義　清光緒同文書局影印二十四史本　三十冊

210000－0706－0000195　史部/紀傳類/54/甲1－20

史記一百三十卷　（漢）司馬遷撰　（南朝宋）裴駰集解　（唐）司馬貞索隱　（宋）張守節正義　清同治五年至九年(1866－1870)刻本　二十冊

210000－0706－0000196　史部/紀傳類/55/1－6

史記菁華錄六卷　（漢）司馬遷撰　（清）姚苧田輯　清光緒二十三年(1897)湖南維新局刻本　六冊

210000－0706－0000197　史部/紀傳類/57/1－2

校刊史記集解索隱正義札記五卷　（清）張文虎撰　清同治十二年(1873)金陵書局刻本　二冊

210000－0706－0000198　史部/紀傳類/58/1－16

漢書一百卷　（漢）班固撰　（唐）顏師古註

清同治八年(1869)南京金陵書局刻二十四史本　十六冊

210000－0706－0000199　史部/紀傳類/6/1－24

宋書一百卷　（南朝梁）沈約撰　清光緒同文書局影印二十四史本　二十四冊

210000－0706－0000200　史部/紀傳類/60/甲1－16

後漢書九十卷　（南朝宋）范曄撰　（唐）李賢註　續漢志三十卷　（晉）司馬彪撰　（南朝梁）劉昭註　清同治八年(1869)南京金陵書局刻二十四史本　十六冊

210000－0706－0000201　史部/紀傳類/61/1－8

三國志六十五卷　（晉）陳壽撰　（南朝宋）裴松之註　清同治九年(1870)金陵書局刻二十四史本　八冊

210000－0706－0000202　史部/紀傳類/63/1－20

晉書一百三十卷　（唐）房玄齡等纂　音義三卷　（唐）何超音義　清同治十年(1871)金陵書局刻二十四史本　二十冊

210000－0706－0000203　史部/紀傳類/65/1－16

宋書一百卷　（南朝梁）沈約撰　清同治十一年(1872)金陵書局刻二十四史本　十六冊

210000－0706－0000204　史部/紀傳類/66/1－6

南齊書五十九卷　（南朝梁）蕭子顯撰　清同治十三年(1874)金陵書局刻二十四史本　六冊

210000－0706－0000205　史部/紀傳類/67/1－6

梁書五十六卷　（唐）姚思廉撰　清同治十三年(1874)金陵書局刻二十四史本　六冊

210000－0706－0000206　史部/紀傳類/68/1－5

周書五十卷　（唐）令狐德棻等撰　清同治十

三年（1874）金陵書局刻二十四史本　五冊

210000－0706－0000207　史部/紀傳類/69/1－20

北史一百卷　（唐）李延壽撰　清同治十一年（1872）金陵書局刻二十四史本　二十冊

210000－0706－0000208　史部/紀傳類/7/1－8

南齊書五十九卷　（南朝梁）蕭子顯撰　清光緒十年（1884）同文書局影印二十四史本　八冊

210000－0706－0000209　史部/紀傳類/70/1－12

南史八十卷　（唐）李延壽撰　清同治十一年（1872）金陵書局刻二十四史本　二十冊

210000－0706－0000210　史部/紀傳類/72/1－4

北齊書五十卷　（唐）李百藥撰　清同治十三年（1874）金陵書局刻二十四史本　四冊

210000－0706－0000211　史部/紀傳類/73

元史藝文志四卷　（清）錢大昕補　清嘉慶刻本　一冊

210000－0706－0000212　史部/紀傳類/74/1－2

補晉書藝文志四卷附錄一卷　丁國鈞撰　丁辰註　清光緒錫山文苑閣鉛印常熟丁氏叢書本　二冊

210000－0706－0000213　史部/紀傳類/75/1－4

隋經籍志考證十三卷　（清）章宗源撰　清光緒三年（1877）崇文書局刻本　四冊

210000－0706－0000214　史部/紀傳類/8/1－8

梁書五十六卷　（唐）姚思廉撰　清光緒同文書局影印二十四史本　八冊

210000－0706－0000215　史部/紀傳類/9/1－6

陳書三十六卷　（唐）姚思廉撰　清光緒同文

書局影印二十四史本　六冊

210000－0706－0000216　史部/編年類/4/1－112

資治通鑑二百九十四卷坿釋文辯誤十二卷目錄三十卷　（宋）司馬光撰　（元）胡三省音註　清同治八年（1869）江蘇書局刻本　一百十二冊

210000－0706－0000217　史部/編年類/10/1－6

資治通鑑綱目前編二十五卷　（明）南軒撰　（明）陳仁錫評閱　清敬書堂刻本　六冊

210000－0706－0000218　史部/編年類/10/甲1－120

資治通鑑綱目前編二十五卷　（明）南軒撰　（明）陳仁錫評閱　**資治通鑑綱目五十九卷**　（宋）朱熹撰　（明）陳仁錫評閱　**續資治通鑑綱目二十七卷**　（明）商輅撰　（明）陳仁錫評閱　**資治通鑑綱目續編末一卷**　（元）陳桱拾遺　（明）陳仁錫評閱　清同治十二年（1873）大文堂刻本　一百二十冊

210000－0706－0000219　史部/編年類/11/1－3

資治通鑑地理今釋十六卷　（清）吳熙載撰　清光緒八年（1882）江蘇書局刻本　三冊

210000－0706－0000220　史部/編年類/12/1－2

司馬溫公稽古録二十卷　（宋）司馬光撰　清光緒刻本　二冊

210000－0706－0000221　史部/編年類/12/甲1－3

司馬溫公稽古録二十卷　（宋）司馬光撰　清光緒五年（1879）江蘇書局刻本　三冊

210000－0706－0000222　史部/編年類/14/14－59

資治通鑑綱目五十九卷　（宋）朱熹撰　（明）陳仁錫評閱　清嘉慶刻本　四十六冊　存四十六卷（十四至五十九）

210000－0706－0000223　史部/編年類/14/

甲 1 - 8

續資治通鑑綱目二十七卷 （明）商輅等纂
（明）陳仁錫評閱　清雍正敬書堂刻本　　八冊

210000 - 0706 - 0000224　史部/編年類/16/
甲 1 - 24

**尺木堂綱鑑易知錄九十二卷尺木堂明鑑易知
錄十五卷** 　（清）吳乘權　（清）周之炯
（清）周之燦輯　清同治八年(1869)京都文貴
堂刻本　二十四冊　存五十四卷(綱鑑易知
錄一至十三、四十至五十二、六十六至七十
八,明鑑易知錄十五卷)

210000 - 0706 - 0000225　史部/編年類/17/
1 - 58

御批歷代通鑑輯覽一百二十卷 　（清）傅恆等
纂　清光緒五年(1879)刻朱墨套印本　五十
八冊

210000 - 0706 - 0000226　史部/編年類/17/
甲 1 - 24

御批歷代通鑑輯覽一百二十卷 　（清）傅恆等
纂　清光緒二十年(1894)通元書局石印本
二十四冊

210000 - 0706 - 0000227　史部/編年類/17/
乙 1 - 8

御批歷代通鑑輯覽一百二十卷 　（清）傅恆等
纂　清京都善成堂刻朱墨套印本　　八冊

210000 - 0706 - 0000228　史部/編年類/18/
1 - 48

御批歷代通鑑輯覽一百二十卷 　（清）傅恆等
纂　清同治十年(1871)浙江書局刻本　四十
八冊

210000 - 0706 - 0000229　史部/編年類/19/
1 - 32

御批歷代通鑑輯覽一百二十卷 　（清）傅恆等
纂　清光緒三十年(1904)文通書局石印本
三十二冊

210000 - 0706 - 0000230　史部/編年類/2/
1 - 4

竹書紀年統箋十二卷前編一卷雜述一卷

（南朝梁）沈約註　（清）徐文靖統箋　清光緒
三年(1877)浙江書局刻本　四冊

210000 - 0706 - 0000231　史部/編年類/20/
1 - 5

中興小紀四十卷 　（宋）熊克撰　清光緒十七
年(1891)廣雅書局刻本　五冊

210000 - 0706 - 0000232　史部/編年類/22/
1 - 20

明紀六十卷 　（清）陳鶴撰　清同治十年
(1871)江蘇書局刻本　二十冊

210000 - 0706 - 0000233　史部/編年類/25/
1 - 20

東華錄二十六卷 　王先謙編　清刻本　二十
冊　存康熙六十一年十一月至雍正十三年
正月

210000 - 0706 - 0000234　史部/編年類/26

東華錄肇要一百十四卷 　（清）汪文安編　清
光緒二十九年(1903)商務印書館鉛印本　一
冊　存五卷(六至十)

210000 - 0706 - 0000235　史部/編年類/27

東華錄三十二卷 　（清）蔣良騏撰　清刻本
一冊　存二卷(三十一至三十二)

210000 - 0706 - 0000236　史部/編年類/3/
1 - 6

元經薛氏傳十卷 　（隋）王通撰　（宋）阮逸註
明萬曆程榮刻漢魏叢書本　六冊　存四卷
(四至七)

210000 - 0706 - 0000237　史部/編年類/5

通鑑綱目續編末一卷 　（元）陳檉拾遺　（明）
陳仁錫評閱　清刻本　一冊

210000 - 0706 - 0000238　史部/編年類/6/
1 - 80

資治通鑑補二百九十四卷 　（宋）司馬光編集
（宋）胡三省音註　（明）嚴衍補　清光緒二
年(1876)思補樓刻本　八十冊

210000 - 0706 - 0000239　史部/編年類/7/
1 - 120

續資治通鑑長編五百二十卷　（宋）李燾撰
清光緒七年（1881）浙江書局刻本　一百十五
冊　存四百九十九卷（一至一百六十六、一百
七十一至二百十六、二百二十二至二百四十
一、二百五十一至四百四十、四百四十四至五
百二十）

210000－0706－0000240　　史部/編年類/9/
1－80

續資治通鑑二百二十卷　（清）畢沅撰　清乾
隆畢氏刻嘉慶六年（1801）馮集梧補刻同治六
年（1867）應氏重修同治八年（1869）江蘇書局
刻本　八十冊

210000－0706－0000241　　史部/紀事本末類/
1/1－12

左傳紀事本末五十三卷　（清）高士奇撰　清
同治十二年（1873）江西書局刻本　十二冊

210000－0706－0000242　　史部/紀事本末類/
2/1－20

宋史紀事本末一百九卷　（明）馮琦編　清光
緒二十四年（1898）湖南思賢書局刻本　二
十冊

210000－0706－0000243　　史部/紀事本末類/
3/甲2－24

紀事本末八十卷　（清）谷應泰編撰　清刻本
　二十三冊　存七十八卷（三至八十）

210000－0706－0000244　　史部/雜史類/10/
1－2

戰國策去毒二卷首一卷　（清）陸隴其撰　清
同治九年（1870）刻陸子全書本　二冊

210000－0706－0000245　　史部/雜史類/12/
1－5

戰國策三十三卷札記三卷　（漢）高誘註　清
同治八年（1869）崇文書局刻本　五冊

210000－0706－0000246　　史部/雜史類/16

吳越春秋六卷　（漢）趙曄撰　清初刻本
一冊

210000－0706－0000247　　史部/雜史類/17

十六國春秋不分卷　（北魏）崔鴻撰　清初刻

本　一冊

210000－0706－0000248　　史部/雜史類/18/
1－3

華陽國志不分卷　（晉）常璩撰　清刻本
三冊

210000－0706－0000249　　史部/雜史類/2

廿一史提綱歌二卷　（清）李兆洛撰　清同治
十年（1871）御香書屋刻本　一冊

210000－0706－0000250　　史部/雜史類/22

歷代帝王歌一卷歷代建都歷代世系便覽一卷
　（清）劉元顯編　清抄本　一冊

210000－0706－0000251　　史部/雜史類/26

五代春秋二卷　（宋）尹洙撰　清初抄本
一冊

210000－0706－0000252　　史部/雜史類/3/
1－8

南宋書六十八卷　（明）錢士升撰　清精一閣
書局刻本　八冊

210000－0706－0000253　　史部/雜史類/30

戰國策釋地二卷　（清）張琦撰　清嘉慶刻本
　一冊

210000－0706－0000254　　史部/雜史類/31/
1－16

十六國春秋一百卷　（北魏）崔鴻撰　清乾隆
四十六年（1781）竹素山房刻本　十六冊

210000－0706－0000255　　史部/雜史類/32/
1－8

弇州史料前集三十卷後集七十卷　（明）王世
貞撰　明萬曆四十二年（1614）楊鶴刻本　七
冊　存六十二卷（前集一至九、十七至三十，
後集十一至二十一、三十六至六十三）

210000－0706－0000256　　史部/雜史類/5/
1－2

國語選四卷　（清）儲欣評　清光緒九年
（1883）靜遠堂刻本　二冊

210000－0706－0000257　　史部/雜史類/6/
1－5

國語二十一卷　（三國吳）韋昭解　校刊明道本韋氏解國語札記一卷國语明道本攷異四卷　（清）汪远孙撰　清同治八年(1869)湖北崇文書局刻本　五冊

210000－0706－0000258　史部/雜史類/8/1－11

明季稗史彙編十六種二十六卷　（清）留雲居士輯　清都城琉璃廠留雲居士鉛印本　十一冊　存二十一卷(列皇小識一至六、聖安皇帝本紀一至二、行在陽秋一至二、幸存録一至二、續幸存録一、求野録一、也是録一、江南聞見録一、東明聞見録一、青燐屑一至二、吳耿尚孔四王合傳一、揚州十日記一)

210000－0706－0000259　史部/雜史類/8/甲1－6

明季稗史彙編二十七卷　（清）留雲居士輯　清光緒二十二年(1896)上海圖書集成印書局鉛印本　六冊

210000－0706－0000260　史部/史抄類/2/1－7

廿二史紀事提要八卷　（清）吳綏纂　清乾隆刻本　七冊　存七卷(一至二、四至八)

210000－0706－0000261　史部/史評類/1

唐書釋音二十五卷　（宋）歐陽修撰　清刻本　一冊

210000－0706－0000262　史部/史評類/3/1－4

東萊博議四卷　（宋）呂祖謙撰　清光緒七年(1881)鳳城官舍刻本　四冊

210000－0706－0000263　史部/史評類/4/1－4

史通削繁四卷　（清）紀昀撰　清光緒元年(1875)崇文書局刻本　四冊

210000－0706－0000264　史部/史評類/6/1－4

東萊先生音註唐鑑二十四卷　（宋）范祖禹撰　（宋）呂祖謙註　清刻本　四冊

210000－0706－0000265　史部/外國史類/2/

1－2

節本泰西新史攬要八卷　（英國）李提摩太譯　（清）周慶雲節録　清光緒三十一年(1905)上海書局石印本　二冊

210000－0706－0000266　史部/傳記類/10/1－8

歷代名臣言行録二十四卷　（清）朱桓輯　清光緒二十四年(1898)埽葉山房石印本　八冊

210000－0706－0000267　史部/傳記類/10/甲1－8

歷代名臣言行録二十四卷　（清）朱桓輯　（清）潘永季校定　（清）邱與久重校　清光緒二十七年(1901)宏文閣石印本　八冊

210000－0706－0000268　史部/傳記類/11/1－12

五朝名臣言行録前集十卷後集十四卷　（宋）朱熹撰　續集八卷別集二十六卷外集十七卷　（宋）李幼武撰　清光緒十三年(1887)傳經堂刻本　十二冊

210000－0706－0000269　史部/傳記類/12/1－24

國朝先正事略六十卷　（清）李元度纂　清同治五年(1866)循陔草堂刻本　二十四冊

210000－0706－0000270　史部/傳記類/21/1－4

晏子春秋七卷　（春秋）晏嬰撰　晏子春秋音義二卷　（清）孫星衍撰　晏子春秋校勘二卷　（清）黃以周記　清光緒元年(1875)浙江書局刻本　四冊

210000－0706－0000271　史部/傳記類/32/1－3

朱子年譜四卷考異四卷坿録二卷　（清）王懋竑編　清光緒九年(1883)武昌書局刻本　三冊

210000－0706－0000272　史部/傳記類/5

英雄記鈔一卷　（三國魏）王粲撰　（清）黃爽輯　清乾隆四十三年(1778)刻本　一冊

210000－0706－0000273　史部/傳記類/6

群輔錄不分卷 （晉）陶潛撰 清刻本 一冊

210000－0706－0000274 史部/政書類/1/
1－10

西漢會要七十卷 （宋）徐天麟撰 清光緒十年(1884)江蘇書局刻本 十冊

210000－0706－0000275 史部/政書類/1/甲
1－10

西漢會要七十卷 （宋）徐天麟撰 清光緒十年(1884)江蘇書局刻本 十冊

210000－0706－0000276 史部/政書類/10/
1－65

文獻通考三百四十八卷 （元）馬端臨撰 清光緒二十二年(1896)杭州浙江書局刻本 六十五冊 存一百五十八卷（三十九至七十八、一百六十至一百七十三、一百七十六至二百五、二百三十至二百五十四、二百七十六至三百一、三百二十六至三百四十八）

210000－0706－0000277 史部/政書類/10/
甲1－44

文獻通考三百四十八卷 （元）馬端臨撰 清光緒二十七年(1901)上海圖書集成局武英殿聚珍版石印本 四十四冊

210000－0706－0000278 史部/政書類/11/
1－160

皇朝文獻通考三百卷 （清）嵇璜等纂 清光緒八年(1882)浙江書局刻九通本 一百五十六冊 存二百九十二卷（一至一百三十三、一百四十二至三百）

210000－0706－0000279 史部/政書類/11/
甲1－40

皇朝文獻通考三百卷 （清）嵇璜等纂 清光緒二十七年(1901)上海圖書集成局鉛印九通本 四十冊

210000－0706－0000280 史部/政書類/12/
1－36

欽定續文獻通考二百五十卷 （清）嵇璜等纂 清光緒二十七年(1901)上海圖書集成局鉛印九通本 三十六冊

210000－0706－0000281 史部/政書類/12/
甲1－36

欽定續文獻通考二百五十卷 （清）嵇璜等纂 清光緒二十七年(1901)上海圖書集成局鉛印九通本 三十六冊

210000－0706－0000282 史部/政書類/13/
1－10

文獻通考輯要二十四卷 （清）湯壽潛輯 清光緒二十五年(1899)圖書集成局鉛印本 十冊

210000－0706－0000283 史部/政書類/14/
1－6

文獻通考詳節二十四卷 （元）馬端臨撰 （清）嚴虞惇錄 清乾隆九年(1744)刻本 六冊

210000－0706－0000284 史部/政書類/15/
1－8

欽定大清會典一百卷 （清）允祹等纂 清光緒十九年(1893)上海圖書集成印書局石印本 八冊

210000－0706－0000285 史部/政書類/15/
甲1－24

欽定大清會典一百卷 （清）崑岡等撰 清光緒二十五年(1899)京師官書局石印本 二十四冊

210000－0706－0000286 史部/政書類/16/
1－149

欽定大清會典事例一千二百二十卷首一卷 （清）崑岡等撰 清宣統元年(1909)刻光緒三十四年(1908)商務印書館石印本 一百四十九冊 存一千二百十四卷（一至四百三十四、四百四十二至一千二百二十,首一卷）

210000－0706－0000287 史部/政書類/17/
1－12

大清通禮五十卷 （清）來保等編纂 清嘉慶刻本 十二冊

210000－0706－0000288 史部/政書類/18/
1－2

三通序 （清）蔣德鈞輯 清光緒十九年(1893)文英閣刻本 二冊

210000－0706－0000289 史部/政書類/19/1－10

文廟祀典考五十卷首一卷 （清）龐鍾璐輯 清光緒四年(1878)刻本 十冊

210000－0706－0000290 史部/政書類/2/1－24

唐會要一百卷 （宋）王溥撰 清光緒十年(1884)江蘇書局刻本 二十四冊

210000－0706－0000291 史部/政書類/21/1－10

林文忠公政書三集三十七卷 （清）林則徐撰 清末刻本 十冊

210000－0706－0000292 史部/政書類/22/1－7

沈文肅公政書七卷首一卷 （清）沈葆楨撰 清光緒六年(1880)吳門節署刻本 七冊

210000－0706－0000293 史部/政書類/25/1－20

三公奏議二十卷 （清）林則徐等撰 清光緒二年(1876)思補樓刻本 二十冊

210000－0706－0000294 史部/政書類/26/1－2

校邠廬抗議二卷 （清）馮桂芬撰 清光緒十八年(1892)敏德堂刻本 二冊

210000－0706－0000295 史部/政書類/27

翼教叢編六卷 （清）蘇輿輯 清光緒二十四年(1898)武昌刻本 一冊

210000－0706－0000296 史部/政書類/3/1－16

通典二百卷 （唐）杜佑纂 清光緒二十七年(1901)上海圖書集成局石印本 十六冊

210000－0706－0000297 史部/政書類/32

牧民忠告二卷 （元）張養浩撰 清同治七年(1868)姑蘇書局刻本 一冊

210000－0706－0000298 史部/政書類/34/1－10

牧令書輯要十卷 （清）徐棟編 （清）丁日昌選評 清同治七年(1868)江蘇書局刻本 十冊

210000－0706－0000299 史部/政書類/36/1－8

故唐律疏議三十卷 （唐）長孫無忌等撰 律音義 （宋）孫奭等撰 宋提刑洗冤集錄五卷 （宋）宋慈編 清刻本 八冊

210000－0706－0000300 史部/政書類/38

憲法大綱不分卷 （清）方樞口述 清宣統二年(1910)奉天全省地方自治籌辦處鉛印本 一冊

210000－0706－0000301 史部/政書類/39/1－40

讀例存疑五十四卷 （清）薛允升撰 清光緒三十一年(1905)北京翰茂齋刻本 四十冊

210000－0706－0000302 史部/政書類/4/1－16

欽定續通典一百五十卷 （清）嵇璜等撰 清光緒二十七年(1901)上海圖書集成局鉛印九通本 十六冊

210000－0706－0000303 史部/政書類/40/1－3

資治新書初集十四卷首一卷二集二十卷 （清）李漁輯 清尚德堂藏板刻本 三冊 存五卷(初集一、首一卷,二集九至十、二十)

210000－0706－0000304 史部/政書類/43

建炎以來朝野雜記甲集二十卷乙集二十卷 （宋）李心傳輯 清同治抄本 一冊

210000－0706－0000305 史部/政書類/47/1－10

皇朝文獻通考輯要二十六卷 （清）湯壽潛輯 清末通雅堂鉛印本 十冊

210000－0706－0000306 史部/政書類/5/1－12

皇朝通典一百卷 （清）嵇璜等撰 清光緒二十七年(1901)上海圖書集成局遵武英殿聚珍

版石印本　十二冊

210000－0706－0000307　史部/政書類/6/1－60

通志二百卷欽定通志考證三卷　（宋）鄭樵撰　清光緒二十七年（1901）上海圖書集成局遵武英殿聚珍版石印本　六十冊

210000－0706－0000308　史部/政書類/6/甲11－40

通志二百卷　（宋）鄭樵撰　清末石印本　三十冊　存一百三十九卷（六十二至二百）

210000－0706－0000309　史部/政書類/7/1－60

欽定續通志六百四十卷　（清）嵇璜等纂　清光緒二十七年（1901）上海圖書集成局鉛印九通本　六十冊

210000－0706－0000310　史部/政書類/7/甲1－60

欽定續通志六百四十卷　（清）嵇璜等纂　清光緒二十七年（1901）上海圖書集成局鉛印九通本　六十冊

210000－0706－0000311　史部/政書類/9/1－12

皇朝通志一百二十六卷　（清）嵇璜纂　清光緒二十七年（1901）上海圖書集成局鉛印九通本　十二冊

210000－0706－0000312　史部/地理類/1/1－4

五州圖考不分卷　（清）龔柴撰　清光緒二十八年（1902）上海徐家滙印書館鉛印本　四冊

210000－0706－0000313　史部/地理類/2/1－8

輿地學課程不分卷　（清）姚炳奎撰　清光緒二十九年（1903）經心書院刻本　八冊

210000－0706－0000314　史部/地理類/31/1－10

苗防備覽二十二卷　（清）嚴如熤撰　清道光二十三年（1843）紹義堂刻本　十冊

210000－0706－0000315　史部/地理類/35/1－20

西湖志四十八卷　（清）李衛等纂　清光緒四年（1878）浙江書局刻本　二十冊

210000－0706－0000316　史部/地理類/40

水經注圖一卷附錄一卷　（清）汪士鐸撰　清同治元年（1862）刻本　一冊

210000－0706－0000317　史部/地理類/42/1－12

水經注四十卷補遺一卷附錄二卷　（北魏）酈道元撰　清光緒十四年（1888）刻本　十二冊

210000－0706－0000318　史部/地理類/42/甲1－19

水經注四十卷補遺一卷附錄二卷　（北魏）酈道元撰　清光緒十四年（1888）刻本　十九冊

210000－0706－0000319　史部/地理類/43/1－6

水道提綱二十八卷　（清）齊召南編　清光緒五年（1879）宏達堂刻本　六冊

210000－0706－0000320　史部/地理類/46/1－5

西域水道記五卷　（清）徐松撰　清光緒十九年（1893）寶善書局石印本　五冊

210000－0706－0000321　史部/地理類/49/1－10

日本國志四十卷首一卷　（清）黃遵憲纂　清光緒二十七年（1901）上海書局石印本　十冊

210000－0706－0000322　史部/地理類/5/1－19

天下郡國利病書一百二十卷　（清）顧炎武輯　清石印本　十九冊　存九十三卷（十至八十六、九十七至一百十二）

210000－0706－0000323　史部/地理類/50/1－24

海國圖志一百卷首一卷　（清）魏源撰　清光緒二年（1876）刻本　二十四冊

210000－0706－0000324　史部/地理類/53/

盛京通志四十八卷圖一卷　（清）魏樞等纂
清乾隆元年(1736)刻本　二十冊

讀史方輿紀要一百三十卷　（清）顧祖禹撰
清敷文閣刻本　二十一冊　存五十八卷（一
至四、七十七至一百三十）

讀史方輿紀要一百三十卷　（清）顧祖禹輯
清光緒二十五年(1899)上海二林齋屬圖書集
成局石印本　十冊

太平寰宇記二百卷目錄二卷　（宋）樂史撰
清光緒八年(1882)金陵書局刻本　三十六冊

金石萃編一百六十卷　（清）王昶撰　清光緒
十九年(1893)上海醉六堂石印本　十八冊

金石萃編一百六十卷　（清）王昶撰　清刻本
　六冊　存十六卷（四十五至四十七、五十二
至五十四、六十五至六十六、七十至七十四、
一百四十五至一百四十七）

金石續編二十一卷首一卷　（清）陸耀通纂
清光緒十九年(1893)上海醉六堂石印本
六冊

金石存十五卷　（清）吳玉搢編　清刻本
二冊

袁氏藝文志一卷文錄一卷詩錄一卷金石錄一

卷坿錄一卷　（清）袁渭漁撰　（清）袁昶輯
清光緒刻本　一冊

殷商貞蔔文字考不分卷　羅振玉考釋　清宣
統二年(1910)石印本　一冊

至寶不分卷　（清）□□輯　清同治三年
(1864)影印本　一冊

石鼓文定本不分卷　（清）沈梧撰　清刻本
一冊

古玉圖考不分卷　（清）吳大澂編　清光緒十
五年(1889)上海同文書局石印本　四冊

語石十卷　葉昌熾撰　清宣統元年(1909)刻
本　四冊

石索十二卷首一卷　（清）馮雲鵬　（清）馮雲
鵷輯　清道光元年(1821)嵩陽遂古齋刻本
一冊　存一卷（二）

金石錄三十卷　（宋）趙明誠撰　清光緒十三
年(1887)行素草堂刻本　六冊

金石錄三十卷　（宋）趙明誠撰　清光緒十三
年(1887)行素草堂刻本　四冊

重訂事類賦三十卷　（宋）吳淑撰　清光緒四
年(1878)同文會刻本　四冊

經籍舉要一卷附錄一卷家塾課程一卷告示一卷尊經閣藏書章程一卷禮典錄一卷 （清）龍啟瑞撰 中江尊經閣藏書目一卷 （清）王呈祥撰 中江講院現設經誼治事兩齋章程一卷 （清）□□撰 清光緒十九年（1893）中江講院刻本 一冊

210000－0706－0000343 史部/目錄類/24/甲

話雨樓碑帖目錄四卷 （清）王鯤編 清同治三年（1864）刻本 一冊

210000－0706－0000344 史部/目錄類/25/1－10

鐵琴銅劍樓藏書目錄二十四卷 （清）瞿鏞撰 清光緒二十四年（1898）瞿氏罟裏家塾刻本 十冊

210000－0706－0000345 史部/目錄類/26/1－12

善本書室藏書志四十卷附錄一卷 （清）丁丙輯 清光緒二十七年（1901）錢塘丁氏刻本 十二冊

210000－0706－0000346 史部/目錄類/27/1－4

楹書隅錄五卷續編四卷 （清）楊紹和撰 清光緒二十年（1894）海源閣刻本 四冊 存五卷（楹書隅錄五、續編四卷）

210000－0706－0000347 史部/目錄類/28/1－10

昭德先生郡齋讀書志二十卷附志二卷 （宋）晁公武撰 （宋）姚應續編 清光緒十年（1884）長沙王氏刻本 十冊

210000－0706－0000348 史部/目錄類/29/1－3

楹書隅錄五卷 （清）楊紹和撰 清光緒二十年（1894）海源閣刻本 三冊 存三卷（一、三至四）

210000－0706－0000349 史部/目錄類/30/1－10

直齋書錄解題二十二卷 （宋）陳振孫撰 清

乾隆三十九年（1774）刻本 十冊

210000－0706－0000350 史部/目錄類/4/1－6

藏書紀事詩七卷 葉昌熾撰 清宣統二年（1910）刻朱印本 六冊

210000－0706－0000351 史部/目錄類/40/1－4

書目答問四卷 （清）張之洞撰 清光緒四年（1878）上海松隱閣刻本 四冊

210000－0706－0000352 史部/目錄類/40/丙

書目答問四卷國朝著述諸家姓名略一卷 （清）張之洞撰 清光緒二年（1876）刻本 一冊

210000－0706－0000353 史部/目錄類/40/乙

書目答問四卷國朝著述諸家姓名略一卷 （清）張之洞撰 清光緒二十一年（1895）上海蜚英館石印本 一冊

210000－0706－0000354 史部/目錄類/42

宋元舊本書經眼錄三卷附錄二卷 （清）莫友芝撰 清同治十二年（1873）刻本 一冊

210000－0706－0000355 史部/目錄類/42/甲1－2

宋元舊本書經眼錄三卷附錄二卷 （清）莫友芝撰 清同治十二年（1873）刻本 二冊

210000－0706－0000356 史部/目錄類/44/1－10

行素草堂目睹書錄十卷附汲古閣秘本書目一卷 （清）朱記榮輯 清光緒十一年（1885）孫溪槐廬家刻本 十冊

210000－0706－0000357 史部/目錄類/45

書後三篇不分卷 （清）蔣式瑆撰 清末刻本 一冊

210000－0706－0000358 史記/傳記類/26

戴東原先生[戴震]年譜一卷劄記一卷 （清）段玉裁編 清宣統二年（1910）渭南嚴氏刻本

一冊

210000－0706－0000359　史記/雜史類/10/甲1－2

戰國策去毒二卷　（清）陸隴其評　（清）陸宸徵編　清同治九年(1870)六安求我齋刻本　二冊

210000－0706－0000360　子部/儒家類/1/1－83

二十二子全書　清光緒元年至三年(1875－1877)浙江書局刻本　六十冊　存六十冊(二十四至八十三)

210000－0706－0000361　子部/儒家類/19

荀子三卷　清光緒元年(1875)刻本　一冊　存二卷(二至三)

210000－0706－0000362　子部/儒家類/20

揚子法言十三卷　（漢）揚雄撰　（晉）李軌注　**揚子法言音義一卷**　清光緒二年(1876)刻本　一冊

210000－0706－0000363　子部/儒家類/21/1－5

新序十卷　（漢）劉向撰　清初刻本　五冊

210000－0706－0000364　子部/儒家類/21/甲

新序十卷　（漢）劉向撰　清雍正九年至嘉慶二十二年(1731－1817)刻本　一冊

210000－0706－0000365　子部/儒家類/2－16

子書百家五百二卷　（清）崇文書局輯　清光緒元年(1875)刻本　一百二冊　存四百七十七卷(孔子家語一至十,孔子集語一至二,荀子一至三,孔叢子一至二,新語一至二,忠經一,新書一至十,鹽鐵論一至二,新序一至十,說苑一至二十,楊子法言一,方言一至十三,潛夫論一至十,申鑒一至五,中論一至二,傅子一,續孟子一至二,文中子中說一,伸蒙子一至三,素履子一至三,鬻子知言一至六,薛子道論一至三,海樵子一,風後握奇經一,六韜一至三,孫子一至三,吳子一至二,司馬瀍一,尉繚子一至二,素書一,心書一卷,何博士

備論一至二,宋丞相李忠定公輔政本末一,管子一至二十四,晏子春秋一至八,商子一至五,鄧子一,屍子一至二,韓非子一至二十,齊民要術一至十,鶡子一,計倪子一,於陵子一,子華子一至二,墨子一至十六,坿篇目考一,尹文子一,慎子一,公孫龍子一,鬼穀子一,鶡冠子一至三,呂氏春秋一至二十六,淮南鴻烈解一至二十一,金樓子一至六,劉子一至二,獨斷一,論衡一至三十,白虎通德論一至四,風俗通義一至十,牟子一,古今注一至三,聲隅子歔欷瑣微論一至二,嬾眞子一至五,廣成子解一,叔苴子內篇一至六、外篇一至二,鬱離子一,空同子一,海沂子一至五,燕丹子一至三,玉泉子一,金華子雜編一至二,山海經一至十八,山海經圖讚一,山海經補注一,神異經一,海內十洲記一,別國洞冥記一至四,穆天子傳一至六,搜神記一至二十,搜神後記一至十,博物志一至十,續博物志一至十,述異記一至二,陰符經一,關尹子一,老子道德經一至二,道德眞經註一至四,莊子南華眞經內篇一、外篇一、雜篇一坿剳記,莊子闕誤一,列子一至二,抱樸子內篇一至四、外篇一至四,亢倉子一,玄眞子一,天隱子一,無能子一至三,胎息經一,至遊子一至二)

210000－0706－0000366　子部/儒家類/22

新書十卷　（漢）賈誼撰　清刻本　一冊

210000－0706－0000367　子部/儒家類/23

潛夫論十卷　（漢）王符撰　清刻本　二冊

210000－0706－0000368　子部/儒家類/24/1－2

鹽鐵論二卷　（漢）桓寬撰　清光緒元年(1875)湖北崇文書局刻本　二冊

210000－0706－0000369　子部/儒家類/25/甲1－2

孔氏家語十卷　（三國魏）王肅註　清光緒六年(1880)刻本　二冊

210000－0706－0000370　子部/儒家類/26

中說二卷　（隋）王通撰　清刻本　一冊

210000－0706－0000371　子部/儒家類/

中說二卷　（隋）王通撰　清刻本　一冊

210000－0706－0000372　子部/儒家類/27/1－2

文中子中說十卷　（隋）王通撰　（宋）阮逸註　清光緒二年(1876)浙江書局刻本　二冊

210000－0706－0000373　子部/儒家類/28

近思錄十四卷　（宋）朱熹撰　（宋）呂祖謙撰　清同治十一年(1872)刻本　一冊

210000－0706－0000374　子部/儒家類/29/1－4

近思錄十四卷考訂一卷校勘一卷　（清）江永集註　清光緒二十七年(1901)上海文瑞樓石印本　四冊

210000－0706－0000375　子部/儒家類/29/甲1－2

近思錄十四卷考訂一卷校勘一卷　（清）江永集註　清光緒二十七年(1901)上海文瑞樓石印本　二冊

210000－0706－0000376　子部/儒家類/30/1－2

人譜一卷人譜類記二卷　（明）劉宗周撰　清刻本　二冊

210000－0706－0000377　子部/儒家類/31

思辨錄輯要三十五卷　（清）陸世儀撰　清刻本　一冊　存七卷（十一至十七）

210000－0706－0000378　子部/儒家類/32

程氏家塾讀書分季日程三卷　（元）程端禮編　清同治八年(1869)江蘇書局刻本　一冊

210000－0706－0000379　子部/儒家類/33/1－4

孔子集語十七卷　（清）孫星衍撰　清光緒三年(1877)浙江書局刻本　四冊

210000－0706－0000380　子部/儒家類/34/乙1－6

五種遺規十六卷　（清）陳宏謀編　清光緒二十八年(1902)上海古香閣石印本　六冊

210000－0706－0000381　子部/儒家類/35/1－20

宋元學案一百卷　（明）黃宗羲撰　（清）全祖望修　清光緒五年(1879)長沙之寄廬刻本　二十冊

210000－0706－0000382　子部/儒家類/36/1－5

御纂理性精義十二卷　（清）李光地等纂修　清刻本　五冊

210000－0706－0000383　子部/儒家類/36/甲1－6

御纂理性精義十二卷　（清）李光地纂修　清道光三十年(1850)刻本　六冊

210000－0706－0000384　子部/儒家類/39/1－12

理學宗傳二十六卷　（清）孫奇逢輯　（清）魏一鼇　（清）孫立雅編　清光緒六年(1880)浙江書局刻本　十二冊

210000－0706－0000385　子部/儒家類/41

四禮從宜四卷　（清）蘇惇元述　清同治十年(1871)桐城蘇儀宋堂刻本　一冊

210000－0706－0000386　子部/儒家類/42/1－2

小學集解六卷　（明）吳訥集解　清同治八年(1869)江蘇書局刻本　二冊

210000－0706－0000387　子部/儒家類/43/1－3

小學集解六卷　（清）張伯行輯註　清光緒元年(1875)湖北崇文書局刻本　三冊

210000－0706－0000388　子部/儒家類/44/1－5

小學六卷　（清）高愈纂註　忠經一卷　（漢）鄭玄集註　附孝經一卷　（明）陳選集註　清同治五年(1866)晉祁書業堂刻本　五冊

210000－0706－0000389　子部/儒家類/45/1－2

小學集註六卷首一卷　（宋）朱熹撰　（明）陳選註　清光緒三十三年(1907)金陵書局刻本

二冊

210000－0706－0000390　子部/儒家類/46/1－4

崇聖祠攷一卷聖蹟圖不分卷　（清）□□繪　清刻本　四冊

210000－0706－0000391　子部/儒家類/47

呂子節錄四卷　（明）呂坤撰　（清）陳宏謀評輯　清光緒九年（1883）津河廣仁堂刻本　一冊

210000－0706－0000392　子部/儒家類/48

先正遺規四卷　（清）汪正輯　清道光二十四年（1844）刻本　一冊

210000－0706－0000393　子部/儒家類/49

勸學篇內篇一卷外篇一卷　（清）張之洞撰　清光緒二十四年（1898）石印本　一冊

210000－0706－0000394　子部/儒家類/50/1－2

曾子家語六卷　（清）曾國荃編　（清）王定安輯　清光緒十六年（1890）金陵刻本　二冊

210000－0706－0000395　子部/儒家類/51/1－6

人範須知六卷　（清）盛隆編　清同治二年（1863）石竹山房刻本　六冊

210000－0706－0000396　子部/儒家類/52/1－2

性理易讀不分卷　（清）志遠堂主人輯　清光緒二十一年（1895）吉林探源書舫刻本　二冊

210000－0706－0000397　子部/儒家類/53/1－2

程子節錄四卷文集抄一卷　（明）高攀龍輯　清乾隆六年（1741）劍光閣華希閔刻本　二冊

210000－0706－0000398　子部/儒家類/55/1－6

三魚堂賸言十二卷讀禮志疑一卷三魚堂日記十卷　（清）陸隴其撰　清同治七年至九年（1868－1870）刻本　六冊

210000－0706－0000399　子部/儒家類/58/

1－2

孔叢子二卷　（漢）孔鮒撰　明萬曆五年（1577）刻本　二冊

210000－0706－0000400　子部/道家類/10

沖虛至德真經八卷　（晉）張湛註　清光緒十年（1884）刻本　一冊

210000－0706－0000401　子部/道家類/11

神仙傳十卷　（晉）葛洪撰　清刻本　一冊

210000－0706－0000402　子部/道家類/2/甲1－3

莊子因六卷　（清）林雲銘評　清嘉慶二年（1797）敦化堂刻本　三冊

210000－0706－0000403　子部/道家類/2/乙1－4

莊子因六卷　（清）林雲銘評　清光緒六年（1880）刻本　四冊

210000－0706－0000404　子部/道家類/4/1－3

南華真經解三卷　（清）宣穎撰　清康熙刻本　三冊

210000－0706－0000405　子部/道家類/5/1－3

南華真經評註五卷　（戰國）莊周撰　（晉）郭象　（晉）向秀註　清刻本　三冊　存二卷（三、五）

210000－0706－0000406　子部/道家類/6

老子約說四篇續一篇　（清）紀大奎撰　（清）紀大婁評註　清刻本　一冊

210000－0706－0000407　子部/道家類/7/1－4

老子翼八卷首一卷　（明）焦竑輯　清光緒二十一年（1895）漸西村舍刻本　四冊

210000－0706－0000408　子部/道家類/8

道德會元二卷　（元）李道純述　清光緒十二年（1886）刻本　二冊

210000－0706－0000409　子部/兵家類/2

七註陰符經解二卷　（周）姜尚註　（三國蜀）

諸葛亮釋　清咸豐五年(1855)刻本　一冊

210000－0706－0000410　子部/兵家類/8/1－9

唐荊川先生纂輯武編前六卷後六卷　（明）唐順之撰　明徐象橒曼山館刻本　九冊　存十卷(前一至四、後六卷)

210000－0706－0000411　子部/法家類/1/1－4

重刊補註洗冤録集證六卷　（宋）宋慈輯　（清）王又槐增輯　（清）李觀瀾補輯　（清）阮其新補註　清同治刻五色套印本　四冊存五卷(一至四、六)

210000－0706－0000412　子部/法家類/1/甲1－5

重刊補註洗冤録集證六卷　（宋）宋慈輯（清）王又槐增輯　（清）李觀瀾補輯　（清）阮其新補註　清同治刻五色套印本　五冊

210000－0706－0000413　子部/法家類/1/乙1－4

重刊補註洗冤録集證四卷附檢骨圖格一卷（宋）宋慈輯　（清）王又槐增輯　（清）李觀瀾補輯　（清）阮其新補註　作吏要言一卷（清）葉玉屏撰　（清）朱性齋增　清道光刻三色套印本　四冊

210000－0706－0000414　子部/法家類/2/1－6

管子二十四卷　（唐）房玄齡註　（明）劉績集補　清光緒二年(1876)浙江書局刻本　六冊

210000－0706－0000415　子部/法家類/3/1－6

韓非子集解二十卷首一卷　（清）王先慎撰清光緒二十二年(1896)刻本　六冊

210000－0706－0000416　子部/法家類/4

商君書五卷　（清）嚴萬里撰　清光緒二年(1876)浙江書局刻本　一冊

210000－0706－0000417　子部/法家類/6/1－4

管子校正二十四卷　（清）戴望纂　清同治十

一年(1872)刻本　四冊

210000－0706－0000418　子部/法家類/7/1－4

管子二十四卷　（唐）房玄齡註　清嘉慶刻本四冊

210000－0706－0000419　子部/農家類/1/1－34

農政全書六十卷　（明）徐光啓纂輯　清刻本三十四冊　存四十二卷(十五至十八、二十二至三十五、三十七至六十)

210000－0706－0000420　子部/農家類/2

蠶桑備要不分卷　（清）刘清藜撰　清光緒二年(1876)思補樓刻本　一冊

210000－0706－0000421　子部/農家類/3

捕蝗要訣二卷附除螟八要一卷　（清）錢炘和輯　清光緒十七年(1891)江蘇書局刻本一冊

210000－0706－0000422　子部/農家類/5/1－2

棉業圖說八卷首一卷　（清）京師農工商部輯清宣統三年(1911)鉛印本　二冊

210000－0706－0000423　子部/醫家類/10

新刊註釋素問玄機原病式二卷　（金）劉守眞撰　（元）薛時平註　明刻本　一冊　存一卷(二)

210000－0706－0000424　子部/醫家類/11

素問病機氣宜保命集三卷　（金）劉守眞撰清懷德堂刻本　一冊　存一卷(三)

210000－0706－0000425　子部/醫家類/12

增訂本草備要一卷　（清）汪昂撰　清兩儀堂刻本　一冊

210000－0706－0000426　子部/醫家類/13/1－4

本草萬方針線八卷　（清）蔡烈先輯　清康熙五十一年(1712)金閶書業堂刻本　四冊

210000－0706－0000427　子部/醫家類/15

時方妙用四卷　（清）陳念祖撰　清嘉慶八年

(1803)刻本　一冊　存二卷(三至四)

210000－0706－0000428　子部/醫家類/16
醫學叢眾錄八卷　(清)陳念祖撰　清刻本
一冊　存三卷(六至八)

210000－0706－0000429　子部/醫家類/18/
1－2
增評童氏醫方集解二十三卷　(清)汪昂撰
(清)李保常批點　(清)費伯雄加評　清末南
洋醫學石印本　二冊　存十六卷(三至九、十
五至二十三)

210000－0706－0000430　子部/醫家類/20/
1－40
薛氏醫按二十四種一百七卷　(明)薛己撰
(明)吳琯輯　清刻本　三十九冊

210000－0706－0000431　子部/醫家類/21/
1－4
醫案四卷三吳治驗二卷新都治驗二卷　(明)
孫一奎輯　明刻本　四冊　存四卷(一下、二
至四)

210000－0706－0000432　子部/醫家類/22
傷寒真方歌括六卷傷寒醫決串解三卷　(清)
陳念祖撰　清光緒二十一年(1895)宏道堂刻
本　一冊　存四卷(傷寒真方歌括六、傷寒醫
決串解三卷)

210000－0706－0000433　子部/醫家類/23/
1－2
集註傷寒論十卷首一卷　(漢)張仲景撰
(宋)成無已注　清光緒二十年(1894)成都崇
文齋刻本　二冊　存三卷(一、五,首一卷)

210000－0706－0000434　子部/醫家類/24
溫病條辨症方歌括不分卷　(清)錢文驥撰
清光緒三十年(1904)刻本　一冊

210000－0706－0000435　子部/醫家類/25
理瀹駢文不分卷　(清)吳師機撰　清刻本
一冊

210000－0706－0000436　子部/醫家類/26
增注類證活人書二十二卷　(宋)朱肱撰　清

刻本　一冊　存四卷(十三至十六)

210000－0706－0000437　子部/醫家類/28
醫學三字經四卷　(清)陳念祖撰　清刻本
一冊　存二卷(三至四)

210000－0706－0000438　子部/醫家類/29
竹林女科證治四卷　(清)方昌翰撰　清刻本
一冊　存一卷(一)

210000－0706－0000439　子部/醫家類/3
醫方湯頭歌括一卷附經絡歌訣　(清)汪昂輯
清康熙三十三年(1694)刻本　一冊

210000－0706－0000440　子部/醫家類/30
外科精義二卷　(元)齊德之撰　明刻本　一
冊　存一卷(二)

210000－0706－0000441　子部/醫家類/31
丹溪心法附餘二十四卷首一卷　(明)方廣編
清光緒石印本　一冊　存二卷(二十至二
十一)

210000－0706－0000442　子部/醫家類/32
疹科纂要一卷　(清)馬之騏纂　清刻本
一冊

210000－0706－0000443　子部/醫家類/33/
1－4
麻科活人全書四卷　(清)謝玉瓊纂輯　清咸
豐十一年(1861)刻本　四冊

210000－0706－0000444　子部/醫家類/34
痘疹正宗金鑑四卷　(清)宋麟祥撰　清刻本
一冊　存三卷(二至四)

210000－0706－0000445　子部/醫家類/36/
1－5
痘科類編釋意三卷　(清)翟良輯　清乾隆三
十七年(1772)敬業堂刻本　五冊

210000－0706－0000446　子部/醫家類/39/
1－2
圖像水黃牛經合併大全二卷　(明)喻本元撰
清刻本　二冊

210000－0706－0000447　子部/醫家類/4/
1－6

補註黃帝內經素問二十四卷　（唐）王冰撰
清光緒三年(1877)浙江書局刻本　六冊

210000－0706－0000448　　子部/醫家類/40/
1－14

徐靈胎醫學全書選集三十一卷　（清）徐大椿
撰　清光緒三十三年(1907)上海六藝書局刻
本　十四冊

210000－0706－0000449　　子部/醫家類/41/
1－8

萬國藥方五卷藥名總論一卷病體目録一卷權
量分準一卷　（美國）洪士提譯　清宣統二年
(1910)美華書館石印本　八冊

210000－0706－0000450　　子部/醫家類/45

黃帝內經靈樞註證發微九卷　（明）馬蒔註
清刻本　一冊　存一卷(九)

210000－0706－0000451　　子部/醫家類/47

驚風辨證必讀書不分卷　（清）莊一夔撰　清
光緒二十七年(1901)刻本　一冊

210000－0706－0000452　　子部/醫家類/48

西醫熱症總論不分卷　（清）孔慶高譯　清光
緒七年(1881)刻本　一冊

210000－0706－0000453　　子部/醫家類/5/
1－5

黃帝內經素問註證發微九卷　（明）馬蒔註證
　清刻本　五冊　存五卷(二至四、六至七)

210000－0706－0000454　　子部/醫家類/7

神農本草經百種録一卷　（清）徐大椿撰　清
刻本　一冊

210000－0706－0000455　　子部/醫家類/8/
1－2

靈素節要淺註十二卷　（清）陳念祖集註　清
刻本　二冊　存七卷(六至十二)

210000－0706－0000456　　子部/醫家類/9/
1－43

本草綱目五十二卷圖二卷　（明）李時珍撰
清刻本　四十三冊　存五十二卷(一至十四、
十六至五十二，圖下)

210000－0706－0000457　　子部/醫家類/9/甲
1－12

校正本草綱目五十二卷瀕湖脈學一卷奇經八
脈考一卷脈訣考證一卷附圖一卷本草萬方鍼
線八卷本草綱目拾遺十卷　（明）李時珍編
（清）蔡烈先　（清）趙學敏輯　清宣統元年
(1909)上海經香閣石印本　十二冊

210000－0706－0000458　　子部/醫學類/38

新輯纂圖元亨療馬集六卷附牛駝經　（明）喻
本亨撰　清上海江東書局石印本　一冊

210000－0706－0000459　　子部/醫學類/38/
甲1－2

新刊纂圖元亨療馬集六卷附牛駝經三卷
（明）喻本元撰　清乾隆元年(1736)掃葉山房
刻本　二冊

210000－0706－0000460　　子部/雜家類/10/
1－8

墨子閒詁十五卷目録一卷附録一卷後語二卷
　（清）孫詒讓撰　清宣統二年(1910)刻本
八冊

210000－0706－0000461　　子部/雜家類/11

墨莊漫録十卷　（宋）張邦基撰　清刻本
一冊

210000－0706－0000462　　子部/雜家類/12

鶡冠子評注三卷　（明）王宇評　清嘉慶九年
(1804)寶慶經綸堂刻本　一冊

210000－0706－0000463　　子部/雜家類/15/
1－6

曲園襍纂五十卷　（清）俞樾撰　清刻本　五
冊　存三十三卷(一至二十二、三十一至四十
一)

210000－0706－0000464　　子部/雜家類/16/
1－16

日知録集釋三十二卷刊誤二卷續刊誤二卷
（清）顧炎武撰　（清）黃汝成集釋　清同治八
年(1869)廣州述古堂刻本　十六冊

210000－0706－0000465　　子部/雜家類/17/
1－3

原富 （英國）斯密亞丹撰 嚴復譯 清光緒二十七年（1901）南洋公學譯書院鉛印本 三冊

210000－0706－0000466 子部/雜家類/18/1－24

讀書雜志八十二卷餘編二卷 （清）王念孫撰 清同治九年（1870）金陵書局刻本 二十四冊

210000－0706－0000467 子部/雜家類/19

曝書雜記三卷 （清）錢泰吉撰 清同治七年（1868）刻本 一冊

210000－0706－0000468 子部/雜家類/20/1－4

東塾讀書記十五卷 （清）陳澧撰 清光緒二十四年（1898）上海江左書林影印本 四冊

210000－0706－0000469 子部/雜家類/21/1－6

第一樓叢書九種三十卷 （清）俞樾撰 清同治十年（1871）德清俞樾刻本 六冊

210000－0706－0000470 子部/雜家類/22/1－12

困學紀聞集證二十卷首一卷末一卷 （宋）王應麟撰 （清）萬希槐輯 清嘉慶八年（1803）聚秀堂刻本 十二冊

210000－0706－0000471 子部/雜家類/23/1－8

丹鉛總錄二十七卷 （明）楊慎撰 清刻本 八冊

210000－0706－0000472 子部/雜家類/24

白虎通德論四卷 （漢）班固撰 清刻本 一冊

210000－0706－0000473 子部/雜家類/25/1－6

集説詮眞不分卷續編不分卷提要不分卷 （清）黃伯祿輯 清光緒三十二年（1906）鉛印本 六冊

210000－0706－0000474 子部/雜家類/26/1－12

困學紀聞註二十卷 （宋）王應麟撰 （清）翁元圻輯 清道光五年（1825）守福堂刻本 十二冊

210000－0706－0000475 子部/雜家類/27/1－4

經餘必讀八卷 （清）雷琳等輯 清嘉慶八年（1803）大中堂刻本 四冊

210000－0706－0000476 子部/雜家類/28/1－10

經餘必讀八卷續編八卷三編四卷 （清）雷琳等輯 清嘉慶十年（1805）刻本 十冊

210000－0706－0000477 子部/雜家類/29/1－6

群書劄記十六卷 （清）朱亦棟撰 清光緒四年（1878）武林竹簡齋刻本 六冊

210000－0706－0000478 子部/雜家類/30

天演論二卷 （英國）赫胥黎撰 嚴復譯 清光緒二十七年（1901）富文書局石印本 一冊

210000－0706－0000479 子部/雜家類/31/1－4

智囊補二十八卷 （明）馮夢龍輯 清刻本 四冊 存八卷（一至二、五至八、十五至十六）

210000－0706－0000480 子部/雜家類/32/1－2

諸子平議三十五卷 （清）俞樾撰 清光緒二十一年（1895）上海鴻文書局石印本 二冊

210000－0706－0000481 子部/雜家類/34/1－8

煙嶼樓讀書志十六卷附筆記八卷 （清）徐時棟撰 清光緒遜學齋鉛印本 八冊

210000－0706－0000482 子部/雜家類/35

茶餘客話十卷 （清）阮葵生撰 清刻本 一冊 存三卷（七至九）

210000－0706－0000483 子部/雜家類/39

北東園筆錄三編 （清）梁恭辰撰 清刻本 一冊 存三卷（四至六）

210000－0706－0000484　　子部/雜家類/4/
1－6

呂氏春秋二十六卷附攷不分卷　（戰國）呂不
韋撰　（漢）高誘註　清光緒元年(1875)浙江
書局刻本　六冊

210000－0706－0000485　子部/雜家類/40

隨園瑣記二卷　（清）袁祖志撰　清光緒五年
(1879)嘯園刻本　一冊

210000－0706－0000486　子部/雜家類/42

畫禪室隨筆四卷　（明）董其昌撰　清康熙大
魁堂刻本　一冊　存一卷(一)

210000－0706－0000487　子部/雜家類/43/
1－4

羣學肄言不分卷　（英國）斯賓塞爾撰　嚴復
譯　清光緒二十九年(1903)上海文明編譯書
局鉛印本　四冊

210000－0706－0000488　子部/雜家類/44

雲林別墅新輯酬世錦囊四集　（清）鄒景揚輯
清刻本　一冊　存二卷(二集五至六)

210000－0706－0000489　子部/雜家類/48/
1－3

傳家寶三十二卷　（清）石成金撰　清刻本
三冊　存三卷(初集三、八,四集三)

210000－0706－0000490　子部/雜家類/49

燕蘭小譜五卷　（清）安樂山樵撰　海漚小譜
一卷　（清）趙執信撰　清宣統三年(1911)刻
本　一冊

210000－0706－0000491　　子部/雜家類/5/
1－6

淮南子二十一卷　（漢）劉安撰　（漢）高誘注
清光緒二年(1876)浙江書局刻本　六冊

210000－0706－0000492　子部/雜家類/50

檜門觀劇詩三卷　（清）金德瑛撰　木皮散人
鼓詞一卷附萬古籍愁曲一卷　（明）賈鳧西撰
清光緒三十四年(1908)葉氏觀古堂刻本
一冊

210000－0706－0000493　子部/雜家類/51

青樓集一卷　（元）黃雪簑撰　板橋雜記三卷
（清）余懷撰　吳門畫舫録一卷　（清）西溪
山人編　清光緒三十四年(1908)葉氏刻本
一冊

210000－0706－0000494　子部/雜家類/52/
1－2

龍文鞭影二卷　（明）蕭良有纂輯　（明）楊臣
靜增訂　（明）來集之音註　清咸豐九年
(1859)寶仁堂刻本　二冊

210000－0706－0000495　子部/雜家類/54/
1－4

龍文鞭影二卷　（明）蕭良有撰　（明）楊臣靜
增訂　龍文鞭影二集二卷　（清）李暉吉
（清）徐瓚輯　清同治七年(1868)刻本　四冊

210000－0706－0000496　子部/雜家類/55

四六傳奇四卷　（清）陳球撰　清刻本　一冊
存二卷(三至四)

210000－0706－0000497　子部/雜家類/56/
1－4

千頃堂重訂幼學須知句解四卷　（明）程登吉
撰　清光緒十七年(1891)山房刻本　四冊

210000－0706－0000498　子部/雜家類/57

名墨輯要□□卷　清書業德刻本　一冊　存
一卷(下二)

210000－0706－0000499　子部/雜家類/59/
1－7

呂氏春秋二十六卷　（秦）呂不韋　（漢）高誘
撰　清乾隆五十三年(1788)靈巖山館刻本
七冊

210000－0706－0000500　子部/雜家類/6

顏氏家訓二卷　（北齊）顏之推撰　（清）朱軾
評點　清刻本　一冊

210000－0706－0000501　子部/雜家類/6/乙

顏氏家訓二卷　（北齊）顏之推撰　清刻本
一冊

210000－0706－0000502　子部/雜家類/60/
1－6

墨子十五卷目録一卷 （清）畢沅註 清乾隆四十九年(1784)畢氏靈巖山館刻本 六冊

210000－0706－0000503 子部/雜家類/7/1－4

淮南鴻烈解二十一卷 （漢）劉安撰 （漢）高誘注 清刻本 四冊

210000－0706－0000504 子部/雜家類/8

尸子二卷尸子存疑一卷 （清）汪繼培輯 清光緒三年(1877)浙江書局刻本 一冊

210000－0706－0000505 子部/雜家類/9/1－4

香祖筆記十二卷 （清）王士禛撰 清康熙四十四年(1705)刻本 四冊

210000－0706－0000506 子部/天文演算法/7/1－4

幾何原本十五卷 （希臘）歐幾里得撰 （意大利）利瑪竇 （明）徐光啓譯 （英國）偉烈亞力 （清）李善蘭續譯 清咸豐八年(1858)刻本 四冊 存九卷(七至十五)

210000－0706－0000507 子部/天文演算法類/2/1－2

算書廿一種不分卷 （清）吳嘉善述 清石印本 二冊

210000－0706－0000508 子部/天文演算法類/3/1－6

九數通考十一卷首一卷末一卷 （清）屈曾發輯 清同治十三年(1874)刻本 四冊 存六卷(三至五、十一,首一卷,末一卷)

210000－0706－0000509 子部/天文演算法類/4/1－4

新纂簡捷易明演算法四卷 （清）沈士桂纂輯 清乾隆四十三年(1778)刻本 四冊

210000－0706－0000510 子部/術數類/1

卜筮正宗十四卷 （清）王維德撰 清刻本 一冊 存二卷(五至六)

210000－0706－0000511 子部/術數類/2/1－3

撼龍經批註校補六卷 （唐）楊益撰 （清）冠宗集注 （清）榮錫勳補 （清）高其批點 清宣統二年(1910)上海掃葉山房石印本 三冊

210000－0706－0000512 子部/術數類/3

三命通會十二卷 （明）萬民英撰 清刻本 一冊 存一卷(十二)

210000－0706－0000513 子部/藝術類/10

文徵明草書手跡不分卷 （明）文徵明書 清石印本 一冊

210000－0706－0000514 子部/藝術類/20/1－6

佩文齋書畫譜一百卷 （清）孫嶽頒 （清）宋駿業等撰 清刻本 六冊 存十卷(十六至十七、四十一至四十三、五十六、八十九至九十、九十三至九十四)

210000－0706－0000515 子部/藝術類/24

青霞館論畫絕句一百首一卷 （清）吳修撰 清光緒二年(1876)上海目耕齋刻本 一冊

210000－0706－0000516 子部/藝術類/9/1－4

芥子園畫傳三集四卷 （清）王槩編 清光緒石印本 四冊

210000－0706－0000517 子部/譜録類/2/1－2

蟲天志十卷 （明）沈弘正撰 清暢閣刻本 二冊 存五卷(一至二、八至十)

210000－0706－0000518 子部/宗教類/15

公門果報録不分卷 （清）宋楚望編 清光緒十九年(1893)江西書局刻本 一冊

210000－0706－0000519 子部/宗教類/3/1－4

一切經音義二十五卷 （唐）釋玄應撰 華嚴經音義一卷 （唐）釋慧苑撰 清同治八年(1869)武林張氏寶晉齋刻本 四冊

210000－0706－0000520 子部/宗教類/5/1－3

金剛藥師觀音三經全部不分卷 （後秦）釋鳩

摩羅什譯　清宣統二年(1910)刻本　三折

210000－0706－0000521　子部/宗教類/8

金剛經一卷金剛經靈驗一卷　（後秦）釋鳩摩羅什譯　清光緒三十二年(1906)熊岳東昌海刻本　一冊

210000－0706－0000522　子部/宗教類/9

金剛般若波羅蜜經一卷　（後秦）釋鳩摩什譯　清光緒元年(1875)鉛印本　一冊

210000－0706－0000523　子部/格物類/1/1－2

化學分原八卷　（英國）蒲陸山撰　（英國）傅蘭雅口譯　（清）徐建寅筆述　清光緒刻本二冊

210000－0706－0000524　子部/格物類/2/1－4

汽機發軔九卷　（英國）美以納撰　（英國）偉烈亞力口譯　（清）徐壽筆述　清光緒刻本四冊

210000－0706－0000525　子部/類書類/1/1－2

人鏡類纂四十六卷　（清）程之楨輯　清確園刻本　二冊　存六卷（二十七至二十九、三十八至四十）

210000－0706－0000526　子部/類書類/10/1－131

淵鑑類函四百五十卷目錄四卷　（清）張英等纂修　清內府刻本　一百三十一冊　存四百二十四卷（一至二百十六、二百二十至二百二十二、二百三十至二百三十七、二百四十二至二百五十三、二百五十八至三百十一、三百二十四至四百五十,目錄四卷）

210000－0706－0000527　子部/類書類/10/丙1－4

淵鑑類函　（清）張英等撰　清光緒九年(1883)上海點石齋石印本　四冊

210000－0706－0000528　子部/類書類/10/甲1－48

淵鑑類函四百五十卷目錄四卷　（清）張英等

纂修　清光緒十三年(1887)石印本　四十八冊

210000－0706－0000529　子部/類書類/11/1－123

太平御覽一千卷目錄十五卷　（宋）李昉等纂　清嘉慶刻本　一百二十三冊　存一千四卷（一至九百一、九百十三至一千,目錄十五卷）

210000－0706－0000530　子部/類書類/12/1－98

古今合璧事類備要前集六十九卷後集八十一卷續集五十六卷　（宋）謝維新輯　別集九十四卷外集六十六卷　（宋）虞載輯　明嘉靖三十一年至三十五年(1552－1556)刻本　九十八冊　存三百五十八卷（前集六十九卷,後集八十一卷,續集五十六卷,別集一至四十八、五十七至九十四,外集六十六卷）

210000－0706－0000531　子部/類書類/14/1－44

分類字錦六十四卷　（清）張廷玉等纂　清刻本　四十四冊　存四十五卷（一至十三、十五至二十六、二十八至三十二、三十四至三十六、三十八至四十九）

210000－0706－0000532　子部/類書類/15/1－227

冊府元龜一千卷　（宋）王欽若等輯　清刻本　二百二十七冊

210000－0706－0000533　子部/類書類/16/1－70

潛確居類書一百二十卷　（明）陳仁錫輯　明刻本　七十冊　存一百十六卷（一至五十、五十三至一百十八）

210000－0706－0000534　子部/類書類/19/1－8

壹是紀始二十二卷目錄一卷　（清）魏崧撰　清光緒十四年(1888)刻本　八冊

210000－0706－0000535　子部/類書類/2/1－2

李氏蒙求補註六卷　（唐）李瀚撰　（清）金三

俊補注　**考證一卷**　（清）金三俊撰　清刻本
　二冊

210000－0706－0000536　子部/類書類/21/
1－16
格致鏡原一百卷　（清）陳元龍撰　清光緒十
四年(1888)上海大同書局石印本　十六冊

210000－0706－0000537　子部/類書類/21/
甲1－7
格致鏡原一百卷　（清）陳元龍撰　清光緒二
十二年(1896)積山書局石印本　七冊

210000－0706－0000538　子部/類書類/24/
1－22
玉海坿刻十四種六十一卷　（□）□□輯　清
光緒刻玉海本　二十二冊

210000－0706－0000539　子部/類書類/3/
1－120
佩文韻府一百六卷　（清）張玉書等編　清影
印本　一百二十冊

210000－0706－0000540　子部/類書類/3/甲
1－202
佩文韻府一百六卷　（清）張玉書等編　清光
緒十八年(1892)鴻寶齋石印本　二百二冊

210000－0706－0000541　子部/類書類/4/
1－3
天中記六十卷　（明）陳耀文纂　刻本　三冊

210000－0706－0000542　子部/類書類/5/
1－32
子史精華一百六十卷　（清）允祿　（清）吳襄
等纂　清雍正五年(1727)刻本　三十二冊

210000－0706－0000543　子部/類書類/5/甲
1－8
子史精華一百六十卷　（清）允祿　（清）吳襄
等纂　清宣統元年(1909)上海集成圖書公司
鉛印本　八冊

210000－0706－0000544　子部/類書類/5/乙
子史精華一百六十卷　（清）允祿　（清）吳襄
等纂　清刻本　一冊　存三卷（六十三至六
十五）

210000－0706－0000545　子部/類書類/6
子史輯要詩賦題解四卷續編四卷　（清）胡本
淵編　清嘉慶十五年(1810)書業堂刻本
二冊

210000－0706－0000546　子部/類書類/8/甲
1－5
事類賦三十卷　（宋）吳淑撰註　清刻本
五冊

210000－0706－0000547　子部/類書類/9/
1－48
御定駢字類編二百四十卷　（清）沈宗敬等編
清光緒十三年(1887)上海同文書局石印本
四十八冊

210000－0706－0000548　集部/總集類/通代
類/1/1－10
文選六十卷　（南朝梁）蕭統撰輯　（唐）李善
等註　清同治八年(1869)金陵書局刻本
十冊

210000－0706－0000549　集部/總集類/通代
類/4/1－16
重訂文選集評十五卷首一卷末一卷　（清）于
光華編　清同治七年(1868)緯文堂刻本　十
六冊

210000－0706－0000550　集部/總集類/通代
類/12/1－80
涵芬樓古今文鈔一百卷　（清）吳曾祺纂録
清宣統二年(1910)商務印書館鉛印本　八
十冊

210000－0706－0000551　集部/總集類/通代
類/13/1－8
重訂古文釋義新編八卷　（清）余誠評註　清
光緒二十四年(1898)校經山房刻本　八冊

210000－0706－0000552　集部/總集類/通代
類/14/1－3
重訂古文釋義新編八卷　（清）余誠評注　清
光緒十七年(1891)成文堂刻本　八冊

210000－0706－0000553　集部/總集類/通代類/15/1－12

古文辭類纂七十四卷　（清）姚鼐纂　清同治八年(1869)江蘇書局刻本　十二冊

210000－0706－0000554　集部/總集類/通代類/15/甲1－12

古文辭類纂七十五卷校勘記一卷　（清）姚鼐纂　清光緒二十七年(1901)李氏求要堂刻本　十二冊

210000－0706－0000555　集部/總集類/通代類/17/1－4

古文筆法二十卷　（清）李扶九編　清天寶書局石印本　四冊

210000－0706－0000556　集部/總集類/通代類/5/1－4

羣書點勘□□卷　（清）吳汝綸撰　清萃升書院刻本　四冊　存七卷(集部七卷)

210000－0706－0000557　集部/總集類/通代類/6/1－60

漢魏六朝一百三家集一百十八卷　（明）張溥輯　明崇禎婁東張氏刻本　六十冊

210000－0706－0000558　集部/總集類/通代類/8/1－6

綠蔭堂古文觀止十二卷　（清）吳楚材　（清）吳調侯輯　清乾隆五十三年(1788)綠蔭堂刻本　六冊

210000－0706－0000559　集部/總集類/通代類/17/甲1－4

古文筆法百篇八卷　（清）李扶九編　清光緒三十年(1904)上海書局石印本　四冊

210000－0706－0000560　集部/總集類/通代類/18/1－6

續古文辭類纂三十四卷　王先謙纂　清光緒十年(1884)行素草堂刻本　六冊

210000－0706－0000561　集部/總集類/通代類/21

六朝文絜四卷　（清）許槤評　清光緒三年(1877)讀有用書齋刻本　一冊

210000－0706－0000562　集部/總集類/通代類/22

宋元明詩三百首不分卷　（清）朱梓　（清）冷昌言編　清咸豐三年(1853)虞山顧氏家塾刻本　一冊

210000－0706－0000563　集部/總集類/通代類/23

試律青雲集四卷　（清）楊逢春輯　（清）沈品三等註　清刻本　一冊　存一卷(二)

210000－0706－0000564　集部/總集類/通代類/24

增補重訂千家詩註解二卷　（宋）謝枋得撰　（清）王相註　清光緒九年(1883)掃葉山房刻本　一冊

210000－0706－0000565　集部/總集類/通代類/25

增補重訂千家詩註解四卷　（明）任來吉選　（清）王相註　清刻本　一冊　存二卷(三至四)

210000－0706－0000566　集部/總集類/通代類/28

桐雲閣試帖註釋二卷　（清）楊庚撰　清刻本　一冊　存一卷(下)

210000－0706－0000567　集部/總集類/通代類/31/1－37

古文淵鑒六十四卷　（清）徐乾學等編　清刻本　三十七冊　存五十九卷(一至十九、二十三至五十二、五十五至六十四)

210000－0706－0000568　集部/總集類/通代類/33/1－4

本事詩十二卷　（清）徐釚輯　清承芳堂刻本　四冊

210000－0706－0000569　集部/總集類/通代類/36/1－61

漢魏六朝百三名家集一百三種　（明）張溥輯　清刻本　六十一冊

210000－0706－0000570　集部/總集類/通代類/37

玉臺新詠十卷 （南朝陳）徐陵編　清道光十二年(1832)保元堂刻本　一冊

210000－0706－0000571　集部/總集類/通代類/39/1－12

古文賞音十二卷 （清）謝有煇纂　清康熙四十六年(1707)師儉閣刻本　十二冊

210000－0706－0000572　集部/總集類/通代類/40/1－20

六臣註文選六十卷 （南朝梁）蕭統撰　（唐）李善等注　明萬曆二年(1574)崔孔昕刻六年(1578)徐成位重修本　二十冊

210000－0706－0000573　集部/總集類/通代類/41/1－4

明詩別裁集十二卷 （清）沈德潛　（清）周準輯　清乾隆四年(1739)刻本　四冊

210000－0706－0000574　集部/總集類/斷代類/1/1－66

皇朝經世文編一百二十卷姓名總目二卷 （清）賀長齡輯　清道光七年(1827)善化賀氏刻本　六十六冊

210000－0706－0000575　集部/總集類/斷代類/10/1－119

全唐詩 （清）曹寅等輯　清刻本　一百十九冊

210000－0706－0000576　集部/總集類/斷代類/12/1－4

註釋唐詩三百首四卷 （清）孫洙編　清末石印本　四冊

210000－0706－0000577　集部/總集類/斷代類/14/1－2

唐人萬首絕句選七卷 （宋）洪邁輯　（清）王士禎選　清光緒二十三年(1897)金陵書局刻本　二冊

210000－0706－0000578　集部/總集類/斷代類/15/1－6

唐人八家詩四十三卷 （明）毛晉輯　明崇禎十二年(1639)汲古閣刻本　六冊

210000－0706－0000579　集部/總集類/斷代類/16/1－6

御選唐詩三十二卷目錄三卷 （清）陳廷敬等輯註　清康熙五十二年(1713)內府刻朱墨套印本　六冊　存十四卷(十九至三十二)

210000－0706－0000580　集部/總集類/斷代類/17/1－8

古唐詩合解十六卷 （清）王堯衢註　清末刻本　八冊

210000－0706－0000581　集部/總集類/斷代類/18/1－32

明詩綜一百卷 （清）朱彝尊輯　（清）汪森等輯評　清康熙刻乾隆西泠清來堂吳氏印本　三十二冊

210000－0706－0000582　集部/總集類/斷代類/19/1－4

批點七家詩選箋註七卷 （清）張熙宇輯評　清同治五年(1866)掃葉山房刻本　四冊

210000－0706－0000583　集部/總集類/斷代類/2/1－80

皇朝經世文續編一百二十卷 （清）盛康輯　清武進盛氏思補樓刻本　八十冊

210000－0706－0000584　集部/總集類/斷代類/2/甲1－80

皇朝經世文續編一百二十卷姓名總目三卷 （清）盛康輯　清光緒二十三年(1897)武進盛氏思補樓刻本　八十冊

210000－0706－0000585　集部/總集類/斷代類/20/1－8

今文分法小題嘉言 （清）杜定基評　清道光十一年(1831)崇德書院刻本　八冊

210000－0706－0000586　集部/總集類/斷代類/21/1－6

兩漢策要十二卷 （宋）陶叔獻撰　清光緒十三年(1887)上海同文書局石印本　六冊　存九卷(一、四至五、七至十二)

210000－0706－0000587　集部/總集類/斷代類/22/1－4

小題正輯初編一卷二篇二卷　（清）袁廷瓊編
清咸豐十年（1860）書業堂刻本　四冊

210000－0706－0000588　集部/總集類/斷代
類/23/1－4

初學指掌不分卷幼學指掌不分卷　（清）郝正
嵩評註　清乾隆四十九年（1784）刻本　四冊

210000－0706－0000589　集部/總集類/斷代
類/24/1－4

仁在堂時藝引階合編　（清）路德撰　清道光
二十四年（1844）刻本　四冊

210000－0706－0000590　集部/總集類/斷代
類/25/1－6

聞式堂明文小題傳薪　（清）臧岳評　清嘉慶
二十四年（1819）晉祁書業堂刻本　六冊

210000－0706－0000591　集部/總集類/斷代
類/26/1－6

國朝歷科元墨正宗不分卷　（清）胡先琅編
清刻本　六冊

210000－0706－0000592　集部/總集類/斷代
類/29/1－8

七家試帖輯註彙鈔十二卷　（清）張熙宇輯評
（清）王植桂輯註　清光緒六年（1880）上海
掃葉山房刻本　八冊

210000－0706－0000593　集部/總集類/斷代
類/3/1－32

皇朝經世文續編一百二十卷　（清）葛士濬輯
清光緒十四年（1888）圖書集成局鉛印本
三十二冊

210000－0706－0000594　集部/總集類/斷代
類/31/1－11

註釋八銘塾鈔初集不分卷二集不分卷　（清）
吳蘭陔編　清道光六年（1826）桐石山房刻本
十一冊

210000－0706－0000595　集部/總集類/斷代
類/33/1－24

唐文粹一百卷　（宋）姚鉉纂　明崇禎三年
（1630）徐仁中刻本　二十四冊

210000－0706－0000596　集部/總集類/斷代
類/34/1－10

切問齋文鈔三十卷　（清）陸燿輯　清乾隆四
十一年（1776）刻本　十冊

210000－0706－0000597　集部/總集類/斷代
類/4/1－16

湖海文傳七十五卷　（清）王昶輯　清同治五
年（1866）經訓堂刻本　十六冊

210000－0706－0000598　集部/總集類/斷代
類/5/1－37

國朝文徵四十卷　（清）吳翌鳳輯　清咸豐元
年（1851）世美堂刻本　三十七冊　存三十七
卷（一至四、六至七、九至十六、十八至四十）

210000－0706－0000599　集部/總集類/斷代
類/7/1－26

國朝文錄八十二卷　（清）姚椿輯　清咸豐元
年（1851）終南山館刻本　二十六冊

210000－0706－0000600　集部/總集類/斷代
類/7/甲1－30

國朝文錄八十二卷　（清）姚椿輯　清咸豐元
年（1851）終南山館刻本　三十冊　存八十一
卷（一至十八、二十至八十二）

210000－0706－0000601　集部/總集類/斷代
類/8/1－10

沈氏三先生文集六十二卷坿錄一卷　（宋）高
布輯　清光緒二十二年（1896）浙江書局刻本
十冊

210000－0706－0000602　集部/總集類/斷代
類/9/1－6

中州集十卷首一卷樂府一卷　（金）元好問撰
明末汲古閣刻本　六冊

210000－0706－0000603　集部/總集類/斷代
類/9/甲1－12

中州集十卷首一卷中州樂府一卷　（金）元好
問集　明末毛氏汲古閣刻本　十二冊

210000－0706－0000604　集部/總集類/斷代
類/9/乙1－12

中州集十卷中州樂府一卷　（金）元好問集

明末汲古閣刻本　十二冊

210000－0706－0000605　集部/總集類/斷代類/17/甲1－5

古唐詩合解十六卷　（清）王堯衢註　清光緒二年(1876)掃葉山房刻本　五冊　存十二卷（唐詩一至十二）

210000－0706－0000606　集部/總集類/地方藝文類/1/1－16

兩浙輶軒錄四十卷　（清）阮元輯　清光緒十六年(1890)浙江書局刻本　十六冊

210000－0706－0000607　集部/總集類/地方藝文類/2/1－10

兩浙輶軒續錄五十四卷　（清）潘衍桐輯　清光緒十七年(1891)刻本　十冊

210000－0706－0000608　集部/總集類/地方藝文類/4/1－8

青浦續詩傳八卷　（清）何其超輯　清光緒十一年(1885)木活字印本　八冊

210000－0706－0000609　集部/別集類/漢魏六朝/10

謝宣城集五卷　（南朝齊）謝朓撰　明刻本一冊

210000－0706－0000610　集部/別集類/漢魏六朝/11

梁昭明太子文集五卷　（南朝梁）蕭統撰（明）楊慎補　明寶訓堂刻本　一冊

210000－0706－0000611　集部/別集類/漢魏六朝/13

江醴陵集二卷　（南朝梁）江淹撰　清光緒十八年(1892)善化章經濟堂刻本　一冊　存一卷（一）

210000－0706－0000612　集部/別集類/漢魏六朝/14/1－10

庾子山集十六卷年譜一卷總釋一卷　（北周）庾信撰　（清）倪璠註　清刻本　十冊

210000－0706－0000613　集部/別集類/漢魏六朝/15/1－2

徐孝穆全集六卷　（南朝陳）徐陵撰　（清）吳兆宜註　清光緒四年(1878)西齋別墅刻本二冊

210000－0706－0000614　集部/別集類/漢魏六朝/2/1－2

陸士龍文集十卷　（晉）陸雲撰　清刻本二冊

210000－0706－0000615　集部/別集類/漢魏六朝/3

陳思王集二卷　（三國魏）曹植撰　明活字印本　一冊

210000－0706－0000616　集部/別集類/漢魏六朝/4

漢魏諸名家集　（明）汪士賢輯　明刻本　一冊　存三種五卷（楊子雲集一至三、董仲舒集一、東方先生集一）

210000－0706－0000617　集部/別集類/漢魏六朝/5/1－4

陶淵明集八卷首一卷末一卷　（晉）陶淵明撰　清光緒六年(1880)刻三色套印本　四冊

210000－0706－0000618　集部/別集類/漢魏六朝/5/甲1－2

陶淵明集八卷首一卷末一卷　（晉）陶淵明撰　清光緒五年(1879)廣州翰墨園刻朱墨套印本　二冊

210000－0706－0000619　集部/別集類/漢魏六朝/5/乙1－4

陶淵明文集十卷　（晉）陶淵明撰　清宣統元年(1909)著易堂石印本　四冊

210000－0706－0000620　集部/別集類/漢魏六朝/6/1－4

靖節先生集十卷首一卷　（清）陶澍註　清道光二十年(1840)刻本　四冊

210000－0706－0000621　集部/別集類/漢魏六朝/7

陶淵明詩不分卷　（晉）陶淵明撰　清光緒元年(1875)影印本　一冊

210000－0706－0000622　集部/別集類/漢魏六朝/8/1－2

嵇中散集十卷　（晉）嵇康撰　明嘉靖四年(1525)刻本　一冊

210000－0706－0000623　集部/別集類/漢魏六朝/9

梁武帝御製集不分卷　（南朝梁）武帝蕭衍撰　清刻本　一冊

210000－0706－0000624　集部/別集類/金元/1/1－4

元遺山詩集箋註十四卷首一卷末一卷　（金）元好問撰　（元）張德輝類次　（清）施國祁箋　清道光二年(1822)南潯蔣氏瑞松堂刻本　四冊

210000－0706－0000625　集部/別集類/金元/2/1－8

梧溪集七卷補遺一卷　（元）王逢撰　**困學齋雜錄一卷**　（元）鮮于樞撰　清同治十三年(1874)思補樓木活字印本　八冊

210000－0706－0000626　集部/別集類/金元/6/1－4

趙文敏公松雪齋全集十卷外集一卷續集一卷行狀一卷　（元）趙孟頫撰　清光緒八年(1882)洞庭楊氏刻本　四冊

210000－0706－0000627　集部/別集類/明/1/1－24

王文成公全書三十八卷　（明）王守仁撰　清刻本　二十四冊

210000－0706－0000628　集部/別集類/明/10/1－2

青邱高季迪先生遺詩十八卷首一卷補遺一卷詩餘一卷坿錄一卷　（明）高啟撰　（清）金檀輯註　清文瑞樓刻本　二冊　存三卷(一至二、首一卷)

210000－0706－0000629　集部/別集類/明/13/1－4

張百川先生塾課八卷　（清）張百川撰　（清）周汝調編　（清）陳觀民註　清刻本　四冊

210000－0706－0000630　集部/別集類/明/14/1－2

楊忠愍公全集四卷　（明）楊繼盛撰　清康熙三十八年(1699)敬一齋刻本　二冊

210000－0706－0000631　集部/別集類/明/5/1－4

黃梨洲先生南雷文約四卷　（清）黃宗羲撰　清刻本　四冊

210000－0706－0000632　集部/別集類/明/7/1－16

楊園先生全集五十四卷年譜一卷　（清）張履祥撰　（明）姚璉輯　（清）萬斛泉編　清同治十年(1871)江蘇書局刻本　十六冊

210000－0706－0000633　集部/別集類/明/8/1－6

劉子全書遺編二十四卷首一卷　（明）劉忠周撰　（清）沈復粲輯　清光緒十八年(1892)刻本　六冊

210000－0706－0000634　集部/別集類/明/9/1－2

王元美先生文選二十六卷　（明）王世貞撰　（明）喬時敏輯　清刻本　二冊　存四卷(三至四、十至十一)

210000－0706－0000635　集部/別集類/清/1

趙忠節公遺墨一卷　（清）趙景賢撰　**溫次言先生詩錄一卷**　（清）溫汝超撰　清光緒八年(1882)刻本　一冊

210000－0706－0000636　集部/別集類/清/10

倚晴樓詩續集四卷　（清）黃燮清撰　清同治九年(1870)江城如畫樓刻本　一冊

210000－0706－0000637　集部/別集類/清/11

倚晴樓詩餘四卷　（清）黃燮清撰　清同治六年(1867)黃鶴樓刻本　一冊

210000－0706－0000638　集部/別集類/清/110

荻華堂詩存二卷　（清）蔡琳撰　清光緒十八

年(1892)丹陽束氏刻本　　一冊

210000－0706－0000639　　集部/別集類/
清/113

霜傑齋詩二卷補遺一卷　（清）秦寶瓚撰　清
光緒十二年(1886)刻本　　一冊

210000－0706－0000640　　集部/別集類/清/
119/1－6

憺園文集三十六卷　（清）徐乾學撰　清刻本
六冊　存十八卷（一至十八）

210000－0706－0000641　　集部/別集類/
清/12

桃谿雪二卷　（清）黃燮清填詞　（清）李光傅
評文　（清）瞿傳鼎　（清）余炘正譜　清道光
二十七年(1847)刻本　　一冊

210000－0706－0000642　　集部/別集類/清/
120/1－2

樊榭山房續集十卷　（清）厲鶚撰　清刻本
二冊

210000－0706－0000643　　集部/別集類/清/
121/1－16

道古堂全集文集四十六卷詩集二十六卷
（清）杭世駿撰　清乾隆五十五年至五十七年
(1790－1792)刻本　　十六冊

210000－0706－0000644　　集部/別集類/清/
13/1－23

鹿洲全集八種四十三卷　（清）藍鼎元撰
（清）曠敏本評　清光緒五年(1879)漳州義利
棧藏板刻本　　二十三冊

210000－0706－0000645　　集部/別集類/清/
14/1－20

惜抱軒全集八十八卷　（清）姚鼐撰　清同治
五年(1866)省心閣刻本　　二十冊

210000－0706－0000646　　集部/別集類/清/
14/甲1－16

惜抱軒全集八十八卷　（清）姚鼐撰　清同治
五年(1866)省心閣刻本　　十六冊

210000－0706－0000647　　集部/別集類/清/
15/1－4

伏敔堂詩録十五卷首一卷坿録一卷續録四卷
（清）江湜撰　清同治元年(1862)刻本
四冊

210000－0706－0000648　　集部/別集類/清/
17/1－6

梅村詩集箋註十八卷　（清）吳翌鳳撰　清光
緒十年(1884)湖北官書處刻本　　六冊

210000－0706－0000649　　集部/別集類/清/
20/1－3

悔過齋文集七卷劄記一卷續集七卷補遺一卷
（清）顧廣譽撰　清光緒三年(1877)刻本
三冊　存十二卷（悔過齋文集七卷、劄記一
卷、續集一至四）

210000－0706－0000650　　集部/別集類/清/
21/1－4

陳檢討集二十卷　（清）陳維崧撰　（清）程師
恭註　清刻本　　四冊

210000－0706－0000651　　集部/別集類/清/
21/甲1－6

陳檢討集二十卷　（清）陳維崧撰　（清）程師
恭註　清寶翰樓刻本　　六冊

210000－0706－0000652　　集部/別集類/清/
23/1－4

兩當軒詩鈔十四卷悔存詞鈔二卷　（清）黃景
仁撰　清嘉慶刻本　　四冊

210000－0706－0000653　　集部/別集類/清/25

紅韻閣學吟小草一卷　（清）闞壽坤撰　清光
緒五年(1879)刻本　　一冊

210000－0706－0000654　　集部/別集類/清/26

大吉羊氏遺稿二卷坿詩鈔一卷　（清）張振凡
撰　清道光二十六年(1846)平湖第一齋刻本
一冊

210000－0706－0000655　　集部/別集類/清/27

授經堂重刊遺集　（清）洪亮吉撰　清光緒三

年至四年(1877－1878)授經堂刻本　　八十冊
　存洪集

210000－0706－0000656　　集部/別集類/清/
3/1－2

述學內篇三卷外篇一卷補遺一卷別錄一卷
(清)汪中撰　清同治八年(1869)揚州書局刻
本　　二冊

210000－0706－0000657　　集部/別集類/清/
33/1－8

大雲山房文稿初集四卷二集四卷　　(清)惲敬
撰　清光緒十四年(1888)官書處刻本　　八冊

210000－0706－0000658　　集部/別集類/清/
33/1－8

大雲山房文稿初集四卷二集四卷　　(清)惲敬
撰　清光緒十四年(1888)官書處刻本　　八冊

210000－0706－0000659　　集部/別集類/清/
38/1－3

東塾集六卷　　(清)陳澧撰　清光緒十八年
(1892)菊坡精舍刻本　　三冊

210000－0706－0000660　　集部/別集類/清/
38/1－4

切問齋集十二卷首一卷　　(清)陸燿撰　清光
緒十八年(1892)江蘇書局刻本　　四冊

210000－0706－0000661　　集部/別集類/清/
4/1－4

分類詩腋八卷　　(清)李槇編　清咸豐十一年
(1861)善美堂刻本　　四冊

210000－0706－0000662　　集 部/別 集 類/
清/41

六友山房外集一卷　　(清)闕鳳樓撰　清光緒
五年(1879)刻本　　一冊

210000－0706－0000663　　集部/別集類/
清/42

六半樓詩鈔四卷坿一卷　　(清)蔡鵬飛撰　清
光緒十年(1884)刻本　　一冊

210000－0706－0000664　　集部/別集類/清/
43/1－4

正誼堂集五卷年譜二卷　　(清)張伯行撰　　張
清恪公年譜二卷　　(清)張師栻　(清)張師載
編次　清末石印本　　四冊

210000－0706－0000665　　集部/別集類/清/
44/1－2

小安樂窩文集四卷詩存一卷　　(清)張海珊撰
清道光十一年(1831)刻本　　二冊

210000－0706－0000666　　集部/別集類/清/
46/1－7

鑑止水齋集二十卷　　(清)許宗彥撰　清咸豐
八年(1858)刻本　　七冊

210000－0706－0000667　　集部/別集類/清/
47/1－14

曝書亭集八十卷撰錄一卷　　(清)朱彝尊撰
笛漁小稿十卷　　(清)朱昆田撰　清刻本　　十
四冊

210000－0706－0000668　　集部/別集類/清/
48/1－12

覆瓿集四十卷　　(清)張文虎撰　清同治十三
年至光緒十九年(1874－1893)刻本　　十二冊

210000－0706－0000669　　集部/別集類/清/
49/1－6

顯志堂稿十二卷　　(清)馮桂芬撰　清光緒二
年(1876)校邠廬刻本　　六冊

210000－0706－0000670　　集部/別集類/清/
5/1－2

有正味齋試帖詳註四卷　　(清)吳錫麒撰
(清)吳掄　(清)吳敬恒註　清嘉慶八年
(1803)一經堂刻本　　二冊

210000－0706－0000671　　集部/別集類/清/
52/1－2

陸氏傳家集十六種　　(清)陸迺普輯　清同治
十一年(1872)義經堂刻本　　二冊　存二種
(方房詩賸、荻存小詠史)

210000－0706－0000672　　集部/別集類/
清/54

寫韻樓詩集五卷首一卷末一卷　　(清)吳瓊仙
撰　清刻本　　一冊　存四卷(一至三、首一

卷）

210000 － 0706 － 0000673 集部/別集類/清/56

鐵笛仙館從戎草二卷 （清）柏春撰 清刻本 一冊

210000 － 0706 － 0000674 集部/別集類/清/57

振綺堂詩存一卷 （清）汪憲撰 清光緒十五年(1889)刻本 一冊

210000 － 0706 － 0000675 集部/別集類/清/58/1－4

恥不逮齋集五卷首一卷附錄一卷補遺一卷 (清)熊其英撰 清光緒十六年(1890)刻本 四冊 存五卷(恥不逮齋集五卷)

210000 － 0706 － 0000676 集部/別集類/清/59/1－8

有正味齋駢體文二十四卷首一卷 （清）吳錫麒撰 （清）王廣業箋 清咸豐九年(1859)青箱塾刻本 八冊

210000 － 0706 － 0000677 集部/別集類/清/6/1－4

養雲山館試帖四卷 （清）許球撰 （清）王榮紱註釋 清咸豐九年(1859)光華堂刻本 四冊

210000 － 0706 － 0000678 集部/別集類/清/60

秋水軒集一卷 （清）莊盤珠撰 清光緒二年(1876)思補樓木活字印本 一冊

210000 － 0706 － 0000679 集部/別集類/清/61/甲

香屑集十八卷首一卷末一卷 （清）黃之雋輯 （清）劉古愚校注 清刻本 一冊 存五卷(十至十四)

210000 － 0706 － 0000680 集部/別集類/清/62/1－32

胡文忠公遺集八十六卷首一卷 （清）胡林翼撰 （清）鄭敦謹 （清）曾國荃纂 清光緒元年(1875)崇文書局刻本 三十二冊

210000 － 0706 － 0000681 集部/別集類/清/63/甲1－3

定盦全集□□卷 （清）龔自珍撰 清光緒二十四年(1898)浙江寶晉齋石印本 三冊 存十二卷(文集一至三,續集一至四,補編一至四、餘集附小作一)

210000 － 0706 － 0000682 集部/別集類/清/64/1－8

胡文忠公遺集八十六卷首一卷 （清）胡林翼撰 （清）鄭敦謹 （清）曾國荃纂 （清）胡鳳丹編 清光緒十四年(1888)上海著易堂鉛印本 八冊

210000 － 0706 － 0000683 集部/別集類/清/65

帳墨居詩鈔一卷 （清）范其駿撰 清光緒十六年(1890)刻本 一冊

210000 － 0706 － 0000684 集部/別集類/清/66/1－2

茗柯文編四編五卷 （清）張惠言撰 清光緒八年(1882)張氏茗雨樓刻本 二冊

210000 － 0706 － 0000685 集部/別集類/清/67/1－2

茗柯文編初編一卷二編二卷三編一卷四編一卷 （清）張惠言撰 清光緒七年(1881)刻本 二冊

210000 － 0706 － 0000686 集部/別集類/清/68/1－8

養一齋文集二十卷 （清）李兆洛撰 清光緒四年(1878)刻本 八冊

210000 － 0706 － 0000687 集部/別集類/清/70/1－4

養餘齋詩集初集四卷二集四卷三集六卷 (清)柳樹芳撰 清道光二十七年(1847)勝谿草堂刻本 四冊

210000 － 0706 － 0000688 集部/別集類/清/71/1－2

擁書堂詩集四卷 （清）張璐華撰 清光緒二十四年(1898)刻本 二冊

210000－0706－0000689　集部/別集類/清/72/1－2

養志居文稿彙存二卷 （清）陳宗起撰　（清）陳克劬等輯　清刻本　二冊

210000－0706－0000690　集部/別集類/清/73

述菴詩零一卷 （清）林崧祁撰　清宣統鉛印本　一冊

210000－0706－0000691　集部/別集類/清/74/1－6

易園文集六卷詞集一卷 （清）李林松撰　清光緒二十九年(1903)濟寧州署刻本　六冊

210000－0706－0000692　集部/別集類/清/75/1－2

養餘齋詩初刻八卷 （清）柳樹芳撰　清道光二十七年(1847)勝谿草堂刻本　二冊

210000－0706－0000693　集部/別集類/清/77/1－16

道古堂全集 （清）杭世駿撰　清光緒十四年(1888)泉唐汪氏振綺堂刻本　十六冊　存七十七卷(道古堂文集一至四十八、道古堂詩集一至二十六、道古堂集外文一、道古堂集外詩一、軼事一)

210000－0706－0000694　集部/別集類/清/79/1－4

亭林餘集一卷亭林詩集五卷亭林文集六卷 (清)顧炎武撰　（清）黃汝成集釋　清上海文瑞樓石印本　四冊

210000－0706－0000695　集部/別集類/清/84

春酒堂文集一卷 （清）周容撰　清宣統二年(1910)國學扶輪社鉛印本　一冊

210000－0706－0000696　集部/別集類/清/87/1－8

柏梘山房集三十卷 （清）梅曾亮撰　清咸豐六年(1856)刻本　八冊　存二十七卷(柏梘山房文集一至十六、續集一、詩集一至十)

210000－0706－0000697　集部/別集類/清/89/1－4

曾文正公奏疏文鈔合刊 （清）曾國藩撰　清同治十二年(1873)金陵書局刻本　四冊

210000－0706－0000698　集部/別集類/清/9/1－2

倚晴樓詩集十二卷 （清）黃燮清撰　清咸豐七年(1857)海鹽拙宜園刻本　二冊

210000－0706－0000699　集部/別集類/清/90/1－5

曾文正公文集四卷 （清）曾國藩撰　（清）李瀚章編　清同治十三年(1874)傳忠書局刻本　五冊

210000－0706－0000700　集部/別集類/清/90/1－5

曾文正公詩集四卷 （清）曾國藩撰　（清）李瀚章編　清同治十三年(1874)傳忠書局刻本　五冊

210000－0706－0000701　集部/別集類/清/92

存我軒偶錄不分卷 （清）陸鍾渭撰　清光緒二十九年(1903)崇實學社石印本　一冊

210000－0706－0000702　集部/別集類/清/95

覆瓿集 （清）張文虎撰　清光緒十三年至十九年(1887－1893)刻本　一冊

210000－0706－0000703　集部/別集類/宋/13/1－5

王荊文公詩五十卷 （宋）王安石撰　（宋）李壁箋註　清乾隆五年至六年(1740－1741)張宗松清綺齋刻本　五冊

210000－0706－0000704　集部/別集類/宋/14/1－11

山谷詩集註二十卷 （宋）黃庭堅撰　清光緒二十一年至二十五年(1895－1899)刻本　十一冊

210000－0706－0000705　集部/別集類/宋/15/1－9

山谷外集詩註十七卷別集二卷 （宋）黃庭堅撰　（宋）史容註　清宣統二年(1910)雙井祠

堂刻本　九册

210000－0706－0000706　集部/别集類/宋/16/1－20

黃詩全集五十八卷　（宋）黃庭堅撰　（宋）任淵　（宋）史容　（宋）史季溫註　（宋）黃□編　清乾隆五十四年（1789）樹經堂刻本　二十册

210000－0706－0000707　集部/别集類/宋/17/1－48

陸放翁全集六種一百五十七卷　（宋）陸游撰　清初虞山張氏詩禮堂刻本　四十八册

210000－0706－0000708　集部/别集類/宋/17/1－48

陸放翁全集六種一百五十七卷　（宋）陸游撰　清初虞山張氏詩禮堂刻本　四十八册

210000－0706－0000709　集部/别集類/宋/2/1－8

劍南詩鈔六卷　（宋）陸游撰　（清）楊大鶴選　清光緒五年（1879）善成堂刻本　八册

210000－0706－0000710　集部/别集類/宋/3/1－8

王臨川集一百卷　（宋）王安石撰　清刻本　八册　存八十卷（一至十、二十一至三十、四十一至一百）

210000－0706－0000711　集部/别集類/宋/4/1－2

蘇文忠詩合註五十卷首一卷　（宋）蘇軾撰　（清）馮應榴輯　清刻本　二册　存三卷（三十七至三十九）

210000－0706－0000712　集部/别集類/宋/5/1－8

東坡先生全集七十五卷　（宋）蘇軾撰　清刻本　八册

210000－0706－0000713　集部/别集類/宋/6/1－20

黃詩全集五十八卷　（宋）黃庭堅撰　（宋）任淵　（宋）史容　（宋）史季溫註　（宋）黃□編　清乾隆五十四年（1789）樹經堂刻本　二

十册

210000－0706－0000714　集部/别集類/宋/7/1－2

謝康樂集四卷　（宋）謝靈運撰　清刻本　二册

210000－0706－0000715　集部/别集類/宋/8/1－10

龍川文集三十卷辯僞考異二卷坿録二卷　（宋）陳亮撰　清光緒元年（1875）湖北崇文書局刻本　十册

210000－0706－0000716　集部/别集類/宋/8/1－10

龍川文集三十卷辯僞考異二卷坿録二卷　（宋）陳亮撰　清光緒元年（1875）湖北崇文書局刻本　十册

210000－0706－0000717　集部/别集類/宋/甲17/1－32

陸放翁全集六種一百五十八卷　（宋）陸游撰　清初虞山張氏詩禮堂刻本　三十二册

210000－0706－0000718　集部/别集類/唐五代類/10/1－2

李商隱詩集三卷　（唐）李商隱撰　清宣統元年（1909）羅振玉影印本　二册

210000－0706－0000719　集部/别集類/唐五代類/11/1－4

昌黎先生詩集註十一卷　（唐）韓愈撰　（清）朱彝尊　（清）何焯評　（清）顧嗣立刪補　清光緒九年（1883）廣州翰墨園刻朱墨藍三色套印本　四册

210000－0706－0000720　集部/别集類/唐五代類/12/1－4

唐大家韓文公文鈔十六卷　（唐）韓愈撰　（明）茅坤批點　明崇禎元年（1628）刻本　四册

210000－0706－0000721　集部/别集類/唐五代類/15/1－4

李義山詩集三卷李義山詩譜一卷坿録諸家詩評一卷　（唐）李義山撰　（清）朱鶴齡箋註

（清）沈厚塽輯評　清同治九年（1870）刻三色套印本　四册

210000－0706－0000722　集部/別集類/唐五代類/18/1－2

唐大家柳柳州文鈔十二卷　（唐）柳宗元撰（明）茅坤批評　清刻本　二册

210000－0706－0000723　集部/別集類/唐五代類/23/1－16

分類補註李太白詩二十五卷　（唐）李白撰（宋）楊齊賢集註　（元）蕭士贇補註　**唐翰林李太白年譜一卷**　（宋）薛仲邕編　明刻本　十六册

210000－0706－0000724　集部/別集類/唐五代類/24/1－8

杜工部集二十卷諸家詩話一卷唱酬題詠坿録一卷　（唐）杜甫撰　（清）錢謙益箋註　清康熙六年（1667）静思堂刻本　八册

210000－0706－0000725　集部/別集類/唐五代類/26/1－12

集千家註杜工部詩集二十卷　（唐）杜甫撰　清刻本　十二册

210000－0706－0000726　集部/別集類/唐五代類/28/1－4

樊榭山房集十卷續集十卷　（清）厲鶚撰　清刻本　四册

210000－0706－0000727　集部/別集類/唐五代類/30/1－12

昌黎先生集四十卷外集十卷遺文一卷朱子校昌黎先生集傳一卷　（唐）韓愈撰　（唐）李漢編　明東吳徐氏東雅堂刻本　十二册

210000－0706－0000728　集部/別集類/唐五代類/31/1－12

集千家註杜工部詩集二十卷文集二卷　（唐）杜甫撰　明許自昌刻本　十二册

210000－0706－0000729　集部/別集類/唐五代類/8

柳文四十三卷別集二卷外集二卷坿録一卷（唐）柳宗元撰　（唐）劉禹錫編　清同治七年

（1868）刻本　一册

210000－0706－0000730　集部/別集類/唐五代類/9/1－6

陸宣公集二十二卷首一卷本傳二卷增輯一卷坿録一卷　（唐）陸贄撰　清光緒二年（1876）江蘇書局刻本　六册

210000－0706－0000731　集部/別集類/現代/36

抱潤軒文集十卷　（清）馬其昶撰　清宣統元年（1909）安徽官紙印刷局石印本　一册

210000－0706－0000732　集部/別集類/漢魏六朝類/12

任彦升集六卷　（南朝梁）任昉撰　明萬曆刻本　一册

210000－0706－0000733　集部/別集類/唐五代類/22/1－2

溫飛卿詩集九卷　（唐）溫廷筠撰　（明）曾益註　（清）顧予咸補註　清康熙三十六年（1697）秀野草堂刻本　二册

210000－0706－0000734　集部/別集類/唐五代類/22/甲1－2

溫飛卿詩集九卷　（唐）溫廷筠撰　（明）曾益註　（清）顧予咸補注　清秀野草堂刻本　二册

210000－0706－0000735　集部/別集類/清/123/1－5

沈果堂全集六種二十九卷　（清）沈彤撰　清乾隆沈氏家刻本　五册

210000－0706－0000736　集部/別集類/清/19

儒門法語一卷　（清）彭定求編　清宣統元年（1909）奉天太古山房鉛印本　一册

210000－0706－0000737　集部/別集類/清/34/1－5

戴東原集十二卷　（清）戴震撰　清宣統二年（1910）渭南嚴氏孝義家塾刻本　五册

210000－0706－0000738　集部/別集類/清/

小謨觴館詩集八卷詩續集二卷文集四卷文續筆二卷潘瀾筆記二卷懺摩錄一卷 （清）彭兆蓀撰 清同治十三年（1874）刻本 六冊 存十六卷（小謨觴館詩集八卷、詩續集二卷、文集四卷、文續筆二卷）

210000－0706－0000739 集部/別集類/清/45/1－4

古微堂內集三卷外集七卷 （清）魏源撰 清光緒四年（1878）淮南書局刻本 四冊

210000－0706－0000740 集部/別集類/宋/1

王介甫文鈔不分卷 （宋）王安石撰 清刻本 一冊

210000－0706－0000741 集部/別集類/宋/10

顏延之集一卷 （南朝宋）顏延之撰 謝惠連集一卷 （宋）謝惠連撰 明萬曆刻本 一冊

210000－0706－0000742 集部/別集類/唐五代類/29/1－32

昌黎先生集四十卷外集十卷遺文一卷朱子校昌黎先生集傳一卷 （唐）韓愈撰 （唐）李漢編 明徐氏東雅堂刻本 三十二冊

210000－0706－0000743 集部/別集類/唐五代類/5/1－6

韓昌黎集四十卷外集十卷遺文一卷 （唐）韓愈撰 清光緒二年（1876）初日樓刻本 六冊

210000－0706－0000744 集部/別集類/唐五代類/7/1－10

昌黎先生全集四十卷昌黎先生外集十卷昌黎先生遺文四卷 （唐）韓愈撰 清宣統三年（1911）上海鴻文書局、千頃堂書局石印本 十冊

210000－0706－0000745 集部/別集類/唐五代類/9/甲1－6

唐陸宣公集二十二卷本傳二卷 （唐）陸贄撰 清雍正元年（1723）年羹堯刻本 六冊

210000－0706－0000746 集部/楚辭類/1/1－3

楚辭十七卷 （漢）王逸撰 （宋）洪興祖補註 明末毛氏汲古閣刻本 三冊

210000－0706－0000747 集部/楚辭類/1/1－4

楚辭十七卷 （漢）王逸撰 （宋）洪興祖補註 清同治十一年（1872）金陵書局刻本 四冊

210000－0706－0000748 集部/楚辭類/5/1－4

楚辭十七卷 （漢）王逸章句 （宋）洪興祖補註 清初吳郡寶翰樓毛氏汲古閣刻本 四冊

210000－0706－0000749 集部/詞類/14/1－2

靈芬館詞七卷 （清）郭麐撰 清光緒五年（1879）娛園刻本 二冊

210000－0706－0000750 集部/詞類/16

花簾詞一卷 （清）吳藻撰 清道光十年（1830）刻本 一冊

210000－0706－0000751 集部/詞類/17

納蘭詞五卷補遺一卷 （清）納蘭性德撰 清光緒六年（1880）石印本 一冊

210000－0706－0000752 集部/詞類/18

草窗詞二卷詞補二卷 （宋）周密撰 清光緒二十六年（1900）無著盦刻本 一冊

210000－0706－0000753 集部/詞類/30/1－12

詞律二十卷首一卷 （清）萬樹撰 清康熙二十六年（1687）尺木堂刻本 十二冊

210000－0706－0000754 集部/詞類/7/1－8

國朝詞綜續編二十四卷 （清）黃燮清等編輯 清同治十二年（1873）刻本 八冊

210000－0706－0000755 集部/曲類/49/1－4

桃花扇四卷 （清）孔尚任撰 清乾隆刻本 四冊

210000－0706－0000756 集部/曲類/50/1－7

新刻玉釧緣全傳三十二卷　（清）□□撰　清刻本　七冊　存八卷（七、十八、二十、二十五、二十七至二十八、三十、三十二）

210000－0706－0000757　集部/曲類/60/1－3

琵琶譜三卷　（清）華文彬等編　清嘉慶二十四年（1819）小綠天刻本　二冊　存二卷（上、下）

210000－0706－0000758　集部/曲類/61/1－12

遏雲閣曲譜不分卷　（清）王錫純輯　清末上海著易堂刻本　十二冊

210000－0706－0000759　集部/曲類/61/甲1－8

遏雲閣初集曲譜不分卷　（清）王錫純輯　清光緒十九年（1893）著易堂刻本　八冊

210000－0706－0000760　集部/曲類/65/1－6

紅樓夢散套不分卷　（清）荊石山民撰　清末影印本　六冊

210000－0706－0000761　集部/詩文評類/1/1－4

文心雕龍十卷　（南朝梁）劉勰撰　（清）黃叔琳註　（清）紀昀評　清道光十三年（1833）兩廣節署刻本　四冊

210000－0706－0000762　集部/詩文評類/1/乙1－3

文心雕龍十卷　（南朝梁）劉勰撰　（清）黃叔琳註　（清）紀昀評　清鉛印本　三冊　存七卷（四至十）

210000－0706－0000763　集部/詩文評類/3/1－3

蘭言詩鈔四卷　（清）李瑞輯　清光緒十二年（1886）掃葉山房刻本　三冊　存三卷（一至三）

210000－0706－0000764　集部/詩文評類/3/甲1－4

蘭言詩鈔四卷　（清）李瑞輯　（清）額一齋註

釋　清光緒十二年（1886）成文信記刻本　四冊

210000－0706－0000765　集部/詩文評類/5/1－4

飲冰室詩話五卷　梁啟超撰　清宣統二年（1910）上海書局石印本　四冊

210000－0706－0000766　集部/詩文評類/8/1－6

隨園詩話十六卷詩話補遺十卷　（清）蒼山居士撰　清刻本　六冊　存十一卷（隨園詩話十至十六、補遺一至四）

210000－0706－0000767　集部/小說類/1/1－2

睽車志六卷　（宋）郭彖撰　明半埜堂刻本　二冊

210000－0706－0000768　集部/小說類/10/1－4

聊齋志異注十六卷　（清）蒲松齡撰　（清）呂湛恩輯註　清道光五年（1825）魁文堂刻本　四冊

210000－0706－0000769　集部/小說類/11/1－2

搜神記二十卷　（晉）幹寶撰　清光緒元年（1875）湖北崇文書局刻本　二冊

210000－0706－0000770　集部/小說類/12

夜譚隨録十二卷　（清）和邦額撰　（清）葵園主人蘭岩氏評閱　清刻本　一冊　存一卷（七）

210000－0706－0000771　集部/小說類/14

挑燈新錄六卷　（清）吳荊園編次　清同治二年（1863）刻本　一冊

210000－0706－0000772　集部/小說類/16/1－4

豈有此理四卷　清絳雪草廬刻本　四冊

210000－0706－0000773　集部/小說類/18/1－4

山海經四卷　（晉）郭璞傳　（清）吳志伊註

清光緒十年(1884)掃葉山房刻本　　四冊

210000－0706－0000774　　集部/小說類/19/1－6

第六才子書西廂記八卷附才子西廂醉心篇
(元)王德信撰　　(清)金人瑞評　清道光二十九年(1849)味蘭軒刻本　　六冊

210000－0706－0000775　　集部/小說類/2/1－4

桯史十五卷　(宋)岳珂撰　清刻本　　四冊

210000－0706－0000776　　集部/小說類/23/1－2

燕山外史註釋八卷　(清)陳球撰　(清)若駬子輯註　清光緒五年(1879)後上海袖海山房石印本　　二冊

210000－0706－0000777　　集部/小說類/24/1－4

燕山外史註釋八卷　(清)陳球撰　(清)若駬子輯註　清光緒上海海左書局石印本　　四冊

210000－0706－0000778　　集部/小說類/25/1－14

東周列國志二十七卷一百八回首一卷　(清)蔡奡評點　清末民初上海錦章書局石印本　十四冊

210000－0706－0000779　　集部/小說類/25/甲1－8

增像全圖東周列國志二十七卷一百八回首一卷　(清)蔡奡評點　清宣統元年(1909)上海廣益書局石印本　　八冊

210000－0706－0000780　　集部/小說類/26/1－16

第一才子書六十卷一百二十回首一卷　(明)羅貫中撰　(清)毛宗崗評　清光緒九年(1883)築野書屋石印本　　十六冊

210000－0706－0000781　　集部/小說類/29

檮杌閒評五十卷五十回　清刻本　一冊　存四卷(十九至二十二)

210000－0706－0000782　　集部/小說類/34/1－6

新鐫奇傳空空幻(鸚鵡喚)十六卷十六回　(清)梧崗主人編　(清)臥雪居士評閱　清刻本　　六冊

210000－0706－0000783　　集部/小說類/5/1－4

閱微草堂筆記二十四卷　　(清)觀弈道人撰　清光緒二十九年(1903)點石齋石印本　　四冊

210000－0706－0000784　　集部/小說類/6/1－16

聊齋志異十六卷　(清)蒲松齡撰　(清)王士正評　清末影印本　　十六冊

210000－0706－0000785　　集部/小說類/7/1－16

詳注聊齋志異圖詠十六卷首一卷　(清)蒲松齡撰　(清)呂湛恩註　清末上海錦章圖書局石印本　　十六冊

210000－0706－0000786　　叢書部/彙編類/1/1－14

增訂漢魏叢書九十六種　(清)王謨輯　清刻本　　十四冊　存二十六卷(海內十洲記一、古三墳一鹽鐵論六至十二、論衡二十五至三十、文心雕龍上下、詩品一至三、書品一、尤射一、神異經一、竹譜一、禽經一、古今刀劍錄一、鼎錄一)

210000－0706－0000787　　叢書部/彙編類/11/1－47

玉函山房輯佚書存四百十五卷　(清)馬國翰輯　(清)蔣式瑆重輯　清光緒十年至十五年(1884－1889)章邱李元璈刻本　　四十八冊

210000－0706－0000788　　叢書部/彙編類/32－38/1－64

富強齋叢書續編三百四卷　(清)袁俊德輯　清光緒二十七年(1901)小倉山房石印本　　六十四冊

210000－0706－0000789　　叢書部/彙編類/8/1－26

唐代叢書六集 （清）王文誥輯　清刻本　二十六冊

210000 – 0706 – 0000790　叢書部／彙編類／9／1 – 24

校經山房叢書 （清）朱記榮校　清光緒三十年(1904)孫谿槐廬家塾刻本　二十四冊

210000 – 0706 – 0000791　叢書部／自著類／8

笠翁偶集三卷 （清）李漁撰　清刻本　三冊

撫順市圖書館
古籍普查登記目録

全國古籍普查登記目録

國家圖書館出版社
National Library of China Publishing House

《撫順市圖書館古籍普查登記目録》
編委會

主　編：蓋奇文

編　委：丁學鋒　徐淑秋　金善哲　姜　囡　米　文

《撫順市圖書館古籍普查登記目録》

前　言

　　古籍是中華民族在數千年歷史發展過程中創造的重要文明成果,蘊含着中華民族特有的精神價值、思維方式和想像力、創造力,是中華文明一脉相承的歷史見證,也是傳承文明的重要形式和不可再生的重要文化遺産。保護好、研究好、利用好古籍,是功在當代利在千秋的大事。建館以來,我們一直非常重視古籍的保護工作,無論從人力、物力還是財力上都投入很大,現有的 3.9 萬餘册傳統裝幀書籍得到了很好的保護和利用。

　　20 世紀 90 年代末,我們曾參與《東北地區古籍綫裝書聯合目録》的編纂工作。爲了更好地完成國務院在全國範圍内開展的古籍普查工作,我館先後多次派工作人員到遼寧省圖書館學習,參加國家古籍保護中心與省古籍保護中心聯辦的在職人員培訓,學習古籍編目、古籍普查、古籍鑒定與保護、古籍修復、古籍平臺使用,并且在省圖書館邊學習邊實踐。經過大量的前期準備工作,我館於 2011 年 3 月正式開始古籍普查登記工作,編目人員始終遵循學習、實踐、再學習、再實踐的原則,靈活地開展工作,儘量做到盡善盡美,對每部古籍都依據著録規則逐項認真核對,做到詳細準確。到 2012 年 10 月在全國古籍普查平臺録入 16 段表格古籍 147 部,拍攝書影 1250 幅;録入 6 段表格古籍 975 部,總計 1122 部 11806 册。後經省中心老師審定,收入本目録 1082 部 11690 册。

　　目前,我館共向遼寧省文化廳申報省級珍貴古籍 30 部,最終有 7 部古籍入選,它們是《餘冬序録》六十五卷、《近思録集解》十四卷、《吴詩集覽》二十卷《補注》二十卷《談藪》二卷《拾遺》一卷、《明史稿》三百十卷、《七修類稿》五十一卷《續稿》七卷、《慈溪黄氏日抄分類》九十七卷《古今紀要》十九卷、《樂善堂全集定本》三十卷。

　　今後,在古籍文獻的開發與利用方面,我們將着力開發更多元化、現代化的服務手段。1. 推送服務:根據讀者對古籍文獻的檢索要求以及保留在系統中的需求(檢索詞、發送頻率等),向讀者定時、主動推送古籍信息資源,以供讀者參考利用。2. 文獻傳遞:當用户索取古籍文獻時,如資料的原件(如影印古籍、影印拓片等)允許提供複製品,則向使用者提供文獻傳遞服務。3. 信息發布:通過網絡服務平臺窗口,隨時向使用者公開報導古籍文獻信息資源與服務的變化情況。

　　總之,我們將在保護古籍的同時,不斷探索建設特色古籍數據庫的方法,融合電腦、電子通訊、複製、聲像、光學、視聽等多元化的現代技術手段,爲廣大讀者提供滿意的古籍文獻信息服務,爲實現古籍文獻的人類共用添磚加瓦,爲建立中華古籍聯合目録做出應有的貢獻。

撫順市圖書館

2020 年 5 月

210000－0707－0000001　01.1/5687

書目答問四卷別錄一卷書目一卷國朝著述諸家姓名略一卷　（清）張之洞撰　清光緒元年（1875）刻本　四冊

210000－0707－0000002　01.1/6026

韻語陽秋二十卷　（宋）葛立方撰　清光緒二十二年（1896）刻本　一冊

210000－0707－0000003　01.1/6085

欽定四庫全書附存目錄十卷　（清）胡虔編　清光緒十年（1884）學海堂刻本　六冊

210000－0707－0000004　01.1/7284

隋經籍志考證十三卷　（清）章宗源撰　清光緒三年（1877）湖北崇文書局刻本　二冊　存四卷（五至六、十二至十三）

210000－0707－0000005　01.2/2205

續彙刻書目十二卷　（清）傅雲龍輯　清光緒二十年（1894）戴萬澍抄本　二冊

210000－0707－0000006　01.3/1311

欽定天祿琳琅書目十卷後編二十卷　（清）於敏中　（清）彭元瑞等編　清光緒十年（1884）長沙王氏刻本　十八冊　存二十六卷（欽定天祿琳琅書目十卷、後編五至二十）

210000－0707－0000007　01.4/1475

武英殿本史記百三十卷　（漢）司馬遷撰　（清）張廷玉纂修　清光緒十三年（1887）蒲圻但氏刻本　一冊　存一卷（一）

210000－0707－0000008　01.4/5687

書目答問不分卷　（清）張之洞撰　清光緒四年（1878）上海淞隱閣刻本　二冊

210000－0707－0000009　01.6/3345

渚宮舊事五卷　（唐）余知古撰　（清）孫星衍輯　補遺一卷　（清）孫星衍撰　清光緒刻本　一冊

210000－0707－0000010　01/4856

劫餘書目一卷　（清）□□撰　清抄本　一冊

210000－0707－0000011　02/4408

十駕齋養新錄二十卷餘錄三卷　（清）錢大昕撰　**錢辛楣先生年譜一卷**　（清）錢慶曾注　**竹汀居士年譜續一卷**　（清）錢慶曾編　清光緒二年（1876）浙江書局刻本　七冊　缺三卷（十駕齋養新錄十二至十四）

210000－0707－0000012　02/6727

校訂困學紀聞集證二十卷　（宋）王應麟撰　（清）閻潛邱等集釋　（清）屠繼序補　（清）萬希槐集證　清嘉慶二十四年（1819）胡氏山壽齋刻本　八冊

210000－0707－0000013　02/6882

日知錄集釋三十二卷刊誤二卷續刊誤二卷　（清）顧炎武撰　（清）黃汝城集釋　清光緒二十一年（1895）上海點石齋石印本　三冊　存十七卷（一至十七）

210000－0707－0000014　02/7238

祕書二十一種　（清）汪士漢輯　清康熙七年（1668）新安汪士漢刻本　一冊　存二種六卷（列仙傳一至二、風俗通義一至四）

210000－0707－0000015　03.1/0734

新民叢報不分卷　梁啟超編　清光緒二十九年（1903）刻本　二十三冊

210000－0707－0000016　03.1/1334

政治官報不分卷　（清）政治官報局編　清宣統元年至三年（1909－1911）政治官報局鉛印本　二十一冊

210000－0707－0000017　03.1/1590

子史類語二十四卷　（明）胡尚洪輯　清刻本　三冊　存三卷（十七、十九至二十）

210000－0707－0000018　03.1/3327

遊宦紀聞十卷　（宋）張世南撰　清乾隆刻本　二冊

210000－0707－0000019　03.1/3749

湘學報類編不分卷　（清）江標等編　清光緒二十四年（1898）湘督學使署刻本　十二冊

210000－0707－0000020　03.1/8018

曾文正公全集一百八十五卷　（清）曾國藩撰　清同治、光緒傳忠書局刻本　二十二冊

存四十卷(首一卷、曾文正公奏稿一至十、求闕齋讀書錄一至十、求闕齋日記類鈔一至二、孟子要略一至五、曾文正公年譜一至十二)

210000－0707－0000021　03.1/8208

餘冬序錄六十五卷　（明）何孟春撰　明嘉靖七年(1528)彬州家塾刻補配明刻本　九冊存四十五卷(一至十、二十六至六十)

210000－0707－0000022　03.1/9208

崔府君祠錄一卷　（清）鄭焴輯　清宣統元年(1909)徐乃昌刻本　一冊

210000－0707－0000023　03.2/4706

求闕齋日記類鈔二卷　（清）曾國藩撰　（清）王啟原編　清光緒二年(1876)傳忠書局刻曾文公全集本　二冊

210000－0707－0000024　03/4765

慈溪黃氏日抄分類九十七卷古今紀要十九卷　（宋）黃震編　（清）汪佩鍔補　明正德十四年(1519)書林龔氏刻清乾隆三十二年(1767)新安汪佩鍔重修本　三十二冊

210000－0707－0000025　04/2830

經餘必讀八卷續編八卷三集四卷　（清）錢樹棠　（清）雷琳　（清）錢樹立輯　清嘉慶十二年(1807)益元堂刻本　八冊　缺五卷(經餘必讀五至六、三集二至四)

210000－0707－0000026　04/4294

七修類稿五十一卷續稿　（明）郎瑛撰　清乾隆四十年(1775)耕煙草堂刻本　十五冊　存五十五卷(一至三十二、三十六至五十一,續稿七卷)

210000－0707－0000027　05/0011

新增說文韻府羣玉二十卷　（元）陰時夫輯（元）陰中夫注　明萬曆十八年(1590)刻文光堂重修本　十九冊

210000－0707－0000028　05/0011

新增說文韻府羣玉二十卷　（元）陰時夫輯（元）陰中夫注　清乾隆二十四年(1759)敦化堂刻本　二十冊

210000－0707－0000029　05/1038

玉海二百卷辭學指南四卷附刻十三種　（宋）王應麟撰　清嘉慶十一年(1806)刻本　五冊存十一卷(一至十一)

210000－0707－0000030　05/1038

玉海附刻十三種六十一卷　（宋）王應麟撰明正德、嘉靖、萬曆遞修本　十五冊　存四十六卷(一至四十六)

210000－0707－0000031　05/1594

子史精華一百六十卷　（清）吳士玉　（清）吳襄等輯　清雍正五年(1727)刻本　四十冊

210000－0707－0000032　05/1958

北堂書鈔一百六十卷　（唐）虞世南撰　（清）孔廣陶校註　清光緒十四年(1888)南海孔氏刻本　二十冊

210000－0707－0000033　05/2249

角山樓增補類腋五卷　（清）姚培謙輯　（清）趙克宜增輯　清光緒上海文瑞樓石印本六冊

210000－0707－0000034　05/2728

務本堂重訂幼學須知句解四卷　（明）程登吉撰　清光緒六年(1880)上洋務本堂刻本四冊

210000－0707－0000035　05/4127

太平御覽一千卷　（宋）李昉等撰　清刻本十冊　存一百卷(四百六十一至五百六十)

210000－0707－0000036　05/4127

太平御覽一千卷引書目一卷目錄十五卷（宋）李昉等撰　清嘉慶十二年至十七年(1807－1812)歙縣鮑氏刻光緒十八年(1892)印本　一百一冊

210000－0707－0000037　05/4892

古今類傳四卷　（清）董穀士　（清）董丙文輯清康熙三十一年(1692)刻本　四冊

210000－0707－0000038　05/5096

事類賦三十卷　（宋）吳淑撰註　清刻本六冊

210000－0707－0000039　05/5958

鍥旁註事類捷錄十五卷　（明）鄧志謨撰　清刻本　八冊

210000－0707－0000040　05/7382

御製駢字類編二百四十卷　（清）聖祖玄燁纂（清）沈宗敬等輯　清光緒十三年(1887)上海同文書局石印本　二十九冊　存一百五十一卷(一至十一、十六至二十一、二十七至三十五、四十七至五十六、六十二至八十七、九十三至一百一十一、一百二十四至一百二十七、一百四十八至一百七十五、一百八十一至二百七、二百十八至二百二十八)

210000－0707－0000041　05/7392

御定駢字類編二百四十卷　（清）聖祖玄燁纂　清雍正四年(1726)刻本　三十六冊　存七十卷(一至七十)

210000－0707－0000042　05/8209

竹香齋類書三十七卷　（明）張墉輯　清刻本　十六冊

210000－0707－0000043　05/8570

鑄史駢言十二卷　（清）孫玉田撰　清光緒二年(1876)四明陳氏銀藤華館刻本　四冊

210000－0707－0000044　05/8928

分類字錦六十四卷　（清）何焯等纂　清刻本　十五冊　存十五卷(五十至六十四)

210000－0707－0000045　05/9442

小嫏嬛山館彙刊類書十二種二十三卷　（清）阮元輯　清刻本　一冊　存五卷(一至五)

210000－0707－0000046　06.1/0535

龍威秘書十集　（清）馬俊良輯　清嘉慶元年(1796)刻本　十二冊　存六十六卷(一集一至十、二集一至十三、三集一至四、四集一至二十六、五集一至十三)

210000－0707－0000047　06.1/0343

揅經室三集五卷四集十六卷續集十一卷外集五卷　（清）阮元輯　清嘉慶、道光儀徵阮氏刻本　十冊

210000－0707－0000048　06.1/1123

玉函山房輯佚書　（清）馬國翰輯　清光緒十年(1884)楚南書局刻本　七十八冊　存四百四十二種

210000－0707－0000049　06.1/1738

函海一百六十一種　（清）李調元輯　清乾隆綿州李氏萬卷樓刻嘉慶十四年(1809)李鼎元重校道光五年(1825)李朝夔補刻本　五十八冊　存二百九十五卷(華陽國志一至九,說文解字韻譜五卷,緝古算經一卷,主客圖一卷,蘇氏演義二卷,寶藏論一卷,心要經一卷,金華子雜編二卷,易傳燈四卷,鄭氏古文尚書十卷,程氏考古編十卷,敷文鄭氏書說一卷,洪範統一一卷,孟子外書四卷,續孟子二卷,伸蒙子三卷,廣成子解一卷,唐史論斷三卷,東坡烏臺詩案一卷,藏海詩話一卷,益州名畫錄三卷,韓氏山水純全集一卷,月波洞中記一卷,蜀檮杌二卷,產育寶慶集二卷,顧顋經一卷,出行寶鏡一圖一卷,翼元十二卷,農書三卷,芻言三卷,常談一卷,州縣提綱四卷,諸蕃志二卷,省心雜言一卷,三國雜事二卷,三國紀年一卷,五國故事二卷,風雅逸篇十卷,古今風瑤一卷,古今諺一卷,俗言一卷,麗情集一卷,□麗情集一卷,墐戶錄一卷,雲南山川志一卷,滇載記一卷,周禮摘箋五卷,儀禮古今考二卷,禮記補註四卷,秋林伐山二十卷,古儁八卷,哲匠金桴五卷,均藻四卷,譚苑醍醐二至八,轉注古音畧一至四,古音獵要五卷,東原錄一卷,冒繁錄一卷,燕魏雜記一卷,夾漈遺稿三卷,龍洲集十卷,龍龕手鑑平聲四卷,雪履齋筆記一卷,日聞錄一卷,吳中舊事一卷,鳴鶴餘音一卷附馮尊師二十首,升菴經說十四卷,檀弓叢訓敘二卷,世說舊注一卷,山海經補註一卷,莊子闕誤一卷,奇字韻五卷,古音略例一卷,古音駢字五卷,古音複字五卷,希姓錄五卷,升菴詩話十二卷、補遺二卷,詩品六卷、拾遺一卷,墨池瑣錄二卷,法帖神品目一卷,書品一卷,畫品一卷,金石古文十四卷,古文韻語一卷,石鼓文音釋三卷)

210000－0707－0000050　06.1/2793

粵雅堂叢書三十集　（清）伍崇曜輯　清道光

二十年至光緒元年(1840－1875)南海伍氏刻本　一百三冊　存三百四十二卷(南部新書七至十;中吳記聞六卷;志雅堂雜鈔二卷;古韻標準二至四;四聲切韻表一卷、凡例一卷;緒言三卷;聲類四卷;宋遼金元史朔閏考二卷;文史通義八卷;雙溪集十五卷、附遺言一卷;日湖漁唱一卷、補遺一卷、續補遺一卷;瑟譜六卷;秋茄集八卷、附錄一卷;燕樂考原六卷;絳雲樓書目四卷;述古堂藏書目四卷、宋板書目一卷;石柱記箋釋五卷;林屋唱酬錄一卷;焦山紀遊集一卷;沙河逸老小稿六卷、嶰穀詞一卷;南齋集六卷、詞二卷;九國志十二卷;鬻子知言六卷、疑義一卷、附錄一卷;蒿庵閒話二卷;後漢書補註二十四卷;後漢書補表八卷;十三經音略十三卷、附錄一卷;崇文總目五卷、補遺一卷、附錄一卷;菉竹堂書目六卷;菉竹堂碑目六卷;石渠隨筆一至四;周官新義一至四、十五至十六,附考工記解二卷;爾雅新義一至十五;孫氏周易集解三至十;春秋谷梁傳時月日書法釋例四卷;儀禮石經校勘記四卷;隸經文四卷;樂縣考二卷;國朝漢學師承八卷;國朝經師經義目錄一卷;國朝宋學淵源記二卷、附記一卷;顧亭林先生年譜四卷、附錄一卷;閻潛邱先生年譜四卷;秋園雜佩一卷;倪文正公年譜四卷;南雷文定前集一至八、三集三卷;詩歷四卷、附錄一卷;程侍郎遺集十卷、附錄一卷;李元寶文集六卷;呂衡州集十卷、附考證一卷;西崑酬倡集二卷;羅鄂州小集六卷;羅鄂州遺文一卷;樂府雅詞六卷、拾遺二卷;陽春白雪八卷、外集一卷;擎經室詩錄五卷)

210000－0707－0000051　06.1/2793
粵雅堂叢書三十集　(清)伍崇曜輯　清刻本　十七冊　存六十四卷(四聲切韻表一卷、凡例一卷,緒言三卷,聲類四卷,宋遼金元四史朔閏考二卷,草廬經略七至十二,字觸六卷,今世說八卷,飲水詩集一卷、詞集一卷,九國志十二卷,鬻子知言六卷、疑義一卷、附錄一卷,蒿庵閒話二卷,後漢書補註一至九)

210000－0707－0000052　06.1/3228
海山仙館叢書五十六種　(清)潘仕成輯　清

道光、咸豐海山仙館刻本　六十冊　存二百二卷(酌中志八至二十四,火攻挈三卷、圖一卷,慎守要錄九卷,明夷待彷錄一卷,考古質疑六卷,隱居通議三十一卷,洞天清錄集一卷,調變類編四卷,菰中隨筆一卷,雲穀雜紀四卷、首一卷、末一卷,龍筋鳳髓判四卷,桂苑筆耕集二十卷,敬齋古今黈八卷,晁貝茨先生詩集十五卷,揭曼碩詩三卷,青藤書屋文集一至十一,尺牘新鈔十至十二,顏氏家藏尺牘四卷、姓氏考一卷,幾何原本六卷,同文算指前篇二卷、通編八卷,圜容較義一卷,測量法義一卷,測量異同一卷,句股義一卷,翼梅八卷,女科二卷、產後編二卷,海錄一卷,新釋地理備考全書十卷,全體新論十卷)

210000－0707－0000053　06.1/3235
增訂漢魏叢書九十六種　(清)王謨輯　清宣統三年(1911)育文書局石印本　三十二冊

210000－0707－0000054　06.1/3235
廣漢魏叢書八十種　(明)何允中輯　清嘉慶刻本　七十一冊　缺三十七卷(易林四卷、易署例一卷、三墳書一卷、詩傳一卷、詩說一卷、大戴禮記十三卷、吳越春秋七至十、十六國春秋一至五、漢武帝内傳一卷、飛燕外傳一卷、秘辛一卷、翬輔錄一卷、神僊傳一至三)

210000－0707－0000055　06.1/4310
藝海珠塵十集二百六種　(清)吳省蘭輯　(清)錢熙輔增輯　清嘉慶吳氏聽彝堂刻本　三十六冊　存一百七卷(春秋傳說例一,襄禮補亡一,魯齋述德一,唐史論斷三,滇載記一,奉使俄羅斯行程錄一,蘇軾演義二,投甕隨筆一,風月堂雜識一,學圃餘力一,王義士輞川詩鈔六,蜀檮杌二,東南防守利便一,讀史論略一,異魚圖贊四,龜經一,古算器考一,歷學疑問補二,半村野人閒談一,北郊配位尊西嚮議一,婚禮辨正一,大小宗通繹一,四書索解四,紀元要略二卷、附補一,山海經補註一,海潮輯說二,吾師錄一,聰訓齋語二,恒產瑣語一,中星表一,木棉譜一,宜齋野乘一,東原錄一,文錄一,呵凍漫筆二,墨畬錢鎛一,瓠裡子筆談一,洗硯新錄一,蓉塘記聞一,夏内史集九卷、附錄一、海國聞見錄一卷、附圖一、備邊屯田車銃議一卷、車銃圖一、朝鮮志二、至遊子二、夢占逸旨一至三、丁孝子詩集三、圭塘欸乃集一、刻燭集一、異域竹枝詞三、海潮說三、三垣疏稿三、魏氏補證六、河州景忠錄一、中衡一勺三卷、附錄四、易緯乾坤鑿度二、易緯是類謀一、洪範統一一、說學齋經說一、辨定嘉靖大禮議二、儒林譜一、雲間第宅志一、恥言二、修慝餘編一、太元解一、潛虛解一、素履子三、握奇經解一、皇帝授三子玄女經一、冐緊錄一、東皋雜鈔三、茶餘客話十二、古今風謠一、古今顔一、聲調譜拾遺一、古詩十九首解一、皇朝武功紀盛四、山海經圖讚一卷、補遺一、明洪武四年進士登科錄一、社事始末一、淞故述一、南華經傳釋一經天該一、地理古鏡歌一、翻卦挨星圖訣考著一、蘇沈良方八、交行摘稿一、貞蕤藳略文一卷、詩一、拜經樓詩話四）

210000－0707－0000056　06.1/4310

藝海珠塵十集二百六種　（清）吳省蘭輯（清）錢熙輔增輯　清嘉慶吳氏聽彝堂刻道光三十年（1850）錢氏漱石軒增刻本　五十三冊

存二百四十七卷（易象意言一卷，詩論一卷，春秋或辯一卷，春秋三傳異同考一卷，春秋職官考略三卷，中文孝經一卷，孝經外傳一卷，箴膏盲一卷、起廢疾一卷、發墨守一卷，讀書瑣記一卷，轉注古義考一卷，續方言補正二卷，續方言二卷，七十二候考一卷，可儀堂文集二卷，聲調譜一卷，談龍錄一卷，鄭敷文書說一卷，舜典補亡一卷，論語筆解二卷，論語絕句一卷，孟子外書四篇四卷，駁五經異義一卷、補遺一卷，駢字分箋二卷，武宗外紀一卷，勝朝彤史拾遺記六卷，蜀檮杌二卷，東南防守利便三卷，炳燭偶鈔一卷，讀史論略一卷，異魚圖贊四卷，龜經一卷，古算器考一卷，歷學疑問補二卷，半村野人閒談一卷，抱璞簡記一卷，一愕居詩稿二卷，易緯乾坤鑿度二卷，易緯是類謀一卷，洪範統一一卷，說學齋經說一卷，辨定嘉靖大禮議二卷，儒林譜一卷，雲間第宅志一卷，恥言二卷，修慝餘編一卷，太元解一卷，潛虛解一卷，素履子三卷，握奇經解

一卷，皇帝授三子玄女經一卷，冐緊錄一卷，東皋雜鈔三卷，茶餘客話十二卷，古今風謠一卷，古今顔一卷，聲調譜拾遺一卷，古詩十九首解一卷，正易心法一卷，學校問一卷，郊社禘祈祫聞一卷，小國春秋一卷，小兒語一卷，續小兒語一卷，捕蝗考一卷，滇南新語一卷，松江衢歌一卷，淞南樂府一卷，遠鏡說一卷，滇南憶舊錄一卷，紀聽松菴竹鑪始末一卷，雜詠百二十首二卷，月山詩集四卷，月山詩話一卷，鐮山草堂詩合鈔二卷，四繪軒詩鈔一卷，杜詩雙聲疊韻譜括略八卷，春秋傳說例一卷，襄禮補亡一卷，魯齋述德一卷，唐史論斷三卷，滇載記一卷，奉使俄羅斯行程錄一卷，外國竹枝詞一卷，異域竹枝詞三卷，海潮說三卷，三垣疏稿三卷，閩中海錯疏三卷，蘇軾演義二卷，投甕隨筆一卷，風月堂雜識一卷，學圃餘力一卷，王義士輞川詩鈔六卷，北郊配位尊西嚮議一卷，婚禮辨正一卷，大小宗通繹一卷，四書索解四卷，紀元要略二卷、附補一卷，山海經補註一卷，海潮輯說二卷，吾師錄一卷，聰訓齋語二卷，恒產瑣語一卷，中星表一卷，木棉譜一卷，宜齋野乘一卷，東原錄一卷，文錄一卷，呵凍漫筆二卷，墨畬錢鎛一卷，瓠裡子筆談一卷，洗硯新錄一卷，蓉塘記聞一卷，夏內史集九卷、附錄一卷，易稽覽圖二卷，詩說一卷，詩疑二卷，左氏蒙求註一卷，匡謬正俗八卷，皇朝武功紀盛四卷，山海經圖讚一卷、補遺一卷，明洪武四年進士登科錄一卷，社事始末一卷，淞故述一卷，南華經傳釋一卷，經天該一卷，地理古鏡歌一卷，翻卦挨星圖訣考著一卷，蘇沈良方八卷，一草亭目科全書一卷，燕魏雜記一卷，叩舷憑軾錄一卷，交行摘稿一卷，貞蕤藳略文一卷、詩一卷、拜經樓詩話四卷）

210000－0707－0000057　06.1/4310

藝海珠塵十集二百六種　（清）吳省蘭輯（清）錢熙輔增輯　清刻本　十一冊　存一百二十三卷（夾漈遺藁一、岳忠武王集一卷、圭塘欸乃集一卷、丁孝子詩集三卷、廣成子解一卷、伸蒙子三卷、素履子一卷、至遊子二卷、南華經傳釋一卷、太元解一卷、潛虛解一卷、握

奇經解一卷,元女經一卷,車銃議一卷,屯田議一卷,恥言二卷,修懸餘編一卷,五師錄一卷,聰訓齋語二卷,恒產瑣言一卷,婦學一卷,可儀堂文集二卷,學福齋雜著一卷,刻燭集一卷,一樞居詩稿二卷,貞蕤稾塈文一卷,貞蕤稾塈詩一卷,鎌山草堂詩合鈔二卷,四繪軒詩鈔一卷,杜詩雙聲疊韻譜括略八卷,雲仙散錄一卷,冑縈錄一卷,燕魏雜記一卷,蘇氏演義二卷,五總志一卷,孔氏談苑五卷,宜齋野乘一卷,東原錄一卷,東皋雜鈔一卷,茶餘客話十二卷,蘇沈良方八卷,一草亭目科全書一卷,夢占逸旨八卷,地理古鏡歌一卷,翻卦挨星圖訣考著一卷,遠鏡說一卷,滇南憶舊錄一卷,聽松菴竹鑪始末一卷,雜詠二卷,月山詩集四卷,月山詩話一卷,蜀檮杭二卷,武宗外紀一卷,滇載記一卷,彤史拾遺記六卷,洪武四年登科錄一卷,唐史論斷三卷,讀史論略一卷,炳燭偶鈔一卷,紀元要畧二卷、補遺一卷)

210000－0707－0000058　06.1/5138
指海二十集　(清)錢熙祚輯　(清)錢培讓(清)錢培傑續輯　清道光刻本　二十七冊存七十一卷(象臺首末五卷、附錄一卷,博物志一至六,存是錄一卷,鈍吟雜錄一至四,燕寢考二卷、首一卷,三蕃紀事本末四卷,先撥志始二卷,意林二至五,玉堂薈記二卷,振澤紀聞二卷,大唐郊祀錄三至十、末一卷、附錄一卷,毛鄭詩考正四卷,格菴奏稿一卷,封氏聞見記十卷,燕樂考原六卷,禮學卮言六卷)

210000－0707－0000059　06.1/8160
知不足齋叢書　(清)鮑廷博輯　(清)鮑志祖續集　清乾隆、道光長塘鮑氏刻本　二百四十冊

210000－0707－0000060　06.1/8360
欽定四庫全書總目二百卷首一卷　(清)紀昀等編　清同治七年(1868)廣東書局刻本　一百十八冊

210000－0707－0000061　06.2/4457
南菁書院叢書八集　王先謙　繆荃孫輯　清光緒十四年(1888)江陰南菁書院刻本　十五冊　存八十二卷(登科記考三十卷、春秋摘微一卷、易林釋文二卷、投壺考原一卷、佚禮扶微五卷、淮南萬畢術一卷、疇人傳三篇七卷、深衣考一卷、左傳補注一卷、論語注二十卷、羣經賸義一卷、操觚齋遺書四卷、律呂古義六卷、詩陸氏疏疏二卷)

210000－0707－0000062　06.2/9325
常州先哲遺書七十五種　(清)盛宣懷輯　清光緒二十五年(1899)武進盛氏刻本　三十二冊　存二百六十三卷(詩傳旁通十五卷,三續千字文注一卷,崇禎朝記事四卷,陳定生先生遺書三種三卷,吳中水利書一卷,遂初堂書目一卷,江陰李氏得月樓書目摘錄一卷,景仰撮書一卷,宜齋野乘一卷,梁谿漫志十卷,萬柳溪邊舊話一卷,陽羨茗壺系一卷,洞山岕茶系一卷,五行大義五卷,戒菴老人漫筆八卷,梁蕭統集五卷、補遺一卷,文選考異一卷,蕭茂挺集一卷,文恭集四十卷,春卿遺稿一卷,蔣之翰之奇遺稿一卷,摘文堂集十五卷、附錄一卷,毗陵集十六卷、補遺一卷、附錄一卷,鴻慶居士文集四十二卷,宋孫仲益內簡尺牘十卷,丹陽集二十四卷,梁谿遺稾二卷、補遺一卷、附錄一卷,侍郎葛公歸愚集十卷、補遺一卷,信齋詞一卷,定齋集二十卷,墙東類稾一至十三)

210000－0707－0000063　06.3/1222
二程全書五十一卷　(宋)程顥　(宋)程頤撰　清康熙二十五年(1686)河南永寧刻本　十二冊

210000－0707－0000064　06.3/1235
二程全書六十卷　(宋)程顥　(宋)程頤撰(宋)朱熹編　清乾隆五十二年(1787)刻本　十三冊　缺五卷(伊川先生文集四至八)

210000－0707－0000065　06.3/1285
二程全書六十一卷　(宋)程顥　(宋)程頤撰　清康熙石門呂氏寶誥堂刻本　九冊

210000－0707－0000066　06.3/1285
二程全書□□卷　(宋)程顥　(宋)程頤撰　明萬曆刻本　四冊　存十六卷(河南程氏遺文一卷,附錄書序一卷,周易程氏傳四卷,河南程氏經說八卷,程粹言二卷)

210000－0707－0000067　06.3/3328

漁洋山人文略十四卷　（清）王士禎撰　清康
熙三十四年(1695)刻本　五冊

210000－0707－0000068　06.3/3412

寧都三魏全書三種附三種　（清）林時益輯
　清道光二十五年(1845)易堂刻、寧都謝庭
綏綏園書塾重刊本　二十二冊　缺四十卷
（附梓室文稿一至六,耕廣文稿十卷,為穀文
稿八卷,魏叔子日錄一卷,魏叔子文集外篇
六、十一下、十八下、十九至二十二,詩集八
卷）

210000－0707－0000069　06.3/4222

唐荊川先生文集十八卷補遺一卷附錄一卷
（明）唐順之撰　清光緒二十一年(1895)武進
盛氏思惠齋刻本　四冊

210000－0707－0000070　06.3/5314

貴池二妙集目錄不分卷　（清）劉世珩輯　清
光緒二十六年(1900)劉氏唐石簃彙刻貴池先
哲遺書本　一冊

210000－0707－0000071　06.4/0322

望溪先生文集十八卷集外文十卷集外文補遺
二卷　（清）方苞　附方望溪先生年譜一卷附
錄一卷　（清）蘇惇元撰　清咸豐元年(1851)
刻本　八冊　缺十一卷(文集一至十一)

210000－0707－0000072　06.4/2334

梨洲遺著彙刊六十八卷　（清）黃宗羲撰　清
宣統二年(1910)上海時中書局鉛印本　九冊

210000－0707－0000073　06.4/2677

番禺陳氏東塾叢書三十四卷　（清）陳豐撰
清咸豐至光緒刻本　二冊　存七卷(漢儒通
義一至七)

210000－0707－0000074　06.4/3043

顧亭林先生遺書二十七卷　（清）顧炎武撰
清光緒三十二年(1906)吳縣孫谿槐廬家塾於
上海校經山房校刊本　十六冊

210000－0707－0000075　06.4/3342

洨濱蔡先生文集十卷首一卷　（清）蔡靉撰
清光緒四年(1878)江陰夏子鎣刻本　二冊

210000－0707－0000076　06.4/3342

洨濱蔡先生語錄二十卷　（清）蔡靉撰　清光
緒四年(1878)江陰夏子鎣刻本　二冊

210000－0707－0000077　06.4/3630

浪跡叢談十一卷續談八卷　（清）梁章鉅撰
清末掃葉山房石印本　六冊

210000－0707－0000078　06.4/4058

胡文忠公遺集十卷首一卷　（清）胡林翼撰
清同治三年(1864)武昌節署刻本　七冊　缺
二卷(九至十)

210000－0707－0000079　06.4/4058

胡文忠公遺集八十六卷首一卷　（清）胡林翼
撰　清光緒十四年(1888)上海著易堂鉛印本
八冊

210000－0707－0000080　06.4/4296

萬物炊累室類稿三十七卷　（清）沈同芳撰
清宣統三年(1911)上海中國圖書公司鉛印本
五冊

210000－0707－0000081　06.4/4403

落落齋遺集十卷　（明）李應昇撰　清光緒二
十二年(1896)武進盛氏思惠齋刻本　三冊

210000－0707－0000082　06.4/4518

李忠武公奏疏一卷書牘二卷褒節錄一卷
（清）李續賓撰　清光緒十七年(1891)刻本
四冊

210000－0707－0000083　06.4/4578

楊忠湣公全集四卷　（明）楊繼盛撰　（清）章
鈺輯　清道光八年(1828)刻本　二冊

210000－0707－0000084　06.4/4735

郝氏遺書　（清）郝懿行撰　清光緒五年
(1879)東路廳署刻本　一冊　存三卷(蜂衙
小記一卷、燕子春秋一卷、記海錯一卷）

210000－0707－0000085　06.4/5498

春在堂全書四百八十八卷　（清）俞樾撰　清
同治至光緒刻本　一百三十七冊

210000－0707－0000086　06.4/7403

頤志齋叢書四十六卷　（清）丁晏撰　清咸

豐、同治山陽丁氏六藝堂刻本　十九冊　缺二卷（周易述傳一、史記毛本正誤一）

210000－0707－0000087　06.4/8018
曾文正公全集一百八十五卷　（清）曾國藩撰
清同治、光緒傳忠書局刻本　九十八冊
缺六十六卷（曾文正公奏稿十三、十八，十八家詩鈔二十一至二十八，曾文正公書劄十七至三十三，經史百家雜鈔一至九，曾文正公年譜一至十二，孟子要略五卷、附錄一，曾文正公家屬一至十，曾文正公家訓一至二）

210000－0707－0000088　06.4/8018
曾文正公全集一百八十五卷　（清）曾國藩撰
清光緒二十九年（1903）鴻寶書局石印本
四十七冊

210000－0707－0000089　06.4/9552
惜抱軒全集八十八卷　（清）姚鼐撰　清同治五年（1866）省心閣刻本　十二冊　缺三十一卷（惜抱軒詩集一至十、詩後集一、詩外集一、公羊傳補注一、五言今體詩鈔一至九、七言今體詩鈔一至九）

210000－0707－0000090　11/1270
增訂五經體注大全四十卷　（清）來爾繩輯
清光緒五年（1879）五慈水古草堂刻本　二十二冊　缺二卷（春秋全傳備旨五、禮記全經體注五）

210000－0707－0000091　11/2322
皇清經解一千四百八卷　（清）阮元輯　清道光九年（1829）廣東學海堂刻咸豐十一年（1861）補刻本　二百五十二冊　缺二百十二卷（禮經釋例十三、校禮堂文集一、劉氏遺書一、述學一至二、經義知新錄一、大戴禮正誤一、曾子注釋一至六、周易校勘記一至十一、尚書校勘記一至二十二、毛詩校勘記一至十、周禮校勘記一至十四、儀禮校勘記一至十七、禮記校勘記一至六十七、論語校勘記一至十、孝經校勘記一至十四、爾雅校勘記一至八、孟子校勘記一至十六、車制圖考一至二、積古齋鐘鼎彝器欵識一至二、疇人傳九、揅經室集一至五）

210000－0707－0000092　11/4012
增訂五經備旨六十卷　（清）鄒聖脈纂輯　清光緒二十九年（1903）上海鴻寶齋書局石印本十二冊

210000－0707－0000093　11/4123
仿宋刻阮本十三經注疏附校勘記四百十六卷（清）阮元撰　清光緒三十年（1904）同文升記石印本　十八冊　缺七十一卷（毛詩正義一至八、二十五至七十，禮儀正義二十七至四十三）

210000－0707－0000094　11/4248
九經古義十六卷　（清）惠棟撰　清光緒十一年（1885）吳縣朱氏槐廬家塾刻槐廬叢書本三冊

210000－0707－0000095　110.2/0735
康熙字典四十卷備考一卷補遺一卷　（清）張玉書撰　清刻本　四十冊

210000－0707－0000096　110/4024
七緯三十八卷　（清）趙在翰輯　清嘉慶十四年（1809）侯官趙氏小積石山刻本　六冊　缺十三卷（十二至十八、三十至三十五）

210000－0707－0000097　111.1/9723
小學集注六卷　（清）陳選撰　清末李光明莊刻本　二冊

210000－0707－0000098　111.2/0008
說文解字部首不分卷　（清）□□撰　清手抄光緒八年（1882）蜀南黃氏刻本　一冊

210000－0707－0000099　111.2/0020
說文解字句讀三十卷補正三十卷　（清）王筠撰　涵芬樓影印清同治四年（1865）王氏家刻本　十四冊

210000－0707－0000100　111.2/0020
說文解字句讀三十卷　（清）王筠撰　清同治四年（1865）刻本　八冊　缺十三卷（十八至三十）

210000－0707－0000101　111.2/0020
說文解字句讀三十卷補正三十卷　（清）王筠

撰　清光緒八年(1882)四川尊經書局刻本
十六冊

210000－0707－0000102　111.2/0022
說文釋例二十卷附補正二十卷　(清)王筠撰
　清同治四年(1865)刻本　十一冊

210000－0707－0000103　111.2/0023
說文解字重文彙錄不分卷　(清)強運開撰
清末抄本　二冊

210000－0707－0000104　111.2/0023
說文解字義證五十卷　(清)桂馥撰　清同治
九年(1870)湖北崇文書局刻本　三十二冊

210000－0707－0000105　111.2/0023
說文解字注三十二卷六書音韻均表五卷
(清)段玉裁撰　清同治十一年(1872)段氏經
韻樓刻蘇州保息局補刻本　十六冊

210000－0707－0000106　111.2/0052
說文通檢十四卷首一卷末一卷　(清)黎永椿
編　清光緒十四年(1888)掃葉山房刻本
二冊

210000－0707－0000107　111.2/0052
說文解字通釋四十卷　(宋)徐鍇撰　**說文解
字繫傳校勘記三卷**　(清)承培元等撰　清末
影印本　二冊

210000－0707－0000108　111.2/0332
辨字通俗編一卷　題　(清)佛嬾老人輯　清
末刻本　一冊

210000－0707－0000109　111.2/0735
康熙字典四十二卷補遺一卷　(清)張玉等書
　清刻本　三十六冊

210000－0707－0000110　111.2/0735
康熙字典四十二卷　(清)張玉等書　清道光
七年(1827)刻本　三十三冊

210000－0707－0000111　111.2/0735
康熙字典四十二卷　(清)張玉等書　清光緒
三十四年(1908)上海集成圖書公司鉛印本
六冊　存六集(子至巳)

210000－0707－0000112　111.2/0735

210000－0707－0000112　111.2/0735
康熙字典四十二卷　(清)張玉等書　清光緒
十四年(1888)上海圖書集成印書局石印本
十二冊

210000－0707－0000113　111.2/0735
康熙字典四十二卷　(清)張玉等書　清末上
海錦章書局石印本　十二冊

210000－0707－0000114　111.2/3017
**字彙十二卷首一卷末一卷附韻法直圖一卷韻
法橫圖一卷**　(明)梅膺祚撰　清刻本　一冊
　存三卷(末一卷、韻法直圖一卷、韻法橫圖
一卷)

210000－0707－0000115　111.2/3060
澄衷蒙學堂字課圖說四卷檢字一卷類字一卷
　(清)劉樹屏撰　(清)吳子城繪圖　清光緒
三十二年(1906)澄衷學堂石印本　八冊

210000－0707－0000116　111.2/3080
北溪先生字義二卷講義一卷附錄一卷　(宋)
陳淳撰　**補遺一卷**　(清)顧秀虎撰　清光緒
二十二年(1896)光裕堂刻本　二冊

210000－0707－0000117　111.2/4122
**十三經集字摹本不分卷分畫便查一卷摘錄一
卷**　(清)彭玉雯　(清)萬青銓輯　清道光二
十九年(1849)刻本　八冊

210000－0707－0000118　111.2/7450
問奇典注六卷　(清)唐英撰　清嘉慶二十三
年(1818)武昌雄楚樓僧舍刻本　六冊

210000－0707－0000119　111.2/8623
鐘鼎字源五卷附錄一卷　(清)汪立名撰　清
光緒二年(1876)麟慶堂刻本　三冊

210000－0707－0000120　111.2/8623
鐘鼎字源五卷附錄一卷　(清)汪立名撰　清
康熙五十五年(1716)抄本　五冊

210000－0707－0000121　111.3/0053
六書通十卷　(清)閔齊伋撰　清康熙五十九
年(1720)抄本　十冊

210000－0707－0000122　111.3/0053
六書通十卷　(清)閔齊伋撰　清光緒四年

(1878)留更堂刻本　十冊

210000－0707－0000123　111.3/3742

字學七種二卷補遺一卷　（清）李祕園撰　清影印光緒十二年（1886）京師松竹齋刻本　一冊

210000－0707－0000124　111.3/4524

隸續二十一卷　（清）洪適撰　清同治十年（1871）洪氏晦木齋刻本　二冊

210000－0707－0000125　111.3/4588

隸篇十五卷隸篇續十五卷隸篇再續十五卷（清）翟雲昇撰　清道光十七年至二十四年（1837－1844）刻本　十冊

210000－0707－0000126　111.3/4827

古篆彙體千字文二卷　（清）毛岜鑑集　清咸豐六年（1856）抄本　二冊

210000－0707－0000127　111.4/0006

廣韻五卷　（清）陳彭年等撰　清刻本　三冊　缺二卷（一至二）

210000－0707－0000128　111.4/0030

說文通訓定聲十八卷分部柬韻一卷說雅一卷古今韻準一卷　（清）朱駿聲撰　**行述一卷**（清）朱孔彰撰　清道光二十九年（1849）臨嘯閣刻同治九年（1870）補刻本　二十冊　缺二卷（說文通訓定聲十七至十八）

210000－0707－0000129　111.4/0072

音韻闡微十八卷韻譜一卷　（清）李光地等撰　清光緒七年（1881）淮南書局刻本　五冊

210000－0707－0000130　111.4/0818

五方母音全書二卷　（清）樊騰鳳撰　（清）年希堯增補　清光緒九年（1883）掃葉山房刻本　四冊

210000－0707－0000131　111.4/1400

石鼓文音釋一卷　（清）強乃盛撰　清光緒二十一年（1895）抄本　一冊

210000－0707－0000132　111.4/1401

青雲集分韻試帖詳註四卷　（清）楊逢春等輯　（清）沈品華等註　清道光五年（1825）刻本

四冊

210000－0707－0000133　111.4/1402

青雲集分韻試帖詳註四卷　（清）楊逢春等撰　清光緒四年（1878）銅活字本　四冊

210000－0707－0000134　111.4/1403

康熙甲子史館新刊古今通韻十二卷　（清）毛奇齡撰　清康熙二十四年（1685）刻本　六冊

210000－0707－0000135　111.4/1404

新刊校正增補圓機韻學活法全書十四卷（明）王世貞增校　明末刻本　三冊　缺六卷（一至六）

210000－0707－0000136　111.4/1405

古音後語一卷叢目四卷　（明）楊慎撰　明嘉靖十四年（1535）刻本　一冊

210000－0707－0000137　111.4/1406

蒙學讀本漢字母音釋二卷　楊敦頤撰　清光緒三十年（1904）影印本　二冊

210000－0707－0000138　111.4/1407

音學五書三十八卷　（清）顧炎武撰　清刻本　十四冊

210000－0707－0000139　111.5/1320

三字經訓詁一卷　（清）徐士業校　清光緒十三年（1887）徐氏三種三義堂刻本　一冊

210000－0707－0000140　111.5/1731

重刊宋本爾雅注疏十卷　（晉）郭璞注　（宋）邢昺疏　**校勘記十卷**　（清）阮元撰　（清）盧宣旬摘錄　清嘉慶二十年（1815）江西南昌府學刻本　九冊

210000－0707－0000141　111.5/2880

經籍纂詁一百六卷補遺一百六卷首一卷（清）阮元撰　清光緒六年（1880）淮南書局補刻本　二十二冊　存三十六卷（經籍纂詁一至二十三、二十六至三十七，首一卷）

210000－0707－0000142　111.5/2880

經籍纂詁一百六卷補遺一百六卷首一卷（清）阮元撰　清嘉慶十七年（1812）揚州阮氏小瑯嬛仙館刻本　三十三冊　缺二十五卷

（經籍纂詁一至二十五）

210000－0707－0000143　111.5/6270

別雅五卷　（清）吳玉搢撰　清道光二十九年（1849）小蓬萊山館刻本　五冊

210000－0707－0000144　111.5/9783

小學鉤沈十九卷　（清）任大春輯　清抄嘉慶二十二年（1817）山陽汪廷珍刻本　四冊

210000－0707－0000145　111/0010

輶軒使者絕代語釋別國方言十三卷　（清）戴震疏證　清刻本　三冊

210000－0707－0000146　12.1/2837

經義述聞三十二卷　（清）王引之撰　清道光七年（1827）京師壽藤書屋刻本　十六冊

210000－0707－0000147　12.2/2164

經義考三百卷　（清）朱彝尊撰　目錄二卷（清）盧見曾編　清光緒二十三年（1897）浙江書局刻本　五十冊

210000－0707－0000148　12.2/2871

經籍舉要一卷附錄一卷家塾課程一卷　（清）龍啟瑞撰　尊經閣募捐藏書章程一卷祀典錄一卷中江尊經閣藏書目一卷中江講院建立經誼治事兩齋章程一卷　（清）袁昶撰　清光緒十九年（1893）袁氏刻漸西村舍彙刻本　一冊

210000－0707－0000149　13/4162

周易四卷　（宋）朱熹本義　清同治三年（1864）緯文堂刻本　二冊

210000－0707－0000150　13/6220

易經集注十八卷　（清）程朱傳義　清刻本六冊　缺六卷（三至四、七至十）

210000－0707－0000151　13/6258

易經本義十二卷首一卷末一卷　（清）朱熹撰　清同治四年（1865）金陵書局刻本　二冊

210000－0707－0000152　13/7602

周易詁辭四卷　（清）范耕研撰　清末抄本六冊

210000－0707－0000153　13/7631

重刊宋本周易注疏附校勘記九卷　（清）孔穎達撰　清嘉慶二十年（1815）江西南昌府學刻道光六年（1826）重刻本　六冊

210000－0707－0000154　13/7655

御纂周易折中二十二卷首一卷　（清）李光地等撰　清同治六年（1867）浙江馬新貽刻本五冊　缺十二卷（十一至二十二）

210000－0707－0000155　13/7655

御纂周易折中二十二卷首一卷　（清）李光地等撰　清刻本　六冊　缺十一卷（三至十、二十一至二十二,首一卷）

210000－0707－0000156　13/7658

周易輯義初編四卷　（清）盧兆鰲撰　清道光八年（1828）刻本　四冊

210000－0707－0000157　14/1235

書經體註大全合參六卷　（清）范翔鑒定（清）錢希祥纂輯　清雍正三年（1725）琴川閣詩禮堂刻本　四冊

210000－0707－0000158　14/2105

禹貢讀本二卷　（清）陳士魁撰　清末刻本一冊

210000－0707－0000159　14/5021

書經六卷　（宋）蔡沈集傳　清光緒三十四年（1908）學部圖書局影印本　六冊

210000－0707－0000160　14/5021

書經六卷　（宋）蔡沈集傳　清采香書屋刻本三冊　缺一卷（一）

210000－0707－0000161　14/5021

書經二卷　（宋）蔡沈集傳　清刻本　二冊

210000－0707－0000162　14/5220

欽定書經傳說彙纂二十一卷書序一卷　（清）王頊齡等撰　清刻本　六冊　缺九卷（一至九）

210000－0707－0000163　14/5222

寄傲山房塾課纂輯書經備旨蔡註捷錄七卷（清）鄒聖脈纂輯　清光緒三十年（1904）上海文藏書局石印本　四冊

210000－0707－0000164　14/5270

書經體註大全合參六卷　（清）錢希祥纂輯
清同治八年(1869)經餘厚刻本　四冊

210000－0707－0000165　14/5270

書經體註大全合參六卷　（清）錢希祥纂輯
清道光三十年(1850)姑蘇老桐石山房刻本
四冊

210000－0707－0000166　14/7552

監本書經六卷　（清）蔡沈集傳　清光緒六年
(1880)掃葉山房刻本　四冊

210000－0707－0000167　14/8352

欽定書經圖說五十卷　（清）孫家鼐等撰
（清）詹秀林等繪圖　清光緒三十一年(1905)
內府影印本　十六冊

210000－0707－0000168　14/9502

尚書離句六卷　（清）錢在培撰　清三元堂刻
本　四冊

210000－0707－0000169　14/9502

尚書離句六卷　（清）錢在培輯解　清雍正八
年(1730)掃葉山房刻本　二冊

210000－0707－0000170　14/9502

尚書離句六卷　（清）錢在培輯解　清上海掃
葉山房刻本　四冊

210000－0707－0000171　14/9531

附釋音尚書注疏二十卷　（唐）孔穎達撰　附
尚書注疏校勘記　（清）阮元撰　清嘉慶二十
年(1815)江西南昌府學刻道光六年(1826)重
刻本　八冊

210000－0707－0000172　15/0031

讀禮通考一百二十卷　（清）徐乾學撰　清刻
本　五冊　存二十二卷(四十二至四十五、七
十一至七十四、九十三至一百六)

210000－0707－0000173　15/0220

欽定詩經傳說彙纂二十一卷首二卷詩序二卷
　（清）王鴻緒等撰　清道光十八年(1838)刻
本　四冊　存四卷(欽定詩經傳說彙纂二十
至二十一、詩序二卷)

210000－0707－0000174　15/0220

詩經集注八卷附葉韻不分卷　（宋）朱熹撰
清光緒李光明莊刻本　六冊

210000－0707－0000175　15/0220

詩經集注八卷附葉韻不分卷　（宋）朱熹撰
清光緒李光明家刻本　五冊

210000－0707－0000176　15/0272

陳氏毛詩五種三十七卷　（清）陳奐撰　清光
緒三十三年(1907)吳門南園校經成記陳氏刻
本　十二冊

210000－0707－0000177　15/0421

詩經八卷　（清）朱熹集傳　清刻本　三冊
缺二卷(一至二)

210000－0707－0000178　15/0421

詩經□□卷　（清）朱熹集傳　清末石印本
二冊　存三卷(三至五)

210000－0707－0000179　15/0855

御纂詩義折中二十卷　（清）傅恒等撰　清京
都打磨廠文成堂刻本　六冊

210000－0707－0000180　15/1031

五禮通考二百六十二卷首四卷目錄二卷
（清）秦蕙田編輯　清刻本　十三冊　存三十
六卷(四至六、三十九至四十四、七十一至七
十二、九十三至九十五、一百一至一百六、一
百二十至一百二十二、一百五十五至一百五
十七、一百九十八至二百、二百四至二百五、
二百十四至二百十五、二百二十八至二百三
十)

210000－0707－0000181　15/2024

毛詩復古錄十二卷首一卷　（清）吳懋清撰
清光緒二十年(1894)廣州學署刻本　六冊

210000－0707－0000182　15/2028

毛詩傳箋通釋三十二卷　（清）馬瑞辰撰　清
光緒十三年(1887)廣雅書局刻本　十二冊

210000－0707－0000183　15/2028

毛詩後箋三十二卷　（清）胡承珙撰　（清）陳
奐補　清光緒十六年(1890)廣雅書局叢書本
六冊　存十五卷(十八至三十二)

210000－0707－0000184　15/2031

附釋毛詩注疏七十卷　（漢）毛亨傳　（漢）鄭玄箋　（唐）陸德明音譯　（唐）孔穎達疏　**校勘記**　（清）阮元撰　（清）盧宜旬錄　清嘉慶二十年(1815)南昌府學重刊宋本十三經注疏本　二十冊

210000－0707－0000185　15/2060

毛詩異文箋十卷　（清）陳玉樹撰　清光緒十三年(1887)南菁書院叢書刻本　三冊

210000－0707－0000186　15/2060

句股演代二卷　（清）江衡撰　清光緒十三年(1887)南菁書院叢書刻本　一冊

210000－0707－0000187　15/4223

求自得之室詩說七卷　（清）吳嘉賓撰　清咸豐十一年(1861)木活字印本　二冊

210000－0707－0000188　15/4702

奎壁詩經八卷　（清）朱熹集傳　清光緒十九年(1893)泊鎮聚元堂刻本　四冊

210000－0707－0000189　16.4/3081

欽定禮記義疏八十二卷首二卷　（清）□□撰　清尊經閣本　四十六冊

210000－0707－0000190　16.4/3081

欽定儀禮義疏四十八卷首二卷　（清）□□撰　清尊經閣本　二十九冊　缺二卷(二十六至二十七)

210000－0707－0000191　16.2/7331

附釋音周禮注疏四十二卷　（漢）鄭玄注　(唐)陸德明音譯　（唐）賈公彥疏　**校勘記四十二卷**　（清）阮元撰　（清）盧宜旬摘錄　清嘉慶二十年(1815)南昌府學重刊宋本十三經注疏本　九冊　缺三十二卷(附釋音周禮注疏一至十六、校勘記一至十六)

210000－0707－0000192　16.2/7331

周禮注疏小箋五卷　（清）曾釗撰　清同治十年(1871)刻本　一冊　缺二卷(一至二)

210000－0707－0000193　16.2/7381

欽定周官義疏四十八卷首一卷　（清）鄂爾泰等撰　清尊經閣本　二十四冊

210000－0707－0000194　16.2/7735

周禮六卷　（漢）鄭玄注　（唐）陸德明音譯　清嘉慶十一年(1806)張青選清芬閣刻本　六冊

210000－0707－0000195　16.3/2331

儀禮注疏五十卷　（漢）鄭玄注　（唐）陸德明音譯　（唐）賈公彥疏　**校勘記五十卷**　（清）阮元撰　（清）盧宜旬摘錄　清嘉慶二十年(1815)南昌府學刻本　十六冊

210000－0707－0000196　16.3/2381

欽定儀禮義疏四十八卷首二卷　（清）允祿等撰　清刻本　十三冊　存二十四卷(十三至十四、十七至十八、二十七至四十六)

210000－0707－0000197　16.4/3008

禮記訓纂四十九卷　（清）朱彬輯　清宣統元年(1909)學部圖書局鉛印本　十冊

210000－0707－0000198　16.4/3020

禮記集說大全三十卷　（明）胡廣等輯　清刻本　九冊　存十三卷(一至三、五至六、十一至十八)

210000－0707－0000199　16.4/3020

禮記集說大全三十卷　（明）胡廣等輯　清刻本　十冊　存十八卷(十三至三十)

210000－0707－0000200　16.4/3020

禮記十六卷　（元）陳澔集說　清刻本　七冊　缺二卷(九至十)

210000－0707－0000201　16.4/3031

附釋音禮記注疏六十三卷　（漢）鄭玄注　(唐)陸德明音義　（唐）孔穎達疏　**校勘記**　(清)阮元撰　（清）盧宜旬摘錄　清嘉慶二十三年(1818)南昌府學刻本　十三冊　存四十一卷(二十三至六十三)

210000－0707－0000202　16.4/3070

禮記體注四卷　（清）范翔撰　清蘇州桐石山房刻本　二冊　存二卷(一、四)

210000－0707－0000203　16.4/3081

欽定禮記義疏八十二卷　（清）鄂爾泰等撰
清刻本　十二冊　存四十三卷（十五至二十
四、二十七至二十九、三十四至五十四、六十
一至六十九）

210000－0707－0000204　16.4/3507
禮記十卷　（元）陳澔集說　清咸豐元年
（1851）掃葉山房刻本　十冊

210000－0707－0000205　16.5/3020
禮記集說十卷　（元）陳澔集說　明末刻本
一冊　存二卷（五至六）

210000－0707－0000206　16/8352
欽定春秋傳說彙纂三十八卷首二卷　（清）王
掞校對　清康熙六十年（1721）內府刻本　十
五冊　存二十六卷（一至二十六）

210000－0707－0000207　17.2/0438
讀左補義五十卷首一卷　（清）姜白巖撰　清
乾隆三十三年（1768）善成堂刻本　十六冊

210000－0707－0000208　17.2/0468
讀左日鈔十二卷補錄二卷　（清）朱鶴齡撰
清刻本　十一冊　缺二卷（一至二）

210000－0707－0000209　17.2/4025
春秋左傳五十卷　（晉）杜預注　（宋）林堯叟
補注　（唐）陸德明音譯　（明）孫鑛等評點
清刻本　二冊　存二卷（三十九至四十）

210000－0707－0000210　17.2/4222
評點春秋綱目左傳句解彙雋六卷　（清）韓菼
重訂　清刻本　六冊

210000－0707－0000211　17.2/4222
評點春秋綱目左傳句解彙雋六卷　（清）韓菼
重訂　清刻本　五冊　缺一卷（一）

210000－0707－0000212　17.2/4222
評點春秋綱目左傳句解彙雋六卷　（清）韓菼
重訂　清光緒十六年（1890）上海文瑞樓刻本
一冊　存一卷（一）

210000－0707－0000213　17.2/4233
左傳補註一卷公羊傳補註一卷穀梁傳一卷國
語補註一卷論語注二十卷　（清）姚鼐姬等傳

清南菁書院刻本　一冊

210000－0707－0000214　17.2/4241
左傳舊疏考證八卷　（清）劉文淇撰　清光緒
三年（1877）湖北崇文書局刻本　一冊　存二
卷（五至六）

210000－0707－0000215　17.2/4252
左傳事緯十二卷　（清）馬驌撰　清光緒三十
四年（1908）上海文瑞樓石印本　三冊

210000－0707－0000216　17.2/4252
左傳事緯十二卷附左傳字釋一卷　（清）馬驌
撰　清刻本　十冊　缺一卷（八）

210000－0707－0000217　17.2/4290
曲江書屋新訂批註左傳快讀十八卷首一卷
（晉）杜預撰　（宋）林堯叟補注　（清）李紹
崧選訂　清宣統三年（1911）直隸官書局石印
本　十二冊

210000－0707－0000218　17.2/5022
春秋釋四卷　（清）黃式三撰　清道光二十四
年（1844）儆居遺書刻本　一冊

210000－0707－0000219　17.2/5220
欽定春秋傳說彙纂三十八卷首二卷　（清）王
掞等撰　清康熙六十年（1721）內府刻本　五
冊　存十卷（一至八、首二卷）

210000－0707－0000220　17.2/5220
欽定春秋傳說彙纂三十八卷首二卷　（清）王
掞等撰　清刻本　十冊　缺八卷（一至六、首
二卷）

210000－0707－0000221　17.2/5242
左繡三十卷　（清）馮浩評輯　清康熙五十九
年（1720）江左書林刻本　十六冊

210000－0707－0000222　17.2/5242
春秋左傳五十卷　（晉）杜預注　（宋）林堯叟
補注　（唐）陸德明音譯　清光緒二十七年
（1901）上海文瑞樓刻本　十六冊

210000－0707－0000223　17.2/5242
春秋左傳五十卷春秋提要一卷　（晉）杜預注
（宋）林堯叟補注　（唐）陸德明音譯

（明）孫月峰等批點　清聞盛堂刻本　一冊
存三卷（一至二、提要一卷）

210000－0707－0000224　17.2/5242
春秋左傳杜注三十卷首一卷　（清）姚培謙撰
　清光緒九年（1883）江南書局刻本　十冊

210000－0707－0000225　17.2/5242
春秋左傳五十卷春秋提要一卷　（晉）杜預注
（宋）林堯叟補注　（唐）陸德明音譯
（明）孫月峰等批點　清宣統二年（1910）上海
紅寶齋石印本　十一冊　缺六卷（四至九）

210000－0707－0000226　17.2/5242
春秋左傳五十卷春秋提要一卷　（晉）杜預注
（宋）林堯叟補注　（唐）陸德明音譯
（明）孫月峰等批點　清光緒二十七年（1901）
上浣寶慶益元書局刻本　八冊　存二十六卷
（一至二十六）

210000－0707－0000227　17.2/5242
附釋音春秋左傳注疏六十卷　（晉）杜預注
（唐）孔穎達疏　（唐）陸德明音譯　**校勘記六
十卷**　（清）阮元撰　（清）盧宣旬摘錄　清嘉
慶二十年（1815）江西南昌府學刻道光六年
（1826）重修本　三十冊

210000－0707－0000228　17.2/5282
春秋啖趙集傳纂例十卷　（唐）陸淳纂　清嘉
興錢氏經苑本　六冊

210000－0707－0000229　17.2/7552
監本春秋三十卷　（宋）胡安國撰　清乾隆五
十八年（1793）崇文堂刻本　八冊

210000－0707－0000230　17.3/5281
董子春秋繁露十七卷　（漢）董仲舒撰　清光
緒二年（1876）浙江書局刻本　一冊　存七卷
（一至七）

210000－0707－0000231　17.4/5243
監本附音春秋穀梁注疏二十卷　（晉）范甯集
解　（唐）陸德明音譯　（唐）楊士勛疏　**校勘
記二十卷**　（清）阮元撰　（清）盧宣旬摘錄
清嘉慶二十年（1815）南昌府學刻本　六冊

210000－0707－0000232　17.4/5243
春秋穀梁經傳補註二十四卷首一卷末一卷
（晉）范甯集解　（清）鍾文烝補註　清光緒二
年（1876）鍾氏信美室刻本　八冊

210000－0707－0000233　18.5/2260
日講四書解義二十六卷　（清）喇沙裡撰　清
康熙刻本　十六冊

210000－0707－0000234　18.5/6545
四書考異七十二卷　（清）翟灝撰　清乾隆三
十四年（1769）無不宜齋刻本　十二冊

210000－0707－0000235　18/4205
孝經讀本四卷附孝經大義一卷　（明）黃道周
撰　清刻本　一冊　存二卷（一至二）

210000－0707－0000236　18/4231
孝經註疏九卷　（唐）玄宗李隆基註　（宋）邢
昺疏　**附校勘記九卷**　（清）阮元撰　（清）錄
宣旬摘錄　清嘉慶二十年（1815）南昌府學刻
本　一冊　存六卷（孝經註疏一至三、校勘記
一至三）

210000－0707－0000237　19.1/0241
注釋校正華英四書不分卷　清光緒二十五年
（1899）上海書局石印本　五冊

210000－0707－0000238　19.1/2456
此木軒四書說九卷　（清）焦袁熹撰　清道光
二十四年（1844）守山閣刻本　七冊　缺二卷
（一至二）

210000－0707－0000239　19.1/6520
四書集注十九卷　（宋）朱熹撰　清宣統二年
（1910）上海德和義銅活字印本　三冊　存七
卷（孟子一至七）

210000－0707－0000240　19.1/6520
四書集注□□卷　（宋）朱熹撰　清同治五年
（1866）金陵書局刻本　一冊　存二卷（大學
一、中庸一）

210000－0707－0000241　19.1/6548
四書古人典林十二卷　（清）江永編　清乾隆
三十七年（1772）光霽堂刻本　六冊

210000－0707－0000242　19.1/6552

四書典制類聯音注十卷　（清）閻其淵輯　清光緒十年(1884)上海掃葉山房刻本　二冊存二卷(一、四)

210000－0707－0000243　19.1/6564

四書味根錄三十七卷　（清）金澄撰　清刻本五冊　存九卷(孟子一至七、十三至十四)

210000－0707－0000244　19.1/6568

四書題鏡□□卷　（清）汪鯉翔纂　清刻本六冊　存六卷(中庸一至二、上論一至二、下論一至二)

210000－0707－0000245　19.1/6592

四書小參不分卷四書問答不分卷　（明）朱斯行撰　清光緒三年(1877)姑蘇刻經處刻本一冊

210000－0707－0000246　19.2/0018

論語正義二十四卷　（清）劉寶楠註　清同治五年(1866)文求堂石印本　八冊

210000－0707－0000247　19.2/0031

論語注疏經解二十卷附校勘記二十卷　（三國魏）何晏集解　（宋）邢昺疏　清嘉慶二十年(1815)南昌府學刻本　六冊

210000－0707－0000248　19.2/0801

論語十卷　（宋）朱熹集註　清初刻本　二冊

210000－0707－0000249　19.2/0801

論語十卷　（宋）朱熹集註　清刻本　二冊

210000－0707－0000250　19.2/0801

論語十卷　（宋）朱熹集註　清刻本　二冊

210000－0707－0000251　19.2/6582

四書人物類典串珠四十卷　（清）臧志仁輯清光緒十年(1884)掃葉山房刻本　十二冊

210000－0707－0000252　19.4/5045

中庸直指不分卷　（明）釋德清撰　清光緒十年(1884)金陵刻經處刻本　一冊

210000－0707－0000253　19.5/1101

孟子注疏經解十四卷　（漢）趙歧注　（宋）孫奭疏併撰音義　**校勘記十四卷**　（清）阮元撰

（清）盧宣旬摘錄　清道光六年(1826)南昌府學重校嘉慶二十年(1815)重梓宋本孟子注疏附校勘記本　八冊

210000－0707－0000254　19.5/1116

孟子要略五卷附錄一卷　（宋）朱熹撰　（清）劉傳瑩輯　（清）曾國藩按語　清道光二十九年(1849)漢陽劉氏刻本　一冊

210000－0707－0000255　19.5/1717

孟子七卷　（宋）朱熹集註　清刻本　二冊缺三卷(一至三)

210000－0707－0000256　19.5/1717

孟子七卷　（宋）朱熹集註　清刻本　三冊

210000－0707－0000257　19.5/1717

孟子七卷　（宋）朱熹集註　清刻本　一冊存二卷(四至五)

210000－0707－0000258　19/6532

四書章句便蒙不分卷　清道光二十二年(1842)寶怒堂刻本　一冊

210000－0707－0000259　19/6582

四書人物考訂補四十卷　（明）薛應旂撰（明）朱埠註釋　（明）許胥臣訂補　明天啓西爽堂刻本　八冊

210000－0707－0000260　21.2/1025

西魏書二十四卷　（清）謝啟昆撰　清乾隆六十年(1795)樹經堂刻本　四冊

210000－0707－0000261　21.2/2364

俄羅斯三卷　（法國）波留撰　（日本）林毅陸譯　（日本）中島端重譯　清光緒三十年(1904)上海商務印書館鉛印本　三冊

210000－0707－0000262　21.3/1288

弘簡綠二百五十四卷　（明）邵弘毅輯　清康熙二十七年(1688)刻本　六冊　存三十六卷(一至三十六)

210000－0707－0000263　21.3/6754

明史稿三百十卷目錄三卷　（清）王鴻緒撰清雍正元年(1723)敬慎堂刻本　二十八冊存一百四十二卷(一至一百四十二)

210000－0707－0000264　21.3/9050

尚史七十卷　（清）李鍇纂　清乾隆三十八年
（1773）悅道樓刻本　一冊　存三卷（八至十）

210000－0707－0000265　21/1064

三國志六十五卷　（晉）陳壽撰　（宋）裴松之
注　清光緒十四年（1888）上海蜚英館石印本
八冊

210000－0707－0000266　21/1064

三國志六十五卷　（晉）陳壽撰　（宋）裴松之
注　清同治九年（1870）金陵書局刻本　八冊

210000－0707－0000267　21/1250

五代史記纂誤續補六卷　（清）吳光耀撰　清
光緒十四年（1888）江夏吳氏刻本　三冊　存
三卷（一至三）

210000－0707－0000268　21/1465

隋書八十五卷　（唐）長孫無忌等撰　清光緒
二十八年（1902）竢實齋石印本　六冊

210000－0707－0000269　21/1500

元史譯文證補三十卷　（清）洪鈞撰　清光緒
二十三年（1897）刻本　四冊　存二十卷（一
至六、九至十二、十四至十五、十八、二十二至
二十四、二十六至二十七、二十九至三十）

210000－0707－0000270　21/1510

五史平議十二卷　（清）李寶淦撰　清末影印
本　三冊

210000－0707－0000271　21/2235

後漢書九十卷　（南朝宋）范曄撰　（唐）李賢
注　**注補續漢書八志三十卷**　（晉）司馬彪撰
（南朝梁）劉昭注補　清光緒十三年（1887）
金陵書局刻本　十六冊

210000－0707－0000272　21/2314

季漢五志十二卷　（清）王復禮撰　清康熙四
十一年（1702）杭城尊行齋刻本　八冊

210000－0707－0000273　21/2435

續漢書八志三十卷　（南朝梁）劉昭注補　清
金陵書局刻本　二冊

210000－0707－0000274　21/2435

續漢書八志三十卷　（南朝梁）劉昭注補　清
刻本　一冊　存十二卷（一至十二）

210000－0707－0000275　21/2452

吳越春秋六卷　（漢）趙曄撰　清康熙七年
（1668）刻本　二冊

210000－0707－0000276　21/2712

紀元編三卷末一卷　（清）李兆洛撰　清同治
十年（1871）刻本　一冊

210000－0707－0000277　21/3050

紀元編三卷末一卷　（清）李兆洛撰　清六承
如抄本　二冊

210000－0707－0000278　21/3534

思益堂史學四種七十三卷　（清）周壽昌撰
清光緒十年（1884）周氏小對竹軒刻本　八冊
缺三十六卷（漢書注校補一至三十六）

210000－0707－0000279　21/3545

漢書蒙拾一卷後漢書蒙拾一卷　（清）杭世駿
鈔　清刻本　一冊

210000－0707－0000280　21/3553

遼史拾遺二十四卷　（清）厲鶚撰　清光緒元
年（1875）江蘇書局刻本　八冊

210000－0707－0000281　21/4035

**南漢書十八卷考異十八卷文字略四卷業錄二
卷**　（清）梁廷枏撰　清道光九年（1829）刻藤
花亭十七種本　六冊

210000－0707－0000282　21/4065

十六國春秋十六卷　（北魏）崔鴻撰　清刻本
一冊　存五卷（一至五）

210000－0707－0000283　21/4065

十六國春秋十六卷　（北魏）崔鴻撰　清刻本
一冊　存五卷（五至九）

210000－0707－0000284　21/4150

南史識小錄十四卷北史識小錄十四卷　（清）
沈名蓀　（清）朱昆田輯　（清）張應昌補正
清同治十年（1871）武林吳氏清來堂刻本　八
冊　存十卷（南史一至三、六至九、十一至十
三）

210000－0707－0000285　21/4156

廿一史四譜五十四卷　（清）沈炳震輯　清同治十年(1871)武林吳氏清來堂刻本　十六冊

210000－0707－0000286　21/4544

楚史檮杌不分卷　（清）汪士漢考校　清康熙七年(1668)刻本　一冊

210000－0707－0000287　21/5004

史記評林一百三十卷　（明）凌稚隆輯　（明）李光縉增補　明萬曆五年(1577)刻本　二十冊

210000－0707－0000288　21/5007

史記一百三十卷　（漢）司馬遷撰　（南朝宋）裴駰集解　清光緒二十九年(1903)上海點石齋石印本　六冊

210000－0707－0000289　21/5007

史記一百三十卷附考證　（漢）司馬遷撰（南朝宋）裴駰集解　（唐）司馬貞索隱（唐）張守節正義　清乾隆四年(1739)刻本　九冊　存十六卷(一至十六)

210000－0707－0000290　21/5007

史記一百三十卷　（漢）司馬遷撰　（南朝宋）裴駰集解　清順治十三年(1656)汲古閣刻本　十冊

210000－0707－0000291　21/5007

孫月峰先生批評史記一百三十卷褚先生附餘一卷　（明）孫礦評　明崇禎九年(1636)刻本　四十八冊

210000－0707－0000292　21/5044

史記菁華錄六卷　（清）姚苧田輯　清光緒二十二年(1896)上海書局石印本　六冊

210000－0707－0000293　21/5044

史記菁華錄六卷　（清）姚苧田輯　清道光四年(1824)吳興姚氏扶荔山房刻朱墨套印本六冊

210000－0707－0000294　21/5044

史記菁華錄六卷　（清）姚苧田輯　清道光四年(1824)吳興姚氏扶荔山房刻套印本　五冊

缺一卷(五)

210000－0707－0000295　21/5044

史記菁華錄六卷　（清）姚苧田輯　清光緒九年(1883)廣州翰墨園朱墨套印本　六冊

210000－0707－0000296　21/5067

史畧八十七卷　（清）朱墊輯　清光緒二十六年(1900)成都培元堂刻本　十五冊　缺五卷(四十六至五十)

210000－0707－0000297　21/5830

拾遺記十卷　（晉）王嘉撰　（南朝梁）蕭綺錄清刻本　一冊　存五卷(一至五)

210000－0707－0000298　21/5845

刻歷朝捷錄大成二卷　（明）顧充編撰　明刻本　四冊　存前五代、後五代、唐、宋

210000－0707－0000299　21/8034

漢書一百卷　（漢）班固撰　（唐）顏師古注清末金陵書局刻本　三冊　存八卷(十五、十九至二十、二十八至三十二)

210000－0707－0000300　21/8035

漢書一百卷　（漢）班固撰　（唐）顏師古注王先謙補注　清刻本　四冊　存十六卷(四十九至六十四)

210000－0707－0000301　21/8035

前漢書一百卷　（漢）班固撰　（唐）顏師古注清光緒十三年(1887)金陵書局刻本　十六冊

210000－0707－0000302　21/8235

前漢書菁華錄四卷後漢書菁華錄二卷　（清）高壋撰　清光緒二十六年(1900)上海書局石印本　三冊

210000－0707－0000303　21/9050

尚史七十卷世系圖一卷序傳一卷　（清）李鍇撰　清嘉慶十九年(1814)晚香草堂刻本　四冊　存十四卷(世系圖一、本紀一至五、列傳一至四、志三至六)

210000－0707－0000304　21/9050

尚史七十卷　（清）李鍇撰　清刻本　十八冊

存五十五卷(世家一至十二,列傳一至十、十三至三十八,表一至四,志一至三)

210000－0707－0000305　21/9211

光緒政要三十四卷　(清)沈桐生輯　清宣統元年(1909)上海崇義堂石印本　三十冊

210000－0707－0000306　21/9500

尚史七十卷　(清)李鍇撰　清刻本　一冊　存五卷(志六至十)

210000－0707－0000307　210.1/0054

東萊先生左氏博議二十五卷　(宋)呂祖謙撰　清道光十八年(1838)抄本　八冊

210000－0707－0000308　210.1/5440

東萊博議四卷　(宋)呂祖謙撰　清光緒二十五年(1899)刻本　四冊

210000－0707－0000309　210.1/5440

東萊博議四卷增補虛字註釋一卷　(清)馮泰松撰　清光緒元年(1875)掃葉山房刻本　四冊

210000－0707－0000310　210.1/5440

增批輯註東萊博議四卷　(宋)呂祖謙撰　劉種英輯注　清宣統三年(1911)石印本　四冊

210000－0707－0000311　210.1/7250

歷代史論十二卷　(明)張溥撰　(清)孫琮評定　宋史論三卷元史論一卷　(明)張溥撰　明史論四卷　(清)谷應泰撰　左傳史論二卷　(清)高士奇撰　清刻本　四冊

210000－0707－0000312　210/7290

尚論彙鈔不分卷　(清)思奮子輯　清光緒二十八年(1902)刻本　四冊

210000－0707－0000313　211.1/0518

讀史碎金六卷　(清)胡文炳編　清光緒元年(1875)蘭石齋刻本　六冊

210000－0707－0000314　211.1/0518

讀史碎金註八十卷　(清)胡文炳編　清光緒二年(1876)蘭石齋刻本　六十五冊　缺十六卷(三十九至四十四、四十六至五十五)

210000－0707－0000315　211.1/0518

讀史碎金註八十卷　(清)胡文炳編　清刻本二十三冊　存二十五卷(十四至十六、三十九至四十九、五十至六十)

210000－0707－0000316　211.1/5068

史記別鈔二卷　(清)吳敏樹撰　清同治十一年(1872)刻本　二冊

210000－0707－0000317　211.2/5398

史通削繁四卷　(清)紀昀撰　清光緒元年(1875)凱江李氏家塾刻本　四冊

210000－0707－0000318　211.2/5398

史通削繁四卷　(清)紀昀撰　清道光十三年(1833)兩廣節署刻朱墨套印本　四冊

210000－0707－0000319　211.2/8350

欽定盛京通志一百三十卷首一卷　(清)阿桂等撰　清刻本　四十冊　缺五十四卷(四十一至六十三、一百至一百三十)

210000－0707－0000320　211.3/0050

孿史四十八卷　(清)王希廉輯　清末鉛印本七冊　存四十三卷(六至四十八)

210000－0707－0000321　211.3/3298

宋稗類鈔三十六卷　(清)潘永因輯　清宣統三年(1911)上海藜光社石印本　十二冊

210000－0707－0000322　211.3/5044

史記菁華錄六卷　(清)姚苧田輯　清光緒二十二年(1896)上海掃葉山房石印本　三冊

210000－0707－0000323　211.5/2133

遊記十冊　(明)徐宏祖撰　(清)李寄輯(明)季夢良編　遊記補編一卷　(清)葉廷甲輯　清乾隆四十一年(1776)孩浦莊刻嘉慶葉廷甲校印本　十二冊

210000－0707－0000324　211/7422

[康熙]輿圖要覽四卷　(清)顧祖禹撰　清敷文閣刻本　四冊

210000－0707－0000325　212/1824

亞美利加洲通史十編　(清)戴彬編譯　清光緒二十八年(1902)鉛印本　二冊

210000－0707－0000326　212/2424

德相俾斯麥傳一卷　上海廣智書局編譯　清光緒二十八年（1902）上海廣智書局鉛印本　一冊

210000－0707－0000327　212/2603

各國交涉便法論六卷　（英國）傅蘭雅　（清）錢國祥譯　清刻本　二冊　存二卷（五至六）

210000－0707－0000328　212/2604

俄國新志八卷　（英國）傅蘭雅　（清）潘松譯　清光緒二十四年（1898）刻本　一冊

210000－0707－0000329　212/4441

猶太地理誌二卷　（美國）紀好弼撰　清光緒八年（1882）刻本　一冊

210000－0707－0000330　212/4635

萬國淺史一卷　（清）黃用端撰　清光緒三十年（1904）嶺南日新書樓刻本　一冊

210000－0707－0000331　212/4746

希臘志略七卷　清光緒二十四年（1898）上海圖書集成印書局鉛印本　一冊

210000－0707－0000332　212/4746

希臘志略七卷　清光緒二十四年（1898）仿泰西法石印本　一冊

210000－0707－0000333　212/5105

泰西新史攬要二十三卷附記一卷　（英國）李提摩太譯　清光緒二十三年（1897）美華書館鉛印本　八冊

210000－0707－0000334　212/6028

四裔編年表不分卷　（美國）林樂知　（清）嚴良勳譯　清光緒刻本　二冊　缺二冊（二至三）

210000－0707－0000335　212/6028

四裔編年表不分卷　（美國）林樂知　（清）嚴良勳譯　清光緒江南製造總局刻本　四冊

210000－0707－0000336　212/8362

普法戰紀二十卷　（清）王韜輯撰　清同治刻本　九冊　缺二卷（一至二）

210000－0707－0000337　22.2/2533

御撰資治通鑑綱目三編二十卷　（清）張廷玉

等編　清乾隆十一年（1746）武英殿刻本　四冊

210000－0707－0000338　22/1428

增評加批歷史綱鑑補三十九卷首一卷　（明）王世貞　（明）袁黃編　資治明紀綱目二十卷資治明紀綱目三編一卷　清末上海文瑞樓石印本　二十八冊

210000－0707－0000339　22/1728

鼎鍥趙田了凡袁先生編纂古本歷史大方綱鑑補三十九卷首一卷　（明）袁黃編　清恒言堂刻本　二十八冊

210000－0707－0000340　22/2333

續資治通鑑二百二十卷　（清）畢沅編　清刻本　四十五冊　存一百六十七卷（四至七、二十至六十八、七十三至一百八、一百十二至一百三十四、一百四十四至一百六十五、一百七十六至一百七十八、一百八十七至二百一、二百六至二百二十）

210000－0707－0000341　22/2333

續資治通鑑長編拾補六十卷　（清）秦緗業等輯注　清刻本　八冊　存三十四卷（二十七至六十）

210000－0707－0000342　22/2333

續資治通鑑綱目二十七卷末一卷　（明）商輅等撰　明弘治十八年（1505）刻本　二十七冊

210000－0707－0000343　22/2348

司馬溫公稽古錄二十卷附校勘記一卷　（宋）司馬光撰　清光緒五年（1879）江蘇書局刻本　四冊

210000－0707－0000344　22/2382

讀通鑑綱目條記二十卷首一卷　（清）李述來撰　清光緒八年（1882）群亞山房刻本　六冊

210000－0707－0000345　22/2538

御批資治通鑑綱目全編一百三十二卷正編五十九卷前編二十五卷續編二十七卷三編二十卷首一卷　（清）宋犖等編　清末影印本　二十冊　存八十七卷（正編五十九卷、續編二十七卷、首一卷）

210000 – 0707 – 0000346　22/2538

御批歷代通鑑輯覽一百二十卷　（清）傅恒等撰　清同治十一年(1872)湖北崇文書局刻本　五十冊　存一百卷（一至六十一、八十二至一百二十）

210000 – 0707 – 0000347　22/2572

御批歷代通鑑輯覽一百二十卷　（清）傅恒等撰　清末三昧堂刻本　四十四冊　存八十五卷（三至八十七）

210000 – 0707 – 0000348　22/2815

綱鑑正史約三十六卷附記一卷　（明）顧錫疇編　清同治八年(1869)浙江書局刻本　二十冊

210000 – 0707 – 0000349　22/2868

尺木堂綱鑑易知錄九十二卷明鑑易知錄十五卷　（清）吳乘權等輯　清末著易堂鉛印本　十六冊

210000 – 0707 – 0000350　22/2868

尺木堂綱鑑易知錄九十二卷明鑑易知錄十五卷　（清）吳乘權等輯　清光緒二十七年(1901)上海商務印書館鉛印本　十四冊　缺十五卷（明鑑易知錄十五卷）

210000 – 0707 – 0000351　22/2868

尺木堂綱鑑易知錄九十二卷明鑑易知錄十五卷　（清）吳乘權等輯　清光緒三十一年(1905)上海商務印書館鉛印本　十五冊　缺五卷（八十八至九十二）

210000 – 0707 – 0000352　22/2868

尺木堂綱鑑易知錄九十二卷明鑑易知錄十五卷　（清）吳乘權等輯　清末鉛印本　一冊　存六卷（六十五至七十）

210000 – 0707 – 0000353　22/3338

資治通鑑補二百九十四卷　（宋）司馬光編（元）胡三省音註（明）嚴衍補　清光緒二年(1876)思補樓活字印本　八十冊

210000 – 0707 – 0000354　22/3338

資治通鑑綱目五十九卷首一卷　（宋）朱熹撰　明弘治十一年(1498)刻本　五十三冊　缺十一卷（四十四至五十四）

210000 – 0707 – 0000355　22/3338

增修附註資治通鑑節要續編三十卷　（明）劉剡輯　明刻本　一冊　存五卷（十六至二十）

210000 – 0707 – 0000356　22/3826

通鑑綱目編年錄一百卷　（清）祁瑾輯　清乾隆二十一年(1756)刻本　五十二冊　存五十二卷（一至三十九、七十六至八十八）

210000 – 0707 – 0000357　22/3826

訂正通鑑綱目前編二十五卷　（明）南軒撰　明萬曆二十三年(1595)刻本　八冊

210000 – 0707 – 0000358　22/3857

御批歷代通鑑輯覽一百二十卷　（清）傅恒等撰　清光緒三十年(1904)上海商務印書館鉛印本　二十冊　存一百卷（一至一百）

210000 – 0707 – 0000359　22/3857

御批歷代通鑑輯覽一百二十卷　（清）傅恒等撰　清光緒三十二年(1906)上海商務印書館鉛印本　四十冊

210000 – 0707 – 0000360　22/3862

明紀六十卷　（清）陳鶴撰　清光緒十六年(1890)上海積山石印本　三冊

210000 – 0707 – 0000361　22/3862

資治通鑑外紀十卷　（宋）劉恕編　清光緒十六年(1890)上海積山書局石印本　一冊

210000 – 0707 – 0000362　22/3862

通鑑釋文辯誤十二卷　（元）胡三省撰　清光緒十六年(1890)上海積山書局石印本　一冊

210000 – 0707 – 0000363　22/3862

通鑑明紀六十卷　（清）陳鶴撰　清光緒十六年(1890)上海積山書局石印本　六冊

210000 – 0707 – 0000364　22/3871

通鑑擥要前編二卷附錄一卷正編十九卷續編八卷明史八卷　（清）姚培謙（清）張景星編　清光緒二年(1876)刻本　十四冊

210000 – 0707 – 0000365　22/4121

綱鑑補註三十九卷首一卷　（明）王世貞

（明）袁黃編　清光緒三十一年（1905）宏文閣書局石印本　六冊　存二十四卷（一至二十三、首一卷）

210000－0707－0000366　22/4128
袁王綱鑑合編三十九卷　（明）袁黃　（明）王世貞編　清光緒三十年（1904）鉛印本　十四冊

210000－0707－0000367　22/4454
十朝東華錄五百九十四卷　王先謙等編　清光緒二十五年（1899）石印本　五十四冊　存四百三十二卷（順治十二至二十二，康熙一至一百十，雍正六至二十六，乾隆一至十一、二十五至八十一、九十一至一百二十，嘉慶一至五十，道光一至二十三、三十二至六十，咸豐一至九、十六至二十六、三十一至一百）

210000－0707－0000368　22/4528
古史紀年十四卷　（清）林春溥撰　清道光十七年（1837）竹柏山房刻本　五冊

210000－0707－0000369　22/4754
東華錄三十二卷（雍正朝）　（清）蔣良騏撰　清刻本　二十三冊　存雍正一至七年

210000－0707－0000370　22/4850
古今史論大觀前編十五卷後編十七卷　（清）雷瑨輯　清末石印本　六冊　存十五卷（前編三至十五、後編四至五）

210000－0707－0000371　22/5040
史存三十卷　（清）劉沅輯　清宣統元年（1909）富順縣三多岩凝善堂刻本　十六冊

210000－0707－0000372　22/5048
東華續錄一百卷（咸豐朝）　王先謙編　清光緒十九年（1893）會稽籀三倉室校石印本　二十四冊

210000－0707－0000373　22/5048
東華錄四十五卷（天命至雍正朝）東華續錄七十五卷（乾隆至道光朝）　王先謙等編　清光緒十年（1884）石印本　三十冊

210000－0707－0000374　22/5048

東華錄二十二卷（天命至崇德朝）　王先謙等編　清光緒十年（1884）刻本　六冊　存十六卷（天命一至四、天聰八至十一、崇德一至八）

210000－0707－0000375　22/5048
東華錄三十二卷（順治至雍正朝）　（清）蔣良騏撰　清刻本　十四冊　存二十八卷（五至三十二）

210000－0707－0000376　22/5428
東華續錄一百卷（同治朝）　王先謙等編　清末石印本　二十冊　存八十七卷（四至十四、二十一至三十四、三十九至一百）

210000－0707－0000377　22/5428
東華續錄一百卷（同治朝）　王先謙等編　清末石印本　十九冊　存八十三卷（十八至一百）

210000－0707－0000378　22/5428
東華續錄二百二十卷（光緒朝）　（清）朱壽朋編　清宣統元年（1909）上海集成圖書公司鉛印本　六十四冊

210000－0707－0000379　22/5428
九朝東華錄二百二十九卷　王先謙等編　清末鉛印本　十三冊　存二十七卷（嘉慶一至十四、道光一至十三）

210000－0707－0000380　22/5428
東華續錄一百二十卷（乾隆朝）　王先謙等編　清刻本　四十九冊

210000－0707－0000381　22/6738
明通鑑九十卷前紀四卷附記六卷　（清）夏燮撰　清光緒二十九年（1903）上海點石齋石印本　十六冊

210000－0707－0000382　22/6828
國策編年一卷　（清）顧觀光撰　清光緒二十八年（1902）刻本　一冊

210000－0707－0000383　22/6828
國策編年一卷　（清）顧觀光撰　清抄本　一冊

210000－0707－0000384　22/6868

尺木堂明鑑易知錄十五卷 （清）吳乘權等輯
清末鉛印本 二冊

210000－0707－0000385 22/7428

歷朝綱鑑總論不分卷 （清）□□撰 清光緒
二十七年（1901）刻本 二冊

210000－0707－0000386 22/7428

湯睡菴先生歷朝綱鑑全史七十卷首一卷
（明）湯賓尹纂 明北京國子監刻本 三冊
存十一卷（二十三至三十三）

210000－0707－0000387 23/2650

繹史一百六十卷世系圖一卷年表一卷 （清）
馬驌撰 清康熙九年（1670）刻本 四冊 存
二十三卷（二十三至三十、一百二十九至一百
四十二，世系圖一卷）

210000－0707－0000388 23/2650

繹史一百六十卷世系圖一卷年表一卷 （清）
馬驌撰 清光緒十五年（1889）金匱浦氏刻本
三十二冊

210000－0707－0000389 23/8244

前蒙古紀事本末二卷後蒙古紀事本末二卷
（清）韓善徵編 清光緒三十一年（1905）上海
春記鉛印本 三冊 缺一卷（後蒙古紀事本
末下）

210000－0707－0000390 24.01/2402

皇朝文獻通考三百卷 （清）嵇璜等撰 清刻
本 一冊 存二卷（二百三十一至二百三十
二）

210000－0707－0000391 24.1/5546

日本維新三十年史十二編不分卷 （日本）博
文館編輯 清光緒二十九年（1903）上海廣智
書局鉛印本 六冊

210000－0707－0000392 24.31/3033

欽定戶部漕運全書九十六卷首一卷 （清）福
趾撰 清光緒刻本 二十八冊 缺四十卷
（三至四、九至十、十五至十六、二十七至三十
八、四十三至六十、九十三至九十六）

210000－0707－0000393 24.33/3021

光緒二十八年通商各關華洋貿易總冊二卷
清光緒二十九年（1903）上海通商海關造冊處
鉛印本 一冊

210000－0707－0000394 24.33/3045

各國通商始末記二十卷 （清）王之春編 清
光緒二十一年（1895）寶善書局石印本 六冊

210000－0707－0000395 24.4/6008

嘯亭雜錄十卷續錄三卷 （清）昭槤撰 清光
緒六年（1880）上海文瑞樓石印本 六冊

210000－0707－0000396 24.4/8323

欽定續通典一百五十卷 （清）紀昀等撰 清
光緒二十八年（1902）上海鴻寶書局石印本
八冊

210000－0707－0000397 24.41/0234

文獻通考紀要四卷 （清）尹會一撰 清光緒
二十八年（1902）石印本 二冊 存二卷（一
至二）

210000－0707－0000398 24.41/0234

文獻通考三百四十八卷 （元）馬端臨撰 清
刻本 七十五冊 存二百二十五卷（一至二
百二十五）

210000－0707－0000399 24.41/0234

文獻通考三百四十八卷考證三卷 （元）馬端
臨撰 清光緒二十七年（1901）上海圖書集成
局鉛印本 四十四冊

210000－0707－0000400 24.41/0234

文獻通考三百四十八卷 （元）馬端臨撰 清
乾隆十三年（1748）崇仁謝氏刻本 一百十八
冊 缺六卷（三百三十九至三百四十四）

210000－0707－0000401 24.41/0234

文獻通考三百四十八卷 （元）馬端臨撰 清
光緒二十八年（1902）上海鴻寶書局石印本
二十五冊

210000－0707－0000402 24.41/0234

文獻通考纂二十二卷 （元）馬端臨撰 清刻
本 二冊 存八卷（二至九）

210000－0707－0000403 24.41/1345

欽定續文獻通考輯要二十六卷　（清）湯壽潛輯　清光緒二十五年(1899)鉛印本　十冊

210000－0707－0000404　24.41/1345

三通考輯要二十四卷　（元）馬端臨撰　清光緒二十五年(1899)圖書集成局鉛印本　十冊

210000－0707－0000405　24.41/1381

西漢會要七十卷　（宋）徐天麟撰　清光緒十年(1884)江蘇書局刻本　十冊

210000－0707－0000406　24.41/1465

二十四史九通正典類要合編三百二十卷　（清）黃書霖輯　清光緒二十八年(1902)約雅堂石印本　四十五冊　缺八十九卷（二百三十至二百三十三、二百三十六至三百二十）

210000－0707－0000407　24.41/2123

欽定續文獻通考二百五十卷　（清）嵇璜等撰　清光緒二十七年(1901)上海圖書集成局鉛印本　十二冊　存七十六卷（六十五至一百四十）

210000－0707－0000408　24.41/2123

文獻通考二十四卷首一卷　（清）嵇璜等撰　清光緒二十五年(1899)上海點石齋石印本　二十二冊

210000－0707－0000409　24.41/2402

皇朝文獻通考二十六卷　（清）嵇璜等撰　清光緒二十八年(1902)上海點石齋石印本　三十一冊

210000－0707－0000410　24.41/2402

皇朝文獻通考詳節二十四卷　（清）嚴虞惇輯　清末鉛印本　八冊

210000－0707－0000411　24.41/2434

皇朝通志一百二十六卷　（清）稽璜等編　清光緒二十七年(1901)鉛印本　十二冊

210000－0707－0000412　24.41/2434

皇朝通志一百二十六卷　（清）稽璜等編　清光緒二十七年(1901)上海武英殿鉛印本　十二冊

210000－0707－0000413　24.41/2434

欽定續通志六百四十卷　（清）嵇璜等撰　清光緒二十七年(1901)上海圖書集成局鉛印九通全書本　四十冊

210000－0707－0000414　24.41/2434

皇朝文獻通考三百卷　（清）嵇璜等撰　清光緒二十七年(1901)上海圖書集成局鉛印本　四十冊

210000－0707－0000415　24.41/2434

皇朝文獻通考三百卷　（清）嵇璜等撰　清光緒二十八年(1902)上海鴻寶書局石印本　二十九冊

210000－0707－0000416　24.41/2435

皇朝通典一百卷　（清）稽璜等編　清光緒二十七年(1901)上海鉛印本　十二冊

210000－0707－0000417　24.41/2435

皇朝通典一百卷　（清）稽璜等編　清光緒二十八年(1902)貫吾齋石印本　六冊

210000－0707－0000418　24.41/3540

欽定三通考證一卷　（清）佚名輯　清光緒二十八年(1902)貫吾齋石印本　一冊

210000－0707－0000419　24.41/3740

通志二百卷考證一卷　（宋）鄭樵撰　清光緒二十八年(1902)上海鴻寶書局石印本　四十冊

210000－0707－0000420　24.41/3740

通志二百卷欽定通志考證三卷　（宋）鄭樵撰　清光緒二十二年(1896)浙江書局刻本　四十三冊　存四十一卷（一至七、十三至十六、二十三至三十、九十至九十四、九十九至一百十、一百七十八至一百八十二）

210000－0707－0000421　24.41/3750

通典二百卷考證一卷　（唐）杜佑撰　清光緒二十七年(1901)上海圖書集成局鉛印本　十一冊　缺十七卷（一至十七）

210000－0707－0000422　24.41/4325

欽定大清會典一千二百二十卷　（清）崑崗等撰　清光緒三十四年(1908)商務印書館石印

本　一百四十八冊　缺二十二卷（三百五十八至三百六十五、五百二十七至五百四十）

210000－0707－0000423　24.41/4385

九通全書　（清）佚名撰　清光緒二十七年至二十八年（1901－1902）貫吾齋石印本　一百二十三冊　缺一百卷（皇朝通典一至一百）

210000－0707－0000424　24.41/4385

九通全序不分卷　（清）□□撰　清光緒二十八年（1902）貫吾齋石印九通全書本　二冊

210000－0707－0000425　24.41/4389

九通分類總纂二百四十卷　（清）望鍾霖撰　清光緒二十八年（1902）上海文瀾書局石印本　八十冊

210000－0707－0000426　24.41/4683

萬國公法四卷首一卷　（英國）羅柏村撰　（清）汪振聲等譯　清光緒二十四年（1898）石印本　六冊

210000－0707－0000427　24.41/6134

時務通攷三十一卷　（清）杞廬主人撰　清光緒二十三年（1897）點石齋石印本　十一冊　缺十三卷（九至十一、十三、十七、二十三、二十五至三十一）

210000－0707－0000428　24.41/6134

時務通攷續編三十一卷　（清）杞廬主人撰　清光緒二十三年（1897）點石齋石印本　七冊　缺十五卷（一至十五）

210000－0707－0000429　24.41/8313

欽定通志考證三卷　（清）□□撰　清光緒二十年（1894）刻本　二冊

210000－0707－0000430　24.41/8323

欽定續通志六百四十卷　（清）稽璜等編　清光緒十二年（1886）浙江書局刻九通本　一冊　存三卷（一百七十一至一百七十三）

210000－0707－0000431　24.41/8734

通志二百卷欽定通志考證三卷　（宋）鄭樵撰　清光緒二十七年（1901）上海圖書集成局鉛印本　五十三冊　缺二十四卷（一百二十二至一百四十五）

210000－0707－0000432　24.42/0035

文廟祀典考五十卷首一卷　（清）龐鍾璐編　清光緒四年（1878）刻本　九冊　存四十九卷（一至四十八、首一卷）

210000－0707－0000433　24.42/1078

吾學錄五卷　（清）潘相輯　清乾隆六十年（1795）汲古閣刻本　一冊

210000－0707－0000434　24.42/4333

大清通禮五十四卷　（清）來保纂　（清）穆克登額等續纂　清光緒九年（1883）江蘇書局刻本　九冊　缺八卷（二至四、三十九至四十、四十七至四十九）

210000－0707－0000435　24.42/5052

盛京典制備考八卷　（清）崇厚等輯　清光緒二十五年（1899）刻本　一冊　存一卷（七）

210000－0707－0000436　24.42/5062

欽定吏部處分則例十卷首一卷　（清）吏部編　清光緒刻本　四冊

210000－0707－0000437　24.43/0500

庸吏庸言二卷　（清）劉衡編　清同治九年（1870）刻本　一冊　缺一卷（下）

210000－0707－0000438　24.43/2340

佐治藥言不分卷　（清）汪輝祖撰　清乾隆五十一年（1786）刻本　一冊

210000－0707－0000439　24.43/2855

牧令書輯要十卷　（清）徐棟輯　（清）丁日昌重編　清同治八年（1869）湖北崇文書局刻本　十冊

210000－0707－0000440　24.43/4151

莅政摘要二卷　（清）陸隴其輯　清光緒八年（1882）刻本　二冊

210000－0707－0000441　24.44/5185

農政全書六十卷　（明）徐光啟撰　清宣統元年（1909）上海求學齋局石印本　八冊

210000－0707－0000442　24.44/5634

欽定大清會典一百卷　（清）崑崗等修　清光

緒二十五年(1899)上海書局石印本　三冊

210000－0707－0000443　24.46/0270

故唐律疏議三十卷音義一卷洗冤錄五卷
(唐)長孫無忌等撰　清光緒十七年(1891)錢
塘諸氏刻本　八冊

210000－0707－0000444　24.46/1336

三流道里表不分卷　(清)刑部修　清同治十
一年(1872)刻本　四冊

210000－0707－0000445　24.46/1336

三流道里表不分卷　(清)刑部修　清同治十
一年(1872)湖北讞局刻本　二冊

210000－0707－0000446　24.46/1336

五軍道里表不分卷　(清)刑部修　清同治十
一年(1872)湖北讞局刻本　二冊

210000－0707－0000447　24.46/2359

名法指掌新例增訂四卷　(清)儀克中校　清
道光十三年(1833)刻本　四冊

210000－0707－0000448　24.46/4322

大清律例增修統纂集成四十卷　(清)姚潤輯
督捕則例二卷　(清)陶駿輯　(清)陶念霖
增修　清光緒十七年(1891)上海珍藝書局鉛
印本　六冊　缺三十卷(一至三十)

210000－0707－0000449　24.46/4322

大清律例彙輯便覽四十卷附二卷　(清)三泰
等纂　(清)高澍等輯　清同治十一年(1872)
湖北讞局刻本　一冊　存三卷(三十八至四
十)

210000－0707－0000450　24.46/4322

欽定大清律例四十七卷　(清)董誥等纂修
清刻本　二十四冊

210000－0707－0000451　24.46/5324

提牢備考四卷　(清)趙舒翹撰　清光緒十九
年(1893)東甌官舍刻本　二冊

210000－0707－0000452　24.47/0120

雍正上諭不分卷　(清)世宗胤禛撰　清刻本
十七冊　存雍正二年七月至雍正四年七
月、雍正五年正月至十二月、雍正六年四月至

雍正七年十二月

210000－0707－0000453　24.47/1000

聖諭廣訓不分卷　(清)聖祖玄燁撰　清光緒
十二年(1886)廣仁堂刻本　一冊

210000－0707－0000454　24.47/1502

硃批諭旨不分卷　(清)鄂爾泰等輯　清光緒
十三年(1887)上海點石齋影印本　四十一冊
存四十一冊(二至五、七至十、十二至十四、
十九至二十九、三十二、三十四、四十二至四
十五、四十八至六十)

210000－0707－0000455　24.47/1502

硃批諭旨不分卷　(清)鄂爾泰等輯　清光緒
十三年(1887)上海點石齋影印本　五十八冊
缺二冊(三、五十八)

210000－0707－0000456　24.47/4805

校邠廬抗議二卷　(清)馮桂芬撰　清光緒十
年(1884)刻本　二冊

210000－0707－0000457　24.47/6535

新譯日本法規大全二十五類不分卷　(清)劉
崇傑等譯　清光緒三十三年(1907)上海商務
印書館鉛印本　八十一冊

210000－0707－0000458　24.48.8508

曾忠襄公奏議三十二卷　(清)曾國荃撰　清
光緒二十九年(1903)刻本　六十四冊

210000－0707－0000459　24.48/0375

語冰閣奏議八卷附中越勘界往來電稿四卷
(清)鄧承修撰　清光緒十四年(1888)鉛印本
六冊

210000－0707－0000460　24.48/1218

王壯武公遺集二十四卷　(清)王鑫撰　清光
緒十八年(1892)刻本　一冊　存二卷(二十
一至二十二)

210000－0707－0000461　24.48/1850

三公奏議二十一卷　(清)林則徐　(清)胡林
寬　(清)曾國藩撰　清光緒二年(1876)思補
樓刻本　二十冊

210000－0707－0000462　24.48/2235

續後漢書剳記一卷　（清）郁松年撰　清道光二十年至二十二年（1840－1842）上海郁氏刻宜稼堂叢書本　四冊

210000－0707－0000463　24.48/2257

出使奏疏二卷　（清）薛福成撰　清光緒二十年（1894）刻本　二冊

210000－0707－0000464　24.48/3058

沈文肅公政書七卷首一卷　（清）沈葆楨撰　清光緒六年（1880）吳門節署鉛印本　八冊

210000－0707－0000465　24.48/4545

東坡奏議十五卷　（宋）蘇軾撰　清末上海著易堂書局石印本　八冊

210000－0707－0000466　24.48/7221

歷科狀元策不分卷　（清）□□撰　清光緒京都青雲齋刻本　二冊

210000－0707－0000467　24.48/7515

劉中丞奏議二十卷　（清）劉蓉撰　清光緒十一年（1885）刻本　十冊

210000－0707－0000468　24.48/7587

原本八賢手剳不分卷　（清）□□編　清影印本　二冊　存威毅伯曾宮保、恪靖侯左相、胡文忠公手剳

210000－0707－0000469　24.48/8018

曾文正公奏疏二卷文鈔四卷　（清）曾國藩撰　清同治十二年（1873）金陵書局刻本　四冊

210000－0707－0000470　24.49/0820

新纂約章大全七十二卷　（清）陸鳳石撰　清宣統元年（1909）上海崇義堂石印本　四十七冊

210000－0707－0000471　24.49/2053

約章成案匯覽甲編十卷乙篇四十二卷　（清）北洋洋務局纂輯　清末石印本　一冊　存一卷（乙編十二下）

210000－0707－0000472　24.49/2089

約章分類輯要三十八卷首一卷　（清）蔡乃煌編　清光緒二十七年至三十年（1901－1904）上海偉文閣石印本　三十三冊

210000－0707－0000473　24.49/2424

皇朝經世文續編一百二十卷　（清）盛康輯　清光緒二十三年（1897）武進盛氏思補樓刻本　八十冊

210000－0707－0000474　24.49/2424

皇朝經世文續編一百二十卷　（清）賀長齡輯　清光緒二十四年（1898）鉛印本　十四冊　缺三十八卷（一至二十三、五十三至六十一、六十八至七十三）

210000－0707－0000475　24.49/2424

皇朝經世文續編一百二十卷　（清）葛士濬輯　清光緒十七年（1891）廣百宋齋精刻本　二十四冊

210000－0707－0000476　24.49/2424

皇朝經世文編一百二十卷姓名總目二卷　（清）賀長齡輯　清光緒十五年（1889）上海廣百宋齋鉛印本　二十五冊

210000－0707－0000477　24.49/2424

皇朝經世文編一百二十卷姓名總目二卷　（清）賀長齡輯　清光緒二十二年（1896）掃葉山房石印本　二十四冊

210000－0707－0000478　24.49/2424

皇朝經世文三編八十卷　（清）陳忠倚輯　清光緒二十八年（1902）龍文書局石印本　十二冊

210000－0707－0000479　24.49/2424

皇朝經世文新編二十一卷　（清）麥仲華輯　清光緒二十四年（1898）上海譯書局石印本　二十二冊　缺一卷（上）

210000－0707－0000480　24.49/2424

皇朝經世文編一百二十卷姓名總目二卷　（清）賀長齡輯　清光緒十二年（1886）思補樓石印本　六十冊

210000－0707－0000481　24.49/2424

皇朝經世文編一百二十卷姓名總目二卷　（清）賀長齡輯　清光緒十三年（1887）上海點石齋石印本　十二冊

210000－0707－0000482　24.49/2620

各國約章纂要六卷首一卷附錄一卷　勞乃宣編　清光緒十七年(1891)吳橋官廨刻本　四冊

210000－0707－0000483　24.49/3587

浙東籌防錄四卷　(清)薛福成輯　清刻本　四冊

210000－0707－0000484　24.49/4631

英國憲法史　(日本)松平康國編　(清)麥孟華譯　清光緒二十九年(1903)石印本　一冊　存八至十

210000－0707－0000485　24.49/4683

萬國公法會通六卷　(德國)布倫撰　(美國)丁韙良譯　清光緒二十四年(1898)上海書局石印本　四冊

210000－0707－0000486　24.49/4805

校邠盧抗議二卷　(清)馮桂芬撰　清光緒十一年(1885)廣仁堂刻本　二冊

210000－0707－0000487　24.49/6533

日本憲法義解　(日本)伊藤博文撰　(清)沈紘譯　清光緒二十七年(1901)金粟齋刻本　一冊

210000－0707－0000488　24.49/7342

嶽州救生局志八卷　(清)張德容等纂　清光緒元年(1875)嶽州救生局刻本　六冊

210000－0707－0000489　24.49/7813

歐美政治要義十八章　(清)戴鴻慈　(清)端方撰　清光緒三十四年(1908)上海商務印書館石印本　一冊　存五章(十四至十八)

210000－0707－0000490　24.49/8320

籌洋芻議一卷　(清)薛福成撰　清光緒十一年(1885)薛氏刻庸庵全集本　一冊

210000－0707－0000491　24.5/1323

平定粵寇紀略十八卷附記四卷　(清)杜文瀾撰　清光緒元年(1875)詒穀堂刻本　九冊　缺二卷(十七至十八)

210000－0707－0000492　24.5/2326

綏寇紀略十二卷補遺三卷　(清)吳偉業撰　清嘉慶九年(1804)昭文張海鵬照曠閣刻本　六冊

210000－0707－0000493　24.5/2577

山東軍興紀略二十二卷　(清)佚名撰　清上海申報館鉛印本　八冊　缺五卷(十八至二十二)

210000－0707－0000494　24.5/9726

拳匪紀略八卷前編二卷後編二卷　(清)余氏集　清光緒二十九年(1903)上海書局石印本　六冊

210000－0707－0000495　24.7/2304

外交報不分卷　清光緒二十九年(1903)鉛印本　三十五冊

210000－0707－0000496　25.1/1007

北京新聞彙報不分卷　清光緒二十七年(1901)石印本　五冊

210000－0707－0000497　25.1/3502

婺學治事文編五卷　(清)湯壽潛輯　清光緒二十四年(1898)刻本　二冊

210000－0707－0000498　25.1/4600

建炎以來朝野雜記甲集二十卷乙集二十卷　(宋)李心傳撰　清刻本　九冊

210000－0707－0000499　25.1/4600

周書十卷附錄一卷　(唐)令狐德棻等撰　清光緒三年(1877)湖北崇文書局刻本　一冊　存五卷(一至五)

210000－0707－0000500　25.2/4322

松潭先生遺事不分卷　(清)鄭尚禮撰　清康熙元年(1662)梁山松潭書院刻本　一冊

210000－0707－0000501　25.2/6001

國語二十一卷　(吳)韋昭注　劄記一卷(清)黃丕烈撰　考異四卷　(清)汪遠孫撰　清同治八年(1869)湖北崇文書局刻本　五冊

210000－0707－0000502　25.2/6368

戰國策三十三卷劄記三卷　(清)黃丕烈撰　清同治八年(1869)湖北崇文書局刻本　五冊

210000 - 0707 - 0000503　25.2/6685

重刻剡川姚氏本戰國策劄記三卷　（清）黃丕烈撰　清嘉慶八年(1803)吳門黃氏讀未見書齋刻本　一冊

210000 - 0707 - 0000504　25.2/6688

戰國策十卷　（宋）鮑彪校注　（元）吳師道重校　清刻本　八冊

210000 - 0707 - 0000505　25.4/2260

出使日記續刻十卷　（清）薛福成撰　清光緒二十四年(1898)刻本　十冊

210000 - 0707 - 0000506　25.5/3227

清俗紀聞□□卷　清末影印本　一冊　存三卷(三至五)

210000 - 0707 - 0000507　25.5/4924

劫火紀焚一卷　（清）寒食生撰　清光緒十一年(1885)上海萃珍齋木活字本　一冊

210000 - 0707 - 0000508　25.5/7142

毋不敬續編三卷　（清）羅振雲撰　清同治十二年(1873)長沙書局刻本　一冊

210000 - 0707 - 0000509　25.7/5333

東進涼家口花名冊不分卷　（□）□□撰　清稿本　二冊

210000 - 0707 - 0000510　25/5456

東都事略一百三十卷　（宋）王稱撰　清寶華堂刻本　十六冊

210000 - 0707 - 0000511　25/6216

明季北略二十四卷　（明）計六奇輯　清都城木活字本　十冊

210000 - 0707 - 0000512　25/6246

明季南略十八卷　（明）計六奇輯　清都城木活字印本　八冊

210000 - 0707 - 0000513　26.1/1742

聖賢像贊不分卷　清刻本　一冊

210000 - 0707 - 0000514　26.1/3327

[嘉慶]滿漢名臣傳八十卷　（清）國史館編　清嘉慶刻本　二十八冊　存二十九卷(四至三十二)

210000 - 0707 - 0000515　26.1/4142

新刊古列女傳七卷續列女傳一卷　（漢）劉向撰　清末刻本　四冊

210000 - 0707 - 0000516　26.1/4582

姓史人物考十五卷　（清）章履仁撰　清乾隆二十年(1755)刻本　七冊

210000 - 0707 - 0000517　26.1/6421

國朝先正事略六十卷　（清）李元度撰　續先正事略四卷　朱孔彰撰　清光緒二十五年(1899)石印本　十冊

210000 - 0707 - 0000518　26.1/6421

國朝先正事略十二卷　（清）李元度撰　續編四卷　朱孔彰撰　清光緒二十八年(1902)上海錦章書局石印本　八冊

210000 - 0707 - 0000519　26.1/6421

國朝先正事略六十卷　（清）李元度撰　中興名臣事略八卷　朱孔彰撰　清光緒二十五年(1899)上海圖書集成印書局石印本　十二冊

210000 - 0707 - 0000520　26.1/6421

國朝先正事略六十卷　（清）李元度撰　清光緒二十七年(1901)上海千頃堂石印本　八冊

210000 - 0707 - 0000521　26.1/6421

國朝先正事略六十卷　（清）李元度撰　清末石印本　六冊　存四十卷(七至四十六)

210000 - 0707 - 0000522　26.1/6424

試場異聞錄五種　（清）呂相燮輯　清同治九年(1870)廣東味經堂刻本　七冊　缺二卷(直省科場異聞錄一至二)

210000 - 0707 - 0000523　26.1/6427

國朝名臣事略四卷　（清）陸心源校　清光緒刻本　四冊

210000 - 0707 - 0000524　26.1/7322

留溪外傳十八卷　（清）陳鼎撰　清光緒二十四年(1898)武進盛氏刻本　四冊

210000 - 0707 - 0000525　26.2/6152

晏子春秋七卷　（清）孫星衍校　音義二卷　（清）孫星衍撰　校勘二卷　（清）黃以周撰

清光緒元年(1875)浙江書局據孫氏平津館本校刻本　四冊

210000－0707－0000526　26.3/1128

孔子編年五卷　(宋)胡仔撰　清同治九年(1870)胡湛刻本　二冊

210000－0707－0000527　26.3/1228

王船山先生[王夫之]年譜二卷　(清)劉毓崧編　清光緒十二年(1886)江南書局刻本　一冊　存一卷(上)

210000－0707－0000528　26.3/1228

王船山先生[王夫之]年譜二卷　(清)劉毓崧編　清光緒十五年(1889)江南書局刻本　一冊　缺一卷(下)

210000－0707－0000529　26.3/2788

[嘉慶]疑年錄四卷續疑年錄四卷　(清)錢大昕　(清)吳修編　清嘉慶十八年(1813)刻本　二冊

210000－0707－0000530　26.3/4548

武進李申耆先生[李兆洛]年譜三卷小德錄一卷　(清)蔣彤編　清光緒十三年(1887)刻本　二冊

210000－0707－0000531　26.3/4608

華野郭公[郭琇]年譜一卷　(清)郭廷翼編　清道光二十一年(1841)柳樹芳勝溪草堂刻本　一冊

210000－0707－0000532　26.3/4608

華野郭公[郭琇]年譜一卷　(清)郭廷翼編　清道光二十一年(1841)柳樹芳勝溪草堂刻本　一冊

210000－0707－0000533　26.3/7228

歷代名人年譜十卷存遺一卷無考一卷　(清)吳榮光編　清光緒元年(1875)南海張蔭桓刻本　八冊　缺三卷(歷代名人年譜二、存遺一卷、無考一卷)

210000－0707－0000534　26.3/7328

陸清獻公[陸隴其]年譜定本二卷　(清)吳光酉輯　清光緒八年(1882)廣仁堂刻本　二冊

210000－0707－0000535　26.3/7448

頤壽老人[錢寶琛]年譜二卷　(清)錢寶琛(清)錢鼎銘撰　清同治八年(1869)家刻本　一冊

210000－0707－0000536　26.3/8018

曾文正公[曾國藩]年譜十二卷　(清)黎庶昌撰　清光緒二年(1876)傅忠書局刻本　七冊

210000－0707－0000537　26.3/8408

[錢世銘]年譜一卷春風草廬遺稿一卷心白齋賸稿一卷　(清)錢世銘(清)錢學銘撰　清宣統三年(1911)刻本　一冊

210000－0707－0000538　26.6/9483

尚友錄補遺二十二卷　(清)潘遵祁撰　清光緒十四年(1888)石印本　二冊

210000－0707－0000539　26.7/1344

百家姓考略不分卷　(清)王晉升纂　清刻本　一冊

210000－0707－0000540　26.7/4974

直省闈藝大全八卷　(清)久敬齋主人輯　清光緒二十九年(1903)上海久敬齋石印本　八冊

210000－0707－0000541　27/1204

[道光]承德府志六十卷首二十六卷　(清)海忠纂修　清光緒十三年(1887)刻本　二十四冊

210000－0707－0000542　27/5034

盛京通志四十八卷圖一卷　(清)呂耀曾修(清)魏樞纂修　清乾隆元年(1736)刻咸豐二年(1852)雷以誠重印本　二十冊

210000－0707－0000543　27/5128

奉天千金寨煤礦公司稟稿不分卷　(清)王承羹撰　清宣統元年(1909)鉛印本　一冊

210000－0707－0000544　27/6033

[光緒]黑龍江述略六卷　(清)徐宗亮撰　清光緒十七年(1891)石埭徐世愷觀自得齋刻本　二冊

210000－0707－0000545　27/8350

欽定盛京通志一百三十卷首一卷　（清）阿桂
　（清）董誥修　（清）劉謹之　（清）程維嶽
纂　清乾隆四十九年（1784）武英殿刻本　十
六冊　存三十一卷（一百至一百三十）

210000－0707－0000546　28.1/4712

歷代地理志韻編今釋二十卷　（清）李兆洛撰
　清刻本　七冊

210000－0707－0000547　28.1/9040

小方壺齋輿地叢鈔十二帙補編十二帙再補編
十二帙　（清）王錫祺輯　清光緒十七年至二
十三年（1891－1897）上海著易堂鉛印本　八
冊　存第四帙

210000－0707－0000548　28.10/4712

歷代地理沿革圖一卷　（清）六嚴撰　（清）馬
徵麟增輯　清同治十一年（1872）金陵書局刻
本　一冊

210000－0707－0000549　28.2/0507

讀史方輿紀要一百三十卷　（清）顧祖禹撰
清光緒二十七年（1901）圖書集成局鉛印本
二十冊　缺四十卷（六十六至一百五）

210000－0707－0000550　28.2/0507

讀史方輿紀要一百三十卷方輿全圖總説五卷
　（清）顧祖禹撰　清光緒二十五年（1899）圖
書集成局石印本　二十六冊

210000－0707－0000551　28.2/0507

讀史方輿紀要一百三十卷　（清）顧祖禹輯
清錦裡龍萬育爕堂刻本　六十九冊　缺十五
卷（七十至八十四）

210000－0707－0000552　28.2/0507

讀史方輿紀要一百三十卷　（清）顧祖禹輯
清光緒二十八年（1902）湖南書局刻本　七冊
　存十卷（一至十）

210000－0707－0000553　28.2/1116

天下郡國利病書一百二十卷　（清）顧炎武撰
　清光緒二十五年（1899）上海二林齋石印本
　二十八冊

210000－0707－0000554　28.2/1116

天下郡國利病書一百二十卷　（清）顧炎武撰
　清光緒二十七年（1901）鉛印本　七冊　存
二十六卷（二十七至五十二）

210000－0707－0000555　28.2/2474

皇朝輿地略不分卷　（清）馮焌光撰　清刻本
　一冊

210000－0707－0000556　28.2/2474

皇朝輿地韻編二卷　（清）李兆洛撰　清道光
十七年（1837）刻本　一冊

210000－0707－0000557　28.2/3314

補梁疆域志四卷　（清）洪亮吉撰　清光緒十
七年（1891）廣雅書局叢書本　二冊

210000－0707－0000558　28.2/4133

太平寰宇記二百卷目錄二卷　（宋）樂史撰
清光緒八年（1882）金陵書局刻本　三十五冊

210000－0707－0000559　28.2/4416

地理一卷　清刻本　一冊

210000－0707－0000560　28.2/4641

［光緒］七國地理考七卷　（清）顧觀光撰　清
光緒五年（1879）刻本　三冊

210000－0707－0000561　28.2/4700

［乾隆］府廳州縣圖志五十卷　（清）洪亮吉撰
　清光緒二十三年（1897）新化三味堂刻本
十一冊　缺十四卷（十一至十三、四十至五
十）

210000－0707－0000562　28.3/1221

水經四十卷　（漢）桑欽撰　（北魏）酈道元注
　清黃晟槐蔭草堂刻本　四冊　存八卷（一
至八）

210000－0707－0000563　28.3/1223

水經注釋四十卷首一卷附錄二卷水經注箋刊
誤十二卷　（漢）桑欽撰　（北魏）酈道元注
（清）趙一清釋　清光緒六年（1880）蛟川張菶
榮華雨樓刻本　二十冊

210000－0707－0000564　28.3/1223

水經注四十卷首一卷　（北魏）酈道元注
（清）戴震纂　清光緒三年（1877）湖北崇文書

局刻本　十二冊

210000－0707－0000565　28.3/1223
水經注不分卷　（北魏）酈道元注　（清）戴震
纂　清乾隆刻本　十二冊

210000－0707－0000566　28.3/2321
山海經十八卷　（晉）郭璞撰　清乾隆四十八
年(1783)刻本　一冊　存十三卷(六至十八)

210000－0707－0000567　28.3/2321
山海經十八卷　（晉）郭璞撰　清光緒元年
(1875)湖北崇文書局刻本　二冊

210000－0707－0000568　28.3/2328
山海經箋疏十八卷圖讚一卷訂譌一卷　（晉）
郭璞注　（清）郝懿行箋疏　清光緒十三年
(1887)上海還讀樓刻本　四冊

210000－0707－0000569　28.3/3751
洋防輯要二十四卷　（清）嚴如熤撰　清道光
十八年(1838)來鹿堂刻本　十六冊

210000－0707－0000570　28.3/5202
[光緒]上虞縣五鄉水利本末二卷　（元）陳恬
撰　（清）連薖編　清光緒九年(1883)枕湖樓
連氏刻本　二冊

210000－0707－0000571　28.3/7300
防海新論十八卷　（美國）希理哈撰　（英國）
傅蘭雅譯　清同治七年(1868)刻本　六冊

210000－0707－0000572　28.3/8412
水經注四十卷補遺一卷附錄二卷　（北魏）酈
道元撰　清光緒十四年(1888)薛福成刻本
十二冊

210000－0707－0000573　28.8/2536
使東述略不分卷　（清）何如璋撰　清光緒二
十二年(1896)上海書局石印本　一冊　存清
光緒三年至民國三十二年

210000－0707－0000574　28.8/3430
追昔遊集三卷　（唐）李紳撰　清宣統二年
(1910)上海著易堂石印本　一冊

210000－0707－0000575　28.8/3807
遊記十卷　（明）徐宏祖撰　（清）李寄輯　遊

記補編不分卷　（清）葉廷甲輯　清末鉛印本
六冊　存八卷(三下至十)

210000－0707－0000576　28.8/5760
[同治]柬埔寨以北探路記十五卷　（法國）晃
西士加尼撰　清光緒十年(1884)鉛印本　十
五冊

210000－0707－0000577　28.9/2522
督捕則例二卷　（清）唐紹祖等纂修　清乾隆
八年(1743)武英殿刻本　二冊

210000－0707－0000578　28.9/3146
瀛環志略十卷　（清）徐繼畬輯　清光緒六年
(1880)楚南周鯤刻本　六冊

210000－0707－0000579　28.9/3688
海國公餘輯錄六卷雜著三卷　（清）張煜南輯
清光緒二十七年(1901)刻本　十冊

210000－0707－0000580　28/4712
李氏五種合刊二十七卷　（清）李兆洛輯　清
光緒十四年(1888)上海掃葉山房刻本　十
二冊

210000－0707－0000581　28/7241
歷代地理志韻編今釋二十卷　（清）李兆洛輯
校勘記一卷　（清）馬貞榆撰　清刻本
一冊

210000－0707－0000582　29.3/0542
京東攷古錄一卷　（清）顧炎武撰　清光緒十
一年(1885)吳縣孫谿槐盧家塾刻本　一冊

210000－0707－0000583　29.3/4348
顧氏求古錄一卷　（清）顧炎武撰　清光緒十
四年(1888)朱氏槐盧刻本　一冊

210000－0707－0000584　29.4/4814
[古泉拓本]不分卷　（清）張廷濟撰　清末石
印本　一冊

210000－0707－0000585　29.4/7808
丹鉛雜錄十卷玉名沽一卷異魚圖贊四卷
(明)楊慎撰　清乾隆刻本　二冊

210000－0707－0000586　29.7/2166
竹雲題跋四卷　（清）王澍撰　清茗上畫雲閣

刻本 一冊 存二卷(一至二)

210000－0707－0000587 29.7/3466

退菴金石書畫跋二十卷 (清)梁章鉅撰 清
道光二十五年(1845)刻本 一冊 存二卷
(一至二)

210000－0707－0000588 31.4/3891

淵鑑類函四百五十卷 (清)張英纂 清光緒
二十一年(1895)點石齋影印本 十冊

210000－0707－0000589 31.4/3891

淵鑑類函四百五十卷目錄四卷 (清)張英
(清)王士禎纂修 清康熙四十九年(1710)內
府刻本 四十五冊 存一百三十三卷(四至
一百三十二、目錄四卷)

210000－0707－0000590 31/1513

子書百家 (清)崇文書局輯 清光緒元年
(1875)湖北崇文書局刻本 十三冊 存七
十卷

210000－0707－0000591 31/1513

子書百家 (清)崇文書局輯 清光緒元年
(1875)湖北崇文書局刻本 七十冊 存三百
二十八卷

210000－0707－0000592 31/1514

子書二十八種 (清)育文書局輯 清宣統三
年(1911)育文書局石印本 五冊 存六十八
卷(一至六十八)

210000－0707－0000593 31/4185

十子全書七十卷 (清)王子興輯 清嘉慶九
年(1804)刻本 九冊 存三十卷(莊子評註
一至十、韓非子評註一至二十)

210000－0707－0000594 310.6/1007

新輯纂圖元亨療馬集六卷圖像水黃牛經合併
大全二卷駝經一卷 (明)喻本元 (明)喻本
亨撰 清光緒二十五年(1899)上海江左書林
石印本 四冊

210000－0707－0000595 310.7/7721

蠶桑備要一卷 (清)劉青藜輯 清光緒二年
(1876)思補樓刻本 一冊

210000－0707－0000596 311.3/4042

重廣補註黃帝內經素問二十四卷 (唐)王冰
注 清刻本 八冊

210000－0707－0000597 311.3/4042

補注黃帝內經素問二十四卷 (唐)王冰注
清光緒二十二年(1896)圖書集成局鉛印本
四冊

210000－0707－0000598 311.3/4057

素問靈樞類纂約註三卷 (清)汪昂纂輯 清
光緒六年(1880)尚德堂刻本 三冊

210000－0707－0000599 311.3/7022

醫效秘傳三卷 (清)葉桂撰 清刻本 三冊

210000－0707－0000600 311.3/7084

圖註八十一難經辨真四卷 (戰國)秦越人撰
(明)張世賢註 圖註脈訣辨真四卷 (晉)
王叔和撰 (明)張世賢註 脈訣一卷脈學一
卷奇經八脈攷一卷 (明)李時珍撰輯 清光
緒五年(1879)掃葉山房刻本 六冊

210000－0707－0000601 311.4/2873

御纂醫宗金鑑七十四卷 (清)吳謙輯 清石
印本 十冊 存五十一卷(二十四至七十四)

210000－0707－0000602 311.41/2070

重訂驗方新編十八卷 (清)鮑相璈編 (清)
張紹堂增輯 清末石印本 三冊 存八卷
(十一至十八)

210000－0707－0000603 311.41/2268

衛生易簡方十二卷 (明)胡濙編 刻本 一
冊 存一卷(八)

210000－0707－0000604 311.41/3110

湯頭歌訣不分卷經絡歌訣不分卷 (清)汪昂
撰 上海商務印書館鉛印本 二冊

210000－0707－0000605 311.41/4070

增廣驗方新編十六卷續集五卷 (清)鮑相璈
編 (清)張紹棠增輯 清末上海錦章圖書局
石印本 八冊

210000－0707－0000606 311.41/4210

救偏瑣言十卷附瑣言備用良方一卷 (清)費

啟泰撰　清刻本　二冊　存七卷（一至七）

210000－0707－0000607　311.41/7022

醫方集解二十一卷　（清）汪昂撰　清光緒三
十年（1904）膠州成文堂刻本　五冊

210000－0707－0000608　311.41/7506

醫書記略一卷　（清）王君日撰　清嘉慶十六
年（1811）刻本　一冊

210000－0707－0000609　311.41/7791

醫悟十二卷　（清）馬冠羣撰　清光緒十九年
（1893）刻本　四冊

210000－0707－0000610　311.42/0021

瘄症備要二卷　（清）郭鑨纂　清光緒六年
（1880）刻本　一冊

210000－0707－0000611　311.42/1020

隨息居重訂霍亂論二卷　（清）王士雄撰　清
光緒三十四年（1908）四明林延昏室鉛印本
一冊

210000－0707－0000612　311.42/1740

西醫熱症總論二卷　（清）孔慶高譯　清光緒
七年（1881）羊城博濟醫局刻本　一冊

210000－0707－0000613　311.42/6700

景岳新方歌一卷　（清）吳辰燦　（清）高秉鈞
（清）姚志仁撰　清嘉慶十四年（1809）盡心
齋刻本　一冊

210000－0707－0000614　311.44/0233

產科心法二卷附福幼編一卷　（清）汪喆撰
清同治八年（1869）刻本　一冊

210000－0707－0000615　311.44/4300

溫疫論補註二卷　（明）吳有性撰　（清）鄭重
光補註　清光緒六年（1880）掃葉山房刻本
二冊

210000－0707－0000616　311.44/4748

萬氏婦人科三卷　（明）萬全撰　清康熙五十
三年（1714）西昌裘琅玉聲氏刻本　一冊

210000－0707－0000617　311.45/0070

痳疹闡註四卷　（清）張廉撰　清光緒七年
（1881）文華堂刻本　一冊

210000－0707－0000618　311.45/0287

鬱謝痳科合璧一卷　（明）謝心陽撰　（清）楊
開泰匯輯　清光緒二十六年（1900）刻本
一冊

210000－0707－0000619　311.45/2724

幼科不分卷　（清）鄭時振撰　清同治十二年
（1873）刻本　一冊

210000－0707－0000620　311.45/3085

治疹全書三卷　（清）夏禹鑄撰　清光緒二十
六年（1900）東陽長衢里方氏刻本　二冊

210000－0707－0000621　311.45/3131

補要袖珍小兒方論十卷　（明）錢宏家撰
（明）徐用宣刊　（明）莊應祺補要　（明）祝
大年　（明）孟繼孔校　明萬曆二年（1574）刻
本　二冊　存四卷（一至二、五至六）

210000－0707－0000622　311.45/4700

驚風辨證必讀書二卷　（清）莊一夔撰　（清）
秦霖熙輯　清光緒二十七年（1901）上元江氏
刻本　一冊

210000－0707－0000623　311.46/8245

針灸大成十二卷　（明）楊繼洲撰　上海錦章
圖書局石印本　六冊

210000－0707－0000624　311.5/3004

寓意草一卷　（清）喻昌撰　清黎川陳守誠刻
本　一冊

210000－0707－0000625　311.5/3268

近思錄集解十四卷　（宋）朱熹撰　（宋）葉採
集解　清康熙刻本　二冊

210000－0707－0000626　311.6/5426

本草綱目五十二卷首一卷附圖一卷　（明）李
時珍撰　清刻本　十冊　存十卷（四十三至
五十二）

210000－0707－0000627　311.7/8787

全體入門問答一卷　（清）賀路綏譯　清光緒
二十八年（1902）上海美華書館鉛印本　一冊

210000－0707－0000628　312.2/2512

任渭長先生畫傳兩種　（清）任熊繪畫　（清）

王齡輯　清光緒三年(1877)刻本　八冊　存五卷(高士傳三卷、於越先賢像傳贊二卷)

210000－0707－0000629　312.23/1405
習苦齋畫絮十卷　(清)戴熙撰　清光緒十九年(1893)刻本　四冊

210000－0707－0000630　312.23/2014
御刻三希堂石渠寶笈法帖不分卷　(清)梁詩正編　清影印本　八冊　存八帙(九至十、十二至十六、二十八)

210000－0707－0000631　312.23/3414
漢碑範八卷　(清)張祖翼輯　清宣統三年(1911)上海文明書局石印本　一冊　存五卷(一至五)

210000－0707－0000632　312.23/4165
芥子園畫傳二集八卷　(清)王槩等輯　清乾隆四十七年(1782)金閶書業堂刻套印本　四冊

210000－0707－0000633　312.23/4165
芥子園畫傳四集四卷　(清)丁皋輯　芥子園圖章會纂　(清)李漁纂輯　清嘉慶二十三年(1818)金陵抱青閣刻本　四冊

210000－0707－0000634　312.23/4165
芥子園畫傳五卷　(清)王槩輯　清康熙十八年(1679)李漁刻套印本　四冊

210000－0707－0000635　312.23/4431
草字彙不分卷　(清)石梁輯　清末影印本　三冊

210000－0707－0000636　312.23/6480
墨林今話十八卷　(清)蔣寶齡撰　續編一卷　(清)蔣茞生撰　清宣統三年(1911)掃葉山房石印本　六冊

210000－0707－0000637　312.23/6542
圖畫大參考書五編　(清)司馬海繪　清光緒三十三年(1907)上海文寶書局鉛印本　一冊　存一編(一)

210000－0707－0000638　312.23/8211
鐵網珊瑚初集不分卷二集不分卷三集不分卷

(清)沈鏡堂輯　清光緒十二年(1886)上洋掃葉山房刻本　八冊

210000－0707－0000639　312.23/8405
無聲詩史七卷　(清)姜紹書輯　清宣統二年(1910)上海瑞記書局石印本　五冊　存六卷(一至六)

210000－0707－0000640　312.41/4164
古玉圖攷不分卷　(清)吳大澂撰　清光緒十五年(1889)上海同文書局影印本　三冊

210000－0707－0000641　313.12/3383
神室八法一卷修真九要一卷　(清)劉一明撰　清光緒六年(1880)刻本　一冊

210000－0707－0000642　313.12/5624
夢東禪師遺集二卷　(清)釋際醒撰　徹悟禪師行略一卷　(清)釋寬申撰　清嘉慶二十二年(1817)刻本　一冊

210000－0707－0000643　313.12/7706
陰騭文圖說四卷　(清)黃正元纂輯　(清)周兆璧寫圖　清道光十七年(1837)北京晉文齋刻本　四冊

210000－0707－0000644　313.13/4462
大方廣佛華嚴經八十卷　(唐)釋實叉難陀譯　大方廣佛華嚴經一卷　(唐)釋三藏般若譯　復菴和尚華嚴綸貫一卷華嚴普賢行願懺儀一卷　(晉)釋淨源編　華嚴大經處會品目卷帙總要之圖一卷　清杭城瑪瑙經房刻本　二十七冊　缺三卷(一至三)

210000－0707－0000645　313.2/1158
張三豐先生全集八卷　(清)李西月編　清道光二十四年(1844)空青洞天刻本　七冊

210000－0707－0000646　313.2/1158
張三豐祖師無根樹詞註解不分卷　(清)劉悟元註　(清)李涵虛增解　清空青洞天刻本　一冊

210000－0707－0000647　313.2/1158
呂祖年譜海山奇遇七卷　(清)火西月編　清空青洞天刻本　四冊

210000－0707－0000648　313.2/1158

靈寶畢法三卷　（漢）鍾離權撰　清純陽宮刻本　一冊

210000－0707－0000649　313.2/1158

如意寶珠二卷　（明）張君寶鑒定　清空青洞天刻本　一冊

210000－0707－0000650　313.2/1158

呂純陽先生編年詩集十卷　（清）火西月編　清空青洞天刻本　五冊

210000－0707－0000651　313.2/1158

黃庭內外景經詳註二卷　（□）涵虛子註　清空青洞天刻本　二冊

210000－0707－0000652　313.2/1158

太上十三經詳釋四卷　（唐）呂純陽註　清空青洞天刻本　三冊

210000－0707－0000653　314.1/1703

增廣玉匣記通書六卷　（清）□□撰　清同治八年(1869)姑蘇來青閣刻本　二冊

210000－0707－0000654　314.1/4002

太玄經十卷說玄一卷　（宋）司馬光注　清光緒元年(1875)湖北崇文書局刻本　二冊

210000－0707－0000655　314.2/0086

詳註全圖演算法大成八卷　（明）程大位撰　清宣統元年(1909)石印本　四冊

210000－0707－0000656　314.2/2424

皇極經世緒言九卷首二卷　（宋）邵雍撰（明）黃畢洲註釋　清善成堂刻本　十二冊

210000－0707－0000657　314.2/2424

皇極經世書卦玄玄集不分卷　（宋）邵雍撰　清抄本　五冊

210000－0707－0000658　314.3/0200

六壬課訣附圓光法不分卷　（唐）李淳風撰　清抄本　一冊

210000－0707－0000659　314.3/0283

大六壬銀河棹全書不分卷　（清）張松源撰（清）何焜輯　清抄本　一冊

210000－0707－0000660　314.3/0451

新鐫歷法總覽合節鰲頭通書大全十卷　（明）熊宗立纂輯　清乾隆五十一年(1786)金閶書業堂刻本　十冊

210000－0707－0000661　314.3/2659

卜易搜精論不分卷　（□）王汝師集　清抄本　一冊

210000－0707－0000662　314.3/2764

焦氏易林校略十六卷　（清）翟雲升撰　清刻本　六冊　存十二卷(五至十六)

210000－0707－0000663　314.3/2813

卜筮正宗十四卷　（清）王維德輯　清光緒三年(1877)紫文閣刻本　六冊

210000－0707－0000664　314.3/2813

卜筮正宗十四卷　（清）王維德輯　清光緒六年(1880)紫文閣刻本　六冊

210000－0707－0000665　314.3/3685

註明演易全書不分卷　（清）三徑居士樂巖抄　清光緒八年(1882)三徑書館藏淡而無味巖抄本　一冊

210000－0707－0000666　314.3/4200

欽定協紀辨方書三十六卷　（清）允祿撰　清末鉛印本　二冊　存十三卷(二十至三十二)

210000－0707－0000667　314.3/6400

易林四卷　（漢）焦贛撰　清末刻本　四冊

210000－0707－0000668　314.3/4200

欽定協紀辨方書三十六卷　（清）允祿等撰　清刻本　二十四冊

210000－0707－0000669　314.3/4304

諏吉便覽寶鏡圖一卷增補諏吉寶鏡圖一卷　（清）梁學禮輯　清光緒六年(1880)永德堂刻朱墨套印本　四冊

210000－0707－0000670　314.3/4722

堪輿秘傳不分卷　（□）□□撰　清道光十二年(1832)抄本　一冊

210000－0707－0000671　314.3/7313

陽宅正宗一卷　（清）黃完初撰　清抄本

一冊

210000－0707－0000672　314.3/7356

增訂陽宅井明四卷陰宅井明二卷　（清）鄧遂識撰　清乾隆三十六年(1771)刻本　四冊

210000－0707－0000673　314.3/7510

關夫子誌二卷　（清）張鵬翮撰　清康熙五十八年(1719)抄本　一冊

210000－0707－0000674　314.3/7630

陽宅三要四卷　（清）趙廷棟撰　清講德齋刻本　二冊

210000－0707－0000675　314.3/8351

管窺輯要八十卷　（清）黃鼎纂　清刻本　十八冊　存四十二卷(三十九至八十)

210000－0707－0000676　314/2813

卜筮正宗十四卷　（清）王維德輯　清光緒三十年(1904)文成堂刻本　一冊　存二卷(一至二)

210000－0707－0000677　314/2813

卜筮正宗十四卷　（清）王維德輯　清光緒二十三年(1897)掃葉山房刻本　一冊　存二卷(一至二)

210000－0707－0000678　314/3394

河洛精蘊九卷　（清）江永撰　清乾隆五十年(1785)兩儀堂刻本　四冊

210000－0707－0000679　314/3891

淵鑑類函四百五十卷目錄四卷　（清）張英（清）王士禎纂修　清康熙四十九年(1710)內府刻本　四十五冊　存一百二十九卷(四至一百三十二)

210000－0707－0000680　314/7328

陽宅愛眾篇四卷　（清）張覺正撰　清光緒六年(1880)掃葉山房刻本　四冊

210000－0707－0000681　314/7713

新刻黃石公秘傳陽宅必用四卷　（明）袁滄孺輯　元空法鑑不分卷靈驅解法洞明真言秘書一卷　清末上海掃葉山房石印本　二冊

210000－0707－0000682　32.1/0110

諸子平議三十五卷　（清）俞樾撰　清同治十年(1871)春在堂刻本　八冊

210000－0707－0000683　32.2/2730

儒門法語一卷　（清）彭定求撰　清宣統元年(1909)奉天太古山房鉛印本　一冊

210000－0707－0000684　32.2/3268

近思錄集注十四卷考訂朱子世家一卷近思錄校勘記一卷　（清）江永撰　（清）王炳錄　清同治八年(1869)江蘇書局刻本　四冊

210000－0707－0000685　32.2/9101

性理標題彙要二十二卷　（明）詹淮輯　明豹雯齋刻本　二十冊

210000－0707－0000686　32.3/1732

理學宗傳二十六卷　（清）孫奇逢撰　清光緒六年(1880)浙江書局刻本　五冊　存十一卷(一至十一)

210000－0707－0000687　32.3/1732

理學宗傳二十六卷　（清）孫奇逢撰　清光緒六年(1880)浙江書局刻本　十二冊

210000－0707－0000688　32.3/3173

宋元學案一百卷首一卷　（清）黃宗羲撰　考略一卷　（清）王梓材等撰　清光緒五年(1879)長沙寄廬刻本　二十四冊

210000－0707－0000689　32.3/3273

學案小識十四卷首一卷末一卷　（清）唐鑑撰　清光緒十年(1884)上海文瑞樓石印本　六冊

210000－0707－0000690　32.4/0044

意林六卷　（唐）馬總編　清末刻指海本　一冊　存一卷(一)

210000－0707－0000691　32.4/0121

諸子彙函二十六卷　（明）歸有光輯　明刻本　十一冊　存二十五卷(二至二十六)

210000－0707－0000692　33.11/1120

孔子集語二卷　（宋）薛據輯　清光緒元年(1875)湖北崇文書局刻子書百家本　一冊

210000－0707－0000693　33.11/4122

莊子集釋十卷　（清）郭慶藩輯　清光緒二十年（1894）思賢講舍刻本　八冊

210000－0707－0000694　33.11/4744

李氏蒙求六卷　（清）李瀚撰　（宋）徐子光補注　清同治九年（1870）刻本　二冊

210000－0707－0000695　33.11/4782

大學衍義補一百六十卷　（明）丘濬撰　清刻本　八冊　存三十卷（一百三十一至一百六十）

210000－0707－0000696　33.12/0081

亢倉子一卷　（周）庚桑楚撰　玄真子一卷（唐）張志和撰　天隱子一卷　（唐）無名氏撰　無能子三卷　（唐）無名氏撰　胎息經一卷（□）幻真先生注　清光緒元年（1875）湖北崇文書局刻子書百家本　一冊

210000－0707－0000697　33.12/1217

列子八卷　（晉）張湛注　（唐）殷敬順釋文　清光緒二年（1876）浙江書局刻二十二子本　二冊

210000－0707－0000698　33.12/2434

修真辨難二卷　（清）劉一明撰　清光緒三年（1877）上海翼化堂刻本　二冊

210000－0707－0000699　33.12/3494

周易參同契正義三卷　（清）董德寧撰　清末鉛印本　三冊

210000－0707－0000700　33.12/4108

老子章義二卷　（清）姚鼐撰　清同治九年（1870）桐城吳氏刻本　一冊

210000－0707－0000701　33.12/4122

莊子集解八卷　王先謙撰　清宣統元年（1909）上海掃葉山房石印本　四冊

210000－0707－0000702　33.12/4144

南華真經解三卷　（清）宣穎撰　清積秀堂刻本　六冊

210000－0707－0000703　33.12/4148

莊子內篇註四卷　（明）釋德清註　清光緒十四年（1888）金陵刻經處刻本　二冊

210000－0707－0000704　33.12/4411

莊子雪三卷　（清）陸樹芝撰　清嘉慶四年（1799）文選樓刻本　六冊

210000－0707－0000705　33.12/4417

莊子南華真經三卷　（周）莊周撰　莊子闕誤一卷　（明）楊慎撰　清光緒元年（1875）湖北崇文書局刻子書百家本　二冊

210000－0707－0000706　33.12/4442

南華真經十卷　（晉）郭象註　（唐）陸德明音義　清末影印本　一冊　存一卷（七）

210000－0707－0000707　33.13/6017

墨子十六卷篇目考一卷　（清）畢沅注　清光緒二年（1876）浙江書局刻二十二子本　四冊

210000－0707－0000708　33.13/6017

墨子十五卷目二卷附篇目考　（清）畢沅注　清乾隆四十八年（1783）鎮江畢氏靈嚴山刻本　一冊　存三卷（十三至十五）

210000－0707－0000709　33.13/6017

墨子十六卷附篇目考一卷　（清）畢沅注　清光緒元年（1875）湖北崇文書局刻子書百家本　四冊

210000－0707－0000710　33.13/6170

墨子間詁十五卷附錄一卷後語二卷　（清）孫詒讓撰　清宣統二年（1910）瑞安孫氏刻本　八冊

210000－0707－0000711　33.14/4112

韓非子集解二十卷首一卷　（清）王先慎撰　清光緒二十二年（1896）刻本　三冊　存九卷（一至九）

210000－0707－0000712　33.14/4112

韓非子集解二十卷　（清）王先慎撰　清光緒二十年（1894）石印本　二冊　存八卷（十三至二十）

210000－0707－0000713　33.14/4112

韓非子集解二十卷首一卷　（清）王先慎撰　清光緒二十二年（1896）石印本　六冊

210000－0707－0000714　33.14/4112

韓非子集解二十卷首一卷　（清）王先慎撰
清光緒二十二年（1896）刻本　六冊

210000－0707－0000715　33.14/4411

韓非子二十卷　清光緒元年（1875）湖北崇文
書局刻子書百家本　四冊

210000－0707－0000716　33.14/4411

韓非子二十卷識誤三卷　（清）顧廣圻撰　清
光緒元年（1875）浙江書局刻本　六冊

210000－0707－0000717　33.14/4411

韓非子二十卷識誤三卷　（清）顧廣圻撰　清
光緒元年（1875）浙江書局刻二十二子本　五
冊　缺三卷（識誤三卷）

210000－0707－0000718　33.14/4417

韓子二十卷附錄一卷　明天啓五年（1625）刻
本　六冊

210000－0707－0000719　33.14/8817

管子二十四卷　清光緒元年（1875）湖北崇文
書局刻子書百家本　四冊

210000－0707－0000720　33.14/8817

管子二十四卷　（唐）房玄齡注　（明）劉績補
　清光緒二年（1876）浙江書局刻二十二子本
　六冊

210000－0707－0000721　33.17/1750

于氏中說二卷契元公論草一卷　（明）于契元
撰　清光緒四年（1878）影印本　二冊

210000－0707－0000722　33.17/2837

白虎通德論四卷　（漢）班固纂　清光緒元年
（1875）湖北崇文書局刻子書百家本　一冊
存二卷（一至二）

210000－0707－0000723　33.17/4185

荀子二十卷　（唐）楊倞注　**監本五臣音註揚
子法言十卷**　（唐）柳宗元　（宋）司馬光注
中說十卷　（宋）阮逸註　清嘉慶九年（1804）
澔灣愛日堂刻本　九冊

210000－0707－0000724　33.17/4712

燕丹子三卷牟子一卷　（清）孫星衍校　清嘉
慶十一年（1806）刻平津館叢書本　一冊

210000－0707－0000725　33.17/6752

呂氏春秋二十六卷　（秦）呂不韋撰　清光緒
元年（1875）湖北崇文書局刻子書百家本
四冊

210000－0707－0000726　33.17/7717

屍子二卷存疑一卷　（周）屍佼撰　（清）汪繼
培輯　清光緒三年（1877）浙江書局刻二十二
子本　一冊

210000－0707－0000727　33.2/3041

淮南子二十一卷　（漢）劉安撰　（漢）高誘注
　（清）莊逵吉校　清光緒二年（1876）浙江書
局刻二十二子本　六冊

210000－0707－0000728　33.2/5008

中說十卷　（隋）王通撰　（宋）阮逸注　清光
緒十六年（1890）貴陽陳氏刻本　二冊

210000－0707－0000729　33.2/5008

中說十卷　（隋）王通撰　（宋）阮逸注　清掃
葉山房石印本　一冊　存五卷（六至十）

210000－0707－0000730　33.2/7880

鹽鐵論二卷　（漢）桓寬撰　清光緒元年
（1875）湖北崇文書局刻子書百家本　二冊

210000－0707－0000731　33.2/8041

金樓子六卷　（南朝梁）元帝蕭繹撰　清光緒
元年（1875）湖北崇文書局刻子書百家本
二冊

210000－0707－0000732　33.21/0128

文子纘義二十卷　（清）杜道堅撰　清光緒三
年（1877）浙江書局刻二十二子本　二冊

210000－0707－0000733　33.3/2408

上蔡先生語錄三卷　（宋）謝良佐撰　清同治
五年（1866）福州正誼書院刻本　一冊

210000－0707－0000734　33.3/4728

大學衍義四十三卷　（宋）眞德秀撰　清末影
印本　七冊　存三十二卷（一至八、二十至四
十三）

210000－0707－0000735　33.3/4728

大學衍義補一百六十卷首一卷　（明）丘濬撰

明末刻清京都文錦堂印本　二十四冊　存
九十七卷(一至二十四、五十八至一百三十)

210000－0707－0000736　33/0015

商君書五卷附考一卷　(清)嚴可均輯　清光
緒二年(1876)浙江書局擄西吳嚴氏本校刻本
　一冊

210000－0707－0000737　331.1/4417

荀子三卷　清光緒元年(1875)影印本　二冊

210000－0707－0000738　331.1/4417

荀子二十卷附校勘補遺一卷　(唐)楊倞注
(清)謝墉校　清光緒二年(1876)浙江書局刻
二十二子本　六冊

210000－0707－0000739　35.1/4454

王先生十七史蒙求十六卷　(宋)王令撰
(清)金三俊補注　清乾隆四十八年(1783)刻
本　二冊

210000－0707－0000740　35.1/4744

李氏蒙求補注六卷　(清)金三俊輯　清刻本
　二冊

210000－0707－0000741　35.1/4800

謝退谷先生教諭語一卷　(清)謝金鑾撰　清
同治十一年(1872)培槐軒刻本　一冊

210000－0707－0000742　35.1/8135

養正遺規二卷補編一卷　(清)陳弘謀編　清
乾隆四年(1739)培遠堂刻本　一冊

210000－0707－0000743　35.2/0200

冰言十卷冰言補錄十卷　(清)李西漚編　清
光緒三十三年(1907)江蘇提學署刻本　二冊

210000－0707－0000744　35.2/7172

願體集四卷　(清)李仲麟輯　清咸豐九年
(1859)刻本　四冊

210000－0707－0000745　35.2/7770

凤興語不分卷　(清)甘京撰　清末影印本
　一冊

210000－0707－0000746　35.2/8828

人範須知六卷　(清)盛隆編　清同治二年
(1863)石竹山房刻本　六冊

210000－0707－0000747　35.2/8870

金筸颺言一卷首三卷　(清)楊浚輯　清同治
三年(1864)刻本　三冊

210000－0707－0000748　35.3/0046

訓蒙四字經讀本龍文鞭影二卷　(明)蕭良有
撰　(清)楊臣諍增訂　**二集二卷**　(清)李暉
吉　(清)徐瓚輯　清光緒十三年(1887)江左
書林刻本　四冊

210000－0707－0000749　35.3/0046

龍文鞭影四卷　(明)蕭良有撰　(清)楊臣諍
增訂　(清)李恩綬校補　清光緒十三年
(1887)江南掃葉山房刻本　二冊

210000－0707－0000750　35.3/0046

訓蒙四字經二集讀本龍文鞭影二集二卷
(清)李暉吉　(清)徐瓚輯　清光緒三年
(1877)掃葉山房刻本　二冊

210000－0707－0000751　35.3/0046

龍文鞭影四卷　(明)蕭良有撰　(清)楊臣諍
增訂　(清)黃元熙校纂　清刻本　一冊　存
二卷(三至四)

210000－0707－0000752　35.3/0046

龍文鞭影二集四卷　(清)李暉吉輯　(清)徐
瓚增訂　(清)黃元熙校補　清光緒二十年
(1894)上洋熙記書莊刻本　二冊

210000－0707－0000753　35.3/0046

龍文鞭影二卷　(明)蕭良有撰　(清)楊臣諍
增訂　(清)來集之音註　清光緒四年(1878)
存春廬刻本　二冊

210000－0707－0000754　35.3/1788

**帝君戒士子文一卷帝君垂訓蕉牎十則一卷帝
君寶訓一卷松山訓士一卷**　清道光十七年
(1837)北京晉文齋刻本　一冊

210000－0707－0000755　35.3/2727

御虛階一卷　(清)黃正元輯　清道光十七年
(1837)京都晉文齋刻本　一冊

210000－0707－0000756　35.3/8382

慾海慈航不分卷　(清)黃正元輯　清道光十

七年(1837)刻本　一冊

210000－0707－0000757　35.3/8764

公門果報錄一卷續錄一卷附錄一卷　（清）陳弘謀輯　清光緒十九年(1893)江西書局刻本　一冊

210000－0707－0000758　35.3/9144

性天真境一卷　（清）黄正元註釋　清道光十七年(1837)天錫堂刻本　一冊

210000－0707－0000759　36.2/3382

重刊補注洗冤錄集證五卷附三卷　（宋）宋慈輯　（清）王又槐增輯　（清）李觀瀾補輯　(清)文晟續輯　（清）阮其新補注　清光緒三十二年(1906)石印本　五冊

210000－0707－0000760　37.2/1143

孫子十家註十三卷附敘錄一卷遺說一卷　(宋)孫星衍撰　清咸豐五年(1855)淡香齋木活字印本　五冊　缺三卷(十一至十三)

210000－0707－0000761　37.2/3317

軍禮司馬法考證二卷　（清）黄以周撰　清光緒十八年(1892)黄氏試館刻本　一冊

210000－0707－0000762　37.2/6337

改訂增補戰法學三卷　（清）賀忠良撰　清光緒三十二年(1906)石印本　三冊

210000－0707－0000763　37.2/7267

兵器學教程不分卷　（清）傅在田撰　清光緒三十二年(1906)石印本　一冊

210000－0707－0000764　37.2/7677

軍器學不分卷　（清）□□編　清北洋武備研究所石印本　一冊　存二編(四至五)

210000－0707－0000765　37.4/1252

水師操練十八卷首一卷附一卷　（英國）傅蘭雅口譯　（清）徐建寅筆述　清刻本　三冊

210000－0707－0000766　37.4/2752

步兵暫行操法三編　（清）練兵處軍學司撰　清光緒三十二年(1906)練兵處鉛印本　一冊

210000－0707－0000767　37.5/4101

赤水玄珠三十卷　（明）孫一奎撰　清張能抄

本　十五冊　存二十二卷(一至三、五至九、十二至十五、十九、二十二至三十)

210000－0707－0000768　37.5/7234

兵船汽機六卷附一卷　（英國）息尼德撰　(英國)傅蘭雅口譯　（清）華備鈺筆述　清光緒十一年(1885)江南機器製造總局刻本　七冊　存六卷(兵船汽機六卷)

210000－0707－0000769　37.5/7234

工程致富論略十三卷附圖一卷　（英國）瑪體生撰　（英國）傅蘭雅　（清）鍾天緯譯　清刻本　一冊　存二卷(十三、圖一卷)

210000－0707－0000770　38.1/1734

羅馬志略十三卷首一卷　（英國）艾約瑟譯　清光緒二十四年(1898)上海圖書集成印書局石印本　六冊

210000－0707－0000771　38.2/5790

數學精詳十二卷首一卷　（清）屈曾發輯　清光緒二十二年(1896)石印本　二冊　缺九卷(二至十)

210000－0707－0000772　38.22/1122

弧三角釋術不分卷　（清）吳興讓撰　清光緒二十五年(1899)刻本　一冊

210000－0707－0000773　38.22/1212

弧角三術二卷　（清）劉鶚撰　清刻本　一冊

210000－0707－0000774　38.22/2251

御製數理精蘊表八卷　（清）聖祖玄燁撰　清末鉛字本　七冊　缺一卷(七)

210000－0707－0000775　38.23/1303

西洋新法曆書一百三卷　（明）徐光啟　（明）李天經修　清影印本　三冊　存八卷(五至八、十三至十六)

210000－0707－0000776　38.23/2111

步天歌一卷　（清）何君藩撰　**括地畧一卷輿地畧一卷讀史論略一卷**　清刻本　一冊

210000－0707－0000777　38.23/2498

白芙堂算學叢書九十九卷　（清）丁取忠輯　清光緒二十三年(1897)石印本　六冊

210000－0707－0000778　38.23/3431

蔡氏月令五卷　（漢）蔡邕撰　（清）蔡雲編
清末南菁書院刻本　一冊

210000－0707－0000779　38.23/3437

漢太初厤考一卷心巢文錄二卷　（清）成蓉鏡
撰　清末南菁書院刻本　一冊

210000－0707－0000780　38.23/5148

指南針十二卷　（清）劉一明輯　清光緒六年
(1880)上海翼化堂刻本　一冊　存三卷(陰
符經註一卷、敲爻歌解一卷、百字碑註一卷附
黃鶴賦)

210000－0707－0000781　38.4/4732

地學淺釋三十八卷　（英國）雷俠兒撰　（美
國）瑪高溫口譯　（清）華蘅芳筆述　清同治
十二年(1873)江南機器製造總局刻本　七冊
存三十三卷(一至三十三)

210000－0707－0000782　38.4/5610

中國礦產志略一卷附鐵路簡明表一卷　（清）
顨室輯　清光緒鉛印本　一冊

210000－0707－0000783　38.4/7163

開礦器法十卷附圖一卷　（美國）俺特累撰
(英國)傅蘭雅口譯　（清）王樹善筆述　清光
緒二十五年(1899)江南製造局石印本　六冊

210000－0707－0000784　4.5/3200

淮程旅韻一卷　（清）四傳太守(海霈)輯　清
光緒元年(1875)刻本　一冊

210000－0707－0000785　43.33./4548

蘇東坡全集一百十卷　（宋）蘇軾撰　清宣統
元年(1909)寶華盦石印本　四十八冊

210000－0707－0000786　41.0/4054

古詩考不分卷　（清）孫星衍撰　清光緒十年
(1884)刻本　一冊

210000－0707－0000787　41.2/0022

詩韻集成十卷　（清）余照輯　清光緒十一年
(1885)掃葉山房銅活字印本　四冊

210000－0707－0000788　41.2/2030

元詩別裁八卷補遺一卷　（清）張景星等點閱

清三讓堂刻本　四冊

210000－0707－0000789　41.2/2030

重訂唐詩別裁集二十卷　（清）沈德潛選　清
三讓堂刻本　十冊

210000－0707－0000790　41.2/2030

宋詩別裁八卷　（清）姚培謙　（清）張景星
（清）王永祺點閱　清三讓堂刻本　四冊

210000－0707－0000791　41.2/4608

真味詩錄不分卷　（清）沈闇齋輯　清康熙五
十一年(1712)刻本　三冊

210000－0707－0000792　41.21/3210

增評寄嶽雲齋試體詩選四卷　（清）聶銑敏撰
（清）朱兆鳳評　清末影印本　四冊

210000－0707－0000793　41.21/4003

古詩源十四卷　（清）沈德潛輯　清光緒十七
年(1891)湖南思賢書局刻本　四冊

210000－0707－0000794　41.21/4003

古詩源十四卷　（清）沈德潛　清光緒十七
年(1891)湖南思賢書局刻本　四冊　缺一卷
(十四)

210000－0707－0000795　41.21/4008

古唐詩合解十二卷　（清）王堯衢註　清聯興
堂刻本　九冊

210000－0707－0000796　41.21/4008

古唐詩合解十二卷　（清）王堯衢註　清刻本
三冊　存六卷(五至六、九至十二)

210000－0707－0000797　41.21/4008

古唐詩合解十二卷　（清）王堯衢註　清光緒
南京李光明莊刻本　五冊

210000－0707－0000798　41.22/0011

唐詩三百首續選不分卷　（清）於慶元編　清
道光十四年(1834)刻本　八冊

210000－0707－0000799　41.22/0040

蘭言詩鈔四卷　（清）李瑞輯　清光緒二十一
年(1895)石印本　四冊

210000－0707－0000800　41.22/0064

重訂唐詩別裁集二十卷　（清）沈德潛輯　清末上海鴻章書局石印本　八冊

210000－0707－0000801　41.22/0064

重訂唐詩別裁集二十卷　（清）沈德潛輯　清末上海文瑞樓石印本　八冊

210000－0707－0000802　41.22/0848

唐人萬首絕句選七卷　（宋）洪邁輯　（清）王士禛選　清光緒六年(1880)刻本　二冊

210000－0707－0000803　41.22/8000

御定全唐詩不分卷　（清）徐倬等輯　清光緒雙峰書屋刻本　十七冊

210000－0707－0000804　41.3/8000

全唐詩九百卷　（清）彭定求輯　清刻本　四十九冊　存四百七卷

210000－0707－0000805　41.3/8364

欽定國朝詩別裁集三十二卷　（清）沈德潛纂評　清刻本　十六冊

210000－0707－0000806　41.32/2640

綠野莊詩草九卷　（清）馮至撰　清末鉛印本　一冊

210000－0707－0000807　41.32/4000

杜詩詳註二十五卷　（唐）杜甫撰　（清）仇兆龍注　清刻本　二冊　存十九卷(一至十九)

210000－0707－0000808　41.33/4132

悟溪集七卷困學齋雜錄一卷　（元）王逢撰　清同治十三年(1874)思補樓刻本　八冊

210000－0707－0000809　41.33/8404

劍南詩鈔六卷　（宋）陸遊撰　（清）楊大鶴選　清康熙二十四年(1685)刻本　六冊

210000－0707－0000810　41.33/8408

劍南詩鈔不分卷　（宋）陸遊撰　（清）楊大鶴編　清刻本　六冊

210000－0707－0000811　41.34/0432

謝華啓秀八卷　（明）楊愼撰　（清）高士奇輯　清康熙刻本　一冊

210000－0707－0000812　41.35/0249

話山草堂遺集七卷　（清）沈道寬撰　清光緒三年(1877)潤州権署沈敦蘭刻本　八冊

210000－0707－0000813　41.35/0270

詩經融註大全體要八卷　（清）高朝瓔撰　清光緒十九年(1893)校經山房刻本　四冊

210000－0707－0000814　41.35/0428

鹿蕉山舘詩鈔十卷　（清）胡傳釗撰　清光緒刻本　二冊

210000－0707－0000815　41.35/0608

隨園詩鈔不分卷　（清）阮炎撰　清光緒十九年(1893)刻本　二冊

210000－0707－0000816　41.35/0673

詩賦駢字類珠八卷　（清）蕭燧編　清嘉慶十九年(1814)刻本　四冊

210000－0707－0000817　41.35/0944

詩料十四卷　（清）劉豹君撰　清乾隆六十年(1795)聚錦堂刻本　四冊

210000－0707－0000818　41.35/1016

殘夜水明樓詩集四卷　（清）顧昀撰　清道光十年(1830)刻本　一冊

210000－0707－0000819　41.35/1030

瑟廬居士遺詩一卷　（清）章永康撰　清宣統二年(1910)抄本　一冊

210000－0707－0000820　41.35/1173

水石居詩稿二卷　（清）葉煥撰　清咸豐二年(1852)刻本　一冊

210000－0707－0000821　41.35/1300

鸎字齋詩畧四卷　（清）曹允源撰　清光緒二十二年(1896)刻本　一冊

210000－0707－0000822　41.35/1402

硯林詩集四卷　（清）丁敬撰　清同治十二年(1873)錢塘丁氏當歸草堂刻本　三冊

210000－0707－0000823　41.35/1608

聽園詩鈔十六卷　（清）王楷撰　清光緒五年(1879)刻本　四冊

210000－0707－0000824　41.35/1778

胥屏山館詩存二卷文存一卷　（清）陸麟書撰
清道光二十年(1840)刻本　一冊

210000－0707－0000825　41.35/2072

香屑集十八卷首一卷末一卷　（清）黃之雋撰
清宣統二年(1910)埽葉山房石印本　二冊

210000－0707－0000826　41.35/2152

秋水軒詩選一卷詞一卷　（清）莊盤珠撰　清
光緒二年(1876)盛氏思補樓刻本　二冊

210000－0707－0000827　41.35/2192

訥齋詩稿八卷　（清）范廷謁撰　清光緒十七
年(1891)刻本　一冊

210000－0707－0000828　41.35/2320

偶寄生詩草六卷　（清）勞琛撰　清乾隆五十
二年(1787)雙榆軒刻本　一冊

210000－0707－0000829　41.35/2700

吳興詩話十六卷首一卷　（清）戴璐輯　清嘉
慶元年(1796)吳興劉氏嘉業堂刻本　二冊
缺八卷(五至十二)

210000－0707－0000830　41.35/3292

滋德堂集一卷　（清）徐元第撰　清宣統三年
(1911)木活字印本　一冊

210000－0707－0000831　41.35/3401

述菴詩零一卷　（清）林崧祁撰　清宣統元年
(1909)鉛印本　二冊

210000－0707－0000832　41.35/3654

避園擬存詩集一卷奕律計四十條一卷悔虐偶
抄一卷　（明）王思任撰　清刻本　一冊

210000－0707－0000833　41.35/4152

蕉雨軒槀一卷五山艸堂初編二卷　（清）龍吟
蓀　（清）龍令憲撰　清光緒三十四年(1908)
刻本　一冊

210000－0707－0000834　41.35/4160

有正味齋試帖詳註四卷　（清）吳錫麒撰
（清）吳掄　（清）吳敬恒註　清嘉慶八年
(1803)一經堂刻本　四冊

210000－0707－0000835　41.35/4208

精刊梅伯言全集十卷續集二卷　（清）梅曾亮
撰　清宣統二年(1910)國學扶輪社石印本
三冊

210000－0707－0000836　41.35/4299

萬山草堂詩集六卷　（清）李登雲撰　清光緒
三十三年(1907)武林刻本　二冊

210000－0707－0000837　41.35/4303

七家詩選七卷　（清）張熙宇輯評　清同治七
年(1868)三元堂刻朱墨套印本　三冊　缺一
卷(五)

210000－0707－0000838　41.35/4303

七家詩選七卷　（清）張熙宇輯評　清光緒五
年(1879)上海紫文閣刻朱墨套印本　四冊

210000－0707－0000839　41.35/4303

八家詩選八卷　（清）吳之振選　清康熙十一
年(1672)吳氏鑑古堂刻本　三冊

210000－0707－0000840　41.35/4420

樊川詩集四卷外集一卷別集一卷補遺一卷
（唐）杜牧撰　（清）馮集梧註　清光緒十六年
(1890)湘南書局刻本　四冊

210000－0707－0000841　41.35/4423

樊榭山房集外詩三卷　（清）厲鶚撰　清同治
十三年(1874)錢塘丁氏刻本　一冊

210000－0707－0000842　41.35/4430

松夢寮詩稿六卷　（清）丁丙撰　清光緒二十
五年(1899)刻本　二冊

210000－0707－0000843　41.35/4449

夢蘭草堂詩集一卷　（清）張芑評　清光緒六
年(1880)刻本　一冊

210000－0707－0000844　41.35/4473

梅花閣遺詩一卷　（清）錢蘅生撰　清光緒四
年(1878)刻本　一冊

210000－0707－0000845　41.35/4852

梅村集四十卷目錄二卷　（清）吳偉業撰　清
康熙八年(1669)刻本　十冊

210000－0707－0000846　41.35/4881

梧笙唱和初集二卷　（清）芊香山館合訂　清
道光十七年(1837)刻本　二冊

210000－0707－0000847　41.35/5108

春雲詩鈔六卷目錄六卷　（清）張襄編輯
（清）張維城編　清道光十五年(1835)萬有樓
刻本　二冊

210000－0707－0000848　41.35/5502

東井詩鈔四卷附詩餘不分卷　（清）黃定文撰
　清嘉慶十一年(1806)補不足齋刻本　二冊

210000－0707－0000849　41.35/6240

吟秋樓詩鈔四卷　（清）鄔鶴舟撰　清嘉慶十
七年(1812)山陰鄔氏刻本　一冊

210000－0707－0000850　41.35/6282

明秋館集不分卷　（清）裘凌仙撰　清宣統三
年(1911)鉛印本　一冊

210000－0707－0000851　41.35/6428

墨花香館詩存八卷　（清）慶康撰　清光緒二
十一年(1895)刻本　二冊

210000－0707－0000852　41.35/6768

昌陽吟簡錄一卷附錄一卷　（清）王榮慶等編
　清宣統三年(1911)奉天大德山房鉛印本
一冊

210000－0707－0000853　41.35/7423

周莘仲廣文遺詩一卷　（清）周長庚撰　清光
緒二十一年(1895)鉛印本　一冊

210000－0707－0000854　41.35/7890

居易草堂三卷　（清）李中承撰　清同治九年
(1870)湖南撫署刻本　一冊

210000－0707－0000855　41.35/8018

曾文正公詩彙四卷楹聯一卷散體文一卷
（清）曾國藩撰　清同治十二年(1873)湖南陶
甓勤齋刻本　四冊

210000－0707－0000856　41.35/8018

曾文正公詩集三卷　（清）曾國藩撰　清光緒
二年(1876)傳忠書局刻本　一冊

210000－0707－0000857　41.35/8240

知止盦詩錄四卷　（清）黃宗起輯　清宣統二
年(1910)試金石室刻本　一冊

210000－0707－0000858　41.35/8294

劍光樓詩四卷詞一卷　（清）儀克中撰　清光
緒八年(1882)學海堂刻本　二冊

210000－0707－0000859　41.35/8681

知足知不足齋詩存一卷　（清）寶琳撰　清光
緒二十七年(1901)刻本　一冊

210000－0707－0000860　41.35/8800

養餘齋初集四卷二集四卷三集六卷　（清）柳
樹芳撰　清道光二十七年(1847)膡餕草堂刻
本　四冊

210000－0707－0000861　41.35/9823

隨園三十六種　（清）袁枚撰　清光緒十八年
(1892)上海圖書集成印書館石印本　八冊　存
四種四十四卷(小倉山房文集一至十八、詩集一
至十一、續文集二十五至三十五、外集五至八)

210000－0707－0000862　41.36/0740

哦月樓詩存一卷　（清）儲慧撰　清光緒十一
年(1885)鉛印本　一冊

210000－0707－0000863　41.37/1082

一瓶秋一卷　（清）峰與琮撰　清刻本　一冊

210000－0707－0000864　41/2898

樂善堂全集定本三十卷　（清）高宗弘曆撰
（清）蔣溥輯　清乾隆二十四年(1759)武英殿
刻本　十五冊

210000－0707－0000865　41/6006

墨亭新賦一卷　（清）錢大昕撰　**花鄔聯吟四
卷**　（清）唐仲冕編　**補一卷**　（清）吳錫麒撰
　清嘉慶六年(1801)果克山房刻本　三冊

210000－0707－0000866　42/2746

得月樓賦四編　（清）張元灝選評　清道光二
十四年(1844)刻本　四冊

210000－0707－0000867　42/4420

楚辭十七卷　（戰國）屈原撰　（漢）王逸註
(宋)洪興祖補註　清同治十一年(1872)金陵
書局刻本　四冊

210000－0707－0000868　42/4420

楚辭三種　（戰國）屈原撰　（清）丁宴箋　清
光緒刻廣雅書局叢書本　三冊

210000－0707－0000869　42/4436
賦鈔四卷　（清）康紹鏞輯　清道光元年(1821)合河康氏刻本　四册

210000－0707－0000870　42/6712
賦學正鵠集釋十一卷　（清）李元度輯　清光緒十八年(1892)上海焕文書局石印本　二册

210000－0707－0000871　43.1/3204
漢魏六朝百三名家集一百八卷　（明）張溥輯　清刻本　五十四册

210000－0707－0000872　43.1/4474
精選韓柳歐蘇文鈔八卷　（清）江起鵬輯　清宣統三年(1911)上海新學會鉛印本　八册

210000－0707－0000873　43.1/4882
山東海豐吴氏石蓮盦彙刻九金人集一百五十五卷　（清）吴仲僖輯　清宣統元年(1909)刻本　十八册　存六十卷(閑閑老人滏水文集一至六、十至二十,附校劄記下,附録一卷;拙軒集六卷;莊靖先生遺集七至八;天籟集二卷;元遺山先生年譜二卷;遺山先生集三十七至四十、附録一卷、補載一卷;遺山先生新樂府五卷、補遺一卷;二妙集八卷、逸文一卷;續夷堅志四卷;蕭閑老人明秀集注三卷、補遺一卷)

210000－0707－0000874　43.1/7614
隨園三十八種　（清）袁枚撰　清光緒十八年(1892)著易堂鉛印本　四十册

210000－0707－0000875　43.2/2220
白香山詩長慶集二十卷後集十七卷別集一卷補遺二卷　（唐）白居易撰　（清）汪立名編　**白香山年譜舊本一卷**　（宋）陳振孫撰　**白香山年譜一卷**　（清）汪立名撰　清康熙四十二年(1703)汪立名一隅草堂刻本　八册　存三十一卷(白香山詩長慶集二十卷、後集十至十七、別集一卷、補遺二卷)

210000－0707－0000876　43.2/2402
續古文辭類纂三十四卷　王先謙輯　清光緒十八年(1892)吴縣朱記榮上海掃葉山房影印本　八册

210000－0707－0000877　43.2/8380
欽定全唐文一千卷總目三卷　（清）董誥等編　清嘉慶十九年(1814)武英殿刻本　一百九十九册

210000－0707－0000878　43.21/0301
御選唐宋文醇五十八卷　（清）高宗弘曆選　（清）允祿等輯　清光緒三年(1877)浙江書局刻本　二十三册　缺一卷(一)

210000－0707－0000879　43.21/0383
文選錦字録二十一卷　（明）淩迪知輯　清光緒十一年(1885)上海鴻寶齋鉛印本　一册

210000－0707－0000880　43.21/0405
六朝文絜四卷　（清）許槤評選　清光緒三年(1877)馮竣光讀有用書齋刻朱墨套印本　一册

210000－0707－0000881　43.21/1141
才子古文十五卷末一卷　（清）金人瑞評　清初敦化堂刻本　十二册

210000－0707－0000882　43.21/1240
古文辭類纂十一卷續纂十卷　（清）姚鼐　王先謙輯　清光緒二十年(1894)上海圖書集成印書局鉛印本　五册　存四卷(續纂一至四)

210000－0707－0000883　43.21/1240
古文辭類纂七十四卷　（清）姚鼐輯　清光緒三十三年(1907)上海商務印書館鉛印本　八册

210000－0707－0000884　43.21/1240
古文辭類纂十一卷續纂十卷　（清）姚鼐輯　清光緒二十四年(1898)上海書局石印本　七册

210000－0707－0000885　43.21/2402
續古文辭類纂二十八卷　（清）黎庶昌編　清光緒十五年(1889)商務印書館鉛印本　十二册

210000－0707－0000886　43.21/2402
續古文辭類纂三十四卷　王先謙輯　清光緒八年(1882)商務印書館鉛印本　四册

210000 – 0707 – 0000887　43.21/2513

經史百家雜鈔二十六卷　（清）曾國藩輯　清光緒二年（1876）傳忠書局刻本　八冊　存八卷（十九至二十六）

210000 – 0707 – 0000888　43.21/2513

經史百家雜鈔二十六卷簡編二卷　（清）曾國藩輯　清同治十三年（1874）傳忠書局刻本　十六冊　缺八卷（一至八）

210000 – 0707 – 0000889　43.21/3444

涵芬樓古今文鈔一百卷　（清）吳曾祺輯　清宣統三年（1911）上海商務印書館鉛印本　六十七冊　缺二十三卷（二、三十六至五十、九十三至九十九）

210000 – 0707 – 0000890　43.21/4029

古文辭類纂三編二十八卷　（清）黎庶昌編　清光緒十五年（1889）晉省書業昌石印本　七冊　缺五卷（二十一至二十五）

210000 – 0707 – 0000891　43.21/4029

古文辭類纂七十四卷續纂三十四卷　（清）姚鼐輯　王先謙輯　清光緒八年（1882）商務印書館鉛印本　十六冊

210000 – 0707 – 0000892　43.21/4029

古文辭類纂七十四卷　（清）姚鼐輯　清同治八年（1869）江蘇書局刻本　十冊　缺十七卷（十一至十八、二十九至三十七）

210000 – 0707 – 0000893　43.21/4037

古文淵鑒六十四卷　（清）徐乾學等編　清刻本　十五冊　存三十二卷（十九至三十四、四十九至六十四）

210000 – 0707 – 0000894　43.21/4042

古文觀止十二卷　（清）吳乘權　（清）吳大職選　清刻補配本　六冊

210000 – 0707 – 0000895　43.21/4062

古文品外錄二十四卷　（明）陳繼儒選　明刻本　七冊　缺四卷（十五、十九至二十一）

210000 – 0707 – 0000896　43.21/4062

古文品外錄二十四卷　（明）陳繼儒選　明刻本　五冊　存十二卷（一至十二）

210000 – 0707 – 0000897　43.21/4078

東萊先生古文關鍵二卷　（宋）吳祖謙編　（清）菜子文註　（清）徐樹屏考異　清光緒二十四年（1898）江蘇書局刻本　二冊

210000 – 0707 – 0000898　43.21/4150

二十一史文選一百卷目錄一百卷　（明）周鍾輯　清刻本　一百三十七冊　缺十八卷（文選二十四至二十九、五十至五十四、九十四至一百）

210000 – 0707 – 0000899　43.21/6990

鳴原堂論文二卷　（清）曾國藩撰　清同治十二年（1873）勘志齋刻本　二冊

210000 – 0707 – 0000900　43.21/7708

駢體文鈔三十一卷　（清）李兆洛輯　清光緒三十四年（1908）蘇州振新書社刻本　七冊　缺三卷（二十九至三十一）

210000 – 0707 – 0000901　43.21/8209

八代文粹二百二十卷　（清）簡燊　（清）陳崇哲輯　清光緒十一年（1885）攷雋堂刻本　二冊

210000 – 0707 – 0000902　43.22/2800

名人論辯一卷　清刻本　一冊

210000 – 0707 – 0000903　43.22/6030

四六叢話三十三卷還詩叢話一卷　（清）孫梅輯　清光緒七年（1881）刻本　七冊　缺十八卷（十至二十七）

210000 – 0707 – 0000904　43.22/6407

國朝文匯甲前集二十卷甲集六十卷乙集七十卷丙集三十卷丁集二十卷姓氏目錄一卷　上海國學扶輪社輯　清宣統元年至二年（1909－1910）上海國學扶輪社石印本　七十四冊

210000 – 0707 – 0000905　43.24/3098

[裕德]家書　（清）裕德書　清光緒抄本　一冊

210000 – 0707 – 0000906　43.24/4205

古香齋鑒賞賞袖珍春明夢餘錄七十卷　（清）

孫承澤撰　清刻本　二十三冊　缺五卷(一至五)

210000－0707－0000907　43.24/6096

聞式堂明文小題傳薪八卷　(清)藏嶽評釋　清刻本　四冊　存四卷(二至四、六)

210000－0707－0000908　43.24/6974

國粹學報不分卷　上海國粹學報館編　清宣統元年(1909)鉛印本　二冊　存二期(五十至五十一)

210000－0707－0000909　43.24/7257

對山書屋墨餘錄十六卷　(清)毛祥麟撰　(清)朱作霖評　清同治九年(1870)湖州吳氏醉六堂刻本　六冊

210000－0707－0000910　43.24/8746

合肥相國七十賜壽圖不分卷附壽言不分卷　(清)陳文琪繪　(清)羅豐祿等輯　清光緒十八年(1892)海軍石印書局石印本　一冊

210000－0707－0000911　43.25/4420

李太白文集三十二卷　(唐)李白撰　(清)王琦輯註　清乾隆二十四年(1759)刻本　十二冊

210000－0707－0000912　41.33/0040

施註蘇詩四十二卷總目二卷　(宋)蘇軾撰　(清)邵長蘅等刪補　施註蘇詩續補遺二卷　(清)馮景補注　東坡先生年譜一卷　(宋)王宗稷編　清康熙三十八年(1699)宋犖刻本　九冊

210000－0707－0000913　43.3/2138

白石道人詩説一卷談藝錄一卷　(宋)姜夔撰　談藝錄一卷　(明)徐禎輯　清刻本　一冊

210000－0707－0000914　43.3/2802

重刻黃文節山谷先生文集三十卷　(宋)黃庭堅撰　明光啓堂刻本　六冊　存十五卷(十六至三十)

210000－0707－0000915　43.31/0033

文選六十卷　(南朝梁)蕭統撰　(唐)李善註　(清)何焯評　清乾隆三十七年(1772)海綠

軒刻本　十二冊

210000－0707－0000916　43.31/0033

文選六十卷　(南朝梁)蕭統撰　(唐)李善註　清乾隆三十七年(1772)羊城翰墨園刻朱墨套印本　十二冊

210000－0707－0000917　43.31/0128

庾子山全集十卷　(北周)庾信撰　(清)吳兆宜註　清康熙二十七年(1688)刻本　四冊

210000－0707－0000918　43.31/0301

御選唐宋詩醇四十七卷目錄二卷　(清)高宗弘曆選　(清)梁詩正等編　清光緒三年(1877)公益會刻本　二十四冊

210000－0707－0000919　43.31/2428

徐孝穆全集六卷　(南朝陳)徐陵撰　(清)吳兆宜註　清刻本　二冊

210000－0707－0000920　43.31/6603

文選六十卷　(南朝梁)蕭統撰　(唐)李善註　明末毛氏汲古閣刻本　二十四冊

210000－0707－0000921　43.32/4622

韓昌黎集四十卷外集十卷遺文一卷　(唐)韓愈撰　清光緒二年(1876)刻本　六冊

210000－0707－0000922　43.32/6222

昌黎先生集四十卷　(唐)韓愈撰　(唐)李漢編　清宣統三年(1911)上海鴻文書局千頃堂書局石印本　十冊

210000－0707－0000923　43.32/6222

昌黎先生集四十卷朱子校昌黎先生集傳一卷　(唐)韓愈撰　(唐)李漢編　清宣統三年(1911)石印本　十冊

210000－0707－0000924　43.32/6222

昌黎先生集四十卷　(唐)韓愈撰　清同治八年(1869)江蘇書局刻本　十冊

210000－0707－0000925　43.32/7332

劉賓客外集十卷　(唐)劉禹錫　清光緒三十二年(1906)仁和朱氏刻結一廬朱氏賸餘叢書本　一冊

210000－0707－0000926　43.32/7382

唐陸宣公文集四卷首一卷　（唐）陸贄撰　清
同治五年（1866）福州正誼書局刻本　一冊

210000－0707－0000927　43.33/0202
龍川文集三十卷首一卷　（宋）陳亮撰　龍川
文集辨僞考異一卷朱文公經濟文衡一卷葉水
心先生文集一卷　（清）胡鳳丹撰　清光緒元
年（1875）湖北崇文書局刻本　六冊

210000－0707－0000928　43.33/0268
文信國公集二十卷首一卷　（宋）文天祥撰
清同治七年（1868）楚醴景萊書室刻本　十
五冊

210000－0707－0000929　43.33/1328
元遺山先生集四十卷首一卷附錄一卷補載一
卷年譜四種四卷新樂府四卷續夷堅志四卷考
證三卷　（金）元好問撰　清光緒七年（1881）
讀書山房刻本　十九冊

210000－0707－0000930　43.33/1478
宋王忠文公文集五十卷目錄四卷年譜一卷
（宋）王十朋撰　（清）唐傳銑編　清雍正六年
（1728）掃葉山房石印本　十冊

210000－0707－0000931　43.33/2028
千慮策三卷　（宋）楊萬里撰　清咸豐八年
（1858）刻本　三冊

210000－0707－0000932　43.33/3150
宋王中文公文集五十卷　（宋）王十朋撰　清
刻本　六冊　缺十一卷（一至十一）

210000－0707－0000933　43.33/4592
牆東類稿二十卷　（元）陸文圭撰　牆東類藳
校勘記二十卷　金武祥校勘　清光緒二十二
年（1896）年影印本　一冊　存七卷（十四至
二十）

210000－0707－0000934　43.33/5432
蘇文忠公海外集四卷　（宋）蘇軾撰　清乾隆
四十年（1775）刻本　四冊

210000－0707－0000935　43.33/6091
回文類聚四卷　（宋）桑世昌編　回文類聚續
編十卷　（清）朱象賢編　清刻本　五冊　缺

一卷（回文類聚一）

210000－0707－0000936　43.33/7020
龍川先生集要六卷　（宋）陳亮撰　清道光三
十年（1850）刻本　六冊

210000－0707－0000937　43.33/7228
禮記盧氏注一卷　（漢）盧植撰　（清）馬國翰
輯　清光緒十年（1884）刻本　一冊

210000－0707－0000938　43.34/1878
夏節愍全集十卷補遺一卷續補遺一卷首一卷
末一卷　（明）夏完淳撰　清同治八年（1869）
刻本　二冊　缺五卷（一至五）

210000－0707－0000939　43.34/2122
震川先生集三十卷別集十卷　（明）歸有光撰
清光緒六年（1880）常熟歸氏刻本　十八冊

210000－0707－0000940　43.34/2692
從野堂存藳八卷補遺一卷年譜一卷附錄一卷
（明）繆昌期撰　清光緒二十一年（1895）刻
本　三冊

210000－0707－0000941　43.34/3240
炳燭齋文集初刻一卷續刻一卷　（明）顧大韶
撰　清宣統元年（1909）上海國學扶輪社鉛印
本　二冊

210000－0707－0000942　43.34/6242
新鐫羅順菴增集事文類聚四卷　（明）羅順菴
撰　清雍正勅書閣刻本　四冊

210000－0707－0000943　43.34/7302
吳朝宗先生聞過齋集四卷　（元）吳海撰　清
同治五年（1866）福州正誼書院刻本　一冊

210000－0707－0000944　43.34/7538
陳忠裕全集三十卷首一卷末一卷年譜三卷
（明）陳子龍撰　（清）王旭輯　清嘉慶八年
（1803）刻同治八年（1869）何長治重修本　十
一冊

210000－0707－0000945　43.34/8208
初學集一百十卷目錄二卷　（清）錢謙益撰
（清）錢曾箋註　清宣統二年（1910）文明書局
鉛印本　二十四冊

210000－0707－0000946　43.34/8208

初學集一百十卷目錄二卷　（清）錢謙益撰
（清）錢曾箋註　清宣統二年（1910）文明書局
鉛印本　二十四冊

210000－0707－0000947　43.35/0142

寶綸堂集古錄十二卷　（清）齊召南撰　清宣
統三年（1911）上海掃葉山房石印本　二冊

210000－0707－0000948　43.35/0172

方正學先生集七卷　（明）方孝孺撰　清同治
五年（1866）刻本　二冊

210000－0707－0000949　43.35/0628

隨村先生遺集六卷　（清）施璘撰　清刻本
一冊

210000－0707－0000950　43.35/0688

施愚山先生學餘詩集五十卷　（清）施閏章撰
清末國學扶輪社石印本　一冊　存十七卷
（三十四至五十）

210000－0707－0000951　43.35/0688

施愚山先生外集四卷　（清）施閏章撰　清末
國學扶輪社石印本　一冊

210000－0707－0000952　43.35/0802

庸庵文外編四卷　（清）薛福成撰　清光緒十
九年（1893）刻本　四冊

210000－0707－0000953　43.35/2092

青門賸槀八卷　（清）邵長蘅撰　清光緒武進
盛氏刻本　一冊

210000－0707－0000954　43.35/2470

豸華堂文鈔八卷　（清）金應麟撰　清光緒元
年（1875）刻本　六冊

210000－0707－0000955　43.35/2792

躬厚堂十七卷　（清）張金鏞撰　清同治十年
（1871）刻本　四冊

210000－0707－0000956　43.35/3272

汪穰卿先生遺文三卷　（清）汪詒年輯　清光
緒三十年（1904）鉛印本　一冊

210000－0707－0000957　43.35/3431

宣南鴻雪集二卷　（清）潘會瑩輯　清同治十

年（1871）刻本　一冊

210000－0707－0000958　43.35/3498

道古堂文集四十八卷集外文一卷詩集三十六
卷集外詩一卷軼事一卷　（清）杭世駿撰　清
光緒十四年（1888）泉塘汪曾唯振綺堂重修本
十一冊

210000－0707－0000959　43.35/3518

江中烈公遺集一卷文錄一卷詩錄一卷詩錄補
遺一卷　（清）江中源撰　清光緒十二年
（1886）吳縣槐盧蕖刻本　六冊

210000－0707－0000960　43.35/3750

補學軒文集駢體二卷　（清）鄭獻甫撰　清咸
豐十一年（1861）刻本　二冊

210000－0707－0000961　43.35/3772

清閟閣全集十二卷　（元）倪瓚撰　清光緒二
十一年（1895）影印本　三冊

210000－0707－0000962　43.35/3802

定盦文集補二卷別集三卷　（清）龔自珍撰
清道光七年（1827）刻本　二冊

210000－0707－0000963　43.35/3852

滄螺集六卷　（明）孫作撰　清光緒二十二年
（1896）刻本　一冊

210000－0707－0000964　43.35/4292

貴池二妙集五十一卷補遺一卷附錄一卷
（清）劉世珩輯　清光緒二十七年（1901）劉氏
唐石簃刻三十四年（1908）增補貴池先生遺書
本　十一冊

210000－0707－0000965　43.35/4402

茗柯文初編一卷二編二卷三編一卷四編一卷
（清）張惠言撰　清光緒七年（1881）刻本
二冊

210000－0707－0000966　43.35/4590

存素堂文槀四卷補遺一卷　（清）程恩澤撰
清同治九年（1870）刻錢頤壽中丞全集本
八冊

210000－0707－0000967　43.35/5782

青門簏稿十六卷旅槀六卷賸槀八卷　（清）邵

長薌撰　清光緒二十三年(1897)刻本　三冊

210000－0707－0000968　43.35/6190

鳴原堂論文二卷　(清)曾國藩撰　清同治十二年(1873)勸志齋刻本　一冊

210000－0707－0000969　43.35/6492

顯志堂稿不分卷　(清)馮桂芬撰　清光緒二年(1876)古吳胥門內謝文翰齋刻本　二冊

210000－0707－0000970　43.35/6603

重訂昭明文選集評十五卷　(清)於光華編　清同治九年(1870)刻本　十六冊

210000－0707－0000971　43.35/6603

重訂昭明文選集評十五卷首一卷末一卷　(清)於光華編　清光緒十五年(1889)善成堂刻本　十六冊

210000－0707－0000972　43.35/7092

學文堂文集十六卷詩集五卷詩餘三卷　(清)陳玉璂撰　清光緒二十三年(1897)武進盛氏刻本　五冊　缺三卷(詩餘三卷)

210000－0707－0000973　43.35/7228

象山先生文集三十六卷　(宋)陸九淵撰　**學則辯一卷**　(明)徐階撰　清宣統二年(1910)江左書林石印本　八冊　缺一卷(陸梭山家訓一)

210000－0707－0000974　43.35/7228

陸象山先生全集三十六卷　(宋)陸九淵撰　(清)李紱評點　**學則辯一卷**　(明)徐階撰　清宣統二年(1910)石印本　八冊

210000－0707－0000975　43.35/7338

周濂溪先生全集十三卷　(宋)周敦頤撰　(清)張伯行編　清同治五年(1866)福州正誼書院刻本　四冊

210000－0707－0000976　43.35/8018

曾文正公文鈔四卷首二卷　(清)曾國藩撰　清同治十二年(1873)金陵書局刻本　四冊

210000－0707－0000977　43.35/8018

曾文正公大事記四卷　(清)王定安撰　清光緒二年(1876)傳忠書局刻本　二冊

210000－0707－0000978　43.35/8020

全謝山文鈔十六卷　(清)全祖望撰　清宣統二年(1910)上海國學扶輪社鉛印本　八冊

210000－0707－0000979　43.35/8100

養一齋文集二十卷　(清)李兆洛撰　清光緒四年(1878)刻本　七冊

210000－0707－0000980　43.35/8448

板橋詩鈔二卷詞鈔一卷家書一卷　(清)鄭燮撰　清末鑄記書局石印本　四冊

210000－0707－0000981　43.35/8800

俞俞齋文槀初集四卷　(清)史念祖撰　清光緒十六年(1890)刻本　三冊　缺一卷(二)

210000－0707－0000982　43.35/8990

養晦堂全集三十二卷　(清)劉蓉撰　清光緒三年(1877)思賢講舍刻本　六冊　缺二十卷(劉中丞奏議一至二十)

210000－0707－0000983　43.5/4428

栲栲山人詩集三卷　(元)岑安卿撰　(清)張延枚編　清乾隆四十七年(1782)張氏寶墨齋刻本　一冊

210000－0707－0000984　43.6/6064

明詩別裁集十二卷　(清)沈德潛等輯　清右文堂刻本　六冊

210000－0707－0000985　43.7/1216

西崑訓昌集二卷　(宋)楊億撰　清康熙四十九年(1710)長洲朱俊升刻本　一冊

210000－0707－0000986　43.7/1412

王右丞集二十八卷首一卷末一卷　(唐)王維撰　(清)趙殿成箋註　清乾隆二年(1737)田翠含颺錦齋刻本　十冊

210000－0707－0000987　43.7/6027

吳詩集覽二十卷補注二十卷談藪一卷拾遺一卷　(清)吳偉業撰　(清)靳榮藩輯　清刻本　十五冊

210000－0707－0000988　43.7/6027

吳詩集覽二十卷談藪一卷　(清)吳偉業撰　(清)靳榮藩撰　清乾隆四十年(1775)靳氏淩

雲亭刻本　十六冊

210000－0707－0000989　43.7/7172

蠶尾集十卷續集二卷後集二卷　（清）王士禎撰　清康熙四十七年(1708)刻本　四冊　存九卷（蠶尾集六至十、續集二卷、後集二卷）

210000－0707－0000990　43.75/1483

屛麓公寄遺稿一卷　（清）陳幾賢撰　清道光三年(1823)刻本　一冊

210000－0707－0000991　43/0009

唐文粹一百卷目錄一百卷　（宋）姚鉉纂　清光緒九年(1883)江蘇書局刻本　十六冊

210000－0707－0000992　43/0033

文選六十卷　（南朝梁）蕭統撰　（唐）李善注　清刻本　十二冊

210000－0707－0000993　43/3822

定盦文集補二卷續集四卷　（清）龔自珍撰　清道光七年(1827)刻本　二冊

210000－0707－0000994　44.2/6413

蜀十五家詞不分卷　（清）吳虞輯　清宣統二年(1910)石印本　四冊

210000－0707－0000995　44.21/2403

絕妙詞選十卷天下同文一卷　（宋）黃昇輯（元）□□輯　清宣統三年至民國六年(1911－1917)仁和吳氏雙照樓刻民國六年至十二年(1917－1923)武進陶氏涉園續刻本　一冊　存三卷(八至十)

210000－0707－0000996　44.24/5382

秦淮八艷圖詠不分卷　（清）葉衍蘭撰　清光緒十八年(1892)羊城越華講院刻本　一冊

210000－0707－0000997　44.3/1330

三家宮詞三卷二家宮詞二卷　（明）毛晉編　清宣統三年(1911)上海掃葉山房石印本　一冊

210000－0707－0000998　44.3/1400

雨村詩話十六卷　（清）李調元撰　清嘉慶元年(1796)九經堂刻本　六冊

210000－0707－0000999　44.3/4408

板橋詩鈔三卷詞鈔一卷小唱一卷題畫一卷家書

一卷　（清）鄭燮撰　清乾隆刻本　一冊

210000－0707－0001000　44.3/4720

鶴緣詞一卷　（清）呂耀斗撰　清光緒二十六年(1900)呂氏敬止堂刻本　一冊

210000－0707－0001001　44.3/6302

賦話十卷　（清）李調元撰　清乾隆四十三年(1778)刻本　四冊

210000－0707－0001002　45.2/4080

增補箋註第六才子西廂釋解八卷　（元）王實甫撰　（元）關漢卿續　（清）金人瑞評　（清）鄭汝寧音義　清善美堂刻本　六冊

210000－0707－0001003　45.3/1001

一笠庵北詞廣正譜十八卷南戲北詞正謬一卷（清）李玉撰　清康熙青蓮書屋刻文靜書院印本　三冊　存三卷(二至四)

210000－0707－0001004　45.3/1496

玉燕堂四種八卷　（清）張堅填詞　（清）柴次山評點　清乾隆刻本　六冊　存六卷(一至六)

210000－0707－0001005　45.4/6048

果報錄十二卷一百回　（清）海芝濤撰　清刻本　四冊　缺五卷(一至四、十二)

210000－0707－0001006　45.5/2476

牡丹亭還魂記八卷　（明）湯顯祖撰　清刻本　六冊

210000－0707－0001007　45.7/4418

燕子箋二卷四十二齣　（明）阮大鋮撰　清同治十三年(1874)寄傲山房刻本　四冊

210000－0707－0001008　45.71/2662

繪圖昇仙傳八卷五十六回　（清）倚雲氏撰　清光緒三十四年(1908)上海茂記書莊石印本　六冊

210000－0707－0001009　45.75/0162

庚子國變彈詞四十卷四十回　（清）李伯元撰　清光緒二十九年(1903)上海世界繁華報館鉛印本　六冊

210000－0707－0001010　45.75/3054

繪圖安邦志八卷　清宣統二年(1910)上海章福記書局石印本　八冊

210000－0707－0001011　45.75/3064

繪圖定國志八卷　清宣統二年(1910)上海章福記書局石印本　八冊

210000－0707－0001012　46.2/4100

太平廣記五百卷表一卷目錄十卷　（宋）李昉等編　清乾隆十八年(1753)黃氏槐陰草堂刻本　六十四冊

210000－0707－0001013　46.3/0000

鄺齋雜記八卷　（清）陳曇撰　清光緒十年(1884)廣雅堂刻本　一冊

210000－0707－0001014　46.3/0010

詳註聊齋志異圖詠十六卷首一卷　（清）蒲松齡撰　（清）呂湛恩註　清光緒二十四年(1898)上海鍊石書局石印本　八冊

210000－0707－0001015　46.3/0010

詳註聊齋志異圖詠十六卷　（清）蒲松齡撰（清）呂湛恩註　清末鐵城徐氏廣百宋齋刻本　六冊　缺四卷(一至二、七至八)

210000－0707－0001016　46.3/1221

兩般秋雨盦隨筆八卷　（清）梁紹壬撰　清道光十七年(1837)錢塘汪氏振綺堂刻本　七冊

210000－0707－0001017　46.3/1221

兩般秋雨盦隨筆八卷　（清）梁紹壬撰　清宣統二年(1910)上海掃葉山房石印本　四冊

210000－0707－0001018　46.3/2695

繪圖情史二十四卷　（清）詹詹外史撰　清宣統元年(1909)北京自強書局石印本　六冊

210000－0707－0001019　46.3/5074

夷堅志五十卷　（宋）洪邁撰　清宣統三年(1911)上海黎光社石印本　十六冊

210000－0707－0001020　46.4/1340

西遊真詮十卷一百回　（明）吳承恩撰　（清）陳士斌詮解　清刻本　十九冊　存九十五回(六至一百)

210000－0707－0001021　46.4/4651

蜨階外史四卷　（清）高繼珩撰　清宣統三年(1911)上海廣益書局石印本　二冊

210000－0707－0001022　46.4/7014

刪訂二奇合傳十六卷四十回　（清）勸敬老撰　清刻本　四冊　存十八回(八至十一、二十七至四十)

210000－0707－0001023　46.4/8444

今古奇觀三十八卷　（明）抱甕老人輯　清同文堂刻本　八冊　存二十卷(一至二十)

210000－0707－0001024　46.5/1338

新刻劍嘯閣批評西漢演義傳八卷　（明）甄偉撰　（明）鍾惺評　清善成堂刻本　四冊　存四卷(二至三、七至八)

210000－0707－0001025　46.5/1338

新刻劍嘯閣批評西漢演義傳八卷　（明）甄偉撰　（明）鍾惺評　清刻本　八冊

210000－0707－0001026　46.5/5338

新刻劍嘯閣批評東漢演義傳十卷　（明）謝詔撰　清刻本　六冊

210000－0707－0001027　46.6/1041

天雨花三十回　（清）陶貞懷撰　清道光二十一年(1841)刻本　十三冊　存十二回(一、三至四、六、八至九、十一至十六)

210000－0707－0001028　46.6/2056

爭春園全傳四十八回　（清）佚名撰　清道光四年(1824)刻本　十冊

210000－0707－0001029　46.6/2144

紅樓夢一百二十卷像一卷目錄一卷論贊一卷問答一卷大觀園圖說一卷題詞一卷總評一卷　（清）曹雪芹撰　（清）高鶚續　（清）王希廉評　清光緒三年(1877)翰苑樓刻本　二十二冊

210000－0707－0001030　46.6/2164

繡像繪圖後列國志八卷六十回　（清）無名氏撰　清末石印本　四冊

210000－0707－0001031　46.6/2243

繪像結水滸全傳八卷七十回末一卷　（清）俞萬春撰　清光緒二十二年(1896)煥文書局鉛

111

印本　十六冊

210000－0707－0001032　46.6/2286

第一才子書十六卷一百二十回首一卷　（明）羅貫中撰　（清）毛宗崗　（清）金聖歎評　清光緒二十九年（1903）上海錦章書局石印本　八冊

210000－0707－0001033　46.6/4088

金鐘傳八卷六十四回　（清）正一子　（清）克明子撰　（清）天香居士註解　清光緒二十二年（1896）樂善堂刻本　八冊

210000－0707－0001034　46.6/4142

英雲夢傳八卷　（清）松雲氏撰　（清）掃花頭陀剩齋氏評　清刻本　四冊

210000－0707－0001035　46.6/4286

增像全圖三國志演義第一才子書十二卷一百二十回　（明）羅貫中撰　（清）毛宗崗評　清末石印本　十冊

210000－0707－0001036　46.6/4286

第一才子書六十卷一百二十回　（明）羅貫中撰　（清）毛宗崗評　清末錦章書局石印本　九冊

210000－0707－0001037　46.6/5338

新刻批評東漢演義八卷三十二回　（清）清遠道人編　清善成堂刻本　六冊

210000－0707－0001038　46.6/5716

東周列國全志二十三卷一百八回　（清）蔡元放評點　清刻本　十二冊　存十二卷（十二至二十三）

210000－0707－0001039　46.6/5716

東周列國全志二十三卷一百八回　（清）蔡元放評點　清咸豐四年（1854）書成山房刻本　二十二冊

210000－0707－0001040　46.6/5716

東周列國志二十七卷一百八回　（清）蔡元放評點　清末錦章書局石印本　七冊

210000－0707－0001041　46.6/8012

增評補像全圖金玉緣一百二十回首一卷　（清）曹雪芹撰　（清）高鶚續　（清）王希廉批點　清光緒三十四年（1908）求不負齋石印本　十六冊

210000－0707－0001042　46.6/8012

增評補像全圖金玉緣一百二十回首一卷　（清）曹雪芹撰　（清）高鶚續　清末上海同文書局石印本　十冊　存八十二回（一至十、十九至四十四、六十七至八十二、九十一至一百二十）

210000－0707－0001043　46.6/8012

增評加批金玉緣圖說十六卷一百二十回首一卷　（清）曹雪芹撰　（清）高鶚續　（清）蝶薌仙史評　清末石印本　十七冊

210000－0707－0001044　46.6/8141

繪圖增像第五才子書水滸全傳七十回　（明）施耐庵撰　（清）金人瑞評　清光緒三十二年（1906）上海書局石印本　八冊

210000－0707－0001045　46.6/8141

第一才子書六十卷一百二十回首一卷　（明）羅貫中撰　（清）金人瑞　（清）毛宗崗評　清光緒八年（1882）上海點石齋石印本　八冊

210000－0707－0001046　46.6/9894

新刻粉妝樓傳記八十回　（清）竹溪山人撰　清嘉慶十年（1805）掃葉山房刻本　十冊

210000－0707－0001047　46.3/4000

世說新語補二十卷　（南朝宋）劉義慶撰　（南朝梁）劉孝標注　（宋）劉應登評　（明）何良俊增　（明）王世貞刪　（明）王世懋評　（明）張文柱注　（清）黃汝琳補訂　清乾隆二十七年（1762）刻本　八冊

210000－0707－0001048　47.3/8802

筱飲齋槀不分卷　（清）陸飛撰　清乾隆三十一年（1766）刻本　一冊

210000－0707－0001049　48.4/0032

文章游戲初編八卷　（清）繆良輯　清嘉慶八年（1803）緯文堂刻本　四冊

210000－0707－0001050　48.4/0032

文章遊戲二編八卷 （清）繆良輯 清嘉慶二
十二年(1817)藕花館刻本 四冊

210000－0707－0001051 48.4/0032

文章遊戲三編八卷 （清）繆良輯 清嘉慶二
十三年(1818)緯文堂刻本 四冊

210000－0707－0001052 48.4/0032

文章遊戲四編八卷 （清）繆良輯 清道光元
年(1821)緯文堂刻本 四冊

210000－0707－0001053 49.21/0370

文心雕龍十卷 （南朝梁）劉勰撰 （清）黃叔
琳輯 清乾隆六年(1741)黃叔琳養素堂刻本
二冊

210000－0707－0001054 49.21/0370

文心雕龍十卷 （南朝梁）劉勰撰 （清）黃叔
琳輯 清乾隆六年(1741)刻本 三冊 缺二
卷(三至四)

210000－0707－0001055 49.22/2000

艇齋詩話一卷校譌一卷續校一卷 （宋）曾季
貍撰 （清）胡挺校譌 （清）董金鑑輯 清光
緒十四年(1888)木活字印本 一冊

210000－0707－0001056 49.22/3130

北江詩話六卷 （清）洪亮吉撰 清宣統元年
(1909)掃葉山房石印本 一冊

210000－0707－0001057 49.22/8100

養一齋詩話十卷養一齋李杜詩話三卷 （清）
潘德輿輯 清道光十六年(1836)刻本 四冊

210000－0707－0001058 49.24/1480

靈芬館詞六卷 （清）郭麐撰 清嘉慶九年至
道光九年(1804－1829)孫均等刻本 一冊 缺
二卷(懺餘綺語二卷)

210000－0707－0001059 49.25/9138

悟道錄二卷 （清）劉一明撰 清光緒三年
(1877)上海翼化堂刻本 一冊

210000－0707－0001060 49.3/0053

詞科掌錄十七卷餘話七卷 （清）杭世駿編輯
清乾隆仁和杭氏道古堂刻本 八冊

210000－0707－0001061 49.3/2445

紅樓夢散套十六卷 （清）吳鎬撰 （清）黃兆
魁譜 清嘉慶蟾波閣刻本 六冊

210000－0707－0001062 49.3/3175

遏雲閣曲譜不分卷 （清）王錫純輯 清同治
九年(1870)上海著易堂鉛印本 十二冊

210000－0707－0001063 49.4/0025

詩韻集成不分卷 （清）余照輯 清末上海大
成書局石印本 四冊

210000－0707－0001064 49.4/0053

韻府拾遺一百六卷 （清）張廷玉等輯 清光
緒十二年(1886)上海同文書局石印本 八冊

210000－0707－0001065 49.4/0053

韻府拾遺一百六卷 （清）張廷玉等輯 清光
緒十七年(1891)上海同文書局石印本 八冊

210000－0707－0001066 49.4/0087

詩韻合璧五卷虛字韻藪一卷 （清）湯文潞
（清）潘維城輯 清光緒十三年(1887)廣百宋
齋刻本 五冊

210000－0707－0001067 49.4/0087

詩韻合璧五卷分類文選題解擇要一卷 （清）
湯文潞輯 清光緒十二年(1886)上洋公興書
局鉛印本 六冊

210000－0707－0001068 49.4/2000

佩文韻府一百六卷拾遺一百六卷 （清）張玉
書等纂 清光緒八年(1882)上海點石齋石印
本 十冊

210000－0707－0001069 49.4/2000

佩文韻府一百六卷 （清）張玉書等纂 清光
緒十七年(1891)上海同文書局石印本 五十
二冊

210000－0707－0001070 49.4/2000

佩文韻府一百六卷 （清）張玉書等纂 清末
石印本 十四冊 缺七十四卷(一至五、七、十
一至十九、二十二至二十三、二十七至四十、五
十五至五十九、六十四、六十七至八十九、九十
一至九十二、九十五至一百六)

210000－0707－0001071 49.4/4000

113

詩韻全璧不分卷 （清）湯文潞輯 清光緒十七年(1891)石印本 五冊

210000－0707－0001072 49.4/4127

太平御覽一千卷引書目一卷目録十五卷 （宋）李昉等撰 清嘉慶二十三年(1818)歙縣鮑氏刻本 八十八冊

210000－0707－0001073 51/2098

經訓堂叢書 （清）畢沅輯 清乾隆鎮洋畢氏刻本 三十冊 存一百七卷(一至一百七)

210000－0707－0001074 51/3492

通志堂經解 （清）成德輯 清康熙十九年(1680)通志堂刻本 八十九冊

210000－0707－0001075 51/4471

武英殿聚珍版書 （清）紀昀等纂 清乾隆武英殿木活字印本 三十六冊 存一百二十五卷(一至一百二十五)

210000－0707－0001076 51/4471

宋朝事實二十卷 （清）李攸撰 清乾隆武英殿木活字印本 六冊

210000－0707－0001077 06.1/6635

嘯園叢書 （清）葛元煦輯 清光緒葛氏嘯園刻本 六十一冊

210000－0707－0001078 111.2/0023

說文解字十五卷 （漢）許慎撰 清同治十三年(1874)浦氏刻本 三冊

210000－0707－0001079 111.1/0006

廣韻五卷 （宋）陳彭年等撰 清刻本 三冊 存三卷(三至五)

210000－0707－0001080 11/1292

五經類編二十八卷 （清）周世樟編 清穀詒堂刻本 十二冊

210000－0707－0001081 16.4/8330

欽定禮記義疏八十二卷首一卷 清刻本 十四冊 存三十七卷(二至十一、十五至十七、二十至二十二、四十五至五十七、七十至七十二、七十八至八十二)

210000－0707－0001082 26.6/3358

浙江忠義錄十卷附人表八卷又一卷續編二卷附表九卷 （清）浙江採訪忠義總局編 清刻本 九冊 存十四卷(三至十、人表一至六)

丹東市圖書館
古籍普查登記目録

全國古籍普查登記目録

國家圖書館出版社
National Library of China Publishing House

《丹東市圖書館古籍普查登記目錄》
編委會

主　編：時　新

編　委：周思繁　古曉梅　宋殊艷　姜　平　郭金麗

《丹東市圖書館古籍普查登記目録》

前　言

　　古籍作爲人類珍貴的文化遺産，是中華民族的精神家園，是中華文明綿延五千年未曾間斷的歷史見證。丹東市圖書館現存傳統裝幀書籍 3600 多種 31000 餘册，是遼寧省古籍收藏重點單位之一。自 2007 年國家成立古籍保護中心，實施“中華古籍保護計劃”以來，丹東館積極回應，精心落實，科學規劃，始終把古籍普查作爲一項重要工作予以高度重視。爲保質保量完成古籍普查任務，做到客觀、準確、完整地把館藏古典文獻録入到全國古籍綜合信息數據庫，以便今後有針對性地開展保護，促進對古籍資源的利用，館裏抽調相關人員組成了專門的普查小組，承擔着對館藏古籍數量、品種、級別等次、破損情況的登記工作。普查小組的所有成員以高度的責任心和使命感，認真學習鑽研古籍著録、版本鑒定等相關知識，邊幹邊學，特別是多次參加全國古籍普查培訓班學習，業務水準提升很快，大家學用結合，自覺地把普查工作當成一個難得的實踐機會，對每一本書、每一名著者、每一篇序跋，都用心考證、辨析、查找、核實，遇到問題共同探討、各抒己見，解決不了的疑難，通過 QQ 群與業界專家老師溝通交流。大家每天都沉浸在卷帙浩繁的典籍文獻中，工作雖然辛苦，却很充實，受益匪淺。目前，丹東館 1912 年以前的古籍已全部納入到全國古籍普查平臺，包括書影的拍攝和上傳，順利完成全國古籍普查平臺登記工作。今天，在《遼寧省二十六家收藏單位古籍普查登記目録》出版之時，作爲參與館之一，我們由衷地感到自豪和欣慰。

　　回顧丹東館古籍工作，還要追溯至 20 世紀 50 年代。1952 年省裏調撥給我館綫裝書 28000 册。據幾位老館長回憶，這批書是土改時人民政府没收之物，在隨後的五六十年代，館領導又派人去民間、有關部門和古籍書店采訪采購，最終使古籍館藏量達到現在的規模。

　　在這次古籍普查工作之前，丹東館古籍主要經歷了三次規模較大的整頓：第一次是 1962 年，全館抽調 9 名人員對古籍綫裝書進行重新登記、建賬、分類、編目，并建立了古籍綫裝書目録；第二次是 1983 年搬入現館舍後，以關俊、仲華同志爲主，并外聘市第一中學退休教師來館幫助整理，整頓的重點是對原來歸類不準確的重新分類，以便爲讀者利用和編製古籍綫裝書目録做好基礎工作，1988 年 5 月，經遼寧省圖書館韓錫鐸研究館員鑒定，我館古籍善本書爲 43 部 475 册，同年 10 月，專家再次鑒定，確認館藏 191 部歷代碑帖中有 63 部爲善本；第三次是 1989 年，我館抽調部分專業幹部籌備參加《東北地區古籍綫裝書聯合目録》的編製，該項工作由副研究館員姜鐵涵負責，同時抽調部分退休專業幹部參加，來我館實習的遼寧師範大學圖書館專業的學生也參與了古籍圖書整理的輔助性工作。此次整頓，爲古籍圖書製做了函套、書寫新標籤；重新編製目録卡片，完善目録組織；按經、史、子、集四大部類，將綫裝書重新排架。1994 年年底《東北地區古籍綫裝書聯合目録》編纂完成。此次整頓爲建館以來對古籍綫裝書所進行的最爲徹底的一次，其成果一直延用至今。

可以説，這次全國古籍普查工作能如此順利完成，無不凝結着幾代圖書館人的心血和汗水，在此我們爲前輩們的付出和努力表示感謝和誠摯的敬意。没有他們的積纍和傳承，也不會有今天的成就。作爲圖書館人，能通過我們的工作，讓更多的人瞭解古籍，走進古籍，感知傳統文化的魅力，解讀文明演進的足迹，我們很欣慰。

丹東市圖書館

2020 年 5 月

210000 - 0708 - 0000001　7384

安順書牘摘鈔三卷　(清)易佩紳撰　清光緒四年(1878)刻本　一冊

210000 - 0708 - 0000002　2513 - 2514

暗室燈二卷　佚名撰　清宣統元年(1909)上海廣益書局石印本　二冊

210000 - 0708 - 0000003　1271 - 1273

八銘塾鈔初集六卷　(清)吳懋政輯　清刻本　三冊　存三卷(上論,上孟、下孟)

210000 - 0708 - 0000004　1244 - 1255

八銘塾鈔初集六卷二集六卷　(清)吳懋政輯　(清)李炳坤注釋　清光緒六年(1880)埽葉山房刻本　十二冊

210000 - 0708 - 0000005　1256 - 1265

八銘塾鈔初集六卷二集六卷　(清)吳懋政輯　(清)李炳坤注釋　清光緒六年(1880)埽葉山房刻本　十冊

210000 - 0708 - 0000006　1266 - 1270

八銘堂塾鈔初集六卷　(清)吳懋政輯　清咸豐八年(1858)慶雲樓刻本　五冊　存五卷(大學一、論語一至二、孟子一至二)

210000 - 0708 - 0000007　7374 - 7377

八賢手札八卷　(清)關弼臣輯　清光緒三十四年(1908)上洋海左書局石印本　四冊

210000 - 0708 - 0000008　3069 - 3070

白虎通德論四卷　(漢)班固撰　清光緒元年(1875)湖北崇文書局刻子書百家本　二冊

210000 - 0708 - 0000009　4309 - 4320

白香山詩長慶集二十卷後集十七卷別集一卷補遺二卷　(唐)白居易撰　(清)汪立名編　清宣統三年(1911)石印本　十二冊

210000 - 0708 - 0000010　911 - 920

白香山詩長慶集二十卷後集十七卷別集一卷補遺二卷　(唐)白居易撰　(清)汪立名編　清康熙一隅草堂刻本　十冊

210000 - 0708 - 0000011　10960

百漢硯碑一卷　(清)萬承紀輯　清光緒十八年(1892)影印本　一冊

210000 - 0708 - 0000012　1793

寶山橘話一卷　(清)李薪儒撰　清光緒二十年(1894)李家園刻本　一冊

210000 - 0708 - 0000013　1981 - 1988

北齊書五十卷　(唐)李百藥撰　清光緒二十九年(1903)五洲同文局石印二十四史本　八冊

210000 - 0708 - 0000014　1989 - 1994

北齊書五十卷　(唐)李百藥撰　清光緒三十四年(1908)上海集成圖書公司鉛印二十四史本　六冊

210000 - 0708 - 0000015　2089 - 2112

北史一百卷　(唐)李延壽撰　清光緒二十九年(1903)五洲同文局石印本　二十四冊

210000 - 0708 - 0000016　2154 - 2158

北史一百卷　(唐)李延壽撰　清刻本　五冊　存二十七卷(七十四至一百)

210000 - 0708 - 0000017　2113 - 2128

北史一百卷　(唐)李延壽撰　清光緒三十四年(1908)上海集成圖書公司鉛印二十四史本　十六冊

210000 - 0708 - 0000018　11294 - 11313

北洋公牘類纂二十五卷　(清)甘厚慈輯　清光緒三十三年(1907)北京益森公司鉛印本　二十冊

210000 - 0708 - 0000019　1233 - 1237

本草從新十八卷　(清)吳儀洛撰　清光緒十二年(1886)刻本　五冊　存十六卷(一至二、五至十八)

210000 - 0708 - 0000020　1425 - 1430

本草綱目五十二卷　(明)李時珍撰　**本草綱目拾遺十卷**　(清)趙學敏撰　清上海錦章書局石印本　六冊　存二十一卷(三至六、三十六至五十,拾遺九至十)

210000 - 0708 - 0000021　1436 - 1438

本草綱目五十二卷　(明)李時珍撰　清石印

本　三冊　存十三卷（三十一至三十四、四十二至五十）

210000－0708－0000022　1439－1443
本草綱目五十二卷首一卷附圖一卷　（明）李時珍撰　清宣統元年（1909）上海經香閣石印本　五冊　存十七卷（四至十八、首一卷、圖一卷）

210000－0708－0000023　1194－1228
本草綱目五十二卷圖三卷　（明）李時珍撰　清同治十一年（1872）芥子園刻本　三十五冊　存三十八卷（一至十三、十七、三十二至五十二，圖三卷）

210000－0708－0000024　1238－1258
本草綱目五十二卷圖三卷　（明）李時珍編　本草綱目拾遺十卷　（清）趙學敏輯　本草萬方鍼線八卷　（清）蔡烈先輯　清鴻寶齋書局石印本　二十一冊　存七十一卷（本草綱目五十二卷、圖上、本草綱目拾遺十卷、本草萬方鍼線八卷）

210000－0708－0000025　1259－1261
本草萬方鍼線八卷　（清）蔡烈先輯　清春明堂刻本　三冊

210000－0708－0000026　1189－1190
本草原始十二卷　（清）李中立纂輯　清存誠堂刻本　二冊

210000－0708－0000027　1325－1330
辨證奇聞十卷　（清）錢松撰　清光緒三十一年（1905）寶善齋書莊石印本　六冊

210000－0708－0000028　1331－1336
辨證奇聞十卷　（清）錢松撰　清光緒三十一年（1905）寶善齋書莊石印本　六冊

210000－0708－0000029　10829－10835
變法自強奏議彙編二十卷　（清）毛佩之纂　清光緒二十七年（1901）上海書局石印本　七冊　存十五卷（一、四至十、十三至十九）

210000－0708－0000030　11233－11237
病榻夢痕錄二卷餘錄一卷佐治藥言一卷續藥

言一卷學治臆說二卷續說一卷說贅一卷
（清）汪輝祖纂　清同治十一年（1872）刻本　五冊

210000－0708－0000031　9097－9102
駁案新編三十二卷　（清）全士潮等纂輯　清乾隆四十六年（1781）刻本　六冊　存八卷（一至八）

210000－0708－0000032　9103－9130
駁案新編三十二卷駁案續編七卷　（清）全士潮等纂輯　清乾隆四十六年（1781）刻本　二十八冊　存三十六卷（駁案新編一、四至三十二，駁案續編一至四、六至七）

210000－0708－0000033　9131－9140
駁案新編三十二卷駁案續編七卷　（清）全士潮等纂修　清光緒九年（1883）上海圖書集成局鉛印本　十冊　存三十五卷（一至二十五、三十至三十二，續編七卷）

210000－0708－0000034　10782
補三史藝文志一卷附元史藝文志一卷　（清）金門詔撰　清刻本　一冊

210000－0708－0000035　10783
補元史藝文志四卷宋遼金元四史朔考二卷通鑑註辨正一卷　（清）錢大昕補　清刻本　一冊　存一卷（四）

210000－0708－0000036　9294－9299
補註洗冤錄集證六卷　（清）王又槐增輯（清）阮其新補注　清光緒三十年（1904）北直文昌會刻本　六冊

210000－0708－0000037　8980
補註洗冤錄集證六卷　（清）王又槐增輯（清）李觀瀾補輯　（清）阮其新補註　清刻本　一冊　存一卷（三）

210000－0708－0000038　2657－2659
參星秘要諏吉便覽不分卷　（清）俞榮寬撰　八門九星陰陽二遁不分卷　（清）梁立軒錄　清光緒八年（1882）掃葉山房刻朱墨套印本　三冊　存三冊（一至二、四）

210000 - 0708 - 0000039　3601 - 3606

倉頡篇三卷　（清）孫星衍輯　**倉頡篇續本一卷**　（清）任大椿輯　**倉頡篇補本二卷**　（清）陶方琦輯　**字林考逸八卷**　（清）任大椿撰　**字林考逸補本一卷**　（清）陶方琦撰　**附錄一卷**　（清）任大椿識　**補附錄一卷**　（清）諸可寶識　清光緒十六年（1890）江蘇書局刻本　六冊

210000 - 0708 - 0000040　5766 - 5777

藏園九種曲十三卷　（清）蔣士銓撰　清刻本　十二冊

210000 - 0708 - 0000041　2109 - 2114

草字彙十二卷　（清）石梁輯　清存古齋石印本　六冊

210000 - 0708 - 0000042　10900 - 10901

測繪海圖全法八卷附錄一卷　（英國）華爾敦撰　（英國）傅蘭雅口譯　（清）趙元益筆述　清光緒二十五年（1899）江南製造局刻本　二冊　存七卷（一至七）

210000 - 0708 - 0000043　5370 - 5379

策府統宗六十五卷目錄一卷　（清）劉昌齡輯　清光緒二十三年（1897）耕餘書屋石印本　十冊　存十八卷（一至十七、目錄一卷）

210000 - 0708 - 0000044　5360 - 5369

策府統宗六十五卷目錄一卷　（清）劉昌齡輯　清光緒二十三年（1897）耕餘書屋石印本　十冊　存十八卷（一至十七、目錄一卷）

210000 - 0708 - 0000045　1743 - 1746

產科四卷　（英國）密爾纂　（清）舒高第口譯　（清）鄭昌棪筆述　清江南機器製造總局鉛印本　四冊

210000 - 0708 - 0000046　5527 - 5530

長生殿二卷　（清）洪昇撰　清刻本　四冊

210000 - 0708 - 0000047　10856 - 10863

宸垣識略十六卷　（清）吳長元輯　清刻本　八冊

210000 - 0708 - 0000048　3734

陳後主集一卷　（南朝陳）陳叔寶撰　清刻本　一冊

210000 - 0708 - 0000049　1903 - 1908

陳書三十六卷　（唐）姚思廉撰　清光緒二十九年（1903）五洲同文局石印二十四史本　六冊

210000 - 0708 - 0000050　1909 - 1912

陳書三十六卷　（唐）姚思廉撰　清光緒三十四年（1908）上海集成圖書公司鉛印二十四史本　四冊

210000 - 0708 - 0000051　905 - 930

陳修園醫書三十二種　（清）陳修園撰　清宣統元年（1909）善成堂刻本　二十六冊　存七十九卷（神農本草經讀四卷、景岳新方砭四卷、醫學從眾錄八卷、金匱要畧淺註十卷、金匱方歌括六卷、張仲景傷寒論原文淺註六卷、長沙方歌括六卷、靈素提要淺註十二卷、十藥神書註解一卷、傷寒真方歌括六卷、急救奇痧方一卷、經驗百病內外方一卷、霍亂論二卷、太乙神鍼方一卷、救迷良方一卷、福幼編一卷、春溫三字訣一卷、痢症三字訣一卷、養生鏡一卷、瘄疾論一卷、咽喉脈證通論一卷、白喉治法抉微一卷、白喉症治歌括一卷、急救喉疹要法一卷、喉痧正的一卷）

210000 - 0708 - 0000052　4288

陳張散騎集一卷　（南朝陳）張正見撰　清刻本　一冊

210000 - 0708 - 0000053　889 - 896

晨風閣叢書十七卷　（清）沈宗畸輯　清宣統元年（1909）刻本　八冊

210000 - 0708 - 0000054　7427 - 7433

成均課士錄初集□□卷二集□□卷　（清）佚名輯　清刻本　七冊　存七卷（初集四至五、二集一至五）

210000 - 0708 - 0000055　2857 - 2875

成唯識論述記六十卷　（唐）釋窺基撰　清光緒二十七年（1901）金陵刻經處刻本　十九冊　存五十七卷（一至五十一、五十五至六十）

210000－0708－0000056　3079－3082

程尚書禹貢論二卷後論一卷山川地理圖二卷
（宋）程大昌撰　清刻本　一冊　存二卷
（禹貢論二卷）

210000－0708－0000057　5436－5442

澄衷蒙學堂字課圖說四卷首一卷　（清）劉樹
屏撰　清光緒三十三年（1907）石印本　七冊

210000－0708－0000058　9000

懲治賭博專章一卷　（清）法律館撰　清鉛印
本　一冊

210000－0708－0000059　3628－3631

尺木堂綱鑑易知錄九十二卷　（清）吳乘權等
輯　清末鉛印本　四冊　存二十六卷（六十
七至九十二）

210000－0708－0000060　3609－3619

尺木堂綱鑑易知錄二十卷　（清）吳乘權
（清）周之炯　（清）周之燦輯　清光緒十二年
（1886）上海點石齋石印本　九冊　存十八卷
（一至二、五至二十）

210000－0708－0000061　3620－3627

尺木堂綱鑑易知錄九十二卷明鑑易知錄十五
卷　（清）吳乘權等輯　清末鉛印本　八冊
存五十五卷（尺木堂綱鑑易知錄五十三至九
十二、明鑑易知錄十五卷）

210000－0708－0000062　7992－7994

赤城集十八卷　（宋）林表民輯　清嘉慶至道
光臨海宋氏刻本　三冊

210000－0708－0000063　942－948

仇滄柱先生增補詩經備旨十二卷　（清）仇滄
柱撰　清文盛堂刻本　七冊　存十卷（三至
十二）

210000－0708－0000064　702

籌海重編十二卷　（明）鄭若曾編　（明）鄧鍾
重編　明萬曆刻五色套印本　一冊　存一卷
（一）

210000－0708－0000065　5341－5347

初等女子國文教科書八卷　（清）何琪編輯

清光緒三十二年（1906）上海會文學社鉛印本
七冊　存七卷（二至八）

210000－0708－0000066　5053－5056

楚辭集註八卷辯證二卷後語六卷　（宋）朱熹
撰　清光緒八年（1882）江蘇書局刻本　四冊

210000－0708－0000067　5134－5136

楚辭通釋十四卷末一卷　（清）王夫之撰　清
刻本　三冊

210000－0708－0000068　1448－1469

船山遺書　（清）王夫之撰　清同治四年
（1865）湘鄉曾氏金陵節署刻本　二十二冊
存九十六卷（宋論十五卷，永曆實錄二十六
卷，蓮峰志五卷，思問錄內篇一卷、外篇一卷，
俟解一卷，噩夢一卷，黃書一卷，識小錄一卷，
龍源夜話一卷，老子衍一卷，薑齋文集十卷，
五十自定稿一卷，六十自定稿一卷，七十自定
稿一卷，柳岸吟一卷，薑齋詩分體薹四卷，落
花詩一卷，遣興詩一卷，和梅花百詠一卷，洞
庭秋詩一卷，雁字詩一卷，做體詩一卷，嶽餘
集一卷，鼓棹初集一卷、二集一卷，瀟湘怨詞
一卷，詩譯一卷，夕堂永日緒論內編一卷、外
編一卷，南窗漫記一卷，憶得一卷，龍舟會雜
劇一卷，薑齋詩分體薹四卷，薑齋文集補遺二
卷，王船山叢書校勘記二卷）

210000－0708－0000069　2516－2519

傳家寶初集八卷二集八卷三集八卷四集八卷
（清）石成金撰輯　清刻本　四冊　存四卷
（二集一、六，三集一，四集二）

210000－0708－0000070　1999

春秋稗疏二卷　（清）王夫之譔　清刻本
一冊

210000－0708－0000071　1969－1970

春秋繁露十七卷　（漢）董仲舒撰　清光緒三
年（1877）湖北崇文書局刻本　二冊

210000－0708－0000072　1985－1986

春秋穀梁傳十二卷附考異一卷　（晉）范甯集
解　（唐）陸德明音義　清光緒九年（1883）刻
本　二冊

210000－0708－0000073　1994－1998

春秋家說三卷　（清）王夫之撰　清刻本
五冊

210000－0708－0000074　1992－1993

春秋世論五卷　（清）王夫之撰　清刻本
二冊

210000－0708－0000075　3759－3760

春秋世族譜二卷　（清）陳厚耀撰　（清）葉蘭
補鈔　清嘉慶五年（1800）葉蘭刻本　二冊

210000－0708－0000076　1613－1618

春秋釋例十五卷　（晉）杜預撰　清蘭陵孫氏
刻本　六冊

210000－0708－0000077　4144－4145

春秋左傳綱目杜林詳註十四卷　（晉）杜預注
　（宋）林堯叟補注　清刻本　二冊　存二卷
（十一至十二）

210000－0708－0000078　1684－1699

春秋左傳五十卷　（晉）杜預　（宋）林堯叟注
釋　（唐）陸德明音義　清道光二十年（1840）
金閶桐石山房刻本　十六冊

210000－0708－0000079　1700－1715

春秋左傳五十卷　（晉）杜預　（宋）林堯叟註
釋　（唐）陸德明音義　清書業堂刻本　十
六冊

210000－0708－0000080　1716－1727

春秋左傳五十卷　（晉）杜預　（宋）林堯叟註
釋　（唐）陸德明音義　清宣統二年（1910）上
海埽葉山房石印本　十二冊

210000－0708－0000081　1728－1731

春秋左傳五十卷　（晉）杜預　（宋）林堯叟註
釋　（唐）陸德明音義　清光緒十一年（1885）
江蘇埽葉山房刻本　四冊　存二十六卷（一
至二十六）

210000－0708－0000082　1870－1885

春秋左傳五十卷　（晉）杜預　（宋）林堯叟註
釋　（唐）陸德明音義　清書業堂刻本　十
六冊

210000－0708－0000083　1886－1893

春秋左傳五十卷　（晉）杜預　（宋）林堯叟註
釋　（唐）陸德明音義　清光緒二十三年
（1897）上海文瑞樓刻本　八冊　存二十六卷
（一至二十六）

210000－0708－0000084　4098－4103

春秋左傳五十卷　（晉）杜預　（宋）林堯叟註
釋　（唐）陸德明音義　清刻本　六冊　存二
十五卷（十四至二十六、三十九至五十）

210000－0708－0000085　4188

春在堂詩編二十三卷　（清）俞樾撰　清刻本
　一冊　存三卷（一至三）

210000－0708－0000086　6704－6705

詞選二卷　（清）張惠言錄　**續詞選二卷附錄
一卷**　（清）董毅錄　**茗柯詞一卷**　（清）張惠
言撰　**立山詞一卷**　（清）張琦撰　清道光十
年（1830）刻本　二冊

210000－0708－0000087　5065－5070

詞選二卷附錄一卷　（清）張惠言錄　**續詞選
二卷**　（清）董毅錄　清道光十年（1830）刻本
　二冊

210000－0708－0000088　7337－7342

此宜閣增訂金批西廂四卷首一卷末一卷
（元）王實甫撰　（清）金人瑞批注　清此宜閣
刻朱墨套印本　六冊

210000－0708－0000089　6599－6604

此宜閣增訂金批西廂四卷首一卷末一卷
（元）王實甫撰　（清）金人瑞批注　清此宜閣
刻朱墨套印本　六冊

210000－0708－0000090　9309

刺字集四卷　（清）沈家本等輯　清光緒二十
年（1894）京都榮錄堂刻本　一冊

210000－0708－0000091　6683－6689

搭載大觀不分卷　（清）章第榮編　清同治四
年（1865）豫園刻本　三冊

210000－0708－0000092　6683－6689

搭載共賞初集不分卷二集不分卷　（清）呂元

錦編　清道光十九年（1839）蘇州桐石山房刻本　四冊

210000－0708－0000093　2757－2761

大方廣佛華嚴經二十四卷　（唐）釋實叉難陀譯　清刻本　五冊　存二十卷（五至二十四）

210000－0708－0000094　2833－2835

大佛頂如來密因脩證了義諸菩薩萬行首楞嚴經十卷　（唐）釋般刺密帝譯　清道光二十年（1840）京都德勝門外覺生寺刻本　三冊

210000－0708－0000095　2830－2832

大佛頂如來密因脩證了義諸菩薩萬行首楞嚴經十卷　（唐）釋般刺密帝譯　清道光二十年（1840）京都德勝門外覺生寺刻本　三冊

210000－0708－0000096　9311－9314

大清搢紳全書不分卷　（清）□□纂修　清光緒十八年（1892）榮祿堂刻本　四冊

210000－0708－0000097　9315－9318

大清搢紳全書不分卷　（清）□□纂修　清光緒二十八年（1902）榮祿堂刻本　四冊

210000－0708－0000098　9319－9322

大清搢紳全書不分卷　（清）□□纂修　清宣統二年（1910）榮祿堂刻本　四冊

210000－0708－0000099　9323－9326

大清搢紳全書不分卷　（清）□□纂修　清光緒二十五年（1899）來鹿堂刻本　二冊

210000－0708－0000100　9327－9330

大清搢紳全書不分卷　（清）□□纂修　清宣統二年（1910）榮祿堂刻本　四冊

210000－0708－0000101　9331－9334

大清搢紳全書不分卷　（清）□□纂修　清光緒十八年（1892）來鹿堂刻本　四冊

210000－0708－0000102　9335－9338

大清搢紳全書不分卷　（清）□□纂修　清光緒十八年（1892）榮祿堂刻本　四冊

210000－0708－0000103　9339－9342

大清搢紳全書不分卷　（清）□□纂修　清光緒二十九年（1903）榮祿堂刻本　四冊

210000－0708－0000104　9354－9357

大清搢紳全書不分卷　（清）□□纂修　清光緒二十一年（1895）榮祿堂刻本　四冊

210000－0708－0000105　8997

大清律例講義□□卷　（清）吉同鈞撰　清光緒三十四年（1908）法部律學館鉛印本　一冊　存一卷（三）

210000－0708－0000106　8761－8779

大清律例增修統纂集成四十卷附督捕則例二卷　（清）陶駿　（清）陶念霖增修　清光緒二十年（1894）刻本　十九冊　存三十三卷（一至五、八、十一至二十二、二十四至二十八、三十一至四十）

210000－0708－0000107　8780－8796

大清律例增修統纂集成四十卷附督捕則例二卷　（清）陶駿　（清）陶念霖增修　清刻本　十七冊　存三十一卷（二至三、五至七、九至二十六、三十三至四十）

210000－0708－0000108　8797－8802

大清律例增修統纂集成四十卷附督捕則例二卷　（清）陶駿　（清）陶念霖增修　清鉛印本　六冊　存十卷（三十三至四十、督捕則例二卷）

210000－0708－0000109　8737－8760

大清律例增修統纂集成四十卷附督捕則例二卷　（清）陶駿　（清）陶念霖增修　清光緒八年（1882）刻本　二十四冊

210000－0708－0000110　8820－8867

大清現行刑律案語附核訂現行刑律不分卷　（清）沈家本　（清）俞廉三編　清宣統元年（1909）法律館鉛印本　四十八冊

210000－0708－0000111　8874－8881

大清現行刑律講義八卷　（清）韓城吉纂輯　清宣統二年（1910）法部律學館石印本　八冊

210000－0708－0000112　8868－8873

大清現行刑律三十六卷首一卷　（清）沈家本等編　清宣統二年（1910）憲政編查館鉛印本　六冊　存十九卷（十六至十九、二十三至三

十六,首一卷)

210000－0708－0000113　8883－8905
大清宣統新法令二十三卷　（清）商務印書館
編譯所編纂　清宣統元年(1909)上海商務印
書館鉛印本　二十三冊

210000－0708－0000114　9323－9326
大清中樞備覽二卷　（清）□□編　清宣統二
年(1910)榮祿堂刻本　二冊

210000－0708－0000115　9343－9344
大清中樞備覽二卷　（清）□□編　清光緒二
十九年(1903)榮祿堂刻本　二冊

210000－0708－0000116　9345－9346
大清中樞備覽二卷　（清）□□編　清光緒二
十一年(1895)榮祿堂刻本　二冊

210000－0708－0000117　9347－9348
大清中樞備覽二卷　（清）□□編　清光緒二
十五年(1899)榮錄堂刻本　二冊

210000－0708－0000118　9349－9350
大清中樞備覽二卷　（清）□□編　清光緒十
八年(1892)來鹿堂刻本　二冊

210000－0708－0000119　9351－9352
大清中樞備覽二卷　（清）□□編　清光緒十
八年(1892)來鹿堂刻本　二冊

210000－0708－0000120　1307－1328
大題文府六卷　（清）梁章鉅輯　清光緒二十
五年(1899)上海鴻寶齋石印本　二十二冊
存四卷(上論、下論、上孟、下孟)

210000－0708－0000121　497－501
大學衍義補輯要十二卷　（明）邱濬撰　（清）
陳宏謀纂輯　清道光十七年(1837)培遠堂刻
本　五冊　存五卷(三至五、十至十一)

210000－0708－0000122　1094－1117
大學衍義補一百六十卷首一卷　（明）邱濬撰
（明）陳仁錫評閱　明萬曆三十三年(1605)
刻本　二十四冊　存七十六卷(一至三十四、
一百二十至一百六十,首一卷)

210000－0708－0000123　468－475
大學衍義四十三卷　（宋）真德秀撰　清同治
十三年(1874)金陵書局刻本　八冊

210000－0708－0000124　476－485
大學衍義四十三卷　（宋）真德秀撰　清刻本
十冊

210000－0708－0000125　486－496
大學衍義四十三卷　（宋）真德秀撰　（明）陳
仁錫評閱　清刻本　十一冊　存四十一卷
(三至四十三)

210000－0708－0000126　806－823
帶經堂集九十二卷　（清）王士禎撰　（清）程
哲校編　清乾隆十二年(1747)七略書堂刻本
十八冊

210000－0708－0000127　2812
道藏輯要一卷　（南朝梁）陶弘景撰　清刻本
一冊

210000－0708－0000128　1149－1155
道生堂小題制藝初集四卷二集四卷　（清）鍾
聲撰　清同治八年(1869)萬卷樓刻本　七冊
存七卷(初集二至四、二集四卷)

210000－0708－0000129　5253－5260
**得月樓賦甲編一卷乙編一卷丙編一卷丁編一
卷**　（清）張元灝評　清同治十年(1871)漱芳
書屋刻本　八冊

210000－0708－0000130　763
鄧子一卷　（春秋）鄧析撰　**尸子二卷**　（戰
國）尸佼撰　（清）孫星衍校集　清光緒元年
(1875)湖北崇文書局刻子書百家本　一冊

210000－0708－0000131　3054－3055
荻芬書屋文藁十七卷　（清）董恂撰　清刻本
二冊

210000－0708－0000132　2646－2648
地理辨正疏五卷首一卷末一卷　（清）張心言
撰　清道光九年(1829)培杏書屋刻本　三冊
存五卷(一至四、首一卷)

210000－0708－0000133　5571－5572
典故烈女傳四卷　（漢）劉向撰　清刻本　二

冊　存三卷（二至四）

210000－0708－0000134　5897－5900

典故烈女傳四卷　（漢）劉向撰　清光緒六年（1880）上洋江左書林刻本　四冊

210000－0708－0000135　1898

電器鍍金略法一卷　（英國）華特纂　清江南製造總局刻本　一冊

210000－0708－0000136　7360－7373

定園集□□卷　（明）劉敏寬撰　清刻本　十四冊　存二十卷（七、九至十七、二十四、二十六至二十九、三十二至三十六）

210000－0708－0000137　4278－4293

東華錄詳節二十四卷　（清）鄔樹庭編　清光緒二十六年（1900）上海東文學堂石印本　十六冊

210000－0708－0000138　4596－4603

東華錄二十六卷（雍正朝）　王先謙編　清石印本　八冊　存二十一卷（六至二十六）

210000－0708－0000139　4294－4301

東華續錄六十卷（道光朝）　王先謙編　清光緒十三年（1887）廣百宋齋石印本　八冊

210000－0708－0000140　4302－4309

東華續錄六十卷（道光朝）　王先謙編　清光緒十三年（1887）廣百宋齋石印本　八冊

210000－0708－0000141　4421－4478

東華續錄二百二十卷（光緒朝）　（清）朱壽朋編　清宣統元年（1909）上海集成圖書公司鉛印本　五十八冊　存一百九十九卷（一至三、八至五十一、五十五至一百十七、一百二十一至一百七十六、一百八十一至二百六、二百十四至二百二十）

210000－0708－0000142　4543－4560

東華續錄二百二十卷（光緒朝）　（清）朱壽朋編　清宣統元年（1909）上海集成圖書公司鉛印本　十八冊　存五十八卷（十五至二十一、四十三至四十五、四十九至五十一、五十五至七十二、八十至九十四、九十八至一百九）

210000－0708－0000143　4346－4353

東華續錄五十卷（嘉慶朝）　王先謙編　清光緒十三年（1887）廣百宋齋石印本　八冊

210000－0708－0000144　4338－4345

東華續錄五十卷（嘉慶朝）　王先謙編　清光緒十三年（1887）廣百宋齋石印本　八冊

210000－0708－0000145　4310－4337

東華續錄一百二十卷（乾隆朝）　王先謙編　清光緒十三年（1887）廣百宋齋石印本　二十八冊

210000－0708－0000146　4561－4579

東華續錄一百二十卷（乾隆朝）　王先謙編　清光緒十七年（1891）上海廣百宋齋石印本　十九冊　存八十二卷（一至四、十至七十二、一百三至一百十七）

210000－0708－0000147　4580－4588

東華續錄一百二十卷（乾隆朝）　王先謙編　清光緒十七年（1891）上海廣百宋齋石印本　九冊　存四十一卷（二十九至三十二、三十三至六十五、八十七至九十）

210000－0708－0000148　4589－4595

東華續錄一百二十卷（乾隆朝）　王先謙編　清光緒十七年（1891）上海廣百宋齋石印本　七冊　存二十八卷（二十八至二十九、三十四至四十、四十四至四十六、九十六至一百七、一百十至一百十三）

210000－0708－0000149　4354－4377

東華續錄一百卷（同治朝）　王先謙編　清光緒二十四年（1898）文瀾書局石印本　二十四冊

210000－0708－0000150　4378－4399

東華續錄一百卷（同治朝）　王先謙編　清光緒二十四年（1898）文瀾書局石印本　二十二冊　存九十卷（一至五十二、六十三至一百）

210000－0708－0000151　4400－4409

東華續錄一百卷（同治朝）　王先謙編　清光緒二十四年（1898）文瀾書局石印本　十冊　存四十一卷（七至二十、二十四至二十七、四

十四至五十二、六十三至六十七、八十二至八十六、九十二至九十五）

210000－0708－0000152　4410－4420

東華續錄六十九卷(咸豐朝)　(清)潘頤福編　清石印本　十一冊　存四十九卷(十四至二十四、三十二至六十九)

210000－0708－0000153　4604－4608

東華續錄六十九卷(咸豐朝)　(清)潘頤福編　清石印本　五冊　存二十六卷(三十二至三十六、四十三至五十三、六十至六十九)

210000－0708－0000154　8066－8069

東萊博議四卷　(宋)呂祖謙撰　清宣統二年(1910)鑄記書局石印本　四冊

210000－0708－0000155　8050－8053

東萊博議四卷　(宋)呂祖謙撰　左傳博議續編二卷　(清)王夫之撰　左傳博議三編二卷　(清)朱元英撰　清光緒二十四年(1898)埽葉山房鉛印本　四冊

210000－0708－0000156　8074－8079

東萊先生左氏博議二十五卷　(宋)呂祖謙撰　虛字注釋備考六卷　(清)張文炳點定　清光緒二十三年(1897)埽葉山房刻本　六冊

210000－0708－0000157　11180

東籬耦談四卷　(朝鮮)金正喜撰　阮亭詩餘一卷　(清)王世貞撰　書巖賸槀一卷　(清)楊峒撰　清刻本　一冊

210000－0708－0000158　3353－3379

東坡集八十四卷目錄二卷　(宋)蘇軾撰　清道光十二年(1832)眉州刻本　二十七冊　存四十八卷(一至六、十八、二十四至六十四)

210000－0708－0000159　758－805

東坡先生全集七十五卷宋史本傳一卷東坡先生年譜一卷東坡先生墓志銘一卷目錄一卷　(宋)蘇軾撰　明萬曆三十四年(1606)茅維刻本　四十八冊

210000－0708－0000160　7080－7090

東周列國全志二十三卷　(清)蔡元放批點

清刻本　十一冊　存十一卷(十三至二十三)

210000－0708－0000161　1971

董子春秋繁露十七卷　(漢)董仲舒撰　清光緒二十三年(1897)圖書集成局鉛印本　一冊

210000－0708－0000162　1747－1748

痘疹精言秘要六卷　(清)袁大宣撰　清嘉慶十八年(1813)綠蔭堂刻本　二冊

210000－0708－0000163　10911

獨斷一卷　(漢)蔡邕撰　清光緒元年(1875)湖北崇文書局刻子書百家本　一冊

210000－0708－0000164　11382

讀史方輿紀要一百三十卷　(清)顧祖禹輯撰　清敷文閣刻本　一冊　存三卷(一百二十八至一百三十)

210000－0708－0000165　2404－2409

讀四書大全說十卷　(清)王夫之撰　清刻本　六冊　存六卷(一至六)

210000－0708－0000166　5746－5750

讀通鑑論三十卷末一卷　(清)王夫之撰　清光緒二十四年(1898)申昌書莊石印本　五冊

210000－0708－0000167　5758－5768

讀通鑑論三十卷末一卷　(清)王夫之撰　清刻本　十一冊　存二十卷(十至二十九)

210000－0708－0000168　5751－5757

讀通鑑論三十卷末一卷附宋論十五卷　(清)王夫之譔　清光緒二十四年(1898)申昌書莊石印本　七冊　存四十一卷(讀通鑑論三十卷、末一卷、宋論六至十五)

210000－0708－0000169　624

讀易例言一卷　(清)孫廷芝撰　清道光十二年(1832)濰縣敬業堂刻本　一冊

210000－0708－0000170　1902－1915

讀左補義五十卷　(清)姜炳璋輯　清善成堂刻本　十四冊　存四十二卷(一至二十五、三十至三十一、三十六至五十)

210000－0708－0000171　4487－4492

杜詩鏡銓二十卷附錄一卷　(清)楊倫輯　讀

書堂杜工部文集註解二卷 （清）張溍評註 清光緒十八年（1892）鉛印本 六冊

210000－0708－0000172 4549－4555

杜詩詳註二十五卷 （唐）杜甫撰 （清）仇兆鰲輯註 清刻本 七冊 存十二卷（八至十一、十六至十九、二十二至二十五）

210000－0708－0000173 4537－4548

杜詩詳註二十五卷首一卷附編二卷 （唐）杜甫撰 （清）仇兆鰲輯註 清刻本 十二冊 存十四卷（一至十三、首一卷）

210000－0708－0000174 4523－4536

杜詩詳註二十五卷首一卷附編二卷 （唐）杜甫撰 （清）仇兆鰲輯註 清刻本 十四冊

210000－0708－0000175 7272－7279

對山書屋墨餘錄十六卷 （清）毛祥麟撰 清同治九年（1870）吳氏湖州醉六堂刻本 八冊

210000－0708－0000176 10591－10593

敦煌石室真蹟錄六卷附錄一卷 （清）王仁俊輯 清宣統元年（1909）國粹堂石印本 三冊

210000－0708－0000177 3150－3155

爾雅郭注義疏二十卷 （清）郝懿行撰 清光緒十年（1884）四川蜀南閣刻本 六冊 存九卷（一至九）

210000－0708－0000178 3140－3143

爾雅註疏十一卷 （晉）郭璞注 （宋）邢昺疏 清乾隆四十三年（1778）三樂齋刻本 四冊

210000－0708－0000179 3144－3149

爾雅註疏十一卷 （晉）郭璞注 （宋）邢昺疏 清光緒八年（1882）崇德書院刻本 六冊

210000－0708－0000180 3156－3159

爾雅註疏十一卷 （晉）郭璞注 （宋）邢昺疏 清光緒十三年（1887）刻本 四冊

210000－0708－0000181 2877－2881

二如亭群芳譜二十八卷 （明）王象晉等輯 清汲古閣刻本 五冊 存八卷（元部一至八）

210000－0708－0000182 772－1171

二十四史 清光緒三十四年（1908）上海集成

圖書公司鉛印本 四百冊 存三千二百四十一卷（史記一百三十卷，前漢書一百卷，後漢書一百二十卷，三國志六十五卷，晉書一百三十卷、附音義三卷，宋書一百卷，南齊書五十九卷，梁書五十六卷，陳書三十六卷，魏書一百十四卷，北齊書五十卷，周書五十卷，隋書八十五卷，南史八十卷，北史一百卷，舊唐書二百卷，唐書二百二十五卷、釋音二十五卷，舊五代史一百五十卷，五代史七十四卷，宋書四百九十六卷，遼史一百十六卷，金史一百三十五卷，元史二百十卷，明史三百三十二卷）

210000－0708－0000183 1－771

二十四史 清同治八年（1869）嶺南葄古堂刻本 七百七十一冊 存三千二十一卷（史記一百三十卷，三國志六十五卷，晉書一百三十卷、附音義三卷，宋書一百卷，南齊書五十九卷，梁書五十六卷，陳書三十六卷，魏書一百十四卷，北齊書五十卷，周書五十卷，隋書八十五卷，南史八十卷，北史一百卷，舊唐書二百卷，新唐書二百二十五卷、附唐書釋音二十五卷，舊五代史一百五十卷，新五代史七十四卷，宋史四百九十六卷，遼史一百十六卷，金史一百三十五卷，元史二百十卷，明史三百三十二卷）

210000－0708－0000184 5617－5618

二十四史姓氏韻編六十四卷 （清）汪輝祖輯 清上海中西書局石印本 二冊 存三十卷（一至十四、三十一至四十六）

210000－0708－0000185 5556－5558

貳臣傳十二卷 （清）國史館修 清刻本 三冊 存四卷（三至四、九至十）

210000－0708－0000186 5548－5555

貳臣傳十二卷 （清）國史館修 清刻本 八冊 存八卷（一至八）

210000－0708－0000187 1351－1356

發蒙小品□□卷二集□□卷 （清）□□編 清刻本 六冊 存六卷（發蒙小品上孟、下孟，二集大學、上論、下論、上孟）

210000－0708－0000188 1749

法醫學講義一卷 （清）王亞良述　清鉛印本　一冊

210000－0708－0000189　6638－6643

分類尺牘備覽三十卷 （清）王虎榜輯　清光緒十六年(1890)上洋珍藝書局鉛印本　六冊

210000－0708－0000190　8167

分體利試詩法入門十九卷首五卷 （清）鄭錫瀛輯評　清通德堂刻本　一冊　存五卷(首五卷)

210000－0708－0000191　0923－0928

分體利試文中初集六卷 （清）郝朝昇評選　清嘉慶二十二年(1817)書業堂刻本　六冊

210000－0708－0000192　5389－5392

分韻試帖青雲集合註四卷 （清）楊逢春輯（清）葉祺昌等合註　清光緒十四年(1888)膠西成文堂刻本　四冊

210000－0708－0000193　5393－5396

分韻試帖青雲集合註四卷 （清）楊逢春輯（清）葉祺昌等合註　清光緒十三年(1887)濰陽成文信刻本　四冊

210000－0708－0000194　4596－4599

分韻試帖青雲集全註四卷 （清）楊逢春輯　清光緒二十年(1894)上海圖書集成印書局鉛印本　四冊

210000－0708－0000195　4592－4595

分韻試帖青雲集全註四卷 （清）楊逢春輯　清光緒二十年(1894)上海圖書集成印書局鉛印本　四冊

210000－0708－0000196　2259－2268

封泥攷略十卷 （清）吳式芬等輯　清光緒三十年(1904)石印本　十冊

210000－0708－0000197　817

風後握奇經一卷 （漢）公孫宏解　**六韜三卷** （西周）呂望撰　清光緒元年(1875)湖北崇文書局刻子書百家本　一冊

210000－0708－0000198　2501－2503

風俗通義十卷 （漢）應劭撰　清光緒元年(1875)湖北崇文書局刻子書百家本　三冊

210000－0708－0000199　1296－1303/1318－1323

馮氏錦囊秘錄□□卷 （清）馮兆張纂輯　清集賢堂刻本　十四冊　存三十一卷(痘疹全集十五卷,女科精要十七,外科大小合參十九,雜症大小合參六,雜症痘疹藥性主治合參十二卷、首一卷)

210000－0708－0000200　10845－10848

奉天巡警教練所四種講義四卷 （清）高等巡警學堂教練所編　清光緒三十四年(1908)奉天太古山房鉛印本　四冊

210000－0708－0000201　2393－2398

浮邱子十二卷 （清）湯鵬撰　清宣統二年(1910)掃葉山房石印本　六冊

210000－0708－0000202　4199

附釋音春秋左傳注疏六十卷附校勘記六十卷 （晉）杜預注　（唐）孔穎達疏　清刻本　一冊　存六卷(十五至十七、校勘記十五至十七)

210000－0708－0000203　312－313

傅子一卷 （晉）傅玄撰　**續孟子二卷** （唐）林慎思撰　清光緒元年(1875)湖北崇文書局刻子書百家本　二冊

210000－0708－0000204　7434－7441

賦學正鵠集釋十卷 （清）李元度輯　清光緒十一年(1885)文昌書局刻本　八冊

210000－0708－0000205　7442－7445

賦學正鵠集釋四卷 （清）李元度輯　清光緒二十年(1894)上海文瑞樓石印本　四冊

210000－0708－0000206　1484－1491

感應一草亭眼科全書四卷 （清）鄧苑撰　清上海千頃堂石印本　四冊

210000－0708－0000207　1484－1491

感應一草亭眼科全書四卷 （清）鄧苑撰　清上海千頃堂石印本　四冊

210000－0708－0000208　4057－4088

綱鑑會纂三十九卷首一卷 （明）王世貞編

清光緒二十九年(1903)善成堂刻本　三十二
冊　存三十二卷(一至十五、二十四至三十
九,首一卷)

210000－0708－0000209　3515－3559
綱鑑易知錄九十二卷明鑑易知錄十五卷
(清)吳楚材　(清)周之炯　(清)周之燦輯
　清光緒四年(1878)羊城芸居樓刻本　四十
五冊　存九十卷(一至八十六、八十九至九十
二)

210000－0708－0000210　5730－5737
綱鑑擇語十卷　(清)司徒則廬輯　清同治六
年(1867)來鹿堂刻本　八冊

210000－0708－0000211　5847－5850
綱鑑總論二卷　(清)周道卿撰　清光緒二十
七年(1901)著易堂鉛印本　四冊

210000－0708－0000212　5851－5852
綱鑑總論二卷　(清)□□撰　清光緒二十九
年(1903)上海書局石印本　二冊

210000－0708－0000213　1209－1217
格致書院課藝三十六卷　(清)王韜輯　清光
緒二十四年(1898)上海富強齋書局石印本
九冊　存二十一卷(一至二十一)

210000－0708－0000214　8327－8329
各國時事類編十八卷　(清)沈純輯　清光緒
二十一年(1895)上海書局石印本　三冊　存
十三卷(一至八、十四至十八)

210000－0708－0000215　2763－2765
根本說一切有部毗奈耶破僧事十五卷　(唐)
釋義淨譯　清刻本　三冊

210000－0708－0000216　1414－1418
庚辰集五卷附唐人試律說一卷　(清)紀昀編
　清刻本　五冊　存五卷(庚辰集五卷)

210000－0708－0000217　1419－1424
庚辰集五卷附唐人試律說一卷　(清)紀昀編
　清刻本　六冊

210000－0708－0000218　1967－1972
古今名人畫稿二卷二集二卷三集二卷　(清)

□□輯　清光緒三十一年(1905)上海書局石
印本　六冊

210000－0708－0000219　5816－5819
古今史論大觀後編十七卷　(清)雷瑨編輯
清石印本　四冊　存十一卷(四至十二、十六
至十七)

210000－0708－0000220　5810－5815
古今史論大觀前編十五卷　(清)雷瑨編輯
清光緒二十七年(1901)硯耕山莊石印本
六冊

210000－0708－0000221　1089－1094
古今四大家策論十卷　(清)南浦子輯　清光
緒二十七年(1901)紹興會文堂石印本　六冊

210000－0708－0000222　4821－4838
古詩紀一百五十卷　(明)馮惟訥編　清聚錦
堂刻本　十八冊　存一百七卷(一至一百七)

210000－0708－0000223　4789－4792
古詩源十四卷　(清)沈德潛選　清嘉慶八年
(1803)酉山堂刻本　四冊

210000－0708－0000224　4793－4796
古詩源十四卷　(清)沈德潛選　清光緒十四
年(1888)玫雋堂刻本　四冊

210000－0708－0000225　4854－4857
古唐詩合解十二卷　(清)王堯衢注　清刻本
　四冊　存八卷(五至十二)

210000－0708－0000226　4858
古唐詩合解十二卷　(清)王堯衢注　清刻本
　一冊　存四卷(一至四)

210000－0708－0000227　4890－4894
古唐詩合解十二卷　(清)王堯衢注　清道光
十七年(1837)三益堂刻本　五冊

210000－0708－0000228　4895－4899
古唐詩合解十二卷　(清)王堯衢注　清光緒
十一年(1885)成文信刻本　五冊

210000－0708－0000229　4907－4911
古唐詩合解十二卷　(清)王堯衢注　清光緒
二十四年(1898)煙台文勝堂刻本　五冊

古唐詩合解十二卷附古詩四卷　（清）王堯衢
注　清光緒十一年（1885）上海掃葉山房刻本
　　七冊　存十四卷（古唐詩合解十二卷、附古
詩三至四）

210000－0708－0000231　4933－4940

古唐詩合解十二卷附古詩四卷　（清）王堯衢
注　清光緒十一年（1885）上海掃葉山房刻本
　　八冊

210000－0708－0000232　4941－4946

古唐詩合解十二卷附古詩四卷　（清）王堯衢
注　清光緒十七年（1891）掃葉山房刻本
六冊

210000－0708－0000233　4839－4845

古唐詩合解十二卷坿古詩四卷　（清）王堯衢
注　清宣統元年（1909）石印本　七冊　存十
四卷（古唐詩合解十二卷、坿古詩一至二）

210000－0708－0000234　2440－2444

古微堂內集二卷外集八卷　（清）魏源撰　清
宣統元年（1909）上海國學扶輪社鉛印本　五
冊　存九卷（內集二卷、外集二至八）

210000－0708－0000235　8010－8013

古文筆法百篇八卷　（清）黃跂麟書　清光緒
二十九年（1903）石印本　四冊

210000－0708－0000236　0382－0393

古文辭類纂七十五卷　（清）姚鼐纂　清道光
五年（1825）金陵吳氏刻本　十二冊

210000－0708－0000237　0430－0434

古文辭類纂七十五卷　（清）姚鼐纂　續古文
辭類纂三十四卷　王先謙纂　清光緒十六年
（1890）上海文瑞樓石印本　五冊　存十一卷
（一至四、十一至十五,續五至六）

210000－0708－0000238　0228－0233

古文觀止十二卷　（清）吳楚材　（清）吳調侯
輯　清光緒十二年（1886）上洋江左書林刻本
　　六冊

210000－0708－0000239　0234－0239

古文觀止十二卷　（清）吳楚材　（清）吳調侯
輯　清光緒三十二年（1906）蘇州掃葉山房刻
本　六冊

210000－0708－0000240　0240－0245

古文觀止十二卷　（清）吳楚材　（清）吳調侯
輯　清羣玉山房刻本　六冊

210000－0708－0000241　0246－0251

古文觀止十二卷　（清）吳楚材　（清）吳調侯
輯　清光緒二十四年（1898）膠州成文堂刻本
　　六冊

210000－0708－0000242　0256－0259

古文觀止十二卷　（清）吳楚材　（清）吳調侯
輯　清宣統元年（1909）上海章福記石印本
四冊

210000－0708－0000243　0260－0264

古文觀止十二卷　（清）吳楚材　（清）吳調侯
輯　清同治九年（1870）掃葉山房刻本　五冊
　　存十卷（一至四、七至十二）

210000－0708－0000244　0459－0498

古文淵鑒六十四卷　（清）聖祖玄燁選　（清）
徐乾學等編注　清康熙二十四年（1685）內府
刻五色套印本　四十冊

210000－0708－0000245　824－839

古文約選不分卷　（清）允禮輯　清雍正十一
年（1733）果親王府刻本　十六冊

210000－0708－0000246　2694－2697

古賢桃花女周公講論鎮書四卷新刻陰陽三元
備用百鎮四卷新刻陰陽三教護救千鎮壓法經
四卷　（清）王東山撰　清上海掃葉山房石印
本　四冊

210000－0708－0000247　1760－1767

顧亭林先生遺書　（清）顧炎武撰　清蓬瀛閣
刻吳縣朱記榮增刻光緒三十二年（1906）彙印
本　八冊　存二十一卷（韻補正一卷、聖安紀
事二卷、顧氏譜系考一卷、明季實錄一卷、營
平二州地名記一卷、昌平山水記二卷、救文格
論一卷、亭林雜錄一卷、亭林文集六卷、亭林
餘集一卷、亭林軼詩一卷、顧亭林先生年譜一

卷、亭林先生神道表一卷、同志贈言一卷)

210000－0708－0000248　2766－2769

關帝明心寶卷註解四卷　(清)□□輯　清光緒二十二年(1896)吉林北山關帝廟學善堂鉛印本　四冊

210000－0708－0000249　250－253

關帝文獻會要八卷　(清)孫苣輯　清康熙四十九年(1710)東臯雪堂刻本　四冊

210000－0708－0000250　2778

關聖帝君覺世真經一卷　(清)□□撰　清道光三年(1823)樂善齊刻本　一冊

210000－0708－0000251　1168－1169

關中書院課士賦二卷　(清)路潤生輯註　清道光二十三年(1843)敬文堂刻本　二冊

210000－0708－0000252　596－610

觀古堂彙刻書　(清)葉德輝輯　清光緒二十八年(1902)湘潭葉氏刻本　十五冊

210000－0708－0000253　611－625

觀古堂所著書　(清)葉德輝輯　清光緒二十八年(1902)湘潭葉氏刻本　十五冊　存四十卷(天文本單經論語校勘記一卷,孟子章句一卷、附劉熙事蹟考一卷,月令章句四卷,古今夏時表一卷、附易通卦驗節候校文一卷,六書古微十卷,釋人疏證二卷,山公啟事一卷、山公佚事一卷,瑞應圖記一卷,鬻子二卷,郭氏玄中記一卷,淮南鴻烈閒詁二卷,淮南萬畢術二卷,傅子三卷,晉司隸校尉傅玄集三卷,藏書十約一卷,游藝卮言二卷)

210000－0708－0000254　8147－8152

管周合稿六卷　(清)管世銘　(清)周景益撰　清同治十二年(1873)寧波日湖刻本　六冊

210000－0708－0000255　737－739

管子二十四卷　(春秋)管仲撰　清光緒元年(1875)湖北崇文書局刻子書百家本　三冊　存十八卷(一至五、十二至二十四)

210000－0708－0000256　740－741

管子二十四卷　(春秋)管仲撰　清光緒元年

(1875)湖北崇文書局刻子書百家本　二冊　存十三卷(十二至二十四)

210000－0708－0000257　742－744

管子二十四卷　(春秋)管仲撰　(唐)房玄齡注　(明)劉績補　清光緒二十三年(1897)圖書集成局鉛印本　三冊

210000－0708－0000258　751－757

管子學七卷　(清)張佩綸撰　清宣統影印本　七冊

210000－0708－0000259　5927－5930

館賦駕鍼四卷　(清)蔣垿編　清咸豐四年(1854)埽葉山房刻本　四冊

210000－0708－0000260　5319－5337

廣博物志五十卷　(明)董斯張撰　清刻本　十九冊　存三十一卷(三至七、十至十二、十五至十六、十八至十九、二十二至二十四、二十六至二十九、三十一至三十四、三十八至三十九、四十二、四十四至四十五、四十七至四十八、五十)

210000－0708－0000261　9359

廣東警務官報一卷　(清)廣東警備所編　清宣統二年(1910)文寶閣鉛印本　一冊

210000－0708－0000262　10837－10842

廣東憲政籌備處報告書六期　(清)廣東憲政籌備處編　清宣統二年(1910)雙門底寶青閣鉛印本　六冊

210000－0708－0000263　10843

廣東巡警總分局章程一卷　(清)廣東省巡警總局編　廣東學務公所鉛印本　一冊

210000－0708－0000264　4955－4962

廣廣事類賦三十二卷　(清)吳世旂撰註　清嘉慶元年(1796)敬堂刻本　八冊

210000－0708－0000265　9789－9794

廣輿記二十四卷　(明)陸應陽輯　(清)蔡方炳增輯　清刻本　六冊　存十五卷(十至二十四)

210000－0708－0000266　10807－10812

廣輿記二十四卷　（明）陸應陽輯　（清）蔡方
炳增輯　清刻本　六冊　存九卷（一至九）

210000－0708－0000267　5305－5314

廣治平畧三十六卷續編八卷　（清）蔡方炳輯
　清善成堂刻本　四冊　存二十卷（廣治平
畧十九至三十、續編八卷）

210000－0708－0000268　5923－5926

國朝律賦新機初集二卷二集一卷續集一卷
（清）孫理評輯　（清）胡金栻　（清）胡玉樹
箋注　清嘉慶十六年（1811）書業堂刻本
四冊

210000－0708－0000269　5239－5248

國朝名文約編六卷　（清）陳詩編　清道光二
十七年（1847）大文堂刻本　十冊

210000－0708－0000270　1923－1930

國朝書人輯略十一卷首一卷　（清）震鈞輯
清光緒三十四年（1908）金陵刻本　八冊

210000－0708－0000271　5201－5215

國朝文錄八十二卷　（清）姚春木輯　清光緒
二十六年（1900）埽葉山房石印本　十五冊
存七十八卷（一至六、十一至八十二）

210000－0708－0000272　5455－5466

國朝先正事略六十卷　（清）李元度纂　中興
名臣事略八卷　（清）朱孔彰譔　清光緒二十
五年（1899）上海圖書集成印書局石印　十
二冊

210000－0708－0000273　5487－5494

國朝先正事略六十卷　（清）李元度纂　清光
緒十三年（1887）上海點石齋影印本　八冊

210000－0708－0000274　5495－5500

國朝先正事略六十卷　（清）李元度纂　中興
名臣事略八卷　（清）朱孔彰譔　清光緒二十
五年（1899）上海圖書集成印書局石印本　六
冊　存三十五卷（三十四至六十、中興名臣事
略八卷）

210000－0708－0000275　4830－4831

國語二十一卷　（三國吳）韋昭撰　清光緒二

十二年（1896）上海鴻寶齋石印本　二冊　存
十四卷（一至十四）

210000－0708－0000276　2270－2271

過伯齡先生四子譜二卷　（清）過伯齡輯　清
宣統三年（1911）上海千頃堂石印本　二冊

210000－0708－0000277　10405－10440

海國圖志六十卷　（清）魏源撰　清道光二十
九年（1849）古微堂刻本　三十六冊

210000－0708－0000278　10441－10448

海國圖志一百卷　（清）魏源輯　海國圖志續
集二十五卷首一卷　（英國）麥高爾輯注
（美國）林樂知　（清）瞿昂來譯　清光緒二十
一年（1895）上海書局石印本　八冊　存七十
卷（海國圖志五十七至一百、續集二十五卷、
首一卷）

210000－0708－0000279　707－710

韓非子二十卷　（戰國）韓非撰　清光緒元年
（1875）湖北崇文書局刻本　四冊

210000－0708－0000280　731－736

韓非子集解二十卷　（清）王先慎撰　清光緒
二十三年（1897）長沙王氏刻本　六冊

210000－0708－0000281　1072－1073

韓詩外傳十卷　（漢）韓嬰撰　清光緒三年
（1877）湖北崇文書局刻本　二冊

210000－0708－0000282　3633－3638

漢隸字源五卷附碑目一卷　（宋）婁機撰　清
咫進齋石印本　六冊

210000－0708－0000283　3639－3644

漢隸字源五卷附碑目一卷　（宋）婁機撰　清
咫進齋石印本　六冊

210000－0708－0000284　2107

翰苑分書小楷一卷　（清）夏同善等書　清石
印本　一冊

210000－0708－0000285　819

何博士備論二卷附宋丞相李忠定公輔政本末
一卷　（宋）何去非撰　清光緒元年（1875）湖
北崇文書局刻子書百家本　一冊

210000－0708－0000286　818

何博士備論二卷附宋丞相李忠定公輔政本末一卷　（宋）何去非撰　清光緒元年(1875)湖北崇文書局刻子書百家本　一冊

210000－0708－0000287　7446－7447

河間試律矩二卷　（清）紀昀撰　（清）林昌彝評註　清嘉慶十九年(1814)刻本　二冊

210000－0708－0000288　685

鶡冠子三卷　（宋）陸佃解　清嘉慶九年(1804)姑蘇聚文堂刻本　一冊

210000－0708－0000289　691

鶡冠子三卷　（宋）陸佃解　清光緒元年(1875)湖北崇文書局刻子書百家本　一冊

210000－0708－0000290　10118－10119

黑龍江述略六卷　（清）徐宗亮撰　清光緒十七年(1891)鉛印本　二冊

210000－0708－0000291　102－185

洪北江全集二百十三卷　（清）洪亮吉撰　清光緒三年(1877)授經堂刻本　八十四冊　存二百十三卷(洪北江先生年譜一卷,卷施閣文甲集十卷、續一卷、補遺一卷、乙集八卷、續編一卷、詩二十卷,漢魏音四卷,補三國疆域志二卷,更生齋文甲集四卷、乙集四卷、詩八卷、詩餘二卷,附鮚軒詩八卷,東晉疆域志四卷,十六國疆域志十六卷,乾隆府廳州縣圖志五十卷,兩晉南北史樂府二卷,唐宋小樂府一卷,北江詩話六卷,曉讀書齋雜錄八卷,傳經表二卷,通經表二卷,六書轉注錄十卷,冰天雪窖詞一卷,機聲鐙影詞一卷,弟子職箋釋一卷,史目表二卷,春秋左傳詁二十卷,比雅十卷,伊犁日記一卷,天山客話一卷,外家紀聞一卷)

210000－0708－0000292　11456－11462

後漢書九十卷　（南朝宋）范曄撰　（唐）李賢注　續漢志三十卷　（南朝梁）劉昭注補　清刻本　七冊　存六十卷(後漢書六十一至九十、續漢志三十卷)

210000－0708－0000293　1535－1562

後漢書一百二十卷　（南朝宋）范曄撰　（南朝梁）劉昭補志　（唐）李賢注　清光緒二十九年(1903)五洲同文局石印二十四史本　二十八冊

210000－0708－0000294　1582－1593

後漢書一百二十卷　（南朝宋）范曄撰　（唐）李賢注　續漢書志三十卷　（晉）司馬彪撰　（南朝梁）劉昭注補　清光緒十三年(1887)金陵書局刻本　十二冊　存九十五卷(後漢書二十六至九十、續漢書志三十卷)

210000－0708－0000295　1436－1451

後漢書九十卷　（南朝宋）范曄撰　（唐）李賢注　續漢書志三十卷　（晉）司馬彪撰　（南朝梁）劉昭注補　清光緒十三年(1887)金陵書局刻本　十六冊

210000－0708－0000296　3040－3047

胡文忠公遺集八十六卷首一卷　（清）胡林翼撰　（清）胡鳳丹編　清刻本　八冊　存十八卷(六十九至八十六)

210000－0708－0000297　515

胡子知言六卷附錄一卷疑義一卷　（宋）胡宏撰　薛子道論一卷　（明）薛瑄撰　海樵子一卷　（明）王崇慶撰　清光緒元年(1875)湖北崇文書局刻子書百家本　一冊

210000－0708－0000298　2507

湖樓筆談七卷　（清）俞樾撰　清光緒二十五年(1899)刻本　一冊　存四卷(四至七)

210000－0708－0000299　1842－1853

華氏中西算學全書初集二十二卷　（清）華蘅芳撰　華氏中西算學全書二集二十卷三集二十九卷　（英國）華里司輯　（英國）傅蘭雅譯　四集二十卷　（英國）倫德編輯　（英國）傅蘭雅譯　清光緒二十三年(1897)慎記書莊石印本　十二冊

210000－0708－0000300　2856

華嚴一乘十玄門一卷華嚴五十要問答二卷　（唐）釋智儼撰　清光緒二十二年(1896)金陵刻經處刻本　一冊

210000－0708－0000301　1913－1915

畫禪室隨筆四卷　（明）董其昌撰　清宣統三年(1911)掃葉山房石印本　三冊

210000－0708－0000302　2331－2333

淮南鴻烈解二十一卷　（漢）劉安撰　（漢）高誘注　清湖北崇文書局刻子書百家本　三冊　存十七卷(五至二十一)

210000－0708－0000303　496－505

懷幽雜俎叢書十二種十七卷　（清）徐乃昌輯　清光緒三十三年至宣統二年(1907－1910)南陵徐氏刻本　十冊

210000－0708－0000304　752－757

懷清堂集二十卷　（清）湯右曾撰　清乾隆七年(1742)寶笏樓刻本　六冊

210000－0708－0000305　0654－0677

皇朝經世文編一百二十卷　（清）賀長齡輯　清光緒二十四年(1898)上海宏文閣鉛印本　二十四冊

210000－0708－0000306　0702－0709

皇朝經世文編一百二十卷　（清）賀長齡輯　清光緒十三年(1887)上海廣百宋齋鉛印本　八冊　存三十八卷(一至三、三十至四十八、九十四至一百四、一百十一至一百十五)

210000－0708－0000307　0678－0701

皇朝經世文續編一百二十卷　（清）葛士濬輯　清光緒二十四年(1898)上海宏文閣鉛印本　二十四冊

210000－0708－0000308　0710－0732

皇朝經世文續編一百二十卷　（清）葛世濬輯　清光緒二十四年(1898)上海宏文閣鉛印本　二十三冊　存一百十四卷(一至三、十至一百二十)

210000－0708－0000309　7279－7288

皇朝通典一百卷　（清）嵇璜等撰　清光緒二十七年(1901)上海圖書集成局鉛印九通本　十冊

210000－0708－0000310　7289－7328

皇朝通典一百卷　（清）嵇璜等撰　清光緒八年(1882)浙江書局刻九通本　四十冊

210000－0708－0000311　6989－7028

皇朝通志一百二十六卷　（清）嵇璜等撰　清光緒八年(1882)浙江書局刻九通本　四十冊

210000－0708－0000312　7039－7050

皇朝通志一百二十六卷　（清）嵇璜等撰　清光緒二十七年(1901)上海圖書集成局鉛印九通本　十二冊

210000－0708－0000313　5902－5929

皇朝文獻通考三百卷　（清）嵇璜等撰　清光緒二十七年(1901)上海圖書集成局鉛印九通本　二十八冊　存八十五卷(一至四十六、一百六十一至一百九十九)

210000－0708－0000314　5930－6087

皇朝文獻通考三百卷　（清）嵇璜等撰　清光緒八年(1882)浙江書局刻九通本　一百五十八冊

210000－0708－0000315　6524－6537

皇朝文獻通考三百卷　（清）張廷玉等撰　清光緒二十七年(1901)上海圖書集成局鉛印九通本　十七冊　存一百一卷(二百至三百)

210000－0708－0000316　9545

皇朝一統輿地全圖一卷附括地略一卷各國路程日記一卷萬國公法一卷　（清）董祐誠繪　（明）□□輯　清光緒二十年(1894)江左書林石印本　一冊

210000－0708－0000317　7917－8019

皇朝政典類纂五百卷目錄一卷　（清）席裕福撰　清光緒二十八年(1902)上海圖書集成局鉛印本　一百三冊　存四百二十八卷(一至三、九至十二、二十一至二十五、三十至三十三、四十三至四十四、四十八至五十二、七十三至九十六、一百一至一百三十六、一百五十至二百四十八、二百五十三至三百九十一、三百九十五至五百,目錄一卷)

210000－0708－0000318　2880－2998

皇清經解續編一千四百三十卷　王先謙輯

清光緒十四年(1888)南菁書院刻本　一百十九冊　存五百三十卷(一至一百六十七、四百四十四至六百八十三、九百五十一至一千二、一千一百四十二至一千一百七十三、一千一百七十六至一千二百一十四)

210000－0708－0000319　2532－2879

皇清經解一千四百八卷首一卷　(清)阮元輯　清道光九年(1829)廣東學海堂刻咸豐十一年(1861)補刻本　三百四十八冊　存一千二百七十六卷(一至一百二十五、一百九十四至四百三十六、五百二至一千四百八,首一卷)

210000－0708－0000320　1136－1139

黃帝內經靈樞十二卷補注黃帝內經素問二十四卷　(唐)王冰注　清上海錦章圖書局石印本　四冊

210000－0708－0000321　10461

黃山領要錄二卷　(清)汪洪度　(清)于鼎撰　清刻本　一冊

210000－0708－0000322　1716－1731

黃氏醫書八種八十卷　(清)黃元御撰　清咸豐十年(1860)七曲會刻本　十六冊

210000－0708－0000323　841－852

黃氏醫書八種八十卷　(清)黃元御撰　清宣統元年(1909)上海江左書林石印本　十二冊

210000－0708－0000324　10734－10753

彙刻書目二十卷　(清)顧修編　清光緒十二年(1886)上海福瀛書局刻本　二十冊

210000－0708－0000325　10913

繪地法原一卷　(美國)金楷理譯　清江南機器製造總局刻本　一冊

210000－0708－0000326　6837－6840

繪圖廣注山海經四卷　(晉)郭璞傳　(清)吳志伊注　清埽葉山房刻本　四冊

210000－0708－0000327　11321－11328

繪圖歷代神仙傳二十四卷　(清)□□輯　清宣統元年(1909)埽葉山房石印本　八冊

210000－0708－0000328　506－508

繪圖女四書白話解四卷　(清)沈朱坤演義　(清)李文銓繪　清光緒三十四年(1908)上海圖書學社石印本　三冊　存三卷(一至三)

210000－0708－0000329　6775－6778

繪圖秦英征西全傳四卷四十八回　(清)□□撰　清光緒三十一年(1905)上海煮宇山房石印本　四冊

210000－0708－0000330　7179－7190

繪圖增像第五才子書水滸全傳七十回　(明)施耐庵撰　(清)金人瑞評釋　清光緒十四年(1888)上海大同書局石印本　十二冊

210000－0708－0000331　5894－5905

繪圖綴白裘十二集四十八卷　(清)玩花主人選　清上海廣雅書局石印本　十二冊

210000－0708－0000332　5114－5119

繪圖足本定講拾遺六卷首一卷　(清)張岸登輯　清上海啟新書局鉛印本　六冊

210000－0708－0000333　7231－7236

繪像結水滸全傳八卷七十回　(清)俞萬春撰　(清)范辛來　(清)邵祖恩評　清光緒二十九年(1903)上海廣益書局石印本　八冊

210000－0708－0000334　626－645

積學齋叢書二十種六十一卷　(清)徐乃昌輯　清光緒南陵徐氏刻本　二十

210000－0708－0000335　8963－8975

吉林司法官報十三卷　(清)吉林司法官報局編　清宣統三年(1911)吉林司法官報局鉛印本　十三冊

210000－0708－0000336　2251

集古印篆四卷　(日本)秦駒甫校　清徵古堂刻本　一冊

210000－0708－0000337　2230－2237

紀文達公遺集十六卷首一卷　(清)紀昀撰　(清)孫樹馨編校　清宣統二年(1910)上海保粹樓石印本　八冊

210000－0708－0000338　822－827

紀效新書十八卷首一卷　(明)戚繼光撰　清

道光二十一年(1841)刻本　　六冊

210000－0708－0000339　2272－2279

寄青霞館奕選八卷　（清）王存善輯　清光緒
二十三年(1897)廣州刻本　　八冊

210000－0708－0000340　5028－5029

寄嶽雲齋試體詩選四卷　（清）聶銳敏撰　清
道光二十二年(1842)同德黨刻本　　二冊

210000－0708－0000341　1512－1517

濟陰綱目十四卷　（明）武之望輯撰　清石印
本　　六冊

210000－0708－0000342　534－541

家寶全集四集三十二卷　（清）石成金撰　清
文光堂刻本　　八冊　存八卷(初集一至八)

210000－0708－0000343　10132－10138

嘉定赤城志四十卷　（宋）陈耆卿撰　清嘉慶
二十三年(1818)臨海宋氏刻本　　七冊

210000－0708－0000344　2972－2975

嘉祐集二十卷　（宋）蘇洵撰　清刻本　　四冊

210000－0708－0000345　2976－2981

嘉祐集二十卷　（宋）蘇洵撰　清道光十二年
(1832)眉州三蘇祠刻本　　六冊

210000－0708－0000346　2430－2435

監本四書十九卷　（宋）朱熹集註　清上海大
成書局銅活字本　　六冊

210000－0708－0000347　921－942

劍南詩稿八十五卷　（宋）陸遊撰　明毛晉汲
古閣刻本　　二十二冊

210000－0708－0000348　5718

鑑略四字書一卷　（清）王仕雲撰　清光緒二
十八年(1902)燕臺文勝堂刻本　　一冊

210000－0708－0000349　1218－1221

江左校士錄六卷　（清）黃體芳輯　清光緒二
十一年(1895)上海書局石印本　　四冊

210000－0708－0000350　415

教女遺規摘鈔一卷　（清）陳弘謀撰　清石印
本　　一冊

210000－0708－0000351　1947－1950

芥子園畫傳初集六卷　（清）王槩撰　清光緒
十四年(1888)鴻文書局石印本　　四冊

210000－0708－0000352　1955－1958

芥子園畫傳二集九卷　（清）王槩撰　清石印
本　　四冊

210000－0708－0000353　1959－1962

芥子園畫傳二集九卷　（清）王槩撰　清石印
本　　四冊

210000－0708－0000354　1963－1966

芥子園畫傳三集六卷　（清）王槩撰　清石印
本　　四冊

210000－0708－0000355　10296

今水經一卷表一卷　（清）黃宗羲撰　清光緒
三年(1877)湖北崇文書局刻本　　一冊

210000－0708－0000356　4211－4212

金壺精粹四卷　（清）郝在田輯　清光緒二年
(1876)京師松竹齋刻本　　二冊

210000－0708－0000357　2387－2388

金樓子六卷　（南朝梁）元帝蕭繹撰　清光緒
元年(1875)湖北崇文書局刻子書百家本
二冊

210000－0708－0000358　2391

金樓子六卷　（南朝梁）元帝蕭繹撰　清刻本
一冊　存三卷(四至六)

210000－0708－0000359　2389－2390

金樓子六卷　（南朝梁）元帝蕭繹撰　清光緒
元年(1875)湖北崇文書局刻子書百家本
二冊

210000－0708－0000360　10543－10566

金石索十二卷首一卷　（清）馮雲鵬　（清）馮
雲鵷輯　清光緒十九年(1893)上海積山書局
石印本　　二十四冊

210000－0708－0000361　10532－10534

金石文字記六卷附石經考一卷　（清）顧炎武
撰　清刻本　　三冊

210000－0708－0000362　2500－2512

金史一百三十五卷　（元）脱脱等撰　清光緒三十四年(1908)上海集成圖書公司鉛印二十四史本　十三冊　存一百十八卷（五至五十八、六十三至九十四、一百四至一百三十五）

210000－0708－0000363　0799－0808

金文最一百二十卷　（清）張金吾輯　清刻本　十冊　存四十卷（四至十六、二十至三十、三十七至四十八、五十七至六十）

210000－0708－0000364　2715

金仙證論一卷　（清）柳華陽撰　清善成堂刻本　一冊

210000－0708－0000365　5217－5220

錦字箋四卷　（清）黃澐纂　清光緒六年(1880)埽葉山房刻本　四冊

210000－0708－0000366　5249－5252

近九科同館賦鈔四卷　（清）孫欽昂編輯　清光緒六年(1880)上海精一閣鉛印本　四冊

210000－0708－0000367　390－395

近思錄十四卷考訂朱子世家一卷　（清）江永集註　近思錄集注校勘記一卷　（清）王炳錄　清同治八年(1869)江蘇書局刻本　六冊

210000－0708－0000368　386－389

近思錄十四卷考訂朱子世家一卷　（清）江永集註　近思錄集注校勘記一卷　（清）王炳錄　清同治八年(1869)江蘇書局刻本　四冊

210000－0708－0000369　1739－1765

晉書一百三十卷　（唐）太宗李世民撰　清光緒二十九年(1903)五洲同文局石印二十四史本　二十七冊　存一百十一卷（一至一百十一）

210000－0708－0000370　2797－2806

晉書一百三十卷　（唐）太宗李世民撰　清刻本　十冊　存三十五卷（二十九至六十三）

210000－0708－0000371　1799－1804

晉書一百三十卷晉書音義三卷　（唐）房玄齡等編　清刻本　六冊　存四十二卷（九十二至一百三十、晉書音義三卷）

210000－0708－0000372　10514

京東考古錄一卷　（清）顧炎武撰　清光緒十二年(1886)上海埽葉山房刻本　一冊

210000－0708－0000373　3103－3114

經典釋文三十卷　（唐）陸德明撰　經典釋文考證三十卷　（清）盧文弨輯　清同治八年(1869)湖北崇文書局刻本　十二冊

210000－0708－0000374　3709－3738

經籍纂詁一百六卷　（清）阮元等編　清刻本　三十冊　存五十三卷（十七至四十二、七十七至九十一、九十三至一百四）

210000－0708－0000375　8312

經濟通論一卷　（日本）杉榮三郎編　清宣統二年(1910)奉天太古山房鉛印本　一冊

210000－0708－0000376　0751－0760

經史百家雜鈔二十六卷　（清）曾國藩纂　清光緒二年(1876)傳忠書局刻本　十冊　存十一卷（一至十一）

210000－0708－0000377　3567－3576

經書四種五十三卷　（清）鍾謙鈞輯　清刻本　十冊

210000－0708－0000378　3066－3068

經訓比義三卷　（清）黃以周撰　清光緒二十二年(1896)南菁講舍刻本　三冊

210000－0708－0000379　3071

經義一卷　（清）王夫之撰　清刻本　一冊

210000－0708－0000380　4213－4215

經餘必讀八卷　（清）錢樹棠等輯　清刻本　三冊　存六卷（三至八）

210000－0708－0000381　436－443

經餘必讀八卷續編八卷　（清）錢樹棠等輯　清光緒十三年(1887)成文信刻本　八冊

210000－0708－0000382　552－560

經餘必讀八卷續編八卷三編四卷　（清）錢樹棠等輯　清嘉慶十年至十五年(1805－1810)刻本　九冊　存十七卷（經餘必讀八卷、續編八卷、三編四）

210000－0708－0000383　　8169

精選格致課藝讀本八卷　（清）□□撰　清光緒二十三年（1897）上海書局石印本　一冊　存一卷（一）

210000－0708－0000384　　9264－9278

精選中外時務文編四十四卷　（清）董養暉輯　清光緒二十三年（1897）石印本　十五冊　存四十一卷（一至八、十二至四十四）

210000－0708－0000385　　1601－1604

景岳全書六十四卷　（明）張介賓撰　清刻本　四冊　存四卷（六十一至六十四）

210000－0708－0000386　　974－986

景岳全書六十四卷　（明）張介賓撰　清慶雲樓刻本　十三冊　存二十三卷（一至十三、四十九至五十八）

210000－0708－0000387　　987－998

景岳全書六十四卷　（明）張介賓撰　清嘉慶二十四年（1819）金閶書業堂刻本　十二冊　存二十六卷（一至十三、二十七至三十九）

210000－0708－0000388　　5041

徑北草堂印須集初刻六卷　（清）管晏輯　清刻本　一冊

210000－0708－0000389　　2786－2791

敬信課心錄彙集六卷　（清）徐德昭輯　清道光二十九年（1849）盛京西永盛刻本　六冊

210000－0708－0000390　　3093

九經學一卷　（清）王聘珍撰　清刻本　一冊

210000－0708－0000391　　7123－7128

九通提要十二卷　（清）柴紹炳纂　清光緒二十八年（1902）鴻寶齋石印本　六冊

210000－0708－0000392　　2239－2246

舊唐書二百卷　（後晉）劉昫等撰　清刻本　八冊　存五十三卷（一百十七至一百六十九）

210000－0708－0000393　　2189－2233

舊唐書二百卷　（後晉）劉昫等撰　清光緒二十九年（1903）五洲同文局石印二十四史本　四十五冊　存一百八十九卷（一至三、八至四十七、五十五至二百）

210000－0708－0000394　　2234－2238

舊唐書二百卷　（後晉）劉昫等撰　清刻本　五冊　存三十七卷（一百二十一至一百五十七）

210000－0708－0000395　　2297－2320

舊五代史一百五十卷目錄二卷　（宋）薛居正等撰　清光緒二十九年（1903）五洲同文局石印二十四史本　二十四冊

210000－0708－0000396　　5065－5070

絕妙好詞箋七卷絕妙好詞續鈔二卷　（宋）周密輯　（清）查為仁　（清）厲鶚箋　清同治十一年（1872）會稽章氏刻本　四冊

210000－0708－0000397　　2770－2775

覺世正宗十卷　（清）曹鵬齡校定　清同治元年（1862）牛莊樂王慈雲壇刻本　六冊

210000－0708－0000398　　1032－1037

筠石山房詩話鈔六卷　（清）楊霈輯　清道光二十七年（1847）粵東糧道署刻本　六冊

210000－0708－0000399　　9234－9237

開縣李尚書政書□□卷首一卷　（清）李宗羲撰　清光緒十一年（1885）武昌刻本　四冊　存四卷（五至七、首一卷）

210000－0708－0000400　　3587

刊謬正俗八卷　（唐）顏師古撰　清光緒三年（1877）湖北崇文書局刻本　一冊

210000－0708－0000401　　3434－3438

康熙字典十二集三十六卷總目一卷檢字一卷辨似一卷等韻一卷補遺一卷備考一卷　（清）張玉書等編　清中華書局石印本　五冊　缺九卷（寅上中下、卯上中下、辰上中下）

210000－0708－0000402　　3380－3416

康熙字典十二集三十六卷總目一卷檢字一卷辨似一卷等韻一卷補遺一卷備考一卷　（清）張玉書等編　清道光七年（1827）刻本　三十七冊

210000－0708－0000403　　3428－3433

康熙字典十二集三十六卷總目一卷檢字一卷
辨似一卷等韻一卷補遺一卷備考一卷 （清）
張玉書等編　清光緒十年(1884)上海同文書
局石印本　六冊

210000－0708－0000404　3439－3478
康熙字典十二集三十六卷總目一卷檢字一卷
辨似一卷等韻一卷補遺一卷備考一卷 （清）
張玉書等編　清刻本　四十冊

210000－0708－0000405　3871－3882
康熙字典十二集三十六卷總目一卷檢字一卷
辨似一卷等韻一卷補遺一卷備考一卷 （清）
張玉書等編　清刻本　十二冊　存十二卷
（辰上中下、巳上中下、午上中下、未上中下）

210000－0708－0000406　3883－3908
康熙字典十二集三十六卷總目一卷檢字一卷
辨似一卷等韻一卷補遺一卷備考一卷 （清）
張玉書等編　清刻本　二十六冊　存二十五
卷(子集上中下、丑集上中下、寅集上中下、辰
集上中下、巳集上中下、未集上中、申集上中
下、酉集上中下、戌集中、備考一卷)

210000－0708－0000407　3909－3920
康熙字典十二集三十六卷總目一卷檢字一卷
辨似一卷等韻一卷補遺一卷備考一卷 （清）
張玉書等編　清刻本　十二冊　存十二卷
（午上中下、未上中下、戌上中下、亥上中下）

210000－0708－0000408　3921－3926
康熙字典十二集三十六卷總目一卷檢字一卷
辨似一卷等韻一卷補遺一卷備考一卷 （清）
張玉書等編　清光緒三十二年(1906)上海商
務印書館石印本　六冊

210000－0708－0000409　3927－3935
康熙字典十二集三十六卷總目一卷檢字一卷
辨似一卷等韻一卷補遺一卷備考一卷 （清）
張玉書等編　清刻本　九冊　存九卷(子集
上中下、丑集上中下,等韻一卷,補遺一卷,備
考一卷)

210000－0708－0000410　3939－3949
康熙字典十二集三十六卷總目一卷檢字一卷

辨似一卷等韻一卷補遺一卷備考一卷 （清）
張玉書等編　清刻本　十一冊　存十一卷
（辰上中下、巳上中下、申上中、酉上中下）

210000－0708－0000411　3950－3958
康熙字典十二集三十六卷總目一卷檢字一卷
辨似一卷等韻一卷補遺一卷備考一卷 （清）
張玉書等編　清道光七年(1827)刻本　九冊
　存九卷(子上中、辰下、巳上下、午中、申上、
戌下、亥中)

210000－0708－0000412　3974－3977
康熙字典十二集三十六卷總目一卷檢字一卷
辨似一卷等韻一卷補遺一卷備考一卷 （清）
張玉書等編　清光緒三十年(1904)上海錦章
書局石印本　四冊　缺十一卷(酉上中下、戌
上中下、亥上中下,補遺一卷,備考一卷)

210000－0708－0000413　3417－3427
康熙字典十二集三十六卷總目一卷檢字一卷
辨似一卷等韻一卷補遺一卷備考一卷 （清）
張玉書等編　清道光七年(1827)刻本　十一
冊　存十一卷(寅上下、卯上中下、辰上中下、
巳上中下)

210000－0708－0000414　1234－1235
考卷萃華新編二卷 （清）黃硯北編　清道光
二十六年(1846)雲間讀味齋刻本　二冊

210000－0708－0000415　8172－8176
考卷雋快二編不分卷三編不分卷 （清）翁心
存鑒定　清同治七年(1868)粵東三元堂刻本
　五冊

210000－0708－0000416　1222－1227
考卷靈機初集四卷二集四卷 （清）□□輯
清道光十九年(1839)刻本　六冊　存六卷
（初集一、三至四,二集一至三)

210000－0708－0000417　1230－1233
考卷新雅四卷 （清）萬青藜輯　清光緒十年
(1884)京都宣武城寓齋刻本　四冊

210000－0708－0000418　1228－1229
考卷藻新二卷 （清）□□輯　清道光二十二
年(1842)荊岑閣刻本　二冊

210000－0708－0000419　9192－9233

恪靖奏稿續編七十六卷　（清）左宗棠撰　清刻本　四十二冊　存六十三卷(一至五十、六十四至七十六)

210000－0708－0000420　9699－9706

恪靖奏稿續編七十六卷　（清）左宗棠撰　清刻本　八冊　存十三卷(五十一至六十三)

210000－0708－0000421　567

孔叢子二卷　（漢）孔鮒撰　清光緒元年(1875)湖北崇文書局刻子書百家本　一冊

210000－0708－0000422　379－380

孔氏家語十卷　（三國魏）王肅注　清光緒六年(1880)埽葉山房刻本　二冊

210000－0708－0000423　381

孔氏家語十卷　（三國魏）王肅注　清乾隆四十六年(1781)書業堂刻本　一冊　存五卷(一至五)

210000－0708－0000424　5468－5469

孔子集語十七卷　（清）孫星衍撰　清光緒二十三年(1897)文瑞樓鉛印本　二冊

210000－0708－0000425　1143－1148

曠視山房制藝四卷曠視山房小題二卷　（清）丁守存撰　清同治十一年(1872)刻本　六冊

210000－0708－0000426　4078

來瞿唐先生易經啟蒙十五卷首一卷末一卷圖一卷　（明）來知德撰　清刻本　一冊　存一卷(圖一卷)

210000－0708－0000427　746－751

賴古堂集二十四卷目錄一卷　（清）周亮工撰　清康熙十四年(1675)刻本　六冊　存十三卷(一至十二、目錄一卷)

210000－0708－0000428　4762－4765

蘭言詩鈔四卷　（清）李瑞輯　清光緒十二年(1886)埽葉山房刻本　四冊

210000－0708－0000429　4766－4769

蘭言詩鈔四卷　（清）李瑞輯　清光緒十二年(1886)埽葉山房刻本　四冊

210000－0708－0000430　4770－4773

蘭言詩鈔四卷　（清）李瑞輯　清光緒五年(1879)上洋務本堂刻本　四冊

210000－0708－0000431　4774－4777

蘭言詩鈔四卷　（清）李瑞輯　清光緒五年(1879)上洋務本堂刻本　四冊

210000－0708－0000432　2527－2528

老學庵筆記十卷　（宋）陸務觀撰　清光緒三年(1877)湖北崇文書局刻本　二冊

210000－0708－0000433　692－693

老子道德經解二卷　（明）釋德清撰　清光緒十二年(1886)金陵刻經處刻本　二冊

210000－0708－0000434　4730－4745

樂府詩集一百卷　（宋）郭茂倩輯　清同治十三年(1874)湖北崇文書局刻本　十六冊

210000－0708－0000435　5300－5304

類類聯珠初集三十二卷二集十二卷　（□）□□編　清刻本　五冊　存三十八卷(初集七至三十二、二集十二卷)

210000－0708－0000436　5331－5332

李長吉集四卷外集一卷　（唐）李賀撰　（明）黃諄耀評　清光緒十八年(1892)刻朱墨套印本　二冊

210000－0708－0000437　10202－10212

李氏五種合刊二十八卷　（清）李兆洛撰　清同治十年(1871)合肥李氏刻本　十一冊　存二十五卷(歷代地理韻編一至二十、皇朝輿地韻編上下、歷代地理沿革圖一、歷代紀元編上中)

210000－0708－0000438　3648－3651

李氏音鑑六卷　（清）李汝珍撰　清光緒十四年(1888)上海埽葉山房刻本　四冊

210000－0708－0000439　3103－3119

李太白文集三十六卷　（唐）李白撰　（清）王琦輯註　清埽葉山房石印本　十七冊　存二十六卷(一、四至十一、十六至十七、二十至二十四、二十七至三十六)

210000－0708－0000440　1443－1525

李文忠公奏稿八十卷朋僚函稿二十卷譯署函稿二十卷遷移鼉池口教堂函稿一卷海軍函稿四卷電稿四十卷　（清）李鴻章撰　（清）吳汝綸編　清光緒三十一年（1905）金陵刻本　八十三冊　缺二十卷（奏稿一至二十）

210000－0708－0000441　947－949

李義山詩集三卷附錄諸家詩評一卷李義山詩譜一卷李義山詩集目錄一卷　（唐）李商隱撰　（清）朱鶴齡箋注　（清）沈厚塿輯評　清同治九年（1870）廣州倅署刻三色套印本　三冊　存五卷（李義山詩集上下、附錄諸家詩評一卷、李義山詩譜一卷、李義山詩集目錄一卷）

210000－0708－0000442　47－54

禮記八卷　（□）□□撰　明司禮監刻本　八冊

210000－0708－0000443　1419－1424

禮記節本十卷　（清）汪基鈔撰　清廣益書局石印本　六冊

210000－0708－0000444　1425－1430

禮記節本十卷　（清）汪基鈔撰　清廣益書局石印本　六冊

210000－0708－0000445　1445－1448

禮記省度四卷　（清）彭頤纂　清光緒六年（1880）文奎堂刻朱墨套印本　四冊

210000－0708－0000446　1449－1452

禮記省度四卷　（清）彭頤纂　清金閶書業堂刻本　四冊

210000－0708－0000447　1305－1314

禮記十卷　（元）陳澔集說　清上海嶧園刻本　十冊

210000－0708－0000448　1315－1324

禮記十卷　（元）陳澔集說　清光緒十四年（1888）蘇州掃葉山房刻本　十冊

210000－0708－0000449　1325－1334

禮記十卷　（元）陳澔集說　清嘉慶七年（1802）金閶書業堂刻本　十冊

210000－0708－0000450　1335－1344

禮記十卷　（元）陳澔集說　清紫文閣刻本　十冊

210000－0708－0000451　1345－1354

禮記十卷　（元）陳澔集說　清光緒二年（1876）掃葉山房刻本　十冊

210000－0708－0000452　1355－1364

禮記十卷　（元）陳澔集說　清光緒四年（1878）成文信記刻本　十冊

210000－0708－0000453　1453－1459

禮記十卷　（元）陳澔集說　清刻本　八冊　存七卷（二至六、八、十）

210000－0708－0000454　1583－1592

禮記十卷　（元）陳澔集說　清咸豐元年（1851）埽葉山房刻本　十冊

210000－0708－0000455　1415－1418

禮記體註大全四卷　（清）范翔撰　清刻本　四冊

210000－0708－0000456　1593－1596

禮記易讀四卷　（清）□□輯　清上海大成書局石印本　四冊

210000－0708－0000457　1434－1438

禮記約編喈鳳十卷　（清）汪基鈔撰　清光緒三十四年（1908）上海廣益書局石印本　五冊　存八卷（一、四至十）

210000－0708－0000458　1375－1384

禮記章句四十九卷　（清）王夫之撰　清刻本　十冊　存二十六卷（三至十四、二十至二十五、三十三至四十）

210000－0708－0000459　5037

歷代帝王年表一卷附歷代紀元同異考略一卷　（清）黃大華撰　清光緒二十六年（1900）夢紅豆邨刻本　一冊

210000－0708－0000460　10851－10854

歷代帝王宅京記二十卷　（清）顧炎武撰　清光緒十四年（1888）朱氏家塾刻本　四冊

210000－0708－0000461　5528－5533

歷代名臣言行錄二十四卷　（清）朱桓輯　清刻本　六冊　存六卷（七至十二）

210000－0708－0000462　3865－3870

歷代名儒四書五經義六卷　（清）潘祖光輯　清石印本　六冊

210000－0708－0000463　5427－5446

歷代名賢齒譜九卷名媛齒譜三卷　（清）易宗涒輯　清光緒湖南湘鄉賜書堂刻本　二十冊

210000－0708－0000464　1008－1013

歷代詩話二十八種五十八卷　（清）何文煥輯　清乾隆三十五年（1770）何文煥刻本　二十四冊

210000－0708－0000465　5826－5832

歷代史論十二卷宋史論三卷元史論一卷　（明）張溥撰　明史論四卷　（清）谷應泰撰　左傳史論二卷首一卷　（清）高士奇撰　歷代史論總論二卷　（明）顧充撰　清光緒二十四年（1898）上海埽葉山房石印本　七冊

210000－0708－0000466　5820－5825

歷代史論十二卷宋史論三卷元史論一卷明史論四卷　（明）張溥撰　清光緒二十四年（1898）上海圖書集成局鉛印本　六冊

210000－0708－0000467　1187－1188

歷科朝考卷不分卷　（清）國史館纂　清內府石印本　二冊

210000－0708－0000468　3587－3596

隸辨八卷　（清）顧藹吉撰　清同治十二年（1873）漁古山房刻本　八冊

210000－0708－0000469　1899

鍊鋼要言一卷　（清）徐家寶譯　清江南製造總局刻本　一冊

210000－0708－0000470　1892－1898

梁書五十六卷　（唐）姚思廉撰　清光緒二十九年（1903）五洲同文局石印二十四史本　七冊　存四十七卷（一至十一、二十一至五十六）

210000－0708－0000471　6952－6967

聊齋志異新評十六卷　（清）蒲松齡撰　（清）王士正評　（清）但明倫新評　清同治八年（1869）羊城青雲樓刻本　十六冊

210000－0708－0000472　6976－6979

聊齋志異新評十六卷　（清）蒲松齡撰　（清）王士正評　（清）但明倫新評　清同治八年（1869）羊城青雲樓刻本　四冊　存四卷（一至二、五至六）

210000－0708－0000473　6980－6986

聊齋志異新評十六卷　（清）蒲松齡撰　（清）王士正評　清上海廣益書局石印本　七冊　存七卷（一至二、六至七、十、十三、十六）

210000－0708－0000474　2444－2450

遼史一百十六卷　（元）脫脫修　清光緒二十九年（1903）五洲同文局石印二十四史本　七冊　存九十六卷（一至九十六）

210000－0708－0000475　5568－5570

列女傳八卷　（漢）劉向編撰　（清）梁端注　清宣統二年（1910）上海會文堂書局石印本　三冊　存六卷（一至六）

210000－0708－0000476　5559－5563

列女傳補注八卷敘錄一卷校正一卷列仙傳校正二卷仙讚一卷夢書一卷　（清）王照圓撰　清刻本　五冊

210000－0708－0000477　9304－9307

林文忠公政書三集三十七卷政書蒐遺一卷　（清）林則徐撰　清刻本　四冊　存十三卷（乙集四至六、丙集一至十）

210000－0708－0000478　4197－4198

臨文俊覽二卷　（清）龍光甸撰　清同治十三年（1874）埽葉山房刻本　二冊

210000－0708－0000479　1591－1593

臨證指南醫案十卷　（清）葉桂撰　清刻朱墨套印本　三冊　存三卷（二、四至五）

210000－0708－0000480　5509－5512

劉隨州詩八卷　（唐）劉長卿撰　（明）韋祇謨編　清康熙三十八年（1699）愛古堂刻本

210000－0708－0000481　3163－3168
柳文四十三卷別集二卷外集二卷附錄一卷
（唐）柳宗元撰　（唐）劉禹錫編　清同治七年
（1868）刻本　六冊　存二十五卷（一至二十
五）

210000－0708－0000482　5156－5160
六壬神課金口訣三卷　（清）周儆弦重訂　清
光緒六年（1880）埽葉山房刻本　五冊

210000－0708－0000483　2672－2675
六壬神課金口訣四卷　（清）周儆弦重訂　清
成文信刻本　四冊

210000－0708－0000484　5501－5506
六書通十卷　（明）閔齊伋撰　清刻本　六冊

210000－0708－0000485　3607－3632
六書系韻二十四卷首一卷檢字二卷　（清）李
貞編　清光緒十六年（1890）刻本　二十六冊

210000－0708－0000486　2756
六祖大師法寶壇經一卷　（唐）釋法海等集
清光緒三十一年（1905）京都漱潤齊刻本
一冊

210000－0708－0000487　5270－5273
龍文鞭影初集二卷　（明）蕭良有纂輯　（明）
楊臣諍增訂　（明）來集之音註　龍文鞭影二
集二卷　（清）李暉吉　（清）徐瓚輯　清江東
書局石印本　四冊

210000－0708－0000488　9161－9162
陸宣公奏議讀本四卷　（唐）汪銘謙編　（唐）
馬傳庚評點　清光緒二十六年（1900）會稽馬
氏刻本　二冊

210000－0708－0000489　2364－2369
呂氏春秋二十六卷　（秦）呂不韋撰　（漢）高
誘注　清光緒元年（1875）浙江書局刻二十二
子本　六冊

210000－0708－0000490　2374－2377
呂氏春秋二十六卷　（秦）呂不韋撰　（漢）高
誘注　清光緒二十三年（1897）文瑞樓鉛印本

210000－0708－0000491　2381－2384
呂氏春秋二十六卷　（秦）呂不韋撰　清光緒
元年（1875）湖北崇文書局刻子書百家本
四冊

210000－0708－0000492　2716－2725
呂祖全書三十三卷　（清）劉體恕輯　清刻本
十冊　存十六卷（十八至三十三）

210000－0708－0000493　8906－8911
律例便覽八卷律例便覽諸圖一卷處分則例圖
要六卷　（清）蔡嵩年　（清）蔡逢年撰　清同
治十一年（1872）刻朱墨套印本　六冊

210000－0708－0000494　4217
律呂指掌一卷　（清）孫廷芝撰　清刻本
一冊

210000－0708－0000495　1556－1566
欒城集五十卷　（宋）蘇轍撰　清刻本　十一
冊　存三十四卷（一至三十四）

210000－0708－0000496　2318－2323
論衡三十卷　（漢）王充撰　清光緒元年
（1875）湖北崇文書局刻子書百家本　六冊

210000－0708－0000497　2324－2328
論衡三十卷　（漢）王充撰　清光緒元年
（1875）湖北崇文書局刻子書百家本　五冊
存二十四卷（一至二十四）

210000－0708－0000498　2088－2089
論語十卷　（宋）朱熹集註　清刻本　二冊

210000－0708－0000499　2110
論語十卷　（宋）朱熹集註　清刻本　一冊
存五卷（一至五）

210000－0708－0000500　2111
論語十卷　（宋）朱熹集註　清刻本　一冊
存五卷（六至十）

210000－0708－0000501　2440－2443
論語最豁集四卷　（清）劉珍輯　清光緒三十
四年（1908）上海章福記石印本　四冊

210000 - 0708 - 0000502　1264

脈學奇經八脈考一卷　（明）李瀕湖撰輯　清春明堂刻本　一冊

210000 - 0708 - 0000503　1086 - 1094

毛詩二十卷　（漢）鄭玄箋　**尚書十三卷**（漢）孔安國傳　清刻仿宋相臺五經本　九冊

210000 - 0708 - 0000504　4559 - 4565

梅村詩集箋注十八卷　（清）吳翌鳳撰　清滄浪吟榭刻本　七冊　存七卷（六至八、十至十一、十三、十五）

210000 - 0708 - 0000505　3070 - 3071

梅村文集二十卷　（清）吳偉業撰　清宣統二年（1910）鉛印本　二冊　存十卷（一至十）

210000 - 0708 - 0000506　2509 - 2514

孟子集註本義匯参十四卷首一卷　（清）王步青輯　清刻本　六冊　存八卷（一至四、六、九至十,首一卷）

210000 - 0708 - 0000507　2105 - 2108

孟子七卷　（宋）朱熹集註　清刻本　四冊　存三卷（四、六至七）

210000 - 0708 - 0000508　3776 - 3778

孟子七卷　（宋）朱熹集註　清銅活字印本　三冊

210000 - 0708 - 0000509　2109

孟子要略五卷　（宋）朱熹撰　清同治十年（1871）傳忠書局刻曾文正公全集本　一冊

210000 - 0708 - 0000510　8955 - 8958

名法指掌增訂二卷　（清）沈辛田纂　清同德堂刻本　四冊

210000 - 0708 - 0000511　2885 - 2888

明鼎甲徵信錄四卷國朝鼎甲徵信錄四卷（清）閻湘蕙輯　（清）張椿齡增訂　清同治三年（1864）念劬山房刻本　四冊

210000 - 0708 - 0000512　0983 - 0992

明季三孝廉集四十二卷　（清）孫運錦輯　清光緒二十一年（1895）刻本　十冊

210000 - 0708 - 0000513　11038 - 11061

明儒學案六十二卷　（清）黃宗羲撰　清光緒十四年（1888）南昌縣學刻本　二十四冊　存四十四卷（一至十八、三十七至六十二）

210000 - 0708 - 0000514　4697 - 4704

明三十家詩選初集八卷二集八卷　（清）汪端輯　清同治十二年（1873）蕰蘭吟舘刻本　八冊

210000 - 0708 - 0000515　889 - 894

明詩綜一百卷　（清）朱彝尊錄　（清）陸秉鑑輯評　清乾隆刻本　六冊　存二十三卷（十八至四十）

210000 - 0708 - 0000516　879 - 888

明詩綜一百卷書目一卷　（清）朱彝尊錄（清）汪森輯評　清康熙四十四年（1705）六峰閣刻本　十冊　存二十卷（一至十八、十九上,書目一卷）

210000 - 0708 - 0000517　4645 - 4664

明史紀事本末八十卷　（清）谷應泰編　清同治十三年（1874）江西書局刻本　二十冊

210000 - 0708 - 0000518　2683 - 2786

明史三百三十二卷　（清）張廷玉等纂修　清光緒二十九年（1903）五洲同文局石印二十四史本　一百四冊　存三百二十四卷（一至七、九至三十六、三十八、四十、四十四至四十八、五十至九十二、九十四至三百三十二）

210000 - 0708 - 0000519　2807 - 2815

明史三百三十二卷目錄四卷　（清）張廷玉等纂修　清刻本　九冊　存二十九卷（七十一至九十九）

210000 - 0708 - 0000520　69 - 94

明史三百三十二卷目錄四卷　（清）張廷玉等纂修　清乾隆四年（1739）武英殿刻二十四史本　二十六冊　存七十七卷（一至十五、二十八至六十八、七十二至八十五、一百一十九至一百二十一,目錄四卷）

210000 - 0708 - 0000521　10784 - 10785

明史藝文志四卷　（清）張廷玉等修　清刻本　二冊

210000－0708－0000522　2091

明拓魯相史晨饗孔廟碑一卷　（□）□□書
清上海有正書局石印本　一冊

210000－0708－0000523　7880－7883

明文明不分卷　（清）路德輯　清咸豐五年
（1855）桐石山房刻本　四冊

210000－0708－0000524　7884－7887

明文明不分卷　（清）路德輯　清刻本　四冊

210000－0708－0000525　7888－7895

明文明不分卷　（清）路德輯　清光緒六年
（1880）掃葉山房刻本　四冊

210000－0708－0000526　7888－7895

明文明二集不分卷　（清）路德輯　清光緒八
年（1882）埽葉山房刻本　四冊

210000－0708－0000527　2342－2349

墨子閒詁十五卷目錄一卷坿錄一卷後語二卷
　（清）孫詒讓撰　清宣統二年（1910）刻本
八冊

210000－0708－0000528　568

牟子一卷　（漢）牟融撰　古今注三卷　（晉）
崔豹撰　清光緒元年（1875）湖北崇文書局刻
子書百家本　一冊

210000－0708－0000529　997－1000

牡丹亭還魂記二卷　（明）湯顯祖撰　明萬曆
二十六年（1598）懷德堂刻本　四冊

210000－0708－0000530　5461－5464

晦薌詩鈔八卷　（清）諸聯撰　清上海埽葉山
房石印本　四冊

210000－0708－0000531　0916－0918

目耕齋讀本不分卷二刻不分卷小題偶編不分
卷　（清）徐楷評註　清李光明莊刻本　三冊

210000－0708－0000532　5730－5744

納書楹曲譜正集四卷續集四卷外集二卷補遺
四卷納書楹玉茗堂四夢曲譜八卷　（清）葉堂
訂譜　清乾隆五十七年至五十九年（1792－
1794）葉氏納書楹刻本　二十三冊

210000－0708－0000533　2737－2746

南本大般涅槃經三十六卷大涅槃經後分卷二
卷　（宋）釋慧嚴等編　清刻本　十冊

210000－0708－0000534　670－675

南華經解六卷　（清）宣穎撰　清上海存古齋
石印本　六冊

210000－0708－0000535　676－680

南華經解六卷　（清）宣穎撰　清上海存古齋
石印本　五冊　存五卷（一至四、六）

210000－0708－0000536　656－659

南華經直解四卷　（清）徐廷槐鈔　清光緒二
十三年（1897）成文信刻本　四冊

210000－0708－0000537　660－663

南華經直解四卷　（清）徐廷槐鈔　清光緒二
十三年（1897）成文信刻本　四冊

210000－0708－0000538　1880－1885

南齊書五十九卷　（清）蕭子顯撰　清光緒二
十九年（1903）五洲同文局石印二十四史本
六冊　存四十三卷（一至十三、二十至二十
七、三十八至五十九）

210000－0708－0000539　2045－2064

南史八十卷　（唐）李延壽撰　清光緒二十九
年（1903）五洲同文局石印二十四史本　二
十冊

210000－0708－0000540　2077－2088

南史八十卷　（唐）李延壽撰　清光緒三十四
年（1908）上海集成圖書公司鉛印二十四史本
十二冊

210000－0708－0000541　936－963

南雅堂醫書全集一百二十一卷　（清）陳念祖
撰　清石印本　二十八冊

210000－0708－0000542　1555－1559

內科理法前編六卷後編附一卷　（英國）虎伯
撰　（清）舒高第譯　清江南製造總局刻本
五冊　存六卷（一至四、六,附卷一卷）

210000－0708－0000543　5039－5045

廿一史四譜五十四卷　（清）沈炳震鈔　清刻
本　七冊　存二十三卷（八至十、十四至十

九、三十至三十七、四十五至四十七、五十二
至五十四)

210000－0708－0000544　5638－5645
廿一史約編八卷首一卷　(清)鄭元慶輯　清
上洋江左書林刻本　八冊

210000－0708－0000545　5646－5653
廿一史約編八卷首一卷　(清)鄭元慶輯　清
上洋江左書林刻本　八冊

210000－0708－0000546　5654－5661
廿一史約編八卷首一卷　(清)鄭元慶輯　清
上洋江左書林刻本　八冊

210000－0708－0000547　5666－5669
廿一史約編八卷首一卷　(清)鄭元慶輯　清
刻本　四冊　存五卷(一至二、七至八,首一
卷)

210000－0708－0000548　5670－5672
廿一史約編八卷首一卷　(清)鄭元慶輯　清
刻本　三冊　存三卷(三、五至六)

210000－0708－0000549　2752
念佛境一卷　(唐)釋道鏡等輯　清刻本
一冊

210000－0708－0000550　1056－1061
凝香室鴻雪因緣圖記三集　(清)麟慶撰　清
道光二十七年至二十九年(1847－1849)揚州
刻本　六冊

210000－0708－0000551　1768
農書二十二卷　(元)王禎撰　清鉛印本　一
冊　存七卷(十六至二十二)

210000－0708－0000552　1769－1777
農務全書上編十六卷　(美國)施安縷撰
(清)舒高第譯　清光緒三十三年(1907)江南
機器製造總局刻本　九冊

210000－0708－0000553　413－414
女四書二卷　(清)王相箋註　清光緒二十四
年(1898)書業德刻本　二冊

210000－0708－0000554　502－503
女子四書讀本二卷　(清)王相箋註　清石印

本　二冊

210000－0708－0000555　504－505
女子四書讀本二卷　(清)王相箋註　清光緒
三十二年(1906)上海埽葉山房石印本　二冊

210000－0708－0000556　7793－7801
歐陽文忠公全集一百五十三卷　(宋)歐陽修
撰　清刻本　九冊　存四十九卷(四至四十
二、一百三十四至一百三十五、一百四十四至
一百五十一)

210000－0708－0000557　7727－7750
歐陽文忠公全集一百五十三卷首一卷附錄五
卷　(宋)歐陽修撰　清嘉慶二十四年(1819)
刻本　二十四冊

210000－0708－0000558　4172－4179
甌北詩鈔二十卷　(清)趙翼撰　清宣統三年
(1911)埽葉山房石印本　八冊

210000－0708－0000559　1909－1912
甌鉢羅室書畫過目考四卷首一卷末一卷
(清)李玉棻編　清上海鴻文齋石印本　四冊

210000－0708－0000560　646－677
藕香零拾一百二卷　繆荃孫輯　清光緒至宣
統年刻本　三十二冊

210000－0708－0000561　506－511
潘刻五種十六卷　(清)恩壽輯　清光緒二十
九年(1903)北京翰文齋刻本　六冊

210000－0708－0000562　3752－3753
佩文詩韻釋要五卷　(清)周兆基輯　清宣統
三年(1911)上海商務印書館石印本　二冊

210000－0708－0000563　3754
佩文詩韻釋要五卷　(清)周兆基輯　(清)朱
蘭重輯　清刻本　一冊

210000－0708－0000564　3755
佩文詩韻五卷　(清)□□輯　清同治九年
(1870)刻本　一冊

210000－0708－0000565　3978
佩文詩韻五卷　(清)□□輯　清刻本　一冊

210000－0708－0000566　3430－3529

佩文韻府一百六卷　（清）張玉書等纂修　清刻本　一百冊

210000－0708－0000567　3543－3661

佩文韻府一百六卷　（清）張玉書等纂修　清嶺南潘氏海山仙館刻本　一百十九冊　存八十九卷（一、四至二十五、二十七至三十七、四十一至四十九、五十一至六十七、六十九至七十、七十二至七十四、八十二至一百二、一百四至一百六）

210000－0708－0000568　1119－1126

蓬山課藝童試錄初刻一卷二刻一卷三刻一卷四刻一卷　（清）劉清源撰　清同治十一年（1872）文會成刻本　八冊

210000－0708－0000569　1127－1130

蓬山塾課□□卷　（清）劉清源撰　清刻本四冊　存五卷（論語上論，二編上論、下論，中庸二編,孟子二編）

210000－0708－0000570　1131－1140

蓬山塾課十卷　（清）劉清源撰　清京都琉璃廠刻本　十冊

210000－0708－0000571　1107－1118

蓬山塾課學庸小題二卷二論小題二卷孟藝小題二卷　（清）劉清源撰　清光緒六年（1880）埽葉山房刻本　十二冊

210000－0708－0000572　8039

批點七家詩選箋註七卷　（清）張熙寧輯評清咸豐元年（1851）寶善堂刻本　一冊　存二卷（一至二）

210000－0708－0000573　2376－2381

批點四書十九卷　（宋）朱熹撰　清光緒九年（1883）成文堂刻本　六冊

210000－0708－0000574　1335－1336

批註小題易讀一卷搭題易讀一卷　（清）史鑑輯　清光緒八年（1882）上洋埽葉山房刻本二冊

210000－0708－0000575　2999－3012

皮氏經學叢書二十四卷　（清）皮錫瑞撰　清光緒思賢書局刻本　十四冊

210000－0708－0000576　1643－1648

評點春秋綱目左傳句解彙雋六卷　（清）韓菼重訂　清光緒九年（1883）埽葉山房刻本六冊

210000－0708－0000577　4172

評點春秋綱目左傳句解彙雋六卷　（清）韓菼重訂　清光緒九年（1883）埽葉山房刻本　一冊　存一卷（一）

210000－0708－0000578　1673－1677

評點春秋綱目左傳句解彙雋六卷　（清）韓菼重訂　清光緒九年（1883）埽葉山房刻本　五冊　存五卷（一至五）

210000－0708－0000579　1649－1654

評點春秋綱目左傳句解彙雋六卷　（清）韓菼重訂　清綠陰堂刻本　六冊

210000－0708－0000580　1655－1660

評點春秋綱目左傳句解彙雋六卷　（清）韓菼重訂　清綠陰堂刻本　六冊

210000－0708－0000581　1678－1683

評點春秋綱目左傳句解彙雋六卷　（清）韓菼重訂　清光緒二十年（1894）成文堂刻本六冊

210000－0708－0000582　4173

評點春秋綱目左傳句解彙雋六卷　（清）韓菼重訂　清石印本　一冊　存一卷（三）

210000－0708－0000583　0552－0558

評選直省闈藝大全八卷　（清）久敬齋編　清光緒三十年（1904）上海久敬齋石印本　七冊

210000－0708－0000584　0933－0936

評選直省闈藝大全八卷　（清）久敬齋編　清光緒三十一年（1905）上海書局石印本　四冊存四卷（一至四）

210000－0708－0000585　4089－4095

評註王袁綱鑑合編三十九卷　（明）袁黃（明）王世貞編纂　清上海文瑞樓石印本　七

冊　存十一卷(十一至二十一)

210000－0708－0000586　4860－4867

七家詩輯註彙鈔九卷　（清）張熙宇輯評
（清）王植桂輯註　清光緒六年(1880)掃葉山
房刻本　八冊

210000－0708－0000587　4868－4874

七家詩輯註彙鈔九卷　（清）張熙宇輯評
（清）王植桂輯註　清光緒十六年(1890)石渠
山房刻本　七冊　存八卷(一、三至九)

210000－0708－0000588　4875－4882

七家詩輯註彙鈔九卷　（清）張熙宇輯評
（清）王植桂輯註　清同治九年(1870)江左書
林刻本　八冊

210000－0708－0000589　4883－4886

七家詩選七卷　（清）張熙宇輯註　清咸豐七
年(1857)敬文堂刻本　四冊

210000－0708－0000590　4887－4889

七家詩選註釋七卷　（清）張熙宇輯評　清刻
本　三冊　存六卷(一至六)

210000－0708－0000591　3013－3026

七經精義三十八卷　（清）黃淦撰　清嘉慶翼
經堂刻本　十四冊

210000－0708－0000592　4584－4587

七言律詩鈔十八卷　（清）翁方綱鈔　清刻本
四冊

210000－0708－0000593　0559－0562

齊魯講學編四卷　（清）尹銘綬編　清宣統三
年(1911)煙台誠文信鉛印本　四冊

210000－0708－0000594　1366－1382

千金翼方三十卷　（唐）孫思邈撰　清同治七
年(1868)姑蘇掃葉山房刻本　十七冊　存二
十一卷(一至二十一)

210000－0708－0000595　713－720

千金翼方三十卷　（唐）孫思邈撰　清乾隆二
十八年(1763)華氏刻本　八冊　存十五卷
(一至十五)

210000－0708－0000596　1393－1421

前漢書一百卷　（漢）班固撰　（唐）顏師古注
清光緒二十九年(1903)五洲同文局石印二
十四史本　二十九冊　存九十四卷(一至二
十六、二十八至六十三、六十七至九十六、九
十九至一百)

210000－0708－0000597　1313－1328

前漢書一百卷　（漢）班固撰　（唐）顏師古注
清光緒十三年(1887)金陵書局刻本　十
六冊

210000－0708－0000598　1422－1427

前漢書一百卷　（漢）班固撰　（唐）顏師古注
清光緒十三年(1887)金陵書局刻本　六冊
存三十卷(七十一至一百)

210000－0708－0000599　1428－1435

前漢書一百卷　（漢）班固撰　（唐）顏師古注
清光緒十三年(1887)金陵書局刻本　八冊
存五十四卷(十九至七十二)

210000－0708－0000600　9782－9788

乾隆府廳州縣圖志五十卷　（清）洪亮吉撰
清刻本　七冊　存二十一卷(九至二十三、二
十七至三十二)

210000－0708－0000601　5347－5349

錢牧齋文鈔四卷　（清）錢謙益撰　清宣統元
年(1909)國學扶輪社鉛印本　三冊　存三卷
(一、三至四)

210000－0708－0000602　5513－5514

錢南園先生遺集五卷　（清）錢灃撰　清同治
十一年(1872)刻本　二冊

210000－0708－0000603　545－548

潛夫論箋十卷　（漢）王符撰　（清）汪繼培箋
清光緒十七年(1891)思賢講舍刻本　四冊

210000－0708－0000604　236－246、636－647

欽定大清會典八十卷首一卷　（清）托津纂修
清嘉慶二十三年(1818)武英殿刻本　二十
三冊　存五十九卷(四至三十八、五十八至八
十,首一卷)

210000－0708－0000605　7329－7336

欽定大清會典一百卷 （清）允祹等撰 清光
緒十九年(1893)上海圖書集成印書局鉛印本
八冊

210000－0708－0000606 200－235

欽定大清會典一百卷首一卷 （清）崑崗纂修
清光緒二十五年(1899)武英殿石印本 三
十六冊

210000－0708－0000607 7337－7353

欽定大清會典一百卷 （清）允祹等撰 清刻
本 十七冊 存七十七卷(七至七十九、九十
三至九十六)

210000－0708－0000608 7354－7371

欽定大清會典一百卷 （清）允祹等撰 清刻
本 十八冊 存七十一卷(三十至一百)

210000－0708－0000609 128－138、142、144－199

欽定大清會典圖二百七十卷 （清）崑崗等纂
修 清光緒二十五年(1899)武英殿石印本
六十八冊 存二百五十一卷(一至三十五、四
十六至五十三、六十三至二百七十)

210000－0708－0000610 648－701

欽定大清會典事例九百二十卷 （清）托津等
纂修 清嘉慶二十三年(1818)武英殿刻本
五十四冊 存一百五十二卷(二十二至四十、
一百十二至一百二十五、一百三十一至一百
三十五、一百四十九至一百五十三、三百三十
六至三百九十九、七百九十二至八百八、八百
六十四至八百九十一)

210000－0708－0000611 254－635

欽定大清會典事例一千二百二十卷目錄八卷
（清）崑崗等纂修 清光緒武英殿石印本
三百八十二冊 存一千二百十一卷(一至七
十七、九十二至一百五十八、一百六十一至三
百一、三百三至一千二百二十,目錄八卷)

210000－0708－0000612 8999

欽定府廳州縣地方自治章程暨選舉章程一卷
（清）奕劻等撰 清宣統元年(1909)憲政編
查館鉛印本 一冊

210000－0708－0000613 3662－4633

欽定古今圖書集成一萬卷目錄三十二卷
（清）陳夢雷 （清）蔣廷錫等編 清光緒十年
(1884)上海圖書集成書局鉛印本 九百七十
二冊 存八千三百八十八卷(歷象彙編:歲功
典一百十六卷、歷法典一百四十卷、庶征典一
百八十八卷,方輿彙編:坤輿典一百四十卷、
職方典一千五百四十四卷、山川典三百二十
卷、邊裔典一百四十卷,明倫彙編:宮闈典一
百四十卷、宮常典八百卷、家范典一百十六
卷、交誼典一百二十卷、氏族典六百四十卷、
人事典一百十二卷、閨媛典三百七十六卷,博
物彙編:藝術典八百二十四卷、神異典三百二
十卷、草木典三百二十卷,理學彙編:經籍典
五百卷,經濟彙編:選舉典一百三十六卷、食
貨典三百六十卷、禮儀典三百四十八卷、樂律
典一百三十六卷、戎政典三百卷、考工典二百
五十二卷)

210000－0708－0000614 5070－5090

欽定古今圖書集成醫部全錄五百二十卷
（清）陳夢雷等編 清光緒十年(1884)圖書集
成書局鉛印本 二十一冊 存二百二十卷
(九至二十四、一百三十至二百四十七、二百
八十至三百四十一、三百五十一至三百六十、
三百八十五至三百九十一、四百至四百六)

210000－0708－0000615 247－249

欽定國史大臣列傳□□卷 （清）□□撰 清
內府朱格抄本 三冊 存三卷(九十八至一
百)

210000－0708－0000616 1365－1374

欽定禮記義疏八十二卷首一卷 （清）鄂爾泰
等撰 清光緒十九年(1893)湖南潄芳閣刻本
十冊 存二十一卷(一至二十、首一卷)

210000－0708－0000617 1532－1559

欽定禮記義疏八十二卷首一卷 （清）鄂爾泰
等撰 清光緒十九年(1893)湖南潄芳閣刻本
二十八冊 存五十八卷(二十三至二十八、
三十一至八十二)

210000－0708－0000618 8981－8987

欽定六部處分則例五十二卷 （清）□□撰

清末鉛印本　七冊　存四十八卷(五至五十二)

210000－0708－0000619　10803－10805

欽定滿洲祭神祭天典禮六卷　(清)允祿等撰　清刻本　三冊　存三卷(三至四、六)

210000－0708－0000620　10176－10183

欽定滿洲源流考二十卷　(清)阿桂等撰　清刻本　八冊

210000－0708－0000621　10849－10850

欽定滿洲源流考二十卷首一卷　(清)阿桂等撰　清光緒三十年(1904)中西書局石印本　二冊　存十一卷(一至四、六至十一,首一卷)

210000－0708－0000622　855－863

欽定全唐文一千卷　(清)董誥編　清刻本　九冊　存九卷(一百二十一、一百二十七至一百三十、二百十一至二百十二、二百五十七、三百五)

210000－0708－0000623　919－929

欽定詩經傳說彙纂二十一卷首二卷　(清)王鴻齡等撰　清刻本　十一冊　存十四卷(一至十、十三至十六)

210000－0708－0000624　1099－1110

欽定書經傳說彙纂二十卷首二卷書序一卷　(清)王頊齡等撰　清光緒十九年(1893)湖南漱芳閣刻本　十二冊

210000－0708－0000625　2006－2007

欽定書經傳說彙纂二十一卷首二卷書序一卷　(清)王頊齡等纂　清石印本　二冊

210000－0708－0000626　1－16

欽定書經圖說五十卷　(清)孫家鼐等輯　(清)詹秀林繪圖　清光緒三十一年(1905)武英殿石印本　十六冊

210000－0708－0000627　17－32

欽定書經圖說五十卷　(清)孫家鼐等輯　(清)詹秀林繪圖　清光緒三十一年(1905)武英殿石印本　十六冊

210000－0708－0000628　10614－10733

欽定四庫全書總目二百卷首四卷　(清)永瑢等撰　清同治七年(1868)廣東書局刻本　一百二十冊

210000－0708－0000629　2009－2032

欽定隋書八十五卷　(唐)魏徵撰　清光緒二十九年(1903)五洲同文局石印二十四史本　二十四冊

210000－0708－0000630　2587－2594

欽定協紀辨方書三十六卷　(清)允祿等撰　清宣統三年(1911)上海錦章書局石印本　八冊

210000－0708－0000631　7263－7278

欽定續通典一百五十卷　(清)嵇璜等撰　清光緒二十七年(1901)上海圖書集成局鉛印九通本　十六冊

210000－0708－0000632　6783－6982

欽定續通志六百四十卷　(清)嵇璜等撰　清光緒十二年(1886)浙江書局刻九通本　二百冊

210000－0708－0000633　7051－7110

欽定續通志六百四十卷　(清)嵇璜等撰　清光緒二十七年(1901)上海圖書集成局鉛印九通本　六十冊

210000－0708－0000634　6326－6443

欽定續文獻通考二百五十卷　(清)嵇璜等撰　清光緒十三年(1887)浙江書局刻九通本　一百十八冊　存二百四十六卷(一至二百三十、二百三十三至二百四十三、二百四十六至二百五十)

210000－0708－0000635　6444－6479

欽定續文獻通考二百五十卷　(清)嵇璜等撰　清光緒二十七年(1901)上海圖書集成局鉛印九通本　三十六冊

210000－0708－0000636　8455－8465

欽定學政全書八十六卷　(清)恭阿拉輯　清嘉慶十七年(1812)刻本　十一冊　存四十五卷(一至四十、四十三至四十七)

210000－0708－0000637　1235－1262

欽定儀禮義疏四十八卷首二卷　（清）鄂爾泰等撰　清刻本　二十八冊

210000－0708－0000638　8020－8059

欽定中樞政考七十二卷　（清）納蘇泰等纂　清刻本　四十冊　存四十卷（綠營一至四十）

210000－0708－0000639　8060－8091

欽定中樞政考七十二卷　（清）納蘇泰等纂　清刻本　三十二冊　存三十二卷（八旗一至三十二）

210000－0708－0000640　1568－1576

欽定周官義疏四十八卷首一卷　（清）鄂爾泰等撰　清同治十年（1871）湖北崇文書局刻本　九冊　存十七卷（一至十四、十七至十八，首一卷）

210000－0708－0000641　1189－1192

青雲集分韻試貼詳注四卷　（清）楊逢春（清）蕭應櫬輯　清同治八年（1869）埽葉山房刻本　四冊

210000－0708－0000642　2125－2128

清愛堂法帖六卷　（清）劉鐶之摹勒　清宣統元年（1909）北京官書局石印本　四冊

210000－0708－0000643　0868－0871

清朝駢體正宗評本十二卷　（清）曾燠選（清）姚燮評　清光緒十一年（1885）上海文瑞樓石印本　四冊

210000－0708－0000644　5001－5002

清史攬要六卷　（日本）增田貢撰　清光緒三十一年（1905）上海書局石印本　二冊

210000－0708－0000645　5481－5492

清文彙書十二卷　（清）李延基編　清京都三槐堂刻本　十二冊

210000－0708－0000646　7000－7011

情史類略二十四卷　（明）馮夢龍編　清芥子園刻本　十二冊

210000－0708－0000647　4126－4130

曲江書屋新訂批註左傳快讀十八卷　（清）李紹崧選　清刻本　五冊　存五卷（六至十）

210000－0708－0000648　4131－4135

曲江書屋新訂批註左傳快讀十八卷　（清）李紹崧選　清石印本　五冊　存六卷（十二至十六、十八）

210000－0708－0000649　1929－1944

曲江書屋新訂批註左傳快讀十八卷首一卷（清）李紹崧選　清光緒二十五年（1899）埽葉山房刻本　十六冊

210000－0708－0000650　1945－1956

曲江書屋新訂批註左傳快讀十八卷首一卷（清）李紹崧選　清宣統元年（1909）上海書局石印本　十二冊

210000－0708－0000651　4120－4125

曲江書屋新訂批註左傳快讀十八卷　（清）李紹崧選　清刻本　六冊　存八卷（二至九）

210000－0708－0000652　1385－1396

全本禮記體註十卷　（清）徐瑄補輯　清百尺樓刻本　十二冊

210000－0708－0000653　1397－1406

全本禮記體註十卷　（清）徐瑄補輯　清映雪堂刻本　十冊

210000－0708－0000654　0795

全後漢文□□卷　（清）嚴可均輯　清刻全上古三代秦漢三國六朝文本　一冊　存九卷（九十至九十八）

210000－0708－0000655　4746－4761

全唐詩九百卷　（清）彭定求編　清石印本　十六冊　存十六卷（七至十七、三十三至三十七）

210000－0708－0000656　1551－1554

全體闡微三卷　（美國）柯為良撰　清光緒三十一年（1905）惜蔭書屋鉛印本　四冊

210000－0708－0000657　1539－1550

全體通考十八卷圖三卷　（英國）德貞撰　清光緒十二年（1886）鉛印本　十二冊

210000－0708－0000658　410－411

勸學篇二卷　（清）張之洞撰　清光緒二十四年（1898）慎始基齋刻本　二冊

210000－0708－0000659　3312－3321

群經字詁七十二卷　（清）段諤廷撰　（清）黃本驥編　清道光二十九年（1849）黔陽楊氏刻本　十冊　存三十六卷（一至三十六）

210000－0708－0000660　512－513

人譜類記增訂六卷　（明）劉宗周撰　清光緒元年（1875）湖北崇文書局刻崇文書局彙刻書本　一冊　存二卷（五至六）

210000－0708－0000661　512－513

人譜類記增訂六卷　（明）劉宗周撰　清光緒元年（1875）湖北崇文書局刻崇文書局彙刻書本　一冊　存二卷（五至六）

210000－0708－0000662　8511－8591

日本法規大全二十五卷首一卷附解字一卷（清）南洋公學譯書院編譯　清宣統二年（1910）上海商務印書館鉛印本　八十一冊

210000－0708－0000663　9003

日本改正刑法草案一卷　（日本）杉榮三郎訂正　（清）陸宗輿譯　清光緒三十一年（1905）法律局鉛印本　一冊

210000－0708－0000664　10815－10816

日本維新三十年史十二卷附錄一卷　（日本）東京博文館編輯　（清）上海廣智書局譯　清光緒二十八年（1902）上海廣智書局鉛印本　二冊　存四卷（一至二、十一至十二）

210000－0708－0000665　2968－2975

日知錄集釋三十二卷　（清）顧炎武撰　（清）黃汝成釋　清刻本　八冊　存十六卷（一至十六）

210000－0708－0000666　7961

如不及齋制藝□□卷　（清）吳鴻恩撰　清光緒十六年（1890）觀善堂刻本　一冊　存二卷（一至二）

210000－0708－0000667　329、330、331

儒門法語一卷　（清）彭定求編　清宣統元年（1909）奉天太古山房鉛印本　一冊

210000－0708－0000668　5536－5537

儒酸福傳奇二卷　（清）汪繩武正譜　（清）魏熙元填詞　（清）倪星垣評文　清光緒十年（1884）玉玲瓏館刻本　二冊

210000－0708－0000669　2617－2622

入地眼全書十卷　（宋）靜道和尚撰　清光緒十三年（1887）埽葉山房刻本　六冊

210000－0708－0000670　1694－1707

三國志六十五卷　（晉）陳壽撰　（南朝宋）裴松之注　清光緒二十九年（1903）五洲同文局石印二十四史本　十四冊

210000－0708－0000671　1708－1711

三國志六十五卷　（晉）陳壽撰　（南朝宋）裴松之注　清光緒三十一年（1905）武林竹薗齋印本　四冊

210000－0708－0000672　1732－1738

三國志六十五卷　（晉）陳壽撰　（南朝宋）裴松之注　清光緒十三年（1887）江南書局刻本　七冊　存五十九卷（一至二十四、三十一至六十五）

210000－0708－0000673　2787－2796

三國志六十五卷　（晉）陳壽撰　（南朝宋）裴松之注　清刻本　十冊　存三十五卷（蜀一至十五、吳一至二十）

210000－0708－0000674　0240－0245

三命通會十二卷　（明）萬民英撰　清刻本　六冊　存六卷（七至十二）

210000－0708－0000675　2889－2900

三命通會十二卷　（明）萬民英撰　清宣統元年（1909）上海江左書林石印本　十二冊

210000－0708－0000676　4976－4981

三十家詩鈔六卷　（清）曾國藩纂　（清）王定安增輯　清同治十三年（1874）傳忠書局刻本　六冊

210000－0708－0000677　0594－0599

三蘇策論十二卷　（清）張紹齡輯　清光緒二

十七年(1901)祥記書莊石印本　六冊

210000 – 0708 – 0000678　5417 – 5420
三元秘授六卷　（明）張溥撰　清光緒二十五年(1899)刻本　四冊

210000 – 0708 – 0000679　5421 – 5424
三元秘授六卷　（明）張溥撰　清光緒二十五年(1899)刻本　四冊

210000 – 0708 – 0000680　11187 – 11190
涑水紀聞十六卷補遺一卷　（宋）司馬光撰　清光緒三年(1877)湖北崇文書局刻本　四冊

210000 – 0708 – 0000681　950 – 969
山谷內集注二十卷外集注十七卷別集注二卷　（宋）黃庭堅撰　（宋）任淵　（宋）史容　（宋）史季溫注　清光緒二十一年至二十五年(1895 – 1899)刻本　二十冊

210000 – 0708 – 0000682　6841 – 6842
山海經十八卷　（晉）郭璞傳　清刻本　二冊

210000 – 0708 – 0000683　6833
山海經十八卷　（晉）郭璞傳　清光緒二十三年(1897)文瑞樓鉛印本　一冊

210000 – 0708 – 0000684　6834 – 6836
山海經十八卷山海經圖讚一卷附山海經補注一卷　（晉）郭璞傳　清光緒元年(1875)湖北崇文書局刻子書百家本　三冊

210000 – 0708 – 0000685　761、762
商子五卷　（秦）商鞅撰　清光緒元年(1875)湖北崇文書局刻子書百家本　一冊

210000 – 0708 – 0000686　1452
傷寒論正義五卷　（日本）吉益猷修夫撰　清抄本　一冊　存三卷(三至五)

210000 – 0708 – 0000687　9076 – 9081
上諭八旗十三卷上諭旗務議覆十二卷諭行旗務奏議十三卷　（清）胤祿等輯　清刻本　六冊　存八卷(上諭八旗五至十、議覆十二、奏議七)

210000 – 0708 – 0000688　4920 – 4947
尚史七十卷　（清）李鍇纂　清乾隆三十八年

(1773)悅道樓刻本　二十八冊

210000 – 0708 – 0000689　680 – 683
尚書離句六卷　（清）錢在培輯解　清三元堂刻本　四冊

210000 – 0708 – 0000690　684 – 687
尚書離句六卷　（清）錢在培輯解　清上海埽葉山房刻本　四冊

210000 – 0708 – 0000691　696 – 699
尚書離句六卷　（清）錢在培輯解　清上海埽葉山房刻本　四冊

210000 – 0708 – 0000692　692 – 695
尚書離句六卷　（清）錢在培輯解　清綠蔭堂刻本　四冊

210000 – 0708 – 0000693　700 – 703
尚書離句六卷　（清）錢在培輯解　清嘉慶八年(1803)寶翰堂刻本　四冊

210000 – 0708 – 0000694　791 – 794
尚書體註約解合參四卷　（清）洪鄰虞纂輯　清乾隆五十五年(1790)金閶書業堂刻本　四冊

210000 – 0708 – 0000695　5931 – 5934
少嵒賦草四卷附重訂省嵒賦草續集一卷　(清)夏思沺撰　清同治六年(1867)掃葉山房刻本　三冊

210000 – 0708 – 0000696　275、276
申鑒五卷　（漢）荀悅撰　中論二卷　（漢）徐幹撰　清光緒元年(1875)湖北崇文書局刻子書百家本　一冊

210000 – 0708 – 0000697　320
伸蒙子三卷　（唐）林慎思撰　素履子三卷（唐）張弧撰　清光緒元年(1875)湖北崇文書局刻子書百家本　一冊

210000 – 0708 – 0000698　2901
呻吟語節鈔二卷　（明）呂坤撰　（清）胡友梅鈔　清光緒二年(1876)聽雪軒刻本　一冊　存一卷(一)

210000 – 0708 – 0000699　703 – 708

呻吟語六卷　（明）呂坤撰　明萬曆二十一年（1593）刻本　六冊

210000－0708－0000700　2595－2603
神相全編十二卷目錄一卷　（宋）陳搏秘傳（明）袁忠徹訂正　清乾隆五十一年（1786）寶翰樓刻本　九冊　存九卷（一至六、八、十一至十二）

210000－0708－0000701　2607－2610
神相水鏡集全編四卷　（清）范騋撰　清掃葉山房刻本　四冊

210000－0708－0000702　9671－9690
盛京通志四十八卷　（清）呂耀曾等纂修　清咸豐二年（1852）刻本　二十冊

210000－0708－0000703　582－585
聖廟祀典圖考三卷首一卷聖蹟圖一卷孟子聖蹟圖一卷崇聖詞考一卷　（清）顧沅輯　（清）孔繼堯繪圖　清上海同文書局縮印本　四冊

210000－0708－0000704　4762－4767
聖武記十四卷　（清）魏源撰　清光緒二十九年（1903）蜚英石印本　六冊

210000－0708－0000705　408
聖諭廣訓一卷　（清）世宗胤禛撰　清內府刻本　一冊

210000－0708－0000706　2535
尸子二卷　（戰國）尸佼撰　尸子存疑一卷（清）汪繼培輯　商君書五卷附考一卷　清光緒二十三年（1897）圖書集成局石印本　一冊

210000－0708－0000707　874－878
施註蘇詩四十二卷總目二卷續補遺二卷續補遺總目一卷王註正譌一卷　（宋）蘇軾撰（宋）施元之注　宋史本傳一卷　（元）脫脫撰　東坡先生墓誌銘一卷　（宋）蘇轍撰　東坡先生年譜一卷　（宋）王宗稷編　清康熙三十八年（1699）刻朱墨套印本　五冊　存二十五卷（一至十八、總目二卷、續補遺總目一卷、王註正譌一卷、宋史本傳一卷、墓誌銘一卷、年譜一卷）

210000－0708－0000708　1021－1024
詩八卷　（宋）朱熹集傳　清金陵芥子園刻本　四冊

210000－0708－0000709　1025－1028
詩八卷　（宋）朱熹集傳　清光緒六年（1880）文會成刻本　四冊

210000－0708－0000710　1041－1044
詩八卷　（宋）朱熹集傳　清光緒二十四年（1898）燕台文勝堂刻本　四冊

210000－0708－0000711　895－898
詩八卷　（宋）朱熹集傳　清光緒十八年（1892）成文信記刻本　四冊

210000－0708－0000712　899－902
詩八卷　（宋）朱熹集傳　清光緒十八年（1892）成文信記刻本　四冊

210000－0708－0000713　903－906
詩八卷　（宋）朱熹集傳　清光緒十八年（1892）成文信記刻本　四冊

210000－0708－0000714　907－910
詩八卷　（宋）朱熹集傳　清光緒十八年（1892）成文信記刻本　四冊

210000－0708－0000715　1033－1036
詩八卷　（宋）朱熹集傳　清光緒十八年（1892）成文信記刻本　四冊

210000－0708－0000716　1045－1048
詩八卷　（宋）朱熹集傳　清光緒二十四年（1898）成文信記刻本　四冊

210000－0708－0000717　1049－1052
詩八卷　（宋）朱熹集傳　清光緒二十四年（1898）成文信記刻本　四冊

210000－0708－0000718　1037－1040
詩八卷　（宋）朱熹集傳　清光緒三十年（1904）刻本　四冊

210000－0708－0000719　997－1000
詩經八卷　（宋）朱熹集傳　清宣統三年（1911）上海章福記石印本　四冊

210000 – 0708 – 0000720　1001 – 1004

詩經八卷　（宋）朱熹集傳　清校經山房石印掃葉山房鉛印本　四冊

210000 – 0708 – 0000721　1005 – 1008

詩經八卷　（宋）朱熹集傳　清光緒三十一年（1905）上海埽葉山房鉛印本　四冊

210000 – 0708 – 0000722　1013 – 1016

詩經八卷　（宋）朱熹集傳　清宣統三年（1911）上海埽葉山房石印本　四冊

210000 – 0708 – 0000723　1017 – 1020

詩經八卷　（宋）朱熹集傳　清同治五年（1866）姑蘇繩武堂刻本　四冊

210000 – 0708 – 0000724　1029 – 1032

詩經八卷　（宋）朱熹集傳　清光緒十一年（1885）上洋掃葉堂刻本　四冊

210000 – 0708 – 0000725　1053 – 1056

詩經八卷　（宋）朱熹集傳　清光緒十七年（1891）埽葉山房刻本　四冊

210000 – 0708 – 0000726　1057 – 1060

詩經八卷　（宋）朱熹集傳　清光緒十七年（1891）埽葉山房刻本　四冊

210000 – 0708 – 0000727　1061 – 1064

詩經八卷　（宋）朱熹集傳　清光緒九年（1883）掃葉山房刻本　四冊

210000 – 0708 – 0000728　1065 – 1068

詩經八卷　（宋）朱熹集傳　清光緒九年（1883）掃葉山房刻本　四冊

210000 – 0708 – 0000729　911 – 914

詩經八卷　（宋）朱熹集傳　清道光十一年（1831）埽葉山房刻本　四冊

210000 – 0708 – 0000730　915 – 918

詩經八卷　（宋）朱熹集傳　清光緒三十二年（1906）成文信記刻本　四冊

210000 – 0708 – 0000731　4176

詩經融註大全體要八卷　（清）高朝瓔定（清）沈世楷輯　**詩經八卷**　（宋）朱熹傳　清刻本　一冊　存四卷(詩經融註大全體要四

至五、詩經四至五)

210000 – 0708 – 0000732　949 – 952

詩經融註大全體要八卷　（清）高朝瓔定（清）沈世楷輯　**詩經八卷**　（宋）朱熹傳　清嘉慶十七年(1812)綠蔭堂刻本　四冊

210000 – 0708 – 0000733　953 – 956

詩經融註大全體要八卷　（清）高朝瓔定（清）沈世楷輯　**詩經八卷**　（宋）朱熹傳　清道光二年(1822)金閶書堂刻本　四冊

210000 – 0708 – 0000734　957 – 960

詩經融註大全體要八卷　（清）高朝瓔定（清）沈世楷輯　**詩經八卷**　（宋）朱熹傳　清光緒三年(1877)埽葉山房刻本　四冊

210000 – 0708 – 0000735　961 – 964

詩經融註大全體要八卷　（清）高朝瓔定（清）沈世楷輯　**詩經八卷**　（宋）朱熹傳　清光緒三年(1877)刻本　四冊

210000 – 0708 – 0000736　965 – 968

詩經融註大全體要八卷　（清）高朝瓔定（清）沈世楷輯　**詩經八卷**　（宋）朱熹傳　清光緒三年(1877)刻本　四冊

210000 – 0708 – 0000737　969 – 972

詩經融註大全體要八卷　（清）高朝瓔定（清）沈世楷輯　**詩經八卷**　（宋）朱熹傳　清光緒九年(1883)埽葉山房刻本　四冊

210000 – 0708 – 0000738　973 – 976

詩經融註大全體要八卷　（清）高朝瓔定（清）沈世楷輯　**詩經八卷**　（宋）朱熹傳　清光緒十九年(1893)埽葉山房刻本　四冊

210000 – 0708 – 0000739　977 – 980

詩經融註大全體要八卷　（清）高朝瓔定（清）沈世楷輯　**詩經八卷**　（宋）朱熹傳　清光緒二十九年(1903)煙台成文信記刻本四冊

210000 – 0708 – 0000740　5475 – 5480

詩句題解韻編續集六卷　（清）葉蘭纂輯　清咸豐元年(1851)刻本　六冊

210000－0708－0000741　5496－5498

詩學含英十四卷　（清）劉文蔚輯　清靈蘭堂刻本　三冊　存十卷（一至三、八至十四）

210000－0708－0000742　3689－3692

詩韻集成十卷詞林典腋一卷　（清）余照輯　清光緒七年(1881)成文信銅活字印本　四冊

210000－0708－0000743　3693－3696

詩韻集成十卷詞林典腋一卷　（清）余照輯　清光緒七年(1881)成文信銅活字印本　四冊

210000－0708－0000744　3739－3740

詩韻集成十卷詞林典腋一卷　（清）余照輯　清光緒十六年(1890)掃葉山房刻本　二冊

210000－0708－0000745　3830－3833

詩韻集成十卷詞林典腋一卷　（清）余照輯　清光緒六年(1880)萊州興文堂刻本　四冊

210000－0708－0000746　4202

詩韻集成十卷詞林典腋一卷　（清）余照輯　清上海三元堂銅活字本　一冊　存二卷（一至二）

210000－0708－0000747　4087

詩韻全璧五卷　（清）湯文潞輯　（清）惜陰主人等增輯　清末石印本　一冊　存一卷（二）

210000－0708－0000748　1177－1186

十八科鄉會墨式十卷　（清）賈楨輯　清同治五年(1866)京都琉璃廠刻本　十冊

210000－0708－0000749　4479－4542

十朝東華錄五百二十五卷　王先謙編　清光緒二十五年(1899)石印本　六十四冊

210000－0708－0000750　95－118

十六國春秋一百卷　（北魏）崔鴻撰　明萬曆三十七年(1609)蘭暉堂刻本　二十四冊

210000－0708－0000751　4178－4185

十三經集字摹本不分卷　（清）彭玉雯纂　清道光三十年(1850)刻本　八冊

210000－0708－0000752　3052－3057

十三經札記二十二卷　（清）朱亦棟撰　清光緒四年(1878)武林竹簡齋刻本　六冊

210000－0708－0000753　1－126

十三經注疏附考證□□卷　（清）□□撰　清同治十年(1871)廣東書局刻本　一百二十六冊　缺禮記二十至四十、春秋穀梁、孝經

210000－0708－0000754　4946－4947

十四層啓蒙捷訣二卷　（清）曹原亮撰　清咸豐四年(1854)小酉山房刻本　二冊

210000－0708－0000755　10124－10131

石城縣志九卷首一卷末一卷　（清）蔣廷桂（清）陳蘭彬纂　清光緒十八年(1892)刻本　八冊

210000－0708－0000756　943－946

石湖居士詩集三十四卷　（宋）范成大撰　清康熙二十七年(1688)顧氏依園刻本　四冊

210000－0708－0000757　420－433

石林遺書十三種五十四卷　（宋）葉夢德撰　清光緒至宣統長沙葉氏觀古堂刻本　十四冊

210000－0708－0000758　5191－5193

石屏詩集十卷　（宋）戴復古撰　清臨海宋氏刻本　三冊

210000－0708－0000759　10912

石渠紀餘六卷　（清）王慶雲撰　清刻本　一冊　存一卷（五）

210000－0708－0000760　7040

拾遺記十卷　（晉）王嘉撰　（南朝梁）蕭綺錄　清光緒元年(1875)湖北崇文書局刻子書百家本　一冊

210000－0708－0000761　1444－1447

時病論八卷　（清）雷豐撰　清文瑞樓石印本　四冊

210000－0708－0000762　8306－8311

時務分類興國策八卷　（清）李鳳儀編輯　清光緒二十三年(1897)上海書局石印本　六冊　存六卷（一上、二下、四下、六至八）

210000－0708－0000763　9279－9289

時務經濟策論統宗二十四卷　（清）漁隱編　清光緒二十四年(1898)上海文賢閣石印本

十一冊　存二十二卷(一至十、十三至二十四)

210000－0708－0000764　0937－0940

時藝引階合編二卷　(清)葉錫鳳輯　清同治五年(1866)金閶亦西齋刻本　四冊

210000－0708－0000765　7419－7422

時藝引階合編二卷　(清)葉錫鳳輯　清光緒五年(1879)上洋江左書林刻本　四冊

210000－0708－0000766　1196－1215

史記集解索隱正義合刻本一百三十卷　(漢)司馬遷撰　(南朝宋)裴駰集解　(唐)司馬貞索隱　(唐)張守節正義　清同治五年至九年(1866－1870)金陵書局刻本　二十冊

210000－0708－0000767　1216－1230

史記集解索隱正義合刻本一百三十卷　(漢)司馬遷撰　(南朝宋)裴駰集解　(唐)司馬貞索隱　(唐)張守節正義　清同治五年至九年(1866－1870)金陵書局刻本　十五冊　存八十三卷(一至八十三)

210000－0708－0000768　1231－1255

史記一百三十卷　(漢)司馬遷撰　(南朝宋)裴駰集解　(唐)司馬貞索隱　(唐)張守節正義　清光緒二十九年(1903)五洲同文局石印二十四史本　二十五冊　存一百二十六卷(一至一百二十六)

210000－0708－0000769　1256－1271

史記一百三十卷　(漢)司馬遷撰　(南朝宋)裴駰集解　(唐)司馬貞索隱　(唐)張守節正義　清光緒十四年(1888)上海圖書集成印書局鉛印二十四史本　十六冊

210000－0708－0000770　5662－5663

史鑑節要便讀六卷　(清)鮑東里編　清光緒三十年(1904)誠文書坊刻本　二冊

210000－0708－0000771　5664－5665

史鑑節要便讀六卷　(清)鮑東里編　清光緒三十年(1904)誠文書坊刻本　二冊

210000－0708－0000772　11368－11374

史事論甲編□□卷乙編□□卷丙編□□卷丁編□□卷　(清)雷瑨編輯　清石印本　七冊　存十卷(甲編八至十,乙編二到三、五,丙編三,丁編一、三至四)

210000－0708－0000773　5806－5809

史事論新編十卷　(清)雷瑨編輯　清光緒三十一年(1905)上海硯耕山莊石印本　四冊

210000－0708－0000774　5609－5616

史姓韻編二十四卷　(清)汪輝祖輯　清光緒二十九年(1903)上海文瀾書局石印本　八冊

210000－0708－0000775　6945－6951

世說新語補二十卷　(南朝宋)劉義慶撰　(南朝梁)劉峻注　(宋)劉應登評　(明)何良俊增　清乾隆二十七年(1762)茂清書屋刻本　七冊　存十八卷(一至五、八至二十)

210000－0708－0000776　6941－6944

世說新語六卷　(南朝宋)劉義慶撰　(南朝梁)劉峻注　清光緒三年(1877)湖北崇文書局刻本　四冊

210000－0708－0000777　3133－3138

事類賦三十卷　(宋)吳淑撰註　清乾隆三十年(1765)劍光閣刻本　六冊

210000－0708－0000778　721－725

事類賦三十卷　(宋)吳淑撰註　清乾隆三十年(1765)劍光閣刻本　五冊　存二十五卷(一至十三、十九至三十)

210000－0708－0000779　5030－5033

試律青雲集四卷　(清)楊逢春輯　(清)沈品華等注　清咸豐六年(1856)桐石山房刻本　四冊

210000－0708－0000780　0929－0930

試貼百篇最豁解二卷　(清)王澤泩評注　清蘇州埽葉山房刻本　二冊

210000－0708－0000781　0931－0932

試帖百篇最豁解二卷　(清)王澤泩評註　清嘉慶十九年(1814)上洋江左書林刻本　二冊

210000－0708－0000782　1162－1167

試帖輯註五種六卷　（清）張熙宇輯註　清刻本　六冊

210000－0708－0000783　6632－6636

試帖仙樣集裁詩十法□□卷　（□）□□輯　清刻本　五冊　存五卷(二至六)

210000－0708－0000784　7385－7388

適軒尺牘八卷　（清）徐菊生撰　清上洋文瑞樓刻本　四冊

210000－0708－0000785　7389－7392

適軒尺牘八卷　（清）徐菊生撰　清同治十三年(1874)黃竹友氽刻本　四冊

210000－0708－0000786　2385－2386

叔苴子內篇六卷外篇二卷　（明）莊元臣撰　清光緒元年(1875)湖北崇文書局刻子書百家本　二冊

210000－0708－0000787　1095－1098

書經六卷　（宋）蔡沈集傳　清光緒十七年(1891)埽葉山房刻本　四冊

210000－0708－0000788　1560－1563

書經六卷　（宋）蔡沈集傳　清光緒十年(1884)掃葉山房刻本　四冊

210000－0708－0000789　1564－1567

書經六卷　（宋）蔡沈集傳　清光緒十年(1884)掃葉山房刻本　四冊

210000－0708－0000790　2080－2083

書經六卷　（宋）蔡沈集傳　清道光二十六年(1846)桐石山房刻本　四冊

210000－0708－0000791　2084－2087

書經六卷　（宋）蔡沈集傳　清書業堂刻本　四冊

210000－0708－0000792　638－641

書經六卷　（宋）蔡沈集傳　清同治七年(1868)埽葉山房刻本　四冊

210000－0708－0000793　649－652

書經六卷　（宋）蔡沈集傳　清道光元年(1821)金閶書業堂刻本　四冊

210000－0708－0000794　657－660

書經六卷　（宋）蔡沈集傳　清書業堂刻本　四冊

210000－0708－0000795　708－711

書經六卷　（宋）蔡沈集傳　清光緒十七年(1891)埽葉山房刻本　四冊

210000－0708－0000796　712－715

書經六卷　（宋）蔡沈集傳　清光緒二年(1876)上洋文楨記刻本　四冊

210000－0708－0000797　755－758

書經體註大全合㕙六卷　（清）錢希祥纂輯　清同治九年(1870)掃葉山房刻本　四冊

210000－0708－0000798　759－762

書經體註大全合㕙六卷　（清）錢希祥纂輯　清同治九年(1870)掃葉山房刻本　四冊

210000－0708－0000799　779－782

書經體註大全合㕙六卷　（清）錢希祥纂輯　清光緒二十五年(1899)成文信刻本　四冊

210000－0708－0000800　783－786

書經體註大全合㕙六卷　（清）錢希祥纂輯　清光緒二十五年(1899)成文信刻本　四冊

210000－0708－0000801　732－735

書經體註大全合㕙六卷　（清）錢希祥纂輯　清嘉慶二十一年(1816)金閶書業堂刻本　四冊

210000－0708－0000802　736－739

書經體註大全合㕙六卷　（清）錢希祥纂輯　清光緒十四年(1888)校經山房刻本　四冊

210000－0708－0000803　740－743

書經體註大全合㕙六卷　（清）錢希祥纂輯　清道光二十四年(1844)姑蘇老桐石山房刻本　四冊

210000－0708－0000804　744－747

書經體註大全合㕙六卷　（清）錢希祥纂輯　清光緒十四年(1888)埽葉山房刻本　四冊

210000－0708－0000805　748－750

書經體註大全合㕙六卷　（清）錢希祥纂輯

清光緒十四年(1888)埽葉山房刻本　三冊
存四卷(一至四)

210000－0708－0000806　751－754
書經體註大全合纂六卷　(清)錢希祥纂輯
清金閶埽葉山房刻本　四冊

210000－0708－0000807　763－766
書經體註大全合纂六卷　(清)錢希祥纂輯
清光緒六年(1880)埽葉山房刻本　四冊

210000－0708－0000808　767－770
書經體註大全合纂六卷　(清)錢希祥纂輯
清同治九年(1870)埽葉山房刻本　四冊

210000－0708－0000809　771－774
書經體註大全合纂六卷　(清)錢希祥纂輯
清道光二十四年(1844)金閶綠蔭堂刻本
四冊

210000－0708－0000810　775－778
書經體註大全合纂六卷　(清)錢希祥纂輯
清道光二十四年(1844)金閶綠蔭堂刻本
四冊

210000－0708－0000811　787－790
書經體註大全合纂六卷　(清)錢希祥纂輯
清光緒二十五年(1899)成文信刻本　四冊

210000－0708－0000812　1082－1085
書六卷　(宋)蔡沈集傳　清光緒七年(1881)
營口成文信刻本　四冊

210000－0708－0000813　653－656
書六卷　(宋)蔡沈集傳　清同治三年(1864)
緯文堂刻本　四冊

210000－0708－0000814　661－664
書六卷　(宋)蔡沈集傳　清煙臺文勝堂刻本
四冊

210000－0708－0000815　669－671
書六卷　(宋)蔡沈集傳　清莆陽鄭氏刻本
三冊　存五卷(二至六)

210000－0708－0000816　704－707
書六卷　(宋)蔡沈集傳　清光緒二十六年
(1900)成文信刻本　四冊

210000－0708－0000817　716－719
書六卷　(宋)蔡沈集傳　清光緒二十六年
(1900)成文信刻本　四冊

210000－0708－0000818　720－723
書六卷　(宋)蔡沈集傳　清光緒二十六年
(1900)成文信刻本　四冊

210000－0708－0000819　724－727
書六卷　(宋)蔡沈集傳　清光緒十八年
(1892)成文信記刻本　四冊

210000－0708－0000820　728－731
書六卷　(宋)蔡沈集傳　清光緒十八年
(1892)成文信記刻本　四冊

210000－0708－0000821　10778
書目答問不分卷　(清)張之洞撰　清光緒二
十一年(1895)菫英館石印本　一冊

210000－0708－0000822　1285－1291
**塾課小題正鵠初集二卷二集二卷三集三卷四
集一卷**　(清)李元度編輯　清光緒五年
(1879)掃葉山房刻本　七冊　存七卷(初集
二卷、二集二、三集三卷、四集一卷)

210000－0708－0000823　1282－1284
**塾課小題正鵠初集二卷二集一卷三集一卷附
訓蒙草一卷養正草一卷**　(清)李元度編輯
清光緒十八年(1892)埽葉山房刻本　三冊

210000－0708－0000824　1274－1281
塾課小題正鵠初集一卷二集二卷三集三卷
(清)李元度編輯　清同治六年(1867)李氏家
塾刻本　八冊

210000－0708－0000825　3794－3798
漱芳軒合纂四書體註十九卷　(清)范翔纂輯
清道光二十五年(1845)桐石山房刻本　五
冊　缺五卷(論語一至五)

210000－0708－0000826　1407－1410
漱芳軒合纂禮記體註四卷　(清)范翔纂輯
清光緒三年(1877)刻本　四冊

210000－0708－0000827　1411－1414
漱芳軒合纂禮記體註四卷　(清)范翔纂輯

清光緒三年(1877)刻本　四冊

210000－0708－0000828　1431－1433

漱芳軒合纂禮記體註四卷　(清)范翔纂輯
清刻本　三冊　存三卷(二至四)

210000－0708－0000829　4084

漱芳軒合纂禮記體註四卷　(清)范翔纂輯
清刻本　一冊　存一卷(二)

210000－0708－0000830　119－127

水經四十卷　(漢)桑欽撰　(北魏)酈道元注
　清康熙三十九年(1700)項絪刻本　九冊
存三十七卷(四至四十)

210000－0708－0000831　10243－10254

水經注四十卷首一卷　(北魏)酈道元撰　清
光緒三年(1877)湖北崇文書局刻本　十二冊

210000－0708－0000832　10255－10262

水經注四十卷首一卷　(北魏)酈道元撰　清
刻本　七冊　存十一卷(二至十一、首一卷)

210000－0708－0000833　1088

順天鄉試硃卷一卷　(清)翰林院編修　清刻
本　一冊

210000－0708－0000834　3247－3254

說文解字十四卷　(清)段玉裁注　(清)徐灝
箋　清刻本　八冊　存四卷(九至十二)

210000－0708－0000835　3255－3270

說文解字句讀三十卷附補證三十卷　(清)王
筠撰　清刻本　十六冊

210000－0708－0000836　3207－3238

**說文解字注箋十四卷附檢字三卷重文檢字篇
一卷疑難檢字篇一卷今文檢字篇一卷**　(清)
段玉裁注　(清)徐灝箋　清道光十四年至咸
豐四年(1834－1854)刻本　三十二冊

210000－0708－0000837　3186－3199

**說文釋例二十卷釋例補正二十卷說文繫傳校
錄三十卷**　(清)王筠撰　清同治四年(1865)
刻本　十四冊

210000－0708－0000838　3322－3335

說文通訓定聲十八卷　(清)朱駿聲撰　清咸

豐元年(1851)臨嘯閣刻本　十四冊　存十一
卷(一至六、十二至十六)

210000－0708－0000839　3271－3276

說文外編十五卷補遺一卷　(清)雷浚撰　清
光緒二年(1876)刻本　六冊

210000－0708－0000840　11267－11282

朔方備乘六十八卷首十二卷　(清)何方濤撰
　清刻本　十六冊　存五十卷(十一至十四、
十七至十九、二十四至二十七、三十至六十
八)

210000－0708－0000841　7152－7161

四大奇書第一種十九卷一百二十回　(明)羅
貫中撰　(清)毛宗崗評　清刻本　十冊　存
十卷(十至十九)

210000－0708－0000842　1524

四禮約言四卷　(明)呂維祺撰　清刻本
一冊

210000－0708－0000843　2474－2479

四書典制類聯音註十卷　(清)閻其淵編輯
清光緒十年(1884)上洋埽葉山房刻本　六冊
　存五卷(一至五)

210000－0708－0000844　2388－2391

四書反身錄八卷　(清)李顒撰　清浙江書局
刻本　四冊

210000－0708－0000845　2340－2345

四書集註闡微直解二十七卷　(明)張居正撰
　清八旗經正書院刻本　六冊　存十四卷
(一至十四)

210000－0708－0000846　2244－2249

四書集註十九卷　(宋)朱熹撰　清宣統元年
(1909)上海廣益書局銅活字本　六冊

210000－0708－0000847　55－60

四書考輯要二十卷　(清)陳宏謀輯　清乾隆
三十六年(1771)培遠堂刻本　六冊　存六卷
(一至四、七至八)

210000－0708－0000848　2470－2473

四書論義二卷　繆荃孫輯　清光緒二十七年

（1901）上海醉六堂石印本　四冊

210000－0708－0000849　2444－2446

四書人物類典串珠四十卷　（清）臧志仁編
清嘉慶十四年（1809）書業堂刻本　三冊　存
三十卷（一至八、十九至四十）

210000－0708－0000850　2447－2458

四書人物類典串珠四十卷　（清）臧志仁編
清光緒十年（1884）埽葉山房刻本　十二冊

210000－0708－0000851　3857－3864

四書人物類典串珠四十卷　（清）臧志仁編
清刻本　八冊　存二十二卷（十九至四十）

210000－0708－0000852　2459－2469

四書人物類典串珠四十卷　（清）臧志仁編輯
　清光緒七年（1881）成文信刻本　十一冊
存三十八卷（一至十八、二十一至四十）

210000－0708－0000853　4193－4196

四書題鏡三十六卷　（清）汪鯉翔纂　清嘉慶
二十五年（1820）埽葉山房刻本　四冊　存六
卷（大學一卷、中庸一卷、論語一至四）

210000－0708－0000854　3853－3854

四書味根錄三十七卷　（清）金澂輯　清光緒
二十年（1894）上海文海書局石印本　二冊
存九卷（大學一卷、中庸一至二、孟子一至六）

210000－0708－0000855　3834－3837

四書味根錄三十七卷　（清）金澂輯　清咸豐
十年（1860）綠蔭書舍刻本　四冊　存十一卷
（大學一，論語一至四、十一至十六）

210000－0708－0000856　3838－3845

四書味根錄三十七卷　（清）金澂輯　清同治
十年（1871）緯文堂刻本　八冊　缺十五卷
（論語十一至十三，孟子一至十、十三至十四）

210000－0708－0000857　3846－3852

四書味根錄三十七卷　（清）金澂輯　清刻本
　七冊

210000－0708－0000858　3855－3856

四書味根錄三十七卷　（清）金澂輯　清同治
六年（1867）緯文堂刻本　二冊　存五卷（大

學一卷、論語七至十）

210000－0708－0000859　2486－2493

四書味根錄三十七卷首二卷　（清）金澂輯
清光緒二十年（1894）袖海山房石印本　八冊

210000－0708－0000860　2346－2361

四書味根錄三十七卷首二卷　（清）金澂輯
清咸豐十年（1860）綠蔭書舍刻本　十六冊

210000－0708－0000861　321－328

四書五經義策論初編四卷　（清）韓韋等輯
存我軒偶錄一卷　（清）陸鍾渭輯　清光緒二
十七年（1901）文彙書局鉛印本　八冊

210000－0708－0000862　4175

四書章句集註十九卷　（宋）朱熹撰　清刻本
　一冊　存二卷（大學一卷、中庸一卷）

210000－0708－0000863　2382－2387

四書正義十九卷　（清）周大璋纂　清嘉慶十
八年（1813）書業堂刻本　六冊

210000－0708－0000864　2494－2508

四書朱子本義匯糸四十三卷附首四卷　（清）
王步青輯　（清）王士鼇編　清光緒五年
（1879）上海江左書林刻本　十五冊　存二十
五卷（大學一至三、首一卷，中庸一至六、首一
卷，論語一至十三、首一卷）

210000－0708－0000865　3809－3812

四書朱子本義匯糸四十三卷附首四卷　（清）
王步青輯　（清）王士鼇編　清光緒五年
（1879）上海江左書林刻本　四冊　存七卷
（大學一至三、首一卷，中庸一至二、首一卷）

210000－0708－0000866　3296－3311

四書字詁七十八卷　（清）段諤廷撰　（清）黃
本驥編　清道光二十九年（1849）黔陽楊氏刻
本　十六冊

210000－0708－0000867　4082－4087

四憶堂詩集六卷遺稿一卷　（清）侯方域撰
（清）賈開宗　（清）徐作肅注　清宣統二年
（1910）上海埽葉山房石印本　二冊

210000－0708－0000868　291－298

宋本十三經註疏附校勘記八百三十二卷
（清）阮元撰　清光緒十三年（1887）上海脈望仙館石印本　八冊　存二百二十四卷（尚書一至四十、周禮一至八十四、儀禮一至一百）

210000－0708－0000869　5833－5834

宋論十五卷　（清）王夫之撰　清光緒二十四年（1898）申昌書莊石印本　二冊

210000－0708－0000870　4621－4640

宋史紀事本末一百九卷　（明）馮琦撰　（明）陳邦瞻增訂　（明）張溥論正　清同治十三年（1874）江西書局刻紀事本末五種本　二十冊

210000－0708－0000871　2432－2443

宋史四百九十六卷　（元）脫脫等撰　清刻本　十二冊　存二十三卷（二百十五至二百三十七）

210000－0708－0000872　2335－2431

宋史四百九十六卷目錄三卷　（元）脫脫等修　清光緒二十九年（1903）五洲同文局石印二十四史本　九十七冊

210000－0708－0000873　10779

宋史藝文志八卷　（元）脫脫修　清刻本　一冊　存二卷（五至六）

210000－0708－0000874　10780

宋史藝文志補一卷　（清）黃虞稷　（清）倪燦撰　（清）盧文弨錄　清刻本　一冊

210000－0708－0000875　1821－1844

宋書一百卷　（南朝梁）沈約撰　清光緒二十九年（1903）五洲同文局石印二十四史本　二十四冊

210000－0708－0000876　1845－1856

宋書一百卷　（南朝梁）沈約撰　清光緒三十四年（1908）上海集成圖書公司鉛印二十四史本　十二冊

210000－0708－0000877　2081

宋拓顏真卿多寶塔碑不分卷　（唐）顏真卿書　清上海彪蒙書室石印本　一冊

210000－0708－0000878　4088－4093

宋王忠文公文集二十二卷　（宋）王十朋撰　清道光十二年（1832）刻王梅溪全集本　六冊

210000－0708－0000879　0771－0794

宋文鑑一百五十卷目錄三卷　（宋）呂祖謙輯　清光緒十二年（1886）江蘇書局刻本　二十四冊　存一百五十卷

210000－0708－0000880　5090－5092

宋元名家詞十七卷　（清）江標輯　清光緒二十一年（1895）湖南思賢書局刻本　三冊　存十三卷（信齋詞一卷、樂齋詞一卷、晦庵詞一卷、竹洲詞一卷、盧齋樂府一卷、和清真詞一卷、風雅遺音二卷、古山樂府一卷、雲林詞一卷、演山詞二卷、雪坡詞一卷）

210000－0708－0000881　4207－4217

宋元通鑑一百五十七卷　（明）薛應旂編集　（明）陳仁錫評閱　清刻本　十一冊　存四十六卷（三十一至七十六）

210000－0708－0000882　11062－11065

宋元學案一百卷　（清）黃宗羲撰　（清）全祖望補　清刻本　四冊　存九卷（七至九、十一至十二、十七、二十至二十二）

210000－0708－0000883　4417－4428

蘇文忠公詩集五十卷目錄二卷　（宋）蘇軾撰　（清）紀昀評　清同治八年（1869）韞玉山房刻朱墨套印本　十二冊

210000－0708－0000884　10774－10777

隋書經籍志考證十三卷　（清）章宗源撰　清光緒三年（1877）湖北崇文書局刻本　四冊

210000－0708－0000885　11492－11495

隋書八十五卷附考證　（唐）長孫無忌等撰　清光緒中國圖書集成書局鉛印本　四冊　存三十二卷（二十五至五十六）

210000－0708－0000886　1448

隨息居重訂霍亂論四卷　（清）王士雄撰　清鉛印本　一冊

210000－0708－0000887　1－50

隨園三十六種二百六十二卷　（清）袁枚撰

清光緒十八年(1892)上海圖書集成印書局鉛
印本　五十冊

210000－0708－0000888　7588－7593

隨園詩話十二卷　(清)袁枚撰　清同治七年
(1868)小倉山房刻本　六冊

210000－0708－0000889　895－910

歲寒堂讀杜二十卷　(唐)杜甫撰　(清)范輦
雲輯　清道光二十四年(1844)蘇州范氏後樂
樓刻本　十六冊

210000－0708－0000890　4096－4105

孫淵如先生全集二十三卷　(清)孫星衍撰
清光緒二十年(1894)湖南思賢書局刻本
十冊

210000－0708－0000891　1399－1405

孫真人備急千金要方九十三卷　(唐)孫思邈
撰　(宋)林億等校正　清刻本　七冊　存五
十三卷(四十一至九十三)

210000－0708－0000892　815

孫子三卷　(春秋)孫武撰　吳子二卷　(戰
國)吳起撰　司馬法一卷　(春秋)司馬穰苴
撰　清光緒元年(1875)湖北崇文書局刻子書
百家本　一冊

210000－0708－0000893　816

孫子三卷　(春秋)孫武撰　吳子二卷　(戰
國)吳起撰　司馬法一卷　(春秋)司馬穰苴
撰　清光緒元年(1875)湖北崇文書局刻子書
百家本　一冊

210000－0708－0000894　2821－2828

太上寶筏圖說八卷　(清)黃正元輯　清光緒
十八年(1892)鴻文書局石印本　八冊

210000－0708－0000895　2811

太上感應篇不分卷　(清)惠棟箋註　清同治
六年(1867)京師龍文齋刻本　一冊

210000－0708－0000896　11179

汰存錄一卷　(清)黃宗羲撰　偶陽雜錄一卷
(清)章大來撰　英吉利廣東入城始末一卷
(清)七絃河上釣叟記　清刻本　一冊

210000－0708－0000897　3703－3710

唐陸宣公集二十四卷　(唐)陸贄撰　清道光
二十七年(1847)刻本　八冊

210000－0708－0000898　3711－3713

唐陸宣公集二十四卷　(唐)陸贄撰　清刻本
三冊　存九卷(十六至二十四)

210000－0708－0000899　9166－9171

唐陸宣公奏義全集四卷首一卷　(唐)陸贄撰
(清)汪銘謙編　唐陸宣公制誥續集十卷
(唐)陸贄撰　清同治十一年(1872)長沙楊文
盛刻本　六冊

210000－0708－0000900　7594

唐人試律說一卷　(清)紀昀撰　清刻本
一冊

210000－0708－0000901　873－888

唐人說薈□□卷　(清)陳世熙纂　清乾隆五
十七年(1792)抱秀軒刻本　十六冊　存一百
三十三卷(隋唐嘉話一卷、朝野僉載一卷、尚
書幫實一卷、中朝故事一卷、金鑾密記一卷、
杜陽雜編三卷、幽閒鼓吹一卷、桂苑叢談一
卷、劉賓客嘉話錄一卷、松窗雜記一卷、次柳
氏舊聞一卷、大唐傳載一卷、開元天寶遺事一
卷、開天傳信記一卷、大唐新語一卷、明皇雜
錄一卷、常侍言旨一卷、雲溪友議一卷、國史
補一卷、因話錄一卷、劇談錄一卷、法苑珠林
一卷、南楚新聞一卷、宣室志一卷、甘澤謠一
卷、玉泉子一卷、金華子雜編一卷、耳目記一
卷、瀟湘錄一卷、小說舊聞記一卷、摭言一卷、
記事珠一卷、諧噱錄一卷、嘯旨一卷、吹笛記
一卷、故物記一卷、妝樓記一卷、茶經三卷、十
六湯品一卷、煎茶水記一卷、醉鄉日月一卷、
食譜一卷、花九錫一卷、紫花梨記一卷、耒耜
經一卷、五木經一卷、肉攫部一卷、樂府雜錄
一卷、羯鼓錄一卷、小名錄一卷、藥譜一卷、異
疾志一卷、大藏治病藥一卷、夢游錄一卷、李
泌傳一卷、李林甫外傳一卷、東城老父一卷、
高力士傳一卷、虬髯客傳一卷、馮燕傳一卷、
奇男子傳一卷、蔣子文傳一卷、杜子春傳一
卷、墨崑崙傳一卷、陶峴傳一卷、申宗傳一卷、
睦仁蒨傳一卷、靈應傳一卷、柳毅傳一卷、仙

吏傳一卷、英雄傳一卷、劍俠傳一卷、廣陵妖亂志一卷、周秦行記一卷、梅妃傳一卷、楊太真外傳二卷、長恨歌傳一卷、紅線傳一卷、劉無雙傳一卷、霍小玉傳一卷、牛應貞傳一卷、謝小娥傳一卷、李娃傳一卷、楊娟傳一卷、章臺柳傳一卷、非煙傳一卷、楊州夢一卷、杜秋傳一卷、龍女傳一卷、妙女傳一卷、神女傳一卷、雷民傳一卷、博異志一卷、會真記一卷、黑心符一卷、南柯記一卷、枕中記一卷、酉陽雜俎二卷、諾皐記一卷、支諾皐記一卷、前定錄一卷、卓異記一卷、三夢記一卷、撼異記一卷、集異記一卷、集異志一卷、幽怪錄一卷、續幽怪錄一卷、聞奇錄一卷、志怪錄一卷、靈應錄一卷、壙上記一卷、鬼塚志一卷、幻影傳一卷、幻戲志一卷、幻異志一卷、稽神錄一卷、錦裙記一卷、冥音錄一卷、離魂記一卷、再生記一卷、冤債志一卷、尸媚傳一卷、奇鬼傳一卷、才鬼記一卷、靈鬼志一卷、妖妄傳一卷）

210000－0708－0000902　4987－4990

唐詩三百首補註八卷　（清）陳婉俊輯　清光緒十八年(1892)成文信刻本　四冊

210000－0708－0000903　4955－4956

唐詩三百首不分卷　（清）孫洙編　清光緒十七年(1891)埽葉山房刻本　二冊

210000－0708－0000904　4947－4954

唐詩三百首註疏六卷　（清）孫洙　**唐詩三百首續選二卷**　（清）于慶元編　清光緒十七年(1891)上海埽葉山房刻本　八冊

210000－0708－0000905　2247－2296

唐書二百二十五卷　（宋）歐陽修撰　**唐書釋音二十五卷**　（宋）董衝進撰　清光緒二十九年(1903)五洲同文局石印二十四史本　五十冊

210000－0708－0000906　0979－0982

唐文粹補遺二十六卷　（清）郭麐纂　清光緒十一年(1885)江蘇書局刻本　四冊

210000－0708－0000907　1240－1243

天崇讀本百篇五卷　（清）吳懋政選輯　清乾隆五十一年(1786)振賢堂刻本　四冊

210000－0708－0000908　5224－5231

天崇合鈔七卷　（清）祝松雲輯　清光緒十七年(1891)湖南船山書局刻本　八冊

210000－0708－0000909　2252

天倪閣印譜一卷　（清）倪露輯　清光緒三十四年(1908)天倪閣石印本　一冊

210000－0708－0000910　1829－1834

天文算學纂要二十卷　（清）陳松撰　清光緒十三年(1887)刻本　六冊　存七卷（十四至二十）

210000－0708－0000911　10301－10368

天下郡國利病書一百二十卷　（清）顧炎武輯　清刻本　六十八冊　存一百一卷（十七至一百八、一百十二至一百二十）

210000－0708－0000912　3819－3821

鐵橋漫稿八卷　（清）嚴可均撰　清光緒十一年(1885)蔣氏心矩齋刻心矩齋叢書本　三冊　存六卷（一至二、五至八）

210000－0708－0000913　736－741

鐵雲藏龜不分卷　（清）劉鶚編　清光緒二十九年(1903)抱殘守缺齋石印抱殘守缺齋所藏三代文字本　六冊

210000－0708－0000914　7239－7254

通典二百卷附考證一卷　（唐）杜佑纂　清光緒二十七年(1901)上海圖書集成局鉛印九通本　十六冊

210000－0708－0000915　7189－7238

通典二百卷附考證一卷　（唐）杜佑纂　清浙江書局刻九通本　五十冊

210000－0708－0000916　7255－7262

通典二百卷附考證一卷　（唐）杜佑纂　清光緒二十七年(1901)上海圖書集成局鉛印九通本　八冊　存一百十卷（一至一百十）

210000－0708－0000917　5601－5602

通鑑荅問五卷　（宋）王應麟撰　清浙江書局刻本　二冊

210000－0708－0000918　4665－4744

通鑑紀事本末二百三十九卷　（宋）袁樞編
（明）張溥論正　清江西書局刻紀事本末五種
本　八十冊

210000－0708－0000919　8390－8400
通商條約章程成案彙編三十卷　（清）李鴻章
撰　清光緒十二年(1886)鐵城廣百宋齋鉛印
本　十一冊　存二十九卷（一至二十九）

210000－0708－0000920　8401－8406
通商條約章程成案彙編三十卷　（清）李鴻章
撰　清光緒十二年(1886)鐵城廣百宋齋鉛印
本　六冊　存十三卷（三至十五）

210000－0708－0000921　5229－5235
通天秘書五卷附一卷續編六卷　（清）石巖逸
叟增定　清上海萃英書局石印本　六冊　存
九卷（二至五、附一卷,續編一至二、五至六）

210000－0708－0000922　7029－7038
通志二百卷　（宋）鄭樵撰　清鉛印本　十冊
存五十五卷（二十五至七十九）

210000－0708－0000923　6538－6597
通志二百卷附考證三卷　（宋）鄭樵撰　清光
緒二十七年(1901)上海圖書集成局鉛印九通
本　六十冊

210000－0708－0000924　6598－6782
通志二百卷目錄二卷附考證三卷　（宋）鄭樵
撰　清光緒二十二年(1896)浙江書局刻九通
本　一百八十五冊　存一百九十卷（一至三
十、三十二、三十四至三十七、四十一至七十、
八十一至二百,目錄二卷,考證三卷）

210000－0708－0000925　1415
同仁堂藥目十五卷　（清）樂鳳鳴撰　清光緒
十五年(1889)京都同仁堂刻本　一冊

210000－0708－0000926　10897
同治甲戌辛未壬戌三科殿試卷一卷　（清）
□□輯　清石印本　一冊

210000－0708－0000927　5018－5023
桐城方氏時文全稿不分卷　（清）韓燄評　清
光緒十七年(1891)常郡宛委山莊刻本　六冊

210000－0708－0000928　200－211
桐城吳先生點勘諸子七種一百一卷　（清）吳
汝綸點勘　清宣統二年(1910)衍星社鉛印本
十二冊

210000－0708－0000929　4057－4060
銅板四書體註合講□□卷　（清）翁復撰　清
銅活字本　四冊　存十七卷（論語一至十、孟
子一至七）

210000－0708－0000930　3821
銅板四書體註合講□□卷　（清）翁復撰　清
光緒八年(1882)銅活字本　一冊　存二卷
（大學一卷、中庸一卷）

210000－0708－0000931　1148－1150
圖註八十一難經四卷　（戰國）秦越人述
（明）張世賢注　校正圖註脈訣四卷　（晉）王
叔和撰　（明）張世賢注　清光緒三十一年
(1905)上海鴻寶齋石印本　三冊　存七卷
（圖註八十一難經四卷、校正圖註脈訣一至
三）

210000－0708－0000932　1459－1464
外科圖說六卷　（清）高文晉輯　清咸豐六年
(1856)塌葉山房刻本　六冊

210000－0708－0000933　1470－1471
外科症治全生集六卷　（清）王維德撰　（清）
馬文植評　清光緒十年(1884)掃葉山房刻本
二冊

210000－0708－0000934　4180－4187
宛陵先生集六十卷拾遺一卷續金針詩格一卷
（宋）梅堯臣撰　宛陵先生年譜一卷　（元）
張師曾撰　附錄一卷附錄補遺二卷　（清）梅
枝鳳重訂　清夜吟樓刻本　八冊

210000－0708－0000935　61－68
萬充宗先生經學五書十八卷附錄一卷　（清）
萬斯大撰　清乾隆二十三年(1758)辨志堂刻
本　八冊

210000－0708－0000936　8378－8389
萬國分類時務大成續集四十四卷　（清）□□
撰　清光緒二十九年(1903)譯書公會石印本

十二冊　存二十卷（政治考一至二十）

210000－0708－0000937　8374－8377

萬國公法四卷首一卷　（英國）羅柏村撰　清
光緒二十四年(1898)上海新學書會石印本
四冊

210000－0708－0000938　1907－1908

萬象一原演式九卷首一卷　（清）夏鸞翔撰
（清）盧靖演式　清光緒二十八年(1902)鉛印
本　一冊

210000－0708－0000939　1907－1908

萬象一原演式九卷首一卷　（清）夏鸞翔撰
（清）盧靖演式　清光緒二十八年(1902)鉛印
本　一冊

210000－0708－0000940　4104－4110

王鳳洲袁了凡綱鑑合編十一卷　（明）王世貞
（明）袁黃編　清石印本　七冊　存七卷
（五至九、三編一至二）

210000－0708－0000941　2018－2023

王臨川全集一百卷　（宋）王安石撰　清刻本
六冊　存三十一卷（三十五至六十、八十一
至八十五）

210000－0708－0000942　1966－1969

王臨川文集四卷　（宋）王安石撰　清宣統二
年(1910)上海會文堂石印本　四冊

210000－0708－0000943　8048

王仁堪殿試策不分卷　（清）王仁堪撰　清內
府抄本　一冊

210000－0708－0000944　1940－1957

王文成公全集十六卷　（明）王守仁撰　清道
光六年(1826)湖南湘潭王文德刻本　十八冊
存十五卷（一至十五）

210000－0708－0000945　4890－4895

王先生十七史蒙求十六卷　（宋）王令撰　**李
氏蒙求補注六卷考證一卷**　（清）金三俊輯
清道光二十八年(1848)文奎堂刻本　六冊

210000－0708－0000946　5140

薇雲小舍試帖詩課二卷　（清）吳之俊撰　清

夢花館刻本　一冊

210000－0708－0000947　5908－5911

味蘭軒百篇賦鈔四卷　（清）張世燾　（清）彭
克惠編　清乾隆五十九年(1794)刻本　四冊

210000－0708－0000948　580

尉繚子二卷　（秦）尉繚撰　**素書一卷**　（漢）
黃石公撰　（宋）張商英注　**心書一卷**　（三
國蜀）諸葛亮撰　清光緒元年(1875)湖北崇
文書局刻子書百家本　一冊

210000－0708－0000949　1416－1418

衛生鴻寶六卷　（清）祝補斎撰　（清）高味卿
增補　清咸豐七年(1857)上海寶賢堂刻本
三冊　存三卷（一、四至五）

210000－0708－0000950　11496－11499

魏書一百十四卷　（北齊）魏收撰　清光緒二
十八年(1902)竹簡齋石印本　四冊　存四十
五卷（一至十二、八十二至一百十四）

210000－0708－0000951　1953－1976

魏書一百十四卷　（北齊）魏收撰　清光緒二
十九年(1903)五洲同文局石印二十四史本
二十四冊

210000－0708－0000952　1449－1451

溫病條辨六卷首一卷　（清）吳瑭撰　（清）朱
武曹評　清上海廣益書局石印本　三冊　存
六卷（一、三至六，首一卷）

210000－0708－0000953　4387－4390

溫飛卿詩集七卷別集一卷集外詩一卷　（唐）
溫庭筠撰　（明）曾益注　（清）顧予咸補注
清宣統二年(1910)上海廣益書局石印本
四冊

210000－0708－0000954　1526－1531

文公家禮儀節八卷　（明）丘濬輯　清光緒十
三年(1887)上海江左書林刻本　六冊

210000－0708－0000955　4218

文公家禮儀節八卷　（明）丘濬輯　清刻本
一冊　存一卷（八）

210000－0708－0000956　3549－3556

文科大辭典十二卷 （清）國學扶輪社編 清宣統三年（1911）國學扶輪社鉛印本 八冊存八卷（子、寅、卯、午、未、申、酉、戌）

210000－0708－0000957 5862－5867

文史通義八卷 （清）章學誠撰 清刻本 六冊 存六卷（三至八）

210000－0708－0000958 10872－10876

文史通義內篇五卷外篇三卷校讎通義三卷（清）章學誠撰 清道光十二年至十三年（1832－1833）刻本 五冊

210000－0708－0000959 5856－5861

文史通義內篇五卷外篇三卷校讎通義三卷（清）章學誠撰 清光緒三年（1877）貴陽刻本 六冊

210000－0708－0000960 6236－6325

文獻通考三百四十八卷 （元）馬端臨撰 明映旭齋刻本 九十冊 存二百八十九卷（一至二百六十一、三百二十一至三百四十八）

210000－0708－0000961 6983－6988

文獻通考三百四十八卷 （元）馬端臨撰 明映旭齋刻本 六冊 存十五卷（八十一至九十、九十四至九十八）

210000－0708－0000962 6088－6235

文獻通考三百四十八卷附考證三卷 （元）馬端臨撰 清浙江書局刻九通本 一百四十八冊 存三百三十六卷（一至五十九、七十三至七十六、七十九至三百四十八,考證三卷）

210000－0708－0000963 6480－6523

文獻通考三百四十八卷附考證三卷 （元）馬端臨撰 清光緒二十七年（1901）上海圖書集成局鉛印九通本 四十四冊

210000－0708－0000964 7464－7465

文心雕龍十卷 （南朝梁）劉勰撰 清光緒三年（1877）湖北崇文書局刻本 二冊

210000－0708－0000965 0048－0060

文選六十卷 （南朝梁）蕭統撰 （唐）李善注清光緒二年（1876）廣東翰墨園刻本 十三冊 存四十九卷（一至十八、二十三至三十四、四十二至六十）

210000－0708－0000966 0061－0069

文選六十卷 （南朝梁）蕭統撰 （唐）李善注清同治八年（1869）金陵書局刻本 九冊存五十四卷（一至十八、二十五至六十）

210000－0708－0000967 0070－0077

文選六十卷 （南朝梁）蕭統撰 （唐）李善注清刻本 八冊 存二十九卷（十九至二十一、三十至四十七、五十三至六十）

210000－0708－0000968 0114－0129

文選六十卷 （南朝梁）蕭統撰 （唐）李善注清刻本 十六冊

210000－0708－0000969 0140－0144

文選六十卷 （南朝梁）蕭統撰 （唐）李善注清刻本 五冊 存十四卷（三十至四十三）

210000－0708－0000970 0574－0593

文章正宗復刻三十卷 （宋）真德秀撰 清同治三年（1864）刻真西山全集本 二十冊

210000－0708－0000971 517

文中子中說十卷 （隋）王通撰 （宋）阮逸注清光緒二十三年（1897）圖書集成局鉛印子書二十二種本 一冊

210000－0708－0000972 319

文中子中說一卷 （隋）王通撰 清光緒元年（1875）湖北崇文書局刻子書百家本 一冊

210000－0708－0000973 3363－3364

文字蒙求四卷 （清）王筠撰 清光緒十三年（1887）梁谿浦氏刻本 二冊

210000－0708－0000974 4572

吳朝請集一卷 （南朝梁）吳均撰 清刻本一冊

210000－0708－0000975 3862－3865

吳顧賦彙合刻詳註二卷 （清）景其濬輯 清咸豐十年（1860）刻本 四冊

210000－0708－0000976 5002－5013

吳梅村詩集註箋十八卷 （清）吳偉業撰

（清）吳翌鳳箋注　清光緒十年（1884）湖北官書處刻本　十二冊

210000－0708－0000977　3628－3633

吳摯甫尺牘五卷　（清）吳汝綸撰　清宣統二年（1910）國學扶輪社石印本　六冊　存三卷（一至三上）

210000－0708－0000978　3623－3627

吳摯甫文集四卷附錄一卷　（清）吳汝綸撰　清宣統元年（1909）上海國學扶輪社石印本　五冊

210000－0708－0000979　5108－5113

無聲詩史七卷　（清）姜紹書輯　清宣統二年（1910）上海瑞記書局石印本　六冊

210000－0708－0000980　1988－1995

五彩十竹齋書畫譜八卷　（明）胡正言輯　清光緒五年（1879）上海江東書局石印本　八冊

210000－0708－0000981　1996－2003

五彩十竹齋書畫譜八卷　（明）胡正言輯　清光緒五年（1879）上海江東書局石印本　八冊

210000－0708－0000982　2321－2330

五代史七十四卷　（宋）歐陽修撰　清光緒二十九年（1903）五洲同文局石印二十四史本　十冊

210000－0708－0000983　2331－2334

五代史七十四卷　（宋）歐陽修撰　清刻本　四冊　存三十一卷（四十四至七十四）

210000－0708－0000984　3673－3676

五方元音二卷　（清）樊騰鳳撰　（清）年希堯增補　清道光二十年（1840）德義堂刻本　四冊

210000－0708－0000985　3681－3682

五方元音二卷　（清）樊騰鳳撰　（清）年希堯增補　清嘉慶十年（1805）金閶書業堂刻本　二冊

210000－0708－0000986　3677－3680

五方元音十二卷　（清）樊騰鳳撰　（清）年希堯增補　清光緒二十三年（1897）源記書莊石

印本　四冊

210000－0708－0000987　4081－4082

五經類編二十八卷　（清）周世璋撰　清刻本　二冊　存三卷（十九至二十一）

210000－0708－0000988　1382－1385

五經樓小題拆字四卷　（清）山仲甫選　清同治十年（1871）上洋醉六堂刻本　四冊

210000－0708－0000989　1386－1389

五經樓小題拆字四卷　（清）山仲甫選　清嘉慶二十年（1815）蘇州書業堂刻本　四冊

210000－0708－0000990　3027－3041

五經旁訓□□卷　（清）徐立綱輯　清乾隆四十七年（1782）吳郡章氏匠門書屋刻本　十五冊　存二十一卷（易經增訂旁訓一至三、書經增訂旁訓一至四、詩經增訂旁訓一至四、春秋增訂旁訓一至四、禮記增訂旁訓一至六）

210000－0708－0000991　3100－3102

五經同異三卷　（清）顧炎武撰　清光緒十一年（1885）上海埽葉山房刻本　三冊

210000－0708－0000992　3094－3099

五經文府□□卷　（清）□□撰　清石印本　六冊　存六卷（易經一卷、詩經一卷、春秋一卷、禮記一至三）

210000－0708－0000993　1474－1523

五禮通考二百六十二卷首四卷目錄二卷　（清）秦蕙田編　清刻本　五十冊　存一百三十一卷（三十六至五十四、六十七至七十三、七十六至一百、一百五至一百十三、一百十七至一百二十一、一百三十至一百三十五、一百三十八至一百四十、一百四十三至一百六十七、一百九十至二百一、二百三十八至二百四十七、二百五十三至二百六十二）

210000－0708－0000994　2958－2964

五種遺規□□卷　（清）陳宏謀編　清刻本　七冊　存七卷（訓俗遺規一至二、補編上下、從政遺規二、教女遺規中下）

210000－0708－0000995　2947－2951

五種遺規□□卷 （清）陳宏謀編 清廣益書莊石印本 五冊

210000－0708－0000996 2952－2957
五種遺規□□卷 （清）陳宏謀編 清光緒二十八年（1902）上海古香閣石印本 六冊

210000－0708－0000997 2935－2946
五種遺規□□卷 （清）陳宏謀編 清光緒十九年（1893）文英閣刻本 十二冊

210000－0708－0000998 1894－1897
物理學上中下編 （日本）飯盛挺造編 （日本）藤田豐八譯 （日本）丹波敬三校補 （清）王季烈重編 清刻本 四冊 存四卷（上編二、四,中編四,下編二）

210000－0708－0000999 1156－1159
務本堂熟課二卷 （清）李冠群撰 清上洋掃葉山房刻本 二冊

210000－0708－0001000 1160－1161
務本堂熟課二卷 （清）李冠群撰 清上洋掃葉山房刻本 二冊

210000－0708－0001001 1156－1159
務本堂熟課續編二卷 （清）李冠群撰 清光緒十三年（1887）埽葉山房刻本 二冊

210000－0708－0001002 11285－11290
西湖佳話十六卷 （清）墨浪子輯 清同治四年（1865）緯文堂刻本 六冊

210000－0708－0001003 11293
西湖雜詠一卷 （清）陳若蓮撰 清光緒錢塘丁氏嘉惠堂刻本 一冊

210000－0708－0001004 5526
西崑酬唱集二卷 （宋）楊億輯 清刻本 一冊

210000－0708－0001005 346－373
西山先生真文忠公讀書記四十卷 （宋）真德秀輯 清同治三年（1864）刻本 二十八冊 存三十七卷（一至十五、十七、二十至四十）

210000－0708－0001006 970－992
西山先生真文忠公文集五十五卷目錄二卷補

遺一卷 （宋）真德秀撰 清同治四年（1865）真氏拱極堂刻本 二十三冊 存五十卷（一至十七、二十至二十六、二十九至四十一、四十四至四十七、五十至五十五,目錄二卷,補遺一卷）

210000－0708－0001007 569－571
西山真文忠公心政二經二卷附錄二卷 （宋）真德秀撰 清刻本 三冊

210000－0708－0001008 4094－4095
西堂雜組二集八卷 （清）尤侗撰 清刻本 二冊 存六卷（一至六）

210000－0708－0001009 1470－1477
西學新政叢書二十七卷 （清）王德尚編 清光緒二十八年（1902）上海書局石印本 八冊

210000－0708－0001010 7191－7200
西游記一百回二十卷 （明）吳承恩撰 清刻本 十冊 存十卷（十一至二十）

210000－0708－0001011 11238－11245
熙朝新語十六卷 （清）余金輯 清道光六年（1826）經國堂刻本 八冊

210000－0708－0001012 611－625
郎園論學書札一卷 （清）葉德輝撰 清光緒二十四年（1898）刻本 一冊

210000－0708－0001013 9005－9006
憲政編查館春天城鎮鄉地方自治章程並選舉章程摺附單二件一卷 （清）奕劻等撰 清光緒三十四年（1908）憲政編查館鉛印本 一冊

210000－0708－0001014 9005－9006
憲政編查館春天城鎮鄉地方自治章程並選舉章程摺附單二件一卷 （清）奕劻等撰 清光緒三十四年（1908）憲政編查館鉛印本 一冊

210000－0708－0001015 9358
憲政分年籌備事宜表一卷 （清）□□撰 清末鉛印本 一冊

210000－0708－0001016 3072
相臺書塾刊正九經三傳沿革例一卷 （宋）岳珂撰 清光緒三年（1877）湖北崇文書局刻本

一冊

210000－0708－0001017　5142－5143

香山詩選六卷　（唐）白居易撰　清光緒十七年(1891)金陵書局刻本　二冊

210000－0708－0001018　7020－7031

香艷叢書二十集八十卷　（清）蟲天子輯　清宣統元年(1909)上海國學扶輪社鉛印本　十二冊　存十二卷(一集一,八集一至四,十集一至二、四,十二集一至四)

210000－0708－0001019　4187－4192

鄉黨圖考十卷　（清）江永撰　清乾隆五十八年(1793)金閶書業堂刻本　六冊

210000－0708－0001020　1077－1078

鄉黨牘二卷　（清）吳梅撰　清同治十二年(1873)四明茹古齋石印本　二冊

210000－0708－0001021　5236－5239

詳註初學文範四卷　（清）吳肖元評選　清嘉慶十六年(1811)書業堂刻本　四冊

210000－0708－0001022　6993－6995

詳註聊齋志異圖詠十六卷　（清）蒲松齡撰　（清）呂湛恩注　清上海天寶書局石印本　三冊　存十二卷(五至十六)

210000－0708－0001023　6733－6740

小倉山房詩集三十一卷附錄一卷補遺二卷（清）袁枚撰　清佛山四美堂刻本　八冊

210000－0708－0001024　1343－1344

小題萃珍二卷　（清）葉吟舫輯評　清光緒十年(1884)埽葉山房刻本　二冊

210000－0708－0001025　1337－1338

小題清新集二卷　（清）顧聰泉編　（清）王瘦石編　清刻本　二冊

210000－0708－0001026　1292－1306

小題文府六卷　（清）梁章鉅編　清光緒十六年(1890)上海鴻寶齋石印本　十五冊　存四卷(大學、中庸、上論、下論)

210000－0708－0001027　1236－1237

小題芝蘭二卷　（清）史鑑輯　清光緒八年

(1882)埽葉山房刻本　二冊

210000－0708－0001028　1238－1239

小題芝蘭二卷　（清）史鑑輯　清光緒八年(1882)埽葉山房刻本　二冊

210000－0708－0001029　5443－5445

小學集註六卷　（宋）朱熹撰　清上海萃英書局石印本　三冊

210000－0708－0001030　5446－5449

小學集註六卷　（宋）朱熹撰　忠經一卷（漢）鄭玄集註　孝經一卷　（明）陳選集註清石印本　四冊

210000－0708－0001031　3371－3376

小學考五十卷　（清）謝啟昆撰　清光緒十五年(1889)石印本　六冊

210000－0708－0001032　5450－5454

小學六卷　（宋）朱熹撰　（清）高愈纂註　文公朱子年譜一卷　（清）高愈撰　忠經一卷（漢）馬融撰　（漢）鄭玄集註　孝經一卷（明）陳選集註　清光緒十二年(1886)上洋埽葉山房刻本　五冊

210000－0708－0001033　5455－5458

小學六卷　（宋）朱熹撰　（清）高愈纂註　附文公朱子年譜一卷　（清）高愈撰　清光緒二十八年(1902)煙台成文信記刻本　四冊

210000－0708－0001034　5464

小學纂註六卷　（宋）朱熹撰　（清）高愈纂註　清同治五年(1866)晉祁書堂業刻本　一冊　存四卷(一至四)

210000－0708－0001035　5459－5463

小學六卷　（宋）朱熹撰　（清）高愈纂註　文公朱子年譜一卷　（清）高愈撰　忠經一卷（漢）馬融撰　（漢）鄭玄集註　孝經一卷（明）陳選集註　清光緒十二年(1886)上洋埽葉山房刻本　五冊

210000－0708－0001036　444－467

孝經衍義一百卷　（清）葉方藹等纂　清內府刻本　二十四冊

210000－0708－0001037　561－566
校正經餘必讀初二三集合編六卷　（清）錢樹堂等輯　清光緒二十二年(1896)上海圖書集成印書局鉛印本　六冊

210000－0708－0001038　10905－10910
嘯亭雜錄十卷續錄三卷　（清）昭槤撰　清光緒六年(1880)上海文瑞樓石印本　六冊

210000－0708－0001039　5348－5353
新編作文材料精華錄初編八卷　（清）□□編　清上海廣益書局石印本　六冊

210000－0708－0001040　4083
新訂四書補註備旨十卷　（明）鄧林撰　（清）杜定基增訂　清刻本　一冊　存二卷(下論三至四)

210000－0708－0001041　2133－2138
新訂四書補註備旨十卷　（明）鄧林撰　（清）杜定基增訂　清光緒三十一年(1905)煙台成文信刻本　六冊

210000－0708－0001042　2139－2146
新訂四書補註備旨十卷　（明）鄧林撰　（清）杜定基增訂　清光緒二十六年(1900)上海埽葉山房石印本　八冊

210000－0708－0001043　2147－2154
新訂四書補註備旨十卷　（明）鄧林撰　（清）杜定基增訂　清咸豐二年(1852)桐石山房刻本　八冊

210000－0708－0001044　2155－2162
新訂四書補註備旨十卷　（明）鄧林撰　（清）杜定基增訂　清光緒十二年(1886)上海點石齋石印本　八冊

210000－0708－0001045　2200－2207
新訂四書補註備旨十卷　（明）鄧林撰　（清）杜定基增訂　清光緒三十二年(1906)燕臺文勝堂刻本　八冊

210000－0708－0001046　2398－2403
新訂四書補註備旨十卷　（明）鄧林撰　（清）杜定基增訂　清咸豐十一年(1861)緯文堂刻本　六冊

210000－0708－0001047　3799－3804
新訂四書補註備旨十卷　（明）鄧林撰　（清）杜定基增訂　清同治八年(1869)翰墨林記刻本　六冊　缺二卷(論語一至二)

210000－0708－0001048　3805－3808
新訂四書補註備旨十卷　（明）鄧林撰　（清）杜定基增訂　清光緒七年(1881)壽春棣萼堂刻本　四冊　缺四卷(論語三至四、孟子一至二)

210000－0708－0001049　4085
新訂四書補註備旨十卷　（明）鄧林撰　（清）杜定基增訂　清埽葉山房刻本　一冊　存二卷(大學一、中庸一)

210000－0708－0001050　2119－2126
新訂四書補註備旨十卷　（明）鄧林撰　（清）杜定基增訂　清光緒二十年(1894)成文信記刻本　八冊

210000－0708－0001051　8812－8819
新輯刑案彙編十六卷　（清）周守赤輯　清光緒二十三年(1897)圖書集成局鉛印本　八冊

210000－0708－0001052　1789－1791
新輯纂圖類方元亨療馬集六卷圖像水黃牛經合併大全二卷駝經一卷　（明）喻本元（明）喻本亨撰　清石印本　三冊　存七卷(元亨療馬集三至六、圖像水黃牛經合併大全二卷、駝經一卷)

210000－0708－0001053　930－933
新鐫黃維章先生詩經嬭嬛集註八卷　（清）黃文煥輯　清道光八年(1828)金閶書業堂刻本　四冊

210000－0708－0001054　2639－2644
新鐫神峯張先生通考闢謬命理正宗大全六卷　（明）張楠撰　清郁文堂刻本　六冊

210000－0708－0001055　4984－4985
新鐫五言千家詩箋註二卷　（宋）謝枋得選（清）王相選注　清光緒十一年(1885)文會成

刻本　二冊

210000－0708－0001056　4999

新鐫五言千家詩箋註二卷　（宋）謝枋得選
（清）王相選注　清光緒十七年（1891）上海埽
葉山房刻本　一冊　存一卷（二）

210000－0708－0001057　4965

新鐫五言千家詩箋註二卷　（清）王相選註
增補重訂千家詩註解二卷　（宋）謝枋得選
（清）王相注　清嘉慶十七年（1812）刻本
一冊

210000－0708－0001058　2676－2677

新鐫許真君玉匣記增補諸家選擇日用通書六
卷　（晉）孫遜等撰　清光緒五年（1879）盛京
文興堂刻本　二冊

210000－0708－0001059　618－623

新鐫增補周易備旨一見能解六卷　（明）黃淳
耀撰　（明）嚴而寬增補　清書業堂刻本
六冊

210000－0708－0001060　2611－2614

新刊合併官板音義評註淵海子平五卷　（宋）
徐升編　明崇禎七年（1634）掃葉山房刻本
四冊

210000－0708－0001061　1356－1365

新刊醫林狀元壽世保元十卷　（明）龔廷賢編
清光緒三十一年（1905）埽葉山房刻本
十冊

210000－0708－0001062　4272－4277

新刊趙田了凡袁先生編纂古本歷史大方綱鑑
補三十九卷　（明）袁黃編　清刻本　六冊
存六卷（十七、十九至二十三）

210000－0708－0001063　1782－1788

新刊纂圖元亨療馬集六卷圖像水黃牛經合併
大全二卷　（明）喻本元　（明）喻本亨撰　清
刻本　七冊　存七卷（元亨療馬集六卷、圖像
水黃牛經合併大全上）

210000－0708－0001064　2666－2671

新刻合併十八飛星策天紫微鬥數全集六卷

（宋）陳博撰　清同治九年（1870）羊城青雲樓
刻本　六冊

210000－0708－0001065　588－598

新刻來瞿唐先生易經啟蒙十五卷首一卷末一
卷　（清）高奣映編　清刻本　十一冊

210000－0708－0001066　1465－1468

新刻秘授外科百效全書六卷　（清）龔居中編
清令德堂刻本　四冊

210000－0708－0001067　10898－10899

新刻校正音釋詞家便覽蕭曹遺四卷　（清）閶
閶子注　清光緒二十五年（1899）刻本　二冊

210000－0708－0001068　1778－1781

新刻繡像療牛馬經六卷附駱馳全集一卷
（明）喻本元　（明）喻本亨撰　清光緒十八年
（1892）濰陽成文信刻本　四冊

210000－0708－0001069　7261－7270、7162－7170

新刻鍾伯敬先生批評封神演義二十卷　（明）
許仲琳編　清寶文堂刻本　十九冊

210000－0708－0001070　5515、0278

新書十卷　（漢）賈誼撰　清光緒元年（1875）
湖北崇文書局刻子書百家本　二冊

210000－0708－0001071　0277

新序十卷　（漢）劉向撰　清光緒元年（1875）
湖北崇文書局刻子書百家本　一冊　存五卷
（一至五）

210000－0708－0001072　7423－7426

新選時文備格四卷　（清）□□輯　清光緒八
年（1882）上海精一閣鉛印本　四冊

210000－0708－0001073　1339－1340

新選小題銳鋒初集二卷　（清）張嶙編　清道
光十九年（1839）純德堂刻本　二冊

210000－0708－0001074　1341－1342

新選小題銳鋒二集二卷　（清）汪世恬編　清
道光二十年（1840）純德堂刻本　二冊

210000－0708－0001075　2876

新約註釋□□卷　（□）杜步西等注　清光緒
三十三年（1907）上海商務印書館鉛印本　一

冊　存一卷(三)

210000－0708－0001076　5144－5147

新增繪圖幼學故事瓊林四卷首一卷　（清）程允升撰　清上海大成書局石印本　四冊

210000－0708－0001077　726－735

新增說文韻府羣玉二十卷　（元）陰時夫輯（元）陰中夫註　清康熙五十五年(1716)文盛堂天德堂刻本　十冊

210000－0708－0001078　0300－0303

新增幼學故事瓊林四卷首一卷　（清）程允升撰　（清）鄒聖脈增補　清嘉慶九年(1804)書業堂刻本　四冊

210000－0708－0001079　0304－0305

新增幼學故事瓊林四卷首一卷　（清）程允升撰　（清）鄒聖脈增補　清光緒九年(1883)埽葉山房刻本　二冊

210000－0708－0001080　5129－5132

新增幼學故事瓊林四卷首一卷　（清）程允升撰　（清）鄒聖脈增補　清光緒十四年(1888)蘇州埽葉山房刻本　四冊

210000－0708－0001081　1425－1436

新政應試必讀六卷　（清）顧厚焜編　清光緒二十七年(1901)石印本　十二冊

210000－0708－0001082　0568－0573

新政應試準繩六卷　（清）俞樾輯　清光緒二十八年(1902)上海書局石印本　六冊

210000－0708－0001083　8436－8454

新纂約章大全□□卷　（清）□□輯　清石印本　十九冊　存二十四卷(二至五、八、十、十二、三十一至三十六、三十八至三十九、五十八、六十至六十二、六十四、六十六、六十九、七十一至七十二)

210000－0708－0001084　1079－1081

星橋制藝小題初編三卷二編三卷　（清）劉清源撰　清咸豐元年(1851)桐蔭書屋刻本　三冊

210000－0708－0001085　1082－1087

星橋制藝小題初編三卷二編三卷　（清）劉清源撰　清咸豐元年(1851)桐蔭書屋刻本　六冊

210000－0708－0001086　8664－8720

刑案匯覽六十卷目錄一卷首一卷末一卷拾遺備考一卷　（清）祝慶祺編　清同治八年(1869)刻本　五十七冊　存五十六卷(一至七、十六至六十,目錄一卷,首一卷,末一卷,拾遺備考一卷)

210000－0708－0001087　8608－8663

刑案匯覽六十卷首一卷末一卷拾遺備考一卷　（清）祝慶祺編　清道光十四年(1834)慎思堂刻本　五十六冊　存五十六卷(七至六十、末一卷、拾遺備考一卷)

210000－0708－0001088　8803－8810

刑案匯覽八十八卷目錄二卷　（清）祝慶祺編　清道光二十四年(1844)金谷園刻本　八冊　存六卷(一至四、目錄二卷)

210000－0708－0001089　828

行軍測繪五卷首一卷　（英國）連提撰　（英國）傅蘭雅譯　（清）趙宏繪圖　清江南製造總局刻本　一冊

210000－0708－0001090　5126－5127

行素齋雜記二卷　（清）繼昌撰　清光緒二十七年(1901)湖南泉署刻本　二冊

210000－0708－0001091　8212－8223

幸魯盛典四十卷　（清）孔毓圻等撰　清康熙二十八年(1689)紅蕚軒刻本　十二冊

210000－0708－0001092　2303－2304

性理論二卷　（清）龐鍾璐撰　清光緒五年(1879)埽葉山房刻本　二冊

210000－0708－0001093　5103－5104

性理論二卷　（清）龐鍾璐撰　清光緒五年(1879)埽葉山房刻本　二冊

210000－0708－0001094　2498－2504

熊襄愍公集十卷首一卷末一卷　（明）熊廷弼撰　清同治三年(1864)刻本　七冊　存八卷

（一至二、四至五、七至八，首一卷,末一卷）

210000－0708－0001095　429－435

修身學講義八卷　（清）書銘纂　清刻本
七冊

210000－0708－0001096　8959－8962

修正刑律案語五十三章　（清）法律館編　清
宣統元年(1909)法律館鉛印本　四冊

210000－0708－0001097　7292－7293

繡像東漢演義一百二十六回二卷　（□）□□
撰　清光緒三十一年(1905)圖書集成局鉛印
本　二冊

210000－0708－0001098　7288－7291

繡像西漢演義一百回四卷　（明）甄偉撰　清
光緒三十一年(1905)圖書集成局鉛印本
四冊

210000－0708－0001099　1039－1042

徐氏醫書八種十八卷　（清）徐大椿撰　清上
海圖書集成印書局鉛印本　四冊　存十四卷
(洄溪醫案一、慎疾芻言一、神農本草經百種
錄一、醫貫砭一至二、蘭臺軌範一至八、傷寒
論類方一）

210000－0708－0001100　1927－1928

續春秋左氏傳博議二卷　（清）王夫之撰　清
刻本　二冊

210000－0708－0001101　864－865

續唐三體詩八卷　（清）高士奇選　清康熙三
十二年(1693)刻本　二冊

210000－0708－0001102　0809－0817

續文章正宗復刻十二卷　（清）真德秀撰　清
刻本　九冊　存十一卷(一至三、五至十二)

210000－0708－0001103　8592－8607

續增刑案匯覽十六卷　（清）祝松庵輯　清道
光二十年(1840)慎思堂刻本　十六冊

210000－0708－0001104　8721－8736

續增刑案匯覽十六卷　（清）祝松庵輯　清道
光二十年(1840)慎思堂刻本　十六冊

210000－0708－0001105　3129－3188

續資治通鑑二百二十卷　（清）畢沅編　清刻
本　六十冊

210000－0708－0001106　3566－3572

續資治通鑑綱目二十七卷　（明）商輅等撰
（明）陳仁錫評閱　清刻本　七冊　存七卷
(十八、二十、二十二至二十六)

210000－0708－0001107　5120－5125

宣講拾遺六卷首一卷　（清）□□輯　清光緒
二十四年(1898)刻本　六冊

210000－0708－0001108　2753－2754

選佛譜六卷　（明）釋智旭撰　清光緒十七年
(1891)金陵刻經處刻本　二冊

210000－0708－0001109　866－873

選賦六卷名人世次爵里一卷　（南朝梁）蕭統
選　（明）郭正域　（明）楊慎批點　明凌氏鳳
笙閣刻朱墨套印本　八冊

210000－0708－0001110　0919－0922

學海堂課藝五編四卷　（清）唐根石輯　清光
緒十一年(1885)刻本　四冊

210000－0708－0001111　1839－1841

學算筆談十二卷　（清）華蘅芳撰　清光緒二
十二年(1896)上海文海書局石印本　三冊

210000－0708－0001112　8049

雪竇和尚百則頌古一卷　（宋）釋重顯撰　清
刻本　一冊

210000－0708－0001113　3083－3090

雪樵經解三十三卷　（清）馮世瀛輯　清光緒
十六年(1890)上海廣百宋齋石印本　八冊

210000－0708－0001114　4061－4066

雪樵經解三十三卷　（清）馮世瀛輯　清光緒
十五年(1889)著易堂書局鉛印本　六冊　缺
六卷(禮記集解四至六、附錄一至三)

210000－0708－0001115　4067－4070

雪樵經解三十三卷　（清）馮世瀛輯　清光緒
十五年(1889)著易堂書局鉛印本　四冊　存
十九卷(書經一至六、詩經四至七、春秋一至
六、禮記一至三)

210000－0708－0001116　5778－5779

雪韵堂指點燕子箋記二卷　（明）阮大鋮撰
清刻本　二冊

210000－0708－0001117　317－318

荀子三卷　（戰國）荀況撰　清光緒元年
(1875)湖北崇文書局刻子書百家本　二冊

210000－0708－0001118　412

訓蒙史略詳註三卷　（清）林鶯荐纂　清光緒
二十八年(1902)山左智群書社石印本　一冊

210000－0708－0001119　5274－5275

訓蒙四字經二集讀本二卷　（清）李暉吉
（清）徐瓚輯　清光緒三年(1877)掃葉山房刻
本　二冊

210000－0708－0001120　576

顏氏家訓七卷　（北齊）顏之推撰　考證一卷
（宋）沈揆撰　清上海文瑞樓書局石印本
一冊

210000－0708－0001121　711－712

晏子春秋八卷　（春秋）晏嬰撰　清光緒元年
(1875)湖北崇文書局刻本　二冊

210000－0708－0001122　533

晏子春秋七卷　（春秋）晏嬰撰　晏子春秋校
勘二卷　（清）黃以周撰　晏子春秋音義二卷
（清）孫星衍撰　清光緒二十三年(1897)文
瑞樓鉛印本　一冊

210000－0708－0001123　578－579

燕丹子三卷　（清）孫星衍校輯　玉泉子一卷
（唐）□□撰　金華子二卷　（唐）劉崇遠撰
清光緒元年(1875)湖北崇文書局刻子書百
家本　二冊

210000－0708－0001124　5425－5430

洋務新論六卷　（清）仲英輯　清光緒二十七
年(1901)上海書局石印本　六冊

210000－0708－0001125　2645

陽明按索五卷　（明）陳復心撰　（明）陳漢卿
補註　清刻本　一冊

210000－0708－0001126　2649－2652

陽宅愛眾篇四卷　（清）張覺正撰　清掃葉山
房刻本　四冊

210000－0708－0001127　572

楊子法言十三卷　（漢）揚雄撰　方言十三卷
（漢）揚雄撰　（晉）郭璞注　清光緒元年
(1875)湖北崇文書局刻子書百家本　一冊

210000－0708－0001128　1750－1751

養蒙針度五卷首一卷　（清）潘子聲撰　清光
緒六年(1880)掃葉山房刻本　二冊

210000－0708－0001129　1752－1753

養蒙針度五卷首一卷　（清）潘之聲撰　清光
緒十二年(1886)上洋江左書林刻本　二冊

210000－0708－0001130　2230－2231

冶梅石譜二卷　（清）王寅撰　清光緒六年
(1880)上海朝記書莊石印本　二冊

210000－0708－0001131　4887－4889

壹是紀始二十二卷補遺一卷　（清）魏崧撰
清刻本　三冊　存十七卷(二至五、九至二十
一)

210000－0708－0001132　1324

醫醇賸義四卷　（清）費伯雄撰　清光緒二十
七年(1901)上海書局石印本　一冊

210000－0708－0001133　1406－1411

醫方集解二十二卷　（清）汪昂撰　清光緒十
七年(1891)上海校經山房刻本　六冊

210000－0708－0001134　1424

醫方湯頭歌訣一卷　（清）汪昂編　清掃葉山
房刻本　一冊

210000－0708－0001135　1025－1034

醫門棒喝四卷傷寒論本旨九卷　（清）章楠撰
清宣統元年(1909)蠡城三友齋石印本
十冊

210000－0708－0001136　1605

醫效秘傳三卷　（清）葉桂撰　溫熱贅言一卷
（清）寄瓢子撰　清石印本　一冊

210000－0708－0001137　1732－1733

醫學金鍼八卷　（清）陳念祖撰　（清）潘霨增

輯　清江東書局石印本　二冊　存四卷(三至六)

210000－0708－0001138　1606－1617

醫宗金鑑九十卷　(清)鄂爾泰等撰　清上海廣益書局石印本　十二冊　存五十二卷(外科一至六,內科一至七、十七至三十四、四十五至五十、五十五至六十三、六十九至七十四)

210000－0708－0001139　1618－1637

醫宗金鑑九十卷　(清)鄂爾泰等撰　清抄本　二十冊　存五十五卷(九至二十七、三十一至三十五、三十八至四十、四十四至四十六、五十至五十三、五十八至六十、六十三至六十四、七十二至七十四、七十八至九十)

210000－0708－0001140　1273－1276

儀禮古今文疏義十七卷　(清)胡承珙撰　清光緒三年(1877)湖北崇文書局刻本　四冊

210000－0708－0001141　5595－5604

倚晴樓七種曲十二卷　(清)黃燮清撰　清光緒三十三年(1907)開通新書局刻本　十冊

210000－0708－0001142　565－567

易經八卷　(宋)程頤傳　清光緒九年(1883)江南書局刻本　三冊

210000－0708－0001143　599－600

易經大全會解四卷　(清)來爾繩纂　清道光二十六年(1846)金閶綠蔭堂巽記刻本　二冊

210000－0708－0001144　601－604

易經大全會解四卷　(清)來爾繩纂　清光緒六年(1880)埽葉山房刻本　四冊

210000－0708－0001145　605－608

易經大全會解四卷　(清)來爾繩纂　清光緒十年(1884)成文堂書坊刻本　四冊

210000－0708－0001146　609－611

易經大全會解四卷　(清)來爾繩纂　清埽葉山房刻本　三冊　存二卷(一至二)

210000－0708－0001147　1476－1483

瘍醫大全四十卷　(清)顧世澄纂　清石印本

八冊　存十四卷(二十至三十三)

210000－0708－0001148　2882－2884

翼教叢編六卷　(清)蘇輿輯　清光緒二十四年(1898)武昌刻本　三冊

210000－0708－0001149　4768－4793

繹史一百六十卷世系圖一卷年表一卷　(清)馬驌撰　清光緒十五年(1889)金匱浦氏刻本　二十六冊　存八十四卷(二十四、五十一至一百、一百四至一百十四、一百四十至一百五十九,世系圖一卷,年表一卷)

210000－0708－0001150　5165－5172

繹志十九卷　(明)胡承諾撰　清同治十一年(1872)浙江書局刻本　八冊

210000－0708－0001151　3667－3672

音學五書三十八卷　(清)顧炎武撰　清光緒十六年(1890)思賢講舍刻本　六冊　存二十一卷(音論一至三、詩本音一至十、易音一至三、唐韻正一至五)

210000－0708－0001152　2749

陰隲文敷言一卷　(清)丁泳淇編　清嘉慶十六年(1811)誠堂刻本　一冊

210000－0708－0001153　4026－4041

飲冰室壬寅文集十八卷　(清)梁啟超撰　清光緒三十一年(1905)維新學社石印本　十六冊

210000－0708－0001154　10867

印度新志一卷　(清)學部編譯圖書局編　清光緒三十三年(1907)學部圖書局鉛印本　一冊

210000－0708－0001155　6624－6631

瀛海探驪集八卷　(清)朱埏之輯　(清)毛寅初等注　清三益堂刻本　八冊

210000－0708－0001156　6675－6682

瀛海探驪集八卷　(清)朱埏之輯　(清)毛寅初等注　清萼怡山館刻本　八冊

210000－0708－0001157　10399－10404

瀛環志略十卷　(清)徐繼畬纂　清道光二十

179

八年（1848）刻本　　六冊

210000－0708－0001158　2653－2656
永寧通書天集三卷地集三卷人集三卷和集三卷　（清）王維德纂　清上海廣益書局石印本　四冊

210000－0708－0001159　2622－2623
遊道堂集四卷　（清）朱彬撰　清同治七年（1868）刻本　　二冊

210000－0708－0001160　3365－3370
輶軒使者絕代語釋別國方言箋疏十三卷附校勘記十三卷　（清）錢繹撰　清光緒十六年（1890）廣雅書局刻本　　六冊

210000－0708－0001161　1201－1204
有正味齋試貼詩註八卷　（清）吳錫麒撰　清嘉慶二十三年（1818）刻本　　四冊

210000－0708－0001162　1193－1200
有正味齋試帖詩註八卷　（清）吳錫麒撰　清嘉慶二十三年（1818）埽葉山房刻本　　八冊

210000－0708－0001163　1205－1208
有正味齋試帖詳註四卷　（清）吳錫麒撰　清嘉慶八年（1803）一經堂刻本　　四冊

210000－0708－0001164　1038－1055
有諸己齋格言叢書十七種三十九卷　（清）閻敬銘輯　清光緒十四年（1888）山西解州書院刻本　　十八冊

210000－0708－0001165　6925－6926
酉陽雜俎續集十卷　（唐）段成式撰　清光緒三年（1877）湖北崇文書局刻本　　二冊

210000－0708－0001166　0284－0287
幼學須知句解四卷　（清）程元升撰　清同治七年（1868）上洋文正堂刻本　　四冊

210000－0708－0001167　0288－0291
幼學須知句解四卷　（清）程元升撰　清同治五年（1866）蘇州綠潤堂刻本　　四冊

210000－0708－0001168　0296－0299
幼學須知句解四卷　（清）程元升撰　清彙文堂刻本　　四冊

210000－0708－0001169　1003－1007
虞初新志二十卷　（清）張潮輯　清康熙刻本　五冊　存十卷（十一至二十）

210000－0708－0001170　6851－6860
虞初新志二十卷　（清）張潮輯　清咸豐元年（1851）小嫏嬛山館刻本　五冊　存十卷（一至二、五至十一、二十）

210000－0708－0001171　6851－6860
虞初續志十二卷　（清）鄭樹若編　清小嫏嬛山館刻本　五冊　存十卷（三至十二）

210000－0708－0001172　8016
漁洋山人詩問二卷然燈記聞一卷律詩定體一卷　（清）王士禛撰　清宣統三年（1911）上海埽葉山房石印本　　一冊

210000－0708－0001173　7494
漁洋山人詩問二卷然燈記聞一卷律詩定體一卷　（清）王士禛撰　清宣統三年（1911）上海埽葉山房石印本　　一冊

210000－0708－0001174　993－996
玉茗堂還魂記二卷　（明）湯顯祖撰　清乾隆五十年（1785）冰絲館刻本　　四冊

210000－0708－0001175　5581－5594
玉獅堂十種曲十六卷　（清）陳烺填詞　清光緒十七年（1891）刻本　　十四冊

210000－0708－0001176　0292－0295
育正堂重訂幼學須知句解四卷　（明）程登吉撰　清光緒二年（1876）上洋大魁楨記刻本　四冊

210000－0708－0001177　2526
郁離子一卷　（明）劉基撰　空洞子一卷（明）李夢陽撰　海沂子五卷　（明）王文祿撰　清光緒元年（1875）湖北崇文書局刻子書百家本　一冊

210000－0708－0001178　938－941
御案詩經備旨八卷　（清）鄒聖脈輯　清光緒二十二年（1896）刻本　　四冊

210000－0708－0001179　583－587

御案易經備旨七卷　（清）鄒聖脈輯　清光緒六年（1880）掃葉山房刻本　五冊

210000－0708－0001180　612－617
御案易經備旨七卷　（清）鄒聖脈輯　清光緒六年（1880）掃葉山房刻本　六冊

210000－0708－0001181　2218－2225
御刻三希堂石渠寶笈法帖三十二卷　（清）梁詩正等編　清石印本　八冊　存八卷（二至三、五、七至九、十八至十九）

210000－0708－0001182　2106
御刻三希堂石渠寶笈法帖三十二卷　（清）梁詩正等編　清石印本　一冊　存一卷（十三）

210000－0708－0001183　7346
御覽闕史二卷　（唐）高彥休撰　清光緒三年（1877）湖北崇文書局刻本　一冊

210000－0708－0001184　3730－3759
御批歷代通鑑輯覽一百二十卷　（清）傅恆等編纂　清光緒三十年（1904）上海圖書集成局鉛印本　三十冊　存一百十卷（一至一百四、一百九至一百十四）

210000－0708－0001185　3783－3795
御批歷代通鑑輯覽一百二十卷　（清）傅恆等編纂　清光緒二十九年（1903）上海商務印書館鉛印本　十三冊　存三十七卷（三十九至四十一、四十五至五十、五十四至五十六、七十九至九十、九十七至九十九、一百三至一百十二）

210000－0708－0001186　9085－9090
御批歷代通鑑輯覽一百二十卷　（清）傅恆等編纂　清刻本　六冊　存十三卷（一百八至一百二十）

210000－0708－0001187　3632－3679
御批歷代通鑑輯覽一百二十卷　（清）傅恆等編纂　清同治十年（1871）浙江書局刻朱墨套印本　四十八冊

210000－0708－0001188　3680－3729
御批歷代通鑑輯覽一百二十卷　（清）傅恆等編纂　清光緒五年（1879）刻朱墨套印本　五十冊　存一百二卷（一至三十六、三十九至一百四）

210000－0708－0001189　3760－3782
御批歷代通鑑輯覽一百二十卷　（清）傅恆等編纂　清光緒二十九年（1903）上海通元書局石印本　二十三冊　存一百十五卷（一至四十八、五十四至一百二十）

210000－0708－0001190　3796－3810
御批歷代通鑑輯覽一百二十卷　（清）傅恆等編纂　清光緒二十九年（1903）上海官書局石印本　十五冊　存九十一卷（一至三十四、六十四至一百二十）

210000－0708－0001191　3811－3824
御批歷代通鑑輯覽一百二十卷　（清）傅恆等編纂　清刻朱墨套印本　十四冊　存二十八卷（十九至三十二、四十七至六十）

210000－0708－0001192　3825－3860
御批歷代通鑑輯覽一百二十卷　（清）傅恆等編纂　清刻本　三十六冊　存五十五卷（三十四至七十九、九十至九十八）

210000－0708－0001193　3861－3884
御批歷代通鑑輯覽一百二十卷　（清）傅恆等編纂　清光緒三十年（1904）上海商務印書館鉛印本　二十四冊

210000－0708－0001194　3941－3950
御批歷代通鑑輯覽一百二十卷　（清）傅恆等編纂　清光緒二十七年（1901）慎記書莊石印本　十冊　存六十二卷（一至六十二）

210000－0708－0001195　3951－3957
御批歷代通鑑輯覽一百二十卷　（清）傅恆等編纂　清刻本　七冊　存十六卷（一百五至一百二十）

210000－0708－0001196　3560－3565
御批資治通鑑綱目五十九卷　（宋）朱熹撰（清）宋犖編　清刻本　六冊　存六卷（十五至二十）

210000 – 0708 – 0001197　840 – 854

御選唐詩三十二卷目錄三卷　（清）聖祖玄燁輯　（清）陈廷敬註　清康熙五十二年(1713)武英殿刻朱墨套印本　十五冊

210000 – 0708 – 0001198　1390 – 1413

御選唐宋文醇五十八卷　（清）高宗弘曆選　清刻本　二十四冊

210000 – 0708 – 0001199　1796 – 1810

御製歷象考成上編十六卷　（清）允祿等纂修　清光緒二十四年(1898)德記書莊石印本　十五冊　缺一卷(四上)

210000 – 0708 – 0001200　2515

御製勸善要言一卷　（清）世祖福臨纂　清順治十二年(1655)內府刻朱墨套印本　一冊

210000 – 0708 – 0001201　1854 – 1893

御製數理精蘊上編五卷下編四十卷表八卷　（清）聖祖玄燁撰　清光緒八年(1882)江寧藩署刻本　四十冊

210000 – 0708 – 0001202　3609 – 3619

御撰資治通鑑綱目三編四卷　（清）張廷玉等編　清光緒十二年(1886)上海點石齋石印本　二冊

210000 – 0708 – 0001203　3507 – 3514

御撰資治通鑑綱目三編四十卷　（清）張廷玉等編　清刻本　八冊　存二十卷(一至二十)

210000 – 0708 – 0001204　286 – 290

御纂七經□□卷　（清）李光地等撰　清光緒三十年(1904)上海育文書局石印本　五冊　存六十五卷(欽定詩經傳說彙纂一至二十一、首一至二,詩序一至二,欽定春秋傳說彙一至三十八、首一至二)

210000 – 0708 – 0001205　4054 – 4056

御纂七經□□卷　（清）李光地等撰　清石印本　三冊　存三十七卷(欽定周官義疏二十四至四十八、欽定儀禮義疏一至十一、首一卷)

210000 – 0708 – 0001206　4071 – 4072

御纂七經□□卷　（清）李光地等撰　清石印本　二冊　存二十四卷(周官義疏三十八至四十八、禮記義疏七十至八十二)

210000 – 0708 – 0001207　981 – 986

御纂詩義折中二十卷　（清）傅恆等撰　清刻本　六冊

210000 – 0708 – 0001208　987 – 992

御纂詩義折中二十卷　（清）傅恆等撰　清埽葉山房刻本　六冊　存九卷(十二至二十)

210000 – 0708 – 0001209　4050 – 4053

御纂七經義疏□□卷　（清）李光地等撰　清光緒二十九年(1903)鑄記書局石印本　四冊　存三十四卷(易經一至十八、詩經一至十六)

210000 – 0708 – 0001210　382 – 385

御纂性理精義十二卷　（清）李光地等撰　清康熙五十六年(1717)內府刻本　四冊　存十卷(一至六、九至十二)

210000 – 0708 – 0001211　1679 – 1683

御纂醫宗金鑑九十卷首一卷　（清）吳謙等纂修　清刻本　五冊　存五卷(十八至二十二)

210000 – 0708 – 0001212　1638 – 1678

御纂醫宗金鑑六十卷首一卷續編十四卷首一卷外科金鑑十六卷首一卷　（清）吳謙等纂修　清光緒九年(1883)上海埽葉山房刻本　四十一冊　存六十三卷(御纂醫宗金鑑二至四、七、九至二十五、二十八至三十四、三十六至四十七、五十三至五十五、五十八,首一卷;續編四至五、十一至十四,首一卷;外科金鑑一至四、六至八、十、十四至十五,首一卷)

210000 – 0708 – 0001213　1063 – 1126

御纂醫宗金鑑六十卷首一卷續編十四卷首一卷外科金鑑十六卷首一卷　（清）吳謙等纂修　清光緒九年(1883)上海埽葉山房刻本　六十四冊

210000 – 0708 – 0001214　5507 – 5514

御纂醫宗金鑑內科七十四卷首一卷　（清）吳謙等纂修　清鉛印本　八冊　存三十六卷

（一至三十五、首一卷）

210000－0708－0001215　1043－1062

御纂醫宗金鑑内科七十四卷首一卷外科十六卷　（清）吳謙等纂修　清宣統元年（1909）上海章福記石印本　二十冊

210000－0708－0001216　390－394

御纂周易折中二十二卷　（清）李光地等撰　清刻本　五冊　存十二卷（十一至二十二）

210000－0708－0001217　354－377

御纂周易折中二十二卷首一卷　（清）李光地等撰　清康熙五十四年（1715）内府刻本　二十四冊

210000－0708－0001218　378－389

御纂周易折中二十二卷首一卷　（清）李光地等撰　清康熙五十四年（1715）内府刻本　十二冊

210000－0708－0001219　7703－7726

御纂朱子全書六十六卷　（宋）朱熹撰　（清）李光地等輯　清刻本　二十四冊

210000－0708－0001220　7802－7827

御纂朱子全書六十六卷　（宋）朱熹撰　清淵鑒齋刻本　二十六冊　存四十六卷（一、六至十、十二至十三、十六至十七、二十五至三十、三十三至三十五、三十八至四十九、五十二至六十六）

210000－0708－0001221　7828－7833

御纂朱子全書六十六卷　（宋）朱熹撰　清刻本　六冊　存十二卷（四十四至五十五）

210000－0708－0001222　7842－7845

御纂朱子全書六十六卷　（宋）朱熹撰　清刻本　五冊　存五卷（三十三至三十四、三十八、四十至四十一）

210000－0708－0001223　9091－9096

諭摺彙存六卷　（清）□□輯　清光緒三十二年（1906）刻本　六冊

210000－0708－0001224　3311－3358

淵鑒類函四百五十卷目錄四卷　（清）張英等撰　清光緒十八年（1892）上海同文書局石印本　四十八冊

210000－0708－0001225　9543－9544

元和郡縣圖志四十卷　（唐）李吉甫撰　清刻本　二冊　存十六卷（十八至三十三）

210000－0708－0001226　2576－2587

元史二百十卷　（明）宋濂等修　清刻本　十二冊　存五十九卷（六十七至九十四、一百三十五至一百六十五）

210000－0708－0001227　2588－2598

元史二百十卷　（明）宋濂等修　清光緒三十四年（1908）上海集成圖書公司鉛印本　十一冊　存九十九卷（八至五十三、六十五至八十八、一百四至一百十三、一百二十四至一百三十二、一百四十三至一百五十二）

210000－0708－0001228　2513－2562

元史二百十卷目錄一卷　（明）宋濂等修　清光緒二十九年（1903）五洲同文局石印二十四史本　五十冊　存二百八卷（一至六十一、六十五至二百十，目錄一卷）

210000－0708－0001229　4641－4644

元史紀事本末二十七卷　（明）陳邦瞻編　（明）張溥論正　清同治十三年（1874）江西書局刻本　四冊

210000－0708－0001230　10963

元史藝文志四卷　（清）錢大昕補　清嘉慶五年（1800）長沙龍氏家塾刻本　一冊　存三卷（一至三）

210000－0708－0001231　0796－0798

元文類七十卷　（元）蘇天爵輯　清刻本　三冊　存十九卷（五十二至七十）

210000－0708－0001232　2559－2564

原本直指算法統宗十二卷　（清）程大位編　清光緒九年（1883）堉葉山房刻本　六冊

210000－0708－0001233　2497－2500

原人三卷後編一卷晦堂書錄一卷　（清）陳澹然撰　清宣統二年（1910）瀋陽鉛印本　二冊

210000－0708－0001234　2497－2500

原人三卷後編一卷晦堂書錄一卷　（清）陳澧然撰　清宣統二年(1910)瀋陽鉛印本　二冊

210000－0708－0001235　3062－3069

袁中郎全集四十卷　（明）袁宏道撰　清刻本　八冊　存十九卷（七至十一、十五至十七、二十六至三十二、三十七至四十）

210000－0708－0001236　8407－8435

約章分類輯要三十八卷首一卷　（清）蔡乃煌纂　（清）羅維翰等編　清光緒二十七年(1901)上海緯文閣石印本　二十九冊

210000－0708－0001237　9360－9365

月令粹編二十四卷圖說一卷　（清）秦嘉謨編　清嘉慶十七年(1812)琳琅仙館刻本　六冊

210000－0708－0001238　709－712

悅心集四卷　（清）世宗胤禛輯　清雍正四年(1726)內府刻本　四冊

210000－0708－0001239　1141－1142

粤東試牘二卷　（清）□□輯　清同治六年(1867)善美堂刻本　二冊

210000－0708－0001240　6911－6920

閱微草堂筆記二十四卷　（清）紀昀撰　清嘉慶二十一年(1816)北京盛氏刻本　十冊

210000－0708－0001241　5001

雲陽輿詠不分卷　（清）劉心田輯　清光緒二十七年(1901)鹿山居士刻本　一冊

210000－0708－0001242　3442－3449

韞山堂時文初集二卷二集二卷三集二卷　(清)管世銘撰　清光緒二十二年(1896)埽葉山房刻本　八冊

210000－0708－0001243　3756

韻府鉤沈五卷　（清）雷浚撰　清光緒十三年(1887)刻本　一冊　存一卷(一)

210000－0708－0001244　0212－0231

韻府拾遺一百六卷　（清）張廷玉等纂修　清刻本　二十冊

210000－0708－0001245　3530－3542

韻府拾遺一百六卷　（清）張廷玉等纂修　清刻本　十三冊　存五十九卷（一至十一、十六至二十五、三十一至三十五、七十四至一百六）

210000－0708－0001246　1827－1828

則古昔齋算學二十六卷　（清）李善蘭撰　清光緒二十二年(1896)上海積山書局石印本　二冊

210000－0708－0001247　306－405

曾文正公全集一百八十六卷　（清）曾國藩撰　清光緒二年(1876)傳忠書局刻本　一百冊　缺十八卷（孟子要略一至五、附錄一卷，曾文正公家書一至十，家訓一至二）

210000－0708－0001248　7663－7702

曾文正公手書日記四十卷　（清）曾國藩撰　清宣統元年(1909)上海中國圖書公司石印本　四十冊

210000－0708－0001249　3933－3940

曾文正公四種十七卷　（清）曾國藩撰　清宣統二年(1910)上海商務印書館鉛印本　八冊

210000－0708－0001250　9172－9179

曾文正公奏議八卷首一卷　（清）曾國藩撰　（清）薛福成編　清同治十二年(1873)蘇郡刻本　八冊

210000－0708－0001251　5250－5259

增補事類統編九十三卷首一卷　（清）黃葆真增輯　清光緒十四年(1888)上海積山書局石印本　十冊　存八十二卷（一至二十二、三十五至九十三,首一卷）

210000－0708－0001252　4986

增補重訂千家詩註解二卷　（宋）謝枋得選　（清）王相注　清光緒十七年(1891)埽葉山房刻本　一冊　存一卷(二)

210000－0708－0001253　1191－1193

增訂本草備要四卷　（清）汪昂輯　清光緒七年(1881)埽葉山房刻本　三冊

210000－0708－0001254　1184－1188

增訂本草備要四卷湯頭歌訣一卷　（清）汪昂
輯　清江左書林刻本　五冊

210000－0708－0001255　2436－2439
增訂二論詳解四卷　（清）劉忠輯　清光緒二
十四年(1898)埽葉山房刻本　四冊

210000－0708－0001256　841－872
增訂漢魏叢書九十六種四百八十一卷　（清）
王謨輯　清宣統三年(1911)上海大通書局石
印本　三十二冊

210000－0708－0001257　5024－5027
增訂寄嶽雲齋試體詩選四卷　（清）聶銑敏撰
　（清）朱兆鳳評　清綠蔭巽刻本　四冊

210000－0708－0001258　2785
增訂敬信錄六卷　（□）□□輯　清京都秀義
齋刻本　一冊

210000－0708－0001259　2100－2103
增訂四體書法四卷　（清）劉若璟撰　清同治
九年(1870)蘇州小西山房刻本　四冊

210000－0708－0001260　311－320
增訂五經備旨四十五卷　（清）鄒聖脈纂輯
清光緒十九年(1893)上海鴻寶齋書局石印本
　十冊　缺八卷(春秋備旨一至四、禮記全文
備旨一至四)

210000－0708－0001261　5578－5589
增廣古今人物論三十六卷　（明）鄭元直撰
增廣古今人物論續編十二卷　（清）葉韻竹等
輯　清光緒二十八年(1902)富文書局石印本
　十二冊

210000－0708－0001262　3741－3745
增廣詩韻全璧六卷　（清）湯文潞輯　（清）惜
陰主人等增輯　清光緒十九年(1893)上海點
石齋石印本　五冊　存五卷(一至二、四至
六)

210000－0708－0001263　2127－2132
增廣新訂四書補註備旨十卷　（明）鄧林撰
（清）杜定基增訂　清光緒二十年(1894)成文
信記刻本　八冊

210000－0708－0001264　1734－1741
增廣驗方新編十六卷首一卷咽喉秘集二卷首
一卷痧症全書三卷首一卷　（清）鮑相璈輯
（清）張紹棠增輯　清廣益書局石印本　八冊

210000－0708－0001265　931－935
增輯陳修園醫書七十種　（清）陳念祖撰　清
上海廣益書局石印本　五冊　存十五卷(養
生鏡一、醫學從眾錄一至八、霍亂論一至二、
傷寒舌診一、增補食物秘書一、局方發揮一、
古今醫論一)

210000－0708－0001266　0252－0255
增批古文觀止十二卷　（清）吳楚材　（清）吳
調侯評注　清光緒二十七年(1901)浙紹墨潤
堂石印本　四冊　存八卷(一至六、十一至十
二)

210000－0708－0001267　7098－7113
增評補像全圖金玉緣一百二十回一百二十卷
首一卷　（清）曹雪芹撰　（清）高鶚續撰
（清）王希廉評　清光緒三十四年(1908)求不
負齋石印本　十六冊

210000－0708－0001268　4096－4103
增評加批歷史綱鑑補三十九卷首一卷附綱目
三編□□卷福唐桂三王本末□□卷　（明）王
世貞編纂　（明）袁黃編纂　清石印本　八冊
　存二十卷(一至六、十七至二十一、三十至
三十七,首一卷)

210000－0708－0001269　2565－2568
增刪算法統宗十一卷首一卷末一卷　（明）程
大位撰　（清）梅穀成增刪　清光緒二十四年
(1898)江左書林石印本　四冊

210000－0708－0001270　5683－5688
增像第六才子書五卷首一卷　（元）王實甫撰
　清宣統二年(1910)上海書局石印本　六冊

210000－0708－0001271　7064－7079
增像全圖東周列國志二十七卷首一卷　（清）
蔡元放評　清光緒二十八年(1902)上海圖書
集成局鉛印本　十六冊

210000－0708－0001272　7380－7381

忠經一卷　（漢）馬融撰　（清）王相箋註　清刻本　一冊

210000－0708－0001292　511

忠經一卷　（漢）馬融撰　（漢）鄭玄集註　**孝經一卷**　（明）陳選集註　清光緒二十四年（1898）煙臺成文信刻本　一冊

210000－0708－0001293　6779－6782

忠孝節義二度梅全傳四十回四卷　（清）惜陰堂主人撰　清光緒十八年（1892）石印本　四冊

210000－0708－0001294　1345－1350

重編留青新集二十四卷　（清）馮善長輯　清光緒三十四年（1908）上海廣益書局鉛印本　六冊　存十二卷（一至十二）

210000－0708－0001295　0303－0310

重訂古文釋文新編八卷　（清）余誠評註　清光緒十二年（1886）江左書林刻本　八冊

210000－0708－0001296　0265－0272

重訂古文釋義新編八卷　（清）余誠評註　清光緒二十四年（1898）煙台成文信刻本　八冊

210000－0708－0001297　0273－0280

重訂古文釋義新編八卷　（清）余誠評註　清光緒二十四年（1898）煙台成文信刻本　八冊

210000－0708－0001298　0281－0286

重訂古文釋義新編八卷　（清）余誠評註　清光緒二十四年（1898）煙台成文信刻本　六冊　存六卷（一至六）

210000－0708－0001299　0287－0294

重訂古文釋義新編八卷　（清）余誠評註　清嘉慶十三年（1808）書業堂刻本　八冊

210000－0708－0001300　0295－0302

重訂古文釋義新編八卷　（清）余誠評註　清光緒二十四年（1898）埽業山房刻本　八冊

210000－0708－0001301　0348－0351

重訂古文釋義新編八卷　（清）余誠評註　清刻本　四冊　存四卷（三至五、八）

210000－0708－0001302　4140－4147

重訂王鳳洲先生綱鑑會纂四十六卷　（明）王世貞纂　清刻本　八冊　存十二卷（十二至二十三）

210000－0708－0001303　4118－4139

重訂王鳳洲先生綱鑑會纂四十六卷　（明）王世貞纂　清緯文堂刻本　二十二冊　存二十七卷（一至五、七至十一、二十九至三十六、三十八至四十六）

210000－0708－0001304　4148－4159

重訂王鳳洲先生會纂綱鑑續宋元卷二十三卷　（明）王世貞纂　清刻本　十二冊

210000－0708－0001305　0161－0174

重訂文選集評十五卷　（清）于光華編　清刻本　十四冊　存十四卷（一至七、九至十五）

210000－0708－0001306　5470－5472

重訂徐氏三種三卷　（清）王伯厚纂　（清）王晉升註　清蘇州掃葉山房刻本　三冊

210000－0708－0001307　5229－5235

重訂增補陶朱公致富全書六卷　（清）石巖逸叟輯　清石印本　一冊　存二卷（一至二）

210000－0708－0001308　2784

重鐫二十二史感應錄二卷　（清）彭希涑輯　清道光二十八年（1848）刻本　一冊

210000－0708－0001309　2680－2687

重刊人子須知資孝地理心學統宗□□卷　（明）徐善繼　（明）徐善述撰　清刻本　八冊　存六卷（一下、二至三、四上、七下、八下）

210000－0708－0001310　127－257

重刊宋本十三經注疏附校勘記八百三十二卷　（清）阮元撰　清嘉慶二十年（1815）南昌府學刻本　一百三十一冊　缺論語、孝經、儀禮二十五至五十、禮記十四至四十四

210000－0708－0001311　3993－4001

重刊宋本十三經註疏附校勘記八百三十二卷　（清）阮元撰　清光緒十三年（1887）脈望仙館石印本　九冊　存二百十六卷（毛詩註疏七至十四、詩校勘記一至二十四、周禮註疏三

十四至四十二、周記校勘記一至四十二、禮記註疏十四至六十三、礼记校勘记一至六十三、爾雅注疏一至十、附校勘記一至十）

210000－0708－0001312　7595－7602

重刻張太岳先生文集四十八卷　（明）張居正撰　清道光刻本　八冊

210000－0708－0001313　1423

重校醫方湯頭歌訣一卷　（清）汪昂編輯　清上海大成書局石印本　一冊

210000－0708－0001314　2410－2415

重校字典四書十九卷　（宋）朱熹集註　清光緒十八年(1892)成文信刻本　六冊

210000－0708－0001315　2416－2421

重校字典四書十九卷　（宋）朱熹集註　清光緒二十六年(1900)成文信刻本　六冊

210000－0708－0001316　2422－2427

重校字典四書十九卷　（宋）朱熹集註　清宣統三年(1911)成文信刻本　六冊

210000－0708－0001317　1191－1192

周禮節訓六卷　（清）黃叔琳撰　（清）姚培謙重訂　清光緒十二年(1886)蘇州埽葉山房刻本　二冊

210000－0708－0001318　1193－1194

周禮節訓六卷　（清）黃叔琳撰　（清）姚培謙重訂　清光緒十二年(1886)蘇州埽葉山房刻本　二冊

210000－0708－0001319　1197－1198

周禮節訓六卷　（清）黃叔琳撰　（清）姚培謙重訂　清同治六年(1867)范氏刻本　二冊

210000－0708－0001320　1199－1200

周禮節訓六卷　（清）黃叔琳撰　（清）姚培謙重訂　清乾隆三十二年(1767)家塾刻本　二冊

210000－0708－0001321　1171－1176

周禮精華六卷　（清）陳龍標編　清光緒六年(1880)掃葉山房刻本　六冊

210000－0708－0001322　1177－1182

周禮精華六卷　（清）陳龍標編　清光緒九年(1883)掃葉山房刻本　六冊

210000－0708－0001323　1183－1188

周禮精華六卷　（清）陳龍標編　清光緒十四年(1888)煙台文勝堂刻本　六冊

210000－0708－0001324　1577－1582

周禮精華六卷　（清）陳龍標編　清刻本　六冊

210000－0708－0001325　1189－1190

周禮六卷　（清）黃叔琳撰　（清）姚培謙重訂　清道光二十二年(1842)姑蘇桐石山房刻本　二冊

210000－0708－0001326　1195－1196

周禮六卷　（清）黃叔琳撰　（清）姚培謙重訂　清光緒八年(1882)萊陽文盛堂刻本　二冊

210000－0708－0001327　33－46

周禮註疏四十二卷　（漢）鄭玄注　（唐）陸德明音義　（唐）賈公彥疏　清乾隆四年(1739)武英殿刻本　十四冊

210000－0708－0001328　2001－2008

周書五十卷　（唐）令孤德棻等撰　清光緒二十九年(1903)五洲同文局石印二十四史本　八冊

210000－0708－0001329　3079－3082

周易本義啟蒙翼傳三卷外篇一卷　（元）胡桂撰　清刻本　一冊　存一卷(外篇一卷)

210000－0708－0001330　3079－3082

周易本義通釋十二卷輯錄雲峰文集易義一卷　（元）胡炳文撰　清刻本　二冊　存三卷(一至二、雲峰文集易義一卷)

210000－0708－0001331　2846

周易禪解十卷　（清）釋智旭撰　清刻本　一冊　存三卷(一至三)

210000－0708－0001332　327－328

周易四卷　（清）鄭玄注　（宋）王應麟輯　清光緒四年(1878)蘇州埽葉山房刻本　二冊

210000－0708－0001333　329－330

周易四卷　（漢）鄭玄注　（宋）王應麟輯　清光緒六年(1880)埽葉山房刻本　二冊

210000－0708－0001334　331－333

周易四卷　（漢）鄭玄注　（宋）王應麟輯　清光緒六年(1880)埽葉山房刻本　三冊

210000－0708－0001335　334－335

周易四卷　（漢）鄭玄注　（宋）王應麟輯　清光緒十八年(1892)煙台成文信記刻本　二冊

210000－0708－0001336　336－337

周易四卷　（漢）鄭玄注　（宋）王應麟輯　清光緒十七年(1891)埽葉山房刻本　二冊

210000－0708－0001337　338－339

周易四卷　（漢）鄭玄注　（宋）王應麟輯　清光緒十二年(1886)埽葉山房刻本　二冊

210000－0708－0001338　340－341

周易四卷　（漢）鄭玄注　（宋）王應麟輯　清光緒十二年(1886)掃葉山房刻本　二冊

210000－0708－0001339　342－343

周易四卷　（漢）鄭玄注　清樹滋堂刻本　二冊

210000－0708－0001340　344－345

周易四卷　（漢）鄭玄注　清會文堂刻本　二冊

210000－0708－0001341　346－347

周易四卷　（漢）鄭玄注　清上洋大魁堂刻本　二冊

210000－0708－0001342　348－349

周易四卷　（漢）鄭玄注　清道光二十七年(1847)上洋恒德堂刻本　二冊

210000－0708－0001343　350－353

周易四卷　（漢）鄭玄注　清光緒三年(1877)成文堂刻本　四冊

210000－0708－0001344　4076

周易四卷首一卷　（漢）鄭玄注　清光緒十八年(1892)煙台成文信記刻本　一冊　存二卷（一、首一卷）

210000－0708－0001345　4079－4080

周易約註依講合鈔□□卷　（清）杜鶴田撰　清刻本　二冊　存三卷（十三至十四、十七）

210000－0708－0001346　1525

朱子家禮八卷　（明）丘濬輯　清寧寶堂刻本　一冊　存一卷（八）

210000－0708－0001347　2526－2531

朱子家禮八卷首一卷　（明）丘濬輯　清刻本　六冊　存八卷（一至四、六至八，首一卷）

210000－0708－0001348　5593－5596

朱子年譜四卷考異四卷附錄二卷　（清）王懋竑纂　清乾隆十六年(1751)白田草堂刻本　四冊

210000－0708－0001349　7834－7841

朱子語類一百四十卷　（宋）朱熹撰　（宋）黎靖德輯　清刻本　八冊　存二十九卷（八十八至一百十六）

210000－0708－0001350　9030－9075

硃批諭旨不分卷　（清）鄂爾泰等編　清鉛字朱墨套印本　四十六冊

210000－0708－0001351　9082－9084

硃批諭旨三百六十卷　（清）鄂爾泰等編　清刻朱墨套印本　三冊　存十卷（按人名分卷：莽鵠立、西琳、法敏、石文焯、常德壽、張保、伊拉齊、戴音保、郭朝祚、積善）

210000－0708－0001352　1618－1619

諸葛忠武侯文集六卷首一卷　（三國蜀）諸葛亮撰　清茶陵譚福壽堂刻本　二冊　存三卷（一至二、首一卷）

210000－0708－0001353　4219－4220

竹書紀年統箋十二卷前編一卷雜述一卷　（清）徐文靖撰　清光緒二十三年(1897)圖書集成局石印本　二冊

210000－0708－0001354　742－745

竹嘯軒詩鈔十八卷　（清）沈德潛撰　清乾隆十六年(1751)刻本　四冊

210000－0708－0001355　5296－5299

鑄史駢言十二卷 （清）孫玉田編 清光緒二年(1876)刻本 四冊

210000－0708－0001356 2092－2095
篆文論語二卷 （清）吳大澂書 清光緒十二年(1886)石印本 四冊

210000－0708－0001357 681－684
莊子集解八卷 王先謙輯 清上海掃山葉房石印本 四冊

210000－0708－0001358 664－669
莊子解三十三卷 （清）王夫之撰 （清）王敔增注 清刻本 六冊

210000－0708－0001359 701－706
莊子雪三卷 （清）陸樹芝輯註 清文選樓刻本 六冊

210000－0708－0001360 4082－4087
壯悔堂全集十卷 （清）侯方域撰 清宣統二年(1910)上海埽葉山房石印本 四冊

210000－0708－0001361 3822－3823
酌雅齋四書遵註合講十九卷圖說一卷 （清）翁復編 清酌雅齋銅活字本 二冊 存四卷（孟子四至七）

210000－0708－0001362 2392－2397
酌雅齋四書遵註合講十九卷圖說一卷 （清）翁復編 清酌雅齋銅活字印本 六冊

210000－0708－0001363 2996－3028
資治通鑑二百九十四卷通鑑目錄十四卷 （宋）司馬光撰 續資治通鑑二百二十卷 （清）畢沅撰 清光緒二十六年(1900)上海圖書集成局鉛印本 三十三冊

210000－0708－0001364 2816－2915
資治通鑑二百九十四卷通鑑釋文辯誤十二卷 （宋）司馬光編 （元）胡三省音註 清江蘇書局刻本 一百冊

210000－0708－0001365 3493－3506
資治通鑑綱目前編二十五卷首二卷 （明）陳仁錫評 清光緒二十九年(1903)善成堂刻本 十四冊

210000－0708－0001366 3341－3460
資治通鑑綱目前編二十五卷正編五十九卷續通鑑綱目二十七卷五代史補編二卷 （明）陳仁錫評 清嘉慶九年(1804)姑蘇聚文堂刻本 一百二十冊

210000－0708－0001367 3461－3492
資治通鑑綱目五十九卷 （明）陳仁錫評 清嘉慶九年(1804)姑蘇聚文堂刻本 三十二冊 存二十五卷（五至十二、十四、四十四至五十九）

210000－0708－0001368 9011－9014
資治新書十四卷 （清）李漁輯 清芥子園刻本 四冊 存七卷（七至八、十至十四）

210000－0708－0001369 9238－9249
資治新書十四卷首一卷二集二十卷 （清）李漁輯 清光緒二十年(1894)上海圖書集成印書局鉛印本 十二冊

210000－0708－0001370 9250－9263
資治新書二集二十卷 （清）李漁輯 清大文堂刻本 十四冊 存十八卷（一至十三、十六至二十）

210000－0708－0001371 10817－10828
資治新書十四卷首一卷二集二十卷 （清）李漁輯 清光緒二十年(1894)上海圖書集成印書局鉛印本 十二冊

210000－0708－0001372 0232－0239
子史精華一百六十卷 （清）允祿等撰 清光緒二十三年(1897)上海順成書局石印本 八冊

210000－0708－0001373 3063－3109
子史精華一百六十卷 （清）允祿等撰 清刻本 四十七冊

210000－0708－0001374 3110－3132
子史精華一百六十卷 （清）允祿等撰 清刻本 二十三冊 存一百六卷（一至五十四、五十九至八十六、一百十一至一百三十四）

210000－0708－0001375 246－265

子書二十三種　（清）文瑞樓輯　清光緒二十三年(1897)文瑞樓鉛印本　二十冊　存一百六十二卷（賈子新書十卷、莊子十卷、韓非子二十卷、楊子法言十三卷、鶡冠子三卷、墨子十六卷、文子纘義十二卷、淮南子二十一卷、補注黃帝內經素問二十四卷、素問遺篇一卷、黃帝內經靈樞十二卷、荀子二十卷）

210000－0708－0001376　3969－3973

字彙十二卷　（明）梅膺祚音釋　清刻本　五冊　存五卷（丑、卯、辰、未、申）

210000－0708－0001377　3503－3516

字彙十二卷首一卷末一卷　（明）梅膺祚音釋　清金閶書業堂刻本　十四冊

210000－0708－0001378　3517－3530

字彙十二卷首一卷末一卷　（明）梅膺祚音釋　清金閶書業堂刻本　十四冊

210000－0708－0001379　3531－3534

字彙四卷　（明）梅膺祚撰　清順和堂刻本　四冊

210000－0708－0001380　3535－3538

字彙四卷　（明）梅膺祚撰　清集益堂刻本　四冊

210000－0708－0001381　3588

字學舉隅一卷　（清）龍啟瑞輯　清刻本　一冊

210000－0708－0001382　9008

奏定結社集會律一卷　（清）奕劻等撰　清光緒三十四年(1908)憲政編查館鉛印本　一冊

210000－0708－0001383　5619

奏設吏部學治館法政新班同學錄一卷　（清）鄭寶麟編　清光緒三十四年(1908)石印本　一冊

210000－0708－0001384　5620

奏設吏部學治館法政新班同學錄一卷　（清）鄭寶麟編　清光緒三十四年(1908)石印本　一冊

210000－0708－0001385　8912－8923

最新日本教育法規二十八卷　（日本）文部省編　（清）奉天學務公所譯　清宣統二年(1910)奉天圖書印刷所鉛印本　十二冊

210000－0708－0001386　8924－8930、8940－8943

最新日本教育法規二十八卷　（日本）文部省編　（清）奉天學務公所譯　清宣統二年(1910)奉天圖書印刷所鉛印本　十一冊　存二十五卷（四至二十八）

210000－0708－0001387　5729

尊道堂詩鈔八卷別集六卷　（清）王材任撰　（清）陳師晉輯　清刻本　一冊　存三卷（別集四至六）

210000－0708－0001388　9001

遵奉部飭查報廣東省籌辦倉穀情形詳案並擬定通行整頓稽察章程一卷　（清）廣州府撰　清宣統二年(1910)雙門底開敏公司鉛印本　一冊

210000－0708－0001389　4940－4945

遵生八牋十九卷　（明）高濂撰　清刻本　六冊　存八卷（二至三、五至十）

210000－0708－0001390　5054－5069

遵生八牋十九卷　（明）高濂撰　清刻本　十六冊　存十六卷（一至三、六至十六、十八至十九）

210000－0708－0001391　9007

遵義地方審判廳辦法一卷　（清）奕劻等撰　清宣統二年(1910)憲政編查館刻本　一冊

210000－0708－0001392　4609－4620

左傳紀事本末五十三卷　（清）高士奇撰　清同治十二年(1873)江西書局刻本　十二冊

210000－0708－0001393　1609－1612

左傳舊疏考正八卷　（清）劉文淇撰　清光緒三年(1877)湖北崇文書局刻本　四冊

210000－0708－0001394　1894－1901

左傳選十四卷　（清）儲欣評　清乾隆四十五年(1780)受祉堂刻本　八冊

210000－0708－0001395　4174

左傳易讀六卷 （清）司徒修輯 清光緒十八年（1892）成文信刻本 一冊 存一卷（一）

210000－0708－0001396 9180－9191
左恪靖侯奏稿初編三十八卷 （清）左宗棠撰 清刻本 十二冊 存二十一卷（十八至三十八）

210000－0708－0001397 9691－9698
左恪靖侯奏稿初編三十八卷 （清）左宗棠撰 清刻本 八冊 存十七卷（一至十七）

210000－0708－0001398 9300－9303
左文襄公奏稿續編七十六卷三編六卷 （清）左宗棠撰 清光緒二十八年（1902）上海古香閣石印本 四冊 存四十三卷（續編二十至二十七、三十八至五十、六十一至七十六，三編六卷）

210000－0708－0001399 1748－1763
左繡三十卷 （清）馮李驊 （清）陸浩評輯 清光緒六年（1880）埽葉山房刻本 十六冊

210000－0708－0001400 1780－1795
左繡三十卷 （清）馮李驊 （清）陸浩評輯 清道光二年（1822）敬書堂刻本 十六冊

210000－0708－0001401 1867－1869
左繡三十卷 （清）馮李驊 （清）陸浩評輯 清刻本 三冊 存十一卷（十六至二十二、二十七至三十）

210000－0708－0001402 4147－4153
左繡三十卷 （清）馮李驊 （清）陸浩評輯 清華川書屋刻本 七冊 存十四卷（二至十五）

210000－0708－0001403 4154－4155
左繡三十卷 （清）馮李驊 （清）陸浩評輯 清華川書屋刻本 二冊 存六卷（二十三至二十八）

210000－0708－0001404 4164－4170
左繡三十卷 （清）馮李驊 （清）陸浩評輯 清刻本 七冊 存十四卷（四至十一、十九至二十四）

210000－0708－0001405 4171
左繡三十卷 （清）馮李驊 （清）陸浩評輯 清刻本 一冊 存二卷（十至十一）

210000－0708－0001406 1827－1842
左繡三十卷首一卷 （清）馮李驊 （清）陸浩評輯 清光緒九年（1883）寶書堂刻本 十六冊

210000－0708－0001407 1732－1747
左繡三十卷首一卷 （清）馮李驊 （清）陸浩評輯 清光緒二十二年（1896）成文堂刻本 十六冊

210000－0708－0001408 1764－1779
左繡三十卷首一卷 （清）馮李驊 （清）陸浩評輯 清光緒二十五年（1899）濰陽成文信記刻本 十六冊

210000－0708－0001409 1796－1811
左繡三十卷首一卷 （清）馮李驊 （清）陸浩評輯 清光緒二十五年（1899）濰陽成文信記刻本 十六冊

210000－0708－0001410 1812－1826
左繡三十卷首一卷 （清）馮李驊 （清）陸浩評輯 清光緒二十五年（1899）濰陽成文信記刻本 十五冊 存三十卷（一至十八、二十至三十，首一卷）

210000－0708－0001411 1843－1858
左繡三十卷首一卷 （清）馮李驊 （清）陸浩評輯 清光緒六年（1880）埽葉山房刻本 十六冊

210000－0708－0001412 1859－1866
左繡三十卷首一卷 （清）馮李驊 （清）陸浩評輯 清光緒二十五年（1899）濰陽成文信記刻本 八冊 存十五卷（一至十四、首一卷）

210000－0708－0001413 4104－4119
左繡三十卷首一卷 （清）馮李驊 （清）陸浩評輯 清光緒六年（1880）埽葉山房刻本 十六冊

210000－0708－0001414 4136－4143

左繡三十卷首一卷　（清）馮李驊　（清）陸浩
評輯　清綠陰堂刻本　八冊　存十六卷（一
至十五、首一卷）

210000－0708－0001415　4146

左繡三十卷首一卷　（清）馮李驊　（清）陸浩
評輯　清華川書屋刻本　一冊　存二卷（一、
首一卷）

210000－0708－0001416　4156－4163

左繡三十卷首一卷　（清）馮李驊　（清）陸浩
評輯　清華川書屋刻本　八冊　存十六卷
（一、六至十一、十四至十五、十九至二十、二
十三至二十六,首一卷）

210000－0708－0001417　0876－0899

欽定四書文選五種三十卷　（清）方苞等纂
清寶仁堂刻本　二十四冊

錦州市圖書館
古籍普查登記目錄

全國古籍普查登記目錄

國家圖書館出版社
National Library of China Publishing House

《錦州市圖書館古籍普查登記目録》
編委會

主　　編：王玲玲

編　　委：楊效軍　辛　欣　張殿興　靳　莉

《錦州市圖書館古籍普查登記目録》

前　言

　　錦州市圖書館成立於 1950 年 4 月,是遼寧省古籍重點保護單位,是遼寧省第一批小微古籍修復室獲準單位。現有傳統綫裝書 5 萬餘册,其中善本 54 部 692 册,居遼西之首。館藏古籍版本類型有刻本、抄本、套印本、巾箱本、石印本等種類。現有 48 部古籍入選《遼寧省珍貴古籍名録》,兩部古籍入選《國家珍貴古籍名録》。

　　錦州市圖書館從建館伊始就非常重視傳統綫裝書的收集、整理和保護工作。在 20 世紀七八十年代,我們對館藏傳統綫裝書進行了大規模整理,將 5 萬多册綫裝書逐一進行分類標識,加工入賬,并且編製了目録片供讀者使用。在整理過程中,我們請省古籍專家做指導,界定了館藏善本書目,我們還參加了《東北地區古籍綫裝書聯合目録》的編撰工作,館藏一部分古籍目録納入其中。2008 年起,依據文化部《關於進一步加强古籍保護工作的通知》精神,按照省文化廳和省古籍保護中心的要求,在全國古籍普查工作的推動下,在遼寧省圖書館的指導下,我館積極參加全國古籍普查工作。在前期的準備工作中,我們先後配備 4 名普查人員,多次參加由國家和遼寧省舉辦的各種古籍普查培訓班,還配備了電腦、照相機等專業設備,對館藏 1912 年以前的古籍進行核對;在製作數據過程中,我們與省古籍保護中心緊密聯繫,虛心求教,短時間内大量補充相關的古籍知識,克服重重困難,按普查平臺的要求製作、校核數據,最終完成并上傳古籍數據 990 條,内容涵蓋了經、史、子、集、叢五部,時間跨越元、明、清三朝。其中:

　　元刻本《資治通鑑》二百九十四卷是館藏最早的一部古籍,書中字體雋逸秀麗。元刻本因存世數量少,其片楮零卷都十分珍罕,館藏雖祇有一卷一册,却彌足珍貴。2010 年 6 月入選第一批《遼寧省珍貴古籍名録》,2013 年 3 月 8 日入選第四批《國家珍貴古籍名録》。

　　館藏明刻本《元包經傳》五卷《元包數總義》二卷精刻精印,字大行疏,遒勁有力,頗有宋風,具有較高的文獻和版本價值。2010 年 6 月入選第一批《遼寧省珍貴古籍名録》,2010 年 6 月 12 日入選第三批《國家珍貴古籍名録》。

　　館藏清抄本《中興小紀》四十卷爲廣雅書局付刊底本,2010 年 6 月入選第一批《遼寧省珍貴古籍名録》。

　　館藏清康熙内府刻本《古文淵鑒》六十四卷爲朱、黄、橙、深緑、淺緑五色套印本,2010 年 6 月入選第一批《遼寧省珍貴古籍名録》。

館藏清康熙五十四年（1715）吳郡大來堂刻本《綱鑑彙編》四十卷《明紀》九卷，全書初刻初印，流傳極少。2014 年 8 月入選第三批《遼寧省珍貴古籍名録》。

　　《錦州市圖書館古籍普查登記目録》全面反映了我館館藏古籍基本情況。對登記的古籍進行詳細清點和編目整理，建立規範、系統的古籍信息目録，對今後有重點地開展我館的古籍保護工作，加强古籍的管理工作有着積極的意義。讀者也可以通過目録瞭解館藏，并有針對性地利用我館的古籍文獻資源。

錦州市圖書館
2020 年 5 月

210000－0704－0000001　030.1/5000/40453
事類賦三十卷　（宋）吳淑撰註　清乾隆二十
九年(1764)劍光閣刻本　六冊

210000－0704－0000002　030.1/6021/41579
四書典制類聯音註三十三卷　（清）閻其淵撰
清同治九年(1870)刻本　八冊

210000－0704－0000003　031.1/2721/40491
佩文韻府一百六卷　（清）蔡升元等纂　拾遺
一百六卷　（清）汪灝　（清）何焯等輯　清刻
本　一百六十冊

210000－0704－0000004　031/1740/18975
子史精華一百六十卷　（清）允祿　（清）吳襄
等纂　清光緒十三年(1887)上海積山書局石
印本　十冊

210000－0704－0000005　031/5000/22526
增補事類統編九十三卷首一卷　（清）黃葆真
輯　清光緒二年(1876)葊玉書屋刻本　八冊
存二十四卷(一至二十三、首一卷)

210000－0704－0000006　031/6021/46371
四書典制類聯音注三十三卷　（清）閻其淵編
輯　清嘉慶元年(1796)蕭山縣署刻本　二冊
存十七卷(一至十七)

210000－0704－0000007　031/9000/5088
小嫏嬛山館彙刊類書十二種　（清）阮元輯
清同治六年(1867)刻本　六冊　存四種十二
卷(均藻五卷、謝華啓秀四卷、經腴類纂二卷、
左氏蒙求一卷)

210000－0704－0000008　041.1/3413/11871
漢學商兌三卷　（清）方東樹撰　清光緒十年
(1884)甯鄉成氏刻本　四冊

210000－0704－0000009　041.1/3413/11875
漢學商兌三卷　（清）方東樹撰　清光緒十五
年(1889)孫溪朱氏刻本　三冊

210000－0704－0000010　041.19/6015/12508
國朝漢學師承記八卷經師經義目錄一卷國朝
宋學淵源記二卷附記一卷　（清）江藩撰　清
光緒十三年(1887)北京書華閣刻本　四冊

210000－0704－0000011　041.19/7740/18351
學統五十六卷　（清）熊錫履撰　清康熙二十
四年(1685)下學堂刻本　十四冊

210000－0704－0000012　041.41/2610/40973
皇朝經世文新編二十一卷　（清）麥仲華輯
清光緒二十四年(1898)上海譯書局石印本
二十四冊

210000－0704－0000013　081.1/0080/15412
篆文六經六種五十五卷　（清）李光地編　清
刻本　十二冊

210000－0704－0000014　081.1/1010/11726
欽定三禮義疏　（清）允祿纂　清光緒十四年
(1888)江南書局刻本　八十四冊

210000－0704－0000015　081.1/1010/11810
欽定三禮義疏　（清）允祿纂　清光緒十四年
(1888)江南書局刻本　四十一冊　存三種一
百五卷(欽定周官義疏一至十九、二十二至二
十九、三十二至三十三、三十六至三十七、四
十至四十一、四十五至四十八,首一卷;欽定
儀禮義疏一至二十七、三十至三十三、三十七
至四十七,首二卷;欽定禮記義疏一至八、十
七至十九、四十五至四十八、六十三至六十
九,首一卷)

210000－0704－0000016　081.1/1010/18882
欽定三禮義疏　（清）允祿纂　清光緒十四年
(1888)江南書局刻本　八冊　存三種十七卷
(欽定儀禮義疏十三至十八、二十一至二十
二、四十三至四十四,欽定周官義疏三十二至
三十三、四十八,欽定禮記義疏三十至三十
三)

210000 － 0704 － 0000017　081.1/1010/11828、
11835、18884－85
欽定儀禮義疏四十八卷首一卷　（清）允祿纂
清光緒十四年(1888)江南書局刻本　四冊
存八卷(一至二、五至六、十三至十六)

210000－0704－0000018　081.1/1010/21553
五經　（宋）朱熹本義　清同治四年至光緒九
年(1865－1883)刻本　三十冊　存五種七十

一卷(易經十二卷、首一卷、末一卷,書經六卷、首一卷、末一卷,詩經八卷,禮記十卷,春秋左傳杜注三十卷、首一卷)

210000－0704－0000019　081.1/2610/21536
皇朝五經彙解二百七十卷　(清)抉經心室主人纂　清光緒十四年(1888)鴻文書局石印本　十七冊　存一百四十一卷(七十一至一百四十四、一百七十六至一百八十三、二百十二至二百七十)

210000－0704－0000020　081.1/4000/17890
宋本十三經注疏附校勘記　(清)阮元撰　(清)盧宣旬摘錄　清光緒十三年(1887)上海脈望僊館石印本　四十冊

210000－0704－0000021　081.1/4000/40293
重刊宋本十三經註疏附考證　(清)阮元撰　(清)盧宣旬錄　清同治十年(1871)廣東書局刻本　一百二十冊

210000－0704－0000022　081.2/0080/17863
六經圖二十四卷　(清)鄭之橋撰　清乾隆九年(1744)刻　十冊

210000－0704－0000023　081.2/1010/13564
五經同異三卷　(清)顧炎武撰　清光緒十一年(1885)上海掃葉山房刻本　二冊

210000－0704－0000024　081.2/2131/46041
經學不厭精五卷　(德國)花之安撰　清光緒二十二年(1896)上海美華書館鉛印本　六冊

210000－0704－0000025　081.2/2600/7447
白虎通德論四卷　(漢)班固纂　清光緒元年(1875)湖北崇文書局刻子書百家本　二冊

210000－0704－0000026　081.2/2610/38732
皇清經解續編一千四百三十卷　王先謙輯　清光緒十五年(1889)上海蜚英館石印本　三十二冊

210000－0704－0000027　081.2/2610/39216
皇清經解一百九十卷　(清)阮元輯　清光緒十七年(1891)鴻寶齋石印本　二十四冊

210000－0704－0000028　081.2/2610/5609

皇清經解一千四百八卷　(清)阮元輯　清道光九年(1829)廣東學堂刻咸豐十一年(1861)補刻本　九十六冊　存三百七十八卷(一至二十二、一百十一至一百四十五、二百六十四至二百九十、四百五至四百十八、五百四十八至五百六十四、六百四十六、六百七十四至七百五十七、一千六十八至一千九十五、一千一百二十一至一千一百九十七、一千二百八至一千二百五十二、一千二百九十四至一千二百九十八、一千三百六至一千三百二十七)

210000－0704－0000029　081.2/4000/46047
十三經策案二十二卷首一卷　(清)王謨輯　(清)喻祥麟編　清嘉慶十三年(1808)書葉堂刻本　十二冊

210000－0704－0000030　081.2/4001/19842
欽定七經綱領不分卷　(清)潘任輯　清宣統元年(1909)學部圖書局鉛印本　一冊

210000－0704－0000031　081.3/0466
諸子彙函二十六卷首一卷　(明)歸有光輯　明刻本　二十七冊

210000－0704－0000032　081.3/1060/39499
子書百家　(清)崇文書局輯　清光緒元年(1875)湖北崇文書局刻本　六十冊

210000－0704－0000033　081.3/1740/22339
子書二十八種　(清)育文書局輯　清光緒二十三年(1897)石印本　八冊　存五種(補注黃帝內經素問,竹書紀年統箋,尸子二卷、存疑一卷,商君書五卷、附考一卷,山海經十八卷)

210000－0704－0000034　081.4/1010/38884
玉函山房輯佚書　(清)馬國翰輯　清光緒刻本　一百冊　存三十四種七百四十七卷

210000－0704－0000035　081.4/1040/5493
平津館叢書三十八種　(清)孫星衍輯　清光緒十一年(1885)吳縣朱氏槐盧家塾刻本　四十八冊

210000－0704－0000036　081.4/1060/20754
西學富疆叢書　(清)富強齋主人輯　清光緒

石印本 二十三冊 存八種(兵學部、史學部、工程部、法學部、化學部、礦學部、鎗砲部、藝學部)

210000－0704－0000037 081.4/2155/5537
重校拜經樓叢書十種 (清)吳騫輯 清光緒二十年(1894)吳縣朱氏校經堂刻本 十冊

210000－0704－0000038 081.4/2191/11886
經史百家雜鈔二十六卷首一卷 (清)曾國藩輯 清光緒三十二年(1906)上海商務印書館鉛印本 十二冊

210000－0704－0000039 081.4/2191/18377
經餘必讀八卷 (清)雷琳輯 清嘉慶八年(1803)刻本 四冊

210000－0704－0000040 081.4/2191/19910
經餘必讀八卷續編八卷三編四卷 (清)雷琳輯 清光緒二年(1876)退補齋刻本 九冊存十八卷(經餘必讀八卷、續編三至八、三編四卷)

210000－0704－0000041 081.4/2598/18998
積學齋叢書二十種 徐乃昌輯 清光緒南陵徐氏刻本 十六冊

210000－0704－0000042 081.4/3413/15814
增訂漢魏叢書 (清)王謨輯 清刻本 六十四冊 存六十七種

210000－0704－0000043 081.4/3413/17973
增訂漢魏叢書九十六種 (清)王謨輯 清宣統三年(1911)上海大通局石印本 三十二冊

210000－0704－0000044 081.4/3413/20736
漢魏叢書 (明)程榮輯 清光緒元年至三年(1875－1877)湖北崇書局刻本 十冊 存八種五十一卷(孔叢二卷、附詰墨一卷,周書十卷,新語二卷,新語二卷,忠經一卷,春秋繁露十七卷,尚書大傳四卷、考異一卷、補遺一卷,韓詩外傳十卷)

210000－0704－0000045 081.4/4001/1544
九通 (清)□□輯 清咸豐至光緒刻本 九百二十冊

210000－0704－0000046 081.4/4010/5579
士禮居黃氏叢書 (清)黃丕烈輯 清嘉慶至道光吳縣黃氏刻本 三十冊 存二十種

210000－0704－0000047 081.4/6702/46061
明季實錄一卷 (清)顧炎武撰 清光緒十四年(1888)朱氏槐廬刻槐廬叢書本 一冊

210000－0704－0000048 081.4/7138/6356
頤志齋叢書 (清)丁晏撰 清刻本 一冊存二種三卷(鄭氏詩譜攷正一卷、毛詩草木鳥獸蟲魚疏正二卷)

210000－0704－0000049 081.4/7178/6346
頤志齋叢書 (清)丁晏撰 清咸豐至同治山陽丁氏六藝堂刻本 十四冊 存十九種

210000－0704－0000050 081.4/7740/40479
學津討原一百七十三種 (清)張海鵬輯 清嘉慶十年(1805)虞山張氏照曠閣刻本 四冊存四種

210000－0704－0000051 081.4/8732/14858
鄮齋叢書二十一種 徐乃昌輯 清光緒南陵徐氏刻本 十六冊

210000－0704－0000052 081.4/8732/20523
懷豳雜俎十二種 徐乃昌輯 清光緒三十三年至宣統三年(1907－1911)南陵徐氏刻本五冊 存七種

210000－0704－0000053 081.6/0020/20854
崑山顧氏全集二十七種 (清)顧炎武撰(清)席威 (清)朱記榮輯 清光緒十一年至三十二年(1885－1906)上海埽葉山房刻本十二冊 存十六種

210000－0704－0000054 081.6/0021/41044
鹿洲全集八種 (清)藍鼎元撰 清雍正十年(1732)刻本 二十四冊

210000－0704－0000055 081.6/0040/13888
章氏遺書 (清)章學誠撰 清道光十二年(1832)刻本 五冊 存二種

210000－0704－0000056 081.6/1010/39731
船山遺書 (清)王夫之撰 清同治四年

（1865）曾國荃金陵刻本　一百五十九冊　存五十六種附一種

210000－0704－0000057　081.6/2423/21205
春在堂全書三十四種　（清）俞樾撰　清同治、光緒刻本　五十九冊　存十三種

210000－0704－0000058　081.6/2423/21261
德清俞陰甫所著書四種　（清）俞樾撰　清同治十年（1871）刻本　六十三冊

210000－0704－0000059　091.2/3780/21791
資治通鑑二百九十四卷　（宋）司馬光撰（元）胡三省音註　元刻本　一冊　存一卷（六十六）

210000－0704－0000060　091.3/0026/6914
唐詩解五十卷　（明）唐汝洵選釋　清萬笈堂刻本　六冊　存二十七卷（二十四至五十）

210000－0704－0000061　091.3/1010/6842
二如亭群芳譜三十卷　（明）王象晉纂輯　清康熙沙村艸堂刻本　十八冊

210000－0704－0000062　091.3/1021/36001
元包經傳五卷　（後周）衛元嵩撰　（唐）蘇源明傳　（唐）李江注　元包數總義二卷　（宋）張行成撰　明刻本　四冊

210000－0704－0000063　091.3/3521/6932
禮記集註十卷　（元）陳澔撰　明刻本　八冊

210000－0704－0000064　091.3/6060/6920
昌黎先生集四十卷外集十卷遺文一卷　（唐）韓愈撰　朱子校昌黎先生集傳一卷　明東吳徐氏東雅堂刻本　十二冊

210000－0704－0000065　091.3/7622/6814
陽宅真訣三卷　（明）周繼撰　八宅四書四卷　題（明）一壑居士撰　明萬曆三十年（1602）刻本　六冊

210000－0704－0000066　091.3/9020/6906
少室山房筆叢正集三十二卷續集十六卷　（明）胡應麟撰　明萬曆四十六年（1618）江湛然刻本　八冊

210000－0704－0000067　091.4/0761/13055

記事珠十卷　（清）張以謙撰　清嘉慶二十一年（1816）抄本　十冊

210000－0704－0000068　091.4/0861/9150
說文解字篆韻譜五卷　（南唐）徐鍇撰　清乾隆五十年（1785）影印本　五冊

210000－0704－0000069　091.4/4003/20082
大清興源詩全韻二卷　（清）□□撰　清抄本　一冊

210000－0704－0000070　091.4/4003/6882
太乙統宗寶鑑二十四卷　題（元）曉山老人撰　清抄本　二十四冊

210000－0704－0000071　091.4/4440/15535
孝經衍義四十七卷　（清）張能鱗輯　清抄本　二十冊

210000－0704－0000072　091.4/5000/6860
中興小紀四十卷　（宋）熊克撰　清抄本　十冊

210000－0704－0000073　091.4/5590/6878
耕餘剩技四種六卷　（明）程宗猷撰　清抄本　四冊

210000－0704－0000074　122.4/4462/20003
荀子箋釋二十卷校勘補遺一卷　（周）荀況撰（唐）楊倞注　清嘉慶九年（1804）寶慶經綸堂刻本　六冊

210000－0704－0000075　122.4/4462/39569
荀子集解二十卷首一卷　王先謙撰　清光緒十七年（1891）思賢講舍刻本　六冊

210000－0704－0000076　122/6021/7416
四書集注三十六卷　（宋）朱熹撰　明刻本　六冊

210000－0704－0000077　123.4/4411/41588
莊子十卷　（晉）郭象注　（唐）陸德明音義　清光緒二年（1876）浙江書局刻本　四冊

210000－0704－0000078　123.4/4421/11970
莊子集釋十卷　（清）郭慶藩輯　清光緒二十年（1894）思賢講舍刻本　八冊

210000－0704－0000079　124.1/6010/41628
墨子十五卷　（清）畢沅注　清光緒二年
（1876）江西書局刻本　四冊

210000－0704－0000080　126/0040/14183
中說十卷　（隋）王通撰　（清）阮逸註　清嘉
慶九年（1804）寶慶經綸堂刻本　一冊

210000－0704－0000081　127.3/2296/8774
緇衣集傳四卷　（明）黃道周輯　清刻本
六冊

210000－0704－0000082　127.3/6500/7327
呻吟語六卷　（明）呂坤撰　清同治七年
（1868）思補山房刻本　六冊

210000－0704－0000083　127.3/6702/10521
明賢蒙正錄二卷　（清）彭定求輯　清刻本
二冊

210000－0704－0000084　128.1/3214/12619
浮邱子十二卷　（清）湯鵬撰　清同治四年
（1865）湘陰李黼堂刻本　四冊

210000－0704－0000085　140.2/2692/17843
穆勒名學不分卷　（英國）穆勒撰　嚴復譯
清光緒三十一年（1905）金粟齋刻本　八冊

210000－0704－0000086　140.2/2692/17851
穆勒名學不分卷　（英國）穆勒撰　嚴復譯
清光緒三十一年（1905）金粟齋刻本　六冊

210000－0704－0000087　180.11/0468/19187
讀史韻語孝節鑑不分卷　（清）季維世撰　清
光緒二十九年（1903）友善文房石印本　一冊

210000－0704－0000088　180.11/0468/19188
讀史韻語孝節鑑不分卷　（清）季維世撰　清
光緒二十九年（1903）友善文房石印本　一冊

210000－0704－0000089　180.11/1060/19168
百孝圖說四卷　（清）俞葆真輯　清同治十年
（1871）刻本　二冊

210000－0704－0000090　180.11/9000/20080
小學集註六卷　（明）陳選撰　清光緒三十三
年（1907）學部圖書局石印本　二冊

210000－0704－0000091　180.11/9000/7323
小學六卷　（宋）朱熹撰　（明）陳選句讀　清
同治五年（1866）晉祁書業堂刻本　四冊

210000－0704－0000092　188.4/0026/11219
唐問苑先生暨張太夫人遺訓一卷　（清）唐錫
晉撰　清宣統三年（1911）石印本　一冊

210000－0704－0000093　199.4/2300/46144
葡筮正宗十四卷　（清）王維德輯　清光緒二
十三年（1897）掃葉山房刻本　五冊　存十二
卷（一至十二）

210000－0704－0000094　199.4/2300/46503
葡筮正宗十四卷　（清）王維德撰　清光緒三
十一年（1905）上海江東書局石印本　一冊

210000－0704－0000095　199.4/3210/7154
新刊合併官板音義評註淵海子平五卷　（宋）
徐昇編　清刻本　四冊

210000－0704－0000096　199.4/3730/45358
新鐫神峯張先生通考關謬命理正宗大全四卷
（明）張楠撰　清宣統二年（1910）鑄記書局
石印本　四冊

210000－0704－0000097　199.4/4816/7895
增刪葡易六卷　（清）丁耀亢撰　清善成堂刻
本　六冊

210000－0704－0000098　199.9/3210/19586
測字秘牒一卷　（清）程省撰　清道光四年
（1824）百二漢鏡齋刻本　一冊

210000－0704－0000099　199.9/6020/45337
羅經解定七卷　（清）胡國楨撰　清刻本
三冊

210000－0704－0000100　199.9/7622/45385
陽宅都天發用全書不分卷　清同治元年
（1862）刻本　一冊

210000－0704－0000101　199/4442/22335
增補諸家選擇萬全玉匣記不分卷　（清）劉誠
印增補　清光緒八年（1882）文盛堂刻本
一冊

210000－0704－0000102　214.13/4003

大明三藏法數五十卷　（明）釋一如撰　明萬曆二十一年(1593)徑山興聖萬壽禪寺刻本十冊

210000－0704－0000103　24/1040/49566
平平言四卷　（清）方大湜撰　清光緒十三年(1887)常德刻本　三冊

210000－0704－0000104　24/4080/49400
大佛頂如來密因修證了義諸菩薩萬行首楞嚴經正見十卷　（唐）釋濟時撰　清光緒二十四年(1898)刻本　五冊

210000－0704－0000105　24/4692/49199
大佛頂如來密因修證了義諸菩薩萬行首楞嚴經十卷　（唐）釋般刺密帝譯　清同治八年(1869)金陵刻經處刻本　二冊

210000－0704－0000106　24/4692/49252
大佛頂如來密因修證了義諸菩薩萬行首楞嚴經十卷　（唐）釋般刺密帝譯　清光緒元年(1875)刻本　三冊

210000－0704－0000107　24/4942/49145
妙法蓮華經七卷　（後秦）釋鳩摩羅什譯　清光緒二十九年(1903)刻本　三冊

210000－0704－0000108　24//2160/50070
占察善惡業報經玄義一卷　（明）釋智旭撰　占察善惡業報經疏二卷　（隋）釋菩提登譯（明）釋智旭撰　占察善惡業報經行法一卷（明）釋智旭集　清同治七年(1868)清芬堂刻本　二冊

210000－0704－0000109　24/0022/49309
高僧傳十三卷　（南朝梁）釋慧皎撰　清道光二十七年(1847)刻本　八冊

210000－0704－0000110　24/0022/49817
高僧傳初集十五卷首一卷　（南朝梁）釋慧皎撰　清光緒十年(1884)金陵刻經處刻本五冊

210000－0704－0000111　24/0022/49822
高僧傳二集四十卷　（唐）釋道宣撰　清光緒十六年(1890)江北刻經處刻本　十冊

210000－0704－0000112　24/0022/49832
高僧傳三集三十卷　（宋）釋贊寧撰　清光緒十三年(1887)江北刻經處刻本　八冊

210000－0704－0000113　24/0022/49840
高僧傳四集六卷　（明）釋如惺撰　清光緒十八年(1892)江北刻經處刻本　二冊

210000－0704－0000114　24/0025/49742
摩訶止觀輔行傳弘決四十卷　（唐）釋湛然撰　清末刻本　二十冊

210000－0704－0000115　24/0080/48472
梵網經菩薩戒不分卷　（後秦）釋鳩摩羅什譯　清光緒二十五年(1899)刻本　一冊

210000－0704－0000116　24/0080/48471
佛說梵網經二卷　（後秦）釋鳩摩羅什譯　清光緒十年(1884)金陵刻經處刻本　一冊

210000－0704－0000117　24/0080
佛說梵網經二卷　（後秦）釋鳩摩羅什譯　清刻本　一冊

210000－0704－0000118　24/0080/48475
毗尼日用切要一卷　（清）釋讀體集　沙彌律儀要略一卷　（明）釋袾宏輯　清光緒十八年(1892)金陵刻經處刻本　一冊

210000－0704－0000119　24/0080/48476
毗尼日用切要一卷　（清）釋讀體集　沙彌律儀要略一卷　（明）釋袾宏輯　清光緒十八年(1892)金陵刻經處刻本　一冊

210000－0704－0000120　24/0080/48474
毗尼日用切要一卷　（清）釋讀體集　沙彌律儀要略一卷　（明）釋袾宏輯　清刻本　一冊

210000－0704－0000121　24/0080
沙彌律儀要畧不分卷　（明）釋袾宏輯　清光緒二十五年(1899)刻本　一冊

210000－0704－0000122　24/0080
四分戒本一卷　（後秦）釋佛陀耶舍　（後秦）釋竺佛念譯　清刻本　一冊

210000－0704－0000123　24/0080/48473
重訂西方公據二卷　（清）彭際清集　清光緒

四年(1878)金陵刻經處刻本 一冊

210000－0704－0000124 24/0080/49634

六祖大師法寶壇經不分卷 （唐）釋慧能撰
（唐）釋法海集 清光緒三十一年(1905)漱潤
齋刻本 一冊

210000－0704－0000125 24/1010/49032

儒釋道平心論二卷 （宋）劉謐撰 清同治二
年(1863)法藏寺刻本 一冊

210000－0704－0000126 24/1010/49952

五燈全書一百二十卷 （清）釋超永編 清刻
本 九冊 存二十二卷（三十三至三十九、七
十四至八十、八十四至八十七、九十一至九十
四）

210000－0704－0000127 24/1010/50122

靈峰蕅益大師宗論十卷 （清）釋成時輯 清
光緒元年(1875)江北刻經處刻本 十冊

210000－0704－0000128 24/1060/48733

百丈叢林清規元義九卷 （清）釋儀潤撰 清
同治元年(1862)廣州海幢寺經坊刻本 五冊
存五卷（一至三、五至六）

210000－0704－0000129 24/1060/50171

西方公據一卷 （清）彭際清集 清光緒五年
(1879)刻本 一冊

210000－0704－0000130 24/1073/49653

雲棲法彙 （明）釋袾宏撰 清刻本 五冊
存四種

210000－0704－0000131 24/1080/49765

天台四教儀註彙補輔宏記十卷首一卷 （高
麗）釋諦觀撰 （元）釋蒙潤註 （清）性權彙
補 清光緒二十四年(1898)觀宗講寺刻本
十一冊

210000－0704－0000132 24/1080/49776

天台四教儀註彙補輔宏記十卷首一卷 （高
麗）釋諦觀撰 （元）釋蒙潤註 （清）性權彙
補 清光緒二十四年(1898)三寶經房刻本
十一冊

210000－0704－0000133 24/1080/49788

天台四教儀註彙補輔宏記十卷首一卷 （高
麗）釋諦觀撰 （元）釋蒙潤註 （清）性權彙
補 清光緒二十四年(1898)三寶經房刻本
十一冊

210000－0704－0000134 24/1080/49862

天慧徹禪師語錄二卷 （清）釋際聖等編 清
光緒三十二年(1906)刻本 二冊

210000－0704－0000135 24/1080/49961

天台四教儀集註十卷 （元）釋蒙潤輯 清光
緒三十四年(1908)揚州藏經院刻本 四冊

210000－0704－0000136 24/1080/49967

天台四教儀一卷 （高麗）釋諦觀撰 始終心
要一卷 （唐）釋湛然撰 （唐）釋從義註 天
台八教大意一卷 （隋）釋灌頂撰 清宣統元
年(1909)揚州藏經院刻本 一冊

210000－0704－0000137 24/1080/49968

天台四教儀一卷 （高麗）釋諦觀撰 始終心
要一卷 （唐）釋湛然撰 （唐）釋從義註 天
台八教大意一卷 （隋）釋灌頂撰 清宣統元
年(1909)揚州藏經院刻本 一冊

210000－0704－0000138 24/1080/49969

天台四教儀一卷 （高麗）釋諦觀撰 始終心
要一卷 （唐）釋湛然撰 （唐）釋從義註 天
台八教大意一卷 （隋）釋灌頂撰 清宣統元
年(1909)揚州藏經院刻本 一冊

210000－0704－0000139 24/1080/49970

天台四教儀一卷 （高麗）釋諦觀撰 始終心
要一卷 （唐）釋湛然撰 （唐）釋從義註 天
台八教大意一卷 （隋）釋灌頂撰 清宣統元
年(1909)揚州藏經院刻本 一冊

210000－0704－0000140 24/1080/49971

天台四教儀集註十卷 （元）釋蒙潤輯 清光
緒三十四年(1908)揚州藏經院刻本 四冊

210000－0704－0000141 24/1080/49975

天台四教儀集註十卷 （元）釋蒙潤輯 清光
緒三十四年(1908)揚州藏經院刻本 四冊

210000－0704－0000142 24/1610/50161

聖諭像解二十卷　（清）梁延年撰　清光緒二十八年（1902）江蘇撫署石印本　十冊

210000－0704－0000143　24/1812/48512

瑜伽燄口施食要集一卷　清光緒三年（1877）金陵刻經處刻本　一冊

210000－0704－0000144　24/1812/49723

瑜伽燄口施食一卷　清道光十四年（1834）華翰齋刻本　一冊

210000－0704－0000145　24/1833/49606

憨山大師夢遊摘要二卷　（明）釋福善錄　清光緒十八年（1892）紅螺山寺刻本　一冊

210000－0704－0000146　24/2010/49945

重治毘尼事義集要十七卷首一卷　（明）釋智旭彙釋　清光緒十九年（1893）江北刻經處刻本　七冊

210000－0704－0000147　24/2031/48532

維摩經疏十卷　（後秦）釋鳩摩羅什譯　清刻本　五冊

210000－0704－0000148　24/2031/48542

維摩經玄疏六卷　（隋）釋智顗撰　清光緒四年（1878）龍泉寺刻本　三冊

210000－0704－0000149　24/2031/48545

維摩經疏十卷　（後秦）釋鳩摩羅什譯　清刻本　五冊

210000－0704－0000150　24/2031/48555

維摩經玄疏六卷　（隋）釋智顗撰　清光緒四年（1878）龍泉寺刻本　三冊

210000－0704－0000151　24/2040/48858

金剛般若波羅蜜經直解一卷　清光緒三十年（1904）億增興刻本　一冊

210000－0704－0000152　24/2040/48859

金剛般若波羅密經一卷　清刻本　一冊

210000－0704－0000153　24/2040/48899

金剛般若波羅密經直解二卷　清光緒六年（1880）刻本　一冊

210000－0704－0000154　24/2040/48900

金剛般若波羅密經直解二卷　清光緒三十年（1904）億增興刻本　一冊

210000－0704－0000155　24/2040/49439

金剛般若波羅蜜經直解二卷　清光緒三十年（1904）刻本　一冊　存一卷（上）

210000－0704－0000156　24/2091/48598

維摩詰所說經註八卷　（後秦）釋鳩摩羅什譯　（後秦）釋僧肇註　清光緒十三年（1887）金陵刻經處刻本　二冊

210000－0704－0000157　24/2121/49914

徑中徑又徑四卷　（清）張師誠輯　清光緒二十九年（1903）揚州藏經院刻本　二冊

210000－0704－0000158　24/2131/49620

徑中徑又徑四卷　（清）張師誠輯　清光緒二十九年（1903）揚州藏經院刻本　二冊

210000－0704－0000159　24/2160/50072

占察善惡業報經行法一卷　（明）釋智旭集
占察善惡業報經玄義一卷　（明）釋智旭撰
占察善惡業報經疏二卷　（隋）釋菩提登譯　（明）釋智旭撰　清同治七年（1868）清芬堂刻本　二冊

210000－0704－0000160　24/2355/49442

我信錄二卷　（清）羅聘撰　清宣統元年（1909）南陵徐乃昌刻本　二冊

210000－0704－0000161　24/2498/50034

續原教論二卷　（明）沈士榮撰　清光緒元年（1875）金陵刻經處刻本　一冊

210000－0704－0000162　24/2522/48940

佛說阿彌陀經要解便蒙鈔三卷　清光緒刻本　三冊

210000－0704－0000163　24/2522/48943

佛說阿彌陀經要解便蒙鈔三卷　清光緒刻本　三冊

210000－0704－0000164　24/2522/48441

佛說阿彌陀經要解便蒙鈔三卷　清光緒刻本　三冊

210000－0704－0000165　24/2522/48667

佛教初學課本一卷附注一卷　（清）楊文會撰
清光緒三十二年（1906）南京金陵刻經處刻
本　一冊

210000－0704－0000166　24/2522/48937

佛說阿彌陀經要解便蒙鈔三卷　清光緒刻本
三冊

210000－0704－0000167　24/2522/48949

佛說阿彌陀經要解一卷　（後秦）釋鳩摩羅什
譯　（明）釋智旭解　清光緒十一年（1885）金
陵刻經處刻本　一冊

210000－0704－0000168　24/2522/48992

佛說觀無量壽佛經附圖頌一卷　（南朝宋）釋
畺良耶舍譯　（明）釋傳燈撰　清光緒三十年
（1904）紅螺山刻本　一冊

210000－0704－0000169　24/2522/48993

佛說觀無量壽佛經附圖頌一卷　（南朝宋）釋
畺良耶舍譯　（明）釋傳燈撰　清刻本　一冊

210000－0704－0000170　24/2522/48998

佛說阿彌陀經要解一卷　（後秦）釋鳩摩羅什
譯　（明）釋智旭解　清光緒十一年（1885）金
陵刻經處刻本　一冊

210000－0704－0000171　24/2522/49088

佛說長阿含經二十二卷首一卷　（後秦）釋佛
陀耶舍　（後秦）釋竺佛念譯　清光緒十三年
（1887）姑蘇刻經處刻本　六冊

210000－0704－0000172　24/2522/49350

佛頂首楞嚴經圓通疏十卷　（元）釋惟則會解
（明）釋傳燈疏　清光緒三年（1877）杭城昭
慶寺慧空經房刻本　十冊

210000－0704－0000173　24/2522/49581

佛祖正宗道影四卷　（清）釋守一編　清光緒
六年（1880）瑪瑙經房刻本　二冊　存二卷
（一至二）

210000－0704－0000174　24/2522/49587

佛說盂蘭盆經疏並序孝衡鈔二卷　清刻本
二冊

210000－0704－0000175　24/2522/49630

佛遺教經論疏節要一卷　（後秦）釋鳩摩羅什
譯　（宋）釋淨源節要　（明）釋袾宏補註　清
光緒二十四年（1898）金陵刻經處刻本　一冊

210000－0704－0000176　24/2522/50043

宗教律諸家演派一卷　（清）釋守一編　清光
緒十六年（1890）金陵刻經處刻本　一冊

210000－0704－0000177　24/2522/50154

佛祖歷代通載三十六卷　（元）釋念常集　清
宣統元年（1909）江北刻經處刻本　七冊　存
三十一卷（六至三十六）

210000－0704－0000178　24/2694/50145

釋鑑稽古略續集三卷　（明）釋大聞　（明）釋
幻輪編　清光緒十二年（1886）刻本　一冊

210000－0704－0000179　24/2694/50141

釋氏稽古略四卷　（元）釋覺岸集　清光緒十
二年（1886）刻本　四冊

210000－0704－0000180　24/2694/50150

釋迦譜十卷　（南朝梁）釋僧祐撰　清光緒三
十四年（1908）刻本　四冊

210000－0704－0000181　24/2712/49916

異方便淨土傳燈歸元鏡三祖實錄二卷　（清）
釋智達撰　清西直門內龍王廟刻本　二冊

210000－0704－0000182　24/2722/49635

御錄經海一滴六卷　（清）世宗胤禛輯　清刻
本　六冊

210000－0704－0000183　24/2722/49886

御選語錄十九卷　（清）世宗胤禛輯　清光緒
四年（1878）金陵刻經處刻本　十三冊　缺一
卷（十六）

210000－0704－0000184　24/2725/49724

解深密經五卷　（唐）釋玄奘譯　清同治十年
（1871）金陵刻經處刻本　一冊

210000－0704－0000185　24/2762/49693

翻譯名義集二十卷　（宋）釋法雲編　清光緒
四年（1878）金陵刻經處刻本　六冊

210000－0704－0000186　24/3080/49710

寶王三昧念佛直指一卷　（明）釋妙葉集　清

光緒五年(1879)金陵刻經處刻本　二冊

210000－0704－0000187　24/3080/49573

寶藏論一卷心要經一卷金華子雜編二卷
(唐)釋僧肇　(五代)劉崇遠撰　清刻本
一冊

210000－0704－0000188　24/3080/49918

寶通賢首傳燈錄二卷　(清)釋景林心露等集
續錄二卷　(清)釋慈雲等集　清光緒八年
(1882)賢良寺刻本　四冊

210000－0704－0000189　24/3090/48669

御錄宗鏡大綱二十卷　(宋)釋延壽撰　(清)
世宗胤禛錄　清刻本　五冊

210000－0704－0000190　24/3090/48683

宗鏡錄一百卷　(宋)釋延壽集　清刻本　二
十冊

210000－0704－0000191　24/3090/48703

宗鏡錄一百卷　(宋)釋延壽集　清刻本　十
冊　存五十卷(五十一至一百)

210000－0704－0000192　24/3090/48713

宗鏡錄一百卷　(宋)釋延壽集　清虹螺山龍
泉寺刻本　十五冊　存七十五卷(一至七十
五)

210000－0704－0000193　24/3090/49603

永嘉眞覺大師證道歌一卷　(唐)釋玄覺撰
(元)釋竺源註頌　(元)釋德弘編　清光緒三
十四年(1908)金陵刻經處刻本　一冊

210000－0704－0000194　24/3090/49716

永明心賦註四卷　(宋)釋延壽撰　清光緒二
十二年(1896)圓光寺廟刻本　二冊

210000－0704－0000195　24/3090/49718

永明心賦註四卷　(宋)釋延壽撰　清光緒二
十二年(1896)圓光寺廟刻本　二冊

210000－0704－0000196　24/3090/49720

永明心賦註四卷　(宋)釋延壽撰　清光緒二
十二年(1896)圓光寺廟刻本　二冊

210000－0704－0000197　24/3114/48767

潭柘山岫雲寺志一卷　(清)神穆德撰　**續刊**

一卷　(清)釋義庵撰　清光緒九年(1883)刻
本　二冊

210000－0704－0000198　24/3215/49577

靈峰蕅益大師選定淨土十要十卷　(明)釋智
旭輯　清光緒二十年(1894)廣陵藏經禪院刻
本　四冊

210000－0704－0000199　24/3400/49599

鬥母本行延生心經一卷　清光緒七年(1881)
石印本　一冊

210000－0704－0000200　24/3413/48398

妙法蓮華經台宗會義十六卷　(明)釋智旭撰
清刻本　八冊

210000－0704－0000201　24/3413/48514

法界安立圖三卷　(明)釋仁潮集　清道光四
年(1824)紅螺山刻本　二冊

210000－0704－0000202　24/3413/48847

法華指掌疏七卷懸示一卷科判一卷　(清)釋
通理撰　(清)釋明遠較字　(清)釋來琳督刊
清刻本　十冊

210000－0704－0000203　24/3413/49045

妙法蓮華經文句記三十卷　(後秦)釋鳩摩羅
什譯　(唐)釋湛然　(隋)釋智顗撰　清光緒
七年(1881)姑蘇刻本　十一冊　存十一卷
(十五、十八、二十二至三十)

210000－0704－0000204　24/3413/49072

妙法蓮華經台宗會義十六卷　(明)釋智旭撰
清光緒十九年(1893)刻本　八冊

210000－0704－0000205　24/3413/49080

妙法蓮華經台宗會義十六卷　(明)釋智旭撰
清光緒十九年(1893)刻本　八冊

210000－0704－0000206　24/3413/49627

法界宗五祖略記一卷　(清)釋續法輯　清光
緒二十二年(1896)金陵刻經處刻本　一冊

210000－0704－0000207　24/3413/49627

賢首五教儀開蒙一卷　(清)釋續法輯　清光
緒二年(1876)長沙刻經處刻本　與210000－
0704－0000209合冊

210000－0704－0000208　24/3413/49628

法界宗五祖略記一卷　（清）釋續法輯　清光緒二十二年(1896)金陵刻經處刻本　一冊

210000－0704－0000209　24/3413/49628

賢首五教儀開蒙一卷　（清）釋續法輯　清光緒二年(1876)長沙刻經處刻本　與210000－0704－0000207合冊

210000－0704－0000210　24/3490/48478

佛昇忉利天爲母說法經三卷　（後秦）釋竺法護譯　清宣統元年(1909)揚州藏經院刻本　一冊

210000－0704－0000211　24/3490/48483

佛說四十二章經解一卷佛遺教經解一卷（明）釋智旭撰　**八大人覺經略解一卷**　（漢）釋安世高譯　（明）釋智旭解　清光緒十一年(1885)金陵刻經處刻本　一冊

210000－0704－0000212　24/3490/48480

教觀綱宗一卷　（明）釋智旭撰　清刻本　一冊

210000－0704－0000213　24/3490/48479

清規續古繩今三卷　（清）顯珠慶然編　清刻本　一冊

210000－0704－0000214　24/3490/48481

天台四教儀一卷　（高麗）釋諦觀錄　**始終心要一卷**　（唐）釋湛然撰　（隋）釋從義註　**天台八教大意一卷**　（隋）釋灌頂撰　清宣統元年(1909)揚州藏經院刻本　一冊

210000－0704－0000215　24/3625/49631

禪林寶訓筆說三卷　（清）釋智祥撰　清揚州藏經院刻本　二冊　存二卷(一至二)

210000－0704－0000216　24/3625/50041

禪關策進一卷　（明）釋袾宏輯　清光緒二十四年(1898)金陵刻經處雲棲法彙叢書本　一冊

210000－0704－0000217　24/3721/49979

冠導天台四教儀集註三卷　（元）釋蒙潤輯　清光緒二十二年(1896)興教書院刻本　三冊

210000－0704－0000218　24/3730/49496

選佛譜六卷　（明）釋智旭撰　清光緒十七年(1891)金陵刻經處刻本　二冊

210000－0704－0000219　24/3730/49903

選佛譜六卷　（明）釋智旭撰　（清）釋慧然抄　清光緒二年(1876)慧然抄本　二冊

210000－0704－0000220　24/3912/50077

梵網經菩薩戒一卷　（後秦）釋鳩摩羅什譯　清刻本　一冊

210000－0704－0000221　24/3912/50076

佛說四分戒本一卷　（後秦）釋佛陀耶舍（後秦）釋竺佛念譯　清刻本　一冊

210000－0704－0000222　24/3912/50075

毗尼日用切要一卷　（清）釋讀體彙集　清刻本　一冊

210000－0704－0000223　24/3912/50074

沙彌律儀要略一卷　（明）釋袾宏輯　清刻本　一冊

210000－0704－0000224　24/3912/50080

四分戒本如釋十二卷　（明）釋弘贊譯　清刻本　五冊　存十卷(三至十二)

210000－0704－0000225　24/4000/49846

十不二門指要鈔詳解二卷　（宋）釋可度撰　清福德因緣堂刻本　四冊

210000－0704－0000226　24/4003/48371

大方廣佛華嚴經六十卷　（晉）釋佛陀跋陀羅譯　清光緒七年(1881)常熟刻經處刻本　十六冊

210000－0704－0000227　24/4003/49028

大佛頂首楞嚴經玄義四卷　（明）釋傳燈撰　清光緒十四年(1888)慧空經房刻本　四冊

210000－0704－0000228　24/4080/48389

大方廣佛華嚴經普賢行願品一卷　（唐）釋般若譯　清石印本　一冊

210000－0704－0000229　24/4080/48396

大華嚴經略策一卷　（唐）釋澄觀撰　清光緒二十一年(1895)金陵刻經處刻本　一冊

210000－0704－0000230　24/4080/48433

大華嚴經略策一卷　（唐）釋澄觀撰　清光緒二十一年(1895)金陵刻經處刻本　一冊

210000－0704－0000231　24/4080/48589

大方廣圓覺經大疏十六卷　（唐）釋宗密撰　清宣統元年(1909)金陵刻經處刻本　四冊

210000－0704－0000232　24/4080/48654

大悲呪集成一卷　（清）周遠權撰　清光緒四年(1878)揚州藏經院刻本　一冊

210000－0704－0000233　24/4080/48728

大方廣圓覺修多羅了義經二卷　（唐）釋多羅譯　清刻本　一冊

210000－0704－0000234　24/4080/48729

大方廣圓覺修多羅了義經二卷　（唐）釋多羅譯　清光緒二十年(1894)刻本　一冊

210000－0704－0000235　24/4080/48857

大乘金剛論須知一卷　（清）釋善人撰　清光緒二十九年(1903)京都通明寺刻本　一冊

210000－0704－0000236　24/4080/48876

金剛般若波羅蜜經一卷　（後秦）釋鳩摩羅什譯　清光緒十五年(1889)金陵刻經處刻本　一冊

210000－0704－0000237　24/4080/49136

妙法蓮華經七卷　（後秦）釋鳩摩羅什譯　清光緒三十年(1904)刻本　四冊

210000－0704－0000238　24/4080/49208

大佛頂如來密因修證了義諸菩薩萬行首楞嚴經十卷　（唐）釋般刺密帝譯　清刻本　三冊

210000－0704－0000239　24/4080/49300

大佛頂如來密因修證了義諸菩薩萬行首楞嚴經文句十卷　（唐）釋般刺密帝譯　清同治十三年(1874)刻本　九冊

210000－0704－0000240　24/4080/49326

大佛頂如來密因修證了義諸菩薩萬行首楞嚴經通議十卷首楞嚴經懸鏡一卷首楞嚴經通議略科題辭附號記一卷補遺一卷　（明）釋德清撰　清光緒二十年(1894)金陵刻經處刻本

六冊

210000－0704－0000241　24/4080/49341

大佛頂如來密因修證了義諸菩薩萬行首楞嚴經文句十卷　（唐）釋般刺密帝譯　清同治十三年(1874)刻本　九冊

210000－0704－0000242　24/4080/49405

大佛頂如來密因修證了義諸菩薩萬行首楞嚴經文句十卷　（唐）釋般刺密帝譯　清同治十三年(1874)刻本　九冊

210000－0704－0000243　24/4080/49406

大佛頂如來密因修證了義諸菩薩萬行首楞嚴經文句十卷　（唐）釋般刺密帝譯　清同治十三年(1874)刻本　一冊　存一卷(二)

210000－0704－0000244　24/4080/49415

大佛頂如來密因修證了義諸菩薩萬行首楞嚴經十卷　（唐）釋般刺密帝譯　清光緒元年(1875)慧空經房刻本　九冊

210000－0704－0000245　24/4080/49426

大佛頂如來密因修證了義諸菩薩萬行首楞嚴經十卷　（唐）釋般刺密帝譯　清刻本　四冊　存四卷(一至二、五、八)

210000－0704－0000246　24/4080/49440

大佛頂經序指味疏一卷　（清）釋唯則撰（清）釋諦閑疏　清光緒二十八年(1902)刻本　一冊

210000－0704－0000247　24/4080/49447

大乘本生心地觀經八卷　（唐）釋般若譯　清刻本　二冊

210000－0704－0000248　24/4080/49593

大方便佛報恩經七卷　清同治十一年(1872)金陵刻經處刻本　二冊

210000－0704－0000249　24/4080/49595

大方便佛報恩經七卷　清道光二十七年(1847)岫雲寺刻本　一冊　存四卷(四至七)

210000－0704－0000250　24/4080/49596

大方便佛報恩經七卷　清道光二十七年(1847)岫雲寺刻本　一冊　存四卷(四至七)

210000－0704－0000251　24/4080/49614

大乘起信論直解二卷　（明）釋德清撰　清光緒十六年（1890）金陵刻經處刻本　一冊

210000－0704－0000252　24/4080/49613

大乘起信論纂註二卷　（明）釋真界撰　清光緒十一年（1885）金陵刻經處刻本　一冊

210000－0704－0000253　24/4080/49991

大乘起信論義記七卷　（唐）釋法藏撰　清光緒二十三年（1897）金陵刻經處刻本　二冊

210000－0704－0000254　24/4080/49999

大乘起信論疏二卷　（唐）釋法藏撰　清光緒三年（1877）長沙刻經處刻本　二冊

210000－0704－0000255　24/4080/50003

大乘起信論科注一卷　（南朝梁）釋真諦譯　清光緒三十年（1904）廬陵黃氏刻本　一冊

210000－0704－0000256　24/4080/50009

大乘起信論一卷　（唐）釋實叉難陀譯　清光緒二十四年（1898）金陵刻經處刻本　一冊

210000－0704－0000257　24/4080/50021

大慈恩寺三藏法師傳十卷　（唐）釋慧立本釋　（唐）釋彥悰箋　清宣統元年（1909）刻本　三冊

210000－0704－0000258　24/4291/49537

桃園明聖經二卷　清光緒八年（1882）都門誼雲壇刻本　二冊

210000－0704－0000259　24/4411/48566

地藏菩薩本願經三卷　（唐）釋實叉難陀譯　清刻本　一冊

210000－0704－0000260　24/4411/48568

地藏菩薩本願經三卷　（唐）釋實叉難陀譯　清刻本　一冊

210000－0704－0000261　24/4411/48573

地藏經開蒙一卷　（清）釋品珊撰　清雍正元年（1723）刻本　一冊

210000－0704－0000262　24/4421/49319

佛說樊網經菩薩心地品合註七卷附雜集不分卷附玄義一卷　（後秦）釋鳩摩羅什譯　清同

治九年至十三年（1870－1874）釋氏十三經注疏本　五冊

210000－0704－0000263　24/4421/49502

佛說梵網經菩薩心地品合註七卷玄義一卷　（後秦）釋鳩摩羅什譯　清同治十三年（1874）金陵刻經處刻本　三冊　存六卷（一、四至七,玄義一卷）

210000－0704－0000264　24/4421/49505

佛說梵網經菩薩心地品合註七卷玄義一卷附雜集一卷　（後秦）釋鳩摩羅什譯　清同治十三年（1874）金陵刻經處刻本　五冊

210000－0704－0000265　24/4421/49510

佛說梵網經菩薩心地品合註七卷玄義一卷附雜集一卷　（後秦）釋鳩摩羅什譯　清同治十三年（1874）金陵刻經處刻本　五冊

210000－0704－0000266　24/4421/49516

梵網經菩薩戒一卷　（後秦）釋鳩摩羅什譯　清潭柘山岫雲寺刻本　一冊

210000－0704－0000267　24/4421/49517

梵網經菩薩戒本疏十卷　（唐）釋法藏撰　清光緒二十五年（1899）金陵刻經處刻本　二冊

210000－0704－0000268　24/4422/50175

萬善同歸集三卷　（宋）釋延壽撰　清同治十一年（1872）金陵刻經處刻本　三冊

210000－0704－0000269　24/4440/48392

華嚴法界玄鏡三卷　（唐）釋澄觀撰　**注華嚴法界觀門一卷**　（唐）釋宗密注　清光緒二十一年（1895）金陵刻經處刻本　一冊

210000－0704－0000270　24/4440/48391

華嚴法界玄鏡三卷　（唐）釋澄觀撰　**注華嚴法界觀門一卷**　（唐）釋宗密注　清光緒二十一年（1895）金陵刻經處刻本　一冊

210000－0704－0000271　24/4440/48392

華嚴法界玄鏡三卷　（唐）釋澄觀撰　清同治九年（1870）如皋刻經處刻本　一冊

210000－0704－0000272　24/4440/48393

華嚴經明法品內立三寶章二卷　（唐）釋法藏

撰 清光緒二年（1876）江北刻經處刻本
一冊

210000－0704－0000273 24/4440/48394
華嚴經旨歸一卷修華嚴奧旨妄盡還源觀一卷
華嚴經義海百門一卷 （唐）釋法藏撰 清光
緒二十一年（1895）金陵刻經處刻本 一冊

210000－0704－0000274 24/4440/48395
華嚴一乘十玄門一卷華嚴五十要問答二卷
（唐）釋智儼撰 清光緒二十二年（1896）金陵
刻經處刻本 一冊

210000－0704－0000275 24/4490/48561
藥師經疏鈔擇要三卷 （清）伯亭老人疏鈔
（清）普霖擇要 清刻本 三冊

210000－0704－0000276 24/4490/48564
佛說藥師如來本願經一卷 （隋）釋達摩笈多
譯 藥師瑠璃光如來本願功德經一卷 （唐）
釋玄奘譯 藥師瑠璃光七佛本願功德經二卷
（唐）釋義淨譯 清宣統元年（1909）刻本
一冊

210000－0704－0000277 24/4621/48738
佛說觀無量壽佛經疏四卷 （唐）釋善導輯
清光緒二十年（1894）金陵刻經處刻本 二冊

210000－0704－0000278 24/4682/49062
大佛頂如來秘因修證了義諸菩薩萬行首楞嚴
經十卷 （唐）釋般剌密帝譯 清天童寺刻本
十冊

210000－0704－0000279 24/4690/48634
相宗八要解八卷 （明）釋明昱撰 清光緒二
十八年（1902）金陵刻經處刻本 三冊

210000－0704－0000280 24/4690/48640
相宗八要直解八卷 （明）釋智旭撰 清同治
九年（1870）金陵刻經處刻本 二冊

210000－0704－0000281 24/4692/48626
楞伽阿跋多羅寶經四卷 （南朝宋）釋求那跋
陀羅譯 清同治九年（1870）金陵刻經處刻本
二冊

210000－0704－0000282 24/4692/48628

相宗八要直解八卷 （明）釋智旭撰 清同治
九年（1870）金陵刻經處刻本 二冊

210000－0704－0000283 24/4692/49028
大佛頂首楞嚴經玄義四卷 （明）釋傳燈撰
清光緒十四年（1888）慧空經房刻本 二冊

210000－0704－0000284 24/4692/49030
大佛頂首楞嚴經玄義四卷 （明）釋傳燈撰
清光緒十四年（1888）慧空經房刻本 二冊

210000－0704－0000285 24/4692/49167
大佛頂如來密因修證了義諸菩薩萬行首楞嚴
經十卷 （唐）釋般剌密帝譯 清同治八年
（1869）金陵刻經處刻本 二冊

210000－0704－0000286 24/4692/49169
大佛頂如來密因修證了義諸菩薩萬行首楞嚴
經十卷 （唐）釋般剌密帝譯 清刻本 二冊

210000－0704－0000287 24/4692/49171
大佛頂如來密因修證了義諸菩薩萬行首楞嚴
經十卷 （唐）釋般剌密帝譯 清同治八年
（1869）金陵刻經處刻本 二冊

210000－0704－0000288 24/4692/49173
大佛頂如來密因修證了義諸菩薩萬行首楞嚴
經十卷 （唐）釋般剌密帝譯 清刻本 二冊

210000－0704－0000289 24/4692/49175
大佛頂如來密因修證了義諸菩薩萬行首楞嚴
經十卷 （唐）釋般剌密帝譯 清同治八年
（1869）金陵刻經處刻本 二冊

210000－0704－0000290 24/4692/49196
大佛頂如來密因修證了義諸菩薩萬行首楞嚴
經十卷 （唐）釋般剌密帝譯 清同治八年
（1869）金陵刻經處刻本 二冊

210000－0704－0000291 24/4692/49198
大佛頂如來密因修證了義諸菩薩萬行首楞嚴
經十卷 （唐）釋般剌密帝譯 清同治八年
（1869）金陵刻經處刻本 二冊

210000－0704－0000292 24/4692/49202
大佛頂如來密因修證了義諸菩薩萬行首楞嚴
經十卷 （唐）釋般剌密帝譯 清同治八年

（1869）金陵刻經處刻本　二冊

210000－0704－0000293　24/4692/49204
大佛頂如來密因修證了義諸菩薩萬行首楞嚴
經十卷　（唐）釋般刺密帝譯　清同治八年
（1869）金陵刻經處刻本　二冊

210000－0704－0000294　24/4692/49206
大佛頂如來密因修證了義諸菩薩萬行首楞嚴
經十卷　（唐）釋般刺密帝譯　清同治八年
（1869）金陵刻經處刻本　二冊

210000－0704－0000295　24/4692/49211
大佛頂如來密因修證了義諸菩薩萬行首楞嚴
經十卷　（唐）釋般刺密帝譯　清同治八年
（1869）金陵刻經處刻本　二冊

210000－0704－0000296　24/4692/49212
大佛頂如來密因修證了義諸菩薩萬行首楞嚴
經十卷　（唐）釋般刺密帝譯　清同治八年
（1869）金陵刻經處刻本　二冊

210000－0704－0000297　24/4692/49213
大佛頂如來密因修證了義諸菩薩萬行首楞嚴
經十卷　（唐）釋般刺密帝譯　清同治八年
（1869）金陵刻經處刻本　二冊

210000－0704－0000298　24/4692/49214
大佛頂如來密因修證了義諸菩薩萬行首楞嚴
經十卷　（唐）釋般刺密帝譯　清同治八年
（1869）金陵刻經處刻本　二冊

210000－0704－0000299　24/4692/49215
大佛頂如來密因修證了義諸菩薩萬行首楞嚴
經十卷　（唐）釋般刺密帝譯　清同治八年
（1869）金陵刻經處刻本　二冊

210000－0704－0000300　24/4692/49220
大佛頂如來密因修證了義諸菩薩萬行首楞嚴
經十卷　（唐）釋般刺密帝譯　清刻本　一冊
　　存五卷（一至五）

210000－0704－0000301　24/4692/49221
大佛頂如來密因修證了義諸菩薩萬行首楞嚴
經十卷　（唐）釋般刺密帝譯　清刻本　二冊

210000－0704－0000302　24/4692/49255

大佛頂如來密因修證了義諸菩薩萬行首楞嚴
經十卷　（唐）釋般刺密帝譯　清光緒元年
（1875）刻本　三冊

210000－0704－0000303　24/4692/49259
大佛頂如來密因修證了義諸菩薩萬行首楞嚴
經十卷　（唐）釋般刺密帝譯　清刻本　一冊

210000－0704－0000304　24/4692/49260
大佛頂如來密因修證了義諸菩薩萬行首楞嚴
經十卷　（唐）釋般刺密帝譯　清同治八年
（1869）金陵刻經處刻本　一冊　存五卷（一
至五）

210000－0704－0000305　24/4692/49287
楞嚴經指掌疏十卷事義十卷懸示一卷　（清）
釋通理撰　清江寧藏倫芳刻本　十二冊

210000－0704－0000306　24/4692/49389
大佛頂首楞嚴經寶鏡疏十卷懸談一卷　（清）
釋溥畹撰　清道光二十九年（1849）京都龍泉
寺刻本　十一冊

210000－0704－0000307　24/4721/49571
觀音濟渡本願真經二卷　清光緒八年（1882）
刻本　一冊

210000－0704－0000308　24/4721/49585
佛說觀彌勒菩薩上生兜率陀天經上卷　（南
朝宋）沮渠京聲譯　清光緒三年（1877）金陵
刻經處刻本　一冊

210000－0704－0000309　24/4780/50116
大乘起信論裂網疏六卷　（明）釋智旭撰　清
刻本　二冊

210000－0704－0000310　24/4780/50118
大乘起信論裂網疏六卷　（明）釋智旭撰　清
刻本　一冊

210000－0704－0000311　24/4844/49464
教觀綱宗一卷　（明）釋智旭撰　清刻本
一冊

210000－0704－0000312　24/4844/49465
教觀綱宗一卷　（明）釋智旭撰　清刻本
一冊

210000－0704－0000313　24/4844/49466

教觀綱宗一卷　（明）釋智旭撰　清刻本
一冊

210000－0704－0000314　24/4942/48821

妙法蓮華經玄義十卷　（隋）釋智顗撰　清宣
統二年（1910）江北刻經處刻本　十冊

210000－0704－0000315　24/4942/49148

妙法蓮華經通義七卷　（明）釋德清撰　清木
活字印本　七冊

210000－0704－0000316　24/4942/49155

法華指掌疏七卷科一卷懸示一卷事義一卷
（清）釋通理撰　清刻本　十二冊

210000－0704－0000317　24/4942/49177

妙法蓮華經玄義十卷　（隋）釋智顗撰　清宣
統二年（1910）江北刻經處刻本　十冊

210000－0704－0000318　24/4942/49188

妙法蓮華經台宗會義七卷　（明）釋智旭撰
清刻本　八冊

210000－0704－0000319　24/5106/49658

指月錄三十二卷　（明）瞿汝稷集　清刻本
九冊　存二十九卷（一至二十、二十四至三十
二）

210000－0704－0000320　24/5202/50032

折疑論集註二卷　（元）釋子成撰　（明）釋師
子註　清光緒三十四年（1908）揚州藏經院刻
本　一冊

210000－0704－0000321　24/5320/40017

成唯識論十卷　（唐）釋玄奘譯　清光緒二十
二年（1896）金陵刻經處刻本　二冊

210000－0704－0000322　24/5320/50015

成唯識論十卷　（唐）釋玄奘譯　清光緒二十
二年（1896）金陵刻經處刻本　二冊

210000－0704－0000323　24/5333/49652

太上感應篇直講一卷　清光緒十四年（1888）
京都龍雲齋刻本　一冊

210000－0704－0000324　24/5560/48769

憨山老人年譜自敘實錄二卷　（明）釋德清撰

（明）釋福徵疏　清光緒十七年（1891）紅螺
山嘉興譚氏遺書本　二冊

210000－0704－0000325　24/5560/49539

憨山老人年譜自敘實錄二卷附後事因緣一卷
東遊法語一卷　（明）釋德清撰　（明）釋福徵
疏　清光緒十七年（1891）紅螺山刻本　二冊

210000－0704－0000326　24/5806/48488

大佛頂經序指味疏一卷　（清）釋唯則撰
（清）釋諦閑疏　清光緒二十八年（1902）刻本
一冊

210000－0704－0000327　24/5806/48485

天台四教儀一卷　（高麗）釋諦觀撰　天台八
教大意一卷　（隋）釋灌頂撰　清宣統元年
（1909）揚州藏經院刻本　一冊

210000－0704－0000328　24/5806/48486

天台四教儀一卷　（高麗）釋諦觀撰　天台八
教大意一卷　（隋）釋灌頂撰　清宣統元年
（1909）揚州藏經院刻本　一冊

210000－0704－0000329　24/5806/48487

天台四教儀一卷　（高麗）釋諦觀撰　天台八
教大意一卷　（隋）釋灌頂撰　清宣統元年
（1909）揚州藏經院刻本　一冊

210000－0704－0000330　24/6006/49583

重刻暗室燈註解二卷　（清）深山居士輯　清
光緒五年（1879）錦府文英齋刻本　一冊

210000－0704－0000331　24/6010/49489

日課便蒙旁註畧解正編不分卷附編不分卷
（清）釋易水海寬註　清刻本　二冊

210000－0704－0000332　24/6010/50185

日課便蒙旁註畧解一卷　（清）釋易水海寬註
清刻本　一冊

210000－0704－0000333　24/6021/48451

禪關策進一卷　（明）釋袾宏輯　清光緒十年
（1884）龍泉寺刻雲棲法彙叢書本　一冊

210000－0704－0000334　24/6021/48449

重刻增訂菜根談一卷　（明）洪應明撰　清道
光十三年（1833）紅螺山刻本　一冊

210000－0704－0000335　24/6021/48454

大方廣圓覺修多羅了義經直解二卷　（唐）釋
多羅譯　（明）釋德清解　清光緒十年（1884）
昭慶寺慧空經房刻本　二冊

210000－0704－0000336　24/6021/48456

佛說觀無量壽佛經一卷　（南朝宋）釋畺良耶
舍譯　清光緒三十年（1904）紅螺山刻本
一冊

210000－0704－0000337　24/6021/48453

淨業痛策一卷　（清）照瑩集　戀西大師淨土
必求一卷　清光緒三年（1877）昭慶慧空經房
刻本　一冊

210000－0704－0000338　24/6021/48452

釋氏書啟不分卷　（清）釋妙果　（清）釋問渠
等編　清昭慶寺慧空經房刻本　一冊

210000－0704－0000339　24/6021/48458

辯偽錄六卷　（元）釋祥邁撰　清光緒三十三
年（1907）揚州藏經院刻本　二冊

210000－0704－0000340　24/6021/48461

淨業染香集一卷　（清）釋悟靈輯　清刻本
一冊

210000－0704－0000341　24/6021/48460

破邪論二卷　（唐）釋法琳撰　清光緒三十四
年（1908）揚州藏經院刻本　一冊

210000－0704－0000342　24/6021/48469

眞心直說一卷誡初心學人文一卷　（高麗）知
納撰　清光緒七年（1881）文光樓書坊刻本
一冊

210000－0704－0000343　24/6071/49922

毘尼關要十六卷事義十六卷　（清）釋德基輯
清光緒三十二年（1906）刻本　九冊

210000－0704－0000344　24/6071/49937

毘尼關要十六卷　（清）釋德基輯　清華山律
堂刻本　八冊

210000－0704－0000345　24/6080/48579

大方廣圓覺脩多羅了義經近釋六卷　（明）釋
通潤撰　清光緒十二年（1886）金陵刻經處刻

本　一冊

210000－0704－0000346　24/6080/48580

圓覺經析義疏四卷　（清）釋通理撰　清光緒
三十三年（1907）揚州藏經院刻本　四冊

210000－0704－0000347　24/6080/48614

大方廣圓脩多羅了義經直解二卷　（唐）釋多
羅譯　（明）釋德清解　清刻本　二冊

210000－0704－0000348　24/6080/48616

大方廣圓脩多羅了義經直解二卷　（唐）釋多
羅譯　（明）釋德清解　清刻本　二冊

210000－0704－0000349　24/6080/48622

圓覺經析義疏四卷　（清）釋通理撰　清刻本
四冊

210000－0704－0000350　24/7722/49486

古佛應驗明聖經三卷關帝靈籤一卷　清光緒
二十一年（1895）進益書局刻本　一冊

210000－0704－0000351　24/7722/49487

關帝明聖經註解三卷　清光緒二十三年
（1897）永盛齋石印本　一冊

210000－0704－0000352　24/7722/49488

關帝明聖經註解三卷　清光緒二十三年
（1897）永盛齋石印本　一冊

210000－0704－0000353　24/7922/50140

勝天王般若波羅密經一卷　（南朝陳）釋月婆
首那譯　清雍正十三年（1735）刻本　一冊

210000－0704－0000354　24/8000/49674

八宗綱要二卷　（日本）凝然大德撰　清宣統
三年（1911）揚州藏經院刻本　一冊

210000－0704－0000355　24/8010/48867

佛說大乘金剛經論一卷　清昭慶經房刻本
一冊

210000－0704－0000356　24/8010/48874

金剛般若波羅蜜經一卷　（後秦）釋鳩摩羅什
譯　清同治元年（1862）刻本　一冊

210000－0704－0000357　24/8010/49641

金光明最勝王經十卷　（唐）釋義淨譯　清同

治十年(1871)常熟刻經處刻本　二冊

210000－0704－0000358　24/8010/50132

能斷金剛般若波羅蜜多經一卷　(清)□□譯
清同治八年(1869)如皋刻經處刻本　一冊

210000－0704－0000359　24/8060/48437

般若波羅密多心經新舊合釋一卷　(清)釋通
理撰　佛說盂蘭盆經摘要一卷　(清)釋通理
撰　清刻本　一冊

210000－0704－0000360　24/8060/49370

首楞嚴經疏二十卷　(宋)釋子璿集　清光緒
三十二年(1906)揚州藏經院刻本　八冊

210000－0704－0000361　24/8822/50203

竹窗隨筆一卷二筆一卷三筆一卷　(明)釋袾
宏撰　清光緒二十四年(1898)金陵刻經處刻
雲棲法彙叢書本　三冊

210000－0704－0000362　24/9060/49648

省庵法師語錄二卷東海若解一卷　(唐)柳宗
元撰　(清)釋實賢解　西方發願文注一卷
(清)釋蓮池撰　(清)釋實賢註　清光緒二十
六年(1900)揚州藏經院刻本　二冊

210000－0704－0000363　24/9060/49650

省庵法師語錄二卷東海若解一卷　(唐)柳宗
元撰　(清)釋實賢解　西方發願文注一卷
(清)釋蓮池撰　(清)釋實賢註　清光緒二十
六年(1900)揚州藏經院刻本　二冊

210000－0704－0000364　24/9060/50137

省庵法師語錄二卷西方發願文註一卷　(清)
釋蓮池撰　(清)釋實賢註　清刻本　一冊

210000－0704－0000365　24/9306/49699

西禪長慶寺志六卷　(□)沈涵心撰　清刻本
一冊

210000－0704－0000366　24/9501/49481

性相通說一卷　(明)釋德清撰　清同治十二
年(1873)金陵刻經處刻本　一冊

210000－0704－0000367　24/9501/49482

性相通說一卷　(明)釋德清撰　清同治十二
年(1873)金陵刻經處刻本　一冊

210000－0704－0000368　24/4422/50172

萬善同歸集三卷　(宋)釋延壽撰　清同治十
一年(1872)金陵刻經處刻本　三冊

210000－0704－0000369　24/6080/50119

因明入正理論疏八卷　(唐)釋窺基撰　清光
緒二十二年(1896)金陵刻經處刻本　二冊

210000－0704－0000370　241.5/2821/7351

作善指南四卷　清刻本　四冊

210000－0704－0000371　241.5/6006/45408

暗室燈二卷　(清)深山居士輯　清光緒二十
八年(1902)鉛印本　一冊

210000－0704－0000372　243.11/4692

楞伽阿跋多羅寶經科解十卷　(明)釋真貴撰
明刻本　十冊

210000－0704－0000373　243/3023/12683

永明心賦註四卷　(宋)釋延壽撰　清光緒二
十二年(1896)圓光寺廟刻本　二冊

210000－0704－0000374　253/2320/41683

參同契三卷　(漢)魏伯陽撰　(元)陳致虛註
清道光二十年(1840)善成堂刻本　五冊

210000－0704－0000375　256/2221/13833

崔府君祠錄一卷　(清)鄭烺輯　清宣統三年
(1911)刻懷幽雜俎叢書本　一冊

210000－0704－0000376　320.14/4003/7299

大學衍義補一百六十卷　(明)丘濬撰　明崇
禎刻本　二十四冊

210000－0704－0000377　326.11/4080/46122

大清鑛務章程一卷　(清)劉坤一　(清)張之
洞纂　清鉛印本　二冊

210000－0704－0000378　330.12/1742/19217

那特硜政治學二卷　(德國)那特硜述　(清)
戢翼翬　(清)王慕陶譯　清光緒二十八年
(1902)鉛印本　一冊　存一卷(下)

210000－0704－0000379　330.14/4003/20872

大學衍義補一百六十卷首一卷　(明)丘濬撰
清梅墅石渠閣刻本　四十二冊　缺二十三
卷(五十六至七十八)

210000－0704－0000380　330.14/4003/20908

大學衍義四十三卷　（宋）眞德秀輯　清梅墅
石渠閣刻本　六冊　存二十卷（一至二十）

210000－0704－0000381　330.14/4003/45415

大學衍義四十三卷　（宋）眞德秀輯　清刻本
十冊

210000－0704－0000382　330.141/4445/41095

韓非子二十卷　（宋）謝希深注　**韓非子識誤**
三卷　（清）顧廣圻撰　清光緒元年（1875）浙
江書局刻本　六冊

210000－0704－0000383　330.141/6040/46374

晏子春秋音義二卷　（清）孫星衍撰　清刻本
一冊

210000－0704－0000384　330.141/9977/7863

管子二十四卷　（唐）房玄齡註　（唐）劉績增
註　清嘉慶九年（1804）寶慶經綸堂刻本
八冊

210000－0704－0000385　330.42/0000/46390

論策約選一卷　（清）朱顯廷輯　清刻本
一冊

210000－0704－0000386　330.42/0862/18347

論策約選不分卷　（清）朱顯廷輯　清光緒二
十八年（1902）刻本　四冊

210000－0704－0000387　330.42/0862/7481

論策約選不分卷　（清）朱顯廷輯　清光緒二
十八年（1902）刻本　五冊

210000－0704－0000388　330.42/1716/46381

駱文忠公奏稿十卷　（清）駱秉章撰　清刻本
一冊　存一卷（十）

210000－0704－0000389　330.42/2610/20796

皇朝經世文新編二十一卷　（清）麥仲華輯
清光緒二十四年（1898）上海譯書局石印本
十八冊　存十六卷（一上中下、五下、六至九、
十上下、十一至十二、十三上、十四上下、十五
中下、十六上中下、十七、十八上下、二十上
下）

210000－0704－0000390　330.42/3780/45425

資治新書初集十五卷二集二十卷　（清）李漁
編　清同德堂刻本　二十二冊　缺二卷（二
集十七、二十）

210000－0704－0000391　330.42/4762/12597

胡文忠公遺集八十六卷首一卷　（清）胡林翼
撰　（清）曾國荃纂　（清）胡鳳丹編　清光緒
二十七年（1901）上海圖書集成印書局鉛印本
八冊

210000－0704－0000392　330.42/4762/12605

胡文忠公遺集八十六卷首一卷　（清）胡林翼
撰　（清）曾國荃纂　（清）胡鳳丹編　清光緒
二十七年（1901）上海圖書集成印書局鉛印本
八冊

210000－0704－0000393　330.42/5000/45409

中國魂二卷　梁啟超撰　清宣統二年（1910）
上海書局石印本　一冊

210000－0704－0000394　330.42/7244/8750

劉中丞奏議二十卷　（清）劉蓉撰　清光緒十
一年（1885）思賢講舍刻本　十冊

210000－0704－0000395　337.11/9021/46287

光緒乙巳年交涉要覽上篇二卷下篇三卷
（清）北洋洋務局纂輯　清光緒三十三年
（1907）北洋官報局鉛印本　十冊

210000－0704－0000396　337.11/9021/46297

光緒丙午年交涉要覽上篇一卷中篇二卷下篇
四卷　（清）北洋洋務局纂輯　清光緒北洋官
報局鉛印本　十一冊

210000－0704－0000397　337.11/9021/46303

光緒丙午年交涉要覽上篇一卷中篇二卷下篇
四卷　（清）北洋洋務局纂輯　清光緒北洋官
報局鉛印本　十三冊　缺一卷（下篇二）

210000－0704－0000398　338/1060/18544

西國近事彙編五十六卷　（美國）金楷理譯
（清）姚棻　（清）蔡錫齡筆述　清上海機器製
造局鉛印本　三十七冊

210000－0704－0000399　343.4/0292/21739

新建陸軍兵略錄八卷　（清）袁世凱撰　清光

绪二十四年(1898)天津新建陆军石印本　四
册　存六卷(一、三至六、八)

210000－0704－0000400　349.1/1314/14876

武经三子三卷　(清)李光明辑　清状元阁刻
本　一册

210000－0704－0000401　349.1/1314/14877

武经三子三卷　(清)李光明辑　清状元阁刻
本　一册

210000－0704－0000402　349.2/2133/6958

熊襄湣公集十卷首一卷末一卷　(明)熊廷弼
撰　清同治三年(1864)刻本　十册

210000－0704－0000403　351.219/1060/20078

会典辑要二十四卷　(清)吴荣光撰　清光绪
二十八年(1902)鸿宝书局石印本　一册

210000－0704－0000404　351.219/2825/41087

仪礼释官九卷首一卷　(清)胡匡衷撰　清同
治八年(1869)研六阁刻本　四册

210000－0704－0000405　351.219/3730/21647

通典二百卷　(唐)杜佑撰　明嘉靖十八年
(1539)刻补配清钞本　二十二册

210000－0704－0000406　351.219/5310/41633

盛京典制备考八卷　(清)特慎庵撰　(清)崇
厚辑　清光绪四年(1878)奉天督署刻本
六册

210000－0704－0000407　351.219/7722/11184

周礼节训六卷　(清)黄叔琳撰　清嘉庆十七
年(1812)书业堂刻本　二册

210000－0704－0000408　351.219/7722/45224

周礼节训六卷　(清)黄叔琳撰　清光绪十二
年(1886)苏州校经山房刻本　二册

210000－0704－0000409　351.81/1610/41391

圣谕广训衍二卷　(清)圣祖玄烨撰　(清)世
宗胤禛广训　(清)□□衍文　清刻本　二册

210000－0704－0000410　351.88/6702/13519

国朝贡举考畧二卷　(清)黄崇兰辑　清嘉庆
八年(1803)刻本　二册

210000－0704－0000411　351.88/6702/13518

明贡举考畧二卷　(清)黄崇兰辑　清嘉庆九
年(1804)泾县学署刻本　四册

210000－0704－0000412　351.88/6702/14368

明贡举考畧二卷　(清)黄崇兰辑　清道光十
四年(1834)平河青云斋刻本　二册

210000－0704－0000413　351.88/7123/45996

历科典试题名鼎甲录八卷　(清)黄崇兰辑
(清)饶玉成续增　清双峰书屋刻本　八册

210000－0704－0000414　352/0022/45410

庸吏庸言不分卷　(清)刘衡撰　清咸丰九年
(1859)琉璃厂慎诒堂刻本　一册

210000－0704－0000415　353.11/5310/7486

盛京典制备考八卷　(清)崇厚辑　清光绪二
十五年(1899)太和山坊刻本　六册

210000－0704－0000416　360.219/4003/12545

大清律例精言辑览一卷　(清)沈国楔撰　大
清律例简明目录一卷　清光绪十四年(1888)
京都荣録堂刻本　二册

210000－0704－0000417　360.219/4003/12545

新增洗冤宝鉴一卷　(清)方汝谦撰　清光绪
二十七年(1901)京都荣録堂刻本　一册

210000－0704－0000418　360.219/4080/46174

大清律例增修统纂集成四十卷督捕则例二卷
　(清)陶骏增修　清宣统元年(1909)上海文
瑞楼石印本　八册　存十五卷(二十七至三
十五、三十七至四十,督捕则例二卷)

210000－0704－0000419　360.23/6010/7666

日本法规大全二十五卷　(清)南洋工学译书
院译　清宣统二年(1910)铅印本　八十一册

210000－0704－0000420　360.23/6010/7665

日本法规解字一卷　(清)钱恂　(清)董鸿祎
编纂　清宣统二年(1910)铅印本　一册

210000－0704－0000421　361/4442/41660

万国宪法比较一卷　(日本)辰巳小二郎撰
(清)戢翼翚译　清光绪二十八年(1902)政学
丛书铅印本　一册

210000－0704－0000422　362.3/5290/46040

刺字集四卷　（清）沈家本撰　清光緒十二年（1886）刻本　一冊

210000－0704－0000423　362.3/9201/46006

恤囚編一卷　清光緒十七年（1891）刻本　一冊

210000－0704－0000424　367.8/3411/45287

重刊補註洗冤錄集證六卷　（宋）宋慈撰　（清）王又槐增輯　（清）李觀蘭補輯　（清）阮其新補註　清光緒八年（1882）刻五色套印本　五冊

210000－0704－0000425　371.52/7740/14313

學校管理法一卷　（清）徐仁鏡　（清）蔣維喬編　清光緒三十三年（1907）上海商務印書館鉛印本　一冊

210000－0704－0000426　372.3/8040/46030

父師善誘法二卷　（清）唐彪撰　清刻本　一冊

210000－0704－0000427　372.51/0862/45900

論說範本一卷　杜瀚生撰　清光緒三十四年（1908）石印本　四冊

210000－0704－0000428　381/0040/11166

文公家禮儀節八卷　（宋）朱熹編　（明）楊慎輯　清振賢堂刻本　四冊

210000－0704－0000429　381/0040/21451

文公家禮儀節八卷　（明）丘濬輯　清光緒十三年（1887）上海江左書林刻本　五冊　存七卷（一至七）

210000－0704－0000430　385/7722/17939

月令輯要二十四卷圖說一卷　（清）李光地撰　清刻本　十六冊

210000－0704－0000431　419/4001/45161

九數通考續集十卷　（清）顧觀光撰　清光緒二十四年（1898）復古書齋石印本　五冊

210000－0704－0000432　513/4442/45447

萬國藥方八卷　（美國）洪士提譯　清光緒三十一年（1905）鉛印本　八冊

210000－0704－0000433　519.01/4480/45379

補注黃帝内經素問二十四卷靈樞十二卷附素問遺篇一卷　（唐）王冰注　清光緒二十二年（1896）圖書集成局鉛印本　六冊

210000－0704－0000434　519.01/7760/45176

醫林改錯二卷　（清）王清任撰　清刻本　二冊

210000－0704－0000435　519.02/1060/41011

石室秘錄六卷　（清）陳士鐸撰　清慶雲樓刻本　三冊

210000－0704－0000436　519.02/1123/7825

張氏醫書七種　（清）張璐撰　清光緒三十三年（1907）上海書局石印本　十六冊　存五種

210000－0704－0000437　519.02/5000/41306

中西滙參醫學圖說二卷　（清）王有忠撰　清光緒三十二年（1906）石印本　四冊

210000－0704－0000438　519.02/7760/21694

御纂醫宗金鑑六十卷首一卷　（清）吳謙撰　清光緒九年（1883）上海掃葉山房刻本　三十一冊　存四十五卷（二至三十五、五十一至六十，首一卷）

210000－0704－0000439　519.02/7760/40861

醫學心悟六卷　（清）程國彭撰　清光緒三十三年（1907）上海書局石印本　三冊

210000－0704－0000440　519.02/7760/45231

御纂醫宗金鑑七十四卷首一卷　（清）吳謙撰　清光緒三十二年（1906）上海文新書局石印本　十二冊　存五十卷（一至四十九、首一卷）

210000－0704－0000441　519.02/7760/45243

御纂醫宗金鑑七十四卷首一卷　（清）吳謙撰　清光緒三十二年（1906）上海文新書局石印本　十二冊　存四十一卷（一至十六、五十至七十四）

210000－0704－0000442　519.08/2829/7940

徐靈胎醫學全書　（清）徐大椿撰　清光緒三十三年（1907）上海章福記書局石印本　十

六冊

210000－0704－0000443　519.08/2829/7941

難經經釋二卷　（戰國）秦越人撰　（清）徐大椿釋　清光緒三十三年（1907）上海章福記書局徐靈胎醫學全書石印本　一冊

210000－0704－0000444　519.08/4422/7756

蘭臺軌範八卷洄溪醫案一卷慎疾芻言一卷（清）徐大椿撰　（清）王士雄編　清光緒十五年（1889）上海江左書林刻本　六冊

210000－0704－0000445　519.08/5000/41285

中西匯通醫書五種　（清）唐宗海撰　清光緒三十四年（1908）上海千頃堂書局石印本　十二冊

210000－0704－0000446　519.08/5000/7841

中西匯通醫書五種　（清）唐宗海撰　清光緒三十四年（1908）上海千頃堂書局石印本　十二冊

210000－0704－0000447　519.08/7760/20203

醫書　（清）徐大椿撰　清光緒十五年（1889）上海江左書林刻本　六冊　存五種（一至五）

210000－0704－0000448　519.1/0044/45479

辨證奇聞十卷　（清）錢松撰　清光緒三十一年（1905）寶善齋書莊石印本　六冊

210000－0704－0000449　519.1/7760/45402

醫學心悟六卷　（清）程國彭撰　清光緒六年（1880）埽葉山房刻本　六冊

210000－0704－0000450　519.11/6060/45471

圖註八十一難經辨眞九卷　（戰國）秦越人撰　（明）張世賢註　清道光二十八年（1848）信元堂刻本　四冊

210000－0704－0000451　519.11/6060/45475

圖註八十一難經四卷　（戰國）秦越人撰（明）張世賢註　清宣統二年（1910）上海茂記書莊石印本　四冊

210000－0704－0000452　519.2/4094/41342

圖註八十一難經四卷　（戰國）秦越人撰（明）張世賢註　清宣統二年（1910）上海茂記

書莊石印本　二冊

210000－0704－0000453　519.21/2822/40771

傷寒論集註六卷　（清）張志聰撰　（清）高世栻纂　清光緒二十五年（1899）石印本　六冊

210000－0704－0000454　519.3/0016/39417

瘡傷經驗全書十三卷　（宋）竇傑撰　（明）竇夢麟續增　清吳郡書業堂刻本　十冊

210000－0704－0000455　519.3/2722/40755

御纂醫宗金鑑十六卷　（清）吳謙撰　清光緒九年（1883）上海埽葉山房刻本　十六冊

210000－0704－0000456　519.35/3060/45205

傅氏眼科審視瑤函六卷首一卷　（明）傅仁宇纂　（明）林長生補　（明）傅維藩編　清宣統元年（1909）上海會文書局石印本　六冊

210000－0704－0000457　519.35/6703/39439

傅氏眼科審視瑤函六卷　（明）傅仁宇纂（明）林長生補　（明）傅維藩編　清姑蘇會文堂刻本　六冊

210000－0704－0000458　519.4/0021/45394

產科心法二卷　（清）汪喆撰　清光緒五年（1879）象山劉七賢堂刻本　二冊

210000－0704－0000459　519.4/2324/41624

傅青主先生女科二卷附產後編　（清）傅山撰　清光緒五年（1879）刻本　二冊

210000－0704－0000460　519.4/2324/41626

傅青主先生女科二卷附產後編　（清）傅山撰　清光緒五年（1879）刻本　二冊

210000－0704－0000461　519.4/2324/41661

傅青主女科二卷附產後編二卷　（清）傅山撰　清道光二十七年（1847）刻本　二冊

210000－0704－0000462　519.4/2324/45201

傅青主女科二卷附產後編二卷　（清）傅山撰　清光緒十一年（1885）文成堂刻本　四冊

210000－0704－0000463　519.4/2324/45398

傅青主男科二卷　（清）傅山撰　清光緒五年（1879）京都成興齋刻本　二冊

210000－0704－0000464　519.4/2324/45396

傅青主女科二卷　（清）傅山撰　清光緒二十二年(1896)京都成興齋刻本　二冊

210000－0704－0000465　519.4/3430/41673

簡明達生編四卷　（清）亟齋居士撰　清光緒二十二年(1896)虹螺居士抄本　二冊

210000－0704－0000466　519.4/7326/39427

胎產輯萃四卷　（清）汪嘉謨輯　清乾隆刻本　六冊

210000－0704－0000467　519.5/4832/19205

驚風辨證必讀書一卷　（清）莊一夔撰　清光緒二十七年(1901)上元江氏刻本　一冊

210000－0704－0000468　519.5/9000/21728

小兒推拿廣義三卷　（清）熊應雄輯　清金閶同文堂刻本　一冊　存一卷(上)

210000－0704－0000469　519.6/3612/4517

醫方湯頭歌括附經絡歌訣一卷　（清）汪昂撰　清光緒五年(1879)掃葉山房刻本　一冊

210000－0704－0000470　519.6/5023/45465

本草備要四卷　（清）汪昂撰　清光緒五年(1879)掃葉山房刻本　五冊

210000－0704－0000471　519.6/5023/45470

醫方湯頭歌括一卷　（清）汪昂撰　清光緒五年(1879)掃葉山房刻本　一冊

210000－0704－0000472　519.6/5023/9259

本草從新十八卷　（清）吳儀洛編　清光緒六年(1880)上海校經山房刻本　六冊

210000－0704－0000473　519.6/5090/9265

本草醫方合編三十四卷　（清）汪昂撰　清光緒十四年(1888)校經山房刻本　六冊

210000－0704－0000474　519.7/7833/45373

重訂驗方新編十八卷　（清）鮑相璈編　清光緒三十三年(1907)上海鑄記書局石印本　六冊

210000－0704－0000475　519.79/1010/41336

三家醫案合刻三卷　（清）葉天士撰　（清）吳金壽纂　清光緒三十三年(1907)上洋海左書局石印本　一冊

210000－0704－0000476　519.8/0011/45174

增補痘疹金鏡錄四卷　（明）翁仲仁撰　清道光二十年(1840)掃葉山房刻本　二冊

210000－0704－0000477　519.8/2643/7762

吳醫彙講十一卷　（清）唐大烈編　清嘉慶十九年(1814)校經山房刻本　四冊

210000－0704－0000478　519.8/4474/7980

薛氏醫按二十四種　（明）薛已等撰　（明）吳琯輯　清刻本　五冊　存六種

210000－0704－0000479　519.82/8315/45455

鍼灸大成十卷　（明）楊繼洲撰　清光緒六年(1880)掃葉山房刻本　十冊

210000－0704－0000480　519.82/8315/7968

鍼灸大成十卷　（明）楊繼洲撰　清光緒六年(1880)上海校經山房刻本　十冊

210000－0704－0000481　519/4480/41644

黃氏醫書八種　（清）黃元御撰　清同治五年(1866)成都刻本　十六冊

210000－0704－0000482　519/5064/41663

新刊醫林狀元壽世保元十卷　（清）龔廷賢編　清光緒十四年(1888)上洋掃葉山房刻本　十冊

210000－0704－0000483　531.1/5523/38562

農政全書六十卷　（明）徐光啟撰　清道光二十三年(1843)滬上曙海樓刻本　十九冊　存五十九卷(二至六十)

210000－0704－0000484　531/5523/7794

農桑輯要七卷　（元）司農司撰　清乾隆武英殿活字印本　四冊

210000－0704－0000485　534.4/1750/7813

秘傳花鏡六卷　（清）陳淏子輯　清同治八年(1869)萬卷樓刻本　六冊

210000－0704－0000486　534/0028/21747

佩文齋廣群芳譜一百卷　（明）王象晉編　（清）汪灝等重編　清刻本　二十六冊　存八十四卷

210000－0704－0000487　534/0028/21773

佩文齋廣群芳譜一百卷　（明）王象晉編
（清）汪灝等重編　清同治七年（1868）江左書
林刻本　六冊　存十二卷（天時譜一至六、穀
譜一至四、桑麻譜一至二）

210000－0704－0000488　535.25/1021/21729

新刊校正纂圖元亨療馬集六卷　（明）喻本元
（明）喻本亨撰　清刻本　一冊　存一卷
（五）

210000－0704－0000489　588.1/3111/51467

江湖尺牘輯要八卷　（清）虞世英輯　清刻本
一冊　存二卷（三至四）

210000－0704－0000490　620.2/3413/10595

漢文典七卷　（清）蕭山來撰　清光緒三十二
年（1906）上海商務印書館鉛印本　一冊

210000－0704－0000491　621/1010/45340

五方母音二卷　（清）樊騰鳳撰　（清）年希堯
增補　清咸豐六年（1856）京書行刻本　一冊

210000－0704－0000492　622/0861

說文解字十五卷　（漢）許慎撰　清初毛氏汲
古閣刻本　四冊

210000－0704－0000493　622/0861/22222

說文解字句讀三十卷　（清）王筠撰　清同治
四年（1865）涵芬樓刻本　十三冊　存二十八
卷（一至十八、二十一至三十）

210000－0704－0000494　622/0861/22235

說文解字句讀三十卷　（清）王筠撰　清同治
四年（1865）涵芬樓刻本　八冊　缺十二卷
（七至八、十三至十四、十七至二十、二十三至
二十四、二十七至二十八）

210000－0704－0000495　622/0861/38804

說文解字義證五十卷　（清）桂馥撰　清同治
九年（1870）湖北崇文書局刻本　三十二冊

210000－0704－0000496　622/0861/41028

說文解字繫傳四十卷　（南唐）徐鍇撰　說文
解字繫傳校勘記三卷　（清）祁寯藻撰　清道
光十九年（1839）刻本　八冊

210000－0704－0000497　622/2010/35700

六書通十卷　（明）閔齊伋撰　（清）畢弘述纂
清光緒十九年（1893）上海校經山房石印本
五冊

210000－0704－0000498　622/2191/38592

經籍纂詁一百六卷補遺一百六卷首一卷
（清）阮元撰　清光緒六年（1880）淮南書局補
刻本　四十冊

210000－0704－0000499　622/7744/45370

段氏說文注訂八卷　（清）鈕樹玉撰　清同治
十三年（1874）湖北崇文書局刻本　二冊

210000－0704－0000500　623/0023/18833

康熙字典四十二卷　（清）張玉書撰　清道光
七年（1827）刻本　三十一冊

210000－0704－0000501　623/0029/46793

康熙字典四十二卷　（清）張玉書撰　清光緒
二十四年（1898）上海文盛書局石印本　五冊

210000－0704－0000502　623/1021/46120

金沙劍光閣新刻增訂釋義經書便用通考雜字
二卷外卷一卷　（清）徐三省編　清同治十二
年（1873）劍光閣刻本　二冊

210000－0704－0000503　623/2896/45941

改良繪圖註釋一萬字文二卷　（清）□□撰
清光緒三十三年（1907）上海鍊石齋書局石印
本　二冊

210000－0704－0000504　623/8000/45943

繪圖正音注解八千字文一卷　（清）□□撰
清光緒三十二年（1906）刻本　一冊

210000－0704－0000505　625/2896/40875

繪圖蒙學造句實在易四卷　（清）□□撰　清
光緒三十一年（1905）上海彪蒙書室白譜講義
蒙學叢書本　二冊　存二卷（一至二）

210000－0704－0000506　627.2/0121/9464

龍文鞭影二集二卷　（清）李暉吉　（清）徐瀷
輯　清光緒三年（1877）掃葉山房刻本　二冊

210000－0704－0000507　627.2/0121/9462

龍文鞭影四卷　（明）蕭良有纂輯　（清）楊臣

静增訂 （清）李恩綬校補 清光緒十三年（1887）江南埽葉山房刻本 二冊

210000－0704－0000508 627.2/2472/18173

詳校新增繪圖幼學故事瓊林四卷首一卷 （明）程登吉撰 （清）鄒聖脈增補 清光緒三十年（1904）上海鴻寶齋石印本 一冊

210000－0704－0000509 705.3/2071/45967

對山書屋墨餘錄十六卷 （清）毛祥麟撰 清同治九年（1870）湖州醉六堂胡氏刻本 六冊

210000－0704－0000510 710.21/7210/45915

文心雕龍十卷 （南朝梁）劉勰撰 （明）楊慎批點 （清）張松孫輯註 清乾隆五十六年（1791）刻本 四冊

210000－0704－0000511 710.22/3708/14954

制義叢話二十四卷題名一卷 （清）梁章鉅撰 清咸豐九年（1859）知足知不足齋刻本 八冊

210000－0704－0000512 710.23/1043/10304

聲調三譜四卷 （清）王祖源輯 清光緒八年（1882）福山王氏刻天壤閣叢書本 四冊

210000－0704－0000513 710.3/2223/8982

詩材類對纂要四卷 （清）任德裕 （清）申贊皇箋 清道光四年（1824）綠蔭堂刻本 四冊

210000－0704－0000514 711.12/1042/12547

古唐詩合解十六卷 （清）王堯衢註 清光緒十一年（1885）掃葉山房刻本 八冊

210000－0704－0000515 711.12/2732/11940

歷朝二十五家詩錄三十七卷首一卷 （清）鄒湘倜輯 清光緒元年（1875）新化鄒氏得頤堂刻本 二十四冊

210000－0704－0000516 711.12/3474/39266

御選歷代詩餘一百二十卷 （清）沈辰垣 （清）王奕清等編 清康熙四十六年（1707）內府刻本 五十四冊

210000－0704－0000517 711.13/1167/20294

御選唐宋文醇五十八卷 （清）高宗弘曆選 （清）允祿輯 清光緒二十一年（1895）上海鴻文書局石印本 八冊

210000－0704－0000518 711.13/2624/26636

古文觀止十二卷 （清）吳乘權 （清）吳大職評選 清李光明莊刻本 六冊

210000－0704－0000519 711.13/2847/15447

古文淵鑒四十二卷 （清）聖祖玄燁選 （清）徐乾學編注 清康熙內府刻五色套印本 二十四冊

210000－0704－0000520 711.13/2847/21977

古文淵鑒六十四卷 （清）聖祖玄燁選 （清）徐乾學編注 清四色套印本 四冊 存十三卷（一至四、十七至十九、二十三至二十八）

210000－0704－0000521 711.13/2847/22449

古文淵鑒六十四卷 （清）聖祖玄燁選 （清）徐乾學編注 清四色套印本 六冊 存十六卷（二十至三十五）

210000－0704－0000522 711.13/4217/8273

古文辭類纂七十四卷 （清）姚鼐纂 清光緒十九年（1893）思賢講舍刻本 十二冊

210000－0704－0000523 711.13/4217/9771

古文辭類纂七十四卷 （清）姚鼐纂 清光緒三十三年（1907）上海商務印書館鉛印本 四冊

210000－0704－0000524 711.13/4418/10562

古文析義二編八卷 （清）林雲銘評註 清令德堂刻本 八冊

210000－0704－0000525 711.13/6641/10614

文選十二卷 （南朝梁）蕭統選 明萬曆二十九年（1601）三衢舒氏四泉刻本 六冊

210000－0704－0000526 711.13/6641/22085

文選五卷首一卷附考異十卷 （南朝梁）蕭統撰 （唐）李善注 清光緒二十一年（1895）寶文書局石印本 五冊 存十五卷（一至四、首一卷、考異十卷）

210000－0704－0000527 711.13/6641/22124

增訂昭明文選集成詳註六十卷首二卷 （南朝梁）蕭統撰 （清）方伯海評點 （清）陳孫

225

鵬補　（清）於惺介評註　清龍江書屋刻本
十六冊　存二十九卷（一至十四、二十八至四
十二）

210000－0704－0000528　711.13/6641/8624
文選六十卷　（南朝梁）蕭統撰　（唐）李善注
　考異十卷　（清）胡克家撰　清同治八年
（1869）廣東萃文堂刻本　二十四冊

210000－0704－0000529　711.2/2540/40737
詩經八卷　（宋）朱熹集傳　清光緒二十三年
（1897）文華堂刻本　四冊

210000－0704－0000530　711.2/2540/44947
詩經八卷　（宋）朱熹集傳　清光緒五年
（1879）掃葉山房刻本　四冊

210000－0704－0000531　711.2/2540/45048
詩經八卷　（宋）朱熹集傳　清光緒三十一年
（1905）埽葉山房刻本　四冊

210000－0704－0000532　711.2/7554/40731
詩經喈鳳詳解八卷圖說一卷　（清）陳抒孝輯
　（清）汪基增訂　清光緒三義堂刻本　六冊

210000－0704－0000533　711.22/0081/8572
詩經體註大全合㮠八卷　（清）高朝瓔纂輯
清光緒二十一年（1895）經文堂刻本　四冊

210000－0704－0000534　711.22/1032/12815
欽定詩經傳說彙纂二十一卷首二卷詩序二卷
　（清）王鴻緒撰　清光緒十四年（1888）江南
書局刻本　八冊　存十三卷（一至十一、首二
卷）

210000－0704－0000535　711.22/1032/19266
欽定詩經傳說彙纂二十一卷首二卷詩序二卷
　（清）王鴻緒撰　清同治七年（1868）刻本
十六冊

210000－0704－0000536　711.22/2540/14950
詩經八卷　（宋）朱熹集傳　清光緒二十二年
（1896）金陵書局刻本　四冊

210000－0704－0000537　711.22/2540/21378
詩經八卷圖一卷　（宋）朱熹集傳　清宣統三
年（1911）上海章福記石印本　四冊

210000－0704－0000538　711.22/2540/40840
詩經四卷　（宋）朱熹集傳　清掃葉山房刻本
　四冊

210000－0704－0000539　711.22/4420/8610
初刻黃維章先生詩經娜嬛體註八卷　（明）黃
文煥撰　清光緒十八年（1892）文瑞樓刻本
四冊

210000－0704－0000540　711.22/4442/8592
詩經精華十卷　（清）薛嘉穎輯　清同治元年
（1862）緯文堂刻本　八冊

210000－0704－0000541　711.22/4466/10127
韓詩外傳十卷　（漢）韓嬰撰　清光緒三年
（1877）湖北崇文書局刻本　二冊

210000－0704－0000542　711.22/4923/10168
毛詩辨韻五卷　（清）趙似祖撰　清道光二十
二年（1842）聽雲山館刻本　四冊

210000－0704－0000543　711.23/2540/22434
楚辭八卷　（宋）朱熹集注　清光緒元年
（1875）湖北崇文書局刻本　一冊　存三卷
（一至三）

210000－0704－0000544　711.31/6706/46031
文選六十卷　（南朝梁）蕭統撰　（唐）李善注
　清羊城翰墨園刻朱墨套印本　十冊　存三
十六卷（一至十一、十六至二十五、三十八至
五十二）

210000－0704－0000545　711.32/8064/21641
三十家詩鈔六卷　（清）曾國藩纂　（清）王定
安增輯　清宣統元年（1909）石印本　五冊
存五卷（二至六）

210000－0704－0000546　711.41/7731/9231
唐人三家集三十一卷　（清）秦恩復輯　清宣
統三年（1911）影印本　八冊

210000－0704－0000547　711.42/1042/41361
古唐詩合解十六卷　（清）王堯衢註　清光緒
十一年（1885）掃葉山房刻本　八冊

210000－0704－0000548　711.42/4434/10499
唐詩三百首註疏六卷　（清）孫洙編　（清）章

孿註　清掃葉山房刻本　　六冊

210000－0704－0000549　711.42/5530/1336

全唐詩不分卷　（清）彭定求輯　清道光十年
（1830）刻本　一百二十冊

210000－0704－0000550　711.42/5530/9572

全唐詩三十二卷　（清）彭定求輯　清光緒十
三年（1887）上海同文書局石印本　三十二冊

210000－0704－0000551　711.43/7547/8465

唐駢體文鈔十七卷　（清）陳均輯　清嘉慶二
十五年（1820）刻本　六冊

210000－0704－0000552　711.53/5558/20451

宋四六選二十四卷　（清）彭元瑞　（清）曹振
鏞輯　清宣統二年（1910）南通州翰墨林書局
鉛印本　十冊

210000－0704－0000553　711.72/1020/21088

嶺南三大家詩選二十四卷　（清）王隼撰　清
道光十九年（1839）萬卷樓刻本　四冊　存十
六卷（一至十、十九至二十四）

210000－0704－0000554　711.72/2584/39240

明詩綜一百卷　（清）朱彝尊輯　清康熙四十
四年（1705）六峰閣刻本　二十六冊

210000－0704－0000555　711.72/6702/38582

明文在一百卷　（清）薛熙纂　（清）何潔輯
清光緒十五年（1889）江蘇書局刻本　十冊

210000－0704－0000556　711.72/7560/13095

明詩紀事一百八十七卷　（清）陳田輯　清德
詩齋刻本　三十八冊

210000－0704－0000557　711.73/6724/10529

明文明二集不分卷　（清）路德輯　清光緒八
年（1882）刻本　四冊

210000－0704－0000558　711.73/6724/9639

明文明註釋不分卷　（清）路德輯　清光緒六
年（1880）掃葉山房刻本　四冊

210000－0704－0000559　711.8/1921/41592

遵化詩存八卷附補遺一卷　（清）孫贊元撰
清光緒十三年（1887）刻本　四冊

210000－0704－0000560　711.8/4031/40212

曝書亭集詞註七卷　（清）李富孫纂　清嘉慶
十九年（1814）校經廎刻本　四冊

210000－0704－0000561　711.8/4608/40242

曝書亭集詩註二十二卷年譜一卷　（清）楊謙
纂　清刻本　六冊

210000－0704－0000562　711.81/5531/8780

庶常館賦鈔不分卷　（清）曹福元等撰　清光
緒十五年（1889）刻本　二冊

210000－0704－0000563　711.82/0744/20588

擊鉢吟五集十卷　（清）□□輯　清刻本　七
冊　缺一卷（擊鉢吟偶存上）

210000－0704－0000564　711.82/1290/11194

曲江淚痕一卷　清光緒三十二年（1906）上海
著易堂鉛印本　一冊

210000－0704－0000565　711.82/2070/8353

九家詩詳註七卷　（清）毛履謙等註　清道光
十年（1830）錦繡閣刻本　四冊

210000－0704－0000566　711.82/2527/22490

回文類聚原編四卷首一卷另編一卷　（宋）桑
世昌纂　回文類聚續編十卷首一卷　（清）朱
象賢輯　清刻本　三冊　存七卷（一至二、首
一卷、續編二至五）

210000－0704－0000567　711.82/3688/10336

遊龍杖歌一卷　（清）湯金釗撰　清道光二十
八年（1848）刻本　一冊

210000－0704－0000568　711.82/4082/12589

隨園續同人集十七卷　（清）袁枚輯　清隨園
刻本　八冊

210000－0704－0000569　711.82/4440/10733

周遂昇圖款識不分卷　（清）葉志詵輯　清道
光刻本　一冊

210000－0704－0000570　711.82/4444/8894

詠樓盉戟集十一卷　（清）沈秉成編　清同治
十年（1871）歸安沈氏刻本　四冊

210000－0704－0000571　711.82/6724/22423

蘭言詩鈔四卷　（清）李瑞輯　（清）穆騰額註

釋　清光緒十二年(1886)埽葉山房刻本　三冊　存三卷(一、三至四)

210000－0704－0000572　711.82/6724/46974
蘭言詩鈔四卷　(清)李瑞輯　(清)殷毓註釋　清光緒五年(1879)上洋務本堂刻本　四冊

210000－0704－0000573　711.83/0742/46007
雙飛蝶不分卷　(清)□□輯　清同治十二年(1873)青雲樓刻本　一冊

210000－0704－0000574　711.83/1940/46053
八家四六文註八卷首一卷補注一卷　(清)吳鼒輯　(清)許貞幹註　清光緒十八年(1892)上海圖書集成局鉛印本　八冊

210000－0704－0000575　711.83/2647/19174
註釋八銘塾鈔初集二集不分卷　(清)吳懋政輯　清三讓堂刻本　十冊

210000－0704－0000576　711.83/2702/21515
五經文府不分卷　(清)伊立勳輯　清光緒二十年(1894)鴻寶齋石印本　十冊

210000－0704－0000577　711.83/2777/9071
文章遊戲四編八卷　(清)繆艮輯　清光緒元年(1875)藕花館刻本　八冊

210000－0704－0000578　711.83/3007/19167
小講一線穿成法一卷　(清)宜亭氏編　清道光二十七年(1847)刻本　一冊

210000－0704－0000579　711.83/3740/19617
墨選觀止不分卷附舉業要言三卷　(清)梁葆慶輯　清刻本　六冊

210000－0704－0000580　711.83/4010/21908
塾課小題正鵠全集三卷附蒲編堂訓蒙草一卷　(清)李元度輯　清光緒十八年(1892)掃葉山房刻本　七冊

210000－0704－0000581　711.83/4299/13716
皇朝駢文類苑十四卷首一卷　(清)姚燮輯　清光緒七年(1881)張壽榮刻本　二十冊

210000－0704－0000582　711.83/4400/41692
夢華廬賦海三十卷　(清)夢華廬主人選　清光緒十二年(1886)上海點石齋石印本　八冊

210000－0704－0000583　711.83/6110/21138
縮本增選多寶船不分卷　(清)點石齋主人增選　清光緒八年(1882)上海點石齋石印本　七冊

210000－0704－0000584　712.2/2600/45965
全唐詩□□卷　(清)彭定求輯　清刻本　一冊　存五卷(十一至十五)

210000－0704－0000585　712.2/4027/41369
海叟詩集四卷附集外詩一卷附錄一卷　(明)袁凱撰　(清)曹炳曾輯　清城書室刻本　二冊

210000－0704－0000586　712.2/7121/45991
三家詩補遺三卷　(清)阮元撰　清光緒二十四年(1898)長沙葉氏刻本　一冊

210000－0704－0000587　712.23/1003/13736
漢魏六朝百三名家集　(明)張溥輯　清善化藍天章氏刻本　三十一冊　存三十九種

210000－0704－0000588　712.31/2874/8484
徐孝穆全集六卷備考一卷　(南朝陳)徐陵撰　(清)吳兆宜箋注　(清)徐文炳補輯　清善化經濟書堂刻本　四冊

210000－0704－0000589　712.31/2874/8707
徐孝穆全集六卷　(南朝陳)徐陵撰　(清)吳兆宜箋注　清光緒四年(1878)西齋別墅刻本　四冊

210000－0704－0000590　712.31/5544/39559
曹子建集十卷　(三國魏)曹植撰　明刻本　四冊

210000－0704－0000591　712.32/7722/46376
陶靖節集八卷附錄一卷　(晉)陶潛撰　清光緒五年(1879)傳忠書舍刻本　二冊

210000－0704－0000592　712.41/1010/46378
玉溪生詩說二卷　(清)紀昀撰　清朱氏槐盧刻本　一冊　存一卷(下)

210000－0704－0000593　712.41/4453/1168
杜工部集二十卷首一卷　(唐)杜甫撰　清光緒二年(1876)粵東翰墨園刻五色套印本

十冊

210000－0704－0000594　712.41/7731/19173

駱賓王文集十卷附考異一卷　（唐）駱賓王撰
清道光十年(1830)石研齋影宋唐人三家集
叢書本　一冊

210000－0704－0000595　712.42/1020/20647

王摩詰詩集七卷　（唐）王維撰　（宋）劉辰翁
（清）顧璘評　清光緒五年(1879)碧琳琅館
刻朱墨套印本　二冊

210000－0704－0000596　712.42/1732/12794

孟浩然詩集二卷　（唐）孟浩然撰　（宋）劉辰
翁評　清光緒六年(1880)碧琳琅館刻朱墨印
本　二冊

210000－0704－0000597　712.42/2676/20612

白香山詩集四十二卷　（唐）白居易撰　（清）
汪立名編　清一隅草堂刻本　十二冊

210000－0704－0000598　712.42/2676/45017

**白香山詩長慶集二十卷後集十七卷別集一卷
補遺二卷**　（唐）白居易撰　（清）汪立名編
清一隅草堂刻本　六冊　存二十五卷(長慶
集十六至二十、後集十七卷、別集一卷、補遺
二卷)

210000－0704－0000599　712.42/4026/13999

李太白文集三十卷附錄六卷　（唐）李白撰
（清）王琦輯註　清聚錦堂刻本　二十冊

210000－0704－0000600　712.42/4026/22436

分類補註李太白詩二十五卷　（唐）李白撰
（明）許自昌甫校　清刻本　二冊　存八卷
(七至九、十三至十七)

210000－0704－0000601　712.42/4026/22463

李太白文集三十卷　（唐）李白撰　（清）王琦
輯註　清刻本　六冊　存十卷(十九至二十
八)

210000－0704－0000602　712.42/4453/9026

杜工部集二十卷首一卷　（唐）杜甫撰　（清）
錢謙益箋註　清宣統三年(1911)上海時中書
局石印本　八冊

210000－0704－0000603　712.51/1150/21905

柯山集五十卷　（宋）張耒撰　清刻本　一冊
存七卷(一至七)

210000－0704－0000604　712.51/4453/45122

坡仙集十六卷　（宋）蘇軾撰　明萬曆二十八
年(1600)繼志齋刻本　八冊

210000－0704－0000605　712.52/4433/10166

林和靖先生詩集四卷附錄一卷　（宋）林逋撰
清光緒二十一年(1895)婺原俞氏清蔭堂刻
本　二冊

210000－0704－0000606　712.52/4453/21092

蘇文忠詩合註五十卷　（宋）蘇軾撰　（清）馮
應榴輯　清刻本　九冊　存二十一卷(一至
六、十一至二十、四十一至四十二、四十五至
四十七)

210000－0704－0000607　712.52/4453/21097

蘇文忠詩合註五十卷　（宋）蘇軾撰　（清）馮
應榴輯　清光緒七年(1881)木假山堂刻本
五冊　存十四卷(九至二十二)

210000－0704－0000608　712.52/8022/9144

茶山集八卷　（宋）曾幾撰　清刻本　二冊

210000－0704－0000609　712.54/2523/12570

風月堂詩話二卷　（宋）朱弁撰　清詒經堂刻
本　一冊

210000－0704－0000610　712.61/1030/18417

拙軒集六卷　（金）王寂撰　清刻本　二冊

210000－0704－0000611　712.62/4624/9711

鐵崖三種二十六卷　（元）楊維楨撰　清宣統
二年(1910)埽葉山房石印本　十冊

210000－0704－0000612　712.71/2836/21118

青藤書屋文集三十卷　（明）徐渭撰　（明）袁
宏道編　清刻海山仙館叢書本　三冊　存十
六卷(一至五、八至十八)

210000－0704－0000613　712.71/4310/39563

戴東原集十二卷年譜一卷劄記一卷　（清）戴
震撰　（清）段玉裁編　清宣統二年(1910)渭
南嚴氏刻本　六冊

210000－0704－0000614　712.71/4625/13045

楊椒山先生集四卷自著年譜一卷　（明）楊繼盛撰　清刻本　四冊

210000－0704－0000615　712.71/4625/9740

楊椒山先生集四卷自著年譜一卷　（明）楊繼盛撰　清刻本　四冊

210000－0704－0000616　712.71/6682/8319

鈐山堂集四十卷　（明）嚴嵩撰　清嘉慶二十一年（1816）刻本　十冊

210000－0704－0000617　712.71/7532/8285

寶綸堂集十卷拾遺一卷　（清）陳洪綬撰　清光緒十四年（1888）取斯家塾活字印本　八冊

210000－0704－0000618　712.72/7744/20433

道援堂詩集十三卷補遺一卷　（清）屈大均撰　清刻本　八冊　存五卷（一至五）

210000－0704－0000619　712.73/2704/21471

壯悔堂文集十卷　（清）侯方域撰　（清）陳履中　（清）陳履平編　清刻本　八冊

210000－0704－0000620　712.73/7730/8908

春酒堂文集不分卷　（清）周容撰　清宣統二年（1910）國學扶輪社鉛印本　一冊

210000－0704－0000621　712.73/7749/22444

震川先生集三十卷別集十卷附錄一卷　（明）歸有光撰　清刻本　三冊　存二十一卷（六至十九、別集五至十、附錄一卷）

210000－0704－0000622　712.81/0121/8656

龔定盦文集三卷續集四卷補四卷補編四卷佚文一卷　（清）龔自珍撰　清光緒三十四年（1908）成都官書局刻本　六冊

210000－0704－0000623　712.81/0725/8257

養知書屋詩集十五卷文集二十八卷　（清）郭嵩燾撰　清光緒十八年（1892）刻本　十六冊

210000－0704－0000624　712.81/1073/9175

湘綺樓文集八卷詩集十四卷箋啟八卷　王闓運撰　清宣統二年（1910）上海國學扶輪社石印本　十二冊

210000－0704－0000625　712.81/2630/8733

紫石泉山房文集十二卷詩鈔三卷　（清）吳定撰　清光緒十三年（1887）黟縣李氏刻本　四冊

210000－0704－0000626　712.81/2633/13136

秋笳集八卷　（清）吳兆騫撰　清康熙徐乾學刻雍正四年（1726）吳桭臣增刻本　四冊

210000－0704－0000627　712.81/2767/10448

紀文達公文集十六卷首一卷　（清）紀昀撰　（清）孫樹馨編　清道光三十年（1850）小嬛嬛山館刻本　八冊

210000－0704－0000628　712.81/4001/19333

童山詩集四十二卷文集二十卷　（清）李調元撰　清光緒十五年（1889）萬卷樓刻本　十二冊

210000－0704－0000629　712.81/4048/20702

隨園三十種　（清）袁枚撰　清同治八年（1869）經綸堂刻本　三十冊　存二十四種

210000－0704－0000630　712.81/4224/14382

墨香閣文集十三卷首一卷末一卷　（清）彭維新撰　清刻本　六冊

210000－0704－0000631　712.81/4401/14150

樂道堂集十六卷　（清）奕訢撰　清刻本　十六冊

210000－0704－0000632　712.81/4444/10800

莫氏家集五種　（清）莫友芝撰　清咸豐二年（1852）遵義湘川講舍刻同治五年（1866）江甯三山客舍重修本　五冊

210000－0704－0000633　712.81/7244/8743

養晦堂詩集二卷文集十卷思辨錄疑義一卷　（清）劉蓉撰　清光緒三年（1877）思賢講舍刻本　七冊

210000－0704－0000634　712.81/7521/13658

石遺室叢書十八種　陳衍撰　清光緒至民國刻石遺室叢書本　八冊　存四種二十八卷（石遺室詩集十卷、補遺一卷、朱絲詞二卷，文集十二卷，木庵文集一卷、文續集一卷、文三集一卷）

210000－0704－0000635　712.81/8023/8782

曾惠敏公遺集四種　（清）曾紀澤撰　清光緒十九年（1893）江南製造總局刻本　八冊

210000－0704－0000636　712.81/8030/21121

鮚埼亭集外編五十卷　（清）全祖望撰　清刻本　十二冊　存三十四卷（十七至五十）

210000－0704－0000637　712.81/8030/21134

鮚埼亭詩集十卷　（清）全祖望撰　清光緒十六年（1890）刻本　三冊　存七卷（四至十）

210000－0704－0000638　712.81/8308/8383

錢牧齋全集三種　（清）錢謙益撰　（清）錢曾箋註　清宣統二年（1910）上海文明書局鉛印本　四十冊

210000－0704－0000639　712.81/8799/18097

板橋詩鈔三卷詞鈔一卷小唱一卷題畫一卷家書一卷　（清）鄭燮撰　清同治七年（1868）大文堂刻本　四冊

210000－0704－0000640　712.82/0047/20430

思補堂試帖四卷續集二卷　（清）文格撰　清咸豐十年（1860）刻同治十三年（1874）續刻本　六冊

210000－0704－0000641　712.82/0813/11670

雪莊西湖魚唱一卷　（清）許承祖撰　清乾隆刻本　二冊

210000－0704－0000642　712.82/1042/10200

尊道堂詩鈔八卷　（清）王材任撰　清陳大章玉照亭刻本　六冊

210000－0704－0000643　712.82/2350/9122

霜紅龕詩鈔不分卷　（清）傅山撰　清乾隆三十二年（1767）仰止軒刻本　二冊

210000－0704－0000644　712.82/2514/9781

怡志堂詩初編八卷　（清）朱琦撰　清咸豐七年（1857）刻本　三冊

210000－0704－0000645　712.82/2767/19315

紀文達公遺集十六卷　（清）紀昀撰　（清）孫樹馨編　清刻本　八冊

210000－0704－0000646　712.82/3014/18143

知足知不足齋詩存一卷　（清）寶琳撰　清光緒二十七年（1901）刻本　一冊

210000－0704－0000647　712.82/3017/9141

味經書屋詩存不分卷　（清）寶珣撰　清光緒二十七年（1901）刻本　二冊

210000－0704－0000648　712.82/3144/12568

綠萼梅齋遺稿二卷　（清）馮朝彬撰　清咸豐五年（1855）抱經堂刻本　二冊

210000－0704－0000649　712.82/3722/12567

兩般秋雨庵詩選不分卷　（清）梁紹壬撰　清宣統二年（1910）南陵徐乃昌刻本　一冊

210000－0704－0000650　712.82/4027/10092

石泉書屋全集六種　（清）李佐賢撰　清咸豐、光緒利津李氏刻本　十四冊

210000－0704－0000651　712.82/4035/19186

天遊閣詩集二卷　（清）顧太清撰　清宣統元年（1909）南陵徐乃昌刻本　一冊

210000－0704－0000652　712.82/4068/21113

受祺堂詩三十五卷　（清）李因篤撰　清刻本　六冊　存十九卷（十七至三十五）

210000－0704－0000653　712.82/4430/11690

六一山房詩集十卷　（清）董沛撰　清同治十三年（1874）雙鐵蕉館鄭氏刻本　二冊

210000－0704－0000654　712.82/4431/10298

壺舟詩存五卷附二卷　（清）黃濬撰　清道光四年（1824）謙六堂刻本　四冊

210000－0704－0000655　712.82/4448/22384

忠雅堂詩集二十七卷　（清）蔣士銓撰　清刻本　二冊　存六卷（二十至二十五）

210000－0704－0000656　712.82/4460/18386

河間試律矩二卷　（清）紀昀撰　（清）林昌評註　清嘉慶十一年（1806）書業堂刻本　二冊

210000－0704－0000657　712.82/4610/10527

月塘書屋詩存十一卷　（清）楊延亮撰　清道光二十一年（1841）刻本　二冊

210000－0704－0000658　712.82/4649/20587

芙蓉山館詩鈔八卷補鈔一卷詞鈔二卷 （清）楊芳燦撰 清嘉慶刻本 一冊 存六卷（一至六）

210000－0704－0000659 712.82/4767/10613
葆璞堂詩集四卷 （清）胡煦撰 清乾隆三十七年（1772）刻本 一冊

210000－0704－0000660 712.82/4878/11112
御製圓明園圖詠二卷 （清）高宗弘曆撰 （清）鄂爾泰注 清光緒十三年（1887）天津石印書屋石印本 二冊

210000－0704－0000661 712.82/4880/21980
柏梘山房詩集十卷 （清）梅曾亮撰 清刻本 一冊 存四卷（七至十）

210000－0704－0000662 712.82/4911/20221
雲石遺稿十卷 （清）趙寅永撰 清刻本 五冊

210000－0704－0000663 712.82/4917/21080
甌北集五十三卷 （清）趙翼撰 清刻本 八冊 存三十四卷（六至二十三、三十三至四十八）

210000－0704－0000664 712.82/4917/8558
甌北詩鈔二十卷 （清）趙翼撰 清刻本 十冊

210000－0704－0000665 712.82/5044/19180
爾爾書屋詩草八卷 （清）史夢蘭撰 清光緒元年（1875）止園刻本 二冊

210000－0704－0000666 712.82/6030/18144
晉齋詩存二卷 （清）昇寅撰 清咸豐四年（1854）刻本 二冊

210000－0704－0000667 712.82/7175/21968
秋藥庵詩集七卷 （清）馬履泰撰 清嘉慶二十二年（1817）刻本 一冊

210000－0704－0000668 712.82/7530/20578
向日堂詩集十六卷 （清）陳寅撰 清道光二年（1822）刻本 七冊

210000－0704－0000669 712.82/7753/8836
周若山先生詩存十卷 （清）周靜遠撰 清道

光七年（1827）刻本 二冊

210000－0704－0000670 712.82/7782/10156
屈翁山詩集八卷詞一卷 （清）屈大均撰 清康熙研露齋刻本 四冊

210000－0704－0000671 712.82/8718/9777
巢經巢詩鈔九卷後集四卷 （清）鄭珍撰 清光緒三十一年（1905）獨山莫氏刻本 四冊

210000－0704－0000672 712.82/8799/45030
板橋集六卷 （清）鄭燮撰 清酉山堂刻本 三冊 存四卷（一至三、五）

210000－0704－0000673 712.83/1020/9649
虛受堂文集十六卷 王先謙撰 清宣統二年（1910）國學書社石印本 六冊

210000－0704－0000674 712.83/1138/12792
濂亭文集八卷 （清）張裕釗撰 清光緒八年（1882）查氏木漸齋刻本 二冊

210000－0704－0000675 712.83/2514/10366
來鶴山房文鈔二卷 （清）朱琦撰 清咸豐四年（1854）臨桂唐氏涵通樓刻本 二冊

210000－0704－0000676 712.83/2514/22105
怡志堂文初編六卷 （清）朱琦撰 清刻本 一冊 存三卷（一至三）

210000－0704－0000677 712.83/2645/20585
桐城吳先生文集四卷詩集一卷 （清）吳汝綸撰 清光緒三十年（1904）吳氏刻本 二冊 存三卷（一至三）

210000－0704－0000678 712.83/2684/9044
柈湖文集十二卷 （清）吳敏樹撰 清光緒十九年（1893）思賢講舍刻本 四冊

210000－0704－0000679 712.83/2741/20608
藝風堂文集七卷外集一卷 繆荃孫撰 清光緒二十六年（1900）刻本 八冊

210000－0704－0000680 712.83/3191/9227
亭林文集六卷餘集一卷 （清）顧炎武撰 清山隱居刻本 四冊

210000－0704－0000681 712.83/4010/12734

天嶽山館文鈔四十卷　（清）李元度撰　清光緒六年(1880)爽溪精舍刻本　十六冊

210000－0704－0000682　712.83/4048/11220

越縵堂駢體文四卷散體文一卷　（清）李慈銘撰　清光緒二十三年(1897)刻本　四冊

210000－0704－0000683　712.83/7522/8485

陳檢討集二十卷　（清）陳維崧撰　（清）程師恭註　清同治六年(1867)古桂山房刻本　八冊

210000－0704－0000684　712.83/7528/9155

陳學士文集十八卷　（清）陳儀撰　清乾隆十八年(1753)蘭雪齋刻本　八冊

210000－0704－0000685　712.84/1043/20537

帶經堂詩話三十卷首一卷　（清）王士禎撰　（清）張宗柟輯　清同治十二年(1873)廣州藏脩堂刻本　六冊　存十五卷(一、五至七、十一至十七、二十八至三十,首一卷)

210000－0704－0000686　712.84/4005/21925

海山詩屋詩話十卷　（清）李文泰輯　清光緒四年(1878)粵東羊城森寶閣鉛印本　四冊

210000－0704－0000687　712.84/4487/22421

樵隱詩話十卷　（清）林鈞撰　清刻本　二冊　存四卷(五至六、九至十)

210000－0704－0000688　712.84/7750/3828

遼詩話二卷　（清）周春輯　清嘉慶二年(1797)藏修書屋刻本　二冊

210000－0704－0000689　712/3077/8941

空同詩選一卷　（明）李夢陽撰　（明）楊慎評　明閔齊伋刻朱墨套印本　一冊

210000－0704－0000690　713.1/1036/20209

國朝詞綜四十八卷二集八卷　（清）王昶纂　清光緒二十八年(1902)金匱浦氏刻本　十二冊

210000－0704－0000691　713.1/2528/10206

明詞綜十二卷　（清）王昶纂　清光緒二十八年(1902)金匱浦氏刻本　二冊

210000－0704－0000692　713.1/6023/21971

宋名家詞六十一種　（明）毛晉輯　清刻本　六冊　存十種

210000－0704－0000693　713.1/7730/8536

絕妙好詞箋七卷　（宋）周密輯　（清）查為仁（清）厲鶚箋　續鈔一卷　（清）余集輯　又續鈔一卷　（清）徐楙補錄　清刻本　四冊

210000－0704－0000694　713.2/0000/21997

稼軒長短句十二卷　（宋）辛棄疾撰　清四印齋刻本　一冊　存六卷(一至六)

210000－0704－0000695　713.2/2683/10492

有正味齋詞集八卷　（清）吳錫麒撰　清宣統元年(1909)掃葉山房石印本　三冊

210000－0704－0000696　713.2/4923/21995

花間集十卷　（五代）趙崇祚輯　清光緒十四年(1888)昭武徐氏刻本　一冊　存五卷(六至十)

210000－0704－0000697　713.2/7710/12791

水流雲在館詞鈔四卷　（清）周天麟撰　月樓琴語一卷　（清）簫恒貞撰　清光緒二十一年(1895)刻本　一冊

210000－0704－0000698　713.3/6026/41641

蓮子居詞話四卷　（清）吳衡照輯　清道光十二年(1832)汪氏振綺堂刻本　一冊

210000－0704－0000699　713.4/0000/46250

詞律二十卷　（清）萬樹撰　詞律拾遺八卷（清）徐本立撰　詞律補遺一卷　（清）杜文瀾編　清光緒二年(1876)吳下刻本　十二冊

210000－0704－0000700　713.5/7577/1516

新鐫古今大雅南宮詞記六卷　（明）陳所聞輯　明萬曆三十三年(1605)陳氏繼志齋刻本　六冊

210000－0704－0000701　713.5/7577/1522

新鐫古今大雅北宮詞記六卷　（明）陳所聞輯　明萬曆三十二年(1604)陳氏繼志齋刻本　六冊

210000－0704－0000702　713.8/0441/45085

顧曲錄四卷　（清）謝嘉玉輯　清光緒七年

（1881）徐氏八杉齋刻本　　二冊

210000－0704－0000703　　714.3/0067/559

繪風亭評第七才子書琵琶記六卷附寫情篇一卷釋義一卷　（元）高明撰　（清）毛宗崗評（清）陳方平輯　清英秀堂刻本　　六冊

210000－0704－0000704　　714.3/1035/237

吳吳山三婦評箋注釋聖歎第六才子書八卷（元）王德信撰　（清）金人瑞批點　清金古園刻本　　六冊

210000－0704－0000705　　714.3/1035/684

西廂記八卷附西廂文一卷　　（元）王實甫撰（清）金聖嘆批點　清嘉慶二十二年（1817）裕文堂刻本　　六冊

210000－0704－0000706　　714.3/3663/1100

玉茗堂還魂記二卷　（明）湯顯祖撰　清乾隆五十年（1785）冰絲館刻本　　二冊

210000－0704－0000707　　714.3/3663/285

吳吳山三婦合評牡丹亭還魂記二卷　（明）湯顯祖撰　　清康熙夢園刻本　　四冊

210000－0704－0000708　　714.3/3663/576

南柯記二卷　（明）湯顯祖撰　明萬曆刻本二冊

210000－0704－0000709　　714.3/4480/695

焚香記二卷　（明）王玉峯撰　清刻本　　二冊

210000－0704－0000710　　714.4/3010/692

空山夢二卷　（清）范元亨撰　清光緒十七年（1891）良鄉縣官廨刻本　　一冊

210000－0704－0000711　　714.4/4023/575

墨憨齋重定西樓楚江情傳奇二卷　（明）袁白賓撰　　清刻本　　一冊

210000－0704－0000712　　714.4/4433/690

帝女花二卷　（清）查仲誥正譜　（清）黃燮清填詞　（清）諸嘉果評文　清道光十三年（1833）馴雲閣刻本　　二冊

210000－0704－0000713　　715.3/0861/19635

說鈴後集二十七卷　（清）吳震方輯　清刻本　　十冊

210000－0704－0000714　　715.3/1026/44963

冶官記異六卷　（清）王侃撰　清道光二十六年（1846）曲溪草堂刻本　　六冊

210000－0704－0000715　　715.3/1031/44991

癡人說夢二卷　（清）王寶奮撰　清同治十年（1871）快樂軒刻本　　一冊

210000－0704－0000716　　715.3/1241/21915

餘墨偶談八卷　（清）孫檿編　清同治十年（1871）羊城刻本　　二冊　存四卷（一至二、五至六）

210000－0704－0000717　　715.3/2060/22397

香豔叢書　（清）蟲天子輯　清宣統中國學扶輪社鉛印本　　六冊　存三集（第一集、第二集、第十八集部分）

210000－0704－0000718　　715.3/2287/634

耳食録十二卷　（清）樂鈞撰　清同治八年（1869）藏脩堂刻本　　六冊

210000－0704－0000719　　715.3/2357/44969

閒談消夏録十二卷　（清）朱翊清撰　　清同治十三年（1874）翠筠山房刻本　　三冊　存五卷（一至三、十、十一上）

210000－0704－0000720　　715.3/2507/185

閒談消夏録十二卷　（清）朱翊清撰　　清同治十三年（1874）翠筠山房刻本　　十二冊

210000－0704－0000721　　715.3/2590/45904

妄妄録十二卷　（清）朱海撰　清道光十年（1830）刻本　　六冊

210000－0704－0000722　　715.3/2610/20310

說鈴　（清）吳震方輯　清嘉慶四年（1799）刻本　　十六冊　存三十二種

210000－0704－0000723　　715.3/2610/20326

說鈴　（清）吳震方輯　　清嘉慶四年（1799）刻本　　十七冊　存三十七種

210000－0704－0000724　　715.3/2640/22204

說鈴二十五種　（清）吳震方輯　　清大酉山房刻本　　六冊　存十七種

210000－0704－0000725　　715.3/2647/9311

客窗閒話八卷 （清）吳熾昌撰 清光緒元年（1875）味經堂刻本 八冊

210000－0704－0000726 715.3/2737/21930

桐陰清話八卷 （清）倪鴻撰 清同治十三年（1874）申江刻本 三冊 存六卷（一至二、五至八）

210000－0704－0000727 715.3/2767/1070

閱微草堂筆記二十四卷 （清）紀昀撰 清道光十三年（1833）羊城紀曉嵐先生筆記五種本 十冊

210000－0704－0000728 715.3/2802/21456

玉芝堂談薈三十六卷 （清）徐應秋輯 清蒨園刻本 十五冊 存十六卷（一至六、八至九、二十九至三十六）

210000－0704－0000729 715.3/3110/21935

顧氏明朝四十家小說四十一種 （明）顧元慶輯 清宣統三年（1911）上海國學扶輪社鉛印本 七冊 存三十五種

210000－0704－0000730 715.3/3126/45922

秋燈叢話十八卷 （清）王椷撰 清嘉慶十七年（1812）刻本 六冊

210000－0704－0000731 715.3/3214/46070

秋坪新語□□卷 （清）浮槎散人編 清刻本 二冊 存七卷（一至七）

210000－0704－0000732 715.3/3411/46072

近事叢殘四卷 （明）沈瓚編 清刻本 二冊 存二卷（一至二）

210000－0704－0000733 715.3/3447/35

諧鐸十二卷 （清）沈起鳳撰 清同治五年（1866）刻本 四冊

210000－0704－0000734 715.3/3447/39

諧鐸十二卷 （清）沈起鳳撰 清刻本 六冊

210000－0704－0000735 715.3/3484/20732

堅瓠集五集四卷六集四卷八集四卷 （清）褚人穫纂 清四雪草堂刻本 四冊 存八卷（五集四卷、六集一至二、八集一至二）

210000－0704－0000736 715.3/3708/10196

浪跡叢談十一卷 （清）梁章鉅撰 清刻本 四冊

210000－0704－0000737 715.3/3719/46412

北東園筆錄全集二十四卷 （清）梁恭辰撰 清光緒二十一年（1895）京都善成堂刻本 八冊

210000－0704－0000738 715.3/3824/46241

里乘十卷 （清）許奉恩撰 清光緒五年（1879）抱芳閣刻本 九冊 存九卷（一、三至十）

210000－0704－0000739 715.3/4060/323

太平廣記五百卷 （宋）李昉撰 清嘉慶十一年（1806）姑蘇聚文堂刻本 六十四冊

210000－0704－0000740 715.3/4227/45130

譚史志奇八卷 （清）姚崑厓輯 清光緒十四年（1888）五知堂刻本 四冊

210000－0704－0000741 715.3/4414/45696

墨餘書異八卷 （清）蔣知白撰 清三益堂刻本 四冊

210000－0704－0000742 715.3/4442/44987

聊齋志異新評十六卷 （清）蒲松齡撰 （清）王士正評 （清）但明倫新評 清同治八年（1869）羊城青雲樓刻朱墨套印本 四冊 存四卷（一至四）

210000－0704－0000743 715.3/4442/9

聊齋志異新評十六卷 （清）蒲松齡撰 （清）王士正評 （清）但明倫新評 清道光二十二年（1842）廣順但氏刻朱墨套印本 十六冊

210000－0704－0000744 715.3/4463/44992

寄蝸殘贅十六卷 （清）葵愚道人纂 清同治十一年（1872）不懼無悶齋刻本 八冊

210000－0704－0000745 715.3/4480/45946

金壺七墨六種 （清）黃鈞宰撰 清同治十二年（1873）刻本 六冊

210000－0704－0000746 715.3/4483/8431

金壺七墨六種 （清）黃鈞宰撰 清同治十二年（1873）刻本 六冊

235

210000－0704－0000747　715.3/4944/22359
寄園寄所寄十二卷　（清）趙吉士輯　清刻本
　八冊　存七卷（五、七至十二）

210000－0704－0000748　715.3/5514/46700
諧鐸十二卷　（清）沈起鳳撰　清光緒二十三
年(1897)刻本　四冊

210000－0704－0000749　715.3/7423/21901
冷廬雜識八卷　（清）陸以湉撰　清刻本　四
冊　存四卷（二至三、五、七）

210000－0704－0000750　715.3/7438/11192
老學庵筆記十卷　（宋）陸遊撰　清光緒三年
(1877)湖北崇文書局刻本　二冊

210000－0704－0000751　715.3/7438/21906
老學庵筆記二卷　（宋）陸遊撰　清宣統三年
(1911)掃葉山房石印本　二冊

210000－0704－0000752　715.3/7442/21829
續太平廣記八卷　（清）陸壽名集　清刻本
三冊　存三卷（二至三、八）

210000－0704－0000753　715.3/7442/405
續太平廣記八卷　（清）陸壽名集　清嘉慶五
年(1800)懷德堂刻本　八冊

210000－0704－0000754　715.3/7560/21970
曠齋雜記八卷　（清）陳雲撰　清道光九年
(1829)度帆樓刻本　一冊　存四卷（一至四）

210000－0704－0000755　715.3/7730/12785
浩然齋雅談三卷　（宋）周密撰　清刻本
一冊

210000－0704－0000756　715.3/8033/46411
廣新聞八卷　（清）無悶居士編　清刻本　一
冊　存四卷（五至八）

210000－0704－0000757　715.5/8323/149
增訂精忠演義說本全傳二十卷八十回　（清）
錢彩撰　清晉祁書業堂刻本　十六冊

210000－0704－0000758　715.5/0810/45052
第五才子書水滸傳七十五卷七十回　（元）施
耐庵撰　清刻本　七冊　存二十四卷（四至
二十七）

210000－0704－0000759　715.5/0814/535
評論出像水滸傳二十卷七十回　（元）施耐庵
撰　清刻本　二十冊

210000－0704－0000760　715.5/0821/165
新刻鍾伯敬先生批評封神演義二十卷一百回
　（明）許仲琳撰　（明）鍾惺批評　清品文堂
刻本　二十冊

210000－0704－0000761　715.5/0821/721
新刻鍾伯敬先生批評封神演義十九卷　（明）
許仲琳撰　清康熙四雪草堂刻本　二十冊

210000－0704－0000762　715.5/2144/22112
新鐫玉茗堂批點按鑑參補楊家將傳十卷五十
回　（清）研石山樵訂正　清同治十一年
(1872)經綸堂刻本　四冊

210000－0704－0000763　715.5/2144/247
新鐫玉茗堂批點按鑑參補北宋志傳十卷五十
回　（明）熊大木撰　清刻本　十冊

210000－0704－0000764　715.5/2144/257
新鐫玉茗堂批點按鑑參補南宋志傳十卷五十
回北宋志傳十卷五十回　（明）熊大木撰　清
京都文元堂刻本　十冊

210000－0704－0000765　715.5/2144/267
新鐫玉茗堂批點按鑑參補南宋志傳十卷五十
回北宋志傳十卷五十回　（明）熊大木撰　清
京都文元堂刻本　十冊

210000－0704－0000766　715.5/2458/145
義俠好逑傳四卷十八回　（□）名教中人編
清善成堂刻本　四冊

210000－0704－0000767　715.5/2616/1015
西遊真詮一百回　（清）陳士斌詮解　清翠筠
山房刻本　二十冊

210000－0704－0000768　715.5/2836/511
繡像京本雲合奇蹤玉茗英烈全傳十卷八十回
　（明）徐渭編　清刻本　四冊

210000－0704－0000769　715.5/3140/21859
繡像東周列國志二十七卷一百八回　（清）蔡
元放評點　清光緒三十二年(1906)上海商務印

書館鉛印本　十二冊

210000－0704－0000770　715.5/3140/22547
東周列國志二十三卷一百八回　（清）蔡奡評點　清經綸堂刻本　九冊　存九卷（十三、十五至十九、二十一至二十三）

210000－0704－0000771　715.5/3140/46504
繡像東周列國志二十七卷一百八回　（清）蔡奡評點　清光緒三十二年（1906）上海商務印書館鉛印本　一冊　存二卷（一至二）

210000－0704－0000772　715.5/3338/1084
新鐫批評出像通俗奇俠禪真逸史八卷四十回　（明）方汝浩撰　清文新堂刻本　十一冊　存三十七回（一至三十七）

210000－0704－0000773　715.5/3338/277
新刻批評東漢演義八卷三十二回　（清）清遠道人編　清善成堂刻本　七冊　存七卷（二至八）

210000－0704－0000774　715.5/4014/289
夢中緣四卷十五回　（清）李修行撰　清崇德堂刻本　四冊

210000－0704－0000775　715.5/4014/555
夢中緣四卷十五回　（清）李修行撰　清有益堂刻本　四冊

210000－0704－0000776　715.5/4031/10541
鏡花緣二十卷一百回　（清）李汝珍撰　清道光二十二年（1842）英德堂刻本　二十一冊

210000－0704－0000777　715.5/4031/77
繪圖鏡花緣一百回　（清）李汝珍撰　清光緒十六年（1890）上海石印本　六冊

210000－0704－0000778　715.5/4248/1048
新刻天花藏批評平山冷燕四卷二十回　（清）荻岸散人編　清經綸堂刻本　二冊

210000－0704－0000779　715.5/4248/53
新刻天花藏批評平山冷燕四卷二十回　（清）荻岸散人編　清經綸堂刻本　四冊

210000－0704－0000780　715.5/4248/693
新刻天花藏批評玉嬌梨四卷二十回　（清）荻岸散人編　清寶華樓刻本　二冊

210000－0704－0000781　715.5/4438/701
四雪草堂重訂通俗隋唐演義二十卷　（清）褚人穫撰　清康熙四雪草堂刻本　二十冊

210000－0704－0000782　715.5/4442/48
醒世姻緣一百回　（清）西周生輯　清同德堂刻本　二十冊

210000－0704－0000783　715.5/4474/1043
新刻異說南唐演義全傳十卷一百回　（清）如蓮居士編　清刻本　五冊

210000－0704－0000784　715.5/6075/10208
殘唐五代史演義傳十二卷六十回　（明）羅貫中撰　（明）李贄批評　清光緒十三年（1887）京都老二酉堂刻本　六冊

210000－0704－0000785　715.5/6075/515
四大奇書第一種十九卷一百二十回　（明）羅貫中撰　（清）毛宗崗評　清京都琉璃廠寶經堂刻本　二十冊

210000－0704－0000786　715.5/7537/25
雪月梅傳奇十卷五十回　（清）陳朗撰　（清）董孟汾評釋　清聚錦堂刻本　十冊

210000－0704－0000787　715.5/7774/413
繡像三國演義續編十二卷　（清）陳氏評釋　清光緒十九年（1893）上海文玉山房鉛印本　八冊

210000－0704－0000788　715.5/8045/311
結水滸全傳七十卷七十回末一卷　（清）俞萬春撰　清咸豐七年（1857）刻本　二十四冊

210000－0704－0000789　715.5/9408/697
異說征西演義全傳六卷四十回　（清）恂莊主人編　清福文堂刻本　四冊

210000－0704－0000790　715.5/9790/569
新刻二度梅奇說全集六卷四十回　（清）惜陰堂主人編　清同治十一年（1872）文益堂刻本　六冊

210000－0704－0000791　715.7/1104/45109
螺江日記八卷續編四卷　（清）張文虎撰　清

光緒八年（1882）八杉齋刻本　四冊

210000－0704－0000792　716.1/000/45494

海瑞出世大紅袍十卷　清刻本　一冊　存七卷（一至七）

210000－0704－0000793　716.1/0000/40877

海公奇案傳八種　清刻本　二冊　存四種

210000－0704－0000794　716.1/0000/45013

新刻正粵謳解心不分卷　清光緒二十九年（1903）五桂堂刻本　一冊

210000－0704－0000795　716.1/0000/45491

繡像詩髻緣四卷十二回　（清）□□撰　清同治五年（1866）刻本　三冊　存三卷（一、三至四）

210000－0704－0000796　716.1/1000/41316

繡像一捧雪全傳八卷三十二回　清澄碧軒刻本　七冊　存七卷（一至二、四至八）

210000－0704－0000797　716.1/1010/393

新刻五毒傳十二卷　清二友堂刻本　十二冊

210000－0704－0000798　716.1/1370/205

新刻玉釧緣全傳三十二卷二百三十四回　清道光二十二年（1842）刻本　三十二冊

210000－0704－0000799　716.1/1730/45094

繡像金如意五卷　清道光二年（1822）漱芳軒刻本　三冊　存三卷（一至三）

210000－0704－0000800　716.1/2224/44976

繡像倭袍傳十二卷一百回　清刻本　十一冊　缺一卷（四）

210000－0704－0000801　716.1/2410/1184

再生緣全傳二十卷　（清）陳端生撰　清道光二年（1822）寶仁堂刻本　四十冊

210000－0704－0000802　716.1/4694/22388

二十一史彈詞輯註十卷　（明）楊慎編　（清）孫德威輯註　清硯豐齋刻本　一冊　存五卷（一至五）

210000－0704－0000803　716.2/1010/44928

新編繪圖三國志八卷四十二回　清光緒三十

四年（1908）上海玉麟書局石印本　八冊

210000－0704－0000804　716.4/1122/44972

繡像鳳凰圖六卷　清同治三年（1864）味蘭軒刻本　四冊　存三卷（一、三至四）

210000－0704－0000805　717.1/0000/46196

韻鶴軒雜著二卷　（清）□□撰　清刻本　一冊　存一卷（下）

210000－0704－0000806　717.7/0863/40451

增注秋水軒尺牘四卷　（清）許思湄撰　（清）婁世瑞注　（清）寄虹軒主人輯　清光緒三十三年（1907）點石齋書局石印本　二冊

210000－0704－0000807　717.7/4039/21064

左文襄公書牘節要二十六卷　（清）左宗棠撰　清光緒二十八年（1902）刻本　十一冊　存二十四卷（一至四、七至二十六）

210000－0704－0000808　811.4/2721/10664

佩文齋書畫譜一百卷　（清）王原祁　（清）孫嶽頒等纂輯　清康熙四十七年（1708）內府刻本　六十四冊

210000－0704－0000809　811.46/2093/10966

穰梨館過眼錄四十卷續十六卷　（清）陸心源編　清光緒十七年（1891）吳興陸氏刻本　十六冊

210000－0704－0000810　811.46/3080/10744

寶繪錄二十卷附唐六如先生畫譜三卷　（明）張泰階輯　清金匱書屋刻本　八冊

210000－0704－0000811　811.46/7171/10740

甌鉢羅室書畫過目攷四卷首一卷附一卷　（清）李玉棻輯　清光緒二十三年（1897）京都琉璃廠刻本　四冊

210000－0704－0000812　811.49/1010/11114

玉臺書史一卷玉臺畫史五卷　（清）萬鶚撰　（清）湯漱玉輯　清藏修書屋刻本　二冊

210000－0704－0000813　811.49/6015/11124

國朝書人輯略十一卷　（清）震鈞輯　清光緒三十四年（1908）金陵刻本　八冊

210000－0704－0000814　811.49/6060/10752

圖繪寶鑑八卷 （元）夏文彥纂 清借綠草堂刻本 四冊

210000－0704－0000815 811.49/8033/18107

無聲詩史七卷 （清）姜紹書撰 清藏修書屋刻本 二冊

210000－0704－0000816 811.5/1010/35693

虢季子白盤銘攷不分卷 （清）吳雲撰 清同治五年（1866）二百蘭亭齋刻本 二冊

210000－0704－0000817 811.51/4593/12685

隸辨八卷 （清）顧藹吉撰 清玉淵堂刻本 八冊

210000－0704－0000818 811.52/2325/35460

戲鴻堂法書十五卷 （明）董其昌審定 清宣統二年（1910）上海棋盤街新學會社影印本 六冊 存六卷（九至十二、十四至十五）

210000－0704－0000819 811.55/5060/11173

御覽書苑菁華二十卷 （宋）陳思纂 清同治十三年（1874）藏脩堂刻述古叢鈔本 四冊

210000－0704－0000820 811.59/5010/10760

歷代畫史彙傳七十二卷總目三卷首一卷附錄二卷 （清）彭蘊璨輯 清光緒八年（1882）埽葉山房刻本 二十四冊

210000－0704－0000821 811.61/4000/35718

十八羅漢尊者像一卷 清刻本 一冊

210000－0704－0000822 811.62/2191/45982

紅樓夢圖詠四卷 （清）改琦繪 清光緒五年（1879）淮浦居士刻本 四冊

210000－0704－0000823 811.62/7121/38984

御定歷代題畫詩類一百二十卷 （清）陳邦彥輯 清康熙四十六年（1707）內府刻本 四十冊

210000－0704－0000824 811.62/8822/22386

竹懶畫媵一卷續一卷 （明）李日華撰 清刻本 一冊

210000－0704－0000825 823.08/4621/20469

觀古閣叢刻 （清）鮑康撰 清同治十二年（1873）歙鮑氏刻本 四冊 存四種

210000－0704－0000826 823.1/0166/21035

語石十卷 葉昌熾撰 清宣統元年（1909）刻本 四冊

210000－0704－0000827 823.1/1060/22498

石索六卷 （清）馮雲鵬 （清）馮雲鵷輯 清道光元年（1821）嵫陽署邃古齋刻本 一冊

210000－0704－0000828 823.1/3073/11057

補寰宇訪碑錄五卷失編一卷附刊誤一卷 （清）趙之謙纂集 清光緒十二年（1886）吳縣朱氏槐廬刻金石叢書本 二冊

210000－0704－0000829 823.1/3073/11051

寰宇訪碑錄十二卷補錄五卷刊謬一卷 （清）孫星衍 （清）邢澍撰 清光緒十一年（1885）朱氏槐廬家塾刻金石叢書本 六冊

210000－0704－0000830 823.1/3073/19068

補寰宇訪碑錄五卷失編一卷附刊誤一卷 （清）趙之謙纂集 清光緒十二年（1886）吳縣朱氏槐廬刻金石叢書本 一冊 存四卷（四至五、失編一卷、附刊誤一卷）

210000－0704－0000831 823.1/8010/18985

金石錄三十卷 （宋）趙明誠撰 清光緒十三年（1887）行素草堂刻槐廬叢書本 六冊

210000－0704－0000832 823.1/8010/18991

金石錄三十卷 （宋）趙明誠撰 清光緒十三年（1887）行素草堂刻槐廬叢書本 五冊

210000－0704－0000833 823.1/8010/19014

行素草堂金石叢書十六種 （清）朱記榮輯 清光緒吳縣朱氏刻十四年（1888）彙印本 三十八冊

210000－0704－0000834 823.1/8010/19052

行素草堂金石叢書十六種 （清）朱記榮輯 清光緒吳縣朱氏刻十四年（1888）彙印本 二十冊

210000－0704－0000835 823.1/8010/19062

金石錄補二十七卷續跋七卷 （清）葉奕苞撰 清光緒十三年（1887）行素草堂刻槐廬叢書本 一冊 存七卷（十七至二十三）

210000－0704－0000836　823.1/8010/19234
金石索十二卷首一卷　（清）馮雲鵬　（清）馮雲鵷輯　清道光元年至十五年（1821－1835）滋陽縣署刻本　十二冊

210000－0704－0000837　823.1/8010/21039
重定金石契不分卷　（清）張燕昌撰　清光緒二十二年（1896）劉氏聚學軒刻本　三冊

210000－0704－0000838　823.1/8010/46677
金石索十二卷首一卷　（清）馮雲鵬　（清）馮雲鵷輯　清道光元年（1821）雙桐書屋刻本　二十三冊

210000－0704－0000839　823.4/0080/39469
六書通十卷　（明）閔齊伋撰　清刻本　六冊

210000－0704－0000840　823.4/1010/19339
二百蘭亭齋古印攷藏六卷　（清）吳雲輯　清同治三年（1864）刻本　二冊

210000－0704－0000841　823.5/1060/21031
欽定西清古鑑四十卷附錢錄十六卷　（清）梁詩正　（清）蔣溥纂　清光緒十四年（1888）上海鴻文書局石印本　四冊　存八卷（西清古鑑一至二、七至八、十一至十四）

210000－0704－0000842　861.8/1171/14343
琵琶譜三卷　（清）王君錫　（清）陳牧夫傳譜　（清）華文桂輯　清光緒二年（1876）文琳書屋刻本　三冊

210000－0704－0000843　915/5023/46810
泰西新史攬要二十四卷　（英國）馬懇西元本　（英國）李提摩太譯　（清）蔡爾康述稿　清光緒二十六年（1900）廣雅書局刻本　八冊

210000－0704－0000844　920.24/2772/18285
匋齋藏石記四十四卷首一卷匋齋藏甎記二卷　（清）端方撰　清宣統元年（1909）石印本　十二冊

210000－0704－0000845　920.24/8010/10734
金石續編二十一卷首一卷　（清）陸耀遹纂　清光緒十九年（1893）上海醉六堂石印本　六冊

210000－0704－0000846　920.25/0468/11590
讀史方輿紀要一百三十卷方輿全圖總說五卷　（清）顧祖禹輯　清光緒二十七年（1901）圖書集成局鉛印本　三十二冊

210000－0704－0000847　920.25/1043/12536
天下山河兩戒考十四卷圖一卷　（清）徐文靖註　清雍正元年（1723）刻本　四冊

210000－0704－0000848　920.25/1043/15751
天下郡國利病書一百二十卷　（清）顧炎武輯　清光緒五年（1879）蜀南桐花書屋薛氏家塾補刻本　六十四冊

210000－0704－0000849　920.26/2610/35903
皇朝輿地略一卷　清同治七年（1868）惇敘堂刻本　一冊

210000－0704－0000850　920.26/4040/20746
李氏五種　（清）李兆洛撰　清光緒二十四年（1898）上海掃葉山房石印本　八冊

210000－0704－0000851　920.31/2791/13068
紀元通攷十二卷　（清）葉維庚撰　清道光八年（1828）鍾秀山房刻本　四冊

210000－0704－0000852　921.1/6023/46101
綱鑑會纂三十九卷首一卷　（明）王世貞編　御撰資治通鑑綱目三編二十卷　（清）張廷玉撰　清光緒二十五年（1899）上海掃葉山房鉛印本　十冊

210000－0704－0000853　921.1/6023/46853
綱鑑會纂三十九卷首一卷　（明）王世貞編　清光緒二十五年（1899）上海掃葉山房鉛印本　十八冊

210000－0704－0000854　921.2/1010/16179
二十四史　清汲古閣刻同治、光緒彙印本　五百七十冊

210000－0704－0000855　921.2/1010/19645
二十四史　清刻本　四十六冊　存五種

210000－0704－0000856　921.2/1010/38056
二十四史　清同治至光緒汲古閣彙刻本　四百冊

210000－0704－0000857　921.2/1010/45496

二十四史　清光緒三十四年(1908)上海集成圖書公司鉛印本　四百冊

210000－0704－0000858　921.4/1010/22316

綱鑑會纂三十九卷首一卷　（明）王世貞編
清光緒二十五年(1899)上海埽葉山房石印本
九冊　存二十卷(三至二十一、首一卷)

210000－0704－0000859　921.4/1010/22325

重訂王鳳洲先生綱鑑會纂三十九卷首一卷
（明）王世貞纂　清光緒三十三年(1907)上海
華商集成圖書公司石印本　十冊　存二十三
卷(一至二十二、首一卷)

210000－0704－0000860　921.4/2792/15364

綱鑑彙編四十卷明紀九卷　（清）蔡方炳纂輯
清康熙五十四年(1715)吳郡大來堂刻本
四十八冊

210000－0704－0000861　921.4/3730/13388

**資治通鑑綱目正編五十九卷前編二十五卷續
編二十七卷**　（宋）朱熹撰　（明）陳仁錫評閱
清嘉慶八年(1803)大文堂刻本　一百二十
八冊

210000－0704－0000862　921.4/3780/41113

資治通鑑彙刻八種　（宋）司馬光編　清同治
至光緒江蘇書局刻本　一百六十三冊　存
六種

210000－0704－0000863　921.4/4013/22275

袁王綱鑑合編三十九卷首一卷　（明）袁黃輯
（明）王世貞編　**御撰明紀綱目二十卷**
（清）張廷玉撰　清上海商務印書館石印本
八冊　存三十卷(袁王綱鑑合編十一至二十、
二十九至三十九,御撰明紀綱目一至九)

210000－0704－0000864　921.4/4073/22265

袁王綱鑑會纂三十九卷首一卷　（明）袁黃
（明）王世貞編　清光緒三十三年(1907)上海
華商集成圖書公司鉛印本　十冊　存二十三
卷(一至二十二、首一卷)

210000－0704－0000865　921.4/4073/22283

增評加批歷史綱鑑補三十九卷　（宋）司馬光

通鑑　（宋）朱熹綱目　（明）王世貞　（明）
袁黃編纂　清上海廣益書局石印本　八冊
存十九卷(二至六、十至十一、十五至二十一、
三十至三十二、三十八至三十九)

210000－0704－0000866　921.4/6050/22387

甲子會紀五卷　（明）薛應旂編　清刻本　一
冊　存三卷(三至五)

210000－0704－0000867　921.6/4400/22148

廿二史劄記三十六卷　（清）趙翼撰　清湛貽
堂刻本　八冊　存二十七卷(一至二十七)

210000－0704－0000868　921.6/4400/22156

廿二史劄記三十六卷　（清）趙翼撰　清湛貽
堂刻本　六冊　存十九卷(一至十九)

210000－0704－0000869　921.7/1660/22337

碧血錄五卷　（清）莊仲方撰　清刻本　二冊
存二卷(二至三)

210000－0704－0000870　921.7/5000/13319

史鑑節要二卷　（清）鮑東里撰　清石印本
二冊

210000－0704－0000871　921.7/5000/14392

史鑑節要便讀七卷　（清）鮑東里撰　清光緒
三十年(1904)上海商務印書館鉛印本　二冊

210000－0704－0000872　922.2/2294/38696

繹史一百六十卷世系圖一卷年表一卷　（清）
馬驌撰　清康熙刻本　二十四冊

210000－0704－0000873　922.2/5000/46818

史記論文一百三十卷　（漢）司馬遷等撰
（清）吳見思評點　清尺木堂刻本　二十四冊

210000－0704－0000874　922.2/5060/11013

書經六卷　（宋）蔡沈集傳　清宣統元年
(1909)上海掃葉山房石印本　四冊

210000－0704－0000875　922.2/5060/11017

書經六卷　（宋）蔡沈集傳　清宣統元年
(1909)上海掃葉山房石印本　四冊

210000－0704－0000876　922.2/5060/11071

書經六卷　（宋）蔡沈集傳　清光緒十三年
(1887)掃葉山房刻本　四冊

210000－0704－0000877　922.2/5060/11089
書經六卷　（宋）蔡沈集傳　清光緒五年
（1879）上洋紫文閣刻本　六冊

210000－0704－0000878　922.2/5060/11097
書經體注大全合參六卷　（清）錢希祥纂　清
同治二年（1863）姑蘇裕文祥刻本　四冊

210000－0704－0000879　922.2/5060/11101
書經體注大全合參六卷　（清）錢希祥纂　清
同治八年（1869）聚錦堂刻本　四冊

210000－0704－0000880　922.2/5060/11105
書經六卷　（宋）蔡沈集傳　清光緒十二年
（1886）上洋江左書林刻本　四冊

210000－0704－0000881　922.2/5060/11978
書經六卷　（宋）蔡沈集傳　清同治六年
（1867）三益堂刻本　四冊

210000－0704－0000882　922.2/5060/12803
欽定書經傳說彙纂二十一卷首二卷書序一卷
　（清）王頊齡撰　清光緒十四年（1888）戶部
江南書局刻本　十二冊

210000－0704－0000883　922.2/5060/14060
欽定書經圖說五十卷　（清）孫家鼐撰　清光
緒三十一年（1905）內府影印本　十六冊

210000－0704－0000884　922.2/5060/19311
書經六卷　（宋）蔡沈集傳　清蘇州錦雲閣刻
本　四冊

210000－0704－0000885　922.2/7810/41101
書經六卷　（宋）蔡沈集傳　清光緒十二年
（1886）校經山房刻本　四冊

210000－0704－0000886　922.2/9022/11026
尚書離句六卷　（清）錢在培輯解　清光緒三
十二年（1906）校經山房成記書局刻本　四冊

210000－0704－0000887　922.2/9022/11982
書經體注大全合參六卷　（清）錢希祥纂　清
金閶埽葉山房刻本　四冊

210000－0704－0000888　922.2/9022/14334
尚書離句六卷　（清）錢在培輯解　清桐石山
房刻本　四冊

210000－0704－0000889　922.2/9022/17882
尚書古文疏證八卷　（清）閻若璩撰　朱子古
文書疑一卷　（清）閻詠輯　清同治六年
（1867）汪氏振綺堂補刻本　八冊　存八卷
（一至二、四至八，朱子古文書疑一卷）

210000－0704－0000890　922.24/3073/14364
寰宇訪碑錄十二卷　（清）孫星衍　（清）邢澍
編　古刻叢鈔一卷　（明）陶宗儀撰　建立伏
博士始末二卷　（清）孫星衍輯　清嘉慶十六
年（1811）平津館刻本　四冊

210000－0704－0000891　922.25/0468/12941
讀史方輿紀要一百三十卷輿地要覽四卷
（清）顧祖禹輯　清光緒五年（1879）蜀南桐花
書屋薛氏家塾補刻本　六十四冊

210000－0704－0000892　922.4/0292/46862
曲江書屋新訂批註左傳快讀十八卷首一卷
（清）李紹松輯　清同治七年（1868）緯文堂刻
本　十六冊

210000－0704－0000893　922.4/0468/21324
讀左補義五十卷首一卷　（清）姜炳璋輯
（清）毛昇增參　清善成堂刻本　八冊　存二
十六卷（一至二十五、首一卷）

210000－0704－0000894　922.4/4001/11003
左傳事緯十二卷　（清）馬驌編　左傳字釋一
卷　清乾隆四十九年（1784）懷澄堂刻本
十冊

210000－0704－0000895　922.4/4001/11146
如酉所刻諸名家評點春秋綱目左傳句解六卷
　（清）韓菼重訂　清同德堂刻本　六冊

210000－0704－0000896　922.4/4001/21344
左繡三十卷　（清）馮李驊　（清）陸浩評輯
清上洋江左書林刻本　十四冊

210000－0704－0000897　922.4/4001/21358
左繡三十卷　（清）馮李驊　（清）陸浩評輯
清上洋江左書林刻本　十冊　存十九卷（一
至十一、十四至十五、二十二至二十三、二十
五至二十八）

210000－0704－0000898　922.4/4001/21445

功順堂叢書十八種　（清）潘祖蔭輯　清刻本
六冊　存三種

210000－0704－0000899　922.4/4001/22084

左傳杜解補正三卷　（清）顧炎武撰　清光緒
十四年(1888)朱氏校經山房刻本　一冊

210000－0704－0000900　922.4/5060/11021

春秋提綱十卷　（元）陳則通撰　**春秋王霸列
國世紀編三卷**　（宋）李琪撰　**春秋通說十三
卷**　（宋）黃仲炎撰　**春秋張氏集注六卷**
（宋）張洽撰　清通志堂刻本　五冊

210000－0704－0000901　922.4/5060/11059

春秋左傳五十卷　（晉）杜預注　（宋）林堯叟
補注　（唐）陸德明音義　（明）鍾惺　（明）
孫鑛　（明）韓范評點　清同治三年(1864)掃
葉山房刻本　十二冊

210000－0704－0000902　922.4/5060/11692

欽定春秋傳說彙纂三十八卷首二卷　（清）王
掞撰　清光緒十四年(1888)戶部刻本　二
十冊

210000－0704－0000903　922.4/5060/11712

欽定春秋傳說彙纂三十八卷首二卷　（清）王
掞撰　清刻本　十六冊　存三十一卷(一至
二、五至二十四、二十七至三十、三十六至四
十)

210000－0704－0000904　922.4/5060/13700

春秋左傳五十卷　（晉）杜預　（宋）林堯叟註
釋　（唐）陸德明音義　清書業堂刻本　十
六冊

210000－0704－0000905　922.4/5060/15347

春秋公羊經傳解詁隱公十二卷　（漢）何休撰
（唐）陸德明音義　**重刊宋紹熙公羊傳注附
音本校記一卷**　（清）魏彥撰　清光緒二十一
年(1895)金陵書局刻本　二冊

210000－0704－0000906　922.4/5060/21332

春秋左傳五十卷　（晉）杜預　（宋）林堯叟註
釋　（唐）陸德明音義　清刻本　十二冊　缺
十二卷(一至二、十四至十七、二十一至二十

六)

210000－0704－0000907　922.4/5060/40945

春秋左傳五十卷　（晉）杜預　（宋）林堯叟註
釋　（明）韓范評閱　**春秋左傳異名考一卷**
（明）閔光德輯　清光緒十八年(1892)寶善堂
刻本　十六冊

210000－0704－0000908　922.4/5060/41068

春秋傳三十卷　（宋）胡安國撰　清康熙四十
七年(1708)敬業堂刻本　八冊

210000－0704－0000909　922.4/6355/14197

戰國紀年六卷　（清）林春溥纂　清道光十八
年(1838)刻竹柏山房本　五冊

210000－0704－0000910　922.4/6355/14202

竹書紀年補證四卷　（清）林春溥撰　清道光
二十年(1840)刻竹柏山房本　一冊

210000－0704－0000911　922.4/8822/13897

竹書紀年二卷　（南朝梁）沈約註　清光緒十
一年(1885)槐盧家塾刻本　一冊

210000－0704－0000912　922.6/5090/22250

東萊博議四卷　（宋）呂祖謙撰　清光緒二十
四年(1898)石印本　一冊　存二卷(一至二)

210000－0704－0000913　922.6/5090/22249

東萊博議四卷　（宋）呂祖謙撰　清光緒三十
一年(1905)上海商務印書館鉛印本　二冊

210000－0704－0000914　922.7/2692/13898

穆天子傳六卷　（晉）郭璞注　清光緒十一年
(1885)槐盧家塾刻本　一冊

210000－0704－0000915　922/5060/40697

評點春秋綱目左傳句解彙雋六卷　（清）韓葵
重訂　清聚秀堂刻本　六冊

210000－0704－0000916　923.2/1010/14050

三國志六十五卷　（晉）陳壽撰　（南朝宋）裴
松之注　清刻本　十冊

210000－0704－0000917　923.2/4001/14188

七家後漢書七種　（清）汪文臺輯　清光緒八
年(1882)太平崔國榜刻本　六冊

210000－0704－0000918　923.3/1060/18447

西漢年紀三十卷　（宋）王益之撰　清掃葉山房刻本　四冊

210000－0704－0000919　923.3/5090/18445

東觀漢記二十四卷　（漢）劉珍撰　清乾隆六十年(1795)掃葉山房刻本　二冊

210000－0704－0000920　924.2/0026/19129

唐書二百二十五卷　（宋）歐陽修　（宋）宋祁撰　清同治十二年(1873)浙江書局刻本　三十八冊　存二百九卷（一至一百五十四、一百六十四至一百九十二、二百至二百二十五）

210000－0704－0000921　925.2/8010/19651

金史一百三十五卷　（元）托克托撰　清同治十三年(1874)江蘇書局刻本　二十冊

210000－0704－0000922　925.3/3090/18451

宋遼金元四史五種　（清）席世臣輯　清乾隆、嘉慶刻本　二十二冊

210000－0704－0000923　925.5/1060/22167

西夏紀事本末三十六卷首二卷　（清）張鑑撰　清光緒二十八年(1902)上海書局石印本　一冊　存二十卷（一至十八、首二卷）

210000－0704－0000924　925/1111/40651

北史一百卷　（唐）李延壽撰　清刻本　十八冊　存九十九卷（一至九十三、九十五至一百）

210000－0704－0000925　926.04/6702/46749

尺木堂明鑑易知錄十五卷　（清）周之炯　（清）吳乘權　（清）周之燦輯　清京都大文堂刻本　六冊

210000－0704－0000926　926.3/1610/41514

聖武記十四卷　（清）魏源撰　清刻本　三冊　存三卷(三、五、七)

210000－0704－0000927　926.3/1610/41527

聖武記十四卷　（清）魏源撰　清道光二十二年(1842)古微堂刻本　十一冊　存十三卷（一至九、十一至十四）

210000－0704－0000928　926.4/1111/45261

御撰資治通鑑綱目三編二十卷　（清）張廷玉撰　清光緒二十五年(1899)掃葉山房鉛印本　二冊

210000－0704－0000929　926.4/6702/39320

明史藳三百十卷目錄三卷　（清）王鴻緒編撰　清雍正敬慎堂刻本　八十冊

210000－0704－0000930　926.4/6702/40798

明通鑑九十卷首一卷前編四卷附記六卷　（清）夏燮輯　清光緒二十六年(1900)上海掃葉山房石印本　十六冊

210000－0704－0000931　926.5/9000/13537

小腆紀年附考二十卷　（清）徐鼒撰　清光緒四年(1878)京都龍威閣書坊刻本　二十冊

210000－0704－0000932　926.7/6702/40248

明季北略二十四卷　（清）計六奇輯　清都城琉璃廠半松居士活字印本　六冊　存十八卷（一至十八）

210000－0704－0000933　926.7/6712/21496

野獲編三十卷補遺四卷　（清）沈德符撰　（清）錢枋輯　清道光七年(1827)扶荔山房刻本　五冊　存七卷（一至二、五至八，補遺一）

210000－0704－0000934　926.7/7922/20389

勝朝遺事二種　（清）吳彌光輯　清道光二十二年(1842)南海吳氏芬陀羅館刻本　十六冊

210000－0704－0000935　927.1/4000/15668

東華續錄同治朝一百卷　王先謙編　清光緒二十五年(1899)公記書莊石印本　二十冊

210000－0704－0000936　927.4/4000/15555

東華續錄同治朝一百卷　王先謙編　清光緒二十四年(1898)文瀾書局石印本　二十四冊

210000－0704－0000937　927.4/4000/15616

十朝東華錄五百二十五卷　王先謙編　清光緒二十五年(1899)石印本　六十四冊

210000－0704－0000938　927.4/4000/15688

十朝東華錄五百二十五卷　王先謙編　清光緒二十五年(1899)石印本　五十二冊　缺九十八卷（康熙十五至二十四,乾隆十二至二

十、二十五至三十、七十五至八十一、九十一至一百七,嘉慶一至七,道光十六至二十三,咸豐十至十五、四十二至四十七、六十一至八十二)

210000－0704－0000939　927.4/4000/40881

東華續錄光緒朝二百二十卷　朱壽朋編　清宣統元年(1909)上海集成圖書公司鉛印本六十四冊

210000－0704－0000940　927.5/0024

庭聞錄六卷　(清)劉健撰　平定緬甸一卷清初刻本　六冊

210000－0704－0000941　927.5/0024/20977

庭聞錄六卷　(清)劉健撰　平定緬甸一卷清初刻本　四冊

210000－0704－0000942　927.5/1040/11878

平定粵匪紀略十八卷附四卷　(清)杜文瀾撰清同治十年(1871)京都聚珍齋活字印本八冊

210000－0704－0000943　927.5/1610/40961

聖武記十四卷　(清)魏源撰　清道光二十二年(1842)古微堂刻本　十二冊

210000－0704－0000944　927.5/2610

皇清開國方畧三十二卷首一卷　(清)阿桂撰清乾隆五十一年(1786)武英殿刻本　十六冊

210000－0704－0000945　927.5/2610/18600

皇朝掌故彙編內編六十卷首一卷外編四十卷首一卷　張壽鏞輯　清光緒二十八年(1902)求實書社鉛印本　六十一冊

210000－0704－0000946　927.5/2610/18661

皇朝掌故彙編外編四十卷首一卷　張壽鏞輯　清求實書社鉛印本　十六冊　存二十九卷(一至二十八、首一卷)

210000－0704－0000947　927.5/2610/18677

皇朝掌故彙編外編四十卷首一卷　張壽鏞輯　清求實書社鉛印本　七冊　存十五卷(十二、十六至十七、二十九至四十)

210000－0704－0000948　927.5/3610/40475

湘軍志十六卷　王闓運撰　清光緒十一年(1885)刻本　四冊

210000－0704－0000949　927.5/4191/13049

樞垣記略二十八卷　(清)梁章鉅撰　清光緒元年(1875)鉛印本　六冊

210000－0704－0000950　927.7/1060/12000

石渠餘紀六卷　(清)王慶雲撰　清光緒十六年(1890)龍氏刻本　六冊

210000－0704－0000951　927.7/2074/13557

爵秩全覽不分卷　(清)榮錄堂編　清光緒四年(1878)刻本　四冊

210000－0704－0000952　927.7/2610/12905

皇朝掌故彙編內編六十卷首一卷　張壽鏞輯清光緒二十八年(1902)求實書社鉛印本三十六冊

210000－0704－0000953　927/1569/40120

硃批諭旨不分卷　(清)鄂爾泰　(清)張廷玉編　清光緒十三年(1887)上海點石齋影印本六十冊

210000－0704－0000954　980/1010/45411

五洲圖考不分卷　(清)龔柴撰　清光緒二十八年(1902)上海徐家滙印書館鉛印本　四冊

210000－0704－0000955　980/3815/41276

海國聞見錄二卷　(清)陳倫炯撰　清刻本二冊

210000－0704－0000956　981.02/1021/20023

元和郡縣圖志四十卷闕卷逸文一卷　(唐)李吉甫撰　(清)孫星衍輯　清嘉慶二年(1797)蘭陵孫氏刻岱南閣叢書本(原缺十九至二十、二十三至二十四)　八冊　存三十五卷(一至十八、二十至二十一、二十五至三十四、三十七至四十,闕卷逸文一卷)

210000－0704－0000957　981.02/1043/20230

天下郡國利病書一百二十卷　(清)顧炎武輯清光緒二十七年(1901)圖書集成局鉛印本二十八冊

210000－0704－0000958　981.02/4003/14962

大清一統志五百卷　（清）□□纂修　清光緒
二十八年(1902)上海寶善齋石印本　六十冊

210000－0704－0000959　981.024/2829/22438

霞客遊記不分卷　（明）徐宏祖撰　（明）徐寄
輯　清嘉慶十三年(1808)水心齋葉氏刻本
六冊　存五冊(一至五)

210000－0704－0000960　981.024/9000/18005

小方壺齋輿地叢鈔一千二百三卷　（清）王錫
祺輯　清光緒十七年(1891)上海著易堂鉛印
本　六十四冊

210000－0704－0000961　981.026/1223/40703

水經注四十卷首一卷　（北魏）酈道元撰　清
刻本　十冊

210000－0704－0000962　981.027/8742/18174

朔方備乘六十八卷首十二卷　（清）何秋濤撰
清光緒七年(1881)刻本　二十四冊

210000－0704－0000963　981.101/5320/36057

盛京典制備考八卷　（清）崇厚輯　清光緒二
十五年(1899)太和山坊刻本　六冊

210000－0704－0000964　981.11/3430/19216

[光緒]**遼陽鄉土志不分卷**　（清）洪汝沖修
（清）白永貞纂　清光緒三十四年(1908)奉天
習藝所鉛印本　一冊

210000－0704－0000965　981.15/4060/4758

[光緒]**吉林通志一百二十二卷圖一卷**　（清）
長順　（清）訥欽修　（清）李桂林　（清）顧
雲纂　清光緒十七年(1891)刻本　四十八冊

210000－0704－0000966　981.15/4060/4814

[光緒]**吉林通志一百二十二卷**　（清）長順
（清）訥欽修　（清）李桂林　（清）顧雲纂
清刻本　九冊　存二十五卷(六十一至八十
三、一百四至一百五)

210000－0704－0000967　981.21/2210/4920

[光緒]**豐潤縣志十二卷**　（清）郝增祐
（清）牛昶煦　（清）周晉堃纂修　清光緒十六
年(1890)刻本　十二冊

210000－0704－0000968　981.21/3719/46755

[光緒]**深州風土記二十二卷附表五卷**　（清）
吳汝綸纂修　清光緒二十六年(1900)文瑞書
院刻本　八冊

210000－0704－0000969　981.21/5090/46917

[嘉慶]**棗強縣志二十卷**　（清）任衒蕙纂修
清嘉慶八年(1803)棗強縣刻本　六冊

210000－0704－0000970　981.21/5090/46923

[光緒]**棗強縣志補正五卷**　（清）方宗誠纂修
清光緒二年(1876)棗強縣署刻本　二冊

210000－0704－0000971　981.21/9003/4877

[康熙]**懷柔縣新志八卷**　（清）吳景果纂修
清刻本　四冊

210000－0704－0000972　981.22/1010/4891

[光緒]**靈邱縣補志十卷**　（清）雷棣榮
（清）嚴潤林修　（清）陸泰元纂　清光緒八年
(1882)刻本　四冊

210000－0704－0000973　981.22/1010/4887

[康熙]**靈邱縣誌四卷**　（清）宋起鳳纂修　清
刻本　四冊

210000－0704－0000974　981.22/4003/4987

[道光]**大同縣志二十卷首一卷末一卷**　（清）
黎中輔纂修　清道光十年(1830)刻本　八冊

210000－0704－0000975　981.401/7722/21484

[同治]**上海縣誌三十二卷首一卷末一卷**
（清）應寶時等修　（清）俞樾　（清）方宗誠
纂　清刻本　四冊　存八卷(十八至二十五)

210000－0704－0000976　981.45/3023/17935

[乾隆]**永福縣志十卷**　（清）陳焱等纂　清刻
本　四冊

210000－0704－0000977　981.46/3624/40820

**裨海紀遊一卷偽鄭逸事一卷番境補遺一卷海
上紀畧一卷附錄一卷**　（清）鬱永河撰　清道
光十五年(1835)棗花軒刻本　一冊

210000－0704－0000978　981.56/0028/5007

[嘉慶]**廣西通志二百七十九卷首一卷**　（清）
謝啟昆　（清）胡虔纂修　清嘉慶七年(1802)

刻同治四年(1865)補刻本　二十四冊　存七十九卷(九至十二、十七至四十八、五十二至五十三、八十七至八十九、一百三十至一百三十三、一百三十八至一百四十、一百六十五至一百七十一、一百八十四至一百八十七、二百四十一至二百四十四、二百六十四至二百七十九)

210000－0704－0000979　983.2/1111/12524

北徼彙編六卷　(清)何秋濤輯　清同治四年(1865)京都龍威閣刻本　六冊

210000－0704－0000980　991.01/5000/21730

史傳三編　(清)朱軾　(清)蔡世遠編纂　清古唐朱氏古懽齋刻本　九冊　存二種

210000－0704－0000981　991.01/6702/13065

明狀元圖考三卷　(明)顧祖訓編　清咸豐六年(1856)福元書室刻本　三冊

210000－0704－0000982　991.03/4080/46149

[光緒二十二年]大清搢紳全書不分卷附新增爵秩全覽不分卷　(清)□□編　清光緒二十二年(1896)京都松竹齋榮寶齋刻本　六冊

210000－0704－0000983　991.03/4080/46155

[光緒二十九年]大清搢紳全書不分卷　(清)榮錄堂編　清光緒二十九年(1903)榮寶錄堂刻本　四冊

210000－0704－0000984　991.03/4080/46163

[光緒三十年]大清搢紳全書不分卷附中樞備覽二卷　(清)榮錄堂編　清光緒三十年(1904)榮寶錄堂刻本　六冊

210000－0704－0000985　991.03/4080/46167

[宣統元年]大清搢紳全書不分卷附中樞備覽二卷新增直省候補同官錄不分卷　(清)榮寶齋編　清宣統元年(1909)榮寶齋刻本　七冊

210000－0704－0000986　991.06/1724/41632

國朝及第徵詳錄二卷明朝一卷　(清)惺齋居士編　清光緒七年(1881)京都永盛齋刻本　一冊

210000－0704－0000987　991.1/1272/20611

聖蹟全圖不分卷　(清)于敏中繪　清光緒二十三年(1897)楊家埠增利盛刻本　一冊

210000－0704－0000988　991.33/0033/14146

文文忠公事略四卷　(清)文祥撰　清光緒八年(1882)刻本　四冊

210000－0704－0000989　991.33/4497/13516

還讀我書室老人年譜二卷　(清)董恂撰　清刻本　二冊

210000－0704－0000990　991.99/8000/19582

人譜類記增訂四卷　(明)劉宗周撰　清光緒三年(1877)湖北崇文書局刻本　一冊

阜新市圖書館
古籍普查登記目録

全國古籍普查登記目録

國家圖書館出版社
National Library of China Publishing House

《阜新市圖書館古籍普查登記目録》

編委會

主　編：徐海林

編　委：郭　盈　申亞男　陳　旭

《阜新市圖書館古籍普查登記目録》

前　言

　　中華民族是一個歷史悠久的文明古國,在漫長的社會發展過程中,創造了燦爛的文化,留下了浩如烟海的典籍。2007 年文化部轉發了《國務院辦公廳關於進一步加强古籍保護工作的意見》(國辦發〔2007〕6 號),同時也印發了《全國古籍普查工作方案》及《國家珍貴古籍名録申報辦法》,自此之後十年的時間,全國各地各級文化部門都認真開展了古籍保護宣傳、古籍普查和古籍保護研究工作,阜新市圖書館也積極參與到這項工作中來。

　　古籍是阜新市圖書館館藏文獻的重要組成部分,歷史淵源深厚,是包含古代先哲心血的智慧結晶。我館自 2007 年文化部文件下發以後,在各級領導的關懷下,成立了阜新市古籍普查領導小組,由市文化廣播新聞出版局局長任組長。爲做好這項工作,我館先後多次派工作人員到遼寧省圖書館參加古籍普查、古籍保護、古籍鑒定和古籍修復的培訓學習,研究古籍普查、保護、管理與利用工作方案,參與遼寧省古籍普查登記目録編輯工作。到目前爲止,我館已按照上級主管部門要求,全面完成了阜新市圖書館及阜新地區古籍文獻的收集、整理、編目及保護工作,成果顯著。

　　阜新市地處遼西北地區,屬於塞外邊陲,是一座因煤而起,因煤而興的城市,1912 年以前書寫或印刷的,以中國古典裝幀形式存在,具有重要歷史、思想和文化價值的珍貴古籍,共計 28 部 679 册,主要集中在清嘉慶到宣統年間。在版本形式上,有經摺裝和綫裝;在内容上,經、史、子、集門類俱全。其中:經部 5 部 388 册,《説文解字義證》五十卷、《皇清經解》一千四百卷、《監本易經》四卷等;史部 9 部 191 册,《梁書》五十六卷、《宋史》四百九十六卷、《明史》三百三十二卷等;子部 2 部 14 册,《周禮節訓》六卷、《天香樓藏帖》等;集部 12 部 86 册,《繡像三國志演義》六十卷、《毛詩復古録》十二卷、《鏡花緣》二十卷、《古唐詩合解》十六卷等。特别是《天香樓藏帖》,爲嘉慶至道光年間上虞王氏天香樓拓本,具有較高的收藏價值、藝術價值和研究價值,已成爲現在研究學習書法的珍貴資料。

　　到 2017 年年底,經過我館工作人員的努力,《阜新市圖書館古籍普查登記目録》編撰完成,這不僅是阜新市圖書館的一件幸事,更是阜新市文化界的一件幸事。它的完成爲更好的保護、傳承和開發利用古籍文獻做出了重大的貢獻。

阜新市圖書館

2020 年 3 月

210000－0711－0000001　6

古唐詩合解十六卷　（清）王堯衢注　清光緒
掃葉山房刻本　七冊　存十四卷（古詩合解
一至四、唐詩合解三至十二）

210000－0711－0000002　272

五代史七十四卷　（宋）歐陽修撰　（宋）徐無
黨注　清光緒三十三年(1907)上海華商集成
圖書公司鉛印二十四史本　六冊

210000－0711－0000003　276

魏書一百十四卷　（北魏）魏收撰　清光緒二
十九年(1903)五洲同文局石印二十四史本
二十四冊

210000－0711－0000004　271

宋史四百九十六卷　（元）脫脫修　清光緒二
十九年(1903)五洲同文局石印二十四史本
一百冊

210000－0711－0000005　262

明史三百三十二卷　（清）張廷玉撰　清光緒
三十三年(1907)上海華商集成圖書公司鉛印
二十四史本　二十九冊　存二百三十四卷
（一至三十六、八十二至二百七、二百六十一
至三百三十二）

210000－0711－0000006　263

**昌黎先生集四十卷外集十卷遺文一卷點勘四
卷**　（唐）韓愈撰　清宣統二年(1910)掃葉山
房石印本　十二冊

210000－0711－0000007　290

天香樓藏帖　（清）王望霖編　清嘉慶、道光
上虞王氏天香樓拓本　十二冊

210000－0711－0000008　275

遼史一百十六卷　（元）脫脫撰　清光緒二十
八年(1902)武林竹簡齋石印二十四史本
三冊

210000－0711－0000009　264

毛詩復古錄十二卷　（清）吳懋清撰　清光緒
二十年(1894)廣州學使者署刻本　六冊

210000－0711－0000010　280

宋書一百卷　（南朝梁）沈約撰　清光緒三十
三年(1907)上海華商集成圖書公司鉛印二十
四史本　十二冊

210000－0711－0000011　297

鏡花緣二十卷　（清）李汝珍撰　清光緒元年
(1875)會元樓刻本　十二冊

210000－0711－0000012　322

詩毛氏傳疏三十卷　（清）陳奐撰　清光緒九
年(1883)刻本　十二冊

210000－0711－0000013　245

監本易經四卷　（宋）朱熹撰　清光緒五年
(1879)紫文閣刻本　六冊

210000－0711－0000014　308

周易四卷　（宋）朱熹本義　清宣統二年
(1910)上海公文堂石印本　二冊

210000－0711－0000015　307

東萊博議四卷　（宋）呂祖謙撰　清宣統二年
(1910)鑄記石印本　四冊

210000－0711－0000016　279

南史八十卷　（唐）李延壽撰　清光緒三十四
年(1908)上海華商集成圖書公司鉛印二十四
史本　十二冊

210000－0711－0000017　174

梁書五十六卷　（唐）姚思廉撰　清光緒二十
八年(1902)武林竹簡齋石印二十四史本　一
冊　存二十八卷（一至二十八）

210000－0711－0000018　209

詩經備旨啫鳳詳解八卷　（清）陳杼孝輯撰
詩經繹傳八卷　（清）陳杼孝纂　清同治八年
(1869)三益堂刻本　六冊

210000－0711－0000019　166

繡像三國志演義六十卷　（明）羅貫中撰
（清）袁鶴圖　清咸豐三年(1853)顧氏小石山
房刻本　十六冊

210000－0711－0000020　292

七家詩選七卷　（清）張玉田輯　（清）張昶注
清光緒五年(1879)上海紫文閣刻朱墨套印

255

本　四册

210000－0711－0000021　214

古唐詩合解十二卷　（清）王堯衢注　清光緒
六年（1880）紫文閣刻本　四册

210000－0711－0000022　321

秦淮八艷圖詠一卷　（清）葉衍蘭繪　（清）張
景祁詞　清光緒十八年（1892）羊城越華講院
刻本　一册

210000－0711－0000023　309

禮記節本十卷圖說一卷　（清）莘田汪鈔　清
宣統三年（1911）上海會文堂書局石印本
六册

210000－0711－0000024　186

皇清經解一千四百卷　（清）阮元輯　清道光
九年（1829）廣東學海堂刻咸豐十一年（1861）
補刻本　三百四十六册　存一千三百三十四
卷（一至三百三十九、三百四十五至五百六十
二、五百六十五至九百四十八、一千十六至一
千四百八）

210000－0711－0000025　168

周禮節訓六卷　（清）黃叔琳撰　清同治七年
（1868）上洋繩武堂刻本　二册

210000－0711－0000026　270

說文解字義證五十卷　（清）桂馥撰　清同治
九年（1870）湖北崇文書局刻本　三十二册

210000－0711－0000027　291

鏡影簫聲不分卷　（清）城北生繪圖　（清）司
花老人填詞　清光緒十三年（1887）掄花館主
人銅活字印本　二册

210000－0711－0000028　275

二十四史姓氏韻編　（清）汪辉祖輯　清光緒
二十八年（1902）武林竹簡齋石印本　四册

遼陽市圖書館古籍普查登記目録

全國古籍普查登記目録

國家圖書館出版社
National Library of China Publishing House

《遼陽市圖書館古籍普查登記目録》
編委會

主　編：楊平榮

編　委：李　婷　陳銘博　劉　麗

《遼陽市圖書館古籍普查登記目録》

前 言

  古籍作爲人類文明的歷史記載,對於大家瞭解歷史、學習歷史、研究歷史有着積極的借鑒作用,因此編纂古籍目録更有着深刻的意義。古城遼陽擁有2300多年的輝煌歷史,從公元前3世紀初到17世紀中葉,一直是東北地區的政治、經濟、文化、交通中心和軍事重鎮。遼陽作爲一座歷史文化名城,從古至今,在這片土地上不僅留下了無數的歷史遺存,而且珍藏了卷帙繁浩的文化典籍,古籍的整理與研究顯得尤爲重要。

  遼陽市圖書館是東北地區創辦較早的圖書館之一。其前身可追溯到清光緒三十三年(1907)創辦的遼陽州立勸學所和民國十七年(1928)建立的滿鐵遼陽圖書館。1956年5月20日,正式成立遼陽市圖書館。2012年11月28日,遷入現館址。

  遼陽市圖書館特藏古籍書庫,收藏古籍和民國圖書一萬餘册。收藏的古籍經、史、子、集齊備,藏書以清代爲主,包含少數明代著作,有11部入選《遼寧省珍貴古籍名録》。如《西湖志》四十八卷、《五代史記》七十四卷、《歷朝名媛詩詞》十二卷、《東醫寶鑒》二十三卷等價值極高的古籍文獻。《西湖志》四十八卷號稱"西湖第一書",是關於古代西湖和西湖文化歷史的珍貴典籍。《五代史記》七十四卷是唐代設館修史以後唯一的私修正史,歐陽修於景祐三年(1036)至皇祐五年(1053)的十八年間編成此書,此書推翻《舊五代史》一朝一史的基本格局,取法《南史》《北史》,打破朝代界綫,把五朝的人事綜合統編在一起,按時間順序排列。《歷朝名媛詩詞》十二卷爲清代陸昶評選。全書收王嬙、蔡琰、魚玄機、薛濤、李清照等漢至元間兩百餘位名媛的詩詞,共六百九十八首,以詩存人。詩詞前附名媛繡像(共約五十七幅),又叙小傳。此爲紅樹樓藏板,清乾隆三十八年(1773)刊本。《東醫寶鑒》二十三卷是朝鮮民族古代藥學史上的巨著,作者是朝鮮宣祖及光海君時代的著名醫學家許浚,於光海君二年(1610)撰成,三年後(1613)正式刊行。《東醫寶鑒》在朝鮮民族醫學史上的地位,足以和中國明朝李時珍的《本草綱目》相比,兩書同樣是記載各類草藥的醫書集大成之作。

  《遼陽市圖書館古籍普查登記目録》共收館藏古籍331部。《目録》的出版是遼陽市圖書館建設的成果之一,也是繼承和發揚中華優秀傳統文化的媒介。弘揚中國優秀傳統文化在於發掘傳統文化的歷史意義和現實價值,并在此基礎上推陳出新,使其焕發出無窮的生命力。本書的出版在這方面起到了示範作用,希望有識之士批評指正,共創遼陽地區文化美好的明天。

遼陽市圖書館

2020 年 3 月

210000－0705－0000001　經部 21

書經六卷　（宋）蔡沈集傳　清光緒十二年(1886)刻本　四冊

210000－0705－0000002　經部 33

詩經八卷　（宋）朱熹集傳　清光緒十八年(1892)刻本　一冊　存二卷(一至二)

210000－0705－0000003　經部 34

詩經八卷　（宋）朱熹集傳　清道光二十五年(1845)刻本　一冊　存二卷(一至二)

210000－0705－0000004　經部 109

四書味根錄三十七卷　（清）金澂撰　清刻本　六冊

210000－0705－0000005　經部 101

註釋八銘塾鈔二集不分卷　（清）吳蘭陔編　清乾隆四十七年(1782)刻本　一冊

210000－0705－0000006　經部 89

論語十卷　（宋）朱熹集註　清光緒三十二年(1906)鉛印本　二冊

210000－0705－0000007　經部 31

毛詩注疏二十卷　（漢）鄭玄箋　（唐）陸德明音義　（唐）孔穎達疏　清同治十年(1871)刻本　三冊　存九卷(八至十六)

210000－0705－0000008　經部 118

四書體注十九卷　（清）范紫登參訂　清光緒四年(1878)刻本　六冊

210000－0705－0000009　經部 163

臨文便覽不分卷　（清）佚名輯　清同治十三年(1874)刻本　二冊

210000－0705－0000010　經部 119

四書典制類聯音註四卷　（清）閻其淵輯　清光緒十三年(1887)石印本　四冊

210000－0705－0000011　經部 140

康熙字典十二集三十六卷總目一卷檢字一卷辨似一卷等韻一卷補遺一卷備考一卷　（清）張玉書撰　清光緒十九年(1893)石印本　六冊

210000－0705－0000012　經部 1

皇清經解分經合纂十六種　（清）阮元輯　清光緒二十一年(1895)石印本　三十二冊

210000－0705－0000013　經部 25

尚書注疏十九卷　（漢）孔安國傳　（唐）陸德明音義　（唐）孔穎達疏　清同治十年(1871)刻本　八冊

210000－0705－0000014　經部 18.1

欽定書經圖說五十卷　（清）孫家鼎撰　清光緒三十一年(1905)石印本　十六冊

210000－0705－0000015　經部 72

郝氏春秋二種　（清）郝懿行撰　清道光七年(1827)刻本　四冊　存十四卷(一至十四)

210000－0705－0000016　經部 36

御纂詩義折中二十卷　（清）傅恒撰　清刻本　一冊

210000－0705－0000017　經部 11

周易四卷　清道光二十一年(1841)刻本　二冊

210000－0705－0000018　經部 53

禮記心典傳本三卷　（清）胡闓山纂　清光緒六年(1880)刻本　四冊

210000－0705－0000019　經部 87、88

繪圖論語便蒙課本不分卷　（清）南洋官書局纂　清刻本　二冊

210000－0705－0000020　經部 68

春秋公羊傳注疏二十八卷　（漢）何休撰　（唐）陸德明音義　清同治十年(1871)刻本　十三冊　存二十六卷(一至十六、十九至二十八)

210000－0705－0000021　經部 174

論語十卷　（宋）朱熹集注　清光緒三十四年(1908)刻本　一冊

210000－0705－0000022　經部 22.1

尚書離句六卷　（清）錢在培輯解　清刻本　四冊

210000－0705－0000023　經部 178

康熙字典十二集三十六卷總目一卷檢字一卷

辨似一卷等韻一卷補遺一卷備考一卷 （清）
張玉書撰 清宣統元年(1909)石印本 六冊

210000－0705－0000024 經部 168

新增說文韻府羣玉二十卷 （元）陰幼遇編輯
（元）陰中夫編注 明萬曆十八年(1590)刻
本 十冊

210000－0705－0000025 經部 105

中庸不分卷 （宋）朱熹章句 清末刻本
一冊

210000－0705－0000026 經部 148

爾雅注疏十一卷 （晉）郭璞注 （唐）陸德明
音義 （宋）邢昺疏 清同治十年(1871)刻本
五冊 存九卷(一至七、十至十一)

210000－0705－0000027 經部 173

千字文釋義□□卷 （清）汪嘯尹纂輯 清刻
本 一冊 存一卷(三)

210000－0705－0000028 經部 170

東萊博議四卷 （宋）呂祖謙撰 清光緒三十
年(1904)石印本 四冊

210000－0705－0000029 經部 37

欽定詩經傳說匯纂二十一卷首二卷詩序二卷
（清）王鴻緒撰 清刻本 六冊 存十一卷
(五至十一、十四至十六、十九)

210000－0705－0000030 經部 35

御案詩經備旨八卷 （清）鄒聖脈纂輯 清光
緒六年(1880)刻本 二冊 存二卷(一至二)

210000－0705－0000031 經部 19

欽定書經圖說五十卷 （清）孫家鼎撰 清光
緒三十一年(1905)石印本 十六冊

210000－0705－0000032 經部 61.1

如西所刻諸名家評點春秋綱目左傳句解彙雋
六卷 （清）韓葵重訂 清刻本 三冊 存三
卷(一、五至六)

210000－0705－0000033 經部 57

禮記恒解四十九卷 （清）劉沅輯註 清刻本
十冊

210000－0705－0000034 經部 90

孟子七卷 （宋）朱熹集注 清光緒三十二年
(1906)鉛印本 二冊

210000－0705－0000035 經部 40

周禮不分卷 （漢）鄭玄注 （唐）陸德明音義
（唐）賈公彥撰 清嘉慶元年(1796)刻本
六冊

210000－0705－0000036 經部 160

詩韻集成□□卷 （清）余照輯 清光緒四年
(1878)刻本 一冊 存二卷(一至二)

210000－0705－0000037 經部 106

繪圖中庸便蒙課本二卷 （清）南洋官書局纂
清光緒三十二年(1906)刻本 一冊

210000－0705－0000038 經部 164

周官指掌五卷 （清）莊有可撰 清道光九年
(1829)石印本 二冊

210000－0705－0000039 經部 86

論語十卷 （宋）朱熹集注 清刻本 二冊

210000－0705－0000040 經部 58

禮記天算釋不分卷 （清）孔廣牧撰 清光緒
七年(1881)刻本 一冊

210000－0705－0000041 經部 45

周禮注疏四十二卷 （漢）鄭玄注 （唐）陸德
明音義 （唐）賈公彥疏 清同治十年(1871)
刻本 十一冊 存二十六卷(一至二十六)

210000－0705－0000042 经部 2

皇清經解分經合纂十六種 （清）阮元輯 清
光緒二十一年(1895)石印本 三十二冊

210000－0705－0000043 经部 5

重刊宋本十三經注疏附校勘記四百十六卷
清光緒十三年(1887)上海脈望仙館石印本
三十二冊

210000－0705－0000044 經部 102

大學不分卷 （宋）朱熹章句 清光緒二十六
年(1900)刻本 一冊

210000－0705－0000045 經部 166

鄉黨圖考十卷 （清）江永撰 清乾隆五十二
年(1787)刻本 三冊

210000－0705－0000046　經部 29

毛詩十卷　（漢）郑玄箋　清刻本　五冊

210000－0705－0000047　經部 59

春秋左傳五十卷　（晉）杜預注　（宋）林堯叟補注　（唐）陸德明音義　清光緒十一年（1885）刻本　十六冊

210000－0705－0000048　經部 91

孟子七卷　（宋）朱熹集注　清刻本　二冊
存四卷（四至七）

210000－0705－0000049　特藏 224

詩韻摘要不分卷　清乾隆七年（1742）明善堂刻本　一冊

210000－0705－0000050　經部 9

監本易經四卷　清宣統元年（1909）石印本
二冊

210000－0705－0000051　經部 120

四書典制類聯音註□□卷　（清）閆其淵輯
清刻本　五冊　存五卷（五至九）

210000－0705－0000052　經部 175

詩經□□卷　（宋）朱熹集傳　清刻本　二冊
存五卷（三至四、六至八）

210000－0705－0000053　經部 141

康熙字典十二集三十六卷總目一卷檢字一卷辨似一卷等韻一卷補遺一卷備考一卷　（清）張玉書撰　清末石印本　三冊

210000－0705－0000054　經部 167

康熙字典十二集三十六卷總目一卷檢字一卷辨似一卷等韻一卷補遺一卷備考一卷　（清）張玉書撰　清光緒十三年（1887）石印本
六冊

210000－0705－0000055　經部 139

康熙字典十二集三十六卷總目一卷檢字一卷辨似一卷等韻一卷補遺一卷備考一卷　（清）張玉書撰　清道光七年（1827）木刻本　十三冊

210000－0705－0000056　經部 20

欽定書經傳說彙纂二十一卷首二卷書序一卷

（清）王頊齡撰　清雍正八年（1730）內府刻本　四冊　存四卷（四、七至八，首上）

210000－0705－0000057　經部 18

欽定書經圖說五十卷　（清）孫家鼐撰　清光緒三十一年（1905）石印本　十六冊

210000－0705－0000058　經部 63

讀左補義五十卷首二卷　（清）姜炳璋輯　清乾隆三十三年（1768）刻本　十五冊　存五十卷（一至四十八、首二卷）

210000－0705－0000059　經部 103

四書集註□□卷　（宋）朱熹章句　清光緒三十二年（1906）刻本　一冊　存二卷（大學、中庸二）

210000－0705－0000060　經部 138

康熙字典十二集三十六卷總目一卷檢字一卷辨似一卷等韻一卷補遺一卷備考一卷　（清）張玉書撰　清康熙五十五年（1716）內府刻本
四十冊

210000－0705－0000061　經部 159

詩韻集成二卷　（清）余照輯　清光緒十二年（1886）石印本　二冊

210000－0705－0000062　經部 50

儀禮注疏十七卷儀禮注疏原目一卷　（漢）鄭玄注　（唐）陸德明音義　（唐）賈公彥疏　清同治十年（1871）刻本　十三冊

210000－0705－0000063　經部 177

律呂臆說不分卷　（清）徐養原撰　清石印本
一冊

210000－0705－0000064　經部 135

六書通不分卷　（明）閔齊伋撰　（清）畢既明纂修　清刻本　六冊

210000－0705－0000065　經部 98

孟子七卷　（宋）朱熹集註　清末刻本　一冊
存二卷（六至七）

210000－0705－0000066　經部 73

春秋比二卷　（清）郝懿行輯　清嘉慶十四年（1809）刻本　一冊

265

210000－0705－0000067　經部 134

正字通十二卷　（清）廖文英輯　清刻本　十二冊

210000－0705－0000068　經部 162

五方元音二卷　（清）樊騰鳳輯　（清）年希堯補　清末刻本　一冊

210000－0705－0000069　經部 129

說文通檢十四卷　（清）黎永椿編　清末刻本　二冊

210000－0705－0000070　經部 136

字彙十二集　（明）梅膺祚撰　清刻本　十二冊

210000－0705－0000071　經部 93

孟子三卷　（宋）朱熹集註　清刻本　一冊　存二卷(一至二)

210000－0705－0000072　經部 161

詩韻集成□□卷　（清）余照輯　清末刻本　一冊　存三卷(八至十)

210000－0705－0000073　經部 137

字彙十二集　（明）梅膺祚撰　清康熙十八年(1679)刻本　十四冊

210000－0705－0000074　經部 94

孟子三卷　（宋）朱熹集註　清刻本　二冊　存二卷(一至二)

210000－0705－0000075　經部 114

四書備旨十一卷　（清）鄧退菴撰　清咸豐五年(1855)刻本　八冊

210000－0705－0000076　經部 150

爾雅三卷　（晉）郭璞注　清末刻本　一冊　存二卷(上、中)

210000－0705－0000077　史部 222

前漢書一百二十卷　（漢）班固撰　（唐）顏師古注　清光緒十四年(1888)鉛印本　十五冊　存七十卷(一至六十三、八十七至九十三)

210000－0705－0000078　史部 54

金石圖說四卷　（清）牛運震集說　（清）褚峻摹圖　（清）劉世珩編補　清光緒二十一年

(1895)刻本　四冊

210000－0705－0000079　史部 86

萬國輿地圖說不分卷　（清）陳兆桐原繪　（清）李苢齋重繪　清光緒十二年(1886)刻本　一冊

210000－0705－0000080　史部 24

兩朝御批通鑑輯覽一百二十卷　（清）傅恒撰　清宣統元年(1909)石印本　二十四冊

210000－0705－0000081　史部 421

西域聞見錄八卷首一卷　（清）七十一撰　清末刻本　二冊　存四卷(一至四)

210000－0705－0000082　史部 74

中國歷史問答不分卷　（清）邵羲輯　清光緒三十一年(1905)鉛印本　一冊

210000－0705－0000083　善本 6

漢書一百卷　（漢）班固撰　（唐）顏師古注　（明）葛錫璠評　明崇禎十二年(1639)刻本　十四冊

210000－0705－0000084　史部 362

歷代名臣言行錄二十四卷　（清）朱桓輯　清嘉慶十二年(1807)刻本　三十六冊

210000－0705－0000085　史部 290

明紀六十卷　（清）陳鶴纂　清同治十年(1871)刻本　二十冊

210000－0705－0000086　史部 393

皇朝武功紀盛四卷　（清）趙翼撰　清光緒二十七年(1901)石印本　一冊

210000－0705－0000087　史部 26、27、28、29

欽定吏部則例六十六卷　（清）張廷玉撰　清刻本　二十八冊

210000－0705－0000088　史部 53

列國政要一百三十三卷首一卷　（清）戴鴻慈　（清）端方輯　清光緒三十三年(1907)石印本　三十二冊

210000－0705－0000089　史部 316

九通分類總纂二百四十卷　（清）汪鍾霖纂校　清光緒二十八年(1902)石印本　八十冊

210000－0705－0000090　　史部 215

西湖志四十八卷　　（清）李衛總裁　（清）傅王
露纂修　清雍正十三年(1735)刻本　二十
四册

210000－0705－0000091　　史部 422

王鳳洲綱鑑會纂三十九卷　　（宋）司馬光通鑑
（明）王士貞編　清光緒二十五年(1899)刻
本　二十册

210000－0705－0000092　　史部 198

[乾隆]盛京通志四十八卷首一卷　　（清）魏樞
纂修　（清）雷以誠補修　清乾隆元年(1736)
刻咸豐二年(1852)補修本　二十册

210000－0705－0000093　　史部 398

曾文正公大事記四卷　　（清）王定安撰　清末
鉛印本　一册

210000－0705－0000094　　史部 310

欽定續文獻通考二百五十卷　　（清）紀昀纂
清末石印本　四册　存十五卷(四至十八)

210000－0705－0000095　　史部 5

資治通鑑二百九十四卷　　（宋）司馬光撰
（宋）胡三省音註　（明）陳仁錫評閱　明天啟
五年(1625)刻本　一百二十册　存二百六十
二卷(一至十、十四至十六、十九至九十八、一
百至一百三、一百一十二至一百二十、一百二十
三至一百二十四、一百二十八至一百七十二、
一百七十六至二百二十七、二百三十一至二
百四十五、二百四十八至二百八十四、二百九
十至二百九十四)

210000－0705－0000096　　史部 34

律例圖說□□卷　　（清）萬維翰纂　清刻本
三册　存四卷(戶上下、刑二至三)

210000－0705－0000097　　史部 52

日本國志四十卷首一卷　　（清）黃遵憲編纂
清光緒二十七年(1901)石印本　八册

210000－0705－0000098　　史部 25

歷代通鑑輯覽一百二十卷　　（清）傅恒編　清
刻本　十二册　存四十三卷(七至十六、二十
至二十五、三十五至三十七、四十一至四十

五、五十至五十五、六十至六十六、九十至九
十五)

210000－0705－0000099　　史部 361

長江圖說十二卷首一卷　　（清）馬徵麟撰
（清）黃翼升閱定　清同治十年(1871)朱墨套
印本　五册

210000－0705－0000100　　史部 368

宋名臣言行錄前集十卷後集十四卷續集八卷
別集二十六卷外集十七卷　　（宋）朱熹　（宋）
李幼武纂　清刻本　十册　存六十一卷(前
集六至十、後集一至五、續集八卷、別集二十
六卷、外集十七卷)

210000－0705－0000101　　史部 38

欽定大清會典圖二百七十卷首一卷　　（清）崑
岡撰　清光緒二十五年(1899)石印本　六十
五册　存二百四十九卷(一至九十七、一百一
至一百六、一百二十五至二百七十)

210000－0705－0000102　　史部 363

宋名臣言行錄前集十卷後集十四卷續集八卷
別集二十六卷外集十七卷　　（宋）朱熹　（宋）
李幼武纂　清同治七年(1868)刻本　六册

210000－0705－0000103　　史部 223

前漢書一百二十卷　　（漢）班固撰　（唐）顏師
古注　清光緒十四年(1888)刻本　八册　存
五十四卷(二十至七十三)

210000－0705－0000104　　史部 337

三國職官表二卷　　（清）洪飴孫述　清道光二
年(1822)石印本　二册

210000－0705－0000105　　史部 22

王鳳洲綱鑑會纂三十九卷首一卷　　（明）王士
貞編　清光緒二十八年(1902)石印本　十册

210000－0705－0000106　　史部 17

足本王鳳洲綱鑑會纂三十九卷　　（宋）司馬光
撰　（明）王士貞編　清光緒二十五年(1899)
刻本　十七册　存三十七卷(三至三十九)

210000－0705－0000107　　史部 219

史記一百三十卷　　（漢）司馬遷撰　（南朝宋）

裴駰注　清光緒八年(1882)影印本　四冊

210000－0705－0000108　史部374

王陽明公像贊不分卷　(明)張岱撰　清刻本
　一冊

210000－0705－0000109　子部379

泛槎圖一卷　(清)張寶撰　清嘉慶二十四年
(1819)刻本　一冊

210000－0705－0000110　史部387

文安何公神道碑不分卷　(清)阮元譔　(清)
何紹基書并篆　清刻本　一冊

210000－0705－0000111　史部214.1

遼陽鄉土志不分卷　白永貞編　清光緒三十
四年(1908)鉛印本　一冊

210000－0705－0000112　史部394

洗冤便覽叢書三種十四卷　清宣統元年
(1909)石印本　一冊

210000－0705－0000113　史部291

欽定明鑑二十四卷首一卷　(清)胡敬等撰
清同治九年(1870)刻本　十冊

210000－0705－0000114　史部312

求闕齋弟子記三十二卷　(清)王定安纂　清
末刻本　八冊　存十六卷(十七至三十二)

210000－0705－0000115　善本2

後漢書九十卷　(南朝宋)范曄撰　(唐)李賢
注　(明)陳仁錫評　志三十卷　(晉)司馬彪
撰　(南朝梁)劉昭注　明天啟七年(1627)刻
本　二十冊

210000－0705－0000116　史部369

歷代名臣奏議三百二十卷　(明)黃淮　(明)
杨士奇輯　(明)張溥刪正　清康熙二十四年
(1685)刻本　八十六冊　存三百十三卷(一
至七十九、八十三至一百二十七、一百三十二
至三百二十)

210000－0705－0000117　史部414

在官法戒錄摘抄四卷　(清)陳宏謀編輯　清
道光三年(1823)刻本　一冊　存二卷(一至
二)

210000－0705－0000118　史部349

遼陽州地方自治研究所學員同席錄不分卷
(清)毓衡撰　清宣統二年(1910)石印本
一冊

210000－0705－0000119　史部333

古今史論大觀前編十五卷後編十七卷　(清)
雷瑨輯　清光緒二十七年(1901)硯耕山莊石
印本　十冊

210000－0705－0000120　史部36、37

欽定大清會典一百卷首一卷欽定大清會典事
例一千二百二十卷　(清)崑岡等纂修　清光
緒二十五年(1899)石印本　三百九十七冊
存一千二百四十三卷(欽定大清會典一百卷、
首一卷,欽定大清會典事例一至二十二、二十
六至二百三十一、二百四十八至三百八十、三
百九十七至八百八十六、九百至九百三十九、
九百六十三至九百九十七、一千二至一千七、
一千十一至一千二百二十)

210000－0705－0000121　史部320

清史攬要六卷　(日本)增田貢撰　清光緒二
十八年(1902)刻本　三冊

210000－0705－0000122　史部205

黃縣志十四卷首一卷末一卷　(清)尹繼美識
　清同治十年(1871)刻本　四冊

210000－0705－0000123　史部45

泰西各國名人言行錄三十五卷　(清)張兆蓉
輯　清光緒二十九年(1903)石印本　八冊

210000－0705－0000124　史部397

三家宮詞不分卷　清末抄本　二冊

210000－0705－0000125　善本3

五代史記七十四卷　(宋)歐陽修撰　(宋)徐
無黨注　明萬曆五年(1577)南京國子監刻本
　八冊

210000－0705－0000126　史部336

歷代史論二卷　(明)顧允撰　清石印本
一冊

210000－0705－0000127　史部318、319

東華全錄□□卷　王先謙編　清刻本　十二冊　存三十五卷(康熙五十四至八十二、乾隆一百四至一百九)

210000－0705－0000128　史部416

百家姓考略二卷　(清)王相纂　清刻本　一冊

210000－0705－0000129　史部214

遼陽鄉土志不分卷　白永貞編　清光緒三十四年(1908)鉛印本　一冊

210000－0705－0000130　史部51

中東戰紀本末八卷首一卷末一卷續編四卷文學興國策二卷　(清)蔡爾康纂輯　(美國)林樂知著譯　清光緒二十三年(1897)鉛印本　八冊　存十卷(中東戰紀本末八卷、首一卷、末一卷)

210000－0705－0000131　史部95

田產清帳不分卷　清同治三年(1864)抄本　八冊

210000－0705－0000132　史部334、335

史事論甲編十卷乙編六卷丙編四卷丁編四卷戊編十卷　(清)雷瑨撰　清刻本　六冊　存六卷(丙編一至二、丁編四卷)

210000－0705－0000133　史部87

讀史論略不分卷　(清)杜詔撰　清末刻本　二冊

210000－0705－0000134　善本5

陳書三十六卷　(唐)姚思廉撰　明萬曆三十三年(1605)刻本　六冊

210000－0705－0000135　史部76

吉林穆稜縣主管各事編輯成篇不分卷　(清)王榮昌編　清宣統二年(1910)抄本　一冊

210000－0705－0000136　史部22

御撰資治通鑑綱目三編五卷　(清)張廷玉編　清光緒二十三年(1897)石本　二冊

210000－0705－0000137　史部338

鑑略四字書不分卷　(清)王仕雲撰　清末刻本　一冊

210000－0705－0000138　史部371

中西時務類考九卷首一卷　(清)華金昆校　清光緒二十四年(1898)石印本　六冊

210000－0705－0000139　史部365

重刊補註洗冤錄集證六卷　(宋)宋慈撰　(清)王又槐增輯　(清)李觀瀾補輯　清道光二十四年(1844)五色套印本　六冊

210000－0705－0000140　史部7

宋元通鑑一百五十七卷目錄一卷　(明)薛應旂編集　明天啟六年(1626)刻本　六冊　存十四卷(一至二、五至十五,目錄一卷)

210000－0705－0000141　史部33、35

大清律例重訂統纂集成四十卷比引條例□□卷督補則例二卷洗冤錄□□卷　(清)胡肇楷　(清)周孟隣纂　清嘉慶十七年(1812)刻本　二十一冊　存三十七卷(大清律例重訂統纂集成一至二十、二十三至二十五、二十七至三十、三十三至四十,督捕則例二卷)

210000－0705－0000142　史部20

增評加批歷史綱鑑補三十九卷附加批明通鑑綱目三編六卷　(宋)司馬光通鑑　(宋)朱熹綱目　(清)張廷玉編　清刻本　七冊　存十七卷(二十六至三十九、附一至三)

210000－0705－0000143　史部378

後魏太和二十二年碑不分卷　清末刻本　一冊

210000－0705－0000144　史部328

天下郡國利病書一百二十卷　(清)顧炎武輯　清光緒二十七年(1901)鉛印本　二十七冊　存一百十四卷(一至六十八、七十五至一百二十)

210000－0705－0000145　善本7

西湖志四十八卷　(清)李衛總裁　(清)傅王露纂修　清雍正十三年(1735)刻本　三十二冊

210000－0705－0000146　史部325

曾文正公大事記四卷　(清)王定安撰　清光緒三十一年(1905)鉛印本　一冊

210000－0705－0000147　史部 6

資治通鑑目錄三十卷　（宋）司馬光撰　明崇禎二年（1629）刻本　十八冊　存二十五卷（一至七、十至十六、十九至二十六、二十八至三十）

210000－0705－0000148　史部 75

欽定四庫全書簡明目錄二十卷　（清）紀昀纂修　清刻本　十一冊　存十八卷（一至二、五至二十）

210000－0705－0000149　史部 272

五代史記七十四卷　（宋）歐陽修撰　（清）徐無黨注　清道光八年（1828）刻本　四十冊

210000－0705－0000150　史部 366、367、367.1

律例館校正洗冤錄四卷　（宋）宋慈撰　**三流道里表不分卷督捕則例二卷**　（清）唐紹祖纂修　清乾隆八年（1743）武英殿刻本　十冊

210000－0705－0000151　史部 348

奉天自治籌辦方法不分卷　羅永紹撰　清宣統二年（1910）影印本　一冊

210000－0705－0000152　史部 268

舊唐書疑義四卷　（清）張道撰　清末刻本　一冊　存二卷（一至二）

210000－0705－0000153　史部 392

時事圖說不分卷　（英國）李提摩太撰　清光緒十四年（1888）刻本　一冊

210000－0705－0000154　史部 47

逆臣傳不分卷　清末刻本　四冊

210000－0705－0000155　史部 288

明史三百三十二卷目錄一卷　（清）張廷玉撰　清刻本　一冊　存六卷（一至五、目錄一卷）

210000－0705－0000156　史部 287

明史三百三十二卷目錄一卷　（清）張廷玉撰　清刻本　八冊　存三十七卷（七十四至一百十）

210000－0705－0000157　史部 240

晉書一百三十卷　（唐）房玄齡等撰　清末刻本　三冊　存二十二卷（三十八至五十九）

210000－0705－0000158　史部 48

滿臣傳不分卷　清末刻本　八冊

210000－0705－0000159　史部 332

紀事約言二卷　（清）夏勤塘撰　清光緒七年（1881）刻本　一冊

210000－0705－0000160　史部 354

羅景山台灣海防並開山日記不分卷　（清）羅景山撰　清刻本　一冊

210000－0705－0000161　史部 226

後漢書一百二十卷　（南朝宋）范曄撰　（唐）李賢注　清末刻本　九冊　存三十七卷（四十九至八十五）

210000－0705－0000162　史部 231

後漢書一百二十卷　（南朝宋）范曄撰　（唐）李賢注　清刻本　四冊　存二十三卷（五十九至八十一）

210000－0705－0000163　史部 46

貳臣傳不分卷　清抄本　十二冊

210000－0705－0000164　史部 427

西湖志四十八卷　（清）付王露纂　清雍正九年（1731）刻本　五冊　存九卷（一至九）

210000－0705－0000165　史部 237

晉書一百三十卷　（唐）房玄齡等撰　清末刻本　七冊　存一百十五卷（十六至一百三十）

210000－0705－0000166　史部 10

御批通鑑輯覽一百二十卷　（清）傅恆等撰　清刻本　二十一冊　存四十二卷（十二至十六、二十三至二十八、三十至三十九、五十一至五十二、五十六至五十八、六十、七十五至七十八、八十八至八十九、九十二至九十五、一百二至一百三、一百八至一百九、一百十八）

210000－0705－0000167　史部 426

陸軍貴冑學堂同學錄不分卷　清宣統元年（1909）刻本　一冊

210000－0705－0000168　　史部 243

宋書一百卷　　（南朝梁）沈約撰　　明崇禎七年（1634）刻本　　十六冊

210000－0705－0000169　　史部 227

後漢書一百二十卷　　（南朝宋）范曄撰　　（唐）李賢注　　清光緒十四年（1888）刻本　　十六冊

210000－0705－0000170　　特藏 225

般若波羅密多心經一卷　　（唐）玄奘譯　　（清）林則徐書　　（清）劉季山鐫　　清道光十五年（1835）刻本　　一冊

210000－0705－0000171　　善本 4

乾坤法竅三卷　　（清）范弘賓集　　清乾隆二十五年（1760）刻本　　六冊

210000－0705－0000172　　子部 95

與善堂重刻感應篇註訓證四卷　　（清）趙熊詔纂輯　　清末刻本　　一冊

210000－0705－0000173　　子部 166、167、168、169、170、171

東醫寶鑑二十三卷目錄二卷　　（朝鮮）許浚撰　　清乾隆十九年（1754）刻本　　二十四冊　　存二十四卷（湯液篇一至三，內景篇一至四，針灸篇一，雜病篇一至十一，外形篇一至二、四；目錄二卷）

210000－0705－0000174　　子部 84

增補星平會海命學全書十卷　　（明）水中龍編集　　清刻本　　六冊

210000－0705－0000175　　子部 473

瘍醫大全四十卷　　（清）顧世澄撰　　清光緒二十七年（1901）鉛印本　　十五冊　　存三十六卷（一至三十六）

210000－0705－0000176　　子部 111

增補關煞袖裏金百中經一卷　　清末刻本　　一冊

210000－0705－0000177　　子部 151、152、153、154

御纂醫宗金鑑九十卷續編十四卷　　（清）吳謙撰　　清光緒九年（1883）刻本　　二十四冊　　存四十四卷（一至十六、三十六至四十九，續編十四卷）

210000－0705－0000178　　子部 165

石室秘錄六卷　　（清）陳士鐸撰　　清刻本　　六冊

210000－0705－0000179　　子部 198

楳嶺百鳥畫譜三卷　　（日本）幸野楳嶺繪　　清光緒七年（1881）刻本　　三冊

210000－0705－0000180　　子部 217、218

國朝畫徵錄三卷國朝畫徵續錄二卷　　（清）張庚撰　　清刻本　　二冊

210000－0705－0000181　　子部 38

欽定授時通考七十八卷　　（清）張廷玉　　（清）鄂爾泰撰　　清刻本　　二十四冊

210000－0705－0000182　　子部 333

增廣智囊補二十八卷　　（明）馮夢龍輯　　清光緒二十一年（1895）石印本　　六冊

210000－0705－0000183　　子部 441

溫疫論補註二卷　　（明）吳有性撰　　（清）鄭重光補註　　清光緒三十三年（1907）石印本　　一冊

210000－0705－0000184　　子部 472

訂正東醫寶鑑二十三卷目錄二卷生理解剖圖說不分卷　　（朝鮮）許浚撰　　清光緒三十四年（1908）鉛印本　　十六冊

210000－0705－0000185　　史部 380

宜振書室印存不分卷　　席素謙篆　　清宣統三年（1911）鈐印本　　四冊

210000－0705－0000186　　子部 48

永寧通書四集十二卷　　（清）王維德纂　　清嘉慶五年（1800）刻本　　四冊

210000－0705－0000187　　子部 88

乾坤法竅三卷　　（清）范宜賓集　　清刻本　　四冊

210000－0705－0000188　　集部 128

聊齋志異新評十六卷　　（清）蒲松齡撰　　（清）王士正評　　（清）但明倫新評　　清道光二十

年(1842)朱墨套印本　十六冊

210000－0705－0000189　子部346、347

嘯亭雜錄八卷續錄二卷　（清）昭槤撰　清光
緒二十七年(1901)石印本　六冊

210000－0705－0000190　子部98

金剛般若波羅密經一卷　（後秦）釋鳩摩羅什
譯　清宣統二年(1910)石印本　一冊

210000－0705－0000191　子部205

芥子園畫傳初集六卷二集九卷三集六卷
（清）王槩輯　清光緒十四年(1888)石印本
十二冊

210000－0705－0000192　子部75

新鐫神峯張先生通考闢謬命理正宗大全六卷
（明）張楠集　清刻本　六冊

210000－0705－0000193　子部48.1

永寧通書四集十二卷　（清）王維德纂　清刻
本　一冊　存三卷（人集一至三）

210000－0705－0000194　子部137

珍珠囊指掌補遺藥性賦四卷　（金）李杲編輯
清刻本　一冊　存二卷（三至四）

210000－0705－0000195　子部96

折疑論集註二卷　（元）釋子成撰　（明）釋師
子註　清光緒十年(1884)刻本　二冊

210000－0705－0000196　史部372

文學興國策二卷　（美國）林樂知譯　清光緒
二十二年(1896)鉛印本　一冊

210000－0705－0000197　子部377

管色考一卷　（清）徐養原撰　清刻本　一冊

210000－0705－0000198　子部106

禪門佛事二卷　清光緒二十三年(1897)刻本
一冊

210000－0705－0000199　子部208

十竹齋書畫譜八卷　（明）胡正言輯　清光緒
五年(1879)彩色套印本　八冊

210000－0705－0000200　子部64.1

子平管見集解二卷　（明）雷鳴夏撰　清道光

二十六年(1846)刻本　二冊

210000－0705－0000201　子部86

擇吉會要四卷　（清）姚承興撰　清道光二十
九年(1849)刻本　四冊

210000－0705－0000202　子部39

管窺輯要八十卷目錄一卷　（清）黃鼎纂　清
順治十年(1653)刻本　三十六冊

210000－0705－0000203　子部61

廣治平略正集三十六卷續集八卷　（清）蔡方
炳撰　清光緒十年(1884)刻本　四冊

210000－0705－0000204　子部43

太平歡樂圖不分卷　（清）方薰繪　（清）金德
輿撰　清光緒十四年(1888)石印本　一冊

210000－0705－0000205　集部172

三元秘授六卷　（明）張溥撰　清光緒二十五
年(1899)朱墨套印本　四冊

210000－0705－0000206　子部89

八宅明鏡二卷　（清）箬冠道人撰　清乾隆五
十五年(1790)刻本　二冊

210000－0705－0000207　子部236

劉文清公墨跡初拓不分卷　（清）劉墉書
（清）後邨老人（程光國）拓　清嘉慶三年
(1798)拓本　一冊

210000－0705－0000208　子部345

龍經疑龍三卷撼龍一卷　（唐）楊益撰　清光
緒九年(1883)石印本　一冊

210000－0705－0000209　子部279

武備志圖注二卷　（明）茅元儀輯　清末抄本
一冊

210000－0705－0000210　子部138

孫真人備急千金要方九十三卷目錄二卷
（唐）孫思邈撰　清刻本　十五冊　存八十八
卷（一至三十七、四十三至九十三）

210000－0705－0000211　子部360

家寶全集四集三十二卷　（清）石成金撰　清
刻本　一冊　存八卷（初集一至八）

210000－0705－0000212　子部 428

驗方新編十六卷續編二卷　（清）鮑相璈編
清同治十年（1871）刻本　二冊　存九卷（驗
方新編一至八、續編下）

210000－0705－0000213　子部 109

觀音濟度本願真經二卷　清光緒十七年
（1891）木刻本　一冊

210000－0705－0000214　子部 330

池北偶談二十六卷　（清）王士禛撰　清光緒
二十二年（1896）石印本　八冊

210000－0705－0000215　集部 142

白門新柳記一卷　（清）許豫編　清同治十一
年（1872）刻本　一冊

210000－0705－0000216　子部 172

東醫寶鑑二十五卷　（朝鮮）許浚撰　清末刻
本　五冊　存五卷（雜病篇八至十、湯液篇
一、鍼灸篇一）

210000－0705－0000217　子部 446

洞主仙師白喉治法忌表抉微不分卷　（清）耐
修子敬錄　清光緒十七年（1891）刻本　一冊

210000－0705－0000218　子部 443

痘疹專門二卷　（清）董維嶽纂　清道光二十
五年（1845）刻本　二冊

210000－0705－0000219　集部 173

三元秘授六卷法竅一卷　（明）張溥撰　清百
忍堂刻本　六冊

210000－0705－0000220　子部 73

辯偽錄六卷　（元）釋祥邁撰　清光緒三十三
年（1907）揚州藏經院存板刻本　二冊

210000－0705－0000221　子部 93

地學二卷　（清）沈鎬撰　清道光十三年
（1833）刻本　二冊

210000－0705－0000222　子部 334

增智囊補二十八卷　（明）馮夢龍撰　清末刻
本　六冊　存六卷（七至十二）

210000－0705－0000223　子部 344.1

世說新語補二十卷　（宋）劉義慶撰　（明）王
世貞刪定　清末刻本　九冊　存十四卷（七
至二十）

210000－0705－0000224　子部 329.1

庸盦筆記六卷　（清）薛福成撰　清光緒二十
七年（1901）石印本　一冊　存二卷（一至二）

210000－0705－0000225　子部 329

庸盦筆記六卷　（清）薛福成撰　清光緒二十
四年（1898）石印本　二冊　存四卷（三至六）

210000－0705－0000226　子部 120

濟陰綱目十四卷目錄一卷　（明）武之望撰
清刻本　八冊

210000－0705－0000227　子部 475

醫學實在易八卷　（清）陳念祖撰　清末刻本
一冊

210000－0705－0000228　子部 135、136

珍珠囊指掌補遺藥性賦四卷　（金）李杲編輯
清宣統三年（1911）石印本　二冊

210000－0705－0000229　子部 439

鍼灸大成十卷　（明）楊繼洲撰　（清）章廷珪
重修　清道光十三年（1833）刻本　二冊　存
四卷（一至四）

210000－0705－0000230　子部 176

歷代畫史彙傳七十二卷首一卷總目三卷附錄
二卷　（清）彭蘊璨編　清光緒八年（1882）刻
本　二十四冊

210000－0705－0000231　子部 445

痘疹定論四卷　（清）朱純嘏編輯　清刻本
四冊

210000－0705－0000232　子部 139

雷公炮製藥性解六卷　（明）李中梓編輯　清
末刻本　二冊

210000－0705－0000233　子部 471

校正本草綱目五十二卷首一卷附圖一卷瀕湖
脈學一卷奇經八脈考一卷脈訣考證一卷
（明）李時珍撰　本草綱目拾遺十卷　（清）趙
學敏輯　萬方針線八卷　（清）蔡烈先輯　清
宣統元年（1909）石印本　十二冊

273

210000－0705－0000234　子部309

古本周易參同契集註二卷附錄一卷圖說一卷
　（漢）魏伯陽撰　（清）知幾子集補　清刻本
四冊

210000－0705－0000235　子部474

痘疹詩賦二卷　（清）張鑾撰　清道光三十年
（1850）刻本　一冊

210000－0705－0000236　集部293

兩般秋雨盦隨筆八卷　（清）梁紹壬纂　清宣
統二年（1910）石印本　二冊　存四卷（一至
二、七至八）

210000－0705－0000237　子部314

格言聯璧一卷附錄一卷　（清）金纓撰　清光
緒十六年（1890）刻本　二冊

210000－0705－0000238　子部348

謎選四卷　（清）繆東霖撰　清光緒八年
（1882）刻本　四冊

210000－0705－0000239　子部420.1

傷寒瘟疫條辨六卷　（清）楊璿撰　清光緒十
五年（1889）刻本　三冊　存三卷（一、四至
五）

210000－0705－0000240　子部230、231

南畫早學四卷　（日本）村上正武編述　清光
緒六年（1880）刻本　四冊

210000－0705－0000241　子部338

歸田瑣記八卷　（清）梁章鉅撰　清道光二十
五年（1845）刻本　四冊

210000－0705－0000242　子部187

天香樓藏帖十二卷　（清）王望霖摹刻　清嘉
慶二年（1797）刻本　二冊　存九卷（天香樓
藏帖正刻八卷、劉梁合璧一卷）

210000－0705－0000243　子部344

世說新語補二十卷　（南朝宋）劉義慶撰　清
乾隆二十七年（1762）刻本　八冊

210000－0705－0000244　子部121

鍼灸大成十卷　（明）楊繼洲撰　清光緒六年
（1880）刻本　十冊

210000－0705－0000245　子部114

水鏡集四卷　（清）右髻道人撰　清刻本　一
冊　存一卷（二）

210000－0705－0000246　子部262

莊子集解八卷　王先謙輯　清宣統元年
（1909）石印本　四冊

210000－0705－0000247　史部395

西京雜記二卷　（漢）劉歆撰　清石印本
一冊

210000－0705－0000248　子部121.1

鍼灸大成十卷　（明）楊繼洲撰　（明）靳賢補
輯　清光緒元年（1875）刻本　十冊

210000－0705－0000249　子部110

陽宅集成八卷　（清）姚廷鑾　（清）瞻旂纂輯
清石印本　一冊　存四卷（五至八）

210000－0705－0000250　子部476

陳修園醫書四十八種　（清）陳念祖撰　清末
刻本　二冊　存二種九卷（神農本草經讀四
卷、傷寒論淺註五卷）

210000－0705－0000251　子部353

日知錄三十二卷　（清）顧炎武撰　清康熙三
十四年（1695）刻本　十冊

210000－0705－0000252　子部68

增補秘傳萬法歸宗五卷　（唐）李淳風撰
（唐）袁天罡補　清刻本　五冊

210000－0705－0000253　子部1－32

古今圖書集成一萬卷目錄四十卷　（清）蔣廷
錫　（清）陳夢雷輯　清光緒十年（1884）刻本
一千二百四十五冊　存八千三百六十七卷
（官常典一至七十一、八十一至九十一、九十
八至八百，戎政典一至七十九、九十一至一百
三十八、一百八十二至二百十八、二百二十三
至二百九十四，草木典一至一百二十四、一百
五十三至三百二十，神異典一至一百二十四、
一百三十至一百四十一、一百七十一至二百
六十二、二百六十九至三百二十，邊裔典一百
四十卷，山川典一至二百六十九、二百七十六
至三百二十，皇極典一至一百六十五、一百八

十六至一百九十八、二百十二至三百,閨媛典
一至二百八、二百十六至三百七十六,坤與典
一至六十九、八十至九十八、一百四十至一百四
十,文學典一至二百五十三,曆法典一至八十
九、九十四至一百四十,字學典一至十一、二
十七至三十四、四十二至一百四、一百二十五
至一百四十四,人事典七至三十九、四十五至
五十七、八十四至八十八、一百六至一百十
二,詮衡典一至六十六、八十三至一百二十,
經籍典一至一百九、一百十六至一百二十九、
一百三十六至一百五十、一百五十八至二百
一、二百三十一至二百三十七、二百四十五至
三百十六、三百三十九至三百四十四、三百五
十六至五百,乾象典一至一百,歲功典六十二
至一百十六,選舉典五十至一百三十六,交誼
典六十一至一百二十,庶征典九十二至一百
四十四,藝術典一至八百二十四,食貨典一至
二百二十七、二百四十至二百六十六、二百九
十三至二百九十九、三百十五至三百六十,祥
刑典六至十一、二十三至四十一、四十七至一
百八十,學行典一至一百三十五、一百四十三
至一百八十九、二百四十二至三百,考工典一
至一百六十九、二百一至二百十七、二百三十
二至二百四十六,禮儀典一至三十四、四十六
至一百三十九、一百七十四至三百四十八,氏
族典八至一百八十、二百四十至二百五十三、
三百七十至六百四十,職方典一至四十五、九
十七至一百六十一、一百七十至一百七十七、
一百八十六至一百九十一、二百五至二百十、
二百九十六至五百八十八、五百九十六至六
百二十八、六百四十四至六百五十、六百五十
八至七百九十二、八百五十九至一千二百七
十九、一千三百十五至一千三百二十七、一千
三百五十五至一千三百九十二、一千四百七
至一千五百四十四,禽蟲典一至一百九十二,
樂律典一至一百三十六,宮闈典十一至四十
二、五十至九十五;目錄一至三十二卷)

210000－0705－0000254　子部112
佛教規範不分卷　清末抄本　一冊

210000－0705－0000255　子部107
關帝明聖經一卷　清末刻本　一冊

210000－0705－0000256　子部113、114
**大唐太宗文皇帝製三藏聖教序一卷大唐皇帝
述三藏聖教序記一卷**　(唐)太宗李世民
(唐)高宗李治撰　(唐)褚遂良書丹　(清)
劉潤琴書　清光緒三十一年(1905)石印本
一冊

210000－0705－0000257　子部99
妙法蓮華經觀世音菩薩普門品一卷　(後秦)
釋鳩摩羅什譯　清末刻本　一冊

210000－0705－0000258　集部156
增廣試帖玉芙蓉七卷　(清)上海鴻寶齋編
清光緒十九年(1893)石印本　八冊

210000－0705－0000259　集部170
忠雅堂文集十二卷　(清)蔣士銓撰　清刻本
九冊

210000－0705－0000260　集部216.3
古文觀止十二卷　(清)吳楚才　(清)吳大職
輯　清光緒十二年(1886)刻本　四冊　存八
卷(一至八)

210000－0705－0000261　集部184、185
會試闈墨不分卷　清光緒三十一年(1905)石
印本　一冊

210000－0705－0000262　集部292、292.1
彙刻小題雋快新編不分卷　(明)翁遂盦鑒定
清刻本　四冊

210000－0705－0000263　集部216
增批古文觀止十二卷　(清)吳楚才評註　清
光緒二十七年(1901)浙紹墨潤堂石印本
六冊

210000－0705－0000264　集部284
青雲集分韻試帖詳註四卷　(清)楊逢春
(清)蕭應槵輯　(清)沈品華註　清刻本
二冊

210000－0705－0000265　集部138
繪圖增像第五才子書水滸全傳十卷七十回
(元)施耐庵撰　(清)金人瑞評釋　清光緒十
八年(1892)刻本　十冊

210000－0705－0000266　集部 28

蘭言詩鈔四卷　（清）李瑞撰　（清）穆騰額註釋　清光緒十二年(1886)刻本　四冊

210000－0705－0000267　集部 229

讀杜心解六卷首二卷　（唐）杜甫撰　（清）浦起龍解　清刻本　十二冊

210000－0705－0000268　集部 190.3

孫批胡刻文選六十卷　（南朝梁）蕭統輯（唐）李善注　清光緒二十一年(1895)石印本　四冊　存四卷（一至四）

210000－0705－0000269　集部 43.1

山谷詩集註二十卷目錄一卷外集詩註十七卷別集詩註二卷　（宋）黃庭堅撰　（宋）任淵（宋）史容　（宋）史季溫注　清宣統二年(1910)刻本　十九冊

210000－0705－0000270　集部 196

最近四大家古文鈔四卷　（清）寄古齋主人編　清光緒三十四年(1908)鉛印本　四冊

210000－0705－0000271　集部 303

斅學治事文編五卷　（清）湯蟄仙撰　清光緒二十四年(1898)石印本　一冊

210000－0705－0000272　集部 293、294

胡文忠公遺集八十六卷首一卷　（清）胡林翼撰　（清）鄭敦謹　（清）曾國荃纂輯　清光緒十四年(1888)鉛印本　一冊　存六卷（一至六）

210000－0705－0000273　集部 176

時藝引階合編二卷　（清）路潤生輯　清光緒五年(1879)刻本　四冊

210000－0705－0000274　子部 83

護國佑民伏魔寶卷注解四卷　清光緒二十二年(1896)刻本　四冊

210000－0705－0000275　集部 32

玉臺新詠十卷　（南朝陳）徐陵編　（清）吳兆宜原注　（清）程琰刪補　清光緒五年(1879)刻本　六冊

210000－0705－0000276　集部 164

210000－0705－0000277　集部 115.1

唐陸宣公集二十二卷增輯二卷　（唐）陸贄撰（清）耆英重訂　清道光二十七年(1847)刻本　八冊

四大奇書第一種十九卷首一卷一百二十回（明）羅貫中撰　（清）毛宗崗評　清刻本　二十冊

210000－0705－0000278　集部 292、292.1

彙刻考卷雋快二編不分卷　（清）翁遂盦鑒定　清刻本　二冊

210000－0705－0000279　集部 190.5

文選六十卷目錄一卷附文選考異十卷　（南朝梁）蕭統輯　（唐）李善注　（清）胡克家撰　清宣統三年(1911)上海會文堂石印本　十六冊

210000－0705－0000280　集部 194

古文淵鑒六十四卷　（清）聖祖玄燁選　（清）徐乾學等編注　清五色套印本　四十冊

210000－0705－0000281　集部 201

劉子全書四十卷首一卷　（明）劉宗周撰　清道光四年至十五年(1824－1835)刻本　二十四冊

210000－0705－0000282　集部 236

廬陵宋丞相信國公文忠烈先生全集十六卷目錄一卷附文忠烈公從祀原案錄一卷　（宋）文天祥撰　（清）文有煥　（清）李镕經輯　清刻本　十二冊

210000－0705－0000283　集部 107.1

全史宮詞二十卷　（清）史夢蘭撰　清咸豐六年(1856)刻本　四冊

210000－0705－0000284　集部 184、185

選拔貢卷宣統元年己酉科不分卷　袁宗濂撰　清宣統元年(1909)石印本　一冊

210000－0705－0000285　集部 204.2

曝書亭集詞註七卷　（清）朱彝尊撰　（清）李富孫纂　清同治四年(1865)刻本　四冊

210000－0705－0000286　集部 170.1

忠雅堂詩集二十七卷補遺二卷詞集二卷
（清）蔣士銓撰　清刻本　九冊

210000－0705－0000287　集部 136
西遊真詮一百回　（明）吳承恩撰　（清）陳士
斌詮解　清刻本　二十冊

210000－0705－0000288　集部 296、296.1
古文析義初編六卷二編八卷　（清）林雲銘評
註　清宣統元年（1909）刻本　三冊　存六卷
（初編三至四、二編一至四）

210000－0705－0000289　集部 190.1
文選六十卷目錄一卷附文選考異十卷　（南
朝梁）蕭統輯　（唐）李善注　（清）胡克家撰
　清宣統三年（1911）石印本　十六冊

210000－0705－0000290　集部 4.1
蘇文忠公詩集擇粹十八卷　（宋）蘇軾撰　清
同治二年（1863）刻本　四冊

210000－0705－0000291　集部 139
新刻鍾伯敬先生批評封神演義十九卷一百回
　（明）許仲琳撰　（明）鍾伯敬評　清刻本
十冊　存五十六回（一至五十六）

210000－0705－0000292　集部 190
文選六十卷　（南朝梁）蕭統撰　（唐）李善注
　清乾隆三十七年（1772）朱墨套印本　十
二冊

210000－0705－0000293　集部 183
小倉山房尺牘八卷　（清）袁枚撰　清刻本
八冊

210000－0705－0000294　集部 78
詞律二十卷　（清）萬樹撰　清光緒二年
（1876）刻本　十二冊

210000－0705－0000295　集部 24
歷朝名媛詩詞十二卷　（清）陸昶評選　清乾
隆三十八年（1773）刻本　十冊

210000－0705－0000296　集部 145
三蘇全集二百四卷　（宋）蘇洵　（宋）蘇軾
（宋）蘇轍撰　（清）弓翊清輯　清道光十三年
（1833）刻本　五十四冊　存一百十三卷（東

坡集一至十一、二十五至四十八、六十一至八
十四、欒城集一至四十八，斜川集一至六）

210000－0705－0000297　集部 29.2
劍南詩鈔不分卷　（宋）陸游撰　（清）楊大鶴
選　清康熙二十四年（1685）刻本　八冊

210000－0705－0000298　集部 47
仙樵詩鈔十二卷補遺一卷　（清）劉文麟撰
清同治九年（1870）刻本　四冊

210000－0705－0000299　集部 239
唐宋八家鈔八卷　（清）高梅亭集評　清乾隆
五十三年（1788）刻本　八冊

210000－0705－0000300　集部 154
癸卯恩科闈墨十卷　（清）大學堂選　清光緒
三十年（1904）石印本　十冊

210000－0705－0000301　集部 177
分類詳注正續飲香尺牘四卷尺牘續刊二卷
（清）飲香居士輯　（清）慵隱子箋釋　清光緒
十一年（1885）刻本　六冊

210000－0705－0000302　集部 135
西遊真詮一百回　（明）吳承恩撰　（清）陳士
斌詮解　清刻本　二十一冊

210000－0705－0000303　集部 107
全史宮詞二十卷　（清）史夢蘭撰　清咸豐六
年（1856）刻本　四冊

210000－0705－0000304　集部 40
七家試帖輯註彙鈔九卷　（清）張熙宇輯評
（清）王植桂輯註　清光緒六年（1880）刻本
八冊

210000－0705－0000305　集部 215
昭代名人論策讀本十三卷　（清）王長儁輯
清光緒二十八年（1902）石印本　十冊

210000－0705－0000306　集部 95
白香山詩選二卷　（唐）白居易撰　清末石印
本　二冊

210000－0705－0000307　集部 260
陶淵明集八卷首一卷末一卷　（晉）陶潛撰
清光緒六年（1880）三色套印本　四冊

210000－0705－0000308　集部216.2

古文觀止十二卷　（清）吳楚才輯　清光緒三十一年（1905）刻本　六冊

210000－0705－0000309　集部194.1

古文淵鑒六十四卷　（清）聖祖玄燁選　（清）徐乾學等編注　清五色套印本　七冊

210000－0705－0000310　集部186

楹聯新譜二卷　清末刻本　一冊　存一卷（上）

210000－0705－0000311　集部222

指南後錄不分卷　（宋）文天祥撰　清末刻本　一冊

210000－0705－0000312　子部132、147、148、149、150

中西匯通醫書五種二十九卷　（清）唐宗海撰　清光緒三十四年（1908）印本　十二冊

210000－0705－0000313　集部160

左海全集三十四卷　（清）陳壽祺撰　清刻本　二十冊

210000－0705－0000314　子部361

欽定佩文韻府一百六卷　（清）張玉書　（清）蔡升元撰　清光緒十二年（1886）石印本　五十冊　存一百四卷（一至九十、九十三至一百六）

210000－0705－0000315　集部235

增廣留香青新集二十四卷附泰西禮俗考一卷　（清）伊□□輯　清光緒二十五年（1899）石印本　十二冊

210000－0705－0000316　子部362

佩文韻府一百六卷　（清）張玉書撰　（清）蔡升元纂修　清刻本　九十五冊

210000－0705－0000317　子部54、55

雞跖賦續刻二十八卷擬古二卷　（清）應泰泉輯　清光緒十二年（1886）石印本　二冊

210000－0705－0000318　子部56

仰止子詳考古今名家潤色詩林正宗十八卷　（明）余象斗輯　清道光二十六年（1846）刻本

十八冊

210000－0705－0000319　子部37

子史精華一百六十卷　（清）允祿　（清）吳襄等纂　清刻本　四冊　存四十一卷（三十四至四十四、八十七至九十六、一百二十三至一百四十二）

210000－0705－0000320　子部54、55

分類賦學雞跖初集三十卷附錄一卷　（清）張維城輯　清光緒十二年（1886）石印本　二冊

210000－0705－0000321　子部49

重訂廣事類賦四十卷　（清）華希閎撰　（清）華希閎重訂　清光緒十四年（1888）刻本　十卷

210000－0705－0000322　子部52

古今分類論匯二十四卷首一卷　清光緒二十九年（1903）石印本　十五冊

210000－0705－0000323　子部451.1－455.1

中西匯通醫書五種二十九卷　（清）唐宗海撰　清光緒三十四年（1908）石印本　十二冊

210000－0705－0000324　子部34

淵鑒類函四百五十卷　（清）張英撰　清康熙四十九年（1710）刻本　一百四十冊

210000－0705－0000325　子部50

增補事類統編九十三卷首一卷　（清）黃葆真增輯　清光緒十四年（1888）石印本　十二冊

210000－0705－0000326　集部168

稗海四百四十九卷　（明）商濬編　（清）李穆堂輯　清刻本　九十六冊

210000－0705－0000327　善本1

子史精華一百六十卷　（清）允祿　（清）吳襄等纂　清雍正五年（1727）刻本　三十二冊

210000－0705－0000328　子部51

古今分類策匯二十六卷首一卷古今分類論坿編四卷　清光緒二十九年（1903）石印本　十七冊

210000－0705－0000329　子部363

韻府拾遺一百六卷　（清）張廷玉撰　（清）汪

灝纂修　清光緒十二年（1886）石印本　四冊
　存五十一卷（一至五、三十一至五十九、九
十至一百六）

210000－0705－0000330　子部451、452、453、
454、455

中西匯通醫書五種二十九卷　（清）唐宗海撰
　清光緒三十四年（1908）石印本　十二冊

210000－0705－0000331　子部46

二十二子摘錦三十卷　（清）孫灝輯　清光緒
二十三年（1897）石印本　六冊

鐵嶺縣圖書館
古籍普查登記目錄

全國古籍普查登記目錄

國家圖書館出版社
National Library of China Publishing House

《鐵嶺縣圖書館古籍普查登記目録》
編委會

主　編：張　濤

編　委：李澤綿　張　淳　馬　紅　金偉男

《鐵嶺縣圖書館古籍普查登記目錄》

前　言

　　鐵嶺縣歷史悠久,轄區内曾有多處戰國墓葬出土。漢代便有行政建置,即西漢時期的高顯縣。唐代和渤海國時期改稱富州,遼代稱銀州,金、元時期稱新興縣,明代洪武二十六年(1393)設鐵嶺衛,清康熙三年(1664)建鐵嶺縣。鐵嶺縣文化歷史底藴深厚,全縣共有文化遺存246處,它們承載着當地的歷史信息和文化記憶。

　　鐵嶺縣圖書館始建於中華民國元年(1912)4月,在鐵嶺縣公署閲報處的基礎之上建立的"鐵嶺通俗圖書館",館址在縣城中央大街路北。時有閲報室2間,閲覽室2間,陳列室2間,藏書室1間。藏有圖書5140册,報紙雜志20種。民國十六年(1927)省財政撥款3493圓,添置書籍并修繕館舍,藏書增至6318册。民國二十年(1931)因"九一八"事變閉館。次年11月,汪僞地方政府接管,改稱"鐵嶺縣立圖書館",藏書量減少千餘册。民國二十二年(1933),館址遷至銀岡書院,與書院的藏書室合并到一起。民國二十五年(1936),館址再遷至城厢員警署舊址,并開設宣講所。新中國成立後,劃歸鐵嶺縣文化館。1956年5月,在鐵嶺縣文化館圖書組的基礎上,正式成立鐵嶺縣圖書館。館址設在文化館院内,辦公面積200多平方米,藏書30000餘册,報紙雜志100餘種。

　　此外,鐵嶺縣還有清宣統二年(1910)創辦的"滿鐵圖書館"和民國十二年(1923)建立的"兒童圖書館"。

　　作爲歷史文化名城,古籍的收藏自然是要件之一。鐵嶺縣圖書館現藏圖書6萬餘册,其中古籍和民國時期傳統裝幀書籍488種3626册。著作涉及面廣,占盡秦、漢、魏、晋、南北朝、隋、唐、宋、元、明、清、民國。就版本而言,本館所藏清代和民國刻本居多。明代刻本僅存一種,即高濂撰寫的《弦雲居重訂遵生八笺》十九卷,爲鎮館之寶。清代李鍇編著的《尚史》七十卷,被稱作"第二《史記》",收入《四庫全書》。鐵嶺縣圖書館收有此書民國本。雖然其他圖書館也有珍藏,但鐵嶺縣圖書館收藏却意義非凡。因爲作爲清代"遼東三老"之一的李鍇,是地地道道的鐵嶺縣人,爲明代鎮遼大將李成梁的同宗後孫。館藏的古籍著作中,也有海外作者所著珍品。諸如日本學者矢津永昌編撰的《中學萬國地志》三卷、石村貞一編撰的《日本新史攬要》六卷、桑原騭藏編撰的《東洋史要》二卷、吉田良太郎編撰的《西巡迴鑾始末記》六卷,以及美國學者丁韙良編撰的《增訂格物入門》七卷和英國學者郝德編輯的《身理啓蒙》十卷等。除哲學社會科學書籍外,也不乏海外的自然科學書籍,如英國學者華里司編撰的《微積溯源》八卷、傅蘭雅編撰的《光學須知》一卷、美國學者狄考文編撰的《代數備旨》等。

　　物有所值，物有所用。近些年來，鐵嶺縣圖書館館藏的古籍也得到了應用。本地和外地專家學者爲研究各自領域的學術課題，經常到鐵嶺縣圖書館查閱資料。管理人員爲方便服務，早已將館藏古籍進行梳理分類、編目在册，使沉睡的文化遺産活躍起來。

鐵嶺縣圖書館

2020 年 5 月

210000－0713－0000001　0003

筆算數學三卷　（美國）狄考文撰　清光緒二十九年（1903）上海美華書館鉛印本　二冊　存二卷（上、下）

210000－0713－0000002　0005

醫門法律六卷　（清）喻昌撰　清光緒二十六年（1900）石印本　三冊

210000－0713－0000003　0007

袁王綱鑑合編三十九卷　（明）袁了凡　（明）王鳳洲編　清光緒三十年（1904）上海商務印書館鉛印本　十四冊

210000－0713－0000004　0009

王臨川全集二十四卷　（宋）王安石撰　清宣統三年（1911）掃葉山房石印本　八冊　存十五卷（一至二、五至六、八至九、十四至十五、十八至二十四）

210000－0713－0000005　0010

弦雲居重訂遵生八箋十九卷　（明）高濂撰　明刻本　十五冊　存十五卷（三至八、十一至十九）

210000－0713－0000006　0011

玉函山房輯佚書七百三十九卷　（清）馬國瀚輯　清刻本　九冊　存九卷（三十九至四十、四十三、四十六、六十七、七十一至七十二、九十、九十二）

210000－0713－0000007　0012

困學紀聞注二十卷　（清）翁元圻輯　清道光五年（1825）刻本　十二冊

210000－0713－0000008　0014

寓意草一卷　（清）喻昌撰　清光緒三十三年（1907）校經山房石印本　一冊

210000－0713－0000009　0016

中外約章纂新十卷　（清）時中書局輯　清光緒三十年（1904）上海時中書局鉛印本　八冊　存八卷（一至六、八至九）

210000－0713－0000010　0032

韓非子二十卷　（戰國）韓非子撰　**識誤三卷**　（清）顧廣圻撰　清光緒二十三年（1897）圖書集成局鉛印本　二冊

210000－0713－0000011　0041

荀子二十卷　（唐）楊倞注　清光緒十年（1884）黎庶昌楊守敬刻本　一冊　存四卷（七至十）

210000－0713－0000012　0046－0049

古今圖書集成　（清）陳夢雷等　清光緒十年（1884）上海圖書集成印書局鉛印本　三十二冊　存九種一百八十三卷（博物彙編神異典三十一至三十四，方輿彙編職方典二百五十四至二百六十、八百四十六至八百五十二、一千五百十至一千六百十三、一千七百十一至一千七十六，博物彙編藝術典一至十七、二百六十三至二百八十六、二百九十三至二百九十八、六百三十四至六百四十、六百四十七至六百五十一、六百六十四至六百六十七、七百二十至七百四十八、七百五十五至七百五十九，明倫彙編皇級典二十八至三十二，方輿彙編邊裔典七十一至七十六，經濟彙編戎政典一百三至一百十四，明倫彙編閨媛典一百三十三至一百三十八，方輿彙編山川典一百八十九至一百九十五，理學彙編經籍典四百六十九至四百八十）

210000－0713－0000013　0051

後漢書□□卷　（南朝宋）范曄撰　（唐）李賢注　清宣統三年（1911）上海涵芬樓影印本　四冊　存四十卷（六十五至一百四上）

210000－0713－0000014　0054－0055

史記一百三十卷　（漢）司馬遷撰　（南朝宋）裴駰集解　（唐）司馬貞索隱　（唐）張守節正義　**附考證**　清光緒十四年（1888）上海圖書集成印書局鉛印本　十三冊　存九十一卷（一至十八、二十二至三十二、六十九至一百三十）

210000－0713－0000015　0059

定盦文集三卷續集四卷補編四卷　（清）龔自珍撰　清掃葉山房石印本　四冊

210000－0713－0000016　0060

關尹子一卷　（周）尹喜撰　清宣統三年（1911）上海集成圖書公司鉛印本　與 210000－0713－0000017 合冊

210000－0713－0000017　0060
揚子法言十三卷　（漢）揚雄撰　清光緒二十三年（1897）圖書集成局鉛印本　與 210000－0713－0000016 合冊

210000－0713－0000018　0066
子書二十八種　（清）文瑞樓輯　清宣統三年（1911）上海文瑞樓鉛印本　一冊　存二種

210000－0713－0000019　0069
文中子中說十卷　（隋）王通撰　（宋）阮逸註　清光緒二十三年（1897）上海圖書集成局鉛印本　一冊

210000－0713－0000020　0070
列子八卷　（晉）張湛註　清光緒二十三年（1897）上海文瑞樓鉛印本　一冊

210000－0713－0000021　0071
列子八卷　（晉）張湛註　清光緒二年（1876）浙江書局刻本　二冊

210000－0713－0000022　0074
通鑑釋文辯誤十二卷　（元）胡三省撰　清光緒二十八年（1902）上海積山書局石印本　一冊　卷十二殘

210000－0713－0000023　0075
說文通檢十四卷首一卷末一卷　（清）黎永椿編　清光緒十四年（1888）上海蜚英館石印本　一冊

210000－0713－0000024　0076
說文解字注三十卷附六書音均表二卷　（清）段玉裁撰　清光緒十四年（1888）鉛印本　四冊　存十二卷（一至六、九至十四）

210000－0713－0000025　0078
蘭言詩鈔四卷　（清）李端撰　清光緒十七年（1891）年刻本　四冊

210000－0713－0000026　0079
清河書畫舫　（明）張丑撰　清刻本　四冊

存四冊（丑、寅、卯、巳）

210000－0713－0000027　0083－0084
欽定大清會典一百卷　（清）張廷玉輯　清刻本　五冊　存十七卷（一至二、八十一至九十一、九十七至一百）

210000－0713－0000028　0085
史通通釋二十卷　（清）浦起龍撰　清光緒十九年（1893）石印本　八冊

210000－0713－0000029　0086
讀史方輿紀要一百三十卷附讀史歷代州域形式九卷輿地要覽四卷　（清）顧祖禹撰　清光緒二十五年（1899）石印本　八冊　存九卷（讀史方輿紀要一至九）

210000－0713－0000030　0087－0088
青雲集分韻試帖詳注四卷　（清）楊逢春輯　清掃葉山房刻本　四冊

210000－0713－0000031　0089
文獻通考詳節二十四卷　（元）馬端臨撰　（清）嚴虞淳輯　清刻本　十二冊

210000－0713－0000032　0090
日本新史攬要六卷　（日本）石村貞一編輯　遊瀛主人譯　清光緒二十五年（1899）石印本　五冊　存五卷（一、三至六）

210000－0713－0000033　0091
九通通二百四十八卷首一卷　（清）劉可毅輯　清光緒二十八年（1902）武進劉氏石印本　三十六冊　存一百四十三卷（一、七至三十六、四十一至七十八、八十三至八十八、九十三至一百十二、一百十六至一百三十、一百九十六至二百、二百五至二百九、二百二十六至二百四十八）

210000－0713－0000034　0094
禮記約編十卷　（清）汪基撰　清光緒三十四年（1908）上海廣益書局石印本　六冊

210000－0713－0000035　0095
代數備旨　（美國）狄考文撰　清光緒二十九年（1903）石印本　六冊

210000－0713－0000036　0096

寰宇訪碑錄十二卷 （清）孫星衍 （清）邢澍撰 **寰宇訪碑錄刊謬一卷** 羅振玉撰 清光緒十年(1884)刻本 六冊

210000－0713－0000037　0096

寰宇訪碑錄十二卷 （清）孫星衍 （清）邢澍撰 **寰宇訪碑錄刊謬一卷** 羅振玉撰 清光緒十年(1884)刻本 六冊

210000－0713－0000038　0097

十八家詩抄二十八卷 （清）曾國藩輯 清刻本 八冊 存十卷(三至六、十二至十七)

210000－0713－0000039　0098

補寰宇訪碑錄五卷失編一卷 （清）趙之謙撰 清光緒十二年(1886)吳縣朱氏刻本 二冊

210000－0713－0000040　0099

樊山判牘續編四卷 樊增祥撰 清宣統三年(1911)大同書局石印本 四冊

210000－0713－0000041　0100

梅村別集箋注十八卷 （清）吳偉業撰 清光緒十年(1884)湖北官書處刻本 五冊 存六卷(六至九、十四至十五)

210000－0713－0000042　0104

呂氏春秋二十六卷 （秦）呂不韋撰 （漢）高誘注 （清）畢沅校 清光緒二十三年(1897)文瑞樓鉛印本 二冊 存十四卷(一至十四)

210000－0713－0000043　0105

董子春秋繁露十七卷 （漢）董仲舒撰 清光緒二十三年(1897)圖書集成局鉛印本 二冊

210000－0713－0000044　0108

尚論篇四卷首一卷後篇四卷 （清）喻嘉言撰 清光緒三十三年(1907)石印本 二冊 尚論後篇卷四缺頁

210000－0713－0000045　0109

東洋史要二卷 （日本）桑原騭藏撰 樊炳清譯 清光緒二十五年(1899)東文學社石印本 一冊 存一卷(下)

210000－0713－0000046　0110

湖北武學 湖北武備學堂編 清光緒二十八年(1902)掃葉山房石印本 五冊 存戰法輯要、護隊輯要、步隊戰法、修路說略

210000－0713－0000047　0114

歷代名人年譜三卷存疑及生卒年月無考一卷 （清）吳榮光輯 清光緒二年(1876)京都寶經書坊刻本 二冊 存三卷(歷代名人年譜一、三,存疑及生卒年月無考一卷)

210000－0713－0000048　0115

鳴原堂論文 （清）曾國藩輯 （清）曾國荃審訂 清同治十二年(1873)勵志齋刻本 二冊

210000－0713－0000049　0117

大清律例統纂集成四十卷 （清）姚潤輯 清刻本 一冊 存一卷(二)

210000－0713－0000050　0117

大清律例增修統纂集成四十卷督捕則例附纂二卷 （清）姚潤輯 清刻本 七冊 存十七卷(四至八、十三至十五、二十至二十二、二十九至三十、三十三至三十四,督捕則例附纂二卷)

210000－0713－0000051　0117－0118

大清律例新增統纂集成四十卷 （清）姚潤輯 清刻本 十冊 存十九卷(五、九至十二、十六至十九、二十七至二十八、三十一至三十二、三十五至四十)

210000－0713－0000052　0119

小學鉤沈十九卷 （清）任大椿輯 （清）王念孫校正 清光緒十年(1884)刻本 四冊

210000－0713－0000053　0120

小學集解六卷 （宋）朱熹撰 （清）張伯行輯注 清同治八年(1869)盛京鐘樓南億中刻本 一冊 存四卷(一至四)

210000－0713－0000054　0120

小學集解六卷 （宋）朱熹撰 （清）張伯行輯注 清同治八年(1869)盛京鐘樓南億中刻本 一冊 存四卷(一至四)

210000－0713－0000055　0121

經典釋文三十卷 （唐）陸德明撰 考證三十卷 （清）盧文弨撰 孟子音義二卷附劄記 （宋）孫奭撰 國語補音敘錄三卷 （宋）宋庠撰 清成都尊經書院刻本 十冊 存六十卷（釋文三十卷、考證三十卷）

210000－0713－0000056 0122

國語補音三卷 （宋）宋庠撰 附劄記一卷 （清）錢保塘撰 清光緒二年（1876）成都尊經書院刻本 一冊

210000－0713－0000057 0123

書經精華六卷 （清）薛嘉穎輯 清刻本 五冊 存五卷（二至六）

210000－0713－0000058 0124－0125

古文淵鑒六十四卷 （清）徐乾學等編 清康熙刻五色套印本 三十二冊

210000－0713－0000059 0126－0127

字彙十二卷首一卷末一卷 （明）梅膺祚撰 清經文堂刻本 十二冊 存十二卷（一至十一、首一卷）

210000－0713－0000060 0128－0129

字彙十二卷首一卷末一卷附韻法直圖一卷韻法橫圖一卷 （明）梅膺祚撰 清刻本 十五冊

210000－0713－0000061 0130

字彙十二集首一卷 （明）梅膺祚撰 清康熙刻本 三冊 存三卷（未集、申集，首一卷）

210000－0713－0000062 0131

莊子十卷 （晉）郭象注 （唐）陸德明音譯 清光緒二年（1876）浙江書局刻本 三冊 存七卷（一至三、七至十）

210000－0713－0000063 0132

大題五萬選不分卷 不著撰人 清光緒石印本 二十一冊 存二十一冊（第四函七至八，第五函一至四、六至十，第六函三至四、九，第七函二至五、八至十）

210000－0713－0000064 0132

三經音義四卷 （唐）陸德明撰 清嘉慶十八

年（1813）刻本 一冊

210000－0713－0000065 0133

大學衍義四十三卷 （宋）真德秀撰 （明）陳仁錫閱 清刻本 五冊 存二十卷（三至二十二）

210000－0713－0000066 0134

華氏中藏經三卷 （漢）華佗撰 清光緒十一年（1885）刻本 一冊

210000－0713－0000067 0136

易經貫一二十二卷 （清）金誠撰 清和序堂刻本 一冊 存一卷（一）

210000－0713－0000068 0136－0315

唐書二百二十五卷附釋音二十五卷附考證 （宋）歐陽修等撰 （宋）董衝釋音 清刻本 十二冊 存四十五卷（二十一至二十六、六十一至六十七、七十二至七十五、九十一至九十七、一百十七至一百二十三、一百七十二至一百七十八、一百九十八至二百一、二百十六至二百十八）

210000－0713－0000069 0137

山海經四卷 （晉）郭璞傳 （清）吳任臣注 清光緒十年（1884）掃葉山房刻本 四冊

210000－0713－0000070 0138

山海經十八卷圖五卷 （晉）郭璞注 （清）畢沅校正 古今本篇目考一卷 （清）畢沅撰 清光緒二十三年（1897）文瑞樓鉛印本 一冊 存四卷（山海經一至四）

210000－0713－0000071 0139

書經六卷 （宋）蔡沈集傳 清嘉慶十七年（1812）刻本 三冊 存五卷（一、三至六）

210000－0713－0000072 0140

經史百家雜抄二十六卷 （清）曾國藩輯 （清）李鴻章校 清刻本 二冊 存二卷（二十五至二十六）

210000－0713－0000073 0140

經史百家簡編二卷 （清）曾國藩輯 清同治十三年（1874）傳忠書局刻本 二冊

210000－0713－0000074　0141

初唐四傑文集二十一卷　（清）佚名輯　清光緒五年(1879)淮南書局刻本　三冊

210000－0713－0000075　0144

靜存軒文集四卷　（清）李能九輯　清朝鮮活字印本　一冊　存二卷(三至四)

210000－0713－0000076　0145

補三國疆域志二卷　（清）洪亮吉撰　清光緒四年(1878)授經堂刻本　一冊

210000－0713－0000077　0146

物理論一卷　（晉）楊泉撰　（清）孫星衍輯　清光緒十年(1884)孫谿槐廬家塾刻本　與210000－0713－0000078、79 合冊

210000－0713－0000078　0146

譙周古史考一卷　（三國蜀）譙周撰　（清）章宗源輯　清光緒十年(1884)孫谿槐廬家塾刻本　與210000－0713－0000077、79 合冊

210000－0713－0000079　0146

建立伏博士始末二卷　（清）孫星衍撰　清光緒十年(1884)孫谿槐廬家塾刻本　與210000－0713－0000077、78 合冊

210000－0713－0000080　0147

漢鐃歌釋文箋正一卷　王先謙撰　清同治十一年(1872)王氏虛受堂刻本　一冊

210000－0713－0000081　0149

千金寶要六卷　（唐）孫思邈撰　清光緒十一年(1885)橋朱氏槐廬家塾刻本　一冊

210000－0713－0000082　0149

渚宮舊事五卷　（唐）余知古撰　附補遺一卷　清光緒十一年(1885)橋朱氏槐廬家塾刻本　一冊

210000－0713－0000083　0150

平定關隴記略十三卷　（清）易孔昭等纂輯　清刻本　六冊　存七卷(一至二、四至八)

210000－0713－0000084　0151

世說新語三卷　（南朝宋）劉義慶撰　（南朝梁）劉孝標注　清光緒十七年(1891)思賢講

舍刻本　六冊

210000－0713－0000085　0152

劍南詩鈔不分卷　（宋）陸遊撰　（清）楊大鶴選　清刻本　二冊

210000－0713－0000086　0153

古詩源十四卷　（清）沈德潛選　清光緒十八年(1892)湖南務本書局刻本　五冊　存十二卷(一至十二)

210000－0713－0000087　0156

六書通六卷　（明）閔齊伋撰　（清）畢弘述篆定　清光緒二十一年(1895)上海鴻寶齋石印本　一冊　存二卷(一至二)

210000－0713－0000088　0158

司空詩品注釋一卷　（唐）司空圖撰　清光緒元年(1875)掃葉山房刻本　一冊

210000－0713－0000089　0159

林和靖詩集四卷拾遺一卷　（宋）林逋撰　清宣統二年(1910)上海文瑞樓石印本　一冊　存一卷(一)

210000－0713－0000090　0159

四憶堂詩集六卷遺稿一卷　（清）侯方域撰　清掃葉山房石印本　一冊　存三卷(四至六)

210000－0713－0000091　0159

梅村詩集箋注十八卷　（清）吳翌鳳撰　清石印本　一冊　存三卷(十三至十五)

210000－0713－0000092　0162

賈子新書十卷　（漢）賈誼撰　清光緒二十三年(1897)上海圖書集成局鉛印本　一冊

210000－0713－0000093　0163

校讎通義四卷　（清）章學誠撰　清光緒四年(1878)上海會文堂影印本　一冊　存一卷(四)

210000－0713－0000094　0167

文學興國策兩卷　（美國）林樂知譯　清光緒二十二年(1896)上海圖書集成局鉛印本　二冊

210000－0713－0000095　0169

竹書紀年統箋十二卷 （清）徐文靖撰 清鉛
印本 一冊 存六卷（七至十二）

210000－0713－0000096 0170
鶡冠子三卷 （宋）陸佃解 清光緒二十三年
（1897）上海圖書集成局鉛印本 與210000－
0713－0000097合冊

210000－0713－0000097 0170
鬼穀子不分卷 清宣統三年（1911）上海集成
圖書公司鉛印本 與210000－0713－
0000096合冊

210000－0713－0000098 0171
新齊諧二十四卷 （清）袁枚撰 清刻本 七
冊 存十七卷（一至二、十至二十四）

210000－0713－0000099 0172
九通 （清）□□輯 清光緒二十八年（1902）
上海點石齋石印本 二十一冊 存三種二十
六卷（文獻通考一至四、十四、二十三，欽定續
文獻通考一至十、十七、十八下、十九至二十、
二十二至二十四，皇朝文獻通考十下、十八
上、二十上）

210000－0713－0000100 0173
資治新書十四卷二集二十卷 （清）李漁輯
（清）沈心友訂 清同治五年（1866）刻本 十
二冊 存十七卷（資治新書十一至十四、二集
一至十三）

210000－0713－0000101 0192
經義述聞三十二卷 （清）王引之撰 清光緒
七年（1881）上海文瑞樓鉛印本（序文木刻）
八冊 存十六卷（一至四、七至十四、十七至
十八、三十一至三十二）

210000－0713－0000102 0193
孟子十四卷 （戰國）孟子撰 （宋）朱熹集註
清同治稽古樓刻本 二冊 存二卷（一、
三）

210000－0713－0000103 0195
春秋左傳五十卷 （明）閔齊伋注 清同治稽
古樓刻本 二冊 存五卷（三十三至三十五、
四十三至四十四）

210000－0713－0000104 0195
春秋公羊傳不分卷 （明）閔齊伋注 清同治
稽古樓刻本 二冊 存二冊

210000－0713－0000105 0196
禮記二十卷 （漢）鄭玄注 清同治稽古樓刻
本 八冊 存八卷（二至八、十）

210000－0713－0000106 0197
儀禮十七卷 （漢）鄭玄注 清同治稽古樓刻
本 四冊 存七卷（一至七）

210000－0713－0000107 0199
五經合纂大成 清光緒十一年（1885）同文書
局石印本 四冊 存三種九卷（周易合纂大
成一、三至四，禮記合纂大成九至十，春秋合
纂大成一至三、首）

210000－0713－0000108 0201
周禮不分卷 （漢）鄭玄注 清同治稽古樓刻
本 十二冊 存十二冊

210000－0713－0000109 0202
毛詩二十卷 （漢）毛萇傳 （漢）鄭玄箋 清
同治稽古樓刻本 五冊 存十卷（四至五、十
一至十二、十五至二十）

210000－0713－0000110 0203
周易九卷 （三國魏）王弼 （晉）韓康伯注
清同治稽古樓刻本 四冊

210000－0713－0000111 0204
尚書二十卷 （漢）孔安國傳 清同治稽古樓
刻本 二冊 存三卷（三至五上）

210000－0713－0000112 0207
危言四卷 （清）湯震撰 清光緒二十四年
（1898）三魚書屋石印本 二冊

210000－0713－0000113 0208
普天忠憤全集十四卷 （清）孔廣德輯 清光
緒二十一年（1895）石印本 十一冊

210000－0713－0000114 0209
增補事類統編九十三卷 （清）黃葆真增輯
清刻本 二冊 存四卷（八十至八十一、九十
至九十一）

210000 – 0713 – 0000115　0210

增選正續小題文府不分卷　鴻文局主人輯
清光緒十七年(1891)鴻文局石印本　二冊

210000 – 0713 – 0000116　0211

中西算學大成一百卷　(清)陳維祺撰　清光
緒十五年(1889)同文書局石印本　八冊　存
三十五卷(五十三至七十一、八十五至一百)

210000 – 0713 – 0000117　0212

身理啟蒙十卷　(英國)郝德輯　(英國)艾約
瑟譯　清鉛印本　一冊

210000 – 0713 – 0000118　0213

小題三萬選不分卷　(清)求是齋主人編　清
光緒十八年(1892)上海袖海山房石印本
十冊

210000 – 0713 – 0000119　0215

大題文府不分卷　清光緒石印本　十二冊

210000 – 0713 – 0000120　0216

大題文府不分卷　清光緒石印本　九冊

210000 – 0713 – 0000121　0217

西巡迴鑾始末記六卷　(日本)吉田良太郎匯
錄　清光緒二十八年(1902)石印本　一冊
存二卷(一至二)

210000 – 0713 – 0000122　0218

自強齋保富興國論初編六卷　(清)王韜輯
清光緒二十三年(1897)上海強學會石印本
三冊　存五卷(一至五)

210000 – 0713 – 0000123　0219

鑄史駢言十二卷　(清)孫玉田撰　清光緒石
印本　五冊　存十卷(三至十二)

210000 – 0713 – 0000124　0220

夜譚隨錄十二卷　(清)霽園主人撰　清刻本
六冊　存七卷(一、五至七、九至十一)

210000 – 0713 – 0000125　0221

中外輿地彙鈔十四卷　(清)馮冠群輯　清光
緒二十年(1894)蘇州文瑞樓石印本　四冊

210000 – 0713 – 0000126　0222

增訂格物入門七卷　(美國)丁韙良撰　清光

緒十五年(1889)同文館鉛印本　七冊

210000 – 0713 – 0000127　0223

日本維新三十年史十二編　(日本)博文館編
輯　(清)羅普譯　清上海廣智書局鉛印本
四冊　存十編(三至十二)

210000 – 0713 – 0000128　0224

五種遺規　(清)陳弘謀輯　清道光十年
(1830)培遠堂刻本　五冊　存二種七卷(從
政遺規四卷,養正遺規二卷、補編一卷)

210000 – 0713 – 0000129　0225

書業堂重訂古文釋義新編八卷　(清)余誠評
注　清光緒十五年(1889)上海掃業山房刻本
二冊　存二卷(一、三)

210000 – 0713 – 0000130　0227

中外約章纂新十卷　(清)時中書局輯　清光
緒三十年(1904)上海時中書局鉛印本　一冊
存一卷(十)

210000 – 0713 – 0000131　0228

積古齋鐘鼎彝器款識十卷　(清)阮元撰　清
刻本　一冊　存四卷(五至六、九至十)

210000 – 0713 – 0000132　0229

說文解字三十卷　(漢)許慎撰　清光緒十二
年(1886)吳縣朱氏家塾刻本　三冊

210000 – 0713 – 0000133　0230 – 0237

宋史四百九十五卷目錄三卷　(元)脫脫等撰
清光緒元年(1875)浙江書局刻本　五十五
冊　存二百三十一卷(一至二十六、五十四至
七十九、一百三十七至一百九十八、二百
三至三百三、三百八十二至四百二十七)

210000 – 0713 – 0000134　0238 – 0241

宋書一百卷　(南朝梁)沈約撰　清同治十一
年(1872)金陵書局刻本　十六冊

210000 – 0713 – 0000135　0245 – 0248

魏書一百十四卷　(北齊)魏收撰　清同治十
一年(1872)金陵書局刻本　二十冊

210000 – 0713 – 0000136　0250 – 0254

明史三百三十二卷目錄四卷　(清)張廷玉等

撰　清刻本　二十冊　存六十二卷(二十九
至三十一、四十至四十二、五十六至六十、七
十四至七十七、八十九至一百一、一百二十四
至一百三十四、一百五十五至一百五十九、一
百九十一至一百九十四、二百四十四至二百
四十七、二百五十九至二百六十一、二百九十
一至二百九十四、三百十六至三百十八)

210000－0713－0000137　0256－0257

御批歷代通鑑輯覽一百二十卷　(清)傅恒等
撰　清刻朱墨套印本　十五冊　存三十二卷
(七十五至八十八、一百三至一百二十)

210000－0713－0000138　0258－0259

御批歷代通鑑輯覽一百二十卷　(清)傅恒等
撰　清刻本　七冊　存十六卷(三至十二、十
五至十六、九十一至九十四)

210000－0713－0000139　0260－0263

遼史一百十五卷　(元)脫脫等撰　**附考證**
清同治十二年(1873)江蘇書局刻本　十六冊

210000－0713－0000140　0266

陳書三十六卷　(唐)姚思廉撰　清同治十一
年(1872)金陵書局刻本　四冊

210000－0713－0000141　0271

隋書八十五卷　(唐)魏征等撰　清同治十年
(1871)揚州書局刻本　二冊　存九卷(十七
至十八、五十九至六十五)

210000－0713－0000142　0273

梁書五十六卷　(唐)姚思廉撰　清同治十三
年(1874)金陵書局刻本　五冊　存五十卷
(一至五十)

210000－0713－0000143　0275

周書五十卷　(唐)令狐德棻等撰　清同治十
三年(1874)金陵書局刻本　四冊

210000－0713－0000144　0277

南齊書五十九卷　(南朝梁)蕭子顯撰　清同
治十三年(1874)金陵書局刻本　二冊　存十
六卷(一至十六)

210000－0713－0000145　0278

北齊書五十卷　(唐)李百藥撰　清同治十三
年(1874)金陵書局刻本　一冊　存十二卷
(一至十二)

210000－0713－0000146　0280－0281

南史八十卷　(唐)李延壽撰　清同治金陵書
局刻本　五冊　存三十三卷(二十五至三十
二、五十六至八十)

210000－0713－0000147　0282

北史一百卷　(唐)李延壽撰　清刻本　四冊
　存二十一卷(四十一至四十五、五十一至五
十九、七十七至八十三)

210000－0713－0000148　0286－0288

金史一百三十五卷　(元)托克托等撰　清同
治十三年(1874)江蘇書局刻本　十六冊　存
六十八卷(一至二十八、六十三至九十八、一
百二十至一百二十三)

210000－0713－0000149　0290

晉書一百三十卷音義三卷　(唐)房玄齡等撰
　(唐)何超音義　清同治十三年(1874)金陵
書局刻本　三冊　存四十二卷(四十六至五
十二、六十至六十七、六十八至九十四)

210000－0713－0000150　0302－0304

舊唐書二百卷　(後晉)劉昫等撰　清同治刻
本　十二冊　存五十五卷(十四至十五、二十
一至三十八、四十一、七十至八十二、一百
九至一百三十二、一百四十九至一百五十五)

210000－0713－0000151　0305

元史二百十卷目錄二卷附考證　(明)宋濂等
撰　清同治十三年(1874)江蘇書局刻本　四
十七冊　存一百五十八卷(一至二十、二十四
至二十七、四十八至九十四、一百十四至一百
八十六、一百九十七至二百十)

210000－0713－0000152　0314

舊五代史一百五十卷　(宋)薛居正等撰　清
同治刻本　二冊　存二十三卷(六十二至七
十三、一百一至一百十一)

210000－0713－0000153　0318－0329

佩文韻府一百六卷　(清)張玉書　(清)蔡升

元等纂　清刻本　五十四冊　存七十四卷
（一至七、二十二至二十五、三十一至四十四、
五十二至一百）

210000－0713－0000154　0330－0349
佩文韻府一百六卷　（清）張玉書　（清）蔡升
元等纂　韻府拾遺一百六卷　（清）汪灝
（清）何焯等纂　清刻本　一百八十七冊　存
一百五十九卷（一至二十五、三十至五十三、
六十三至六十九、七十六至一百六,拾遺一至
六、四十一至一百六）

210000－0713－0000155　0350
楊氏誠齋先生易傳二十卷首一卷　（宋）楊萬
里撰　清光緒二十五年（1899）刻本　四冊

210000－0713－0000156　0351
養蒙針度五卷　（清）潘子聲撰　清同治六年
（1867）刻本　一冊

210000－0713－0000157　0352－0354
有正味齋詩集十六卷駢體文二十四卷　（清）
吳錫麒撰　清嘉慶十三年（1808）刻本　十
二冊

210000－0713－0000158　0355
輶軒語一卷書目答問不分卷　（清）張之洞撰
清光緒二十三年（1897）刻本　六冊

210000－0713－0000159　0356－0361
御纂醫宗金鑑內科七十六卷外科十六卷
（清）吳謙等撰　清光緒九年（1883）上海掃葉
山房刻本　十五冊

210000－0713－0000160　0362
漁洋精華錄箋注十二卷補注一卷　（清）王士
禎撰　清末石印本　十二冊

210000－0713－0000161　0369－0372
王文成公全書三十八卷　（明）王守仁撰　清
刻本　二十四冊

210000－0713－0000162　0373－0391
五禮通考二百六十二卷目錄二卷　（清）秦蕙
田撰　清光緒二十二年（1896）新化三味堂刻
本　一百一十四冊

210000－0713－0000163　0393－0400
大學衍義補一百六十卷首一卷　（明）邱濬撰
清刻本　四十八冊

210000－0713－0000164　0401－0406
讀禮通考一百二十卷首一卷　（清）徐乾學撰
清光緒二十四年（1898）新化三味堂刻本
三十六冊

210000－0713－0000165　0407－0412
大清律例增修統纂集成四十卷督捕則例附纂
二卷　（清）沈之奇撰　（清）胡肇楷輯　清光
緒二十年（1894）刻本　二十四冊

210000－0713－0000166　0413－0461
皇清經解一千四百八卷　（清）阮元輯　清道
光九年（1829）廣東學海堂刻咸豐十一年
（1861）補刻本　二百九十四冊　存一千一百
九十二卷（一至三百七十七、三百九十八至四
百六十七、四百九十六至六百五十四、六百七
十至八百三十九、八百五十二至一千七十三、
一千一百三至一千一百七十二、一千二百一
至一千二百五十六、一千二百七十七至一千
三百三十、一千三百八十至一千三百九十三）

210000－0713－0000167　0462－0467
胡文忠公遺集八十六卷首一卷　（清）胡林翼
撰　清同治六年（1867）刻本　三十六冊

210000－0713－0000168　0468
覺世正宗十卷　（清）牛莊慈雲壇輯　清同治
元年（1862）刻本　六冊

210000－0713－0000169　0469－0471
經史百家雜鈔二十六卷首一卷　（清）曾國藩
編　清光緒二年（1876）刻本　二十四冊　存
二十四卷（一至二十四）

210000－0713－0000170　0472－0482
曾文正公全集一百五十六卷首一卷　（清）曾
國藩撰　清光緒二年（1876）傳忠書局刻本
八十冊

210000－0713－0000171　0483－0492
淵鑒齋御纂朱子全書六十六卷　（宋）朱熹撰
（清）李光地等輯　清刻本　七十三冊

210000－0713－0000172　0493

論語集注本義匯參二十卷　（清）王步青撰
清刻本　十二冊　存十九卷（二至二十）

210000－0713－0000173　0494

補註黃帝內經素問二十四卷黃帝內經靈樞十二卷附素問遺篇　（唐）王冰注　（宋）劉溫舒輯　清光緒三年（1877）浙江書局刻本　十冊

210000－0713－0000174　0495

補註黃帝內經素問二十四卷黃帝內經靈樞十二卷附素問遺篇　（唐）王冰注　清光緒二十二年（1896）圖書集成局鉛印本　四冊　存二十四卷（黃帝內經素問一至十二、黃帝內經靈樞十二卷）

210000－0713－0000175　0497

重刊補注洗冤錄集證六卷　（宋）宋慈原著　（清）阮其新補注　清道光二十四年（1844）刻四色套印本　五冊

210000－0713－0000176　0498

小學句讀記六卷　（清）王建常撰　清刻本　五冊

210000－0713－0000177　0499－0500

古經解彙函　（清）鍾謙鈞等撰　清錢氏經苑刻本　十六冊　存七種五十一卷（春秋啖趙集傳纂例十卷，春秋啖趙二先生集傳辯疑十卷，春秋微旨三卷，論語集解義疏十卷，論語筆解二卷，鄭志三卷、補遺一卷，春秋釋例四至十五）

210000－0713－0000178　0501

國朝畫徵錄二卷　（清）張庚撰　清光緒十三年（1887）上海校經山房刻本　二冊

210000－0713－0000179　0502

國朝畫徵錄二卷　（清）張庚撰　清光緒十三年（1887）上海校經山房刻本　二冊

210000－0713－0000180　0503－0506

廣博物志五十卷　（明）董斯張輯　清光緒五年（1879）刻本　三十二冊

210000－0713－0000181　0507

定盦文集三卷續集四卷文集補五卷文集補編四卷　（清）龔自珍撰　清光緒二十三年（1897）萬本書堂刻本　六冊

210000－0713－0000182　0510－0513

古文辭類纂七十四卷　（清）姚鼐輯　**續古文辭類纂三十四卷**　王先謙輯　清光緒十年（1884）上海吳縣朱記榮刻十八年（1892）掃葉山房印本　二十四冊

210000－0713－0000183　0514

共勉錄四卷首一卷末一卷　（清）朱福全編　清光緒三年（1877）刻本　一冊

210000－0713－0000184　0515－0516

沈文肅公政書七卷首一卷　（清）沈葆楨撰　清光緒六年（1880）吳門節署木活字印本　十二冊

210000－0713－0000185　0517

欽定詩經傳說彙纂二十一卷首一卷詩序二卷　（清）王鴻緒等撰　清刻本　四冊　存十卷（十二至二十一）

210000－0713－0000186　0518

詩經喈鳳詳解八卷圖說一卷　（清）陳抒孝撰　（清）汪基增訂　清掃葉山房刻本　八冊

210000－0713－0000187　0519

書經精華六卷　（清）薛嘉穎輯　清光緒九年（1883）掃葉山房刻本　六冊

210000－0713－0000188　0520

禮記體注四卷　（清）范翔撰　清光緒十六年（1890）掃葉山房刻本　四冊

210000－0713－0000189　0521

周禮節訓六卷　（清）黃叔琳撰　（清）姚培謙重訂　清光緒十二年（1886）掃葉山房刻本　一冊　存一卷（一）

210000－0713－0000190　0522

周禮精華七卷　（清）薛嘉穎輯　清光緒二十四年（1898）江左書林刻本　六冊　存六卷（一至六）

210000－0713－0000191　0523

新訂四書補注備旨十卷 （清）鄧林撰 清同治十年(1871)掃葉山房刻本 六冊 存四種七卷(大學一卷、中庸一卷、論語四、孟子一至四)

210000－0713－0000192 0524

呂公實政錄七卷 （明）呂坤撰 清末刻本 八冊 存六卷(二下、三至七)

210000－0713－0000193 0525

重訂文選集評十五卷首一卷末一卷 （清）于光華編 清刻本 八冊 存八卷(八至十五)

210000－0713－0000194 0526

歷代名臣言行錄二十四卷 （清）朱桓輯 清末刻本 八冊 存六卷(十四至十九)

210000－0713－0000195 0527

四禮翼不分卷 （明）呂坤撰 清同治十二年(1873)西安藩署刻本 一冊

210000－0713－0000196 0528

駱文忠公年譜二卷 （清）駱秉章自訂 清光緒二十一年(1895)都門刻本 二冊

210000－0713－0000197 0529－0530

聖諭廣訓衍二卷 （清）胤禛撰 清刻本 四冊

210000－0713－0000198 0531

附釋音禮記注疏六十三卷附校勘記 （漢）鄭玄注 清刻本 十冊 存十七卷(二十七至四十三)

210000－0713－0000199 0532

東華錄三十二卷 （清）蔣良騏撰 清刻本 八冊 存十六卷(十七至三十二)

210000－0713－0000200 0533－0536

明儒學案六十二卷師説一卷 （清）黃宗羲撰 清光緒十四年(1888)刻本 三十二冊

210000－0713－0000201 0538

梅氏叢書輯要六十二卷 （清）梅文鼎撰 清末石印本 六冊

210000－0713－0000202 0539

蒙學課本地球歌韻四卷 （清）張之洞撰 清

光緒二十八年(1902)天章書局石印本 二冊

210000－0713－0000203 0541

微積溯源八卷 （英國）華里司撰 （英國）傅蘭雅口譯 （清）華蘅芳筆述 清光緒二十二年(1896)上海著易堂石印本 四冊

210000－0713－0000204 0546

五大洲政治通考四十八卷 （清）徐準宜纂 清光緒二十七年(1901)急先務齋石印本 六冊 存二十三卷(一至二十三)

210000－0713－0000205 0548

中學萬國地志三卷 （日本）矢津永昌撰 清光緒二十八年(1902)上海商務印書館鉛印本 三冊

210000－0713－0000206 0555－0557

泰西藝學通攷十六卷目錄一卷 （清）何良棟輯 清光緒二十七年(1901)鴻寶書局石印本 十八冊 存十四卷(一至二、五至十六)

210000－0713－0000207 0570

皇朝經世文三編八十卷 （清）陳忠倚輯 清光緒二十七年(1901)上海書局石印本 八冊 存四十卷(一至四十)

210000－0713－0000208 0572

禮記約編十卷 （清）汪基撰 清光緒三十四年(1908)上海廣益書局石印本 二冊 存二卷(一至二)

210000－0713－0000209 0572

禮記約編十卷 （清）汪基撰 清光緒三十四年(1908)上海廣益書局石印本 二冊 存二卷(一至二)

210000－0713－0000210 0574

陶詩彙評四卷 （晉）陶潛撰 （清）溫汝能輯箋 東坡和陶合箋 （清）溫汝能纂 清宣統二年(1910)上海掃葉山房石印本 三冊 存二卷(三至四)

210000－0713－0000211 0581

近思錄十四卷考定朱子世家一卷校勘記一卷 （清）江永撰 清光緒十五年(1889)掃葉山

房刻本　六冊

210000－0713－0000212　0582

津門雜記三卷　（清）張燾輯　清光緒十年
（1884）刻本　三冊

210000－0713－0000213　0583

史通訓故補二十卷　（清）黃叔琳撰　清乾隆
十二年（1747）刻本　四冊

210000－0713－0000214　0587

蓬山童試錄不分卷　清道光二十五年至二十
八年（1845－1848）崇德堂聚奎堂刻本　八冊

210000－0713－0000215　0588－0589

海國圖志一百卷　（清）魏源撰　清光緒二十
四年（1898）文賢閣石印本　十六冊

210000－0713－0000216　0591

支那通史七卷　（日本）那珂通世編　清光緒
二十五年（1899）東文學社石印本　五冊　存
四卷（一至四）

210000－0713－0000217　0594－0596

左文襄公奏疏初編三十八卷續編七十六卷三
編六卷　（清）左宗棠撰　清光緒十六年
（1890）上海圖書集成局鉛印本　二十冊

210000－0713－0000218　0602

昭代名人論策讀本十三卷　（清）王長編　清
光緒二十八年（1902）石印本　八冊　存十卷
（一至七、九至十一）

210000－0713－0000219　0610

五經樓小題拆字四卷　（清）山仲甫輯　清同
治十年（1871）上洋醉文堂刻本　四冊

210000－0713－0000220　0610

五經樓小題拆字四卷　（清）山仲甫輯　清同
治十年（1871）上洋醉文堂刻本　一冊　存一
卷（四）

210000－0713－0000221　0611

批點七家詩選七卷　（清）張熙宇輯評　清咸
豐元年（1851）刻本　四冊　存四卷（一、三、
五至六）

210000－0713－0000222　0617

歷代名臣言行錄二十四卷　（清）朱桓輯　清
光緒上海錦章圖書局石印本　六冊　存十七
卷（一至三、八至十一、十五至二十四）

210000－0713－0000223　0617

歷代畫史彙傳七十二卷首一卷附錄二卷
（清）彭蘊璨撰　清末石印本　一冊　存八卷
（十七至二十四）

210000－0713－0000224　0624－0625

格致叢書　（明）胡文煥輯　清光緒二十七年
（1901）石印本　十六冊　存五十五種

210000－0713－0000225　0628

孤忠錄二卷　（清）袁祖志撰　清光緒十二年
（1886）吳縣永凝堂刻本　二冊

210000－0713－0000226　0628

誄文一卷　（清）吳可讀撰　清光緒刻本
一冊

210000－0713－0000227　0629

光學須知一卷　（英國）傅蘭雅撰　清光緒二
十一年（1895）刻本　一冊

210000－0713－0000228　0629

光學須知一卷　（英國）傅蘭雅撰　清光緒二
十一年（1895）刻本　一冊

210000－0713－0000229　0631

管子二十四卷　（周）管仲撰　（唐）房玄齡注
清光緒二十九年（1903）上海鴻文書局石印
本　一冊　存五卷（一至五）

210000－0713－0000230　0636

四元玉鑑細草三卷附四元釋例一卷　（元）朱
世傑撰　清道光十六年（1836）影印本　六冊

210000－0713－0000231　0639

兩湖書院課程二卷附一卷附表一卷　（清）
□□編　清光緒二十八年（1902）上海掃葉山
房石印本　六冊

210000－0713－0000232　0642

詩韻集成十卷　（清）余照輯　清刻本　四冊

210000－0713－0000233　0644－0645

小題三萬選不分卷　清光緒上洋袖海山房石

印本　十九冊　存大學、中庸、論語

210000－0713－0000234　0646

大題文府不分卷　清光緒石印本　九冊　存
中庸

210000－0713－0000235　0647

大題文府不分卷　清光緒十五年(1889)石印
本　十冊　存論語、大學

210000－0713－0000236　0648－0652

經濟學澥集成四十卷　(清)慶安瀾主人輯
清光緒二十七年(1901)上海涵碧軒石印本
六冊

210000－0713－0000237　0653－0656

萬國分類時務大成四十卷首一卷　(清)錢豐
輯　清光緒二十三年(1897)申江袖海山房石
印本　二十八冊

210000－0713－0000238　0657

萬國分類時務大成四十卷首一卷　(清)錢豐
輯　清光緒二十三年(1897)申江袖海山房石
印本　七冊　存十四卷(二十七至四十)

210000－0713－0000239　0658

新政眞詮不分卷　(清)何啟等撰　清光緒二
十七年(1901)浙江書局石印本　八冊

210000－0713－0000240　0659

經藝淵海不分卷　題(清)常安室主人輯　清
光緒十四年(1888)上海鴻寶齋石印本　十冊

210000－0713－0000241　0660

湖北武學　(清)張鑒輯　清光緒二十八年
(1902)上海掃葉山房石印本　六冊　存四種

210000－0713－0000242　0661

考工記圖不分卷　(清)戴震撰　清聚奎樓刻
本　二冊

210000－0713－0000243　0662

四書典制類聯音註　(清)閻其淵輯　清書業
堂刻本　六冊

210000－0713－0000244　0663

詩韻含英題解十卷　(清)甘蘭友撰　清綠蔭
堂刻本　四冊

210000－0713－0000245　0667

四書人物類典串珠四十卷　(清)臧志仁撰
清刻本　三冊　存二十卷(一至四、二十五至
四十)

210000－0713－0000246　0668

格致書院課藝□□卷　(清)王韜輯　清光緒
二十四年(1898)掃葉山房石印本　十三冊
存十三卷(一至十三)

210000－0713－0000247　0669

盛世危言六卷附盛世危言續編四卷　(清)鄭
觀應輯　清光緒二十四年(1898)煥文書局石
印本　九冊　存九卷(盛世危言六卷、續編一
至三)

210000－0713－0000248　0672

欽定本朝四書文不分卷　(清)方苞輯　清刻
本　八冊　存大學、中庸、論語、孟子上

210000－0713－0000249　0673

河間試律矩二卷　(清)紀昀撰　(清)林昌評
注　清同治五年(1866)錫山文雅堂刻本
二冊

遼寧中醫藥大學圖書館
古籍普查登記目録

全國古籍普查登記目録

國家圖書館出版社
National Library of China Publishing House

《遼寧中醫藥大學圖書館古籍普查登記目録》

主　編：楊　健

《遼寧中醫藥大學圖書館古籍普查登記目録》

前　言

　　遼寧中醫藥大學圖書館前身爲遼寧中醫學院圖書館,始建於 1958 年。2006 年經教育部批準,學校由"遼寧中醫學院"更名爲"遼寧中醫藥大學"。2013 年經遼寧省批準,學校增冠"遼寧省中醫藥科學院"名稱。遼寧中醫藥大學目前爲一校三區,主校區位於瀋陽,兩個分校區分別位於"濱城"大連和"藥都"本溪,是遼寧省唯一一所培養中醫、中藥、針灸推拿、中西醫臨床醫學、高級護理和醫學相關類人才的高等院校。

　　遼寧中醫藥大學現有兩個圖書館,分別位於瀋陽主校區和大連校區。其古籍書庫建在主校區圖書館五樓,收藏有明、清、民國時期綫裝圖書以及現代影印出版的綫裝圖書3000 餘種 18000 餘册,版本類型涉及刻本、抄本、活字本、石印本、鉛印本、影印本等。圖書館在藏書建設上結合學校中醫藥學的辦學特點,重視對中醫藥學及相關專業文獻的收集與整理,在綫裝書收藏上也以中醫藥學爲主。目前館藏中醫藥學類綫裝書 2000 餘種,在省内形成了專業收藏特色。在重點收藏中醫藥學古籍的基礎上,還兼顧收藏了哲學、政治、語言、文學、歷史、地理、天文、農業等類别的古籍,也豐富了收藏内容。在所藏古籍年代方面,則以清代居多,有少量明代抄本及刻本。最具有代表性的《雜病治例》不分卷一書,爲明代劉純所著,明成化十五年(1479)刻本,鑒定爲孤本,一度被視爲鎮館之寶。該書與同一著者的另一部書《傷寒治例》不分卷并稱爲姊妹書。

　　長期以來,遼寧中醫藥大學圖書館重視古籍的保護與利用工作,積極申報《遼寧省珍貴古籍名録》。目前經過四批申報,先後有《黄帝内經素問》二十四卷、《新刊黄帝内經靈樞》二十四卷、《藏腑證治圖説人鏡經》八卷、《心印紺珠經》二卷、《鍼灸大成》十卷、《赤水玄珠》三十卷、《黄帝内經素問注證發微》九卷、《類經》三十二卷附《類經圖翼》十一卷《附翼》四卷、《衛生寶鑒》二十四卷《補遺》一卷、《雜病治例》不分卷、《張仲景金匱要略》二十四卷、《敖氏傷寒金鏡録》不分卷、《醫説》十卷、《濟陰綱目》五卷、《嬰童百問》十卷《産寶百問》五卷、《醫方考》六卷、《洞天奧旨》十六卷,共 17 種入選《遼寧省珍貴古籍名録》。

　　爲了加强對館藏古籍的保護和有效利用,圖書館逐步開始對所收藏的民國前古籍進行數字化處理,建立"遼寧中醫藥大學典藏古籍平臺"。同時,爲了擴展和方便師生讀者對中醫藥古籍的獲取，圖書館還相繼引進了"中醫典海""書同文——中醫藥古籍大系"以及"域外漢籍影像數據庫"等古籍圖書數據庫，進一步完善古代及民國時期文獻的收藏體系，既可以滿足學校的教學、醫療和科研需要，也可以爲遼瀋地區中醫藥學古籍文獻的研究提供服務和保障。

遼寧中醫藥大學圖書館
2020 年 3 月

210000－0743－0000001　R2－031/3

醫理略述二卷　（清）尹端模筆譯　清光緒十八年(1892)刻本　二冊

210000－0743－0000002　R2－031/1

中西匯通醫經精義二卷　（清）唐宗海撰　清光緒二十一年(1895)上海書局石印本　四冊

210000－0743－0000003　R2－031/5

西醫略論三卷　（英）合信氏撰　（清）管茂材譯　清咸豐七年(1857)上海仁濟醫舘刻西醫五種本　三冊

210000－0743－0000004　R2－092/1

醫故二卷　（清）鄭文焯撰　清平江梓文閣刻本　四冊

210000－0743－0000005　R2－092/2

醫故二卷　（清）鄭文焯撰　清平江梓文閣刻本　四冊

210000－0743－0000006　R2－51/2

御纂醫宗金鑑　（清）吳謙等輯　清乾隆武英殿刻本　三十二冊

210000－0743－0000007　R2－51/3

御纂醫宗金鑑　（清）吳謙等輯　清光緒二年(1876)江西書局刻本　六十冊

210000－0743－0000008　R2－51/4

御纂醫宗金鑑　（清）吳謙等輯　清光緒二年(1876)江西書局刻本　六十冊

210000－0743－0000009　R2－51/5

御纂醫宗金鑑　（清）吳謙等輯　清光緒十八年(1892)上海五彩書局石印本　二十四冊

210000－0743－0000010　R2－51/6

御纂醫宗金鑑　（清）吳謙等輯　清刻本　四十二冊　缺六卷(訂正仲景全書傷寒論注四至九)

210000－0743－0000011　R2－51/7

御纂醫宗金鑑　（清）吳謙等輯　清光緒九年(1883)掃葉山房刻本　二十九冊　缺四種三十卷(外科心法要訣十六卷、眼科心法要訣二卷、刺灸心法要訣八卷、正骨心法要旨四卷)

210000－0743－0000012　R2－51/8

御纂醫宗金鑑　（清）吳謙等輯　清光緒九年(1883)掃葉山房刻本　十二冊　存一種十六卷(外科心法要訣十六卷)

210000－0743－0000013　R2－51/9

御纂醫宗金鑑續編十四卷　（清）吳謙等輯　清光緒九年(1883)掃葉山房刻本　六冊

210000－0743－0000014　R2－51/10

御纂醫宗金鑑續編十四卷　（清）吳謙等輯　清光緒九年(1883)掃葉山房刻本　八冊

210000－0743－0000015　R2－51/11

御纂醫宗金鑑續編十四卷　（清）吳謙等輯　清光緒九年(1883)掃葉山房刻本　八冊

210000－0743－0000016　R2－51/12

御纂醫宗金鑑　（清）吳謙等輯　清刻本　二十四冊　存三十八卷(二十三至六十)

210000－0743－0000017　R2－51/13

六科證治準繩　（明）王肯堂輯　清光緒十八年(1892)上海圖書集成書局鉛印本　三十九冊

210000－0743－0000018　R2－51/14

六科證治準繩　（明）王肯堂輯　清光緒十八年(1892)上海圖書集成書局鉛印本　四十八冊

210000－0743－0000019　R2－51/15

六科證治準繩　（明）王肯堂輯　清光緒十八年(1892)上海圖書集成書局鉛印本　三十四冊

210000－0743－0000020　R2－51/20

當歸草堂醫學叢書初編　（清）丁丙輯　清光緒四年(1878)錢塘丁氏當歸草堂刻本　十一冊　缺三卷(濟生方一至三)

210000－0743－0000021　R2－51/21

當歸草堂醫學叢書初編　（清）丁丙輯　清光緒四年(1878)錢塘丁氏當歸草堂刻本　六冊

210000－0743－0000022　R2－51/22

當歸草堂醫學叢書初編　（清）丁丙輯　清光

緒四年(1878)錢塘丁氏當歸草堂刻本　　九冊
　缺一種一卷(痎瘧論疏一卷)

210000－0743－0000023　R2－51/23
世補齋醫書　(清)陸懋修撰　清光緒十年
(1884)刻十二年(1886)山左書局印本　十冊
　存六種三十三卷(前集文十六卷,世補齋不
謝方一卷,傷寒論陽明病釋四卷,內經運氣病
釋九卷、附內經遺篇病釋一卷,內經運氣表一
卷,內經難字音義一卷)

210000－0743－0000024　R2－51/24
世補齋醫書　(清)陸懋修撰　清宣統二年
(1910)陸潤庠刻本　　八冊　存四種二十五卷
(後集重訂傅青主女科三卷、重訂戴北山廣溫
熱論五卷、重訂綺石理虛元鑑五卷、校正王樸
莊傷寒論注十二卷)

210000－0743－0000025　R2－51/26
世補齋醫書　(清)陸懋修撰　清光緒十年
(1884)刻本　八冊　存六種三十三卷(前集
文十六卷,世補齋不謝方一卷,傷寒論陽明病
釋四卷,內經運氣病釋九卷、附內經遺篇病釋
一卷,內經運氣表一卷,內經難字音義一卷)

210000－0743－0000026　R2－51/27
世補齋醫書　(清)陸懋修撰　清光緒十年
(1884)刻本　十冊　存六種三十三卷(前集
文十六卷,世補齋不謝方一卷,傷寒論陽明病
釋四卷,內經運氣病釋九卷、附內經遺篇病釋
一卷,內經運氣表一卷,內經難字音義一卷)

210000－0743－0000027　R2－51/28
世補齋醫書　(清)陸懋修撰　清光緒十年
(1884)刻本　　八冊　存六種三十三卷(前集
文十六卷,世補齋不謝方一卷,傷寒論陽明病
釋四卷,內經運氣病釋九卷、附內經遺篇病釋
一卷,內經運氣表一卷,內經難字音義一卷)

210000－0743－0000028　R2－51/29
世補齋醫書　(清)陸懋修撰　清光緒十年
(1884)刻十二年(1886)山左書局印本　　與
210000－0743－0000029 合冊　存六種三十
三卷(前集文十六卷,世補齋不謝方一卷,傷
寒論陽明病釋四卷,內經運氣病釋九卷、附內

經遺篇病釋一卷,內經運氣表一卷,內經難字
音義一卷)

210000－0743－0000029　R2－51/29
世補齋醫書　(清)陸懋修撰　清宣統元年
(1909)陸潤庠刻本　　與 210000－0743－
0000028 合冊　存四種二十五卷(後集重訂傅
青主女科三卷、重訂戴北山廣溫熱論五卷、重
訂綺石理虛元鑑五卷、校正王樸莊傷寒論注
十二卷)

210000－0743－0000030　R2－51/39
潛齋醫書五種　(清)王士雄撰　清光緒十八
年(1892)上海醉六堂刻本　十冊

210000－0743－0000031　R2－51/43
赤水玄珠三十卷　(明)孫一奎撰　明歙縣黃
鼎刻本　二十四冊

210000－0743－0000032　R2－51/44
赤水玄珠三十卷　(明)孫一奎撰　明黃鼎刻
清印本　二十六冊

210000－0743－0000033　R2－51/50
醫林指月　(清)王琦輯　清光緒二十二年
(1896)上海圖書集成印書局鉛印本　九冊

210000－0743－0000034　R2－51/51
醫林指月　(清)王琦輯　清光緒二十二年
(1896)上海圖書集成印書局鉛印本　七冊

210000－0743－0000035　R2－51/52
醫林指月　(清)王琦輯　清光緒二十二年
(1896)上海圖書集成印書局鉛印本　八冊

210000－0743－0000036　R2－51/53
韓園醫學六種　(清)潘霨編　清光緒九年至
十年(1883－1884)江西書局刻本　九冊　存
四種十八卷(傷寒論類方四卷,醫學金鍼八
卷,外科症治全生集二卷,十藥神書一卷、附
霍亂吐瀉方論一卷、官藥局示諭一卷、夏令施
診簡明歌訣一卷)

210000－0743－0000037　R2－51/54
六醴齋醫書十種　(清)程永培輯　清光緒十
七年(1891)廣州儒雅堂刻本　十三冊　存

七種

210000－0743－0000038　R2－51/55
醫學五則　（清）廖雲溪輯　清光緒十三年（1887）興發堂刻本　五冊

210000－0743－0000039　R2－51/56
醫學五則　（清）廖雲溪輯　清光緒十三年（1887）興發堂刻本　五冊

210000－0743－0000040　R2－51/57
合信氏西醫五種　（英）合信氏撰　（清）管茂材譯　清鉛印本　四冊

210000－0743－0000041　R2－51/59
中西醫學羣書　（清）陳俠君編　清光緒三十三年（1907）上海六藝書局石印本　十二冊　存十種

210000－0743－0000042　R2－51/60
中西匯通醫書五種　（清）唐宗海撰　清光緒三十四年（1908）上海千頃堂書局石印本　十二冊

210000－0743－0000043　R2－51/61
中西匯通醫書五種　（清）唐宗海撰　清光緒三十四年（1908）上海千頃堂書局石印本　十二冊

210000－0743－0000044　R2－51/62
中西匯通醫書五種　（清）唐宗海撰　清光緒三十四年（1908）上海千頃堂書局石印本　十二冊

210000－0743－0000045　R2－51/63
中西匯通醫書五種　（清）唐宗海撰　清光緒三十四年（1908）上海千頃堂書局石印本　十二冊

210000－0743－0000046　R2－51/64：1
中西匯通醫書五種　（清）唐宗海撰　清光緒三十四年（1908）上海千頃堂書局石印本　四冊　存二種

210000－0743－0000047　R2－51/64：2
中西匯通醫書五種　（清）唐宗海撰　清光緒三十四年（1908）上海千頃堂書局石印本　十

二冊

210000－0743－0000048　R2－51/65
豫醫雙璧二種　吳重熹編　清宣統元年（1909）海豐吳氏梁園節署鉛印本　八冊

210000－0743－0000049　R2－51/66
豫醫雙璧二種　吳重熹編　清宣統元年（1909）海豐吳氏梁園節署鉛印本　四冊　存一種二十卷（傷寒補亡論二十卷）

210000－0743－0000050　R2－51/74
東垣十書十種　（金）李杲等撰　清吳門德馨堂刻本　十冊　存九種

210000－0743－0000051　R2－51/75
東垣十書十種　（金）李杲等撰　清光緒七年（1881）羊城雲林閣刻本　十四冊　存九種

210000－0743－0000052　R2－51/79
東垣十書十種　（金）李杲等撰　清文奎堂刻本　十冊　存七種

210000－0743－0000053　R2－51/80
丹溪心法五卷　（元）朱震亨撰　**丹溪心法附餘**　（明）方廣編　（明）吳中衍輯　清二西堂刻本　十二冊

210000－0743－0000054　R2－51/81
丹溪心法五卷　（元）朱震亨撰　**丹溪心法附餘**　（明）方廣編　（明）吳中衍輯　明萬曆二十九年（1601）新安吳勉學刻本　十四冊　存九卷（丹溪心法五卷、證治要訣一至二、證治要訣類方一至二）

210000－0743－0000055　R2－51/82
士材三書　（明）李中梓撰　（清）尤乘增訂　清康熙天德堂刻本　八冊

210000－0743－0000056　R2－51/83
士材三書　（明）李中梓撰　（清）尤乘增訂　清光緒十三年（1887）上海江左書林刻本　四冊

210000－0743－0000057　R2－51/84
士材三書　（明）李中梓撰　（清）尤乘增訂　清光緒十三年（1887）上海江左書林刻本

八冊

210000－0743－0000058　R2－51/85
士材三書　（明）李中梓撰　（清）尤乘增訂
清光緒十三年（1887）上海江左書林刻本
五冊

210000－0743－0000059　R2－51/86
士材三書　（明）李中梓撰　（清）尤乘增訂
清光緒三十一年（1905）善成堂刻本　六冊

210000－0743－0000060　R2－51/87
士材三書　（明）李中梓撰　（清）尤乘增訂
清光緒十三年（1887）上海江左書林刻本
六冊

210000－0743－0000061　R2－51/92
陳修園醫書五十種　（清）陳念祖撰　清光緒
三十一年（1905）上海商務印書館鉛印本　二
十七冊

210000－0743－0000062　R2－51/99
陳修園醫書二十一種　（清）陳修園撰　清光
緒二十七年（1901）新化三味書室刻本　三
十冊

210000－0743－0000063　R2－51/100
公餘醫錄五種　（清）陳念祖撰　清光緒十五
年（1889）上海江左書林刻本　六冊　存二種
六卷（時方歌括二卷、時方妙用四卷）

210000－0743－0000064　R2－51/101
陳修園醫書四十八種　（清）陳念祖撰　清光
緒三十二年（1906）吳閩醫學會石印本　二十
四冊

210000－0743－0000065　R2－51/109
黃氏醫書八種　（清）黃元御撰　清咸豐十年
（1860）長沙徐樹銘燮和精舍刻本　十冊

210000－0743－0000066　R2－51/110
黃氏醫書八種　（清）黃元御撰　清咸豐十年
（1860）長沙徐樹銘燮和精舍刻本　十冊

210000－0743－0000067　R2－51/111
黃氏醫書八種　（清）黃元御撰　清同治七年
（1868）成都刻本　二十三冊

210000－0743－0000068　R2－51/112
黃氏醫書八種　（清）黃元御撰　清光緒三十
年（1904）上海圖書集成書局鉛印本　十二冊

210000－0743－0000069　R2－51/113
黃氏醫書八種　（清）黃元御撰　清宣統元年
（1909）上海江左書林石印本　十二冊

210000－0743－0000070　R2－51/117
黃氏醫書八種　（清）黃元御撰　清光緒二十
六年（1900）源記書莊石印本　十二冊

210000－0743－0000071　R2－51/118
黃氏醫書八種　（清）黃元御撰　清咸豐十年
（1860）長沙徐樹銘燮和精舍刻本　九冊

210000－0743－0000072　R2－51/119
徐靈胎醫學全書　（清）徐大椿撰　清光緒三
十三年（1907）上海章福記書局石印本　十
六冊

210000－0743－0000073　R2－51/120
徐靈胎醫學全書　（清）徐大椿撰　清光緒三
十三年（1907）上海章福記書局石印本　八冊

210000－0743－0000074　R2－51/121
徐靈胎醫學全書　（清）徐大椿撰　清光緒三
十三年（1907）上海章福記書局石印本　十
五冊

210000－0743－0000075　R2－51/124
徐靈胎十二種全集　（清）徐大椿撰　清同治
三年（1864）吳江半松齋刻本　十四冊

210000－0743－0000076　R2－51/125
徐靈胎十二種全集　（清）徐大椿撰　清同治
三年（1864）吳江半松齋刻本　十六冊

210000－0743－0000077　R2－51/126
徐靈胎十二種全集　（清）徐大椿撰　清經綸
堂刻本　二十四冊

210000－0743－0000078　R2－51/127
徐氏醫書八種　（清）徐大椿撰　清光緒四年
（1878）刻本　十二冊

210000－0743－0000079　R2－51/128
徐氏醫書六種　（清）徐大椿撰　清同治十二

年(1873)湖北崇文書局刻本　六冊　存五種

210000－0743－0000080　R2－51/129

徐氏醫書六種　（清）徐大椿撰　清雍正五年至乾隆二十九年(1727－1764)刻本　十冊

210000－0743－0000081　R2－51/131

徐靈胎醫略六書　（清）徐大椿撰　清光緒二十九年(1903)上海趙翰香居鉛印本　十八冊

210000－0743－0000082　R2－51/134

馮氏錦囊秘錄八種　（清）馮兆張撰　清嘉慶十八年(1813)刻本　三十二冊

210000－0743－0000083　R2－51/136

馮氏錦囊秘錄八種　（清）馮兆張撰　清嘉慶十八年(1813)刻本　二十八冊

210000－0743－0000084　R2－51/135

馮氏錦囊秘錄八種　（清）馮兆張撰　清乾隆四十九年(1784)刻本　十七冊　存一種

210000－0743－0000085　R2－51/145

喻氏醫書三種　（清）喻昌撰　清光緒三十一年(1905)新化三味書局刻本　十二冊

210000－0743－0000086　R2－51/146

喻氏醫書三種　（清）喻昌撰　清刻本　十六冊

210000－0743－0000087　R2－51/147

喻氏醫書三種　（清）喻昌撰　清光緒三十三年(1907)簡青齋書局石印本　四冊

210000－0743－0000088　R2－51/148

逯南軒謝邃喬先生醫書二種　（清）謝應材編　清刻本　一冊　存一種(謝氏醫書附揚州存濟堂藥局膏藥方)

210000－0743－0000089　R2－51/151

雷氏愼修堂醫書三種　（清）雷豐輯　清光緒十年至十三年(1884－1887)三衢雷愼修堂養鶴山房刻本　十冊

210000－0743－0000090　R2－51/153

汪石山醫書八種　（明）汪機等撰　明嘉靖元年至崇禎六年(1522－1633)祁門汪氏祠堂刻本　十二冊　存六種

210000－0743－0000091　R2－51/155

邵氏醫書三種　（清）邵登瀛撰　清光緒六年(1880)吳門邵氏刻本　六冊

210000－0743－0000092　R2－51/163

溫氏醫書三種　（清）溫存厚撰　清光緒十二年(1886)渝州溫氏刻本　一冊

210000－0743－0000093　R2－51/164

齊氏醫書四種　（清）齊秉慧撰　清齊氏尚有堂刻本　十冊

210000－0743－0000094　R2－51/165

六種新編六種　（清）文晟編　清同治十一年(1872)萍鄉文氏延慶堂刻本　六冊

210000－0743－0000095　R2－51/167

三科輯要三種　（清）何夢瑤編　清光緒二十一年(1895)廣州拾芥園刻本　四冊

210000－0743－0000096　R2－51/169

合信氏西醫五種　（英）合信氏撰　（清）管茂材譯　清咸豐元年至八年(1851－1858)刻本　五冊

210000－0743－0000097　R2－51/172

小耕石齋醫書四種　（清）金德鑑輯　清同治七年(1868)刻本　三冊

210000－0743－0000098　R2－51/174

潛齋醫書五種　（清）王士雄撰　清光緒十八年(1892)蘇州交通益記圖書館刻本　十二冊

210000－0743－0000099　R2－51/1

喻氏醫書三種　（清）喻昌撰　清光緒上海簡青齋書局石印本　六冊

210000－0743－0000100　R2－51/179

醫門棒喝　（清）章楠撰　清同治六年(1867)刻本　十二冊

210000－0743－0000101　R2－51/180

醫門棒喝　（清）章楠撰　清同治六年(1867)刻本　十六冊

210000－0743－0000102　R2－51/181

增批評點醫門棒喝十三卷　（清）章楠撰（清）王士雄增批評點　清宣統元年(1909)蠹

城三友益齋石印本　十冊

撰　清光緒上海校經山房石印本　十六冊

210000－0743－0000103　R2－51/182

增批評點醫門棒喝十三卷　（清）章楠撰
（清）王士雄增批評點　清宣統元年（1909）蠡
城三友益齋石印本　十冊

210000－0743－0000104　R2－51/184

醫門棒喝　（清）章楠撰　清同治六年（1867）
刻本　四冊　存一種

210000－0743－0000105　R2－51/187

醫學求是二集　（清）吳達撰　清光緒六年至
十一年（1880－1885）江陰吳氏刻本　二冊

210000－0743－0000106　R2－51/189

醫學切要全集六種　（清）王錫鑫撰　清光緒
八年（1882）古渝刻本　八冊

210000－0743－0000107　R2－51/192

壽世彙編五種　（清）祝韻梅輯　清光緒三十
一年（1905）浙江紹興德裕堂刻本　二冊

210000－0743－0000108　R2－51/199

南雅堂醫書全集十六種　（清）陳念祖撰　清
刻本　八冊　存五種

210000－0743－0000109　R2－51/202

新編張仲景註解傷寒百證歌四卷　（宋）許叔
微撰　（清）何其昌增註　（清）何廉臣增訂
清光緒二年至十三年（1876－1887）歸安陸心
源刻本　一冊

210000－0743－0000110　R2－51/204

御纂醫宗金鑑　（清）吳謙等輯　清光緒九年
（1883）掃葉山房刻本　十七冊　存八種

210000－0743－0000111　R2－52/3

東醫寶鑑二十三卷目錄二卷　（朝鮮）許浚等
撰　清光緒十六年（1890）校經山房刻本　二
十五冊

210000－0743－0000112　R2－52/4

東醫寶鑑二十三卷目錄二卷　（朝鮮）許浚等
撰　清道光十一年（1831）刻本　五十冊

210000－0743－0000113　R2－52/6

東醫寶鑑二十三卷目錄二卷　（朝鮮）許浚等

210000－0743－0000114　R2－52/8

古今圖書集成醫部全錄五百二十卷　（清）陳
夢雷等纂　（清）蔣廷錫等編　清光緒二十年
至二十三年（1894－1897）影印本　六十冊

210000－0743－0000115　R2－52/9

古今圖書集成醫部全錄五百二十卷　（清）陳
夢雷等纂　（清）蔣廷錫等編　清光緒二十年
至二十三年（1894－1897）影印本　六十冊

210000－0743－0000116　R2－52/10

景岳全書六十四卷　（明）張介賓撰　清康熙
四十九年（1710）刻本　四十冊

210000－0743－0000117　R2－52/11

景岳全書六十四卷　（明）張介賓撰　清康熙
四十九年（1710）刻本　四十冊

210000－0743－0000118　R2－52/12

景岳全書六十四卷　（明）張介賓撰　清文富
堂刻本　二十三冊　存六十二卷（一至六、九
至六十四）

210000－0743－0000119　R2－52/13

景岳全書六十四卷　（明）張介賓撰　清光緒
二十年（1894）上海圖書集成印書局鉛印本
十四冊　存五十九卷（一至二十四、三十至六
十四）

210000－0743－0000120　R2－52/15

景岳全書六十四卷　（明）張介賓撰　清光緒
二十年（1894）上海圖書集成印書局鉛印本
二十四冊

210000－0743－0000121　R2－52/17

景岳全書六十四卷　（明）張介賓撰　清末鉛
印本　八冊　存三十五卷（七至三十九、四十
五至四十六）

210000－0743－0000122　R2－52/19

景岳全書發揮四卷　（清）葉桂撰　清光緒五
年（1879）吳氏醉六堂刻本　四冊

210000－0743－0000123　R2－52/18

景岳全書發揮四卷　（清）葉桂撰　清光緒五

年(1879)吳氏醉六堂刻本　　四冊

210000－0743－0000124　R2－52/24
沈氏尊生書　（清）沈金鰲撰　清同治十三年
(1874)湖北崇文書局刻本　　二十六冊

210000－0743－0000125　R2－52/25
沈氏尊生書　（清）沈金鰲撰　清同治十三年
(1874)湖北崇文書局刻本　　二十八冊

210000－0743－0000126　R2－52/26
沈氏尊生書　（清）沈金鰲撰　清同治十三年
(1874)湖北崇文書局刻本　　四十四冊

210000－0743－0000127　R2－52/27
沈氏尊生書　（清）沈金鰲撰　清刻本　十
八冊

210000－0743－0000128　R2－52/28
沈氏尊生書　（清）沈金鰲撰　清同治十三年
(1874)湖北崇文書局刻本　　二十六冊

210000－0743－0000129　R2－52/29
沈氏尊生書　（清）沈金鰲撰　清同治十三年
(1874)湖北崇文書局刻本　　二十六冊

210000－0743－0000130　R2－52/30
沈氏尊生書　（清）沈金鰲撰　清宣統元年
(1909)石印本　　四十冊

210000－0743－0000131　R2－52/33
嵩崖尊生書不分卷　（清）景日昣撰　清抄本
一冊

210000－0743－0000132　R2－52/35
古今醫統大全一百卷　（明）徐春甫輯　明隆
慶四年(1570)古吳陳長卿刻本　　二十六冊
存七十一卷(一、四至十二、十四至二十四、三
十至四十二、四十六至六十一、六十五至七
十、七十六至八十一、八十四至八十七、九十
六至一百）

210000－0743－0000133　R2－52/46
心印紺珠經三卷　（明）李湯卿撰　明嘉靖刻
本　　四冊

210000－0743－0000134　R2－52/47
頤生微論四卷　（明）李中梓撰　明崇禎十五

年(1642)李中梓飛映閣刻本　　四冊

210000－0743－0000135　R2－52/48
儒門醫學三卷附錄一卷　（英）海德蘭撰
(英)傅蘭雅口譯　（清）趙元益筆述　清同治
六年(1867)無錫徐華封刻本　　四冊

210000－0743－0000136　R2－52/49
儒門醫學三卷附錄一卷　（英）海德蘭撰
(英)傅蘭雅口譯　（清）趙元益筆述　清末著
易堂鉛印本　　四冊

210000－0743－0000137　R2－52/50
醫學集成四卷　（清）劉仕廉撰　清同治十二
年(1873)刻本　　四冊

210000－0743－0000138　R2－52/52
活人心法四卷　（清）劉以仁撰　（清）王文选
輯　清咸豐九年(1859)刻敦倫仁壽續集本
四冊

210000－0743－0000139　R2－53/1
訂補明醫指掌十卷附錄一卷　（明）皇甫中撰
（明）王肯堂訂補　（明）邵達參補　明天啟
二年(1622)許士柔刻本　　四冊　缺一卷(附
錄一卷)

210000－0743－0000140　R2－53/2
訂補明醫指掌十卷附錄一卷　（明）皇甫中撰
（明）王肯堂訂補　（明）邵達參補　清光緒
二十一年(1895)學庫山房刻本　　六冊

210000－0743－0000141　R2－53/4
醫門法律六卷　（清）喻昌撰　清乾隆三十年
(1765)黎川陳守誠刻本　　七冊

210000－0743－0000142　R2－53/6
儒門事親十五卷　（金）張從正撰　清宣統二
年(1910)上海千頃堂石印本　　六冊

210000－0743－0000143　R2－53/7
儒門事親十五卷　（金）張從正撰　清宣統二
年(1910)上海千頃堂石印本　　六冊

210000－0743－0000144　R2－53/8
儒門事親十五卷　（金）張從正撰　清宣統二
年(1910)上海千頃堂石印本　　六冊

210000 – 0743 – 0000145　R2－53/9

儒門事親十五卷　（金）張從正撰　清宣統二年(1910)上海千頃堂石印本　六冊

210000 – 0743 – 0000146　R2－53/13

醫學心悟六卷　（清）程國彭撰　清光緒六年(1880)掃葉山房刻本　四冊

210000 – 0743 – 0000147　R2－53/16

醫學心悟六卷　（清）程國彭撰　清光緒二十一年(1895)學庫山房刻本　四冊

210000 – 0743 – 0000148　R2－53/17

醫學心悟六卷　（清）程國彭撰　清雍正十年(1732)程國彭刻本　四冊

210000 – 0743 – 0000149　R2－53/18

醫學心悟六卷　（清）程國彭撰　清光緒三十四年(1908)渝城善成書莊刻本　五冊

210000 – 0743 – 0000150　R2－53/19

王宇泰先生訂補古今醫鑑十六卷　（明）龔信撰　（明）龔廷賢續編　（明）王肯堂訂補　明末清初刻本　七冊　存十四卷(一至十四)

210000 – 0743 – 0000151　R2－53/20

醫宗必讀十卷　（明）李中梓撰　清光緒十五年(1889)廣陵邱氏刻本　六冊

210000 – 0743 – 0000152　R2－53/21

醫宗必讀十卷　（明）李中梓撰　清光緒六年(1880)刻本　六冊

210000 – 0743 – 0000153　R2－53/22

醫宗必讀十卷　（明）李中梓撰　清光緒十四年(1888)掃葉山房刻本　六冊

210000 – 0743 – 0000154　R2－53/24

醫宗必讀十卷　（明）李中梓撰　清光緒二十年(1894)掃葉山房刻本　六冊

210000 – 0743 – 0000155　R2－53/25

醫宗必讀十卷　（明）李中梓撰　清光緒二十年(1894)刻本　六冊

210000 – 0743 – 0000156　R2－53/26

醫學心悟六卷　（清）程國彭撰　清光緒二十一年(1895)學庫山房刻本　六冊

210000 – 0743 – 0000157　R2－53/31

醫學蒙引四卷　（清）徐時進撰　清抄本　四冊

210000 – 0743 – 0000158　R2－53/32

醫學蒙引二卷　（清）徐時進撰　清抄本　四冊

210000 – 0743 – 0000159　R2－53/33

引經證醫四卷　（清）程樑撰　清光緒八年(1882)刻本　四冊

210000 – 0743 – 0000160　R2－53/34

引經證醫四卷　（清）程樑撰　清光緒八年(1882)刻本　二冊

210000 – 0743 – 0000161　R2－53/37

醫宗己任編　（清）楊乘六輯　清刻本　四冊

210000 – 0743 – 0000162　R2－53/39

醫經溯洄集不分卷　（元）王履撰　清刻本　二冊

210000 – 0743 – 0000163　R2－53/40

醫經溯洄集不分卷　（元）王履撰　清刻本　一冊

210000 – 0743 – 0000164　R2－53/41

醫經溯洄集不分卷　（元）王履撰　清刻本　一冊

210000 – 0743 – 0000165　R2－53/42

吳醫彙講十一卷　（清）唐大烈編　清嘉慶十九年(1814)掃葉山房刻本　四冊

210000 – 0743 – 0000166　R2－53/43

吳醫彙講十一卷　（清）唐大烈編　清嘉慶十九年(1814)刻本　六冊

210000 – 0743 – 0000167　R2－53/44

吳醫彙講十一卷　（清）唐大烈編　清刻本　二冊　存九卷(一至九)

210000 – 0743 – 0000168　R2－53/46

太醫局諸科程文九卷　（宋）太醫局編　（清）四庫全書館輯　清光緒三十一年(1905)上海六藝書局石印本　五冊

210000－0743－0000169　R2－53/47

雜症源流　（清）務本堂編　清務本堂抄本
四冊

210000－0743－0000170　R2－53/51

醫論不分卷　題(清)葉桂撰　清抄本　二冊

210000－0743－0000171　R2－53/52

尤氏醫學讀書記三卷　（清）尤怡撰　清光緒
十四年(1888)刻本　四冊

210000－0743－0000172　R2－53/53

尤氏醫學讀書記三卷　（清）尤怡撰　清光緒
十四年(1888)刻本　二冊

210000－0743－0000173　R212/1

性命圭旨四卷　（明）尹真人撰　清康熙八年
(1669)刻本　四冊

210000－0743－0000174　R212/2

弦雪居重訂遵生八牋十九卷　（明）高濂編
(明)鍾惺校　清光緒十年(1884)刻本　十
五冊

210000－0743－0000175　R212/3

弦雪居重訂遵生八牋十九卷　（明）高濂編
(明)鍾惺校　清光緒十年(1884)刻本　十
五冊

210000－0743－0000176　R212/4

養生論三卷　（晉）嵇康撰　（□）夏偕復摘錄
　清末抄本　一冊　存一卷

210000－0743－0000177　R212/6

農圃六書　（清）周之璵撰　（清）浦崖校　清
大雅堂書坊刻本　一冊　存一卷(衛生)

210000－0743－0000178　R22/1

醫經原旨六卷　（清）薛雪撰　清刻本　四冊

210000－0743－0000179　R22/2

醫經原旨六卷　（清）薛雪撰　清刻本　四冊

210000－0743－0000180　R22/3

醫經原旨六卷　（清）薛雪撰　清刻本　六冊

210000－0743－0000181　R22/4

醫經原旨六卷　（清）薛雪撰　清乾隆十九年

(1754)薛氏刻本　六冊

210000－0743－0000182　R22/5

醫經原旨六卷　（清）薛雪撰　清刻本　六冊

210000－0743－0000183　R22/6

醫經原旨六卷　（清）薛雪撰　清刻本　六冊

210000－0743－0000184　R22/7

醫經原旨六卷　（清）薛雪撰　清刻本　六冊

210000－0743－0000185　R22/11

醫學階梯四卷　（清）張叡撰　清雍正九年
(1731)刻本　四冊

210000－0743－0000186　R22/12

四聖心源十卷　（清）黃元御撰　清道光十二
年(1832)陽湖張琦刻本　二冊

210000－0743－0000187　R22/13

宋徽宗聖濟經十卷　（宋）趙佶撰　（宋）吳禔
注　清光緒十三年(1887)歸安陸心源刻本
四冊

210000－0743－0000188　R22/14

醫學指歸二卷　（清）趙術堂撰　清同治元年
(1862)刻本　二冊

210000－0743－0000189　R22/15

醫貫六卷　（明）趙獻可撰　明末清初刻本
六冊

210000－0743－0000190　R22/17

醫旨緒餘二卷　（明）孫一奎撰　清初刻本
二冊

210000－0743－0000191　R221/3

集內經論治法不分卷　（□）□□撰　清抄本
　一冊

210000－0743－0000192　R221/1

素問病機氣宜保命集三卷　（金）劉完素撰
清刻本　六冊

210000－0743－0000193　R221/2

重廣補註黃帝內經素問二十四卷　（唐）王冰
註　（宋）林億等校正　明刻本　八冊

210000－0743－0000194　R221.1/3

黃帝內經素問吳註二十四卷　（明）吳崐註
明刻本　十冊

210000－0743－0000195　R221.1/4
素問病機氣宜保命集三卷　（金）劉完素撰
清新安程郊倩刻劉河間傷寒三書本　二冊

210000－0743－0000196　R221.1/6
重廣補註黃帝內經素問二十四卷　（唐）王冰
註　（宋）林億等校正　明刻本　六冊　存十
五卷（一至十五）

210000－0743－0000197　R221.1/8
黃帝內經素問註證發微九卷　（明）馬蒔註
清嘉慶十年（1805）古歙鮑氏慎餘堂刻本　十
二冊

210000－0743－0000198　R221.1/9
黃帝內經素問註證發微九卷　（明）馬蒔註
清刻本　九冊　存二卷（八至九）

210000－0743－0000199　R221.1/10
黃帝內經素問註證發微九卷黃帝內經靈樞註
證發微九卷附素問補遺　（明）馬蒔註　清嘉
慶十年（1805）古歙鮑氏慎餘堂刻本　四十冊

210000－0743－0000200　R221.1/11
黃帝內經素問註證發微九卷　（明）馬蒔註
清光緒十四年（1888）揚州邱氏文富堂刻本
十四冊

210000－0743－0000201　R221.1/12
黃帝內經素問註證發微九卷　（明）馬蒔註
清嘉慶十年（1805）古歙鮑氏慎餘堂刻本　七
冊　存六卷（一、四至八）

210000－0743－0000202　R221.1/13
黃帝內經素問註證發微九卷　（明）馬蒔註
清刻本　四十冊

210000－0743－0000203　R221.1/14
黃帝內經素問註證發微九卷　（明）馬蒔註
清宏道堂刻本　六冊

210000－0743－0000204　R221.1/15
黃帝素問直解九卷　（清）高世栻註　清康熙
三十四年（1695）侶山堂刻本　六冊

210000－0743－0000205　R221.1/16
黃帝內經素問詳註直講全集九卷　（清）高士
億撰　清同治十一年（1872）刻本　九冊

210000－0743－0000206　R221.1/17
黃帝素問直解九卷　（清）高世栻註　清光緒
十三年（1887）浙江書局刻本　八冊

210000－0743－0000207　R221.1/21
黃帝內經素問集註九卷黃帝內經靈樞集註九
卷　（清）張志聰註　清刻本　八冊　存九卷
（黃帝內經素問集註九卷）

210000－0743－0000208　R221.2/1
黃帝內經靈樞十二卷　（宋）史崧音釋　清刻
本　四冊

210000－0743－0000209　R221.2/2
新刊黃帝內經靈樞二十四卷　（宋）史崧音釋
明周曰校刻本　四冊

210000－0743－0000210　R221.2/3
黃帝內經靈樞註證發微九卷　（明）馬蒔註
清光緒五年（1879）刻本　六冊

210000－0743－0000211　R221.2/4
黃帝內經靈樞註證發微九卷　（明）馬蒔註
清刻本　七冊　存六卷（二至五、八至九）

210000－0743－0000212　R221.2/5
黃帝內經靈樞註證發微九卷　（明）馬蒔註
清刻本　八冊

210000－0743－0000213　R221.2/6
黃帝內經靈樞註證發微九卷　（明）馬蒔註
清光緒五年（1879）刻本　十二冊

210000－0743－0000214　R221.2/7
黃帝內經素問集註九卷黃帝內經靈樞集註九
卷　（清）張志聰註　清光緒十六年（1890）浙
江書局刻本　十二冊　存九卷（黃帝內經靈
樞集註九卷）

210000－0743－0000215　R221.2/11
黃帝內經靈樞註證發微九卷　（明）馬蒔註
清刻本　三冊　存三卷（一至二、九殘）

210000－0743－0000216　R221.3/2

重廣補註黃帝內經素問二十四卷 （唐）王冰
註 （宋）林億等校正 黃帝內經靈樞十二卷
（宋）史崧音釋 附素問補遺 清光緒十年
(1884)京口文成堂刻本 六冊

210000－0743－0000217 R221.3/3
重廣補註黃帝內經素問二十四卷 （唐）王冰
註 （宋）林億等校正 黃帝內經靈樞十二卷
（宋）史崧音釋 附素問補遺 明吳勉學刻
清印本(有抄補) 八冊

210000－0743－0000218 R221.3/5
重廣補註黃帝內經素問二十四卷 （唐）王冰
註 （宋）林億等校正 黃帝內經靈樞十二卷
（宋）史崧音釋 附素問補遺 清光緒三年
(1877)浙江書局刻二十二子本 十冊

210000－0743－0000219 R221.3/6
素問靈樞類纂約註三卷 （清）汪昂撰 清道
光四年(1824)吳郡山淵堂刻本 三冊

210000－0743－0000220 R221.3/7
黃帝內經素問集註九卷黃帝內經靈樞集註九
卷 （清）張志聰註 清刻本 十二冊 存九
卷(黃帝內經素問集註九卷)

210000－0743－0000221 R221.3/14
重廣補註黃帝內經素問二十四卷 （唐）王冰
註 （宋）林億等校正 黃帝內經靈樞十二卷
（宋）史崧音釋 附素問補遺 清光緒三年
(1877)浙江書局刻二十二子本 十冊

210000－0743－0000222 R221.3/43
重廣補註黃帝內經素問二十四卷 （唐）王冰
註 （宋）林億等校正 黃帝內經靈樞十二卷
（宋）史崧音釋 附素問補遺 清光緒三年
(1877)浙江書局刻二十二子本 十冊

210000－0743－0000223 R221.3/16
重廣補註黃帝內經素問二十四卷 （唐）王冰
註 （宋）林億等校正 黃帝內經靈樞十二卷
（宋）史崧音釋 附素問補遺 清光緒三年
(1877)浙江書局刻二十二子本 十冊

210000－0743－0000224 R221.3/17
重廣補註黃帝內經素問二十四卷黃帝內經靈

樞十二卷 （唐）王冰註 （宋）林億等校正
黃帝內經靈樞十二卷 （宋）史崧音釋 清光
緒三十三年(1907)京師醫局刻本 十冊

210000－0743－0000225 R221.3/16
重廣補註黃帝內經素問二十四卷 （唐）王冰
註 （宋）林億等校正 黃帝內經靈樞十二卷
（宋）史崧音釋 附素問補遺 清光緒三年
(1877)浙江書局刻二十二子本 十冊

210000－0743－0000226 R221.3/19
黃帝內經素問集註九卷黃帝內經靈樞集註九
卷 （清）張志聰註 清光緒五年(1879)勤思
堂刻本 十二冊

210000－0743－0000227 R221.3/20
素問靈樞合註二十卷 （明）馬蒔 （清）張志
聰註 清宣統二年(1910)上海掃葉山房石印
本 十六冊

210000－0743－0000228 R221.3/21
黃帝內經素問集註九卷黃帝內經靈樞集註九
卷 （清）張志聰註 清光緒十六年(1890)浙
江書局刻本 十三冊

210000－0743－0000229 R221.3/22
補註釋文黃帝內經素問十二卷 （唐）王冰註
（宋）林億等校 黃帝內經靈樞十二卷
（宋）史崧音釋 附素問遺篇 明嘉靖趙康王
朱厚煜居敬堂刻本 十冊

210000－0743－0000230 R221.3/23
黃帝內經太素三十卷 （唐）楊上善撰註 清
光緒二十三年(1897)通隱堂刻漸西村舍彙刊
本 六冊

210000－0743－0000231 R221.3/24
黃帝內經太素三十卷 （唐）楊上善撰註 清
光緒二十三年(1897)通隱堂刻漸西村舍彙刊
本 六冊

210000－0743－0000232 R221.3/26
類經三十二卷附類經圖翼十一卷附翼四卷
(明)張介賓類注 清道光二十年(1840)宏道
堂刻本 四十冊

210000－0743－0000233　R221.3/28

類經三十二卷附類經圖翼十一卷附翼四卷
（明）張介賓類注　明天啟四年(1624)天德堂
刻本　四十冊

210000－0743－0000234　R221.3/29

類經纂要三卷末一卷附追憶舊錄附四川治驗
醫案　（清）虞庠編　（清）王廷俊增註　清同
治六年(1867)刻本　一冊

210000－0743－0000235　R221.3/32

內經知要二卷　（明）李中梓編註　清光緒九
年(1883)崇德堂刻本　二冊

210000－0743－0000236　R221.3/33

內經知要二卷　（明）李中梓編註　清光緒十
一年(1885)蘇州綠愼堂王氏刻本　二冊

210000－0743－0000237　R221.3/35

內經知要二卷　（明）李中梓編註　清光緒九
年(1883)常熟抱芳閣刻本　二冊

210000－0743－0000238　R221.3/36

素問靈樞類纂約註三卷　（清）汪昂撰　清光
緒六年(1880)刻本　三冊

210000－0743－0000239　R221.3/37

素問靈樞類纂約註三卷　（清）汪昂撰　清光
緒六年(1880)刻本　三冊

210000－0743－0000240　R221.3/38

素問靈樞類纂約註三卷　（清）汪昂撰　清光
緒二十一年(1895)刻本　三冊

210000－0743－0000241　R221.3/39

素問靈樞類纂約註三卷　（清）汪昂撰　清日
新書莊刻本　三冊

210000－0743－0000242　R221.3/40

素問靈樞類纂約註三卷　（清）汪昂撰　清嘉
慶九年(1804)掃葉山房刻本　三冊

210000－0743－0000243　R221.3/46

重廣補註黃帝內經素問二十四卷　（唐）王冰
註　（宋）林億等校正　**黃帝內經靈樞十二卷**
（宋）史崧音釋　**附素問補遺**　清光緒三年
(1877)浙江書局刻二十二子本　十冊

210000－0743－0000244　R221.9/3

古本難經闡註二卷　（清）丁錦註　清同治三
年(1864)高郵趙春普旌孝堂刻本　二冊

210000－0743－0000245　R221.9/4

圖註八十一難經辨真四卷　（明）張世賢圖註
清刻圖註難經脈訣本　二冊

210000－0743－0000246　R221.9/5

圖註難經脈訣二種　清三元堂刻本　六冊

210000－0743－0000247　R221.9/7

圖註八十一難經辨真四卷　（明）張世賢圖註
清刻本　三冊

210000－0743－0000248　R221.9/9

圖註八十一難經辨真四卷　（明）張世賢圖註
清儒興堂刻本　二冊

210000－0743－0000249　R221.9/8

難經經釋二卷　（清）徐大椿註　清刻徐靈胎
十二種全集本　一冊

210000－0743－0000250　R222.1/1

金匱玉函經二註二十二卷　（元）趙以德衍義
（清）周揚俊補註　清同治二年(1863)刻本
五冊　存十八卷（一至二、七至二十二）

210000－0743－0000251　R222.1/4

金匱玉函經二註二十二卷　（元）趙以德衍義
（清）周揚俊補註　清刻本　四冊

210000－0743－0000252　R222.2/4

傷寒六書　（明）陶華撰　明步月樓刻本
四冊

210000－0743－0000253　R222.2/5

劉河間傷寒三書劉河間傷寒六書　（金）劉完
素等撰　清宣統元年(1909)上海千頃堂書局
石印本　八冊

210000－0743－0000254　R222.2/6

傷寒六書　（明）陶華撰　清道光十三年
(1833)仁和堂刻本　二冊

210000－0743－0000255　R222.2/8

劉河間傷寒六書　（金）劉完素等撰　明吳勉
學刻清印本(有補配)　十二冊

210000－0743－0000256　R222.2/9
傷寒六書　（明）陶華撰　明大興堂刻本
四冊

210000－0743－0000257　R222.2/12
劉河間傷寒三書　（金）劉完素撰　清新安程
郊倩刻本　六冊

210000－0743－0000258　R222.22/1
傷寒雜病論集不分卷　（清）顧觀光撰　清刻
本　一冊

210000－0743－0000259　R222.22/2
傷寒論輯註不分卷　（清）子安氏輯註　清光
緒六年(1880)抄本　一冊

210000－0743－0000260　R222.22/3
傷寒論全書本義十三卷　（清）許宋毅註　清
抄本　八冊

210000－0743－0000261　R222.22/6
傷寒論三註十六卷　（清）周揚俊註　清光緒
十三年(1887)味經堂刻本　八冊

210000－0743－0000262　R222.22/7
傷寒論三註十六卷　（清）周揚俊註　清光緒
十三年(1887)味經堂刻本　八冊

210000－0743－0000263　R222.22/8
增註類證活人書二十二卷　（宋）朱肱撰　清
刻本　四冊

210000－0743－0000264　R222.22/11
傷寒論條辨八卷附本草抄一卷或問一卷痙書
一卷　（明）方有執撰　清浩然樓刻本　四冊

210000－0743－0000265　R222.22/13
傷寒論後條辨十五卷　（清）程應旄撰　清乾
隆九年(1744)致和堂刻本　四冊

210000－0743－0000266　R222.22/14
傷寒論後條辨十五卷　（清）程應旄撰　清康
熙十年(1671)式好堂刻本　六冊

210000－0743－0000267　R222.22/15
傷寒論直解六卷附傷寒附餘一卷　（清）張錫
駒註　清光緒十一年(1885)福州醉經閣刻本
六冊

210000－0743－0000268　R222.22/16
傷寒論直解六卷　（清）張錫駒註　清康熙五
十一年(1712)錢塘張氏三餘堂刻本　四冊

210000－0743－0000269　R222.22/17
尚論篇四卷後篇四卷首一卷　（清）喻昌撰
清乾隆二十八年(1763)黎川陳守誠刻本
五冊

210000－0743－0000270　R222.22/18
傷寒論本義十八卷首一卷末一卷　（清）魏荔
彤撰　清雍正二年(1724)刻本　九冊　缺二
卷(三至四)

210000－0743－0000271　R222.22/19
舒氏傷寒集註十卷附錄五卷　（清）舒詔撰
清乾隆三十五年(1770)刻本　六冊

210000－0743－0000272　R222.22/20
舒氏傷寒集註十卷附錄五卷　（清）舒詔撰
清令德堂刻本　二冊

210000－0743－0000273　R222.22/21
舒氏傷寒集註十卷附錄五卷　（清）舒詔撰
清刻本　六冊

210000－0743－0000274　R222.22/22
傷寒論集註六卷　（清）張志聰撰　（清）高世
栻纂注　清刻本　四冊

210000－0743－0000275　R222.22/23
傷寒來蘇集八卷　（清）柯琴撰　清刻本
八冊

210000－0743－0000276　R222.22/24
傷寒來蘇集八卷　（清）柯琴撰　清刻本
六冊

210000－0743－0000277　R222.22/25
傷寒來蘇集八卷　（清）柯琴撰　清乾隆二十
年(1755)崑山綏福堂刻本　四冊

210000－0743－0000278　R222.22/26
傷寒來蘇集八卷　（清）柯琴撰　清掃葉山房
刻本　六冊

210000－0743－0000279　R222.22/27
傷寒來蘇集八卷　（清）柯琴撰　清文聚堂刻

本 六冊

210000－0743－0000280　R222.22/28
傷寒論條辨八卷附尚論篇　（明）方有執撰
（清）林起龍評訂　清康熙十三年（1674）補拙
齋刻本　八冊

210000－0743－0000281　R222.22/31
傷寒貫珠集八卷　（清）尤怡撰　清刻本
四冊

210000－0743－0000282　R222.22/32
傷寒貫珠集八卷　（清）尤怡撰　清刻本
四冊

210000－0743－0000283　R222.22/76
傷寒貫珠集八卷　（清）尤怡撰　清刻本
四冊

210000－0743－0000284　R222.22/33
傷寒貫珠集八卷　（清）尤怡撰　清刻本
四冊

210000－0743－0000285　R222.22/77
傷寒貫珠集八卷　（清）尤怡撰　清刻本
四冊

210000－0743－0000286　R222.22/34
傷寒貫珠集八卷　（清）尤怡撰　清刻本
四冊

210000－0743－0000287　R222.22/35
傷寒貫珠集八卷　（清）尤怡撰　清光緒四年
（1878）蘇州會文堂刻本　四冊

210000－0743－0000288　R222.22/37
傷寒治例不分卷　（明）劉純撰　（明）蕭謙校
正　明成化十五年（1479）刻本　一冊

210000－0743－0000289　R222.22/38
雜病治例不分卷　（明）劉純撰　（明）蕭謙校
正　明成化十五年（1479）刻本　一冊

210000－0743－0000290　R222.22/39
註解傷寒論十卷　（漢）張機撰　（晉）王叔和
編　（金）成無已註　清光緒六年（1880）掃葉
山房刻本　五冊

210000－0743－0000291　R222.22/40
註解傷寒論十卷　（漢）張機撰　（晉）王叔和
編　（金）成無已註　清光緒二十二年（1896）
湖南書局刻本　六冊

210000－0743－0000292　R222.22/78
註解傷寒論十卷　（漢）張機撰　（晉）王叔和
編　（金）成無已註　清光緒二十二年（1896）
湖南書局刻本　六冊

210000－0743－0000293　R222.22/41
註解傷寒論十卷　（漢）張機撰　（晉）王叔和
編　（金）成無已註　清同治九年（1870）常郡
陸氏雙白燕堂刻本　六冊

210000－0743－0000294　R222.22/42
註解傷寒論十卷　（漢）張機撰　（晉）王叔和
編　（金）成無已註　清光緒二十二年（1896）
湖南書局刻本　六冊

210000－0743－0000295　R222.22/43
註解傷寒論十卷　（漢）張機撰　（晉）王叔和
編　（金）成無已註　傷寒明理論四卷　清光
緒六年（1880）掃葉山房刻本　四冊　存十卷
（註解傷寒論十卷）

210000－0743－0000296　R222.22/44
註解傷寒論十卷　（漢）張機撰　（晉）王叔和
編　（金）成無已註　清光緒元年（1875）常郡
宛委山莊刻本　四冊

210000－0743－0000297　R222.22/45
註解傷寒論四卷　（漢）張機撰　（晉）王熙編
（宋）成無已註　傷寒明理論三卷　清刻本
四冊　缺一卷（傷寒明理論下）

210000－0743－0000298　R222.22/46
傷寒論淺註六卷　（清）陳念祖註　清光緒二
十七年（1901）新化三味書局刻本　六冊

210000－0743－0000299　R222.22/47
傷寒論淺註六卷　（清）陳念祖註　清同治五
年（1866）南雅堂刻本　六冊　缺附錄

210000－0743－0000300　R222.22/48
傷寒論淺註六卷　（清）陳念祖註　清光緒三

十年(1904)益元書局刻本 五冊 缺附錄

210000－0743－0000301 R222.22/49

傷寒尋源三卷 (清)呂震名撰 清光緒七年(1881)刻本 三冊

210000－0743－0000302 R222.22/53

訂正仲景傷寒論釋義不分卷附針線拾遺 (清)李纘文撰 清宣統元年(1909)刻本 六冊

210000－0743－0000303 R222.22/79

訂正仲景傷寒論釋義不分卷 (清)李纘文撰 清宣統元年(1909)刻本 五冊

210000－0743－0000304 R222.22/58

傷寒論淺註補正七卷附長沙方歌括附靈素集註節要 (清)陳念祖註 (清)唐宗海補正 清光緒三十四年(1908)上海千頃堂書局石印本 四冊

210000－0743－0000305 R222.22/68

傷寒兼證析義不分卷 (清)張倬撰 清刻本 二冊

210000－0743－0000306 R222.22/70

傷寒啓蒙集稿七卷 (清)柯琴撰 (清)余景和註 清光緒十八年(1892)稿本 三冊

210000－0743－0000307 R222.22/71

新編傷寒論類證便覽十二卷 (漢)張機述 (晉)王熙撰 (宋)成無己註解 (明)黃仲理類證 (明)陸彥功輯 明刻本 一冊 存六卷(七至十二)

210000－0743－0000308 R222.23/1

傷寒大白四卷首一卷 (清)秦皇士撰 清康熙五十三年(1714)其順堂陳氏刻本 十冊

210000－0743－0000309 R222.23/2

傷寒大白四卷首一卷 (清)秦皇士撰 清康熙五十三年(1714)其順堂陳氏刻本 四冊

210000－0743－0000310 R222.23/3

傷寒大白四卷首一卷 (清)秦皇士撰 清康熙五十三年(1714)其順堂陳氏刻本 四冊

210000－0743－0000311 R222.23/4

傷寒大白四卷首一卷 (清)秦皇士撰 清康熙五十三年(1714)其順堂陳氏刻本 四冊

210000－0743－0000312 R222.23/6

余註傷寒論翼四卷 (清)柯琴撰 (清)余景和註 清光緒上海文瑞樓石印本 一冊

210000－0743－0000313 R222.23/40

余註傷寒論翼四卷 (清)柯琴撰 (清)余景和註 清光緒上海文瑞樓石印本 一冊

210000－0743－0000314 R222.23/41

余註傷寒論翼四卷 (清)柯琴撰 (清)余景和註 清光緒上海文瑞樓石印本 一冊

210000－0743－0000315 R222.23/7

余註傷寒論翼四卷 (清)柯琴撰 (清)余景和註 清光緒十九年(1893)蘇州謝文翰齋刻本 一冊

210000－0743－0000316 R222.23/8

陶節庵傷寒全生集四卷 (明)陶華撰 清綠蔭堂刻本 四冊

210000－0743－0000317 R222.23/9

傷寒全生集四卷 (明)陶華撰 (清)葉桂評 清眉壽堂刻本 二冊

210000－0743－0000318 R222.23/10

訂正傷寒全生集二卷 (明)陶華撰 (清)陳之灤輯 (清)韓瀛訂錄 清抄本 一冊

210000－0743－0000319 R222.23/11

傷寒補天石二卷續二卷 (明)戈維城撰 清同治元年(1862)吳中黃壽南抄本 四冊

210000－0743－0000320 R222.23/12

傷寒補天石二卷續二卷 (明)戈維城撰 清寧波汲綆齋刻本 二冊

210000－0743－0000321 R222.23/13

傷寒分經十卷 (清)吳儀洛輯 清乾隆三十一年(1766)硤川利濟堂刻本 五冊

210000－0743－0000322 R222.23/14

傷寒大成五種 (清)張璐等撰 清嘉慶六年(1801)刻本 九冊

210000－0743－0000323　R222.23/15‐16

傷寒大成五種　（清）張璐等撰　清刻本　十一冊　缺一種（診宗三昧）

210000－0743－0000324　R222.23/17

傷寒第一書四卷附餘一卷　（清）車宗輅（清）胡憲述編　清光緒十一年（1885）刻本　六冊

210000－0743－0000325　R222.23/18

傷寒心法大成四卷　（明）陳法昂參訂　清抄本　四冊

210000－0743－0000326　R222.23/19

傷寒錦囊二卷　（清）劉渭川撰　清光緒七年（1881）三槐堂匯以氏抄本　二冊

210000－0743－0000327　R222.23/20

傷寒九十論不分卷　（宋）許叔微撰　清光緒二十二年（1896）勤勤居陳隆澤刻求志居叢書本　一冊

210000－0743－0000328　R222.23/23

傷寒三陰篇不分卷　（清）舒詔撰　清舒氏抄本　一冊

210000－0743－0000329　R222.23/25

傷寒指掌四卷　（清）吳貞撰　清道光三年（1823）抄本　四冊

210000－0743－0000330　R222.23/27

傷寒撮要四卷　（清）王夢祖輯註　清道光十九年（1839）刻本　四冊

210000－0743－0000331　R222.23/28

傷寒三秘不分卷　（明）劉浴德編　明萬曆二十四年（1596）抄本　二冊

210000－0743－0000332　R222.23/29

傷寒審症表不分卷　（清）包誠撰　清同治十年（1871）湖北崇文書局刻本　二冊

210000－0743－0000333　R222.23/30

傷寒微旨論二卷　（宋）韓祗和撰　**旅舍備要方一卷**　（宋）董汲撰　清光緒二十二年（1896）鄞縣陳隆澤刻求志居叢書本　一冊

210000－0743－0000334　R222.23/34

傷寒醫訣串解六卷　（清）陳念祖撰　清刻本　二冊

210000－0743－0000335　R222.23/35

傷寒六經病解不分卷　（清）余景和編　清光緒十七年（1891）抄本　二冊

210000－0743－0000336　R222.23/36

傷寒醫訣串解六卷　（清）陳念祖撰　清光緒三十一年（1905）上海商務印書館鉛印本　一冊

210000－0743－0000337　R222.26/1

傷寒方經解不分卷　（清）姜國伊註　清光緒十三年（1887）刻本　一冊

210000－0743－0000338　R222.26/2

傷寒論類方不分卷　（清）徐大椿編　清刻本　一冊

210000－0743－0000339　R222.26/3

傷寒古方通六卷　（清）王子接註　清光緒刻本　一冊

210000－0743－0000340　R222.26/4

增輯傷寒類方四卷　（清）徐大椿輯　（清）潘霨增補　清同治五年（1866）古吳潘氏刻本　四冊

210000－0743－0000341　R222.27/1

傷寒圖歌活人指掌五卷　（元）吳恕撰　清初刻本　二冊

210000－0743－0000342　R222.27/2

傷寒百證歌五卷　（宋）徐叔微撰　清藏修書屋刻本　一冊

210000－0743－0000343　R222.27/3

傷寒圖歌活人指掌五卷　（元）吳恕撰　明致和堂刻本　四冊

210000－0743－0000344　R222.22/4

傷寒眞方歌括六卷　（清）陳念祖撰　清咸豐九年（1859）三山林氏刻本　一冊

210000－0743－0000345　R222.32/1

張仲景金匱要略二十四卷　（清）沈明宗編註　清康熙三十二年（1693）刻本　三冊

210000－0743－0000346　R222.32/2

金匱心典三卷　（清）尤怡集註　清刻本
一冊

210000－0743－0000347　R222.32/3

金匱心典三卷　（清）尤怡集註　清同治八年
(1869)陸氏雙白燕堂刻本　三冊

210000－0743－0000348　R222.32/15

金匱心典三卷　（清）尤怡集註　清同治八年
(1869)陸氏雙白燕堂刻本　三冊

210000－0743－0000349　R222.32/16

金匱心典三卷　（清）尤怡集註　清同治八年
(1869)陸氏雙白燕堂刻本　三冊

210000－0743－0000350　R222.32/4

金匱心典三卷　（清）尤怡集註　清光緒七年
(1881)崇德書院刻本　三冊

210000－0743－0000351　R222.32/17

金匱心典三卷　（清）尤怡集註　清光緒七年
(1881)崇德書院刻本　三冊

210000－0743－0000352　R222.32/18

金匱心典三卷　（清）尤怡集註　清光緒七年
(1881)崇德書院刻本　三冊

210000－0743－0000353　R222.32/5

金匱心典三卷　（清）尤怡集註　清光緒二十
五年(1899)常郡宛委山莊刻本　三冊

210000－0743－0000354　R222.32/7

金匱要略論註二十四卷　（清）徐彬注　清康
熙十年(1671)刻本　六冊

210000－0743－0000355　R222.32/8

金匱要略淺註補正九卷　（清）陳念祖註
（清）唐宗海補註　清光緒三十四年(1908)上
海千頃堂書局石印中西匯通醫書五種本
四冊

210000－0743－0000356　R222.32/11

濟世元真金匱全部解義先聖遺範四卷　（清）
憑虛子撰　清抄本　四冊

210000－0743－0000357　R222.32/12

金匱翼八卷　（清）尤怡編　清嘉慶十八年

(1813)徐錦抄本　八冊

210000－0743－0000358　R222.32/13

金匱翼八卷　（清）尤怡編　清宏道堂刻本
八冊

210000－0743－0000359　R222.32/14

金匱翼八卷　（清）尤怡編　清宏道堂刻本
八冊

210000－0743－0000360　R222.35/1

金匱鉤玄三卷　（元）朱震亨撰　（明）戴思恭
輯　（清）周學海評注　清刻本　一冊

210000－0743－0000361　R222.35/2

金匱鉤玄三卷　（元）朱震亨撰　（明）戴思恭
輯　（明）吳勉學校正　明刻本　二冊

210000－0743－0000362　R222.35/3

金匱鉤玄三卷　（元）朱震亨撰　（明）薛己校
明刻本　一冊

210000－0743－0000363　R222.36/1

金匱要略方論本義二十二卷　（清）魏荔彤註
清刻本　四冊

210000－0743－0000364　R222.36/2

金匱要略方論本義二十二卷　（清）魏荔彤註
清刻本　四冊

210000－0743－0000365　R222.36/4

金匱要略方論三卷　（漢）張機撰　（晉）王熙
集　（宋）林億校　清刻本　二冊

210000－0743－0000366　R222.37/1

金匱方歌括六卷　（清）陳元犀等編　清光緒
三十三年(1907)巴蜀善成堂刻本　三冊

210000－0743－0000367　R222.37/2

金匱方歌括六卷　（清）陳元犀等編　清光緒
三十四年(1908)上海章福記書局石印陳修園
醫書四十八種本　一冊

210000－0743－0000368　R223/7

藏腑性鑑二卷　（清）尤乘編　清旭村抄本
二冊

210000－0743－0000369　R223/9

全體通考十八卷 （英）德貞撰 清光緒十二年（1886）鉛印本 十二冊

210000－0743－0000370 R223/10
中西彙參銅人圖說不分卷 （清）劉鍾衡撰 清光緒二十五年（1899）上海江南機器製造總局石印本 一冊

210000－0743－0000371 R223/11
醫林改錯二卷 （清）王清任撰 清光緒二十七年（1901）京都善成堂刻本 二冊

210000－0743－0000372 R223/13
醫林改錯二卷 （清）王清任撰 清光緒五年（1879）上海掃葉山房刻本 二冊

210000－0743－0000373 R223/23
醫林改錯二卷 （清）王清任撰 清光緒五年（1879）上海掃葉山房刻本 二冊

210000－0743－0000374 R223/16
身理啓蒙十章 （□）□□撰 清光緒十二年（1886）總稅務司石印本 一冊

210000－0743－0000375 R223/19
藏腑證治圖說人鏡經八卷 （□）□□撰 （明）王宗泉傳 （明）錢選 （明）錢世忠輯 明萬曆三十四年（1606）刻本 四冊

210000－0743－0000376 R224/1
經絡全書二編 （明）沈子祿 （明）徐師曾撰 （明）顧偉增補 （清）尤乘輯 清康熙二十七年（1688）刻本 二冊

210000－0743－0000377 R224/3
經脈圖考四卷 （清）陳惠疇撰 清光緒四年（1878）刻本 四冊

210000－0743－0000378 R224/5
中西彙參醫學圖說不分卷 （清）王有忠撰 清光緒三十三年（1907）上海樂群圖書局石印本 四冊

210000－0743－0000379 R224/7
新刊補註銅人腧穴鍼灸圖經五卷 （宋）王惟一撰 （金）閑邪瞶叟補註 清宣統元年（1909）貴池劉氏玉海堂刻本 一冊

210000－0743－0000380 R224/8
新刊補註銅人腧穴鍼灸圖經五卷 （宋）王惟一撰 （金）閑邪瞶叟補註 清宣統元年（1909）貴池劉氏玉海堂刻本 一冊

210000－0743－0000381 R226/1
中藏經八卷附華佗內照法 （漢）華佗撰 清光緒十年（1884）上海江左書林刻本 二冊

210000－0743－0000382 R226/2
中藏經八卷附華佗內照法 （漢）華佗撰 清光緒十年（1884）上海江左書林刻本 四冊

210000－0743－0000383 R226/3
中藏經八卷附華佗內照法 （漢）華佗撰 清光緒十年（1884）上海江左書林刻本 二冊

210000－0743－0000384 R226/4
中藏經八卷 （漢）華佗撰 清步月樓刻本 二冊

210000－0743－0000385 R226/5
中藏經八卷附華佗內照法 （漢）華佗撰 清光緒十年（1884）上海江左書林刻本 二冊

210000－0743－0000386 R226/6
華氏中藏經三卷 （漢）華佗撰 （清）孫星衍校 清光緒九年（1883）刻本 二冊

210000－0743－0000387 R226/7
華氏中藏經三卷 （漢）華佗撰 （清）孫星衍校 清光緒十一年（1885）吳縣朱記榮槐廬家塾刻本 二冊

210000－0743－0000388 R228/1
醫原記略不分卷 （清）余鑒撰 清光緒三年（1877）大港培遠堂石印本 一冊

210000－0743－0000389 R228/4
重刊巢氏諸病源候總論五十卷 （隋）巢元方等撰 清光緒十二年（1886）湖北官書處刻本 八冊

210000－0743－0000390 R228/5
華佗玄門脈訣內照圖不分卷 （漢）華佗撰 清抄本 一冊

210000－0743－0000391 R24/1:1

玉機微義五十卷　（明）徐彥純撰　（明）劉純
續增　明新城王象晉刻本　四冊

210000－0743－0000392　R24/1：2
玉機微義五十卷　（明）徐彥純撰　（明）劉純
續增　明新城王象晉刻本　二冊

210000－0743－0000393　R24/2
醫說十卷　（宋）張杲撰　明嘉靖二十三年
（1544）上海顧定芳刻本　六冊

210000－0743－0000394　R24/6
蘭臺軌範八卷　（清）徐大椿撰　清刻本
二冊

210000－0743－0000395　R24/7
蘭臺軌範八卷　（清）徐大椿撰　清乾隆二十
九年（1764）洄溪草堂刻本　四冊

210000－0743－0000396　R24/8
新刊醫林狀元壽世保元十卷　（明）龔廷賢撰
　清光緒十四年（1888）上海掃葉山房刻本
十冊

210000－0743－0000397　R24/9
壽世保元十卷　（明）龔廷賢撰　清光緒十二
年（1886）上海江左書林刻本　十冊

210000－0743－0000398　R24/10
壽世保元十卷　（明）龔廷賢撰　清道光二十
四年（1844）蘇州老洞石山房刻本　十冊

210000－0743－0000399　R24/11
壽世保元十卷　（明）龔廷賢撰　清道光十一
年（1831）書林文發堂刻本　十冊

210000－0743－0000400　R24/13
石室秘錄六卷　（清）陳士鐸撰　清道光三年
（1823）文光堂刻本　六冊

210000－0743－0000401　R24/14
石室秘錄六卷　（清）陳士鐸撰　清道光三年
（1823）文光堂刻本　六冊

210000－0743－0000402　R24/16
石室秘錄六卷　（清）陳士鐸撰　清刻本
六冊

210000－0743－0000403　R24/17
石室秘錄六卷　（清）陳士鐸撰　清康熙二十
八年（1689）刻本　三冊

210000－0743－0000404　R24/18
石室秘錄六卷　（清）陳士鐸撰　清刻本
六冊

210000－0743－0000405　R24/20
蒼生司命八卷　（明）虞摶編　清康熙十六年
（1677）刻本　十二冊

210000－0743－0000406　R24/21
蒼生司命八卷　（明）虞摶編　清抄本　八冊

210000－0743－0000407　R24/22
證治要義十卷　（清）陳當務編　（清）任日景
評點　清乾隆五十年（1785）惠民堂刻本
十冊

210000－0743－0000408　R24/23
衛生寶鑑二十四卷補遺一卷　（元）羅天益撰
　明嘉靖十四年（1535）刻本　四冊　存十一
卷（一至七、十二至十三、十八至十九）

210000－0743－0000409　R24/24
先醒齋醫學廣筆記不分卷　（明）繆希雍撰
（明）丁元薦編　明天啟二年（1622）刻本
六冊

210000－0743－0000410　R24/27
辨證奇聞十五卷　（清）陳士鐸撰　（清）文守
江述　清同治六年（1867）經元堂刻本　八冊

210000－0743－0000411　R24/28
辨證奇聞十卷　（清）陳士鐸撰　（清）錢松刪
訂　清光緒七年（1881）文奎堂刻本　十冊

210000－0743－0000412　R24/29
醫學金鍼八卷　（清）陳念祖撰　（清）潘霨增
輯　清光緒四年（1878）潘氏敏德堂刻本
四冊

210000－0743－0000413　R24/30
醫學金鍼八卷　（清）陳念祖撰　（清）潘霨增
輯　清光緒四年（1878）潘氏敏德堂刻本
四冊

210000－0743－0000414　R24/31

醫學金鍼八卷　（清）陳念祖撰　（清）潘霨增輯　清光緒四年（1878）潘氏敏德堂刻本　四冊

210000－0743－0000415　R24/32

醫學實在易八卷　（清）陳念祖撰　清閩省李邦棟刻本　二冊

210000－0743－0000416　R24/36

醫學白話四卷　（清）洪壽曼編　清光緒三十四年（1908）上海彪蒙書室石印本　四冊

210000－0743－0000417　R24/37

醫宗備要　（清）曾鼎撰　清光緒元年（1875）湖北崇文書局刻本　一冊

210000－0743－0000418　R24/40

筆花醫鏡四卷　（清）江涵暾撰　清道光二十五年（1845）刻本　一冊

210000－0743－0000419　R24/41

筆花醫鏡二卷　（清）江涵暾撰　清咸豐六年（1856）李氏刻本　一冊　存一卷（一）

210000－0743－0000420　R24/45

醫家四要四卷　（清）程曦等撰　清光緒十二年（1886）豫章鄧燦堂刻本　四冊

210000－0743－0000421　R24/46

證治要訣十二卷證治要訣類方四卷　（明）戴思恭撰　明刻本　四冊　存十二卷（證治要訣三至十二、證治要訣類方三至四）

210000－0743－0000422　R24/47

醫綱提要八卷　（清）李宗源輯　清光緒二十三年（1897）南京李光明莊刻本　四冊

210000－0743－0000423　R24/50

醫宗說約四卷　（清）蔣示吉撰　清刻本　四冊

210000－0743－0000424　R24/55

新刊增補萬病回春原本八卷　（明）龔廷賢編　清刻本　八冊

210000－0743－0000425　R24/56

新刊增補萬病回春原本八卷　（明）龔廷賢編　清刻本　八冊

210000－0743－0000426　R24/57

萬病回春八卷　（明）龔廷賢編　清刻本　八冊

210000－0743－0000427　R24/58

萬病回春八卷　（明）龔廷賢編　清振賢堂刻本　七冊

210000－0743－0000428　R24/60

愼齋遺書十卷　（明）周之幹撰　清道光二十九年（1849）目耕堂刻本　四冊

210000－0743－0000429　R24/62

辨證錄十四卷　（清）陳士鐸撰　清刻本　十七冊

210000－0743－0000430　R24/63

辨證錄十四卷　（清）陳士鐸撰　清光緒三十年（1904）兩儀堂刻本　十五冊

210000－0743－0000431　R24/64

醫悟十二卷　（清）馬冠群撰　清光緒二十三年（1897）寄廎木活字印本　五冊

210000－0743－0000432　R24/65

醫悟十二卷　（清）馬冠群撰　清光緒十九年（1893）木活字印本　三冊

210000－0743－0000433　R24/66

醫悟十二卷　（清）馬冠群撰　清光緒十九年（1893）木活字印本　三冊

210000－0743－0000434　R24/75

隘村醫訣二卷　（清）丘克孝編　清康熙八年（1669）刻本　六冊

210000－0743－0000435　R24/77

醫壘元戎不分卷　（元）王好古撰　明刻本　一冊

210000－0743－0000436　R24/78

醫壘元戎不分卷　（元）王好古撰　清刻本　一冊

210000－0743－0000437　R24/81

趙李合璧八卷　（清）趙廷儒　（清）李玉峰撰

清光緒三十四年(1908)新都張興龍刻本
四冊

210000－0743－0000438　R24/82
古今醫詩五十三卷　(清)張望撰　清嘉慶八
年(1803)刻本　十四冊

210000－0743－0000439　R24/83
新刊萬氏家傳保命歌括三十五卷　(明)萬全
撰　明建邑書林余良史刻本　二冊　存三卷
(五、八至九)

210000－0743－0000440　R24/85
新鐫何氏附方濟生論必讀十八卷　(清)何鎮
撰　(清)李沛等編校　清康熙十五年(1676)
毓麟堂刻本　七冊

210000－0743－0000441　R24/86
醫門初學萬金一統要訣分類十卷　(明)太醫
院原本　(明)羅必煒參訂　清光緒二十年
(1894)三讓堂刻本　二冊

210000－0743－0000442　R24/96
張氏醫通十六卷　(清)張璐撰　清嘉慶六年
(1801)刻本　二十四冊

210000－0743－0000443　R24/97
張氏醫通十六卷　(清)張璐撰　清光緒三十
三年(1907)上海書局石印本　八冊

210000－0743－0000444　R24/99
扁鵲心書三卷附扁鵲心法神方一卷　(宋)竇
材撰　(清)胡珏參論　清刻本　二冊

210000－0743－0000445　R24/100
扁鵲心書二卷　(宋)竇材撰　(清)胡珏參論
清刻本　二冊

210000－0743－0000446　R24/101
扁鵲心書三卷附扁鵲心法神方一卷　(宋)竇
材撰　(清)胡珏參論　清刻本　二冊

210000－0743－0000447　R24/103
扁鵲心書二卷　(宋)竇材撰　(清)胡珏參論
清刻本　四冊

210000－0743－0000448　R24/105
新鐫丹溪朱先生心法大全四卷　(元)朱震亨

撰　明萬曆二十九年(1601)閩書林喬山堂刻
本　一冊　存二卷(三至四)

210000－0743－0000449　R24/106
丹溪心法附餘二十四卷首一卷　(明)方廣編
清宣統元年(1909)上海文瑞樓石印本　十
二冊

210000－0743－0000450　R24/109
丹溪心法附餘二十四卷首一卷　(明)方廣編
清宣統元年(1909)上海文瑞樓石印本　十
二冊

210000－0743－0000451　R24/110
丹溪先生心法五卷附錄一卷　(元)朱震亨撰
清尚德堂刻本　五冊

210000－0743－0000452　R24/111
丹溪先生治法心要八卷　(元)朱震亨撰
(明)高賓校正　清宣統元年(1909)武林蕭氏
鉛印本　二冊

210000－0743－0000453　R24/113
黃氏醫緒八卷附救傷集成解毒集成　(清)黃
皖撰　清光緒三十三年(1907)經鏗家塾存幾
堂刻本　十冊

210000－0743－0000454　R241.1/1
診家樞要不分卷附滑壽醫案十藥神書　(元)
滑壽撰　明刻本　一冊

210000－0743－0000455　R241.1/2
診家樞要不分卷附滑壽醫案十藥神書　(元)
滑壽撰　清抄本　一冊

210000－0743－0000456　R241.1/5
三指禪三卷　(清)周學霆撰　清益元書局刻
本　三冊

210000－0743－0000457　R241.1/6
三指禪三卷　(清)周學霆撰　清湖南書局刻
本　三冊

210000－0743－0000458　R241.1/11
玉函經三卷附海上方歌訣　(唐)杜光庭撰
(宋)崔嘉言註　(清)程林校　清抄本　一冊

210000－0743－0000459　R241.11/1

脈經十卷附人元脈影歸指圖說二卷 （晉）王熙撰　明天啟四年(1624)江左繆希雍刻本　二冊

210000－0743－0000460　R241.11/2

脈經十卷 （晉）王熙撰　清光緒十七年(1891)池陽周學海刻周氏醫學叢書本　六冊

210000－0743－0000461　R241.11/3

脈經十卷 （晉）王熙撰　清道光二十九年(1849)奉新廖積性刻本　四冊

210000－0743－0000462　R241.11/4

脈經十卷 （晉）王熙撰　清光緒三十一年(1905)長沙徐德立橘隱園刻本　四冊

210000－0743－0000463　R241.11/6

脈經十卷首一卷 （晉）王熙撰　清道光十三年(1833)蜀中怡山舘刻本　四冊

210000－0743－0000464　R241.11/7

脈經十卷 （晉）王熙撰　清光緒二十二年(1896)新化三昧堂刻本　四冊

210000－0743－0000465　R241.13/2

太素張神仙脈訣玄微綱領宗統三卷 （明）張太素撰　（明）劉伯詳注　（明）王文洁編　清京都琉璃廠刻本　一冊

210000－0743－0000466　R241.13/4

太素張神仙脈訣玄微綱領宗統三卷 （明）張太素撰　（明）劉伯詳注　（明）王文洁編　清京都琉璃廠刻本　三冊

210000－0743－0000467　R241.13/5

刪註脈訣規正二卷 （清）沈鏡撰　清光緒八年(1882)儒興堂刻本　二冊

210000－0743－0000468　R241.13/6

刪註脈訣規正二卷 （清）沈鏡撰　清酉山堂刻本　二冊

210000－0743－0000469　R241.13/7

刪註脈訣規正二卷 （清）沈鏡撰　清經綸堂刻本　二冊

210000－0743－0000470　R241.13/8

圖註脈訣辨真四卷附方一卷 （晉）王熙撰

（明）張世賢圖註　清掃葉山房刻本　一冊存二卷(一至二)

210000－0743－0000471　R241.13/9

洞垣全書脈訣闡微不分卷 （清）陳士鐸撰　清光緒六年(1880)文奎堂刻本　一冊

210000－0743－0000472　R241.19/1

瀕湖脈學奇經八脈考脈訣考證不分卷 （明）李時珍撰　清刻本　二冊

210000－0743－0000473　R241.19/2

脈訣彙辨十卷 （清）李延昰撰　清康熙五年(1666)刻本　二冊

210000－0743－0000474　R241.19/4

脈法彙編三卷 （明）程式撰　清嘉慶元年(1796)抄本　二冊

210000－0743－0000475　R241.2/1

四診抉微八卷附管窺附餘一卷 （清）林之翰撰　清雍正四年(1726)刻本　八冊

210000－0743－0000476　R241.2/3

四診心法要訣二卷附四診舉要不分卷診脈賦不分卷從鑑簡易脈訣不分卷 （□）□□撰　清抄本　二冊

210000－0743－0000477　R241.2/4

四診心法要訣二卷 （清）吳謙等輯　稿本　二冊

210000－0743－0000478　R241.25/3

敖氏傷寒金鏡錄不分卷 （元）敖氏撰　（元）杜本增訂　明嘉靖三十八年(1559)馬崇儒刻本　一冊

210000－0743－0000479　R241.9/1

診病奇侅二卷附五雲子腹診法 （日）丹波元堅撰　（日）松井操譯　清光緒十四年(1888)四明王仁乾鉛印本　二冊

210000－0743－0000480　R241.9/6

診病奇侅二卷 （日）丹波元堅撰　（日）松井操譯　清光緒十四年(1888)四明王仁乾鉛印本　二冊

210000－0743－0000481　R241.9/3

周慎齋先生脈法解二卷 （清）陳家璡註 清抄本 一冊

210000－0743－0000482 R241.9/4

瀕湖脈學奇經八脈考不分卷 （明）李時珍撰 清刻本 一冊

210000－0743－0000483 R242/1

醫醇賸義四卷 （清）費伯雄撰 清光緒三年（1877）刻本 四冊

210000－0743－0000484 R242/2

醫醇賸義四卷 （清）費伯雄撰 清光緒十四年（1888）上海掃葉山房刻本 三冊 存三卷（二至四）

210000－0743－0000485 R244/1

急救廣生集十卷 （清）程鵬程編 清道光十一年（1831）得生堂刻本 四冊

210000－0743－0000486 R244/2

理瀹駢文不分卷 （清）吳師機撰 清光緒刻本 四冊

210000－0743－0000487 R244/4

理瀹駢文摘要不分卷附應驗諸方 （清）吳師機撰 清光緒元年（1875）江蘇書局刻本 二冊

210000－0743－0000488 R244.1/1

推拿廣意三卷 （清）熊應雄編 （清）陳世凱重訂 清金閶綠慎堂刻本 二冊

210000－0743－0000489 R244.1/3

幼科推拿秘書五卷 （清）駱如龍撰 （清）駱民新抄訂 清懷堂刻本 二冊

210000－0743－0000490 R244.1/5

推拿廣意三卷 （清）熊應雄編 （清）陳世凱重訂 清乾隆五十年（1785）金陵四教堂刻本 四冊

210000－0743－0000491 R245/1

鍼灸甲乙經十二卷 （晉）皇甫謐撰 （宋）林億等校 清刻本 四冊

210000－0743－0000492 R245/2

鍼灸甲乙經十二卷 （晉）皇甫謐撰 （宋）林億等校 清光緒十三年（1887）刻本 四冊

210000－0743－0000493 R245/4

鍼灸甲乙經十二卷 （晉）皇甫謐撰 （宋）林億等校 明吳勉學刻本 四冊

210000－0743－0000494 R245/5

鍼灸大成十卷 （明）楊濟洲撰 （明）靳賢補輯重編 明萬曆二十九年（1601）山西趙文炳刻本 十冊

210000－0743－0000495 R245/6

鍼灸大成十卷 （明）楊濟洲撰 （明）靳賢補輯重編 清刻本 十冊

210000－0743－0000496 R245/7

鍼灸大成十卷 （明）楊濟洲撰 （明）靳賢補輯重編 清刻本 十冊

210000－0743－0000497 R245/8

鍼灸大成十卷 （明）楊濟洲撰 （明）靳賢補輯重編 清光緒六年（1880）刻本 十冊

210000－0743－0000498 R245/13

鍼灸大成十卷 （明）楊濟洲撰 （明）靳賢補輯重編 清光緒六年（1880）刻本 十冊

210000－0743－0000499 R245/9

鍼灸大成十卷 （明）楊濟洲撰 （明）靳賢補輯重編 清光緒十二年（1886）刻本 十冊

210000－0743－0000500 R245/10

鍼灸大成十卷 （明）楊濟洲撰 （明）靳賢補輯重編 清致和堂刻本 十冊

210000－0743－0000501 R245/11

鍼灸大成十卷 （明）楊濟洲撰 （明）靳賢補輯重編 清刻本 十冊

210000－0743－0000502 R245/12

鍼灸大成十卷 （明）楊濟洲撰 （明）靳賢補輯重編 清刻本 十冊

210000－0743－0000503 R245－0/1

太乙神鍼方不分卷 （清）范毓䯄編 清光緒四年（1878）洞庭小補軒刻本 一冊

210000－0743－0000504 R245－0/3

扁鵲鍼灸纂要四卷 （清）金松亭 （清）張鶴鳴撰 清同治十三年（1874）抄本 二冊 存二卷（一至二）

210000－0743－0000505 R246/1

鍼灸逢源六卷 （清）李學川編 清刻本 十二冊

210000－0743－0000506 R246/2

備急灸法二卷 （宋）聞人耆年撰 針灸擇日編集一卷 （明）全循義 （明）金義孫編 清光緒十七年（1891）江寧潘署刻本 二冊

210000－0743－0000507 R247.1/3

卻病了衛 （□）□□撰 清抄本 四冊

210000－0743－0000508 R247.1/4

厚生訓纂二卷 （明）周臣編 明萬曆三十九年（1611）涵虛閣刻本 一冊

210000－0743－0000509 R247.1/5

衛生學問答不分卷 丁福保編 清光緒二十七年（1901）蘇城中西小學堂刻本 一冊

210000－0743－0000510 R247.1/6

壽親養老新書四卷 （宋）陳直撰 （元）鄒鉉增補 清瓶花書屋刻本 四冊

210000－0743－0000511 R247.1/7

壽親養老新書四卷 （宋）陳直撰 （元）鄒鉉增補 清瓶花書屋刻本 四冊

210000－0743－0000512 R247.1/8

性命雙修惠命正旨不分卷 （清）柳華陽撰 （清）棱栁山人撰要 清光緒三十三年（1907）清陽道人楊氏抄本 一冊

210000－0743－0000513 R247.1/9

濟生雜錄不分卷 （清）守素氏撰 （清）太瘦生增訂 清光緒七年（1881）寧波述古堂刻本 一冊

210000－0743－0000514 R247.1/10

海錯白一錄五卷 郭柏蒼撰 清光緒三十二年（1906）石印本 二冊

210000－0743－0000515 R247.1/15

老老恒言五卷 （清）曹廷棟撰 清同治九年（1870）刻本 二冊

210000－0743－0000516 R247.4/6

衛生要術不分卷 （清）潘霨編 清光緒二年（1876）刻本 一冊

210000－0743－0000517 R247.4/7

衛生要術不分卷 （清）潘霨編 清刻本 一冊

210000－0743－0000518 R247.4/8

西洋易筋經要法三十二圖 （英）慶丕 （清）瞿汝舟編著 （清）天津水師學堂譯 清光緒二十一年（1895）鉛印本 二冊

210000－0743－0000519 R249.1/1

古今醫案按十卷 （清）俞震編 清光緒九年（1883）吳江李齡壽刻本 十冊

210000－0743－0000520 R249.1/2

古今醫案按十卷 （清）俞震編 清宣統元年（1909）上海會文堂書局石印本 十冊

210000－0743－0000521 R249.1/4

名醫類案十二卷續名醫類案三十六卷 （明）江瓘編 （清）魏之琇續編 清宣統元年（1909）上海書局石印本 四十冊

210000－0743－0000522 R249.1/5

名醫類案十二卷續名醫類案三十六卷 （明）江瓘編 （清）魏之琇續編 清光緒二十二年（1896）耕餘堂鉛印本 四十冊

210000－0743－0000523 R249.1/6

名醫類案十二卷續名醫類案三十六卷 （明）江瓘編 （清）魏之琇續編 清宣統元年（1909）上海書局石印本 八冊 存二十四卷（名醫類案十二卷、續案一至十二）

210000－0743－0000524 R249.1/7

名醫類案十二卷 （明）江瓘編 清同治十年（1871）藏修堂刻本 十二冊

210000－0743－0000525 R249.1/8

續名醫類案三十六卷 （清）魏之琇續編 清光緒二十二年（1896）耕餘堂鉛印本 十六冊

210000－0743－0000526 R249.1/9

續名醫類案三十六卷　（清）魏之琇續編　清刻本　三十六冊

210000－0743－0000527　R249.1/10

三家醫案合刻附醫效秘傳三卷溫熱贅言一卷　（清）吳金壽編　清刻本　六冊

210000－0743－0000528　R249.1/11

三家醫案合刻　（清）吳金壽編　清道光十二年(1832)吳氏刻本　四冊

210000－0743－0000529　R249.1/12

三家醫案合刻附醫效秘傳三卷溫熱贅言一卷　（清）吳金壽編　清蘇州綠潤堂刻本　五冊

210000－0743－0000530　R249.1/13

三家醫案合刻附醫效秘傳三卷溫熱贅言一卷　（清）吳金壽編　清刻本　四冊

210000－0743－0000531　R249.1/14

三家醫案合刻附醫效秘傳三卷溫熱贅言一卷　（清）吳金壽編　清刻本　六冊

210000－0743－0000532　R249.1/15

三家醫話　（清）王士雄編　清咸豐元年(1851)刻本　一冊

210000－0743－0000533　R249.1/17

柳選四家醫案　（清）柳寶詒編　清光緒三十年(1904)惜餘小舍刻本　六冊

210000－0743－0000534　R249.1/20

名御醫診德宗景皇帝案不分卷　（清）薛鼎元錄抄　清光緒三十四年(1908)抄本　一冊

210000－0743－0000535　R249.1/22

繼志堂醫案二卷　（清）曹存心撰　清光緒三十年(1904)江陰柳氏惜餘小舍刻本　一冊

210000－0743－0000536　R249.2/1

陳氏門診醫案五冊　（清）陳蓮舫撰　清李金聲抄本　五冊

210000－0743－0000537　R249.2/3

五法問答不分卷　（□）□□撰　清抄本　一冊

210000－0743－0000538　R249.2

乳石山房醫案不分卷　高映清撰　清學不足齋莊抄本　一冊

210000－0743－0000539　R249.2/5

沙桐君醫案不分卷　（清）沙用圭撰　抄本　一冊

210000－0743－0000540　R249.48/1

繆仲醇醫案不分卷　（明）繆希雍撰　江都袁焯抄本　一冊

210000－0743－0000541　R249.48/2

孫文垣醫案五卷　（明）孫一奎撰　明刻本　四冊

210000－0743－0000542　R249.48/4

薛氏醫案二十四種　（明）薛己撰　（明）吳琯編　清末上海煥文書局石印本　二十四冊

210000－0743－0000543　R249.48/8

折肱漫錄七卷　（明）黃承昊撰　清乾隆五十九年(1794)刻本　二冊

210000－0743－0000544　R249.49/1

凌氏醫案四卷　（清）凌應霖撰　清抄本　二冊

210000－0743－0000545　R249.49/3

醫案隨筆不分卷　（清）王九峰撰　清五鳳樓抄本　一冊

210000－0743－0000546　R249.49/6

診餘集二卷　（清）余景和撰　稿本　二冊

210000－0743－0000547　R249.49/7

研經言四卷　（清）莫文泉撰　清光緒五年(1879)月河莫氏自刻本　二冊

210000－0743－0000548　R249.49/8

存存齋醫話稿二卷　（清）趙晴初撰　清光緒七年(1881)刻本　一冊

210000－0743－0000549　R249.49/9

齊氏醫案崇正辨訛六卷　（清）齊秉慧撰　清道光十三年(1833)尚有堂刻本　十二冊

210000－0743－0000550　R249.49/10

吳門治驗錄四卷　（清）顧金壽撰　清道光五

年(1825)蘇州青霞齋吳學圃刻本　四冊

210000－0743－0000551　R249.49/11
醫原二卷　（清）石壽棠撰　清咸豐十一年(1861)刻本　四冊

210000－0743－0000552　R249.49/12
醫原二卷　（清）石壽棠撰　清咸豐十一年(1861)刻本　二冊

210000－0743－0000553　R249.49/14
問齋醫案五卷　（清）蔣寶素撰　清刻本　六冊

210000－0743－0000554　R249.49/15
王氏醫存十七卷　（清）王燕昌撰　清同治十三年(1874)皖城黃竹友齋刻本　四冊

210000－0743－0000555　R249.49/16
葉氏醫案存真三卷附馬氏醫案　（清）葉桂撰　（清）葉萬青編　清光緒九年(1883)刻本　四冊

210000－0743－0000556　R249.49/17
葉氏醫案存真三卷附馬氏醫案　（清）葉桂撰　（清）葉萬青編　清道光十六年(1836)葉氏刻本　四冊

210000－0743－0000557　R249.49/18
醫學問答四卷　（清）梁玉瑜傳　（清）陶保廉錄　清光緒二十三年(1897)太原任振基刻本　四冊

210000－0743－0000558　R249.49/19
醫意二卷　（清）徐廷祚撰　清光緒二十二年(1896)奉天鐵如意軒刻本　一冊

210000－0743－0000559　R249.49/20
王旭高臨證醫案四卷　（清）王泰林撰　（清）方仁淵參訂　清光緒二十四年(1898)琴川方氏倚雲吟館活字印本　四冊

210000－0743－0000560　R249.49/21
診餘舉隅錄二卷　（清）陳菊生撰　清光緒二十四年(1898)鉛印本　二冊

210000－0743－0000561　R249.49/22
評選環溪草堂醫案三卷　（清）王泰林撰

（清）柳寶詒編　清光緒二十六年(1900)江陰柳氏惜餘小舍刻本　三冊

210000－0743－0000562　R249.49/25
王氏醫案三編三卷　（清）王士雄撰　（清）徐然石編　清咸豐四年(1854)刻本　三冊

210000－0743－0000563　R249.49/26
王氏醫案二卷王氏醫案續編八卷附霍亂論二卷　（清）王士雄撰　（清）周鎔　（清）張鴻輯　清光緒十七年(1891)蒲圻但氏刻本　二冊

210000－0743－0000564　R249.49/30
葉案括要八卷　（清）葉桂撰　（清）潘名熊編　清同治十三年(1874)刻本　四冊

210000－0743－0000565　R249.49/32
葉選醫衡二卷　（清）葉桂編　清宣統二年(1910)上海文瑞樓石印本　一冊

210000－0743－0000566　R249.49/40
臨證指南醫案十卷　（清）葉桂撰　（清）華岫雲編　（清）徐大椿評　清光緒十年(1884)文富堂刻本　十冊

210000－0743－0000567　R249.49/42
臨證指南醫案十卷　（清）葉桂撰　（清）華岫雲編　（清）徐大椿評　清光緒十年(1884)掃葉山房刻本　十冊　缺附錄

210000－0743－0000568　R249.49/43
臨證指南醫案十卷　（清）葉桂撰　（清）華岫雲編　（清）徐大椿評　清道光二十四年(1844)蘇州經鋤堂刻朱墨套印本　十冊

210000－0743－0000569　R249.49/44
臨證指南醫案十卷　（清）葉桂撰　（清）華岫雲編　（清）徐大椿評　清同治三年(1864)刻本　十二冊

210000－0743－0000570　R249.49/45
臨證醫案筆記六卷　（清）吳篪撰　清道光十六年(1836)刻本　六冊

210000－0743－0000571　R249.49/46
臨證指南醫案十卷　（清）葉桂撰　（清）華岫

雲等校訂　清乾隆三十三年（1768）刻本
十冊

210000－0743－0000572　R249.49/47
臨證指南醫案十卷　（清）葉桂撰　（清）華岫
雲等校訂　清乾隆三十三年（1768）刻本　九
冊　存九卷（一至九）

210000－0743－0000573　R249.49/48
臨證指南醫案十卷　（清）葉桂撰　（清）華岫
雲等校訂　清乾隆三十一年（1766）刻本
十冊

210000－0743－0000574　R249.49/49
臨證指南醫案十卷　（清）葉桂撰　（清）華岫
雲等校訂　清刻本　十二冊

210000－0743－0000575　R249.49/50
種福堂公選溫熱論醫案四卷　（清）葉桂撰
清刻本　二冊

210000－0743－0000576　R249.49/51
種福堂公選良方兼刻古吳名醫精論四卷
（清）葉桂撰　清乾隆四十二年（1777）刻本
四冊

210000－0743－0000577　R249.49/72
醫衡四卷　（清）沈時譽撰　清玉梅山舘抄本
四冊　存三卷（一下、二、四下）

210000－0743－0000578　R249.49/74
山瑛正醫案不分卷　（清）山瑛正撰　清嘉慶
十九年（1814）抄本　一冊

210000－0743－0000579　R249.49/75
心太平軒醫案不分卷　（清）徐錦撰　清顧珊
抄本　一冊

210000－0743－0000580　R249.49/76
洄溪醫案不分卷　（清）徐大椿撰　（清）王士
雄編　清刻本　一冊

210000－0743－0000581　R249.49/77
洄溪醫案不分卷　（清）徐大椿撰　（清）王士
雄編　清咸豐七年（1857）海昌蔣氏衍芬草堂
刻本　一冊

210000－0743－0000582　R249.49/78

醫法心傳不分卷　（清）程芝田撰　（清）雷豐
校訂　清光緒十三年（1887）養鶴山房刻本
一冊

210000－0743－0000583　R249.49/79
醫法心傳不分卷　（清）程芝田撰　（清）雷豐
校訂　清光緒十三年（1887）養鶴山房刻本
一冊

210000－0743－0000584　R249.49/80
醫理眞傳四卷　（清）鄭壽全撰　清光緒十三
年（1887）刻本　二冊

210000－0743－0000585　R249.49/81
醫法圜通四卷　（清）鄭壽全編　清同治十三
年（1874）刻本　二冊

210000－0743－0000586　R249.49/83
徐批葉天士先生方案眞本不分卷　（清）葉桂
撰　（清）徐大椿評　清光緒十五年（1889）刻
本　二冊

210000－0743－0000587　R249.49/84
臨證指南醫案十卷　（清）葉桂撰　（清）徐大
椿評　（清）華岫雲等校訂　清道光二十四年
（1844）蘇州經鋤堂刻朱墨套印本　十冊

210000－0743－0000588　R254.1/1
溫病條辨六卷首一卷　（清）吳瑭撰　清上海
文淵山房刻本　五冊

210000－0743－0000589　R254/2
溫病條辨六卷首一卷　（清）吳瑭撰　清寧波
群玉山房刻本　六冊

210000－0743－0000590　R254/3
溫病條辨六卷首一卷　（清）吳瑭撰　清寧波
群玉山房刻本　六冊

210000－0743－0000591　R254/4
溫病條辨六卷首一卷　（清）吳瑭撰　清寧波
群玉山房刻本　六冊

210000－0743－0000592　R254/5
溫病條辨六卷首一卷　（清）吳瑭撰　清刻本
四冊

210000－0743－0000593　R254/6

溫病條辨六卷首一卷 （清）吳瑭撰 清光緒二十一年（1895）學庫山房刻本 六冊

210000－0743－0000594 R254/7
溫病條辨六卷首一卷 （清）吳瑭撰 清刻本 三冊 存三卷（一至三）

210000－0743－0000595 R254/8
溫病條辨六卷首一卷 （清）吳瑭撰 清光緒三十一年（1905）粵東馮繼善刻本 三冊 存三卷（一至三）

210000－0743－0000596 R254/10
溫病條辨六卷首一卷 （清）吳瑭撰 清同治二年（1863）泰州紀恒慶刻本 四冊

210000－0743－0000597 R254/12
溫毒病論不分卷 （清）邵登瀛輯 清刻本 一冊

210000－0743－0000598 R254/13
溫病指南二卷 （清）婁傑撰 清光緒二十九年（1903）聽虛舘刻本 一冊

210000－0743－0000599 R254/14
南病別鑒三卷 （清）宋兆淇編 清光緒九年（1883）刻本 一冊

210000－0743－0000600 R254/17
四時病機十四卷附女科歌訣六卷溫毒病論一卷 （清）邵登瀛輯 （清）邵炳揚等校訂 清刻本 四冊

210000－0743－0000601 R254/18
四時病機十四卷 （清）邵登瀛輯 （清）邵炳揚等校訂 清抄本 四冊

210000－0743－0000602 R254/19
時疫辨四卷 （清）林慶銓編 清光緒二十六年（1900）刻本 四冊

210000－0743－0000603 R254/21
溫熱贅言不分卷 （清）寄瓢子撰 清道光十一年（1831）刻本 一冊

210000－0743－0000604 R254.2/1
時病論八卷 （清）雷豐撰 清光緒十年（1884）豫章鄧燦堂刻本 四冊

210000－0743－0000605 R254.2/2
時病論八卷 （清）雷豐撰 清光緒二十四年（1898）上海著易堂刻本 四冊

210000－0743－0000606 R254.2/3
溫熱經緯五卷 （清）王士雄編 清同治九年（1870）定武楊氏豫章廧舘刻本 四冊

210000－0743－0000607 R254.2/5
溫熱經緯五卷 （清）王士雄編 清同治二年（1863）刻本 四冊

210000－0743－0000608 R254.2/6
溫熱經緯五卷 （清）王士雄編 清光緒三年（1877）刻本 周昌富題簽 四冊

210000－0743－0000609 R254.2/7
溫熱經緯五卷 （清）王士雄編 清同治十三年（1874）湖北崇文書局刻本 四冊

210000－0743－0000610 R254.2/8
溫熱經緯五卷 （清）王士雄編 清同治十三年（1874）湖北崇文書局刻本 四冊

210000－0743－0000611 R254.2/9
溫熱經緯五卷 （清）王士雄編 清光緒十一年（1885）松韻閣刻本 四冊

210000－0743－0000612 R254.2/10
溫熱暑疫全書四卷 （清）周楊俊編 （清）薛雪 （清）吳蒙校 清刻本 二冊

210000－0743－0000613 R254.2/11
溫熱暑疫全書四卷 （清）周楊俊編 （清）薛雪 （清）吳蒙校 清刻本 二冊

210000－0743－0000614 R254.2/13
溫熱暑疫全書四卷 （清）周楊俊編 （清）薛雪 （清）吳蒙校 清刻本 四冊

210000－0743－0000615 R254.2/15
時病論八卷 （清）雷豐撰 清光緒十年（1884）豫章鄧燦堂刻本 四冊

210000－0743－0000616 R254.2/17
溫熱經緯五卷 （清）王士雄撰 清同治十三年（1874）湖北崇文書局刻本 四冊

210000－0743－0000617　R254.3/2

瘟疫論二卷　（明）吳有性撰　清雍正三年
（1725）刻本　一冊

210000－0743－0000618　R254.3/5

說疫全書三種十五卷　（清）劉奎等撰　清道
光二十六年（1846）刻本　十二冊

210000－0743－0000619　R254.3/6

瘟疫論補註二卷　（明）吳有性撰　（清）鄭重
光補註　清光緒六年（1880）刻本　二冊

210000－0743－0000620　R254.3/7

瘟疫論補註二卷　（明）吳有性撰　（清）鄭重
光補註　清光緒六年（1880）刻本　二冊

210000－0743－0000621　R254.3/8

瘟疫論補註二卷　（明）吳有性撰　（清）鄭重
光補註　清光緒三十三年（1907）校經山房石
印本　二冊

210000－0743－0000622　R254.3/9

補註瘟疫論四卷　（明）吳有性撰　（清）洪天
錫補註　清乾隆四十九年（1784）刻本　四冊

210000－0743－0000623　R254.3/10

傷寒瘟疫條辨七卷附溫病壞證　（清）楊璿撰
　清光緒十九年（1893）江右醉蕓軒刻本
六冊

210000－0743－0000624　R254.3/14

瘟疫條辨摘要不分卷　（清）楊璿條辨　（清）
陳良佐晰義　（清）呂田集錄　清咸豐九年
（1859）山西曲沃斐念謨刻本　一冊

210000－0743－0000625　R254.3/15

瘟疫條辨摘要不分卷　（清）楊璿條辨　（清）
陳良佐晰義　（清）呂田集錄　清光緒十五年
（1889）浙江書局刻本　一冊

210000－0743－0000626　R254.3/16

瘟疫明辨四卷末一卷　（清）戴天章撰　（清）
鄭尊一編　清南京李光明莊刻本　一冊

210000－0743－0000627　R254.3/17

瘟疫明辨四卷末一卷　（清）戴天章撰　（清）
鄭尊一編　清光緒十五年（1889）掃葉山房刻

本　二冊

210000－0743－0000628　R254.3/18

瘟疫明辨四卷末一卷　（清）戴天章撰　（清）
鄭尊一編　清嘉慶二十二年（1817）普祁書業
堂刻本　二冊

210000－0743－0000629　R254.3/19

瘟疫明辨四卷末一卷　（清）戴天章撰　（清）
鄭尊一編　清光緒二十八年（1902）常郡長年
醫局刻本　二冊

210000－0743－0000630　R254.3/21

瘟疫論辨義四卷　（清）楊堯章撰　清光緒九
年（1883）刻本　四冊

210000－0743－0000631　R254.3/22

溫病集解四卷　（清）袁光裕輯　（清）徐元鼎
校訂　清刻本　二冊　存二卷（一至二）

210000－0743－0000632　R254.3/23

會講溫證語錄不分卷附傷寒答問一卷　（清）
俞昌撰　清刻本　一冊

210000－0743－0000633　R254.3/24

溫疫析疑四卷　（清）唐戴庭撰　清光緒九年
（1883）刻本　四冊

210000－0743－0000634　R254.3/25

松峰說疫六卷　（清）劉奎撰　清近文堂刻本
　四冊

210000－0743－0000635　R254.3/26

松峰說疫六卷　（清）劉奎撰　清近文堂刻本
　四冊

210000－0743－0000636　R254.3/27

辨證治瘟速效二卷　（清）劉奎撰　清光緒六
年（1880）刻本　一冊

210000－0743－0000637　R254.3/29

瘟疫論類編五卷　（明）吳有性撰　（清）劉奎
評　清咸豐十年（1860）刻本　二冊

210000－0743－0000638　R254.3/30

寒疫論二卷　（清）鄒漢璜撰　清光緒二十八
年（1902）新化鄒氏刻本　二冊

210000－0743－0000639　R254.3/32

溫疫論二卷　（清）吳有性撰　清康熙三十三年(1694)儀貞劉方舟刻本　二冊

210000－0743－0000640　R254.5/1

痎瘧論疏不分卷　（明）盧之頤撰　清光緒四年(1878)丁氏當歸草堂刻本　一冊

210000－0743－0000641　R254.5/2

瘧疾論三卷　（清）韓善征撰　清善成堂刻本　一冊

210000－0743－0000642　R254.6/1

痢疾論四卷　（清）孔毓禮撰　清陳元禮、楊大任刻本　四冊

210000－0743－0000643　R254.6/3

痢疫明辨不分卷　（清）吳士瑛撰　清抄本　一冊

210000－0743－0000644　R254.7/1

重訂霍亂論四卷　（清）王士雄撰　清同治二年(1863)上海崇本堂陳氏刻本　二冊

210000－0743－0000645　R254.7/2

重訂霍亂論四卷　（清）王士雄撰　清光緒十八年(1892)上海醉六堂刻本　二冊

210000－0743－0000646　R254.7/3

重訂霍亂論四卷　（清）王士雄撰　清光緒二十八年(1902)湖北官書局刻本　二冊

210000－0743－0000647　R254.7/4

霍亂新論不分卷　（清）姚訓恭撰　清宣統元年(1909)上海著易堂鉛印本　一冊

210000－0743－0000648　R254.7/5

痧脹玉衡書三卷末一卷　（清）郭志邃撰　清刻本　四冊

210000－0743－0000649　R254.7/6

痧脹玉衡書三卷末一卷　（清）郭志邃撰　清刻本　四冊

210000－0743－0000650　R254.7/8

痧脹玉衡書三卷末一卷　（清）郭志邃撰　清刻本　四冊

210000－0743－0000651　R254.7/9

痧證全書三卷　（清）林森傳　（清）王凱編　清刻本　三冊

210000－0743－0000652　R254.7/10

痧證全書三卷附痧疫論一卷　（清）林森傳（清）王凱編　清刻本　二冊

210000－0743－0000653　R254.7/12

痧證備要二卷　（清）郭鑑撰　清光緒六年(1880)刻本　一冊

210000－0743－0000654　R254.7/13

痧證指微三部　（清）釋普靜撰　清光緒十二年(1886)梁溪許錦軒刻本　一冊

210000－0743－0000655　R254.7/14

痧症秘旨四卷　（清）周虎臣輯　清道光十三年(1833)刻本　一冊

210000－0743－0000656　R254.7/15

痧證彙要四卷附痧證指微一卷　（清）釋普淨撰　（清）孫玘訂　清光緒五年(1879)刻本　二冊

210000－0743－0000657　R254.7/16

疫痧草三卷　（清）陳耕道撰　清光緒三十年(1904)魏塘紫陽氏鉛印本　一冊

210000－0743－0000658　R254.7/17

繪圖痧驚合璧四卷　（清）陳汝銈撰　清宣統三年(1911)紹興明達書莊石印本　四冊

210000－0743－0000659　R254.7/18

痧證全書三卷　（清）林森傳　（清）王凱編　清刻本　二冊

210000－0743－0000660　R254.8/1

鼠疫約編不分卷　（清）吳宣崇編　（清）羅汝蘭增輯　清光緒二十八年(1902)雙江袖海廬刻本　一冊

210000－0743－0000661　R254.8/2

鼠疫抉微□□卷附瘟疫辨證治要　（清）余德壎編　清宣統二年(1910)鉛印本　一冊　存一卷(鼠疫抉微一卷)

210000－0743－0000662　R255/1

證因脈治四卷　（清）秦昌遇撰　（清）秦之楨編　清攸寧堂刻本　八冊

210000－0743－0000663　R255/2

會篇記略十四卷　（清）林開燧撰　（清）林祖成參訂　清乾隆四年(1739)林氏家刻本　五冊

210000－0743－0000664　R255/3

脈因證治二卷　（元）朱震亨撰　清光緒十七年(1891)池陽周氏刻本　四冊

210000－0743－0000665　R255/4

內科摘要二卷　（明）薛己撰　清刻本　一冊

210000－0743－0000666　R255/5

證治彙補八卷　（清）李用粹撰　清光緒九年(1883)刻本　八冊

210000－0743－0000667　R255/6

證治彙補八卷　（清）李用粹撰　清光緒十八年(1892)簡玉山房刻本　八冊

210000－0743－0000668　R255/7

證治彙補八卷　（清）李用粹撰　清江左書林石印本　六冊

210000－0743－0000669　R255/8

慎疾芻言不分卷　（清）徐大椿撰　清道光二十八年(1848)刻本　一冊

210000－0743－0000670　R255/10

七松岩集八卷　（清）鄭樹珪撰　清抄本　八冊

210000－0743－0000671　R255/13

血證論八卷　（清）唐宗海撰　清石印本　二冊

210000－0743－0000672　R255/16

紅爐點雪四卷　（明）龔居中撰　清光緒二十五年(1899)杭州衢樽書局石印本　四冊

210000－0743－0000673　R255/18

甌盦燃犀錄　（清）燃犀道人撰　清光緒十九年(1893)刻本　一冊

210000－0743－0000674　R255/19

脾胃論三卷　（金）李杲撰　明新安吳勉學刻本　三冊

210000－0743－0000675　R255.2/1

中風論不分卷　（清）熊慶笏編　清光緒十年(1884)醉經閣刻本　一冊

210000－0743－0000676　R256.5/1

賢囊醫訣四卷　（英）高令撰　萬醫生譯　清光緒二十年(1894)抄本　三冊

210000－0743－0000677　R26/1

外科活人定本四卷　（明）龔居中撰　清光緒十四年(1888)福善堂主人抄本　四冊

210000－0743－0000678　R26/2

外科活人定本四卷　（明）龔居中撰　清醉耕堂刻本　二冊

210000－0743－0000679　R26/3

外科大成八卷　（清）祁坤撰　清刻本　六冊

210000－0743－0000680　R26/4

外科大成四卷　（清）祁坤撰　清善成堂刻本　六冊

210000－0743－0000681　R26/5

外科大成四卷　（清）祁坤撰　清刻本　十冊

210000－0743－0000682　R26/7

外科大成四卷　（清）祁坤撰　清刻本　四冊

210000－0743－0000683　R26/10

重訂外科正宗十二卷　（明）陳實功撰　（清）張鷟翼重訂　清光緒十二年(1886)泰州大西山房刻本　六冊

210000－0743－0000684　R26/11

徐評外科正宗十二卷　（明）陳實功撰　（清）徐大椿評注　清咸豐十年(1860)海寧許氏刻本　六冊

210000－0743－0000685　R26/12

徐評外科正宗十二卷　（明）陳實功撰　（清）徐大椿評注　清咸豐十年(1860)海寧許氏刻本　六冊

210000－0743－0000686　R26/15

重訂外科正宗十二卷 （明）陳實功撰 （清）張鸞翼重訂 清光緒十四年（1888）刻本 六冊

210000－0743－0000687 R26/16
重訂外科正宗十二卷 （明）陳實功撰 清光緒二十年（1894）刻本 六冊

210000－0743－0000688 R26/17
外科正宗十二卷 （明）陳實功撰 （清）徐大椿評注 清光緒二十六年（1900）刻本 六冊

210000－0743－0000689 R26/18
外科正宗十二卷 （明）陳實功撰 （清）徐大椿評注 清光緒元年（1875）刻本 六冊

210000－0743－0000690 R26/19
外科正宗十二卷 （明）陳實功撰 （清）徐大椿評注 清光緒元年（1875）刻本 六冊

210000－0743－0000691 R26/20
王洪旭先生外科證治全生二卷附金瘡鐵扇方 （清）王維德編 清刻本 二冊

210000－0743－0000692 R26/21
外科證治全生集四卷 （清）王維德編 清光緒十年（1884）江西書局刻本 一冊 存三卷（一、三至四）

210000－0743－0000693 R26/22
外科瘍治全生六卷 （清）王維德編 清嘉慶五年（1800）刻本 二冊

210000－0743－0000694 R26/23
外科瘍治全生集四卷 （清）王維德編 清光緒三十三年（1907）青浦金汝霖掃葉山房刻本 二冊

210000－0743－0000695 R26/25
外科證治全書五卷末一卷 （清）許克昌 （清）畢法合編 清同治六年（1867）京山易崇楷刻本 十冊

210000－0743－0000696 R26/27
外科證治全書五卷 （清）許克昌 （清）畢法合編 清道光十一年（1831）刻本 四冊 存四卷

210000－0743－0000697 R26/67
外證醫案彙編四卷 （清）余景和撰 清光緒二十年（1894）刻本 四冊

210000－0743－0000698 R26/30
洞天奧旨十六卷 （清）陳士鐸撰 清乾隆五十五年（1790）大雅堂刻本 二冊

210000－0743－0000699 R26/31
洞天奧旨十六卷 （清）陳士鐸撰 清緯文堂刻本 四冊

210000－0743－0000700 R26/34
外科圖說六卷 （清）高文晉編 清道光十四年（1834）刻本 十二冊

210000－0743－0000701 R26/36
外科精義二卷 （元）齊德之撰 清刻本 二冊

210000－0743－0000702 R26/37
外科精義二卷 （元）齊德之撰 清刻本 二冊

210000－0743－0000703 R26/38
外科精義二卷 （元）齊德之撰 清刻本 二冊

210000－0743－0000704 R26/39
衛濟寶書二卷 （宋）董璉撰 清光緒四年（1878）錢塘丁氏當歸草堂刻本 一冊

210000－0743－0000705 R26/41
外科眞詮二卷 （清）鄒岳撰 清同治十一年（1872）刻本 四冊

210000－0743－0000706 R26/
外科秘方不分卷 （清）程廷玉輯 清同治七年（1868）程廷玉抄本 一冊

210000－0743－0000707 R26/48
外科或問附方不分卷 （□）武陵山人撰 清光緒十二年（1886）煥章氏抄本 一冊

210000－0743－0000708 R26/49
各經外症圖不分卷 （□）□□撰 清抄本 一冊

210000－0743－0000709　R26/50

外科圖像註不分卷　（□）□□□撰　清智林明
果抄本　一冊

210000－0743－0000710　R26/51

外證醫案彙編四卷　（清）余景和撰　稿本
四冊

210000－0743－0000711　R26/52

外證醫案彙編四卷　（清）余景和撰　清光緒
二十年（1894）刻本　四冊

210000－0743－0000712　R26/53

外證醫案彙編四卷　（清）余景和撰　清光緒
二十年（1894）刻本　四冊

210000－0743－0000713　R26/57

外科心法要訣十六卷　（清）吳謙等撰　清光
緒九年（1883）刻本　十六冊

210000－0743－0000714　R26/61

外科心法要訣十六卷首一卷　（清）吳謙等撰
清乾隆武英殿聚珍本　十六冊

210000－0743－0000715　R26/62

外科心法要訣十六卷　（清）吳謙等撰　清光
緒九年（1883）刻本　十四冊　存十四卷（一
至五、七至十一、十三至十六）

210000－0743－0000716　R26/63

外證醫案彙編四卷　（清）余景和撰　清光緒
三十一年（1905）集古山房刻本　四冊

210000－0743－0000717　R26/64

外證醫案彙編四卷　（清）余景和撰　清光緒
二十年（1894）刻本　四冊

210000－0743－0000718　R26/72

外科藥治全生集四卷　（清）王維德編　清光
緒十年（1884）江西書局刻本　二冊

210000－0743－0000719　R26/73

馬評外科藥治全生集四卷　（清）王維德編
清光緒三十三年（1907）掃葉山房刻本　二冊

210000－0743－0000720　R26/74

馬評外科藥治全生集四卷　（清）王維德編
清光緒三十三年（1907）掃葉山房刻本　二冊

210000－0743－0000721　R26/75

馬評外科藥治全生集四卷　（清）王維德編
清光緒三十三年（1907）掃葉山房刻本　二冊

210000－0743－0000722　R261/1

瘍科選粹八卷　（明）陳文治編　明崇禎元年
（1628）刻本　八冊

210000－0743－0000723　R261/2

瘍科選粹八卷　（明）陳文治編　明崇禎元年
（1628）刻本　八冊

210000－0743－0000724　R261/3

瘡瘍經驗全書六卷　（宋）竇杰撰　（明）竇夢
麟續增　清康熙五十六年（1717）桐川陳廷柱
浩然閣刻本　十二冊

210000－0743－0000725　R261/4

瘡瘍經驗全書六卷　（宋）竇杰撰　（明）竇夢
麟續增　清刻本　六冊

210000－0743－0000726　R261/5

瘡瘍經驗全書六卷　（宋）竇杰撰　（明）竇夢
麟續增　清同治元年（1862）經元堂刻本
六冊

210000－0743－0000727　R261/7

**瘍科臨證心得集三卷附方彙三卷家用膏丹丸
散方一卷**　（清）高秉鈞編　清嘉慶十四年
（1809）刻本　三冊

210000－0743－0000728　R261/8

瘍科臨證心得集三卷　（清）高秉鈞編　清光
緒二十七年（1901）刻本　三冊

210000－0743－0000729　R261/9

瘍科心得集三卷附方彙三卷景岳新方歌一卷
　（清）高秉鈞編　清光緒二十七年（1901）刻
本　四冊

210000－0743－0000730　R261/21

瘍科心得集三卷附方彙三卷景岳新方歌一卷
　（清）高秉鈞編　清光緒二十七年（1901）刻
本　四冊

210000－0743－0000731　R261/10

瘍科心得集三卷附景岳新方歌一卷方彙三卷

（清）高秉鈞編　清刻本　四冊

210000－0743－0000732　R261/11
瘍科心得集三卷附景岳新方歌一卷方彙三卷
　（清）高秉鈞編　清刻本　六冊

210000－0743－0000733　R261/12
瘍科心得集三卷附景岳新方歌一卷方彙三卷
　（清）高秉鈞編　清光緒三十二年（1906）上
海文瑞樓石印本　四冊

210000－0743－0000734　R261/13
金瘡鐵扇散　（清）明德　（清）沈平輯　清光
緒三十四年（1908）揚州務本堂刻本　一冊

210000－0743－0000735　R261/14
霉瘡秘錄二卷　（明）陳司成撰　清光緒十一
年（1885）刻本　二冊

210000－0743－0000736　R261/1
增訂治疗彙要三卷附補遺一卷　（清）過鑄撰
　清光緒二十四年（1898）武林刻本　五冊

210000－0743－0000737　R271.1/2
濟陰綱目五卷　（明）武之望撰　明萬曆四十
八年（1620）刻本　五冊

210000－0743－0000738　R271.1/3
濟陰綱目十四卷　（明）武之望撰　清刻本
八冊

210000－0743－0000739　R271.1/5
濟陰綱目十四卷　（明）武之望撰　清刻本
八冊

210000－0743－0000740　R271.1/8
萬氏女科三卷　（明）萬全撰　清康熙五十三
年（1714）西昌裘氏世德堂刻本　二冊

210000－0743－0000741　R271.1/9
萬氏女科三卷　（明）萬全撰　清刻本　二冊

210000－0743－0000742　R271.1/10
女科心法不分卷　（清）鄭欽諭撰　清康熙三
十六年（1697）嘉慶堂抄本　一冊

210000－0743－0000743　R271.1/12
婦人大全良方二十四卷　（宋）陳自明撰

（明）薛己校注　明刻本　一冊　存九卷（十
至十八）

210000－0743－0000744　R271.1/14
寧坤秘笈三卷　（清）竹林寺僧撰　清道光五
年（1825）良溪羅善聚經堂刻本　二冊

210000－0743－0000745　R271.1/15
竹林女科證治四卷　（清）竹林寺僧撰　清光
緒十七年（1891）皖江節署刻本　一冊　存一
卷（一）

210000－0743－0000746　R271.1/16
竹林女科證治四卷　（清）竹林寺僧撰　清光
緒九年（1883）當塗黃氏刻本　四冊

210000－0743－0000747　R271.1/17
婦科秘方不分卷附胎產護生篇稀痘方　（清）
竹林寺僧撰　清光緒十二年（1886）刻本
一冊

210000－0743－0000748　R271.1/21
女科指掌五卷　（清）葉其蓁編　清光緒十五
年（1889）刻本　四冊

210000－0743－0000749　R271.1/22
新編女科指掌五卷　（清）葉其蓁編　清刻本
　四冊　存四卷（一至四）

210000－0743－0000750　R271.1/23
傅青主女科二卷附產後編二卷　（清）傅山撰
　清道光十一年（1831）刻本　一冊　存一卷
（女科上）

210000－0743－0000751　R271.1/24
女科仙方四卷　（清）傅山撰　（清）宮思晉校
訂　清道光二十年（1840）刻本　四冊

210000－0743－0000752　R271.1/25
傅青主男女科四卷附產後編二卷小兒科一卷
　（清）傅山撰　清光緒十二年（1886）刻本
六冊

210000－0743－0000753　R271.1/26
傅青主男女科四卷附产後編二卷　（清）傅山
撰　清光緒十三年（1887）湖北官書處刻本
四冊

210000－0743－0000754　R271.1/27

傅青主男女科四卷附産後編二卷　（清）傅山撰　清光緒十三年(1887)湖北官書處刻本　二冊　存二卷(男科二卷)

210000－0743－0000755　R271.1/28

傅青主女科三卷　（清）傅山撰　清光緒十八年(1892)掃葉山房刻本　三冊

210000－0743－0000756　R271.1/29

傅青主女科三卷　（清）傅山撰　清光緒十八年(1892)掃葉山房刻本　四冊

210000－0743－0000757　R271.1/30

傅青主男女科四卷附産後編二卷　（清）傅山撰　清光緒二十五年(1899)上海圖書集成印書局鉛印本　二冊

210000－0743－0000758　R271.1/33

廣嗣五種備要　（清）王實穎撰　清道光元年(1821)耕苗主人刻本　二冊

210000－0743－0000759　R271.1/37

女科要旨四卷　（清）陳念祖撰　（清）陳元犀校註　清光緒三十一年(1905)上海商務印書館鉛印本　一冊

210000－0743－0000760　R271.1/38

女科要旨四卷　（清）陳念祖撰　（清）陳元犀校註　清刻本　二冊

210000－0743－0000761　R271.1/39

濟生集六卷　（清）王上達撰　清光緒二十二年(1896)寧波汲古齋刻本　三冊

210000－0743－0000762　R271.1/41

女科錦囊四卷　（清）劉渭川撰　清光緒三十年(1904)三槐堂抄本　四冊

210000－0743－0000763　R271.1/42

增廣大生要旨五卷　（清）唐千頃撰　（清）葉灝增訂　清光緒十年(1884)刻本　二冊

210000－0743－0000764　R271.1/43

增補大生要旨五卷　（清）唐千頃撰　（清）馬振藩增訂　清光緒七年(1881)陳厚塈刻本　一冊

210000－0743－0000765　R271.1/46

女科經綸八卷　（清）蕭壎撰　清光緒十六年(1890)掃葉山房刻本　四冊

210000－0743－0000766　R271.1/47

濟陰綱目十四卷附保生碎事十四卷　（明）武之望撰　清金閶書業堂刻本　八冊

210000－0743－0000767　R271.4/4

胎產秘書二卷附保嬰要訣　（清）陳笏菴撰　（清）何榮編　清刻本　二冊

210000－0743－0000768　R271.4/5

胎產秘書三卷　（清）陳笏菴撰　（清）何榮編　清嘉慶十九年(1814)施淦刻本　一冊

210000－0743－0000769　R271.4/7

胎產集要三卷附幼科摘要幼科撮要　（清）黃惕齋編　清刻本　一冊

210000－0743－0000770　R271.4/8

產科四十三證不分卷　（清）傅山撰　（清）楊溪編　清同治七年(1868)知畏齋刻本　一冊

210000－0743－0000771　R271.4/9

胎產金針三卷附胎產續要保嬰要訣　（清）陳笏菴撰　（清）何榮編　清光緒七年(1881)滬上劉暢園刻本　二冊

210000－0743－0000772　R271.4/37

胎產金針三卷附胎產續要保嬰要訣　（清）陳笏菴撰　（清）何榮編　清光緒七年(1881)滬上劉暢園刻本　二冊

210000－0743－0000773　R271.4/10

產育寶慶方二卷　（宋）李師聖　（宋）郭稽中撰　清光緒四年(1878)錢塘丁氏當歸草堂刻本　二冊

210000－0743－0000774　R271.4/11

產寶諸方不分卷　（□）□□撰　清光緒四年(1878)錢塘丁氏當歸草堂刻本　一冊

210000－0743－0000775　R271.4/12

胎產護生篇不分卷　（清）李長科編　清光緒十四年(1888)直隸藩署刻本　一冊

210000－0743－0000776　R271.4/14

產科心法二集　（清）汪喆撰　清嘉慶九年(1804)刻本　二冊

210000－0743－0000777　R271.4/15

產科心法二集　（清）汪喆撰　清嘉慶九年(1804)刻本　一冊

210000－0743－0000778　R271.4/16

產科心法二集　（清）汪喆撰　清光緒十七年(1891)嘉興吳寶鈞刻本　一冊

210000－0743－0000779　R271.4/18

胎產心法三卷　（清）閆純璽撰　清同治十年(1871)武林刻本　六冊

210000－0743－0000780　R271.4/19

胎產心法三卷續胎產心法一卷附經驗雜方（清）閆純璽撰　清嘉慶二十五年(1820)懷陽張大昭積慶堂刻本　七冊

210000－0743－0000781　R271.4/20

胎產心法三卷　（清）閆純璽撰　清道光四年(1824)壯錦刻本　六冊

210000－0743－0000782　R271.4/21

胎產心法三卷　（清）閆純璽撰　清道光二十七年(1847)刻本　五冊

210000－0743－0000783　R271.4/22

胎產心法三卷　（清）閆純璽撰　清光緒二十一年(1895)上海文瑞刻本　六冊

210000－0743－0000784　R271.4/24

產孕集二卷　（清）張曜孫撰　（清）潘希校訂　清道光二十六年(1846)刻本　一冊

210000－0743－0000785　R271.4/25

達生編全纂二卷　（□）□□撰　清刻本　一冊

210000－0743－0000786　R271.4/28

廣達生編全　（□）□□輯　清光緒二年(1876)刻本　六冊

210000－0743－0000787　R271.4/29

達生編不分卷　（清）亟齋居士撰　清光緒十九年(1893)李光明莊刻本　一冊

210000－0743－0000788　R271.4/38

達生編不分卷　（清）亟齋居士撰　清光緒十九年(1893)李光明莊刻本　一冊

210000－0743－0000789　R271.4/31

達生編三卷　（□）□□輯　清光緒十三年(1887)刻本　一冊

210000－0743－0000790　R271.4/32

婦嬰新說不分卷　（英）合信氏　（清）管茂材合撰　清咸豐八年(1858)刻本　一冊

210000－0743－0000791　R271.4/33

婦嬰新說不分卷　（英）合信氏　（清）管茂材合撰　清咸豐八年(1858)刻本　一冊

210000－0743－0000792　R271.4/34

婦嬰至寶六卷　（清）徐忕忉編　清同治五年(1866)刻本　一冊

210000－0743－0000793　R271.4/35

婦嬰至寶八卷　（清）徐忕忉編　清光緒十二年(1886)刻本　一冊

210000－0743－0000794　R272.1/1

小兒衛生總微論方二十卷　（□）□□撰　明刻本　三冊　存十五卷(一至十五)

210000－0743－0000795　R272.1/3

鶱嬰提要說不分卷　（清）張振鋆編　清光緒十五年(1889)張氏刻本　一冊

210000－0743－0000796　R272.1/4

保嬰易知錄二卷　（清）吳溶堂撰　清光緒五年(1879)刻本　一冊

210000－0743－0000797　R272.1/6

保赤要言五卷首一卷　（清）夏鼎撰　（清）王德森編　清宣統二年(1910)蘇州笪錦和刻本　一冊

210000－0743－0000798　R272.2/1

痘疹傳心錄十九卷　（明）朱惠明撰　清乾隆五十一年(1786)刻本　七冊

210000－0743－0000799　R272.2/3

痘疹備要四卷　（清）王峨撰　清康熙三十四年(1695)刻本　三冊

210000－0743－0000800　R272.2/4

仁端錄痘疹玄珠五卷　（明）徐謙編　清乾隆八年（1743）石門吳氏黃葉莊刻本　五冊

210000－0743－0000801　R272.2/5

摘星樓治痘全書十八卷附摘抄治痘心法（明）朱一麟撰　清道光六年（1826）上海耕樂堂刻本　十冊

210000－0743－0000802　R272.2/6

痘科正傳六卷附痧脹玉函　（清）沈巨源編清乾隆九年（1744）武林三餘堂刻本　六冊

210000－0743－0000803　R272.2/7

幼科痘疹正醫錄五卷　（清）邰成平撰　清乾隆三十一年（1766）邰氏刻本　四冊

210000－0743－0000804　R272.2/8

痘證寶筏六卷　（清）強健撰　清嘉慶十一年（1806）上海李筠嘉刻本　二冊

210000－0743－0000805　R272.2/9

痘學真傳八卷附沙論賦　（清）葉大椿撰　清刻本　四冊

210000－0743－0000806　R272.2/10

痘證精言四卷　（清）袁句撰　清嘉慶十年（1805）甌江陳氏刻本　二冊

210000－0743－0000807　R272.2/11

痘科扼要不分卷　（清）陳奇生撰　清乾隆四十六年（1781）桂溪胡世德堂刻本　一冊

210000－0743－0000808　R272.2/12

痘疹會通五卷　（清）曾鼎撰　清乾隆五十一年（1786）南城曾氏忠恕堂刻本　四冊

210000－0743－0000809　R272.2/13

痘疹會通五卷　（清）曾鼎撰　清乾隆五十一年（1786）南城曾氏忠恕堂刻本　四冊

210000－0743－0000810　R272.2/14

痘疹會通五卷　（清）曾鼎撰　清乾隆五十一年（1786）南城曾氏忠恕堂刻本　二冊

210000－0743－0000811　R272.2/15

仙傳痘疹奇書三卷　（明）高我岡撰　（明）高幼岡編　清道光二十六年（1846）連平謝藩刻本　三冊

210000－0743－0000812　R272.2/16

仙傳痘疹奇書三卷　（明）高我岡撰　（明）高幼岡編　清刻本　四冊

210000－0743－0000813　R272.2/17

痧痘集解六卷　（清）俞茂鯤集解　清光緒十一年（1885）李芸刻本　四冊

210000－0743－0000814　R272.2/73

痧痘集解六卷　（清）俞茂鯤集解　清光緒十一年（1885）李芸刻本　四冊

210000－0743－0000815　R272.2/18

痘疹集成四卷附麻疹集成二卷　（清）朱楚芬編　清同治九年（1870）刻本　六冊

210000－0743－0000816　R272.2/19

增補痘疹金鏡錄四卷　（明）翁仲仁撰　清道光二十年（1840）刻本　二冊

210000－0743－0000817　R272.2/20

增補痘疹金鏡錄四卷　（明）翁仲仁撰　清道光二十年（1840）刻本　二冊

210000－0743－0000818　R272.2/21

痘疹四合全書　（清）吳學損編　清康熙十五年（1676）三多齋刻本　二冊　存四卷（痘疹集圖善本一卷、增補麻疹心法上下、痘疹全嬰金鏡錄真本上）

210000－0743－0000819　R272.2/24

痧痘集解六卷　（清）俞茂鯤集解　清刻本五冊

210000－0743－0000820　R272.2/27

種痘新書十二卷　（清）張琰撰　清刻本八冊

210000－0743－0000821　R272.2/28

種痘新書十二卷附麻科一卷　（清）張琰撰清嘉慶八年（1803）刻本　六冊

210000－0743－0000822　R272.2/29

痘科類編釋義三卷附幼兒雜證方論一卷（明）翟良輯　清道光二十三年（1843）刻本三冊

210000－0743－0000823　R272.2/30

痘疹詩賦二卷　（清）張鑾撰　清光緒八年
(1882)校經山房刻本　二冊

210000－0743－0000824　R272.2/31

痘證慈航不分卷　（明）歐陽調律撰　（清）郭
士珩編　清同治四年(1865)資陽刻本　一冊

210000－0743－0000825　R272.2/32

痘診慈航二卷　（明）聶尚恒撰　清光緒四年
(1878)刻本　一冊

210000－0743－0000826　R272.2/34

痘疹定論四卷　（清）朱純嘏撰　清道光元年
(1821)英華堂刻本　二冊

210000－0743－0000827　R272.2/35

痘疹定論四卷　（清）朱純嘏撰　清光緒十三
年(1887)刻本　四冊

210000－0743－0000828　R272.2/36

痘疹定論四卷　（清）朱純嘏撰　清乾隆三十
二年(1767)姑蘇緝熙堂刻本　二冊

210000－0743－0000829　R272.2/37

痘疹專門秘授二卷　（清）董維岳撰　清道光
二十五年(1845)書業德記刻本　二冊

210000－0743－0000830　R272.2/39

痘疹辨疑大全六卷　（清）秦柏龍撰　清嘉慶
十年(1805)秦鴻升刻本　六冊

210000－0743－0000831　R272.2/42

痘科大全三卷首一卷　（清）史錫節撰　清刻
本　八冊

210000－0743－0000832　R272.2/44

痘疹全生錄三卷　（□）□□撰　清抄本
一冊

210000－0743－0000833　R272.2/45

痘㾦全書不分卷　（清）劉璽撰　清咸豐七年
(1857)刻本　二冊

210000－0743－0000834　R272.2/47

痘科類編釋意三卷　（明）翟良撰　清抄本
一冊　存一卷(上)

210000－0743－0000835　R272.2/48

痘科紅爐點雪二卷　（清）葉向春撰　清木活
字印本　一冊

210000－0743－0000836　R272.2/49

痘疹玉髓神書三卷附痘疹秘傳一卷　（□）
□□撰　清乾隆三十一年(1766)抄本　一冊

210000－0743－0000837　R272.2/50

採集痘疹家藏至秘　（清）蔭庭輯錄　清抄本
二冊

210000－0743－0000838　R272.2/51

毓麟芝室玉髓摘要二卷　（明）彭端吾編　明
彭端吾刻本　二冊

210000－0743－0000839　R272.2/52

痘疹正宗二卷　（清）宋麟祥撰　清弘晙華川
氏刻本　二冊

210000－0743－0000840　R272.2/53

雜證痘疹藥性主治合參十二卷　（清）馮兆張
撰　清康熙四十一年(1702)刻馮氏錦書秘錄
本　六冊

210000－0743－0000841　R272.2/55：1

麻科活人全書四卷　（清）謝玉瓊撰　清咸豐
八年(1858)石陽周茂五刻本　八冊

210000－0743－0000842　R272.2/56

麻科活人全書四卷　（清）謝玉瓊撰　清咸豐
八年(1858)石陽周茂五刻本　四冊

210000－0743－0000843　R272.2/57

痧疹秘要三書三種附便產神方　（清）華菊唫
編　清道光二十七年(1847)鵝湖華氏素安齋
刻本　一冊

210000－0743－0000844　R272.2/58

麻疹闡註四卷　（清）張廉闡註　清道光二十
八年(1848)張氏刻本　二冊

210000－0743－0000845　R272.2/62

鄭氏瘄科保赤金丹四卷　（清）鄭啟壽　（清）
鄭行彰撰　清光緒三十三年(1907)鄭行彰刻
本　四冊

210000－0743－0000846　R272.2/63

麻疹纂要不分卷　（清）謝氏輯　清保和堂抄本　二冊

210000－0743－0000847　R272.2/67

天花精言六卷　（清）袁句撰　清乾隆五十二年(1787)刻本　二冊

210000－0743－0000848　R272.2/68

天花精言六卷　（清）袁句撰　清抄本　二冊

210000－0743－0000849　R272.2/69

痘疹心法要訣五卷　（清）吳謙等輯　清刻御纂醫宗金鑑本　四冊

210000－0743－0000850　R272.2/70

痘疹心法要訣五卷　（清）吳謙等輯　清刻御纂醫宗金鑑本　三冊

210000－0743－0000851　R272.2/71

海藏癍論萃英不分卷　（元）王好古撰　明吳勉學刻本　一冊

210000－0743－0000852　R272.3/1

新刊小兒科臍風驚風合編不分卷　（清）鮑相璈編　清光緒元年(1875)刻本　一冊

210000－0743－0000853　R272.6/1

全幼心鑑四卷　（明）冠平編　明成化四年(1468)全幼堂刻本　八冊　存四卷(一下、二中下、三、四上中)

210000－0743－0000854　R272.6/2

嬰童百問十卷附產寶百問五卷　（明）魯伯嗣撰　明刻本　四十冊

210000－0743－0000855　R272.6/4

幼科證治準繩九卷　（明）王肯堂撰　清乾隆五十八年(1793)修敬堂刻本　十四冊

210000－0743－0000856　R272.6/5

小兒諸熱辨不分卷附豫村治驗一卷　（清）許豫和撰　清刻本　二冊

210000－0743－0000857　R272.6/6

幼幼指掌集成六卷　（清）孟河撰　清嘉慶三年(1798)刻本　六冊

210000－0743－0000858　R272.6/7

幼幼集成六卷　（清）陳復正編　（清）劉勷校正　清乾隆聚奎堂刻本　六冊

210000－0743－0000859　R272.6/10

幼幼集成六卷　（清）陳復正編　（清）劉勷校正　清光緒二十六年(1900)刻本　三冊

210000－0743－0000860　R272.6/11

救偏瑣言五卷　（清）費啟泰撰　清道光二十一年(1841)刻本　四冊

210000－0743－0000861　R272.6/12

幼幼集成六卷　（清）陳復正編　清紫莫仙舘刻本　六冊

210000－0743－0000862　R272.6/14

錢氏小兒藥證直訣三卷　（宋）錢乙撰　（宋）閻孝忠輯　清道光二十六年(1846)三原李氏刻本　二冊

210000－0743－0000863　R272.6/15

徐氏幼科七種　（清）許豫和撰　清乾隆刻本　八冊

210000－0743－0000864　R272.6/16

遂生編不分卷　（清）莊一夔撰　清道光十八年(1838)刻本　一冊

210000－0743－0000865　R272.6/17

增補慈幼新編三卷　（清）莊一夔撰　（清）曾元章增補　清道光二十四年(1844)武林鍾氏刻本　三冊

210000－0743－0000866　R272.6/18

幼科釋謎六卷　（清）沈金鰲編　清同治元年(1862)刻本　二冊

210000－0743－0000867　R272.6/19

活幼心法大全八卷末一卷　（明）聶尚恒撰　清同治八年(1869)刻本　二冊

210000－0743－0000868　R272.6/21

活幼心法大全八卷末一卷　（明）聶尚恒撰　清同治八年(1869)刻本　一冊

210000－0743－0000869　R272.6/23

活幼心法大全八卷末一卷　（明）聶尚恒撰　清乾隆五十九年(1794)皖江刻本　二冊

210000－0743－0000870　R272.6/24

活幼心書三卷　（元）曾世榮編　清宣統二年(1910)武昌醫舘刻本　四冊

210000－0743－0000871　R272.6/25

兒科撮要二卷　（清）尹端模譯　清光緒十八年(1892)羊城刻本　二冊

210000－0743－0000872　R272.6/26

述古齋幼科新書三種　（清）張振鋆編　清光緒十八年(1892)上洋翼化堂刻本　六冊

210000－0743－0000873　R272.6/27

幼科鐵鏡六卷　（清）夏鼎撰　清道光十年(1830)刻本　二冊

210000－0743－0000874　R272.6/32

詳註是本金鏡錄三卷附西法要略一卷　（明）翁仲仁撰　清光緒十四年(1888)上海陶務本堂刻本　四冊

210000－0743－0000875　R272.6/33

保赤彙編七種　（清）朱之榛編　清光緒五年(1879)蘇州刻本　四冊

210000－0743－0000876　R272.6/34

保赤彙編七種　（清）朱之榛編　清光緒五年(1879)蘇州刻本　三冊

210000－0743－0000877　R272.6/35

保赤新編二卷　（清）任贊編　清光緒二十七年(1901)刻本　二冊

210000－0743－0000878　R272.6/36

保赤新編二卷　（清）任贊編　清光緒十年(1884)新會伍氏安懷堂刻本　二冊

210000－0743－0000879　R272.6/38

醫林枕秘保赤存眞十卷附脈理存真三卷　(清)余含棻編　清光緒二年(1876)慎德堂刻本　六冊

210000－0743－0000880　R272.6/39

保赤摘錄六卷　（清）崔昌齡撰　清道光十二年(1832)刻本　六冊

210000－0743－0000881　R272.2/41

幼科類萃二十八卷　（明）王鑾撰　明刻本

二冊　存二十二卷(七至二十八)

210000－0743－0000882　R272.6/45

幼科醫學指南四卷　（清）周震撰　清嘉慶十九年(1814)刻本　六冊

210000－0743－0000883　R272.6/46

徐小圃幼科醫案一卷　（清）徐小圃撰　清抄本　二冊

210000－0743－0000884　R272.6/47

陳氏家傳幼科醫要二卷　（清）陳標撰　清抄本　二冊　存一卷(上)

210000－0743－0000885　R272.6/50

幼科折衷二卷　（明）秦昌遇編　清抄本　五冊

210000－0743－0000886　R272.6/51

幼科折衷二卷　（明）秦昌遇編　清抄本　二冊

210000－0743－0000887　R272.6/53

兒科醒十二卷　（清）芝嶼樵客撰　（清）華陽山人閱定　清刻本　二冊

210000－0743－0000888　R272.6/55

錢氏小兒藥證直訣三卷　（宋）錢乙撰　（宋）閻季忠輯　（清）四庫全書舘纂輯　清乾隆武英殿木活字印本　二冊

210000－0743－0000889　R274/1

內外傷辨三卷　（金）李杲撰　清刻本　一冊

210000－0743－0000890　R274/5

傷科心典不分卷附接骨論　（清）陳月明撰　清抄本　一冊

210000－0743－0000891　R276.1/5

咽喉經驗秘傳不分卷　（清）程永培撰　清眉壽堂刻本　一冊

210000－0743－0000892　R276.1/6

仙授喉科大法寶書不分卷　（□）□□撰　清抄本　一冊

210000－0743－0000893　R276.1/8

尤氏喉科秘書不分卷　（清）尤乘撰　清浦香

岩氏抄本　一冊

210000－0743－0000894　R276.1/9
喉科指掌六卷　（清）張宗良撰　清嘉慶元年
（1796）刻本　二冊

210000－0743－0000895　R276.1/11
喉科杓指四卷附集驗良方　（清）包永泰撰
清大文堂刻本　四冊

210000－0743－0000896　R276.1/12
咽喉脈證通論不分卷　（□）□□撰　（清）許
槤校訂　清光緒十一年（1885）刻本　一冊

210000－0743－0000897　R276.1/13
喉科杓指四卷附集驗良方　（清）包永泰撰
清道光三年（1823）刻本　二冊

210000－0743－0000898　R276.1/14
咽喉脈證通論不分卷　（□）□□撰　（清）許
槤校訂　清光緒九年（1883）歸安姚氏刻本
一冊

210000－0743－0000899　R276.1/15
咽喉脈證通論不分卷　（□）□□撰　（清）許
槤校訂　清光緒九年（1883）歸安姚氏刻本
一冊

210000－0743－0000900　R276.1/16
喉症全科紫珍集二卷附喉症補遺　（清）燕山
竇氏撰　（清）朱翔宇輯　清咸豐十一年
（1861）雲陽刻本　二冊

210000－0743－0000901　R276.1/17
喉症全科紫珍集二卷　（清）燕山竇氏撰
（清）朱翔宇輯　清刻本　四冊

210000－0743－0000902　R276.1/18
喉症全科紫珍集二卷　（清）燕山竇氏撰
（清）朱翔宇輯　清刻本　二冊

210000－0743－0000903　R276.1/19
喉症全科紫珍集二卷　（清）燕山竇氏撰
（清）朱翔宇輯　清咸豐十一年（1861）雲陽刻
本　二冊

210000－0743－0000904　R276.1/20
喉科秘鑰二卷　（清）鄭塵撰　（清）許佐廷增

訂　清同治七年（1868）刻本　一冊

210000－0743－0000905　R276.1/22
喉科秘鑰二卷附福幼編　（清）鄭塵撰　（清）
許佐廷增訂　清光緒十六年（1890）廣百宋齋
鉛印本　一冊

210000－0743－0000906　R276.1/23
咽喉秘集　（清）吳氏　（清）張氏編　清光緒
九年（1883）太原濬文書局刻本　一冊

210000－0743－0000907　R276.1/24
咽喉秘集　（清）吳氏　（清）張氏編　清光緒
九年（1883）合肥味古齋刻本　一冊

210000－0743－0000908　R276.1/25
痧喉闡義不分卷　（清）程鏡宇撰　清光緒三
年（1877）程氏維揚從吾齋刻本　一冊

210000－0743－0000909　R276.1/27
喉科種福五卷首一卷　（清）易方編　清光緒
二十五年（1899）益遠書局刻本　四冊

210000－0743－0000910　R276.1/28
時疫白喉捷要不分卷附各種經驗良方　（清）
張紹修撰　清光緒三十年（1904）浙江官書局
刻本　一冊

210000－0743－0000911　R276.1/34
時疫白喉捷要不分卷附各種經驗良方　（清）
張紹修撰　清光緒三十年（1904）浙江官書局
刻本　一冊

210000－0743－0000912　R276.1/33
疫痧草三章不分卷　（清）陳耕道撰　清光緒
三十年（1904）魏塘紫陽氏鉛印本　一冊

210000－0743－0000913　R276.7/1
眼科捷徑不分卷　（□）□□撰　清抄本
一冊

210000－0743－0000914　R276.7/2
眼科秘本不分卷　（□）□□撰　清抄本
一冊

210000－0743－0000915　R276.7/3
眼科秘旨不分卷　（□）□□撰　清光緒三十
年（1904）紅杏山房刻本　二冊

210000－0743－0000916　R276.7/4

眼科秘旨不分卷　（□）□□撰　清光緒三十年(1904)紅杏山房刻本　二冊

210000－0743－0000917　R276.7/5

秘傳眼科龍木論十卷首一卷　（明）葆光道人撰　清刻本　四冊

210000－0743－0000918　R276.7/6

秘傳眼科龍木論十卷首一卷　（明）葆光道人撰　清刻本　四冊

210000－0743－0000919　R276.7/7

審視瑤函六卷首一卷　（明）傅仁宇撰　（明）林長生校補　清刻本　六冊

210000－0743－0000920　R276.7/8

審視瑤函六卷首一卷　（明）傅仁宇撰　（明）林長生校補　清光緒十年(1884)刻本　六冊

210000－0743－0000921　R276.7/9

審視瑤函六卷首一卷　（明）傅仁宇撰　（明）林長生校補　清刻本　五冊

210000－0743－0000922　R276.7/10

審視瑤函六卷首一卷　（明）傅仁宇撰　（明）林長生校補　清掃葉山房刻本　六冊

210000－0743－0000923　R276.7/11

審視瑤函六卷首一卷　（明）傅仁宇撰　（明）林長生校補　清姑蘇聚文堂刻本　六冊

210000－0743－0000924　R276.7/13

審視瑤函六卷首一卷　（明）傅仁宇撰　（明）林長生校補　清刻本　六冊

210000－0743－0000925　R276.7/15

銀海指南四卷　（清）顧錫撰　清同治六年(1867)刻本　四冊

210000－0743－0000926　R276.7/16

眼科良方不分卷　（清）葉桂撰　清光緒十一年(1885)宜興文德堂刻本　一冊

210000－0743－0000927　R276.7/17

一草亭眼科全集四卷附程松崖先生眼科應驗良方　（清）文永周編　清光緒十六年(1890)益元堂刻本　四冊

210000－0743－0000928　R281.2/2

本草經疏三十卷　（明）繆希雍撰　（明）李枝參訂　明天啟五年(1625)綠君亭刻本　三十六冊

210000－0743－0000929　R281.2/10

本草經疏輯要八卷附朱氏痘疹秘要一卷經驗效方一卷　（清）吳世鍇編　清嘉慶十四年(1809)刻本　六冊

210000－0743－0000930　R281.2/11

本經逢原四卷　（清）張璐撰　清刻本　四冊

210000－0743－0000931　R281.2/12

本經逢原四卷　（清）張璐撰　清嘉慶六年(1801)刻本　六冊

210000－0743－0000932　R281.2/13

本經逢原四卷　（清）張璐撰　清光緒三十四年(1908)成都渭南嚴氏刻本　四冊

210000－0743－0000933　R281.2/16

本經疏證十二卷本經續疏六卷本經序疏要八卷　（清）鄒澍撰　清咸豐八年(1858)日昇山房刻本　十二冊

210000－0743－0000934　R281.2/17

本經疏證十二卷本經續疏六卷本經序疏要八卷　（清）鄒澍撰　清咸豐八年(1858)常郡韓文煥齋刻本　八冊

210000－0743－0000935　R281.2/18

本經疏證十二卷本經續疏六卷本經序疏要八卷　（清）鄒澍撰　清晉升山房刻本　十二冊

210000－0743－0000936　R281.2/19

本經疏證十二卷本經續疏六卷本經序疏要八卷　（清）鄒澍撰　清晉升山房刻本　十二冊

210000－0743－0000937　R281.2/20

本經疏證十二卷本經續疏六卷本經序疏要八卷　（清）鄒澍撰　清常州日昇書莊刻本　十六冊

210000－0743－0000938　R281.2/21

本經疏證十二卷本經續疏六卷本經序疏要八卷　（清）鄒澍撰　清咸豐八年(1858)刻本

十二冊

210000－0743－0000939　R281.2/22

本經疏證十二卷本經續疏六卷本經序疏要八
卷　（清）鄒澍撰　清刻本　二冊　存八卷
（本經序疏要八卷）

210000－0743－0000940　R281.2/23

神農本草經讀四卷　（清）陳念祖撰　清光緒
十五年（1889）上海江左書林刻本　二冊

210000－0743－0000941　R281.2/24

神農本草經百種錄不分卷　（清）徐大椿編
清刻本　一冊

210000－0743－0000942　R281.2/25

神農本草經經釋不分卷　（清）姜國伊撰　清
刻本　二冊

210000－0743－0000943　R281.2/30

本草三家合註六卷附神農本草經百種錄
（清）郭汝聰編　清刻本　七冊

210000－0743－0000944　R281.2/31

本草三家合註六卷附神農本草經百種錄
（清）郭汝聰編　清刻本　四冊

210000－0743－0000945　R281.2/32

本草三家合註六卷附神農本草經百種錄
（清）郭汝聰編　清刻本　六冊

210000－0743－0000946　R281.2/33

本草三家合註六卷　（清）郭汝聰編　清宣統
元年（1909）刻本　六冊

210000－0743－0000947　R281.3/1

本草綱目五十二卷首一卷附圖三卷奇經八脈
考一卷脈訣考證一卷頻湖脈學一卷本草萬方
針線八卷本草綱目拾遺十卷　（明）李時珍撰
清光緒十一年（1885）合肥張氏味古齋刻本
四十冊

210000－0743－0000948　R281.3/2

本草綱目五十二卷首一卷附圖三卷頻湖脈學
一卷脈訣考證一卷奇經八脈考一卷本草萬方
針線八卷本草綱目拾遺十卷　（明）李時珍撰
清光緒十一年（1885）合肥張氏味古齋刻本

四十五冊

210000－0743－0000949　R281.3/3

本草綱目五十二卷首一卷　（明）李時珍撰
清光緒十一年（1885）合肥張氏味古齋刻本
八冊　存二十卷（一至八、二十四至三十五）

210000－0743－0000950　R281.3/5

本草綱目五十二卷首一卷附圖三卷本草萬方
針線八卷　（明）李時珍撰　清乾隆四十九年
（1784）張雲中張青萬刻本　五十一冊

210000－0743－0000951　R281.3/6

本草綱目五十二卷首一卷附圖三卷奇經八脈
考一卷脈訣考證一卷頻湖脈學一卷本草萬方
針線八卷本草綱目拾遺十卷　（明）李時珍撰
清宣統元年（1909）上海經香閣石印本　十
二冊

210000－0743－0000952　R281.3/10

本草綱目五十二卷首一卷附圖三卷頻湖脈學
一卷脈訣考證一卷奇經八脈考一卷本草萬方
針線八卷本草綱目拾遺十卷　（明）李時珍撰
清光緒三十四年（1908）石印本　十九冊
存四十八卷（一至十三、十八至五十二）

210000－0743－0000953　R281.3/11

本草綱目五十二卷首一卷附圖三卷頻湖脈學
一卷脈訣考證一卷奇經八脈考一卷本草萬方
針線八卷本草綱目拾遺十卷　（明）李時珍撰
清光緒十一年（1885）合肥張氏味古齋刻本
二十八冊　缺二卷（十至十一）

210000－0743－0000954　R281.3/28

本草萬方針線八卷附脈學奇經八脈考脈訣考
證　（清）蔡烈先輯　清刻本　四冊

210000－0743－0000955　R281.3/30

湯液本草三卷　（元）王好古撰　清刻本
三冊

210000－0743－0000956　R281.3/31

本草纂要稿不分卷　（□）□□撰　清抄本
一冊

210000－0743－0000957　R281.3/33

本草述三十二卷首一卷　(清)劉若金撰　清嘉慶十五年(1810)武進薛氏還讀山房刻本　八册

210000－0743－0000958　R281.3/34
本草詩箋十卷　(清)朱鈅撰　清光緒二十五年(1899)刻本　四册

210000－0743－0000959　R281.3/35
本草詩箋十卷　(清)朱鈅撰　清光緒二十五年(1899)刻本　四册

210000－0743－0000960　R281.3/36
本草詩箋十卷　(清)朱鈅撰　清光緒八年(1882)群玉山房刻本　四册

210000－0743－0000961　R281.3/37
本草衍義二十卷　(宋)寇宗奭撰　清光緒三年(1877)歸安陸心源刻本　二册

210000－0743－0000962　R281.3/40
大觀本草札記二卷附校刊記　(清)柯逢時撰　清宣統二年(1910)武昌柯逢時刻本　二册

210000－0743－0000963　R281.3/41
增訂本草備要四卷首一卷　(清)汪昂撰　清江左書林刻本　四册　缺附錄

210000－0743－0000964　R281.3/42
本草原始十二卷　(明)李中立撰　清嘉慶二十三年(1818)經餘堂刻本　八册

210000－0743－0000965　R281.3/43
本草分經不分卷　(清)姚瀾編　清光緒十四年(1888)梅雨田鉛印本　一册

210000－0743－0000966　R281.3/44
本草正義二卷　(清)張德裕輯　清道光八年(1828)刻本　二册

210000－0743－0000967　R281.3/45
增訂本草備要四卷　(清)汪昂撰　清光緒二十四年(1898)京都文盛堂刻本　四册

210000－0743－0000968　R281.3/46
本草從新十八卷附藥性總義一卷　(清)吳儀洛編　清光緒七年(1881)恒德堂刻本　六册

210000－0743－0000969　R281.3/47
本草從新十八卷附藥性總義一卷　(清)吳儀洛編　清道光二十六年(1846)瓶花書屋刻本　四册

210000－0743－0000970　R281.3/48
本草從新十八卷附藥性總義一卷　(清)吳儀洛編　清光緒六年(1880)刻本　六册

210000－0743－0000971　R281.3/51
本草崇原集說三卷附本草經讀附錄集解一卷　(清)張志聰撰　(清)高世栻編　(清)仲學集說　清宣統二年(1910)錢塘仲氏刻本　四册

210000－0743－0000972　R281.3/52
本草彙十八卷附補遺一卷　(清)郭佩蘭纂輯　清康熙五年(1666)梅花嶼刻本　四册　存八卷(一至八)

210000－0743－0000973　R281.3/53
本草彙纂十卷　(清)屠道和撰　清光緒二十九年(1903)思賢書局刻本　四册

210000－0743－0000974　R281.3/54
藥義明辨十八卷　(清)蘇廷琬撰　清乾隆五十三年(1788)刻本　一册

210000－0743－0000975　R281.3/57
本草述鉤元三十二卷　(清)劉若金撰　(清)楊時泰編　清道光二十二年(1842)毗陵涵雅堂刻本　四十册

210000－0743－0000976　R281.3/63
西藥大成十卷首一卷　(英)來拉　(英)海德蘭撰　(清)趙元益等譯　清光緒十三年(1887)江南製造總局鉛印本　十七册　存九卷(一至四、六至十)

210000－0743－0000977　R281.3/66
藥品化義十三卷　(明)賈所學撰　(清)李延昰補訂　清金陵黃德公刻本　二册

210000－0743－0000978　R281.3/67
長沙藥解四卷　(清)黃元御撰　清咸豐十年(1860)長沙徐樹銘燮和精舍刻本　二册

210000－0743－0000979　R281.3/72

增訂本草備要四卷附一卷　（清）汪昂撰　清
光緒十七年（1891）刻本　四冊

210000－0743－0000980　R281.3/75

秘傳花鏡六卷　（清）陳扶搖撰　清刻本
八冊

210000－0743－0000981　R281.5/3－1

茶經三卷　（唐）陸羽撰　清抱經樓抄本
一冊

210000－0743－0000982　R281.5/3－2

酒經三卷　（宋）朱翼中撰　清抱經樓抄本
一冊

210000－0743－0000983　R281.5/4

本草省常三卷　（清）田綿淮撰　清同治十二
年（1873）餘慶堂刻本　一冊

210000－0743－0000984　R281.5/6

粥譜不分卷附廣粥譜　（清）黃雲鵠撰　清光
緒七年（1881）刻本　二冊

210000－0743－0000985　R281.5/7

食物本草彙纂六卷附日用家抄一卷脈訣秘傳
一卷　（清）沈李龍編　清嘉慶八年（1803）刻
本　五冊

210000－0743－0000986　R283/1

炮炙大法不分卷　（明）繆希雍撰　明天啟三
年（1623）刻本（有補配）　二冊

210000－0743－0000987　R285.1/1

藥性集要便讀六卷附醫藥要覽一卷　（清）岳
昶撰　清道光三十年（1850）岳昶嵩陽書屋木
活字印本　四冊

210000－0743－0000988　R285.1/2

藥性集要便讀六卷　（清）岳昶撰　清道光三
十年（1850）岳昶嵩陽書屋活字印本　六冊

210000－0743－0000989　R285.1/5

務中藥性十八卷首一卷末一卷　（清）何本立
撰　清道光二十五年（1845）何懷堂刻本
六冊

210000－0743－0000990　R285.1/7

太醫院增補青囊藥性賦三卷　（明）羅必煒編
明閩建書林餘慶堂刻本　一冊

210000－0743－0000991　R285.1/8

增補藥性雷公炮製八卷　（清）張光鬥增補
清同治四年（1865）刻本　五冊

210000－0743－0000992　R285.1/9

珍珠囊指掌補遺藥性賦四卷　題（元）李杲撰
清光緒三十一年（1905）刻本　三冊

210000－0743－0000993　R285.1/10

雷公炮製藥性賦六卷　（明）李中梓編　清群
玉山房刻本　二冊

210000－0743－0000994　R285.1/11

珍珠囊指掌補遺藥性賦四卷　題（元）李杲撰
清光緒十三年（1887）刻本　二冊

210000－0743－0000995　R285.1/15

珍珠囊指掌補遺藥性賦四卷　題（元）李杲撰
雷公炮製藥性解六卷　（明）李中梓編　清
刻本　四冊

210000－0743－0000996　R285.1/16

珍珠囊指掌補遺藥性賦四卷　題（元）李杲撰
雷公炮製藥性解六卷　（明）李中梓編　清
宣統三年（1911）上海會文堂書局石印本
四冊

210000－0743－0000997　R285.1/17

珍珠囊指掌補遺藥性賦四卷　題（元）李杲撰
雷公炮製藥性解六卷　（明）李中梓編　清
群玉山房刻本　四冊

210000－0743－0000998　R285.1/21

玉溪錄不分卷　（□）□□撰　清抄本　一冊

210000－0743－0000999　R285.1/24

藥要便蒙新編二卷　（清）談鴻鋆編　清光緒
十八年（1892）刻本　一冊

210000－0743－0001000　R289.1/1

古今名醫方論四卷　（清）羅美編　清刻本
四冊

210000－0743－0001001　R289.1/2

古今名醫方論四卷　（清）羅美編　清刻本

四冊

210000－0743－0001002　R289.1/4
醫方論四卷　（清）費伯雄撰　清光緒十四年（1888）刻本　二冊

210000－0743－0001003　R289.1/5
醫方論四卷　（清）費伯雄撰　清光緒三年（1877）刻本　二冊

210000－0743－0001004　R289.1/6
醫方論四卷　（清）費伯雄撰　清同治五年（1866）刻本　四冊

210000－0743－0001005　R289.1/9
本事方釋義十卷　（宋）許叔微撰　（清）葉桂釋義　清嘉慶十九年（1814）刻本　六冊

210000－0743－0001006　R289.1/10
本事方釋義十卷　（宋）許叔微撰　（清）葉桂釋義　清嘉慶十九年（1814）刻本　四冊

210000－0743－0001007　R289.1/11
本事方釋義十卷　（宋）許叔微撰　（清）葉桂釋義　清嘉慶十九年（1814）刻本　四冊

210000－0743－0001008　R289.1/15
醫林纂要探源十卷　（清）汪紱編　清光緒二十三年（1897）刻本　十冊

210000－0743－0001009　R289.1/16
醫林纂要探源十卷　（清）汪紱編　清道光三十年（1850）婺城程理源、游冠英刻本　十冊

210000－0743－0001010　R289.1/17
衛濟餘編十八卷　（清）王纕堂編　清刻本　八冊

210000－0743－0001011　R289.2/1
仁術便覽四卷　（明）張潔編　明萬曆十三年（1585）刻清順治修補本　十二冊

210000－0743－0001012　R289.2/2
攝生眾妙方十一卷　（明）張時徹編　明隆慶三年（1569）衡王府刻本　五冊

210000－0743－0001013　R289.2/4
絳雪園古方選註不分卷附得宜本草　（清）王

子接注　清刻本　四冊

210000－0743－0001014　R289.2/5
絳雪園古方選註不分卷附得宜本草　（清）王子接注　清掃葉山房刻本　四冊

210000－0743－0001015　R289.2/6
絳雪園古方選註不分卷附得宜本草　（清）王子接注　清刻本　四冊

210000－0743－0001016　R289.2/8
醫方一盤珠全集十卷　（清）洪金鼎撰　清光緒二十四年（1898）澹雅書局刻本　四冊

210000－0743－0001017　R289.2/10
集古良方十二卷　（清）江進編　清嘉慶十一年（1806）江氏文苑堂刻本　六冊

210000－0743－0001018　R289.2/11
古今良方三十二卷　（清）墨磨主人編　清墨磨主人刻本　四冊

210000－0743－0001019　R289.2/12
集選奇效簡便良方四卷　（清）丁堯臣輯　清光緒七年（1881）刻本　四冊

210000－0743－0001020　R289.2/13
良方集腋二卷續附一卷　（清）謝元慶編　（清）王慶霄校訂　清光緒五年（1879）浙西梧桐鄉刻本　二冊

210000－0743－0001021　R289.2/14
增訂醫方易簡十卷　（清）龔自璋編　（清）吳輝模增訂　清光緒九年（1883）揚州宋德成刻字鋪刻本　十冊

210000－0743－0001022　R289.2/90
增訂醫方易簡十卷　（清）龔自璋編　（清）吳輝模增訂　清光緒九年（1883）揚州宋德成刻字鋪刻本　四冊

210000－0743－0001023　R289.2/15
四科簡效方四種　（清）王士雄撰　清光緒十一年（1885）越州徐氏刻本　四冊

210000－0743－0001024　R289.2/16
四科簡效方四種　（清）王士雄撰　清光緒十一年（1885）越州徐氏刻本　四冊

210000－0743－0001025　R289.2/17

四科簡效方四種　（清）王士雄撰　清光緒十一年(1885)越州徐氏刻本　二冊

210000－0743－0001026　R289.2/19

祝由科四冊　（清）龐韻堂輯　清道光十二年(1832)抄本　四冊

210000－0743－0001027　R289.2/20

串雅內編四卷　（清）趙學敏編　清光緒二十三年(1897)京口袁氏刻本　二冊

210000－0743－0001028　R289.2/21

串雅內編四卷　（清）趙學敏編　清光緒十四年(1888)榆園刻本　二冊

210000－0743－0001029　R289.2/22

串雅內編四卷　（清）趙學敏編　清光緒二十三年(1897)京口袁氏刻本　二冊

210000－0743－0001030　R289.2/26

醫方纂輯二卷　（□）□□撰　明末清初刻本　一冊

210000－0743－0001031　R289.2/27

集驗良方三卷　（清）梁文科編　清康熙京都宏文閣春暉堂主人刻本　八冊

210000－0743－0001032　R289.2/28

集驗良方三卷　（清）梁文科編　清乾隆五年(1740)刻本　三冊

210000－0743－0001033　R289.2/29

經驗良方三卷　（清）陸畫邨編　清咸豐七年(1857)刻本　八冊

210000－0743－0001034　R289.2/30

經驗良方不分卷　（清）周桂山編　清刻本　一冊

210000－0743－0001035　R289.2/33

經驗良方不分卷　（清）曹國柱編　清雍正九年(1731)樂山堂刻本　四冊

210000－0743－0001036　R289.2/34

彙集經驗良方五卷附補遺一卷　（清）孫偉編　清刻本　十二冊

210000－0743－0001037　R289.2/38

經驗單方彙編不分卷　（清）錢峻編　清康熙五十六年(1717)古吳裕麟堂刻本　四冊

210000－0743－0001038　R289.2/39

濟世經驗良方不分卷　（清）姚希周　（清）何大毓編　（清）王燮增補　清乾隆二十六年(1761)新汪燮刻本　二冊

210000－0743－0001039　R289.2/40

濟世養生經驗集　（清）毛世洪編　清刻本　一冊　存五種

210000－0743－0001040　R289.2/41

神效經驗良方不分卷　（清）戚好問撰　（清）當艇閣主人編　清同治十二年(1873)常熟毛文彬刻本　一冊

210000－0743－0001041　R289.2/42

經驗簡便良方不分卷　（清）曾懿輯　清光緒十六年(1890)刻本　一冊

210000－0743－0001042　R289.2/43

經驗選秘六卷　（清）胡增彬輯　清刻本　四冊

210000－0743－0001043　R289.2/44

濟世良方六卷補遺四卷　（清）周英芬編　（清）瑩軒增輯　清光緒四年(1878)刻本　十冊

210000－0743－0001044　R289.2/45

景岳新方砭四卷　（清）陳念祖撰　清光緒十五年(1889)江左書林刻本　二冊

210000－0743－0001045　R289.2/46

壽世良方四卷　（清）陳勱編　清光緒十四年(1888)四明積善堂王氏刻本　一冊

210000－0743－0001046　R289.2/48

增廣太平惠民和劑局方十卷附增廣和劑局方用藥總論三卷　（宋）陳師文等撰　清照曠閣刻本　四冊

210000－0743－0001047　R289.2/49

本草醫方合編二種　（清）汪昂編　清乾隆五年(1740)繡谷胡氏蕓生堂刻本　四冊

210000－0743－0001048　R289.2/50

山居濟世方二卷　（清）戴輝撰　清嘉慶二十二年(1817)稿本　二冊

210000－0743－0001049　R289.2/51

幾希錄良方合璧二卷　（清）張維善編　清同治八年(1869)姑蘇得見齋刻本　二冊

210000－0743－0001050　R289.2/52

醫方易簡新編六卷　（清）龔自璋　（清）黃統合編　清咸豐元年(1851)刻本　四冊

210000－0743－0001051　R289.2/53

醫方易簡新編六卷　（清）龔自璋　（清）黃統合編　清同治三年(1864)香山集善堂刻本　八冊

210000－0743－0001052　R289.2/55

新刊良朋彙集五卷附急救仙方一卷　（清）孫偉編　清善成堂刻本　六冊

210000－0743－0001053　R289.2/56

新刊良朋彙集經驗神方五卷附急救仙方一卷　（清）孫偉編　清刻本　五冊　存五卷(二至五、急救仙方一卷)

210000－0743－0001054　R289.2/58

良方集腋二卷續附一卷　（清）謝元慶編（清）王慶霄校訂　清同治二年(1863)留耕堂刻本　四冊

210000－0743－0001055　R289.2/63

衛生鴻寶六卷　（清）祝補齋編　清咸豐七年(1857)刻本　八冊

210000－0743－0001056　R289.2/71

醫方考六卷　（明）吳崑撰　明萬曆刻本　十二冊

210000－0743－0001057　R289.2/73

醫方集解三卷　（清）汪昂撰　清道光二十八年(1848)刻本　六冊

210000－0743－0001058　R289.2/74

醫方集解三卷　（清）汪昂撰　清刻本　三冊

210000－0743－0001059　R289.2/75

醫方集解不分卷　（清）汪昂撰　清道光二十五年(1845)瓶花書屋刻本　八冊

210000－0743－0001060　R289.2/76

醫方集解不分卷　（清）汪昂撰　清光緒二十年(1894)刻本　三冊

210000－0743－0001061　R289.2/80

蘇沈內翰良方十卷　（宋）蘇軾　（宋）沈括等編　清光緒二十三年(1897)武強賀氏刻本　四冊

210000－0743－0001062　R289.2/81

蘇沈內翰良方十卷　（宋）蘇軾　（宋）沈括等編　清刻本　四冊

210000－0743－0001063　R289.342/6

千金方衍義三十卷　（唐）孫思邈撰　（清）張璐衍義　清掃葉山房刻本　二十四冊

210000－0743－0001064　R289.342/7

千金方衍義三十卷　（唐）孫思邈撰　（清）張璐衍義　清嘉慶六年(1801)刻本　三十二冊

210000－0743－0001065　R289.342/9

千金方衍義三十卷　（唐）孫思邈撰　（清）張璐衍義　清嘉慶六年(1801)刻本　三十二冊

210000－0743－0001066　R289.342/10

千金方衍義三十卷　（唐）孫思邈撰　（清）張璐衍義　清刻本　三十二冊

210000－0743－0001067　R289.342/16

重訂唐王燾先生外台秘要方四十卷　（唐）王燾撰　（宋）林億　（宋）陸錫明等校正　明新安程衍道經餘居校刻本　三十二冊

210000－0743－0001068　R289.342/17

外臺秘要四十卷　（唐）王燾撰　清同治十三年(1874)廣東翰墨園刻本　四十冊

210000－0743－0001069　R289.342/18

外臺秘要四十卷　（唐）王燾撰　明崇禎十三年(1640)新安程衍道校刻本　二十四冊

210000－0743－0001070　R289.342/19

外臺秘要四十卷　（唐）王燾撰　清同治十三年(1874)廣東翰墨園刻本　三十冊　存二十九卷(一至九、十一至二十、三十一至四十)

210000－0743－0001071　R289.344/1

千金寶要五卷　（唐）孫思邈撰　（宋）郭思編
拓本　四冊

210000－0743－0001072　R289.349/1

成方切用二十四卷首一卷末一卷　（清）吳儀
洛輯　清乾隆二十六年(1761)吳氏利濟堂刻
本　六冊

210000－0743－0001073　R289.349/2

成方切用二十四卷首一卷末一卷　（清）吳儀
洛輯　清乾隆二十六年(1761)吳氏利濟堂刻
本　八冊

210000－0743－0001074　R289.349/3

敬修堂藥說不分卷附敬修二集　（清）錢澍田
撰　清嘉慶九年(1804)廣東慈谿敬修堂錢氏
刻本　一冊

210000－0743－0001075　R289.349/4

易簡方便醫書六卷　（清）周茂五編　清咸豐
十一年(1861)石陽周日新堂刻本　六冊

210000－0743－0001076　R289.349/5

李氏醫鑒十卷　（清）李文來編　清康熙三十
五年(1696)李氏刻本　六冊

210000－0743－0001077　R289.349/6

桃鄔謝氏彙刻方書九種　（清）謝家福編　清
光緒二十一年(1895)桃隝謝氏刻本　九冊

210000－0743－0001078　R289.349/7

成方切用二十四卷首一卷末一卷　（清）吳儀
洛輯　清乾隆二十六年(1761)吳氏利濟堂刻
本　六冊

210000－0743－0001079　R289.4/1

景岳新方詩括註解四卷首一卷　（清）林霆撰
　（清）陳念祖註　清嘉慶元年(1796)刻本
四冊

210000－0743－0001080　R289.4/2

張景岳新方八略不分卷　（清）吳宏定編　清
乾隆四十五年(1780)吳燴校刻本　一冊

210000－0743－0001081　R289.4/3

歌方集論四卷附人參譜一卷　（清）祝源撰

清光緒十七年(1891)刻本　五冊

210000－0743－0001082　R289.4/4

長沙方歌括六卷　（清）陳念祖撰　清南雅堂
家刻本　四冊

210000－0743－0001083　R289.5/1

急救良方二卷　（明）張時徹撰　明嘉靖二十
九年(1550)芝園主人序刻本　一冊

210000－0743－0001084　R289.5/2

解毒編不分卷　（清）汪汲編　清刻本　一冊

210000－0743－0001085　R289.5/4

驗方擇要四卷　（清）鳳歧編　清光緒二十四
年(1898)刻本　四冊

210000－0743－0001086　R289.5/5

經驗各種秘方輯要不分卷　（清）王松堂　清
光緒二十四年(1898)上海鉛印本　一冊

210000－0743－0001087　R289.5/6

集驗良方不分卷　（清）梁文科編　（清）年希
堯輯　清道光二十七年(1847)刻本　六冊

210000－0743－0001088　R289.5/7

集驗良方不分卷　　（□）□□撰　清抄本
一冊

210000－0743－0001089　R289.5/8

瑞竹堂經驗方五卷附瑞竹堂經驗補遺一卷
（元）沙圖穆蘇撰　清光緒四年(1878)丁氏當
歸草堂刻本　二冊

210000－0743－0001090　R289.5/9

**校正增廣驗方新編十六卷首一卷續集痧症全
書三卷咽喉秘集二卷**　（清）鮑相璈編　（清）
張紹堂增輯　清宣統三年(1911)上海會文堂
石印本　八冊

210000－0743－0001091　R289.5/11

**驗方新編十六卷續集痧症全書三卷咽喉秘集
二卷**　（清）鮑相璈編　（清）張紹堂增輯　清
光緒七年(1881)合肥味古齋刻本　十冊

210000－0743－0001092　R289.5/13

**驗方新編十六卷續集痧症全書三卷咽喉秘集
二卷**　（清）鮑相璈編　（清）張紹堂增輯　清

光緒四年（1878）上洋大魁楨記刻本　十冊

210000－0743－0001093　R289.5/14

驗方新編十六卷續集痧症全書三卷咽喉秘集二卷　（清）鮑相璈編　（清）張紹堂增輯　清光緒七年（1881）合肥味古齋刻本　二冊　存五卷（續集痧症全書三卷、咽喉秘集二卷）

210000－0743－0001094　R289.5/15

驗方新編二十四卷　（清）鮑相璈編　清光緒十二年（1886）餘慶堂刻本　八冊　存八卷（十七至二十四）

210000－0743－0001095　R289.5/18

隋山宇方抄不分卷　（清）汪曰楨輯　清光緒元年（1875）刻本　一冊

210000－0743－0001096　R289.5/19

急救異痧奇方不分卷　（清）覺因道人編　（清）陳念祖評　清光緒五年（1879）上海刻本　李祖錫跋　一冊

210000－0743－0001097　R289.5/20

千金不易簡便良方不分卷　（□）華祖仙師遺稿　（清）了因子輯　清同治十二年（1873）紫雲仙舘主人刻本　一冊

210000－0743－0001098　R289.5/25

袖珍方四卷　（明）李恒編　明刻本　一冊　存一卷（三）

210000－0743－0001099　R289.5/26

急救應驗良方不分卷　（清）費山壽編　清刻本　一冊

210000－0743－0001100　R289.5/27

信驗方不分卷　（清）盧蔭長編　清道光三年（1823）刻本　一冊

210000－0743－0001101　R289.5/28

平易方四卷附補遺經驗良方痧喉論福幼編（清）葉香侶編　清刻本　四冊

210000－0743－0001102　R289.5/29

良方不分卷　（□）□□撰　清刻本　一冊

210000－0743－0001103　R289.5/31

急救仙方六卷　（□）□□撰　清光緒四年

（1878）錢塘丁氏刻本　二冊

210000－0743－0001104　R289.5/37

種福堂公選良方三卷附溫熱論　（清）葉桂撰　清乾隆四十二年（1777）刻本　二冊

210000－0743－0001105　R289.6/1

外治壽世方初編四卷　（清）鄒存淦輯　清光緒三年（1877）勤藝堂刻本　三冊

210000－0743－0001106　R289.6/3

理論駢文摘要不分卷　（清）吳師機撰　（清）蘇州醫官局編　清光緒九年（1883）江西書局刻本　一冊

210000－0743－0001107　R289.9/1

仙拈集四卷　（清）李文炳撰　清乾隆十九年（1754）刻本　八冊

210000－0743－0001108　R289.9/2

趙翰香居丸散膏丹全錄不分卷　（清）趙文通編　清光緒十五年（1889）趙翰香居石印本　一冊

210000－0743－0001109　R289.9/3

活人方不分卷　（清）宮本昂　（清）宮本昱輯　清光緒十四年（1888）刻本　一冊

210000－0743－0001110　R289.9/5

回生集二卷　（清）陳傑輯　清乾隆刻本　二冊

210000－0743－0001111　R289.9/6

賽金丹二卷　（清）徐半峰編　清道光二十八年（1848）袖海山房刻本　三冊

210000－0743－0001112　R289.9/13

絳囊撮要五卷　（清）雲川道人編　清姑蘇集善堂刻本　四冊

210000－0743－0001113　B951/1

道言內外五種秘錄　（清）陶素耜輯　清道光二十七年（1847）刻本　四冊

210000－0743－0001114　D691.5/1

唐會要一百卷　（宋）王溥撰　清光緒十年（1884）江蘇書局刻本　二十四冊

210000－0743－0001115　D919.4/1

重刊補註洗冤錄集證六卷　（宋）宋慈輯
（清）王又槐增輯　（清）李觀瀾補輯　（清）
文晟續輯　（清）阮其新補註　清咸豐八年
(1858)刻四色套印本　五冊

210000－0743－0001116　D919.4/2

重刊補註洗冤錄集證六卷　（宋）宋慈輯
（清）王又槐增輯　（清）李觀瀾補輯　（清）
文晟續輯　（清）阮其新補注　清道光二十四
年(1844)刻四色套印本　五冊

210000－0743－0001117　D919.4/3

寶鑑編補註不分卷　（清）樂理瑩等補注　清
光緒六年(1880)雲南刻本　二冊

210000－0743－0001118　D919.4/4

折獄龜鑑八卷　（宋）鄭克撰　沈氏抱經樓抄
本　四冊

210000－0743－0001119　D919.4/5

折獄龜鑑八卷　（宋）鄭克撰　清光緒八年
(1882)刻本　二冊

210000－0743－0001120　D919.4/7

棠陰比事不分卷　（宋）桂萬榮撰　清道光二
十九年(1849)上元朱緒曾刻本　一冊

210000－0743－0001121　D919.4/8

故唐律疏議三十卷附音義一卷　（唐）長孫無
忌等撰　清刻本　七冊　缺二卷(一至二)

210000－0743－0001122　H131.3/1

釋名疏證八卷續一卷補遺一卷　（清）畢沅撰
　校議一卷　（清）吳翊寅撰　清光緒二十年
(1894)廣雅書局刻本　二冊

210000－0743－0001123　H161/3

說文解字通釋四十卷　（宋）徐鍇撰　清道光
十九年(1839)刻本　八冊

210000－0743－0001124　H161/4

說文解字斠詮十四卷　（清）錢坫詮釋　清光
緒九年(1883)淮南書局刻本　六冊

210000－0743－0001125　H161/5

說文解字註三十卷六書音均表二卷　（清）段

玉裁撰　**說文部目分韻一卷**　（清）陳喚撰

說文通檢十四卷首一卷末一卷　（清）黎永椿
撰　**說文解字註匡謬八卷**　（清）徐承慶撰
清宣統二年(1910)鉛印本　八冊

210000－0743－0001126　H161/6

說文段註訂補十四卷　（清）王紹蘭撰　清光
緒十四年(1888)胡氏刻本　八冊

210000－0743－0001127　H161/7

說文通訓定聲十八卷部分柬韻一卷說雅一卷
古今韻準一卷　（清）朱駿聲撰　**行述一卷**
朱孔彰撰　清咸豐元年(1851)朱氏臨嘯閣刻
本　二十四冊

210000－0743－0001128　H161/8

說文通訓定聲十八卷部分柬韻一卷說雅一卷
古今韻準一卷　（清）朱駿聲撰　**行述一卷**
朱孔彰撰　清咸豐元年(1851)朱氏臨嘯閣刻
本　二十四冊

210000－0743－0001129　H161/9

說文通訓定聲十八卷部分柬韻一卷說雅一卷
古今韻準一卷　（清）朱駿聲撰　**行述一卷**
朱孔彰撰　清光緒十三年(1887)上海積山書
局石印本　八冊

210000－0743－0001130　H161/10

說文通訓定聲十八卷部分柬韻一卷說雅一卷
古今韻準一卷　（清）朱駿聲撰　**行述一卷**
朱孔彰撰　清光緒十三年(1887)上海積山書
局石印本　八冊

210000－0743－0001131　H161/11

復古編二卷　（宋）張有撰　**校正一卷附錄一**
卷　（清）葛鳴陽撰　**曾樂軒稿一卷**　（宋）張
維撰　（清）葛鳴陽輯　**安陸集一卷**　（宋）張
先撰　（清）葛鳴陽輯　清光緒八年(1882)淮
南書局刻本　二冊　存三卷(復古編二卷、校
正一卷)

210000－0743－0001132　I222/1

古文翼八卷　（清）唐德宜撰評　清宣統二年
(1910)石印本　八冊

210000－0743－0001133　I222/2

古文翼八卷　（清）唐德宜撰評　清道光二十七年(1847)琴川季雄甫刻本　八冊

210000－0743－0001134　I222/3

陶隱居集不分卷　（南朝梁）陶宏景撰　清吳興抱經樓抄本　一冊

210000－0743－0001135　I222.7/1

杜詩鏡銓二十卷附錄一卷　（清）楊倫編　讀書堂杜工部文集註解二卷　清著易堂鉛印本　六冊

210000－0743－0001136　I222.7/2

古唐詩合解十六卷　（清）王堯衢註　清同治八年(1869)掃葉山房刻本　三冊

210000－0743－0001137　I222.7/3

御選唐宋詩醇四十七卷目錄二卷　（清）弘晝　（清）梁詩正等編　清光緒二十一年(1895)上海鴻文書局石印本　八冊

210000－0743－0001138　I262/1

古文觀止十二卷　（清）吳乘權　（清）吳大職輯並評　清綠慎堂刻本　六冊

210000－0743－0001139　K204.2/1:4

歸方評點史記合筆一百三十卷附方望溪評點史記四卷　（漢）司馬遷撰　（明）歸有光　（清）方苞評點　清光緒二年(1876)武昌張氏刻本　四十冊

210000－0743－0001140　K204.3/1

御撰資治通鑑綱目三編二十卷　（清）張廷玉等纂　清光緒八年(1882)掃葉山房刻本　八冊

210000－0743－0001141　K204.3/2

尺木堂綱鑑易知錄九十二卷　（清）吳乘權等輯　御選資治通鑑綱目三編二十卷　清光緒八年(1882)古吳席氏掃葉山房刻本　四十冊　缺二十卷(御選資治通鑑綱目三編二十卷)

210000－0743－0001142　K204.3/3

重訂王鳳洲先生綱鑑會纂四十六卷續宋元二十三卷　（明）王世貞撰　（明）陳仁錫訂　清刻本　七十冊

御撰資治通鑑綱目三編二十卷　（清）張廷玉等纂　清刻本　八冊

210000－0743－0001144　K204.5/1

晏子春秋八卷　（周）晏嬰撰　清嘉慶二十一年(1816)全椒吳鼎刻本　八冊

210000－0743－0001145　K204.5/2

月令粹編二十四卷圖說一卷　（清）秦嘉謨撰　清嘉慶十七年(1812)秦氏琳琅仙舘刻本　八冊

210000－0743－0001146　K204.5/3

月令粹編二十四卷圖說一卷　（清）秦嘉謨撰　清嘉慶十七年(1812)秦氏琳琅仙舘刻本　八冊

210000－0743－0001147　K204.5/4

人壽金鑑二十二卷　（清）程得齡輯　清嘉慶二十五年(1820)刻本　五冊　存十八卷(一至十八)

210000－0743－0001148　K204.5/5

人壽金鑑二十二卷　（清）程得齡輯　清光緒元年(1875)湖北崇文書局刻本　六冊

210000－0743－0001149　K206/1

獨斷不分卷　（漢）蔡邕撰　清光緒元年(1875)湖北崇文書局刻本　二冊

210000－0743－0001150　K221.04/1

監本書經六卷　（宋）蔡沈撰　清上海校經山房石印本　四冊

210000－0743－0001151　K221.04/3

書經集註六卷　（宋）蔡沈集注　清蕉湖文苑山房刻本　六冊

210000－0743－0001152　K221.04/4

書經精華十卷首一卷　（清）薛嘉穎輯　清刻本　六冊

210000－0743－0001153　K221.04

書經體註大全合參六卷　（清）錢希祥纂輯　清光緒二十五年(1899)刻本　四冊

210000－0743－0001154　K221.04/6

210000－0743－0001143　K204.3/4

書經體註大全合參六卷　（清）錢希祥纂輯
清光緒二十五年(1899)刻本　四冊

210000－0743－0001155　K221.04/7
新刊書經備旨善本輯要六卷　（清）馬大猷等
輯　清嘉慶二十二年(1817)刻本　六冊

210000－0743－0001156　K224/1
後周書五十卷　（唐）令狐德棻等撰　清康熙
至乾隆刻本　十二冊

210000－0743－0001157　K224.06/1
禮記集說十卷　（元）陳澔撰　清咸豐十一年
(1861)浙江李氏刻本　十冊

210000－0743－0001158　K224.06/2
禮經箋十七卷　（漢）鄭玄注　（清）王闓運箋
　清光緒十一年(1885)成都尊經書局刻本
四冊

210000－0743－0001159　K224.06/3
周禮註疏刪翼三十卷　（明）王志長撰　清刻
本　十冊　存十三卷(十五、十九至三十)

210000－0743－0001160　K224.06/4
周禮節訓六卷　（清）黃叔琳撰　（清）姚培謙
重訂　清光緒二十二年(1896)刻本　二冊

210000－0743－0001161　K224.06/5
春秋左傳五十卷　（晉）杜預注　（宋）林堯叟
補注　（唐）陸德明音義　（明)孫鑛等評點
清光緒江南李光明莊刻本　十六冊

210000－0743－0001162　K875.8/1
古今刀劍錄不分卷　（南朝梁）陶弘景撰　清
沈氏抱經樓抄本　一冊

210000－0743－0001163　K877.42/1
金石萃編一百六十卷　（清）王昶撰　清嘉慶
十年(1805)王氏序刻本　六十四冊

210000－0743－0001164　K877.42/6
魏溫泉頌碑帖一折　（□）□□撰　清拓片
一冊

210000－0743－0001165　P531/1
山海經存九卷首一卷　（清）汪紱釋　清光緒
二十一年(1895)石印本　四冊

210000－0743－0001166　P531/2
山海經十八卷山海圖五卷　（晉）郭璞撰
（清）畢沅校正　古今篇目考一卷　（清）畢沅
撰　清光緒十四年(1888)掃葉山房刻朱墨套
印本　四冊

210000－0743－0001167　P531/3
山海經十八卷山海圖五卷　（晉）郭璞撰
（清）畢沅校正　古今篇目考一卷　（清）畢沅
撰　清光緒十六年(1890)學庫山房刻本
四冊

210000－0743－0001168　S853.2/1
新刊纂圖元亨療馬集六卷圖像水黃牛經合併
大全二卷駝經一卷　（明）喻本元　（明）喻本
亨撰　清刻本　八冊

210000－0743－0001169　S853.2/2
新刻繡像牛馬經八卷　（明）喻本元　（明）喻
本亨撰　清道光二十三年(1843)經餘堂刻本
四冊

210000－0743－0001170　Z121.4/2
增訂漢魏叢書　（清）王謨增輯　清乾隆五十
六年(1791)金谿王氏刻本　一百冊　存八十
六種

210000－0743－0001171　Z121.5/1
唐代叢書　（清）王文誥輯　清嘉慶十一年
(1806)刻本　三十六冊　存六集

210000－0743－0001172　Z121.5/2
知不足齋叢書　（清）鮑廷博輯　（清）鮑志祖
續輯　清鮑氏刻本　三百冊　存三十集

210000－0743－0001173　Z121.5/3
雙楳景闇叢書　葉德輝輯　清光緒、宣統長
沙葉氏郎園刻本　五冊　存十六種

210000－0743－0001174　Z126.2/1
皇清經解一千四百八卷　（清）阮元輯　（清）
夏修恕總校勘　清光緒十三年(1887)上海書
局石印本　六十四冊

210000－0743－0001175　Z126.2/3
重刊宋本十三經註疏附校勘記十三種　（清）

阮元撰　（清）盧宣旬摘錄　清光緒十三年
(1887)上海脈望僊館石印本　三十二冊

210000－0743－0001176　Z126.2/4

重刊宋本十三經註疏附校勘記十三種　（清）
阮元撰　（清）盧宣旬摘錄　清光緒十三年
(1887)上海脈望僊館石印本　三十二冊

210000－0743－0001177　Z126.21/1

十萬卷樓叢書　（清）陸心源輯　清光緒陸氏
自刻本　八冊

210000－0743－0001178　Z126.23/1

九靈山房集三十卷　（元）戴良撰　（清）胡鳳
丹輯校　清同治九年(1870)刻本　六冊　存
十九卷

210000－0743－0001179　Z126.23/2

周易九卷附周易略例一卷　（魏）王弼註
（晉）韓康伯注　略例　（魏）王弼撰　（唐）
邢璹注　清刻本　三冊

210000－0743－0001180　Z126.23/3

周易詮疑八卷　（清）夏應銓撰　清道光十年
(1830)江安縣署刻本　四冊

210000－0743－0001181　Z126.23/4

奎璧詩經八卷　（宋）朱熹撰　清光緒十八年
(1892)成文信記刻本　四冊

210000－0743－0001182　Z126.23/39

淮南子二十一卷　（漢）劉安撰　（漢）高誘注
清乾隆五十三年(1788)咸寧官署刻本
十冊

210000－0743－0001183　Z126.23/40

爾雅註疏十一卷　（晉）郭璞注　（宋）邢昺疏
明崇禎元年(1628)毛氏汲古閣刻本　五冊

210000－0743－0001184　Z126.23/42

詩經體註圖考大全八卷　（清）高朝瓔撰
（清）沈世楷等校　清光緒三年(1877)刻本
四冊

210000－0743－0001185　Z126.23/43

齊民要術十卷　（北魏）賈思勰撰　明刻本
二冊

210000－0743－0001186　Z126.23/44

四書題鏡不分卷　（清）汪鯉翔撰　清刻本
三冊　存三冊（上下論、上孟）

210000－0743－0001187　Z126.25/1

讀書雜志八十二卷餘編二卷　（清）王念孫撰
清道光十二年(1832)王氏家刻本　二十
四冊

210000－0743－0001188　Z126.25/3

札逡十二卷　（清）孫詒讓撰　清光緒二十一
年(1895)瑞安孫氏刻本　四冊

210000－0743－0001189　Z126.25/4

五方元音二卷　（清）樊騰鳳撰　（清）年希堯
增補　清光緒八年(1882)刻本　二冊

210000－0743－0001190　Z126.27/1

白虎通四卷　（漢）班固撰　**校勘補遺一卷**
（清）盧文弨撰　**考一卷闕文一卷**　（清）莊述
祖撰併輯　清乾隆四十九年(1784)抱經堂刻
本　六冊　存六卷（白虎通四卷、校勘補遺一
卷、闕文一卷）

210000－0743－0001191　Z126.27/3

昭德先生郡齋讀書志二十卷首一卷　（宋）晁
公武撰　（宋）姚應續編　清光緒六年(1880)
會稽章氏刻本　八冊

210000－0743－0001192　Z126.27/5

石林燕語十卷　（宋）葉夢得撰　明刻本
三冊

210000－0743－0001193　Z126.27/6

癸巳類稿十五卷　（清）俞正燮撰　清道光十
六年(1836)刻本　六冊

210000－0743－0001194　Z126.27/9

直齋書錄解題二十二卷　（宋）陳振孫撰
（元）程棨批註　清光緒九年(1883)江蘇書局
刻本　六冊

210000－0743－0001195　Z222/1

**太平御覽一千卷目錄十五卷太平御覽經史圖
書綱目一卷**　（宋）李昉等撰　清嘉慶十四年
(1809)虞山張海鵬刻本　九十八冊　存九百

八十卷(一至八百八十、九百一至一千)

210000－0743－0001196　Z222/2

太平廣記五百卷　（宋）李昉等撰　清道光二十六年(1846)刻本　六十四冊

210000－0743－0001197　Z225/5

表異錄二十卷　（明）王志堅輯　清光緒二年(1876)陳氏庸間疊刻本　二冊

210000－0743－0001198　Z225/6

清異錄二卷　（宋）陶穀撰　清光緒元年(1875)陳氏庸間齋刻本　二冊

210000－0743－0001199　Z225/7

世守拙齋識小編十卷　（清）范濂輯　清光緒二十二年(1896)范氏家刻本　五冊

210000－0743－0001200　Z812.3/1

八史經籍志三十卷　（日本）□□撰　清光緒九年(1883)鎮海張壽榮刻本　十二冊

210000－0743－0001201　Z812.34/1

後漢藝文志四卷　（清）姚振宗撰　清光緒十五年(1889)姚氏刻本　四冊

210000－0743－0001202　Z812.37/1

補晉書藝文志六卷　（清）文廷式撰　清宣統元年(1909)長沙鉛印本　六冊

210000－0743－0001203　Z812.43/1

廣雅書局叢書　（清）廣雅書局輯　清光緒廣雅書局刻民國九年(1920)番禺徐紹綮彙編重印本　一冊　存四卷(補五代史藝文志一卷、宋史藝文志補一卷、宋遼金元朔閏考二卷)

210000－0743－0001204　Z838/2

愛日精廬藏書志三十六卷續志四卷　（清）張金吾撰　清光緒十三年(1887)吳縣徐氏靈芬閣木活字印本　十二冊

210000－0743－0001205　Z838/3

鐵琴銅劍樓藏書目錄二十四卷　（清）瞿鏞編　清光緒二十三年(1897)誦芬室刻本　十冊

210000－0743－0001206　Z838/4

善本書室藏書志四十卷附錄一卷　（清）丁丙輯　清光緒二十七年(1901)錢塘丁氏刻本　八冊

瀋陽師範大學圖書館古籍普查登記目錄

全國古籍普查登記目錄

國家圖書館出版社
National Library of China Publishing House

《瀋陽師範大學圖書館古籍普查登記目録》
編委會

主　編：朱　凡

編　委：邢春艷　史　偉　王玉杰　王　倬

　　　　吴　瑾　胡永强　解麗琪　劉　穎

《瀋陽師範大學圖書館古籍普查登記目錄》
前　言

　　瀋陽師範大學圖書館始建於 1951 年,是在原東北教育學院圖書館的基礎上建立起來的。多年來,圖書館堅持以讀者爲中心,以現代技術、科學管理爲手段,高品質、高效率爲教學科研和社會服務的辦館宗旨,開拓創新,使瀋師大圖書館的各項工作進入了一個前所未有的快速發展的新階段,并很快成爲省内高校中一所規模較大、綜合實力較强、管理和服務水準較高、具有一定影響的大學圖書館。

　　瀋陽師範大學圖書館一直以來都很重視古籍工作,曾編有紙本式綫裝古籍目録及簡單的機讀目録。現有館藏是在瀋陽師範學院圖書館原館藏基礎上,又接收了合并校——遼寧教育學院和遼寧省藝術學校的館藏,目前古籍庫藏書近十萬册,包括明清至民國時期的綫裝圖書、民國時期的圖書、建國後的再造善本等。圖書館古籍收藏以綫裝圖書爲主,也有少量經摺裝、卷軸等藏品;明、清及民國時期的綫裝古籍約 5 萬餘册;藏品版本類型豐富,從刻本、抄本、活字本、拓本到近代的石印本、鉛印本、影印本、油印本等均有所藏;館藏古籍文獻以歷朝詩文、明清戲曲、古代類書、史部典籍等爲主要特色。

　　“中華古籍保護計劃”的實施,更是引起了圖書館領導的高度重視。在遼寧省古籍保護中心的帶領下,瀋陽師範大學圖書館積極參與古籍保護工作,取得了顯著的成果。在建設本館古籍數據庫的同時,積極配合省保護中心的普查工作,上傳 1912 年以前的古籍普查數據 963 條 14920 册,同時拍攝書影,較好地完成了本館 1912 年以前的古籍普查工作。

　　在此期間,多次聘請遼寧省古籍專家對瀋師大圖書館古籍進行版本鑒定。經鑒定,瀋師大圖書館藏明清善本達 136 部 3665 册。2011 年申報第三批《國家珍貴古籍名録》,所藏《漢書評林》一百卷、《鼎鎸金陵三元合評選戰國策狐白》四卷入選《國家珍貴古籍名録》,《文苑英華》一千卷等 56 種古籍入選《遼寧省珍貴古籍名録》。

　　爲改善收藏條件,瀋師大圖書館購買樟木書櫃、定製古籍函套,特設專用古籍書庫 2 個,總面積 400 平方米。在學校支持及館領導的努力下,增添恒温、恒濕、氣體滅火系統等設備,爲妥善保護古籍創造了良好的條件。2012 年獲批“遼寧省古籍重點保護單位”,2016 年 7 月獲批“全國古籍重點保護單位”。我館積極參加省中心舉辦的古籍修復培訓,并於 2016 年 11 月獲批第一批“遼寧省小微古籍修復室”。

古籍普查工作開展十年以來，我館的古籍保護工作可以說取得了很大的成績，在未來的更多個十年，我們會以飽滿的熱情、認真的工作態度，持續推動我館的古籍保護事業邁上新的臺階。

朱　凡

2020 年 5 月

210000－0751－0000001　特 B220.1/1

晏子春秋七卷　（清）孫星衍校　清光緒元年(1875)浙江書局刻本　三冊

210000－0751－0000002　特 B221/1

來瞿唐先生易註十五卷首一卷末一卷　（明）來知德撰　清末刻本　十二冊

210000－0751－0000003　特 B221/10

楊氏誠齋先生易傳二十卷首一卷　（宋）楊萬里撰　（清）覺羅德榮校　清光緒二十五年(1899)燕平延茂刻本　四冊

210000－0751－0000004　特 B221/11

易卦變圖說一卷　（□）□□撰　清光緒八年(1882)正文堂刻本　二冊

210000－0751－0000005　特 B221/12

易圖條辨一卷　（清）張惠言撰　清道光至光緒刻本　一冊

210000－0751－0000006　特 B221/13

易圖明辨十卷　（清）胡渭撰　清嘉慶元年(1796)德清胡氏刻本　二冊

210000－0751－0000007　特 B221/14

伊川易傳四卷　（宋）程頤撰　清末木活字印本　四冊

210000－0751－0000008　特 B221/2

周易四卷　（宋）朱熹本義　清光緒七年(1881)江蘇書局刻本　二冊

210000－0751－0000009　特 B221/2/1

周易四卷　（宋）朱熹本義　清光緒三十年(1904)天津萃文口刻本　二冊

210000－0751－0000010　特 B221/2/2

周易四卷　（宋）朱熹本義　清嘉慶九年(1804)金閶書業堂刻本　二冊

210000－0751－0000011　特 B221/3

周易審義四卷　（清）張惠言撰　清咸豐七年(1857)文選樓刻本　四冊

210000－0751－0000012　特 B221/4

寄傲山房塾課纂輯御案易經備旨七卷　（清）鄒聖脈輯　清光緒六年(1880)掃葉山房刻本

六冊

210000－0751－0000013　特 B221/5

易經大全會解四卷首一卷　（清）來爾繩纂　清道光二年(1822)金閶掃葉山房刻本　二冊

210000－0751－0000014　特 B221/5/1

易經大全會解四卷首一卷　（清）來爾繩纂　清光緒六年(1880)掃葉山房刻本　四冊

210000－0751－0000015　特 B221/7

象數論六卷　（清）黃宗羲撰　清光緒廣雅書局刻本　四冊

210000－0751－0000016　特 B221/8

周易卦象六卷占易秘解一卷　（清）張丙矗輯　清光緒二十二年(1896)保陽張丙矗刻本　六冊　存六卷(周易卦象六卷)

210000－0751－0000017　特 B221/9

周易玩辭十六卷　（宋）項安世撰　清康熙十九年(1680)通志堂刻本　三冊

210000－0751－0000018　特 B222.05/1

文廟丁祭譜四卷　（清）藍鍾瑞等編　清末刻本　一冊　存一卷(三)

210000－0751－0000019　特 B222.1/1

四書集註十九卷　（宋）朱熹撰　清末臨桂毓蘭書屋謝氏家塾刻本　六冊

210000－0751－0000020　特 B222.1/2

新訂四書補註備旨十卷　（明）鄧林撰　（清）杜定基增訂　清宣統元年至二年(1909－1910)上海掃葉山房石印本　八冊

210000－0751－0000021　特 B222.1/4

四書古注群義彙解九種　（清）□□輯　清光緒十七年(1891)上洋鴻寶齋石印本　十四冊　缺十卷(孟子正義六至十五)

210000－0751－0000022　特 B222.13/3

四書地記六卷　（清）汪在中輯　清道光十年(1830)得心齋刻本　六冊

210000－0751－0000023　特 B222.2/2

孔子集語十七卷　（清）孫星衍輯　清光緒三年(1877)浙江書局刻本　二冊

210000－0751－0000024　特 B222.6/1

荀子二十卷附校勘補遺一卷　（唐）楊倞注
（清）盧文弨　（清）謝墉校　清嘉慶九年
(1804)姑蘇聚文堂刻本　八冊

210000－0751－0000025　特 B222.6/4

荀子二十卷　（唐）楊倞注　（清）謝墉輯補
清光緒二年(1876)浙江書局刻本　四冊

210000－0751－0000026　特 B222.6/5

荀子二十卷首一卷　（唐）楊倞注　王先謙集
解　清光緒十七年(1891)王氏刻本　六冊

210000－0751－0000027　特 B223.1/346

老子道德經二卷　（三國魏）王弼注　清光緒
元年(1875)浙江書局刻本　一冊

210000－0751－0000028　特 B223.2/1/1

列子八卷　（晉）張湛注　（唐）殷敬順釋文
清光緒二年(1876)浙江書局刻本　二冊

210000－0751－0000029　特 B223.5/1/2

莊子集釋十卷　（清）郭慶藩輯　清光緒二十
年(1894)思賢講舍刻本　八冊

210000－0751－0000030　特 B223.5/1/2

莊子集釋十卷　（清）郭慶藩輯　清光緒二十
年(1894)思賢講舍刻本　八冊

210000－0751－0000031　特 B223.5/3

莊子因六卷　（清）林雲銘撰　清光緒六年
(1880)常州涪本堂善書局刻本　四冊

210000－0751－0000032　特 B223.5/3/1

莊子因六卷　（清）林雲銘撰　清康熙刻本
三冊

210000－0751－0000033　特 B223.5/4

莊子十卷　（晉）郭象注　（唐）陸德明音義
清光緒二年(1876)浙江書局刻本　四冊

210000－0751－0000034　特 B223.9/1

參同契一卷　（漢）魏伯陽撰　陰符經一卷
（漢）張良等註撰　黃石公素書一卷　（宋）張
商英註　清嘉慶刻本　一冊

210000－0751－0000035　特 B223.9/2

文子纘義十二卷　（宋）杜道堅撰　清光緒三

年(1877)浙江書局刻本　二冊

210000－0751－0000036　特 B224.2/1

周子全書二十二卷　（宋）周敦頤撰　（宋）朱
熹注　清乾隆刻本　十冊

210000－0751－0000037　特 B224/1

墨子閒詁十五卷目錄一卷附錄一卷後語二卷
（清）孫詒讓撰　清光緒三十三年(1907)掃
葉山房石印本　八冊

210000－0751－0000038　特 B224/2

墨子十六卷附篇目考一卷　（清）畢沅注　清
光緒二年(1876)浙江書局刻本　四冊

210000－0751－0000039　特 B226.2/1/1

商君書五卷附攷一卷　（秦）商鞅撰　（清）嚴
萬里校　清光緒二年(1876)浙江書局刻本
一冊

210000－0751－0000040　特 B226.5/1/1

韓非子集解二十卷首一卷　（清）王先慎撰
清光緒二十二年(1896)王氏刻本　六冊

210000－0751－0000041　特 B226.5/2

韓非子二十卷附識誤三卷　（清）顧廣圻撰識
誤　清光緒元年(1875)浙江書局刻本　四冊

210000－0751－0000042　特 B229.1/1

屍子二卷存疑一卷　（清）汪繼培輯　清光緒
三年(1877)浙江書局刻本　一冊

210000－0751－0000043　特 B229.2/1

呂氏春秋二十六卷附攷一卷　（秦）呂不韋撰
（漢）高誘注　（清）畢沅校　清光緒元年
(1875)杭州浙江書局刻本　六冊

210000－0751－0000044　特 B234.2/2

新書十卷　（漢）賈誼撰　（清）盧文弨校　清
光緒元年(1875)浙江書局刻本　一冊

210000－0751－0000045　特 B234.25/1

董子春秋繁露十七卷附錄一卷　（漢）董仲舒
撰　清光緒二年(1876)浙江書局刻本　二冊

210000－0751－0000046　特 B234.4/1

淮南子二十一卷　（漢）劉安撰　（漢）高誘注
清光緒二年(1876)浙江書局刻本　四冊

210000 – 0751 – 0000047　　特 B234.4/1

淮南子二十一卷　（漢）劉安撰　（漢）高誘注
清光緒二年(1876)浙江書局刻本　六冊

210000 – 0751 – 0000048　　特 B234.99/1

揚子法言十三卷　（漢）揚雄著　（晉）李軌注
音義一卷　清光緒二年(1876)浙江書局刻
本　一冊

210000 – 0751 – 0000049　　特 B234.99/2

鹽鐵論十二卷　（漢）桓寬撰　（明）張之象注
清乾隆刻本　四冊

210000 – 0751 – 0000050　　特 B234.99/4

白虎通四卷　（漢）班固撰　清刻本　二冊

210000 – 0751 – 0000051　　特 B241.1/1

文中子中說十卷　（隋）王通撰　（宋）阮逸注
清光緒二年(1876)浙江書局刻本　一冊

210000 – 0751 – 0000052　　特 B244.6/1

河南二程全書六十七卷　（宋）程灝　（宋）程
頤撰　清康熙呂氏寶誥堂刻本　十冊

210000 – 0751 – 0000053　　特 B244.6/2

周易六卷易圖一卷　（宋）程頤撰　晦菴先生
校正周易繫辭精義二卷　（宋）呂祖謙編　清
光緒九年(1883)遵義黎氏刻本　三冊

210000 – 0751 – 0000054　　特 B244.6/3

河南程氏經說八卷　（宋）程頤撰　清刻本
二冊　存四卷(一至四)

210000 – 0751 – 0000055　　特 B244.7/1

近思錄十四卷　（宋）朱熹　（宋）呂祖謙輯
（清）江永集注　清同治八年(1869)江蘇書局
刻本　六冊

210000 – 0751 – 0000056　　特 B244.7/3/2

四書集註十九卷　（宋）朱熹章句集注　清光
緒四年(1878)京都隆福寺東聚珍堂書坊刻本
十四冊

210000 – 0751 – 0000057　　特 B244.7/5

小學集解六卷　（宋）朱熹撰　（清）張伯行輯
註　清同治十一年(1872)廣州郡署刻本
四冊

210000 – 0751 – 0000058　　特 B244.99/1

北溪字義二卷附錄一卷　（宋）陳淳撰　（清）
王雋集編　（清）戴嘉禧增訂　清光緒二十二
年(1896)吉林探源書舫刻本　二冊

210000 – 0751 – 0000059　　特 B244.99/2

司馬氏書儀十卷　（宋）司馬光撰　清同治七
年(1868)江蘇書局刻本　四冊

210000 – 0751 – 0000060　　特 B248.92/1

呂子節錄四卷　（明）呂坤撰　（清）陳弘謀評
輯　清宣統元年(1909)甘肅藩署刻本　二冊

210000 – 0751 – 0000061　　特 B249.2/1

王船山先生經史論八種七十三卷　（清）王夫
之撰　清光緒二十四年至二十五年(1898 –
1899)慎記書莊石印本　十六冊

210000 – 0751 – 0000062　　特 B249.2/3

船山遺書　（清）王夫之撰　清同治四年
(1865)曾國藩金陵刻本　一百冊

210000 – 0751 – 0000063　　特 B249.4/1

潛書四卷　（清）唐甄撰　（清）王聞遠編　清
光緒九年(1883)中江李氏刻本　四冊

210000 – 0751 – 0000064　　特 B249.9/2

道學淵源錄一百卷首一卷　（清）黃嗣東輯
清光緒三十四年(1908)鳳山學社鉛印本　十
四冊

210000 – 0751 – 0000065　　特 B249.9/3

理學正宗十五卷　（清）竇克勤撰　清光緒二
十年(1894)吉林探源書舫刻本　五冊

210000 – 0751 – 0000066　　特 B258/2

春秋董氏學八卷　康有爲撰　清光緒上海大
同譯書局刻本　六冊

210000 – 0751 – 0000067　　特 B258/3

康南海傳一卷　梁啓超撰　清光緒二十七年
(1901)日本雄武六郎鉛印本　一冊

210000 – 0751 – 0000068　　特 B82/1

養正遺規摘鈔一卷補鈔一卷　（清）陳弘謀編
（清）劉肇紳摘鈔　清同治七年(1868)湖北
崇文書局刻本　一冊

210000－0751－0000069　特 B82/2

教女遺規摘鈔一卷補鈔一卷　（清）陳弘謀編
（清）劉肇紳摘鈔　清同治七年（1868）湖北
崇文書局刻本　一冊

210000－0751－0000070　特 B82/3

訓俗遺規摘鈔四卷　（清）陳弘謀編　（清）劉
肇紳摘鈔　清同治七年（1868）湖北崇文書局
刻本　二冊

210000－0751－0000071　特 B823.1/1

顏氏家訓二卷　（北齊）顏之推撰　（明）程榮
校　明萬曆程榮刻本　一冊

210000－0751－0000072　特 B94/3

竹窗隨筆一卷竹窗二筆一卷竹窗三筆一卷
（明）釋袾宏撰　清光緒二十四年（1898）南京
金陵刻經處刻本　三冊

210000－0751－0000073　特 D092.52/1

盛世危言十四卷　（清）鄭觀應撰　清光緒二
十一年（1895）鉛印本　八冊

210000－0751－0000074　特 D092.52/1

盛世危言十四卷　（清）鄭觀應撰　清光緒二
十一年（1895）鉛印本　八冊

210000－0751－0000075　特 D092.52/1/1

盛世危言全編十四卷　（清）鄭觀應撰　清光
緒二十三年（1897）刻本　八冊

210000－0751－0000076　特 D5/1

五洲變通政治考十五卷　（□）□□撰　清光
緒二十八年（1902）石印本　十三冊

210000－0751－0000077　特 D69/1

通志二百卷　（宋）鄭樵撰　清咸豐九年
（1859）崇仁謝氏刻本　一百二十冊

210000－0751－0000078　特 D69/2

通典二百卷　（唐）杜佑纂　清咸豐九年
（1859）崇仁謝氏刻本　四十冊

210000－0751－0000079　特 D69/2/1

通典二百卷考證一卷　（唐）杜佑纂　清光緒
二十八年（1902）上海鴻寶書局石印本　十
二冊

210000－0751－0000080　特 D69/3

文獻通考三百四十八卷　（元）馬端臨撰　清
光緒二十八年（1902）上海鴻寶書局石印本
三十二冊

210000－0751－0000081　特 D69/3/1

文獻通考三百四十八卷　（元）馬端臨撰　清
咸豐九年（1859）崇仁謝氏刻本　一百冊

210000－0751－0000082　特 D69/3/2

文獻通考二十四卷首一卷　（元）馬端臨撰
清光緒二十五年（1899）上海點石齋石印本
二十二冊　存二十三卷（一至二十一、二十三
至二十四）

210000－0751－0000083　特 D69/4

皇朝文獻通考三百卷　（清）曹仁虎　（清）嵇
璜等纂修　清光緒二十八年（1902）上海鴻寶
書局石印本　三十二冊

210000－0751－0000084　特 D69/5

二十四史九通政典類要合編三百二十卷
（清）黃書霖輯　清光緒二十八年（1902）約雅
堂石印本　六十冊

210000－0751－0000085　特 D69/5

二十四史九通政典類要合編三百二十卷
（清）黃書霖輯　清光緒二十八年（1902）約雅
堂石印本　六十冊

210000－0751－0000086　特 D69/6

欽定續通典一百五十卷　（清）嵇璜等輯　清
光緒二十八年（1902）上海鴻寶書局石印本
九冊

210000－0751－0000087　特 D69/7

欽定續通志六百四十卷　（清）嵇璜等輯　清
光緒石印本　四十冊

210000－0751－0000088　特 D69/8

三通考輯要七十六卷　（清）湯壽潛輯　清光
緒二十五年（1899）圖書集成局鉛印本　三
十冊

210000－0751－0000089　特 D691.4/1

春秋辨疑　（宋）蕭楚撰　漢官舊儀二卷補遺

一卷　（漢）衛宏撰　清乾隆四十二年（1777）
福建刻道光、同治遞修光緒二十一年（1895）
增刻本　一冊　存五卷（春秋辨疑三至四，漢
官舊儀二卷、補遺一卷）

210000－0751－0000090　特 D691.4/2
欽定吏部處分則例五十二卷　（□）□□撰
清末官刻本　二十冊

210000－0751－0000091　特 D691.5/1
資治新書初集十四卷首一卷二集二十卷
（清）李漁輯　清末輔仁堂刻本　十六冊

210000－0751－0000092　特 D691.5/1/1
資治新書十四卷　（清）李漁輯　清末芥子園
刻本　十冊

210000－0751－0000093　特 D691.5/2
籌濟編三十二卷首一卷　（清）楊景仁輯　清
道光九年（1829）刻本　八冊

210000－0751－0000094　特 D691.5/3
省軒考古類編十二卷　（清）柴紹炳纂　（清）
姚廷謙評　清雍正四年（1726）雲間澹成堂刻
本　四冊

210000－0751－0000095　特 D691.5/4
欽定大清會典一百卷　（清）張廷玉等纂修
清乾隆二十九年至六十年（1764－1795）刻本
十六冊

210000－0751－0000096　特 D691.5/4/1
欽定大清會典一百卷　（清）崑岡等纂修　清
光緒三十四年（1908）上海商務印書館石印本
十冊

210000－0751－0000097　特 D691.5/4/2
大清會典四卷　（清）托津等纂修　清同治十
一年（1872）湖北崇文書局刻本　四冊

210000－0751－0000098　特 D691.5/4/3
欽定大清會典一百卷　（清）張廷玉等纂修
清乾隆二十九年至六十年（1764－1795）刻本
十二冊　存五十四卷（一至五十四）

210000－0751－0000099　特 D691.5/5
危言四卷　（清）湯震撰　清光緒二十四年

（1898）石印本　二冊

210000－0751－0000100　特 D691.5/6
欽定大清會典事例一千二百二十卷　（清）李
鴻章等撰　清光緒三十四年（1908）上海商務
印書館石印本　一百五十冊

210000－0751－0000101　特 D691.548/1
仕學全書上下編三十五卷　（明）魯論撰　清
乾隆十一年（1746）刻本　六冊

210000－0751－0000102　特 D691.549/2
時務通攷三十一卷　（清）杞盧主人輯　清光
緒二十三年（1897）上海點石齋石印本　二十
四冊

210000－0751－0000103　特 D691.549/2/1
時務通攷續編三十一卷　（清）杞盧主人輯
清光緒二十七年（1901）上海點石齋石印本
十六冊

210000－0751－0000104　特 D691.549/3
皇朝通志一百二十六卷　（清）嵇璜等總裁
清光緒二十八年（1902）上海鴻寶書局石印本
八冊

210000－0751－0000105　特 D691.549/3
皇朝通志一百二十六卷　（清）嵇璜等總裁
清光緒二十八年（1902）上海鴻寶書局石印本
八冊

210000－0751－0000106　特 D691.552/1
新義錄一百卷首一卷　（清）孫璧文輯　清光
緒二十七年（1901）兩湖書院刻本　四十八冊

210000－0751－0000107　特 D691.552/2
盛京典制備考八卷　（清）崇厚等輯　清光緒
二十五年（1899）太和山坊刻本　六冊

210000－0751－0000108　特 D691/2
從政遺規摘鈔二卷補鈔一卷　（清）陳弘謀編
　清同治七年（1868）湖北崇文書局刻本　二
冊　存二卷（摘鈔二卷）

210000－0751－0000109　特 D691/3
在官法戒錄摘鈔四卷　（清）陳弘謀輯　（清）
劉肇紳摘鈔　清同治七年（1868）湖北崇文書

局刻本　二册

210000－0751－0000110　特 D826/1

通商條約章程成案彙編三十卷　（清）李鴻章
撰　清光緒十二年(1886)鉛印本　十二册

210000－0751－0000111　特 D826/2

約章分類輯要三十八卷首一卷　（清）蔡乃煌
編　清光緒二十六年(1900)湖南商務局刻本
三十册

210000－0751－0000112　特 D829.12/1

出使美日秘國崔日記十六卷　（清）崔國因撰
清光緒二十年(1894)鉛印本　十二册

210000－0751－0000113　特 D829.15/1

通商各國條約不分卷　（□）□□撰　清末刻
本　十六册

210000－0751－0000114　特 D919.4/2

洗冤錄詳義四卷首一卷　（清）許槤編校　**洗
冤錄摭遺二卷**　（清）葛元煦撰　**洗冤錄摭遺
補一卷**　（清）张開運輯　**檢驗合參不分卷**
（清）郎錦騏纂輯　**檢驗集證不分卷**　（清）郎
錦騏纂輯　清光緒九年(1883)貴州臬署刻本
四册

210000－0751－0000115　特 D919.4/3

洗冤錄補註全纂六卷　（清）李虛舟補輯
（清）阮春畬補註　**洗冤錄檢驗集證上下卷**
（清）郎靜谷纂輯　清道光十五年(1835)上洋
寶善堂刻本　六册

210000－0751－0000116　特 E892.31/1

孫子十家註十三卷敍錄一卷遺說一卷　（清）
孫星衍　（清）吳人驥校　清光緒三年(1877)
浙江書局刻本　四册

210000－0751－0000117　特 E892/1

戊笈談兵十卷　（清）汪紱撰　清光緒二十年
至二十一年(1894－1895)刻本　十册

210000－0751－0000118　特 G256.1/1

書林清話十卷　葉德輝撰　清宣統三年
(1911)刻本　四册

210000－0751－0000119　特 G529.4/1

小學註鈔六卷　（明）陳選　（清）高愈註
（清）蔣允焄輯　清乾隆二十六年(1761)龍溪
縣崇文堂刻本　二册

210000－0751－0000120　特 G529.4/2

小學六卷　（宋）朱熹撰　（清）高愈纂註　清
同治八年(1869)江蘇書局刻本　一册

210000－0751－0000121　特 G529.52/1

奏定學堂章程二十種　（清）張百熙　（清）張
之洞等撰　清光緒山東官印書局鉛印本
五册

210000－0751－0000122　特 H11/3

音學五書三十八卷　（清）顧炎武撰　清光緒
十六年(1890)思賢講舍刻本　十二册

210000－0751－0000123　特 H11/3/1

音學五書　（清）顧炎武撰　清光緒觀稼樓刻
本　十册　存三十二卷(詩本音十卷、唐韻二
十卷、古音表上下)

210000－0751－0000124　特 H11/6

古韻標準四卷　（清）江永撰　（清）戴震參訂
清乾隆刻本　四册

210000－0751－0000125　特 H11/7

李氏音鑑六卷　（清）李汝珍撰　清同治七年
(1868)木樨山房刻本　四册

210000－0751－0000126　特 H11/8

聲譜二卷　（清）時庸勱學　清光緒十八年
(1892)河南星使行臺刻本　二册

210000－0751－0000127　特 H11/9

聲說二卷　（清）時庸勱學　清光緒十八年
(1892)河南星使行臺刻本　二册

210000－0751－0000128　特 H113.4/1

集韻十卷　（宋）丁度等撰　清光緒二年
(1876)川東館舍刻本　八册　缺二卷(八、
十)

210000－0751－0000129　特 H113.6/1

四音定切四卷首一卷　（清）劉熙載撰　清光
緒刻本　二册

210000－0751－0000130　特 H113.6/2

五方元音二卷 （清）樊騰鳳撰 （清）年希堯增補 清光緒十年(1884)文興堂刻本 四冊

210000－0751－0000131 特 H113.6/3

新增說文韻府羣玉二十卷 （元）陰時夫輯 （元）陰中夫註 （明）王元貞校正 清初文光堂刻本 二十冊

210000－0751－0000132 特 H113.6/5

剔弊廣增分韻五方元音韻法析說二卷首一卷 （清）樊騰鳳原撰 （清）趙培梓改編 清末京都文盛堂刻本 五冊

210000－0751－0000133 特 H114.2/1

中州音韻一卷 （清）張漢重校 清末石印本 一冊

210000－0751－0000134 特 H114.9/1

佩文詩韻釋要五卷 （清）周兆基 （清）孫詒經重輯 清光緒四年(1878)刻本 二冊

210000－0751－0000135 特 H114.9/1/1

佩文詩韻釋要五卷 （清）周兆基輯 清宣統三年(1911)上海商務印書館影印本 一冊 存三卷(一至三)

210000－0751－0000136 特 H12/1

字學舉隅續編二卷 （清）王維珍輯 清光緒二年(1876)刻本 二冊

210000－0751－0000137 特 H12/2

古籀餘論三卷 （清）孫詒讓撰 清光緒籀經樓刻本 二冊

210000－0751－0000138 特 H12/4

小學鉤沈十九卷 （清）任大椿撰 清光緒十年(1884)龍氏刻本 二冊

210000－0751－0000139 特 H122/5

六書分類十二卷首一卷 （清）傅世垚輯 清乾隆五十四年(1789)維隅堂刻本 十四冊

210000－0751－0000140 特 H123/1

隸韻十卷碑目一卷 （宋）劉球纂 **隸韻考證二卷碑目考證一卷** （清）翁方綱撰 清嘉慶十四年(1809)江都秦恩復刻本 六冊 存十卷(隸韻十卷)

210000－0751－0000141 特 H123/2

隸辨八卷 （清）顧藹吉撰 清光緒十三年(1887)上海蜚英館石印本 八冊

210000－0751－0000142 特 H123/5

隸辨八卷 （清）顧藹吉撰 清乾隆八年(1743)黃晟刻本 八冊

210000－0751－0000143 特 H131.2/1

爾雅二卷 （晉）郭璞注 （唐）陸德明音義 清嘉慶二十二年(1817)清芬閣刻本 二冊

210000－0751－0000144 特 H131.2/2

爾雅正義二十卷 （清）邵晉涵撰 **釋文三卷** （唐）陸德明撰 清乾隆五十三年(1788)餘姚邵氏家塾刻本 十冊

210000－0751－0000145 特 H131.2/2/1

爾雅正義二十卷 （清）邵晉涵撰 **釋文三卷** （唐）陸德明撰 清乾隆重刻本 八冊

210000－0751－0000146 特 H131.2/3

爾雅註疏十一卷 （晉）郭璞注 （宋）邢昺疏 清光緒八年(1882)崇德書院刻本 六冊

210000－0751－0000147 特 H131.2/5

爾雅音圖三卷 （晉）郭璞注 （清）姚之麟摹 清嘉慶六年(1801)刻光緒三年(1877)歙縣宋琪印本 一冊

210000－0751－0000148 特 H131.2/5/1

爾雅音圖三卷 （晉）郭璞注 （清）姚之麟摹 清嘉慶六年(1801)藝學軒刻本 二冊 缺卷三後

210000－0751－0000149 特 H131.3/1

釋名四卷 （漢）劉熙撰 清刻本 四冊

210000－0751－0000150 特 H131.4/1

廣雅疏證十卷 （清）王念孫撰 **博雅音十卷** （隋）曹憲撰 清末上海鴻章書局石印本 十六冊

210000－0751－0000151 特 H131.4/1/1

廣雅疏證十卷 （清）王念孫撰 **博雅音十卷** （隋）曹憲撰 清光緒五年(1879)淮南書局刻本 八冊

210000－0751－0000152　特 H131.5/1

駢雅七卷目錄一卷　（明）朱謀瑋撰　（清）魏
茂林訓纂　清光緒二十年（1894）上海積山書
局石印本　八冊

210000－0751－0000153　特 H131.5/2

拾雅二十卷　（清）夏味堂撰　清嘉慶二十五
年（1820）刻本　八冊

210000－0751－0000154　特 H113.6/7

五方元音十二卷　（清）樊騰鳳撰　（清）年希
堯增補　清宣統三年（1911）上海鑄記印刷所
石印本　四冊

210000－0751－0000155　特 H131.7/2

經籍纂詁一百六卷首一卷　（清）阮元撰集
清同治十二年（1873）揚州淮南書局刻本（卷
二十七至四十七、五十五至六十三、九十至一
百、一百三至一百六爲補配）　六十冊

210000－0751－0000156　特 H131.7/2/1

經籍纂詁一百六卷首一卷　（清）阮元撰集
清光緒六年（1880）揚州淮南書局補刻本（卷
三十二至四十七、五十五至六十三、九十至九
十三、九十八至一百、一百三至一百六爲補
配）　四十冊　存八十六卷（一至二十五、二
十九至五十一、五十五至七十、七十八至八十
八、九十至九十三、九十八至一百、一百三至
一百六）

210000－0751－0000157　特 H131/1

御定駢字類編二百四十卷　（清）沈宗敬等輯
　清光緒十三年（1887）上海同文書局石印本
四十八冊

210000－0751－0000158　特 H136.3/1

古格言十二卷　（清）梁章鉅輯　清道光刻本
二冊

210000－0751－0000159　特 H16/1

韵府鉤沈五卷　（清）雷浚撰　清光緒十三年
（1887）刻本　四冊

210000－0751－0000160　特 H16/2

韻補五卷　（宋）吳棫撰　韻補正一卷　（清）
顧炎武撰　清光緒九年（1883）邵武徐榦刻本

二冊

210000－0751－0000161　特 H161/1

說文字原考略六卷　（清）吳照輯　清乾隆五
十七年（1792）江西南昌吳照刻本　四冊

210000－0751－0000162　特 H161/16

文字蒙求廣義四卷　（清）王筠撰　（清）蒯光
典注　清末江楚書局刻本　五冊

210000－0751－0000163　特 H161/17

說文引經攷異十六卷　（清）柳榮宗撰　清咸
豐二年（1852）海州贛榆學署刻本　四冊

210000－0751－0000164　特 H161/2

說文辨字正俗八卷　（清）李富孫撰　清同治
九年（1870）校經廎刻本　四冊

210000－0751－0000165　特 H161/20

說文韻譜校五卷　（清）王筠撰　清光緒十六
年（1890）山東濰縣劉嘉禾刻本　二冊

210000－0751－0000166　特 H161/22

說文解字校錄十五卷　（清）鈕樹玉撰　清光
緒十一年（1885）蘇州江蘇書局刻本　十四冊

210000－0751－0000167　特 H161/25　特
H161/26　特 H161/27　特 H161/28

王氏說文四種八十四卷　（清）王筠撰　清同
治四年（1865）王彥侗刻本　三十二冊

210000－0751－0000168　特 H161/25/1

說文釋例二十卷釋例補正二十卷　（清）王筠
撰　清同治四年（1865）刻本　十冊

210000－0751－0000169　特 H161/27/1

說文繫傳校錄三十卷　（清）王筠撰　清同治
四年（1865）刻本　二冊

210000－0751－0000170　特 H161/26/1

說文解字句讀三十卷句讀補證三十卷　（漢）
許慎記　（清）王筠撰集　清同治四年（1865）
刻本　十六冊

210000－0751－0000171　特 H161/3

說文通檢十四卷首一卷末一卷　（清）黎永椿
編　清光緒二年（1876）湖北崇文書局刻本
二冊

210000 – 0751 – 0000172　特 H161/31

說文解字十五卷　（漢）許慎記　（宋）徐鉉等校定　清光緒十四年（1888）掃葉山房刻本十六冊

210000 – 0751 – 0000173　特 H161/32

說文引經考證七卷說文引經互異說一卷（清）陳瑑撰　清同治十三年（1874）湖北崇文書局刻本　二冊

210000 – 0751 – 0000174　特 H161/32

說文引經考證七卷說文引經互異說一卷（清）陳瑑撰　清同治十三年（1874）湖北崇文書局刻本　二冊

210000 – 0751 – 0000175　特 H161/36

說文解字注十五卷　（清）段玉裁注　清嘉慶十八年至二十年（1813 – 1815）經韻樓刻本十六冊

210000 – 0751 – 0000176　特 H161/37

說文解字注十五卷　（清）段玉裁注　清光緒十二年（1886）上海點石齋石印本　八冊

210000 – 0751 – 0000177　特 H161/39

說文解字通釋四十卷　（南朝唐）徐鍇撰　**校勘記三卷**　清道光十九年（1839）江蘇江陰祁寯藻刻本　十六冊

210000 – 0751 – 0000178　特 H161/39

說文解字通釋四十卷　（南朝唐）徐鍇撰　**校勘記三卷**　清道光十九年（1839）江蘇江陰祁寯藻刻本　八冊

210000 – 0751 – 0000179　特 H161/40

說文解字通釋四十卷　（南朝唐）徐鍇撰　清刻本　十六冊

210000 – 0751 – 0000180　特 H161/41

說文辨疑一卷附條記一卷　（清）顧廣圻撰清光緒三年（1877）湖北崇文書局刻本　一冊

210000 – 0751 – 0000181　特 H161/42

說文提要一卷　（清）陳建侯撰　清同治十二年（1873）湖北崇文書局刻本　一冊

210000 – 0751 – 0000182　特 H161/43

說文解字三十二卷　（漢）許慎撰　（清）段玉裁注　清同治六年（1867）蘇州保息局刻本十六冊

210000 – 0751 – 0000183　特 H161/45

說文段注訂補十四卷　（清）王紹蘭撰　清末吳興劉氏嘉業堂刻本　四冊

210000 – 0751 – 0000184　特 H161/47

惠氏讀說文記十五卷　（清）惠棟撰　清道光二十年（1840）守山閣刻本　一冊

210000 – 0751 – 0000185　特 H161/48

說文韻譜校五卷　（清）王筠撰　清光緒十六年（1890）濰縣劉嘉禾刻本　五冊

210000 – 0751 – 0000186　特 H161/6

說文古籀補十四卷附錄一卷補遺一卷　（清）吳大澂撰　清光緒十二年（1886）石印本二冊

210000 – 0751 – 0000187　特 H161/8

說文新附考六卷續考一卷　（清）鈕樹玉撰清同治十三年（1874）湖北崇文書局刻本二冊

210000 – 0751 – 0000188　特 H161/9

說文古籀疏證六卷原目一卷　（清）莊述祖撰　（清）管禮耕編　清光緒二十年（1894）天津明文堂刻本　四冊

210000 – 0751 – 0000189　特 H162/10

汗簡七卷目錄一卷　（後周）郭忠恕撰　（清）鄭珍箋正　清光緒十五年（1889）廣雅書局刻本　六冊

210000 – 0751 – 0000190　特 H162/2

篆字彙十二集　（清）佟世男輯　清康熙三十九年（1700）多山堂刻本　十二冊

210000 – 0751 – 0000191　特 H162/3

古籀拾遺三卷附宋政和禮器文字攷一卷（清）孫詒讓撰　清光緒浙江永嘉戴鍾毓刻本二冊

210000 – 0751 – 0000192　特 H162/4

增註字類標韻六卷補遺一卷　（清）華綱輯

（清）范多玨重訂　清光緒十三年(1887)文益堂刻本　二冊

210000－0751－0000193　特 H162/5

字彙十二卷首一卷末一卷　（清）梅膺祚撰
清三槐堂刻本　十四冊

210000－0751－0000194　特 H162/7

字鑑五卷　（元）李文仲撰　清康熙四十八年至六十一年(1709－1722)刻本　三冊

210000－0751－0000195　特 H163/1

說文解字十五篇三十卷六書音均表五卷
（清）段玉裁撰　說文通檢十四卷首一卷末一卷　（清）黎永椿編　說文解字注匡謬八卷
（清）徐承慶撰　清光緒十四年(1888)上海蜚英館石印本　七冊　缺三篇(說文解字十五篇一至三)

210000－0751－0000196　特 H163/2

康熙字典十二集四十二卷　（清）張玉書
（清）凌紹文等撰　清末上海錦章書局石印本
六冊

210000－0751－0000197　特 H163/2/1

康熙字典十二集四十二卷　（清）張玉書
（清）凌紹文等撰　清光緒二十年(1894)上海寶善書局石印本　六冊

210000－0751－0000198　特 H163/2/2

康熙字典十二集四十二卷　（清）張玉書
（清）凌紹文等撰　清道光七年(1827)刻本
四十冊

210000－0751－0000199　特 H163/3

字典考證十二卷　（清）王引之撰　清道光十一年(1831)愛日堂刻本　八冊

210000－0751－0000200　特 H163/4

續復古編四卷　（元）曹本撰　清光緒十二年(1886)歸安姚氏咫進齋刻本　四冊

210000－0751－0000201　特 H171/2

新方言十一卷　（清）章太炎撰　清末石印本
一冊　存二卷(一至二)

210000－0751－0000202　特 H194.1/1

讀書作文譜十二卷　（清）唐彪撰　清嘉慶十九年(1814)刻本　三冊

210000－0751－0000203　特 H194.1/10

百家姓考略二卷　（清）王相箋注　清光緒掃葉山房刻本　一冊

210000－0751－0000204　特 H194.1/2

父師善誘法二卷　（清）唐彪撰　清嘉慶十九年(1814)刻本　一冊

210000－0751－0000205　特 H194.1/4

重訂古文釋義新編八卷　（清）余誠評註　清同治六年(1867)緯文堂刻本　八冊

210000－0751－0000206　特 H194.1/8

龍文鞭影初集二卷二集二卷　（明）蕭良有撰
（明）楊臣諍增訂　清光緒十二年至十三年(1886－1887)江左書林刻本　四冊

210000－0751－0000207　特 H194.1/8/1

龍文鞭影初集二卷二集二卷　（明）蕭良有撰
（明）楊臣諍增訂　清光緒十年(1884)北京文和堂刻本　四冊

210000－0751－0000208　特 H194.1/9

三字經訓詁一卷　（宋）王應麟撰　（清）王相訓詁　（清）徐士業增補　清光緒十年(1884)掃葉山房刻本　一冊

210000－0751－0000209　特 I206.2/1

文心雕龍十卷　（南朝梁）劉勰撰　（清）黃叔琳注　（清）紀昀評　清道光十三年(1833)兩廣節署刻朱墨套印刻本　四冊

210000－0751－0000210　特 I207.21/2

詩韻集成十卷附詞林典腋　（清）余照輯　清光緒五年(1879)紫文閣刻本　四冊

210000－0751－0000211　特 I207.21/6

增廣詩韻全璧五卷檢韻一卷　（清）湯祥瑟輯
清光緒十九年(1893)上海點石齋石印本
六冊

210000－0751－0000212　特 I207.22/1

呂氏家塾讀詩記三十二卷　（宋）呂祖謙撰
續呂氏家塾讀詩記三卷　（宋）戴溪撰　清末

刻本　十二冊

210000－0751－0000213　特 I207.22/13
詩比興箋四卷　（清）陳沆撰　清光緒九年
（1883）彭祖賢刻本　二冊

210000－0751－0000214　特 I207.22/14
詩總聞二十卷　（宋）王質撰　清刻本　六冊

210000－0751－0000215　特 I207.22/15
東嵒艸堂評訂唐詩鼓吹十卷　（金）元好問輯
　（元）郝天挺注　（明）廖文炳解　（清）朱
三錫評　清康熙古講堂刻本　十冊

210000－0751－0000216　特 I207.22/16
全唐詩話六卷　（宋）尤袤撰　清宣統三年
（1911）上海三樂堂石印本　六冊

210000－0751－0000217　特 I207.22/18
談藝珠叢四十四卷　（清）王啟原輯　清光緒
十一年（1885）長沙玉尺山房刻本　十冊

210000－0751－0000218　特 I207.22/25
古唐詩合解十六卷　（清）王堯衢注　清光緒
十八年（1892）文成堂刻本　四冊

210000－0751－0000219　特 I207.22/25/1
古唐詩合解十六卷　（清）王堯衢注　清光緒
十一年（1885）文英堂刻本　六冊

210000－0751－0000220　特 I207.22/26
東坡先生詩集註三十二卷　（宋）蘇軾撰
（宋）王十朋纂集　明刻清印本　十四冊

210000－0751－0000221　特 I207.22/27
施註蘇詩四十二卷總目二卷　（宋）蘇軾撰
（宋）施元之注　（清）邵長蘅刪補　蘇詩續補
遺二卷　（清）馮景補註　東坡先生年譜一卷
　（宋）王崇稷撰　清康熙刻本　十六冊　缺
一卷（年譜一卷）

210000－0751－0000222　特 I207.22/27/1
施註蘇詩四十二卷總目二卷　（宋）蘇軾撰
（宋）施元之注　（清）邵長蘅刪補　蘇詩續補
遺二卷　（清）馮景補註　東坡先生年譜一卷
　（宋）王崇稷撰　清刻本　十五冊　存九卷
（一至九）

210000－0751－0000223　特 I222.744/4
山谷詩集注　（宋）黃庭堅撰　（宋）任淵注
外集詩註十七卷　（宋）黃庭堅撰　（宋）史容
注　別集詩註二卷　（宋）黃庭堅撰　（宋）史
季溫補注　清光緒二十一年至二十六年
（1895－1900）陳三立刻本　二十冊

210000－0751－0000224　特 I207.22/30
隨園詩話十六卷補遺十卷　（清）袁枚撰　清
乾隆五十七年至嘉慶元年（1792－1796）刻本
　八冊

210000－0751－0000225　特 I207.22/31
律賦準繩二卷摘聯一卷要言一卷　（清）繆裕
紱輯　（清）佟炳章注　清光緒十年（1884）華
翰齋刻朱墨套印本　二冊

210000－0751－0000226　特 I207.22/32
漁隱叢話前集六十卷後集四十卷　（宋）胡仔
撰　清乾隆五年至六年（1740－1741）楊佑啓
耘經樓刻本　八冊

210000－0751－0000227　特 I207.22/33
三百篇原聲七卷　（清）夏味堂撰　清嘉慶十
二年（1807）楳華書屋刻本　一冊

210000－0751－0000228　特 I207.22/7
帶經堂詩話三十卷首一卷附墓誌銘一卷
（清）王士禎撰　（清）張宗柟輯　清乾隆五十
四年（1789）紹興補刻本　十冊

210000－0751－0000229　特 I207.22/7/1
帶經堂詩話三十卷首一卷　（清）王士禎撰
（清）張宗柟輯　清同治十二年（1873）廣州藏
修堂刻本　十冊

210000－0751－0000230　特 I207.22/7/1
帶經堂詩話三十卷首一卷　（清）王士禎撰
（清）張宗柟輯　清同治十二年（1873）廣州藏
修堂刻本　十冊

210000－0751－0000231　特 I207.23/10
白雨齋詞話八卷詞存一卷詩鈔一卷　（清）陳
廷焯撰　清光緒二十年（1894）刻本　四冊

210000－0751－0000232　特 I207.23/15

詞譜四十卷　（清）王奕清等撰　清末影印本
十九冊　存三十六卷（五至四十）

210000－0751－0000233　特 I207.23/2
詞源二卷　（宋）張炎編　詞旨　（元）陸行直
撰　樂府指迷　（宋）沈義父撰　清光緒十三
年（1887）長沙刻本　一冊

210000－0751－0000234　特 I207.24/1
曲譜大成總論　（□）□□撰　清末抄本
一冊

210000－0751－0000235　特 I207.37/6
觀劇絕句三卷　（清）金德瑛撰　清光緒三十
四年（1908）長沙葉氏觀古堂刻本　一冊

210000－0751－0000236　特 I211/1
文苑英華一千卷　（宋）李昉等輯　明隆慶元
年（1567）胡維新、戚繼光刻隆慶六年至萬曆
三十六年（1572－1608）遞修本　一百一冊

210000－0751－0000237　特 I211/10
忠雅堂評選四六法海八卷　（明）王志堅輯
（清）蔣士銓評選　清同治十年（1871）藏園刻
朱墨套印本　八冊

210000－0751－0000238　特 I211/12
古文觀止十二卷　（清）吳乘權　（清）吳大職
輯並評　清光緒二十五年（1899）刻本　六冊

210000－0751－0000239　特 I211/13
御選唐宋文醇五十八卷　（清）高宗弘曆選
（清）允祿等輯　清光緒二十三年（1897）經綸
元記刻本　二十四冊

210000－0751－0000240　特 I211/15
涵芬樓古今文鈔一百卷　吳曾祺輯　清宣統
二年（1910）上海商務印書館鉛印本　一百冊

210000－0751－0000241　特 I211/16
古文辭類纂七十四卷　（清）姚鼐輯　清光緒
三十三年（1907）上海商務印書館鉛印本
九冊

210000－0751－0000242　特 I211/17
續古文辭類纂三十四卷　王先謙纂　清光緒
三十三年（1907）上海商務印書館鉛印本

三冊

210000－0751－0000243　特 I211/2
文選六十卷　（南朝梁）蕭統輯　（唐）李善等
注　清光緒十一年（1885）上海同文書局石印
本　十冊

210000－0751－0000244　特 I211/2/1
文選六十卷　（南朝梁）蕭統輯　（唐）李善等
注　考異十卷　（清）胡克家撰　清末會文堂
書局石印本　十六冊

210000－0751－0000245　特 I211/2/2
文選六十卷　（南朝梁）蕭統輯　（唐）李善等
注　考異十卷　（清）胡克家撰　清末上海會
文堂新記書局石印本　十六冊

210000－0751－0000246　特 I211/2/3
文選六十卷　（南朝梁）蕭統輯　（唐）李善等
注　考異十卷　（清）胡克家撰　清嘉慶十四
年（1809）胡克家刻本　二十四冊

210000－0751－0000247　特 I211/20
古文淵鑒六十四卷　（清）聖祖玄燁選　（清）
徐乾學等編注　清康熙刻本　三十二冊

210000－0751－0000248　特 I211/25
詩詞雜俎二十五卷　（明）毛晉輯　明天啟、
崇禎毛晉汲古閣刻清乾隆古松堂印本　八冊
存二十四卷

210000－0751－0000249　特 I211/26
文選古字通疏六卷　（清）薛傳均撰　清光緒
傅世洵刻玲瓏山館叢書本　一冊

210000－0751－0000250　特 I211/27
文選旁證四十六卷　（清）梁章鉅撰　清光緒
八年（1882）吳下許應鎔刻本　十二冊

210000－0751－0000251　特 I211/28
古文析義十四卷　（清）林雲銘評註　清刻本
六冊

210000－0751－0000252　特 I211/3
唐宋八家文讀本三十卷　（清）沈德潛評點
清光緒二十七年（1901）上海同文俊記石印本
八冊

210000－0751－0000253　特 I211/30

唐宋八大家類選十四卷　（清）儲欣選評　清光緒十八年（1892）湖北官書處刻本　六冊

210000－0751－0000254　特 I211/4

重訂文選集評十五卷首一卷末一卷　（清）于光華編　清同治九年（1870）刻本　十六冊

210000－0751－0000255　特 I213.7/3

陶淵明詩集十卷　（晉）陶潛撰　清道光二十一年（1841）十芝堂刻本　三冊

210000－0751－0000256　特 I214.21/1/1

文粹一百卷　（宋）姚鉉輯　文粹補遺二十六卷　（清）郭麐撰　清光緒十六年（1890）杭州許氏榆園刻本　二十四冊

210000－0751－0000257　特 I214.21/1 特 I214.21/2

文粹一百卷　（宋）姚鉉輯　文粹補遺二十六卷　（清）郭麐撰　清光緒十六年（1890）杭州許氏榆園刻本　二十冊

210000－0751－0000258　特 I214.21/3

李文公集十八卷補遺一卷附錄一卷　（唐）李翱撰　清光緒元年（1875）讀有用書齋刻三唐人集本　四冊

210000－0751－0000259　特 I214.21/4

孫可之文集十卷　（唐）孫樵撰　清光緒二年（1876）讀有用書齋刻三唐人集本　一冊

210000－0751－0000260　特 I214.21/5

皇甫持正文集六卷補遺一卷　（唐）皇甫湜撰　清光緒二年（1876）讀有用書齋刻三唐人集本　一冊

210000－0751－0000261　特 I214.22/11

韓文公文抄十六卷　（唐）韓愈撰　（明）茅坤評點　明萬曆七年（1579）方應祥刻本　五冊

210000－0751－0000262　特 I214.22/14

李太白全集十六卷　（唐）李白撰　（清）李調元等編訂　清光緒九年（1883）王鴻儒刻本　八冊

210000－0751－0000263　特 I214.22/15

李太白文集三十六卷　（唐）李白撰　（清）王琦輯註　清刻本　十六冊

210000－0751－0000264　特 I214.22/18

重刊五百家註音辯昌黎先生文集四十卷目錄一卷　（唐）韓愈撰　（宋）魏仲舉輯注　清刻本　十六冊

210000－0751－0000265　特 I214.22/9

樊南文集詳註八卷　（唐）李商隱撰　（清）馮浩編訂　清同治七年（1868）上海馮寶圻刻本　四冊

210000－0751－0000266　特 I214.41/1

宋四六選二十四卷　（清）彭元瑞　（清）曹振鏞輯　清乾隆四十一年（1776）北京曹振鏞刻本　八冊

210000－0751－0000267　特 I214.42/14

岳忠武王文集八卷首一卷末一卷　（宋）岳飛撰　清嘉慶刻本　一冊

210000－0751－0000268　特 I214.42/15　特 I214.42/16　特 I214.42/17　特 I214.42/18　特 I214.42/19　特 I214.42/20

眞西山全集　（宋）眞德秀撰　清康熙家祠刻同治三年（1864）印本　一百冊

210000－0751－0000269　特 I214.42/2

盧陵宋丞相信國公文忠烈先生全集十六卷　（宋）文天祥撰　清道光十年（1830）榮秩堂刻本　十六冊

210000－0751－0000270　特 I214.42/6

後山先生集二十四卷首一卷　（宋）陳師道撰　清光緒十一年（1885）廣州萃文堂刻本　六冊

210000－0751－0000271　特 I214.91/1

詞科掌錄十七卷餘話七卷　（清）杭世駿撰　清乾隆道古堂刻本　六冊

210000－0751－0000272　特 I214.92/12

霜紅龕集四十卷　（清）傅山撰　附錄三卷年譜一卷　丁寶銓輯　清宣統三年（1911）丁寶銓太原節署刻本　十二冊

210000－0751－0000273　特 I214.92/14

錢南園先生遺集五卷　（清）錢灃撰　清光緒十九年（1893）浙江書局刻本　二冊

210000－0751－0000274　特 I214.92/15

四憶堂詩集六卷遺稿一卷　（清）侯方域撰（清）賈開宗等選注　清光緒刻本　二冊

210000－0751－0000275　特 I214.92/16

問字堂集六卷贈言一卷　（清）孫星衍撰　清光緒十年（1884）四明是亦軒刻本　二冊

210000－0751－0000276　特 I214.92/17

漁洋山人文略十四卷　（清）王士禛撰　清康熙三十四年（1695）刻本　六冊

210000－0751－0000277　特 I214.92/2

壯悔堂文集十卷遺稿一卷四憶堂詩集六卷遺稿一卷　（清）侯方域撰　（清）賈開宗等評點　年譜一卷　（清）侯洵撰　清光緒刻本　八冊

210000－0751－0000278　特 I214.92/32

顧亭林先生遺書　（清）顧炎武撰　清蓬瀛閣刻本　八冊　存十種二十七卷

210000－0751－0000279　特 I214.92/35

遜學齋文鈔十二卷首一卷末一卷　（清）孫衣言撰　清同治十二年（1873）刻光緒續刻本　五冊

210000－0751－0000280　特 I214.92/36

遜學齋文續鈔五卷　（清）孫衣言撰　清光緒刻本　二冊

210000－0751－0000281　特 I214.92/37

遜學齋詩鈔十卷　（清）孫衣言撰　清同治三年（1864）刻本　二冊

210000－0751－0000282　特 I214.92/38

遜學齋詩續鈔五卷　（清）孫衣言撰　清光緒刻本　一冊

210000－0751－0000283　特 I214.92/4

小倉山房外集八卷　（清）袁枚撰　清隨園刻本　三冊

210000－0751－0000284　特 I215.22/1

適可齋記言四卷記行六卷　（清）馬建忠撰　清光緒二十二年（1896）馬建忠刻本　四冊

210000－0751－0000285　特 I215.22/3

養知書屋文集二十八卷　（清）郭嵩燾撰　清光緒十八年（1892）長沙王先謙刻本　十二冊

210000－0751－0000286　特 I222.2/1

詩毛氏傳疏三十卷　（清）陳奐撰　清光緒十年（1884）朱氏刻本　十冊

210000－0751－0000287　特 I222.2/12

附釋音毛詩注疏七十卷　（漢）毛亨傳　（漢）鄭玄箋　（唐）陸德明音義　（唐）孔穎達疏　校勘記七十卷　（清）阮元撰　（清）盧宣旬錄　清嘉慶二十年（1815）刻本　八冊　存十二卷

210000－0751－0000288　特 I222.2/14

毛詩註疏二十卷　（漢）鄭玄箋　（唐）孔穎達疏　明崇禎三年（1630）古虞毛氏汲古閣刻十三經註疏本　二十四冊

210000－0751－0000289　特 I222.2/17

詩古微三編卷首一卷　（清）魏源撰　清光緒十三年（1887）刻本　八冊

210000－0751－0000290　特 I222.2/19

詩經八卷　（宋）朱熹集傳　清同治三年（1864）緯文堂刻本　四冊

210000－0751－0000291　特 I222.2/19/1

詩經八卷　（宋）朱熹集傳　清光緒三十一年（1905）上海掃葉山房鉛印本　四冊

210000－0751－0000292　特 I222.2/2

釋毛詩音四卷　（清）陳奐撰　清光緒十年（1884）朱氏刻本　與 210000－0751－0000294 合冊

210000－0751－0000293　特 I222.2/21

韓詩外傳十卷　（漢）韓嬰撰　清乾隆至嘉慶刻本　一冊

210000－0751－0000294　特 I222.2/3

毛詩說一卷　（清）陳奐撰　清光緒十年（1884）朱氏刻本　與 210000－0751－0000292

合册

210000－0751－0000295　特 I222.2/4

毛詩傳義類一卷　（清）陳奐撰　清光緒十年
(1884)朱氏刻本　與 210000－0751－0000296
合册

210000－0751－0000296　特 I222.2/5

鄭氏箋攷徵一卷　（清）陳奐撰　清光緒十年
(1884)朱氏刻本　與 210000－0751－0000295
合册

210000－0751－0000297　特 I222.2/6

御纂詩義折中二十卷　（清）傅恒等撰　清末
京都文成堂刻本　六册

210000－0751－0000298　特 I222.2/6/1

御纂詩義折中二十卷　（清）傅恒等撰　清刻
本　八册

210000－0751－0000299　特 I222.2/6/2

御纂詩義折中二十卷　（清）傅恒等撰　清掃
葉山房刻本　十二册

210000－0751－0000300　特 I222.2/7

毛詩韻訂十卷　（清）苗夔撰　清咸豐元年
(1851)漢專亭刻本　三册

210000－0751－0000301　特 I222.3/1

屈宋古音義三卷　（明）陳第撰　清同治十二
年(1873)成都渭南嚴氏刻本　一册　存一卷
(一)

210000－0751－0000302　特 I222.5/1

駢體文鈔三十一卷　（清）李兆洛輯　清光緒
八年(1882)上海刻本　六册

210000－0751－0000303　特 I222.5/1/1

駢體文鈔三十一卷　（清）李兆洛輯　清同治
六年(1867)婁江徐氏刻本　八册

210000－0751－0000304　特 I222.5/5

國朝十家四六文鈔　王先謙輯　清光緒十五
年(1889)長沙王氏刻本　四册　存十種(孟
塗駢體文鈔、子諴駢體文鈔、蘭石齋駢體文
抄、萬善花室駢體文鈔、柏梘山房駢體文鈔、
梧生駢體文鈔、思益堂駢體文鈔、湘綺駢體文

鈔、琴鶴山房駢體文鈔、湖塘林館駢體文鈔)

210000－0751－0000305　特 I222.6/5

樂府詩集一百卷目錄二卷　（宋）郭茂倩輯
清光緒元年(1875)湖北崇文書局刻本　十六
册　缺一卷(目錄上)

210000－0751－0000306　特 I222.6/5/1

樂府詩集一百卷目錄二卷　（宋）郭茂倩輯
清光緒元年(1875)湖北崇文書局刻本　十
六册

210000－0751－0000307　特 I222.7/1

**吳詩集覽二十卷補注二十卷談藪二卷拾遺一
卷**　（清）吳偉業撰　（清）靳崇藩輯注　清乾
隆四十年(1775)大名郡靳榮藩凌雲亭刻本
十五册　缺一卷(拾遺一卷)

210000－0751－0000308　特 I222.74/1

御選唐宋詩醇四十七卷目錄二卷　（清）弘晝
（清）梁詩正等編　清光緒十八年(1892)學
庫山房刻本　二十四册

210000－0751－0000309　特 I222.74/2

中晚唐詩叩彈集十二卷　（清）杜詔　（清）杜
庭珠集　清同治十二年(1873)寶應鑄經堂刻
本　六册

210000－0751－0000310　特 I222.742/1

全唐詩九百卷目錄十二卷　（清）彭定求等輯
清康熙四十四年至四十六年(1705－1707)
揚州詩局刻本　一百二十册

210000－0751－0000311　特 I222.742/1/1

全唐詩九百卷目錄十二卷　（清）彭定求等輯
清光緒元年(1875)饒玉成雙峰書屋刻本
一百十九册　缺四卷(杜甫六至九)

210000－0751－0000312　特 I222.742/10

杜詩詳註二十五卷首一卷附編二卷　（唐）杜
甫撰　（清）仇兆鰲輯註　清康熙四十二年至
六十一年(1703－1722)刻本　十二册　缺二
卷(附編二卷)

210000－0751－0000313　特 I222.742/10/1

杜詩詳註二十五卷首一卷附編二卷　（唐）杜

甫撰 （清）仇兆鰲輯註 清康熙四十三年至六十一年（1704－1722）刻本 十六冊

210000－0751－0000314 特 I222.742/11

杜詩鏡銓二十卷年譜一卷附錄一卷 （唐）杜甫撰 清乾隆五十七年（1792）九柏山房刻本 十冊

210000－0751－0000315 特 I222.742/14

御定全唐詩錄一百卷附御定全唐詩人年表 （清）徐倬等輯 清康熙四十五年（1706）揚州詩局刻本 三十冊

210000－0751－0000316 特 I222.742/17

應試唐詩類釋十九卷 （清）臧岳輯 清本立堂刻本 六冊

210000－0751－0000317 特 I222.742/18

李長吉集四卷外集一卷 （唐）李賀撰 （明）黃諄耀評 （清）黎簡批點 清宣統元年（1909）上海掃葉山房石印本 二冊

210000－0751－0000318 特 I222.742/21

杜工部集二十卷 （唐）杜甫撰 （清）錢謙益箋註 清宣統三年（1911）上海時中書局石印本 八冊

210000－0751－0000319 特 I222.742/23

昌黎先生詩集注十一卷附韓愈舊唐書本傳一卷年譜一卷 （清）顧嗣立刪補 （清）朱彝尊 （清）何焯評 清光緒九年（1883）廣州翰墨園刻本 八冊 存十一卷（集注十一卷）

210000－0751－0000320 特 I222.742/24

讀杜心解六卷首二卷 （唐）杜甫 （清）浦起龍撰 清雍正寧我齋刻乾隆靜寄束軒印本 十二冊

210000－0751－0000321 特 I222.742/29

十種唐詩選十七卷 （清）王士禎刪纂 清康熙刻本 九冊

210000－0751－0000322 特 I222.742/3

唐四家詩二十八卷 （唐）孟浩然等撰 清光緒十年（1884）上海同文書局石印本 八冊

210000－0751－0000323 特 I222.742/30

唐賢三昧集三卷 （清）王士禎輯 清康熙刻本 三冊

210000－0751－0000324 特 I222.742/4

杜工部集二十卷首一卷 （唐）杜甫撰 （明）王世貞等評 清道光十四年（1834）盧坤芸葉盦刻本 八冊

210000－0751－0000325 特 I222.742/5

唐詩別裁集引典備註二十卷 （清）沈德潛輯 （清）俞汝昌增注 清末富春堂刻本 十六冊

210000－0751－0000326 特 I222.742/5

唐詩別裁集引典備註二十卷 （清）沈德潛輯 （清）俞汝昌增注 清末富春堂刻本 十六冊

210000－0751－0000327 特 I222.742/5/1

唐詩別裁集引典備註二十卷 （清）沈德潛輯 清道光十七年（1837）白鹿山房刻本 十六冊

210000－0751－0000328 特 I222.742/6

唐詩掞藻八卷 （清）高士奇輯 清康熙三十二年（1693）刻本 四冊

210000－0751－0000329 特 I222.742/7

白香山詩集四十卷 （唐）白居易撰 （清）汪立名編訂 清康熙四十二年（1703）一隅草堂刻本 十二冊

210000－0751－0000330 特 I222.742/8

庚辰集五卷唐人試律說一卷 （清）紀昀輯 清刻本 六冊

210000－0751－0000331 特 I222.742/9

李長吉歌詩四卷外集一卷首一卷 （唐）李賀撰 （清）王琦彙解 清乾隆二十五年（1760）寶笏樓刻本 四冊

210000－0751－0000332 特 I222.742/9/1

李長吉歌詩四卷外集一卷首一卷 （唐）李賀撰 （清）王琦彙解 清宣統元年（1909）掃葉山房石印本 四冊

210000－0751－0000333 特 I222.744/1

南宋雜事詩七卷　（清）沈嘉轍等撰　清康熙
武林芹香齋刻本　二冊

210000－0751－0000334　特 I222.744/1/1

南宋雜事詩七卷　（清）沈嘉轍等撰　清康熙
武林芹香齋刻本　四冊

210000－0751－0000335　特 I222.744/12

宋東坡詩選一卷　（宋）蘇軾撰　清康熙三十
二年(1693)刻宋十五家詩選本　二冊

210000－0751－0000336　特 I222.744/2

蘇東坡詩集注三十二卷年譜一卷　（宋）蘇東
坡撰　（宋）呂祖謙分編　（宋）王十朋纂輯
（清）朱從延重校　清康熙三十七年(1698)朱
從延文蔚堂刻本　六冊　存十九卷(十四至
三十二)

210000－0751－0000337　特 I222.744/6

后山詩十二卷　（宋）陳師道撰　（宋）任淵注
清光緒刻本　四冊

210000－0751－0000338　特 I222.747/1

元詩選初集九集一百十四首一卷　（清）顧嗣
立集　清康熙三十二年至三十三年(1693－
1694)蘇州顧氏秀野草堂刻本　二十四冊

210000－0751－0000339　特 I222.749/1

白香亭詩三卷　（清）鄧輔綸撰　清光緒十九
年(1893)東河督署刻本　二冊

210000－0751－0000340　特 I222.749/16

存素堂詩彙十三卷　（清）錢寶琛撰　清同治
七年(1868)刻本　二冊

210000－0751－0000341　特 I222.749/3

樓邨詩集二十五卷　（清）王式丹撰　清雍正
四年(1726)烏程王懋訥刻本　六冊

210000－0751－0000342　特 I222.752/2

劉注七家詩十二卷　（清）劉培棠輯注　清光
緒十五年(1889)李文煥刻本　十二冊

210000－0751－0000343　特 I222.84/3

三家宮詞三卷二家宮詞二卷　（明）毛晉輯
清同治十二年(1873)淮南書局刻本　二冊

210000－0751－0000344　特 I222.84/4

汲古閣宋元詞抄七十種　（明）毛晉輯　明末
毛氏汲古閣抄本　十六冊　存二十一種(逃
禪詞一卷、梅溪詞一卷、于湖先生長短句五
卷、片玉集十集、東山詞一卷、圭塘集一卷、斷
腸詞一卷、竹有詞一卷、空同詞一卷、石屏詞
一卷、簡齋詞一卷、雲林樂府一卷、松雪詞一
卷、白石詞選一卷、樂章集三卷、溪堂詞一卷、
東坡詞二卷、笑笑詞一卷、玉笥山人詞、稼軒
詞丙集、渭南詞二卷)

210000－0751－0000345　特 I222.84/5

詞綜三十八卷　（清）朱彝尊纂　（清）王昶補
纂　清光緒二十八年(1902)金匱浦氏刻本
十冊

210000－0751－0000346　特 I222.84/6

詞學叢書　（清）秦恩復輯　清嘉慶、道光江
都秦氏享帚精舍刻光緒六年(1880)邗江承啓
堂重修本　十二冊

210000－0751－0000347　特 I222.842/1

唐五代詞選三卷　（清）成肇麐輯　清光緒十
三年(1887)長沙刻本　一冊

210000－0751－0000348　特 I222.844/3

宋四家詞選　（清）周濟輯注　清光緒十三年
(1887)長沙刻本　一冊

210000－0751－0000349　特 I222.844/4

夢窗甲稿一卷乙稿一卷丙稿一卷丁稿一卷補
遺一卷　（宋）吳文英撰　校勘夢窗詞劄記一
卷　（清）王鵬運撰　清光緒三十年(1904)四
印齋刻本　二冊

210000－0751－0000350　特 I222.844/8

宋名家詞　（明）毛晉輯　清光緒十四年
(1888)錢唐汪氏刻本　二十四冊　存八十
九卷

210000－0751－0000351　特 I222.844/9

宋七家詞選七卷玉田先生樂府指迷一卷
（清）戈載輯　清光緒十一年(1885)刻本
四冊

210000－0751－0000352　特 I222.849/1

詞選二卷　（清）張惠言輯　續詞選二卷

（清）董毅輯　附錄一卷　（清）鄭善長輯　清光緒十三年(1887)長沙刻本　一冊

210000－0751－0000353　特 I222.849/4
納蘭詞五卷補遺一卷　（清）納蘭性德撰　清光緒六年(1880)仁和許增娛園刻本　二冊

210000－0751－0000354　特 I222.849/5
詞學全書四種十六卷　（清）查培繼輯　清世德堂刻本　十二冊

210000－0751－0000355　特 I222/2
七家試帖輯註彙鈔　（清）張熙宇輯評　（清）王植桂輯註　清光緒十八年(1892)湖南寶慶務本書局刻本　八冊　存九卷(澹香齋試帖輯註一卷、修竹齋試帖輯註一卷、尚絅堂試帖輯註一卷、橝花館試帖輯註一卷、桐雲閣試帖輯註二卷、簡學齋試帖輯註一卷、西漚試帖輯註二卷)

210000－0751－0000356　特 I222/2/1
七家試帖輯註彙鈔　（清）張熙宇輯評　（清）王植桂輯註　清光緒六年(1880)掃葉山房刻本　八冊　存九卷(澹香齋試帖輯註一卷、修竹齋試帖輯註一卷、桐雲閣試帖輯註二卷、西漚試帖輯註二卷、橝花館試帖輯註一卷、尚絅堂試帖輯註一卷、簡學齋試帖輯註一卷)

210000－0751－0000357　特 I222/3
歷朝名媛詩詞十二卷　（清）陸昶輯併評　清乾隆三十八年(1773)紅樹樓刻本　四冊

210000－0751－0000358　特 I222/4
八代詩選二十卷　（清）王闓運撰　清光緒七年(1881)四川尊經書局刻本　六冊

210000－0751－0000359　特 I236.53/17
絲竹怡情　（□）□□撰　清抄本　四冊

210000－0751－0000360　特 I237.1/22
紅樓夢散套十六齣　（清）吳鎬撰　（清）黃兆魁譜　清嘉慶蟾波閣刻本　二冊　存七卷(一至四、十四至十六)

210000－0751－0000361　特 I237.2/17
玉茗堂還魂記二卷三十一齣　（明）湯顯祖撰

清乾隆五十年(1785)冰絲館刻本　四冊

210000－0751－0000362　特 I237.2/56
玉茗堂還魂記二卷三十一齣　（明）湯顯祖撰　清末貴池劉氏暖紅室刻本　四冊

210000－0751－0000363　特 I237.1/30
曲錄六卷　王國維撰　清宣統元年(1909)晨風閣刻晨風閣叢書本　三冊

210000－0751－0000364　特 I237.1/32
西堂樂府七卷　（清）尤侗撰　清康熙刻本　四冊

210000－0751－0000365　特 I237.1/35
西廂記五卷首一卷末一卷　（元）王實甫撰　（清）毛奇齡論定　清末影印本　四冊

210000－0751－0000366　特 I237.1/36
異方便淨土傳燈歸元鏡三祖實錄二卷　（明）釋智達撰　清刻本　二冊

210000－0751－0000367　特 I237.1/52
陶學士醉寫風光好雜劇不分卷　（元）戴善夫撰　明萬曆吳興臧氏刻本　一冊

210000－0751－0000368　特 I237.1/53
魯大夫秋胡戲妻雜劇不分卷　（元）石君寶撰　明萬曆吳興臧氏刻本　一冊

210000－0751－0000369　特 I237.1/54
迷青瑣倩女離魂雜劇不分卷　（元）鄭德輝撰　明萬曆吳興臧氏刻本　一冊

210000－0751－0000370　特 I237.1/56
缾笙舘修簫譜四種四卷　（清）舒位撰　清刻本　一冊　存三種(樊姬擁髻、西陽修月、博望訪星)

210000－0751－0000371　特 I237.1/58
貫華堂第六才子西廂記八卷　（元）王實甫撰　（清）金人瑞評點　清刻本　一冊　存一卷(五)

210000－0751－0000372　特 I237.2/1
紫釵記二卷　（明）湯顯祖撰　明末刻本　二冊

210000 – 0751 – 0000373　特 I237.2/12

審音鑑古錄　（清）□□撰　清道光刻本　五冊　存三十四齣（琵琶記十六齣、荊釵記八齣、紅梨記四齣、續選紅梨記二齣、兒孫福四齣）

210000 – 0751 – 0000374　特 I237.2/13

漁邨記二卷　（清）妙有山人撰　（清）韓錫胙評點　南山法曲一卷　（清）韓錫胙撰　清光緒二年（1876）妙有山房刻本　二冊

210000 – 0751 – 0000375　特 I237.2/13/1

漁邨記二卷　（清）妙有山人撰　（清）韓錫胙評點　南山法曲一卷　（清）韓錫胙撰　清光緒二年（1876）妙有山房刻本　四冊

210000 – 0751 – 0000376　特 I237.2/15

洞庭緣傳奇十六齣　（清）陸繼輅撰　清光緒六年（1880）鴛湖刻本　一冊

210000 – 0751 – 0000377　特 I237.2/16

凰求鳳傳奇二卷　（清）李漁撰　清康熙刻笠翁傳奇十種本　二冊

210000 – 0751 – 0000378　特 I237.2/2

鳴鳳記二卷　（明）王世貞撰　清刻本　一冊　存一卷（上）

210000 – 0751 – 0000379　特 I237.2/21

繡刻演劇十本（六十種曲）　（明）湯顯祖撰　清實獲齋刻本　七冊　存四種七卷（南西廂記上下、明珠記上下、還魂記上下、北西廂記下）

210000 – 0751 – 0000380　特 I237.2/22

吳吳山三婦合評牡丹亭還魂記二卷附錄一卷　（明）湯顯祖撰　（清）陳同　（清）錢宜　（清）談則評　清夢園刻本　四冊

210000 – 0751 – 0000381　特 I237.2/23

桃谿雪二卷　（清）黃燮清撰　（清）李光溥評　清刻本　一冊　存一卷（下）

210000 – 0751 – 0000382　特 I237.2/28

比目魚傳奇二卷三十二齣　（清）李漁撰　（清）杜濬批評　清刻本　四冊

210000 – 0751 – 0000383　特 I237.2/3

芝龕記六卷　（清）董榕撰　清光緒十五年（1889）資中高怡樓、石光熙刻本　六冊

210000 – 0751 – 0000384　特 I237.2/3/1

芝龕記六卷　（清）董榕撰　清刻本　三冊　存三卷（二至三、六）

210000 – 0751 – 0000385　特 I237.2/30

紅雪樓九種曲　（清）蔣士銓撰　清末刻本　八冊　存七種十卷（冬青樹上下、四絃秋一卷、第二碑一卷、香祖樓上、空谷香傳奇下、臨川夢上下、桂林霜上下）

210000 – 0751 – 0000386　特 I237.2/37

倚晴樓七種曲　（清）黃燮清撰　清光緒七年（1881）刻本　七冊　存六種八卷（茂陵絃上下、帝女花下、鴛鴦鏡一卷、凌波影一卷、桃谿雪上下、居官鑑下）

210000 – 0751 – 0000387　特 I237.2/38

滄桑豔二卷附錄一卷　（清）丁傳靖填詞　（清）張士瑛評點　清光緒三十四年（1908）刻本　一冊

210000 – 0751 – 0000388　特 I237.2/38/1

滄桑豔二卷附錄一卷　（清）丁傳靖填詞　（清）游毅之論文　清光緒三十四年（1908）刻本　一冊　存一卷（上卷第一齣至第十齣）

210000 – 0751 – 0000389　特 I237.2/39

儒酸福傳奇二卷　（清）魏熙元撰　清光緒十年（1884）玉玲瓏館刻本　一冊　存一卷（上卷第一齣至第七齣）

210000 – 0751 – 0000390　特 I237.2/53

胭脂虎傳奇二卷　（清）李文瀚撰　清道光二十二年（1842）味塵軒刻本　二冊

210000 – 0751 – 0000391　特 I237.2/57

紅雪樓九種曲　（清）蔣士銓撰　清末刻本　九冊　存八種十一卷（冬青樹上下、雪中人一卷、一片石一卷、第二碑一卷、香祖樓下、空谷香傳奇下、桂林霜上下、臨川夢上下）

210000 – 0751 – 0000392　特 I237.2/60

魚水緣傳奇二卷 （清）周書撰 （清）竹軒主
人評點 清道光四年（1824）暨陽聚珍堂刻本
一冊 存一卷（卷上第五齣至第十六齣）

210000－0751－0000393 特 I237.2/7

桃花扇傳奇四卷首一卷四十齣 （清）孔尚任
撰 清光緒三十三年（1907）蘭雪堂刻本
五冊

210000－0751－0000394 特 I237.2/7/1

桃花扇傳奇四卷首一卷四十齣 （清）孔尚任
撰 清光緒三十三年（1907）蘭雪堂刻本
五冊

210000－0751－0000395 特 I237/10

介山記二卷 （清）宋廷魁譔 清乾隆十五年
（1750）刻本 二冊

210000－0751－0000396 特 I237/11

惺齋新曲六種 （清）夏綸撰 清乾隆十八年
（1753）世光堂刻本 十二冊 存十二卷

210000－0751－0000397 特 I237/12

繡刻演劇十本（六十種曲） （明）毛晉編 明
末刻本 五十三冊 存二十九種五十八卷
（三元記二卷、鳴鳳記二卷、琵琶記二卷、鸞鎞
記二卷、懷香記二卷、玉合記二卷、青衫記二
卷、白兔記二卷、金蓮記二卷、四喜記二卷、四
賢記二卷、八義記二卷、精忠記二卷、節俠記
二卷、紫簫記二卷、運甓記二卷、龍膏記二卷、
投梭記二卷、金雀記二卷、玉簪記二卷、義俠
記二卷、種玉記二卷、還魂記二卷、錦箋記二
卷、蕉帕記二卷、灌園記二卷、玉玦記二卷、獅
吼記二卷、水滸記二卷）

210000－0751－0000398 特 I237/12/1

繡刻演劇 （明）毛晉編 明末刻本 二十四
冊 存十二種二十四卷（三元記二卷、青衫記
二卷、金蓮記二卷、龍膏記二卷、投梭記二卷、
種玉記二卷、獅吼記二卷、飛丸記二卷、春蕉
記二卷、紅拂記二卷、紅梨記二卷、繡襦記二
卷）

210000－0751－0000399 特 I237/13

玉茗堂四種八卷 （明）湯顯祖撰 清初學春

堂刻本 十二冊

210000－0751－0000400 特 I237/5

千金記二卷 （明）沈采撰 清刻本 二冊

210000－0751－0000401 特 I237/6

納書楹曲譜正集四卷續集四卷外集二卷補遺
四卷納書楹玉茗堂四夢曲譜八卷 （清）葉堂
撰 清乾隆五十七年至五十九年（1792－
1794）長洲葉堂納書楹刻本 二十冊 存十
八卷（正集四卷、續集四卷、外集二卷、四夢曲
譜八卷）

210000－0751－0000402 特 I237/6

納書楹曲譜正集四卷續集四卷外集二卷補遺
四卷納書楹玉茗堂四夢曲譜八卷 （清）葉堂
撰 清乾隆五十七年至五十九年（1792－
1794）長洲葉堂納書楹刻本 二十冊 存十
八卷（正集四卷、續集四卷、外集二卷、四夢曲
譜八卷）

210000－0751－0000403 特 I237/6/1

納書楹曲譜正集四卷續集四卷外集二卷補遺
四卷納書楹玉茗堂四夢曲譜八卷 （清）葉堂
撰 清乾隆五十七年至五十九年（1792－
1794）長洲葉堂納書楹刻本 二十二冊 存
十八卷（正集四卷、續集四卷、外集二卷、四夢
曲譜八卷）

210000－0751－0000404 特 I237/7 特
I237/8 特 I237/9

太古傳宗琵琶調西廂記曲譜二卷宮詞曲譜二
卷絃索调時劇新譜二卷 （清）湯斯質等輯
（清）朱廷鏐重訂 清乾隆十四年（1749）莊親
王刻本 十二冊

210000－0751－0000405 特 I239.1/1

天雨花三十回 （清）陶貞懷撰 清同治八年
（1869）文富堂刻本 二十八冊

210000－0751－0000406 特 I239.1/10

繡像玉連環八卷 （清）朱素仙撰 （清）樵雲
山人訂 清道光三年（1823）亦芸書屋刻本
八冊

210000－0751－0000407 特 I239.1/11

新編鳳雙飛前後全傳四十二回 （清）程蕙英撰 清光緒二十四年（1898）怡怡軒主人石印本 二十冊

210000－0751－0000408 特 I239.1/12
燈月緣二十回 （清）戴玉亭編 清同治三年（1864）刻本 四冊

210000－0751－0000409 特 I239.1/13
繡像詩髮緣四卷十二回 （清）潤齋氏撰 清同治五年（1866）刻本 四冊

210000－0751－0000410 特 I239.1/14
再造天十六卷十六回 （清）侯芝撰 清同治八年（1869）刻本 十二冊

210000－0751－0000411 特 I239.1/15
繡像四香緣四卷三十二回 （清）朱鏡江撰 清同治五年（1866）浙寧三味堂刻本 六冊

210000－0751－0000412 特 I239.1/16
繡像萬花樓全傳六卷三十六回 （□）□□撰 清光緒二年（1876）玉蘭軒刻本 六冊

210000－0751－0000413 特 I239.1/17
金魚緣二十卷 （清）孫德英撰 清光緒二十九年（1903）上海書局石印本 十冊

210000－0751－0000414 特 I239.1/18
繡像鳳凰圖六卷三十六回 （□）□□撰 清同治三年（1864）味蘭軒刻本 四冊

210000－0751－0000415 特 I239.1/19
新鐫繡像描金鳳十二卷四十六回 （清）竹齋居士撰 清光緒二年（1876）刻本 十二冊

210000－0751－0000416 特 I239.1/2
黃金印六卷 （清）餐花館主人撰 清同治十二年（1873）集古山房刻本 六冊

210000－0751－0000417 特 I239.1/20
繡像十美圖傳四十卷四十回 （□）□□撰 清同治七年（1868）古越文雅堂刻本 六冊

210000－0751－0000418 特 I239.1/21
繡像風箏誤八卷三十二回 （□）□□撰 清道光二十六年（1846）漱芳閣刻本 六冊

210000－0751－0000419 特 I239.1/22
新刻真本唱口雙珠球全傳十二集四十九回 （清）黃子貞撰 清道光三年（1823）飛春閣刻本 十五冊 存四十六回（一至十、十四至四十九）

210000－0751－0000420 特 I239.1/24
安邦誌二十卷 （□）□□撰 清刻本 十冊 存八卷（十一至十八）

210000－0751－0000421 特 I239.1/25
新編繡像福壽大紅袍十四卷一百回 （清）馬永清撰 清光緒八年（1882）刻本 十四冊

210000－0751－0000422 特 I239.1/25/1
繡像福壽大紅袍十四卷一百回 （清）馬永清撰 清末刻本 八冊 存七卷（八至十四）

210000－0751－0000423 特 I239.1/26
新刻玉釧緣全傳三十二卷 （□）□□撰 清末刻本 二十三冊 存二十三卷（九至十六、十八至三十二）

210000－0751－0000424 特 I239.1/27
定國志二十卷 （□）□□撰 清刻本 二十冊

210000－0751－0000425 特 I239.1/28
鳳凰山七十二卷七十二回 （□）□□撰 清同治十二年（1873）文聚堂刻本 二十四冊

210000－0751－0000426 特 I239.1/29
繡像雙珠鳳全傳十二卷八十回 （清）一葉主人撰 清嘉慶十七年（1812）刻本 十二冊

210000－0751－0000427 特 I239.1/3
校補果報錄圖詠八卷一百回 （清）海芝涛撰 清光緒二十年（1894）香港書局石印本 八冊

210000－0751－0000428 特 I239.1/30
新刻唱白時調沉香閣二十四集二十四回 （□）□□撰 清末合州閔忠恕堂刻本 四冊

210000－0751－0000429 特 I239.1/31
繡像蘊香丸四卷二十回 （□）□□撰 清嘉慶二十二年（1817）雅賢堂刻本 四冊

210000－0751－0000430　特 I239.1/32

夢白新翻錦香亭全傳三十二卷　（清）徐品南
撰　清嘉慶七年（1802）青箱堂刻本　八冊

210000－0751－0000431　特 I239.1/33

新刻珠玉圓四卷四十八回　（清）柳浦散人撰
清同治十一年（1872）樂善堂刻本　四冊

210000－0751－0000432　特 I239.1/33/1

新刻珠玉圓四卷四十八回　（清）柳浦散人撰
清刻本　一冊　存一卷（三）

210000－0751－0000433　特 I239.1/34

再生緣全傳二十卷　（清）陳端生撰　清咸豐
二年（1852）文聚堂刻本　四十冊

210000－0751－0000434　特 I239.1/35

繡像夢影緣四十八回　（清）鄒澹若撰　清光
緒二十一年（1895）竹簡齋石印本　三冊　存
十回（十至十九）

210000－0751－0000435　特 I239.1/36

錦上花四十八回　（清）侯芝撰　清同治十三
年（1874）學餘堂刻本　十二冊

210000－0751－0000436　特 I239.1/36

錦上花四十八回　（清）侯芝撰　清同治十三
年（1874）學餘堂刻本　六冊

210000－0751－0000437　特 I239.1/38

新增繪圖雨雪亭傳二十四回　（□）□□撰
清光緒二十四年（1898）顧曲主人鉛印本
四冊

210000－0751－0000438　特 I239.1/39

繡像百花臺全傳四卷十七回　（清）鴛水主人
撰　清光緒元年（1875）刻本　四冊

210000－0751－0000439　特 I239.1/4

新刻真本唱口雙珠球全傳十二集四十九回
（清）黃子貞撰　清光緒三年（1877）刻本　十
二冊

210000－0751－0000440　特 I239.1/40

新刻秘本唱口金如意全傳七卷　（清）俞秀山
校閱　清道光四年（1824）環春閣刻本　二冊

210000－0751－0000441　特 I239.1/41

新刻秘本唱口金桂圖全傳七卷　（清）俞秀山
校閱　清道光四年（1824）環春閣刻本　二冊

210000－0751－0000442　特 I239.1/42

新刻秘本唱口報登科全傳七卷　（清）俞秀山
校閱　清道光四年（1824）環春閣刻本　二冊

210000－0751－0000443　特 I239.1/43

繡像十五貫十六卷　（清）馬永清刪改　清同
治六年（1867）蓮溪書屋刻本　四冊

210000－0751－0000444　特 I239.1/44

笑中緣圖說十二卷七十五回　（清）曹春江撰
清光緒十七年（1891）上海石印本　四冊

210000－0751－0000445　特 I239.1/45

繡像荊釵全傳六卷二十回　（□）□□撰　清
末刻本　一冊　存一卷（卷五之十五回至十
七回）

210000－0751－0000446　特 I239.1/5

新編雙玉盃全傳三十六回　（清）醉墨齋主人
撰　清嘉慶十六年（1811）上洋恒德堂刻本
六冊

210000－0751－0000447　特 I239.1/6

新刻雙金錠全傳六卷　（清）陈遇乾撰　清末
刻本　二冊

210000－0751－0000448　特 I239.1/7

新編玉鴛鴦五集二十卷二十回　（□）□□撰
清宣統元年（1909）益元書局刻本　一冊
存四卷（初集一至四）

210000－0751－0000449　特 I239.1/8

說唱雙剪髮鐵胎弓全傳前集八回後集八回
（清）伯濤刪節　清道光二十四年（1844）維揚
文萃堂刻本　四冊

210000－0751－0000450　特 I239.1/9

繡像六美圖三十卷三十回　（清）朱镜江
（清）章惟善撰　清同治九年（1870）刻本
六冊

210000－0751－0000451　特 I239.2/2

新刻紫金鐲六卷　（□）□□撰　清末泰山堂
刻本　三冊

210000－0751－0000452　特 I239.2/1
新刻千里駒說唱鼓詞六卷　（□）□□撰　清刻本　二冊

210000－0751－0000453　特 I239.2/3
新刻香蓮帕六卷續香蓮帕六卷　（□）□□撰　清泰山堂刻本　十二冊

210000－0751－0000454　特 I239.2/4
新刻大破烏鴉山四卷　（□）□□撰　清光緒二十三年(1897)德盛堂刻本　二冊

210000－0751－0000455　特 I239.2/5
新刻五毒傳十二卷　（□）□□撰　清文益堂刻本　十二冊

210000－0751－0000456　特 I239.2/7
西唐六卷　（□）□□撰　清末刻本　三冊

210000－0751－0000457　特 I239.2/9
新刻郭秀下兩廣八卷　（□）□□撰　清光緒三十二年(1906)上海章福記書局石印本　二冊

210000－0751－0000458　特 I242.1/1
山海經十八卷　（晉）郭璞傳　（清）畢沅校正　古今本篇目考一卷　（清）畢沅撰　清光緒三年(1877)浙江書局刻本　二冊

210000－0751－0000459　特 I242.1/13
太平廣記五百卷目錄十卷　（宋）李昉等撰　清嘉慶十一年(1806)姑蘇聚文堂刻本　六十四冊

210000－0751－0000460　特 I242.1/13/1
太平廣記五百卷　（宋）李昉等撰　清刻本　二十四冊　存一百八十二卷(一至五十五、一百二十一至一百八十四、四百三十八至五百)

210000－0751－0000461　特 I242.1/14
埋憂集十卷續二卷　（清）朱翊清撰　清同治十三年(1874)杭州文元堂刻本　五冊　存十卷(埋憂集三至十、續集二卷)

210000－0751－0000462　特 I242.1/18
定香亭筆談四卷　（清）阮元撰　清光緒二十五年(1899)浙江書局刻本　四冊

210000－0751－0000463　特 I242.1/22
見聞續筆二十四卷　（清）齊學裘撰　清光緒二年(1876)天空海闊之居刻本　八冊

210000－0751－0000464　特 I242.1/24
山海經存九卷首一卷　（清）汪紱釋　清光緒二十一年(1895)石印汪雙池先生叢書本　四冊

210000－0751－0000465　特 I242.1/3
閱微草堂筆記二十四卷　（清）紀昀著　清末羊城廣州財政司刻本　十二冊

210000－0751－0000466　特 I242.1/38
漁洋說部精華十二卷　（清）汪士禎撰　（清）劉堅編　清乾隆刻本　六冊

210000－0751－0000467　特 I242.1/4
唐代叢書六集一百七十卷　（清）王文誥輯　清嘉慶十一年(1806)刻本　三十六冊

210000－0751－0000468　特 I242.1/42
寄園寄所寄十二卷　（清）趙吉士撰　清末三益堂刻本　十一冊

210000－0751－0000469　特 I242.1/51
結水滸全傳七十卷七十回卷末一卷結子一回　（清）俞萬春撰　清同治十年(1871)玉屏山館刻本　二十四冊

210000－0751－0000470　特 I242.1/63
宋豔十二卷　（清）徐士鑾撰　清光緒十七年(1891)天津蝶園刻本　六冊

210000－0751－0000471　特 I242.1/65
詳註聊齋志異圖詠十八卷　（清）蒲松齡撰　（清）王士禎評　（清）但明倫新評　清末上海錦章圖書局石印本　十六冊

210000－0751－0000472　特 I242.1/66
聊齋志異新評十六卷　（清）蒲松齡撰　（清）王士禎評　（清）但明倫新評　清刻朱墨套印本　十五冊　存十五卷(一至六、八至十六)

210000－0751－0000473　特 I242.1/66/1
聊齋志異新評十六卷　（清）蒲松齡撰　（清）王士禎評　（清）但明倫新評　清末刻本　七

冊　存七卷(二、五至七、九、十五至十六)

210000－0751－0000474　特 I242.1/67

聊齋志異十六卷　(清)蒲松齡撰　(清)王士
禎評　清嘉慶二十三年(1818)英德堂刻本
十六冊

210000－0751－0000475　特 I242.1/68

山海經十八卷圖讚一卷訂譌一卷敘錄一卷
(清)郝懿行撰　清光緒十二年(1886)上海還
讀樓刻本　四冊

210000－0751－0000476　特 I242.1/69

山海經十八卷　(晉)郭璞傳　(清)吳志伊注
清光緒十年(1884)掃葉山房刻本　四冊

210000－0751－0000477　特 I242.1/7

浪跡續談八卷　(清)梁章鉅撰　清道光二十
八年(1848)亦東園刻本　四冊

210000－0751－0000478　特 I242.3/4

聖諭像解二十卷　(清)梁延年編　清光緒二
十八年(1902)江蘇撫署石印本　五冊　存十
卷(一至二、六至十一、十七至十八)

210000－0751－0000479　特 I242.4/1

新刻批評繡像平山冷燕六卷二十回　(清)荻
岸散人撰　(清)弘曉評　清康熙靜寄山房刻
本　六冊

210000－0751－0000480　特 I242.4/13

紅樓夢補四十八回　(清)歸鋤子撰　清道光
二十九年(1849)籐花榭刻本　十冊

210000－0751－0000481　特 I242.4/20

新刻劍嘯閣批評東漢演義傳十卷　(明)謝詔
撰　(明)鍾惺評　清刻本　六冊

210000－0751－0000482　特 I242.4/20/1

新刻劍嘯閣批評東漢演義傳十卷　(明)謝詔
撰　(明)鍾惺評　清刻本　六冊

210000－0751－0000483　特 I242.4/23

東周列國全志二十三卷一百八回　(清)蔡元
放評　清光緒十二年(1886)上海江左書林刻
本　二十四冊

210000－0751－0000484　特 I242.4/27

四大奇書第一種五十一卷一百二十回　(明)
羅貫中撰　(清)毛宗崗　(清)金人瑞評　清
文成堂刻本　二十冊

210000－0751－0000485　特 I242.4/28

繡像今古奇觀八卷四十回　(明)抱甕老人輯
清光緒十七年(1891)刻本　八冊　存五卷
(卷一之一回至四回,卷二之六回、八回至十
回,卷三至五)

210000－0751－0000486　特 I242.4/35

新註二度梅奇說全集四卷四十回　(清)惜陰
堂主人撰　(清)繡虎堂主人評　清末澹雅堂
刻本　四冊

210000－0751－0000487　特 I242.4/38

新刻鍾伯敬先生批評封神演義十九卷一百回
(明)許仲琳撰　(明)鍾惺評　清乾隆三十
四年(1769)致和堂刻本　九冊　存十卷(十
一至十九、圖像一卷)

210000－0751－0000488　特 I242.4/40

花月痕全書十六卷五十二回　(清)魏秀仁撰
清光緒十四年(1888)福州吳玉田刻本　十
二冊

210000－0751－0000489　特 I242.4/41

**新刻繡像後唐奇書蓮子瓶演義傳四卷二十三
回**　(清)□□撰　清同治十年(1871)刻本
四冊

210000－0751－0000490　特 I242.4/42

雲鍾雁三鬧太平莊全傳五十四回　(□)□□
撰　清同治三年(1864)一笑軒刻本　八冊

210000－0751－0000491　特 I242.4/43

原本海公大紅袍傳六十卷六十回　題　(明)
李春芳撰　清光緒五年(1879)文德永刻本
十冊

210000－0751－0000492　特 I242.4/44

新刻再續彭公案八卷八十回　(清)貪夢道人
撰　清光緒二十三年(1897)品文堂刻本
六冊

210000－0751－0000493　特 I242.4/45

續兒女英雄全傳三十二回　（□）□□撰　清
光緒二十四年(1898)石印本　四冊

210000－0751－0000494　特 I242.4/46
續纂施公案三十六卷一百回　（□）□□撰
清光緒二十年(1894)刻本　十二冊

210000－0751－0000495　特 I242.4/47
檮杌閒評五十卷五十回　（□）□□撰　清刻
本　十二冊

210000－0751－0000496　特 I242.4/50
增訂精忠演義說本全傳二十卷八十回　（清）
錢彩撰　清同治九年(1870)永和堂刻本
十冊

210000－0751－0000497　特 I242.4/53
民族小說洪秀全演義四集八卷五十回　（清）
黃小配撰　清末石印本　六冊　存六卷三十
九回(民族小說續洪秀全演義二卷之十六回
至二十九回、繡像三續洪秀全演義二卷之三
十回至四十三回、繡像四續洪秀全演義二卷
之四十四回至五十四回)

210000－0751－0000498　特 I242.4/58
劍俠奇蹤六卷　（清）唐芸洲編　清光緒三十
二年(1906)善成堂刻本　五冊　存五卷(一
至三、五至六)

210000－0751－0000499　特 I242.4/61
增像玉茗堂批點按鑑參補南宋志傳十卷五十
回　（清）研石山樵訂正　清光緒二十二年
(1896)上海書局石印本　四冊

210000－0751－0000500　特 I242.4/62
繪圖水滸後傳八卷四十回　（明）陳忱撰　清
光緒二十六年(1900)上海書局石印本　六冊
存六卷(一至六)

210000－0751－0000501　特 I242.4/63
永慶昇平二十四卷九十七回　（清）郭廣瑞撰
清光緒十七年(1891)善成堂刻本　六冊
存十二卷(一至十二)

210000－0751－0000502　特 I242.4/72
施案奇聞八卷九十七回　（□）□□撰　清光

緒六年(1880)刻本　六冊

210000－0751－0000503　特 I242.4/73
新刻粉粧樓傳記八卷八十回　（清）竹溪山人
撰　清光緒十四年(1888)蔾照書屋刻本
四冊

210000－0751－0000504　特 I242.4/76
飛龍全傳六十回　（清）吳璿撰　清文德堂刻
本　十二冊

210000－0751－0000505　特 I242.4/77
混唐後傳八卷三十二回　（明）鍾惺編次　清
文德堂刻本　五冊

210000－0751－0000506　特 I242.4/78
繪芳錄八卷八十回　（清）西泠野樵撰　清光
緒四年(1878)鉛印本　八冊　存四十回(四
十一至八十)

210000－0751－0000507　特 I242.4/79
于公案奇聞八卷　（□）□□撰　清集錦堂刻
本　八冊

210000－0751－0000508　特 I242.4/80
萬年青奇才新傳八集十二卷七十六回　（□）
□□撰　清刻本　二冊　存二集六卷十回
(四集卷一至四之十八回至二十三回、五集卷
五至六之二十四回至二十七回)

210000－0751－0000509　特 I242.4/81
三俠五義（忠烈俠義傳）三十卷一百二十回
（清）石玉昆撰　清光緒九年(1883)怡園徐俊
川抄本　三十冊

210000－0751－0000510　特 I242.4/83
繡像京本雲合奇蹤玉茗英烈全傳十卷八十回
（明）徐渭編　清刻本　十冊

210000－0751－0000511　特 I242.4/85
醒世姻緣傳一百回　（清）西周生撰　清同治
九年(1870)刻本　十二冊

210000－0751－0000512　特 I242.4/86
龍圖公案八卷　（□）□□撰　清兩餘堂刻本
八冊

210000－0751－0000513　特 I242.4/87

鏡花緣二十卷一百回　（清）李汝珍撰　清刻本　十冊　存十卷（十一至二十）

210000－0751－0000514　特 I242.4/88

紅樓夢一百二十回　（清）曹雪芹撰　（清）高鶚續撰　清咸豐九年（1859）刻本　二十冊

210000－0751－0000515　特 I242.4/88

紅樓夢一百二十回　（清）曹雪芹撰　（清）高鶚續撰　清咸豐九年（1859）刻本　八冊　存六十三回（一至六十三）

210000－0751－0000516　特 I242.4/88/1

紅樓夢一百二十回　（清）曹雪芹撰　（清）高鶚續撰　清末刻本　一冊　存七回（一百一至一百七）

210000－0751－0000517　特 I242.4/89

紅樓幻夢二十四回　（清）花月癡人編　清道光二十三年（1843）妙景齋刻本　八冊

210000－0751－0000518　特 I242.4/9

第一奇書野叟曝言二十卷一百五十四回　（清）夏敬渠撰　清石印本　二十冊

210000－0751－0000519　特 I242.7/5

陰陽鏡十六卷　（清）湯承蕙輯　清同治元年（1862）刻本　二冊　存二卷（十三、十五）

210000－0751－0000520　特 I242.7/6

音釋坐花誌果八卷　（清）汪道鼎撰　（清）鷲峰樵者音釋　清光緒四年（1878）刻本　四冊

210000－0751－0000521　特 I264.9/1

閒情偶寄十六卷　（清）李漁撰　清刻本　八冊

210000－0751－0000522　特 I264.9/3

觚賸八卷續編四卷　（清）鈕琇撰　清宣統三年（1911）上海國學扶輪社鉛印本　六冊

210000－0751－0000523　特 I269.6/1

惜抱先生尺牘八卷　（清）姚鼐撰　清宣統元年（1909）小萬柳堂刻本　四冊

210000－0751－0000524　特 J212/1

芥子園畫傳初集六卷二集九卷三集六卷　（清）王槩等輯　清光緒石印本　九冊　存十六卷（初集四至六、二集三至九、三集六卷）

210000－0751－0000525　特 J212/1/1

芥子園畫傳初集六卷二集九卷三集六卷　（清）王槩等輯　清末刻本　七冊　存十三卷（二集三至九、三集六卷）

210000－0751－0000526　特 J212/1/2

芥子園畫傳初集五卷　（清）王槩等輯　清康熙刻本　五冊

210000－0751－0000527　特 J220.9/1

歷代畫史彙傳七十二卷首一卷引證書目一卷目錄三卷附錄二卷　（清）彭蘊璨輯　清同治十三年（1874）楚畔餘堂邱氏刻本　三十二冊

210000－0751－0000528　特 J222.49/1

晚笑堂竹莊畫傳不分卷　（清）上官周撰並繪　清乾隆八年（1743）刻本　二冊

210000－0751－0000529　特 J222.52/1

歷代畫像傳不分卷　（清）丁善長繪　清光緒二十二年（1896）刻本　一冊　存一冊（名賢冊）

210000－0751－0000530　特 J222.52/2

紉齋畫賸不分卷　（清）陳允升繪　清光緒四年（1878）刻本　二冊

210000－0751－0000531　特 J222.52/2/1

紉齋畫賸不分卷　（清）陳允升繪　清光緒七年（1881）陳允升得古歡室刻本　二冊

210000－0751－0000532　特 J222/12

十竹齋畫譜八種　（明）胡正言輯　清末民初彩色套印本　八冊

210000－0751－0000533　特 J222.52/2/2

紉齋畫賸不分卷　（清）陳允升繪　清光緒刻本　一冊　存兩一至兩十六、相一至相十六、忘一至忘十六

210000－0751－0000534　特 J222/7

百美新詠不分卷　（清）顏希源撰　清嘉慶刻本　三冊

210000－0751－0000535　特 J292.23/5

魏碑大觀第一集不分卷　周愧齋編　清末上海碧梧山莊影印本　八冊

210000－0751－0000536　特 J292.24/3

顏家廟碑不分卷　（唐）顏真卿書　清拓片
四冊

210000－0751－0000537　特 J612.1/1

賡和錄二卷　（清）何夢瑤撰　清道光三十年
（1850）海南洪氏刻本　二冊

210000－0751－0000538　特 J612.1/2

樂經或問三卷　（清）汪紱撰　清光緒二十二
年（1896）刻本　三冊

210000－0751－0000539　特 J612.1/3

樂經律呂通解五卷　（清）汪紱撰　清光緒九
年（1883）刻本　四冊　存四卷（二至五）

210000－0751－0000540　特 J632.3/1

雙忽雷本事一卷　劉世珩輯　清宣統三年
（1911）天津劉世珩石印本　一冊

210000－0751－0000541　特 J644/1

六也曲譜初集　（清）怡庵主人編　清光緒三
十四年（1908）蘇州振新書社石印本　四冊

210000－0751－0000542　特 J642.7/2

軍樂稿四卷　（清）李映庚撰　清宣統三年
（1911）石印本　一冊

210000－0751－0000543　特 K092/1

經義史論尋源四卷首一卷　（清）鄭文燿撰
清光緒徐仰之刻本　六冊

210000－0751－0000544　特 K14/1

泰西新史攬要二十三卷附記一卷　（英國）馬
懇西撰　（英國）李提摩太譯　（清）蔡爾康述
稿　清光緒二十一年（1895）美華書館鉛印本
八冊

210000－0751－0000545　特 K204.1/10

廿二史劄記三十六卷首一卷補遺一卷　（清）
趙翼撰　清光緒二十年（1894）廣雅書局刻本
十六冊

210000－0751－0000546　特 K204.1/11

遼金元三史語解四十六卷　（清）高宗弘曆敕
編　清光緒四年（1878）江蘇書局刻本　十
二冊

210000－0751－0000547　特 K204.1/12

二十四史　（□）□□撰　清光緒十八年
（1892）武林竹簡齋石印本　二百冊

210000－0751－0000548　特 K204.1/2

十七史商榷一百卷　（清）王鳴盛撰　清乾隆
五十二年（1787）王鳴盛洞涇草堂刻本　十
六冊

210000－0751－0000549　特 K204.1/3

讀史大畧六十卷　（清）沙張白　小沙子史畧
一卷　（清）沙晉著　清光緒二十六年（1900）
刻本　十二冊

210000－0751－0000550　特 K204.1/36

王先生十七史蒙求十六卷　（宋）王令輯　李
氏蒙求補注六卷　（後晉）李瀚撰　（清）金三
俊補注　清道光二十八年（1848）文奎堂刻本
三冊

210000－0751－0000551　特 K204.1/4

校刊史記集解索隱正義札記五卷　（清）張文
虎撰　清同治十一年（1872）江寧金陵書局刻
本　二冊

210000－0751－0000552　特 K204.1/8

嘉定錢氏潛研堂全書　（清）錢大昕撰　清光
緒十年（1884）長沙龍氏家塾刻本　二十二冊
存一百十卷（廿二史考異一百卷、諸史拾遺
五卷、三史拾遺五卷）

210000－0751－0000553　特 K204.1/8/1

潛研堂全書　（清）錢大昕撰　清乾隆、嘉慶
刻道光二十年（1840）補刻本　六十二冊　存
二百二十四卷（廿二史考異一百卷，三史拾
遺五卷，諸史拾遺五卷，元史氏族表三卷，元
史藝文志四卷，通鑑注辯正二卷，洪文惠公年
譜一卷，洪文敏公年譜一卷，潛研堂金石文跋
尾六卷、續七卷、又續六卷、三續六卷，潛研堂
金石文字目錄八卷，潛研堂文集五十卷、詩集
十卷、詩續集十卷）

210000－0751－0000554　特 K204.2/1

史記一百三十卷附考證　（漢）司馬遷撰
（南朝宋）裴駰集解　（唐）司馬貞索隱

（唐）張守節正義　清同治八年(1869)嶺南菔古堂刻本　三十三册

210000－0751－0000555　特 K204.2/10

史記志疑三十六卷附錄三卷　（清）梁玉繩撰　清光緒十三年(1887)廣州廣雅書局刻本　十四册　存三十六卷(史記志疑三十六卷)

210000－0751－0000556　特 K204.2/11

史記一百三十卷　（漢）司馬遷撰　（南朝宋）裴駰集解　清宣統元年(1909)上海涵芬樓影印本　二十四册

210000－0751－0000557　特 K204.2/2

古香齋鑒賞袖珍史記一百三十卷　（漢）司馬遷撰　（南朝宋）裴駰集解　（唐）司馬貞索隱　（唐）張守節正義　清光緒八年(1882)南海孔氏三十有三萬卷堂刻本　三十册

210000－0751－0000558　特 K204.2/3

史記一百三十卷　（漢）司馬遷撰　（南朝宋）裴駰集解　清光緒四年(1878)南京金陵書局刻本　十六册

210000－0751－0000559　特 K204.2/4

史記一百三十卷　（漢）司馬遷撰　（南朝宋）裴駰集解　清宣統三年至民國三年(1911－1914)湖北黃崗陶子麟刻本　十二册

210000－0751－0000560　特 K204.2/5

史記論文一百三十卷　（清）吳見思評點　清康熙二十六年(1687)尺木堂刻本　六册

210000－0751－0000561　特 K204.2/7

史記一百三十卷　（漢）司馬遷撰　（南朝宋）裴駰集解　明崇禎十四年(1641)毛氏汲古閣刻十七史本　十二册

210000－0751－0000562　特 K204.2/8

史記菁華錄六卷　（清）姚苧田輯　清道光四年(1824)扶荔山房刻本　六册

210000－0751－0000563　特 K204.2/8

史記菁華錄六卷　（清）姚苧田輯　清道光四年(1824)扶荔山房刻本　六册

210000－0751－0000564　特 K204.2/9

校刊史記集解索隱正義札記五卷　（清）張文虎撰　清同治十一年(1872)江寧金陵書局刻本　二册

210000－0751－0000565　特 K204.3/4

御撰資治通鑑綱目三編二十卷　（清）張廷玉等撰　清刻本　四册

210000－0751－0000566　特 K204.3/5

資治通鑑大全三百八十二卷　（明）路進輯　明崇禎路進刻本　一百册　缺六十一卷(九十二至一百二十二、一百九十二至二百二十一)

210000－0751－0000567　特 K204.3/6

資治通鑑綱目五十九卷　（宋）朱熹撰　（明）陳仁錫評　清中期刻本　一册　存一卷(正編二十四)

210000－0751－0000568　特 K204.3/7

竹書紀年統箋十二卷附雜述一卷前編一卷　（清）徐文靖撰　清光緒三年(1877)浙江書局刻本　二册

210000－0751－0000569　特 K204.4/1

繹史一百六十卷世系圖一卷年表一卷　（清）馬驌撰　清刻本　四十册

210000－0751－0000570　特 K204.4/2

歷朝紀事本末　（清）陳如昇　（清）朱記榮輯　（清）慎記主人增輯　清光緒二十五年(1899)慎記書莊石印本　五十六册　存五百六十六卷(左傳紀事本末五十三卷、通鑑紀事本末二百三十九卷、宋史紀事本末一百九卷、西夏紀事本末三十六卷、元史紀事本末二十七卷、明史紀事本八十卷、三藩紀事本末二十二卷)

210000－0751－0000571　特 K204.5/1

史案二十卷　（清）吳裕垂撰　清光緒六年(1880)大成堂刻本　六册

210000－0751－0000572　特 K204.5/2

二申野錄八卷　（清）孫之騄撰　清末刻本　六册　存三卷(六至八)

210000－0751－0000573　特 K206.3/1

浙東籌防錄四卷　（清）薛福成輯　清光緒刻
本　四冊

210000－0751－0000574　特 K206/1

南巡盛典一百二十卷　（清）高晉等纂　清光
緒八年(1882)上海點石齋石印本　八冊

210000－0751－0000575　特 K207/1

史通通釋二十卷附錄一卷　（清）浦起龍撰
清末廣州翰墨園刻本　八冊

210000－0751－0000576　特 K207/3

考古質疑六卷　（宋）葉大慶撰　清光緒四年
(1878)上洋縣署東首目耕齋刻本　二冊

210000－0751－0000577　特 K207/6

歷代史論十二卷宋史論三卷元史論一卷
（明）張溥撰　左傳論二卷　（清）高士奇撰
明史論四卷　（清）谷應泰撰　清光緒五年
(1879)西江氏刻本　八冊

210000－0751－0000578　特 K207/8

增評加批歷史綱鑑補三十九卷　（明）袁黃
（明）王世貞編　清末上海文瑞樓石印本　十
二冊　存十七卷(十一至十九、二十二、二十
五至二十六、二十八、三十、三十三至三十五)

210000－0751－0000579　特 K207/9

癸巳存稿十五卷　（清）俞正燮撰　清道光二
十九年(1849)靈石楊氏刻連筠簃叢書本　四
冊　存十二卷(一至三、七至十五)

210000－0751－0000580　特 K207－51/1

史學叢書　（清）□□輯　清光緒二十八年
(1902)上海文瀾書局石印本　三十二冊　存
三百十七卷(後漢郡國令長攷一卷、續漢書辨
疑九卷、三國專補注續一卷、補三國藝文志四
卷、宋遼金元四史朔閏攷二卷、晉書校勘記五
卷、後漢書注補正八卷、後漢書注又補一卷、
後漢書補注續一卷、三史拾遺五卷、補三國疆
域志上下、補三史藝文志一卷、三國志辨疑三
卷、三國志攷證八卷、三國志旁證三十卷、三
國職官表三卷、東晉疆域志四卷、補晉兵志一
卷、晉宋書故一卷、補梁疆域志四卷、魏書校

勘記一卷、新舊唐書互證二十卷、宋史郡志校
勘記一卷、宋史藝文志補一卷、補宋書刑法志
一卷、補宋書食貨志一卷、補遼金元藝文志一
卷、十六國疆域志十六卷、補五代史藝文志一
卷、讀史舉正八卷、諸史拾遺五卷、諸史攷異
十八卷、史記志疑三十六卷、史表功比說一
卷、史記天官書補目一卷、楚漢諸侯疆域志三
卷、史漢駢枝一卷、漢書人表攷九卷、西漢書
辨疑二十二卷、漢書注校補五十六卷、後漢書
補表八卷、補續漢書藝文志一卷、後漢書辨疑
十一卷)

210000－0751－0000581　特 K208/1

歷代帝王年表三卷　（清）齊召南撰　清光緒
十二年(1886)蘇州掃葉山房刻本　三冊

210000－0751－0000582　特 K209/1

聖賢像贊四卷　（明）冠洋子輯　清光緒四年
(1878)曲阜孔憲蘭刻本　三冊　存至聖先師
孔子至先賢牧子

210000－0751－0000583　特 K210.45/1

重訂路史全本前紀九卷後紀十四卷國名紀八
卷發揮六卷餘論十卷　（宋）羅泌輯　（宋）羅
苹註　（明）吳弘基訂　清嘉慶六年(1801)西
山堂刻本　十冊

210000－0751－0000584　特 K221.04/2

欽定書經傳說彙纂二十一卷首二卷書序一卷
　（清）王頊齡等撰　清同治七年(1868)刻本
十二冊

210000－0751－0000585　特 K221.04/3

尚書詳解五十卷　（宋）陳經撰　清刻本　十
二冊

210000－0751－0000586　特 K221.04/4

書經六卷首一卷末一卷　（宋）蔡沈集傳
（元）鄒季友音釋　清同治五年(1866)望三益
齋刻本　六冊

210000－0751－0000587　特 K221.04/5

尚書要義二十卷尚書序一卷　（宋）魏了翁撰
　清光緒十年(1884)江蘇書局刻本　六冊

210000－0751－0000588　特 K221.04/6

欽定書經圖説五十卷 （清）孫家鼐等撰
（清）詹秀林等繪圖 清光緒三十一年（1905）
內府影印本 十六冊

210000－0751－0000589 特 K221.04/6
欽定書經圖説五十卷 （清）孫家鼐等撰
（清）詹秀林等繪圖 清光緒三十一年（1905）
內府影印本 十六冊

210000－0751－0000590 特 K221.04/6
欽定書經圖説五十卷 （清）孫家鼐等撰
（清）詹秀林等繪圖 清光緒三十一年（1905）
內府影印本 十六冊

210000－0751－0000591 特 K221.04/6
欽定書經圖説五十卷 （清）孫家鼐等撰
（清）詹秀林等繪圖 清光緒三十一年（1905）
內府影印本 十二冊 缺十一卷（一至五、十
四至十五、三十六至三十九）

210000－0751－0000592 特 K221.04/7
書經詮義十二卷首二卷 （清）汪紱撰 清光
緒二十四年（1898）刻本 十三冊

210000－0751－0000593 特 K225.04/1
國語二十一卷 （三國吳）韋昭注 （明）穆文
熙輯 明末永懷堂刻本 四冊

210000－0751－0000594 特 K225.04/10
評點春秋綱目左傳句解彙雋六卷 （清）韓菼
重訂 清光緒刻本 六冊

210000－0751－0000595 特 K225.04/11
讀左補義五十卷首二卷 （清）姜炳璋撰 清
代善成堂刻本 十六冊

210000－0751－0000596 特 K225.04/11/1
讀左補義五十卷首二卷 （清）姜炳璋撰 清
代善成堂刻本 十六冊

210000－0751－0000597 特 K225.04/12
評點春秋綱目左傳句解彙雋六卷 （清）韓菼
重訂 清光緒七年（1881）刻本（卷二至五配
補） 六冊

210000－0751－0000598 特 K225.04/13
春秋左氏傳賈服註輯述二十卷 （清）李貽德

撰 清光緒八年（1882）江蘇書局刻本 六冊

210000－0751－0000599 特 K225.04/15
欽定春秋傳説彙纂三十八卷首二卷 （清）王
掞等撰 清光緒四年（1878）廣州翰墨園刻本
三十六冊

210000－0751－0000600 特 K225.04/16
東萊博議四卷 （宋）呂祖謙撰 清光緒三十
一年（1905）上海商務印書館鉛印本 二冊

210000－0751－0000601 特 K225.04/2
國語二十一卷 （三國吳）韋昭注 札記一卷
（清）黃丕烈撰 清嘉慶五年（1800）讀未見
書齋刻本 三冊

210000－0751－0000602 特 K225.04/3
國語二十一卷 （三國吳）韋昭注 （宋）宋庠
補音 清光緒蘇州綠蔭堂刻本 四冊

210000－0751－0000603 特 K225.04/4
國語二十一卷 （三國吳）韋昭注 札記一卷
（清）黃丕烈撰 攷異四卷 （清）汪遠孫撰
清同治八年（1869）湖北崇文書局刻本
五冊

210000－0751－0000604 特 K225.04/5
國語校注本三種二十九卷 （清）汪遠孫撰
清道光二十六年（1846）汪氏振綺堂刻本
六冊

210000－0751－0000605 特 K225.04/6
周季編略九卷 （清）黃式三撰 清同治十二
年（1873）浙江書局刻本 四冊

210000－0751－0000606 特 K225.04/7
春秋左傳補疏五卷 （清）焦循撰 清刻本
一冊

210000－0751－0000607 特 K225.04/8
春秋左傳五十卷綱目一卷圖説一卷提要一卷
（晉）杜預 （宋）林堯叟註釋 （唐）陸德
明音義 （明）鍾惺等評點 清光緒二十三年
（1897）上海文瑞樓刻本 十六冊

210000－0751－0000608 特 K225.04/9
左繡三十卷 （清）馮李驊 （清）陸浩評輯

清上洋江左书林刻本　八冊

210000－0751－0000609　特 K225.4/18

春秋大事表五十卷輿圖一卷附錄一卷　（清）
顧棟高撰　清乾隆十三年(1748)江蘇無錫顧
棟高萬卷樓刻本　二十七冊　缺一卷(春秋
輿圖一卷)

210000－0751－0000610　特 K231.04/2

戰國策三十三卷　（漢）高誘注　**札記三卷**
(清)黃丕烈撰　清光緒二十七年(1901)上海
煥文書局石印本　五冊

210000－0751－0000611　特 K231.04/2/1

戰國策三十三卷　（漢）高誘注　**劄記三卷**
(清)黃丕烈撰　清同治八年(1869)湖北崇文
書局刻本　五冊

210000－0751－0000612　特 K231.04/3

戰國紀年六卷地輿一卷年表一卷　（清）林春
薄撰　清道光十八年(1838)刻竹柏山房十五
種本　六冊

210000－0751－0000613　特 K231.04/4

戰國策選四卷　（清）儲欣評選　清光緒九年
(1883)江蘇宜興靜遠堂刻本　四冊

210000－0751－0000614　特 K231.4/1

鼎鐫金陵三元合評選戰國策狐白四卷　（明）
湯賓尹選　（明）朱之蕃注　明萬曆自新齋余
紹崖刻本　一冊

210000－0751－0000615　特 K231.4/2

戰國策十卷　（宋）鮑彪校注　（元）吳師道重
校　明永懷堂刻本　六冊

210000－0751－0000616　特 K234.042/1

三國志注證遺四卷附五代史記纂誤補續一卷
（清）周壽昌撰　清光緒八年(1882)思益堂
刻本　二冊

210000－0751－0000617　特 K234.1/1

漢書注校補五十六卷　（清）周壽昌撰　清光
緒十年(1884)小對竹軒刻本　十六冊

210000－0751－0000618　特 K234.2/1

七家後漢書　（清）汪文臺輯　清光緒八年

(1882)刻本　六冊　存二十一卷(謝承後漢
書八卷、薛瑩後漢書一卷、司馬彪後漢書五
卷、華嶠後漢書二卷、謝沈後漢書一卷、袁山
松後漢書二卷、張璠漢記一卷、失名氏後漢書
一卷)

210000－0751－0000619　特 K234.2/2

後漢書一百二十卷　（南朝宋）范曄撰　（唐）
李賢注　（南朝梁）劉昭注補　清光緒十二年
(1886)金陵書局刻本　十六冊

210000－0751－0000620　特 K234.2/3

後漢書注補正八卷　（清）周壽昌撰　清光緒
八年(1882)思益堂刻本　二冊

210000－0751－0000621　特 K234.42/1

漢書評林一百卷　（明）淩稚隆輯　明萬曆九
年(1581)吳興淩稚隆刻本　四十八冊

210000－0751－0000622　特 K234/1

前漢書一百二十卷　（漢）班固撰　（漢）班昭
續撰　清光緒十三年(1887)金陵書局刻本
十六冊

210000－0751－0000623　特 K234/2

漢書評林一百卷　（明）淩稚隆輯　清光緒十
年(1884)佩兰堂刻本　三十四冊

210000－0751－0000624　特 K234/3

漢雋十卷　（宋）林鉞輯　清嘉慶十七年
(1812)固陵吳氏刻本　二冊

210000－0751－0000625　特 K236.042/2

三國志六十五卷　（晉）陳壽撰　（南朝宋）裴
松之注　清同治九年(1870)金陵書局刻本
八冊

210000－0751－0000626　特 K236/1

諸葛忠武侯文集六卷首一卷　（三國蜀）諸葛
亮撰　清同治十二年(1873)劉質慧刻本
四冊

210000－0751－0000627　特 K238/1

十六國春秋一百卷　（北魏）崔鴻撰　清光緒
十二年(1886)湖北官書處刻本　十二冊

210000－0751－0000628　特 K239.045/1

南北史識小錄二十八卷　（清）沈名蓀　（清）朱昆田輯　（清）張應昌補正　清同治十年（1871）武林吳氏清來堂刻本　十二冊

210000－0751－0000629　特 K239.23/1
西魏書二十四卷附錄一卷　（清）謝啟昆撰　清光緒十八年（1892）繆氏小岯山館刻本　六冊

210000－0751－0000630　特 K240.45/1
宋元遺事不分卷　（□）□□撰　清末抄本　一冊

210000－0751－0000631　特 K242.04/1
新舊唐書合鈔二百六十卷首一卷　（清）沈炳震撰　唐書合鈔補正六卷　（清）丁子復撰　唐書宰相世系表訂譌十二卷　（清）沈炳震撰　清同治十年（1871）武林吳氏清來堂刻本　七十四冊

210000－0751－0000632　特 K243.104.2/1
五代史記纂誤補四卷附錄一卷　（清）吳蘭庭撰　清嘉慶刻本　二冊

210000－0751－0000633　特 K243.142/1
五代史纂誤三卷　（宋）吳縝撰　清乾隆至道光長塘鮑氏刻本　一冊

210000－0751－0000634　特 K243.24/1
十國春秋一百十四卷　（清）吳任臣譔　拾遺一卷備考一卷備考補一卷　（清）周昂輯　清乾隆五十八年（1793）常熟周昂刻嘉慶四年（1799）補刻本　二十四冊

210000－0751－0000635　特 K244.05/2
孝肅奏議十卷　（宋）包拯撰　清同治二年（1863）廣州李瀚章刻本　四冊

210000－0751－0000636　特 K244.05/2
孝肅奏議十卷　（宋）包拯撰　清同治二年（1863）廣州李瀚章刻本　二冊　存七卷（一至七）

210000－0751－0000637　特 K245.04/1
三朝北盟會編二百五十卷附校勘記二卷校勘記補遺一卷　（宋）徐夢莘撰　清光緒四年（1878）鉛印本　四十冊

210000－0751－0000638　特 K245.042/1
南宋書六十八卷　（明）錢士升撰　清嘉慶二年（1797）掃葉山房刻本　十冊

210000－0751－0000639　特 K246.104/1
遼史一百十六卷附考證　（元）脫脫等修　清光緒十年（1884）上海同文書局石印本　八冊

210000－0751－0000640　特 K246.304/1
西夏紀事本末三十六卷首二卷　（清）張鑑撰　清光緒十年（1884）江蘇書局刻本　四冊

210000－0751－0000641　特 K246.404/1
金史詳校十卷首一卷末一卷　（清）施國祁撰　清光緒六年（1880）會稽章氏刻本　十二冊

210000－0751－0000642　特 K247.042/1
元書一百二卷　（清）曾廉撰　清宣統三年（1911）層漪堂刻本　二十冊

210000－0751－0000643　特 K247.045/1
元朝秘史十卷續集二卷　（元）□□撰　清光緒三十四年（1908）長沙葉德輝觀古堂刻本　六冊

210000－0751－0000644　特 K247.045/2
元朝秘史十五卷　（元）□□撰　清光緒二十九年（1903）石印本　一冊　存三卷（一至三）

210000－0751－0000645　特 K247.045/3
元史譯文證補三十卷　（清）洪鈞撰　清光緒二十三年（1897）蘇州陸潤庠刻本　四冊　存二十卷（一至六、九至十二、十四至十五、十八、二十二至二十四、二十六至二十七、二十九至三十）

210000－0751－0000646　特 K247.045/3/1
元史譯文證補三十卷　（清）洪鈞撰　清光緒二十三年（1897）蘇州陸潤庠刻本　四冊　存二十卷（一至六、九至十二、十四至十五、十八、二十二至二十四、二十六至二十七、二十九至三十）

210000－0751－0000647　特 K247.42/1
元史類編四十二卷　（清）邵遠平撰　清乾隆

六十年(1795)席氏掃葉山房刻本　十四冊

210000－0751－0000648　特 K248.044/1

明史紀事本末詳節六卷　（清）谷應泰輯
（清）林紓重編　清光緒二十九年(1903)五城
學堂鉛印本　六冊

210000－0751－0000649　特 K248.045/1

明季稗史彙編十六種二十卷　（清）留雲居士
輯　清末都城琉璃廠留雲居士木活字印本
十二冊

210000－0751－0000650　特 K248.045/1

明季稗史彙編十六種二十卷　（清）留雲居士
輯　清末都城琉璃廠留雲居士木活字印本
十二冊

210000－0751－0000651　特 K248.045/2

明季稗史彙編十六種二十卷　（清）留雲居士
輯　清光緒二十二年(1896)上海圖書集成印
書局鉛印本　六冊

210000－0751－0000652　特 K248.045/2/1

明季稗史彙編十六種二十卷　（清）留雲居士
輯　清光緒十三年(1887)上海圖書集成印書
局鉛印本　六冊

210000－0751－0000653　特 K248.045/3

野獲編三十卷首一卷補遺四卷　（明）沈德符
撰　（清）錢枋輯　清道光七年(1827)姚氏刻
同治八年(1869)補刻本　二十四冊

210000－0751－0000654　特 K248.42/1

明史稿三百十卷目錄三卷　（清）王鴻緒撰
清雍正敬慎堂刻本　八十冊

210000－0751－0000655　特 K248.42/1/1

明史稿三百十卷目錄三卷　（清）王鴻緒撰
清雍正敬慎堂刻本　一百四冊　缺二十二卷
(本紀十九卷、目錄三卷)

210000－0751－0000656　特 K249.043/1

東華全錄四百二十五卷　王先謙等編　**東華
續錄六十九卷(咸豐朝)**　（清）潘頤福編　清
光緒十三年(1887)善成堂刻本　一百四十冊

210000－0751－0000657　特 K249.043/2

九朝東華錄一百二十卷　王先謙撰　清末石
印本　六十冊

210000－0751－0000658　特 K249.043/3

東華續錄一百卷(同治朝)　王先謙撰　清光
緒二十四年(1898)文瀾書局石印本　二十
四冊

210000－0751－0000659　特 K249.043/4

東華續錄六十九卷(咸豐朝)　（清）潘頤福編
清光緒十八年(1892)上海圖書集成印書局
鉛印本　十六冊

210000－0751－0000660　特 K249.043/5

東華續錄二百二十卷(光緒朝)　（清）朱壽朋
編　清宣統元年(1909)上海圖書集成圖書公
司鉛印本　六十四冊

210000－0751－0000661　特 K249.043/6

東華錄三十二卷　（清）蔣良騏撰　清刻本
十二冊　缺一卷(十七)

210000－0751－0000662　特 K249.045/1

南天痕二十六卷附錄一卷　（清）凌雪撰　清
宣統二年(1910)復古社鉛印本　六冊

210000－0751－0000663　特 K249.045/2

郎潛紀聞十四卷　（清）陳康祺撰　清光緒十
年(1884)琴川鄞縣陳氏刻本　四冊

210000－0751－0000664　特 K249.05/1

皇清開國方略三十二卷首一卷　（清）阿桂等
纂修　清光緒十三年(1887)廣百宋齋鉛印本
六冊

210000－0751－0000665　特 K249.065/1

龔端毅公奏疏八卷附浠川政譜一卷　（清）龔
鼎孳撰　清光緒九年(1883)聽彝書屋刻本
四冊

210000－0751－0000666　特 K249.204/1

康熙政要二十四卷　章梫纂　清宣統二年
(1910)鉛印本　十二冊

210000－0751－0000667　特 K25/1

普天忠憤全集十四卷首一卷　（清）孔廣德輯
清光緒二十四年(1898)石印本　八冊

210000－0751－0000668　特 K252.044/1
粵氛紀事十三卷　（清）夏燮輯　清同治八年
(1869)刻本　六冊

210000－0751－0000669　特 K252.045/1
平定粵寇紀略十八卷附記四卷　（清）杜文瀾
撰　清光緒元年(1875)校經堂刻本　十二冊

210000－0751－0000670　特 K252.045/2
平定粵匪紀略十八卷附記四卷　（清）杜文瀾
撰　清光緒七年(1881)刻本　八冊

210000－0751－0000671　特 K252.045/2/1
平定粵匪紀略十八卷附記四卷　（清）杜文瀾
撰　清同治至光緒刻本　九冊　缺二卷(紀
略一至二)

210000－0751－0000672　特 K252.06/1
時務叢鈔七卷　（清）何啟等輯　清光緒二十
一年至二十三年(1895－1897)上海賜書堂石
印本　八冊

210000－0751－0000673　特 K252.06/4
李文忠公全集一百六十五卷　（清）李鴻章撰
清光緒三十一年至三十四年(1905－1908)
金陵刻本　一百冊

210000－0751－0000674　特 K252.06/5
左文襄公全集一百三十二卷首一卷目錄一卷
（清）左宗棠撰　清光緒十六年至十八年
(1890－1892)刻本　一百二十七冊

210000－0751－0000675　特 K252.06/6
倭文端公遺書十一卷首二卷　（清）倭仁撰
清末刻本　八冊

210000－0751－0000676　特 K252.063/1
東三省蒙務公牘彙編五卷　（清）朱啟鈐等輯
清宣統元年(1909)鉛印本　二冊

210000－0751－0000677　特 K252.063/2
撫吳公牘五十卷　（清）丁日昌撰　（清）沈幼
丹評　清光緒三年(1877)林達泉鉛印本
六冊

210000－0751－0000678　特 K252.065/1
曾惠敏公遺集十七卷　（清）曾紀澤撰　清光

402

緒二十年(1894)上海石印本　四冊

210000－0751－0000679　特 K252.065/10
彭剛直公奏稿八卷　（清）彭玉麟撰　清光緒
十七年(1891)吳下江蘇刻本　六冊

210000－0751－0000680　特 K252.065/11
同治中興京外奏議約編八卷　（清）陳弢輯
清光緒元年(1875)刻本　八冊

210000－0751－0000681　特 K252.065/12
李肅毅伯奏議二十卷　（清）李鴻章撰　（清）
章洪鈞　（清）吳汝綸編輯　清光緒二十五年
(1899)上海鴻文書局石印本　二十冊

210000－0751－0000682　特 K252.065/2
林文忠公政書五種　（清）林則徐撰　清光緒
二十四年(1898)天津文德堂石印本　六冊

210000－0751－0000683　特 K252.065/3
林文忠公遺集四十二卷　（清）林則徐撰　清
光緒三山林氏刻本　十六冊

210000－0751－0000684　特 K252.065/3
林文忠公遺集四十二卷　（清）林則徐撰　清
光緒三山林氏刻本　十六冊

210000－0751－0000685　特 K252.065/4
林文忠公政書三集三十七卷　（清）林則徐撰
清末刻本　二十冊

210000－0751－0000686　特 K252.065/5
曾惠敏公遺集十七卷　（清）曾紀澤撰　清光
緒十九年(1893)上海江南製造總局刻本　四
冊　存八卷(曾惠敏公奏疏六卷、惠敏公日記
二卷)

210000－0751－0000687　特 K252.065/6
錢敏肅公奏疏七卷　（清）錢鼎銘撰　清光緒
六年(1880)存素堂刻本　四冊

210000－0751－0000688　特 K252.065/8
沈文肅公政書七卷首一卷　（清）沈葆楨撰
清光緒六年(1880)吳門節署刻本　十二冊

210000－0751－0000689　特 K252.065/9
庸盦尚書奏議十六卷　陳夔龍撰　俞陛雲等
編　清宣統三年(1911)鉛印本　八冊

210000－0751－0000690　特 K252/12

校邠廬抗議二卷　（清）馮桂芬撰　清末刻本
二冊

210000－0751－0000691　特 K252/12/1

校邠廬抗議二卷　（清）馮桂芬撰　清光緒十
年（1884）豫章南昌馮芳植刻本　二冊

210000－0751－0000692　特 K252/2

霆軍紀略十六卷　（清）陳昌撰　清光緒八年
（1882）刻本　六冊

210000－0751－0000693　特 K252/2/1

霆軍紀略十六卷　（清）陳昌撰　清光緒八年
（1882）鉛印本　六冊

210000－0751－0000694　特 K252/3

胡文忠公遺集八十六卷首一卷　（清）胡林翼
撰　清同治六年（1867）黃鶴樓刻本　三十二
冊　缺三卷（一至三）

210000－0751－0000695　特 K252/5

湘軍記二十卷　（清）王定安撰　清光緒十五
年（1889）江南書局刻本　八冊

210000－0751－0000696　特 K252/5

湘軍記二十卷　（清）王定安撰　清光緒十五
年（1889）江南書局刻本　六冊

210000－0751－0000697　特 K252/7

淮軍平捻記十二卷　（清）周世澄撰　清末刻
本　四冊

210000－0751－0000698　特 K252/9

湘軍志十六篇　王闓運撰　清光緒十二年
（1886）成都墨香書屋刻本　四冊

210000－0751－0000699　特 K252/9/1

湘軍志十六篇　王闓運撰　清宣統元年
（1909）東洲刻本　四冊

210000－0751－0000700　特 K254.4/1

山東軍興紀畧二十二卷　（清）管晏等撰　清
光緒五年（1879）上海申報館鉛印本　十冊

210000－0751－0000701　特 K254.4/1

山東軍興紀畧二十二卷　（清）管晏等撰　清
光緒五年（1879）上海申報館鉛印本　八冊

存十二卷（一至十二）

210000－0751－0000702　特 K254.4/2

從征圖記不分卷　（清）唐訓方撰　（清）廖筠
繪　清同治六年（1867）西山草堂刻本　一冊

210000－0751－0000703　特 K256.1/2

洋務新論六卷續編一卷　（英國）李提摩太撰
（清）仲英輯　清光緒二十年（1894）長白吏
隱僊館石印本　六冊

210000－0751－0000704　特 K256.3/1

中東戰紀本末八卷　（美國）林樂知譯　（清）
蔡爾康纂輯　清光緒二十二年（1896）上海廣
學會鉛印本　十二冊

210000－0751－0000705　特 K256.7/1

拳匪紀事六卷　（日本）佐原篤介輯　清光緒
二十七年（1901）鉛印本　六冊

210000－0751－0000706　特 K256.7/3

天津拳匪變亂紀事二卷　（清）劉孟揚撰　清
宣統二年（1910）民興報館鉛印本　二冊

210000－0751－0000707　特 K258.206.3/1

北洋公牘類纂二十五卷　（清）甘厚慈輯　清
光緒三十三年（1907）京城益森印刷有限公司
鉛印本　十一冊　存十二卷（一至十一、二十
一）

210000－0751－0000708　特 K246.044/1

遼史紀事本末四十卷首一卷　（清）李有棠撰
清光緒十九年（1893）上海同文書局石印本
四冊

210000－0751－0000709　特 K246.044/2

金史紀事本末五十二卷首一卷　（清）李有棠
編纂　清光緒十九年（1893）上海同文書局石
印本　六冊

210000－0751－0000710　特 K29/2

元和郡縣志四十卷　（唐）李吉甫撰　清刻本
十冊

210000－0751－0000711　特 K290.4/1

天下郡國利病書一百二十卷　（清）顧炎武輯
清光緒二十七年（1901）圖書集成局鉛印本

二十八冊

210000－0751－0000712　特 K290.4/1
天下郡國利病書一百二十卷　（清）顧炎武輯
　　清光緒二十七年(1901)圖書集成局鉛印本
　　二十七冊　缺五卷(六十九至七十三)

210000－0751－0000713　特 K290.4/2
天下郡國利病書一百二十卷　（清）顧炎武輯
　　清光緒二十五年(1899)上海二林齋石印本
　　二十八冊

210000－0751－0000714　特 K290.4/2
天下郡國利病書一百二十卷　（清）顧炎武輯
　　清光緒二十五年(1899)上海二林齋石印本
　　二十四冊　缺二十卷(五至九、二十至二十
　　二、六十至七十一)

210000－0751－0000715　特 K290.49/2
三省邊防備覽十八卷　（清）嚴如熤輯　清道
光十年(1830)來鹿堂刻本　十冊

210000－0751－0000716　特 K290/1
讀史方輿紀要一百三十卷方輿全圖總説五卷
　　（清）顧祖禹輯　清光緒二十七年(1901)圖
書集成局鉛印本　三十二冊　存一百三十卷
(讀史方輿紀要一百三十卷)

210000－0751－0000717　特 K292.1/1
津門雜記三卷　（清）張燾撰　清光緒十年
(1884)天津刻本　三冊

210000－0751－0000718　特 K293.1/2
[宣統]承德縣志書不分卷　（清）金正元修
（清）張子瀛等增輯　清宣統二年(1910)承德
縣署石印本　二冊

210000－0751－0000719　特 K293.4/1
吉林外記十卷　（清）薩英額纂修　清光緒二
十一年(1895)浙江袁昶刻本　二冊

210000－0751－0000720　特 K295.3/1
同治徐州府志二十五卷　（清）吳世熊　（清）
朱忻修　（清）劉庠　（清）方駿謨纂　清同治
刻本　十六冊

210000－0751－0000721　特 K295.3/2

揚州畫舫錄十八卷　（清）李斗撰　清乾隆六
十年(1795)揚州自然盦刻同治十一年(1872)
淮南書局印本　二冊　存九卷(一至九)

210000－0751－0000722　特 K295.4/1
[淳熙]新安志十卷　（宋）羅願纂　清光緒十
四年(1888)黟邑李氏刻本　四冊

210000－0751－0000723　特 K297.52/1
[光緒]西藏圖考八卷首一卷　（清）黃沛翹纂
　　清光緒十二年(1886)李培榮華廷甫刻本
四冊

210000－0751－0000724　特 K565.43/1
普法戰紀二十卷　（清）張宗良口譯　（清）王
韜撰輯　清光緒二十一年(1895)湖南長沙弢
園王氏鉛印本　十冊

210000－0751－0000725　特 K565.43/2
普法戰紀二十卷　（清）張宗良口譯　（清）王
韜撰輯　清同治十二年(1873)湖南長沙弢園
王氏刻本　十冊

210000－0751－0000726　特 K82/1
碧血錄五卷　（清）莊仲方撰　（清）夏鸞翔繪
圖　清光緒八年(1882)上海同文書局石印本
五冊

210000－0751－0000727　特 K82/2
歷代名儒傳八卷　（清）朱軾　（清）蔡世遠輯
　　清雍正七年至十三年(1729－1735)刻史傳
三編本　四冊

210000－0751－0000728　特 K82/3
歷代名人年譜十卷存疑及生卒年月無攷一卷
　　（清）吳榮光編　清咸豐二年(1852)刻本
十冊

210000－0751－0000729　特 K82/4
於越先賢像傳贊二卷　（清）王齡撰　（清）任
熊繪　清咸豐六年(1856)王氏養龢堂刻本
一冊

210000－0751－0000730　特 K82/5
歷代循吏傳八卷　（清）朱軾　（清）蔡世遠輯
　　清雍正七年至十三年(1729－1735)刻史傳

三編本　四冊

210000－0751－0000731　特 K820.4/1

貳臣傳十二卷逆臣傳四卷　（清）國史館編
清道光都城琉璃廠半松居士木活字印本
八冊

210000－0751－0000732　特 K820.44/1

隆平集二十卷　（宋）曾鞏撰　清康熙四十年
(1701)七業堂刻本　六冊

210000－0751－0000733　特 K820.48/1

史外八卷　（清）汪有典撰　清同治三年
(1864)江西尋樂山房刻本　八冊

210000－0751－0000734　特 K820.48/2

明儒學案六十二卷　（清）黄宗羲撰　清末上
海文瑞樓石印本　十六冊

210000－0751－0000735　特 K820.48/3

無聲詩史七卷　（清）姜紹書撰　清宣統二年
(1910)上海瑞記書局石印本　六冊

210000－0751－0000736　特 K820.49/11

凝香室鴻雪因緣圖記三集二卷　（清）麟慶撰
清光緒十二年(1886)上海同文書局石印本
三冊

210000－0751－0000737　特 K820.49/3

學案小識十四卷首一卷末一卷　（清）唐鑑撰
清末上海文瑞樓石印本　六冊

210000－0751－0000738　特 K820.49/4

國朝先正事略六十卷　（清）李元度撰　清同
治五年(1866)循陔艸堂刻本　二十四冊

210000－0751－0000739　特 K820.49/5

碑傳集一百六十卷首二卷末二卷　（清）錢儀
吉纂錄　（清）黃彭年編訂　清光緒十九年
(1893)江蘇書局刻本　六十冊　存一百六十
一卷(碑傳集一百六十卷、首一)

210000－0751－0000740　特 K820.49/6

續碑傳集八十六卷首二卷　繆荃孫輯　清宣
統江楚編譯書局刻本　三十冊　存八十一卷
(一至八十、首一)

210000－0751－0000741　特 K820.49/7

凝香室鴻雪因緣圖記一集二卷二集二卷三集
二卷　（清）麟慶撰　清光緒二十二年(1896)
點石齋石印本　三冊　存三卷(一集下、二集
上、三集下)

210000－0751－0000742　特 K820.49/9

凝香室鴻雪因緣圖記一集二卷二集二卷三集
二卷　（清）麟慶撰　清光緒五年(1879)點石
齋石印本　一冊　存一卷(二集下)

210000－0751－0000743　特 K820.9/1

元和姓纂十卷　（唐）林寶撰　（清）孫星衍
（清）洪瑩同校　清光緒六年(1880)金陵書局
刻本　四冊

210000－0751－0000744　特 K820/2

楚寶四十卷外編五卷　（明）周聖楷輯　清道
光九年(1829)湖南鄧顯鶴寧鄉學署刻本　二
十四冊

210000－0751－0000745　特 K82－61/1

史姓韻編二十四卷　（清）汪輝祖輯　清光緒
二十九年(1903)上海文瀾書局石印本　八冊

210000－0751－0000746　特 K82－61/3

校正尚友錄二十二卷　（明）廖用賢撰　（清）
張伯琮補輯　清光緒十三年(1887)上海鴻文
書局石印本　六冊

210000－0751－0000747　特 K828.5/1

繡像古今賢女傳九卷　（清）魏息園撰　清光
緒三十四年(1908)石印本　六冊　存八卷
(一至八)

210000－0751－0000748　特 K828.5/2

列女傳十六卷　（漢）劉向撰　（明）汪道昆輯
（明）仇英繪圖　明萬曆刻本　十四冊

210000－0751－0000749　特 K871/1

亦政堂重修考古圖十卷　（宋）呂大臨撰　明
萬曆刻本　三冊　存七卷(二至三、五至九)

210000－0751－0000750　特 K871/2

亦政堂重修宣和博古圖錄三十卷　（宋）王黼
等撰　明萬曆刻本　十六冊　存二十四卷
(二至三、六至七、十至十二、十四至三十)

210000－0751－0000751　特 K875.4/1

文房肆攷圖說八卷　（清）唐秉鈞撰　（清）康
愷繪　清乾隆四十三年（1778）刻本　四冊

210000－0751－0000752　特 K875.6/1

古泉叢話三卷附一卷　（清）戴熙撰　清同治
十一年（1872）江蘇吳縣潘祖蔭滂喜丝刻本
一冊　存三卷

210000－0751－0000753　特 K876.2/1

語石十卷　葉昌熾輯　清宣統元年（1909）蘇
城徐穉圃刻本　四冊

210000－0751－0000754　特 K876.41/3

陶齋吉金錄續集二卷　（清）端方輯　清宣統
元年（1909）石印本　二冊

210000－0751－0000755　特 K876.412/1

西清古鑑四十卷錢錄十六卷　（清）梁詩正
（清）蔣溥等纂　清光緒十四年（1888）上海鴻
文書局石印本　六冊　存十二卷（西清古鑑
一至十二）

210000－0751－0000756　特 K876.412/2

西清續鑑甲編二十卷附錄一卷　（清）乾隆敕
編　清宣統三年（1911）上海商務印書館影印
本　四十一冊

210000－0751－0000757　特 K876.412/3

恆軒所見所藏吉金錄不分卷　（清）吳大澂撰
清末刻本　一冊　存六十七葉（六十八至
一百三十四）

210000－0751－0000758　特 K876.412/2

西清續鑑甲編二十卷附錄一卷　（清）乾隆敕
編　清宣統二年（1910）涵芬樓石印本　一冊
存一卷（一）

210000－0751－0000759　特 K876.82/1

古玉圖攷不分卷　（清）吳大澂撰　清光緒十
五年（1889）上海同文書局石印本　四冊

210000－0751－0000760　特 K876.82/2

古玉圖攷不分卷　（清）吳大澂撰　清光緒影
印本　一冊　存四十葉（三十三至七十二）

210000－0751－0000761　特 K877.2/1

金石圖說四卷　（清）牛運震集說　（清）褚峻
摹圖　清光緒二十二年（1896）貴池劉氏刻本
四冊

210000－0751－0000762　特 K877.2/3

金石萃編一百六十卷　（清）王昶撰　清嘉慶
十年（1805）王氏經訓堂刻同治十年（1871）補
刻本　六十冊

210000－0751－0000763　特 K877.2/3

金石萃編一百六十卷　（清）王昶撰　清嘉慶
十年（1805）王氏經訓堂刻同治十年（1871）補
刻本　六十四冊　缺二卷（四十一至四十二）

210000－0751－0000764　特 K877.2/4

金石索十二卷　（清）馮雲鵬　（清）馮雲鵷輯
清光緒十九年（1893）上海積山書局石印本
二十一冊

210000－0751－0000765　特 K877.2/8

重定金石契不分卷　（清）張燕昌輯　清光緒
二十二年（1896）劉氏聚學軒刻本　四冊

210000－0751－0000766　特 K877.24/1

粵東金石略九卷首一卷附二卷　（清）翁方綱
撰　清光緒十七年（1891）廣州石經堂書局影
印本　四冊

210000－0751－0000767　特 K877.3/11

歷代鐘鼎彝器款識法帖二十卷　（宋）薛尚功
撰　札記一卷　劉世珩撰　清光緒二十九年
至三十三年（1903－1907）武昌劉氏玉海堂刻
本　四冊

210000－0751－0000768　特 K877.3/14

長安獲古編二卷補一卷　（清）劉喜海撰　清
光緒三十一年（1905）劉鐵雲刻本　二冊

210000－0751－0000769　特 K877.3/14

長安獲古編二卷補一卷　（清）劉喜海撰　清
光緒三十一年（1905）劉鐵雲刻本　二冊

210000－0751－0000770　特 K877.3/16

兩罍軒彝器圖釋十二卷　（清）吳雲撰　清同
治十一年（1872）刻本　六冊

210000－0751－0000771　特 K877.3/16

兩罍軒彝器圖釋十二卷　（清）吳雲撰　清同治十一年（1872）刻本　四冊

210000－0751－0000772　特 K877.3/3

積古齋鐘鼎彝器款識十卷　（清）阮元編錄清光緒五年（1879）武昌華亭林長慶刻本六冊

210000－0751－0000773　特 K877.3/3

積古齋鐘鼎彝器款識十卷　（清）阮元編錄清光緒五年（1879）武昌華亭林長慶刻本　四冊　缺四卷（五至八）

210000－0751－0000774　特 K877.31/1

陶齋吉金錄八卷　（清）端方輯　清光緒三十四年（1908）金陵石印本　八冊

210000－0751－0000775　特 K877.31/1

陶齋吉金錄八卷　（清）端方輯　清光緒三十四年（1908）金陵石印本　一冊　存一卷（六）

210000－0751－0000776　特 K877.42/3

匋齋臧石記四十四卷首一卷匋齋臧甎記二卷　（清）端方輯　清宣統元年（1909）石印本十二冊

210000－0751－0000777　特 K877.42/4

隸釋二十七卷隸續二十一卷　（宋）洪适撰汪本隸釋刊誤一卷　（清）黃丕烈撰　清同治皖南洪氏晦木齋刻本　八冊

210000－0751－0000778　特 K892.9/1

禮記纂註三十卷　（元）陳澔集說　（明）湯道衡纂輯　明萬曆四十五年（1617）刻本　四冊

210000－0751－0000779　特 K892.9/3

大戴禮記十三卷　（漢）戴德撰　（北周）盧辯注　清刻本　二冊

210000－0751－0000780　特 K892.9/4

儀禮釋官九卷首一卷　（清）胡匡衷撰　清同治八年（1869）胡肇智刻本　三冊

210000－0751－0000781　特 K892.9/5

附釋音禮記注疏六十三卷　（漢）鄭玄注（唐）陸德明音義　（唐）孔穎達疏　校勘記六十三卷　（清）阮元撰　（清）盧宣旬摘錄　清

道光六年（1826）南昌府學刻本　八冊　存十二卷（一至十二）

210000－0751－0000782　特 K892.9/8

欽定儀禮義疏四十八卷首二卷　（清）允祿等撰　清同治至光緒刻本　二十八冊

210000－0751－0000783　特 K892.9/9

欽定禮記義疏八十二卷首一卷　（□）□□纂　清同治至光緒刻本　二十六冊

210000－0751－0000784　特 K892.97/1

讀禮條考二十卷　（清）王曜南撰　清末石印本　六冊

210000－0751－0000785　特 K892.98/2

聖廟祀典圖攷三卷首一卷聖蹟圖一卷孟子聖蹟圖一卷崇聖祠攷一卷　（清）顧沅輯　清末上海同文書局影印本　五冊

210000－0751－0000786　特 K9/2

采風記五卷附紀程感事詩一卷時務論一卷宋育仁編　清末刻本　四冊

210000－0751－0000787　特 K91/1

海國圖志六十卷　（清）魏源撰　清道光二十七年（1847）古微堂刻本　二十冊

210000－0751－0000788　特 K91/2

海國圖志一百卷　（清）魏源撰　清光緒六年（1880）邵陽急當務齋刻本　四十八冊

210000－0751－0000789　特 K91/3

瀛環志畧十卷　（清）徐繼畬撰　清同治五年（1866）總理衙門刻本　六冊

210000－0751－0000790　特 K91/4

續瀛環志畧不分卷　（清）徐繼畬輯撰　清光緒刻本　二冊

210000－0751－0000791　特 K92/1

六朝事迹編類十四卷　（宋）張敦頤撰　清道光二十年（1840）金陵張寶德刻本　一冊　存五卷（一至五）

210000－0751－0000792　特 K928.43/1

西湖志四十八卷　（清）傅王露等修　清光緒四年（1878）杭州浙江書局刻本　十冊　存二

十三卷(一至二、五至九、十二至二十三、四十一至四十二、四十七至四十八)

210000－0751－0000793　特 K928.6/1
漢書地理志水道圖說七卷　(清)陳澧撰　清同治十一年(1872)廣東富文齋刻本　二冊

210000－0751－0000794　特 K928.6/11
太平寰宇記二百卷目錄二卷　(宋)樂史撰　(清)陳蘭森輯　清末刻本　四十八冊

210000－0751－0000795　特 K928.6/12
山海經十八卷古今本篇目考一卷　(晉)郭璞撰　(清)畢沅校正　清乾隆四十八年(1783)經訓堂刻本　二冊

210000－0751－0000796　特 K928.6/2
禹貢錐指二十卷圖一卷　(清)胡渭撰　清康熙漱六軒刻本　十冊

210000－0751－0000797　特 K928.6/3
歷代地理志韻編今釋二十卷附皇朝輿地韻編二卷　(清)李兆洛撰　清同治九年(1870)合肥李氏刻本　八冊

210000－0751－0000798　特 K928.6/4
廣輿記二十四卷　(明)陸應陽輯　(清)蔡方炳增輯　清道光四年(1824)體元堂刻本　十二冊

210000－0751－0000799　特 K928.6/5
輿地紀勝二百卷　(宋)王象之撰　清咸豐五年(1855)廣東南海粵雅堂刻本　二十二冊

210000－0751－0000800　特 K928.6/6
李氏五種　(清)李兆洛撰　清光緒十八年(1892)湖南長沙草素書局刻本　十六冊　存二十八卷

210000－0751－0000801　特 K928.6/7
輿地廣記三十八卷校勘記二卷　(宋)歐陽忞撰　(清)黃丕烈校　清嘉慶十七年(1812)吳門士禮居刻本　八冊

210000－0751－0000802　特 K928.6/8
水經注釋四十卷首一卷附錄二卷水經注釋刊誤十二卷　(清)趙一清撰　清光緒六年

(1880)蛟川張氏花雨廔刻本　十八冊

210000－0751－0000803　特 K928.6/9
李氏五種　(清)李兆洛撰　清光緒十四年(1888)掃葉山房刻本(紀元編配同治九年合肥李氏刻本)　十二冊　存二十八卷

210000－0751－0000804　特 K928.637/1
東晉疆域志四卷　(清)洪亮吉撰　清嘉慶元年(1796)京師刻本　二冊

210000－0751－0000805　特 K928.64/1
漢西域圖考七卷首一卷　(清)李光廷撰　(清)潘平章繪　(清)李承緒重繪　清光緒十九年(1893)寶善書局石印本　七冊

210000－0751－0000806　特 K928.64/2
元豐九域志十卷　(宋)王存等撰　清乾隆四十九年(1784)馮集梧德聚堂刻本　六冊

210000－0751－0000807　特 K928.91/1
朝市叢載八卷　(清)李虹若輯　清光緒十二年(1886)京都松竹齋刻本　八冊

210000－0751－0000808　特 O11/1
中西算學叢書初編　(清)四明求敏齋主人輯　清光緒二十二年(1896)上海鴻寶齋石印本　四十冊

210000－0751－0000809　特 P19/1
三統術衍三卷三統術鈐一卷　(清)錢大昕撰　清嘉慶六年(1801)龍氏家塾刻嘉定錢氏潛研堂全書本　二冊

210000－0751－0000810　特 Q94/1　特 Q94/2
植物名實圖考三十八卷長編二十二卷　(清)吳其濬撰　清道光二十八年(1848)陸應穀刻光緒六年(1880)山西濬文書局補刻本　五十七冊　存五十九卷(植物名實圖考一至三、五至三十八,長編二十二卷)

210000－0751－0000811　特 R221/1
補注黃帝內經素問二十四卷　(唐)王冰注黃帝內經靈樞十二卷　(宋)史崧音釋　遺篇一卷　(宋)劉溫舒原本　清光緒三年(1877)浙江書局刻本　七冊

210000－0751－0000812　特 S341/1

御製耕織圖不分卷　（清）聖祖玄燁撰　（清）焦秉貞繪圖　清光緒十二年(1886)上海點石齋石印本　二冊

210000－0751－0000813　特 T092/1

考工記圖二卷　（清）戴震撰　清聚奎樓刻本　二冊

210000－0751－0000814　特 Z121.2/3

楊龜山先生集四十二卷首一卷　（宋）楊時撰　清康熙四十六年至四十七年(1707－1708)江樂楊繩祖刻本　十冊

210000－0751－0000815　特 Z121.4/1

秘書　（明）鍾惺輯　明末刻本(風俗通義卷三至七用清刻本補配)　七冊　存四種三十卷(天祿閣外史八卷、風俗通義十卷、韓詩外傳十卷、白虎通德論二卷)

210000－0751－0000816　特 Z121.4/2

寶顏堂秘笈　（明）陳繼儒輯　明萬曆繡水沈氏尚白齋刻本　二十四冊

210000－0751－0000817　特 Z121.4/3

漢魏名文乘　（明）張運泰　（明）余元熹彙評　明末刻本　一冊　存二種(鼂家令集、春秋繁露附文)

210000－0751－0000818　特 Z121.5/10

積學齋叢書二十種　徐乃昌輯　清光緒南陵徐氏刻本　二十冊

210000－0751－0000819　特 Z121.5/13

式訓堂叢書　（清）章壽康輯　清光緒會稽章氏刻本　十六冊　存十五種(初集十五種)

210000－0751－0000820　特 Z121.5/14

校經山房叢書　（清）朱記榮輯　清光緒三十年(1904)孫谿朱氏槐廬家塾刻本　三十二冊　存二十六種

210000－0751－0000821　特 Z121.5/15

藕香零拾三十九種一百二卷　繆荃孫輯　清末刻本　三十二冊

210000－0751－0000822　特 Z121.5/16

張氏適園叢書初集　張鈞衡輯　清宣統三年(1911)上海國學扶輪社鉛印本　十冊

210000－0751－0000823　特 Z121.5/17

正誼堂全書　（清）張伯行輯　（清）楊浚重輯　清同治五年(1866)福州正誼書院刻同治八年至九年(1869－1870)續刻本　二百冊　存六十六種

210000－0751－0000824　特 Z121.5/18

正覺樓叢刻　（清）崇文書局輯　清光緒崇文書局刻本　三十六冊　存二十八種

210000－0751－0000825　特 Z121.5/20

惜陰軒叢書　（清）李錫齡輯　清道光二十六年(1846)宏道書院刻本　九十二冊　存三十五種

210000－0751－0000826　特 Z121.5/21

仰視千七百二十九鶴齋叢書　（清）趙之謙輯　清光緒六年(1880)會稽趙氏刻本　十八冊　存二十五種四十八卷(韓詩遺說二卷、訂偽一卷，九經學周禮二卷、儀禮一卷，未廬札記一卷，從古堂款識學一卷，汰存錄一卷，偶陽雜錄一卷，英吉利廣東入城始末一卷、東籬耦談四卷，阮亭詩餘一卷，書巖賸稿一卷，二十一都懷古詩一卷，勇盧閒詰一卷，虞氏易事二卷，質疑一卷，補五代史藝文志一卷，六壬神定經二卷，天問閣集三卷，鮓話一卷，西藏攷一卷，讀史舉正八卷，弟子職注一卷，餘生錄一卷，甲乙雜箸一卷，邇翁隨筆二卷，鄭堂札記五卷)

210000－0751－0000827　特 Z121.5/23

靈鶼閣叢書　（清）江標輯　清光緒元和江氏湖南使院刻本　四十冊　存五十五種

210000－0751－0000828　特 Z121.5/24

天壤閣叢書　（清）王懿榮輯　清同治、光緒福山王氏刻本　二十冊　存二十種

210000－0751－0000829　特 Z121.5/25

滂喜齋叢書　（清）潘祖蔭輯　清同治、光緒京師吳縣潘氏刻本　三十二冊　存五十種

210000－0751－0000830　特 Z121.5/26

乾坤正氣集一百一種五百七十四卷　（清）姚
瑩　（清）顧沅　（清）潘錫恩輯　清道光二十
八年(1848)涇縣潘氏袁江節署求是齋刻本
一百九十九冊

210000－0751－0000831　特 Z121.5/26

乾坤正氣集一百一種五百七十四卷　（清）姚
瑩　（清）顧沅　（清）潘錫恩輯　清道光二十
八年(1848)涇縣潘氏袁江節署求是齋刻本
二百一冊

210000－0751－0000832　特 Z121.5/29

說鈴　（清）吳震方輯　清康熙刻本　十九冊
　　存四十八種

210000－0751－0000833　特 Z121.5/30

連筠簃叢書　（清）楊尚文輯　清道光二十八
年(1848)靈石楊氏刻本　二十冊　存十一種
七十七卷（韻補五卷、附錄一卷、附韻補正一
卷，元朝祕史十五卷，唐兩京城坊考五卷，長
春真人西遊記二卷，漢石例六卷、附敘目一
卷，句股截積和較算術二卷，橢圓術一卷，鏡
鏡詅癡五卷，羣書治要二十三至五十，湖北金
石詩一卷，落颿樓文稿四卷）

210000－0751－0000834　特 Z121.5/31

士禮居黃氏叢書　（清）黃丕烈輯　清光緒十
三年(1887)上海蜚英館石印本　三十冊　存
十九種

210000－0751－0000835　特 Z121.5/35

咫進齋叢書　（清）姚覲元輯　清光緒九年
(1883)歸安姚氏刻本　二十一冊　存三集三
十二種

210000－0751－0000836　特 Z121.5/36

春暉堂叢書　（清）徐渭仁輯　清道光、咸豐
上海徐氏刻本　十冊　存九種三十三卷

210000－0751－0000837　特 Z121.5/4

粵雅堂叢書　（清）伍崇曜輯　清道光至光緒
南海伍氏刻本　二百三十九冊　存二十集一
百二十二種

210000－0751－0000838　特 Z121.5/5

海山仙館叢書　（清）潘仕成輯　清道光至咸

豐潘氏刻本　一百冊　存三十八種

210000－0751－0000839　特 Z121.5/7

子書百家一百一種　（清）崇文書局輯　清光
緒元年(1875)湖北崇文書局刻本　三十冊
存二十二種一百十卷（孔子家語一至五，孔子
集語三卷，風后握奇經一卷，六韜三卷，韓非
子二十卷，齊民要術十卷、雜說一卷，太玄經
十卷，焦氏易林四卷，金樓子四至六，論衡一
至四、二十至二十四，拾遺記十卷，續博物志
十卷，陰符經一卷，列子二卷，抱朴子內篇四
卷、外篇四卷，亢倉子一卷，玄真子一卷，天隱
子一卷，無能子三卷，胎息經疏一卷，胎息經
一卷，至遊子二卷）

210000－0751－0000840　特 Z121.5/8

懷幽雜俎　徐乃昌輯　清宣統元年(1909)南
陵徐氏刻本　十冊　存十二種

210000－0751－0000841　特 Z121.5/9

富強齋叢書　（清）袁俊德輯　清光緒二十六
年(1900)上海寶善齋石印本　六十四冊　存
八十一種

210000－0751－0000842　特 Z121/2

晨風閣叢書　沈宗畸輯　清宣統元年(1909)
番禺沈氏刻本　十六冊　存二十二種

210000－0751－0000843　特 Z121/3

咫進齋叢書　（清）姚覲元輯　清同治十三年
(1874)川東刻本　一冊　存二種七卷（咽喉
脈證通一卷、務民義齋算學六卷）

210000－0751－0000844　特 Z124.5/10

庸盦全集十種　（清）薛福成撰　清光緒二十
二年至二十三年(1896－1897)上海醉六堂石
印本　十二冊　存六種二十一卷

210000－0751－0000845　特 Z124.5/6

杭大宗七種叢書十八卷　（清）杭世駿撰　清
乾隆五十七年(1792)羊城杭寶仁刻本　四冊

210000－0751－0000846　特 Z124.5/8

安吳四種三十六卷　（清）包世臣撰　清同治
十一年(1872)注經堂刻本　十六冊

210000－0751－0000847　特 Z124.5/9

甌北全集 （清）趙翼撰　清嘉慶湛貽堂刻本
四十八冊　存一百七十三卷

210000－0751－0000848　特 Z124.52/1

春在堂全書 （清）俞樾撰　清光緒二十三年
（1897）石印本　三十二冊　存二十九種四百
三十九卷(羣經平議三十五卷,諸子平議三十
五卷,第一樓叢書三十卷,曲園雜纂五十卷,
俞樓雜纂五十卷,賓萌集六卷、外集四卷,春
在堂雜文二卷、續編五卷、三編四卷、四編八
卷、五編八卷,春在堂詩編十五卷、詞錄三卷,
春在堂隨筆十卷,春在堂尺牘六卷,楹聯錄存
三卷,四書文一卷,右台仙館筆記十六卷,茶
香室叢鈔二十三卷、續鈔二十五卷、三鈔二十
九卷,茶香室經說十六卷,經課續編七卷,九
九銷夏錄十四卷,金剛般若波羅蜜經注二卷,
太上感應篇纘義二卷,游藝錄六卷,小蓬萊謠
二卷,袖中書二卷,東瀛詩記二卷,新定牙牌
數一卷,慧福樓幸草一卷、附錄一卷,春在堂
全書錄要一卷,春在堂全書校勘記一卷,曲園
自述詩一卷補一卷,瓊英小錄一卷)

210000－0751－0000849　特 Z124.52/1/1

春在堂全書 （清）俞樾撰　清同治十年
（1871）刻本(賓萌集五卷配補)　九十冊　存
二十一種三百三十四卷(羣經平議三十五卷,
諸子平議三十五卷,第一樓叢書三十卷,曲園
雜纂五十卷,俞樓雜纂五十卷,賓萌集六卷、
外集四卷,春在堂裸（雜）文二卷、續編五卷、
三編四卷,春在堂詩編九卷、詞錄三卷,春在
堂隨筆八卷,春在堂尺牘五卷,楹聯錄五卷,
曲園四書文一卷,太上感應篇纘義二卷,茶香
室叢鈔二十三卷、續鈔二十五卷、目錄一卷,
右台仙館筆記十六卷,游藝錄六卷,袖中書二
卷,金剛般若波羅蜜經注二卷,東瀛詩記二
卷,新定牙牌數一卷,慧福樓幸草一卷、附錄
一卷)

210000－0751－0000850　特 Z125/3

玉函山房輯佚書 （清）馬國翰輯　清光緒十
年（1884）章邱李氏刻本　八十冊　存五百九
十四種

210000－0751－0000851　特 Z126.1/1

經苑二十五種 （清）錢儀吉輯　清道光至咸
豐年間大梁書院刻同治七年（1868）重修本
七十八冊

210000－0751－0000852　特 Z126.1/1/1

補鐫經苑二十五種 （清）錢儀吉輯　清道光
二十五年（1845）大梁書院刻民國十一年
（1922）四存學會補修本　七十九冊

210000－0751－0000853　特 Z126.2/1

重刊宋本十三經注疏附校勘記十三種四百十
六卷 （清）阮元校勘　（清）盧宣旬摘錄　清
嘉慶南昌府學刻道光六年（1826）重修本　一
百六十冊

210000－0751－0000854　特 Z126.2/1/1

十三經注疏附校勘記 （清）阮元輯　清光緒
十三年（1887）點石齋石印本　二十五冊

210000－0751－0000855　特 Z126.2/1/2

重刊宋本十三經注疏附校勘記四百十六卷
（清）阮元輯　清光緒十三年（1887）上海脈望
仙館石印本　三十二冊

210000－0751－0000856　特 Z126.2/11

皇清經解分經合纂十六卷 （清）阮元輯
（清）王夫之重編　清光緒二十一年（1895）上
海鴻寶齋石印本　三十二冊

210000－0751－0000857　特 Z126.2/3

重訂七經精義 （清）黃淦撰　清嘉慶十三年
（1808）刻本　十六冊　存三十四卷

210000－0751－0000858　特 Z126.2/4

古經解彙函十六種附小學匯函十四種 （清）
鍾謙鈞等撰　清光緒十四年（1888）上海蜚英
館石印本　二十冊　存二百七十七卷

210000－0751－0000859　特 Z126.2/5

經學輯要二十四卷 （清）吳頴炎輯　清光緒
十四年（1888）上海點石齋石印本　三十二冊

210000－0751－0000860　特 Z126.2/6

皇清經解一千四百八卷 （清）阮元輯　清道
光九年（1829）廣東學海堂刻本　三百二十冊

210000－0751－0000861　特 Z126.2/7

通志堂經解　（清）成德輯　清同治十二年（1873）粵東書局刻本　四百八十一冊　存一百三十九種

210000－0751－0000862　特 Z126.21/1

策學備纂三十二卷首一卷　（清）吳潁炎等纂　清光緒十四年（1888）上海點石齋石印本　四十八冊

210000－0751－0000863　特 Z126.24/1

六經圖二十四卷　（清）鄭之僑撰　清乾隆九年（1744）鄭氏述堂刻本　九冊　缺六卷（一至四、十三至十四）

210000－0751－0000864　特 Z126.25/1

經餘必讀初編二卷續編二卷三編二卷　（清）雷琳　（清）錢樹立輯　清光緒二十二年（1896）退補齋刻本　五冊

210000－0751－0000865　特 Z126.25/2

經韻集字析解二卷　（清）彭良敞撰　清道光二年（1822）刻本　二冊

210000－0751－0000866　特 Z126.25/3

羣經字詁七十二卷　（清）段諤廷撰　（清）黃本驥編　清道光二十九年（1849）刻本　十六冊

210000－0751－0000867　特 Z126.27/3

羣經平議三十五卷　（清）余樾撰　清同治十年（1871）刻春在堂全書本　十冊

210000－0751－0000868　特 Z126.27/3/1

羣經平議三十五卷　（清）余樾撰　清光緒二十五年（1899）刻春在堂全書本　十六冊

210000－0751－0000869　特 Z221/1

唐類函二百卷目錄二卷　（明）俞安期輯　明萬曆三十一年（1603）俞安期刻本　四十八冊

210000－0751－0000870　特 Z221/3

初學記三十卷　（唐）徐堅等輯　明萬曆陳大科刻本　八冊

210000－0751－0000871　特 Z221/4

北堂書鈔一百六十卷　（唐）虞世南輯　（明）

陳禹謨補註　明萬曆二十八年（1600）陳禹謨刻本（卷九十一、卷一百四十二至一百四十四補抄）　十六冊

210000－0751－0000872　特 Z221/4/1

北堂書鈔一百六十卷首一卷　（唐）虞世南撰　（清）孔廣陶校註　清光緒十四年（1888）羊城富文齋刻本　十六冊

210000－0751－0000873　特 Z221/5

唐宋白孔六帖一百卷目錄二卷　（唐）白居易　（宋）孔傳輯　明刻本（卷十六至十七補抄）　二十七冊　存五十六卷（十至二十八、四十六至六十三、八十二至一百）

210000－0751－0000874　特 Z222/1

玉海二百卷辭學指南四卷附刻十三種　（宋）王應麟撰　清嘉慶十一年（1806）合河康氏刻本　一百冊

210000－0751－0000875　特 Z222/3

太平御覽一千卷目錄十五卷　（宋）李昉等撰　（清）鮑崇城校　清嘉慶二十三年（1818）揚州鮑崇城刻本　一百冊

210000－0751－0000876　特 Z222/4

錦繡萬花谷前集四十卷後集四十卷續集四十卷　（宋）□□撰　明嘉靖十五年至崇禎十七年（1536－1644）刻本　三十二冊

210000－0751－0000877　特 Z225/1

淵鑑類函四百五十卷目錄四卷　（清）張英等撰輯　清康熙清吟堂刻本　二百冊

210000－0751－0000878　特 Z225/10

韻府拾遺一百六卷　（清）汪灝　（清）何焯等輯　清康熙五十九年（1720）內府刻本　二十冊

210000－0751－0000879　特 Z225/11/1

欽定佩文韻府一百六卷　（清）張玉書　（清）蔡升元等纂　清光緒十二年（1886）上海同文書局石印本　五十二冊

210000－0751－0000880　特 Z225/11/1

欽定佩文韻府一百六卷　（清）張玉書　（清）

蔡升元等纂　清光緒十二年(1886)上海同文書局石印本　五十二冊

210000－0751－0000881　特 Z225/11 特 Z225/12
佩文韻府一百六卷　(清)張玉書　(清)蔡升元等纂　韻府拾遺一百六卷　(清)汪灝撰　清光緒十三年(1887)上海點石齋石印本　六十冊

210000－0751－0000882　特 Z225/11 特 Z225/12
佩文韻府一百六卷　(清)張玉書　(清)蔡升元等纂　韻府拾遺一百六卷　(清)汪灝撰　清光緒十三年(1887)上海點石齋石印本　六十冊

210000－0751－0000883　特 Z225/12
韻府拾遺一百六卷　(清)汪灝撰　清光緒十三年(1887)上海點石齋石印本　六冊　存八十九卷(一至八十九)

210000－0751－0000884　特 Z225/12/1
韻府拾遺一百六卷　(清)汪灝撰　清光緒十二年(1886)上海同文書局石印本　八冊

210000－0751－0000885　特 Z225/12/1
韻府拾遺一百六卷　(清)汪灝撰　清光緒十二年(1886)上海同文書局石印本　八冊

210000－0751－0000886　特 Z225/13
古事比五十二卷　(清)方中德輯　清末石印本　十二冊

210000－0751－0000887　特 Z225/2
子史精華一百六十卷　(清)允祿　(清)吳襄等纂　清雍正刻本　二十四冊

210000－0751－0000888　特 Z225/2/1
子史精華一百六十卷　(清)允祿　(清)吳襄等纂　清刻本　三十八冊

210000－0751－0000889　特 Z225/3
古香齋新刻袖珍淵鑑類函四百五十卷　(清)張英等纂　清刻本　一百八十冊

210000－0751－0000890　特 Z225/4
典林博覽十二卷　(清)鍾運堯編　清同治十二年(1873)養山房刻本　八冊

210000－0751－0000891　特 Z225/5
類纂精華三十卷　(清)吳壽昌　(清)高大爵　(清)吳壽國纂　清乾隆二十三年(1758)豐玉堂刻本　十冊

210000－0751－0000892　特 Z225/6
類林新咏三十六卷　(清)姚之駰輯　清康熙四十七年(1708)文暎書屋刻本　十冊

210000－0751－0000893　特 Z225/7
衛濟餘編十八卷　(清)王纕堂編　清道光二十一年(1841)海陵懷德堂刻本　八冊

210000－0751－0000894　特 Z225/8
廣事類賦四十卷　(清)華希閔撰　清乾隆二十九年(1764)無錫華氏劍光閣刻本　十冊

210000－0751－0000895　特 Z225/9
佩文韻府一百六卷　(清)張玉書　(清)蔡升元等纂　清康熙五十年(1711)內府刻本　一百一十冊

210000－0751－0000896　特 Z42/1
皇朝經世文編一百二十卷　(清)賀長齡輯　清光緒十三年(1887)上海廣百宋齋鉛印本　二十四冊

210000－0751－0000897　特 Z42/1/1
皇朝經世文編一百二十卷　(清)賀長齡輯　清光緒八年(1882)許灣翠筠山房刻本　九十六冊

210000－0751－0000898　特 Z42/1/2
皇朝經世文編一百二十卷　(清)賀長齡輯　清光緒十二年(1886)思補樓石印本　六十冊

210000－0751－0000899　特 Z42/1/2
皇朝經世文編一百二十卷　(清)賀長齡輯　清光緒十二年(1886)思補樓石印本　六十冊

210000－0751－0000900　特 Z42/1/3
皇朝經世文編一百二十卷　(清)賀長齡輯　清上海江左書林鉛印本　二十四冊

210000－0751－0000901　特 Z42/2
皇朝經世文續編一百二十卷　(清)盛康輯　清光緒二十三年(1897)武進盛氏思補樓刻本

八十冊

210000－0751－0000902　特 Z42/2/1

皇朝經世文續編一百二十卷　（清）葛士濬輯　清光緒十七年（1891）廣百宋齋鉛印本　二十四冊

210000－0751－0000903　特 Z42/2/2

皇朝經世文續編一百二十卷　（清）葛士濬輯　清光緒二十七年（1901）上海久敬齋鉛印本　二十四冊

210000－0751－0000904　特 Z42/3

皇朝經世文新編二十一卷　（清）麥仲華輯　清光緒二十四年（1898）上海譯書局石印本　二十四冊

210000－0751－0000905　特 Z42/4

皇朝經世文三編八十卷　（清）陳忠倚輯　清光緒二十八年（1902）天章書局石印本　十六冊

210000－0751－0000906　特 Z424.2/1

欽定全唐文一千卷目錄三卷　（清）董誥等輯　清嘉慶十九年（1814）內府刻本　二百五十二冊

210000－0751－0000907　特 Z424.9/1

十駕齋養新錄二十卷　（清）錢大昕撰　清嘉慶十二年（1807）刻本　九冊

210000－0751－0000908　特 Z424.9/1/1

十駕齋養新錄二十卷餘錄三卷　（清）錢大昕撰　錢辛楣先生年譜一卷竹汀居士年譜續編一卷　（清）孫慶曾撰　清光緒二年（1876）杭州浙江書局刻本　八冊

210000－0751－0000909　特 Z424.9/1/2

十駕齋養新錄二十卷　（清）錢大昕撰　清咸豐十年（1860）刻本　八冊

210000－0751－0000910　特 Z424.9/3

日知錄集釋三十二卷刊誤二卷續刊誤二卷　（清）黃汝成撰　清光緒三年（1877）刻本　十六冊

210000－0751－0000911　特 Z424.9/8

崔東壁遺書　（清）崔述撰　清光緒五年（1879）定州王氏刻畿輔叢書本　十六冊　缺八卷（孟子事實錄二卷、考古續說二卷、讀風偶識四卷）

210000－0751－0000912　特 Z429.4/1

新刊唐荊川先生稗編一百二十卷目錄三卷　（明）唐順之輯　明萬曆九年（1581）浙江歸安茅一相文霞閣刻本　六十冊

210000－0751－0000913　特 Z429.4/2

困學紀聞注二十卷　（宋）王應麟撰　（清）翁元圻注　清道光五年（1825）刻本　十二冊

210000－0751－0000914　特 Z429.42/2

履園叢話二十四卷　（清）錢泳撰　清同治九年（1870）虞山錢氏刻本　十二冊

210000－0751－0000915　特 Z429.442/1

容齋隨筆十六卷續筆十六卷三筆十六卷四筆十六卷五筆十卷　（宋）洪邁撰　清光緒九年（1883）新豐洪氏刻本　十四冊

210000－0751－0000916　特 Z429.48/1

七修類藁五十一卷續藁七卷　（明）郎瑛撰　清乾隆四十年（1775）杭州周榮耕煙草堂刻本　十六冊

210000－0751－0000917　特 Z429.48/2

篷窗隨錄十四卷續錄二卷附錄二卷　（清）沈兆澐輯　清咸豐九年（1859）刻本　二冊　存二卷（續錄二卷）

210000－0751－0000918　特 Z429.48/3

篷窗隨錄十四卷附錄二卷　（清）沈兆澐輯　清咸豐七年（1857）刻本　十冊

210000－0751－0000919　特 Z429.49/4

讀書雜志八十二卷餘編二卷　（清）王念孫撰　清同治九年（1870）江寧金陵書局刻本　二十四冊

210000－0751－0000920　特 Z429.49/4

讀書雜志八十二卷餘編二卷　（清）王念孫撰　清同治九年（1870）江寧金陵書局刻本　二十四冊

210000－0751－0000921　特 Z429.49/5

小知錄十二卷　（清）陸鳳藻輯　清同治十二年(1873)上海淮南書局刻本　四冊

210000－0751－0000922　特 Z429.49/6

說鈴　（清）吳震方輯　清嘉慶四年(1799)刻本　十六冊　存前集三十七種

210000－0751－0000923　特 Z429.49/7

[光緒]癸卯恩科直省闈墨六卷附光緒甲辰恩科會試闈墨　清宣統二年(1910)上海德和義石印本　八冊

210000－0751－0000924　特 Z62/3

時務報三十卷附書八卷　時務報館編　清光緒二十二年至二十三年(1896－1897)上海時務報館石印本　六冊

210000－0751－0000925　特 Z812.49/3

四庫書目略二十卷附錄一卷　（清）費莫文良輯　清同治十年(1871)費莫文良刻本　十二冊

210000－0751－0000926　特 Z812.49/5

欽定四庫全書總目二百卷首一卷　（清）紀昀等撰　清宣統二年(1910)蘇州存古齋石印本　三十二冊

210000－0751－0000927　特 Z812.49/6

欽定四庫全書總目二百卷首一卷　（清）紀昀等撰　清刻本　八十冊

210000－0751－0000928　特 Z833/3

彙刻書目二十卷　（清）顧修撰　（清）朱學勤補輯　清光緒十二年至十五年(1886－1889)上海福瀛書局刻本　二十冊

210000－0751－0000929　特 Z835/2

書目答問附輶軒語　（清）張之洞撰　清光緒三年(1877)濠上書齋刻本　三冊

210000－0751－0000930　特 Z838/11

欽定天祿琳琅書目十卷續編二十卷　（清）于敏中等編　（清）彭元瑞續編　清光緒十年(1884)長沙王先謙刻本　六冊

210000－0751－0000931　特 Z842.44/1

直齋書錄解題二十二卷　（宋）陳振孫撰　清刻本　六冊

210000－0751－0000932　特 Z842.5/1

藝風藏書記八卷　繆荃孫撰　清光緒二十七年(1901)刻本　一冊

210000－0751－0000933　特 I214.22/19

重刊五百家註音辯昌黎先生文集四十卷　（唐）韓愈撰　（宋）魏仲舉輯注　清乾隆四十九年(1784)觀樓氏刻本　十五冊

210000－0751－0000934　特 I214.91/2

國朝文錄八十二卷　（清）姚椿輯　清光緒二十六年(1900)掃葉山房石印本　十六冊

210000－0751－0000935　特 I215.22/7

畏廬文集　（清）林紓撰　清宣統二年(1910)商務印書館鉛印本　一冊

210000－0751－0000936　特 I222.742/27

孟東野集十卷附一卷　（唐）孟浩然撰　追昔遊集三卷　（唐）李紳撰　（明）毛晉訂　清宣統二年(1910)上海掃葉山房石印本　四冊

210000－0751－0000937　特 I222.744/4/1

山谷詩集注二十卷　（宋）黃庭堅撰　（宋）任淵注　外集十七卷　（宋）黃庭堅撰　（宋）史容注　別集二卷　（宋）黃庭堅撰　（宋）史季溫注　清宣統二年(1910)義甯陳氏刻本　二十冊

210000－0751－0000938　特 I237.1/7

六觀樓北曲六種　（清）許鴻磐撰　清刻本　五冊　存五種(雁帛書北曲、女雲臺北曲、孝女存孤北曲、儒吏完城北曲、三釵夢北曲)

210000－0751－0000939　特 I237.2/20

石榴記傳奇四卷　（清）黃振撰　清乾隆三十七年(1772)柴灣村舍刻本　二冊　存二卷(三至四)

210000－0751－0000940　特 I237.2/34

小蓬萊傳奇十種　（清）劉清韻撰　清光緒二十六年(1900)上海藻文書局石印本　六冊

210000－0751－0000941　特 I237.2/56/1

玉茗堂還魂記二卷三十一齣 （明）湯顯祖撰 清末貴池劉氏暖紅室刻本 四冊

210000－0751－0000942 特 I237/21

鈞天樂二卷 （清）尤侗撰 清康熙刻本 一冊

210000－0751－0000943 特 I237/29/1

繪圖綴白裘十二集 （清）玩花主人輯 （清）錢德蒼增輯 清光緒三十四年（1908）萃香社石印本 十二冊

210000－0751－0000944 特 I239.1/23

明史彈詞一卷 （清）龍柏輯 清道光七年（1827）金閶步月樓刻本 二冊

210000－0751－0000945 特 I239.2/10

新刻大破孟州八卷 （□）□□撰 清末刻本 一冊

210000－0751－0000946 特 I239.1/48

畫錦堂十六卷 （□）□□撰 清抄本 十冊

210000－0751－0000947 特 I242.4/11

增訂繪圖精忠說岳全傳八卷八十回 （清）錢彩撰 清光緒三十四年（1908）集成圖書公司鉛印本 八冊

210000－0751－0000948 特 K207－51/1/1

史學叢書 （□）□□輯 清光緒十九年（1893）武林有三長齋石印本 二十四冊 存二百四十七卷

210000－0751－0000949 特 K225.4/19

春秋列國時事圖說 （□）□□輯 清抄本 八冊

210000－0751－0000950 特 K249.045/3

燕下鄉脞錄十六卷 （清）陳康祺撰 清光緒十一年（1885）暨陽刻本 四冊

210000－0751－0000951 特 J20/1

竹懶畫賸 （明）李日華撰 清光緒八年（1882）鉛印本 一冊

210000－0751－0000952 特 J205.2/1

王奉常書畫題跋二卷 （清）王時敏撰 清宣統元年（1909）李氏甌缽羅室刻本 二冊

210000－0751－0000953 特 B221/15

周易傳義音訓 （宋）程頤傳 （宋）朱熹本義 （宋）呂祖謙音訓 清光緒十五年（1889）江南書局刻本 八冊

210000－0751－0000954 特 B221/15

周易傳義音訓 （宋）程頤傳 （宋）朱熹本義 （宋）呂祖謙音訓 清光緒十五年（1889）江南書局刻本 八冊

210000 － 0751 － 0000955 特 I222.2/1 特 I222.2/2 特 I222.2/3 特 I222.2/4 特 I222.2/5

陳氏毛詩五種 （清）陳奐撰 清光緒十年（1884）朱氏刻本 十二冊

210000－0751－0000956 特 I237.2/15

洞庭緣傳奇十六齣 （清）陸繼輅撰 清光緒六年（1880）鴛湖刻本 一冊

210000－0751－0000957 特 I214.9/1

顯志堂稿十二卷 （清）馮桂芬著 清光緒二年（1876）校邠盧刻本 十冊

210000－0751－0000958 特 I215.22/5

校訂定盦全集十卷 （清）龔自珍撰 清宣統元年（1909）上海時鐘書局鉛印本 八冊

210000－0751－0000959 特 I207.22/25

古唐詩合解十六卷 （清）王堯衢注 清光緒十八年（1892）文成堂刻本 八冊

210000－0751－0000960 特 Z121.5/10

積學齋叢書二十種 徐乃昌輯 清光緒南陵徐氏刻本 二十冊

210000－0751－0000961 特 Z121.5/10

積學齋叢書二十種 徐乃昌輯 清光緒南陵徐氏刻本 二十冊

210000－0751－0000962 特 B222.2/1/1

孔氏家語十卷 （魏）王肅註 清末掃葉山房刻本 四冊

210000－0751－0000963 特 I207.37/4

琵琶記曲譜 （□）□□撰 清抄本 一冊